11月30日至12月2日，昌平区成功举办首届中国北京国际魔术大会

北京昌平年鉴

BEIJING CHANGPING NIANJIAN

2013(总第9卷)

中共北京市昌平区委党史办公室
北京市昌平区地方志办公室 编

中共党史出版社

图书在版编目(CIP)数据

北京昌平年鉴. 2013/中共北京市昌平区委党史办公室,北京市昌平区地方志办公室编. --北京:中共党史出版社,2013.8

ISBN 978-7-5098-2232-6

Ⅰ.①北… Ⅱ.①中… ②北… Ⅲ.①昌平区-2013-年鉴 Ⅳ.①Z521.3

中国版本图书馆 CIP 数据核字(2013)第 172006 号

书　　名:**北京昌平年鉴(2013)**

责任编辑:韩冬梅
出版发行:中共党史出版社
社　　址:北京市海淀区芙蓉里南街 6 号院 1 号楼
邮　　编:100080
网　　址:www.dscbs.com
经　　销:新华书店
印　　刷:北京书芳苑印刷厂
开　　本:185mm×260mm　1/16
印　　张:44.25
字　　数:78 千字
印　　数:3000 册
版　　数:2013 年 10 月第 1 版
印　　次:2013 年 10 月第 1 次印刷

ISBN 978-7-5098-2232-6
定　　价:128.00 元　(精装)

编辑说明

一、《北京昌平年鉴》(以下简称“《年鉴》”)是一部综合性、资料性工具书和文史资料。在中共北京市昌平区委和昌平区人民政府的领导下,由区地方志编纂委员会主持编纂,区地方志办公室负责实施编纂工作。

二、本《年鉴》以马列主义、毛泽东思想、邓小平理论、“三个代表”重要思想和科学发展观为指导,坚持党的基本路线,遵循实事求是的原则,与时俱进,开拓创新,科学地反映客观情况。

三、本《年鉴》记述的是2012年昌平区经济、社会发展等方面的基本情况及其重大事件,记述时限为2012年1月1日至2012年12月31日。凡在本书中直书月、日的,均指2012年内的日期,文中“本年”、“年内”一律指2012年。

四、本《年鉴》采用分类编辑法,用文章和条目两种形式,以条目为主,用规范的语体文、记述体直陈其事,文字力求言简意赅。全书设类目、分目、子目、条目4个层次。条目的标题统一用黑体并外加【】标明。类目、分目、子目的标题分别用不同型号的字体加以区别。

五、本《年鉴》的文字内容,设有综述、特载、大事记、政党·团体、政权·政协、政法·军事、经济行政管理、财税·金融·保险、城乡建设、城市管理、交通·邮电、农业、工业、商务·旅游、科技·教育·文化·卫生·体育、社会生活、街道·镇、人物、统计表、附录共20个类目。

六、本《年鉴》收录昌平区党、政、军、团体、街镇和部分企业负责人名录,以2012年内任职为限,其中有任免情况的分别予以注明。

七、选入本《年鉴》的文章和条目,除部分资料由《年鉴》编辑部人员直接收集外,其它均由各部门、各单位确定的专人撰写或提供,并经部门、单位主要负责人审核,报区编委会审阅。统计资料由统计局提供。照片由各有关单位提供。

昌平区行政区划图

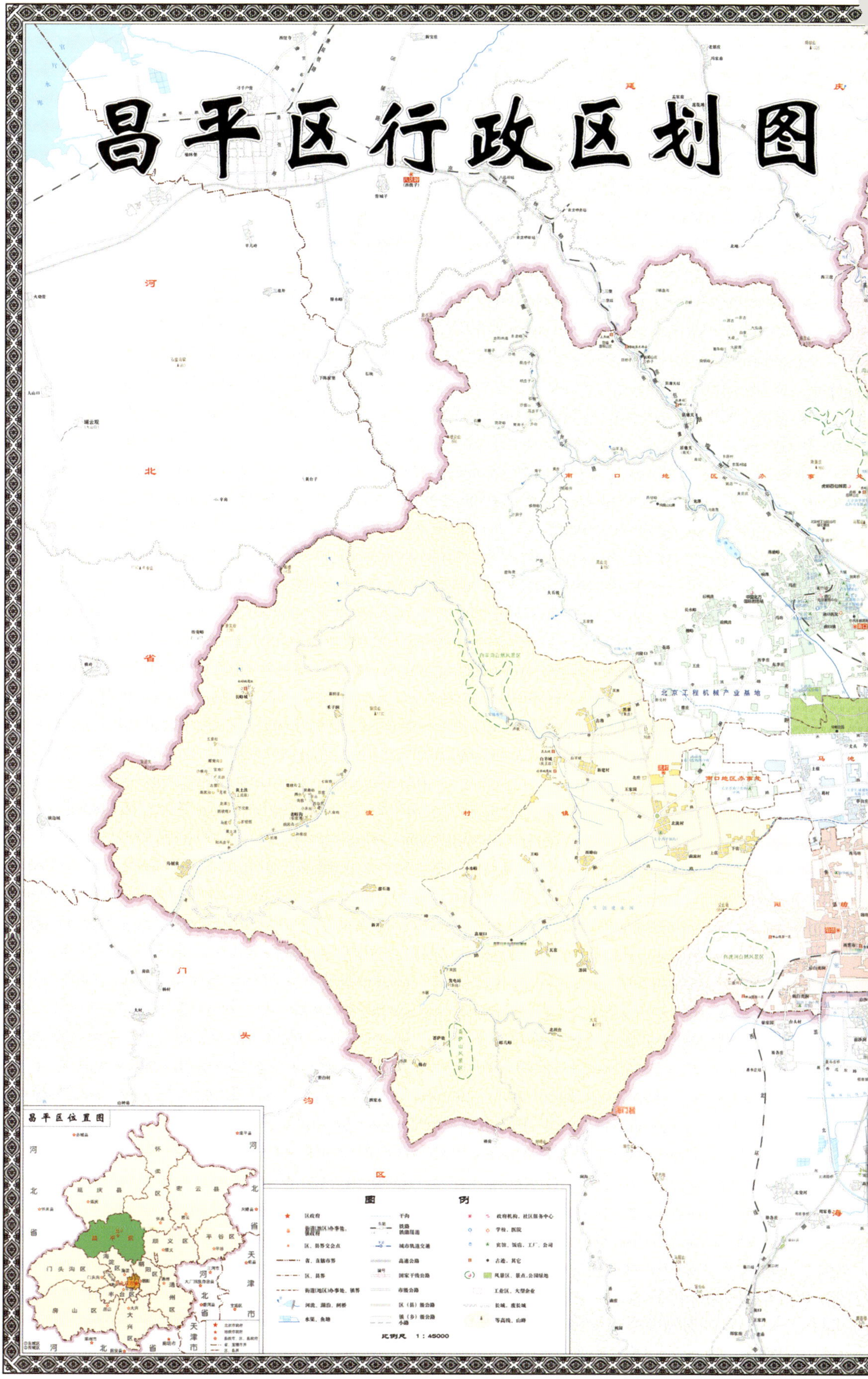

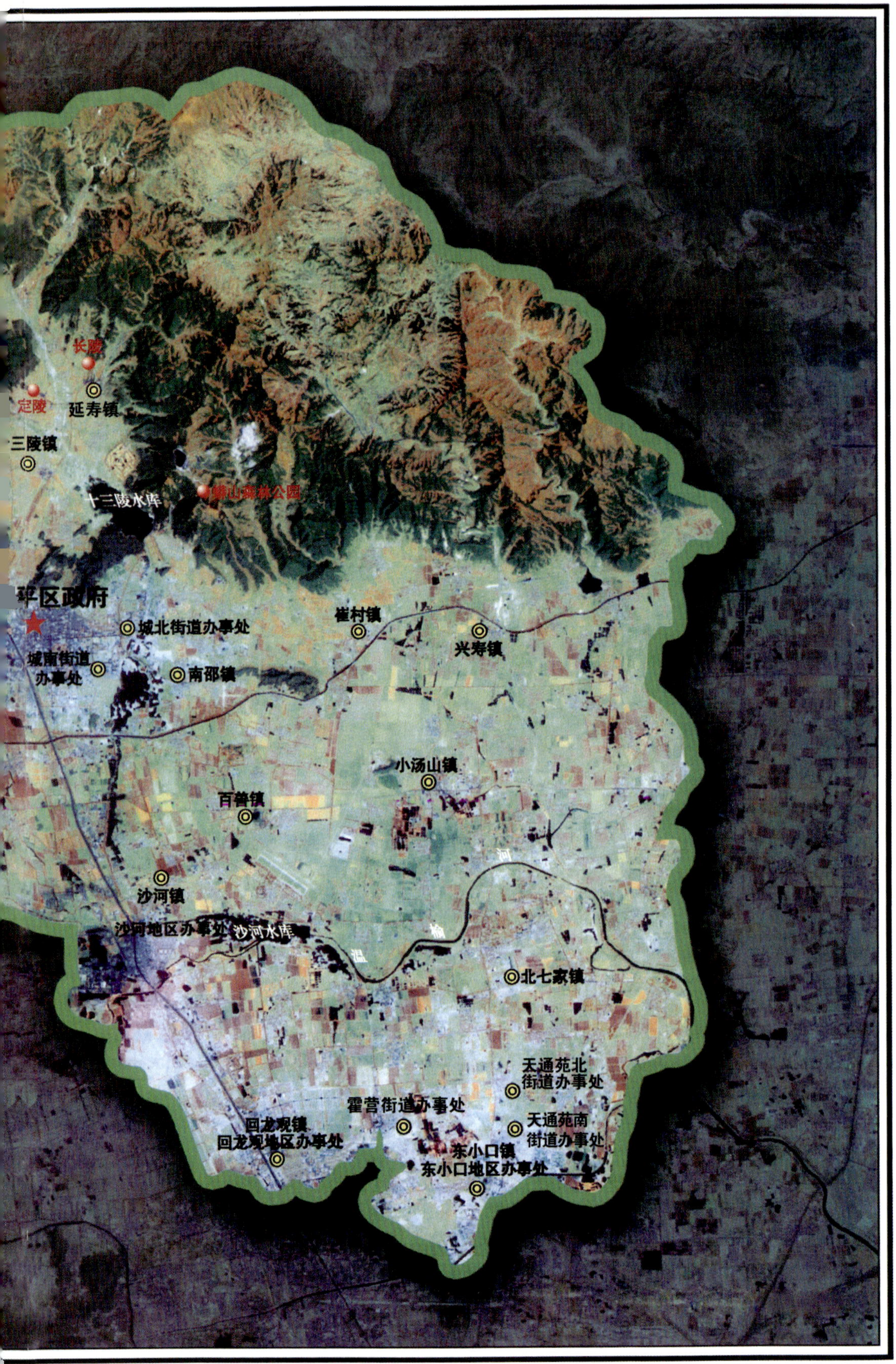
长陵
定陵
延寿镇
三陵镇
十三陵水库
蟒山森林公园
区政府
城北街道办事处
崔村镇
兴寿镇
城南街道办事处
南邵镇
小汤山镇
百善镇
沙河镇
沙河地区办事处
沙河水库
温榆河
北七家镇
天通苑北街道办事处
霍营街道办事处
天通苑南街道办事处
回龙观镇
回龙观地区办事处
东小口镇
东小口地区办事处

内部用图

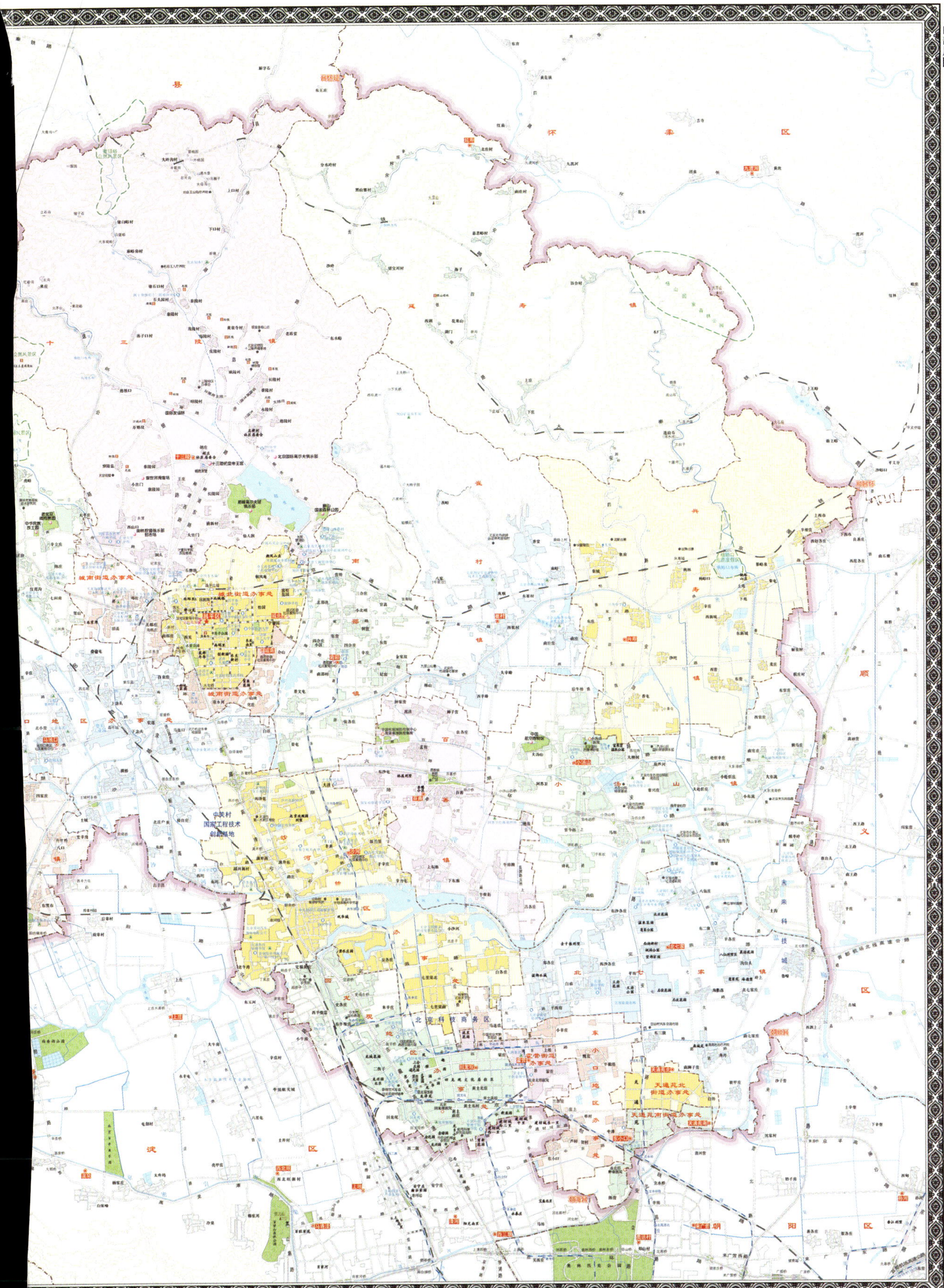

北京市昌平区民政局、北京市测绘设计研究院2012年9月联合编制

昌平区卫星影像图

目　录

综　述

特　载

大 事 记

政党·团体

中国共产党北京市昌平区委员会

·昌平区工商业联合会

·昌平区科学技术协会

·昌平区残疾人联合会

·昌平区红十字会

·昌平区文学艺术界联合会

·昌平区企业联合会

·昌平区建筑行业协会

政权·政协

昌平区人民代表大会常务委员会

昌平区人民政府

·法制工作

·综合行政服务工作

·外事工作

·信访工作

·应急管理工作

·招商工作

·人口和计划生育工作

·档案工作

军　事

·人民武装

·预备役

·人民防空

·双拥工作

经济行政管理

综合调控

统计工作

工商行政管理

人力资源和社会保障

质量技术监督

审计工作

国有资产监督管理

药品监督管理

财税・金融・保险

财　　税

・财　　政

・国家税务

・地方税务

金　融

·金融办工作

·工商银行昌平支行

·建设银行昌平区支行

·农业银行昌平区支行

·中国银行北京昌平区支行

·邮政储蓄银行昌平支行

·北京农商银行昌平支行

·北京银行昌平支行

·农业发展银行昌平支行

保　险

·人保昌平支公司

城乡建设

规划管理

建设管理

房地产开发与建筑业

·房地产开发

·建　筑　业

·昌平房地产开发总公司

·北京铭嘉房地产开发有限公司

房屋管理

国土资源管理

城市管理

市政建设

园林绿化

环境卫生

供　　水

节　　水

供　　电

供　　气

供　　热

城管监察

环境保护

防震减灾

交通·邮电

交　　通

·公路建设

·轨道交通建设

·运输管理

邮　　电

·昌平邮政

·昌平联通

·昌平电信

·昌平移动

农 业

农村工作

新农村建设

农村集体经济产权制度改革

种 植 业

·粮食种植

水　务

气　象

农村经营管理

小汤山现代农业科技示范园

昌平牧工商总公司

工　业

经济与信息化

中关村科技园区昌平园

生命科学园

北京科技商务区建设有限责任公司

安全生产监督

北京兴昌高科技发展有限公司

北京晨光昌盛融资担保有限公司

北京英特莱科技有限公司

北京振邦承基开发建设有限公司

北京昌鑫建设投资有限公司

北京未来科技城开发建设有限公司

北汽福田汽车股份有限公司

北京红冶汇新控股集团有限公司

北京华都酿酒食品有限责任公司

商务·旅游

商　务

·商务管理

·北京市皇城粮油有限责任公司

·昌平医药药材总公司

·昌平区供销合作联合社

·昌平商贸总公司

·新世纪商城

科技·教育·文化·卫生·体育

科 技

教 育

·教育工作

·沙河高教园区

·北京农学院

·中国石油大学(北京)

·中国政法大学

·北京市私立汇佳学校

文　化

·文化文物

· 昌平区中医医院

体　育

社会生活

人口管理

民　政

民族·宗教·侨务

人民生活

街道·镇

街　道

·城北街道办事处

·城南街道办事处

·天通苑南街道办事处

·天通苑北街道办事处

·霍营街道办事处

镇（地区办事处）

·沙 河 镇(沙河地区办事处)

·南 口 镇

·阳 坊 镇

人　　物

统 计 表

附 录

CHANG PING YEARBOOK
Contents

Overview

Featured Reports

Chronicle of Major Events

Political Parties and Organizations

Organs of Political Power and Chinese People's Political Consultative Conference

Politics and Law and Military

Economic and Public Administration

Finance, Taxation, Banking and Insurance

Urban and Rural Construction

Urban Management

Transportation, Post and Telecommunications

Agriculture

Industry

Commerce and Tourism

Science and Technology, Education, Culture, Health and Sports

Social Life Activities

Subdistricts and Towns/Townships

Featured Individuals

Statistical Forms

Appendices

Index

1月7日，市委书记刘淇（前右二）等市领导到昌平就第七届世界草莓大会筹备情况进行调研。区委书记侯君舒（前右一）、区长金树东（后右一）等区领导陪同调研

1月16日，举行昌平区与北京师范大学合作办学签约仪式，副区长刘淑华（前右二）、北京师范大学副校长曹卫东（前右三）、市教委副主任何劲松（后右五）出席签约仪式

1月21日，区委书记侯君舒（前右二）等区领导在政法大学绿岛加油站检查安全生产工作

1月30日，第七届世界草莓大会会时运行工作动员誓师大会召开

春节期间，区委常委、区武装部长、双拥办主任孙连湖（前右四）慰问驻昌部队

2月7日，昌平区2012年党风廉政建设会议召开

2 月 7 日，昌平区召开社会管理暨政法工作会议

2 月 9 日，昌平区未来科技城建设工作部署会议召开

2 月 18 日，第七届世界草莓大会开幕。中共中央政治局委员、国务院副总理回良玉（右三），中共中央政治局委员、市委书记刘淇（右四），全国人大副委员长、全国妇联主席陈至立（左一），全国政协副主席罗富和（右一），国际园艺学会主席安东尼奥·蒙泰罗（右二）出席开幕式

第七届世界草莓大会期间，区委书记侯君舒(中)会见法国马恩河谷新区代表团

2月27日，农服中心与意大利新水果公司举行签约仪式，副区长苏卫东(后右一)出席仪式

世界草莓大会期间，草莓天瀑吸引市民驻足

3月7日，昌平区召开国家卫生区复审工作动员大会

3月8日，举行昌平区庆祝“三八”国际劳动妇女节表彰大会暨“京北丽人”志愿服务队启动仪式

3月17日，以“开展爱国卫生运动，提升城乡环境卫生面貌”为主题的“周末卫生日”活动在全区广泛开展，区委书记侯君舒(右一)等参加此次活动

3月26日，中共中央政治局委员、中央军委副主席郭伯雄(左一)和市委副书记、市长郭金龙(左二)到沙河机场景观生态林参加义务植树活动

3月27日，区委书记侯君舒(左二)等到东小口地区专题调研拆迁工作进展情况

4月7日，民政部领导到小汤山镇就小城镇建设进行调研，区委常委、常务副区长张燕友(右四)陪同调研

4 月 12 日，全市首家廉政微博"廉政昌平"开通，市纪委副书记王海平（右二）、区委书记侯君舒（右三）、区纪委书记王晓霞（右四）出席开通仪式

4 月 18 日，第七届世界草莓大会总结表彰大会在北京会议中心举行

4 月 24 日，区委常委、组织部部长李良（前右二）在出访匈牙利期间与布达佩斯市 22 区区长扫波池?阿提拉（前右一）签订了两区友好合作谅解备忘录

4月26日，昌平区环保局联合金隅红树林公司开展应急演练

4月26日，昌平区庆“五一”暨经济技术创新工程表彰大会召开

5月3日，昌平区纪念建团90周年暨五四青年大会召开

5月7日，昌平区与加拿大杜兰区签署战略合作协议，区长金树东（前右一）、副区长周云帆（后右二）、加拿大杜兰区主席罗杰·安德森（前右二）出席签字仪式

5月10日，昌平区召开荣获全国双拥模范城"七连冠"总结表彰暨创建"八连冠"动员大会

5月12日，市政府副秘书长、市信访办主任薄钢(右排二)，区委常委、副区长孙启（右一）参加信访条例宣传月启动活动

5月28日，昌平区第十二届“五月的鲜花”合唱比赛开幕

5月30日，公安昌平分局举行居民身份证进校区宣传服务活动

6月1日，最高检党组成员、纪检组组长莫文秀（前右二）到未来科技城调研，区委副书记、政法委书记朱光彤（右一）陪同调研

6月7日，昌平区首期外事人才培训班开班，副区长周云帆(中)出席

6月8日，昌平区基层党组织先进事迹报告会召开

6月20日，昌平区纪念中国共产党成立91周年暨表彰大会召开

6月21日，区委常委、公安昌平分局局长田运胜(左一)到马池口镇慰问老党员

6月28日，区委常委、副区长赵阳(中)到南口镇慰问老党员

7月11日，中科院昌平中科创新园项目开工奠基

7月27日，区委书记侯君舒（前右五）、区长金树东（前左四）等区领导到驻昌部队慰问并参加军营一日活动

8月1日，以昌平检察院先进典型彭燕（右五）为原型的主旋律电影《钢铁玫瑰》举办新闻发布会

8月3日，昌平区党的十八大维稳工作动员部署会议召开

8月6日，昌平区召开上半年经济形势分析会

8月7日，昌平区2012年纪检监察干部培训班举行，区委常委、区纪委书记王晓霞(右一)作培训动员讲话

8月8日，区委常委、宣传部部长余俊生(前右一)参观喜迎十八大书法作品展

8月13日，区委、区政府理论学习中心组举行学习辅导活动

8月19日，人保部副部长杨志明(前左二)带领中央信访工作北京督察组到昌平检查工作，区长金树东(后左一)等陪同检查

8月24日，昌平区保障党的十八大药品安全工作动员部署大会召开

8月30日，昌平区党风廉政建设党纪政纪条规电视知识竞赛举行

9月1日，昌平50辆电动出租车正式上路，区长金树东（左三）、副区长王承军（左二）等出席上路仪式

9月3日，学习宣传贯彻市第十一次党代会精神公共文明引导宣讲团昌平专场报告会举行

9月7日,中石化人才基地奠基开工

9月8日,昌平区2012年大学生村官欢迎暨表彰大会召开,190名大学生村官签约昌平

9月8日,昌平区庆祝第28个教师节暨表彰大会举行

9 月 16 日，北京邮电大学沙河校区开工

9 月 17 日，北京清华医院医疗大楼主体结构封顶，副区长刘淑华（右二）等领导出席封顶仪式

9 月 17 日，昌平区召开创先争优经验交流大会

9月18日，区委常委、常务副区长张燕友（主席台左一）出席东小口地区综合配套改革试点工作推进会议

9月20日，市委书记郭金龙（前右三）等在未来科技城和小汤山葫芦河水环境治理项目现场等处调研，区委书记侯君舒（前右一）等陪同调研

9月22日，昌平区召开整治小产权房工作动员部署会

9月26日，昌平区《档案法》《居委会组织法》知识竞赛举行

9月27日，七里渠保障房项目奠基仪式

9月29日，区委常委、统战部长陈秋生（左一），区委常委、常务副区长张燕友（右一）带领相关部门领导检查宗教活动场所节日安全

9月29日，首都师范大学附属中学昌平校区开工

9月29日，昌平区"庆十一"喜迎十八大书画、摄影展开展

10月4日，市委副书记、代市长王安顺（右二），市委常委、常务副市长李士祥（右一）到未来科技城就建设情况进行调研，区委书记侯君舒（左一）等陪同调研

10月11日，先正达生物技术北京研究中心正式落成，副市长苟仲文（左三）、区长金树东（左一）、副区长周云帆（右一）等领导出席仪式

10月13日，市委常委、宣传部长、副市长鲁炜（左一）到昌平区，就重点功能区建设、宣传思想和文化工作情况进行调研，区委书记侯君舒（左二）、区长金树东（左三）等陪同调研

10月20日，昌平区第九届苹果文化节开幕式

10月24日，昌平区2012年冬季征兵工作动员大会召开

10月26日，“昌平统计开放日”活动举行启动仪式，区人大常委会主任李福忠（左二）、区政协主席王书合（右一）及国家统计局北京调查总队、市统计局有关领导应邀出席

11月2日，区长金树东（右五）、区委副书记政法委书记朱光彤（右四）、副区长王承军（左一）出席小汤山镇土沟村回迁启动仪式

11月17日，昌平区学习宣传贯彻十八大精神动员会召开

11月22日，昌平区各界妇女代表学习贯彻党的十八大精神座谈会召开

11月26日，中国文联常组书记、副主席、书记处书记赵实(右一)一行就国家大马戏院落户昌平一事进行考察，市、区领导陪同调研

11月28日，区长金树东(前右一)与世界魔术联盟主席多美尼克(前右二)签订框架合作协议，共同打造昌平“魔术之都”称号

11月30日至12月2日，首届中国北京国际魔术大会举行

12月6日至7日，“传承美食文化，发展巧妇品牌——昌平区农家饭大比武”活动举行

12月8日，昌平区举办学习贯彻党的十八大精神暨领导干部进高校大讲堂调训班

12月10日，副市长夏占义（前右一）调研昌平平原造林工程，副区长苏卫东（后右一）陪同调研

12月31日，天通苑南、天通苑北、霍营街道办事处揭牌仪式举行，区长金树东（前右三）等区领导出席揭牌仪式

综 述

地情概况

概 况

昌平区位于北京市西北部，面积1343.5平方千米。辖15个镇（3个地区办事处）、5个街道办事处和1个以企代镇行政单位（北企公司）。截至年底，全区常住人口183万人，比上年增加9.2万人；户籍人口56.1万人，其中非农业人口36.2万人；全区户籍人口出生率13.03‰，死亡率7.17‰，人口自然增长率5.86‰。

2012年，全区完成地区生产总值506.3亿元，比上年增长11.3%。其中第一、第二、第三产业增加值分别为9.2亿元、225.7亿元、271.4亿元，分别增长39.4%、3.7%、17.6%，占地区生产总值比例为1.8：44.6：53.6。区地方公共预算财政收入52.2亿元，增长15.1%。城镇居民人均可支配收入29950元，增长8.2%；农村居民人均纯收入14971元，增长11.4%。

2012年国民经济和社会发展

农 业

2012年，全区农村经济总收入完成298.2亿元，同比增长10.2%；农民人均纯收入实现14971元，同比增长11.4%；农林牧渔总产值完成26亿元，同比增长31%，农村经济继续保持了平稳较快增长。

以设施农业为龙头、“一花三果”为主导的都市型现代农业产业继续提质增效。草莓产业：充分发挥草莓大会的会展效应，日光温室总规模突破1万栋，建成优质种苗繁育基地6000亩，草莓年产量达到700万公斤，年收入实现3.88亿元；百合产业：销售百合鲜切花612.6万枝，生产百合商品球600万粒，实现产值7525万元；苹果产业，已发展苹果种植面积3.4万亩，产量达到2400万公斤，产值实现2.05亿元；传统林果业：新建甜柿示范点7个，指导果农完成甜柿嫁接2万余株，恢复发展燕山板栗、核桃、樱桃、尜尜枣、京白梨等传统珍稀小果品15万亩。设施农业实现收入5.9亿元，同比增长62.8%。

城乡发展进一步融合。城乡结合部建设取得突破性进展，重点村建设扎实推进。东小口地区行政区划调整基本完成，3个新设街道办事处正式挂牌。南口新型农村社区试点建设稳步启动。沟域经济建设加快推进，南口镇羊台子沟域概念性规划初步完成，集聚各级各类投资5亿元，实施了川北河综合治理、白羊沟生态修复等一系列重点工程，实现了沟域面貌持续改观，生态环境持续优化，人民生产生活条件持续提升，经济发展持续向好。新农村建设深入推进，建设抗震节能房2720户，新创建生态村20个，进一步改善了农村的生产生活环境。实施农宅抗震节能改造2.8万户。安装LED节能路灯6000盏，维护老旧太阳能路灯1.5万盏。加强农村基础设施后期管护，落实管护人员1.7万人。

农村改革全面推进。完成改革村304个，量化资产总额374.7亿元，股东总数达36万人。278个农村股份经济合作社实现按股分红，占改革完成村总数的92%，分红总额达5.48亿元。

农业服务体系建设不断完善。强化农民科技培训，完成农业实用技术培训10820人次。强化农村信息服务,完善区级“221 信息平台”领导管理决策系统,推进移动农网、12316 农业服务热线等信息平台应用,新建村级气象综合信息服务站 100 个,实现山区、半山区气象预警服务全覆盖。强化农民专业合作社建设,引导全区 390 家农民专业合作社规范管理,社员总数达到 1.38 万人,辐射带动社外农户 2.71 万户,培育国家级农民专业合作示范社 1 家,市级农民专业合作示范社 14 家。强化农村金融服务,继续开展涉农专项贷款担保贴息,累计发放涉农专项贷款 1.93 亿元,贴息 384 万元。完善政策性农业保险服务体系,开设险种 18 个,参保农户 5023 户,保费总额 1552.4 万元。

工　业

全区 330 家规模以上工业企业完成产值 1178.7 亿元,同比增长 11.4%,位列全市十个郊区县第二;资产总额 1170.4 亿元,同比增长 23.5%;完成销售产值 1180.8 亿元,同比增长 12.8%;主营业务收入完成 1169.5 亿元,同比增长 12.8%;利润总额 51.9 亿元,同比下降 32.4%;利税总额完成 81.2 亿元,同比下降 24%。六大产业总体呈现“四增二降”,即基础与新材料产业:61 家规模以上工业企业完成产值 526.8 亿元,同比增长 38.4%。汽车与交通设备产业:23 家规模以上工业企业完成产值 305 亿元,同比增长 0.7%,全年增速实现由负转正。生物与医药产业:26 家规模以上工业企业完成产值 58.5 亿元,同比增长 15.1%。都市产业:55 家规模以上工业企业完成产值 59.4 亿元,同比增长 4.8%。装备产业:147 家规模以上工业企业完成产值 212 亿元,同比下降 14.5%。电子信息产业:18 家规模以上工业企业完成产值 17 亿元,同比下降 11%。产业结构进一步优化,能源科技、现代制造、生物医药三大产业支柱作用更加明显,高新技术产业的优势更加突出;三一北京制造中心、福田发动机等一批重点工程积极推进,总投资 26.1 亿元的 71 个技改项目如期竣工;市级企业技术中心增加到 35 家,著名商标达到 45 件;“两化”融合初见成效,形成了信息化与制造业、服务业融合发展的新业态。

中关村科技园昌平园全年实现总收入 2344 亿元,同比增长为 55.5%,占中关村比重达到 9.4%左右。规模以上工业企业全年完成工业总产值 1225 亿元,同比增长 24.9%。

商业　外经外贸　旅游业

全区年社会消费品零售额实现 280.4 亿元,同比增长 12.2%。按照“统一采购、统一配送、统一管理、统一标准、统一标识”的要求,新开 50 家社区蔬菜网点连锁直营店;完成 3 个社区菜市场和 2 个农集贸市场的新建改造;牵头组织再生资源回收行业综合整治,累计清理 20 个再生资源回收市、2070 个再生资源回收站点,相关从业人员 25647 人,同时新建了 15 个社区回收站;组织举办了北京市第三届职业技能(营业员、收银员)初赛、复赛;累计出动人员 968 人次,检查商业和餐饮行业 325 次,下发执法文书 141 份,发现的 72 项安全隐患已全部督促企业整改完毕;开展食盐专项执法检查 177 次,生猪私屠滥宰专项执法 136 次;对 10 家典当行进行了年度核查的初审,新增典当企业 2 家;完成 71 家成品油零售企业经营资质年检;新增酒类流通备案商户 570 家。

利用外资实现 9291 万美元,同比增长 2.2%;新批设立外商投资企业 21 家,合同外资 3.05 亿美元;17 家企业增加合同外资 7989 万美元;4 家区内企业在境外设立公司,投资总额 8570.1 万美元;在京港洽谈会上,签约昆仑能源地区总部等 3 个合作项目,总投资额 28.46 亿元人民币,签署战略合作框架协议 3 个、服务协议 2 个。进出口总额实现 27.42 亿美元,同比增长 19.1%;对外贸易经营者备案 301 个;审批加工贸易金额 23734.4 万美元;服务外包收入实现完成 34.97 亿元,同比增长 4.3%;组织参加首届中国(北京)国际服务贸易交易会,签约金额 5000 万美元。

全区有旅游企业 602 家、旅游景区 37 家,其中世界文化遗产 2 家、国家级森林公园 2 家、A 级以上景区 16 家;星级酒店 44 家;社会旅馆 285 家;旅游商店餐馆 34 家;旅行社 75 家;市级民俗村25个、市级民俗户1601户、乡村酒店135家、观光采摘园4500个。旅游行业固定资产投资总额达200余亿元,提供就业岗位3万余个。年内,接待中外游客1450万人次,实现旅游收入89.01亿元,分别增长5.9%和14.3%。

财政 金融

全年财政收入完成52.2亿元,同比增长15.1%。主要收入情况:增值税5.5亿元,同比增长6.1%;营业税19.4亿元,同比增长20.6%;企业所得税8.0亿元,同比增长19.5%;城市维护建设税3.5亿元,同比增长5.6%;土地增值税3.0亿元,同比增长47.8%;房产税2.8亿元,同比增长14.1%;车船税1.6亿元,同比增长13.0%;印花税1.7亿元,同比增长56.6%;耕地占用税1.9亿元,同比增长49.8%。全区公共财政预算支出完成95.4亿元,同比增长14.6%。主要支出情况:一般公共服务支出9.1亿元,同比增长15.8%;教育支出14.8亿元,同比增长17.6%;科学技术支出1.5亿元,同比增长19.7%;文化体育与传媒支出1亿元,同比增长37.7%;社会保障和就业支出14.7亿元,同比增长6.3%;医疗卫生支出6.9亿元,同比增长16.0%;节能环保支出2.2亿元,同比增长170.2%;城乡社区事务支出14.5亿元,同比增长24.6%;农林水事务支出13亿元,同比增长7.9%;资源勘探电力信息等事务支出6.4亿元,同比增长39.8%。金融机构各项人民币存款余额1314.8亿元,同比增长12.8%。

其中居民储蓄余额790.2亿元,同比增长17.7%。各项贷款余额336.6亿元,同比增长5.5%。

城镇建设

年内,全区共有在拆迁项目26个,涉及拆迁住宅户数9056户,拆迁许可建筑面积714.8万平米。完成拆迁68.3万平方米。东小口、中滩等六个重点挂帐村拆迁工作均已完成90%以上。办理施工许可89项。全区在建房建工程271项,开复工面积1528万平方米,完成投资246.66亿元。在施市政基础设施工程25项,在施管线59.43千米。区重点工程70项,开工64项,完成投资204亿元,未来科技城、创新基地、沙河大学城等重点功能区进入大规模开工建设阶段。全年,办理各项工程招投标410项,其中建设工程施工招投标154项,建筑面积523.7万平方米。市政基础设施及道路工程招投标60项,中标金额31.9亿元。工程监理招投标126项,建筑面积348.9万平方米。专业招投标70项,建筑面积126.8万平方米。合同备案率100%。全区建筑业安全生产继续保持稳定态势,共监督在施工程230项,建筑面积1400万平方米,累计出动安全监督执法4691人次,检查工地3402项次,发现并消除各类安全隐患9612条,实现安全生产无事故目标。办理工程竣工验收备案100项,建筑面积260.02万平方米。新开工保障性住房12193套,完成全年计划106%。完成投资9.2亿元,完成全年计划118%。4个项目5948套保障性住房竣工,完成摇号配售(租)1869套。全区有建筑企业408家、建造师2440人。建筑业实现总产值267.5亿元,同比增长14.1%。

完成对9044公里地下管线的事故隐患排查治理工作,消除事故隐患619项。完善交通设施,新建交通信号灯和闯红灯监控35套,设置道路标线7500米。完成城铁5号线天通苑北站临时停车场、水南路大货车停车场建设工程以及2个小区机械式立体停车楼建设试点工作,全年累计增加停车位7853个。更新座椅、路名牌、交通标志牌等219个。修复各种景观灯具3154盏,实现了亮灯率达到98%的目标。东小口森林公园(二期)占地1113亩,绿化施工全部完成,种植各类乔灌木5.1万株;半塔郊野公园占地430亩,绿化施工全部完成,种植各类乔灌木1.9万株;昌平新城滨河森林公园已全面对外开放。

科技 教育 文化 卫生 体育

以科技项目为抓手,全面致力于未来科技城建设,探索出一条"多措并举,协调推进"的新路子。创建央企"一对一"服务,完善未来科技城服务机制。成立未来科技城科技服务部,负责具体推进央企科技服务工作。中国神化、中国商飞等企业已与区科委相关部门建立稳定的业务关系。加大项目组织力度,形成联合调研的良性互动机制。与未来科技城各部门及央企挂职领导保持紧密联系,及时有效对接市科委相关业务处室及其主管领导,并实时跟踪央企项目动态信息。加大项目申报组织力度,开展项目咨询、组织推荐及后续服务工作,建立较为详细的未来科技城入驻央企档案,形成联合调研的良性互动机制,为后续科技项目的组织申报奠定坚实基础。通过重大项目切入、知识产权跟进、科技成果展示等措施,全力保障"第七届世界草莓大会"的科技工作顺利开展,促进全区的草莓产业优化升级。为加快培育和发展民生科技产业,以全面提高农产品市场竞争力为核心,以增加农民收入为目的,充分整合资源优势,积极发挥科技创新驱动效应,集成政策,引进技术,着力打造精品农业、特色农业,重点实施三大"科技惠农示范工程"。

全区有小学85所(公办84所、民办1所);毕业5245人,招生6904人,在校生36480人。教职工2826人,其中专任教师2414人;小学入学率100%,巩固率100%,毕业率100%。中学43所(公办37所、民办6所,初中18所、完全中学9所、高中1所、一贯制学校15所);毕业6897人(初中4640人、高中2257人),招生7626人(初中4498人、高中3128人),在校生22008人(初中13575人、高中8433人);初中入学率100%,巩固率100%,毕业及格率100%;教职工3701人,其中专任教师2814人。特殊教育学校2所(公办1所、民办1所),结业20人,招生17人,在校生98人,开设教学班15个;教职工53人,其中专任教师28人。校外教育单位1个,教职工43人,其中专任教师27人。全区中小学教师学历合格率100%,中小学特级教师11人(小学3人、中学8人),高级专业技术职务教师881人(小学35人、中学846人)。中小学占地总面积270.34万平方米,校舍面积101.12万平方米,绿化用地面积40.29万平方米,运动场地面积110.21万平方米。图书馆藏书230.68万册,固定资产总值113859.65万元。全年教育经费投入185540万元,其中国家拨款181424万元,自筹经费4116万元。

年内,完成崔村、阳坊两镇22个行政村村村通有线广播工程,全区91个村实现村村通有线广播。新建社区益民书屋14家,全区社区益民书屋共计24家。全区有文艺团队865支,开展文艺类培训1万多人次,举办文化资源信息共享工程管理员培训班6期、200余人,益民书屋和图书管理员培训班6次、300多人次,农村数字影厅放映员培训298人次。成功举办了首届中国北京国际魔术大会、第十三届昌平区艺术节,开展了春节团拜会、正月十五龙腾狮跃闹元宵、一村一品群众文艺汇演等系列文艺演出和广场舞蹈比赛,进行了环北京公路自行车赛、草莓文化节等文化展示活动。组织"文艺演出星火工程"912场、"百姓周末大舞台"30场、"周末场演出计划"12场、举办专题展览10余次;借阅图书40多万册次,组织读者活动百余次,参加人数8万余人;放映电影15242场,观众60多万人次。昌平区历史文脉梳理编纂工作全面启动。开展文物安全检查106次,检查311家(次),张贴烟花爆竹禁放标识300余张,处理群众举报22件,收回田野石刻12块,新发现文物2处。开展文化市场执法行动,查办行政处罚案件34件;开展"扫黄打非"专项整治,查处黑网吧52家。

全区有各级各类医疗卫生机构843所,病床9085张(公立卫生机构实有床位6449张),卫生技术人员8437人,每千人口平均拥有综合病床4.81张、卫生技术人员5.08人、执业(助理)医师2.02人、注册护士1.96人。全年完成门诊660.03万人次,急诊54.32万人次,住院61064人次,住院危重症抢救906人次,住院危重病人抢救成功率59.38%,入出院诊断符合率99.26%。全区20个镇、街道办事处、303个行政村全部实行了新型农村合作医疗制度,参合农民共19.52万人,占全区应参合农业人口的99.2%。全年共筹集统筹资金 13631.627 万元，报销 47.52 万人次、13683.1253万元。

认真落实《全民健身计划(2011—2015 年)》，全民健身事业持续健康发展。全民健身组织网络进一步完善，完成了 34 个体育生活化社区达标建设工作；组织对 2007 年配建的 95 套全民健身工程进行更新、维修；以第六届"和谐杯"乒乓球赛为龙头，组织举办了 16 项区级群体赛事活动。完成 2012 北京国际越野挑战赛、首届北京国际航空运动邀请赛和 2012 年环北京职业公路自行车赛(昌平段)的承办及属地保障任务。承办 2012 年北京市全民健身路径交流大会等两项市级赛事，组织参加 2012 年全国百城千村健身气功展示等三项市级以上赛事，直接参与达 20 余万人次；年度组织国民体质测试 7000 人，组织社会体育指导员、裁判员培训班共计 4 期 450 人次，组织科学健身大讲堂 50 场次，直接受众近万余人，全民健身服务和指导工作不断加强。竞技体育水平稳步提升。全区注册运动员 602 人，向市级运动队输送运动员 9 人。年度新增拳击、高尔夫球、足球 3 个布局项目，使全区业训布局项目达 18 个。组织全区 369 名运动员参加了北京市 2012 年青少年锦标赛 16 个大项比赛，获得金牌 39 枚、银牌 39 枚、铜牌 56 枚。

人力资源和社会保障

人力社保工作紧紧围绕"落实政策、创新机制、提升品质、强化基础"的总体工作思路，着力推进工作创新。开通昌平生源毕业生就业服务"直通车"，有效夯实就业服务基础平台。年内，城镇新增就业 17708 人，城镇登记失业率控制 1.95%，新增绿色就业岗位 1487 个，安置城乡劳动力 1471 人，扶持创业 499 人，带动就业 1084 人。全年共引进高级人才 76 人，引进非北京生源毕业生 498 人。在郊区县率先成立医疗保险监察分队，加强了医疗保险费用监管。截至年底，以五项社会保险为核心的社会保障制度覆盖人群达到 182.87 万人次，同比增长 13.60%；五项社会保险基金累计收支规模达到 71.05 亿元，同比增长 27.65%；城乡居民养老保险累计参保已达到 12.86 万人，农村居民参保率达到 98%。着力推进了仲裁院及执法监察分队建设，顺利完成仲裁院及执法监察分队建设的各项前期准备工作。全年共为 3825 名农民工追讨工资 2566.07 万元；切实保障弱势群体生活水平。农村低保标准由每人每月 340 元提高到每人每月 380 元，城市低保标准由每人每月 500 元提高到每人每月 520 元。累计为 2745 户、4065 人发放城乡低保金 1789 万元。完成农村社救对象、优抚对象危房改造。全年农村危房改造指标为翻建 140 户、维修 10 户，均已完工；优抚对象危房翻修 16 户已全部完成。

精神文明　民主法制建设

以贯彻中共中央十七届六中全会精神为主线，以"弘扬北京精神、做文明有礼的北京人"为主题，以"学雷锋志愿服务活动"、公共文明引导、生态文明户创建为载体，加强社会公德、家庭美德、职业道德和个人品德建设，培育新市民，倡导新风尚，发展新文化，提高市民文明素质，推动全区精神文明建设再上新台阶。利用电视、报刊、网络、短信、宣传栏等各类媒体，大力营造舆论氛围。努力推进学雷锋活动常态化，全区各窗口行业、中小学校、驻昌部队等单位广泛开展"弘扬北京精神，学雷锋志愿服务"活动。在全区开展了"绿色出行 文明交通从我做起"、"垃圾减量垃圾分类从我做起"、"消防连着你我他 平安幸福进万家"、"节水护水我先行"等"做文明有礼的北京人"主题宣传教育活动。进一步完善"学校、家庭、社会、网络"四位一体教育模式，加强未成年人思想道德建设。通过调研，区印发了《关于进一步加强新形势下农村精神文明建设工作的实施意见》，逐步推进农村"十个一"工程建设。创建生态文明户 5000 户。全区 449 名公共文明引导员，在全区近百个公交、地铁站台开展公共文明引导工作。

年内，区人大接待来信、来访 375 件(次)，其中来信 101 件、来访 274 人次。信访工作室依据信访办理办法及时处理并跟踪落实，使信访反映的问题得到了有效解决。区政协提出并经审查立案的141件提案全部按时办复,办复率100%,采纳率97.9%,办结率66.7%。依法完成全区第八届社区居委会换届工作。全区177个社区居委会共选举产生居委会班子成员1130人。公安分局年内立刑事案件7077起,同比下降22.4%;破案6012起,同比上升19.4%;刑事拘留2588人,同比基本持平;抓获上网逃犯385人,其中外省逃犯200人,破获侵财案件4192起,同比上升22.5%;立“两死”案件21起,同比下降38.2%;破案20起,破案率95.2%。全年共受理查处治安案件1.4万起,同比下降4.2%;行政拘留4835人,同比上升47.2%;抓获卖淫嫖娼人员493人,赌博人员881人;查获非法运营车辆、人员3482辆、3482人次,取缔无照游商6523个,查获非法散发小广告127起,没收小广告14.5万张。加大社会面巡逻防控力度,共向社会面投入巡逻警力32400余人次,巡逻车16000余辆次,设置机动卡点306次,核查录入390573条,抓获各类违法犯罪嫌疑人5262名。区检察院全年共受理审查逮捕案件1446件2334人,与去年同期的1320件、2219人相比,案件数与人数分别上升9.5%和1.6%。受理审查起诉案件1571件、2459人,与去年同期受理案件1424件、2404人相比,分别上涨10.3%和2.3%。依法不批准或不予批准逮捕779人,不起诉127人。成功纠正漏捕79人,56人被判处有期徒刑以上刑罚;成功追诉漏犯25人;追诉漏罪410起,其中133起已获法院判决认可。区法院新收各类案件21715件,同比上升0.41%,办结21353件(含旧存,下同),同比下降2.27%。结案率为95.8%。其中新收刑事案件1575件,审结1573件;新收民商事案件14999件,审结14633件;新收行政诉讼案件119件,审结118件;新收执行案件5022件,办结5029件。全区共有人民调解委员会572个,调解人员3275人,共排查调处各类矛盾纠纷7796件,调解成功7608件,调解成功率97%,与去年同期相比增加1125件。全区各律师事务所共代理各类案件2073件,担任法律顾问117家,解答群众法律咨询6900余人次,代书623件。

特　　载

以十八大精神为指引
加快推动经济社会发展深度转型

——在中共北京市昌平区委四届四次全会上的报告

中共北京市昌平区委书记　侯君舒

（2013 年 1 月 9 日）

同志们：

受区委常委会委托，我向全会报告新一届区委组成以来的工作和 2013 年主要工作考虑。

一、聚焦转型发展，圆满完成 2012 年工作任务

刚刚过去的一年，在市委、市政府的坚强领导下，新一届区委团结带领全区党员干部群众，深入贯彻落实科学发展观，紧紧围绕迎接党的十八大胜利召开，着力稳增长、调结构、惠民生、促和谐，全面完成届首之年的目标任务，经济社会转型发展取得了显著成效。

*一是结构调整实现新突破。*中关村昌平园总收入三年翻了近两番，占中关村示范区的比重提高近一倍。高技术产业和生产性服务业增加值占 GDP 的比重分别提高到 12% 和 21%。能源科技、生物医药等支柱产业增势强劲，科技金融、信息服务等先导产业加快聚集。第七届世界草莓大会和首届中国北京国际魔术大会成功举办，都市型现代农业、文化创意产业和旅游休闲产业融合发展。央企对区级财政收入的贡献实现三年翻番，成为新的经济增长极。科技型中小企业发展活跃，3 家企业完成上市。一批规模产业项目分别入驻、开工和投产，发展后劲进一步增强。创新创业环境不断优化，科技研发投入和创新成果继续保持快速增长。

*二是城乡建设迈出新步伐。*全面推进“三城一区一基地”等重点功能区建设，未来科技城、国家工程技术创新基地初具规模，科技商务区核心区和昌平新城文化创意新区具备土地上市条件，沙河大学城北邮新校区一期破土动工，外交学院新校区建成开学。以骨干路网和市政管网为重点，加快重大基础设施建设，城市运行服务保障体系进一步健全。集中开展“一查处三治理”专项整治行动，控违拆违继续保持高压态势。探索推进新型农村社区建设试点和重点沟域建设，基本完成了农村集体经济产权制度改革。大力实施平原造林工程，城乡绿化美化效果初步显现。认真做好国家环保模范城创建工作，顺利通过了国家卫生区复审。

*三是社会建设取得新成效。*高标准完成十八大安保维稳任务，安定和谐的社会局面更加巩固。成功创建“国家创业型城市”，绿色就业走在全市前列。城镇居民人均可支配收入和农民人均纯收入预计分别增长 8.2% 和 11.4%。社会保障覆盖面继续扩大，保障水平和补助标准不断提高。保障房建设、老旧小区综合改造、农宅抗震节能改造等惠民工程进展顺利，群众居住条件得到明显改善。学前教育三年行动计划和名校名医院工程加

快实施,公共服务均等化、优质化水平持续提升。村庄社区化和社区规范化建设有序推进,实有人口服务管理全覆盖体系一期基本建成。

四是党的建设得到新加强。深入开展形势政策巡回宣讲,学习宣传贯彻党的十八大和市、区党代会精神,全区上下投身转型发展的自觉性、主动性显著增强。创新干部教育培训方式,启动实施处级正职领导干部境外培训三年计划。加大竞争性选拔力度,面向社会公开选拔31名处级干部和120名科级干部,选人用人公信度和组织工作满意度大幅提升。顺利完成社区"两委"换届和村党组织换届选举,基层干部队伍结构不断优化。加强人才引进培养和服务保障,高层次人才聚集态势初步显现。巩固拓展创先争优成果,深入开展基层组织建设年活动,探索形成了党员"流动服务站"等一批党建工作创新品牌。健全廉政风险防控管理体系,重点加强处级正职领导干部和基层科队站所的党风廉政建设,严肃查处了一批重大违法违纪案件,干部群众对党委政府反腐倡廉的信心进一步增强。

二、准确把握形势要求,以更大力度把转型发展引向深入

认真学习好、贯彻好、落实好党的十八大精神,是当前和今后一个时期我们的首要政治任务。十八大报告用"四个着力"、"五个更多"概括了转变经济发展方式的基本要求,中央经济工作会提出要实现尊重经济规律、有质量、有效益、可持续的发展,为我们进一步推动昌平转型发展指明了方向。市委十一届二次全会强调首都转变经济发展方式的根本在于实施创新驱动战略,更加注重发挥中关村示范区的核心作用,对昌平的发展提出了更高要求。"十二五"以来,我们按照中央、市委指示精神,牢牢把握区域功能定位和发展的阶段性特征,坚持把转型发展作为中心任务,着力推动产业结构、增长动力、城市发展和社会管理"四个根本转变",区域发展的方向基本明确,路径更加清晰,基础不断巩固。

目前,昌平正面临着前所未有的历史机遇。按照国务院关于调整中关村空间规模和布局的批复,昌平园政策区面积从11.5平方公里扩大到51.4平方公里,南部地区整体纳入中关村核心区和北部产业带范围,在中关村"两城两带、一区多园"的发展格局中占据了更加突出的位置,承担着更加重要的功能。我们有责任、有条件,更要有信心、有举措,率先在落实创新驱动战略、转变发展方式上迈出更大步伐。当务之急就是要加快推进、系统推进、深入推进经济社会转型,奋力打开全区转型发展的新局面。我们必须看到,十八大和市党代会召开后,各区县都在竞相谋划发展,下一阶段的竞争势必更加激烈,留给我们发挥比较优势、抢占发展先机的时间十分有限。现在,昌平已经进入加快转型的"发射窗口",全区上下务必保持清醒的头脑,增强危机感、紧迫感,更加自觉地集中全部心思和精力,奋发进取,砥砺前行,全方位汇聚发展的正能量,以更大力度把转型发展引向深入。

做好当前和今后一个时期的工作,必须正确处理好三个方面的关系:一是处理好主与次的关系,坚持把科技创新作为驱动发展的主引擎,整合资源精心构筑、倾力打造,同时又要落实"双轮驱动"的发展要求,为科技创新、文化创新融合发展创造良好环境;二是处理好局部与整体的关系,坚持把"三城一区一基地"作为转型升级的主战场,集中力量加快建设、重点突破,同时又要梯次推进其它功能区建设,不断完善"两轴两带、三城多点"的总体布局;三是处理好近期与长远的关系,坚持瞄准制约转型的关键性问题,紧抓有利时机奋勇攻坚、全力冲刺,确保每年迈上一个新台阶,同时又要着眼区域发展的战略性目标,超前谋划,扎实推进,不断打牢建设现代化京北创新中心、国际科教新城的坚实基础。落实这样的要求:

——必须聚焦重点,加快打造转型的标志性载体。坚持资源整合、政策集成、资金聚焦,按照国内外一流水准,全力以赴推进"三城一区一基地"建设,集中打造一批标志性功能区、标志性优势产业和标志性重大项目,树立昌平转型发展的高端形象。

——必须加强统筹,奋力实现转型的整体突破。坚持全区一盘棋,在加快产业结构升级和城市发展转型的同时,更加注重生态文明建设、社会服务管理和文化传承创新,着力消除区域发展的短板,创造经济、社会、文化、生态与城市协同发展的新格局。

——必须创新机制,迅速推动各项工作进入良性循环。自觉站在服务转型发展的高度,勇于实践,大胆探索,不断增强工作的主动性、预见性、创造性,着力突破重点领域,打通关键环节,尽快在推进融资、拆迁、招商等方面拿出新办法、闯出

新路子。

——必须转变作风，以实干精神抓好各项任务的落实。落实“空谈误国，实干兴邦”的要求，彻底扭转说而不做、抓而不紧的不良风气，坚持少说多做、慎言敏行，埋头苦干与工作较劲，动真碰硬与结果叫板，不断推动转型发展取得实效。

三、突出重点狠抓落实，全力做好2013年工作

2013年是全面贯彻落实十八大精神的开局之年，也是昌平转型发展的突破之年。做好今年的各项工作，要认真贯彻落实中央精神和市委要求，紧紧围绕主题主线，坚持以提高经济增长质量和效益为中心，以“三城一区一基地”建设为抓手，稳中求进，开拓创新，全面加快转型升级步伐，着力在优化产业结构、完善城市功能、提升生态水平、推动文化发展、保障改善民生、创新服务管理等方面取得新突破，以经济持续健康发展、社会和谐稳定的优异成绩，向市委、市政府和全区人民交上一份合格的答卷。重点要抓好六方面工作：

（一）加快中关村核心区建设，推动经济发展方式转变

发挥投资的关键性作用。按照打基础、利长远、惠民生和避免重复建设的要求，积极争取市级资金支持，适度扩大政府融资规模，着力攻克前期手续难关，集中实施一批重点道路、环境建设和教育卫生基础设施项目，保持公共投资稳定增长。发挥大型央企、重点民企和上市企业相对聚集的优势，加强沟通联系，完善协调服务，确保重点功能区和重大产业项目投资力度不减，新项目及时落地开工，促进民间投资持续较快增长。着力推进商业布局调整和业态升级，抓好在建和新引进的大型商业设施建设，引导电子商务、服务外包等新兴业态集聚发展，培育一批拉动力强的消费增长点。

加快推进产业转型升级。通过抓大、助小、选优、引强，培育壮大产业集群，提升产业整体素质，进一步强化能源科技、高端装备制造和生物医药产业的支柱地位，扩大科技金融、科技商务、研发服务等产业发展规模，确保高技术产业和生产性服务业的比重逐年稳步提高。发挥首届北京农业嘉年华等大型活动的引领带动作用，促进都市型现代农业、旅游休闲产业向品牌化、特色化发展。大力实施“腾笼换鸟”，坚决清理退出低端产业，引导现有企业实施产业转换、退低进高。充分依托重点功能区建设和综合环境优势，面向国内外一流企业开展招商，加快引进一批行业领先、带动力强的规模产业项目。健全鼓励科技创新的政策体系和服务机制，更加注重发挥企业家才能，支持企业开展产品创新、品牌创新、产业组织创新和商业模式创新，着力增强创新驱动发展能力。

切实提高增长质量和效益。落实北部产业带的发展要求，瞄准到2020年形成万亿级产业收入的目标，进一步做大做强中关村昌平园的经济实力，确保园区总收入继续保持30%以上的年均增速，不断提高在中关村16个园区中的位次。紧抓机遇创造条件，吸引更多总部型、结算型央企项目落户昌平，迅速做大央企经济板块，力争使央企对财政收入的贡献两年翻一番。继续壮大科技型中小企业集群，推动优质企业上市。积极扶持小微企业发展，及时帮助解决企业面临的实际问题，进一步增加城乡就业岗位，促进居民收入与经济增长同步。

（二）坚持城镇化发展方向，着力完善城市功能布局

加快“三城一区一基地”建设。进一步强化政策统筹、项目调度，坚决完成科技商务区、沙河大学城、创新基地、昌平新城等重点区域的年度拆迁任务。全面推进各个重点功能区的市政基础设施和公共配套设施建设，促进产业、创新、商务、居住、文化等多元城市功能协调发展，确保满足入驻企业和项目的运行需求。适时推动未来科技城公共服务区、科技商务区核心区、昌平新城文化创意新区、海鹊落新都市中心等条件成熟的地块上市交易，加快引进和开工建设一批在国内外具有较大影响力的高端项目，确立“三城一区一基地”的整体形象，努力打造首都北部业城均衡、产城融合的现代化城市新区。

提高城市综合承载能力。针对城市发展转型的迫切需求，下大力气推进关键性基础设施建设。高效率完成线性工程拆迁占地任务，为轨道交通昌平线二期、地铁“昌八线”等重大项目实施创造良好条件。狠抓城市快速路、主干路和重点功能区联络线建设，大幅度提高平原地区的道路等级和路网密度，构建更加方便快捷的道路交通体系。着力强化城市服务功能，提高水电气热安全运行和服务保障水平。健全应急管理体系，加强对自然灾害、突发事件的预警，提高社会动员和应急处置能力。充分运用现代化科技手段，升级城市管

理系统,完善网格化管理模式,促进城市管理精细化、信息化、智能化。

推动城乡一体化发展。坚持按照集约、智能、绿色、低碳的要求,加快实施未来科技城"一城带两镇"发展战略,把小汤山、北七家打造成为宜居宜业、健康发展的新型城镇化试点。系统抓好城乡结合部拆迁改造过程中的农民转居安置、劳动力转移就业、社会保障衔接、配套设施建设等工作,有序推进农业转移人口市民化。继续保持拆违控违的高压态势,加大集体合同清理、土地租赁和巡查管控力度,严格问责追责,坚决维护城乡建设管理的环境秩序。加大农村各项事业投入,扎实推进新型农村社区建设试点。启动新一轮对口支山工作,着力打造延寿、流村、南口等特色沟域,促进山区农民增收致富。

(三)以改善民生和创新服务管理为重点,全面加强社会建设

提高群众生活品质。按照守住底线、突出重点的要求,进一步加强民生保障,促进公共服务均等化、优质化发展。底线是确保基本民生不出问题。要健全城乡社会保障体系,统筹推进养老保险、失业保障、医疗保障、社会救助等工作。扩大创业优惠政策覆盖范围,探索绿色就业"四化"建设试点,促进城乡群众稳定就业、持续增收。创新保障性住房建设模式,加大人才公寓建设力度,更好地服务高层次人才和低收入家庭。重点是引进和培育优质公共服务资源。要围绕建设首都教育发展新兴区,大力兴办开放式教育,加快名校分校区和示范校建设,推进中高职衔接改革试验,打造昌平优质教育品牌。要着力改进医疗卫生服务,力争使在建的三级医院两年内全部建成并投入使用,进一步健全公共卫生基础设施和服务体系,不断提高全民健康水平。

创新社会服务管理。健全实有人口服务管理全覆盖体系,加快实现对人口、房屋信息的动态掌控和综合利用。坚持以产引人、以业控人、以房管人、以服务凝聚人,促进流动人口总量控制、结构优化、管理创新、服务提升。深入推进东小口地区综合配套改革,探索建立特大型社区服务管理新机制,推动天通苑、回龙观居住区的服务管理与中心城区接轨。巩固社区规范化、村庄社区化建设成果,加快"六型社区"创建和"一刻钟社区服务圈"示范点建设。注重结合实际,加强分类指导,全面推进网格化社会服务管理体系建设。高度重视社会组织发育,通过政府购买服务、资助公益活动等方式,规范、引导和支持各类社会组织健康发展。

维护社会安全稳定。今年全区拆迁建设的规模更大,维护稳定的任务十分艰巨。要认真总结十八大安保工作的经验做法,坚持思想不松、标准不降、力度不减,加强信息研判和风险评估,及时消除各类隐患,扎实做好春节、全国"两会"等重要时段的维稳工作。深入开展矛盾大排查、纠纷大调解、积案大攻坚,坚决防止重大群体性事件发生。严格落实安全生产责任,加大食品药品安全监管力度,严防重特大安全事故和公共安全事件。要健全网络舆情引导机制,正面回应、妥善解决群众关切的焦点问题,形成与各类社会群体的良性互动,最大限度增加和谐因素,减少不和谐因素。

(四)树立生态文明理念,加快建设美丽昌平

积极争创国家环保模范城。要把生态文明理念和原则融入转型发展的全过程,摆在更加突出的位置。加快国家环保模范城创建步伐,深入推进清洁空气行动计划,狠抓大气污染防治,切实提高空气质量。加大清洁能源改造力度,突出抓好重点行业、重点工程、重点企业的节能降耗,坚决完成节能减排年度指标任务。集中开展水利工程建设大会战,抓紧完成河道清淤、水库除险加固、城区积水点改造等任务,全面提高防汛能力。巩固长效管控机制,扎实开展秩序净化、环境提升和痼疾顽症攻坚行动,着力解决群众身边的突出环境问题,塑造整洁干净的城市形象。

夯实生态建设的基础性工作。制定实施城乡风貌和大地景观规划,积极推动生态景观化、大地园林化。高质量完成平原造林年度任务,加强后期养护,形成景线连接、成带连网、独具特色的平原生态景观。高标准建设未来科技城滨水森林公园等一批集中展示生态风貌的景观亮点,打造舒适宜人、极具魅力的城市休憩空间。全面推进水环境治理和主要道路两侧绿化美化,建设更加优美的生态景观廊道。深入实施京津风沙源治理、森林健康经营等工程,加快构筑山区生态屏障。坚持以点带面,扎实开展环境优美镇、文明生态村创建工作,努力营造宜居宜业、群众满意的城乡环境。

大力弘扬生态文化。站在生态文明和可持续发展的角度,引导全区上下对生产生活方式进行全方位生态化改造。坚持集约发展,加强全过程

节约管理，不断提高能源、水、土地资源利用效益。加快推进阿苏卫循环经济产业园建设，加强垃圾综合治理，促进垃圾减量化、无害化、资源化。统筹规划提升东沙河水系空间环境，打造纵贯昌平新城南北的中轴生态文化景观带，让人们直观、切身地感受生态文化魅力。深入开展群众性生态文明创建活动，培育一批特色生态文化品牌，引导城乡居民养成低碳生活方式和消费习惯，让生态文明理念更加深入人心，为实现绿色发展奠定坚实基础。

（五）注重传承与创新，推动文化繁荣发展

增强区域文化认同。牢固树立“科教兴区、文化强区”的理念，突出抓好文化复兴和文化创新两大任务，努力打造历史文化体验之区、创新文化发展之区、生态文化示范之区三区融合的首都文化强区。系统梳理历史文脉，深入挖掘文化资源的内涵和价值，进一步找准昌平在首都历史文化谱系中的人文坐标，引导干部群众建立共同文化体认，增强归属感和向心力。发挥科教资源优势，推动科技与文化高度融合、协调发展，激发创意智慧，塑造城市精神，加快形成内涵丰富、特色鲜明、魅力彰显的区域文化品牌。要加强社会主义核心价值体系教育，用先进的文化、悠久的历史和美好的前景凝聚人激励人，为转型发展提供精神动力和文化支撑。

健全公共文化服务体系。落实“一心五团多支撑”发展规划，抓紧启动区博物馆、文化艺术中心等一批重点项目建设，打造具有唯一性和可识别性的文化新地标。抓好镇村文化设施建设，着力完善天通苑、回龙观等特大型社区的文化服务功能。加强空间文化标识规划与设计，全方位提升城市公共空间的视觉形象。大力推进文化惠民工程，深入开展公益性文化活动，创建一批群众性活动品牌。建设高素质文化人才队伍，实施文化精品战略，集中推出一批反映昌平人文精神的优秀文化作品。整合区属媒体平台，加强新兴媒体和网络文化建设，壮大主流舆论阵地，推进对内对外宣传的系统化、经常化，精心塑造昌平转型发展的新形象。

发展特色文化产业。以十三陵明文化景区为龙头，突出抓好汤泉古镇旅游文化产业功能区、郑各庄文化创意新村等一批特色文化创意园区建设，提升文化创意产业发展的规模化、集约化水平。加快博展联盟创新基地、北京奥莱欢乐城、华彬文化和平宫等项目建设，着力培育数字内容、创意设计、信息服务等新兴文化创意产业集群。发挥国际魔术大会的办会效应，积极发展魔术产业，努力打造“魔术之都”。加快国家大马戏院等项目规划建设的前期工作，吸引演艺、动漫等相关产业集聚发展。

（六）加大改革创新力度，营造充满活力的发展环境

着力破解融资瓶颈。要抓住中央提出今年适当扩大社会融资总规模的有利时机，全面整合国有资产，健全大型综合性投融资平台，大幅度提高融资造血能力。深化银政银企合作，提前搞好沟通对接，确保已签订协议的贷款资金及时足额到位。大力开展直接融资，在未来科技城公司发行企业债、私募债的基础上，努力推动更多符合条件的企业进入发债程序。积极探索 BT、BOT 等多种融资方式，有效整合利用保险机构、证券机构、社保基金以及民间沉淀的资金，多渠道保障重点功能区、重大项目建设的资金需求。要秉承集中财力办大事、少花钱多办事的原则，通过科学合理调度，加速资金运转，提高使用效率，有效降低融资成本。

打造高质量发展空间。要系统梳理拆迁、供地、配套设施建设等工作机制和流程，全面提高整合空间资源的效率和水平。加强工作调度，狠抓责任落实，坚决打赢结转项目扫尾的攻坚战。要主动适应新的形势要求，发挥基层组织的重要作用和村民自治优势，探索村集体自主拆迁的新模式，迅速打开新一轮拆迁工作局面。要完善土地储备开发工作机制，适时安排一批条件成熟的地块入市交易，努力在复杂变化的市场环境中谋求合理的土地收益。要切实抓好拟上市地块的配套设施和周边环境建设，创造有利于加快项目建设的基础条件。要积极探索区属企业闲置土地和农村集体建设用地的盘活利用措施，为产业发展和城市建设拓展新空间。

加快创新服务机制。强化大昌平意识，健全沟通联络和协调服务机制，进一步为驻昌央企、高校、部队和科研机构做好服务，全方位推动在地资源合作共享。完善区镇村三级服务网络，推动“一站式”服务向基层延伸，为企业和群众提供更加方便快捷的服务。继续减少和规范行政审批事项，加快政府办事节奏，有效缩短项目审批周期。统筹信息化基础设施建设与管理，推动电子政务互

联互通、资源共享。落实职责绩效管理办法,深入推进党务、政务公开,增强党委政府的执行力和公信力。

四、全面提高党的建设科学化水平,为转型发展提供坚强保障

做好今年各项工作,必须充分发挥党的领导核心作用,以学习贯彻党的十八大精神为核心,以提高党的建设科学化水平为主线,以改进工作作风为重点,积极推进学习型、服务型、创新型党组织建设,进一步把党的政治优势、组织优势转化为推动转型发展的强大动力。

(一)大力加强和改进党的领导。要紧抓发展第一要务,切实加强党对经济工作的领导,以更加宽广的视野和战略性思维谋划转型发展。坚持议大事、抓大事,经常研究经济发展、城乡统筹、生态建设、社会管理和民生保障的重大问题。要更加注重统筹协调,加强对“两轴两带、三城多点”建设发展的统筹,加强对重大项目、重大工程布局选址、规划设计的统筹,努力使全区发展更加协调有序。要按照总揽全局、协调各方的要求,坚持民主集中制原则,加强党对人大、政府、政协和群团组织的领导,大力支持人大、政协依法履职,充分发挥工会、共青团和妇联等群团组织的桥梁纽带作用,巩固发展新型军政军民关系,创造团结民主、生动活泼的政治局面。重点加强党的作风建设,深入开展以为民务实清廉为主要内容的群众路线教育,完善党员干部直接联系服务群众制度,加快转变文风、会风、学风和工作作风,以优良党风凝聚党心民心、带动政风民风。

(二)积极创建学习型、服务型、创新型党组织。深入学习宣传贯彻党的十八大精神,强化理论武装和党性教育,引导党员干部坚定理想信念,增强执政意识、大局意识和责任意识。要切实加强能力建设,着力提高全区各级领导干部把握和运用市场经济规律、自然规律、社会发展规律的能力,提高科学决策、民主决策、依法决策的能力,提高解决复杂问题、协调利益关系、做好群众工作的能力。要立足转型发展实际,进一步解放思想、大胆探索,深入研究创建学习型、服务型、创新型党组织的工作思路和具体措施,坚持以学习促创新、以服务促发展,切实提高各级党组织的凝聚力、战斗力和创造力。注重党建品牌带动,强化分类指导,及时总结推广典型经验,打造一批特色鲜明、作用突出、群众欢迎的党建工作品牌。

(三)进一步强化党组织的保障作用。围绕全区中心工作,更加有效地发挥各级党组织推动发展、促进和谐的关键性作用。要完善干部选拔任用、管理监督机制,突出在拆迁控违、项目建设、招商引资、安全稳定的主战场和第一线识别和考验干部,打造一支政治坚定、能力过硬的高素质执政骨干队伍。集成和创新人才政策,加快实施人才工程,努力把更多优秀人才凝聚到昌平发展的事业中来。积极推行公推直选、差额选举等制度,扩大党内民主,带动基层民主,确保实现村“两委”换届“两提高两降低”目标。完善联述联评联考机制,创新党组织设置和活动方式,探索构建区域化党建工作格局。

(四)深入推进反腐倡廉各项工作。加强对中央、市委关于改进工作作风、密切联系群众各项规定的监督检查,着力整治庸懒散奢等不良风气,坚决克服形式主义、官僚主义。严格落实党风廉政建设责任制,进一步健全覆盖全区的惩治和预防腐败制度体系。坚持开门抓廉政,发挥好民主监督、舆论监督的作用,确保权力在阳光下运行。全面加强廉政风险防控管理,抓好区级领导班子和领导干部自身的廉政建设,强化处级单位党政正职的监督管理和分权制约,深入推进基层科队站所反腐倡廉工作。扎实开展住房保障、教育、医疗等领域专项治理,严肃查办违纪违法案件,大力营造干部清正、政府清廉、政治清明的发展环境。

同志们,做好2013年的各项工作,意义重大、使命光荣。让我们紧密团结在以习近平同志为总书记的党中央周围,在市委的坚强领导下,开拓进取,扎实工作,加快推动经济社会发展深度转型,为建设现代化京北创新中心、国际科教新城作出新的更大贡献!

相关名词解释

一、三城一区一基地

是指未来科技城、沙河大学城、昌平新城、北京科技商务区、国家工程技术创新基地五个重点功能区。“三城一区一基地”是昌平区正在规划建设的产业功能区的代表,是昌平实现创新驱动的支撑平台、集聚高端要素的主要载体,也是全区大建设、大发展、大转型的重要标志。

二、国家环保模范城

是国家环保部根据《国家环境保护“九五”计划和2010年远景目标》而提出的,其标志为社会文明昌盛、经济快速健康发展、环境质量良好、资源合理利用、生态良性循环、基础设施健全、生活舒适便捷。昌平区于2009年启动国家环保模范城创建工作,目前,已编制完成总体规划和实施方案,水污染防治、大气污染防治、节能减排、生态环境保护、城市基础设施建设、环境管理能力建设6大领域69项工程启动率达91%。

三、四个根本转变

是指昌平区第四次党代会提出的,产业结构由房地产和制造业为主导向高新技术产业与生产性服务业融合发展转变;增长动力由扩大投资规模和增加资源消耗向依靠科技进步、劳动者素质提高和管理创新转变;城市发展由被动承接中心城区的功能辐射带动和要素梯度转移向产业功能区建设与城市功能开发联动、产业发展与城市建设融合转变;社会管理由政府管控为主向管控、服务和参与并重转变。

四、发射窗口

本意指发射航天器较为合适的一个时间范围,是根据航天器本身的要求及外部多种限制条件经综合分析计算后确定的。此处引申意为当前及今后一段时期,在各种外部因素、内生动力的相互影响和作用下,昌平正处于加快转型发展的最佳机遇期。

五、首届北京农业嘉年华

指按照"积极打造融合式发展第一品牌"的要求,拟于今年3月至5月,在昌平区草莓博览园举办的,以农业科技为支撑,以城乡居民参与互动为核心,将园艺景观、博览展示、创意体验、农事互动、农产品展销、狂欢娱乐、创意文化融为一体,展现北京农业新成果、京郊农村新风采、城乡和谐新生活的大型观光、品尝、体验、娱乐、购物活动。

六、海鶄落新都市中心

是北七家镇核心区重点规划开发的区域之一,位于未来科技城西侧,立汤路东侧,包括新都市中心建设区及海鶄落湖公园,功能以商业、办公、居住、文化、休闲娱乐为主,规划范围约273公顷,总建筑面积约143万平方米。

七、绿色就业"四化"

绿色就业指通过努力开发环境和生态保护、绿色产品生产服务、治理污染等领域的绿色岗位,促进城乡居民实现绿色岗位就业。"四化"指农民就业员工化、农业产业企业化、农村保障城镇化和城乡就业一体化,即通过促进绿色产业发展,提升绿色产业组织化程度,提高绿色从业人员就业质量和保障水平,有效推动农民就业从临时工向固定工转变,农村保障从无保障向有保障转变,农业生产从散户分散经营向企业集约经营转变。

八、城乡风貌和大地景观规划

指对昌平新城大地景观现状和发展趋势进行分析,通过案例和相关理论研究,结合已形成的昌平区城乡风貌规划研究成果,对昌平新城大地景观进行规划设计,按照点、线、面等景观要素构建昌平特色景观区。在把握大地景观宏观规划目标的基础上,进一步突出昌平大地景观整体特色,深入研究昌平各片区产业发展特点,深化重要交通廊道沿线景观规划研究成果,进一步研究人口、建筑密度及建筑高度的控制方法。

九、企业债、私募债

企业债指企业依法定程序公开发行,约定在一定期限内还本付息的有价证券。私募债指具有法人资格的非金融企业向银行或市场特定机构投资人发行债务融资工具,并在特定范围内流通转让。2012年,未来科技城公司申请发行规模不超过11亿元人民币企业债,全部用于定向安置房等项目建设;申请发行规模不超过20亿元人民币私募债,主要用于补充公司营运资金以及偿还债务。

十、BT、BOT融资模式

是政府利用非政府资金来开展基础设施建设的两种融资模式。BT(build - transfer)即"建设 - 移交",指政府通过契约形式,将拟建设的基础设施项目授予企业负责投融资和建设,并于建设期满后按等价有偿的原则向企业协议回购该设施。BOT(build - operate - transfer)即"建设 - 经营 - 移交",指政府通过契约形式,授予企业一定期限的特许专营权,许可其融资建设和经营管理特定的公用基础设施,特许期满后该设施无偿移交给政府。

十一、两提高两降低

是按照全市要求提出的我区农村"两委"换届选举的目标,即村党组织书记、村委会主任"一人兼"和村"两委"成员交叉任职的比例要高于本镇(街道)上届水平,大幅降低村委会主任不是党员的村所占比例,不出现村委会成员中没有党员的"白点村"。

北京市昌平区人民代表大会常务委员会工作报告

——在北京市昌平区第四届人民代表大会第三次会议上

北京市昌平区人大常委会主任 李福忠

(2013 年 1 月 18 日)

各位代表:

我受北京市昌平区第四届人民代表大会常务委员会的委托,向大会报告工作,请予审议。

2012 年工作回顾

2012 年,区人大常委会(以下简称"常委会")在区委的领导、市人大常委会的监督指导和全体代表的监督支持下,认真学习贯彻党的十七大、十八大精神,严格执行区四届人大一次会议决议,紧紧围绕全区科学发展大局,依法履行职能,切实加强代表工作,努力提高常委会自身建设水平,较好地发挥了地方国家权力机关的作用。全年共举行 7 次常委会会议,审议了 29 项议题,听取审议"一府两院"专项工作报告 11 项,向"一府两院"送达审议意见书 8 件;依法作出决议、决定 4 项;任免国家机关工作人员 58 人次,任命常委会各工作机构人员和人民陪审员 193 人次。

一、突出重点、完善方式,监督工作实效进一步增强

人大监督是代表国家和人民进行的最具法律效力的监督。常委会按照监督法要求,坚持"该做、能做,有用、有效"原则,把全区的中心工作、政府的工作重点和人民群众普遍关注的热点问题作为监督重点,深化对权力运行的监督,支持和督促"一府两院"依法行政、公正司法。

(一)加强财政监督,推进预算绩效管理

常委会牢牢把握"稳中求进"的总基调,强化对经济运行情况的监督,听取审议了区政府关于 2011 年度财政收支决算、2011 年财政预算执行和其他财政收支情况的审计工作、2012 年上半年国民经济社会发展计划执行以及 2012 年上半年财政预算执行情况的报告,作出了《关于批准昌平区 2011 年度财政决算的决议》。要求区政府抓好年度计划和预算的落实,充分认识转变经济发展方式的长期性和艰巨性,坚持稳增长、保民生,加快调整产业结构,着力提升经济发展的质量和效益。尤其要强化政府融资和举债管理,加快制定政府性债务管理暂行办法,完善债务偿还机制,有效防控财政风险。

常委会立足推进预算绩效管理,完善财政管理体制,提高财政资金使用效益,听取审议了区政府关于财政预算绩效管理工作进展情况的报告。要求区政府提高思想认识,强化绩效理念,切实将绩效管理贯穿预算编制、执行、监督的全过程;强化支出责任和绩效审计,逐步形成涵盖民生资金、环境建设、政府投资、社会保障、经济发展、公共资源等各方面的绩效审计体系,促进政府绩效管理目标的实现。

常委会对区政府落实农村集体经济产权制度改革专项工作报告审议意见情况进行了跟踪监督,要求区政府进一步深化农村改革,切实发展好、维护好、实现好农民的切身利益。

(二)关注城乡社会建设,推动民生事业发展

常委会把加强城乡基础设施建设、保障和改善民生摆在更加突出的位置,积极回应社会关切,着力推动人民群众最关心、最直接、最现实利益问题的解决。

道路建设和医疗服务质量与城乡居民生产生

活密切相关，倍受代表和人民群众关心。常委会分别听取审议了区政府关于全区道路建设和加强医疗服务质量管理情况的报告。要求区政府完善体制机制，明确部门职责，加强统筹协调，坚持高标准建设、高水平管理，完善路网整体功能，改善交通运营环境，增强全区道路和基础设施的承载力。进一步健全医疗服务质量监管体系，着力解决人才短缺和基层医护人员不足问题，大力实施医疗服务质量提高工程，进一步改善医疗服务设施和就医环境，努力为全区人民提供安全有效、方便价廉的医疗服务。

常委会听取审议了区政府关于农村集体土地集中租赁管护工作情况的报告。要求政府加强调查研究，逐步完善农村集体土地集中租赁管护的相关政策，加强集中租赁管护与土地利用总体规划及区域发展规划的协调衔接，建立责权对等的管理和实施体系，健全农村集体土地资源使用、租赁和管护机制，切实保障农村集体土地的合理收益和农民的切身利益。

常委会对区政府落实整治违章违法建设和拆迁、全区职业教育发展两个专项工作报告审议意见情况进行了跟踪监督。要求区政府坚决打击私搭乱建等违法行为，加快推进在拆项目进度，积极争取群众的理解和支持，全力做好滞留户工作；要进一步加大支持力度，促进全区职业教育持续健康发展，为调整产业结构和提升劳动力素质服务。

主任会议分别听取了区政府关于保障性住房建设、科学调控人口规模、老年人权益保障、民办教育发展和加快农业产业发展促进农民就业增收的报告，围绕保障人民群众利益，对相关工作提出了意见建议。

（三）强化监督司法工作，促进司法工作公平公正

执行工作是实现案结事了的最后关口，生效判决的执行效果直接关系法治权威。常委会听取审议了区人民法院关于学习贯彻社会主义法治理念规范司法行为促进执行工作良性循环的报告。要求法院进一步提高对执行工作的认识，树立“审执并重”思想，健全长效工作机制，加强对执行干警的教育培训，努力减少执行积案和涉诉涉法信访的发生，依法严惩拒执犯罪，切实解决执行难问题，树立司法权威，维护社会公平正义。

常委会听取审议了区人民检察院关于民事行政案件监督工作情况的报告。要求检察院进一步加大民行检察工作宣传力度，明确监督重点，不断完善监督机制，创新监督方式，形成监督合力，进一步提高民行检察工作水平。

主任会议听取了公安昌平分局关于干警队伍建设情况的报告，对加强队伍建设，强化监督管理，提升干警素质和工作水平，增强公共安全保障能力提出了建议。

常委会与市人大常委会联动，对《中关村国家自主创新示范区条例》的实施情况进行了检查。建议政府要加强对《条例》的宣传，强化部门联动和政策集成，着力破解影响《条例》实施的体制机制性障碍，促进核心区、示范区与周边地区协调发展；要进一步完善土地腾退流转机制和支持自主创新相关政策，强化土地的集约利用；要加强金融服务创新，健全信贷风险补偿机制，促进知识产权质押贷款等先行先试政策的落实。

二、严格程序、精心组织，圆满完成市人大代表选举工作

依法选举市人大代表是区人民代表大会的职权之一。2012 年是市人大换届之年，常委会及早开展调研，深入分析昌平的情况，结合我区经济社会发展的实际和人口状况，向市人大常委会提出相关建议和增加代表名额的请求。9 月份开始，按照市委文件精神和市人大常委会的决定，依法作出了关于召开区四届人大二次会议的决定，全力配合区委做好新一届市人大代表候选人初步人选推荐工作，精心筹备和组织召开了区四届人大二次会议。会议在区委和大会主席团的领导下，充分发扬民主，切实尊重代表的民主权利，充分协商，广泛听取意见，严格依法按程序办事，全体代表以饱满的政治热情和高度负责的精神，认真行使法定职权，依法选出昌平区出席北京市第十四届人民代表大会代表35 名，为保证市级国家权力机关依法履行职责，也为全面准确表达昌平人民意愿、维护昌平人民利益、代表昌平人民参加全市各项事业管理，更好地发挥人大制度的优势和作用，推进首都和昌平各项建设奠定了基础。

三、深化认识、落实机制，不断加强和改进代表工作

常委会不断完善并落实代表工作机制，深化发挥代表作用主题活动，加强履职服务体系建设，努力提高代表工作水平。

（一）深化人大制度认识，扎实开展主题活动

常委会突出代表工作的基础性作用和届首之

年的特点，通过区、镇联动，加强学习培训，强化履职实践，深入开展了“深化人大制度认识，增强代表职责意识”主题活动。采取多种形式组织代表学习宪法、地方组织法、代表法和人大制度理论，开展了人大制度理论知识答题活动，有995名区、镇人大代表和人大干部参加，参与率达96%。在此基础上，由17个镇（街）人大组队，举行了人大制度理论知识竞赛，区电视台进行了全程录播，在全区产生了很好的宣传效果。主题活动中，代表在加强学习、提高认识的同时，深入走访和联系选民、征集和反映群众意见、积极参加视察检查和调研等履职活动。主题活动领导小组及办公室注重与镇（街）人大的联系和沟通，定期听取进展情况汇报，加强组织指导。通过主题活动，深化了代表对人大制度性质内涵的认识，增强了法律意识和履职的积极性、自觉性，进一步激发了代表发挥作用的内在动力。

（二）重视议案建议工作，提高督办质量效果

常委会坚持议案、建议督办工作机制，突出办结率和代表满意度，不断增强督办工作的主动性、针对性和实效性。主任、副主任分头对13件建议的办理情况进行了重点督办。强化了常委会有关工作机构、区政府督查室、各承办单位和提建议代表之间的联系沟通，组织召开各种座谈会、协调会、代表与承办单位的沟通见面会，随时掌握建议的办理情况和代表对办理工作的意见。6月初，组织部分代表与区政府及主要承办部门进行了座谈，听取了办理进展情况汇报，进一步征求了代表意见。6月中旬，组织常委会委员和部分代表对办理工作进行了集中视察。7月份，专题听取审议了区政府关于办理代表建议工作情况的报告，督促政府和承办部门切实抓好办理方案的落实。区四届人大一次会议代表提出的243件议案、建议，当年办结122件，办结率50.4%。闭会期间，代表提出建议27件，接待群众来信来访375件次，常委会工作机构及时转交有关单位办理，并督促抓好办理意见的落实。

（三）搭建服务保障平台，促进代表依法履职

坚持常委会主任、副主任联系镇（街）人大，委员联系基层代表制度，进一步密切与代表的联系；加强对镇（街）人大工作的指导，不断丰富代表小组和联组活动的内容和方式；积极组织代表参加座谈调研和视察检查活动，邀请代表列席常委会会议，组织农村代表小组围绕“三农”工作开展调查研究。全年邀请代表参加常委会各项活动850人次，进一步扩大了代表对常委会工作的参与。积极为代表知情知政、依法履职，创造条件、提供服务。坚持为代表订阅《中国人大》、《北京人大》和《昌平周刊》，定期寄送《昌平人大信息》；加强人大网站管理、调整栏目设置、及时更新内容，全年共上传和更新网站内容360余条。8月份，组织召开了全区经济社会发展形势报告会；10月份，组织代表参与了区政府2013年为民办实事项目征集活动；12月份，结合会前代表活动，对2012年重点工程建设情况进行了视察。

常委会认真做好市十三届人大昌平团的各项工作，全面总结了过去五年昌平团的履职情况，组织代表积极参加市人大常委会的各项活动，认真组织开展代表年中集中活动，丰富活动内容，进一步加强了市人大代表与区、镇人大代表的联系。

四、夯实基础、提升水平，切实加强常委会及机关自身建设

常委会立足届首之年工作特点，努力适应新形势对人大工作的新要求，重视并加强常委会及机关自身建设，夯实工作基础，提升常委会依法履职水平和机关服务保障能力。

不断加强思想建设。通过举办人大干部培训班、集中学习人大制度理论和知识答题等活动，引导教育组成人员和机关干部深入学习贯彻党中央和市委的有关精神，不断深化对人大制度性质和内涵的认识，明确政治方向，强化理论功底，提升法律素养。党的十八大闭幕后，对十八大报告和会议精神，特别是关于民主政治建设的内容进行了认真学习，增强做好人大工作的责任感和使命感，进一步提高组成人员和机关干部的履职水平和综合素质，为做好人大工作打牢思想理论基础。

不断加强作风建设。坚持把调查研究作为履行职能、开展工作的必经程序，紧紧围绕常委会的工作重点和全区工作大局以及人民群众普遍关注的热点开展调研，全年共形成调研报告15篇；坚持把依法按程序办事作为工作的根本准则，规范常委会履职和议事程序，进一步提高常委会工作的规范化水平，制定了补选区、镇两级人大代表试行办法；坚持把严谨、务实、高效作为对工作的基本要求，坚持“会议质量在会前，会议实效抓会后”；坚持把代表和维护最广大人民群众的根本利益作为工作的出发点和落脚点，坚持民主决策、科学决策，广泛集中民智，充分反映民意，使人大工

作更加体现人民群众的愿望和要求。

不断加强机关建设。深入开展创先争优活动，大力推进学习型、服务型、效能型机关建设，常委会机关工作班子、服务班子的作用进一步加强。注重发挥常委会各工作机构的职能作用，强化机关内部管理和干部队伍建设，以制度规范机关各项工作，不断强化干实事、讲团结、创一流的工作氛围。重视并加强人大信息和宣传工作，围绕人大制度建设、监督和代表工作，加大媒体宣传力度，进一步提升人大工作在全社会的认知度和关注度。

各位代表，过去一年常委会工作取得的成绩，是区委正确领导的结果，是全体代表和常委会组成人员辛勤工作、共同努力的结果，是“一府两院”协同配合、密切合作的结果，也是全区广大人民群众、社会各界积极参与、大力支持的结果。在此，我谨代表区人大常委会，向所有关心、支持人大工作的同志们、朋友们，表示衷心感谢和崇高敬意！

各位代表，我们深知常委会工作与广大人民群众和代表的要求还有很大差距，主要是，监督工作的方法需进一步改进、监督实效需进一步增强；代表工作需进一步加强、代表的主体作用需进一步发挥；常委会组成人员的能力素质需进一步提高、机关工作人员的作风需进一步改进。这些问题要在今后工作中逐步加以解决。

2013 年的主要任务

2013 年，是深入学习贯彻党的十八大精神的重要一年，也是全面实施“十二五”规划的关键一年。常委会要高举中国特色社会主义伟大旗帜，以邓小平理论、“三个代表”重要思想和科学发展观为指导，以学习贯彻党的十八大精神为动力，在区委的领导下，依法行使职权，突出工作实效，加强代表工作，强化自身建设，为推动全区各项事业科学发展做出新贡献。2013 年，将重点做好四个方面的工作：

一、深入学习贯彻党的十八大精神，进一步坚定人大工作正确的政治方向

党的十八大是在我国进入全面建成小康社会决定性阶段召开的一次重要会议。深入学习宣传贯彻落实好十八大精神是当前和今后一个时期全党全国各族人民的中心工作。区人大常委会要按照中央、市委和区委的统一部署，学习和掌握十八大提出的一系列新论断、新部署和新要求，深入领会十八大报告关于“必须坚持党的领导、人民当家作主、依法治国有机统一，以保证人民当家作主为根本，以增强党和国家活力、调动人民积极性为目标，扩大社会主义民主，加快建设社会主义法治国家，发展社会主义政治文明。”“要更加注重健全民主制度、丰富民主形式，保证人民依法实行民主选举、民主决策、民主管理、民主监督；……要更加注重发挥法治在国家治理和社会管理中的重要作用”等论述的深刻内涵，通过培训班和专题讲座等形式，加大对组成人员、人大代表和人大干部培训力度。4 月份举办全区人大干部培训班，8 月份举办人大代表培训班，重点学习和领会十八大报告，全面准确地把握报告的精神实质和重点内容，深刻理解高举中国特色社会主义伟大旗帜的重大意义，明确“五位一体”建设的总体部署和目标任务，用报告精神统一思想和行动，进一步坚定人大工作正确的政治方向，增强坚持人民代表大会制度的自觉性，凝聚全区人民的智慧和力量，为昌平加快建设京北创新中心、国际科教新城提供制度支持和法治保证。

二、进一步加强监督工作，不断增强监督工作实效

常委会要围绕全区长远发展的大局和人民群众关注的热点难点问题，加大监督工作力度。2013 年，将听取审议“一府两院”的 11 项专项工作报告，开展 6 项跟踪监督，安排主任会议听取“一府两院”的 5 项工作报告。

（一）关注计划预算执行，促进经济运行质量全面提升

常委会将听取审议区政府关于“十二五”规划实施情况的中期评估报告，全面了解规划实施和各项目标任务的完成情况，根据形势发展的实际需要，对规划内容的调整和推进规划实施提出建议，进一步增强规划的科学性、稳定性和执行力。听取审议区政府关于政府融资管理使用情况的报告，督促政府科学掌控融资规模、评估偿还能力，强化融资管理，提高融资使用效率。听取审议区政府关于 2012 年度财政收支决算、2012 年预算执行和其他财政收支情况审计工作以及 2013 年上半年国民经济社会发展计划和财政预算执行情况的报告。加强预算资金监督，强化绩效管理，增强计划和预算的约束力，保证大额资金使用安全，努力推进对政府全口径预决算的审查和监督工作，提高经济运行质量，促进全区经济社会又好又快

发展。将对区政府落实预算绩效管理工作报告审议意见情况进行跟踪监督,继续推进预算绩效管理工作。

(二)关注城建和民生工作,保障和维护群众利益

常委会将听取审议区政府关于全区建筑工程质量监管情况的报告,全面了解我区建筑市场和区政府贯彻落实建设工程质量管理条例情况,督促政府及有关部门进一步完善建筑质量监管体系,强化队伍建设,落实监管措施,确保工程质量。听取审议区政府关于实施名师工程情况的报告,督促政府及职能部门进一步完善名师的培养和引进机制,强化师资队伍的科学化管理,为整体提升基础教育质量、加快培育一流教育品牌奠定人才基础。听取审议区政府关于实施平原造林与保障农民利益情况的报告,督促政府综合考虑土地的级差和区位等因素,完善相关政策,加强后期管护,保证有限的土地资源得到充分利用,确保土地收益和农民收入不受影响。常委会将对区政府落实农村集体土地集中租赁管护、加强医疗服务质量管理和道路建设三个专项工作报告审议意见情况进行跟踪监督,推动相关工作的开展。

主任会议将听取区政府关于失地农民再就业、全区土地资源利用和保护工作、基层文化人才队伍建设和公共体育场地设施建设与管理情况的报告,对政府相关工作提出意见建议。

(三)加强法律监督,努力营造良好的法治环境

2013年是"六五"普法的中期检查验收年。常委会将听取审议区政府关于"六五"普法规划实施情况的报告,全面了解规划的实施和常委会相关决议的落实情况,督促政府查找薄弱环节,完善工作措施,增强普法工作实效,为确保规划目标的实现奠定基础。常委会将对区法院落实学习贯彻社会主义法治理念加强执行工作专项报告、区检察院落实民事行政检察工作专项报告审议意见情况进行跟踪监督。

主任会议将听取区法院关于强化立案管理提高司法效率与公正的报告,针对立案工作中存在的问题提出建议。

此外,常委会还将围绕全区工作大局,对经济社会发展中具有全局性、长远性、根本性的问题,依法适时作出决议、决定,确保区委重大决策部署的贯彻实施。坚持党管干部和人大依法任免的统一,严格依法做好人事任免工作。

三、深化主题活动,进一步加强代表工作

切实尊重和体现代表的主体地位,扎实开展"深化人大制度认识,强化代表主体意识"主题活动,加强学习培训,深化代表对人大制度的认识和理解,增强代表人民当家作主的主体意识,不断提高代表的政治素质、法律水平和履职能力。坚持常委会统一负责,镇(街)人大为工作基础,代表联络室综合协调,各工作机构密切配合的代表工作格局。重视闭会期间的代表活动,密切常委会与代表、代表与选民的联系,拓宽代表知情知政渠道,扩大代表对常委会工作的参与。全面落实代表执行职务的各项保障措施,把代表履职的积极性保护好、引导好、发挥好。重视并加强代表议案、建议督办工作,完善工作机制和程序,切实提高督办工作的质量和实效。进一步加强对镇(街)人大工作的指导,密切各级人大代表之间的联系和沟通,拓宽代表反映意见建议的渠道。

四、加强常委会及机关自身建设,提升工作和服务水平

深入学习贯彻党的十八大精神,进一步加强常委会组成人员和机关干部队伍的思想政治建设,用中国特色社会主义理论体系武装头脑,不断增强做好人大工作的自觉性和责任感。切实加强政治理论、法律法规和人大业务知识学习,牢固树立大局观念、法治观念和群众观念,提高依法履职、促进发展、服务群众的能力。立足人大工作的特点和优势,坚持依法履职与突出实际效果的统一,不断完善工作方式,始终保持与人民群众的密切联系,重视并加强人大信访工作,使人大各项工作更好地顺应民心,反映民意,贴近民生。进一步夯实基础工作,深入开展调查研究,健全完善常委会行使职权的工作规则和制度,促进人大工作制度化、规范化和科学化。进一步加强和改进人大宣传工作,广泛宣传人大制度和人大工作。

各位代表!人大工作的使命光荣艰巨,人民群众的期望殷切厚重。让我们在区委的领导下,深入学习贯彻落实党的十八大精神,同心同德,开拓创新,锐意进取,扎实工作,努力开创全区人大工作新局面,为加快建设现代化京北创新中心、国际科教新城,为全面建成小康社会而努力奋斗!

北京市昌平区人民政府工作报告

——在北京市昌平区第四届人民代表大会第三次会议上

北京市昌平区人民政府区长　金树东

（2013年1月17日）

各位代表：

现在，我代表昌平区人民政府，向大会报告工作，请予审议，并请各位政协委员提出意见。

一、过去一年工作回顾

2012年是新一届政府履职的第一年，是贯彻落实区第四次党代会精神、推动昌平转型发展的起步之年，也是全区上下以扎实工作和优异成绩迎接党的十八大胜利召开之年。在市委、市政府和区委的坚强领导下，在区人大、区政协的监督支持下，区政府团结和依靠全区人民，牢牢把握主题主线要求和“稳中求进”的总基调，积极应对复杂严峻的宏观形势，全力以赴稳增长、转方式、调结构、惠民生、保稳定，较好地完成了区四届人大一次会议确定的目标任务。

——经济平稳较快增长。地区生产总值预计实现500亿元，增长10%。区域税收和公共财政预算收入分别完成185.4亿元、52.2亿元，增长15.3%和15.1%。全社会固定资产投资、社会消费品零售额预计分别完成490亿元、280亿元，增长18.8%和12%。

——结构调整初见成效。三次产业比例调整为1.8∶46.2∶52。高技术产业和生产性服务业增加值占地区生产总值比重分别提高到12%和21%。旅游经营收入预计增长15%，保持京郊首位。规模以上工业总产值预计增长8%。“一花三果”年收入突破7亿元。万元地区生产总值能耗、水耗分别下降4.5%、9.3%。

——创新驱动作用显现。中关村昌平园总收入突破两千亿元大关，预计达到2150亿元，增速连续三年超过40%，占中关村示范区的比重提高了近一倍。技术合同成交额、专利授权量保持全市前列，万人发明专利拥有量达到11件。市场主体数量超过11万户，跃居城市发展新区首位。

——民生福祉稳步提升。城镇居民人均可支配收入和农民人均纯收入分别达到29938元和14967元，增长8.2%和11.4%。城镇登记失业率控制在1.95%。社会保障覆盖人群扩大到182.9万人次。就业、社保、教育、卫生、文化、体育等民生领域投入累计达到52.6亿元，增长11.9%。

围绕转型发展，一年来主要抓了五个方面工作：

（一）大力整合空间资源，城乡发展格局进一步完善

根据国务院关于调整中关村空间规模和布局的批复精神，昌平园政策范围由原来的11.5平方公里增加到51.4平方公里，成为中关村面积第三大园区。坚持以规划调整争取空间，已累计将约10平方公里住宅用地调整为科研和产业用地。坚持以加快拆迁拓展空间，扎实推进38项年度拆迁项目，拆迁建筑面积68.3万平方米。落实土地储备开发投资70亿元，完成土地开发面积492公顷。坚持以腾退低端产业盘活空间，集中开展“一查处三治理”专项行动，拆除违法建设102.3万平方米，土地卫片执法取得明显成效，煤炭储运、盗采砂石、再生资源回收等侵占浪费土地资源的顽症痼疾得到了有效遏制。乘势加快重点功能区建设，未来科技城主要基础设施完成总工程量的70%，公共服务区招商全面启动，3家央企项目一期工程投入运行，城市形态初步形成；北京科技商务区（TBD）的土地一级开发、规划方案国际征集、产业发展行动计划编制等工作有序开展，国家知识产权园区、创业板上市企业总部基地等首批项

目已确定入驻；沙河大学城外交学院新校区按期开学，北京邮电大学新校区如期开工；昌平新城1.37平方公里的文化创意新区具备启动条件；国家工程技术创新基地的入驻项目和配套设施建设取得实质进展；国家现代农业科技城昌平园、十三陵明文化景区、北汽福田新能源汽车产业基地等园区规划建设按计划实施。创新园区集约化、集群化发展模式，打造了北医健康产业园、北控宏创科技园、京昌高科技信息产业园等一批特色专业园区。统筹城乡、区域协调发展，城乡结合部重点村城市化工程进展顺利；东小口地区行政区划调整基本完成，3个新设街道办事处正式挂牌；南口新型农村社区试点建设稳步启动。着力抓好农转居工作，安置率高于全市平均水平。集体土地确权登记颁证如期完成，实施了2.8万户农宅抗震节能改造，重点沟域规划建设和对口支山工作正在扎实推进。

（二）着力集聚高端要素，转型升级动力进一步增强

坚持把打造招商亮点作为推动产业转型升级的重要抓手，新引进企业372家、注册资金180.5亿元，分别增长75.8%和95.8%。重点围绕三大先导产业引进企业176家，注册资金占到总量的50.2%，其中科技金融类企业达到41家。赴香港、新加坡、马来西亚等地成功举办了投资推介活动，与招商局集团、香港置地集团等一批知名企业达成了合作意向。着力促进文化、旅游、商贸等产业融合发展，重点推动了京能集团北京奥莱欢乐城及华彬集团和平宫、长城国际名品购物中心等一批高端综合型项目，呈现集群发展态势。成功举办首届中国北京国际魔术大会，国家大马戏院落户昌平。集中推进35项年度重大工业项目，中国石油科技创新基地、中国移动国际信息港一期投入运行，福田发动机技改工程、修正医药科技产业基地等项目主体完工。第七届世界草莓大会圆满成功，大幅提升了昌平都市型现代农业的发展水平和品牌影响。抓大助小策略成效显著，新引入中国移动终端公司、神华物资集团公司、昆仑能源公司等22个央企项目；新增3家上市企业和3家“新三板”企业，全区现已汇集32家央企设立的121家公司和分支机构，累计培育上市企业19家。科技创新潜力逐步释放，6家大学科技园区已吸纳创新型企业107家，国家蛋白质科学基础设施北京基地、北京通用航空产业园激光成形研发生产基地启动建设。加强全市人才工作试点区建设，新引进各类高级人才76人，辖区聚集的“千人计划”入选人才已有147位。国有经济加快转型升级，启动了南口地区3家区属国企的土地资源整合，成功实施了鹿牌公司、红冶钢厂的产能战略性调整。

（三）切实优化发展环境，区域竞争优势进一步凸显

全力做好党的十八大环境综合整治工作，轨道交通昌平线及西环路、回龙观西大街等16个环境建设项目全面完工，顺利通过了国家卫生区复审。扩大平原生态景观廊道建设成果，平原地区造林工程新增森林面积3.5万亩，形成了首都文化林、志愿林、将军林、青年林等一批生态景观亮点。京津风沙源治理、温榆河水系治理持续推进，未来科技城滨水森林公园开始施工，东小口森林公园二期、半截塔郊野公园按期开园，收缴代征绿地110公顷。累计创建市级环境优美镇10个、生态村193个。着力提高城市承载能力，轨道交通昌平线二期项目正式启动，53条道路实现开复工，集中推进了回南北路、回昌东路等13条重点道路系统建设，南丰路、北环路东延一期等项目竣工通车。圆满完成陕京三线、京包高速二期等国家和市级重大工程保障任务。今冬明春水利工程建设大会战全面打响。郝庄供热厂、百善再生水厂、八仙庄变电站及牛湾永久性外电源投入使用，新城东区供热厂、霍营变电站等项目开工建设。城乡信息化水平不断提高。节能减排完成年度任务，启动了以PM2.5为重点的新一轮大气污染治理。

（四）积极创新社会管理，安定和谐局面进一步巩固

完善就业创业服务体系，绿色就业工作走在全市前列，荣获北京唯一的“国家创业型城市”称号。加强社保制度整合衔接和服务创新，城乡低保标准和各类保险待遇水平进一步提高。社会慈善、社会救助深入开展。养老助残“九养”政策全面落实。“名校名师”工程取得新进展，首师大回龙观育新学校正式开学，未来科技城北师大附属学校开工建设。新增幼儿园学位2000个。面向全区中小学教师的“7件实事”正逐步兑现。医药卫生体制改革深入推进，积水潭医院回龙观院区即将开诊营业，区医院综合病房楼投入使用，华一医院、区中医院晋级三级医院行列。昌平历史文

脉梳理工程全面展开。出台了全民健身实施计划。153件为民办实事项目全部完成,保障性住房建设超额实现年度计划,通过实施老旧小区综合改造、农民免费健康体检、社区蔬菜连锁直营店建设、电动出租车示范运营等惠民工程,解决了一批群众关心关注的热点问题。在全市率先整建制实施了实有人口服务管理全覆盖体系建设。东小口、回龙观网格化管理分中心建成启用。社区规范化、村庄社区化持续深入,新建成31个老旧小区综治维稳分中心、124个农村社区服务站。创建"六型社区"扎实推进。第八届社区居委会换届顺利完成。坚持动员全民参与十八大安保维稳,圆满实现了"大事不出、小事也不出"的目标。妥善应对了"7.21"特大暴雨、"11.3"强降雪自然灾害,确保了人民群众生命财产安全。人口计生、妇幼、档案、民族、宗教、侨务、民兵预备役等工作进一步加强。"六五普法"扎实开展。全国双拥模范城"八连冠"创建工作全面启动,军地共建不断深入,驻昌部队在重大活动举办、重大工程建设等方面发挥了重要作用。

(五)强化政府自身建设,政务服务环境进一步改善

坚持依法行政,自觉接受区人大依法监督、工作监督,主动加强与区政协的沟通联系,广泛听取各方面意见,有力促进了政府工作。承办的市、区258件人大代表建议和148件政协委员提案全部按时办复。优化行政资源配置,未来科技城管委会、沙河大学城管委会正式成立,调整组建了公租房管理中心、房屋征收事务中心等一批机构。完善综合行政服务中心、公众服务呼叫中心的运行机制,积极推行对驻昌央企、高校院所和部队的"一对一"协调服务,建立了义务人民建议征集员队伍,服务群众、企业和驻昌单位的能力不断提高。更加注重改革创新,组建了大型综合性投融资平台,创新了村集体委托贷款、结构化融资和发行企业债、私募债等新模式,建立了金融人才联席会议等新机制,全年累计融资134.9亿元,政府债务风险处于可控水平。集中出台了科技商务产业"1+4"政策体系、农业产业"1+14"政策集成等一批文件。全面开展政府绩效管理,政府信息公开、廉政建设和公务员队伍建设等工作不断加强。成功举办了温泉文化节、苹果文化节及第二届环北京职业公路自行车赛等大型活动赛事,借助京港洽谈会、京交会、科博会、文博会、金博会等平台广泛宣传和推介昌平,极大提升了城市影响力和美誉度。

各位代表:过去一年取得的成绩实属来之不易,这是市委、市政府和区委坚强领导的结果,是全区人民团结拼搏、社会各界鼎力支持的结果。特别是在党的十八大服务保障及迎接国家卫生区复审、举办世界草莓大会、国际魔术大会等一场接一场硬仗中,全区上下齐心协力、无私奉献,收获了丰硕成果,赢得了各方赞誉。在此,我代表区政府,向全区人民,向区人大代表、政协委员,向各民主党派、人民团体,向广大驻昌中央、市属单位、高校院所、驻军部队和入区企业,向所有关心、支持和参与昌平发展的各界人士,表示衷心的感谢并致以崇高的敬意!

回顾工作的同时,我们也必须看到,当前国内外经济运行不平衡、不确定、不稳定因素依然较多,昌平自身仍处于负重、爬坡、阵痛的转型时期,发展中还存在一些不容忽视的问题。主要是:产业转型升级正在攻坚阶段,拓展空间、融资投资、项目落地等发展瓶颈尚未彻底破解,转变经济发展方式任重而道远;社会事业和公共服务欠账较多,距离人民群众对优质教育、医疗、文化等方面的实际需求还有不小的差距;城市功能品质亟待提升,生态环境和基础设施建设任务还相当艰巨,"打非治违"必须常抓不懈;政府部门作风和服务还不能很好地适应形势要求,优化发展软环境需要下更大功夫。对此,我们既要勇于直视,又要满怀信心,研究采取更加有力有效的措施加以解决。

二、扎实做好2013年工作

今年是全面贯彻落实党的十八大精神的开局之年,是实施"十二五"规划承前启后的关键一年。纵观当前形势,党的十八大勾画了在新的历史条件下全面建成小康社会、加快推进社会主义现代化、夺取中国特色社会主义新胜利的宏伟蓝图;市第十一次党代会明确提出了建设中国特色世界城市的奋斗目标,赋予了昌平一系列新的使命和职责,给予了更多的期望和关怀;昌平作为中关村核心区和北部产业带的重要组成部分,自身转型发展的实践不断深入,产业发展方向已经明确,重点区域规划基本稳定,政策环境有利向好,功能区多点崛起态势初步呈现,创新潜能即将开始释放。总的来看,历史机遇垂青昌平,各方目光聚焦昌平,高端要素汇集昌平,推动大建设、大发展、大转型正当其时、时不我待。我们一定要乘势而上、借

势发力，落实“空谈误国，实干兴邦”的要求，以奋发有为的精神和倍加努力的工作，加快推进、系统推进、深入推进经济社会转型，全方位汇聚发展的正能量，奋力打开全区转型发展的新局面。

今年政府工作总的要求是：认真贯彻落实党的十八大和中央经济工作会议精神，按照市委、市政府和区委的决策部署，紧紧围绕主题主线，坚持以提高经济增长质量和效益为中心，以“三城一区一基地”建设为抓手，稳中求进，开拓创新，扎实开局，全面加快转型升级步伐，着力在优化产业结构、完善城市功能、提升生态水平、推动文化发展、保障改善民生、创新服务管理等方面取得新突破，确保经济持续健康发展、社会和谐稳定，为建设高端引领、创新驱动、绿色发展、开放包容的京北创新中心、国际科教新城奠定更加坚实的基础。

今年全区经济社会发展的预期目标是：地区生产总值增长10%左右；公共财政预算收入增长10%以上；城镇居民人均可支配收入和农民人均纯收入分别增长8%和9%左右；城镇登记失业率控制在2%以内；节能减排指标达到北京市总体要求。

围绕以上目标任务，我们将重点抓好五个方面工作：

（一）以提高经济增长质量和效益为中心，加快产业转型升级，促进经济持续健康发展

构建现代产业发展新体系。制定实施进一步加快产业转型升级的意见，提高招商选资的系统性、针对性和吸引力，培育壮大高端产业集群，着力打造以战略性新兴产业为引领、高新技术产业和现代服务业为主导的现代产业体系。依托未来科技城、国家工程创新基地等平台，吸引更多央企项目和上下游关联企业落户，逐步使昌平成为战略性新兴产业的策源地之一。加快实施中关村昌平园的“腾笼换鸟”，推进存量产业置换升级，积极引入优质高端项目，持续提升高新技术产业的总量和质量。以三大支柱产业为重点，全力抓好中国石油科技创新基地、中国移动国际信息港、三一北京制造中心、新时代科研基地等重大项目的建设和运营，进一步扩大高新技术产业占工业的比重。坚持职住平衡、产城融合，以未来科技城公共服务区、北京科技商务区（TBD）核心区为突破点，统筹整合新城东区地铁上盖配套物业、海鹊落新都市中心等空间资源，继续面向国内外定点定向招商，加快推动土地上市交易，引入并启动一批具有较大影响力的项目，形成高端生产性服务业和新兴生活性服务业加速聚集态势。持续打造“一花三果”特色产业、国家农业科技城昌平园两大品牌，高标准办好首届北京“农业嘉年华”，积极引入高科技农业项目和高附加值加工项目，促进农业与二三产业融合，进一步提升都市型现代农业的发展质量和科技含量。

增强创新驱动发展新动力。强化企业创新主体地位，促进科技与经济紧密结合，加快构建产学研用一体化区域创新体系。抓紧启动未来科技城科研成果转化基地建设，做实中科创新园、北京通用航空产业园等载体，着力推动符合区域产业定位的科技成果就地转化。坚持不为我有、但为我用，鼓励企业建设工程研究中心、工程实验室和技术中心，深化与驻昌高校、科研机构的交流合作，提高大学科技园区、科技企业孵化器发展水平，办好“科技成果大集市”等平台，尽快把创新要素转化为发展优势。全力服务保障好北科大国家材料服役安全科学中心、国家蛋白质科学基础设施北京基地等重大科技项目。积极迎接全国科技进步示范区验收，健全知识产权综合服务体系，深入开展科普惠民工作，不断激发全社会创新热情。落实中关村人才特区13项特殊政策，建好全市人才工作试点区，依托重点功能区广泛吸引海内外高级人才，统筹抓好各级各类人才队伍建设，努力帮助人才解决住房、户籍、子女就学等实际问题，着力打造京北高端人才聚集区。

激发各类市场主体新活力。立足昌平发展实际和特色，更加坚定地实施抓大助小策略。深化央地合作，坚持一企一策，逐一梳理并落实与央企签订的战略合作协议，重点从聚集央企实体性经营项目、争取央企新发展业务总部、培育央企产业链集群、承接央企创新成果转化四个方面入手，加快打造央企经济增长极。继续支持三一集团、北汽福田、诺华制药等龙头企业在昌平做大做强。用足用好中关村先行先试、科技商务“1+4”和支持中小微企业发展等政策措施，完善科技金融、科技中介等服务体系，全力帮助企业稳定生产经营、提升创新能力，持续推动一批具备条件的企业上市发展，打造更具影响力的昌平科技型中小企业集群，进一步提高非公有制经济发展水平。

大力推动城镇化和城乡一体化。统筹各级征地拆迁政策，积极开展村集体自主拆迁试点，以更大决心、更大力度，坚决完成重点功能区年度拆迁

任务，尽快把中关村扩区拓展的发展空间变为现实。深入做好拆迁地区的农转居安置、回迁楼建设、新社区组建等工作，鼓励集体经济组织发展高端替代产业，建设幸福美好新家园。稳步推进城乡结合部重点村城市化。加快东小口综合配套改革，探索完善特大型社区服务管理机制，积极推动东小口、回龙观地区的服务管理与中心城区接轨。分类推进现代特色小城镇建设。深化未来科技城“一城带两镇”发展战略，突出抓好北七家、小汤山的新型城镇化试点工作。积极申报南口中心区棚户区改造。加大农村改革发展力度，完善集体经济产权、林权改革后续管理机制，启动集体建设用地使用权登记发证，提高农民专业合作社发展水平，扎实做好农村集体土地集中租赁管护、合同清查整改等基础性工作，进一步理顺农村发展的体制机制。组织好第九届村委会换届选举。扎实推进新型农村社区试点建设。扩大农村可再生清洁能源使用范围。完善沟域规划和建设模式，以延寿、流村、南口等沟域为重点，积极培育打造特色沟域经济。加大对口支山力度，全面启动新一轮山区险村险户搬迁工作，提升山区生态涵养发展水平。

着力扩大内需稳增长。坚持政府投资适度增长与撬动民间投资并举，强化“四个一批”的项目接续机制，加快推进70项重点工程，力争全社会固定资产投资增长12%以上，逐步形成与首都综合性新城相匹配的投资强度和结构。加大土地收储力度，做实土地一级开发，合理有序地安排土地供应，保障重大项目落地需求。强化促消费政策措施，发挥消费主导作用，实现社会消费品零售额增长12%左右。统筹重点功能区配套商业用地和拆迁地区产业安置房资源，对全区商业进行统一规划、科学布局，加快推进北京奥莱欢乐城、长城国际名品购物中心等重点项目，力促金隅万科广场开业试运营，逐步打造一批高品质商业中心和商业组团。结合各镇街、各区域功能定位，积极推动信息服务、健康养老、会展培训等非基本公共服务市场化、产业化，培育现代城市经济业态。巩固节庆带动等有效措施，延长旅游、文化、体育等特色消费链条。

深化经济领域重点改革。抓住中央提出今年适当扩大社会融资总规模的有利时机，集中突破投融资体制改革。切实发挥大型综合性投融资平台的作用，力争年内实现直接融资。加强银政合作、银企对接，做好企业债、私募债发行工作，积极推行村集体委托贷款、融资租赁及BT、BOT等融资模式，努力争取科技创新、文化发展、小城镇建设等市级专项资金，探索利用社保基金、保险资金、风投基金、股权投资基金和民间沉淀资金，保障各方面资金需求。加快财税体制改革，推进预算绩效管理，深化“营改增”试点，健全财税组收机制，在行政事业单位全面推行公务卡制度改革。加快国有经济进退调整，深度整合盘活资源，加大改革改制力度，积极促进区属国企与大型央企、市企、民企对接合作、共赢发展。

（二）以打造文化强区为目标，推动文化大发展大繁荣，着力增强区域文化软实力

持续提升城市文明程度。加强社会主义核心价值体系建设，弘扬践行“北京精神”，巩固全区人民团结奋斗的共同思想基础。大力推进居民思想道德建设工程和城市公共文明引导工程，深化群众性精神文明创建活动，引领社会文明新风尚。迁建昌平烈士陵园，建好用好爱国主义教育基地。整合区属媒体平台，深入开展城市形象宣传。加强新兴媒体和网络文化建设，依托政务微博、“昌平手机报”等平台，唱响网上主旋律。

塑造独具一格的城市文化品格。深入发掘昌平的文化特色和内涵，切实增强区域文化认同。加快推进历史文脉梳理工程，试点创建花拨大鼓等非物质文化遗产示范基地，加大文物和宗教活动场所的保护修缮力度，彰显昌平独特的历史文化魅力。实施城乡文化风貌设计工程，高起点、高标准编制各类规划和城市设计，不断提高城乡开发建设品质和公共艺术品位。传承发扬昌平开放包容的城市精神，以国际化视野推动对外交流合作，广泛吸引国内外的知名企业、大型机构和优秀人才，积极承办国家级、国际性高端会展和赛事活动，深入推进区内资源整合、区域对接合作和对口支援工作，着力培育开放发展新优势。

不断丰富群众精神文化生活。抓紧完善“一心五团多支撑”公共文化服务网络，高水平规划区博物馆、文化艺术中心等文化地标，着力完善天通苑、回龙观等特大型社区的文化服务功能，完成阳坊、十三陵等镇级文化中心改造工程。实施文化品牌战略，扶持本土文化艺术团体发展，加快培育优秀文化人才，努力推出一批群众喜闻乐见、格调高雅的精品力作。提高温泉文化节、苹果文化节等特色活动举办水平，持续培育区域文化活动品

牌。深入推进全民健身行动,继续办好环北京职业公路自行车赛、国际航空运动邀请赛等大型体育赛事,不断提升昌平的户外休闲运动品牌。继续抓好演出、图书、电影下乡等文化惠民工程,推动农村文化设施和社区文化场所达标创建,开展以"美丽昌平"为主题的系列文化活动,更好地满足城乡居民的文化需求。

着力增强文化创意产业竞争力。坚持科技创新、文化创新"双轮驱动",依托十三陵明文化景区、昌平新城文化创意新区、小汤山汤泉古镇、北七家创智家园等聚集区,积极做好规划设计、设施配套和项目引进,全面提升文化与科技、旅游、会展、商务等关联产业的融合发展水平。以十三陵明文化景区为重点,抓住京能集团、华彬集团项目集中落户的契机,统筹考虑区域资源整合、交通安排和环境建设,加快建设十三陵－居庸关首都特色旅游带,积极培育"大旅游"产业链。全力做好国家大马戏院项目的前期工作,加快博展联盟创新基地等优质项目落地,尽快形成一批文化产业新亮点。发挥魔术大会的品牌影响和聚集效应,建立集魔术演出、培训、产品开发为一体的产业链条,筹办好首届亚洲大学生魔术大赛,积极培育区域文化名片。

(三)以保障和改善民生为重点,加强和创新社会管理,全面推动社会建设

推进基本公共服务全覆盖、优质化。积极创建充分就业区,制定实施促进绿色就业的工作意见,以农村转移劳动力、转非安置人员和高校毕业生为重点,力争城镇新增就业1.2万人,帮扶3500名就业困难群众就业。扩大国家创业型城市影响,进一步健全创业平台、完善创业体系、培育创业企业,树立"创业昌平"品牌。成立区劳动人事争议仲裁院,巩固和谐劳动关系。加快实现社会保障人群全覆盖,推进社保整建制改革,逐步建立全面小康型社会保障体系。深化"大民政"建设,推进城乡低保标准一体化,提高养老助残和社会救助、社会慈善水平,加快构建适度普惠型社会福利体系。努力建设首都教育发展新兴区,充分发挥引进名校的示范引领作用,力争首师大附中昌平校区、北京十五中陈庄校区、未来科技城北师大附属学校按期开学,持续打造昌平一中、二中等特色品牌学校。全面完成学前教育三年行动计划,加快实施中小学三年行动计划。抓好职业教育集团化办学改革,推进中高等职业教育衔接改革试验。深化医药卫生体制改革,开展区属公立医院改革和药房托管试点,加快北大国际医院、北京清华医院等优质医疗项目建设,积极支持区医院创建三级医院,进一步完善公共卫生服务、基层医疗服务体系,逐步培育"全民健康"品牌。

全力抓好惠民实事和民生工程。认真落实收入分配改革政策和强农惠农富农政策,确保城乡居民收入持续稳定增长。健全保障性住房建设和管理模式,以人才公寓为重点,确保完成年度建设任务,充分发挥保障房惠民生、调结构、促投资等综合作用。完成45万平方米城镇住宅和7000户农宅的抗震节能改造,集中实施一批老旧小区的居住环境提升和设施配套工程,努力让群众住得舒心、住得放心。为全区农民家庭购买财产保险,进一步扩大农民免费健康体检受益面。完善公交线路和场站设施,新增150辆电动出租车,开设一批公交微循环线路。坚持稳物价与促消费相结合,持续抓好"菜篮子"、农超对接等工作,拓展社区蔬菜连锁直营店的范围和功能,试点开通连接批发市场和老旧小区的"蔬菜直通车",在主要街区新改建10个早餐示范店,逐步形成昌平特色的便民消费体系。

夯实社会管理基层基础工作。全面实施加强流动人口服务管理的系列政策,深入推进实有人口服务管理全覆盖体系二期建设,促进流动人口有序融入,进一步深化"以产引人、以业控人、以房管人、以服务凝聚人"。积极推进网格化服务管理体系建设,提高社会管理信息化、精细化水平。加强社会组织孵化培育,健全政府购买社会组织服务机制。完善城乡社区治理模式,继续抓好社区规范化、村庄社区化建设,创建35个"六型社区",在92个社区开展基本公共服务全覆盖试点,新建一批"一刻钟社区服务圈"。借鉴党的十八大安保维稳经验,全面建设"平安昌平"、"法治昌平",全力抓好社会治安、安全生产、应急管理、食品药品监管和疫情疫病防控等工作,强化矛盾纠纷"大调解"格局,巩固安定和谐的社会局面。进一步提高人口计生、妇幼、档案、民族、宗教、侨务等工作水平。深入开展双拥共建,抓好民兵预备役建设,推进军民融合创新发展。

(四)以生态文明理念为引领,着力推进绿色发展,加快建设宜居宜业的美丽昌平

构建更加科学合理的发展空间格局。坚持与产业布局相衔接、与资源环境承载能力相适应,大

力促进产业空间集约、生活空间宜居、生态空间秀美。切实把握中关村扩区机遇,力争“三城一区一基地”等重点功能区实现率先突破。全力加快未来科技城建设步伐,确保主要基础设施、部分公共配套设施建成启用,保障央企项目按期入驻运行,高质量开展公共服务区定向招商,推动华润国际医院等优质项目尽快启动建设,如期形成城市功能。实施北京科技商务区(TBD)产业发展行动计划,深化完善相关规划设计,切实加快土地开发节奏,尽快启动交通、市政等重大基础设施建设,突出抓好国内外招商和项目落地,力争全年开工规模达到100万平方米以上,初步展示高端发展形象。调整完善沙河大学城建设模式和公共服务区规划,加快配套服务设施建设,确保入驻高校建设、运行按计划推进。全面提速新城东区开发和老城核心区改造,引入高水平、有实力的战略合作伙伴,先行启动文化创意新区建设。加快推进国家工程技术创新基地的征地拆迁和基础设施配套,保障入驻项目按期建设、有序运营。抓紧实施马池口埝头工业区土地一级开发。继续提高北汽福田新能源汽车产业基地、北京工程机械产业基地等其他园区的建设和发展水平。统筹实施重点功能区的环境提升工程,树立与中关村核心区相匹配的一流园区形象。

全面改善城乡生态环境。完善全区统筹、部门联动、社会参与、齐抓共管的工作体系,全面推进生态、市容、设施、秩序四大环境建设。坚持建管并重、打造精品,高标准完成4.5万亩平原造林任务,为城乡居民提供更多更好的休闲空间,提升平原绿网景观魅力。加快未来科技城滨水森林公园建设,完善现有绿地公园配套设施,持续推进代征绿地收缴、建设和管理,营造城市绿景特色风貌。启动京津风沙源治理二期建设,重点推进西部地区治砂生态环境提升工程,抓好“矿山复绿”、森林健康经营等工作,增强山区绿屏生态功能。巩固国家卫生区复审成果,坚持专项治理、集中整治与常态管理相结合,健全城市管理长效机制,强化城市管理综合执法,努力营造整洁清新的市容环境和秩序。以功能区周边、交通干线两侧为重点,实施18项年度环境建设项目,集中打造一批“永远干净”的亮点街区、标志道路。持续推进垃圾分类减量处理,规范再生资源回收体系。

切实提升城乡建设品质。坚持统筹规划、适度超前,深化落实新城重大基础设施等专项规划,系统谋划和推进交通、管网、资源能源等关键性项目,整体提升昌平的承载力、吸附力和防灾减灾能力。加快轨道交通昌平线二期建设,力争地铁“昌八线”年内通车运营。实施“六纵八横十一联络”路网规划,全力促进13条重点道路系统建设,继续推动林萃路北延、回昌路等一批道路工程,进一步打通断头路、改善微循环。打好水利工程建设大会战的开局之仗,确保汛期前完成河道清淤清障、59处常发积水点改造、东小口沟治理等重点任务,逐步构建相对完善的城乡防洪体系。加快水务管理体制改革,全力配合南水北调及配套工程建设,持续推进温榆河水系综合治理,不断增强水资源水环境承载能力。统筹推进重点功能区配套市政基础设施建设,启动马池口、阳坊再生水厂及二拨子、海鶄落变电站等项目,保障城市安全有序运行。加强信息化建设、管理和应用,完成城市管理信息化系统二期工程,加快“智慧昌平”建设。

深入推进资源节约和减排降耗。倍加珍惜日益稀缺的土地资源,巩固“一查处三治理”成果,始终保持“打非治违”的高压态势,编制实施土地整治规划,促进土地合理高效利用。扎实开展国家环保模范城创建。全面抓好建筑节能改造、供热计量改革、合同能源管理等工作,继续退出一批“三高”企业。发挥能源科技产业聚集优势和未来科技城低碳示范引导作用,广泛应用节能环保新技术、新产品,大力倡导清洁生产、绿色出行、绿色消费等低碳生产生活方式。提高PM2.5防控水平,深化“换车、压煤、降尘”三大成果,促进空气质量持续改善。

(五)以为民务实清廉为总要求,增强政府执行力、公信力,努力建设人民满意的服务型政府

面对新阶段的新形势、新任务,政府全体组成人员和工作人员必须把学习贯彻党的十八大精神作为首要政治任务,深入开展以为民务实清廉为主要内容的群众路线教育实践活动,切实把做好服务融入政府工作的各领域和全过程,以服务赢得机遇,以服务凝聚人心,以服务汇集合力,在服务中实现更好更快发展。

坚持依法行政,全面增强履职能力。坚决执行区人大及其常委会的决定、决议,坚持重大事项向人大常委会报告制度和政协协商、通报制度。按时高质量地办理好人大代表议案、建议、批评、意见和政协委员提案。深入推进依法、科学、民主决策。提高政府信息公开水平。加强公务员教育

和管理。依法做好第三次经济普查工作。

坚持改革创新,不断提高服务水平。加快政府职能转变,巩固综合行政服务中心、公众服务呼叫中心等服务平台,完善“绿色通道”、电子政务等服务机制,着力做好对各类群体的服务。创新服务方式,充分发挥未来科技城管委会、沙河大学城管委会等机构的职能,继续完善“一对一”协调服务机制。强化服务意识,把握项目审批、企业融资、人才引进等关键环节,做到主动服务、跟踪服务、超前服务,探索个性化、保姆式服务,努力使服务成为昌平最具吸引力、最有竞争力、最有影响力的特色品牌。

坚持实干苦干,着力加强政风建设。实干就是瞄准转型发展的历史使命,大兴求真务实之风,干实事,出实招,求实效。要坚持言必行、行必果,力戒空谈浮躁,改进会风文风,着力整治庸懒散奢等不良风气,雷厉风行地把定了的事一抓到底;要大力发扬“三敢精神”,按照任务、标准、主体、时限“四个明确”的要求,全面强化政府绩效管理,加强行政监察、工作督查和审计监督,确保各项工作不折不扣地落到实处;要增强工作的主动性、预见性、创造性,干事讲效能,办事讲效率,投入讲效益,以可能达到的最高标准创造一流业绩。苦干就是立足转型发展的艰巨任务,大兴艰苦奋斗之风,不动摇,不懈怠,不抱怨。要鼓足负重爬坡的勇气,顶住暂时的发展阵痛,夙夜在公,不计得失,心无旁骛地投入到繁重的工作中去;要始终与人民同甘共苦,重心下移,深入一线,广泛听取群众呼声、企业愿望和各界意见,积极主动地走基层、察民情、转作风、优服务;要从严治政、廉洁从政,坚决推进廉政建设和反腐败斗争,牢固树立过苦日子、紧日子的思想,勤俭办一切事情,切实做到干部清正、政治清明、政府清廉。

各位代表!党的十八大为我们指明了前进方向,展望未来,机遇更加难得,前景无限美好!让我们紧密团结在以习近平同志为总书记的党中央周围,深入贯彻落实党的十八大精神,高举中国特色社会主义伟大旗帜,在市委、市政府和区委的坚强领导下,凝心聚力,攻坚克难,砥砺奋进,加快推动经济社会发展深度转型,为建设现代化京北创新中心、国际科教新城而努力奋斗!

中国人民政治协商会议
北京市昌平区第四届委员会常务委员会
工作报告

——在政协北京市昌平区四届二次会议上

北京市昌平区政协主席 王书合

(2013 年 1 月 16 日)

各位委员、各位同志：

我受政协北京市昌平区第四届委员会常务委员会委托，向大会报告工作，请予审议。

一、2012 年工作的简要回顾

2012 年，是昌平区四届政协的开局之年。一年来，在中共昌平区委正确领导和市政协精心指导下，区政协坚持以邓小平理论、"三个代表"重要思想和科学发展观为指导，高举中国特色社会主义和爱国主义伟大旗帜，突出团结和民主两大主题，认真贯彻落实中共昌平区第四次代表大会的精神，坚持求真务实、开拓进取，认真履行职能，在推动昌平经济社会科学发展中发挥了重要作用。

(一)大力加强委员队伍建设，不断提高委员对人民政协工作的认识

近年来，随着我国经济社会又好又快的发展，人民政协也面临着新的形势。北京市在 2008 年奥运会后提出建设"人文北京、科技北京、绿色北京"的基础上，又提出了建设中国特色世界城市的战略目标。昌平区在认真总结过去发展经验的基础上，提出了建设高端引领、创新驱动、绿色发展、开放包容的京北创新中心、国际科教新城的宏伟目标。2011 年年底区政协换届时，进一步优化委员队伍结构，保留了部分老委员，新增了 76 名新委员。面对新的形势和委员队伍的变化，为使新一届区政协工作切实开好头、起好步，我们着力加强了委员队伍建设。一是加强委员培训。换届后及时举办了政协委员培训班，邀请国家行政学院、国防大学的专家学者等对委员进行了学习辅导。二是引导委员加强学习。为委员订阅《人民政协报》、《北京观察》等报刊，编辑印发《昌平政协》月刊 12 期；中共"十八大"和中共北京市第十一次代表大会闭幕后，及时印发学习通知，推动委员深入学习了会议精神。三是加强制度建设。修订了《关于政协委员履行职能的规定》和《关于评选优秀政协委员的暂行办法》等工作制度，并印发《委员履职记录手册》，对委员履职起到了促进作用。通过加强委员队伍建设，进一步统一了委员的思想，提高了委员对人民政协性质、地位和作用的认识，增强了委员履行职责的自觉性和主动性，为全面做好新一届区政协的各项工作奠定了坚实的基础。

(二)紧密围绕促进全区经济社会的科学发展认真履行政协职能

一年来，区政协紧密围绕促进全区经济社会的科学发展开展专题调研、提案、通报、视察等活动，认真履行了政治协商、民主监督、参政议政职能。

1、积极为全区经济社会的科学发展建言立论。调查研究、建言立论，是人民政协履行职能的基础性工作。去年初，区政协常委会确定了重点调研课题，并提出了把开展"大调研"贯穿全年的工作思路。一年来，由主席、副主席牵头，各专委会分工负责，紧密围绕重点调研课题开展了 34 次赴基层考察等专题调研活动，主要形成了 3 项调研成果：一是《关于十三陵明文化创意产业集聚区建设的几点建议》。推进十三陵历史文化创意产业集聚区建设是区委、区政府的一项重大决策。政协教文卫体委组织委员紧紧围绕集聚区的规划、未来的建设发展

等问题,积极深入到十三陵特区办事处等单位进行了深入调研。根据调研结果,撰写了调研报告,提出了进一步提高对集聚区建设的认识;建立相应的权威机构;加快编制《十三陵风景名胜区控制性详规》;紧紧抓住门户区建设这一关键环节;长远规划,分步运行等建议。二是《对昌平区居住小区物业管理的几点建议》。做好居住小区物业管理工作是保障和改善民生的一项重要内容。为此,政协城建环保委深入到城北街道、回龙观镇等地进行了深入调查。在此基础上形成了调研报告,提出了加强对物业管理行业的行政管理力量,提升物业管理层级;加强对物业管理行业的监管力度,促进和规范行业发展;探索建立新建住宅保修金制度,解决开发建设中的遗留问题;规范物业项目交接管理,加强业主大会建设;大力推进老旧居住区改造和管理等建议。三是《关于昌平区规模企业骨干人才住房情况的几点建议》。解决规模企业骨干人才的住房问题对于促进昌平实体经济的发展至关重要,因此政协经科委就这一问题进行了深入调研。经过充分研究和论证,形成了调研报告,提出了构筑具有昌平特色的"千人计划"住房保障体系;建立和扩充骨干人才住房资源,确立人才专项住房申购配售原则;鼓励企业介入保障性住房建设;成立"昌平区公租房管理中心",不断加强公租房管理;实施实物分配为主、货币补贴并重的多渠道保障措施等建议。区政协在深入开展"大调研"基础上提出的意见和建议,得到了区委、区政府的高度重视和采纳。

2、积极为建设现代化的京北创新中心、国际科教新城建言献策。提案是人民政协履行职能的主渠道。一年来,区政协认真做好提案工作,充分发挥了提案的重要作用。积极贯彻中共中央办公厅、国务院办公厅《关于进一步加强人民政协提案办理工作的意见》,认真修订和落实提案工作条例,进一步提高了提案工作的制度化、规范化、程序化水平;举办了新委员提案工作培训会,邀请市政协提案委领导对新委员进行了培训;参加区政府召开的人大代表建议、政协委员提案办理工作培训会,对提案办理工作进行了具体辅导;听取了区政府关于提案办理工作的情况通报,并对区水务局和交通局的办理工作进行了视察和评议,促进了办案工作的深入开展;加强与办案单位的沟通和联系,协调解决了办案工作中的一些实际问题。通过采取多种措施,切实提高了提案工作质量。一年来,在区委、区政府的高度重视下,经承办单位认真办理,区政协四届一次会议委员提出并经审查立案的141件提案已全部按时办复,办复率100%,采纳率97.9%,办结率66、7%。通过落实提案,切实解决了发展中的一些实际问题。

3、积极为全区重点工程建设和中心任务献计出力。通报和视察是人民政协履行职能的重要方式。一年来,区政协积极开展通报、视察活动,不断提高了履行职能的实效。组织常委听取了全区上半年经济社会发展情况的通报,视察了沙河高教园区雨污水分流设施建设等情况。各专委会组织委员先后9次共205人次听取了全区设施农业、规模企业、重点工程建设、十三陵文化创意产业集聚区规划建设等情况通报,并重点视察了23个单位。区政协财政预算、新农村建设、社会治安综合治理、舆论导向等民主监督小组听取了相关工作情况的通报,并进行了视察。在通报、视察活动中,委员们提出了一些具体的意见和建议,得到了有关部门的采纳,推动了相关工作的落实。

(三)深入开展"走进基层、走近委员"活动,不断提高为委员服务的水平和质量

为委员履职做好服务工作,是政协机关的重要职责。去年初,区政协积极探索为委员服务的新途径,决定在政协机关开展"走进基层、走近委员"活动。为切实开展好这项活动,区政协不断加强了机关建设。组织机关干部深入学习了中共"十八大"和中共北京市第十一次代表大会精神,进一步提高了机关干部的政治意识、大局意识、责任意识和服务意识;继续深入开展了争先创优活动和创建"学习型、服务型、创新型、和谐型"政协机关活动,并对争先创优活动进行了认真总结,进一步转变了机关干部的工作作风;组织机关干部到辽沈战役纪念馆接受了革命传统教育,进一步坚定了机关干部继承先辈遗志、弘扬先辈精神、努力做好政协工作的信念。通过采取多种措施,不断提高了政协机关干部的思想认识和整体素质,为开展好"走进基层、走近委员"活动奠定了良好的基础。一年来,区政协主席班子成员和机关各委室先后走访了105个委员单位,了解了委员单位各项事业发展情况,协调有关部门帮助委员单位解决了一些实际问题;看望了紧张工作在第一线的委员,了解了委员工作和生活情况,使委员们感受到了政协大家庭的温暖,充分调动了委员发挥主体作用、认真履行职责的积极性和主动性。

各位委员、各位同志:在区委正确领导、区政府高度重视和全区各部门的大力支持下,我们顺利完成了2012年的各项任务。总结过去一年的政协工作,我们深切体会到:做好新形势下的人民政协工作,必须自觉地坚持中国共产党的领导;必

须始终坚持围绕中心、服务大局;必须注重加强委员队伍建设,充分发挥委员主体作用;必须着力加强政协机关建设,不断提高服务水平。

回顾过去的一年,政协工作虽然取得了一些成绩,但我们也清醒地看到工作中还存在一些急需改进的地方。如政协的工作方式需进一步创新;反映社情民意工作的力度需进一步加大;与委员的沟通和联系需进一步加强;政协机关的服务水平需进一步提升。在新的一年里,我们要切实加以改进。

二、2013 年工作的指导思想和主要任务

2013 年,是全面贯彻落实中共十八大精神的第一年,是实施"十二五"规划承前启后的关键一年。随着我国社会主义民主政治进程的不断加快,人民政协面临着更加艰巨的任务,我们要坚定不移地做好政协工作。今年区政协工作的指导思想是:高举中国特色社会主义和爱国主义伟大旗帜,坚持以邓小平理论、"三个代表"重要思想和科学发展观为指导,认真学习贯彻中共十八大精神,在中共昌平区委领导和市政协的指导下,进一步提高履行职能的实效,努力为昌平经济社会的科学发展做出新的贡献。

(一)深入学习贯彻中共十八大精神,不断增强做好政协工作的责任感和使命感

中国共产党第十八次全国代表大会,是在我国进入全面建成小康社会决定性阶段召开的一次十分重要的会议。胡锦涛同志代表中共十七届中央委员会所作的报告,是中国共产党团结带领全国各族人民坚定不移走中国特色社会主义道路、在新的历史起点上继续发展中国特色社会主义的政治宣言和行动纲领。我们要通过培训班、读书班、研讨会等多种形式,继续组织和推动委员深入学习好、领会好、宣传好、贯彻好中共十八大精神。要在全面学习领会十八大精神的基础上,重点把握好十八大报告中关于政治建设和政治体制改革的内容,特别是关于健全社会主义协商民主制度、巩固和发展最广泛的爱国统一战线等直接与人民政协工作密切相关的内容,这是我们做好人民政协工作的迫切要求。要通过学习,使各界委员的思想切实统一到中共十八大精神上来,进一步增强做好政协工作的自觉性和坚定性,积极研究新情况、探索新途径、解决新问题,努力使政协工作把握规律性、体现时代性、富于创造性,齐心协力开创政协工作的新局面。

(二)继续围绕促进全区经济社会科学发展履行好政协职能

中共昌平区委四届四次全会对今年全区工作提出了"全面加快转型升级,着力在优化产业结构、完善城市功能、提升生态水平、推动文化发展、保障改善民生、创新服务管理等方面取得新突破"的具体要求。我们要认真贯彻落实区委全会精神,重点从以下三个方面履行好政协职能:一是深入开展"大调研"活动。重点围绕加快城镇化进程、提升区域公共服务均等化水平开展专题调研,积极为全区经济社会的科学发展建言献策。二是积极开展通报、视察活动。常委会重点听取全区经济社会发展情况通报,对中关村自主创新示范区等重点功能区和重大产业项目建设情况进行视察;各专委会重点听取非公企业、现代都市型农业发展,重点工程、生态昌平、和谐社会建设,教育、卫生事业的发展等方面的情况通报,对非公企业纳税大户、"农业嘉年华"创意农业展馆、城铁二期工程、绿色电动出租车的运行、宗教活动场所和市级重点学校昌平校区、市级医院昌平院区建设等情况进行视察;财政预算、新农村建设、社会治安综合治理、舆论导向等民主监督小组要认真听取相关情况的通报并开展视察活动。三是认真做好委员提案的办理工作。重点开展提高提案质量和提案办理质量双向民主评议活动,进一步提高提案的提出和办理质量,促进全区经济社会又好又快地发展。

(三)大力加强自身建设,努力提高政协工作质量和成效

要进一步加强委员队伍建设,坚持举办政协委员培训班,认真办好《昌平政协》月刊和昌平政协网页,为委员提高履职水平服务;继续开展好"走进基层、走近委员"活动,深入做好委员履职的评价考核工作,激发委员履行职责的积极性和主动性。进一步加强机关建设,按照区委要求,在机关干部中深入开展以"为民、务实、清廉"为主要内容的学习教育活动,不断提高机关干部的服务质量,努力使政协工作再上一个新台阶。

各位委员、同志们:

中共十八大描绘的宏伟蓝图令人振奋,人民政协肩负的崇高使命催人奋进。让我们紧密团结在以习近平同志为总书记的中共中央周围,以学习贯彻中共十八大精神为动力,牢固树立"空谈误国、实干兴邦"的理念,大力转变文风、会风、学风和工作作风,在中共昌平区委领导下,解放思想、团结奋斗,进一步谱写政协工作的新篇章,为昌平建设现代化的京北创新中心、国际科教新城做出新的贡献!

贯彻十八大精神深化反腐倡廉建设
为推动经济社会发展深度转型提供有力保障

——在昌平区2013年党风廉政建设工作会议上的报告

中共北京市昌平区纪委书记 王晓霞

(2013年2月27日)

同志们:

这次会议的主要任务是:贯彻落实党的十八大、中纪委和市纪委二次全会、区委四届四次全会精神,总结2012年全区党风廉政建设和反腐败工作,研究部署2013年各项任务。区委侯君舒书记和市监察局刘东波副局长将作重要讲话,我们要认真学习领会,坚决贯彻落实。下面,我分两个部分报告工作。

一、把握关键创新突破,2012年党风廉政建设和反腐败工作取得新成效

2012年,在市纪委监察局和区委、区政府的领导下,全区各单位和纪检监察组织牢牢抓住服务保障中心工作这条主线,扎实开展宣传教育、源头治理、案件查办、政风行风建设,取得了新的切实成效。

(一)服务保障监督工作有序开展。圆满完成了党的十八大、世界草莓大会等重大活动保障的监督检查任务。围绕"一查处三治理"工作开展了监督检查。对全区2012年度住房保障工作开展了立项效能监察。制定政府投资建设项目管理以及相关中介机构管理的两个《办法》,规范了管理流程。对重大资金使用开展多部门联审联批,规范了监管程序。对未来科技城建设开展全程跟踪巡视。对108名干部进行了廉政审查。制定《昌平区实施<北京市行政问责办法>若干规定》,明确了问责的机构、内容和程序。

(二)党风廉政宣传教育取得实效。一是以"践行北京精神、保持纯洁作风"主题教育活动贯穿全年,针对不同层级干部分层施教,在区级领导班子和领导干部中开展"五个一"宣传教育活动,在基层站所集中开展党风廉政系列教育活动。二是在北京市率先开通了"廉政昌平"微博,发布信息322条,目前粉丝已达21000余人,受到市纪委叶青纯书记充分肯定。三是组织开展了一系列有特色的廉政文化活动,如:区文化委组织廉政书画展和文学文艺创作活动,区妇联坚持开展"廉内助"专题教育,十三陵特区积极筹建"明境昭廉"廉政教育基地,百善镇以"善德文化"为内核积极培育特色廉政文化品牌,均收到了良好效果。

(三)源头治腐各项工作逐步深化。一是推进廉政风险防控管理,制定《昌平区加强区级领导班子和领导干部党风廉政建设的意见(试行)》、《昌平区加强处级单位党政正职监督的办法(试行)》和加强基层站所党风廉政建设"1+3"系列制度,强化分权限权和程序制约,推动区、处、科三级班子科学配置权力、有效监督权力。许多部门和单位认真履职、主动工作,区检察院研究制定了在建设工程和政府采购领域实行廉洁准入的办法;市政管委等单位对下属基层站所实施全面审计,强化财务监管;财政局集中清理374个行政事业单位资产,提出整改措施;人力社保局将党风廉政建设与干部公选等重点工作同部署、同落实;水务局充分发挥廉政监督员作用,进一步加强基层站所党风廉政建设。二是推进廉政风险信息化防控管理,开展廉政风险实时预警,及时发布基层站所财务管理、违规收受"购物卡"、村"两委"换届等方面的预警信息;搭建电子监察系统平台,梳理行政职权信息化情况,开发廉政风险防控模块。三是廉政风险防控重点联系单位工作卓有成效。区发改委进一步完善投资项目管理与监控信息系统,实现了对政府投资项目的全过程监管、100%稽察；区经管站运用在线审计系统对镇街实现常规审计全覆盖，自主研发“农经地理信息系统”，加大农村“三资”监管力度。

（四）案件查办工作力度不断加大。一是建立健全信访工作制度，加大直查力度，及时办结信访件，有效化解矛盾。2012年度共受理纪检监察信访举报151件，同比下降53%；其中重信重访50件，同比下降76%；昌平群众到上级纪检监察机关信访29批次，同比下降37%；通过核实为23名干部澄清反映失实的举报问题，并及时答复举报人。二是建立健全查办案件组织协调机制，扎实做好案件审理工作，提高了办案水平。全年共立案42件，结案34件，给予党纪政纪处分35人，其中处级干部3人，涉案金额共计9000余万元。严肃追究了区财政局和回龙观地区办事处有关领导失职的党纪政纪责任，严肃查办了区水务局城镇排水管理所原所长刘建军、南口镇四方机械配件厂原经理姜兆启、昌平市政管理所原所长郭连荣等一批发生在基层、发生在群众身边的“小官巨腐”案件，收到了良好的效果。

（五）政风行风建设稳步推进。一是建立纠风专项治理工作联席会议制度，重点开展教育乱收费、侵害农民土地权益等13项专项治理工作。二是丰富政风行风评议手段。重点评议教委和供暖等25个与群众生产生活密切相关的行政部门和公共服务行业；开展社情民意调查，完成6000份样本；继续聘请中介机构跟踪随访87个党政部门，并将评议结果纳入区政府年终绩效考核；试点开展教育、公安等系统基层站所负责人述勤述廉工作，接受所在镇街群众民主测评。三是继续做好政风行风热线工作，全年共办理群众来信3186件，办结率100%。四是开通全市行政投诉统一受理电话96160，拓宽群众投诉渠道，及时解决群众反映的问题。

（六）纪检监察队伍建设切实加强。一是完善纪检监察组织机构。成立网络舆情中心和电子监察中心；在权力和资金集中的政府部门，增设5个纪检组、6个监察科；在全区365个独立核算的基层站所设置廉政监督员。二是提升履职能力。制定发挥区纪委委员作用的制度文件，修订区纪委常委会各项工作制度；加大干部竞争性选拔任用力度，优化了干部队伍结构；建立挂职调训机制，实行区纪委监察局机关和基层干部双向交流。三是深化“三型机关”创建活动，全面提高纪检监察干部的思想政治素质和业务能力。

过去的一年，我们坚持在继承中不断创新，在实践中不断把握规律，推动全区反腐倡廉建设不断取得新成效，同时我们也清醒地认识到，全区党风廉政建设和反腐败工作仍然存在一些薄弱环节。一是从个别反面案例暴露出来的问题看，虽然在制度建设方面下了一些功夫，但在深入抓落实、抓经常、抓细节上仍然存在着不足；二是党风廉政建设抓覆盖还不完全到位，特别在非公经济组织和社会中介机构等领域仍然存在着监督盲区；三是一些群众反映强烈的突出问题，如公款吃喝、大操大办婚丧嫁娶事宜借机敛财等问题仍然没有得到有效遏制。这些问题，需要我们在今后的工作中认真加以解决。

二、更加科学有效地防治腐败，全面推进2013年反腐倡廉建设

2013年工作的整体思路是：深入学习贯彻十八大精神，按照中纪委、市纪委全会和区委、区政府的要求，坚持标本兼治、综合治理、惩防并举、注重预防的方针，坚持以落实党风廉政建设责任制为龙头，继续秉承“三个服务”理念，着力推进“四项建设”，大力营造干部清正、政府清廉、政治清明的发展环境。主要做好五个方面工作：

（一）进一步落实党风廉政建设责任制，凝聚反腐倡廉的整体合力

一要强化责任意识。各级党组织要担负起管党治党的政治责任，坚持将党风廉政建设与重点工作同部署、同落实，强化“既要干成事、又要不出事”的风险意识和“一岗双责”的责任意识。党政主要负责同志要认真履行第一责任人的职责，做到重要工作亲自部署、重大问题亲自过问、重点环节亲自协调、重要案件亲自督办。领导班子其他成员要根据职责分工和任务分解，切实抓好分管领域和分管部门，特别是下属基层科队站所的党风廉政建设，及时发现问题，有效解决问题。各级纪检监察组织要协助党委、政府细化任务分工，整合反腐倡廉建设的力量和资源。

二要强化责任落实。坚持一级抓一级、层层抓落实，逐级签订党风廉政建设责任书。抓牢责任落实的检查考核，今年要在坚持以往年底由区领导带队重点抽查的基础上，加强对处级单位的日常监督检查，与此同时，要进一步修订《昌平区党风廉政建设责任制考核指标》，在考核项目和分值上更加突出重点，更加有利于反腐倡廉各项工作任务切实落实到位。

三要强化责任追究。按照中央《关于实行党风廉政建设责任制的规定》和北京市实施办法，对领导班子和领导干部不负责任、不抓不管，导致直接管辖范围内出现重大经济损失、发生重大事故或恶性事件、明令禁止的不正之风得不到制止查

处、管辖干部发生严重职务犯罪或违纪的要严格追究责任,并纳入评优评先和干部选拔任用工作。

(二)进一步严明党的纪律,确保区委、区政府重大决策部署的贯彻落实

一要维护党章的权威性和严肃性。组织和督促各级党组织和广大党员干部特别是领导干部认真学习党章,对照党章查找和纠正党性党风党纪方面存在的问题。深入开展党的纪律教育,促使党员干部更加严格地遵守党的纪律,自觉维护区委、区政府权威,不利于团结的话坚决不说,不利于大局的事坚决不做。各级纪检监察组织要模范遵守党章,切实维护党章,加强对党的纪律落实情况的监督检查。

二要确保重大决策部署落实到位。一是加强对十八大精神落实情况的监督检查。紧扣经济社会发展深度转型这条主线,加强对科技创新和文化创新"双轮驱动"、"两轴两带、三城多点"总体发展布局等区委、区政府重大决策部署落实情况的监督检查,为全方位汇聚发展正能量、推进深度转型提供有力保障。二是围绕改善民生、生态保护、文化繁荣、整合空间资源等政策措施的落实,加强对教育和医疗体制改革、食品药品安全、争创国家环保模范城、打造首都文化强区、拆迁控违等重要工作的监督检查。三是服务"三城一区一基地"建设,整合监督检查资源,严格执行政府投资项目管理有关规定,规范资金使用监管,加强专项监督检查,确保全区各项重点工程和重大项目建设廉洁高效。各级纪检监察组织要加强组织协调,严格实施问责,督促各职能部门履行职责,确保区委、区政府各项决策部署令必行、行必果。

(三)进一步转变领导机关和领导干部作风,营造"风清气正、干事创业"的优良环境

一要不折不扣落实改进作风各项规定。严格执行中央、北京市关于改进工作作风、密切联系群众有关规定和区委十项措施,切实改进文风、会风、学风、领导作风。各级纪检监察组织要把监督区委十项措施的落实情况作为一项经常性工作抓紧抓好、抓出实效,对没有做到的要督促做到,对违反规定的要责令整改,对情节严重的要严肃处理。

二要坚决纠正违反廉洁从政规定的行为。重点查处领导干部违规干预和插手招标投标、资源交易等市场经济活动,利用职权和职务影响为亲属和身边工作人员谋取不正当利益,违规收送现金和"购物卡",明显低于市场价购房和违规多占住房、买卖租赁保障性住房等行为。按照全市统一部署,对领导干部报告个人有关事项制度的落实情况进行抽查核实。严格执行关于厉行勤俭节约、制止奢侈浪费的有关规定,从严控制"三公"经费支出和楼堂馆所建设;规范公务用车管理;针对反映强烈的公款吃喝、大操大办婚丧嫁娶事宜借机敛财等问题,规范管理制度,明确纪律要求,加大执纪力度。

三要继续抓好基层党风廉政建设。严格执行《农村基层干部廉洁履行职责若干规定(试行)》和北京市实施办法,健全村务监督委员会工作机制,落实"148"系列制度,完善农村集体经济在线审计和农经地理信息系统,提高农村"三资"管理水平。加强对支农惠农政策落实情况的监督检查,督促有关部门严格执行支农资金使用的管理规定。健全社区居民议事协商和重大事项民主决策等制度,特别要进一步规范社区公益金的使用程序。强化国有资产监管,严格执行国有企业领导人员职务消费、薪酬管理等制度。探索推进非公有制经济组织反腐倡廉建设和社会信用体系建设。

(四)进一步推进惩治和预防腐败体系建设,提高反腐倡廉的科学化水平

一要高起点谋划今后五年的惩治和预防腐败工作。在区委、区政府的统一领导下,深入学习贯彻中央《建立健全惩治和预防腐败体系 2013 - 2017 年工作规划》和北京市实施办法,研究制定昌平区 2013 - 2017 年主要任务分工方案,高起点、高标准为今后五年惩治和预防腐败各项工作谋篇布局,细化任务分解,完善考核办法,保障工作落实。

二要严肃查处违纪违法案件。坚持有信必接、有案必查、有腐必惩。重点查办领导干部滥用职权、贪污贿赂、失职渎职的案件,发生在群众身边的"小官巨腐"案件,严重损害人民群众合法权益的案件。继续完善信访工作机制,拓宽和畅通信访举报渠道,加大直查和跟踪督办力度,规范信访件办理流程,提升初信初访办理水平,从源头上控制重信重访和越级访。进一步加强案件线索统一管理,健全纪检监察组织与司法、执法等职能部门的沟通协调机制,规范受到刑事追究、行政处罚、行政处分党员的党纪追究工作,提高腐败案件揭露、查处的能力。依纪依法文明安全办案。建立典型案件"一案五报告"制度,加强办案工作总结、典型案例剖析、重要案件通报,充分发挥案件查办的治本功能。

三要加大预防腐败工作力度。一是进一步推进教育全覆盖。结合党的群众路线教育实践活动,开展好"改进作风心系群众,廉洁高效服务转型"主题教育活动。加强廉政文化建设,用好用足"明境昭廉"廉政教育基地,丰富廉政短信内容并扩大发送范围,增加"廉政昌平"栏目设置,推广昌平廉政手机报,增强宣传教育互动性,扩大廉政文

化受众面，传递反腐倡廉正能量，提高党员干部群众对反腐倡廉建设的知晓度、支持度、参与度和满意度。二是进一步推进制度全覆盖。构建“点对点”的反腐倡廉制度体系，努力实现“有权力行使，就有制度制约”，切实把权力关进制度的笼子里。组织开展反腐倡廉制度落实情况的检查，通过对部分处级单位专题巡视，检查党政正职监督办法的落实情况；开展基层站所“1+3”系列制度落实情况“回头看”活动，重点回查“三重一大”事项报备、财务管理、内部审计各项制度的执行情况，开展对各类合同全面清理工作。三是进一步推进监督全覆盖。严格执行党内监督各项制度，将述职述勤述廉和干部任前廉政谈话等监督形式逐步向基层站所和农村社区延伸。创新公开载体，通过信息技术手段增强党务公开实效，并向政务公开、司法公开、厂务公开、村(居)务公开和各领域办事公开延伸，确保权力在阳光下运行。四是进一步深化廉政风险防控“三个体系”建设。抓重点联系单位经验总结，培育昌平廉政风险防控品牌和亮点，探索科学配置权力、有效监控权力。抓电子监察系统建设，完成一期工程，实施二期工程，初步建成覆盖全区行政职能部门的廉政风险信息化防控系统。抓重点工作领域，实现廉政风险防控与重点工程建设、为民办实事项目对接，保障资金安全。抓廉政风险预警，研究《关于实行廉政风险预警的暂行办法》，细化内容、规范流程、完善措施，并在处级单位试点开展、逐步推进。

四要纠正损害群众利益的不正之风。研究制定《关于加强政风行风建设的实施意见》，建立纠风工作长效机制。坚持纠风专项治理联席会议制度，针对人民群众反映强烈的突出问题，抓好保障性住房、教育、医药购销和医疗服务、征地拆迁等领域不正之风的专项治理。进一步创新政风行风评议手段。完善社情民意调查工作，扩大调查范围，增强调查结果的广泛性和代表性；开展“文明示范窗口”创建和“文明服务标兵”评选活动，推动职业道德建设，提升政务服务水平；加强政风行风评议结果的通报，对落后单位督促整改。畅通群众反映问题的渠道，继续做好政风行风热线工作，创办政民互动栏目，加大督办力度；充分发挥行政投诉中心纠偏提效和息诉维稳的职能作用，促进依法行政，有效解决问题，及时化解矛盾，维护群众合法权益。

(五)进一步加强纪检监察干部队伍建设，夯实反腐败工作的组织基础

加强区纪委监察局班子建设。严格执行班子成员联系单位制度，坚持定期深入联系单位，了解诉求，帮助解决问题，总结培育典型经验。加强组织建设。进一步建立健全纪检监察机构，按照市纪委监察局要求，积极筹建预防腐败局；完善纪检监察干部选拔任用工作机制，进一步优化队伍结构。加强能力建设。严格学习制度，提升综合素质；改进方法、丰富手段，增强纪检监察业务技能培训的实效；加大区纪委监察局机关干部交流轮岗力度，坚持挂职调训工作，强化干部一专多能；整合纪检监察力量，充分发挥区纪委委员和基层纪检监察组织作用，形成工作合力，提高监督检查能力、执纪办案能力和组织协调能力。全区纪检监察组织和干部必须牢固树立信任不能代替监督的理念，模范遵守纪律、自觉接受监督，特别要带头执行中央、北京市关于改进工作作风、密切联系群众有关规定和区委十项措施，把精力更多投入到修炼“内功”上，把心思始终放在研究工作上，把目光紧紧盯在取得成效上，维护可亲、可信、可敬的良好形象。

同志们，以十八大精神为引领、全面实现区委四届四次全会确定的目标，离不开反腐倡廉建设的有力保障。我们要在市纪委监察局和区委、区政府的坚强领导下，开拓进取、改革创新、真抓实干，深入推进反腐倡廉建设，为加快推动全区经济社会发展深度转型提供有力保证！

名词解释

1.“一查处三治理”工作。查处违法建设，治理煤场、盗采砂石和再生资源回收市场。

2.区级领导班子和领导干部“五个一”宣传教育活动。一次党纪条规知识答题、一次廉政风险梳理、一次领导班子专题民主生活会、一次警示教育、一次反腐倡廉专题党课宣讲。

3.基层站所党风廉政系列教育活动。针对我区发生的基层站所干部严重违纪违法案件，开展系列教育活动。组织警示教育党课巡讲团赴部分镇街和职能部门授课23场，利用典型违纪违法案件制作警示教育展板赴8个镇街进行巡展，组织2次基层站所党员干部进法庭旁听领导干部违法案件庭审，开展党纪政纪条规知识答题和电视知识竞赛，举办党风廉政专场文艺演出，基层站所党员干部普遍受到教育。

4.“明境昭廉”廉政教育基地。位于明十三陵的昭陵，总占地55亩，分为室外展陈、明代反腐倡廉历史陈列展、明代清官史事展、海瑞生平事迹展、昭陵帝后展和清风林六个板块，依托明代清官廉吏、名人贤达和贪官污吏等历史资料，深入挖掘明代廉政建设精髓，弘扬优秀传统文化，将历史文化资源

转化为现实廉政教育资源，实现基地建设与明文化的有机结合，广泛传播清廉正风，营造“以廉为荣、以贪为耻”的廉洁氛围，培养广大党员干部与社会各界人士的正直、正义、正派之气，逐步建成昌平区和北京市最具代表性的廉政文化教育基地。

5. 基层站所党风廉政建设“1+3”系列制度。针对基层站所干部违纪违法案件暴露出的问题，区委、区政府研究制定“1+3”系列制度，即一个意见：《关于加强基层站所党风廉政建设的意见》，三个办法：《昌平区科级干部监督管理办法》、《昌平区基层站所财务管理办法》、《昌平区基层站所内部审计管理办法》。

6. 廉政风险防控管理。运用现代管理学的理念和方法，重点围绕制约监督和规范权力运行，紧密结合地区、部门和单位实际，突出重要岗位和关键环节，认真查找在思想道德、岗位职责、业务流程、制度机制和外部环境等方面可能发生腐败行为的风险点，并采取前期预防、中期监控、后期处置等预防措施，通过制定方案、贯彻执行、检查考核、调整修正等环节，对预防腐败工作进行科学化、系统化循环管理。现阶段主要任务是推进“三个体系”建设，即权力结构科学化配置体系、权力运行规范化监督体系、廉政风险信息化防控体系。

7. “三个服务”理念。即反腐倡廉建设要坚持服务区委区政府中心工作、服务广大人民群众、服务干部健康成长。

8. “四项建设”。党的纪律建设、领导机关和领导干部作风建设、惩治和预防腐败体系建设、纪检监察组织自身建设。

9. 党风廉政建设责任制“一岗双责”。领导干部在本职岗位上，按照工作分工，在管好职责范围内业务工作的同时，还必须按照党风廉政建设责任制的要求，切实抓好职责范围内的党风廉政建设和反腐败工作，认真履行“党风廉政建设责任人”的职责。

10. “148”系列制度。昌平区委、区政府于2007年6月联合下发了“1+4”文件。“1”即《关于加强农村民主管理严格执行村务公开制度的意见》，“4”即《关于加强农村集体财务管理的实施办法》、《关于加强农村集体资产管理的实施办法》、《关于加强农村集体合同管理的实施办法》和《关于加强村级干部及其他村级管理人员报酬管理的意见》4个文件。同时，下发了《关于成立农村会计服务所的意见》，在各镇街成立了农村会计服务所。2008年4月，区委、区政府制定下发了《昌平区村级事务重大事项民主决策暂行规定》，规范了农村集体资产承包租赁、集体土地征占、集体土地征占收入使用、集体借贷、村级管理劳务人员设置及报酬发放、规划建设方案、集体资金年度支出和体制机制改革8个方面重大事项民主决策的程序。《昌平区村级事务重大事项民主决策暂行规定》与“1+4”文件一起构成了“148”制度体系的基本框架。在此基础上，2009年，昌平区又将农村集体事务民主管理程序规范为“五步法”：第一步，村“两委”申请。村“两委”就需要做出决策的重大事项，进行可行性分析，经过联席会商议，向镇街提出书面申请。第二步，职能部门审核。镇街经管站、监察科、司法所、经济发展科以及城镇管理科等职能部门进行审核，把握政策界限，提出书面工作意见或建议。第三步，镇街预批。对于村报请镇街的事项，主管领导根据职能部门审核的情况，提出意见，经过镇街领导班子会讨论，给予预批。第四步，村民民主决议。按照镇街领导班子会的预批意见，根据事项的重要程度，农村“两委”组织村民大会、户代表会议或村民代表会对事项进行表决。第五步，成文公示实施。昌平区加强农村民主管理和源头治腐的“148”制度体系更加成熟和完善。

11. 农村集体经济在线审计。是由市、区（县）、乡镇（街道）三级经管部门通过办公自动化设备和网络信息技术，按照规定程序，对辖区内村集体经济组织及其企业的经济情况实施远程在线审计，准确、快速得到审计结果的新型审计方法。昌平区作为北京市农村集体经济在线审计的试点，参与了在线审计软件的开发，并在全市范围内率先开展了这项工作。

12. 农经地理信息系统。该系统是“数字昌平”的重要组成部分，是以空间技术、传感器技术、卫星定位与导航技术为支撑，按地上物的属性进行分类，用图层管理的方式将同类型地块的数据进行归类、汇总的信息管理平台，可利用地图影像直观反映我区土地利用现状，便于对土地现有属性进行统计分析、对土地使用状况进行实时监控。

13. 农村“三资”管理。指对农村集体资金、资产和资源的管理。

14. 案件审理“二十四字”工作基本要求。事实清楚、证据确凿、定性准确、处理恰当、手续完备、程序合法，这二十四个字是纪检监察机关审理案件所必须遵循的准则，更是确保案件经得起历史检验的根本保障。

15. 典型案件“一案五报告”制度。针对查处的典型违纪违法案件，在形成调查报告的同时，还要形成查办总结报告、案件剖析报告、案件通报和源头治腐建议报告。

大　事　记

2012年昌平区大事记

1月

5日　昌平区部署党的十八大代表推荐提名工作。

是日　《中国政区大典(北京卷昌平分卷)》编纂工作启动。

6日　昌平区开展校车安全检查工作。

7日　中共中央政治局委员、市委书记刘淇到第七届世界草莓大会主场馆项目现场,考察大会筹备情况。区领导陪同考察。

11日　昌平区春节消防安全动员会召开。

是日　昌平区"一帮一"慈善扶贫救助活动启动。

18日　昌平区老干部工作会议召开。

20日　昌平区迎新春军政座谈会暨创建全国双拥模范城牵头部队交接仪式举行。

21日　区领导检查节日期间市场供应和安全生产工作。

31日　昌平区2012年安全工作部署会议召开。

2月

1日　公安昌平分局第七届世界草莓大会安保工作动员誓师大会召开。

7日　昌平区2012年党风廉政建设工作会议召开。

是日　昌平区社会管理暨政法工作会议召开。

9日　昌平区2012年未来科技城建设工作部署会议召开。

15日　昌平区第七届世界草莓大会外围保障工作调度会议召开。

18日至22日　第七届世界草莓大会举行。中共中央政治局委员、国务院副总理回良玉,市委书记刘淇等中央及市区领导出席大会有关活动。大会期间有20余万人前来观光采摘。

21日　昌平区出席市第十一次党代会代表选举工作部署会召开。

24日　公安昌平分局延寿、十三陵派出所挂牌成立。

29日　昌平区社区"两委"换届选举工作启动。

3月

1日　昌平区2012年全国"两会"维稳安保工作部署会议召开。

2日　昌平区学雷锋志愿服务活动誓师大会举行。

7日　昌平"国家卫生区"复审工作将启动。涉及环境保护、城中村和城乡结合部卫生等十个方面。

是日　区纪委调研区审计工作开展情况。

8日　昌平区庆祝"三八"国际劳动妇女节暨"京北丽人"志愿服务队启动仪式举行。大会表彰了区"三八"红旗集体、"三八"红旗手等先进集体和个人。

10日　区领导调研区平原造林工程建设情况。

13日　为迎接"国家卫生区"复审,区领导带队检查昌平城区环境卫生。

17日　全区两万余人参与"周末卫生日"活动,掀起新一轮环境卫生整治高潮。

20日　区委领导调研新城东区和沙河拆迁进展情况。详细询问回迁小区施工的整体进程及居民入住的相关安置等情况。

21日　昌平区党的建设研究会一届一次理事会召开。

是日　东小口地区综合配套改革启动。将调整为一镇三街道。

22日　昌平区2011年禁毒工作总结暨2012年禁毒工作部署会议召开。

24日 昌平区开展第二次“千人执法大行动”部署会议召开。

26日 中央军委领导郭伯雄等来区参加义务植树活动。市长郭金龙等市、区领导陪同。

27日 区领导检查中关村创新基地环境建设工作。

29日 公安昌平分局未来科技城治安警务站揭牌成立仪式举行。

30日 昌平区春季长跑比赛在滨海公园举行,600名干部职工参赛。

31日 全区社区党组织换届选举工作结束。

是月,区政府2012年直接关系群众生活方面拟办的45项实事公布。

4月

2日 第九届北京·昌平·小汤山温泉文化节暨首届昌平温泉旅游文化展开幕仪式举行。

5日 昌平区2012年“春风送温暖、慈善济万家”募捐活动动员会召开。

10日 全国人大副委员长韩启德一行到区检查文物保护单位修缮情况。

11日 副市长夏占义到区调研平原造林工程进展情况。

12日 全市首家廉政微博“廉政昌平”开通。昌平纪检监察网同日开通。

16日 昌平区党代表会议召开,选举产生出席北京市第十一次党代会代表。

18日 第七届世界草莓大会总结表彰大会在北京会议中心举行。298家单位、1910名个人获评先进,昌平区政府荣获“最佳组织奖”。

19日 区领导调研创新基地开发建设情况。

21日 昌平区第七届青少年科技创新大赛颁奖典礼在百善中学举行。180余名学生和50余名教师受到表彰。

26日 中央企业集中建设人才基地筹建工作小组在区领导陪同下视察未来科技城建设情况。

27日 昌平区庆“五一”表彰大会召开。荣获“全国‘五一’劳动奖章”及“全国工人先锋号班组”等称号的先进个人和集体受到表彰。区领导出席并讲话。

是日 昌平区医院成为首都医科大学教学医院。

29日 区领导检查节日旅游市场安全,确保群众过一个欢乐祥和的节日。

5月

2日,中共中央政治局委员、市委书记刘淇等市领导调研区平原造林完成情况。

3日 昌平区纪念建团90周年暨五四青年大会召开。区领导出席并讲话。

4日 昌平区疾控中心成立十周年纪念会召开。

7日 昌平区与加拿大杜兰区签署战略合作协议。

10日 昌平区荣获全国双拥模范城“七连冠”总结表彰暨创建“八连冠”动员大会召开。卫戍区有关领导及区领导出席并讲话。

11日 昌平区严厉查处违法建设、违法占地暨“三项治理活动”动员部署大会召开。区领导出席并讲话。

12日 2012年北京国际越野挑战赛在十三陵户外休闲运动集聚区举行。来自世界各地的近万名健身和户外休闲爱好者参加了此项活动。

18日 昌平区“家庭远离邪教活动”现场会暨“警示教育宣传月”启动仪式在东小口地区天通苑西二社区广场举行。

是日 昌平区与法国布希圣乔治市正式结为友好交流城市。

25日 国家林业局局长赵树丛一行到区调研绿化工作。

是日 以“科普惠及民生、践行北京精神”为主题的昌平区科技周结束。活动期间受益群众超3万。

26日 昌平区2012年安全迎汛工作会议召开。

28日 昌平区第十二届“五月的鲜花——劳动者之歌”群众歌咏比赛举行。全区共有36支代表队参赛。

30日 迎接党的十八大昌平区城乡环境建设百日集中行动及门前三包责任制部署工作大会召开。此活动开展时间为6月上旬至10月底。

31日 昌平区2012年庆祝“六一”儿童节大会在前锋学校召开。区领导与全区少年儿童欢度节日。

是月 全市首个区县级流动测震台网在昌平建立。

6月

1日 昌平区2012年拆迁大会工作推动大会召开。

是日　昌平区2012年“安全生产月”活动启动暨“北京平安艺术团”揭牌仪式在百善镇举行。

2日　第九届北京·昌平·小汤山温泉文化节闭幕式暨第八届蟒山森林啤酒节开幕式在蟒山国家森林公园举行。

10日　昌平区安全文化主题公园揭幕仪式及以“践行北京精神、弘扬安全文化、推进安全发展城市建设”为主题的第十一次“安全生产咨询日”活动在永安公园同时举行。

11日　昌平区严厉查处违法建设、违法占地暨“三项治理行动”动员部署大会召开。

13日　昌平区迎接“国家卫生区”复审工作会议召开。

16日　以“大力开展爱国卫生运动，巩固‘国家卫生区’创建成果”为主题的“周末卫生周”活动在全区广泛开展，掀起新一轮环境卫生整治高潮。

20日　昌平区纪念中国共产党成立91周年暨表彰大会召开。

7月

11日　由区委组织部、区委宣传部、区慈善协会在全区范围内组织开展的“共产党员献爱心”捐款活动启动。

13日　昌平区公开选拔27名处级领导干部工作启动。

是日　昌平区安全生产隐患集中排查整改专项行动工作部署会议召开。

17日　昌平区被国务院授予“国家创新型城市”称号。这是全市唯一获得此荣誉的区县。

21日至22日　21日上午10时至22日早6时，全区平均降雨量为142毫米。其中最大降雨站点为北七家站，降雨量为210毫米。

23日　昌平区山区防汛工作会议召开。

8月

1日　昌平区无障碍门户网站正式上线。

3日　昌平区党的十八大维稳工作动员部署会议召开。

3日至4日　昌平区召开四套班子专题务虚会。分析研判经济形势，科学谋划下半年工作。

6日　昌平区2012年防汛抗旱工作部署会议召开。

16日　中央信访工作北京督察组到区检查工作。对昌平区创新信访工作模式给予肯定。

18日　北京市第六届“和谐杯”乒乓球比赛总决赛暨总结颁奖大会在区体育馆举行。全市共有132个代表队参加最后的角逐。昌平区有市政市容委等6个队参赛。

19日　昌平区数千名穆斯林群众欢度伊斯兰教的传统节日——开斋节。

20日至22日　昌平党政代表团赴西藏拉萨市考察援藏工作和经济社会发展情况。

22日　北京市督察组来区督查党的十八大安保工作。

24日　昌平区“国家卫生区”复审工作阶段性总结部署大会召开。要求全力以赴迎复审，以良好的环境面貌迎接党的十八大胜利召开。

27日　昌平区专项整治重点复杂地区违法犯罪活动工作部署会议召开。

31日　昌平区预防特大交通事故工作会议召开。

9月

4日　昌平区迎接党的十八大深化“扫黄打非”专项行动部署会议召开。

5日　昌平区再次召开“国家卫生区”复审工作部署会议。要求真正把迎审的各项工作做实做细，顺利通过“国家卫生区”复审验收。

8日　昌平区庆祝第28个教师节暨表彰大会举行。新学期区政府拟为全区教师办7件实事。

是日　昌平区2012年大学生村官欢迎暨表彰大会召开。

10日　中共中央政治局常委、国务院总理温家宝赴沙河高教园区外交学院为周恩来和陈毅铜像揭幕，并发表讲话。中央、市及区有关领导出席揭幕仪式。

12日　昌平区廉政风险防控“三个体系”暨电子监察系统建设工作部署工作会议召开。

14日　昌平区突发事件应急委员会部署国庆期间应急服务保障工作会议召开。

17日　昌平区创先争优经验交流大会召开。总结经验，巩固成果，推动创先争优活动常态化、长效化。

20日　市委书记郭金龙在未来科技城项目现场、小汤山葫芦河水环境治理项目现场等处，就昌平经济社会发展情况进行调研。中央部委、市、区有关领导陪同调研。

22日　昌平区小产权房整治工作动员部署大会召开。

10月

4日　市委副书记、代市长王安顺到未来科技城就建设情况进行调研。

9日　昌平区迎接党的十八大安全稳定誓师大会召开。

12日　昌平区2012年科级干部公开选拔工作动员部署会召开。

13日　市委常委、宣传部长、副市长鲁炜到区就昌平重点功能区建设、宣传思想和文化工作情况进行调研。

15日　昌平区迎接党的十八大环境综合治理工作部署会议召开。

19日　北京·昌平第九届苹果文化节旅游板块——"苹"添秋色活动在居庸关拉开帷幕。

20日　北京·昌平第九届文化节在十三陵镇拉开帷幕。市委常委牛有成等市、区领导出席开幕式。此活动将持续到11月30日。

24日　昌平区2012年冬季征兵工作动员大会召开。

26日　昌平区迎接党的十八大安保决战阶段禁毒工作部署会议召开。

30日　昌平区2012年至2013年冬季供暖点火仪式举行。定于11月3日24时正式供暖。

11月

3日　2012年秋季北京国际长走活动在十三陵水库周边举行。市人大常委会副主任梁伟等市、区领导出席启动仪式。

4日　全市遭遇大范围雨雪天气。其中,昌平平均降水量38.8毫米,最大降水量80毫米。当晚,李士祥等市领导到昌平与区领导共商应急处理办法。

7日　昌平区2012年昌平新闻奖、优秀新闻工作者颁奖典礼暨第13个记者节文艺汇演举行。

8日　昌平区严厉打击传销违法犯罪工作部署会议召开。

9日至10日　昌平区出现持续降雨,累计降水量达15毫米,雨后有5至7级偏北风。9日晚,副市长苟仲文到昌平与区领导共商应急处理对策。

15日至16日　昌平区四届人代会二次会议召开,选举区出席市十四届人大代表35名。

17日　昌平区学习宣传贯彻党的十八大精神动员大会召开。

28日　昌平区与世界魔术联盟签订框架合作协议,共同打造昌平"魔术之都"称号。

12月

2日　为期3天的中国北京国际魔术大会在昌平体育馆闭幕。新一代"魔王"诞生。

8日　昌平区2012年新兵入伍欢送大会召开,180余名新兵将启程奔赴军营。

10日　副市长夏占义到区调研平原造林工程建设情况。

13日　昌平区部署三大秩序整治工作推动会议召开。将对9类问题进行联合执法,涉及5条严管大街、8处秩序乱点。

26日　2012年昌平区新闻发言人暨宣传系统干部培训班开班。

27日　昌平区2012年落实消防工作责任制现场考核汇报会召开。

27日至28日　市委常委、副市长陈刚带领市党风廉政建设责任制第11检查组成员到区检查指导工作。区领导出席汇报会。

政党·团体

中国共产党北京市昌平区委员会

【概 况】 2012 年,在市委、市政府的坚强领导下,新一届区委团结带领全区党员干部群众,深入贯彻落实科学发展观,紧紧围绕迎接党的十八大胜利召开,着力稳增长、调结构、惠民生、促和谐,全面完成届首之年的目标任务,经济社会转型发展取得了显著成效。

结构调整实现新突破。中关村昌平园总收入三年翻了近两番,占中关村示范区的比重提高近一倍。高技术产业和生产性服务业增加值占 GDP 的比重分别提高到 12% 和 21% 。能源科技、生物医药等支柱产业增势强劲,科技金融、信息服务等先导产业加快聚集。第七届世界草莓大会和首届中国北京国际魔术大会成功举办,都市型现代农业、文化创意产业和旅游休闲产业融合发展。央企对区级财政收入的贡献实现三年翻番,成为新的经济增长极。科技型中小企业发展活跃,3 家企业完成上市。一批规模产业项目分别入驻、开工和投产,发展后劲进一步增强。创新创业环境不断优化,科技研发投入和创新成果继续保持快速增长。

城乡建设迈出新步伐。全面推进"三城一区一基地"等重点功能区建设,未来科技城、国家工程技术创新基地初具规模,科技商务区核心区和昌平新城文化创意新区具备土地上市条件,沙河大学城北邮新校区一期破土动工,外交学院新校区建成开学。以骨干路网和市政管网为重点,加快重大基础设施建设,城市运行服务保障体系进一步健全。集中开展"一查处三治理"专项整治行动,控违拆违继续保持高压态势。探索推进新型农村社区建设试点和重点沟域建设,基本完成了农村集体经济产权制度改革。大力实施平原造林工程,城乡绿化美化效果初步显现。认真做好国家环保模范城创建工作,顺利通过了国家卫生区复审。

社会建设取得新成效。高标准完成十八大安保维稳任务,安定和谐的社会局面更加巩固。成功创建"国家创业型城市",绿色就业走在全市前列。城镇居民人均可支配收入和农民人均纯收入预计分别增长 8.2% 和 11.4% 。社会保障覆盖面继续扩大,保障水平和补助标准不断提高。保障房建设、老旧小区综合改造、农宅抗震节能改造等惠民工程进展顺利,群众居住条件得到明显改善。学前教育三年行动计划和名校名医院工程加快实施,公共服务均等化、优质化水平持续提升。村庄社区化和社区规范化建设有序推进,实有人口服务管理全覆盖体系一期基本建成。

党的建设得到新加强。深入开展形势政策巡回宣讲,学习宣传贯彻党的十八大和市、区党代会精神,全区上下投身转型发展的自觉性、主动性显著增强。创新干部教育培训方式,启动实施处级正职领导干部境外培训三年计划。加大竞争性选拔力度,面向社会公开选拔 31 名处级干部和 120 名科级干部,选人用人公信度和组织工作满意度大幅提升。顺利完成社区"两委"换届和村党组织换届选举,基层干部队伍结构不断优化。加强人才引进培养和服务保障,高层次人才聚集态势初步显现。巩固拓展创先争优成果,深入开展基层组织建设年活动,探索形成了党员"流动服务站"等一批党建工作创新品牌。健全廉政风险防控管理体系,重点加强处级正职领导干部和基层科队站所的党风廉政建设,严肃查处了一批重大违法违纪案件,干部群众对党委政府反腐倡廉的信心进一步增强。

"十二五"以来,我们按照中央、市委指示精神,牢牢把握区域功能定位和发展的阶段性特征,坚持把转型发展作为中心任务,着力推动产业结构、增长动力、城市发展和社会管理"四个根本转变",区域发展的方向基本明确,路径更加清晰,基础不断巩固。

(葛翔文)

单位名称：中国共产党北京市昌平区委员会
地址：北京市昌平区政府街19号
电话：(010)69742713
邮编：102200

【市领导到区调研】 1月7日，中共中央政治局委员、市委书记刘淇来昌视察第七届世界草莓大会主场馆项目现场和大会筹备情况。市委常委、市委办公厅主任李士祥和区有关领导陪同调研。

（葛翔文）

【重点工作部署会召开】 1月29日，昌平区2012年度重点工作部署会召开。会议就2012年度全区各项工作进行安排部署，区四套班子领导出席会议。

（葛翔文）

【区委四届二次全会召开】 2月7日，中共北京市昌平区第四届委员会第二次全体会议召开。会议通报了区十八大代表推荐工作情况，表决通过了侯君舒、彭燕两名同志作为昌平区推荐提名北京市出席党的十八大代表人选。

（葛翔文）

【中央财经领导小组办公室到区调研】 2月14日，中央财经领导小组办公室农村一组局长张冬科一行到区就推进城镇化问题进行专题调研。

（葛翔文）

【第七届世界草莓大会成功举办】 2月18日至22日，第七届世界草莓大会在区成功举办。来自66个国家和地区的一千余名草莓专家和20余万名游客积极参与。中共中央政治局委员、国务院副总理回良玉，中共中央政治局委员、市委书记刘淇，全国人大、全国政协、全国妇联、国际园艺学会及市、区有关领导出席开闭幕式。

（葛翔文）

【党风廉政建设工作会召开】 2月27日，昌平区2013年党风廉政建设工作会召开。会议深入贯彻落实党的十八大、中央纪委和市纪委二次全会、区委四届四次全会精神，总结2012年全区党风廉政建设和反腐败工作，部署2013年各项任务。区四套班子领导出席会议。

（葛翔文）

【未来伙伴北京青少年机器人竞赛举办】 3月3日，第十二届未来伙伴北京青少年机器人竞赛在昌平二中举行。来自全市137支代表队的近400名选手参加了本次竞赛。中国科协副主席冯长根、副市长苟仲文、中国科学院院士林群及市、区有关领导出席开幕式。

（葛翔文）

【国土资源部领导到区调研】 3月14日，国土资源部副部长胡存智一行来昌调研农村土地征收标准情况。

（葛翔文）

【中央军委领导到区参加植树活动】 3月26日，中共中央政治局委员、中央军委副主席郭伯雄，中央军委委员、国务委员兼国防部长梁光烈等军委领导到沙河机场周边景观生态林建设标段，参加义务植树活动。

（葛翔文）

【全国人大领导到区调研】 4月10日，全国人大常务委员会副委员长韩启德一行到区检查文物保护单位修缮情况。

（葛翔文）

【区委四届三次全会召开】 4月10日，中共北京市昌平区第四届委员会第三次全体会议召开。会议确定了区出席北京市第十一次党代会代表候选人预备人选，审议并通过了《关于召开中国共产党北京市昌平区代表会议的决议》。

（葛翔文）

【首都文化界代表义务植树】 4月14日，中共中央政治局委员、市委书记刘淇，中共中央政治局委员、书记处书记、中宣部部长刘云山到区与首都文化界千名代表一起参加义务植树劳动。中宣部常务副部长雒树刚，中宣部副部长、中央外宣办主任王晨，人民日报社社长张研农，中国社科院常务副院长王伟光，中国文联党组书记赵实，中国作协党组书记李冰，市委副书记、市长郭金龙等有关领导陪同参加植树活动。

（葛翔文）

【中共北京市昌平区代表会议召开】 4月16日，中国共产党北京市昌平区代表会议召开，选举出席北京市第十一次党代表大会的代表。

（葛翔文）

【市领导到区调研】 5月2日，中共中央政治局委员、市委书记刘淇一行先后到沙河机场周边植树造林工程现场和百善景观生态林，围绕“加强生态文明建设，全面提升城市环境质量”这一主题，调研区平原地区造林任务完成情况。市领导吉林、李士祥、牛有成、夏占义等市、区有关领导陪同调研。

（葛翔文）

【未来科技城区域能源中心开工建设】 5月18日，北京未来科技城区域能源中心开工建设，该项目是全市“十二五”期间规划建设的重要区域能源系统项目。副市长洪峰，北京能源投资集团有限公司、区有关领导出席开工仪式并为该项目培土奠基。

（葛翔文）

【纪念建党91周年暨表彰大会召开】 6月20日，昌平区纪念中国共产党成立91周年暨表彰大会隆重召开。大会对全区创先争优先进基层党组织、优秀共产党员和的“五个好”农村基层党组织进行了表彰。

（葛翔文）

【区领导赴赤峰市考察】 6月24日至26日，区委书记侯君舒一行到赤峰市克什克腾旗，就城市建设、对口帮扶合作工作进行考察，学习交流发展经验，看望慰问本区在打工地挂职的干部。

（葛翔文）

【区各系统工作汇报会召开】 7月3日至5日，昌平区各系统工作汇报会召开。会议分别从综合经济运行、二三产业发展、城乡建设管理、重点功能区建设、党的建设、社会事业发展、农业农村发展等方面全方位总结上半年工作完成情况，谋划下半年发展。

（葛翔文）

【区委常委会扩大会议召开】 7月6日，区委常委会召开扩大会议传达贯彻市第十一次党代会精神。区四套班子领导出席会议。

（葛翔文）

【中科院昌平中科创新园项目奠基仪式举行】 7月11日，中科院昌平中科创新园项目举行开工奠基仪式，项目总占地面积18.3万平方米，总建筑面积43.2万平方米，预计总投资为20亿元人民币。市政府副秘书长戴卫，中国科学院、中科实业集团和区有关领导出席奠基仪式并为项目培土奠基。

（葛翔文）

【中组部领导视察未来科技城建设情况】 8月6日，中组部副部长、中央人才工作协调小组副组长李智勇一行来区视察未来科技城建设情况。市、区有关领导陪同视察。

（葛翔文）

【上半年经济形势分析会召开】 8月6日至7日，昌平区上半年经济形势分析会召开。会议深入学习贯彻“胡锦涛总书记7月23日在省部级主要领导干部专题研讨班开班式上的重要讲话”精神和市第十一次党代会、全市上半年经济形势分析会精神，总结上半年工作，研究部署下半年任务。区四套班子领导出席会议。

（葛翔文）

【市领导到区调研】 8月8日，副市长洪峰一行先后来到百善学校和昌平职业技术学校，就区教育工作情况进行调研。

（葛翔文）

【中央信访工作北京督导组到区进行督导检查】 8月17日，人力资源和社会保障部党组副书记、副部长杨志明带领中央信访工作北京督导组一行视察未来科技城建设情况，督查落实“无拖欠工资”工作情况。

（葛翔文）

【国务院领导出席周恩来和陈毅同志铜像揭幕仪式】 9月10日，国务院总理温家宝到沙河高教园区外交学院新校区，出席周恩来和陈毅铜像揭幕仪式。中共中央政治局委员、中央书记处书记、中央宣传部部长刘云山，国务委员戴秉国、唐家璇，外交部部长杨洁篪、教育部部长袁贵仁及市、区有关领导出席活动。

（葛翔文）

【北京邮电大学沙河校区奠基仪式举行】 9月16日，北京邮电大学沙河校区举行开工奠基仪式，校区占地1348亩，建成后将能容纳1.8万名学生。教育部副部长鲁昕及市、区有关领导出席奠基仪式。

（葛翔文）

【创先争优经验交流大会召开】 9月17日，昌平区创先争优经验交流大会召开。大会总结两年来全区开展创先争优活动经验，进一步动员全区各级党组织和广大党员干部，巩固和拓展创先争优活动成果，推进创先争优活动常态化、长效化。区有关领导出席会议。

（葛翔文）

【市领导到区调研】 9月20日，市委书记郭金龙先后来到中关村国家工程技术创新基地、未来科技城项目现场和小汤山葫芦河水环境治理项目现场，就区经济社会发展情况进行调研。国务院国资委主任、党委书记王勇，中央组织部副部长李智勇及市、区有关领导陪同调研。

（葛翔文）

【诺和诺德中国新研发中心揭幕仪式举行】 9月24日，诺和诺德中国新研发中心揭幕仪式在北京饭店举行，中心位于区中关村生命科学园内，是诺和诺德全球研发体系的重要组成部分。卫生部部长陈竺、副市长苟仲文、诺和诺德公司及区有关领导出席揭幕仪式。

（葛翔文）

【首都师范大学附属中学昌平校区开工建设】 9月29日,首都师范大学附属中学昌平校区正式开工建设,新校区总占地面积50000多平方米,建筑面积40000平方米,建成后可容纳在校学生1500人左右。区有关领导出席开工仪式。

(葛翔文)

【市领导到区调研】 10月4日,市委副书记、代市长王安顺来昌调研未来科技城建设进展情况。市、区有关领导陪同调研。

(葛翔文)

【先正达生物技术北京研究中心落成】 10月11日,先正达生物技术北京研究中心在我区落成,该项目用地面积为2.5万多平方米,总投资超过1亿美元。副市长苟仲文及市、区有关领导出席落成仪式。

(葛翔文)

【市领导到区调研】 10月13日,市委常委、宣传部部长、副市长鲁炜来昌调研重点功能区建设、思想和文化宣传工作情况。

(葛翔文)

【市领导到区调研】 10月21日,市委常委、常务副市长李士祥一行带领市相关职能部门负责人到区调研三个重点项目规划建设情况。

(葛翔文)

【市督查组到区检查】 10月31日,副市长张工带领市督查组一行到区督查十八大安全稳定和服务保障工作。

(葛翔文)

【2012年秋季北京国际长走活动举行】 11月3日,2012年秋季北京国际长走活动在区举行,5000余名来自国内外的长走爱好者参加了此次活动。市人大常委会副主任梁伟、市政协副主席马大龙、市委副秘书长王翔及区有关领导出席启动仪式。

(葛翔文)

【市领导到区调研】 11月4日,市委常委、常务副市长李士祥,市委常委、市委秘书长赵凤桐,副市长张工带领相关职能部门负责人,到区实地调研雨雪灾害情况,并连夜开会,商讨应急处理方法。

(葛翔文)

【学习宣传贯彻党的十八大精神动员大会召开】 11月17日,昌平区学习宣传贯彻党的十八大精神动员大会召开。会议传达了党的十八大会议精神和习近平在十八届一中全会上重要讲话以及市委常委(扩大)会会议精神。

(葛翔文)

【首届中国北京国际魔术大会成功举办】 11月30日至12月2日,首届中国北京国际魔术大会在区体育馆成功举办。来自22个国家和地区的350余名业内人士积极参与了本次大会。文化部党组成员、副部长董伟,中国文联、中国杂技家协会,世界魔术联盟及市、区有关领导出席大会开闭幕式。

(葛翔文)

【市领导到区调研】 12月10日,副市长、市平原地区造林工程建设总指挥部总指挥夏占义实地考察了区2012年平原造林绿化成果和2013年造林地块的落实情况。

(葛翔文)

【天通苑南、天通苑北、霍营三街道正式设立】 12月31日,天通苑南、天通苑北和霍营三个街道正式挂牌设立。市、区有关领导出席挂牌仪式。

(葛翔文)

组织工作

【概　况】 2012年,昌平组织工作在区委的正确领导下,深入落实科学发展观,认真学习贯彻党的十七大、十八大以及市第十一次党代会、区第四次党代会精神,坚持围绕中心、服务大局,以提高组织工作科学化水平为主线,以推进干部人事制度改革为重点,以深化创先争优活动为动力,统筹加强领导班子和干部人才队伍建设、基层党组织和党员队伍建设,各项工作取得新的进展和成效。

(李根)

单位名称:昌平区委组织部
地址:昌平区政府街19号
电话:(010)89741601
邮编:102200

【加强党政正职队伍建设】 年内,紧密围绕推动科学发展需要,结合镇换届后处级领导班子配备和岗位空缺情况,加大干部交流力度,统筹做好干部调整,重点抓好党政正职选配工作。共调整处级领导干部255人,其中正处职干部85人。健全和落实谈心谈话制度,开展与区属机关、企事业单位和镇街"一把手"谈心谈话工作,促进班子和干部查找问题、改进工作、加强自身建设。选派50名领导干部,分两期赴新加坡参加城市精细化管理与区域经济发展培训,进一步开阔领导干部的国际化视角,丰富开展工作的思路和实招。

（李根）

【加强后备干部力量储备】 年内，建立镇街“80后”副职干部成长档案，通过谈心谈话、座谈交流和实地考察等方式，加强跟踪了解和服务管理。认真抓好对优秀年轻干部的源头储备和实践锻炼，组织处级单位推荐657名优秀科级干部，健全完善了优秀科级干部数据库。选派15名优秀科级干部到入驻未来科技城中央企业挂职锻炼，丰富阅历，积累经验，提升实际工作能力。继续开展大学生村官选聘和流动发展工作，选拔6名优秀大学生村官进入乡镇专项事业编，19名录用为公务员，35名进入事业单位。

（李根）

【加强干部日常管理】 年内，落实市委组织部的要求，择优录取6名京外“985”高校应届优秀毕业生到国有企事业单位工作。协调挂职单位，安排好16名中央部委选派挂职干部和内蒙古来京挂职干部的工作。安置18名团职军转干部到地方工作，认真做好年度考核和干部管理信息系统维护等日常工作。

（李根）

【深化干部教育培训改革创新】 年内，全面落实《昌平区2012－2016年深化干部教育培训改革实施意见》，对2008年以来全区各单位干部教育培训工作及处级领导干部学时进行全面梳理检查。完成新疆和田地区农村党支部书记（主任）、连队主要负责人轮训班（共10期）、全国新任县级党委组织部长培训班、北京市新进区县班子领导干部培训班在昌平的现场教学任务。依托区委党校、中国政法大学等举办专题培训班次15期。创新“领导干部进高校”大讲堂形式和内容，开展走进生命科学园、沙河高教园、走进党校听党史等主题活动。组织开展“我学十八大”主题征文活动，引导全区干部深入学习贯彻党的十八大精神。

（李根）

【继续推行初始提名推荐制度】 年内，进一步规范处级干部提名程序和操作方法，在全区正处级以上干部中对25名党政正职人选进行了“定向民主推荐”，在区级四套班子成员、区委委员、候补委员和镇街党（工）委书记中对25名党政正职人选进行了“个别谈话推荐”，从推荐人选中反复比较研究，充分听取意见，力求人岗相宜，进一步提高干部选拔任用工作民主化程度。

（李根）

【加大竞争性选拔力度】 年内，全面推行科级干部竞争上岗，为优秀年轻干部健康成长搭建了平台。突出岗位特点，注重能力实绩，前置资历评价环节，改进考评方式，分3批分别拿出31个处级岗位和120个科级岗位开展公开选拔。首次科级公选吸引近2000人报名，发现和集聚了一批高素质科级干部。通过公开选拔，共有31名优秀干部走上处级领导岗位，2名干部被延伸提拔使用，17名干部被列入处级后备干部队伍；107名优秀干部走上科级领导岗位。

（李根）

【完善镇街领导班子绩效考评机制】 年内，研究制定《关于开展镇街经济社会协调发展绩效考核评价的意见》以及镇街领导班子绩效考核评价指标体系，分五类对全区镇街实施差异化考核，加大对日常工作考核评价的分值权重，强化对社会管理、城乡建设规划管理和年度重点工作的考核，建立日常有检查、中期有通报、年底有总评的运行模式。强化绩效考评结果运用，发挥绩效考核导向作用，促进镇街领导班子和领导干部积极推动全区科学发展。

（李根）

【强化干部监督管理】 年内，扎实开展干部选拔任用监督纪实，认真做好全区处级领导干部报告个人有关事项工作。起草《昌平区科级干部监督管理办法》，进一步明确各单位党委（党组）、主要领导、主管领导在科级干部监督管理方面的责任，努力构建多层次多渠道的监督管理机制。

（李根）

【提高组织工作满意度】 年内，召开组织工作满意度讲评分析会和座谈会，认真总结2011年工作经验，督促指导各单位整改落实，抓好满意度的巩固提升。在111个区属机关、镇街和企事业单位开展的满意度民意调查中，全区组织工作总体满意度为89.96分，选人用人公信度为89.65分，组织工作满意度为90.28分，分别比2011年提高18.33分、19.18分和17.47分。

（李根）

【深入开展创先争优活动】 年内，继续扎实推进领导干部“领航工程”、基层党组织“聚力工程”和共产党员“先锋工程”，召开全区创先争优经验交流大会，评选表彰了一批先进基层党组织、优秀共产党员。继续深入开展“抓党建，治违建，创先争优促发展”主题活动，启动科级以下党员、干部和国有企事业单位工作人员违建整治工作，签订了7916份承诺书，拆除违建面积4562.8平方米。积极开展“四项整治行动”，聚合党建工作与中心工作，为更好地服务保障区委、区政府中心工作提供坚强的组织保障。

(李根)

【扎实做好基层组织建设年各项工作】 年内,严格对照中组部7项参考标准,做好分类定级工作。注重发挥先进典型的示范引领作用,会同区委宣传部组织召开先进基层党组织建设情况新闻发布会,组织开展向华一医院党总支等先进基层党组织学习活动。抓好后进整顿工作,坚持"一支一策",采取领导定点联系、区直部门结对帮扶、充分发挥镇村主体作用等方式,加强指导、找准问题、查找差距、理清思路。共结成帮扶后进村党组织对子47个,党员与困难群众帮扶对子215个,投入帮扶资金1254.68万元,制定帮扶政策18个,新建产业项目3个,解决村民就业932人,全区基层党组织全面实现晋位升级。

(李根)

【完成社区"两委"换届选举工作】 年内,坚持严格工作程序,充分发扬民主,顺利完成社区"两委"换届选举工作。新一届社区党组织班子和居委会班子平均年龄分别较上届降低3岁和0.2岁,大专及以上学历的比例分别较上届提高7.5%和10%;有53名大学生社区工作者进入新一届社区"两委"班子,班子结构进一步优化,干部队伍整体素质进一步提升。148个社区党组织实行了"直选",占89.2%;37个社区居委会实行"直选",占20.9%,进一步扩大了基层民主。"一人兼"比例达66.9%,"两委"交叉任职比例达52.8%,均比上届有大幅提高,进一步巩固和扩大党在社区的执政基础和群众基础。

(李根)

【着力打造基层党建工作品牌】 年内,建立党(工)委书记向区委汇报党建工作机制,先后分四片集中听取17个党(工)委书记专题汇报。积极推进基层党建工作创新,指导基层党组织申报一批创新项目,重点帮扶推进一批优质项目,深入挖掘一批成功项目,全年筛选上报132个基层党建工作创新项目。着力打造一批立得住、叫得响、推得开的具有昌平特色的基层党建工作品牌,涌现出延寿镇党委"流动服务站"、综合行政服务中心"创服务品牌、树党员形象"等一批新的优秀基层党建工作创新项目。

(李根)

【加强非公企业党建工作】 年内,深入开展"非公有制企业党建推进工程",建立非公企业党建工作联席会议制度和非公企业信息台账,开展集中组建"百天行动"。全区共建立非公企业党组织369个,其中单独党组织222个,联合党支部147个,选派党建工作指导员367名,联系非公企业896家,覆盖率达到82.1%。积极探索非公企业党组织参与企业中心工作、服务企业发展的途径和形式,及时总结经验做法,涌现出北京福田康明斯公司党委等一批有特色、可借鉴的先进典型。

(李根)

【扎实做好村"两委"换届选举工作】 年内,及早谋划村"两委"换届选举工作,积极开展村干部、党员、村民代表信息采集、村"两委"班子及成员和村务监督委员会成员述职述廉评议、村"两委"班子考察、村干部任期经济责任审计、重点难点村摸排和矛盾化解等工作。建立重点难点村整顿工作台帐,做到"一村一策",集中精力研究解决存在的突出问题。加强宣传引导,编制《村"两委"换届选举工作法制宣传手册》,印发到各村党员群众手中,确保换届选举各项工作平稳有序推进。

(李根)

【加强党员干部队伍教育管理工作】 年内,开展社区党组织书记和居委会主任培训,进一步加强基层干部队伍建设。以基层党支部书记、新党员、大学生村官党员培训和党员创业就业技能培训"四个工程"为重点,继续做好党员教育培训工作。加强党员电教工作,统筹利用现有资源,开展现代远程教育进国企、进机关、进非公有制经济组织和新社会组织试点工作。严格执行发展党员"四制一表"制度,加强在生产工作一线、农村和优秀人才中发展党员工作。积极推广农村党员"积分制"考核管理办法。不断完善党内激励关怀帮扶机制,扩大党员帮扶救助范围。组织开展"共产党员献爱心"活动,全区49024名党员共捐款332万余元。组织全区党员群众为7·21特大自然灾害捐款404万余元。

(李根)

【完成出席党的十八大代表推荐提名和出席市第十一次党代会代表选举工作】 年内,根据市委统一部署和要求,完成出席党的十八大代表推荐提名工作。研究制定《中共北京市昌平区委关于出席北京市第十一次党代表大会代表选举工作的通知》和具体工作方案,及时进行部署,完成出席市第十一次党代会代表选举工作。侯君舒、彭燕当选昌平区出席党的十八大代表,胡玉红、柏继明、詹志远等20名同志当选昌平区出席市第十一次党代会代表。做好党代表联络服务工作,组织代表参加对重要干部的民主推荐、公开选拔副处级领导干部等重要会议和活动,不断拓展和丰富代表发挥作用的途径和方式。

（李根）

【健全人才工作制度】　年内，根据区机构、人员调整情况以及人才工作开展需要，对区人才工作领导小组成员单位进行调整。充分发挥区人才工作领导小组的作用，统筹谋划全区人才工作思路，按照分类管理原则成立了六个人才工作小组，分别负责六支人才队伍建设工作，督促、协调各单位制定完善人才引进、使用、管理相关政策。

（李根）

【积极做好人才开发培养】　年内，规范管理，强化继续教育，进一步提升专业技术人才队伍整体素质。完善相关政策，将高技能人才培养纳入政策补贴范围。通过加强教育培训，组织35名优秀农村实用人才参加北京市高级研修班，组织13名农民专业合作社社长参加市农委举办的合作社带头人培训班，促进新型农业农村人才队伍能力水平的提升。

（李根）

【加大人才服务保障力度】　年内，做好重点区域和重点企业服务，积极参与未来科技城筹建工作。组织区内100名高级专家、人才进行体检。继续开展第四批“人才京郊行”相关工作。研究制定《昌平区科技商务产业高端人才发展工作支持政策》，安排5000万元专项资金，重点支持未来科技城、沙河大学城、科技商务区等重点功能区人才引进和留学人员创新创业等工作。组织推荐区内海外高层次人才参加国家“千人计划”、北京市“海聚工程”和中关村“高聚工程”申报，共有1人入选“千人计划”、2人入选“海聚工程”，获人才资助款300万元。

（李根）

【积极开展人才工作调查研究】　年内，探索建立区级人才资源信息系统，大力推进人才资源信息化建设，探索分级分类建设人才资源数据库，夯实人才工作基础。不断完善人才工作调研制度，加强与高层次人才的联系沟通，了解其成长创业需求。

（李根）

【开展组织工作宣传月活动】　年内，扎实开展组织工作宣传月活动，在昌平电视台播发相关新闻15期，在《昌平周刊》刊登专题13期，累计18版；编发《昌平党建》杂志5期、昌平组工24期，报送北京组工信息40余篇；在昌平党建网、北京组工网刊发相关文章80余篇；在户外电子显示屏滚动播出宣传标语7.96万条次，增强了组织工作透明度与公信力。

（李根）

【扎实推进组织部门自身建设】　年内，深化组织系统“讲党性、重品行、作表率”活动，进一步增强组工干部党性修养。组织全区组工干部开展“什么是组工干部的党性”大讨论和“做党性最强的组工干部”征文活动。开展向王彦生、李林森等同志学习活动，杨福军同志获得中央组织部组织系统创先争优嘉奖。全面开展“组工干部业务知识大比武”活动，提高组工干部业务素质，展示良好的精神面貌。汇编印制《昌平区组织工作文件选编》，下发至全区所有基层党组织，指导基层工作。

（李根）

宣传工作

【概　况】　2012年，在区委、区政府和市级宣传部门的正确领导和各部门的支持配合下，区宣传思想文化战线坚决贯彻区委、区政府决策部署，深入学习实践科学发展观，坚持贴近实际、贴近生活、贴近群众，牢牢把握正确舆论导向，为推动昌平区经济社会发展、维护社会和谐稳定，加快建设京北创新中心、国际科教新城提供了强有力的思想文化支持。

理论武装深入扎实。区委、区政府理论中心组严格落实学习制度，多次开展集中培训。舆论导向健康有力，围绕全区经济社会发展取得的重大成就，在市级以上媒体刊播稿件17000余篇条。城乡居民综合素质明显提高，广泛开展“五月的鲜花”歌咏比赛、“草莓大会艺术精品展”等文化活动，进一步弘扬中华民族的传统文化。进一步加强宣教教育工作，先后开展了区四次党代会精神的宣讲、周末社区大讲堂的组织、党在百姓心中宣讲、华一医院等三个先进支部事迹巡回报告会、十八大精神宣讲等各类讲座近200场。文化建设成绩突出，旅游休闲、广播影视、艺术品交易等呈现出较大潜力，以全国模范检察官、昌平区检察院公诉二处处长彭燕为原型的主旋律电影《钢铁玫瑰》举行了首映仪式。强力打造“魔术之都”，成功举办首届中国北京国际魔术大会。加强人才队伍建设，举办全区新闻发言人及宣传系统干部培训班，有效提高了宣传系统干部综合素质和工作能力。

（王腾）

单位名称：昌平区委宣传部

地址:昌平区政府街19号
电话:(010)89741617
邮编:102200

【对外宣传成效显著】 年内,高质量完成第七届世界草莓大会和首届国际魔术大会的宣传报道工作,两次大会共邀约260多家境内外媒体、660多名记者参与大会宣传报道,有180家平面媒体在头版或重要版面报道大会盛况,共刊发新闻稿件800条、新闻图片2200幅,约95万字。中央电视台及20多家省市卫视和境外电视台的30多档节目播发新闻报道140余条,时长16个小时。其中针对世界草莓大会,北京电视台进行连续5天的大型直播,开创区县直播先河。围绕区委、区政府中心工作,依托全国、市区两会,市十一次党代会,充分利用昌平区参与组织首都文化林、环北京公路自行车赛、国际越野挑战赛、温泉文化节、苹果文化节、古玩文化节、全国创业先进型城市等主题活动的契机,组织策划一系列重大宣传活动,市级以上媒体刊播反应昌平发展目标、结构调整、转型升级、经济社会发展、城市建设和全民创业等内容的稿件17000余篇(条)。着力加强"一台一报一网"等主阵地建设,广电中心努力打造高质量宣传栏目和节目,2012年有36个节目、栏目获市以上奖励;截至年底,《昌平手机报》发行量达近3万份,"北京昌平"政务微博拥有粉丝近26万人,发布、转载微博4000余条,多次被北京发布厅评为活跃微博;实现《昌平周刊》到《昌平报》的升级改版,版面和发行量大幅提高。着力强化新兴媒体和网络舆情监控引导,针对区超大型社区青年人多、素质较高、具有网络使用习惯等特点,宣传、纪检监察、公安、消防、税务、交通等部门采取联合共建的方式,在社区网站设置社情民意搜索引擎和便民服务栏目,使社区网站成为政府、居民、媒体、社会多方沟通的平台。

(田东伟)

【加强学习型党组织建设】 年内,狠抓理论武装,以区委、区政府理论中心组学习为龙头,突出处级领导班子这个重点,带动全区党员干部,系统学习领会十七届六中全会精神、胡锦涛总书记7.23讲话。组织全区处级领导干部500余人集中学习宣传党的十八大精神,邀请中国社会科学院、北京大学、中央党校专家教授,作宣传贯彻党的十八大精神报告。围绕迎接党的十八大召开,广泛开展"赞颂新成就,喜迎十八大"主题宣传活动,认真组织向三个先进基层党支部学习、展示"新时期辉煌成就"等系列活动。

(姬爱国)

【突发事件应急处置妥善有效】 年内,结合全区中心工作做好重大主题的舆论引导,充分发挥突发事件新闻应急处置职能,进一步完善突发事件新闻应急处置相关制度,通过转变思路、创新工作,主动应对妥善地处理突发事件,使媒体能够客观正面地对事件进行报道,最大限度减轻负面报道的影响,维护全区团结和谐的稳定局面。年度处理各类突发应急事件10余起,较好的完成突发事件媒体应对工作。

(田东伟)

【进一步提升城乡居民素质】 年内,制定2012年城乡居民素质教育折子工程。继续在全区范围内开展各类讲座,讲座内容丰富涉及人文精神、社科知识、健康养生和家庭教育等各个方面。各爱国主义教育基地发挥自身优势,围绕全区中心工作、未成年人教育、国防教育、精神文明建设等内容,开展展览、竞赛、社会实践、志愿服务等活动,加强爱国主义教育基地建设。在清明、端午、中秋、重阳等传统节日,广泛开展"五月的鲜花"歌咏比赛、"草莓大会艺术精品展"、"温泉旅游文化展"、"一花三果"摄影大赛、"喜迎十八大"书画艺术展、"厚德古都,魅力昌平"书画摄影展、"绿汀之春"音乐会等文化活动,进一步弘扬中华民族的传统文化。

(王腾)

【加快培育创意突出的文化产业】 年内,圆满完成"第七届世界草莓大会艺术精品展",详细修改完善《昌平区志》文化创意产业部分,并增加与内容相关的大量图片说明。成立以文博产业为核心的博展创新基地,搭建起产业发展及综合服务平台,吸引10家企业以及近20家工作室入驻。在继续办好《创意昌平》报刊、创意昌平网站的基础上,深入区外宣传,在市文促中心主办的《文化创意产业动态》刊发了《文化昌平,创意新城》一文,全面宣传报道区内文创企业的发展状况。去年投资拍摄的主旋律电影《钢铁玫瑰》于8月9日在昌平区保利剧院进行了首映仪式。顺利完成2011年度市级及部分区级文化创意产业发展专项资金共计1131万元拨付工作,同时提前在全区范围内开展了文创项目储备工作,共征集到新增文创项目41个,确保市级文创项目申报工作顺利进行。完成企业网上办公系统培训,推进文化创意产业民间投资重大项目计划进度调查工作,加大招商引资力度,推进项目落地,前三季度新引进文创企业74家,注册资本达1.65亿元,其中千万元以上的3家。全区规模以上文化创意产业单位192家,资产总计123.1亿元,实现营业收入89.3亿元,税收5.4亿元,从业人员突破2万人,4家文创企业成功上市。

（孙盼）

【强力打造“魔术之都”】　首届中国北京国际魔术大会于11月30日至12月2日在昌平举办,盛会吸引全球近22个国家和地区的国际著名魔术大师及魔术明星50人参与,代表当今魔术界的最高水准。魔术大会筹办期间,区委宣传部会同区文化部门,实施文化精品战略,聚集国际优势资源,提出成立魔术学校、魔术团、公司等举措,积极促成国家大马戏院、亚洲魔术联盟总部、世界魔术联盟中国办事处等重大项目落户昌平,为昌平打造“魔术之都”创造有利条件。通过境内外100余家媒体集中报道和较大声势的宣传,魔术大会已成为在国内外颇具影响力的特色文化活动品牌。

（王灿国）

【进一步加强宣传教育工作】　年内,在全区组织开展了学习宣传四次党代会精神活动,开展党代会精神宣讲131场次、听众达3万余人次;组织研讨20多次,下发学习辅助材料12000多份,收到各单位“一把手”体会文章100多篇;同时,集中走访单位39家、访谈80多起、采访200多人次、采集意见建议600多条。北京市第十一次党代会召开之后,共向各镇(街)发放学习宣传市第十一次党代会精神宣传折页2000余份。邀请市学习宣传贯彻党代会精神宣讲团成员,来全区宣讲3场,受众1000余人。为宣传贯彻十八大精神,区精心挑选出区教委等系统推选的杜鹃等14位宣讲员成立迎接十八大“党在百姓心中”宣讲团,在全区开展15场次的宣讲活动。加大对“北京精神”的宣传力度,向各大委、镇街发放宣传挂图20000余份,大力挖掘典型人物事迹,开展专家学者和百姓宣讲活动35场,受众10000余人。继续在全区范围内开展“周末社区大讲堂”活动,开展讲座61场,直接或间接受教育人数20000余人。开展向华一医院党总支、区检察院侦查监督处党支部、区信访办党支部先进典型学习宣讲活动,组织开展“学身边先锋做坚强堡垒”宣讲活动,开展巡回报告会31场,受众7000余人。

（王腾）

【加强宣传系统干部培训】　12月26日至27日,区委宣传部举办为期两天的“2012昌平区新闻发言人暨宣传系统干部培训班”。期间,邀请《前线》杂志社、北京市网管办、北京市文化创意产业促进中心、《法制晚报》和首都师范大学的领导和教授,分别就十八大的战略思想与历史使命、新形势下网络宣传与管理、北京市文化创意产业发展与文化创新等内容,进行了专题辅导,对全区各单位梳理、谋划新年度宣传思想工作,起到了积极促进作用。区委常委、宣传部长余俊生全程参与并主持培训工作,区各单位新闻发言人和宣传系统干部338人参加培训。

（王灿国）

社会主义精神文明创建工作

【概　况】　2012年,昌平区精神文明建设以贯彻中共中央十七届六中全会精神为主线,以“弘扬北京精神、做文明有礼的北京人”为主题,以“学雷锋志愿服务活动”、公共文明引导、生态文明户创建为载体,加强社会公德、家庭美德、职业道德和个人品德建设,培育新市民,倡导新风尚,发展新文化,提高市民文明素质,推动全区精神文明建设再上新台阶。利用电视、报刊、网络、短信、宣传栏等各类媒体,大力营造舆论氛围。努力推进学雷锋活动常态化,全区各窗口行业、中小学校、驻昌部队等单位广泛开展“弘扬北京精神,学雷锋志愿服务”活动。在全区开展了“绿色出行文明交通从我做起”、“垃圾减量垃圾分类从我做起”、“消防连着你我他平安幸福进万家”、“节水护水我先行”等“做文明有礼的北京人”主题宣传教育活动。进一步完善“学校、家庭、社会、网络”四位一体教育模式,加强未成年人思想道德建设。通过调研,以区委办公室、区政府办公室名义印发了《关于进一步加强新形势下农村精神文明建设工作的实施意见》,逐步推进农村“十个一”工程建设。不断加强对生态文明户创建的动态管理,在创建形式上有创新,在创建内容上有突破,在创建效果上有进步,创建生态文明户5000户。全区449名公共文明引导员,在全区近百个公交、地铁站台开展公共文明引导工作。不断扩大服务范围,逐步向交通路口、公园、博物馆等场所延伸。

（杨国华）

单位名称:昌平区精神文明建设委员会办公室
地址:昌平区振兴路37号506室
电话:(010)89742329
邮编:102200

【舆论氛围营造】　年内,在昌平电视台、《昌平周刊》等媒体开办《文明昌平》专题栏目,在主要大街、公交车、站台宣传栏张贴公益广告,对公民道德宣传、文明礼仪普及、公共文明引导、生态文明户创建等活动进行了连续的宣传报道。利用横幅、电子屏、墙报、文明短信征集与传播等形式,大力营造"做文明有礼的北京人"舆论氛围。全区制作发放环保袋、折页、画报、笔袋等宣传品50余万份,开展宣传活动1200余场次。

(杨国华)

【"做文明有礼的北京人"主题宣传实践活动】年内,在全区开展了"做文明有礼的北京人、绿色出行文明交通从我做起"主题宣传实践活动。倡导"少开一天车",选择步行、骑行、公交出行等绿色出行方式;倡导行人、非机动车驾驶人各行其道,遵守交通信号;倡导机动车驾驶人礼让斑马线,文明驾驶,顺序通行,有序停放。与区消防支队联合开展"安正杯"消防知识竞赛活动并获得全市第一名,与区市政市容委联合开展了"垃圾减量垃圾分类"知识竞赛,宣传了消防安全和垃圾分类知识。另外,积极向中国文明网推荐"身边好人",有3人荣登"中国好人榜"。组织开展"孝老爱亲"微博征集活动,征集上传微博92条。征集并向市社会工委推荐文明提示语94条。

(杨国华)

【"弘扬北京精神,学雷锋志愿服务"活动】　年内,为推进学雷锋活动常态化,在全区开展了"弘扬北京精神,学雷锋志愿服务"活动。3月,在广电大厦召开了学雷锋志愿服务活动动员誓师大会。会上,区领导向彭燕、李华萍等10位昌平区学雷锋志愿服务形象大使颁发了聘书,给10个行业学雷锋志愿服务队授了旗。利用各种宣传媒体,营造了浓厚的"学雷锋,做志愿者"舆论氛围,动员和引导广大市民积极参与学雷锋志愿服务活动。在全区开展了"学雷锋志愿服务活动我报名"活动,广大干部群众积极在网上报名,全区通过网站、电话和现场报名人数达到23000人,共成立各行业学雷锋志愿服务分队1620支。结合国家卫生区复查等工作,区委书记侯君舒、区长金树东等领导亲自带头,全区干部群众积极行动,利用周六休息时间,组织"周末清洁日"、学雷锋志愿活动日等活动12500场次,参与活动干部群众超过80万人次,达到了学雷锋志愿服务活动常态化的目标。昌平区文化科技、中小学校、驻昌部队等学雷锋志愿服务队,开展了社区科普知识大赛、"文化下乡"、节水宣传、照顾孤寡老人、慰问孤儿等"学雷锋志愿服务日"活动。全区9支"公共文明引导员学雷锋志愿服务分队"449名学雷锋志愿者,在65个公交站台、7个城铁站台开展学雷锋志愿服务活动。41家窗口行业学雷锋志愿服务队开展了义诊、敬老、助残等学雷锋志愿服务活动。

(杨国华)

【未成年人思想道德建设】　年内,进一步完善"学校、家庭、社会、网络"四位一体教育模式,设计教育内容、创新教育方法,充分整合社会各方面的资源,制定下发了《2012年昌平区未成年人思想道德建设任务分工》,明确了各部门、各单位在未成年人思想道德建设方面的任务和职责。协调区教委在全区中小学校广泛开展"做文明有礼的学生"、"文明礼仪进家庭、进社区"等活动。利用摄影展、漫画展、情景剧、征文、演讲等形式,让学生养成好习惯,争当"文明学生"。开展了"昌平区小学生中华诵·经典诵读行动",弘扬中华民族传统文化。以"四好少年我争当、阅读好书我先行"为主题,在全区46所中心小学开展"红领巾读书"系列活动,参与学生21564人次。与区教委、团区委、关工委合作,以迎接党的十八大为契机,开展党的历史、党的知识学习教育。各中小学利用校园网、报刊、《校园之声》广播、宣传栏、展板、海报等媒介宣传党史知识。全区中小学校利用摄影展、漫画展、情景剧、征文、演讲等形式,引导广大未成年人学习雷锋爱党爱国爱社会主义的坚定信念和助人为乐、自强不息、艰苦奋斗、勤俭节约的优良品德,开展了"续写雷锋日记、学雷锋事迹、唱雷锋歌曲、讲雷锋故事、传雷锋箴言、树雷锋典型、当雷锋传人"等活动。每周六组织广大未成年人参与"六小"学雷锋志愿服务体验活动,引导未成年人从身边做起、从自身做起,推动学雷锋活动"进校园"。暑假期间,结合"快乐假期"社会实践活动,中小学生回社区、村报到,参加社区、村组织的清扫卫生、照顾孤寡(空巢)老人等学雷锋活动,参与活动学生达5万人次。

(杨国华)

【农村精神文明建设】　年内,通过对全区农村精神文明"十个一"工程建设基础设施、机构、人员、经费等情况的详细调研,以区委办公室、区政府办公室名义印发了《关于进一步加强新形势下农村精神文明建设工作的实施意见》,准备利用五年的时间,按照高标准、规范化、循序渐进的原则,整合现有设施,挖掘潜在资源,精心规划、突出特色、彰显亮点;坚持重点突破、有序推进,采取区镇两级财政共同负担，按照以奖代补的形式，以“全国文明村”、“首都文明村”和“北京最美的乡村”为重点，以点带面、逐步推进、逐一验收、逐个达标；坚持一手抓建设，一手抓管理，充分发挥“十个一”工程在农村精神文明建设中的支撑作用。

（杨国华）

【生态文明户创建】 年内，根据生态文明户创建活动方案，不断加强对生态文明户创建的动态管理，根据不同的工作阶段召开汇报会、推进会和经验交流会，协助基层解决工作中的困难和问题。各镇（街道）村，利用文明市民学校、市民素质教育基地和学雷锋志愿服务活动，开展学习、宣传、实践活动。利用国家卫生区复查等重要时机，把创建工作与拆违控违、孝老爱亲、邻里和谐等工作紧密结合起来，开展了丰富的创建活动，村容村貌有了很大的改观。城北街道、回龙观等四个镇（街道），把生态文明户创建细化成国家卫生区复查的具体内容。十三陵、小汤山等五个镇，把创建生态文明户与“践行北京精神、学雷锋做文明有礼的北京人”主题实践活动相结合。有的组织村民与孤寡老人或困难户结成互助对子，有的把生态文明户创建和十星级文明户评比结合起来，提高城乡居民文明素质，促进乡风文明建设。百善镇把孝老爱亲纳入生态文明户创建内容，对评上孝星的家庭优先考虑。延寿、流村镇，结合山区特点，把创建工作和生态环境保护紧密结合。崔村、阳坊等四个镇，把创建工作与拆迁工作一同布置、一同检查。随着创建工作的深入，进一步提高了群众对生态文明户创建工作的认识，生产生活更环保、更健康、更科学，城乡居民文明程度得到了明显的提升。

（杨国华）

【公共文明引导行动】 年内，全区共有文明引导员449人，设1个大队，9个中队，在全区近百个公交、地铁站台开展公共文明引导工作。公共文明引导以“弘扬北京精神，学雷锋做文明有礼的北京人”活动为主线，以星级文明引导员的评比为牵引，大力宣传“文明交通绿色出行”理念，借助“城市文明加油活动”平台，高标准、严要求，连续开展“冬季大比武”和“夏季百日竞赛”活动，通过活动营造良好氛围，提高服务技能，提升服务水平，激发全体人员争当优秀引导员、争创优秀站台的积极性。已有240人次被评为优秀引导员，50个站台次被评为优秀站台。引导员以良好的形象、文明的言行、周到的服务为城乡居民提供指路、引导等服务，积极宣传北京精神、引导乘客排队候车、有序上下车，劝阻乱吐乱扔等不文明行为，营造了温馨和谐的乘车环境，得到了领导的肯定和群众的好评。引导员坚持“弘扬奥运精神，服务奉献社会”的宗旨，除正常的工作外，每周开展2个小时的志愿服务活动，被首都文明办评为“学雷锋周末志愿服务特色活动”。

（杨国华）

编制工作

【概　况】 2012年区编办在区委、区政府的正确领导下，按照市编办的工作部署，深入贯彻落实科学发展观和区第四次党代会精神，准确把握“稳中求进”的总基调，围绕中心、服务大局，深化行政管理体制改革和事业单位改革，推进体制机制和机构编制管理创新，加强系统自身建设，充发发挥推动全区科学发展、推动社会管理创新、推动政府提高行政效能的职能作用，圆满的完成了各项工作任务。

（张博）

单位名称：昌平区机构编制委员会办公室
地址：昌平区政府街19号
电话：(010)89741670
邮编：102200

【完成2011年度机构编制统计】 根据市编办有关做好机构编制统计工作的要求，年初，区编办统筹安排、精心组织、严格把关、逐一审核，完成了2011年度机构编制统计工作，并对2011年度机构、编制和人员的变化情况进行了分析。

（张博）

【完成事业单位法人登记工作】 年内，完成乡镇机构改革和事业单位清理规范工作等各项改革后的事业单位法人登记工作。一是加大硬件投入；二是合理分配职责分工；三是定期研究事业单位登记管理工作中出现的问题；四是全面推行事业单位网上登记，召开动员培训会议部署事业单位网上登记工作。3月，对有效期至2012年3月31日的事业单位进行年度检验，应参检单位603家，实际受理了580家，年检合格580家，年检合格率为100%。年内，共办理事业单位法人设立登记39家，事业单位变更登记163家，补发证书2家。

（张博）

【严格落实机构编制管理制度】 年内，严格落实机构编制管理制度，控制机构编制增长。一是严格“三个一”审批制度,即机构编制事项,由机构编制管理部门一家承办、“一支笔”审批和一家行文。二是严格落实编制核准通知单制度,严把“进口关”,有效地控制了区财政供养人员规模增长。三是严格落实实名制管理制度,建立各种机关和事业单位编制及实有人员台帐,并实行动态管理、每月及时更新,实时掌握编制及实有人员变化,为领导决策提供数字依据。

(张博)

【区委北京未来科技城工作委员会获批】 年内,为确保党的路线、方针、政策贯彻落实,充分发挥基层党组织的战斗堡垒和广大党员的先锋模范作用,全面推进未来科技城建设和区经济又好又快发展,市编办批复设立了中共北京市昌平区委北京未来科技城工作委员会,为区委派出机构,与北京未来科技城管理委员会合署办公。

(张博)

【探索创新街道办事处管理体制】 年内,为加强和完善城乡结合部地区行政管理体制,探索创新基层管理体制和运行机制,解决东小口地区城乡二元结构矛盾,推动率先形成城乡经济社会发展一体化新格局,根据东小口地区区划调整,区编办以创新体制、完善机制、健全体系为核心,以全面适应加强社会管理和公共服务的需要为目的,对东小口地区行政管理体制改革进行了专题研究。按照“大部制”的设置原则,制定了《东小口地区行政管理体制改革实施意见》和新建街道办事处“三定规定”,为建立精干高效的街道行政机构和健全完善的事业体系奠定了基础。

(张博)

【完成镇街机构改革后续工作】 年内,继续做好镇街机构改革后续工作,发挥区编办统筹改革的职能作用,严格编制使用核准,协调相关部门做好事业单位撤并后的资产划转、人员安置、科级干部竞争上岗等工作,对全区镇街机构改革工作进行了总结验收。

(张博)

【稳步推进事业单位改革】 事业单位清理规范工作是分类推进事业单位改革的重要内容和前提基础,也是加强机构编制管理的重要手段。年内,区编办精心组织、协调各方,有条不紊地开展事业单位清理规范工作。全区共精简事业单位机构26个,收回事业编制1246名。同时,研究提出了处级事业单位清理规范方案。

(张博)

【服务全区科学发展】 年内,围绕全区重点工程,服务全区科学发展。一是加大对未来科技城配套公共服务体系保障力度。在未来科技城北区,批准设立了昌平第三实验小学,解决了当地义务教育力量不足的现状;在未来科技城南区,批准设立了未来科技城再生水处理中心,解决未来科技城污水处理和再生水利用问题,为未来科技城提供优美的生态环境;二是深入研究沙河高教园区管委会的职责权限与政府属地管理职责分工等,制定了沙河高教园区管委会的“三定规定”;三是有力推动百善南口地区的生态环境建设,在百善地区设立了污水处理机构,实现水资源的可持续利用;为南口地区污水处理机构增加人员编制补充工作力量,强化了南口西部地区投资建设的再生水厂及配套管线工程的管理;四是为加快推进TBD土地一级开发工作,研究提出了TBD土地储备管理机构的设置模式。

(张博)

【推动民生保障工程】 年内,围绕群众切身利益,推动民生保障工程。一是加大对学前教育的机构保障力度,批准设立了延寿镇中心幼儿园和昌平实验幼儿园。二是进一步提升我区教育的整体水平,发挥名校的辐射和引领作用,批准设立了首都师范大学附属回龙观育新学校。三是进一步提升我区社会保险经办机构的服务能力和服务水平,将区人力社保局所属的区社会保险基金管理中心、区医疗保险事务管理中心、区农村社会养老保险基金管理中心整合为北京市昌平区社会保险事业管理中心,科学合理地调整了内设机构,进一步提升社保服务水平。

(张博)

【调整优化体制机制】 年内,根据市编办的文件精神和各部门实际工作的需要,采取调整机构级别、增设内设机构或加挂牌子、批准设立事业机构等方式,着力优化部门体制机制,加强对部门的重点工作提供机构编制保障力度。通过一系列的调整,进一步理顺了部门科室间的职责分工,优化了部门的管理手段和运行方式,推动部门打造分工合理、决策科学、执行顺畅、监督有力的体制机制。

(张博)

【做好政府绩效管理工作】 2012年是区县启动绩效管理的第一年,区编办牵头做好财政供养人员规模及绩效、行政管理体制创新两项专项考评任务,制订考评工作预案,为迎接市绩效办考评奠定基础。同时,参与做好区党政群机关及相关部门绩效考核工作。

(张博)

社会工委工作　区社会办工作

【概　况】 2012年，在区委、区政府的正确领导和市委社会工委、市社会办的精心指导下，区委社会工委、区社会办以确保十八大胜利召开为工作重心，切实把区第四次党代会精神和《中共北京市昌平区委关于加强和创新社会管理全面推进社会建设的实施意见》等文件精神落到实处，工作取得了一些新成效。指导完成了社区党组织换届工作；建立了非公企业党建工作联席会议制度；完成了8个社区规范化示范点建设工作；制定了《2012年昌平区社区基本公共服务全覆盖工作任务分解书》，完成了58个社区基本公共服务全覆盖推进工作；推选30名优秀社区工作者赴北京农学院参加为期半年的全脱产社会工作专业知识学习班，并开展社会工作实训；认定第二批区级“枢纽型”社会组织；完成了2011年10个政府购买社会组织服务项目考评验收工作；全力推进十八大安保维稳和十八大会议精神贯彻学习工作。

（高奇）

单位名称：昌平区委社会工作委员会
地址：昌平区政府街23号
电话：(010)69717193
邮编：102200

【社会建设领域信息化工作表彰会召开】 1月11日，区委社会工委、区社会办组织召开北京市昌平区社会建设领域信息化工作优秀联络员和信息员表彰座谈会，对上年社会建设信息工作中取得突出成绩的联络员与信息员个人予以通报表扬并提出要求。

（高奇）

【社区工作者脱产学习班结业式举行】 1月11日，社区工作者脱产学习班结业式在北京农学院图书馆举行。区委常委、副区长孙启、北京农学院副院长郑一淳、区社会办主任黄先锋出席仪式。10名社区工作者经过三个月的紧张学习，顺利的完成学习任务，取得结业证书，汪凤花等2人获得优秀学员称号。

（高奇）

【走访慰问优秀社区工作者和家庭困难社区工作者】 1月16日，市委社会工委委员、市社会办副主任陈建领等领导在春节前夕到区东小口镇、城南街道、城北街道专程走访慰问了优秀社区工作者和家庭困难社区工作者。区委社会工委副书记、社会办主任黄先锋等陪同。

（高奇）

【政府购买社会组织服务项目申报工作部署会召开】 2月2日，区政府购买社会组织服务项目申报工作部署会召开。市委社会工委、市社会办综合处副处长、调研员唐志华、区委社会工委副书记、区社会办主任黄先锋出席会议。各镇（街道）及10家区级“枢纽型”社会组织主管社会组织工作的领导及具体科室负责人、其他有关单位领导等60余人参加会议。会上，对区上年政府购买社会组织服务项目获批情况做了介绍，重点对本年政府购买社会组织服务项目申报工作作了详细的安排和部署。

（高奇）

【购买社会组织服务项目考评工作部署会议召开】 3月6日，区上年使用市社会建设专项资金购买社会组织服务项目考评工作部署会议召开。区社会办副主任徐湘涛出席会议，项目承接单位的主管领导及项目具体负责人参加会议。会议下发《昌平区社会建设工作领导小组办公室关于2011年度政府购买社会组织服务项目考评工作的通知》，区社会办就上年度政府购买社会组织服务项目考评工作做了详细的安排和部署。各承接单位就项目进展情况分别作简要汇报。

（高奇）

【崔村镇劳动争议调解室揭牌仪式举行】 3月14日，崔村镇劳动争议调解室举行揭牌仪式，这是昌平区成立的首家镇（街道）级劳动争议调解室。

（高奇）

【社工委直属党组织基层建设年工作部署会召开】 3月21日，区委社会工委召开直属党组织基层建设年工作部署会。会议要求直属基层党组织在检查摸底、分类定级的基础上，推荐在创先争优活动中涌现出来的先进基层党组织和优秀共产党员。区委社会工委副书记王闽榕对基层组织建设年活动提出工作要求。

（高奇）

【志愿者参与国家卫生区复审工作主题实践活动举行】 4月1日，区委社会工委、团区委、区志愿者联合会共同在亢山广场举办“同心守护环境志愿奉献昌平”昌平区志愿者参与国家卫生区复审工作主题实践活动暨全团统一行动日启动仪式。区委副书记、政法委书记朱光彤及社会组织志愿者等代表350余人参加活动。

（高奇）

【区社会工作师职业水平考试考前培训开班】 5月3日,区社会工作师职业水平考试考前培训在昌平社区学院正式开班,50多名社区工作者参加培训。此次培训是区委社会工委、区社会办落实《昌平区"十二五"人才发展规划》和《2012年区人才工作领导小组重点工作安排》的一个重要举措,也是区"社会工作人才培养工程"一个重要组成部分。

(高奇)

【区2012年社区专职工作者培训班举办】 5月21日至24日,区委社会工委、区社会办举办昌平区社区专职工作者培训班。此次培训为期4天,面向2011届全体社区专职工作者,采取集中授课和参观学习相结合的形式,对社会建设与管理创新、社区工作者能力建设、社区建设、国防建设等方面进行讲解。

(高奇)

【市委社工委领导调研东小口地区社会建设工作】 5月28日,市委社会工委书记、市社会办主任宋贵伦一行11人到区调研东小口地区社会建设工作的开展情况。区委书记侯君舒等陪同调研。

(高奇)

【专家考评组考评政府购买社会组织服务项目工作】 6月5日,市委社会工委组织专家考评组一行8人到区检查上年度使用市社会建设专项资金购买社会组织服务项目工作。检查组对区上年度政府购买社会组织服务项目工作给予充分肯定。

(高奇)

【非公党建推进工程汇报会召开】 7月17日,区委社会工委召开全区非公党建推进工程汇报会。会上,各单位分别总结汇报了自开展非公有制企业党建推进工程以来,在集中开展非公有制企业摸排登记和扩大党组织、党的工作覆盖面等工作的进展情况、取得的经验及存在的问题。

(高奇)

【社区建设工作会召开】 7月26日,区社会办召开社区建设工作会议。12个街道(镇)主管副主任(副镇长)、社区办主任参加会议。会议安排布置了社区办公和服务用房、社区基本公共服务全覆盖等工作。特别是针对"一刻钟社区服务圈"建设和社区规范化建设示范创建工作做了进一步的要求。

(高奇)

【社区培训班开班】 8月14日,区委常委、区委社会工委书记陈秋生出席社区培训班动员会并作开班动员讲话,就加强社区基层组织建设提出了具体要求。为期四天的培训班采取集中授课、分组讨论和经验交流相结合的形式。全区社区党组织书记和居委会主任,各有关镇(街道)党(工)委副书记、主管副镇长(副主任)、社区办主任(民政助理)、组织干事,优秀大学生社区工作者代表等近300人参加培训。

(高奇)

【社工委十八大维稳工作会召开】 8月22日,区委社会工委召开十八大维稳工作会。会议安排部署了当前和党的十八大召开期间的安全稳定工作,进一步动员广大干部群众团结一致、扎实工作,全力维护和谐稳定大局,确保十八大胜利召开。会上,工委领导与直属党组织负责人签定了十八大维稳工作责任书。

(高奇)

【市委社工委领导调研区社会组织工作】 8月31日,市委社会工委委员、市社会办副主任刘轩一行5人到区调研社会组织工作。

(高奇)

【政协委员视察"一刻钟社区服务圈"建设工作】 8月28日,区政协副主席任鹏举带领部分区政协委员、特邀监督员考察区"一刻钟社区服务圈"建设工作。任鹏举一行分别前往回龙观镇新龙城社区服务站和城北街道史家坑社区服务站,围绕社区服务中心的功能定位、工作机制、责任分工等进行了深入讨论,提出很好的建议和意见。

(高奇)

【非公经济组织创先争优经验交流会召开】 9月26日,区委社会工委召开非公经济组织创先争优经验交流会。区委社会工委班子成员、直属非公经济组织党组织负责人、部分出资人代表,共60余人参加会议。会议全面总结了非公经济组织创先争优活动的成效和经验,进一步推进创先争优常态化、长效化,并就加强十八大期间安全维稳工作进行再动员、再部署。

(高奇)

【社区工作者脱产学习班开学典礼举行】 10月10日,区社区工作者脱产学习班开学典礼在北京农学院举行。北京农学院党委书记郑文堂、区委常委、副区长孙启出席开学典礼。此次脱产学习班是区推进社区工作者专业化、职业化水平,探索社会工作人才培养新模式的重要举措。30名社区工作者将在北京农学院文法学院学习生活3个月时间,全脱产、全职学习,学习内容包括专业社会工作、社会工作理论及社工实训。

(高奇)

【市委社工委领导调研区社区民主自治建设工作】 10月11日，市委社会工委副书记、社会建设工作办公室副主任张坚一行到区调研社区民主自治建设工作。区委常委、社会工委书记陈秋生等领导陪同调研。

（高奇）

【“枢纽型”社会组织工作推进会召开】 10月16日，昌平区召开“枢纽型”社会组织工作推进会。区委副书记、政法委书记朱光彤主持会议。市委社会工委委员、市社会办副主任刘轩，区委常委、社会工委书记陈秋生出席会议并讲话。陈秋生、刘轩为新认定的第二批区级“枢纽型”社会组织——区校外教育协会和区医学会进行颁牌。区科协和区律师协会代表第一批区级“枢纽型”社会组织作交流发言。

（高奇）

【区智慧社区建设试点工作部署会召开】 11月6日，区社会办联合区经信委、区民政局召开区智慧社区建设试点工作部署会。区委社会工委副书记、区社会办主任刘向东，区经信委，区民政局主管领导以及各镇（街道）主管社区建设的副镇长（副主任）参加会议。刘向东就如何推进智慧社区建设强调以下四点意见：一是要把推进智慧社区建设与正在开展的“六型社区”建设、社区规范化建设、网格化社会管理等工作有机结合起来，加强工作的统筹；二是要加强信息化技术手段在社区的应用，提高居民的智能化、数字化生活水平；三是要注重社区人才培养，逐步培养集集合、业务和行政能力于一身的复合型人才；四是要通过实实在在的创建工作，不断提升社区服务管理水平，提高居民的生活品质。

（高奇）

【专项资金购买社会组织服务项目工作部署会召开】 11月13日，区召开本年度使用北京市社会建设专项资金购买社会组织服务项目工作部署会，正式启动本年度政府购买社会组织服务项目实施工作。区社会办副主任徐湘涛出席会议，获得项目批复的8家社会组织的负责人及相关业务主管单位的科室负责人参加会议。会上，下发了《关于2012年度使用北京市社会建设专项资金购买社会组织服务的项目批复》《昌平区2012年度使用北京市社会建设专项资金购买社会组织服务项目资金使用办法》《政府购买社会组织服务项目实施指引》等文件。徐湘涛就项目实施工作进行了部署。

（高奇）

【核查社区规范化建设示范点创建工作】 11月13日，市委社会工委核查组赴区核查社区规范化建设示范点创建工作。核查组一行先后实地考察了区城南街道昌盛园社区、秋实家园社区、新汇园社区、城北街道史家坑社区，重点考察了办公服务用房规范化建设、社区服务站建设和社区标识安装情况。核查组对区的创建工作予以充分肯定，同时针对社区特点提出建设性的意见。

（高奇）

【市委社工委领导赴区调研非公企业党建工作】 11月8日，市委社会工委领导一行赴马池口镇京都府驾校就非公企业党建工作进行调研。区委社会工委副书记、社会办主任刘向东陪同调研。市委社会工委领导对昌平区非公党建工作取得的成绩给予了充分肯定。京都府驾校党支部“一个党员一面旗，一个岗位一份奉献”的特色品牌，马池口镇日常工作“六大制度”、“三帮五带”活动，获得较高评价。

（高奇）

【社区办公用房专题会议召开】 11月20日，区委常委、常务副区长张燕友，区委常委、副区长孙启主持召开社区办公用房专题会议，区社会办、发改委、财政局等相关职能部门及街道（镇）参加。会议针对目前社区办公用房项目存在的超批复投资、地址变更、国有资产划拨、房产权属等重点难点问题进行深入分析、全面探讨、多方论证，各部门提出了切实可行的建议。

（高奇）

【直属党组织学习贯彻十八大精神部署会召开】 11月21日，区委社会工委召开直属党组织学习贯彻十八大精神部署会，认真传达市委常委扩大会议上郭金龙书记和区委动员会上区委书记侯君舒关于学习党的十八大报告的讲话精神，并结合社会领域工作实际对认真学习和贯彻落实工作提出明确要求，做出全面部署。区委社会工委班子成员、直属党组织负责人、区委社会工委机关全体干部，共60余人参加会议。

（高奇）

【政府购买社会组织服务项目启动】 12月6日，北京昌平十三陵果业协会“同走富路共创和谐”项目正式启动。9日，中国齐家心理咨询师联盟“艾滋病人群心理关怀与能力建设培训”项目正式启动。11日，北京昌平温心社工师事务所“关爱流动人口——流动妇女、外来未成年少女、农民工随迁子女关怀”项目在东小口镇龙锦苑一区正式启动。13日，北京医学奖励基金会“基层社区工作者科普能力建设与实践”项目正式启动。区多个政府购买社会组织服务项目相继启动标志着区利用市社会建设专项资金购买社会组织服务工作进入实施阶段。

（高奇）

统战工作　对台工作

【概　况】 2012年，在区委、区政府的正确领导和市委统战部的精心指导下，区委统战部团结引导全区统战成员，以邓小平理论、“三个代表”重要思想、科学发展观为指导，紧密围绕全区中心工作，开展各项统战工作。

（卫勇）

单位名称：昌平区委统战部
地址：昌平区政府街19号
电话：(010)89741629
邮编：102200

【完善统战工作机制】 年内，不断完善统战工作机制。一是坚持民主协商制度。区委作出重要决策前，充分听取统战各界代表的意见和建议；二是定期召开区情通报会。三是健全完善“黄埔进社区”机制。四是充分发挥统战协调机制作用，为统战成员化解矛盾、理顺情绪。接待各类来信来访95人次，涉及拆迁、民族、宗教等方面内容。

（卫勇）

【加强党外代表人士队伍建设】 年内，为加强党外代表人士队伍建设，认真传达贯彻中央和市委、《关于加强新形势下党外代表人士队伍建设的意见》精神，区委组织部、统战部深入调查、摸清底数，建立了387人的党外代表人士数据库，起草并下发《中共北京市昌平区委关于加强新形势下党外代表人士队伍建设的意见》。并召开全区加强党外代表人士队伍建设工作会。

（卫勇）

【做好换届、人选考察推荐等工作】 年内，协助做好市级以上党外代表人士推荐工作，配合民主党派市委、市工商联和市侨联对30余名换届人选进行考察、推荐。落实市政协换届工作意见，协商推荐我区第十二届市政协委员人选。认真做好区政协特邀和增补政协委员有关工作。

（卫勇）

【民主党派工作】 年内，围绕全区中心工作，支持各民主党派根据自身特点开展调查研究。各党派共提交提案、议案、建议25项，其中致公党昌平支部的《关于加强综合防控PM2.5的建议》获刘淇等领导的批示。协助各民主党派区级组织根据自身优势，开展各类社会服务活动。据统计，各党派在社会服务活动中捐款捐物累计价值166万元。对全区各民主党派自身建设情况特别是思想建设情况开展调研，完成调研文章《昌平区民主党派思想建设的现状及思考》。各党派注重加强思想建设，全年参加各级、各类培训和讲座32个，参加人员累计500余人次。

（卫勇）

【个体私营经济工作进一步加强】 年内，积极推进“个转企”工作，截至年底，已引导转制80户，个体工商户转制138户。认真落实“六五”普法规划，举办“践行北京精神法律知识竞赛”。为中小企业争取专项资金2100万元，为29家企业提供担保贷款近1.3亿元。举办企业诚信建设与履行社会责任论坛，推进行业分会诚信体系建设。

（卫勇）

【对台工作】 年内，贯彻落实市对台工作会议精神，向区对台领导小组、台胞权益协调小组等相关人员，传达市委常委、统战部长牛有成关于做好全市对台交流工作的意见。走访台资企业18次，全面了解台资企业的生产经营情况。十八大期间，区台办多次走访台资企业和社区台胞，排查矛盾维护稳定。召开全区台资企业、台商座谈会3次，向台商介绍区经济社会发展情况，听取台商的意见和建议。加强对社区台胞和就读台生的管理。协调解决台资企业道路出行、电力增容等方面问题12件。解决社区选举等2件涉台来信来访问题。推选区3所学校申报“市青少年涉台教育基地”。认真做好涉台交流交往工作。组织各镇、街道有关人员，培训涉台宣传政策，走访台胞230人次。完成因公赴台审核63批166人，其中局级1人、处级51人、科级以下28人；企业赴台交流86人。因公赴台人数同比增长11%。赴台交流考察涉及经贸、文化、教育等方面内容。

（卫勇）

政策研究工作

【概　况】 2012年，全区政策研究工作在区委的正确领导下,坚持围绕中心,服务大局,聚焦经济社会发展重点领域和群众关注的热点难点问题,开展了一系列重点课题调研和专题调研活动,全面加强了基层调研工作,推动形成了一批有价值的研究成果,为区委科学决策提供了参考和依据,为昌平转型发展提供了理论支撑。通过起草区委四届四次全会报告、半年经济形势分析会讲话等文字、文稿材料,实现了相关研究成果的有效转化,将区委工作思路和决策部署进一步系统化、具体化,提升了政策研究水平和以研辅政能力。

(白宇伟　聂慧松)

单位名称:中共昌平区委研究室
地址:昌平区政府街19号
电话:(010)89741635
邮编:102200

【起草区委重要文件文稿】　年内,围绕区委中心工作,研究室加强形势分析、创新工作方式、强化决策服务,高质量完成了一批区委重要文稿的起草任务。起草了区委四届四次全会报告、区委领导班子述职述廉报告、区委向上级领导的有关汇报材料,完成了区委主要领导在全区上半年经济形势分析会、"一查处三治理"专项行动、迎接国家卫生区复审、基层站所党风廉政建设等会议上的讲话,在党的十八大、市第十一次党代会和世界草莓大会期间接受新闻媒体采访的约稿,以及有关述职、发言、致辞等各类文字材料的撰写工作。年内,共起草各类文稿110余篇、40余万字。

(白宇伟　聂慧松)

【协调全区重点课题调研】　年内,组织协调有关部门完成市级重点关注课题和区级重点调研课题。积极发挥职能作用,坚持战略性关注和现实性应对相互照应,围绕事关昌平深度转型的全局性问题,组织有关部门开展综合性调查研究。负责完成了《昌平区区域文化建设战略研究》《进一步提升首都北部地区城市功能与优化产业布局的策略研究》《昌平区基层党建品牌创建工作研究》等3个市级、区级重点调研课题。注重优秀调研成果的整理,将上年及年内区领导主持完成的20余篇重点课题调研报告和有关部门牵头完成的40余份研究成果汇编成集。

(白宇伟　聂慧松)

【全面加强基层调研工作】　年内,致力于完善调研网络、提升调研质量,建立健全了专题调研制度和调研工作交流制度。指导基层单位选取本地区、本领域工作中的热点问题,开展有针对性的调查研究,动态反映基层干部群众推动转型发展的新实践、新经验、新思考。全年共编发《昌平调研》30期,内容涉及产业转型升级、企业融资发展、基础设施建设、社会服务管理、教育医疗和住房保障、农村事务管理、党建工作创新等领域。这些调研成果具有很好的参考价值和指导意义,有效促进了相关部门和单位实际工作的开展。

(白宇伟　聂慧松)

【协助做好有关政策研究的服务保障】　年内,加强与市委、市政府研究室等市级部门的经常性联系,围绕市党代会报告起草专题调研、市主要领导来昌平调研等调研活动安排,及时为市委、市政府研究室搜集和提供全区经济社会发展的有关材料。协助市委研究室在重点镇村,通过座谈和问卷等形式,开展了社情民意专项调查。协助区发展战略研究小组赴云南、广西等地学习考察文化建设的先进经验,并完成考察报告。加强与全区各部门各单位的工作交流,配合区委宣传部、区流管办等部门修改完善了《关于进一步加强文化建设打造首都文化强区的意见》《关于进一步加强和创新流动人口服务管理的若干意见》等文件。

(白宇伟　聂慧松)

老干部工作

【概　况】　2012年,区委老干部局在区委、区政府的正确领导下,认真落实老干部政治、生活待遇,落实每月6日、16日、26日的学习制度,举办形势报告会、情况通报会、健康知识讲座和纪念干部离退休制度建立30周年书画、摄影、征文大赛、文艺演出以及台球、门球、象棋等比赛,组织老干部赴外省市参观考察和我看新北京一日游以及采风、写生活动。为全区离退休干部进行健康体检、接种预防流感疫苗,年内,走访慰问离退休干部550人次,看望生病住院的离退休干部,减免困难企业离休干部医疗费统筹金,为患重病、家住农村、特困和居住平房的老干部送去困难补助33.7万元。同时,完成区委决定为老干部办实事的任务:投入97万元改造老干部活动中心、改建自行车棚、装修会议室、更新音响设备、更换老年大学教室电脑,为老干部创造了良好的学习活动环境。

(赵光辉)

单位名称:昌平区委老干部局
地址:昌平区鼓楼南大街26号

电话:(010)69746786
邮编:102200

【经济社会发展通报会】 1月11日,区委书记侯君舒在区委老干部局向老干部通报2011年全区经济社会发展情况。侯君舒从全区经济发展总体态势、城乡建设与管理、和谐社会建设、党建工作等情况进行通报,明确今后五年的主要任务和奋斗目标。区委常委、组织部部长李良主持会议,220余名离退休干部参加会议。

(赵光辉)

【老干部工作会召开】 1月18日,区2012年老干部工作会在昌平财会之家召开,区委常委、区人大、区政府、区政协的领导出席会议,会议由区委副书记、区长金树东主持。区老干部工作领导小组成员、离退休干部党支部书记、离退休干部代表以及各委办局,各镇、街道主管老干部工作的领导等120人参加了会议。区委常委、组织部部长李良代表区老干部工作领导小组总结2011年全区老干部工作,安排部署2012年工作任务;北七家镇党委和区供销合作联合社作了典型发言;区委书记侯君舒就做好全区老干部工作提出了三点意见:一是高度重视新形势下老干部工作;二是不断提高老干部工作水平;三是加强对老干部工作的领导。

(赵光辉)

【加强老干部工作队伍建设】 3月1日,在区委老干部局举办昌平区老干部工作人员培训班,区委组织部常务副部长唐拥军作开班动员,全区各委办局,各镇、街道主管老干部工作领导及工作人员共120人参加了培训。传达了中组部领导沈跃跃在全国老干部局长会上的讲话;观看北京市第25次老干部座谈会录像;总结2011年老干部工作,安排部署2012年工作任务;邀请北京市老干部局副局长杨玉巧为参训人员讲课;北七家镇党委和区供销合作联合社作了典型发言。

(赵光辉)

【开展主题实践活动】 3月27日,在全区离退休干部中开展"北京精神我践行、创先争优乐晚年"主题实践活动。区委组织部副部长、老干部局局长郑雁凌作"我承诺:'弘扬雷锋精神,践行北京精神'创先争优献余热"老干部千人签名启动仪式动员讲话,老干部代表张永贞宣读倡议书、表达心语,将活动推向高潮。参加启动仪式的410名离退休干部在条幅上郑重地挥笔签名,大家表示一诺千金,身体力行,创先争优,奉献余热。同时,承诺条幅在全区各基层单位进行流动签名。北京市老干部局、区委组织部、区委宣传部、区直机关工委有关领导出席此次活动。

(赵光辉)

【开展学雷锋图书捐赠活动】 3月28日,老干部艺术团说唱队20名离休干部结合开展"我承诺:'弘扬雷锋精神,践行北京精神'创先争优献余热"活动,将自己珍藏了几十年的600余本图书资料无偿捐赠出来。其中38本作为珍贵资料被昌平区档案馆永久珍藏。其它图书捐赠给崔村镇香堂文化新村,受到社会各界的广泛赞誉。

(赵光辉)

【开展"军营一日"活动】 7月20日,在区委组织部副部长、老干部局长郑雁凌的带领下,组织区、县级老领导、离休干部说唱队45人到装甲某师开展"军营一日"主题活动。在部队师、团领导的陪同下,参观了装甲师史馆、装甲团连队学习活动场所和内务设置以及新式主战装备,为老干部们介绍了坦克、装甲车的作战性能;听取了装甲师成立以来部队建设情况介绍;观看了国庆60周年庆典活动纪实片。区委常委、双拥办主任、武装部长孙连湖,区双拥办常务副主任、区民政局局长杨洪达与老干部一同进行"军营一日"活动。

(赵光辉)

【举办书画、摄影、征文大赛】 为纪念干部离退休制度建立30周年、迎接党的十八大胜利召开,全面展示昌平老干部老有所学成果,举办了区老干部"纪念干部离退休制度建立30周年、庆重阳、迎十八大"书画、摄影、征文大赛,全区老干部的积极响应,踊跃报送作品。经评比,共有16副书画、17幅摄影作品获一、二、三等奖。同时,有71幅书画、175张摄影作品在昌平老干部活动中心阳光大厅展出。

(赵光辉)

【通报经济社会发展情况】 9月6日,区委副书记、区长金树东在区委老干部局向老干部通报了2012年上半年全区经济社会发展情况。金区长从着力整合空间资源、着力聚集高端要素、着力优化发展环境、着力创新社会管理四个方面总结了上半年全区经济运行情况,同时,对下一阶段抓拆迁、拓空间;抓项目、稳增长;抓资金、强保障;抓产业、聚高端;抓环境、树形象;抓民生、促和谐六个方面的重点工作向老干部们作了通报。区委常委、组织部长李良主持会议,全区180名离退休干部参加通报会。

(赵光辉)

【举办老干部运动会】 10月9日至17日，在区老干部活动中心举办“庆重阳、健身心、乐晚年”老干部运动会。运动会设有台球、乒乓球、地掷球等12个竞赛和射击、套圈、投篮等12个趣味项目。来自全区63个单位共610名离退休干部参加比赛。

（赵光辉）

保密工作

【概　况】 2012年，区保密局围绕全区中心工作，以科学发展观为指导，以确保安全、服务发展为目标，以强化涉密计算机综合防护系统建设、提高保密技术防范能力为重点，深入开展保密法制宣传教育，继续加大行政执法检查力度，不断完善保密队伍建设，努力夯实保密基础工作，全力抓好各项任务完成落实，进一步完善保密制度，健全工作机制，全区保密工作管理水平和保密技术防范能力显著提升，为推进昌平经济社会又好又快发展和建设现代化京北创新中心、国际科教新城提供坚实保障。

（王岩）

单位名称：昌平区国家保密局
地址：昌平区政府街19号
电话：(010)89741513
邮编：102200

【保密检查工作常抓不懈】 年内，开展了重点排查、专项抽查、全面清查等多种形式相结合的保密检查工作，针对存在问题提出整改意见，下发整改通知单，要求限期整改完毕：2月至3月，对2家重点单位的办公计算机进行安全隐患排查工作；9月，对全区重点单位、重要部门及区内部分国家秘密载体复制定点单位、军工生产企业、旧货市场和再生资源集散市场进行实地检查；10月，组织召开由相关单位主管领导参加的网络清理检查工作部署协调会。

（王岩）

【保密执法工作依法推进】 年内，根据申请，对区域内1家单位涉密信息系统投入使用进行审批；对区域内2家符合申请标准的军工生产企业进行审核。12月，协助市国家保密局对1家单位涉嫌泄露国家秘密事件进行调查。

（王岩）

【考试考务保密管理工作切实加强】 年内，区保密局以加强考点校的保密室管理工作为重点，对区考试中心及各中、高考考点保密室的人员配备、硬件建设、制度建设、应急预案等进行实地检查和工作指导。考试期间，对试卷交接、运送、验收、存放、分发、入库全程进行严格监督，为区各类考试提供了安全可靠的保密环境。

（王岩）

【保密法制宣传工作力度空前】 10月，在全区开展新《保密法》宣传月活动。以区级刊物《昌平周刊》为载体，制作两期保密法宣传特刊，区内累计发放21万份；在人员和办公单位相对集中的场所摆放2套54块保密警示教育展版；向130多个党政机关、企事业单位发放保密宣传挂图200余套；组织全区5000余人参与保密知识答题活动；编印《保密工作手册》5000本，发放给全区科级以上领导干部、保密员、网管员、涉密计算机使用人员。

（王岩）

【保密教育培训工作成效明显】 年内，区保密局分别对全区主管保密工作领导、保密干部、初任国家公务员、军转干部、新任科级干部及部分党政机关工作人员等近千人进行了保密培训，重在通报当前形势；分析典型案例，指明泄密隐患；结合实际，强调保密规定和注意事项；讲解新修订《保密法》知识等。

（王岩）

区直机关工委工作

【概　况】 2012年，区直机关工委坚持以党建工作为主线，围绕“服务中心、建设队伍”两大任务，创新机关党建工作，进一步加强为领导机关、基层单位和老干部服务，坚持围绕区委区政府的中心工作、围绕机关工委的工作职能、围绕机关工作的特点、围绕提高党员干部队伍的素质和能力、围绕党风廉政建设、围绕系统单位安全稳定狠抓工作落实。努力提高区直机关党建工作科学化水平，为建设现代化的京北创新中心、国际科教新城提供坚强的思想和组织保证。

（佟红燕）

单位名称：昌平区委直属机关工作委员会
地址：昌平区政府街19号
电话：(010)69745184

邮编:102200

【党建工作不断创新】　2月,研究下发《关于组织开展基层党务工作“规范化管理”工作的实施方案》《关于组织开展创先争优打造工作品牌活动的意见》《关于开展“单位之歌”活动的实施意见》,提出党员教育活动室硬件建设和软件建设模式和内容,并进行试点。对开展打造“一歌一品”活动,推进创先争优活动进行部署安排。

(佟红燕)

【加强宣传教育】　年内,组织系统党员干部开展了学习宣传贯彻党的十八大精神、市第十一次党代会精神、区第四次党代会精神和北京精神宣讲、知识答卷等活动及邀请专家、学者、教授进行12次辅导讲座。

(佟红燕)

【组织培训参观】　年内,对系统党务干部、入党积极分子、女工委员、团干部进行党的理论、业务知识等方面内容的学习和培训。开展党史知识报告会,系统单位发挥职能作用报告会。组织党务干部参观遵义会议遗址,团员入党积极分子参观焦庄户、鱼子山抗日战争纪念馆等爱国主义教育基地活动。

(佟红燕)

【举办庆祝建党91周年表彰大会】　6月,召开系统纪念建党91周年暨表彰大会,表彰系统创先争优先进基层党组织60个、优秀共产党员100名。并举办“昌平区基层党组织先进事迹巡回报告会”。

(佟红燕)

【开展送温暖送健康献爱心捐献活动】　年内,开展节日送温暖活动,对系统困难职工、困难党员等进行慰问,发放慰问品折合人民币达1.5万元。给在机关行政管理处开支的科级以下干部职工279人进行健康体检。全年组织慈善募捐3次,捐款138.8万元。

(佟红燕)

【开展多种形式的文体活动】　年内,组织区政府院内干部职工迎新春趣味活动、第七届“旅游杯”登山活动、“经信委杯”乒乓球比赛、“行管处杯”羽毛球比赛和机关工委第一届长走活动。区直机关工委被评为全国全民健身群体活动优秀组织奖。

(佟红燕)

【群团组织进一步加强】　年内,组织开展了群众性“经济技术创新工程”活动,评选经济技术创新标兵8名。组织开展了青年文明号创建评选活动、“五四”达标创优评比活动和“相约青春携手未来”青年联谊会。机关团工委评为“达标创优”竞赛活动五四红旗团委。组织妇女干部参观“雷锋精神图片展览”。

(佟红燕)

党校工作

【概　况】　区委党校是在区委直接领导下培养全区党员领导干部和理论研究的学校,是区委的一个重要部门,是昌平区理论研究的重要基地和培训轮训党员领导干部的主渠道。内设机构有办公室、研究室、干训科、信息科、行管科、总务科6个党务、行政管理科室及党史党建、经济学、哲学、公共管理(网络中心)4个教研室,共有教职工60名。拥有一支教学、培训经验丰富的教师队伍,专职教师21名,兼职教师5名。其中10人具有高级职称、10人具有中级职称。教职工中85%为大学本科以上学历,其中博士5名。另外还有一支由各方面专家教授组成的、数量充足的外聘教师队伍。2012年,围绕区委、区政府中心工作,充分发挥了对区域内党政领导干部、青年后备干部、国家公务员、农村(社区)干部培训、轮训的主渠道、主阵地作用。

(罗艳　魏新)

单位名称:昌平区委党校
地址:昌平北环东路
电话:(010)89741308
邮编:102200

【制定《昌平区委党校规章制度汇编》】　年内,区委党校在制度建设方面,按照边制定、边完善、边整改、边提高的原则,在广泛征集群众意见的基础上,制订并通过《昌平区委党校规章制度汇编》。共建立健全28项管理制度,进一步明确各科室职能、职责,做到用制度管人、用制度管事,将各项工作纳入制度化、规范化管理轨道。其后,又根据制度进行了规范的考核。一系列的举措有力地强化了全体教职工的规范意识,形成了体系较为完备、内容较为丰富、可操作性强的一套适合党校的制度管理体系,为今后的科学化、民主化管理提供了制度保障。

(罗艳　魏新)

【择优引进北京大学博士毕业生充实人才队伍】 4月至9月,经区委同意,本着“公开、公正、择优”的原则,经过笔试、面试、公开试讲等多轮激烈竞争及体检、组织考核等程序的严格筛选,择优引进了北京大学马克思主义哲学专业博士毕业生一名,进一步充实了区委党校师资队伍,为日后主体班教学和科研工作提供了人才保障。

(罗艳 魏新)

【开展教师“一对一”、“老带新”人才培养工程】 4月始,为适应大专体制调整和事业编制年轻教师成长的要求,区委党校搭建平台,按照学科专业和研究方向相近、交流方便的原则选派经验丰富的3名老教师对3名80后年轻教师进行一对一的业务指导,签订《老带新目标责任协议书》。从开展情况看,此项活动有力促进了年轻教师的业务能力和水平的提高。

(罗艳 魏新)

【组织开展科级干部竞争上岗工作】 6月,区委党校组织了科级干部竞争上岗活动,通过严格规范干部选拔任用程序,扩大选任干部过程中的群众参与度和工作透明度,使3名同志走上了副科级领导岗位。按照上级有关落实博士毕业生待遇的文件精神,使2名同志走上了正科级非领导岗位。干部选任工作严格坚持了德才兼备、以德为先的选人用人导向,调动了干部群众的积极性,优化了干部队伍结构。

(罗艳 魏新)

【组织学习解读党的十八大会议精神】 11月,区委党校组织全体教职工观看党的十八大开闭幕式,并通过邀请专家学者授课解读、集体学习、分组研讨等形式深入学习十八大精神。在深刻领会精神实质的基础上,党校按照区委要求成立了由9名骨干教师组成的宣讲团,录制十八大精神的录像,共录制30集,每天在昌平电视台《昌平新闻》中播出。同时安排教师参与昌平电视台《百姓话题》《视角》等栏目的录制,共参与《百姓话题》3期,《视角》2期。节目播出后,取得良好的社会效果,较好地发挥了党校理论主阵地作用。

(罗艳 魏新)

【结束大专本科学历教育工作】 2012年是市委党校大专、本科学历教育办学的最后一年,全年完成7个大专、本科班13门课的教学任务,完成了8个班687名学员(包括1个研究生班)的毕业工作,招收公共政策专业在职研究生43名,研究生学员在校共141名。

(罗艳 魏新)

【完成全区党员领导干部的培训轮训任务】 全年区委党校与区委组织部、区人大、区政协、区纪委、区档案局、外事办、人保局、妇联等多个部门共举办各级各类培训班92班次,培训人员13271人次,有力促进了全区党员干部队伍建设。

(罗艳 魏新)

党史工作

【概 况】 2012年,区委党史办在市委党史研究室指导和区委的领导下,坚持以邓小平理论和“三个代表”重要思想和科学发展观为指导,按照市委和区委的总体要求,着眼服务工作大局,发挥“以史为鉴、资政育人”的功能,扎实工作,顺利完成各项任务。

(刘斌)

单位名称:昌平区委党史办公室
地址:昌平区政府街19号
电话:(010)89741701
邮编:102200

【编制昌平区党史工作规划】 年内,按照《中共中央关于加强和改进新形势下党史工作意见》和《北京市2011-2015年党史工作规划》精神,党史办拟制了《北京市昌平区2011-2015年党史工作规划》,并向主管领导进行汇报。5月21日,《党史工作规划》经区委常委会讨论通过。会后,以区委办公室文件形式下发全区贯彻执行。该规划对今后五年昌平党史工作提出明确要求,包括指导思想、基本要求、主要任务和保障措施等内容。

(刘斌)

【启动《昌平区(县)委文件汇编》】 3月8日,《中共昌平区(县)委员会文件汇编》正式启动。《文件汇编》主要收集1950年以来,昌平区(县)委印发的,在区档案馆保管的政策性文件,采用编年体例,按时间顺序分卷编印。此项工作由党史办和档案局合作开展。截至12月底,已整理文件千余件、校对300万字。

(刘斌)

【开展首个“党史宣传周”活动】 6月23日至7月7日,为纪念建党91周年,党史办以全市首个“党史宣传周”活动为契机,开展系列党史宣教活动,先后在《昌平周刊》连载昌平党史文章,在昌平电视台播放《昌平红色记忆》百集电视专题片，组织全区170余名领导干部进党校听党史，与区文化委、崔村镇开展向益民书屋赠送党史、文化书籍活动等，取得了良好的社会效应。

（刘斌）

【中央党史研究室到昌平调研】 10月19日至20日，中央党史研究室副主任曲青山带领第二研究部全体人员到昌平区调研，开展“从严治史活动周”活动。期间，先后与市委党史研究室、区委党史办交流座谈，参观考察了十三陵水库、天池、定陵博物馆等设施建设，踏访建国初期党和国家领导人的考察足迹，对有关历史资料照片进行了印证和征集。

（刘斌）

【纪念彭真诞辰110周年】 3月至5月期间，按照市委党史研究室纪念彭真同志诞辰110周年的有关活动要求，开展纪念文章征稿工作，调研征集相关史料，约谈、走访区离退休老干部，组织撰写了《我所见到的彭真同志》和《北郊农场工作时再次接待彭真同志》两篇回忆文章。

（刘斌）

【启动《昌平简史》编撰工作】 8月，围绕建设昌平文化强区、提升文化软实力的目标，区委决定，在全区范围内启动历史文脉梳理工程。10月，党史办主动承担《昌平简史》编撰工作，拟用3年至5年时间深入研究全区经济、政治、社会、民生、文化等专题，理清昌平历史发展脉络。简史工作启动后，党史办集中力量，组建编辑部，完善资源统筹、学习交流、信息沟通、目标责任等保障机制；制定《昌平简史编辑工作实施方案》，明确指导思想、编辑原则和进度安排；拟定编辑简史的程序、断限、义例、表述、专题等内容事项；草拟《昌平简史提纲》。截至12月底，启动二十五史昌平史料辑录，已阅读检索图书50余册，形成读书笔记15万字，完成汉、三国、晋、五代、辽、金等朝8部正史的昌平资料摘编。

（刘斌）

【续写党的工作大事记】 编写党的工作大事记是党史部门的一项常规性工作。年内，通过查找资料，继续编写2011年和2012年昌平区党的工作大事记，共收集大事54条，约1万字。

（刘斌）

纪检·监察

【概 况】 2012年，在市纪委监察局和区委、区政府的领导下，全区各单位和纪检监察组织坚持“标本兼治、综合治理、惩防并举、注重预防”的方针，牢牢抓住服务保障中心工作这条主线，扎实开展宣传教育、源头治理、案件查办、政风行风建设，取得了新的切实成效，为加快建设现代化京北创新中心、国际科教新城提供有力保证。

（马源洪）

单位名称：中共北京市昌平区纪律检查委员会
昌平区监察局
地址：昌平区政府街19号
电话：(010)69719485
邮编：102200

【区2012年党风廉政建设工作会议召开】 2月7日，区2012年党风廉政建设工作会议召开。区委、区人大、区政府、区政协等四套班子主要领导出席会议，市纪委常委张同生应邀出席会议并讲话。区纪委委员，全区各处级单位党政一把手；区委巡视组组长、副组长，区纪委各室主任，区行政投诉中心副主任；全区各单位纪检监察干部等约360余人参加会议。会议由区长金树东主持，区纪委副书记李春玲传达了市纪委十届八次全会暨全市党风廉政建设工作会议精神，区委常委、区纪委书记王晓霞作工作报告，市纪委常委张同生、区委书记侯君舒分别讲话。

（莫清海）

【党风廉政建设宣教工作会议召开】 3月9日，区“践行北京精神，保持纯洁作风”主题教育活动动员部署会召开。区委常委、区纪委书记王晓霞出席会议并讲话。主题教育活动从今年3月开始至10月底结束，活动分为动员学习、工作落实和整改提高三个阶段，以集中开展学习教育、整顿工作作风、为民解忧办实事为主要内容，切实加强党政机关和领导干部的作风建设。会后，区纪委还邀请专家为与会人员做纪检监察网站和微博运行管理的相关培训。

（莫清海）

【“廉政昌平”微博正式开通运行】 4月12日，昌平区纪检监察网和"廉政昌平"微博正式开通运行。市纪委副书记王海平、宣教室主任杜淑华,区委书记侯君舒和区委常委、区纪委书记王晓霞等领导出席开通仪式。"廉政昌平"微博是北京市纪委首批试点。昌平区纪检监察网和"廉政昌平"微博的开通,是主动适应网络媒体发展潮流,进一步探索推进网络反腐,以"制度 + 科技"强化监督的重要手段,推动了昌平"网络问政"的深入发展。

(莫清海)

【电子监察系统建设工作部署会召开】 9月12日,区廉政风险防控"三个体系"暨电子监察系统建设工作部署会召开。区委常委、常务副区长张燕友主持会议,区纪委副书记陈玉起、区监察局副局长孟令然分别就深入推进廉政风险防控"三个体系"建设和加快推进电子监察系统建设进行了部署。区委常委、区纪委书记王晓霞出席会议并做重要讲话。区纪委机关干部、全区各单位纪检监察干部参加了此次会议。

(杨志勇)

【党风廉政建设责任制进一步落实】 年内,层层签订党风廉政建设责任书,督促领导干部切实履行"一岗双责",做到"五个亲自、三个抓好",将构建惩防体系各项任务细化分解,确保与业务工作同部署、同落实。年中,组织牵头单位就任务落实情况进行了自查和重点抽查。完善了对城口单位党风廉政建设的绩效考核办法,制定了各镇街的考核办法。年底,由区委常委会各位领导带队,结合落实党风廉政建设责任制情况专项检查,对各单位进行了考核。

(杨志勇)

【服务保障监督工作有序开展】 年内,圆满完成了党的十八大、世界草莓大会等重大活动保障的监督检查任务。围绕"一查处三治理"工作开展了监督检查。对全区2012年度住房保障工作开展了立项效能监察。对未来科技城建设开展全程跟踪巡视。对108名干部进行了廉政审查。制定《昌平区实施 <北京市行政问责办法> 若干规定》,明确了问责的机构、内容和程序。

(曹栋)

【党风廉政宣传教育取得实效】 以"践行北京精神、保持纯洁作风"主题教育活动贯穿全年,针对不同层级干部分层施教,在区级领导班子和领导干部中开展"五个一"宣传教育活动,在基层站所集中开展党风廉政系列教育活动。在北京市率先开通了"廉政昌平"微博,发布信息322条,粉丝已达21000余人,受到市纪委叶青纯书记充分肯定。组织开展了一系列有特色的廉政文化活动,收到了良好效果。

(王乾　李春成)

【源头治腐各项工作逐步深化】 年内,推进廉政风险防控管理,制定《昌平区加强区级领导班子和领导干部党风廉政建设的意见(试行)》《昌平区加强处级单位党政正职监督的办法(试行)》和加强基层站所党风廉政建设"1 + 3"系列制度,强化分权限权和程序制约,推动区、处、科三级班子科学配置权力、有效监督权力。推进廉政风险信息化防控管理,开展廉政风险实时预警,及时发布基层站所财务管理、违规收受"购物卡"、村"两委"换届等方面的预警信息;搭建电子监察系统平台,梳理行政职权信息化情况,开发廉政风险防控模块。廉政风险防控重点联系单位工作卓有成效。区发改委进一步完善投资项目管理与监控信息系统,实现了对政府投资项目的全过程监管、100%稽察;区经管站运用在线审计系统对镇街实现常规审计全覆盖,自主研发"农经地理信息系统",加大农村"三资"监管力度。

(马源洪　杨志勇)

【案件查办工作力度不断加大】 年内,建立健全信访工作制度,加大直查力度,及时办结信访件,有效化解矛盾。全年共受理纪检监察信访举报151件,同比下降53%。其中重信重访50件,同比下降76%;昌平群众到上级纪检监察机关信访29批次,同比下降37%;通过核实为23名干部澄清反映失实的举报问题,并及时答复举报人。建立健全查办案件组织协调机制,扎实做好案件审理工作,提高了办案水平。全年共立案42件,结案34件,给予党纪政纪处分35人。其中处级干部3人,涉案金额共计9000余万元。严肃追究和查办了一批发生在基层、发生在群众身边的"小官巨腐"案件,收到了良好的效果。

(李进春　张成　李海彬)

【政风行风建设稳步推进】 年内,建立纠风专项治理工作联席会议制度,重点开展教育乱收费、侵害农民土地权益等13项专项治理工作。丰富政风行风评议手段。重点评议教委和供暖等25个与群众生产生活密切相关的行政部门和公共服务行业;开展社情民意调查,完成6000份样本;继续聘请中介机构跟踪随访87个党政部门,并将评议结果纳入区政府年终绩效考核;试点开展教育、公安等系统基层站所负责人述勤述廉工作,接受所在镇街群众民主测评。继续做好政风行风热线工作,全年共办理群众来信3186件,办结率100%;

开通全市行政投诉统一受理电话96160，拓宽群众投诉渠道，及时解决群众反映的问题。

（付海英 董月华）

【纪检监察队伍建设切实加强】 年内，完善纪检监察组织机构。成立网络舆情中心和电子监察中心；在权力和资金集中的政府部门，增设5个纪检组、6个监察科；在全区365个独立核算的基层站所设置廉政监督员。提升履职能力。制定发挥区纪委委员作用的制度文件，修订区纪委常委会各项工作制度；加大干部竞争性选拔任用力度，优化了干部队伍结构；建立挂职调训机制，实行区纪委监察局机关和基层干部双向交流。深化“三型机关”创建活动，全面提高纪检监察干部的思想政治素质和业务能力。

（王宇红）

【纪检监察理论研究、调研工作取得新成果】 年内，先后到百善镇、沙河镇、东小口镇、流村镇和回龙观镇进行调研。结合市纪委和区委下发的重点调研参考课题，确定了区纪委的重点调研参考课题，收集调研报告素材，指导基层调研工作。向市纪委上报了《关于促进昌平区农村村务监督委员会职能行使的调研报告》。

（马源洪）

【纪检监察信息工作】 年内，编辑《昌平纪检监察信息》33期，向市纪委报送信息66条，采用26条。

（莫清海）

民 主 党 派

【概 况】 2012年，全区各民主党派围绕中心工作，服务大局，切实履行参政议政职能，努力加强自身建设，在思想建设、组织发展、参政议政、社会服务等方面取得新进展。

（卫勇）

单位名称：昌平区委统战部
地址：昌平区政府街19号
电话：(010)89741629
邮编：102200

【九三学社昌平工委】 年内，在中共昌平区委统战部和九三学社北京市委的领导下，九三昌平工委带领各支社认真践行科学发展观，组织社员参加了解昌平区经济、社会的发展情况，在思想建设、组织建设、组织活动方面做了一些工作，保证组织的良好运行和健康发展。

九三昌平工委政协委员积极建言献策。其中向九三学社中央提交了《关于非中国国籍人士不宜担任政协委员的建议》和《关于加强公民“国民教育”的建议》2件建议。向区政协提交《关于“政协文化”的初步思考》《关于政协提案选题的初步思考》等4篇文稿。在《九三学社报》上发表文章《充满人文关怀的中国文化》，参加市政协就农村集体经济发展进行实地调研和报告研讨会，并提交《诤友》等七篇。

开展社会活动。2月，到昌平刘村九三基地进行枣深加工调研。对区进行“林下仿生态中草药种植”经济考察。同月，为国家大剧院捐赠画作。3月，参加了“九三学社北京市委2012年参政议政信息工作座谈会”。4月，参加九三市委参政议政部组织“药品监管申报座谈会”。5月，组织社员开展“弘扬北京精神、感受奥运遗产、争做优秀九三人”的大型主题活动。6月，参加中共北京市委统战部和中共北京市委教育工委组织的北京高效党外代表人士培训班。11月，组织了“喜迎十八大、科技农村行”主题活动。

（卫勇）

【民革昌平支部】 组织建设。民革昌平支部2012年有党员26人。介绍2名优秀党外人士入党。培养区内优秀年青积极分子2名让她们参与支部调研工作及支部活动。在区政协第四届委员会第一次会议上，支部有四人当选为新一届常委。

参政议政。年内，围绕再生能源的综合利用问题，提出了党派提案1篇，引起了区委、区政府及有关部门的高度重视。在市政协会议上，提出了《关于在北京郊区建立网上数字科技馆》《关于依托物联网技术提高北京食品安全保障水平》《关于创建南口抗战遗址公园》等6个建议和提案，涉及科技、食品安全、医疗卫生、旅游、文化创意等以民生为主的各领域。《关于修整回龙观东大街——九台路——天通西苑三区——立汤路的建议》得到了区市政市容委的采纳，并列为2012年民生工程之一。

社会活动。3月，民革昌平区支部联合由民

革党员中的医疗专家、教授组成民革医疗专家组共同开展了学习践行雷锋精神民革医疗专家为农民把脉义诊活动。同月，到区儿童福利院看望住在那里的孤残儿童，并为孩子们送去童车、衣物、食品、学习用具等价值3000多元的慰问品。4月，民革昌平支部与北京市中山实验学校、天通苑志愿者协会共同发起“小手拉大手绿色身边有”植树活动。5月，民革昌平支部利用自己的活动经费邀请北京昌平雨竹打工子弟学校的40多名孩子走进中国航空博物馆，使他们了解了当代中国国防科技创新成果。6月，与东城8名党员及北京南口抗战研究会成员一起去怀来县横岭高楼长城遗址，实地考察发生在75年前的南口战役抗战遗址并写出《南口抗战遗址保护》的提案。8月，协助北京南口抗战研究会及台湾黄埔同学后代联谊会两家民间团体在昌平举办为期3天的纪念南口战役75周年活动，这是首次两岸民间团体作为主办方进行的纪念活动。

（卫勇）

【民建昌平工委】　年内，在民建北京市委和中共昌平区委统战部的领导下，民建昌平工委引导和带领会员围绕中心工作，服务大局，切实履行参政党职能，努力加强自身建设，提高会员的思想觉悟和参与会务活动的积极性，在思想建设、组织发展、参政议政、社会服务等方面取得新进展。

昌平工委共有会员158人。年内，发展6名新会员，转入2名会员。会员中，区人大副主任1人，人大常委1人，人大代表3人；区政协常委2人，政协委员10人。

在区政协四届一次会议上，工委政协委员分别就思想道德教育、非公企业党团建设、防震减灾、环境治理、科技创新、食品安全、农业发展等问题，提交政协提案14件。《关于昌平区防震减灾虚拟宣教中心建设和可持续开展宣传教育的建议》的提案，被列入区政府2012年为民办实事工程。工委向民建市委报送社情民意信息10余篇。

社会服务工作是民主党派参政议政、民主监督的基础性实践活动，做好这项工作，有利于增强会员素质，提高民建形象。10月重阳节前，前往区光荣院慰问抗日战争及解放战争时期的老战士。全年资助300名贫困学生，共计80余万元；为流村、沙河和唐山市红十字会等地区共计捐款捐物价值70余万元；提交通讯稿件20余篇，在民建市委、中央网站和《北京民建》《昌平周刊》上发表。参加民建市委举办的“聚焦北京风貌·展示民建风采”摄影大赛，其中《舞春》和《雪后十三陵水库》获得三等奖。

理论及会史研究工作。3月，参与主编《同心同德同向同行》民建北京市委第九届委员会理论实践研究文集。5月，参加民建九届市委会理论文集发布会暨理论研究工作总结交流会及“树立社会主义核心价值观，建设特色鲜明的民建政党文化”研讨会。完成《互联网条件下民主党派建设的思路》《施复亮对战后中国经济发展的科学构想》两篇论文和《昌平区民主党派思想建设的现状及思考》调研文章。

（卫勇）

【民进昌平支部】　年内，民进昌平支部，在民进北京市委的正确领导下，在中共昌平区委及区委统战部的指导下，立足本职，加强组织建设，建立和谐的学习型支部做了很多工作。

加强学习、提升会员思想素质。支部始终将提高会员素质放在首位，坚持加强会员的思想建设、提高会员的政治思想觉悟，完善自主学习和统一学习的学习制度，组织会员认真学习、讨论构建和谐社会以及科学发展观的有关文章，1月，组织会员学习交流座谈会，大家畅所欲言，积极发言，畅谈感想。9月22日，支部请国防大学教授给会员们作国防知识讲座，增强会员们的爱国热情，培养会员们的民族精神及政治觉悟。

在组织建设中，扎实工作、培养新人、不断增强活力，年内，培养10名积极入会成员。

民进支部发挥资源优势服务社会，与昌平所民营智障学校建立联系，实施帮扶。

（卫勇）

【农工党昌平支部】　年内，农工党昌平支部在中共昌平区委的领导和农工北京市委、区委统战部的指导帮助及支部全体党员的共同努力下，各项工作取得了新成绩。4月，参加区政协、区委统战部组织的培训班。召开支委会，推举农工市委换届人选。6月，党员参加政协举办的提案工作培训班。8月，支部讨论两个入党积极分子的材料，按照农工党组织发展工作程序，经支部研究并报区委统战部协助考察，发展新党员2名，转入党员2名。

支部党员在做好本职工作的同时，积极履行参政党职能，发挥党派作用，围绕区委、区政府的中心工作，建言献策，为昌平区政治、经济建设与文化和社会发展做出积极贡献。

11月，农工党昌平支部在昌平区西部山区的流村镇西峰山村举办了第二十四届中国“国际科学与和平周”暨“关爱农民健康”义诊咨询活动。支部党员积极参加区工会、区红十字会、区慈善协会组织的各项捐款捐物活动，拒不完全统计，共捐款8000余元。

（卫勇）

【致公党昌平区支部】 年内，在致公党北京市委的领导下，在中共昌平区委及区委统战部的指导和帮助下，致公党昌平支部以“致力为公、参政兴国、参政为民”为宗旨，不断探索开创新思路，认真学习贯彻中共中央和致公中央有关文件精神，努力加强自身建设，积极履行参政议政职能，充分发挥“侨”、“海”特色和优势，有所创新、有所突破；并在政治学习、组织建设、参政议政、社会服务、信息传播等方面都取得了很大成绩。

注重思想建设。在思想建设形式上，根据不同学习内容，结合讲座、论坛、飞信群、QQ群等多种不同形式开展研讨。建立支部实时网上思想政治学习交流制度，在支部领导班子思想建设上，强化支部领导班子成员及骨干党员的思想政治建设。通过系列培训和学习活动，使广大党员提高了政治素质和政党意识，深化了对参政党地位、性质和历史使命的认识，强化了履行参政议政、民主监督职能的使命感和自觉性。

加强组织建设。严格按照选举程序，选举致公党北京市第八次代表大会代表两名。在致公党北京市第八次代表大会上，支部主委当选为致公党北京市第八届委员会常务委员和出席中国致公党第十四次全国代表大会的代表。2012年，支部注重入党积极分子的培养，保证新党员的高质量性和高层次性。年内，增加五名新党员，支部党员人数共有43人。

提高支部参政议政的能力和水平。参政议政是党派工作的根本，体现了民主党派的参政能力和水平、以及作为参政党的整体形象。支部充分发挥本党资源特色，并根据党员自身的专业优势等实际情况，提交了“关于加强综合防控PM2.5的建议”，等调研文章。

社会服务方面。致公党昌平区支部根据自身资源的优势，开展大型社会服务活动。4至5月，支部协同有关部门安排了“陶笛支教工程”活动的协调会。致公党北京市委及昌平区委统战部等有关部门成功地举办了“北京致公国乐支教工程启动仪式暨爱心陶笛捐赠仪式”。

加强全方位的沟通桥梁和对外宣传窗口的建设。在抓好《昌平致公》刊物的同时，支部还建立了对外信息反馈专人负责制，由专人负责向致公党市委通报和反馈支部、党员的各项活动和信息。在致公党北京市委今年出版的《身边的致公党员》一书中，支部委员的事迹被收录其中。

（卫勇）

【民盟昌平区工委】 年内，在盟市委及中共昌平区委统战部的领导下，民盟工作取得了较大的进步。

加强区工委自身的建设。民盟昌平区工委全年召开工作会议5次，做到年初有计划、年中有研讨、年末有总结。并充分利用政协、人大及盟市委代表大会等各种机会研讨推进区工委的工作。3月，召开民盟昌平区工委工作会议，讨论2012年的工作计划，布置了统战理论研究的题目和方向，确定2012年的调研方向和提案的计划等。9月，成立民盟昌平区统战理论研究会。会上，通过《民盟昌平区工委统战理论研究会章程》《中国民主同盟北京市昌平区工委关于成立统战理论研究会的决定》《中国民主同盟北京市昌平区工委关于统战理论研究会内设机构的决定》及《中国民主同盟北京市昌平区工委关于统战理论研究会有关人员任职的决定》等有关事项。

加强社会服务工作。利用民盟的人力资源优势，邀请民盟的教授走进社区，为社区做点事。内容包括对村官的心理、能力、法律、与人交往等各种方面的辅导；加入盟市委女教授进社区的活动范畴，邀请民盟中女教授为社区居民开展保健、合理饮食、医疗、心理健康、法律等各种讲座。10月，为区大学生“村官”作题为“世界油气形势与中国能源现状分析”的讲座。11月，为马池口镇的社区居民作题为《中老年人骨质疏松的预防和治疗》的讲座。

撰写统战理论研究文章。全年共撰写五篇统战理论研究文章，分别是《论民主党派在社会主义核心价值体系建构中的作用》《论“人权入宪”背景下的民主党派参政议政》《民主党派基层组织建设研究》和《从管理学系统原理视角找寻加强民主党派自身建设思路》《盟内法规研究亟待重视》。

（卫勇）

群众团体

昌平区总工会

【概　况】 2012年,区总工会以科学发展观为统领,以服务职工群众为主线,积极参与社会管理和公共服务。坚持在服务中维权、在维权中服务,面对面、心贴心、实打实地服务职工群众,为维护职工队伍稳定、促进地区经济转型发展作出了积极贡献。

（张培珍）

单位:昌平区总工会
地址:昌平南环东路1号
电话:(010)69746557
邮编:102200

【基层工会组织建设稳步提升】 年内,基层工会组织建设稳步提升。开展深入再摸底排查活动,全面完成规模企业建会情况调查统计工作;强化党委领导责任体系,党委领导、政府支持、工会运作、各方配合的工会组建格局得到进一步完善。2012年,全区新建工会组织2634个,发展会员32526人,分别同比增长157%和36%,创历年最佳成绩;换届选举工作规范有序。共完成12个镇(街)工会主席、副主席和10家基层单位的换届选举工作;坚持全员培训与专题培训相结合,加强工会干部队伍建设。组织开展全区业务培训9期,参训人数830余人次。继续健全队伍,招收工会专职社会工作者23名。

（张培珍）

【工会经费税务代收机制逐步完善】 年内,结合工会经费税务代收工作,修订完善《建会奖励办法》,加大奖励力度,推进非公企业建会和税务代收工会经费工作。启动2个会计核算中心,解决了全区288家不具备独立开具工会经费账户企业的经费服务职工问题;加强业务指导、计拨审计制度。面向新会员单位和基层工会开展财会事务培训及税务代收宣讲活动,全年培训财务人员2923人次,促进了税务代收工作的顺利推进;费源稳步增长,费源采集率大幅提高。2012年,费源增加到1758户,是税务代收初期的1.6倍;工会经费稳中有升,申报工会经费同比增长40.6%。

（张培珍）

【群众技术创新取得新成果】 年内,以"当好主力军、建功'十二五',创新促发展、建设新昌平"为主题,广泛组织开展各种职业技能竞赛活动,不断提高职工队伍的整体素质。联合区人力社保局组织职工参加北京市第三届职工技能大赛,涌现出大批专业技术能手。组织参赛人数5000人,参加了汽车维修、营业员等50个工种比赛;继续开展以提高职工职业技能为目的岗位练兵、劳动竞赛活动。2012年,劳动竞赛企事业单位覆盖面为95%,职工参与率为86.3%,职工提合理化建议4726件,采纳、实施2693项,技术革新471项,在推动区域经济发展中彰显了工人阶级主力军作用;精心组织"五一"系列庆祝活动。全方位、多层次宣传劳模事迹,极大地弘扬了劳模精神。表彰一大批来自基层、一线的职工和农民工,其中一线职工和专业技术人员占71%。通过活动彰显区工人的时代风采。

（张培珍）

【依法维权工作取得较大突破】 年内,劳动争议调解工作进一步规范化。建立健全区、镇、企三级调解组织网络,健全劳动争议调解六方联动机制,加强重大事项合作共商力度。现有镇街工会劳动争议调解组织(调解室)19个,区域性劳动争议调解中心2个,企业劳动争议调解组织376个,调解员1412人;切实保证职工的合法权益。坚持以服务企业为主,开展劳动法律知识培训15次,培训企业工会干部及人力资源管理干部1800多人次。入驻72家企业,帮助完善管理制度,促进企业合法用工。坚持送法下镇(街)服务,开展法律咨询、法制宣传累计418次。劳动争议调解成功率100%,群体案件涉及职工261人,履行金额61万余元,维护了职工队伍稳定,促进了社会和谐;依法开展工资集体协商。成立工资集体协商指导办公室,健全工资集体协商指导员队伍。发挥指导员作用,强化培训和指导。企业对协商签约的认知度和签约质量逐步提高,工资集体协商和集体合同签约基本同步,百人签约数量和区域签约覆盖面达到预期目的。签订集体合同1727份,签订率95.7%,工资集体协议1662家,签订率89.3%;厂务公开民主管理工作迈上新台阶。全区274家国有、集体及其控股企业厂务公开民主管理建制率实现98%覆盖率。非公有制建会企业厂务公开民主管理建制率76%。248家事业单位开展事务公开,事务公开率92%。

(张培珍)

【扶贫帮困和促进再就业成效显著】 年内,坚持把扶贫帮困和促进再就业作为服务大局和维护职工合法权益的头等大事来抓,尽其所能为困难职工排忧解难。深化困难帮扶,筹集资金200.2万余元开展项目制帮扶活动,对1286名困难职工进行了帮扶和救助。金秋助学活动帮助106名学生坚持继续自己的学业;进一步加强会员服务工作。会员信息采集136846人,办理京卡70100张。积极推广北京市在职职工医疗互助保障计划,依托京卡向职工基本医疗保险外医疗费用进行"二次报销",惠及职工1606人次。结合职工消费需求,新签约新华书店和体育运动场为市级加盟合作单位,为广大职工文化和健身提供了优惠和便利;扩大送清凉受众范围,积极促进职工就业和再就业。向职工发布用人岗位信息1334条,发布求职信息2578条,成功为669人推荐就业岗位,同时与各服务站共同开展再就业培训3792人次。

(张培珍)

【积极开展职工文化体育活动】 年内,注重职工文化建设,在全区职工中广泛开展各项文体活动,陶冶职工情操,丰富职工的业余文化生活。努力打造"五月的鲜花"群众歌咏比赛、职工书画、摄影作品展览等职工文化品牌工程。6月,区总工会征选职工优秀书画摄影作品320余件首次走出昌平,在市劳动人民文化宫展出,提高区职工文化的影响力。认真落实全民健身十年行动规划,以组织开展第九套广播操比赛活动为载体,掀起工间操推广的新热潮。

(张培珍)

共青团北京市昌平区委员会

【概　况】 2012年,昌平共青团围绕团市委和区委、区政府中心工作,紧紧抓住党的十八大召开、市党代会召开以及建团90周年等契机,以打造与京北创新中心、国际科教新城相适应的城市青年组织为依托,以加强基层团组织建设为基础,以"夯实基础,扩大覆盖,强化动员,深化服务"为工作目标,努力提升昌平共青团组织的区域影响力和贡献力,推动昌平共青团工作再上新台阶。

(冯海园)

单位名称:共青团北京市昌平区委员会
地址:昌平区政府街19号
电话:(010)89741642
邮编:102200

【开展2012年"两节送温暖"活动】 1月16日,团区委在十三陵镇胡庄社区和泰陵园村开展"两节送温暖"之"送文化、送科技、送卫生三下乡"活动。团区委领导、十三陵镇团委负责同志、昌平区计算机网络协会志愿者以及昌平区医院的医疗志愿者共计30余人参加此次活动。共计为社区图书室送去书籍200余册,发放各类宣传资料500余份,近300名村民接受了志愿者们热情周到的服务,活动得到了广大村民的一致欢迎和好评。

(冯海园)

【举办"品昌平草莓绘美好未来"活动】 2月20日,由团市委、市教委、市少工委、区委宣传部、区草莓办等单位主办,由团区委、区教委、区少工委、区文联等单位承办的"品昌平草莓绘美好未来"北京少年儿童参观世界草莓大会主场馆暨百米画卷现场书画活动在第七届世界草莓大会主场馆举行。团市委副书记黄克瀛,区委副书记朱光彤,区委常委、宣传部长余俊生等领导出席活动现场,昌平书法家协会、昌平民间艺术家协会艺术家以及来自朝阳区安慧北里小学、海淀区交大附中、区城北中心小学、昌平二中、区机关幼儿园等13所学校的249名师生共同参加活动。活动中,200余名中小学生及幼儿园小朋友共同参观了第七届世界草莓大会草莓博览园,并与9位艺术家共同围在两条百米长卷旁,交错完成书法和绘画作品。

(冯海园)

【开展昌平青年林建设工作】 3月5日至5月1日,团区委联合区园林绿化局共同筹建昌平青年林,通过组织报名、社会动员、网络招募等多种形式,动员号召4180名团员青年(其中动员昌平属地的青年1928人,动员北京市各企事业机关单位、社团组织的青年2180人)、92家社会组织、企事业单位和青年自组织积极投身平原造林工程暨昌平青年林建设,90 余家基层团组织开展青年林树木认领活动,动员青年共种植树木 11012 株,青年与施工方共同种植 86632 株,种植面积达 2068 亩,占 2012 年全区平原地区造林总面积 3.2 万亩的 6.5%。

（冯海园）

【纪念建团 90 周年暨五四青年大会召开】 5 月 3 日,昌平共青团纪念建团 90 周年暨五四青年大会在中石化会议中心召开。区委、区人大、区政府、区政协四套班子的领导,全区各委、办、局,各镇、街道主管领导,全区各级团组织负责人和团员青年代表共计 400 余人参加会议。会上,与会领导与团员青年共同观看了专题片《昌平共青团工作纪实(2010－2012)》,大会对荣获 2011 年度昌平共青团"达标创优"竞赛活动的先进集体和先进个人进行了集中表彰。全国五四红旗团支部、北京市五四红旗团委、昌平区十佳志愿服务集体的青年代表分别做了大会交流发言,全体团员青年重温了入团誓词,共同观看了电影《钱学森》。最后,区委书记侯君舒结合昌平转型发展的新形势、新任务,对全区各级团组织和广大团员青年提出了新的要求。

（冯海园）

【昌平区青联二届四次常委会召开】 9 月 3 日,昌平区青年联合会二届四次常委会在红栌山庄召开。会上,区青联常委审议并通过了关于增补常委、委员、副秘书长的建议以及表彰决定,增补后区青联共有常委 39 人、委员 281 名。会上,刘智勇主席号召广大青联委员找到工作的切入点、着力点、结合点,从而汇聚成推动昌平各项事业发展的强大力量。

（冯海园）

【成功举办 2012 年优秀青年人才培训班】 9 月 17 日至 28 日,团区委联合区委组织部举办第二期优秀青年人才培训班,经过筛选推荐、考试选拔、公示培训三个步骤,甄选出 45 名优秀青年干部参加为期 14 天培训课程,并将符合中青班入选条件的青年人才推荐到中青班进行后续的学习和培养。

（冯海园）

【关爱农民工子女"志愿北京之蓝天行动"开展】 年内,组织动员广大团员青年、志愿者积极参与志愿服务活动,围绕学业辅导、感受城市、亲情陪伴、自护教育、爱心捐赠这五方面为农民工子女赋予关爱、提供帮助、解决困难。已有 20 所农民工子女学校与高校青年志愿者组织结对建立帮扶关系,开展活动 400 余次,参与志愿者 2000 余人,受益农民工子女达到 25000 余人。建立"七彩小屋"13 个,作为志愿者开展活动的阵地,开展"走进七彩小屋体验七彩课堂"活动,通过微博招募体验志愿者,共同参与支教活动。10 月 17 日、18 日,青年歌手徐海星、青年舞蹈家刘岩加入体验行列,分别走进昌平向上学校、昌平汇蕾学校,与孩子们上了一堂生趣盎然的课程。通过全程的微博直播,让更多的网友了解七彩小屋与七彩课堂,从而共同关注、关爱农民工子女。

（冯海园）

【开展乡镇实体化"大团委"建设工作】 年内,为落实党建带团建会议和相关文件精神,以适应团员青年分布变化为宗旨,逐步有效扩大组织覆盖,巩固和加强农村、社区、新经济组织和新社会组织等领域团的基层组织建设,合理设计工作内容,完善工作运行机制,把共青团面向基层的桥头堡向乡镇、街道一级推进。团区委通过前期调研、建力试点、分类指导等措施,大力开展乡镇实体化"大团委"建设工作,按照工农城大中五个分类体系以及按聚集区域载体建设和聚集功能载体建设两大类别的建设方向和 12 个细化建设类别,全年新建团组织 450 家,新覆盖 35 岁以下青年 53282 人,其中团员 7283 人。

（冯海园）

【成功举办秋季·北京国际长走大会】 11 月 3 日,由团市委、市青联、市学联、区政府、市旅游委、市外事办、市投促局等单位联合主办,由团区委、区青联承办的 2012 秋季·北京国际长走大会在十三陵水库周边举行。来自各级机关、企事业单位、部队等各界群众和大中专院校、青年社团、社区青年汇、志愿者等各界青年代表及部分国家驻华使馆代表、留学生代表等共 5000 余人参加了全程 16 公里的长走活动。

（冯海园）

【举办青年创业培训活动】 3 月至 12 月期间,团区委在华北电力大学、北京交通职业技术学院、中国石油大学、北京汇佳职业技术学院、北京吉利大学举办 5 期"青年创业大讲堂",分别邀请了凹凸人网创始人、盖帮 HR 俱乐部发起人、公益校园就业导师团管理委员会秘书长邹秀峰先生及北京视觉味道创意工厂创始人、北京素果文化有限责任公司联合创始人、CCEP 项目资深培训师、创业实训(模拟公司)培训师张森先生作为主讲嘉宾,以"智者规划适者生存"为主题进行讲座;在昌平城区、回龙观地区、东小口地区举办了 6 期昌平青檬夜校创业培训班;在北京青年创业示范园举办了1期青年创业训练营,通过各类培训项目累计培训创业青年3670余人次。

(冯海园)

【完成国际魔术大会志愿服务工作】 11月30至12月2日,团区委圆满完成首届中国北京国际魔术大会志愿服务工作。团区委从中国石油大学共招募选拔了80名志愿者,其中33名为英语志愿者,并召开志愿者培训大会,就工作职责、工作内容、工作地点、工作要求、注意事项进行了详细讲解,保证志愿服务工作的有序进行。大会期间,志愿者用饱满的精神、热情的服务在场馆内外提供服务,共完成了开幕式、国际魔术邀请赛、国际魔术论坛、魔术道具展示及闭幕式等几场大型活动的志愿服务工作。

(冯海园)

【昌平区青联十周年联谊会召开】 12月28日,昌平区青年联合会成立十周年暨共青团新年联谊会隆重召开,团市委副书记杨海滨,共青团中央农村青年工作部农村发展处处长赵宝东,团市委统战部部长、市青联秘书长祁治国,团市委青农部部长郑品石,团市委统战部副部长、市青联副秘书长张文涛,区委副书记朱光彤,区委常委、宣传部部长余俊生,团区委书记、区青联主席刘智勇等出席活动。昌平区青联各界别委员、荣誉委员、全区各系统团干部200余人参加活动。联谊会以专业演出团体倾情演出为主要形式,区青联各界别委员直接参与和市青联委员助阵演出是本次联谊会的最大亮点。

(冯海园)

昌平区妇女联合会

【概　况】 北京市昌平区妇女联合会(简称“区妇联”)是在区委领导下的社会群众团体,是党和政府联系妇女群众的桥梁和纽带,是国家政权的重要社会支柱。其基本职能是:代表和维护妇女权益,促进男女平等。内设机构为办公室、组宣部、权益部(儿童部);区妇女儿童工作委员会办公室(以下简称妇儿工委办)设在区妇联,承担区妇女儿童工作委员会日常工作;区妇女儿童活动中心为区妇联下属财政全额拨款科级事业单位。全区有三级妇联组织523个,其中区级妇联组织1个,各镇、街道妇联18个,工委妇委会12个,基层妇代会492个;三级妇联干部2197人,其中区妇联第三届执委41人。2012年,区妇联在区委、区政府的正确领导、市妇联的精心指导下,坚持以邓小平理论和“三个代表”重要思想和科学发展观为指导,紧紧围绕区委、区政府中心工作,以协调发展和社会化维权为主线,以家庭教育、家庭和谐为基础,以服务基层和妇女群众为目标,创新开展“双学双比”、“巾帼建功”、“五好文明家庭”创建、“双合格”四大主体活动,不断探索妇女儿童工作的新途径,团结带领广大妇女为建设高端引领、创新驱动、绿色发展、开放包容的京北创新中心、国际科教新城而努力奋斗。

(党延敏)

单位名称:昌平区妇女联合会
地址:昌平区东环路妇联
电话:(010)69714345
邮编:102200

【市妇联领导慰问小汤山镇贫困家庭】 1月17日,市妇联主席赵津芳一行到小汤山镇赖马庄村慰问并座谈,区委副书记朱光彤参加座谈,并到赖马庄村实地走访了生活困难的家庭。

(党延敏)

【启动春节走访慰问活动】 1月17日,区妇联在兴寿镇启动了“营造温暖之家共享美好生活”为主题的走访慰问活动,正式拉开了春节走访慰问活动的序幕。区妇联主席王璐、憨林福超市副总郭金玲参加了启动仪式。活动以老妇救主任、生活困难的市级以上“三八红旗奖章”获得者、两癌筛查中发现的贫困癌症患者、单亲困难母亲、纯老年人家庭困难妇女、边远山区贫困妇女、边缘贫困妇女七类贫困妇女群体为重点,通过集中发放慰问金和慰问品、入户走访等形式,在全区范围内对生活困难妇女和家庭提供帮扶救助。慰问活动计划救助163名家庭贫困妇女。

(党延敏)

【“姐妹指路队”服务草莓大会】 2月17日至2月22日,区妇联组建了一支由200名巾帼志愿者组成的“姐妹指路队”,志愿者佩戴印有“京北丽人”巾帼志愿者标识的帽子和“京北丽人”姐妹指路队字样的胸卡,在草莓大会期间,全天上岗为中外游客义务指路。

(党延敏)

【开展监所安全管理共建活动】 区妇联与昌平公安分局在“三八”节前夕,来到昌平看守所开展了监所安全管理共建活动启动仪式。在仪式上,主席王璐和副局长杨峻岭分别代表区妇联和公安分局签订了共建协议书，区妇联在流村看守所建立了“姐妹驿站”，并进行了揭牌。市妇联权益部部长李静参加了活动并讲话。

（党延敏）

【区妇联开展“送法进商户”宣传活动】 3月6日，区妇联联合城北街道办事处，区法律援助中心等单位，在流动妇女相对集中的昌平金五星服装百货批发市场举办了“维权宣传到商家，真情服务你我她”普法宣传活动。活动共分现场宣传咨询、送法到商户及在“金五星公益法制大讲堂”举办维权知识讲座三项内容，受到广大商户的好评。

（党延敏）

【开展“两法”“两规划”宣传活动】 3月8日，区妇联联合区司法局、计生委、法院、妇幼保健院等相关部门在昌平公园东门联合开展了“两法”“两规划”的宣传活动。活动中共发放宣传单、环保购物袋、传统工艺手包等各类宣传品2000余份。区人大副主任杨国昌参加活动。

（党延敏）

【“京北丽人”志愿服务队启动仪式举行】 3月8日，区妇联举行昌平区庆祝“三八”国际劳动妇女节表彰大会暨“京北丽人”志愿服务队启动仪式。市妇联副巡视员周静、区委书记侯君舒、区人大主任李福忠、区政协主席王书合等领导出席大会，各群团组织、城口各大工委、各镇街负责同志，以及区妇联执委和各类先进代表、“京北丽人”志愿者代表共350余人参加大会。区委副书记朱光彤主持大会。

（党延敏）

【区委领导慰问市“三八”红旗集体】 3月8日，区委副书记、区委政法委书记朱光彤在区妇联主席王璐等人的陪同下，对北京市“三八”红旗集体的获得者——中国移动北京公司昌平分公司进行慰问座谈。并为中国移动北京公司昌平分公司授牌。

（党延敏）

【北京农学院开展下基层送温暖慰问活动】 3月22日，北京农学院下基层送温暖助推昌平妇女创业就业慰问座谈会在北京天润园农业发展有限公司草莓示范基地内举行。北京农学院党委副书记高东、科研处副处长蒋林树为昌平区4位创业贫困妇女送来了20000元慰问金和科技书籍。区妇联主席王璐、市妇联副处级调研员邓子敏参加了座谈会。

（党延敏）

【参加首都学雷锋志愿林建设启动仪式】 4月15日，配合市妇联按照中央文明办和市委市政府建设首都学雷锋志愿林的有关要求，区妇联组织30名“京北丽人”志愿者在北七家镇参加了首都学雷锋志愿林建设启动仪式。

（党延敏）

【举办“我先行倡导低碳生活当模范”文艺汇演活动】 为迎接5·15国际家庭日到来，5月11日，区妇联举办了“践行北京精神我先行倡导低碳生活当模范”——“我家的低碳故事”文艺汇演活动。全区11个家庭参加了汇演，评选出“最佳表演奖”3名、“最佳风采奖”4名，“最佳创意奖”4名。

（党延敏）

【市妇联领导莅临小汤山镇检查指导工作】 5月17日，市妇联常务副主席陈玲、副主席王淑存一行6人来到小汤山镇赖马庄村检查指导工作，并带来500份花卉和蔬菜的籽种，为美化该村环境和经济发展提供有效的帮扶。

（党延敏）

【市妇联来区开展基层联系点调研工作】 5月18日，市妇联副主席王淑存带领市妇联发展部一行5人来区，对共建的基层联系点进行调研座谈。区妇联主席王璐陪同调研。会后，市、区妇联领导对流村镇的2户贫困妇女家庭进行了走访慰问。

（党延敏）

【举办描绘·创意大赛颁奖活动】 3月底，区妇联在全区开展了“弘扬北京精神，我是昌平小能人”描绘·创意大赛征集活动，活动包含“弘扬北京精神，描绘七彩童年——我的童年我做主”绘画比赛和“弘扬北京精神，创造美好生活——儿童手工艺品创意大赛”，共征集到手工艺作品90幅、绘画作品198幅。6月1日，区妇联举办了“弘扬北京精神，我是昌平小能人”描绘·创意大赛颁奖活动。

（党延敏）

【市职业技能大赛剪纸比赛昌平开赛】 年内，市人力资源和社会保障局、市妇女联合会联合举办了北京市第三届职业技能大赛手工技能大赛，大赛以“创新驱动发展，技能成就未来”为主题。区妇联承办其中的剪纸比赛初赛。7月11日，剪纸比赛在昌平区妇女儿童活动中心正式开赛。总成绩排列前11位的选手将参加市妇联举办的手工技能大赛决赛。

（党延敏）

【举办科级干部“廉内助”廉政知识培训班】 7月

25日,区妇联举办了科级干部"廉内助"廉政知识培训班,近百名科级干部家属参加了培训。区纪委副书记瓮民围绕当前党风廉政工作形势、对广泛深入持久地推进区家庭廉洁文化建设提出了要求。区妇联下发了《大力弘扬廉政文化,携手共建幸福家庭——致全区广大家庭助廉倡议书》。

(党延敏)

【区女能人踊跃为受灾妇女儿童捐款】 7月26日,区妇联带领区女能人来到北京市妇女儿童基金会为"7·21特大自然灾害"中遭受灾害的妇女儿童群体捐款。20名昌平区女能人代表现场捐款5.2万元。

(党延敏)

【开展两癌免费筛查项目】 年内,区适龄妇女乳腺癌、宫颈癌免费筛查项目持续开展。8月,昌崔村镇香堂村刘川荣、麻峪村张国荣、百善镇百善村杨秀云3名农村妇女分别获得了每人1000元的全国妇联"贫困母亲两癌救助专项基金"。

(党延敏)

【举行"双学双比"示范基地项目款发放及签约仪式】 8月29日,区妇联与2012年"双学双比"示范基地及协会组织项目—北京天润园基质槽栽培技术项目单位举行了项目款发放及签约仪式,区妇联主席王璐参加活动并讲话。此次共划拨项目资金100万元。

(党延敏)

【区女能人赴大兴参观取经】 8月29日,区女能人联谊会组织20名女能人到大兴区参观了圣泽林梨种植基地、大兴御瓜园农业产业基地和北京宗洋服装公司制造业产业,并与大兴的同行进行了交流。

(党延敏)

【举办昌平区手工技能展示大赛】 9月14日,区妇联举办了"巾帼喜迎十八大,巧手创造新生活"昌平区手工技能展示大赛,共有80余名心灵手巧的姐妹们报名参加比赛,比赛评选出传承奖17名,创新奖14名,优秀奖14名。

(党延敏)

【举办妇联干部培训班】 9月28日,区妇联举办为期1天的妇联干部培训班。对全区140余名新当选的社区妇联主席进行了集中培训,培训内容包括"如何开展妇女工作、社区妇女工作重点和发展趋势、两癌免费筛查政策和程序"等业务知识,得到了广大社区妇联干部的好评。此次培训由市妇干校和区妇联联合举办,也是区女性人才培训的第二期班。

(党延敏)

【党群共建创先争优经验交流会召开】 9月28日,区妇联召开妇联系统党群共建创先争优经验交流会,会议总结了两年来全区妇联系统开展创先争优活动经验。会上,城北街道八街社区、东小口镇龙回苑社区、南口镇南口村社区、回龙观镇北店嘉园社区分别作交流发言。

(党延敏)

【举办家教报告会】 10月21日,区妇联邀请著名教育专家,市家庭教育研究会副会长闵乐夫以"仰望星空,脚踏实地"为主题为广大家长开展家教讲座。参加报告会的有全区部分初中家长共350余人。

(党延敏)

【启动"京北丽人"孝老爱亲结对帮扶活动】 10月23日,区妇联在东小口镇天通苑西苑第一社区启动了"老吾老以及人之老"——"京北丽人"孝老爱亲志愿服务结对帮扶活动。社区老年朋友、"京北丽人"志愿者、社区妇联干部150余人参加了结对活动。区妇联副主席刘焕春介绍了开展结对帮扶活动意义、方式和目标,部分志愿者和老人家庭代表现场结对牵手,交换连心卡。

(党延敏)

【举办"展风采,迎盛会"巾帼登山活动】 10月26日,区妇联在北山公园举办"展风采,迎盛会"巾帼登山活动。区巾帼文明标兵代表、巾帼文明示范岗负责人以及乡镇、街道部分基层妇女干部约100人参加。

(党延敏)

【举办绿色小使者微博评选总结颁奖活动】 11月7日,区妇联举办了"童心向祖国喜迎十八大"祖国伴我成长征文暨绿色小使者微博评选总结颁奖活动。区妇联领导、获奖小朋友及其家长、全区妇联干部共计120余人参加此次活动。

(党延敏)

【学习贯彻党的十八大精神座谈会召开】 11月22日,区妇联召开全区各界妇女代表学习贯彻党的十八大精神座谈会。部分妇联干部、女村官、"三八"红旗手、女能人、女社工和妇联执委等各界代表共30余人参加座谈。

(党延敏)

【开展法制宣传活动】 12月4日,区妇联在依法治区领导小组的统一安排下开展法制宣传活动,通过向过往群众发放宣传资料、提供咨询等方式宣传婚姻法、妇女权益保障法等有关法律法规,发放《妇女权益保障法》《如何预防乳腺癌》等宣传材料受到过往群众的欢迎。据统计,共发放宣传材料7种,2000余份。

(党延敏)

【举办"巧妇杯"农家饭大比武】 12月6日至7日,区妇联和区"双学双比"协调领导小组共同举办以"传承美食文化,发展巧妇品牌"为主题的农家饭大比武。共40名巧妇参加比武。经过激烈的角逐,20名妇女获得金厨奖;20名妇女获得巧妇奖。市妇联副主席常红岩及区双学双比协调领导小组成员单位的领导出席此次活动。

(党延敏)

【区妇联三届二次执委扩大会召开】 12月26日,区妇联在凤山温泉度假村召开三届二次执委扩大会,区妇联执委、各镇街妇联主席、各工委妇委会主任,妇联机关干部近70人参加了会议。会议总结2012年工作及部署了2013年任务;增补了区妇联三届执委会执委。

(党延敏)

【开展"美丽昌平我的家"摄影比赛活动】 12月28日,区妇联开展了"美丽昌平我的家"摄影比赛活动。参赛人员由京籍妇女和非京籍妇女组成。共100余人参加此次比赛。作品以昌平人文景观为主题,体现了流动妇女姐妹对昌平的认同。

(党延敏)

昌平区工商业联合会

【概　况】 昌平区工商业联合会(简称"区工商联"),是区委、区政府领导下的、由区内工商界人士组成的、具有统战性、经济性、民间性的人民团体和商会组织,是区委、区政府联系非公经济人士的桥梁纽带,是政府管理和服务非公经济的助手。2012年,区工商联进一步发挥桥梁纽带作用,以科学发展观为指导,全面落实区第四次党代会各项部署,开拓创新,真抓实干,稳中求进,有力地推动区非公经济的健康发展和非公经济人士的健康成长。

(唐宁)

单位名称:昌平区工商业联合会
地址:昌平区南环东路1号广电大厦9层
电话:(010)69744516
邮编:102200

【加强组织建设】 年内,区工商联十二届执委会二次、三次、四次会议召开,不断提高企业家执委的政治素质和政策水平;制定出台了《北京市昌平区工商业联合会(商会)关于基层组织建设工作的指导意见(试行)》,对组建区工商联基层分会及各类社会团体提出具体的指导意见,新建镇级分会1个,完成镇级分会调整1个;全年新发展会员53家。

(唐宁)

【深入非公企业调查研究】 年内,全年共开展专题调研活动4个。通过非公企业融资现状调研,走访具有代表性的非公企业32家,发放《中小企业融资调查问卷》80份,梳理出非公企业在融资方面所面临的4个主要问题,分析出4个方面的原因,提出了10条有针对性的对策和建议;通过社会管理与创新调研,全面了解昌平区非公企业参与社会管理创新存在的问题及原因,提出合理化建议4条;通过新阶层人士统战工作调研,全面分析了区内新的社会阶层人士的基本情况和开展新的社会阶层人士统战工作的主要做法和经验,提出了加强党建、协调联动、提高教育培训水平等建议;通过贯彻中央16号文件和北京市17号文件情况调研,总结区贯彻落实两个文件的情况和已经取得的成绩,归纳主要问题,提出对策建议。

(唐宁)

【推进参政议政工作】 年内,组织会员企业提交政协提案共52件,占当年政协提案总数的36.9%;认真办理政协提案《关于建立昌平区非公经济组织联席会议制度的建议》;推荐15名代表出席北京市工商联第十三次会员代表大会,其中8名当选为市工商联第十三届执行委员会委员,2名当选常委。

(唐宁)

【拓宽融资服务渠道】 年内,组织会员企业分别与银行、小额贷款公司、担保公司等6家不同类型的金融机构进行座谈交流,加强与区金融办、中小企业信用促进协会的联系,共同为缓解区内中小企业融资难问题出谋划策。一年来,与区金融办联合举办非公企业融资专题座谈会、交流会及调研走访活动10多次,参与的非公经济人士逾百人次。

(唐宁)

【引导企业履行社会责任】 年内,着力打造光彩公益品牌——"光彩同心工程",在会员企业和基层商会中组织成立了8个学雷锋志愿服务队,开展各种形式的学雷锋活动13次,参加人数350余人次。据不完全统计,非公经济人士参与光彩事业捐款捐物累计253.28万元,光彩公益项目投入资金累计1644.75万元。

(唐宁)

【开展精神文明创建工作】 年内,累计推荐9家企业、2名个人参加市级精神文明奖项评选,共组织企业参加精神文明宣传教育活动5次,参加人数近400人次,发放精神文明创建相关宣传资料400余份,向市、区级媒体报送宣传相关活动信息24条。

(唐宁)

【提升宣传服务水平】 年内,结合区"第四届优秀中国特色社会主义事业建设者"评选表彰活动,在会刊《昌平非公经济资讯》加大对历届受表彰企业的宣传和报道,共刊发宣传优秀建设者及其企业的先进事迹报道27篇;对会刊进行改版,全年共编发刊物7期,报道企业动态信息40多条;在全区率先开通政务微博"昌平区工商联";注重在各种活动中体现商会性质,借助区工商联组织的会议、培训、联欢等各类活动,组织会员企业发放宣传资料、产品介绍超过1000份。

(唐宁)

【加强教育培训力度】 年内,举办新会员培训、信息员(宣传员)培训、人力资源管理培训、中小企业创新融资扶持政策培训等专题培训4个,累计培训400多人次。

(唐宁)

【做好沟通协调服务】 年内,推动会员企业对接未来科技城入驻央企,重点推介一批主营业务或产品与央企项目建设有关联的会员企业,借助挂职干部这个桥梁,开拓区非公企业产品应用市场;协调全联、市联及有关部门,积极推动非公企业参与公益示范工程建设,通过建设公益示范工程,树立企业品牌形象,推动企业新技术的推广与创新,助力企业开拓市场、健康发展。

(唐宁)

【加强制度建设】 年内,建立昌平区非公有制经济工作联席会议制度,联手33家职能部门,为企业办实事20余件;建立区工商联会员企业信息员(宣传员)制度,通过会员企业信息员库及信息员QQ联系群,吸纳会员企业信息员115名,累计收到企业动态信息127篇;推动建立由昌平区金融办牵头的昌平区银企沟通协调联席会议制度,加强会员企业与区内相关部门的沟通和交流。三个制度的建立,成功地搭建起政企、银企、企业与企业之间沟通交流的三个平台。

(唐宁)

【加强干部队伍建设】 年内,调整机关岗位设置,制定并完善机关规章制度52项,进一步规范工作程序;提出和谐、服务、依法、认真、求实、创新的工作理念,要求全体工作人员从我做起,讲和谐,讲服务,勤学习,敢创新,依法守规,认真细致,不断提高工作效率和水平,全心全意为非公企业做好服务。

(唐宁)

【荣誉体系结硕果】 年内,区工商联会员企业及工商联机关共获得各类荣誉、表彰近20个。其中由区工商联13家会员企业组成的"善道"爱心小组("善道"学雷锋志愿服务队)被评为第一届"北京精神·北京榜样——寻找北京最美慈善义工大型文化系列活动"最美榜样团体";5家企业被评为"参与首都社会主义新农村建设先进民营企业";6家企业被评为"北京市就业与社会保障先进民营企业";区工商联荣获2012年度北京市工商联内报内刊评选组织奖,会刊《昌平区非公经济资讯》荣获2012年度北京市工商联内报内刊评选优秀奖,区工商联机关党支部荣获区直机关工委系统"创先争优先进基层党组织"荣誉称号。

(唐宁)

昌平区科学技术协会

【概　况】 昌平区科协是中国共产党领导下的群众团体组织之一。区科协现有区级学、协会、研究会8个,办事处科协、镇科协17个,计算机网络俱乐部一个,会员1500余名。区科协在区委、区政府的领导下,团结和组织科学技术工作者,广泛开展"学术交流、科学普及、科技咨询服务"、"青少年科技创新大赛"、"科普报告会"、"青少年参观科普场馆"、"科技、卫生、文化三下乡"、"科技周"、"科普日"等多种活动。2012年,区科协共举办大型科普活动20多项,参与部门单位50多个。全区共有17个镇街、30个社区、50所学校开展各具特色的科普活动150多项,30多万人次参与。

(叶向东)

名称:昌平区科学技术协会
地址:昌平东关二条科技中心大楼
电话:(010)69745606
邮编:102200

【区科协二届二次全会召开】 1月13日,区科协在区委党校礼堂召开昌平区科学技术协会二届二次代表大会。区科协主席王秋生作题为《团结一致坚定信心开拓进取扎实工作开创2012年科协工作新局面》工作报告。全面总结了昌平区科协2011年的工作,安排部署了2012年的工作。副主席田野青作《委员调整报告》。大会审议并通过了区科协二届二次全会工作报告的决议,大会对区科协二届委员会人员作了调整,增补20名新委员,同时,30名委员因工作变动,不再担任委员,调整后区科协二届委员会共有委员76名。大会表彰了2011年度昌平区科普工作先进集体和个人、优秀工程师。

(叶向东)

【承办未来伙伴北京青少年机器人竞赛】 3月2日至4日,由北京市科协和昌平区政府联合主办,区科协作为承办方,"第十二届北京市青少年机器人竞赛"在昌平二中举行。区科协作为执行单位,做了大量的前期准备和组织服务工作,16区县的30多支代表队参加比赛,国家和市区领导参加了活动,活动取得圆满成功,得到各级领导和参赛队的好评,昌平区参赛队取得两个第一名的好成绩,在此基础上,区科协组队参加了第十二届全国青少年机器人比赛,获得机器人足球项目小学组和初中组两项冠军,取得历史上最好的成绩,排全市前列。

(叶向东)

【组织中小学生参观科普场馆活动】 3月21日至12月底,举办了中小学生走进科普场馆活动,此项活动作为区政府为民办实事工程,拨出专项资金,区科协作为活动主要承办单位,与区科委和区教委密切配合、精心组织、措施有力。全年共组织了3.5万名中小学生、教师和部分学生家长,参观了《中国科技馆》《国家动物博物馆》《北京天文馆》《富国海底世界》等科普场馆,活动取得了圆满成功。

(叶向东)

【举办科普报告会】 3月至12月,共聘请中科院和北京市老科学家演讲团成员,为区中小学校作科普报告65场,受教育学生达3万多人。

(叶向东)

【参加市科协"第32届安捷伦北京青少年科技创新大赛】 3月22日至25日,区科协组队参加第32届北京市青少年科技创新大赛。共获得竞赛项目:一等奖1项、二等奖6项。三等奖16项;展示项目:科幻画一等奖5幅、二等奖12幅、三等奖21幅,其中1幅被市推荐参加全国大赛。优秀科技实践活动1项、优秀科技辅导员1名、科技辅导员科教创新项目三等奖、区科协获优秀组织工作奖。

(叶向东)

【举办"科普之春"文艺演出】 3月28日,由市科协主办、区科协、十三陵镇党委政府承办的北京第十四届"科普之春"启动仪式在十三陵镇悼陵监村举办。来自市郊区的延庆、顺义等十一个区县科协、区直机关工委等相关委、办、局、企事业单位,马池口等十个镇及十三陵果业协会等11个农民专业技术协会和科普示范基地代表参加了活动。"科普之春"启动仪式现场活动有主题科普文艺演出、科技田间培训、科普咨询宣传、医疗专家义诊咨询、主题科普展板展览等。

(叶向东)

【举办区第七届青少年科技创新大赛】 4月21日,由区科协、区教委、区人口计生委、区地震局、区旅游局、中国石油大学理学院、区校外教育协会联合举办的"昌平区第七届青少年科技创新大赛颁奖典礼"活动在百善学校举行,活动共评出优秀项目一等奖7项、二等奖16项、三等奖11项、科幻画28幅、优秀实践活动1项、优秀科技辅导员51名、机器人特别奖5名、优秀组织奖10个、人口与科学专项奖10名。通过举办大赛,大力推动区青少年普及和发展,对青少年的科学素质起到了良好的促进作用,并为区参加北京市大赛奠定良好的基础。

(叶向东)

【北京科技周昌平区重点科普活动】 5月19日,由区政府主办,区科学技术协会承办,相关委、办、局、企事业单位参与的北京科技周昌平区主会场活动在城北街道亢山广场举行。市科协副巡视员王学勤、副区长周云帆、区政协副主席李雪红、区科协及相关委、办、局领导出席活动。主会场活动有北京科技周昌平区活动开幕式、主题科普文艺演出、主题科普展板展览、青少年科普互动、高新企业科技产品展示等。参与单位32个,发放宣传材料50000多份,宣传群众3000多人次。

(叶向东)

【举办区公众科学素质大赛】 5月20日上午,由区科协主办的第一届昌平区公众科学素质大赛在退干中心举行。南口镇等10个代表队参赛,马池口镇代表队获得第一名。

(叶向东)

【举办防灾减灾主题科普展览互动体验活动】 5月26日,昌平区防灾减灾主题科普展览互动体验活动在南口镇南农社区举办。活动以“弘扬防灾减灾文化,提高防灾减灾意识”为主题。活动场地分别设有互动展览区、科普展版区、专家咨询和材料发放区、消防演练互动和器材展示区、科普大篷车互动体验区等活动版块。参与单位有区地震局、气象局、红十字会、公安昌平消防支队、南口镇政府、南农社区等。活动参与单位发放宣传材料6000多份,宣传品2000多件,参与群众1500多人次,其中青少年200多人次。

(叶向东)

【实施科普惠农兴村计划和社区科普益民计划】 7月24日至26日,区科协实施科普惠农兴村计划和社区科普益民计划,为6个优秀科普社区、8个优秀科普宣传员、1个优秀科普场馆、4个农民专业合作组织、3个农民专业技术服务专家赠送科普设备和奖补资金。

(叶向东)

【举办北京百万家庭数字生活技能大赛昌平区决赛】 7月29日,北京百万家庭数字生活技能大赛昌平区决赛在方舟书苑三层举行。本次大赛由区科协,区经信委,区妇联联合举办。大赛主题为:我的数字智能生活。在初赛中区共有4431人参与网上知识竞赛。通过初赛选出30支家庭队参加此次决赛。区科协党组书记李树伟,副主席田野青、马民;区经信委副主任温海宁、区妇联副主席刘焕春等相关领导出席此次活动并为获奖家庭颁发奖品和证书。区冠军获得者是徐红家庭队。

(叶向东)

【全国科普日重点科普活动】 9月15日,以“食品安全与公众健康”为主题的全国科普日昌平区活动启动仪式在小汤山镇洼里乡居楼举办。北京市科协巡视员贺惠玲、区人大副主任李春菊、区政协副主席李雪红、区科协主席王秋生、党组书记李树伟、小汤山镇党委书记牟少华、镇长张大鹏等领导出席。在启动仪式后,安排了家庭绿色安全农产品体验采摘、中国传统工艺体验制做、洼里博物馆参观、协会主题宣传咨询、主题展板宣传、品尝农家菜等活动。来自区相关委、办、局、镇街道、社区的领导和居民、农民朋友300多人参加了活动,现场参与公众1000多人。

(叶向东)

【举办公务员科学素质大赛】 9月16日下午,由区科协、区人力资源和社会保障局联合举办的第四届昌平区公务员科学素质大赛在区退干中心举行。区科协主席王秋生、党组书记李树伟等出席活动。大赛以“科学管理、科学决策”为主题,以普及科学知识为主要内容。来自区法院、检察院、公安分局等10个单位组织的代表队参加了比赛。经过七个环节的比赛,区检察院代表队获得第一名。

(叶向东)

【举办防汛防震无线电应急通讯演练”活动】 9月25日,区科协联合区社会工委、区民防局、区红十字会、区业余无线电协会举行“昌平区防汛防震无线电应急通讯演练”活动。无线电应急通讯演练是以无线电科普志愿者为主体,通过他们的车载无线电通讯设备,快速到达预定突发事件地点,快速传输突发事件现场情况,包括语音、文字、图片,为指挥部领导决策提供讯息。这次演练模拟的是突发洪灾和地震。指挥部总台设在区科协会议室,下设东(小汤山)、南(沙河)、西(南口)、北(十三陵水库)4个分点。活动9点钟开始,先举行演练启动仪式,区科协主席王秋生为无线电协会授“昌平区科协无线电科普志愿者服务队”旗帜并宣布活动开始。无线电科普志愿者根据演练方案,立即出发,分赴各活动点,最快20分钟传回讯息,25公里之内传回讯息只用45分钟。演练活动检验了无线电科普志愿者的保障能力,为实战提供参考讯息。

(叶向东)

昌平区残疾人联合会

【概　况】 2012年,区残联在区委、区政府的指导下,坚持以邓小平理论和“三个代表”重要思想和科学发展观为指导,深入贯彻落实十八大精神,紧紧围绕建设京北创新中心、国际科教新城的战略目标,突出完善“两个体系”这条主线,开拓创新、扎实工作,圆满地完成了市残联布置的各项任务,促进了区残疾人事业又好又快发展。

(徐健)

名称:昌平区残疾人联合会
地址:昌平区府学路17号
电话:(010)69707843
邮编:102200

【两节走访慰问残疾人工作完成】 区残疾人两节走访慰问工作从1月4日至16日,对5913户昌平区残疾人家庭进行走访。走访对象为城乡低收入残疾人家庭,走访慰问物资、款项共计300余万元。

（徐健）

【组织残疾人代表参观草莓大会】 2月19日，区残联组织残疾人专门协会主席、副主席参观了“第七届世界草莓大会”草莓博览园。

（徐健）

【举行残疾人免费乘坐公共汽电车宣传活动】 3月1日，昌平区残联、区交通局在十三陵镇举行残疾人免费乘坐公共汽电车、盲人免费乘坐公共汽电车和地铁的宣传活动。此次宣传活动共发放材料1千余张，为200多名残疾朋友提供了咨询服务。

（徐健）

【开展全国“爱耳日”宣传教育活动】 3月2日，区残联会同区卫生局在十三陵镇涧头村开展以“减少噪声，保护听力”为主题的第十三次全国“爱耳日”宣传教育活动。本次活动，各镇、办事处也在辖区内利用聋儿家长联谊会、宣传专栏、张贴宣传画、悬挂标语口号、发放宣传资料等方式积极向广大居民宣传预防耳聋知识，为我区“爱耳日”活动的深入开展创造了良好的舆论氛围，全区共发放宣传资料10000余份。

（徐健）

【区和谐家园法律服务基地揭牌成立】 3月20日，由区残疾人联合会、区司法局、区律师协会联合创办的“昌平区和谐家园法律服务基地”在流村镇温馨家园正式揭牌成立。市、区两级相关单位主要领导及残疾人专门协会主席、温馨家园负责人和残疾人代表近200人参加揭牌仪式。

（徐健）

【开展第二十二次全国助残日活动】 5月20日是第22次全国助残日。区残联开展以“探索网络无障碍价值，构建沟通无障碍平台，推动信息无障碍应用”为内容的信息无障碍宣传活动。同时，区残疾人张鸿文、张宏等残疾人的人体字画和十字绣等艺术作品共计41幅，在北京市第十届国际图书节和庆祝第22次全国助残日主题活动中，进行展览。无双臂残疾人夏红进行了现场巧足十字绣技能展示，受到回良玉、刘淇、邓朴方、张海迪等领导接见。

（徐健）

【区组织参加市第六届残疾人职业技能竞赛】 5月30日至6月2日，区168名残疾人参加了市第三届职业技能大赛暨北京市第六届残疾人职业技能比赛。经过初赛，区残疾人选手夏红、虎柏芝等一大批优秀选手进入复赛。

（徐健）

【区残联青年干部职工参观消防博物馆】 青年节前夕，为提高机关干部防火防灾意识，普及消防知识，加强自救能力，区残联组织40周岁以下干部职工参观了消防博物馆。

（徐健）

【区残疾人参加学法知识竞赛喜获佳绩】 年内，区残疾人代表参加了市残联组织的《北京市实施＜中华人民共和国残疾人保障法＞办法》知识竞赛活动。在16个代表队中，区残疾人选手通过角逐喜获第三名的好成绩。

（徐健）

【贫困白内障患者复明手术工作完成】 截至6月底，区残联共组织全区165人进行术前手术适应症筛查，随后，为92名符合条件的贫困白内障患者实施了复明手术，术后全部脱残。

（徐健）

【区地税局领导亲临残保金审核一线指导工作】 为了做好2012年的按比例安排残疾人就业工作，8月7日，区地税局副局长王志国带领税政一科领导，到区残联现场指导、会商残保金催征催缴工作。截至目前，区应审用人单位28337家，已审4347家，审核率达到15.34%。核定残疾人就业保障金1352万元，其中在已审用人单位中，138家用人单位的按比例安排残疾人就业，286名残疾人职工实现按比例就业。

（徐健）

【区残疾人乒乓球选手获佳绩】 2012年度北京市残疾人乒乓球比赛于9月1日至2日在北京市残疾人体育活动中心举行，区选派的肢体残疾人李靖获得“城郊混合组TT9级”第五名的好成绩。

（徐健）

【区残疾人吴续安荣获荣誉称号】 在11月5日河南省开封市召开的题为“展示残疾人企事业家风采，带动残疾人稳定就业”的“你行我行 大家同行—2012全国残疾人自强创业经验交流会”上获悉，昌平区马池口镇白浮村的北京百福工贸企业总公司总经理、盲人企业家吴续安同志被授予：第三届全国残疾人“自强创业之星”荣誉称号。这也是北京市唯一获此荣誉的残疾人企业家代表。

（徐健）

【区残疾人在市社区残疾人文艺汇演创佳绩】 年内，在北京市第六届社区残疾人文艺汇演，区选送的舞蹈《越来越好》、声乐《走进新时代》《高原蓝》、器乐《水乡三月》《凤阳花鼓》5个节目获比赛三等奖。

（徐健）

昌平区红十字会

【概　况】 2012年,区红十字会以科学发展观为指导,以改革为主线,以提升公信力为重点,认真学习贯彻落实《国务院关于促进红十字事业发展的意见》,弘扬“人道、博爱、奉献”的红十字精神,紧密围绕区委提出的建设“高端引领、创新驱动、绿色发展、开放包容”的十六字发展方针,广泛开展“三救”、“三献”以及红十字青少年、社区服务等项工作,为建设一流的现代化城市发展新区做出应有贡献。

(刘芝雨)

单位名称:昌平区红十字会
地址:昌平区南环东路1号广电大厦综合办公楼
电话:(010)69718416
邮编:102200

【募捐工作】 年内,继续开展“博爱在京城”募捐救助系列活动,共募集善款86万余元;为“7·21”水灾募捐善款5635元;所筹善款全额上缴北京市红十字会。

(刘芝雨)

【开展救灾救助系列活动】 年内,救助全区困难家庭200户,每户900元,计18万元;大病困难家庭118户,每户2000元,计23.9万元;慰问救助困难老党员22户,计5.2万元;通过5个红十字“博爱超市”慰问低保及低保边缘家庭1000户,计13.75万元,发放市会下拨的棉被、上衣等救助物资计92195.16元,“两节”送温暖共投入700695.16元,受益家庭1440户,受益人数4320人;发放米、面、油价值13.75万元;针对患重病、大病的困难家庭实施救助,共救助30户,投入救助金8.5万元;设立少儿大病救助基金项目,救助符合条件3例,共支付救助金1.9万元,全年共支付救助款物94.22万元。

(刘芝雨)

【卫生救护培训】 年内,组织42名同志参加市应急教育中心组织的师资继续培训,其中12名具有医学背景的老师参加了北京市红十字会举办的为期7天的师资继续教育培训班,30名同志参加市会组织的为期2天的野外救援的训练;共举办45期初级救护员培训班,1054名中小学班主任及中学生安全员、1429名公安辅警、交通文明引导员、公务员以及企业职工等共2483人取得北京市红十字会统一颁发的培训证;在社区、学校举办30期普及讲座,普及教育受众达4590人;选派5名选手参加市红十字应急救护技能大赛,获优秀组织奖;与区教委合作在前锋学校进行了“逃生避险、自救互救”演练,全校师生参加了此项活动,取得良好的效果。

(刘芝雨)

【宣传、采集造血干细胞血样】 年内,在中国政法大学等高校进行捐献造血干细胞宣传,采集了294人份造血干细胞志愿捐献者的血样,截至年底,共6名同志成功捐献了造血干细胞。

(刘芝雨)

【冠名红十字(会)医疗机构管理】 年内,区红十字会燕平家园门诊部通过市红十字会、市卫生局联合开展的全市范围内冠名红十字(会)医疗机构的检查评估工作,成为合法医疗类冠名机构之一。

(刘芝雨)

【红十字青少年工作】 年内,对全区中小学进行了红十字知识的宣传和传播,为申请加入红十字会组织的学校办理了相关手续,为部分学校配发了自救互救训练包和《青少年安全成长》《生命之约》知识光盘。进一步加强红十字青少年思想品德和素质教育,发挥青少年志愿服务主体作用,开展“人道、博爱、奉献”主题实践活动,区有6名同学获北京市红十字会“百优”红十字青少年荣誉。

(刘芝雨)

【宣传、传播红十字精神】 年内,开展“5·8”世界红十字日纪念活动,将40种约1万余份宣传材料发放给市民,利用“5·8”和世界急救日开展宣传活动,现场向市民传授紧急逃生避险知识和心肺复苏等操作技能。做好红十字志愿者招募工作,共招募143名红十字志愿者,积极做好捐献遗体的宣传工作,有6名志愿者领取志愿捐献遗体登记表;开展红十字博爱龙卡发行工作,办理1500余张。

(刘芝雨)

昌平区文学艺术界联合会

【概　况】 昌平区文学艺术界联合会(简称“区文联”)是党和政府联系昌平区艺术家和艺术界的桥梁与纽带。昌平文联始终坚持联络、组织、协调、服务全区文艺工作者,团结民主党派和党外艺术家，紧紧围绕区委中心、服务大局，为建设社会主义文化服务。2012 年，昌平文联开展书画笔会、摄影展览、"送欢笑"文艺演出、文学征文等活动共计 27 次（项），成立昌平音乐家协会。

（王宁）

单位名称：昌平区文学艺术界联合会
地址：昌平区西环路 15 号 4 层
电话：(010)69706771
邮编：102200

【全国政协送春联下乡到十三陵镇】 1 月 6 日，全国政协老干部局 20 余名离退休老干部到昌平区十三陵镇涧头村送春联、送文化。现场书写了 300 多副对联、福字，并捐赠图书。

（王宁）

【昌平书法家协会送春联下乡】 年内，市计生委领导来到昌平区走访慰问基层群众。区文联、区书法家协会与市计生委部分领导一行 11 人来到沙河镇，为当地居民书写春联。

（王宁）

【举办"一花三果"摄影艺术展】 为庆祝第七届世界草莓大会在昌平召开，2 月 16 日，由区委宣传部主办、区文联、区摄影家协会承办，区总工会、区新闻中心协办的"一花三果"摄影艺术展在草莓博览园开展，展出作品 143 幅，展期十天。

（王宁）

【表彰首届昌平区优秀文艺工作者】 年内，根据《昌平文学艺术联合会关于评选表彰文联优秀文艺工作者的办法》的决定，对区内艺术成就突出、德行兼备、积极参与区文化事业建设的文艺工作者进行表彰，树立先进典型。高若虹、施会泉、富民吐、张国忠、白俊龙 5 人获得"首届昌平区优秀文艺工作者"称号。

（王宁）

【区摄影家协会举办摄影知识大讲堂活动】 3 月 14 日，区摄影家协会举办摄影知识公益讲座。邀请中国摄影家协会会员、区摄影家协会理事曾国全围绕如何提高摄影技术进行授课。企业信息宣传员和离退休老干部摄影爱好者 130 余人参加。

（王宁）

【区摄影家协会赴江西婺源采风】 3 月 20 至 25 日，区摄影家协会组织区内摄影爱好者 16 人赴江西婺源采风创作。

（王宁）

【举办"弘扬传统文化，喜迎十八大召开"书画展】 4 月 2 日，由区文联、京北书画院、拓然家苑联合举办的"弘扬传统文化，喜迎十八大召开"书画艺术展在区拓然家苑开展。此次展览共展出作品 100 余幅，63 名中国美术家协会会员参展。

（王宁）

【参加"市根石艺术优秀作品展"获佳绩】 4 月 28 日，"文化杯北京市根石艺术优秀作品展"在石景山展览馆开幕。昌平区民间文艺家协会共有 19 人、24 件作品参展，其中张建平作品《百鸟朝凤》获得一等奖，艾林起《烟斗一品》和高玉山的《如意》以及李仙的《奇峰秀丽》获得二等奖。

（王宁）

【举办"观澜杯"摄影大赛】 由区文联主办，区摄影家协会承办，北京金隅嘉业房地产开发有限公司协办的"观澜杯"摄影大赛于 5 月 12 日正式启动。大赛以昌平"山水林城"为主题，展现昌平优质景观资源环境和昌平新发展。

（王宁）

【举办"绿汀之春"音乐会】 5 月 5 日，北京音乐家协会、区文联、北京绿汀艺术学校联合举办"绿汀之春"音乐会，绿汀艺术学校师生同台表演，庆祝绿汀艺术学校建校六周年。

（王宁）

【举办"安全生产月"书画笔会】 6 月 21 日，区安全生产监督管理局、区文联、昌平南口轨道交通机械责任有限公司联合举办"践行北京精神，弘扬安全文化"昌平区安全生产月书画笔会活动。

（王宁）

【举办"喜迎党的十八大召开"书法展】 8 月 8 日，为迎接党的十八大，贯彻市、区两级党代会精神，区文联、区总工会、区书法家协会联合举办昌平区"喜迎党的十八大召开"书法作品展活动。共展出书法作品 110 余幅。

（王宁）

【北京昌平音乐家协会成立】 8 月 29 日，北京昌平音乐家协会成立大会暨第一届第一次理事会召开。会上审议通过了《北京昌平音乐家协会章程》，选举驰骋为昌平音乐家协会主席，刘淑香、毕可鹰、樊丽亚等十人为副主席，聘请著名声乐教育家孟玲为协会高级顾问，卞留念、郝和、郑艳玲、石国庆、常俊杰为顾问，聘请王瑞璞、闪源昌为名誉主席，邓书林、傅彪为名誉副主席。

（王宁）

【举办南口建镇百年书画笔会活动】 9 月 5 日，区文联、南口镇举办"喜迎十八大"暨南口建镇 100 周年书画笔会活动，现场创作 20 余幅书画作品赠与南口镇政府。

（王宁）

【送欢笑文艺演出走进打工子弟学校】 9月7日,区文联、区曲艺及戏剧家协会举办“送欢笑走进京瑞学校”文艺演出。京瑞学校共有学生270余人,全部为外来务工人员子弟。演员们为师生表演了独唱、快板、诗朗诵、独舞等节目,共同庆祝教师节。

（王宁）

【举办庆中秋、迎国庆慰问老干部文艺演出】 中秋节、国庆节双节前夕,区文联、区曲艺及戏剧家协会举办庆“双节”慰问老干部文艺演出,暨第八届“天桥杯”曲艺比赛。

（王宁）

【参加北京第四届国际标准舞大赛获佳绩】 10月3日,区文联组队参加北京第四届国际标准舞大赛。经过激烈角逐,区文联代表队的牛常宝、张丹玉获得了壮年A组摩登舞冠军,区文联获得优秀组织奖。

（王宁）

【“送欢笑”文艺演出走进国际经贸研修学院】 10月26日,区文联、区区曲艺及戏剧家协会“送欢笑”系列文艺演出走进北京国际经贸研修学院,为师生表演京剧、独唱、变脸、相声等曲艺节目。

（王宁）

【参加市文联优秀文艺节目展演】 年内,区曲艺及戏剧家协会选送的对口快板《道德模范鼓舞人》,获得北京市文联“庆祝党的十八大胜利召开　绽放北京精神——2012北京市区县(局)、产(行)业文联优秀文艺节目展演”三等奖。

（王宁）

【举办学习贯彻十八大精神报告会】 12月12日,由区文联举办的“昌平区文学艺术界学习贯彻十八大精神报告会”在区委党校举行。区文联机关全体工作人员和70余名来自区各艺术界别的会员参加报告会学习。

（王宁）

昌平区企业联合会

【概　况】 2012年,昌平区企业联合会(简称“区企联”)积极履行企联职能和劳动关系三方机制工作要求,充分发挥党和政府联系企业的桥梁纽带作用,搭平台、建联盟、促互动,抓协调、解难题、办实事。为促进企业健康发展和企业家健康成长奋力前行,各项工作始终走在全市各区县企联的前列,赢得了政府、企业、社会各界广泛认可和尊重。

（王翠霞　郭海龙）

单位名称:昌平区企业联合会
地址:昌平区西环路15号
电话:(010)69748178
邮编:102200

【“企业家迎新春茶话会”召开】 1月8日,“昌平区企业家迎新春茶话会”隆重召开,区委书记侯君舒、区长金树东、区人大常委会主任李福忠、区政协主席王书合等四套班子的23位区级领导出席会议。与全区203家规模以上企业负责人欢聚一堂,畅叙情谊,共话发展。42个职能部门主要领导出席会议。这种高规格、大规模的企业家盛会既承载了政企间凝心聚力、共谋发展的重要功能,又彰显区委、区政府对企业家们的应有尊重和礼遇,在全区企业中的广泛影响和深远意义已不可替代。

（王翠霞　郭海龙）

【王翠霞当选为市企业联合会、市企业家协会副会长】 2月14日,北京企业联合会、北京市企业家协会召开第六次会员代表大会。会上,区企业联合会会长王翠霞当选为北京企业联合会、北京市企业家协会副会长。王翠霞成为这次新当选的副会长中唯一的区县企联代表。

（王翠霞　郭海龙）

【为中小企业突破融资瓶颈找到出路】 年内,为确实解决中小企业融资难问题,企联首先采取“一对一”方式帮助企业与银行对接,先后为朗智亿诚、泰瑞易盛等10余家公司与民生银行、农业银行、北京银行达成了合作意向,在此基础上,企联先后组织召开中国银行、工商银行与企业融资对接的专题座谈会,57家企业的主要负责人踊跃参加,与银行进行面对面的沟通交流,两家银行结合企业的不同需求推出的多种产品和服务受到企业的欢迎。并促成高孚旋压、佰仁医疗等10余家企业与两家银行的合作。通过“点”和“面”的有机结合,在突破中小企业融资瓶颈上见到成效。

（王翠霞　郭海龙）

【警民共建“和谐之路”座谈会召开】 3月5日,区企联邀请昌平交通支队和北汽福田、新时代健康、中国银行等15家企业负责人参加座谈,旨在共建“昌平和谐之路”,营造良好的发展环境。

（王翠霞　郭海龙）

【庆“三八”女企业家座谈会召开】 3月8日,40

多名女企业家代表紧紧围绕"两会热点,'十二五'发展,巾帼建功立业"等议题进行座谈和交流。庆"三八"座谈会成为女企业家们励志鼓劲的阵地。

（王翠霞　郭海龙）

【为全区实现经济增长目标凝聚共识】 4月11日,神华集团、国电燃料等30家央企、国企和民营企业的董事长、总经理与发改委、经信委、工商等政府相关职能部门的领导共聚一堂,就领军企业更好发挥引领、拉动作用、确保经济增长目标顺利实现和进一步优化发展环境、落实优惠政策、有效解决企业实际困难等议题展开深入探讨。

（王翠霞　郭海龙）

【区企业联合会一届五次理事会召开】 5月9日,昌平区企业联合会一届五次理事会召开。全面总结了2011年的工作,讨论通过了2012年的工作计划,增补了14名理事,增补调整4名副会长,理事会成员达到82名,副会长达到23名。此次理事会进一步统一了思想,完善了制度,明确了职责,形成了合力。

（王翠霞　郭海龙）

【举办"璀璨青春,花样年华"军企联谊会】 5月24日晚,举办"璀璨青春,花样年华"军企联谊会。活动由人武部、区企联共同举办。部队军官和企业的姑娘们通过歌舞、才艺表演和趣味游戏,彼此真诚结交朋友,畅谈人生理想,增进了认识和友谊。

（王翠霞　郭海龙）

【引导企业参加募捐活动】 5月30日,区企联联合区慈善协会在马池口镇召开20家企业座谈会,动员企业踊跃参加"春风送温暖,慈善进万家"募捐活动。现场认捐54.5万元。格莱特北七家建材城董事长张国忠从2003年起至今,每年资助东沙各庄村重病贫困家庭,11年累计捐赠100多万元。11月23日,北京赤昌商贸有限责任公司董事长王树贵为南口镇村和七间房村18户困难家庭赠送生活取暖用煤,为流村残疾人福利院赠送棉被、棉衣、米面油、奶粉共计3万余元。一年来,广大企业和企业家积极参加公益慈善活动,全区募捐1145万元,企业捐款占70%,捐款5000元以上的企业132家。

（王翠霞　郭海龙）

【构建政企沟通长效机制】 视察调研企业是区企联的一项重要工作内容。年内,为了达到调查研究的真正目的,发挥积极作用,区企联转变调研方式,积极送政策、传信息、出点子、解难题。邀请经信委等相关职能部门和中国银行、农业银行、北京银行、民生银行、晨光担保等金融机构主要负责人组成调研小组集体调研,历时40多个工作日实地调研了爱康宜诚、清华阳光、富雷实业、光华荣昌、亚东生物等52家企业,涵盖生物医药、新材料、新能源、现代加工制造、电子信息技术、现代农业及金融等各类企业。他们大都面临着诸如土地、融资、人才、市场、招工等各种难题。因此,企联采取"两条腿走路"的方式,每到一家企业,首先,为他们解读政策,传递信息,献计献策。其次,一边调研、一边协调相关职能部门帮助企业解决困难,对急需土地、厂房的企业,先后推荐、介绍企业墅、新元科技园等项目,带领他们实地考察洽谈;对需要贷款融资的企业,在调研现场帮助企业与银行、担保公司进行对接,达成融资意向2亿多元;对需要招聘技术工人的企业,帮助他们与昌平职业学校建立合作关系,先后有津同利亚、朗智亿诚等企业与昌平职业学校进行了合作。在此基础上,把一时解决不了的问题和困难向区政府和职能部门专题汇报。同时,对于每一家企业的困难和问题进行定期联络反馈,企业纷纷改变了以往与政府职能部门沟通不积极、不经常、不及时的问题,普遍加强了与企联和相关职能部门的沟通联系,有效促进了政企间的长效沟通机制。

（王翠霞　郭海龙）

【推荐表彰北京市"优秀企业家"】 年内,区企联经过认真筛选,严格把关,推荐申报农业银行昌平支行行长王红岐、海林节能董事长李海清等11位为北京市"优秀企业家"候选人。10月10日,在全市表彰大会上副市长苟仲文等领导为他们颁奖。由此,区已连续三届成为全市入围当选人数最多的区县。

（王翠霞　郭海龙）

【举办企业多种培训班】 年内,成功举办第三期培训班。全区60家规模以上企业的74名董事长、总经理和高管人员参加了培训,并全部通过了考核测评。12月12日,举行隆重仪式,邀请市区领导为74位企业家颁发了高级职业经理人证书和证牌;为减少和防范企业劳动争议和法律风险,区企联相继举办《劳动法》《合同法》等专题培训,110家企业的主要负责人和主管参加培训。指导帮助企业开展内部培训,培训人数达到10000人以上;同时,全年还举办了"营改增"企业会计准则培训、经济形势报告会、金融知识讲座、中小企业政策和融资培训等各类讲座和培训班共计6期,参训人次达1200人以上。

(王翠霞 郭海龙)

【2012年度顾问暨会长工作会议召开】 12月28日,2012年度顾问暨会长工作会议召开。副区长、区企联名誉会长周云帆、区发改委等职能部门的24位顾问和区企联会长王翠霞、全体副会长、秘书长、监事长出席会议。会议审议通过区企联2012年度工作报告,总结一年工作,共话2013年发展。

(王翠霞 郭海龙)

昌平区建筑行业协会

【概　况】 2012年,区建筑行业协会遵循"当好党政参谋助手,愿为政企纽带桥梁,共图发展全力奋斗,精心营造企业之家"的宗旨,继续深入开展科技创新活动;组织会员单位参观、学习、交流活动;积极组织行业企业员工教育培训工作;开展以诚信谋发展"争当行业诚信企业"活动;开展"争创优质工程的创优评估活动"等,提高了建筑行业广大员工的素质,促进了会员企业的发展。

(段志永 刘博)

单位名称:昌平区建筑行业协会
地址:昌平区南大街泰安胡同5号
电话:(010)69711339
邮编:102200

【诚信企业建设】 年内,昌平一建建筑有限责任公司"北京建设行业AAA信用企业"复审合格。另外,北京世吉元建设有限公司、北京天成源市政工程有限公司、北京顺天通建筑工程有限公司、北京城建五市政工程有限公司、际高建业有限公司、北京东豪建设集团有限公司六家企业获得"北京建设行业诚信企业"称号。

(段志永 刘博)

【获"北京市优秀项目经理"称号】 年内,昌平一建建筑有限责任公司的刘浩获得"北京市优秀项目经理"称号。

(段志永 刘博)

【高级研修班】 年内,为提高建筑施工企业管理水平,来自全区22家企业、60余名工程技术人员参加了2012年度高级研修班《昌平区建筑企业信息化建设》学习。

(段志永 刘博)

【岗位培训和继续教育】 年内,区建筑企业完成各种岗位培训9369人,继续教育培训2886人。

(段志永 刘博)

【学历教育】 年内,区建筑行业协会与北京建工集团党校合办学历班教育结束。07、08、09级建筑工程本科班195人,07、08、09级建筑工程大专班103人,07级物业管理本科班19人,顺利毕业并取得北京市委党校毕业证书。

(段志永 刘博)

【金鲁班建筑培训学校通过评估】 年内,经过北京市建筑教育协会专家组评估,北京昌平金鲁班建筑培训学校获得北京市建设类培训机构综合办学水平"合格单位"。

(段志永 刘博)

北京市昌平区审计局

3月6日，昌平区召开经济审计工作领导小组联席会，区委常委、组织部长李良出席了会议，区委组织部、区监察局、区审计局等9个成员单位领导参加会议

2月21日，昌平区召开社会保障资金审计进点会，北京市审计局巡视员马连生，区委常委、常务副区长张燕友出席会议

6月28日，昌平区审计局局长郭自成为全体审计人员讲专题党课

年底，昌平区审计局副局长张爱平、副局长刘会春以及重点工程中心人员审计农业嘉年华项目

7月23日，昌平区审计局副局长张爱平以及重点工程审计中心人员到老旧小区改造工程现场实地查看建设施工情况

6月15日，昌平区审计局参加“工会杯”广播操比赛合影

北京市昌平区

区领导陪同市交通委领导参观草莓大会

市市政市容委领导调研区陈腐拉圾处理工作

区领导参加清洁日活动

区领导在调研环卫工作

区领导检查环境工作

区领导到区城市管理指挥中心调研

市政市容管理委员会

2012年是党的十八大召开之年，也是实施“十二五”规划的承上启下之年。在区委、区政府的正确领导下，区市政市容委坚持以科学发展观为指导，以迎接党的十八大胜利召开为动力，强化统筹协调，大力攻坚克难，努力推进全区道路建设、环境建设、城市运行保障等工作，全面完成了各项年度工作任务，促进了市政市容委各项工作取得新的进展。

区市政市容委领导为优秀党员颁奖

广大干部踊跃为春风行动捐款

区市政市容工委纪念中国共产党成立91周年暨表彰大会

南口居民送来锦旗

北京市昌平区

市政职工积极参与小区绿化美化建设

燃气公司常年坚持安全巡检

环卫工人在铲冰扫雪

市政工人进行老旧小区路面改造

水库路秋色

新建成的天通苑西三区立体停车库

市政市容管理委员会

为草莓大会周边布置的景观

草莓大会周边的路网建设

改造后的南口街巷胡同

区市政市容委做好建筑垃圾运输“四统一”工作

未来科技城地下管廊

新建成的郝庄供热厂

北京市昌平区人口计生委

区人口计生委领导上门为计划生育家庭发放奖励扶助金、特别扶助金

区人大常委会副主任李春菊、郑国柱等领导出席区人口规模调控工作座谈会

昌平区新增南口医院、华一医院两家为免费孕前优生健康检查的定点医院

昌平区在人口聚集场所新安装二代身份证刷卡免费领取的避孕药具自助机，方便群众享有便捷的计生药具服务

昌平区计生工作者、志愿者与失独家庭代表亲情牵手“顺义菊花节·幸福之旅”联谊活动

昌平区人口文化长廊一角

北京市昌平区人力资源和社会保障局

6 月 30 日，国家公务员局副局长杨春光到昌平区调研公务员工作

7 月 12 日，昌平区召开荣获“全国创业先进城市”称号新闻发布会

5 月 19 日，昌平区举办北京劳动保障职业学院与昌平区人事劳动争议仲裁委员会互聘教师、仲裁员仪式

5 月 19 日，昌平区举办北京劳动保障职业学院与昌平区人事劳动争议仲裁委员会互聘教师、仲裁员仪式

12 月 7 日，昌平区举办“就业保障直通车”启动仪式

10 月 12 日，昌平区召开建设征地农转非病残人员医疗鉴定政策经办培训会

北京市昌平区文化委员会

十八大召开期间，区委书记侯君舒带队检查区文化娱乐场所安全生产工作

十八大扫黄打非工作会上，区委常委、宣传部长余俊生作专项行动工作部署

世界魔术联盟主席多美尼克、副主席格理特和亚洲魔术联盟主席戴武琦一行到城关小学观摩指导

2012年中国文化遗产日主题宣传暨《拍宝》栏目走进昌平大型艺术品鉴定会开幕式

北京市昌平区人民政府与世界魔术联盟签订框架合作协议

昌平区文化委员会是全区文化行政主管部门,2012 年在区委区政府的正确领导下，着力文化创新、突出品牌打造,深入推进了公共文化服务体系建设。全年完成公益惠民演出 954 场,放映电影 15242 场,送书下乡 100 次、25500 册。加大公共文化设施投入,设施达标率 74.1%,超出北京市下达的文化设施建设挑战值。成立文物保护修缮工作领导小组,加大文物修缮与安全巡视工作力度。深入开展迎接十八大召开“扫黄打非”专项行动,确保了全区文化市场安全稳定。成功举办首届中国北京国际魔术大会,为昌平区打造“三区融合”的首都文化强区做出了积极贡献。

11 月 30 日至 12 月 2 日,首届中国北京国际魔术大会在昌平举行。期间,邀请了 22 个国家和地区的国际著名魔术大师约 50 名,成功举办了开幕式暨国内外顶级魔术大师专场演出、舞台国际魔术邀请赛、近景国际魔术邀请赛、高端国际魔术论坛、魔术道具展以及魔法讲座和闭幕式暨刘谦专场演出。

2012 年区文化委加大文物保护力度，加强历史文脉梳理,与区科委联合制作发行了《新昌平山水记》大型电子系列丛书,与北京市文物研究所合作,编辑了《昌平沙河——汉、西晋、唐、元、明、清代墓葬发掘报告》

赠送图书进军营

公益电影放映走进打工子弟学校

龙腾狮跃闹元宵民间花会表演吸引了全区近万名群众到场观看

北京市昌平区住房和

3 月 15 日，昌平区人民政府房屋征收办公室、昌平区房屋征收事务中心、昌平区公共租赁住房管理中心正式揭牌成立，市住建委、区委、区政府领导参加揭牌仪式

10 月 12 日，区建筑领域十八大安全稳定誓师大会召开

12 月 19 日，保障性住房摇号配售仪式在昌平广电中心录播大厅举行，摇号过程接受社会各界监督

6 月 1 日，区住房城乡建设委召开全区拆迁工作推进大会，区委书记侯君舒及相关部门主要领导出席大会

8 月 22 日，南环里东区平改坡改造工程竣工。该工程位于昌平区东环路西侧，建筑面积 6813.9 平方米。图为南环里东区改造后的景象

城乡建设委员会

6月13日，区住房城乡建设委在北大国际医院工程施工现场组织消防安全应急救援演练

3月24日，区内13家混凝土搅拌站通过考核获颁“预拌混凝土绿色生产达标搅拌站”标牌

12月30日，区重点工程八仙庄110千伏输变电工程竣工。工程位于昌平区北七家镇八仙庄村，建筑面积2435平方米，变电容量50MVA*2

12月30日，区重点工程泰康健康管理研究中心一期竣工。工程位于昌平区回龙观镇中关村生命科学园，建筑面积64402平方米

12月30日，区重点工程南丰路（百沙—怀昌）段竣工，道路全长4.98千米，红线宽60米

北京市昌平区园林绿化局

4月29日，区委书记侯君舒、区长金树东调研平原造林工程

4月19日，泰国总理英拉上任后首次访华来昌平植树

5月22日，国家林业局局长赵树丛视察昌平西部沙坑造林工程

第九届苹果文化节开幕式，市区领导到精品果园参观

温榆绿谷

昌平区文学艺术界联合会

区委常委、区委宣传部部长余俊生出席昌平文联举办的“喜迎十八大”书法作品展

昌平文联与昌平安监局联合举办昌平区安全生产月书画笔会活动

北京昌平音乐家协会成立暨第一届第一次代表大会召开

昌平文联联合全国政协机关老干部局退休老干部到昌平区十三陵镇涧头村举办送春联活动

北京市昌平区十三陵特区

人大副委员长韩启德率检查组检查文物保护情况

市纪委领导调研“明镜昭廉”廉政文化园规划情况

定陵出土文物精品展

举办“长城长·中华魂”活动

“校企合作，共谋发展”共建实践教学基地揭牌仪式

“回望大明–走近万历朝”特展圆满结束

政权·政协

昌平区人民代表大会常务委员会

【概 况】 2012年,区人大常委会(以下简称"常委会")在区委的领导、市人大常委会的监督指导和全体代表的监督支持下,认真学习贯彻党的十七大、十八大精神,严格执行区四届人大一次会议决议,紧紧围绕全区科学发展大局,依法履行职能,切实加强代表工作,努力提高常委会自身建设水平,较好地发挥了地方国家权力机关的作用。全年共举行7次常委会会议,审议29项议题,听取审议"一府两院"专项工作报告11项,向"一府两院"送达审议意见书8件;依法作出决议、决定4项;任免国家机关工作人员58人次,任命常委会各工作机构人员和人民陪审员193人次。

(张俊峰)

单位名称:昌平区人民代表大会常务委员会
地址:昌平区政府街21号
电话:(010)69712804
邮编:102200

【区四届人大常委会第一次会议召开】 2月28日,昌平区四届人大常委会第一次会议召开。会议审议通过了常委会2012年工作要点;审议决定了区人大常委会主任会议和区人民政府提请的人事任命事项。会议表决通过了区人大常委会代表资格审查委员会组成人员名单和区人大常委会财政经济工作委员会、内务司法工作委员会、教科文卫工作委员会、城乡建设环保工作委员会、农村工作委员会以及妇女工作小组、青少年工作小组组成人员名单;会议决定任命赵阳为区政府副区长,任命任鹏举等27人为区政府委办局的主任、局长。

(张俊峰)

【区四届人大常委会第二次会议召开】 3月15日,昌平区四届人大常委会第二次会议召开。会议听取和审议了区政府《关于财政预算绩效管理工作进展情况的报告》,审议通过了常委会《2012年主题活动方案》和《关于补选区、镇两级人民代表大会代表试行办法》(草案);决定了区政府、区人民法院和区人民检察院提请的人事任免事项。

(张俊峰)

【区四届人大常委会第三次会议召开】 5月17日,区四届人大常委会第三次会议召开。会议听取和审议了区政府《关于全区道路建设情况的报告》《关于昌平区农村集体土地集中租赁管护工作情况的报告》、区人民法院《关于学习贯彻社会主义法治理念加强执行工作的报告》。

(张俊峰)

【区四届人大常委会第四次会议召开】 7月24日,区四届人大常委会第四次会议召开。会议听取和审议了区政府关于办理区四届人大一次会议代表建议、批评和意见工作情况的报告,决定了区人民法院和区人民检察院提请的人事任免事项。

(张俊峰)

【区四届人大常委会第五次会议召开】 9月19日,昌平区四届人大常委会第五次会议召开。会议听取和审议了区政府《关于加强医疗质量管理情况的报告》《昌平区2011年度财政决算的报告》《昌平区2012年上半年财政预算执行情况的报告》《昌平区2011年度区级财政预算执行和其他财政收支情况的审计工作报告》《昌平区2012年上半年国民经济和社会发展计划执行情况的报告》,区检察院《关于民事行政检察工作情况的报告》,决定了区人民检察院提请的人事任免事项。会议作出了《北京市昌平区人民代表大会常务委员会关于批准昌平区2011年度财政决算的决议》。

(张俊峰)

【区四届人大常委会第六次会议召开】 10月18日,昌平区四届人大常委会第六次会议召开,会议作出《关于召开北京市昌平区第四届人民代表大会第二次会议的决定》;北京市昌平区第四届人民代表大会第二次会议于2012年11月15日召开。听取了《昌平区四届人大常委会代表资格审查委员会关于区四届人大二次会议代表资格的审查报告》,提出了区四届人大二次会议建议议程、主席团和秘书长建议名单、会议日程(草案)等有关事项,讨论了区四届人大二次会议选举办法(草案)。

(张俊峰)

【区第四届人民代表大会第二次会议召开】 11月15日至16日,昌平区第四届人民代表大会第二次会议召开。大会议程一项:选举昌平区出席北京市第十四届人民代表大会代表。会议共举行三次全体会议、六次主席团会议。会议在区委和大会主席团的领导下,充分发扬民主,切实尊重代表的民主权利,充分协商,广泛听取意见,严格依法按程序办事,全体代表以饱满的政治热情和高度负责的精神,认真行使法定职权,依法选举昌平区出席北京市第十四届人民代表大会代表35名(按姓名笔画排序):马尚俊(女)、王丽英(女)、王金玉、方滨兴、边彩霞(女)、成燕红(女)、吕晨飞、吕锡文(女)、朱光彤、刘迎(女,回族)、刘学锋、杜立群、李术元、李俊生、李胜利(回族)、李福忠、杨启红(女)、吴宏建、何静(女,满族)、张文良、张守文、张国厚、张学兵、金树东、周志军、孟凡军(女)、赵义、侯君舒、索飞(女)、唐龙、黄福水、梁波、焦洪昌、颜振军、魏亦南。

(张俊峰)

【区四届人大常委会第七次会议召开】 12月25日,昌平区四届人大常委会第七次会议召开。会议作出了《关于召开北京市昌平区第四届人民代表大会第三次会议的决定》:北京市昌平区第四届人民代表大会第三次会议于2013年1月17日召开;提出了北京市昌平区第四届人民代表大会第三次会议建议议程、各项建议名单等有关事项;决定了列席北京市昌平区第四届人民代表大会第三次会议人员名单;听取了区四届人大常委会代表资格审查委员会《关于北京市昌平区第四届人民代表大会第三次会议代表资格的审查报告》;审议通过了常委会2013年工作要点;讨论并原则通过了常委会工作报告(讨论稿);决定了区人民检察院提请的人事任免事项。

(张俊峰)

【代表主题活动】 年内,常委会突出代表工作的基础性作用和届首之年的特点,通过区、镇联动,加强学习培训,强化履职实践,深入开展了"深化人大制度认识,增强代表职责意识"主题活动,采取多种形式组织代表学习宪法、地方组织法、代表法和人大制度理论,开展了人大制度理论知识答题活动,995名区、镇人大代表和人大干部参加,参与率达96%。举办了人大制度理论知识竞赛,17个镇(街)人大组队参赛,区电视台录播了决赛实况,在全区产生了很好的宣传效果。主题活动中,代表深入走访和联系选民、征集和反映群众意见、积极参加视察检查和调研等履职活动。主题活动领导小组及办公室注重与镇(街)人大的联系沟通,定期听取进展情况汇报,加强组织指导。通过主题活动,代表深化了对人大制度性质内涵的认识,增强了法律知识和履职的积极性、自觉性,激发了发挥代表作用的内在动力。

(张俊峰)

【监督工作】 年内,常委会把全区的中心工作、政府的工作重点和人民群众普遍关注的热点问题作为监督重点,深化对权力运行的监督,支持和督促"一府两院"依法行政、公正司法。全年,常委会向"一府两院"送达审议意见书8件,提出审议意见33条。年内,常委会先后听取和审议了区政府《关于2011年度财政收支决算》《2011年财政预算执行和其他财政收支情况的审计工作》《2012年上半年计划执行以及预算执行情况》《财政预算绩效管理工作进展情况的报告》《关于全区道路建设》《医疗服务质量管理》《农村集体土地集中租赁管护工作情况的报告》。听取和审议了区人民法院《关于学习贯彻社会主义法治理念规范司法行为促进执行工作良性循环》和区人民检察院《关于民事行政案件监督工作情况的报告》。常委会还对区政府落实农村集体经济产权制度改革、整治违章违法建设和拆迁、职业教育发展等三个专项工作报告审议意见情况进行了跟踪监督。常委会与市人大常委会联动,对《中关村国家自主创新示范区条例》的实施情况进行了检查。常委会主任会议分别听取了区政府《关于保障性住房建设》《科学调控人口规模》《老年人权益保障》《民办教育发展》和《加快农业产业发展促进农民就业增收》的报告,听取了公安昌平分局《关于干警队伍建设情况》的报告,对相关工作提出了意见建议。

(张俊峰)

【干部任免工作】 年内,始终坚持党管干部与人大依法任免干部相结合的原则,认真贯彻执行《区人大常委会任免国家机关工作人员办法》。全年,依法任免国家机关工作人员58人次,任命常委会各工作机构人员和人民陪审员193人次。

(张俊峰)

【重大事项决定】 年内,常委会围绕全区工作大局和经济社会发展中重大问题,依法作出了关于批准财政决算、关于召开区人民代表大会会议等有关决议、决定4项。

(张俊峰)

【代表建议督办工作】 年内,常委会坚持议案、建议督办工作机制,突出办结率和代表满意度,不断增强督办工作的主动性、针对性和实效性。主任、副主任分头对13件建议的办理情况进行了重点督办。强化常委会有关工作机构、区政府督查室、各承办单位和提建议代表之间的联系沟通,组织召开座谈会、协调会、代表与承办单位的沟通见面会,随时掌握建议的办理情况和代表对办理工作的意见。区四届人大一次会议代表提出的243件议案、建议,当年办结122件,办结率50.4%。闭会期间,代表提出建议27件,由常委会各工作机构及时转交有关单位办理,并督促抓好办理意见的落实。

(张俊峰)

【信访工作】 年内,常委会重视并加强人大信访工作,认真贯彻落实《监督法》和《信访条例》,本着"抓信访促监督,办信访解民忧"的原则,积极创新信访工作机制,改进信访办理方式方法,加大信访案件的转办督办力度,全年,信访工作室接待来信、来访375件(次),其中来信101件、来访274人次。信访工作室依据信访办理办法及时处理并跟踪落实,使信访反映的问题得到了有效解决。

(张俊峰)

【加强对镇(街)人大工作指导】 年内,坚持常委会主任、副主任联系镇(街)人大,委员联系基层代表制度,进一步密切与代表的联系;加强对镇(街)人大工作的指导,不断丰富代表小组和联组活动内容和方式;积极组织代表参加座谈调研和视察检查活动,邀请代表列席常委会会议,组织农村代表小组围绕"三农"工作开展调查研究。全年,邀请代表参加常委会各项活动850人次,进一步扩大了代表对常委会工作的参与。积极为代表知情知政、依法履职,创造条件、提供服务。坚持为代表订阅《中国人大》《北京人大》和《昌平周刊》,按时寄送《昌平人大信息》;定期召开镇(街)人大主席(主任)联席会,通报人大工作安排、交流工作经验;组织代表参加全区经济社会发展形势报告会,参与了区政府2013年为民办实事项目征集活动。指导各镇(街)人大积极开展代表主题活动、召开镇人民代表大会会议,不断提高(镇)人大工作水平。

(张俊峰)

【对外交流工作】 年内,常委会加强对外联系与沟通,接待市人大常委会及外省、市(县)人大来访9批次,128人次。

(张俊峰)

【人大机关自身建设】 年内,通过举办人大干部培训班、集中学习人大制度理论和知识答题等活动,引导教育组成人员和机关干部深入学习贯彻党的十七大、十八大和中央、市委、区委精神,深化对人大制度性质和内涵的认识,增强做好人大工作的责任感和使命感,提高组成人员和机关干部的履职水平。坚持把调查研究作为履行职能、开展工作的必经程序,全年共形成调研报告15篇。坚持依法按程序办事,规范常委会履职和议事程序,进一步提高常委会工作的规范化水平,制定了补选区、镇两级人大代表试行办法。坚持严谨、务实、高效的工作作风,认真落实"会议质量在会前,会议实效抓会后"的要求,做好代表大会会议、常委会会议、主任会会议和各项检查、视察、座谈活动的组织筹备和服务工作。深入开展创先争优活动,认真落实党风廉政建设各项规定,强化机关管理和干部队伍建设,进一步提高常委会工作的质量和实效。

(张俊峰)

昌平区人民政府

【概 况】 2012年是党的十八大胜利召开之年,也是昌平推动转型发展的起步之年。一年来,全区上下认真贯彻落实中央和北京市委、市政府的决策部署,坚持以科学发展为主题,以转变经济发展方式为主线,稳中求进、开拓创新,全力推动经济社会转型升级,奋力开启了全区转型发展的新局面。

推动转型升级,经济保持平稳较快增长。牢牢把握主题主线要求,加快结构调整步伐,地区生产总值实现504.7亿元,增长10.7%。区域税收和公共财政预算收入分别完成185.4亿元、52.2亿元,增长15.3%和15.1%。城镇居民人均可支配收入和农民人均纯收入分别达到29950元和14971元,增长8.2%和11.4%。旅游经营收入增长14.3%，保持京郊首位。“一花三果”年收入突破7亿元。全社会固定资产投资、社会消费品零售额分别完成490.1亿元、280.4亿元，增长18.8%和12.2%。

整合空间资源，城乡发展格局逐步完善。根据国务院关于调整中关村空间规模和布局的批复精神，昌平园政策范围由原来的11.5平方公里增加到51.4平方公里，成为中关村面积第三大园区。坚持从规划调整、加快拆迁和“腾笼换鸟”三方面入手拓展发展空间，已累计将约10平方公里住宅用地调整为科研和产业用地，集中推进了一批重点拆迁项目，深入开展了查处违法建设和煤炭储运、盗采砂石、可再生资源回收三大专项治理行动。乘势加快重点功能区建设，未来科技城基础设施完成总工程量的70%，3家央企项目一期工程投入运行；北京科技商务区（TBD）的土地一级开发、规划方案国际征集、产业发展行动计划编制等工作有序开展；沙河大学城外交学院新校区按期开学，北京邮电大学新校区如期开工；昌平新城1.37平方公里的文化创意新区具备启动条件。国家现代农业科技城昌平园、十三陵明文化景区等园区规划建设按计划实施。创新园区集约化、集群化发展模式，打造了一批特色专业园区。统筹城乡、区域协调发展，城乡结合部重点村城市化扎实推进，东小口地区行政区划调整基本完成，农村改革发展不断深入，城乡一体的发展格局更加稳固。

集聚高端要素，创新驱动作用初步显现。中关村昌平园总收入达到2150亿元，增速连续三年超过40%，占中关村示范区的比重提高了近一倍。依托“三城一区一基地”，着力打造招商亮点，生产性服务业和高技术产业增加值占GDP比重分别提高到21%和12%。新引进现代服务业企业176家，其中科技金融类企业41家，并与招商局集团、香港置地集团等国际知名企业达成了合作意向。世界草莓大会、国际魔术大会圆满成功，国家大马戏院及北京奥莱欢乐城、华彬和平宫、长城国际名品购物中心等高端项目集中落户，文化创意、旅游休闲和都市型现代农业呈现融合发展态势。集中推进35项年度重大工业项目，中国石油科技创新基地、中国移动国际信息港一期投入运行，福田发动机技改工程等项目主体完工。抓大助小成效凸显，全区现已汇集32家央企设立的121家公司和分支机构，累计培育上市企业19家。创新驱动作用显现，技术合同成交额、专利授权量保持全市前列，国家蛋白质科学基础设施北京基地、北京通用航空产业园激光成形研发生产基地启动建设，区内入选“千人计划”的高级人才已有147位。

优化发展环境，区域竞争优势不断凸显。生态环境品质持续提升，重点实施了3.5万亩平原造林工程，水利工程建设大会战全面打响。节能减排完成年度任务，启动了以PM2.5为重点的新一轮大气污染治理。集中力量开展党的十八大环境综合整治工作，市容环境秩序进一步改善，顺利通过了国家卫生区复审验收。着力完善基础设施条件，轨道交通昌平线二期正式启动，集中推进了南丰路、北环路东延、回南北路、回昌东路等13条重点道路系统建设，一批水电气热项目按期实施。圆满完成陕京三线等国家和市级重大工程保障任务。

创新社会管理，安定和谐局面进一步巩固。基本公共服务质量持续提高，荣获国家创业型城市和全市绿色就业先进区称号，首师大回龙观育新学校正式开学招生，积水潭医院回龙观院区实现开诊营业，华一医院、区中医院晋升三级医院，首师大附中昌平校区、北京十五中陈庄校区、未来科技城北师大附属学校及北大国际医院、北京清华医院等名校名医院项目按期推进。农民免费健康体检、社区蔬菜连锁直营店建设、电动出租车示范运营等153件为民办实事项目全部兑现。保障性住房建设、老旧小区综合改造超额完成年度任务。在全市率先整建制实施了实有人口服务管理全覆盖体系建设。举全区之力，圆满完成了十八大安保维稳任务，稳妥应对了“7·21”特大暴雨、“11·3”强降雪自然灾害，有效遏制了重大事故发生。启动了全国双拥模范城“八连冠”创建工作，军地共建不断深入。

强化自身建设，政务服务环境明显改善。优化行政资源配置，未来科技城管委会、沙河大学城管委会正式成立，集中出台了科技商务产业“1+4”等一批政策措施。全面开展政府绩效管理，政府信息公开、廉政建设和公务员队伍建设等工作不断加强。成功举办了温泉文化节、苹果文化节及第二届环北京职业公路自行车赛等大型活动赛事，借助京港洽谈会、京交会、科博会、文博会、金博会等平台广泛宣传推介昌平，城市影响力和美誉度不断提升。

（新溢）

单位名称：北京市昌平区人民政府
地址：北京市昌平区政府街19号
电话：(010)89741530
邮编：102200

【市委领导调研世界草莓大会筹备情况】 1月7日,市委书记刘淇到草莓大会主场馆项目现场实地调研大会筹备情况。市领导李士祥、牛有成、夏占义,区领导侯君舒、金树东、田运胜、苏卫东陪同调研。

(靳溢)

【2012年企业家迎新春茶话会召开】 1月8日,2012年企业家迎新春茶话会召开。侯君舒、金树东、李福忠、王书合等区委、区人大、区政府、区政协领导与企业家们欢聚一堂,共话发展。

(靳溢)

【国际半导体照明产业基地选址昌平】 国际半导体照明产业基地选址昌平。1月9日,区政府与国家半导体照明工程研发及产业联盟签署战略合作框架协议,侯君舒、金树东等区委、区政府领导出席签约仪式。

(靳溢)

【非公企业家新春联谊会召开】 1月9日,非公企业家新春联谊会召开。区领导侯君舒、金树东、王书合等区委、区政府、区政协领导参加非公企业家新春联谊会。

(靳溢)

【市领导参加昌平代表团审议】 1月15日,市委副书记、市长郭金龙参加市十三届人大五次会议昌平代表团审议。市人大代表、区委书记侯君舒,市人大昌平团团长、区人大主任李福忠等昌平团代表参加;区长金树东列席会议。

(靳溢)

【"阿苏卫循环经济园"启动安置房建设】 1月,举行"阿苏卫循环经济园"周边小汤山镇阿苏卫村、百善镇二德庄村、牛房圈村、百善村4个村庄搬迁安置房项目奠基仪式,启动村庄的安置房建设。

(靳溢)

【举行新老领导迎新春联谊会】 1月18日,举行新老领导迎新春联谊会。侯君舒、金树东、李福忠、王书合等区委、区人大、区政府、区政协领导与曾在昌平工作过的老领导们欢聚一堂,共迎新春。

(靳溢)

【举行2012年春节团拜会】 1月18日,举行2012年春节团拜会。侯君舒、金树东、李福忠、王书合等区委、区人大、区政府、区政协领导,与区直机关工委、各委办局、各镇(街)负责人、部分人大代表、政协委员欢聚一堂,共庆佳节、共贺新春。

(靳溢)

【市政府领导慰问少数民族贫困户】 1月19日,市政府副秘书长马林到阳坊镇走访慰问少数民族贫困户。区委常委、副区长孙启陪同慰问。

(靳溢)

【区领导走访中国铝业公司】 2月2日,区领导侯君舒、金树东、朱光彤、李良、张燕友、周云帆、王承军走访中国铝业公司,就双方进一步合作进行了深入交流。

(靳溢)

【市水务局领导到区调研】 2月5日,市水务局局长程静一行深入巩华城、未来科技城和草莓博览园,就各项工程建设进展情况进行专题调研。区委书记侯君舒、区长金树东、副区长苏卫东、区政协副主席任鹏举陪同调研。

(靳溢)

【市领导调研重点工程项目建设进展情况】 2月9日,市委常委、市人大常委会副主任、市总工会主席梁伟一行到区调研重点工程项目建设进展情况。区领导侯君舒、金树东、朱光彤、李良、余俊生、郝和陪同调研。

(靳溢)

【区2012年党风廉政建设工作会召开】 2月7日,2012年党风廉政建设工作会议召开,总结部署2011年全区党风廉政建设和反腐败工作及2012年工作任务。市纪委常委张同生,侯君舒、金树东、李福忠、王书合等区委、区人大、区政府、区政协领导出席会议。

(靳溢)

【2012年未来科技城建设工作部署会召开】 2月9日,2012年未来科技城建设工作部署会召开。市政府副秘书长张玉平,区领导侯君舒、朱光彤、王晓霞、张燕友、刘淑华、王承军、任鹏举出席会议。

(靳溢)

【中央财经领导小组办公室领导到区调研】 2月14日,中央财经领导小组办公室农村一组局长张冬科来区就推进城镇化问题进行专题调研。市农委主任王孝东,区领导侯君舒、金树东、朱光彤、张燕友、赵阳陪同调研。

(靳溢)

【第七届世界草莓大会开幕】 2月18日,第七届世界草莓大会开幕。中共中央政治局委员、国务院副总理回良玉、市委书记刘淇出席开幕式并为第七届世界草莓大会和草莓博览园揭幕;侯君舒、金树东、李福忠、王书合区委、区政府、区人大、区政协等领导出席开幕式。

(靳溢)

【市规划委领导调研重点项目建设进展情况】 2

月24日,市规划委员会主任黄艳调研区重点项目建设进展情况。重点对未来科技城建设进展和草莓产业发展情况进行调研,区领导侯君舒、金树东、苏卫东陪同调研。

(靳溢)

【区领导调研维稳工作情况】 3月6日,区领导金树东、朱光彤、陈秋生、孙启、田运胜、任鹏举到小汤山镇调研社会管理和维护稳定工作。

(靳溢)

【“国家卫生区”复审工作全面启动】 3月7日,国家卫生区复审工作动员大会召开。市卫生局副局长、市爱卫会副主任赵春惠,侯君舒、金树东、李福忠、王书合等区委、区人大、区政府、区政协领导出席会议。

(靳溢)

【区平原地区绿化造林工程启动】 区平原地区绿化造林工程启动,5年将造林15万亩。3月10日,区委书记侯君舒调研区平原地区造林工程建设情况,副区长苏卫东、区政协副主席任鹏举陪同调研。

(靳溢)

【区领导国家卫生区复审工作情况】 3月13日,区长金树东带队到水屯市场实地检查,副区长刘淑华、王承军、区政协副主席任鹏举陪同检查。

(靳溢)

【开展领导干部“大下访”活动】 3月6日至23日,区集中开展领导干部“大下访”活动。区领导干部下访到镇(街),走进社区居民家中,走进重点功能区及重点工程建设现场,了解民情,替民解忧,确保全国“两会”和党的十八大顺利召开。

(靳溢)

【市质监局领导到区调研】 3月22日,市质监局副局长陈言楷一行到区调研质监工作。区委常委、常务副区长张燕友参加调研。

(靳溢)

【市政协领导调研区重点小城镇建设情况】 3月23日,市政协副主席王永庆一行就区重点小城镇建设发展情况进行专题调研。区领导侯君舒、金树东、王书合、王承军陪同调研。

(靳溢)

【未来科技城治安警务站揭牌成立】 3月29日,未来科技城治安警务站揭牌仪式隆重举行。市委常委、市公安局党委书记、局长傅政华,区领导侯君舒、金树东、陈秋生、孙启、田运胜出席揭牌仪式。

(靳溢)

【TBD规划建设进展情况汇报会召开】 4月11日,区召开北京科技商务区(TBD)规划建设进展情况汇报会。区领导侯君舒、金树东、张燕友、赵阳、刘淑华、苏卫东、周云帆、王承军出席汇报会,就TBD项目规划、行动计划、招商等事项进行交流。

(靳溢)

【市领导调研区平原造林工程建设进展情况】 4月11日,副市长夏占义到区检查平原地区造林工程进展情况,市政府副秘书长安钢,区领导侯君舒、金树东、苏卫东陪同检查。

(靳溢)

【通州区领导来区参观考察】 4月12日,通州区区委书记王云峰带领四套班子到草莓博览园和未来科技城考察参观,区领导侯君舒、金树东、王书合、朱光彤、张燕友、张文良、刘淑华、苏卫东陪同考察。

(靳溢)

【未来科技城农民工服务管理中心成立】 4月13日,召开未来科技城农民工服务管理中心成立暨妥善处理农民工讨薪问题工作部署大会,市政府副秘书长、市信访办主任薄钢,市住建委副主任朱和平,区委副书记朱光彤,副区长王承军出席会议。

(靳溢)

【经济技术创新工程表彰大会召开】 4月26日,庆“五一”暨经济技术创新工程表彰大会召开。会上,对全国五一劳动奖章、首都劳动奖章、劳动奖状和工人先锋号以及先进集体和先进个人进行表彰。区领导侯君舒、金树东、李福忠、王书合、朱光彤、余俊生、赵阳、田运胜出席会议。

(靳溢)

【中央人才工作协调小组视察未来科技城】 4月26日,中组部副部长、中央人才工作协调小组副组长李智勇到区视察未来科技城建设情况。国务院国资委副主任金阳、副市长陈刚、市政府副秘书长张玉平及区领导侯君舒、金树东等出席会议。

(靳溢)

【市领导调研区公路河道绿化工程建设情况】 4月28日,副市长夏占义先后来到京密引水渠绿化施工现场、西关环岛,就公路河道绿化工程建设情况进行专题调研。区领导金树东、苏卫东以及市相关部门领导陪同调研。

(靳溢)

【市委领导调研平原地区造林任务完成情况】 5

月2日,中共中央政治局委员、市委书记刘淇一行先后到沙河机场周边植树造林工程现场和百善景观生态林,对区平原地区造林任务完成情况进行调。区领导侯君舒、金树东、苏卫东陪同调研。

(靳溢)

【创建全国双拥模范城“八连冠”动员大会召开】 5月10日,荣获全国双拥模范城“七连冠”总结表彰暨创建“八连冠”动员大会召开。会上,对全国双拥模范城“七连冠”奖牌进行揭牌,并对双拥工作模范单位和先进个人进行了表彰。区领导侯君舒、金树东、李福忠、王书合等区委、区人大、区政府、区政协领导出席会议。

(靳溢)

【区领导走访北京邮电大学】 5月9日,区领导侯君舒、金树东、刘淑华、周云帆、王承军带领区发改委、规划分局、国土分局等相关部门,走访北京邮电大学,实地了解学校建设发展情况,并就北京邮电大学沙河校区建设进行深入交流。

(靳溢)

【打响专项治理攻坚战】 5月11日,严厉查处违法建设违法占地暨“三项治理行动”动员部署大会召开,会议强调严厉查处违法建设违法占地和做好“三项治理行动”的重要意义,要求全区各级各部门各单位加强配合,形成合力,落实专项治理任务,坚决打赢这场硬仗。侯君舒、金树东、李福忠、王书合等区委、区政府、区人大、区政协领导出席大会。

(靳溢)

【市政府外办领导来区调研】 5月14日,市政府外事办主任、党组书记赵会民一行来调研,实地了解昌平经济社会发展情况。区领导侯君舒、金树东、周云帆陪同调研。

(靳溢)

【延庆县领导来区考察经济社会发展情况】 5月29日,延庆县委书记李志军率领县四套班子领导来到我区考察经济社会发展情况,侯君舒、金树东、李福忠等区委、区人大、区政府和区政协领导陪同考察。

(靳溢)

【区领导与少年儿童共庆“六一”】 5月31日,庆祝“六一”国际儿童节大会在前锋学校召开,区领导侯君舒、金树东、李福忠、朱光彤、刘淑华、李永生与全区少年儿童欢度节日。

(靳溢)

【区领导检查重点区域迎汛准备情况】 6月7日,区领导金树东、苏卫东检查流村镇白羊城村、金隅万科城工地及十三陵水库等重点区域迎汛准备情况。

(靳溢)

【区领导督查高考服务保障工作】 6月7日,区领导侯君舒、金树东、李福忠、王书合、朱光彤、田运胜、李春菊、刘淑华、李永生来到昌平区国家教育考试指挥中心,对高考服务保障工作进行监督检查。

(靳溢)

【“国家卫生区”工作迎复审】 6月19日,市爱卫会副主任、市卫生局副局长、国家卫生区复审专家组组长赵春惠一行到区复审检查“国家卫生区”工作。区领导金树东、李福忠、王书合区委、区人大、区政府、区政协领导出席汇报会。

(靳溢)

【区领导赴赤峰市考察对口帮扶工作】 6月24日,区委书记侯君舒、副区长苏卫东一行到赤峰市克什克腾旗就对口帮扶合作工作进行考察,并看望慰问在赤峰挂职的干部。

(靳溢)

【区荣获“国家创业型城市”称号】 7月17日,全国就业创业工作表彰大会在人民大会堂隆重举行,昌平区被国务院授予“国家创业型城市”称号,是全市唯一一个获得此荣誉称号的区县。区委常委、常务副区长张燕友出席会议。

(靳溢)

【山区防汛工作会召开】 7月23日,山区防汛工作会召开。会议要求各单位要高度重视,举全区之力打好山区防汛攻坚战。区领导金树东、张燕友、赵阳、苏卫东、王承军、任鹏举出席会议。

(靳溢)

【区领导检查防汛工作】 7月25日,区领导侯君舒、苏卫东、王承军带领区住建委、水务局、公路分局、交通支队等部门,先后来到金隅万科项目建筑工地、南口响潭水库、回龙观十一排干等地,就防汛工作进行检查。

(靳溢)

【全区党员干部为“7·21”灾情踊跃捐款】 7月25日,区开展“7·21”特大自然灾害救灾捐款活动。侯君舒、金树东、李福忠、王书合等区委、区人大、区政府、区政协领导踊跃捐款,号召和凝聚全区党员群众以实际行动,参与到救灾工作中来。截至活动结束,共捐款近10万元。

(靳溢)

【中央人才工作协调小组视察未来科技城建设情况】 8月6日,中组部副部长、中央人才工作协调小组副组长李智勇一行视察未来科技城建设情况。区领导侯君舒、金树东、朱光彤、李良、陈秋生、张燕友、余俊生、田运胜、周云帆、王承军、任鹏举等出席活动。

（靳溢）

【市委社会工委来区调研社会组织工作】 8月31日，市委社会工委、市社会办一行组成调研组先后到天通苑志愿者协会和业余无线电协会进行参观考察。区委常委、区委社会工委书记陈秋生，区委常委、常务副区长张燕友陪同调研。

（靳溢）

【190名大学生村官签约昌平】 9月8日，区召开2012年大学生村官欢迎暨表彰大会。区领导金树东、王书合、张燕友、李良、田运胜、苏卫东出席会议。

（靳溢）

【北京清华医院医疗大楼主体结构封顶】 9月17日，清华大学新建附属医院在天通苑举行结构封顶仪式。副区长刘淑华、清华大学校长陈吉宁、台湾长庚纪念医院支援建设主管蔡连福出席封顶仪式。

（靳溢）

【昌平第九届苹果文化节开幕】 10月20日，北京昌平第九届苹果文化节开幕式在十三陵举行，本次活动“以果为媒，以节搭台”将昌平秋季特色旅游产品整体包装，推出赏秋、访古、亲子、采摘、军事等“醉美赏金秋健身游昌平”自驾游、爱我家乡—学生游昌平、金秋剪影—网络秋游摄影展三大活动及相应的旅游线路，丰富群众采摘活动。

（靳溢）

【国家大马戏院将落户昌平】 11月26日，中国文联党组书记、副主席、书记处书记赵实一行就国家大马戏院落户昌平一事进行考察。市委常委、市委宣传部部长、副市长鲁炜，区领导侯君舒、金树东、余俊生、刘淑华一同考察。

（靳溢）

【世界魔联率先联姻昌平】 11月28日，昌平区人民政府与世界魔术联盟共同签订框架合作协议。双方就进一步加强北京市与国际魔术界的友好交流，共同推动魔术艺术和魔术产业的发展，打造昌平“魔术之都”称号达成一致。区长金树东、副区长刘淑华出席签约仪式。

（靳溢）

【北京国际魔术大会开幕】 11月30日。北京国际魔术大会开幕。本届魔术大会主要包括开幕式暨国内外顶级魔术大师专场演出、国际魔术邀请赛、高端国际魔术论坛、国际魔术道具展和闭幕式五大部分。来自中国、美国、法国等22个国家和地区的“魔界”高手踊跃参与。

（靳溢）

【“昌平就业保障直通车信息发布平台”揭牌】 12月7日，“昌平区就业保障直通车”信息发布平台启动仪式在城北街道宁馨苑小区举行，区政府投入专项资金150万元，在城北街道、城南街道、东小口镇、回龙观镇、小汤山镇等5个镇、街道选取15个村、社区作为试点开展此项工作。

（靳溢）

【2012年新兵入伍欢送大会召开】 12月8日，2012年新兵入伍欢送大会召开。区领导侯君舒、金树东、李福忠、王书合、朱光彤、张燕友、孙连湖出席欢送会。

（靳溢）

法制工作

【概　况】 2012年，区政府法制工作坚持以邓小平理论和“三个代表”重要思想和科学发展观为指导，深入贯彻落实国务院《全面推进依法行政实施纲要》和《关于加强市县政府依法行政的决定》，服务于区建设现代化的京北创新中心、国际科教新城的发展战略，圆满完成市政府依法行政各项目标任务，不断建立健全依法行政组织领导机制，认真落实依法行政工作制度，努力规范行政行为，全面推进依法行政。

年内，加强推进依法行政工作的组织领导，着力提高行政机关工作人员依法行政意识和能力；坚持依法科学民主决策；建立健全行政规范性文件监督管理制度；加强和改进行政执法工作；全面推进政务公开，规范公共财政管理；建立完善社会矛盾和纠纷化解机制；强化行政行为监督，较好地完成了《昌平区人民政府2012年度依法行政工作要点》部署的各项工作任务，为全区经济发展和社会稳定创造了良好的法治环境。

（孙保军）

单位名称：昌平区人民政府法制办公室
地址：昌平区政府街19号
电话：(010)89741630
邮编：102200

【提高依法行政意识和能力】 年内,实行领导干部带头学法制度。区政府常务会全年共开展会前学法11次,分别组织学习了《刑法修正案(八)》《刑事诉讼法修正案》《中华人民共和国食品安全法》《公共场所卫生管理条例实施细则》《北京市生活垃圾管理条例》《中华人民共和国土地管理法》《北京市建设征地补偿安置办法》等法律法规。依法行政意识和运用法律手段解决经济社会发展中矛盾问题的能力得到明显提高。年内,实行公务员依法行政培训制度。组织处级领导干部参加"领导干部进高校"大讲堂,在领导干部年度学习培训计划中专门安排学习法律知识内容;举办"昌平区镇村领导干部化解社会矛盾能力培训班",对本区60余名镇村法制工作主管领导进行专题培训;在科级干部竞争考试中增加了公务员依法行政内容考试的比例,全年共累计培训公务员1773人次,行政执法人员的执法能力和执法水平有了明显提高;严格行政处罚执法资格管理,行政执法人员应当熟练掌握规范政府共同行为的法律规范,熟悉本部门行政处罚岗位工作所依据的各项法律、法规、规章,并具有相应专业知识和技能,经考试合格取得行政处罚执法资格。

(孙保军)

【审核备案区政府规范性文件】 年内,区政府法制办先后审核了《昌平区经济适用住房价格管理办法》《昌平区2012新型农村合作医疗暂行办法》和《关于进一步查处违法建设和违法占地工作的实施意见》等39件以区政府、区政府办公室名义发布的文件和区政府合同文本12件,提出法制审核意见150余条。认真做好我区行政规范性文件的制定、公开、备案、监督和清理工作,及时将《昌平区二次供水管理办法》和《昌平区政府投资项目管理办法》提交市政府法制办进行备案审查,确保区政府规范性文件做到内容合法规范、切实可行。

(孙保军)

【积极参与本市行政立法】 年内,区政府法制办共办理市政府法制办转来的《北京市实施〈中华人民共和国防震减灾法〉规定》《北京市食品安全条例》《北京市重大行政决策程序规定(征求意见)》《北京市社区菜市场建设管理办法(送审稿)》和《中华人民共和国行政复议法(修订草案)》5项征求意见工作,经组织提出意见后及时反馈,为推进市立法工作作出贡献。

(孙保军)

【行政复议和行政诉讼情况】 年内,区政府成立了昌平区行政复议委员会,外聘8位专家、学者作为非常任委员,参与行政争议化解工作,着力解决当前区发展存在"躲不开、绕不过"的深层次矛盾问题,引导人民群众通过行政复议的法定途径反映诉求、解决纠纷、维护权益,提高行政复议办案质量和公信力,依法化解行政纠纷,促进社会和谐稳定。全年,共受理行政复议申请咨询58件,受理行政复议申请32件,同比增长15%,审结28件全部维持。在案件办理过程中,进一步扩大行政复议案件公开审理的数量和范围。全年共接待来信来访350人次,参与信访复查6次,复查信访75件,办案和接待来信来访工作坚持"情、理、法"并重,收到良好的社会效果。

(孙保军)

【建立健全行政调解机制】 年内,为深入贯彻《北京市人民政府办公厅关于进一步加强本市行政调解工作的意见》,严格按照区政府办公室《关于加强行政调解工作的实施意见》要求,加强行政调解机构设置,健全行政调解工作机制。建立行政调解经费保障机制,努力实现行政调解全覆盖。加强对联合调解机制的考核监督,进一步加强行政调解与人民调解、司法调解的有效衔接。各部门联合排查矛盾纠纷1679件,调解成功1647件。

(孙保军)

【开展行政处罚案卷评查工作】 年内,坚持实行行政处罚案卷评查制度,充分发挥行政处罚案卷评查员作用。对全区41个行政执法单位抽取80余卷案卷进行评查。按规定及时报送10件行政处罚案卷参加市政府法制办组织的案卷评查工作。

(孙保军)

【认真做好行政强制法的贯彻实施】 年内,在区级领导干部学法中安排行政强制法方面的专题内容,对行政强制法的核心内容进行讲授,提高领导干部法律意识。采取集中培训和分散培训相结合的方式进行专门培训,组织全区41个行政执法单位法制工作主管领导、科长(主任)共计120余人,进行专题培训,组织全区行政执法人员对行政强制法内容进行考试,提高行政执法人员对行政强制法意义和内容的认识与理解,确保行政强制法在区的贯彻实施。

(孙保军)

综合行政服务工作

【概 况】 昌平区综合行政服务中心(简称“中心”)在区委、区政府的领导下,在各有关部门和镇(街道)的大力支持和配合下,紧紧围绕“转型发展”这一主旋律,坚持以“依法、高效、便民、创新”为宗旨,以“完善功能、科学管理、创新服务、提高效能”为抓手,团结带领全体人员,转变作风、真抓实干,为加快建设京北创新中心、国际科教新城做出了积极的贡献。2012 年,中心全年运行 247 个工作日,累计接待客流量 74840 次,停泊办事车辆 52503 辆次,受理办结业务 53158 件,总体满意率达 99.93%,公众服务呼叫中心累计受理办结业务 9025 项,市民满意率达 99.6%。办理人大代表建议、政协委员提案 2 件,满意度 100%。2012 年,中心牢牢把握自身功能定位,进一步创新服务方式,拓展服务内容,提升服务水平。继续强化区级行政审批大厅服务管理,完善百善镇等 8 个镇(街道)综合政务服务中心建设,试点实施城北街道、崔村镇 57 个村(社区)代办室规范工作;创新央企服务机制,设立央企服务窗口及服务工作室,累计为驻昌央企提供各类服务 260 次。畅通绿色审批通道,加大协调服务力度,全年完成 5 批次共 22 个项目进入市级绿色审批通道;开发运行声讯服务平台,梳理工商登记注册一问一答式问题 17 大类 245 个,开通 5890 官方微博,搭建与市民互动交流新平台;大力促进全区电子政务发展,推进信息资源共享服务应用,深化政府门户网站服务模块,升级扩容协同办公工作平台,提升政务外网管理保障能力。

(田国龙)

单位名称:昌平区综合行政服务中心
地址:昌平区龙水路 22 号院 4 号楼
电话:(010)60718118
邮编:102200

【2011 年度窗口工作总结交流会召开】 1 月 16 日,中心召开“2011 年度窗口工作总结交流会”,区委常委、常务副区长张燕友出席会议。会上,通报了 2011 年审批服务大厅运行及服务工作情况、受理进驻部门行政效能投诉情况,宣读了对进驻人员的表彰决定,获奖人员代表结合自身工作实际作了典型发言。区行政投诉中心、区综合行政服务中心及 28 个进驻部门 140 余人参加会议。

(田国龙)

【央企服务窗口和央企服务工作室正式对外运行】 2 月 20 日,中心一层央企服务窗口和三层央企服务工作室正式对外运行,为驻区央企提供前期手续业务咨询、陪同办理等方面的服务。

(卢国鑫)

【区综合政务服务平台建设推进会召开】 3 月 29 日,昌平区综合政务服务平台建设工作交流推进会召开,区委常委、常务副区长张燕友出席会议。会上,综合行政服务中心汇报了区综合政务服务平台建设工作情况;城北街道、崔村镇分别汇报了镇级综合政务服务中心建设情况,全区各镇街及相关委办局负责人参加会议。

(田国龙)

外事工作

【概 况】 2012 年是落实“十二五”规划承上启下的关键之年,按照区委、区政府和市政府外办的统一部署,区政府外事办公室以落实科学发展观为统领,着眼于建设京北创新中心、国际科教新城的目标,着力扩大对外交往范围,务实开展国际交流合作,不断加强外事服务管理,继续优化涉外基础环境,全面服务经济社会发展,为提升昌平现代化、国际化水平做出了积极努力,各项工作取得了新的进展。荣获“第七届世界草莓大会最佳服务保障奖”,“北京外语游园会最佳分会场”、“北京市因公出入境工作先进单位”荣誉称号,国际影响力得到了全面提升。

(孙利勇 张冰)

单位名称:昌平区人民政府外事办公室
地址:城区镇政府街 19 号
电话:(010)69743764
邮编:102200

【外事统一领导和归口管理水平不断提升】 年内,根据市委、市政府有关要求和区工作实际,召开区委外事工作领导小组专题会议和全区外事工作会议，全面总结了2011年全区外事工作情况、明确了2012年工作任务；制定并印发了区委外事工作领导小组《关于加强2012年因公出国（境）管理工作的通知》和《昌平区加强新形势下外事和港澳工作实施方案》。

（孙利勇　张冰）

【对出访团组严格审批】　年内，根据区纪委关于加强党风廉政建设的要求，对出访团组进行严格审批。区政府外办、区监察局、区财政局联合制发了《关于拟定2012年因公出访计划的通知》，对全区因公出访实行计划管理，将因公出国（境）经费全部纳入财政预算管理，实行经费先行审核。

（孙利勇　张冰）

【外事基础性工作不断深化】　年内，外事基础性工作不断深化。召开专题会议认真学习十八大报告，要求全体外事工作人员深刻领会、认真贯彻、联系实际、入脑入心，系统编制了《区政府外办学习十八大精神百题问答》测试卷，内容涵盖了十八大报告的十二个部分；成立了昌平区港澳服务中心，在组织人事部门大力支持、指导下，从区计生委调入外语专业工作人员一名，新招高校英语专业应届硕士研究生一名，有力加强了外事工作队伍；派员参加了外交部、市政府外办举办的第二十期地级市外办主任培训班、第十届中韩地方政府交流研讨会、北京市地方外事管理境外培训班等活动，交流经验、活跃思路、开阔眼界；联合区委组织部共同举办了首期外事人才培训班，分为期2天的政策理论集中脱产培训和为期3周的英语强化集中脱产培训两个阶段进行，讲授外交外事理论和外事交流英语，还开设外教课，以提高学员的口语水平；向市级刊物《外事和港澳工作》报送全区外事信息37条，被刊登22条。编辑出版《昌平外事2012》，全面宣传昌平外事工作；出版《昌平外事2012（考察篇）》，总结因公出访考察成果，规范因公出国工作；协助完成了市政府外办与流村镇政府"城乡党组织结对共建活动"协议书的签署仪式，与流村镇南流村结为城乡党组织共建单位。

（孙利勇　张冰）

【外事平台不断拓宽】　年内，坚持"外事为区域经济社会发展服务"的原则，广拓渠道、广搭平台。协助组织了区政府与亚洲魔术联盟、世界魔术联盟框架合作协议的签署仪式，打造"魔术之都"品牌概念，促进文化交流与合作；举办"昌平区与纽伦堡市经济技术合作论坛"，邀请区内三一重工、北汽福田、中国石油大学等20余家企业和高校代表参加，与德方政府和企业界人士相互交流发展经验、共同寻求合作机遇；协助区教委与纽伦堡地区工商会、德国工商总会上海分会签署了职业教育合作协议；协助引进国际组织落户昌平，由国家半导体照明工程研发及产业联盟（CSA）主导成立的国际半导体照明联盟（ISA，非政府间国际组织）正式落户未来科技城；参与了韩国KCTV济州电视台与昌平广播电视台业务合作框架协议的签署仪式；在区委副书记、区长金树东出访马来西亚期间，协助举行北京科技商务区招商推介会。区港澳服务中心积极协助区商务委做好昌平区参加第十六届京港洽谈会的各项组织筹备工作，确保了昌平专场活动的成功举办；推动区内重点中学与美国北卡罗莱纳州教育代表团就联合办学、招收中国学生、中美高中生交流、中美教师培训与交流等项目进行商洽对接，为昌平教育国际化做出积极努力；有效利用接待友城来访、外宾参观等团组的有利时机，有针对性地安排外宾考察中关村科技园区昌平园、科技商务区、未来科技城、沙河大学城、东城新区等区内重点项目，宣传推介昌平发展环境和产业政策，全面展示昌平形象；创新思路，服务企业"走出去"。修订完善《昌平区APEC商务旅行卡申办实施细则》，细化区内审批流程，为北京兴昌高科技发展有限公司、北京铭嘉房地产开发有限公司及北京市阳坊胜利涮羊肉食品集团等3家区属国企和民营企业申办APEC商务旅行卡；与中国人民对外友好协会、中国友好和平发展基金会、韩国希杰集团等单位共同组织了"梦享音乐教室"慈善活动，为区农民工子弟学校——雨竹学校捐赠人民币100万元，用于教室改建、师资聘请及教学条件的改善，为外来务工子女营造良好的就学环境。

（孙利勇　张冰）

【涉外管理联动机制不断完善】　年内，加强与相关部门的协调配合，不断规范区对教育领域聘请外国专家工作的管理，区政府外办、区人力社保局、区教委、公安昌平分局联合对北京新东方外国语学校、苹果树幼儿园、汇佳幼儿园、常青藤儿童教育培训学校等4所申请聘请外籍教师资格的民办校进行了初审和实地检查。认真做好涉日维稳和十八大期间涉外维稳工作，及时传达重要文件精神和工作要求。配合公安昌平分局出入境管理大队进行涉外案件现场处置桌面推演,全力确保重点时期全区的涉外安全稳定。全面了解驻昌境外非政府组织活动情况,认真撰写并上报工作总结。协助公安、商务部门,妥善处置老挝计划投资部官员在区病亡事件,未造成负面影响。

(孙利勇　张冰)

【国际语言环境建设能力不断提高】　年内,区政府外办制定了《昌平区落实 < 首都国际语言环境建设工作规划(2011 年—2015 年) > 实施方案》和《关于深入开展 2012 年昌平区国际语言环境建设工作的通知》;围绕年初在昌平举办的 2012 年第七届世界草莓大会、小汤山温泉文化节等重要活动,邀请外籍专家检查指导主场馆及周边道路、宾馆饭店、民俗旅游村的双语标识工作;继续扩大昌平区外语志愿者专业服务队力量,共招收了 93 名志愿者,先后参与了第七届世界草莓大会、小汤山温泉文化节、首届北京国际航空运动邀请赛、环北京公路自行车赛、秋季国际长走大会等大型活动以及国际友城来访的外事接待工作;积极组织并鼓励区内机关、事业单位人员参加北京英语水平考试,共有 35 人报名参加,多人顺利通过考核,被列入全区外语人才库;会同区内标识归属职能部门组成联合检查小组,从区外语志愿者专业服务队选拔了 12 名优秀志愿者共同参与,利用一周时间对 15 家单位的 600 余块中英双语标识牌进行了集中检查,并逐一进行了校对和反馈,责成各标识归属职能部门督促受检单位整改落实;配合市政府外办国际语言环境建设处在流村镇南流村开展了结对帮扶活动,建立了 3 个"市民讲外语活动志愿者爱心图书室"。

(孙利勇　张冰)

【外事接待能力和服务质量不断提升】　年内,全力配合国家外交和首都外事工作,累计接待外交部、中联部、全国友协、市政府外办等部门安排的重要外宾团组 7 个、140 余人,区内考察访问团组 21 个、580 余人;完成 2 月举办的第七届世界草莓大会各项外事工作任务;圆满完成了首届中国北京国际魔术大会,2012 北京国际越野挑战赛,首届北京国际航空运动邀请赛,环北京公路自行车赛,秋季国际长走大会,第九届温泉文化节、苹果文化节等区内大型赛事活动的涉外保障和服务任务;为国际园艺学会主席、联合国粮农组织驻华副代表、世界魔术联盟主席、亚洲魔术联盟主席、各国驻华使节、北京市及昌平区国际友好城市代表等重要外宾共计 213 人提供高标准的外事接待服务。

(孙利勇　许薇薇)

【友城交往务实合作不断推进】　年内,区领导高度重视友城交往工作,坚持发展友好关系与推进务实合作相结合,持续扩大交往范围。区委书记侯君舒会见了应邀出席草莓大会的韩国金井区区厅长元井喜、韩国首尔道峰区局长李庸心、法国马恩河谷新区副主席安德里·尤斯特率领的友城代表团;区委副书记、区长金树东会见了以加拿大安大略省杜兰行政区主席罗杰·安德森率领的政府代表团一行,并签署战略合作协议,另外还会见了以丹斯里拿督刘荣华准将和沙巴州斗湖区议会主席拿督伊斯麦为团长的马来西亚代表团,就昌平区与斗湖区建立友好交流城市关系进行了商洽并初步达成共识;区委常委、组织部长李良,副区长周云帆代表区政府分别与匈牙利布达佩斯市 22 区、法国巴黎大区布希圣乔治市签署了友好合作谅解备忘录,使区友城数量达到 10 个,将重点开展在城市建设与管理、生态环境保护、旅游、教育与文化等各方面的交流与合作。

(孙利勇　许薇薇)

【制定实施《友好城市合作任务分解表》】　年内,制定实施了《2012 年国际友好城市合作项目任务分解表》,与已建友城进一步丰富文化、教育等领域的交流合作。一是与韩国道峰区开展了小学生日常书信往来的交友活动;二是积极探索区内高校与韩国德成女子大学互换生交流项目;三是安排道峰区第八任驻昌交流员为区部分中学师生讲授基础韩语;四是完成了第四批昌平区与道峰区中学生互访文化交流活动,双方成功选派了第九任交流员;五是区教委组织小学生团组赴日本板柳町进行小学生文化交流活动;六是与日本文京区分别选派男、女运动员各一名共同组队参加了由中日友好协会、中国乒乓球协会、社团法人日中友好协会、日本乒乓球协会举办的"中日友好交流城市初中生乒乓球友谊比赛大会",并荣获"纪念奖";七是北京交通职业技术学院与法国巴黎东大马恩河谷大学举办合作办学签字仪式,双方将立足培养面向国际复合型人才的实际需求,本着优势互补、资源共享的原则开展合作办学;八是德国组伦堡市新任副市长费尔斯博士和地区工商会主席冯·皮琉斯博士率团访问昌平，加深了两区在能源环保、生物医药、工业自动化、职业教育等领域的交流与合作。

（孙利勇　许薇薇）

信访工作

【概　况】　2012年，区信访办紧紧围绕区委、区政府中心工作，以群众诉求为导向，以密切联系群众为基础，以群众满意为标准，坚持把信访工作放在群众工作全局中谋划、推进和落实。工作中，以"两机制一中心"工作体制为切入点，巩固和发展从源头做、全过程做、靠大家做的工作局面，推动信访工作包容性发展，深入发展了昌平信访工作模式。全年，到区信访总量2224件批次，同比下降15.6%。其中来访513批7911人次、集体访387批7618人次；来信1711件、联名信16件904人签名；受理复查件31件、维持18件、发回重新办理的9件、变更2件、撤销2件。2012年，区信访办党支部被中央组织部评为全国创先争优先进基层党组织；区信访办被人力资源和社会保障部、国家信访局评为全国信访系统先进集体。

（叶莉）

单位名称：昌平区人民政府信访办公室
地址：昌平区政府街19号
联系电话：(010)80112107
邮编：102200

【全面开展世界草莓大会信访安保工作】　2月16日至23日，区信访办成立第七届世界草莓大会信访安保工作领导小组，在大会现场设立小汤山信访接待站和兴寿信访接待站，共接待上访群众31批274人，未发生群众到会场上访行为。

（叶莉）

【检查区全国"两会"安保维稳工作】　2月23日，市委常委、宣传部长、副市长鲁炜带领督查组检查昌平区全国"两会"安保维稳工作落实情况。区领导侯君舒等参加座谈会。

（叶莉）

【区"两会"维稳安保工作部署会召开】　3月1日，昌平区2012年全国"两会"维稳安保工作部署会召开，就全国"两会"期间信访工作进行部署。

（叶莉）

【集中开展领导干部"大下访"活动】　3月6日至23日，区集中开展领导干部"大下访"活动。区领导共下访47人次，走遍全区17个镇(街)，现场会商93件、协调解决79件重大疑难信访问题。

（叶莉）

【未来科技城农民工服务管理中心成立】　4月13日，在北七家镇政府召开了未来科技城农民工服务管理中心成立暨昌平区妥善处理农民工讨薪问题工作部署大会，未来科技城农民工服务管理中心正式运行。

（叶莉）

【"包容、有序、和谐"宣传日活动举办】　5月12日，区信访办、区住建委、区人保局、区司法局、区总工会联合在未来科技城国电工地开展"包容、有序、和谐"为主题的信访条例宣传月启动活动。市政府副秘书长、市信访办主任薄钢，区委常委、副区长孙启参与启动日活动。全区83个宣传站点同时开展了形式多样的信访宣传活动。

（叶莉）

【组建义务人民建议征集员队伍】　6月14日，义务人民建议征集员队伍组建大会召开，全区各镇(街)、社区(村)300名义务人民建议征集员正式受聘上岗。

（叶莉）

【十八大维稳工作动员部署会召开】　8月3日，十八大维稳工作动员部署会召开，安排部署当前和党的十八大召开期间全区安全稳定工作。

（叶莉）

【中央信访工作北京督导组到昌平督导检查】　8月16日至17日，中央信访工作北京督导组在督导组组长、人力资源和社会保障部党组副书记、副部长杨志明带领下，到区督导检查信访工作和落实"无拖欠工资"工作情况。

（叶莉）

【在市信访舆情应对工作推进会上做典型发言】　8月20日至21日，全市信访网络舆情应对工作推进会召开。会上，昌平等区县做典型经验发言。

（叶莉）

【迎接十八大安保誓师大会召开】　10月9日，迎接十八大安保誓师大会召开，区四套领导班子成员参加会议，对十八大安全维稳工作进行再动员再部署。

（叶莉）

【重点人工作部署会召开】 10月17日，重点人工作部署会召开，对全区重点人稳控工作进行专题部署。

（叶莉）

【中央编办到昌平调研】 10月19日，中央编办到昌平区调研。区委常委、组织部长李良陪同调研。

（叶莉）

【开展维护农民工合法权益综合大检查】 10月29日，喜迎十八大，维护农民工合法权益综合大检查动员部署会召开，成立区信访办、区住建委、区人保局、区总工会等相关职能部门组成的专项检查组，重点针对重点功能区在施建筑工地进行检查。

（叶莉）

【中央联席办督导组到区督导信访工作】 11月3日，中央联席办督导组一行7人到昌平暗访督导信访工作。当日，大接访值班领导区委常委、区纪委书记王晓霞接待了督导组一行。

（叶莉）

【开展信访系统专题培训】 11月28日至29日、12月4日至5日，区信访办开展信访系统专题培训，对100余名信访干部分两批进行了信访工作基础理论、业务知识的授课。

（叶莉）

【开展年终考核检查】 12月18日至20日，区信访办对各镇（街道）、北企公司2012年信访工作落实情况进行全面考核检查，同时就2013年工作目标和思路做出具体部署。

（叶莉）

【坚持区领导研究重点信访问题专题会机制】 年内，召开区领导研究重点信访问题专题会，研究部署6件重点信访问题。

（叶莉）

【信息报送快捷高效】 年内，区信访办共编发《昌平区社会矛盾纠纷排查信息》249期、《每日访情》249期、《信访工作信息》36期、《信访工作专报》31期、《信访动态》12期、《昌平信访》6期，共计50余万字。

（叶莉）

应急管理工作

【概　况】 2005年8月，按照市政府统一安排部署，昌平区成立了北京市昌平区突发事件应急委员会（简称“区应急委”）。主任由区长担任，副主任由区委分管副书记和常务副区长担任，委员由区委、区政府分管各类突发事件应对和处置的区领导，区委宣传部部长，区委办、区政府办主任、公安分局局长、区武装部、预备役团主要负责人担任。组成人员为区内45个相关部门和有关单位的主要负责同志。区应急委主要职责是：研究制定全区应对突发事件的重大决策和指导意见；审定区突发事件总体应急预案；负责组织指挥处置本区内较大、一般突发事件；在应对突发事件工作中协调与中央、市属各部门、驻昌部队及其他有关部门和单位的关系；在市应急委的统一领导下，组织开展特别重大、重大突发事件的相关应对工作；分析总结全区年度应对突发事件工作。

2012年，在市委、市政府的统一领导下，在市应急办的具体指导下，昌平区应急管理系统各单位紧紧围绕全市“三个坚持”、“三个增强”和“六个强化”的应急管理目标和构建“人文应急、科技应急、绿色应急”的首都城市安全保障体系要求，加强应急管理体系建设。全区应急管理联动机制初步形成，应急管理基础设施不断完善，应急管理队伍建设得到加强，基层组织自救互救能力明显提高，有效防范和处置了各类突发事件，最大限度地减轻和消除了突发事件造成的社会危害和影响，确保了全区经济社会持续、快速、健康发展。

（张琛　李为学　安静怡）

单位名称：昌平区突发事件应急办公室
地址：昌平区政府街19号
电话：(010)89701523
邮编：102200

【全面开展应急志愿服务总队志愿者注册工作】 3月，按照全市统一部署，区应急办会同团区委组织实施全区应急志愿者队伍网上注册工作。截至到3月底，共完成29支应急志愿队伍注册工作，注册应急志愿者1952人，首批发放应急包1437

个,初步形成了以民防、消防、地震、医疗急救等志愿服务项目为依托的应急志愿者体系,全区应急志愿者队伍建设逐步完善。

(张琛 李为学 安静怡)

【第二季度公共安全形势分析会召开】 3月27日,区应急委召开全区应急系统公共安全形势分析会,各专项指挥部办公室、各镇街道主管领导及全区应急工作人员100人参加会议。会议对一季度安全形势进行总结,对第二季度应急工作进行部署,区委常委、常务副区长张燕友出席会议并讲话。

(张琛 李为学 安静怡)

【绘制完成社区应急避险图】 5月,由区应急办牵头,区民政局负责绘制完成了全区487个村(居)委会的社区应急避险图,该图包括政府机构办公地点和过渡性避险安置场所的区域标点、疏散路线、社区风险源的标注及社区信息等基础数据。避险图验收合格后将在市民政信息网中运行,市民可以通过网络和手册查询本社区基本情况、避险路线和临时疏散场所,在灾难发生时第一时间安全撤离,保证生命财产安全。

(张琛 李为学 安静怡)

【组织开展5·12防灾减灾日宣传活动】 5月11日,在昌平亢山广场,区应急委组织各专项应急指挥部开展了以“弘扬公共安全文化、倡导应急志愿精神、建设安全和谐首都”为主题的集中宣传日活动。区领导张燕友、孙启、王承军出席宣传日活动。本次活动以宣传展板、现场解答、发放宣传资料、现场展示等形式向群众大力宣传防灾减灾、应急避险、消防知识、公共卫生等相关知识和技能,并通过LED信息显示屏播放以应急管理法规政策,防灾减灾,应急避难,公共安全知识为主要内容宣传标语。各镇街结合自己的特点,在主要街道和大型社区设立分会场开展了防灾减灾宣传活动。

(张琛 李为学 安静怡)

【举行“安全生产月”咨询日活动】 6月10日,2012年“安全生产月”咨询日活动暨安全文化主题公园揭牌仪式在昌平永安公园举行。咨询日活动通过悬挂横幅、摆放展板、设置咨询台、发放宣传材料等形式为群众现场解答安全生产相关问题,宣传安全生产知识;各镇街道在各辖区内及设立了安全生产月咨询日活动分会场,共设置展板400余块,悬挂横幅80余条,发放各类宣传材料等共10万余份。

(张琛 李为学 安静怡)

【第三季度公共安全形势分析会召开】 6月25日,区应急委召开全区应急系统公共安全形势分析会,各专项指挥部办公室、各镇街道主管领导及全区应急工作人员100人参加会议。会议对一季度安全形势进行总结,对第二季度应急工作进行部署,副区长周云帆出席会议并讲话。

(张琛 李为学 安静怡)

【全力做好强降雨应对工作】 7月21日,全市普降大到暴雨,区防汛抗旱指挥部及时启动了应急预案,依托全区40个雨量遥测站,实时监测降雨情况、掌握天气变化,及时做好预警发布工作,全区各相关单位迅速反应,积极应对,按照“雨前排查、雨中巡查、雨后核查”的要求,组织力量对山区地质灾害易发区、主要道路桥梁、河道排干、水利工程及老旧小区、地下空间等关键部位进行了全面排查,及时消除强降雨引起的各类安全隐患,全区未发生因暴雨导致的人员伤亡事件。

(张琛 李为学 安静怡)

【第四季度公共安全形势分析会召开】 9月24日,区应急委召开区应急系统公共安全形势分析会,各专项指挥部办公室、各镇街道主管领导及全区应急工作人员100人参加会议。会议对三季度安全形势进行总结,对第四季度安全工作进行部署。区委常委、常务副区长张燕友出席会议并讲话。

(张琛 李为学 安静怡)

【做好雨雪特殊天气应对工作】 11月3日,辖区内普降大雪,造成京藏高速、京新高速、110国道大量机动车滞留,区及时启动相关应急预案,成立由区委书记牵头的总指挥部和三个现场分指挥部,统筹调度三条道路的交通拥堵和救援工作。积极协调和发动驻昌部队、沿线镇村及机关工作人员集中进行大面积扫雪铲冰作业,并紧急调运食品、饮水、药品、燃油、棉衣等物资,救援滞留的司乘人员及车辆,共发放食品11400份、棉被535件、棉大衣311件、柴油5.5吨。

(张琛 李为学 安静怡)

招商工作

【概　况】 2012年,昌平区投资促进局(简称"区投促局")在区委、区政府的正确领导下,紧紧围绕"集中力量建设高端引领、创新驱动、绿色发展、开放包容的京北创新中心、国际科教新城"这一目标和任务,努力践行工作零差错、配合无缝隙、服务全满意、情利永相宜的工作理念,圆满完成了区委、区政府下达的全年任务指标,为区域经济社会发展做出积极贡献。全年共引进企业372家,新增注册资金180.53亿元人民币,分别较上年同期增长78.8%和95.8%,其中引进注册资金千万元以上企业91个,注册资本176.4亿元,分别较上年同期增长38%和94%。

(陈唤宇)

单位名称:昌平区投资促进局
地址:昌平区龙水路22号院4号楼1205室
电话:(010)69726240
邮编:102200

【央企项目增长强劲】 年内,区投促局进一步理清央企项目情况,完善与央企沟通协调机制,提升服务央企质量,充分释放中央企业优势,尽快形成中央企业增长极,巧借大型央企之力实现昌平区"跨越式发展"的目标。全年新引进央企项目21家,注册资本总额136.4亿元人民币,同比增长105.3%。

(陈唤宇)

【精心策划参展"第十五届科技产业博览会"】 5月22日至27日,区投促局代表昌平区参加了第15届中国北京国际科技产业博览会,通过项目推介、网络布展、项目签约、形象展示4大系列活动,全方位、多角度的诠释了"京北创新中心、国际科教新城"的丰富内涵。此次活动亮点突出、成效显著。一是展位提升:首次进入国展1号馆,1号馆是国际展览中心内规模最大、层次最高的展馆,是中央企业展馆,是领导、观众必经的展馆;二是展位面积增加:展位面积432平方米,是区参展历届科博会面积最大的,体现了区发展成果;三是展示内容突出:今年展示了未来科技城、TBD两个重点功能区;四是巧借网络宣传:本区是唯一一家在科博会官方网站首页进行全方位展示的参展单位,科博会期间昌平子网的访问量日均超过了1000人。获得了科技部、商务部、工信部等7大部委联合颁发的"最佳组织奖"。多家新闻媒体将昌平区的项目签约情况与形象展示情况进行了大篇幅的报道,引起社会各界的广泛关注;期间发放2000份宣传资料,有180家企业及中介机构给我们留下联系方式。

(陈唤宇)

【驻京中外知名企业投资昌平行活动举行】 4月20日,区投促局承担了区政府与市投资促进局共同举办的"驻京中外知名企业投资昌平行活动"。GE、三菱东京日联银行、沃尔玛、中化股份、爱国者数码、中国风险投资等150余家驻京跨国公司、央企、大型民企、股权投资机构等各类企业,参加了此次活动。市投资促进局局长周卫民、副局长税勇,区委书记侯君舒、副区长周云帆等领导出席活动。驻京中外知名企业实地考察了中关村生命科学园、未来科技城等重点产业园区,详细了解了昌平区"十二五"期间产业发展定位、经济结构调整和企业投资导向。通过此次活动,促进了企业投资发展与区经济社会发展有效融合与对接。活动后,多家企业表示了到昌平投资发展的意向。

(陈唤宇)

【中国北京昌平(新加坡)投资推介会成功举办】 6月20日,"2012·中国北京市昌平区投资推介会"在新加坡成功举办。新加坡官方机构"国际企业发展局"和高盛、摩根士坦利、腾飞集团、丰树产业、中化集团等近30家驻新加坡知名中外企业参会。副区长周云帆、中投公司副总裁李川北重点推介了昌平区域投资环境和未来城、TBD两个重点功能区,展示了北京昌平全新的形象和发展机遇。此次推介活动不仅与新加坡官方及重点企业建立了初步联系,同时引发了新方企业的广泛关注,为加深新加坡与区合作交流,推动区相关产业转型升级奠定了基础。

(陈唤宇)

【第七届世界草莓大会服务保障工作圆满完成】 2月18日至22日,第七届世界草莓大会召开。区投促局作为本次草莓大会外围保障团队的成员,承担了对口省市接待、城市建设管理考察、上级和重点项目接待、现场展览展示四项任务。区投促局本着"精心组织、合理筹划、热情周到、确保安全"的工作原则,全力以赴做好草莓大会保障工作,圆满完成了各项任务安排,对外宣传了区良好的投资环境。

(陈唤宇)

【第九届苹果文化节各项工作任务完成顺利】 北京昌平第九届苹果文化节于10月至11月举办。区投促局承担了苹果节五大板块活动之一的招商板块工作。为借助好这一平台密切政企联系，促进重大项目落地，推进投资促进工作开展，区投资促进局举办了两场以“金秋品鉴苹果情·共谋发展聚昌平”为主题的企业家金秋联谊活动，邀请60家驻昌央企业、纳税大户和重点在谈项目的150位企业家、项目负责人畅谈发展、深化合作，并重点宣传推介未来城、TBD等重点功能区招商项目，进一步提升昌平对外形象和影响力，吸引社会各界关注、支持并投身于昌平的建设和发展。

（陈唤宇）

【参加第十六届京港洽谈会效果显著】 年内，在京港会期间，区成功举办了“牵手香江聚焦昌平”北京昌平区重点功能区香港推介会，重点推介了区良好的投资环境以及北京未来科技城、北京科技商务区、昌平新城文化创意新区等重点功能区情况。招商局地产、昆仑能源、简式国际汽车等8个项目实现在京港会上签约，总签约额投资达110亿元，引起了香港各界的广泛关注。通过此次活动，扩大了科技商务区TBD、未来科技城、新城东区和十三陵特区等重点功能区知名度，为顺利引进港资做好铺垫；此外还与香港官方机构、重点企业建立联系，增进了解，掌握了一批有价值的投资信息，进一步加强与香港的经贸合作奠定了基础。

（陈唤宇）

【联手高校服务在昌企业】 3月10日，为搭建校企桥梁，促进人才就业，区投促局与市高校毕业生就业指导中心、中国石油大学共同举办2012届毕业生春季校园双选会。中海阳（北京）新能源电力股份有限公司、北京康比特体育科技股份有限公司等14家企业带着73个岗位与2000多名应届毕业生双选。双选会期间，企业与500余名学生参加面试，收到160余份简历，20名学生与用人单位签订了意向书。

（陈唤宇）

人口和计划生育工作

【概 况】 2012年，在市人口计生委指导和区委、区政府领导下，区人口计生工作以稳定低生育水平、提高出生人口素质、完善落实计生惠民利益导向政策、促进人口长期均衡发展为目标，以“幸福家庭，和谐人口”为主线，以创新为动力，以为大局、为群众服务为原则，以开展计生惠民工程为载体，凝心聚力、开拓创新、扎实推进人口计生工作。年度户籍出生6808人，符合政策生育率98.24%。

（张金华　王佩锋）

单位名称：昌平区人口和计划生育委员会
地址：昌平区五街煤市口胡同2号
电话：(010)69710342
邮编：102200

【文化科技卫生“三下乡”活动启动】 1月6日，北京市2012年人口计生系统文化科技卫生“三下乡”活动启动仪式在沙河镇举办。

（张金华　王佩锋）

【“流动人口计生优秀小组长”表彰会召开】 1月9日，区人口计生委召开“流动人口计划生育优秀小组长”总结表彰会。各镇街计生办主任、流动人口协管员、流动人口小组长60余人参加。

（张金华　王佩锋）

【“幸福家庭－亲情牵手志愿者”座谈会召开】 1月13日，区人口计生委、计生协举办“幸福家庭亲情牵手志愿者”座谈会。

（张金华　王佩锋）

【市区领导慰问基层困难计生干部】 1月19日，市人口计生委副主任徐捷、区人大副主任李春菊、副区长刘淑华等领导慰问马池口镇和南口镇困难计生专干。

（张金华　王佩锋）

【国家人口计生委科技司领导到区调研】 3月13日，国家人口计生委科技司领导许梅林，北京市人口计生委副主任耿玉田、科技处处长周新茹到区调研指导免费孕前优生健康检查项目进展情况工作，并充分肯定区免费孕前优生健康检查工作。

（张金华　王佩锋）

【举办人口计生业务培训】 4月11日至12日，区人口计生委围绕行政法规、信息化建设等方面内容进行培训。共培训200多人。

（张金华　王佩锋）

【走访慰问计生困难特殊家庭】 4月9日至20日，由区人口计生委主任石彩红带头，各分管主任带队、各科室集中走访慰问计生专干和计生困难特殊家庭。

（张金华　王佩锋）

【广东、昌平依法行政工作交流】 4月23日，广东省人口计生委政法处处长卢璐率领湛江、珠海、惠州等市的12名计生局长，市人口计生委政法处处长张瑞霞陪同到区学习交流依法行政工作。

（张金华 王佩锋）

【80台避孕药具自助机进大社区】 4月下旬，区人口计生委在辖区内的天通苑、回龙观等大型社区新安装80台用二代身份证刷卡免费领取的避孕药具自助发放机。

（张金华 王佩锋）

【新增两家免费孕前优生健康检查定点医院】 5月4日，昌平新增南口医院、华一医院为免费孕前优生健康检查定点医院。

（张金华 王佩锋）

【区人大领导听取人口调控工作汇报】 6月7日，区人大常委会副主任李春菊、郑国柱等领导携区人大代表一行到区人口计生委听取人口规模调控工作汇报。

（张金华 王佩锋）

【人户分离人口调研工作座谈会召开】 7月11日至12日，北京大学社会学系教授、国家人口计生委专家委员陆杰华一行到东小口、回龙观镇调研人户分离人口工作。

（张金华 王佩锋）

【药具管理信息系统正式运行】 8月1日，区药具站自行研发《药具信息管理系统》软件，依托区政府网，提高了区、镇、村三级药具发放信息化管理水平。

（张金华 王佩锋）

【治理出生人口性别比工作联席会召开】 8月10日，区召开综合治理出生人口性别比工作领导小组成员单位联席会，研究部署2012年区综合治理出生人口性别比工作。区人口计生委、卫生局等7个部门参加。

（张金华 王佩锋）

【"关爱女孩－阳光助学"行动】 8月22日，区人口计生委为125名考上大学的农村困难独生女孩发放助学金36.05万元。

（张金华 王佩锋）

【昌平、延庆失独家庭联谊活动】 8月30日，昌平区和延庆县人口计生委联合举办失独家庭亲情牵手"珍珠山水幸福之旅"联谊活动。

（张金华 王佩锋）

【市人口计生委领导调研信访维稳工作】 9月6日，市人口计生委副主任彭彧华一行到区调研人口和计划生育信访维稳及宣传教育工作。

（张金华 王佩锋）

【孕前优生健康检查项目督导会召开】 9月21日，由市人口计生委党组书记、主任刘志主持召开的免费孕前优生健康检查项目督导会在区举办。昌平作典型发言，向全市介绍经验。

（张金华 王佩锋）

【昌平举办顺义菊花节·幸福之旅活动】 10月17日，昌平区和顺义区人口计生委联合举办失独家庭亲情牵手"顺义菊花节 幸福之旅"联谊活动。

（张金华 王佩锋）

【区计生协第四次代表大会召开】 10月26日，市人口计生委副主任、市计生协第一副会长彭彧华、副区长刘淑华、区人口计生委主任石彩红等领导出席大会。

（张金华 王佩锋）

【区政协领导视察人口计生工作】 10月29日，区政协主席王书合带领区政协领导和部分政协委员一行15人到区人口计生委视察指导工作。区人口计生委主任石彩虹作工作汇报。

（张金华 王佩锋）

【市人口计生委检查考核阳光计生工作】 11月28日，驻市人口计生委纪检组组长刘晓军带领检查组一行6人到区检查"阳光计生"工作情况。

（张金华 王佩锋）

【举办"人口计生杯"大学生辩论赛】 12月9日，由区人口计生委和中国政法大学共同举办的"人口计生杯"大学生青春健康辩论决赛。

（张金华 王佩锋）

【开展关爱失独家庭健康体检】 12月18日，区人口计生委为全区200余名失独老人开展免费健康体检，共投资3万余元。

（张金华 王佩锋）

档案工作

【概　况】 2012年，在区委、区政府的正确领导下，昌平区档案局（馆）人员紧紧围绕迎接党的十八大胜利召开，履职尽责，拼搏进取，真抓实干，以服务大局、改善民生为重点，以弘扬档案文化为亮点，以加强档案安全建设为保障，较好完成全年各项工作任务，为建设现代化的京北创新中心、国际科教新城积极贡献了力量。

（王金颖）

单位名称：昌平区档案局
地址：昌平区东环路144号
电话：（010）69709438转107

邮编:102200

【完成第七届世界草莓大会记录归档工作】 2月18日至22日,第七届世界草莓大会在昌平召开。作为第七届世界草莓大会组委会成员单位之一,昌平区档案局提前进驻,圆满完成了大会拍摄及会期档案的记录、收集和归档的督导工作。7月26日,第七届世界草莓大会档案交接仪式在区档案馆举行。区草莓办向区档案馆移交了2009年以来大会相关文书、实物、基建等档案共计1500余卷件。区草莓办、区农委、农服中心、园林绿化局、水务局、经管站、农业局、新农办参加了交接仪式。

(王金颖)

【数码照片及重大活动声像档案管理研讨会】 2月29日,区档案局召开数码照片档案管理及重大活动声像档案管理研讨会。区委常委、宣传部部长余俊生,副区长刘淑华,区政府办、区委组织部、区新闻中心等单位出席研讨会。研讨会上就区重大活动档案现状和管理工作中存在的问题进行了商讨,会后形成了《昌平区重大活动档案管理办法》和《关于加强重大活动声像档案工作的通知》等规范性文件。

(王金颖)

【举办档案员业务培训班】 3月27日至30日,昌平区2012年度档案工作培训班在区委党校举行,副区长刘淑华出席并讲话,区档案局局长赵丽君做情况汇报。此次培训采取理论与实际相结合的形式,重在实际操作,以提高新任职档案工作人员的基本理论水平和实际操作能力。全区共100名新上岗档案员参加培训,全部通过了考试。

(王金颖)

【举办"弘扬雷锋精神"主题辩论会】 4月19日,区档案局举办"弘扬雷锋精神"主题辩论会。6支队伍围绕"在当代,雷锋精神是否过时"、"学雷锋应不应该高调"、"在当代,学雷锋的行为该不该获得物质奖励"这三个主题,进行了激烈精彩的辩论,对当下如何学习雷锋精神进行了深入的探讨。区委组织部、区委宣传部、区直机关工委,团区委,区文明办单位领导出席了辩论会并对此次活动给予了充分肯定和高度赞扬,部分处级单位档案员40余人参加了辩论会。

(王金颖)

【举办档案工作业务规范培训会】 5月9日至10日,区档案局在区老干部局举办了两期档案工作业务规范培训会。培训会对《北京市区县机关档案工作测评办法》《北京市数码照片归档与管理办法》以及《昌平区重大活动档案管理办法》和《关于加强重大活动声像档案工作的通知》等业务规范进行了解读。全区133个处级单位180名档案员参加培训。

(王金颖)

【举办"粽叶飘香说端午"活动】 6月16日,区档案馆举办"粽叶飘香说端午"传统文化教育活动。来自25个家庭的代表来到区档案馆,学端午起源,吃五毒酥饼,系五色丝绳,佩艾草香囊,一起动手包粽子,感受传统文化魅力。

(王金颖)

【国家档案局领导来馆调研】 6月20日,国家档案局副局长杨继波一行8人到区档案馆调研,区档案局局长赵丽君汇报情况并陪同参观了昌平区情展览、数字化室、音像档案库、采编室等。杨继波对昌平档案一班人团结进取、不断创新的工作精神给予充分肯定。副局长杨兴朝、芦晓竹及局馆科以上干部参加调研。

(王金颖)

【征集昌平档案】 6月27日,区档案馆到中央档案馆征集到毛泽东主席签名的十三陵水库实寄封的仿真件、毛泽东签署的有关解放战争中进攻南口、昌平、沙河地区的命令的仿真件等档案资料。

(王金颖)

【调整内部机构】 7月11日,根据昌编办事【2012】20号《关于调整区档案局内设机构的函》的文件精神,区档案局调整内设机构,增设业务指导一科、业务指导二科和法制教育与培训科,撤销业务指导和法制教育科。调整后的区档案局为7科1室,即:办公室、管理科、编研科、信息化科、征集科、业务指导一科、业务指导二科和法制教育与培训科。

(王金颖)

【开展档案汛期安全检查】 7月30日至8月2日,区档案局局长赵丽君、副局长杨兴朝分别带队,到区住建委、区人力社保局、区法院、区卫生局、北京永安热力有限公司、区水务局及其施工总队进行档案汛期安全检查,对各单位存在的问题提出整改意见。

(王金颖)

【举办"档案馆日"活动】 9月5日,区档案馆举办北京市第四届"档案馆日"开放活动。活动当天,百余名公众走进区档案馆,参观了《京畿昌平区情展》《昌平区档案局馆"两创"工作成果展》,体验了档案数字化查档与手工查档的区别、观摩了档案裱糊、观看了专题片《家的记忆》、参与了档案咨询问答等系列活动。当天档案馆共接待142人次,发放档案宣传材料5种500余份。

(王金颖)

【举办档案大讲堂活动】 9月7日,区档案局举办档案大讲堂活动,邀请中华艺术教育研究会杜玉琛教授,为档案系统工作人员讲授《践行北京精神,提速提素》的主题讲座。来自机关工委、市政委、农委、建委、教委、社工委、发改委、国资委及政法委各系统档案工作人员40人参加活动。

(王金颖)

【举办社区法律法规知识竞赛决赛】 9月26日,区档案局、区民政局在区广电中心联合举办"加强社区档案管理,服务和谐社区建设"法律法规知识竞赛决赛。全区189个社区的600名社区工作者通过笔试选拔,以镇街为单位组成6支代表队参加决赛。经过个人必答题、小组必答题、抢答题和风险题四个环节,南口镇代表队以390分的成绩摘冠,小汤山镇、北七家代表队荣获第二名,回龙观镇、城北街道、城南街道代表队获得第三名。在竞赛现场从回收的600份初赛答题卡中抽取了一等奖1名、二等奖2名、三等奖3名、纪念奖20名。同时,增设了观众答题环节,整个现场气氛紧张而热烈。区法制办主任王基业、区档案局局长赵丽君、区民政局局长杨洪达等领导出席竞赛活动并为获奖者颁发证书。

(王金颖)

【开展全区档案行政执法检查】 10月16日至29日,在全区各处级单位档案自查的基础上,区档案局对全区43个处级单位和7个行政村进行抽查。区人大教科文卫工委、区政府法制办参加了检查。检查继续实行百分考核办法,按检查标准打分,对查出问题较严重的单位,发《限期整改通知书》,并按行政处罚程序进行处罚。今年执法检查的重点是:履行《档案法》和《北京市实施<档案法>办法》规定职责的情况;档案安全隐患排查;涉及民生重点项目、重大活动等档案资料收集、归档和利用工作的开展情况等。通过检查未发现违法行为。

(王金颖)

【举办档案员继续教育培训班】 10月17至18日,为不断完善档案工作人员知识结构,及时更新业务知识,区档案局在区委党校举办了为期2天的档案员继续教育培训班。培训课程分别由国家档案局副局长李明华、北京社会主义学院副院长姜之茂、市档案局副局长陶水龙、市档案局副巡视员张益民主讲,课程内容包括档案文化建设若干问题、档案信息化与数字档案馆、档案安全、《党政机关公文处理工作条例》辅导讲座等。来自全区处级单位的150余名档案工作者参加培训。

(王金颖)

【区领导检查档案工作】 10月23日,副区长刘淑华带队检查回龙观镇政府、未来科技城管委会和未来科技城开发建设有限公司档案管理情况。区人大教科文卫工委、区政府法制办有关领导参加检查。

(王金颖)

【新农村建设档案工作示范区经验交流会举行】 10月30日,市创建新农村建设档案工作示范区经验交流会在小汤山召开。副区长刘淑华出席会议,区档案局局长赵丽君作题为《昌平区创建全国社会主义新农村建设档案工作示范区工作经验与体会》的典型发言。

(王金颖)

【举办档案法制"12·4"宣传月活动】 11月26日至12月10日,区档案局以"坚持依法治档,服务科学发展"为主题,在全区范围内开展了"12·4"法制宣传系列活动。通过查阅大厅电子屏幕、横幅、门户网站等载体,上街宣传、广播投稿、观看宣传影像等形式,大力宣传档案法律法规。12月4日,区档案局在亢山广场设置法律咨询台,开展现场咨询。发放档案法律法规宣传品800余件,接待咨询群众150余人次。

(王金颖)

【区首家市区县机关档案工作市级优秀单位】 12月19日,市区县机关档案工作测评小组通过听取自查汇报、审查相关佐证材料、实地查看档案室的方式对崔村镇机关的档案工作进行了测评。该镇以103分通过测评,成为昌平区首家北京市区县机关档案工作市级优秀单位。

(王金颖)

【获全国社会主义新农村建设档案工作示范称号】 12月26日,由国家档案局、民政部和农业部联合举办的全国社会主义新农村建设档案工作示范县经验交流会在北京举行。会议交流了全国各省市区县创建工作经验,并举行了全国社会主义新农村建设档案工作示范县授牌仪式。副区长刘淑华在大会上作题为《以创建示范区为契机,促进昌平区新农村工作上水平》的典型发言。昌平区作为全国首批、北京首家全国社会主义新农村建设档案工作示范区,档案局局长赵丽君上台接受全国社会主义新农村建设档案工作示范区奖牌。

（王金颖）

【落实为民办实事工程】　年内，区档案局承办《政务信息汇编》工作已连续第八年列入区政府为民办实事项目，2012 年共编辑完成《政务信息汇编》6 期，印制 18000 册，制作 2011 年《政务信息汇编合订本》700 册。

（王金颖）

【档案利用工作成绩显著】　年内，档案利用工作成绩显著。区档案馆接待利用 10388 人次，提供档案 12217 卷次。

（王金颖）

【档案信息化建设稳步发展】　年内，区档案局信息化建设稳步发展。完成档案数字化扫描 28796 卷件、约 120 余万页；开展了 9 个基层单位数字化试点；开展了馆藏档案异地备份工作，共 2.83TB/套。

（王金颖）

地方志工作

【概　况】　2012 年，区委党史办公室（简称“区委党史办”）在区委、区政府的正确领导下，在市地方志办公室（以下简称“市志办”）的精心指导下，在全区参编单位的的大力支持下，以“创新修志机制，打造精品佳志”为目标，精诚团结，扎实工作，较好地完成各项工作任务，完成《昌平区志》初稿（试写稿）和《二轮修志资料汇编》，专业（部门）志编修进展顺利，积极收集地情资料，并开展地方志宣传利用工作。

（杜凯英）

单位名称：昌平区委党史办公室
地址：昌平区政府街 19 号
电话：(010)89741701
邮编：102200

【《明十三陵志》编修进展顺利】　《明十三陵志》是《北京志》66 部分志之一，由十三陵特区办事处组织编纂。2 月 1 日，区委党史办主任朱华海、副主任卢永著及工作人员，到十三陵特区就篇目设置与十三陵特区领导和编辑人员进行座谈。3 月 9 日，十三陵特区召开《明十三陵志》篇目论证会，邀请市志办副主任谭烈飞、市地方志学会副会长罗保平、市志办区县指导处处长尹树国对《明十三陵志》的篇日设置进行评议指导，《明十二陵志》进入编撰阶段。

（杜凯英）

【完成《政区大典》承编内容的撰写】　3 月 31 日，区委党史办完成昌平区《政区大典》中政区沿革、重大事件、著名人物等内容的撰写，共计 1.5 万余字。

（杜凯英）

【填写和报送地方志工作统计报表】　3 月，区委党史办填写《区县级综合年鉴出版情况统计表》《专业年鉴出版情况统计表》《行业志、部门志、专业志出版情况统计表》《乡镇村志、街道社区志出版情况统计表》《区县地方志工作人员情况统计表》等 10 个报表，报市志办资料信息处。7 月，对上半年昌平区二轮修志的篇目调整、资料收集、长编撰写、培训次数、初稿试写、编委会变化、编纂队伍等情况进行梳理和统计，填写《2012 年上半年工作完成情况统计表》，报市志办区县指导处。

（杜凯英）

【审阅《昌平区军事志》（终审稿）】　3 月，区委党史办收到《昌平区军事志》（送审稿），通过查找资料、核实史实，对稿件提出修改建议，8 月底将建议反馈到编纂单位——区武装部；《昌平区军事志》（终审稿）共计 78 万字，上限起于事物之始，下限止于 2005 年。

（杜凯英）

【业务培训和学习交流】　5 月 18 日，区委党史办编辑人员到延庆史志办听修志培训课；9 月 5 日、10 月 30 日、11 月 22 日、12 月 26 日，区委党史办编辑人员到市方志馆参加市志办和市地方志学会共同组织的大型专题业务培训课，培训课的题目分别是《二轮志书编撰应注意的问题》《志书记述中的若干问题》《主线、主题和入志资料的选择》《志书中图表的运用》。5 月 17 日至 18 日、9 月 29 日至 30 日、10 月 30 日至 31 日，负责相关篇目的编辑人员参加了市志办举办的文化部类、经济部类和农业部类稿件研讨会，通过与兄弟区县稿件的对比和市志办的点评，编辑人员加深对该编内容的理解和把握，以及对相关篇目设置的思考。9 月 12 日至 13 日，区委党史办副主任卢永著等 2 人参加市志办举办的第一轮志书研读成果交流会。

（杜凯英）

【编辑《二轮修志资料汇编》】　7 月，为避免资料在整理、选用、保存和稿件的撰写、修改等环节产生混淆、遗漏、遗失等问题，便于查找原始资料，区志办开始对收集到的原始文字资料进行整理汇总，按照志书篇、章、节、目的结构，编辑成《二轮修志资料汇编》，共计152.6万字，年底前付梓印刷。

（杜凯英）

【收集"7·21"特大自然灾害资料】 根据市志办《关于收集"7·21"特大自然灾害相关资料的通知》精神，区委党史协调区防汛办（水务局）、气象局、民政局等单位，收集到昌平区灾情灾害和抢险救灾情况的资料，包括有关部门公布的气象、地质等自然情况的分析报告，政府网站及区级媒体对昌平区抗灾救灾的报道，和抗灾中涌现出的先锋人物和感人事迹等资料，共计6万余字，图片三十余张，于8月25日前通过网络以电子版形式报送市志办资料信息处。

（杜凯英）

【完成《昌平区志》初稿（试写稿）】 区委党史办于10月31日完成《昌平区志》初稿（试写稿）的撰写，共计含文字80万字、图表100余张。其中"民政民族宗教"、"综合经济管理"、"政权政协"、"科学技术"、"教育"、"政法"等六编的稿件报请"市志办"进行了点评，8月27日，市志办主任王铁鹏、副主任侯宏兴等领导来区志办，对上述六编稿件从篇目设计、编纂方法、行文规范等角度，提出了针对性的修改意见。

（杜凯英）

【召开修志业务培训会】 11月9日，区委党史办在区委党校礼堂召开区2012年修志业务培训会，118家参编单位撰稿人参加，市地方志区县指导处处长尹树国现场授课，就"资料收集"和"避免流水账"两个专题进行讲解。

（杜凯英）

【完善《昌平区志》篇目设置】 年内，根据资料收集、参编单位工作实际、事业（行业）的发展变化等情况，区委党史办对《昌平区志》中文化、卫生、综合经济管理、财政税务金融等编的篇目进行了微调。

（杜凯英）

【完善工作规范】 年内，区委党史办仍然采取分编负责制，六名编辑人员每人承担三至五编的编撰任务；制定《昌平区史志办公室关于为〈北京市昌平区志（1996～2010）〉大事记提供资料的通知》《昌平区史志办公室关于做好〈北京市昌平区志（1996～2010）〉图片资料收集工作的通知》《昌平区史志办公室关于做好〈北京市昌平区志（1996～2010）〉人物收录工作的通知》，下发各参编单位，广泛征集人物、照片、大事记内容；起草《＜昌平区志＞入志初稿验收标准和程序》，并制作配套表格。

（杜凯英）

【审阅《昌平区交通志》稿】 截至12底，区委党史办完成对《昌平区交通志》初稿第一次审阅。《昌平区交通志》由昌平区交通局编撰，共计17万字，该志上限起于1991年，下限止于2010年。

（杜凯英）

【专业（部门）志编修情况】 截至年底，全区有37家单位编修专业（部门）志，其中行业志12家，镇志5家，村志20家。其中出版的有《昌平区粮食志》《昌平区劳动和社会保障志》《流村镇志》《南口镇志》《南七家庄村志》《北七家庄村志》《岭上村志》《沟自头村志》《白庙村志》等。区委党史办还下发了《北京市昌平区地方志书成书质量规定》。

（杜凯英）

【加强与参编单位沟通联系】 年内，编辑三期《二轮修志动态》，发放区编委会成员和全区参编单位。编辑人员实地走访参编单位50余家次，与单位撰稿人进行面对面交流、一对一指导，全年为撰稿人提供参考资料30余万字及其他业务工具书。利用qq群、公共邮箱等现代通讯手段与撰稿人保持联系，提供参考、借鉴和学习资料。

（杜凯英）

【地方志宣传开发利用】 年内，为区领导、区有关部门、区益民书屋以及社会各界人士提供《昌平县志》《昌平村情》《昌平图鉴》等地情资料书籍，扩大地方志书的社会认知度和影响力，更好得发挥志书"资政、育人"的功能。

（杜凯英）

【完成《北京昌平年鉴（2012）》出版发放工作】 《北京昌平年鉴（2012）》共设20个类目、75个分目、109个子目、2750个条目，约80万字；彩色照片419幅。该书全面反映了昌平区2011年度的政治、经济、文化、社会发展、党的建设等各方面的新情况、新进展和新成就。从2012年开始，将此书发行量扩大到村、社区等基层，进一步提升此书的社会影响面和服务领导、服务基层的资政实效。

（王宏适）

机关事务管理工作

【概　况】 2012年，区机关行管处在区委、区政府的正确领导下，坚持以邓小平理论、"三个代表"

重要思想、科学发展观为指导，深入学习贯彻党的十八大精神，以创建"节约型、服务型、创新型"机关为目标，紧紧围绕中心工作，按照"内强素质，外树形象；精细管理，提升品质；和谐友善，服务一流"的工作思路，延伸服务深度，规范服务流程，顺利完成了全年目标任务，各项工作取得了新进展，为机关高效运转提供了有力的后勤保障。

（石东琨）

单位名称：昌平区机关行政事务管理处
地址：昌平区政府街19号
电话：(010)89741738
邮编：102200

【努力创建"示范食堂"】 年内，以创建"示范食堂"为目标，不断提高厨技，翻新菜品，大力宣传健康养生知识，针对特殊人群，推出无糖、低盐、低油菜品，力求提供营养均衡的饭菜；张贴宣传画和节约标识，积极倡导节约用餐；加大食堂卫生监管力度，全面提升环境卫生质量；紧紧围绕机关中心工作，不断提升食堂保障能力，新增2个独立房间。全年，早餐日均服务420人，午餐日均服务380人，提供临时用餐、应急保障就餐服务共计1180人次。

（郑文山）

【积极开展办公环境净化、美化工程】 年内，定期开展环境卫生大扫除数次，清洁办公室卫生死角，对业务较多的科室重新美化、布局，增设座椅；对院内卫生进行彻底清理，擦洗自行车棚及门卫、食堂外侧门窗，更换老旧指示牌、翻新绿化带、重新粉刷了停车位、配电室，清扫管道壁死角；修缮机关大院和广电大厦楼内破损地面10余处，并对政协楼前绿化带铺设了砖道，对大楼顶部和广电大厦楼体外墙，分别进行了防水处理和修缮，新建了自行车防雨棚；与市政园林绿化处合作，在机关大院开展了2次大面积除虫害活动，加强绿植养护管理，实现了三季有花、四季常绿，进一步美化了办公环境。

（谷彩琴）

【财务管理规范有序】 年内，完成21家财务二级单位公用经费、人员经费预决算及收支管理，监督各专项经费专款专用，收支平衡；做好组织部党费、机关工委党费及工会经费和机关食堂等专用账户的管理工作；完成统发工资人数550余人次，公积金缴存420余人次，办理公积金提取约150人次；积极配合审计局做好各类审计工作，接受审计4次。其中离任审计1次、专项资金审计2次。固定资产管理更加规范。规范了固定资产记账流程，完成政府办固定资产清查、补登工作，实现新增固定资产与财务账目实时统一。新增固定资产总计187.59万元。

（李春爱）

【实现公车管理制度化】 年内，落实公车"三定点"制度（定点维修、定点加油、定点保险），增加定点维修厂到7家，择优采购；建立车辆养护费每月分析制度，使公车开支更加合理、节约；受车辆逐年老化及物价上涨等因素影响，维修费较去年增8.6%，油耗较去年增9.5%；高速通行费用较去年下降6.33%。

（杨西永）

【通讯保障服务坚强有力】 年内，机要保障车辆行程5.6万公里、收发机要20576件、挂号信1674件、快件4732件；转发各委办局信件、杂志5012件、投递学生档案3217件转发平信115967件；收发报刊157690份，杂志5330份；整理规范通讯线路1000多米、完成电话装机移机300余部、更换老旧电话70余部、维修维护1000余次。

（赵沫）

【文印保障服务逐步提升】 年内，继续强化"8小时外随叫随到"服务保障机制，完成日常文件和"第七届世界草莓大会"、学习贯彻党的十八大精神等重大活动的文件印刷任务，共计148万余页、数码一体机制版12746个、装订机装订文件147325份、复印机印文14517页。

（刘瑞清）

【水电气保障能力不断提升】 年内，与昌平供电局签订了机关大院、人大、综合行政服务中心、广电大厦办公楼等四家变压器代维修合同，提升了突发事件下的用电保障能力。全年，用电维修917次；检修水阀、疏通下水、更换水龙头等435；修缮门、窗、桌、椅、门锁等605次；在食堂、水房等公共场所张贴节约环保标识300余条及设立废旧电池回收箱和可回收利用垃圾桶。

（刘铁鹰）

【安全保卫工作扎实开展】 年内，严把安全防范各环节，把人防技防并重作为安全防范工作方针，认真执行。增设了专人登记岗，对来客做好登记；加强技防设施建设，对重点部门、重点部位实时动态监控；增加消防巡逻，及时检修消防设施。全年，门卫来客登记5000人次，接待上访群众万余人，检修调整监控摄像头20余次，应急消防安全巡逻650余次，更换灭火器520个，检修消防烟感器200余个，确保了全年安全无事故。不断优化机关车辆停放管理,对院内和地下车库停车位合理调配,缓解了高峰期停车难问题。

(孙锋)

【会务和理发服务品质不断提升】 年内,本着服务要优质高效的原则,以人员和设备两方面为抓手,强化会务人员礼仪、形象培训,对电视电话会议系统进行了升级改造。服务各类会议1247次,其中电视电话会议184次,其他会议1063次,接待参会人员71564人次。

(陈宝凤 谷彩琴)

【机关后勤服务社会化有新进展】 年内,加强对后勤服务企业跟踪监管,定期开展满意度测评和领导班子不定期抽查,进一步细化、规范管理,提高服务标准;切实发挥组织协调作用,使区广电大厦水电费收缴难、区综合行政服务中心餐费偏低等问题得以顺利解决,后勤服务社会化水平进一步提升。

(高保江)

【机关后勤队伍建设不断加强】 年内,以建设学习型党支部为目标,采取集体学习、座谈讨论等多种形式,引导广大党员干部加强学习,不断提高自身政治素质和业务素质;鼓励职工积极学习技能,不断提高技术水平,努力建设一支"和谐友善,服务一流"的机关后勤队伍。全年,参加区内十八大报告专题培训20余人次、单位内部组织学习10余次、参加职业技能培训9人。

(赵林魁)

中国人民政治协商会议北京市昌平区委员会

【概 况】 2012年,是昌平区四届政协的开局之年。一年来,在中共昌平区委正确领导和市政协精心指导下,区政协坚持以邓小平理论、"三个代表"重要思想和科学发展观为指导,高举中国特色社会主义和爱国主义伟大旗帜,突出团结和民主两大主题,认真贯彻落实中共昌平区第四次代表大会的精神,坚持求真务实、开拓进取,认真履行职能,在推动昌平经济社会科学发展中发挥了重要作用。

(赵守华 汪耳明)

单位名称:政协北京市昌平区委员会
地址:昌平区政府街19号
电话:(010)69746197
邮编:102200

【常务委员会第一次会议召开】 1月6日,昌平区四届政协常务委员会第一次会议召开。会上,通报了区政协第四届委员会主席、副主席、秘书长工作分工;审议通过了区政协第四届委员会各委室主任、副主任任职事项;审议并原则通过了《政协北京市昌平区第四届委员会常务委员会2012年工作要点》。

(赵守华 汪耳明)

【常务委员会第二次会议召开】 6月26日,昌平区四届政协常务委员会第二次会议召开。会上,视察了沙河高教园区雨水和污水分流、地铁昌平线公交接驳和滨河幼儿园建设等情况,通报了区政协四届一次会议委员提案的办理情况;审议通过了新修订的《中国人民政治协商会议北京市昌平区委员会常务委员会工作规则》《关于政协委员履行职能的规定》和《关于评选优秀政协委员的暂行办法》三项工作制度,决定经驻会主席会议审定后,印发全体委员贯彻实行;审议通过了区政协聘请特邀监督员的有关事项,决定聘请王翠霞等30名同志为区政协特邀监督员,并向特邀监督员颁发了聘书。

(赵守华 汪耳明)

【常务委员会第三次会议召开】 9月7日,昌平区四届政协常务委员会第三次会议召开。会议邀请区委常委、常务副区长张燕友通报了上半年全区经济社会发展情况和区政协四届一次会议委员提案的办理情况;通报了区政协1月至8月工作情况;审议通过了新修订的区政协《提案工作条例》,决定经驻会主席会议审定后,印发全体委员贯彻实行;审议通过了人事任免事项,依据中共北京市纪律检查委员会8月22日《纪律检查建议书》和中共昌平区委9月5日《关于办理撤销于泓政协昌平区第四届委员会副主席职务及委员资格建议事项的通知》的精神,根据《中国人民政治协商会议章程》第二十九条的规定,经认真协商,决定撤销于泓中国人民政治协商会议北京市昌平区第四届委员会副主席职务及委员资格。

(赵守华 汪耳明)

【常务委员会第四次会议召开】 12月21日,昌平区四届政协常务委员会第四次会议召开。会上,审议通过了《关于召开中国人民政治协商会议北京市昌平区第四届委员会第二次会议的决定》和区政协四届二次会议议程(草案)、日程(草案),决定中国人民政治协商会议北京市昌平区第四届委员会第二次会议于2013年1月15日至18日在温都水城宏福大厦召开;决定四届二次会议议程(草案)、日程(草案)提交四届二次会议预备会议审议通过。二是审议并原则通过了《政协北京市昌平区第四届委员会常务委员会工作报告》和《提案工作报告》,决定授权驻会主席会议对两个报告进行审定后提交四届二次会议审议。

(赵守华　汪耳明)

【调研工作】 年内,由分管主席牵头、各相关委室组织委员重点对明十三陵文化创意产业集聚区规划、居住小区的物业管理、规模企业骨干人才的住房等情况进行调研,并形成《关于十三陵明文化创意产业集聚区建设的几点建议》《对昌平区居住小区物业管理的几点建议》《关于昌平区规模企业骨干人才住房情况的几点建议》三篇专题调研报告。共提出15条意见和建议。

(赵守华　汪耳明)

【通报、视察、专项民主监督活动】 年内,组织常委听取了全区上半年经济社会发展情况的通报,视察了沙河高教园区雨污水分流设施建设等情况。各专委会组织委员先后9次共205人次听取了全区设施农业、规模企业、重点工程建设、十三陵文化创意产业集聚区规划建设等情况通报,并重点视察了23个单位。举办了17家驻昌企业与昌平区15个职能部门交流座谈会,围绕企业发展过程中存在的共性问题进行了座谈和讨论。区政协财政预算、新农村建设、社会治安综合治理、舆论导向等民主监督小组听取了相关工作情况的通报,并进行了视察。

(赵守华　汪耳明)

【提案工作】 年内,贯彻落实中共中央办公厅、国务院办公厅《关于进一步加强人民政协提案办理工作的意见》,认真修订和落实提案工作条例,进一步提高了提案工作的制度化、规范化、程序化水平;举办了新委员提案工作培训会,邀请市政协提案委领导对新委员进行了培训;参加区政府召开的人大代表建议、政协委员提案办理工作培训会,对提案办理工作进行了具体辅导;听取了区政府关于提案办理工作的情况通报,并对区水务局和交通局的办理工作进行了视察和评议,促进了办案工作的深入开展;加强与办案单位的沟通和联系,协调解决了办案工作中的一些实际问题。在区委、区政府的高度重视下,经承办单位认真办理,区政协四届一次会议委员提出并经审查立案的141件提案全部按时办复,办复率100%,采纳率97.9%,办结率66.7%。

(赵守华　汪耳明)

【文史工作】 年内,多次召开有有关人士参加的文史工作座谈,深入动员社会各界人士撰写文史资料,新征集各类文史资料54篇29万字,抢救了一批重要史料。编辑出版《昌平文史资料》第十三辑,发挥文史资料的“存史、资政、团结、育人”的作用。

(赵守华　汪耳明)

【对外友好交流】 年内,接待全国政协、市政协、外省市和本市区县政协37批1031人次来昌平参观考察。围绕政协工作和有关调研课题,组织部分委员先后赴内蒙古、四川等地和国外相关地区开展了学习、调研、考察活动。接待了美国南达科他州等外国友好访问团。

(赵守华　汪耳明)

【举办迎新春茶话会】 1月6日,区政协、区委统战部、区工商联联合举办有全区各族各界人士参加的迎新春茶话会。区委、区政府、区人大、区政协的主要领导出席会议。

(赵守华　汪耳明)

【举办女委员“庆三八”活动】 3月2日,为迎接“三八妇女节”,组织女委员到未来科技城和第七届世界草莓大会草莓博览园参观。

(赵守华　汪耳明)

【举办“科技、文化、卫生、法律”四下乡服务活动】 3月29日,组织有关单位和部分委员单位的科技、文化、法律工作者和医务工作者106人到延寿镇北庄村开展“科技、文化、卫生、法律”下乡服务活动。据统计,这次活动共向该村赠送或发放图书和宣传材料5920份,展出宣传展板20块,医疗义诊、科技咨询40余人次,赠送书画作品24幅。

(赵守华　汪耳明)

【举办政协委员培训班】 4月10日至12日,政协委员培训班举行。培训班邀请国家行政学院社会和文化部副主任祁述裕、国防大学战略研究所副所长孟祥青分别就党的十七届六中全会精神、当前国际形势和我国安全环境等问题作辅导报告;区政协有关领导向委员们通报了昌平区第四次党代会精神和高新技术产业发展情况;区政协研究室负责人就委员如何提高履行职责水平等问题进行讲解。

(赵守华　汪耳明)

【政协上半年工作总结会召开】 8月8日至9日,区政协上半年工作总结会召开。会上,学习了胡锦涛总书记7月23日在省部级主要领导干部专题研讨班开班式上的重要讲话和中央、市、区经济形势分析会的精神,交流了外出考察报告和调研报告,总结了上半年的工作,安排了下半年的任务。

(赵守华　汪耳明)

【举办"昌平区各界人士中秋、国庆茶话会"】 9月27日,区政协、区委统战部、区工商联联合举办"昌平区各界人士中秋、国庆茶话会"。茶话会上,区委常委、区委统战部部长陈秋生代表区委、区人大、区政府、区政协发表了热情洋溢的致辞,向全区各族各界人士致以节日的问候和崇高的敬意。

(赵守华　汪耳明)

【召开党的十八大精神学习会】 11月19日,区政协全体机关干部参加的党的十八大精神学习会召开。会上,传达了区委书记侯君舒在全区学习贯彻党的十八大精神领导干部会上的讲话精神;学习了胡锦涛代表十七届中央委员会所做的题为《坚定不移沿着中国特色社会主义道路前进,为全面建成小康社会而奋斗》的工作报告;对区政协机关干部深入学习贯彻党的十八大精神提出具体要求。

(赵守华　汪耳明)

政法·军事

政　法

政法委工作

【概　况】 2012年,区政法机关在区委、区政府的正确领导下,全面贯彻落实全国、全市政法工作会和区委四次党代会精神,深化三项重点工作,大力推进平安昌平建设,深入开展政法干警核心价值观教育实践活动,圆满完成了党的十八大、第七届世界草莓大会和首届中国北京国际魔术大会等重大安保维稳任务,有力维护了全区社会和谐稳定,为加快建设现代化京北创新中心、国际科教新城提供了优质高效的司法保障。

（刘小龙）

单位名称:昌平区委政法工作委员会
地址:昌平区政府街19号
电话:(010)89741650
邮编:102200

【区社会管理暨政法工作会议召开】 2月7日,区委政法委在区广电中心一层报告厅组织召开昌平区社会管理暨政法工作会议,对2012年度政法工作、网络安全管理工作、实有人口全覆盖和重点人管控工作、创新社会管理工作、矛盾纠纷排查化解工作、反邪教工作做出部署。区四套班子主要领导,各镇街、各部门主要领导参加会议。

（刘小龙）

【区十八大维稳工作动员部署会召开】 8月3日,区委政法委在区广电中心一层报告厅组织召开区十八大维稳工作动员部署会,就全面做好十八大安保维稳各项工作做出部署。区四套班子主要领导,各镇街、各部门主要领导参加会议。

（刘小龙）

【区十八大安全稳定誓师大会召开】 10月9日,区委政法委在区广电中心一层报告厅组织召开区十八大安全稳定誓师大会,进一步就做好十八大安全稳定各项工作做出部署。区四套班子主要领导,区各镇街、各部门主要领导参加会议。

（刘小龙）

【完成十八大安保维稳工作】 年内,按照中央、市委“五个坚决防止”、“大事不出、小事也不出”的目标要求和“一丝不苟、滴水不漏、准确无误、万无一失”的工作标准,精心打造“1+6+51”安保工作体系,为十八大安保维稳工作开展提供了有力支撑,市委副书记吉林高度肯定了这一做法;全面加强情报信息研判。先后召开区级会商会48次,妥善处置突出问题隐患87件;对排查出的498名重点人全部落实了实名制管控措施;落实重大社会矛盾专题会制度、区领导下访工作力度,共化解各类矛盾100余件;加强社会面防控,广泛动员社会力量开展群防群治工作。大会期间,全区没有发生一起集体越级上访,没有发生一起重点人极端事件,圆满完成了十八大安保维稳工作。

（刘小龙）

【完成全国“两会”等安保维稳工作】 年内,以构建维稳“五大体系”、强化“三个平台”、健全完善“十二项机制”为抓手,针对全国“两会”等重要时期安保维稳工作,通过召开专题会议、下发通知等进行全面安排部署,并全力做好维稳情报信息战时会商、重点矛盾纠纷化解、重点人管控等各项工作,圆满完成了各重要敏感时期的安保维稳工作。

（刘小龙）

【充分发挥政法职能作用】 年内,加大对“一查处三治理行动”的司法保障力度,制定了《服务“一查处三治理行动”做好维护稳定和司法保障的工作意见》。政法机关全年共办理相关案件6件26人,批捕5人。查处国家工作人员渎职犯罪2件3人。配合政府有关职能部门拆除违法建筑65

处7.4万平方米。清退煤炭市场49家，腾退土地3505亩。清理再生资源回收市场9个、回收站点1175个；加强对城乡一体化建设服务保障。加大对拆迁工作司法保障力度，政法机关主要领导深入一线，加大拆迁项目周边地区环境集中整治力度，确保重点工程占地拆迁工作顺利推进。

（刘小龙）

【全面加强政法队伍建设】 年内，以核心价值观主题教育活动为抓手，加强政法队伍思想政治建设，政法队伍思想政治建设、业务能力建设、纪律作风建设和政法文化建设全面加强；以推动创先争优活动为抓手，提高了政法系统基层党组织建设水平，政法机关服务区域发展的能力和水平进一步提升；以公正廉洁执法为抓手，展示队伍良好的作风形象，促进了政法工作的全面提升；以典型宣传为抓手，充分发挥政法建设队伍服务保障作用，涌现出了一批先进典型和个人。

（刘小龙）

【全面做好政法信息调研工作】 年内，以十八大安保、第七届草莓大会安全保障等安保工作为主线，紧紧围绕社会矛盾化解、服务科学发展、社会管理创新等重点工作，实现了信息、调研水平全面提升，数量、质量同步提高。全年共编发《昌平政法稳定情况》244期，编辑各类信息近1500余条，市政法信息采用共8篇，区委、区政府《昌平信息快报》采用237条，并形成了《建立完善基层社会管理体系》一批有份量的调研成果，为全区政法各项工作顺利开展提供了有力保障。

（刘小龙）

【深入推进重大事项社会稳定风险评估工作】 深入推进镇街层面社会稳定风险评估工作，截至9月底，全区17个镇街全部制定了稳定风险评估实施意见，覆盖区、镇两级的稳定风险评估体系初步形成；全年累计评估重大事项23个，有效防范了一批社会矛盾隐患的发生，实现了“应评尽评”的工作目标。

（刘小龙）

【扎实做好涉法涉诉信访工作】 年内，打造了涉法涉诉信访“3+4+5”工作模式，区委政法委主要领导既坐镇指挥又亲临一线面对面的做当事人化解工作，充分发挥了表率作用。中央政法委、市委政法委交办的5批77件涉法涉诉信访案件100%化解，涉法涉诉挂账案件化解工作走在全市前列。

（刘小龙）

【充分运用维稳及司法救助专项资金】 年内，共使用司法救助专项资金89万元，解决各类案件13件；共使用维稳资金4000万元，共化解各类重点矛盾纠纷148件，为维护全区稳定、确保党的十八大胜利召开提供强有力地资金保障。

（刘小龙）

公安工作

【概　况】 2012年，公安昌平分局贯彻落实中央领导“一丝不苟、滴水不漏、准确无误、万无一失”的指示精神，严格按照公安部、市局及区委、区政府部署要求，围绕“六六三三”刚性目标，立足“守边把口、突出重点、以面保点、确保核心”的职责任务，以“四强化、四确保”为抓手，强力推进十八大安保战时工作。坚持抓党建、带队建、促发展，圆满完成了第七届世界草莓大会、首届中国北京魔术大会、环北京职业公路自行车赛事安全监管任务、“7.21”、“11.4”特大雨雪极端灾害抢险救援任务，为建设现代化“京北创新中心、国际科技新城”创造了和谐稳定的社会治安环境，进一步开创了公安昌平工作科学发展的新局面。全年，参与处置非正常群体访291批、9848人次，同比批次、人次分别上升21%和13%，个人访153批、153人次，处置劝返外地进京上访人员45人。参与开展“一查处三治理”、全国卫生区复审迎检专项行动，配合相关部门拆除违法建设65处，面积7.4万平方米，清退煤炭市场49家，腾退土地3505亩，清理再生资源回收市场9个、回收站点1175个。年内，依托321打防管控一体化工作机制，开展治安重点复杂地区打击和预防违法犯罪专项行动，强化高发案派出所专项打整。深入推进“三盗一尾随”、“两抢一撬”、电信诈骗、有组织犯罪、多发性侵财犯罪和经济犯罪“破案会战”、谋福祉创平安“四打十防”等专项打击行动。全年，立年内刑事案件7077起，同比下降22.4%；破案6012起，同比上升19.4%；刑事拘留2588人，同比基本持平；八项处理绝对数6704人，同比上升25.7%；抓获上网逃犯385人，其中外省逃犯200人，破获侵财案件4192起，同比上升22.5%；立“两死”案件21起，同比下降38.2%；破案20起，破案率95.2%。年内，开展“打四黑除四害”、十类治安秩序突出问题整治、黑车治理和“治安、交通、环境”三大秩序管理整治等全局性和区域性行动，有利净化城市环境。全年，共受理查处治安案件1.4万起，同比下降4.2%；行政拘留4835人，同比上升47.2%；

抓获卖淫嫖娼人员 493 人,赌博人员 881 人;查获非法运营车辆、人员 3482 辆、3482 人次,取缔无照游商 6523 个,查获非法散发小广告 127 起,没收小广告 14.5 万张。深入推进火灾隐患攻坚整治,强化“四敢”措施运用,探索推行网格化管理模式。年内,实施消防行政处罚 1292 起,同比上升 45%;罚款 381 万余元,同比上升 3.9%,依法行政拘留消防违法人员 841 人,同比上升 76.7%;名列全市首位,全区火灾下降了 27.9%。年内,推进院驻警制建设,完成了区医院、妇幼保健院等公立医院警务室筹建运行,为缓解医患矛盾纠纷发挥了积极作用。全力推进实有人口服务管理全覆盖体系一期工程建设,实现了户籍人口、流动人口、人户分离人口人房匹配率 100%,实有人口服务管理综合信息应用平台上线运行并投入实战应用,整体工作进度位列全市第一,为居住证制度推行和身份证指纹信息采集工作奠定了坚实基础。深入推进社会治安防控体系建设,落实市局“两个固化”部署,以“六纵、八横、十一联络”路网布局为基础,构建起以维护街头政治稳定和治安稳定为核心、以固化巡逻专业力量为基础、以规范勤务模式为保障的巡逻工作警种化、专业化巡控网络。加大社会面巡逻防控力度,共向社会面投入巡逻警力 32400 余人次,巡逻车 16000 余辆次,设置机动卡点 306 次,核查录入 390573 条,抓获各类违法犯罪嫌疑人 5262 名。年内,11 个巡逻警务站、14 部 01 车组筹建完毕,街头发案同比下降 34.3%。深化社区民警驻区制,驻区警力增至 214 人,实现全部驻区,103 个社区警务工作室全部投入使用,10 部流动警务车、214 部电动警务自行车、515 部警务自行车全部配发完毕、投入使用;巩固村庄社区化管理成果,完成了 50 个村村庄社区化管理及 30 个老旧小区建综治维稳分中心建设,社区可防性案件发案同比下降 38.8%;扎实推进单位和行业场所防控体系建设,完成了小汤山农业科技园区、兴寿草莓园和未来科技城治安警务站建设。扎实推进视频防控体系建设。积极整合社会视频资源,15 个镇街全部完成整合,同期接入属地派出所。分局二、三级视频监控平台共接入视频资源 7449 个,社会资源整合数及全网视频存储量均位列全市第一。年内,组织开展了全区境外人员基础信息大调查。共登记散居境外人员 12911 人次,旅店登记境外人员临时住宿近 13 万人次;查办各类涉外案事件 791 起,“违住”627 起;核查境外人员 4016 人,关联 3912 人,修改地址 98 个;共列管重点国家外国人 68 人,撤管 66 人,添加动态管理信息 154 人,做到了应管尽管,应控尽控。年内,出入境证件业务共受理电子护照 50700 件;受理非京人员异地办理出入境证件 2600 多人次;办理护照、港澳及台湾地区通行证件申请 68000 多件,同比上升 36.8%。全年,累计支出爱警经费 1300 余万元,民警子女入托难、年休假、好家属外出旅游休闲、全警体检等 16 项爱警措施有效落实。年内,调整现职领导干部 214 人次,选拔任用优秀干部 115 名,8 名领导干部被选送参加第三批推进队锻炼。全局 24 集体、505 名个人和 326 名优秀公务员、500 名个人分别被分局记三等功和嘉奖,17 个先进集体、216 名先进个人受到昌平区政法系统表彰。全年,争取基础工作经费、人员工资、村庄社区化建设、购置警务装备等专项经费 4.32 亿元。

(白丽花)

单位名称:北京市公安局昌平分局
地址:昌平区西环路甲 68 号
电话:(010)89705793
邮编:102200

【大力推树先进典型】 年内,将“树典型、学先进活动”作为队伍建设的重要内容狠抓落实。启动战时“队建直通车视频展播”、“队建专刊”和“短信平台通播”,先后开展五次现场表彰电视电话会议,三批次集中战时表彰奖励工作。分别对 5 个单位、86 名个人分别进行记功和嘉奖,编发表彰通报 77 篇,表彰先进个人 450 余人。全局评选出“每月之星”192 名、群众工作能手 72 名、优秀女民警 10 名。

(白丽花)

【做好 110 接处警工作】 年内,共接报警电话 29.7 万次,其中刑事类 2511 件、治安类 2064 件、纠纷求助服务类 14.1 万件;有效报警 17.3 万件,同比上升 3%;发出处警通知 17.3 万件,出动警力 38.5 万人次,车辆 19 万辆次。

(白丽花)

【抓好督察工作】 年内,依托“四个强化”“四个严格”的工作措施,全覆盖、高密度、高强度的做好督查检查工作。共出动督察组 778 组次,督察民警 1500 人次,检查民警 5000 余人次,检查带班领导 900 余人次,各类辅警力量 3400 余人,执勤岗位 320 余个次;制作督察专刊 36 份,提出检查建议 84 条,发出督察通知书 5 份;开展现场执法记录专项检查 26 次,执法场所建设和使用检查 68 次,发现各类问题 60 余件;处置市局转发 110 投诉319件;受理市局、分局领导交办核查件51件。

(白丽花)

【出入境证件受理业务工作】　年内,出入境接待大厅共受理电子护照50700件;受理非京人员异地办理出入境证件2600多人次;办理护照、港澳及台湾地区通行证件申请68000多件,继续保持"零失误"、"零投诉"记录。

(白丽花)

【重点信访件办结率达100%】　年内,共受理群众来信来访1725件(次),同比上升57.1%。其中,初次信访879件,同比上升37.8%,占信访总量的51%,市局和区委、区政府转来26件重点信访件全部办结。

(白丽花)

【强化应急处突妥善处置群体访】　年内,共参与处置群体访291批次9848人次,同比分别上升21%和13%。其中,到市内集体访33批次714人次,同比分别下降28%和36%;到区政府集体访152批次4681人次,同比分别上升27%和40%;到其他部门集体访406批4453人次,同比分别上升41%和3%;到重点地区个人访116批116人次,同比分别上升1.6倍和1.6倍;到其他地区个人访37批37人次,同比分别下降30%和30%,全年,共刑事拘留2人,治安拘留25人,警告36人,训诫68人,参与处置劝返外地进京上访人员45人。

(白丽花)

【着力化解社会矛盾】　年内,通过深化调解机制落实"民意主导警务"理念,将调解充分纳入行政复议中,着力化解社会矛盾。全年,共办理行政复议案件18件,行政诉讼案件6件,无一败诉或被撤销,也未发生国家赔偿。接待复议申请人110余人次,成功劝解8人撤回复议申请,接待信访160余人次,引导信访人员通过行政复议诉讼渠道解决与公安机关的行政争议,成功化解矛盾23起。

(白丽花)

【做好涉日维稳工作】　年内,成立涉日应急处突小分队2支,警力40名;制发支援市区和集中备勤警力调度命令15次,组织、抽调支援市区警力1470人,组织集中备勤警力1550人次,其中在分局大院、龙园派出所两个备勤点550人次;集中动态备勤1000人次,负责处置昌平区各类突发、敏感事件。涉日维稳工作期间,累计投入警力300人次。

(白丽花)

【打击处理率实现100%】　年内,发挥法制"服务、引领、监督、协调"的职能作用,通过收案审批、案件审核共刑事拘留2588人,行政拘留4835人。逮捕1575人,劳动教养85人,收容教育185人,直接起诉728人,打击处理率实现100%。

(白丽花)

【加强案件审理工作】　年内,共受理刑事案件1686案2818人。其中拘留案件1573案2659人,直保案件91案134人,查捕及其他案件14案15人,其他案件8案10人。受理团伙案件180案972人,其中包括系列盗窃28案、寻衅滋事49案、故意伤害22案、组织领导传销8案、诈骗16案、非法经营6案、生产销售伪劣产品5案、聚众斗殴5案、敲诈勒索5案,抢劫4案、故意毁财4案、妨害公务4案等。受理治安案件2756案4783人。打击处理方面逮捕1575人、劳教84人、直诉719人。

(白丽花)

【加强重点地区复杂场所秩序整治】　年内,以"清街面、整秩序、控场所、查隐患"为主要手段,会同区工商、城管等职能部门开展综合整治,确保十八大期间全区社会治安形势平稳。全年,共查处非法运营车辆3482辆(机动车2727辆、摩的717辆),查获非法运营人员3482人次(治拘555人次、罚款290人次、警告2539人次、批评教育98人次);取缔无照游商6523个,查获非法散发小广告127起,没收小广告145000张。

(白丽花)

【强化大型活动监管和安全警卫工作】　年内,按照大型群众活动的相关法律法规,认真履行安全监管职责。全年,圆满完成了第七届世界草莓大会、2012年环北京职业公路自行车赛(昌平段)、首届中国北京国际魔术大会警务工作及2012年昌平服装商品展销会安全监管工作;共举办大型活动11项113场次,出动警力5444人次,接待群众244500人次;完成警卫任务75次,出动警力1611人次(一级加强路线1次,一级现场12次,一级路线10次,二级现场33次,三级现场19次)。

(白丽花)

【加大非法危险物品收缴力度】　全年,共收缴管制刀具181把;各类气枪153支;各类子弹4098发,其中猎枪弹884发,小口径弹210发,气枪弹1500余发;废旧炮弹11枚,废旧手榴弹3枚,废旧地雷2枚,发射筒1枚;弓弩类4把;收缴烟花534箱;全年治安拘留40人,刑事拘留13人。

（白丽花）

【开展十八大行业场所整治波次行动】 年内，为确保全区行业场所党的十八大期间万无一失，会同区工商、城管、文化等执法部门，开展各类行业场所整治波次行动。先后开展了天通苑北二区清理整治行动；回龙观龙跃一条街、平西府地区发廊足疗场所整治行动；打击整治无证经营黑开旅店统一行动等12次较大规模的整治行动，共出动执法力量1000余人次，检查行业场所215次，取缔无照黑开、违法经营场所40家，关停废旧物品回收企业30家，核查人员452人，排除隐患15处，治安拘留35人，刑事拘留1人，收缴赌博机5台。

（白丽花）

【完成各类考试执勤警卫任务】 年内，参与高考、中考、高自考，以及各类教育招生考试、非教育主管部门管理的各类资格认证考试、人事考试的执勤警卫工作共计30余次，出动警力490余人次。协助考点教务人员及时、妥善处置"涉考"类案（事）件8起，协助处理违规考生12人。

（白丽花）

【打击盗抢自行车工作】 年内，共购买1398个定位防盗器（派出所购买398个），确保技防措施在全区范围内推广和使用的覆盖面和密集度，提升打击盗销电动自行车案件的能力和水平。1月至12月，共查处盗窃自行车案件58起；抓获盗销自行车95人（刑拘45人、治拘40人）。

（白丽花）

【加大特种行业场所检查处罚力度】 年内，加大对歌舞、娱乐、洗浴及宾馆饭店等各类场所检查处罚力度。全年，共检查特种行业场所15230家次，取缔6家，行政处罚15家，罚款10000元。抓获违法犯罪人员55人；检查旅店业11672家次，取缔35家，行政处罚28家，罚款73300元，破获各类案件180起，抓获违法犯罪人员368人，抓获网逃33人；检查娱乐服务场所12307家次，取缔117家，收缴赌博机905台，限期整改108家，警告3家，吊照1家，停业整顿8家；破获各类案件42起，抓获违法犯罪人员58人。

（白丽花）

【打击破案工作】 年内，依托攻坚破案"铁拳行动"、515等一系列专项工作，始终保持对刑事犯罪主动进攻和高压震慑态势。全年，共立刑事案件9714起，同比下降12.7%；其中立现案7077起，同比下降22.4%；共破案5672起，同比上升24.8%；破获侵财案件4192起，同比上升22.5%，破获现案2705起，现案破案率38.2%，分别高出市局刚性目标16.7、7.5、7.5个百分点；刑事拘留2588人，抓获逃犯385人，其中抓获外省逃犯200人。

（白丽花）

【攻坚破案工作】 年内，共深挖破案1457起，同比上升了34%。抓逃29人，刑事拘留54人。

（白丽花）

【坚持重大敏感性案件快侦快破】 年内，始终坚持重大敏感性案件快查快办，快侦快破。全年，共破获八类危害严重刑事案件138起，破案率42.3%；其中，命案发案大幅下降，共立案21起，同比下降38.2%，破获命案20起，命案破获率达到95.2%。特别是进入十八大安保冲刺阶段以来，全力开展案件侦破工作，相继成功破获"10.6"沙河财经大学特大入室抢劫案、"10.29"史各庄故意伤害致死案等一批领导关注、媒体关注、人民关注的重大案件。

（白丽花）

【全力侦办重点案件】 年内，紧盯涉黄、涉赌、非法经营类警情，先后侦办了"5.9顺义银浦城洗浴案"、"5.30华姐特大远程遥控卖淫案"、"7.18中石化成品油被盗案"以及"8.22、10.10特大伪造、买卖国家机关证件、印章案"等一批影响面大、受害群众多、社会影响恶劣的典型案件。全年，共查处卖淫嫖娼案件157起，抓获卖淫嫖娼人员493人，同比上升1.2倍和56%；查处赌博案件254起，抓获赌博人员881人，同比上升2.3倍和83%，收缴赌资939173元；查处传播淫秽音像制品、贩卖盗版光盘案件18起，抓获传播淫秽音像制品、贩卖盗版光盘人员18人，有效净化了社会治安环境。

（白丽花）

【创新禁毒宣传教育模式】 年内，开展了以"践行北京精神，携手抵制毒品"为主体的走进商业街、走进学校、走进社区、走进乡村等禁毒流动课堂活动，以及"6.26"国际禁毒日、禁种铲毒踏查等大型宣传活动，共发放禁毒宣传品万余份，在近100个社区张贴禁毒防艾宣传画，提供法律咨询700余人次，受教育群众达万余人。利用互联网在昌平重点地区社区开设禁毒专栏进行网络禁毒宣传，并通过新闻媒体，进一步扩大宣传，效果显著。

（白丽花）

【严惩毒品违法犯罪】 年内，为确保十八大的绝对安全，始终保持对毒品犯罪"零"容忍的态度，重拳出击，提前完成市局全年目标任务。全年，共破获涉毒案件75起，同比上升56.25%，完成全年目标的156.25%；刑拘79人，同比增长78%，完成全年目标的64.59%；抓获吸毒人员205人，同比增长57.69%，完成全年目标的143.36%；缴获各类毒品1172.04克，同比增长11.71倍，完成全年目标的的327.5%。成功破获局级目标案1起，区级目标案6起。

（白丽花）

【加强内部单位安全防范的监督指导】　年内，在春节、五一、十一、十八大期间，对辖区内的金融单位、营业网点、重点要害单位、重点防范部位、学校、幼儿园等开展全面检查。全年，集中开展四次金融安全大检查，100余家金融网点；开展处突、消防等演练52场，参加人数8.6万余人次；开展校园及周边治安专项联合整治18次，清理无照摊贩53个，黑出租车65辆，检查出租房屋83家，检查流动人口120人次；进行高峰勤务督导检查38次，投入警力72人次，车辆54车次。

（白丽花）

【加大火灾隐患检查整治力度】　年内，会同区安监、质检、工商、城管、卫生、建委等相关职能部门，开展联合检查218次，督促整改隐患1100件；共检查社会单位19517家；发现整改各类火灾隐患35975处；发出责令改正通知书11212份；实施消防行政处罚1292起；罚款381.6万元；临时查封场所622家；依法行政拘留消防违法人员841人。

（白丽花）

【加强巡逻防控工作】　年内，共向社会面投入巡逻警力32400余人次，巡逻车16000余辆次，设置机动卡点306次，核查录入390573条，抓获各类违法犯罪嫌疑人5262名。

（白丽花）

【开展大走访工作】　年内，围绕“三个送、六个防、十八个涉及”深入开展大走访工作。累计投入各类走访力量10300余人次，走访出租房屋6万余户次，检查流动人口76万余人次，门店、商户1万余家，企业、单位1300余家，发放各类宣传材料30万份，发现并解决各类安全隐患3582件，有效化解群众矛盾纠纷361件，查处黑开场所105处，发现列管流动人口高危人员1163人，抓获在逃人员15人，发现外地来京上访人员17人，查获外地精神病人13人。

（白丽花）

【出租房屋和流动人口实现“四无”目标】　年内，通过落实“旅店式、网格化”等长效管理模式，确保全区出租房屋和流动人口登记办证率均达90%以上。全年，共化解流动人口群体性事件17起，登记出租房屋35万间，流动人口登记办证786949人，列管高危人员3371人，发现各类隐患774处，下发限期整改通知书451份，处罚出租房主2041人，罚款222470元，实现了“无漏洞、无问题、无死角、无隐患”的“四无”工作目标。

（白丽花）

【实现驻区模式全覆盖】　年内，采取局内整体调剂、派出所深度挖潜、机关警力下沉和警力置换“四步走”的方式，补充社区警力87名，社区民警队伍达到214人；按照单警驻区、标准化警组驻区和流动警务驻区三种模式，重新调整、划分社区112个，实现驻区模式全覆盖；投入资金1000万元，新建、整修社区警务室103个，重新制作安装外观标识，配备办公设施2232件，流动警务车10辆，警用电动自行车214辆，警用自行车515辆；整合辅警力量871人。

（白丽花）

【实施社会视频资源整合】　年内，共建设村庄四级平台50个，相比上年实现增长65.8%；新建村庄摄像头1241个，相比上年实现增长44.7%；新建小区摄像头772个，同比上年实现增长66.1%。共累计建设村庄、小区四级监控平台187个，视频监控探头5959个，所有四级平台和前端监控资源全部接入公安视频平台。二、三级视频监控平台共接入各类视频资源7449个，形成了“1局5联25所192村7000路”的大视频系统，社会资源整合数及全网视频存储量位列全市第一。

（白丽花）

【做好收押和投牢工作】　年内，看守所共入所收押2944人、出所3110人、投送监狱1232人。

（白丽花）

【安全监管工作】　年内，拘留所共收押各类人员5093人，同比上升33.4%；解除治安拘留人员5102人，同比上升32.8%；向执行劳教、收教、强戒场所押解遣送269人，同比上升6.7%；转刑事拘留72人，同比上升60%；深挖违法犯罪线索116条，协助刑警破获系列诈骗案件21起，起获枪支一支，配合预审破获伤害致死案件一起。

（白丽花）

【做好爱警工作】　年内，先后投资1300余万元，组织开展各类文体活动、全员体检、帮扶慰问、集中出京休整、好家属外出旅游、战时慰问、战时医疗等系列活动。为民警解决实际困难192件，办理实事151件，争取慈善救助款11万元，向局属单位食堂配发食品4次。

（白丽花）

【做好春节安保工作】 1月22日至2月6日，成功化解处置了55批1648人次农民工讨薪引发的群体事件，为农民工争取工资2500余万元；破获刑事案件194起抓获做刑事拘留处理30人；出动执法力量780人次，开展社会面秩序清理整治15次，处理无照游商60人，发放小广告3人，"黑车"揽客56人，救助流浪乞讨46人次，引导告知13人次。

（白丽花）

【完成世界草莓大会安保任务】 2月18日至2月22日，第七届世界草莓大会在北京市昌平区举办，共有66个国家和地区千余名代表参加，参观群众10余万人。期间，昌平分局共投入安保力量5895人次，其中民警2044人次、消防121人次、武警500人次、保安3090人次、志愿者40人次；抓获倒票违法嫌疑人19名、查处并没收违规使用证件55个、查处外区上访人员4批26人。

（白丽花）

【巡逻警种化专业化建设工作启动】 3月2日，巡逻警种化、专业化建设工作全面启动。组建14支巡警支队驻所巡逻队和11个巡逻警务站，按照重点地区24小时全天候巡逻控制和非重点地区弹性巡逻控制的要求，采取机动车、摩托车、自行车、徒步巡逻等方式，最大限度地提高街面见警率，防范打击各类违法犯罪行为，实现街头治安稳定。

（白丽花）

【首批流动警务室正式上岗】 3月3日，龙园派出所两个流动警务室在回龙观地区正式启用。区委常委、分局长田运胜，分局政委王砚平分别为该所二个流动警务室揭牌。

（白丽花）

【傅政华为未来科技城治安警务站揭牌】 3月29日，昌平分局"未来科技城治安警务站"成立仪式举行。市委常委、市公安局局长傅政华出席揭牌仪式并为警务站揭牌。

（白丽花）

【完成"五一"安保任务】 "五一"期间，启动三级加强防控方案，投入社会面防控警力520人，投入警力1560人，共出动巡逻车2200台次，化解群众纠纷30余起，服务群众400余次，组织发动群防群治力量2.1万人，开展邻里守望、社区巡逻和看街护路工作，确保了节日期间昌平区社会治安形势总体平稳。

（白丽花）

【做好养犬集中年检工作】 5月1日至6月30日，在开展养犬集中年检工作期间，共登记年检犬只104870只。其中年检犬只93339只，新登记犬只3004只，执法没收及收容救置无主犬8527只。全年，共登记年检犬只107491只，完成常量的101.28%，位列市局排名第二。

（白丽花）

【完成《昌平区志·公安篇》撰稿工作】 5月至10月，按照昌平区第二轮续修《昌平区志》（1996年至2010年）的工作要求，精心组织，并抽调专人负责志稿编纂工作。期间，分局按基层单位基础资料收集、分类整理、初稿编写、分局统稿和专人编写"公安志稿资料长编"等5个步骤，在近40万字初稿的基础上，完成了分局《公安篇》一稿撰写工作。经对志稿多次修改、核实、校对和领导审查，后以1.8万余字成编并向"区志办"呈报了送审稿。

（赵常友　白丽花）

【启动晨会战训机制】 7月30日，正式启动每日晨会战训机制。利用每日晨会载体，搭建战训讲台。用5至8分钟时间，由主讲民警按照一案一议、一事一议的原则，为分局民警讲述执法办案过程中的经验或教训，教授基层民警理性、平和、文明、规范执法。

（白丽花）

【捣毁一制毒窝点】 8月21日，接沙河派出所报：在对沙河镇七里渠南村出租房大院复杂重点地区清理整治中查获一可疑人员，以及压片机、电热套等工具。经工作，将涉嫌制造毒品的刘某某（男，27岁，江西省人）以及涉毒人员熊某某（女，26岁）、吴某（男，23岁）、熊某（男，23岁，三人均为湖北省人）查获，缴获毒品甲基苯丙胺6.84克，液体甲基苯丙胺150ml，以及压片机等制毒工具。刘某某、熊某某被刑事拘留，吴某、熊某被行政拘留。

（白丽花）

【《昌平公安史料》丛书编印完成】 10月至12月，按年初续编公安史料的工作要求，组织力量搜集、整理、编辑了2006年至2011年共6年间的历史资料。经工作，分别完成了内容为《昌平公安大事记》《昌平公安组织机构沿革》《昌平分局各级领导名录》《昌平公安分局光荣榜》《昌平分局档案利用实例汇编》《昌平分局基础数字汇编》6种丛书的编辑出版工作，并在内部发行。

（赵常友　白丽花）

【完成11·4特大雨雪救灾工作】 11月4日至6

日、9日至11日，会同属地镇街和相关部门做好G6、G7高速、110国道滞留车辆人员交通疏导和秩序维护。期间，调集投入军警民各种力量8700余人次，配发放食品11400份，棉被、大衣1000余件，柴油5.5吨，疏导途经昌平的G7、110国道和G6三条高速出京滞留车辆2950余辆、人员4600余人；出动警力200余人次，参与抢险救援28次，为群众挽回经济损失1000万元。

（白丽花）

案例举要

【破获一起杀人碎尸案】 2月24日，公安昌平分局破获一起杀人碎尸案，在朝阳区北苑家园茉藜园小区内将犯罪嫌疑人曹某（女，1973年8月出生，甘肃省兰州市人）抓获。经审，曹某拒不交代杀害丈夫柳某并碎尸的犯罪事实，但根据小区监控录像及其暂住地提取的人体组织DAN比对情况，确定曹某有重大作案嫌疑。

（白丽花）

【破获一起故意杀人案】 3月13日，公安昌平分局破获一起故意杀人案，将犯罪嫌疑人宋某某（男，1983年6月出生，本市昌平区人）在清河999急救中心抓获（TCU重症监护室监视居住）。经审，宋某某对因婚恋纠纷持刀将其女友何某杀害并持刀自杀未遂的犯罪事实供认不讳。

（白丽花）

【破获一起故意杀人案】 4月27日，公安昌平分局破获一起故意杀人案，将犯罪嫌疑人刘某某（男，48岁，本市昌平区人）抓获。经审，刘某某交代了因房产分配纠纷杀害其三嫂马某某、二哥刘某某的犯罪事实供认不讳。

（白丽花）

【破获一起特大故意杀人案】 5月4日，公安昌平分局破获一起特大故意杀人案，在辽宁省新民市兴隆堡镇兴隆堡村将犯罪嫌疑人刘某（男，1955年7月出生，黑龙江省海伦市人）抓获。经审，刘某交代了与工人邢某某、李某某因打井问题发生争执，后趁2人在帐篷内睡觉持铁棍将2人打死，被工人宋某发现又持铁棍将其打死后逃跑的犯罪事实。

（白丽花）

交通管理

【概　况】 2012年度，昌平交通支队新一届党委班子在区委、区政府的坚强领导下，在相关部门的大力支持配合下，紧密围绕“建设世界城市，争创一流警务”战略部署，以为党的十八大胜利召开创造安全稳定的社会环境为首要政治任务，以服务区域经济发展、深化社会管理创新、促进社会和谐稳定为主线，以“三项重点工作”和创先争优为载体，始终坚持科学管理、严格执法、高效服务，始终坚持在理念创新、机制创新、手段创新上下功夫，全力做好“防事故、整秩序、缓拥堵”工作，有效维护了全区交通秩序安全有序、良好运行。全年，共处罚各种交通违法行为38万起，罚款6231万元。管界内共发生交通事故30370起，死亡103人，比死亡控制指标减少1人，与上年相比，事故总数上升24.2%，死亡人数下降2.8%。管界内共发生交通安全宣传事故25次、亡31人，与上年度比，次、亡分别下降6次、减少1人，死亡人数比控制指标减少8人。

（闫爱华）

单位名称：北京市公安局公安交通管理局昌平交通支队
地址：昌平区府学路11号
电话：(010)69742016
邮编：102200

【完成人大建议政协提案的办理工作】 年内，昌平交通支队共收到市、区人大代表建议和政协委员提案47件，其中，市政协委员提案4件（主办1，会办3），区人大代表建议30件（主办17件，会办13件），区政协委员提案13件（主办9件，会办4件）。47件建议提案均在规定的时间内办理完毕。

（闫爱华）

【完成第七届世界草莓大会交通保卫任务】 第七届世界草莓大会于2月18日至22日在兴寿镇举行。昌平交通支队出动警力880人次，交通协管员800余人次，出动车辆450台次，现场指挥车辆38000余辆，圆满完成第七届世界草莓大会交通保卫任务。

（闫爱华）

【举行“平安之路”教育活动启动仪式】 2月28日上午，区教委和昌平交通支队在前锋学校共同举行了第十一届中小学生“平安之路”、幼儿“红绿灯杯”交通安全总结表彰暨第十二届启动仪式。区170多所中小学校、幼儿园领导和师生代表共500多人参加启动仪式。

（闫爱华）

【增设非现场执法窗口】 根据交管局《关于启动新升级非现场执法处理窗口的通知》部署要求，经支队研究确定，昌平交通支队下属三个大队执法站（马池口大队执法站、沙河大队执法站、高速路大队执法站）各增设1个非现场执法处理窗口，并于4月1日起正式开始对外办公。

（闫爱华）

【启动综合整治联勤联动工作】 5月29日，区举行了“社会面环境秩序综合整治联勤联动工作”启动仪式。公安昌平分局、昌平交通支队、城管等相关执法部门成立一支综合整治队伍，其中公安民警4人、警车1辆；交通民警2人、警车1辆；城管大队执法人员8人、执法车2辆；其他协助人员20人。对昌平区社会面环境秩序进行综合整治。

（闫爱华）

【开展网上追逃“清网”行动】 2011年6月到2012年6月，昌平交通支队专门从事故科和基层大队先后抽调10名事故办案经验丰富的民警，组成了三个专职抓捕战斗小组，开展网上追逃专项“清网”行动。行经北京、内蒙、新疆、吉林、黑龙江、河北、山东、江苏、浙江、上海、东西、河南12个省市自治区，经过大量工作，共抓获网上在逃人员5人。

（闫爱华）

【开展路树遮挡交通设施治理工作】 8月，昌平交通支队协调区园林绿化部门开展路树遮挡交通设施治理行动。以昌平城区、回龙观、天通苑等地区及区级以上道路为重点，组织巡逻警力、交通协管员对路树遮挡交通设施进行专项排查，并对每一处地点进行拍照记录。同时，专门组织人员和车辆对64处地点的树枝进行了修剪。

（闫爱华）

【完成环京公路自行车赛交通安保任务】 10月9日至13日，2012年环北京职业公路自行车在北京举行，比赛历时5天，共分5个赛段，其中四个赛段途经昌平区，涉及赛段里程占运动员骑行总里程的三分之一。为确保赛事交通安保工作万无一失，昌平交通支队设岗278处，出动警力309人次，出车145台次，圆满完成此次交通保卫任务。

（闫爱华）

【开展校车检验及驾驶员培训活动】 为进一步加强辖区校车安全监管工作，提高校车驾驶员交通安全意识，杜绝群死群伤事故发生。10月27日上午，昌平交通支队会同区教委等部门在昌平京都府驾校考试场，对50辆校车进行了安全检验，对区教育系统的300余名驾驶员进行了安全驾驶技能培训。

（闫爱华）

【完成北京国际长走大会交通保卫任务】 2012年秋季北京国际长走大会于11月3日在十三陵水库周边道路举行。此次长走大会，总里程16公里，共有来自20多个国家和地区的5000余人参加，活动规模大，参赛人数多。昌平交通支队共投入警力96人次、交通协管员42人次，出动车辆25台次，圆满完成了大会交通安全保卫任务。

（闫爱华）

【完成北京国际魔术大会交通安保任务】 首届中国北京国际魔术大会于11月30日至12月2日在区体育馆举办，来自22个国家的50多名魔术高手齐聚昌平，为广大市民群众带来了一场魔幻世界的饕餮盛宴。为确保活动顺利进行，昌平交通支队共设置岗位17处，投入警力80余人次，协管员36人次，出动车辆42台次，制作临时引导标志牌7面，圆满完成了此次活动的交通安保任务。

（闫爱华）

案例举要

【昌平区发生死亡4人事故】 5月13日17时30分，刘某某（男，1981年12月6日生，内蒙古自治区乌兰察布市察哈尔右翼后旗韩勿拉乡梁家村人）驾驶“北方奔驰”牌大货车在昌平区京藏高速公路出京方向34公里100米处由东向西于中间车道行驶，适有刘某（男，1981年10月29日生，河北省张家口市尚义县人）驾驶“依维柯”牌大客车（内乘10人）同方向由后驶来，大客车左前部与大货车后部接触，造成刘某及其车上3名乘车人当场死亡，另外7名乘车人受伤，两车损坏。经查，刘某驾驶擅自改变机动车已登记的结构、伪造行驶证的车辆上路未安全驾驶是造成事故的全部原因，负全部责任。

（闫爱华）

【昌平区发生死亡8人事故】 8月27日4时35分，乔某某（男，1968年7月24生，内蒙古自治区呼和浩特市清水河县喇嘛湾镇跃进七村人）驾驶“北方奔驰”牌大货车，由南向北行驶至昌平区京藏高速公路出京方向18公里800米处,车辆前部与停在前方最右侧车行道内马某某(男,1970年10月11日生,北京市朝阳区黑庄户乡郎辛庄村人)驾驶的"金杯"牌小客车(内乘12人)后部接触,金杯"牌小客车前部又与前方停放的陈某某(男,1962年9月25生,天津市宝坻区史各庄镇曹辛庄村人)驾驶的"五菱"牌小客车(内乘3人)后部接触,致使"五菱"牌小客车侧翻,造成金杯"牌小客车上8名乘车人死亡,马某某及其车上另4名乘车人受伤,陈某某及其车上3名乘车人受伤,三车及高速路护栏损坏。经查,乔某某驾车上路未按照操作规范安全驾驶,所载货物超过核定标准,且驾驶车辆超速行驶,是发生事故的主要原因,负事故的主要责任。马某某驾车在高速公路行车道内停车,超过核定人数载人且擅自拆卸座位改变车内构造、陈某某驾车在高速公路行车道内停车,是发生事故的次要原因。马某某、陈某某均负次要责任。

(闫爱华)

检察工作

【概 况】 2012年,昌平区人民检察院(简称"昌平院")深入贯彻落实科学发展观,坚持"强化法律监督,维护公平正义"的检察工作主题,紧密结合十八大安保维稳、学习贯彻十八大精神、加强和创新社会管理等重点工作,依法全面履行检察职能,检察工作取得了新进展,为区经济社会转型发展、实现稳中求进的发展目标提供了有力的法治保障。

(孟繁智)

单位名称:昌平区人民检察院
地址:昌平区政府街9号
电话:(010)60718222
邮编:102200

【宽严相济打击刑事犯罪】 年内,共受理审查逮捕案件1446件2334人,与去年同期的1320件2219人相比,案件数与人数分别上升9.5%和1.6%。受理审查起诉案件1571件2459人,与去年同期受理案件1424件2404人相比,分别上涨10.3%和2.3%。依法不批准或不予批准逮捕779人,不起诉127人。

(孟繁智)

【全面推进法律监督】 年内,共成功监督立案54件97人,较去年的53人增加83%;监督侦查机关撤案25件,较去年的24件略有上升;发出《纠正违法通知书》30份,已收到27份回复,较去年的15份翻一番;成功纠正漏捕79人,56人被判处有期徒刑以上刑罚;成功追诉漏犯25人;追诉漏罪410起,其中133起已获法院判决认可。

(孟繁智)

【服务经济社会转型发展】 年内,围绕形成创新驱动发展格局等重大决策部署,从促进经济平稳较快发展、促进社会和谐稳定的角度,细化服务举措,健全工作机制。积极参与北京科技商务区等重点项目的拆迁整治,服务城乡一体化建设和创新驱动空间资源的有效整合。主动服务重点功能区建设,加强与未来科技城管委会和建设公司的协作,依托未来科技城检察联络室,通过举办工程建设领域职务犯罪巡展、开展工程监理专题调研等形式,开展职务犯罪预防和廉政风险防范工作,为实现创新驱动营造廉洁氛围。

(孟繁智)

【参与加强和创新社会管理】 年内,积极探索检察机关参与社会管理创新的路径和方法,在解决难点问题、落实治本措施上不断取得新成效。探索对涉罪未成年人捕、诉、监、防一体化工作机制,主动开展未成年人犯罪记录封存、刑事案件社会调查等工作,依法保障未成年人合法权益。积极推进行政执法与刑事司法衔接工作,促进行政管理机关依法履行社会管理职责。充分发挥检察建议作用,督促健全机制,堵塞漏洞。

(孟繁智)

【社区矫正联席会召开】 2月22日,昌平院与区司法局召开联席会,就深入推进社区矫正工作、服务昌平区域和谐发展、落实推进《社区矫正实施办法》进行研讨。

(孟繁智)

【获全国优秀检察建议】 2月28日,全市预防工作会召开,昌平院李月贪污案检察建议荣获全国检察机关"百优双十佳"预防职务犯罪"优秀检察建议",夏剑英所撰研究报告荣获市院重点调研课题"优秀成果奖"。

(孟繁智)

【开展传承雷锋精神系列活动】 3月7日,昌平院制定《北京市昌平区人民检察院学雷锋法律志愿服务活动方案》,并于年内组织开展了"传承雷锋精神,立足岗位做贡献"系列活动。

(孟繁智)

【获评党支部建设工作创新奖】 3月13日，昌平院离退休干部党支部被北京市创先争优领导小组等单位授予"北京市离退休干部党支部建设工作创新项目奖"。

（孟繁智）

【举办"检察开放日"活动】 4月13日，昌平院举办了以"送温暖、送法律、送服务"为主题的"检察开放日"活动。

（孟繁智）

【做客正义网《直播访谈》】 4月24日，昌平院党组书记、检察长王向明应邀前往最高人民检察院主管的法治资讯门户网站正义网，做客《直播访谈》栏目。

（孟繁智）

【区委领导作出重要批示】 5月3日，区委书记侯君舒专门就开展向昌平院全国政法系统先进基层党组织侦查监督处党支部学习活动作出重要批示，要求在全区迅速掀起学习侦查监督处党支部先进事迹的高潮。

（孟繁智）

【荣获合唱比赛最佳表演奖】 5月28日，昌平院参加了昌平区第十二届"五月的鲜花"合唱比赛，并荣获最佳表演奖。

（孟繁智）

【高检院领导来院调研】 6月1日，最高人民检察院党组成员、中纪委驻高检院纪检组组长莫文秀一行到昌平院，就落实全国检察机关纪检监察工作会议精神、贯彻落实党风廉政建设责任制实施办法等情况进行专题调研。

（孟繁智）

【会签刑事案件信息通报实施细则】 6月25日，昌平院与区公安分局会签《刑事案件信息通报工作机制实施细则》。

（孟繁智）

【获评五好党支部】 6月27日，昌平院反贪局党支部被评选为北京市政法系统"五好党支部"。

（孟繁智）

【被授予创先争优优秀共产党员】 7月2日，昌平院公诉二处处长、全国模范检察官彭燕同志被授予"北京市创先争优优秀共产党员"荣誉称号。

（孟繁智）

【当选党的十八大代表】 6月29日至7月3日，中国共产党北京市第十一次代表大会隆重召开。昌平院全国模范检察官彭燕当选出席中国共产党第十八次全国代表大会的代表。

（孟繁智）

【举行特约监督员聘任仪式】 7月26日，昌平院举行特约监督员聘任仪式暨2012年检察工作情况通报会，区人大常委会主任李福忠等参加会议。

（孟繁智）

【《钢铁玫瑰》举行首映式】 8月9日，由区委宣传部、昌平院、北京泽锋艺视文化传播有限公司主办的电影《钢铁玫瑰》首映式在昌平保利剧院举行。

（孟繁智）

【入选诉讼监督精品案件】 8月13日，昌平院在北京市检察机关侦查监督部门诉讼监督精品案件评选活动中取得第二名和第五名的佳绩，并成为入选精品案件最多的单位。

（孟繁智）

【联合举办警示教育展览】 8月29日，昌平院与区纪委联合举办的"昌平区党风廉政建设警示教育展览"，在区文化委开幕。

（孟繁智）

【被授予全国检察宣传先进单位】 9月4日，在第十届全国检察长论坛（上海会议）上，昌平院被最高人民检察院授予2012年度全国检察宣传先进单位称号，成为全市检察系统获此殊荣的第一家郊区院。

（孟繁智）

【荣获区公务员科学大赛一等奖】 9月16日，昌平院参加了由区人力资源和社会保障局与区科学技术协会联合举办的第四届昌平区公务员科学素质大赛，荣获大赛一等奖。

（孟繁智）

【举行"聚焦执法公正"发布会】 9月26日，昌平院举行"聚焦执法公正"新闻媒体发布会，集中宣传了该院在全市检察系统具有代表性和推广价值的改革创新工作举措，全面介绍了检察工作各个环节的改革成果。

（孟繁智）

【被评为"两房"建设先进单位】 9月26日，昌平院在全国检察机关第七次计划财务装备工作会议上被评为"全国检察机关计划财务装备工作'两房'建设先进单位"。

（孟繁智）

【应邀参加国际数字技术研讨会】 9月28日，昌平院应邀参加第一届国际数字取证与调查技术研讨会，并在会上做《SaaS云环境下案件侦查关联分析系统的研究》研究报告。

（孟繁智）

【参观未来科技城】 11月6日，昌平院组织8名市人大代表、特约监督员、人民监督员参观未来科技城,并组织考察了院派驻未来科技城检察联络室。

(孟繁智)

【高检院领导来院调研】 11月23日,最高人民检察院党组成员、中纪委驻高检院纪检组组长莫文秀,中纪委驻高检院纪检组副组长、高检院监察局局长王洪祥等高检院领导到昌平院调研政法干警核心价值观教育活动并出席昌平院与贵州省黔西南州检察院共建仪式。

(孟繁智)

【与西城院结对共建】 11月30日,昌平院与西城区人民检察院举行结对共建签约仪式。

(孟繁智)

【被授予"全国监所检察业务标兵"】 11月30日,在高检院举行的首届全国监所检察业务竞赛颁奖典礼上,昌平院监所处副处长、驻所主任王平被授予"全国监所检察业务标兵"荣誉称号。

(孟繁智)

【与区烟草专卖局合作共建】 12月4日,昌平院与区烟草专卖局举行共建签字仪式,建立联合开展预防职务犯罪工作长效机制。

(孟繁智)

审判工作

【概　　况】 2012年,昌平区人民法院深入贯彻落实科学发展观,坚持社会主义法治理念,努力践行"为大局服务,为人民司法"的工作主题,充分发挥司法职能作用,为十八大胜利召开和辖区的社会稳定、经济发展做出了积极贡献。一年来,该院新收各类案件21715件,同比上升0.41%,办结21353件(含旧存,下同),同比下降2.27%。结案率为95.8%。其中,新收刑事案件1575件,审结1573件;新收民商事案件14999件,审结14633件;新收行政诉讼案件119件,审结118件;新收执行案件5022件,办结5029件。加强审判管理,构建"全面、全员、全程"的管理模式,取得明显成效,审判质量和审判效率进一步提高。加大信访积案化解力度,逐案制定化解方案,全力化解社会矛盾,被市高级法院评为"无信访积案先进法院",被市委政法委评为"北京市涉法涉诉信访工作先进集体"。深入开展政法干警核心价值观主题实践活动,加强思想政治、法院文化、司法能力和党风廉政建设,法院队伍综合素质进一步提升。

(玄红莲)

单位名称:昌平区人民法院
地址:昌平区西环路南东侧
联系电话:(010)80122118
邮编:102200

【构建民事案件的诚信诉讼保障机制】 年内,建立了诚信诉讼保障机制,对符合立案条件的案件,在通知原告受理和向被告送达起诉材料的同时,以格式化的告知书向当事人书面释明虚假诉讼的风险和法律后果、诚信诉讼的具体要求等,并要求当事人分别在《权利担保承诺书》和《诚信诉讼承诺书》上签字。要求当事人双方承诺,案件所诉争的财产未设定抵押,未涉及案外人的合法权利,所作的陈述及提交的证据材料,系真实意思表示,且本人知晓虚假诉讼的法律责任,并愿意承担因本人虚假陈述或提供假证所引起的一切法律后果。

(玄红莲)

【规范民事法律文书送达工作】 年内,为贯彻新《民事诉讼法》关于民事法律文书送达相关规定的立法精神,更好地维护当事人的合法诉讼权利,保障民事诉讼的公平与效率,制定了《北京市昌平区人民法院民事法律文书送达工作实施细则》,更加细化了新《民事诉讼法》关于送达的规定,构建了送达瑕疵反向纠错机制,即在送达行为实施完毕后,由专人负责对卷宗中的送达环节进行检查,以降低送达程序错误率,提高送达工作人员责任意识。

(玄红莲)

【四项联动机制促进行政争议实质性解决】 年内,与行政机关建立"四项联动机制",即重大社会管理问题联动会商机制、庭审前纠纷联动化解机制、行政机关调解与行政诉讼协调联动对接机制和行政执法问题联动解决机制,通过联席会议、法制讲座、业务研讨、司法建议、模拟法庭等方式,加强与行政机关的交流和沟通,做到诉前、诉中、诉后纠纷化解机制的全覆盖,促进行政争议实质性解决。全年共依法审理了涉及未来科技城、沙河巩华城、东小口镇马连店组团重点村旧村改造等项目的行政诉讼案件42件,为辖区重点工程与项目的建设提供了坚强的司法保障。

(玄红莲)

【推行多项便民利民措施】 年内,推出多项便民利民措施,深入落实司法为民宗旨。一是打造优质便民窗口,向当事人发放《诉讼提示书》,安排导诉员提供咨询解答、案件查询等服务;开通绿色通道,建立特殊人群特别服务工作机制,对年老、患病、残疾等行动不便的当事人,预约上门立案、上门发还案款。二是加强司法调解,积极参与社会矛盾多元调解体系建设,将调解工作落实到立案、审判、执行的各个环节,全年共调解案件7794件,占全年民商事案件结案数的53.3%。三是加强司法民主,畅通司法参与渠道,全年人民陪审员参与案件3912件,占普通程序案件总数的83.1%。

(玄红莲)

【以公开促公信加大司法宣传】 年内,深入山区、乡村、社区开展巡回审判活动,组织群众旁听庭审。通过中国法院网、法治中国传媒网络电视台等网络平台,对部分案件进行庭审直播,全年共进行庭审图文直播100次,庭审视频直播22次。选择部分典型案例,制作法制宣传光盘,向群众发放,扩大宣传效果。加强与新闻媒体的合作,扩大办案的社会效果,全年共在报刊、网络上发表普法稿件1200余篇,参与广播、电视法制节目录制500余次。落实重大程序性事项公开制度,将简易程序转普通程序、中止审理、延长审限等审判程序中的重大事项及时告知当事人。继续开展"法院开放日"活动,邀请学校师生、社区居民等来法院旁听案件。

(玄红莲)

【完善执行督促机制】 年内,继续完善执行督促机制,专门聘请两名人民陪审员常驻法院执行局,分别和2名执行员组成2个执行督促组,对于可能自动履行或者有可能达成执行和解协议的案件,在尚未正式进入强制执行程序前,由执行督促组负责对被执行人进行说服教育及后果警示、督促被执行人主动履行义务以及执行和解工作,全年被执行人自动履行义务的案件1626件,达成执行和解协议的案件224件。同时,将该机制与流程管理相结合,对于经督促仍不履行义务的案件、被执行人下落不明无法送达执行通知书的案件以及经调解未达成执行和解协议或达成和解协议未履行的案件,由执行督促组按照流程管理将执行通知书、督促工作笔录、案件执行进展情况说明及其他相关卷宗材料一并移送执行法官,进入强制执行程序,既节约了司法资源,又提高了申请执行人对执行工作的满意度。

(玄红莲)

【推动司法廉政建设】 年内,坚持不懈地加强司法廉洁教育,深入开展惩治和预防渎职侵权违法行为等专项教育活动,注重用反面典型案例教育广大干警,做到警钟长鸣。以廉政风险防范管理工作为重点,院党组成员、庭长、法官、法警及其他工作人员结合各自本职工作,查找廉政风险漏洞,制定防控措施。针对易发廉政风险的岗位,设立专门的廉政监察员,进行风险提醒,加强风险防范。抓好廉政制度落实,认真落实法官任职回避和防止内部人员干扰办案的规定,努力从源头上预防司法不公现象的发生。

(玄红莲)

【创新审判管理机制】 年内,推行"全面、全员、全程"的审判管理新模式,提高审判质效。每月,该院全体党组成员和中层干部召开审判质效总结通报会,全面分析审判执行工作情况,查找问题,研究对策,并编写《审判质量考核评析》。分不同层次对审判工作人员进行培训,使他们牢固树立质量意识和效率意识。开展庭审和裁判文书评查活动,进一步规范了庭审程序,提高了裁判文书质量。充分发挥审判委员会的监督指导作用,对长期未结的案件,逐案进行评议,明确结案期限及要求;对被中级法院发回重审的案件,要求由庭长担任审判长审理,并向审判委员会汇报。完善差错案件两级评议机制,案件质量法官初评委员会对案件进行初评后,提交审判委员会进行最终评定;全年,案件质量法官初评委员会共召开评议会5次,对95件案件进行了评议,强化了法院内部监督机制。

(玄红莲)

【人民法庭规范化建设成效显著】 年内,5个人民法庭共审结民事案件6003件,结案数占全院普通民事案件的56.3%。全年,5个人民法庭完善立案前矛盾化解机制,立案前化解各类纠纷1155件,健全多元化调解机制,在村委会、居委会、司法所等辅助下,共调撤结案3267件,同时率先在人民法庭推出诚信诉讼保障机制,推动人民法庭审判工作的规范化。创建学习型党支部,设立了"党员书架",加强与地区党委、社区、企业等的沟通,以"法庭开放日"、"社区法庭"等方式进行党支部共建,推动人民法庭队伍建设的规范化。积极与各职能部门沟通,推动人民法庭的改扩建工程,创造良好物质保障,推动人民法庭基本建设工作的规范化。

(玄红莲)

【提高信息化管理水平】 年内,按照市高院关于全市法院司法统计工作职能调整的通知要求,认真部署"信息球"司法统计试运行工作,将审判信息全部置于监控之下,从审判数据录入源头抓起,不断提高司法统计数据准确性。以"规范化管理、数字化运作"为目标,研究制定了《赃证物管理工作暂行规定》,改建赃证物库房,设计开发了院赃证物管理软件,建立起了数字化、规范化的赃证物管理系统,有效提高了刑事审判工作效率。

(玄红莲)

司法行政

【概　况】 2012年,全区共有人民调解委员会572个,调解人员3275人,共排查调处各类矛盾纠纷7796件,成功调解7608件。全年开展法制宣传教育活动共计338场次,其中法律知识大赛、法治文艺演出等全区性大型法制宣传教育活动15次,发放法制宣传资料及宣传品755万件。法律援助机构受理法律咨询5670人次,办理法律援助案件1804件。全区共有律师事务所33家,其中合伙律师事务所10家、个人律师事务所22家、公司律师试点单位1家;共有律师141名,其中专职律师137名、兼职律师4名。全年,各律师事务所共代理各类案件2073件、担任法律顾问117家、解答群众法律咨询6900余人次、代书623件。利兆公证处共办理国内和涉外公证件数4000件,办证合格率达到95%以上;接待来访人员10000余人次、上门服务200余次、电话咨询20000余人次、避免经济损失600余万元。全区共有在册"两类"人员1833人,其中社区矫正人员306人,全年未发生"两类"人员脱(漏)管现象、未发生有影响的事件。

(郑晓轩)

单位名称:昌平区司法局
地址:昌平区东环路146号
电话:(010)69742780
邮编:102200

【人民调解工作】 年内,全区共有人民调解委员会572个,调解人员3275人,今年,全区人民调解组织共排查调处各类矛盾纠纷7796件,成功7608件,调解成功率97%,与去年同期相比增加1125件。同时人民调解组织有效地防止民间纠纷激化101件,避免了138人可能造成的伤亡。

(郑晓轩)

【法制宣传教育工作】 年内,全区法制宣传教育紧紧围绕"六五"普法创新法制宣传形式,开展丰富多彩的宣传活动,全年开展法制宣传教育活动共计338场次,其中法律知识大赛、法治文艺演出等全区性大型法制宣传教育活动15次,发放法制宣传资料及宣传品755万件。

(郑晓轩)

【法律援助工作】 年内,全区法律援助机构受理法律咨询5670人次,办理法律援助案件1804件。其中民事法律援助案件1521件,刑事法律援助案件283件,依法维护了困难群众的合法权益。在开展法律援助工作过程中,区司法局努力创新法律援助便民服务方式,以流村镇的"残疾人温馨家园"为依托,创建了"和谐家园法律服务基地";加大在重点区域、重点企业、重点项目的法律援助服务力度,为中关村生命科技园"北清创意园"项目、东小口地区中滩村拆迁、沙河镇七里渠南、北村拆迁等一批市区重点工程提供法律服务,为"5.21"随园爆炸案和流村镇小产权房上访事件提供法律援助,为政府行政建言献策,积极化解社会矛盾,为政府排忧解难,维护社会稳定。

(郑晓轩)

【律师管理工作】 年内,全区共有律师事务所33家,其中合伙律师事务所10家,个人律师事务所22家,公司律师试点单位1家;共有律师141名,其中专职律师137名、兼职律师4名。全年,全区各律师事务所共代理各类案件2073件,担任法律顾问117家,解答群众法律咨询6900余人次,代书623件。

(郑晓轩)

【公证业务工作】 年内,利兆公证处共办理国内和涉外公证件数4000件,办证合格率达到95%以上;接待来访人员10000余人次,上门服务200余次。电话咨询20000余人次,避免经济损失600余万元。

(郑晓轩)

【矫正帮教工作】 年内,全区共有在册"两类"人员1833人,其中社区矫正人员306人,A类133人,B类88人,C类85人,重点人2人,全年新增232人,解除矫正209人;刑释解教人员1534人,一类198人,二类267人,三类1069人,重点人2人,全年新增275人,解除帮教363人。2012年,全区共开展走访、排查活动107次,走访排查社区矫正、刑释解教人员3200余人次,组织狱内帮教活动12次,组织视频会见30人次,帮教昌平籍罪犯200余人,与北京监狱等4家监所签订了共建协议。通过"春风行"活动为"两类"人员解决困难68人次,教育帮扶"两类"人员380余人次。通过扎实细致的矫正帮教工作,全年未发生"两类"人员脱(漏)管现象、未发生有影响的事件。

(郑晓轩)

【成立世界草莓大会矛盾纠纷调处中心】 2月18日至22日，第七届世界草莓大会在昌平举行，为全面做好世界草莓大会期间的安全保卫工作，区司法局第七届世界草莓大会矛盾纠纷调处中心成立。这是司法行政机关主动适应服务性政府建设要求，发挥职能向草莓大会提供新型服务理念的重要举措，是政府进一步整合资源、防治纠纷、维护社会和谐稳定的新型服务平台，是实现人民调解、法治宣传、法律咨询服务三结合的有效手段。

（郑晓轩）

【区成立“和谐家园”法律服务基地】 3月20日，区司法局、区律师协会联合区残疾人联合会在流村镇残疾人温馨家园隆重举行“热心公益事业，服务弱势群体——‘昌平区和谐家园法律服务基地’揭牌仪式。市残联维权部主任韩淑芹，区残疾人联合会理事长彭尚玉等领导出席了揭牌仪式。全区各司法所长、司法助理员、区律师协会领导成员；全区各律师事务所主任及律师代表、区残疾人联合会相关负责人及残疾人代表共200余人参加仪式。

（郑晓轩）

【矫正帮教进入区电视台视角栏目】 3月26日，昌平电视台《视角》栏目分别深入到区阳光中途之家、马池口司法所、城北司法所，对区矫正帮教人防、技防、心防“三位一体”管理创新模式进行专题采访。

（郑晓轩）

【扎实推进区政府为民办实事工程】 根据2012年区政府为民办实事项目第20项“加大法律服务和矛盾调解工作力度”的安排，确定了为40个农村、30个社区设计、安装法治文化广场标识及橱窗。自4月中旬至7月底，圆满完成了为40个农村、30个社区的法治文化广场标识和法制宣传橱窗设计制作安装工作，深受欢迎。

（郑晓轩）

【扎实开展民主评议基层司法所和窗口部门活动】 5月，区司法局采取“听、查、谈、改”四步法开展民主评议基层司法所和法律援助、公证服务部门工作。评议内容有七项：一是服务环境；二是政务公开；三是服务质量；四是服务态度；五是办事效率；六是提高司法行政认知度；七是网络建设和外宣信息上报及效果。重点解决了四个方面问题：一是服务环境不规范。二是办事效率不高。三是服务质量不优。四是服务态度不好。

（郑晓轩）

【区组织开展人民调解知识竞赛活动】 年内，举办了人民调解员培训系类活动知识竞赛，主要以北京市人民调解委员会规范化建设相关文件和人民调解法为内容。6月8日，开展了知识竞赛的决赛，最终决出一、二、三等奖各一名和优秀奖三名，纪念奖六名。

（郑晓轩）

【市局窗口单位服务规范化观摩交流会举行】 6月15日，北京市司法行政系统基层站所（窗口单位）服务规范化观摩交流会在昌平举行。市司法局特邀监督员、纪委监察处、公管处、法援处、基层处领导出席会议，16个区县司法局主管局长、纪委书记参加会议。昌平区司法局法律援助中心、城北司法所、法制科、办公室和监察科的工作人员参加了观摩交流活动。

（郑晓轩）

【“青春船长”进打工子弟学校】 6月21日，区依法治区领导小组办公室、区司法局、区法院、区教委、团区委、未委会在汇蕾学校举办“青春船长”送法进流动人口子弟学校活动。“青春船长”区法院刑一庭审判员李娜以生动活泼的形式，与学生们进行互动式法制讲座。此次活动，向学校赠送《昌平区青少年法律知识读本》5000册，制作安装法治文化橱窗，赠送法制宣传资料索取架等物品。

（郑晓轩）

【区综治委特殊人群专项组第一次全体会议】 7月4日，区综治委特殊人群专项组第一次全体（扩大）会议召开。区委常委、副区长、区综治委特殊人群专项组组长孙启出席会议并作重要讲话。会议由区司法局党委副书记刘建军主持。区综治委特殊人群专项组21个成员单位主管领导、各镇（街道）主管综治领导、各司法所长、特殊人群专项组办公室及阳光中途之家相关人员70余人参加会议。区综治委特殊人群专项组，在区级层面成立由区司法局总牵头的区综治委特殊人群专项组，下设三个工作小组，即社区矫正和安置帮教工作小组、戒毒工作小组、精神病和艾滋病危险人群防控工作小组，分别由区司法局、区公安分局、区卫生局牵头，按照职责分工负责各类特殊人群管理服务工作，形成“统一领导、分类牵头、分工负责、齐抓共管”的工作模式。

（郑晓轩）

【会签《律师介入审查起诉工作的实施细则》】 7月11日，区律师协会和区人民检察院就《律师介入审查起诉工作的实施细则》（以下简称实施细则）进行会签。此举标志着昌平区关于律师介入审查起诉工作的实施细则正式施行。

（郑晓轩）

【过渡性安置基地荣获全国先进称号】 区司法局东小口镇刑释解教人员过渡性安置基地“北京一路顺保洁服务中心”荣获“全国就业先进企业”荣誉称号。

(郑晓轩)

【区司法局组织律师“送法进军营”宣传活动】 8月10日,区司法局组织区律师协会、区长陵镇司法所一行十余人来到驻昌某部队军营中,开展“律师送法进军营法律援助促和谐”活动。通过赠送法律书籍,开展律师法制讲座的形式,为官兵解读工作生活中的法律困惑、提供法律服务。

(郑晓轩)

【与延庆县司法局成立接壤地区联合维稳机制】 8月23日,昌平区、延庆县两区县司法局在延庆县司法局井庄司法所召开“昌平区司法局与延庆县司法局共建维稳机制启动仪式”,签订了《共建维稳机制协议书》,两区县共建长效维稳机制正式启动。本次合作创新了十八大维稳工作形式,开创了北京市跨区县司法局间联手共同开展接壤地区维稳工作的先河。市司法局基层处副处长陈光毅出席启动仪式。

(郑晓轩)

【在全国率先开设《全国普法短剧网》】 8月30日,昌平区与首都政法网合作开通了全国普法短剧网(http://www.bj148.org),网站设《法治动态》《普法短剧》《法治文化》《法治案例》四个频道。主要反映全区最新普法动态、播放昌平区拍摄的普法短剧;展现基层百姓自编、自演的法制文艺节目,用以案讲法的形式向百姓宣传法律知识。

(郑晓轩)

【举办社区矫正人员法律法规知识竞赛】 8月31日,由区综治委特专组办公室、区司法局主办的“学法塑新生喜迎十八大”社区矫正人员法律法规知识竞赛决赛在阳光中途之家隆重举行。区综治委特专组副组长、区司法局副局长康德柱出席活动并讲话,公安昌平分局、区检察院、区法院有关领导应邀出席活动并为获奖者颁奖。全区17个司法所司法助理员、矫正干警及部分社区矫正人员80余人现场观看竞赛活动全过程。

(郑晓轩)

【区三名人民调解员荣获全国调解能手】 南邵镇人民调解委员会调解员杨玉华、十三陵镇涧头村调委会主任路玉涛、马池口镇亭自庄村调委会主任田培刚,9月6日,被司法部授予“全国人民调解能手”称号。

(郑晓轩)

【开展十八大安保突发事件处置应急演练】 10月31日,为迎接党的十八大胜利召开,提高司法所快速反应能力,增强应对矫正帮教突发事件应急处置实战能力,区司法局在水南路、温南路交叉路口举行矫正帮教突发事件应急预案演练,流村、南口、阳坊、马池口四个司法所参加演练,取得了预期的效果。

(郑晓轩)

【举办法律知识竞赛】 10月31日,区依法治区领导小组办公室、区文明办、区司法局在军都旅游度假村联合举办了昌平区“迎接十八大,践行北京精神,做讲法制守纪律的北京人”法律知识竞赛决赛。普法知识竞赛的开展有效增强了法制宣传教育的感染力和社会影响力,把法律知识送到千家万户,在全区掀起学法用法的新高潮。

(郑晓轩)

【举办昌平区法治文艺汇演】 11月29日,在区广电中心举办了昌平区“繁荣法治文化促进和谐稳定”法治文艺汇演。有关领导及全区各单位近200人和法制日报等媒体记者参加了此次活动,《法制日报》在头版头条、北京电视台新闻节目分别对此次活动进行报道。

(郑晓轩)

【组织开展“法律服务村居行”活动】 年内,区司法局按照市司法局工作部署,组织开展了“法律服务村居行”活动,召开了启动大会,成立了昌平区“法律服务村居行”活动领导小组和昌平区“法律服务村居行”律师服务总队,为全区480多个社区、村都配备一名律师或公证员,开展点对点的服务。区司法局还为行动不便的村(居)民,提供公益律师上门贴身法律服务,确保每名律师和公证员每年要到其负责的村(居)委会开展至少4次的上门法律服务,并利用个人电话、邮箱、网站以及微博等各种联系方式对群众的法律咨询及时予以解答。

(郑晓轩)

社会治安综合治理

【概　况】 2012年,全区各级综治部门认真贯彻落实区委、区政府和首都综治委各项工作部署,深入落实科学发展观,以“平安昌平”建设为载体,以党的十八大安保工作为中心,以加强和创新社会管理为主线,充分发挥“党政统揽、政法担当、部门履职、社会协同、群众参与”大维稳格局的作用,按照“一丝不苟、滴水不漏、准确无误、万无一失”的总体要求，动员一切可以动员的力量，整合一切可以整合的资源，落实“六大工作机制”，推进十大专项行动，夯实综合治理工作基础，不断提升社会管理精细化、科学化水平，圆满完成了党的十八大安保维稳工作任务。

（陈晓龙）

单位名称：昌平区社会治安综合治理委员会办公室
地址：昌平区政府街19号
电话：(010)69746474
邮编：102200

【强化十八大安保维稳工作组织领导】　年内，成立了由区四套班子主要领导牵头的十八大维稳工作领导小组和11个督导组。召开了全区十八大维稳工作动员部署会和誓师大会，对安保维稳、服务保障、环境秩序、城市运行等工作进行深入动员、周密部署、反复强调。研究制定十八大安全保卫和服务保障一系列措施文件，构建“1+6+51”安保工作体系，包括《关于切实做好十八大维稳工作的意见》；维稳情报会商、干部接访下访、重点矛盾专题会、社会面等级防控、专项督查、突发事件应急处置等6项工作机制；10大专项行动方案以及水、电、气、热、通信等领域服务保障的51套工作方案。落实周例会和月推进会工作制度，总结推广经验作法、查找存在问题不足、研究协调解决办法、督促各项工作开展。

（陈晓龙）

【加强十八大服务保障工作】　年内，做好加强党的十八大服务保障工作。一是加强对十八大食品供应定点单位的安全监管。对食品供应企业进行全面安全检查，对参与食品供应的287名工作人员进行严格政审，与企业签订安保责任书，督促其严格落实“十专”措施，确保所供应食品安全、健康、放心。二是做好代表可能涉足场所的服务保障。加强旅游景区物技防设施建设，投入4000余万元，新安装一批监控探头、烟感报警器和X光安检仪，实现所有景区24小时动态监控。集中反复开展大型商场、市场和餐饮场所安全隐患排查，加大食品卫生安全监管和质量抽查监测力度，加强人员教育培训和技防设施建设，切实提高服务保障水平。三是做好关系民生重点行业的服务保障。狠抓水电气热、邮政、通信、广电等14个要害部位的隐患排查，加强城市环境卫生清理整治、绿化美化和基础设施维护。精心组织40条线路和1.7万台客货运输车辆管理，加强4条轨道交通14个站点的安全检查，做好外围秩序整治和定点防控。扎实做好辖区内5条铁路122公里线路的护路联防工作，累计排查消除安全隐患13件。四是做好城市运行应急处突服务保障工作。针对11月初全市遭遇大范围雨雪天气，造成京藏、京新、110国道大量车辆和人员滞留的情况，区委、区政府紧急启动应急预案，成立三个现场指挥部，党政主要领导亲自坐镇，认真做好雨雪灾害应对和救援保障工作，共发放食品1.39万余份、棉被532件、棉大衣311件、柴油5.5吨，确保滞留人员无一伤亡。

（陈晓龙）

【着力健全治安防控体系】　年内，着力健全治安防控体系。坚持点面结合、专群结合，启动环京护城河工程，投入专项资金376万元，制作发放“红袖标”、“小红帽”和长袖T恤5.5万余套，充分发挥5000余名公安辅警、巡防队员、协管员和5.5万名治安志愿者的作用，形成严密的社会面防控网络。自10月10日启动等级防控“零”报告机制以来，累计出动群防群治力量116.5万人。完善“监测、预警、研判、处置、引导”五位一体的互联网维稳工作模式，安排专人24小时实施舆情监控，累计删除有害信息30条、监控有影响信息近600条。整体提升150个社区化村和61个老旧小区治安防控水平，加快构建实有人口全覆盖体系和网格化服务管理体系，全区社会治安防控能力进一步增强。注重提升流管人口服务管理水平，落实“签订责任书、信息反馈、督导检查、责任追究、考核评比”五项制度，扎实开展“基础信息大普查、重点人员大核查、安全隐患大清查、矛盾纠纷大排查、自治组织大调查”五项工作。累计采集流动人口3.9万人、出租房屋1700余户，排查出租房屋8310间，发现和整改不安全因素1056起，核查犯罪嫌疑人180名，化解矛盾纠纷及问题386件。10个区委督查组加大督查力度，累计督查460余次，发现整改问题78件。加大资金保障，区镇两级累计投入十八大安保社会面防控保障资金1900余万元，确保了社会面的安全稳定。

（陈晓龙）

【着力做好重点人员管控】　年内，加强情报信息掌控，成立情报会商指挥部，对各类敏感领域、重点人员等实施动态监测，及时准确掌握动态性、指向性信息，尽早消除稳定隐患，共召开会商会议40余次，累计研究处理涉稳问题100余件。定期反复摸排，对确定的498名重点人，全部落实“一人一案、一人一组、一人一策”和“六包一、四包一、三包一”稳控措施。坚持疏导化解和依法打击结合，通过救助等方式化解突出重点人20余名、依法打击无理缠访闹访重点人员21人。加大邪教防范工作，确定区级重点地区23处，核定法轮功重点人员140人，逐一进行风险评估，落实防控责任，抓获法轮功违法犯罪嫌疑人15名。

（陈晓龙）

【着力化解各类矛盾纠纷】 年内，建立风险评估、摸排建账、跟踪督办等制度，严格落实“345”隐患信息报送机制。建立重点社会矛盾专题会制度，加大不同层级矛盾纠纷统筹调度和联动攻坚力度，中央政法委、市委政法委交办涉法涉诉信访案件5批77件全部化解，9件市级重点信访矛盾纠纷成功化解6件。深入开展接访下访，每天安排一名区领导接访，每周半天由党政主要领导接访，并实行区领导定期带案下访。区领导参加接访36人次，累计接访36批782人次，解决信访问题121件；处级领导接访527批3739人次，下访637次，解决信访问题316件。建立司法救助及维稳专项资金制度，用于化解各类突出不稳定问题。区财政累计投入维稳专项资金3849万元，化解各类矛盾隐患151件。

（陈晓龙）

【着力扭转治安环境秩序】 年内，全力推进十类突出治安问题和社会治安重点地区整治。集中开展治理黑车、无证照经营等专项行动。围绕“八个亮点工程”和“六类环境问题”，坚持疏堵结合，以全市挂账4处环境脏乱地区为重点，集中开展两个波次的城市环境秩序专项整治行动，实现了“一降一升”的目标。加大生产安全、公共安全、卫生安全、食品安全、消防安全等领域以及水电气热通信等重点行业的排查和监管，确保公共安全隐患得到有效消除。专项行动以来，共暂扣无照经营和非法运营车辆2135辆，拘留363人；发放《告知书》6200余份，清理无照游商7000余起，规范店外经营4300余起；检查各类场所2.4万余家，查处整改隐患3800余条，停产停业整顿1326家，拆除违章建筑395处48.7万平方米。

（陈晓龙）

【着力加强特殊人群和社会组织服务管理】 年内，按照分级分类及属地控制原则，扎实做好“五类人员”调查摸排、动态监管、跟踪服务、帮扶救助、回归引导等工作。开展走访排查行动239次，走访8700余人次，解决困难127项，帮扶560余人次。建立健全政府引导、社会参与、第三方独立运作的社会组织考核评估制度，深入开展非公企业党建推进工程和“枢纽型”社会组织建设，在全区8座商务楼宇全部建立“五站合一”工作站，目前全区非公企业党组织覆盖率56.5%；区级“枢纽型”社会组织10家，覆盖率达到80%。

（陈晓龙）

【健全社会管理综合治理组织体系和制度】 年内，健全社会管理综合治理组织体系和工作制度。一是进一步加强社会管理综合治理组织建设。调整完善实有人口、特殊人群、“两新组织”、社会治安、法规规章、预防青少年违法犯罪、校园及周边治安综合治理、护路护线联防、科技创安、社会矛盾多元调解10个专项工作组建设，督促指导牵头部门明确专门机构、建立有效机制、梳理突出问题、明确创新思路、推出创新举措。二是进一步加强社会管理综合治理工作规范化建设。强化各项措施落实的督查检查，研究起草《昌平区社会管理综合治理委员会工作制度》，健全全体会议、综治工作会议、专项工作会议、专项负责、请示报告、联络员工作、督促检查、考核评比等工作制度，完善领导责任制和分工负责、齐抓共管以及经费保障机制。进一步强化社会管理综合治理工作考核，健全考核评价指标体系，明确了社会治安综合治理“一票否决”制度，并纳入区委、区政府《镇街经济社会协调发展绩效考核评价意见》，进一步提升全区各部门重视程度，增强考核工作的科学性和权威性。

（陈晓龙）

【建立实有人口全覆盖服务体系】 年内，牢牢把握全区人口规模大、流动性强的特点和规律，在全区推行了“以证识人、以房管人、以业控人”相结合的实有人口服务管理全覆盖体系，通过全面掌握实有人口和实有房屋的分布状况、群体构成、年龄结构等情况，实现全区建筑物上图，区界、镇（街道）界、村（社区）界划分明确，街、路、巷命名达到100%，实有人口和实有房屋底数清、情况明，实有人口与实有房屋双向互联、人房对应，达到“查人知住、查房知人”。完成了480个社区电子防控地图边界划分，采集建筑物信息12.8万条，走访标注房屋101万间，走访标注出租房屋39万间；新登记流动人口61.5万名、人户分离人口37.8万名，核对流动人口78.3万人。

（陈晓龙）

【打造城市网格化服务管理模式】 年内，依托城市社区网格化社会面防控工作体系的良好基础，进一步丰富和拓展内涵，分别在城北街道、城南街道、东小口镇、回龙观镇四个城市建成区推进网格化服务管理体系建设，推动服务管理工作向集人、地、物、事、组织于一体的网格化服务管理模式转变，实现对各种管理要素的动态、深度、精确管理。4个地区已在组织机构、网格划分、力量配备、运转体系等方面形成初步模式，正在研究建立综合信息系统，努力建立以“精细化管理、人性化服务、多元化参与、信息化支撑”为特点的网格化服务管理模式。

（陈晓龙）

【深入推进村庄社区化管理工作】 年内，制定长效管理工作机制，强化对已建成的100个社区化村的后期管理。继续在50个村推行村庄社区化管理工作，坚持“党委政府领导、综治部门牵头、公安机关指导、部门广泛参与、属地组织落实、体现村民自治”的原则，以人为本，因地制宜，通过搭建综治维稳工作中心这个综合管理平台，强化人防、物防、技防三防建设，实行“人凭卡、车凭证”出入，努力实现无违法违章建设、无黑开经营场所、治安刑事案件下降、社会矛盾纠纷下降、低端产业规模下降、科技防控水平明显提高、流动人口服务水平明显提高、村容村貌环境秩序明显提高、群众安全感满意度明显提高的“两无、三降、四提高”的工作目标。50个村共建立“三站两室”50个，新建围墙4.75万米，大门304个，安装监控探头1241个，整合防控力量580人。

（陈晓龙）

【进一步提升老旧小区的综合管理水平】 年内，制定长效管理工作机制，强化已对建综治维稳分中心的30个老旧小区的后期管理。继续在31个流动人口聚居、案件高发、技防设施老化、治安管理水平弱化等问题相对集中的老旧小区建设“4+N”模式综治维稳分中心，通过建设社区警务站、小区网络化管理服务站、便民服务咨询接待室、监控室等站室，搭建综合管理平台，不断提升老旧小区服务管理水平，努力实现治安防控常态化、矛盾调处及时化、服务管理便民化、技防设施覆盖化、发案趋势下降化、安全指数提升化的“六化”工作目标。31个老旧小区共建立综治维稳分中心31个，安装监控探头772个，整合防控力量160人。

（陈晓龙）

【加强网络管理，搭建网络服务平台】 年内，结合网络传播特点规律，总结突发事件应对处置经验，整合资源力量，探索建立了网络安全领导协调、监测预警、会商研判、应急处置、舆论引导、综合保障等六项机制，进一步加强互联网信息安全管理。同时，积极引导推动大型社区网站服务建设，通过树立“回龙观社区网”品牌示范典型，发挥“回龙观社区网”平台作用，建立了“政法行风热线”、“政协专栏”、“昌平消防”、“昌平工商”、“昌平地税”、“交通队”、“公安派出所警务站”、“志愿者协会”等专栏，加强群众自治、倾听群众呼声、解决民意诉求、化解社会矛盾、提升服务水平，为政府与百姓之间架起了“一手连政府，一手牵万家”沟通的纽带和桥梁，实现了“替百姓说话、为政府分忧、促社会稳定”的宗旨。

（陈晓龙）

【完善企业调解机制建设】 年内，以科学发展观为指导，在区综治委社会矛盾多元调解专项组领导下，建立企业联合会劳动争议人民调解委员会，扩大调解工作的覆盖面和影响力。通过健全组织领导，在企业推广建立行业性专业调解组织，建立“综治、法院、司法、人保、信访、工会、企联”七方联动机制，推进和完善企业劳动争议调解组织建设，建立健全企业劳动争议预防、预警机制，深入贯彻“调解优先”原则，按照全面推进社会管理创新工作总体要求和工作部署，围绕社会矛盾纠纷化解工作，建立健全党委领导、政府负责、社会协同、公众参与的社会矛盾联合调解机制，最大限度地促进社会和谐。

（陈晓龙）

【建立村务工作规范作业机制】 年内，以百善镇为试点，针对农村村级事务民主管理中存在的突出问题，在深入总结经验的基础上，结合村庄社区化管理，不断完善党领导下的村级民主自治机制，通过畅通服务管理渠道、规范民主决策程序、重视热点难点问题化解等措施，拓宽农村村务公开渠道，深入推进新形势下农村村级事务议事决策程序化、财务支出规范化和监督管理经常化，建立了“一户一帐”、“连心卡”服务措施及“六议两公开”等制度，使村级事务管理由“无序”向“有序”转变，干群关系由“猜疑”向“信任”转变，大力提升了农村地区社会管理水平，为维护地区社会和谐稳定起到了积极的促进作用。

（陈晓龙）

【完善群防群治组织发动体系】 年内，完善群防群治组织发动体系。一是推行“党员积分制”模式。以百善镇为试点，注重增加党员社会服务管理参与率，营造党员比思想、比学习、比工作、比服务、比贡献、比满意的良好氛围，充分发挥党员在提升社会服务管理和新农村建设中的先锋模范作用。通过统筹分类、规范评分、准确评审、考核激励等措施，将党员在服务群众、参与社会服务管理中的表现情况以累积分的形式体现出来，并根据年终积分将党员划分为“先锋型”党员、“带头型”党员、“本色型”党员、“褪色型”党员，并采取相应奖惩措施。在百善镇试点推行党员“积分制”以来，进一步拓宽了党员参与社会治安防控、社会管理、服务群众的渠道，党员的先锋模范作用得到充分发挥，为维护社会稳定、促进社会和谐起到了积极作用，地区社会服务管理水平取得明显成效。二是挖掘总结创新作法。注重挖掘总结基层群防群治创新作法，深入开展调研，在全区范围内总结并推广了区妇联“京北丽人”志愿服务队、回龙观镇龙泽苑社区“和谐龙”劝导队、城南街道郝庄家园北区党员突击队、南口镇南口村社区群防群治工作队、城南街道水屯家园社区志愿者服务队等一批先进群防群治典型经验。

（陈晓龙）

【完善联合执法工作机制】 年内，完善联合执法工作机制。一是建立“1+7”联勤联动执法模式。1为建立联勤联动执法机制，7为信息通报、线索转递、工作例会、联席会商、案件移送、主体牵动、督查考核7项制度。通过强化部门协调联动，有力提升行政执法工作的主动性、联动性和有效性，及时解决了群众反映强烈的热点难点问题。二是完善城市秩序“千人大执法”整治模式。针对群众反映问题最突出、最强烈的黑车黑摩的、散发小广告、无照游商、乱摆摊点等秩序类问题和小作坊、小洗浴、小发廊、小网吧、小旅店、小歌厅等六小黑开场所，公交地铁车站、娱乐服务休闲场所、商贸市场、繁华街区等重点部位的城市秩序问题，为加强环境秩序综合整治，探索建立了“千人大执法行动”，通过采取“统一时间、集中力量，突出重点、联合执法，高限处罚、营造声势，加强督查”等措施，切实解决群众最关心、反映最强烈，影响城市秩序的痼疾顽症，提高群众满意度。

（陈晓龙）

军 事

人民武装

【概 况】 2012年，区人武部在卫戍区党委机关和区委、区政府的正确领导和帮助指导下，紧紧围绕卫戍区党委提出的“特别忠诚、特别过硬、特别稳定”建设目标和区委、区政府提出的建设现代化的京北创新中心，国际科教新城的发展规划，依据《北京市国防后备力量建设工作规范》要求，坚持质量建设、突出安全发展，注重打牢基础，抓落实，求创新，全面建设呈现出良好的发展态势。

（明汉章）

单位名称：昌平区人民武装部
地址：昌平区政府街17号
电话：(010)69742516
邮编：102200

【加强党委自身建设】 年内，始终把理论武装作为班子建设的头等大事来抓，以创建学习型党委为牵引，注重加强班子成员的理论学习。按照卫戍区党委中心组年度理论学习安排意见，每月制定理论学习计划，严格落实每月两天的“学习日”制度，采取集体学习和个人自学等形式，坚持政治理论学习有辅导、有体会、有交流，抓好学习的每个环节。一年来，共落实理论学习日24个，通过学习，党委“一班人”的理论水平、决策能力得到了进一步加强。

（明汉章）

【完成民兵组织整顿工作】 2月上旬至4月下旬，按照“压缩规模、调整结构、确保质量”的原则，圆满完成了上级下达的编组任务。

（张建波）

【完善民兵应急分队装备器材】 年内，按照北京市和卫戍区的统一部署和要求，坚持以民兵应急分队质量建设为核心，在各镇（街）新组建了应急排，将若干应急排按职能编成区属重点应急防火连、应急防汛连、应急维稳连和应急执勤连，投入

240万元采购了应急、防火抗洪器材，建成一批长期在位、训练有素，能够随时遂行任务的应急力量，基本满足了民兵执勤任务的需要。

（王贵山）

【认真组织冬季适应性训练】 根据卫戍区指示，着眼提升部党委机关带领民兵遂行多样化军事任务的能力，12月11日至14日，区人武部组织10名干部职工进行了冬季野营拉练。坚持“着眼实际、贴近实战、追求实效”的原则，把练指挥、练协同、练保障、练支援与复杂气候条件下行军宿营结合起来，重点组织开展了防空袭、快速救援、卫生防护等内容的应急指挥演练，较好地提升了干部职工的能力素质，为完成民兵遂行多样化军事任务奠定了坚实的基础。

（王贵山）

【严密组织民兵专业分队训练】 依据卫戍区关于加强首都民兵高炮分队建设的一系列指示精神，按照紧贴任务训内容、抓住重点打基础、结合任务练战法的要求，5月18日至6月3日，从8个镇（街）抽调民兵100人，在卫戍区装甲团实施挂钩联训，完成了规定专业训练科目。6月4日，参加北京市民兵专业分队比武竞赛，取得三个单项第一的好成绩。8月29日，在流村镇森林武警机动支队参加了卫戍区组织的实兵实装应急拉动。8月30日，在怀柔的警卫团参加了卫戍区组织的山林防火和反恐维稳观摩演练，圆满地完成了任务。

（王贵山）

【圆满完成战备执勤工作】 按照卫戍区要求，在战备执勤方面主要做三项工作：一是加强应急维稳理论研究。围绕“应对多种安全威胁、完成多样化军事任务能力”进行了理论研讨。二是做好防汛防灾准备工作。针对北京地区7·21局部地区出现的特大暴雨和大面积降水的情况，及时修订完善了各种预案，7月底组织民兵防汛分队200人进行了防汛演练。三是抓好战备执勤工作。加强元旦、春节、“两会”等时期情报信息搜集，及时安排战备值班分队，组织应急拉动演练。年内，组织民兵若干人次参加战备值班和治安巡逻，为地区安全稳定做出积极贡献。

（王贵山）

【卫戍区高政委考察工作】 7月9日上午，卫戍区高政委在干部处杜处长和机关工作人员的陪同下，到区人武部调研工作。高政委在听取了部长孙连湖的人武部建设汇报后，对部上半年工作给予高度评价，对下一步工作提出具体要求。

（明汉章）

【深入做好征兵宣传工作】 年内，区人武部针对征兵新政策、新变化，采取“进学校、入社区、到家庭”的办法，运用《昌平报》、昌平电视台《百姓话题》等媒体，大学课堂等平台，悬挂横幅标语、发放宣传册等方法，加大宣传宣讲力度，先后召开征兵工作业务会、领导小组会和动员大会，进行广泛动员；先后投资2万余元，编印下发了征兵宣传挂图、征兵政策彩页、征集公告等宣传资料，确保征兵政策家喻户晓、人人皆知。

（张建波）

【全区征兵动员大会召开】 10月29日上午，组织召开了2011年冬季征兵工作动员大会。分管武装工作的区、镇领导及各单位武装部长和民兵代表共500余人参加了会议。区委副书记朱光彤主持会议，区委书记侯君舒在会议上要求要充分认清征兵工作的重要意义；广泛深入开展征兵宣传教育活动；必须严格征兵工作程序；要加强组织领导，明确责任，确保圆满完成征兵任务。

（王贵山）

【全区新兵欢送大会召开】 12月9日上午，组织召开了2011年新兵入伍欢送大会。区征兵工作领导小组成员、镇、街道、部委办局、企事业单位及部分高校的主要领导、全区专武干部、全体新战士及其家长、接兵部队领导共500余人参加会议。会议由区长金树东主持。区委副书记王书合宣读《表彰优秀现役军人的通报》，与会领导为优秀现役军人家属代表颁发证书和奖金。区委书记侯君舒要求全体新战士要牢记家乡父老的嘱托，传承昌平人民的优良传统，切实肩负起历史赋予的神圣职责，努力学习、刻苦训练、严守纪律，用自己的聪明才智和实际行动为首都争光，为昌平争光。

（王贵山）

【完成年度征兵工作】 年内，全区适龄青年兵役登记总人数9148人，占适龄青年总人数的93.5%，兵役登记工作扎实有效。为适应今冬征兵新形势，及时调整对策措施，加大宣传发动力度，完成2012年度征兵任务。为贯彻落实总部提出的“一个主体，两个优先”的要求，把各级各类院校毕业生和高学历青年做为征集的主体对象。受到市征兵办和区委、区政府的赞扬。

（张建波）

【扎实开展在高校直招士官工作】 年内，按照上级要求，本着为部队建设高度负责的精神，区武装部通过广泛宣传、严格审查，从中国石油大学、北京科技职业学院和北京科技经营管理学院中选取了一名青年应征入伍，完成上级交给的任务。

（张建波）

【完成民兵应急分队绩效管理考核】 年底，在部政委韩义的带领下，对各镇民兵应急分队进行了绩效管理考核。通过听取汇报、民主测评、实地查看、座谈了解、现场提问等多种方法，对各应急分队的组织建设、基础建设、征兵工作、整组训练、管理教育等方面进行了考评，达到了互相促进、取长补短、激励先进、鞭策后进的目的。

（王贵山）

【确实加强党管武装工作】 年内，认真组织领导班子学习国防法规，坚持把国防后备力量建设列入党委工作的议事日程，一起筹划部署，坚持双向兼职、党委议军、国动委例会、党管武装工作述职、定期到人武部门办公，在区委党校开设国防知识课等制度，积极参与人武部门组织的活动，使党管武装工作法制化、规范化。

（明汉章）

【加强政治思想建设】 年内，按照上级部署，结合部工作实际，2 月，党委中心组开展“讲政治、顾大局、守纪律”教育；3 月，进行“赞颂科学发展成就忠实履行历史使命”主题教育；5 月，结合民兵专业分队训练，进行“警卫战士忠于党”专题教育；10 月，进行“学习贯彻十八大精神”教育。干部职工立足岗位作贡献的自觉性进一步增强，把思想统一到党中央、中央军委的决策指示上来。

（明汉章）

【组织落实《国防教育法》情况调研】 年内，针对区国防教育中活动不经常、制度不规范、基础设施差的问题，组织区相关人员认真学习有关法律、法规和文件精神，提高认识，掌握政策，明确目标。在全区中小学校和居民社区进行全民国防教育情况调研，依据《北京市国防教育法实施办法》，进一步规范了区国防教育工作。

（明汉章）

【深入开展国防教育】 年内，认真学习贯彻《全民国防教育纲要》《北京市国防教育条例》。大力宣传驻昌部队的建设成就、拥政爱民事迹，展现官兵的军旅生活，进一步加强军地交流、沟通，增强军民之间的感情，增加官兵在百姓中的认知度，促进军政军民团结，进一步增强了全民国防观念。先后 3 次组织区级地方领导和处以上领导上国防教育课，组织驻昌部队团以上干部讲授国防教育课 12 次，累计军训大、中、小学生 10000 余人次。协调驻昌部队出动兵力 2500 多人次，车辆 130 余台次参加滨河公园等重点工程建设和环境美化工作，为地方的经济建设作出了突出贡献。

（王贵山）

【不断推进双拥共建工作】 坚持“发挥区域优势、挖掘内部潜力、整合资源、主动作为”，为军地双方建台搭桥。3 月 22 日，在筹办第七届世界草莓大会期间，装甲某团、装甲某师等部队，出动兵力 2000 余人，车次 70 台，对大会主会场进行彻底清理。7 月至 10 月，区创建全国卫生城期间，协调驻区部队共出动兵力 5000 余人，车辆 170 余台次，对卫生死角和无人管理区域清理整治。11 月 2 日，京包、京藏及 110 国道因暴雪阻断，协调驻军 1000 人、车辆 50 余台，昼夜突击清理积雪和发放食品和保暖物品。

（明汉章）

【下大力抓好安全预防工作】 年内，区人武部结合工作特点，及时健全领导小组，完善工作方案，主要做了以下工作：一是加强教育引导。定期组织司机进行行车安全教育，强化司机的安全行车的意识；严格落实涉密载体、涉密文件集中存放和借阅使用审批制度，不定期检查办公电脑，定期对涉密电子文件进行清理存档；二是搞好隐患排查。组织大家分析形势，把找准查实问题隐患作为安全工作的突破口，采取“找依据、列清单、做减法、抓落实”的方法，共排查出 15 类 80 个具体问题。开展了“指出问题为了谁、出了问题影响谁、解决问题救了谁、安全稳定依靠谁”的讨论，进一步端正了干部职工正确对待查纠问题的思想认识。

（王贵山）

【努力做好军事志编纂工作】 年内，根据北京军区和卫戍区军志办的要求，组织人员对《昌平军事志》（初稿）进行多次修改，已完成送审稿。

（王贵山）

预备役

【概　况】 2012 年，北京陆军预备役高射炮兵师第 5 团坚决贯彻卫戍区和高炮师党委的决策指示，牢牢把握“稳中求进”的总基调，围绕实现“特别忠诚、特别过硬、特别稳定”的总体目标，按照“扎实打基础、实干求发展”的思路，着力抓根本铸忠诚、抓转变保中心、抓党建带部队、抓基层打基础、抓安全保稳定、抓服务促保障,团结和带领官兵圆满完成了以首都防空军事斗争准备为中心的各项工作,部队全面建设呈现思想稳定、整体提升、持续发展的良好态势,被北京市和卫戍区联合表彰为“先进预备役团”,被卫戍区评为“管理教育先进单位”。

(宋建)

单位名称:北京陆军预备役高射炮兵第五团
地址:昌平区政府街17号
电话:(010)66744525
邮编:100220

【思想政治建设卓有成效】 年内,着眼为迎接十八大做好思想政治准备,按照党委中心组理论学习“五步法”和基层理论武装“六件事”要求,采取统一计划、分级组织、异地同步、逐步推进的方法,抓好党委中心组带机关学习和部队经常性理论学习,先后组织3次大会交流和笔记批阅展评,保持了官兵理论上的清醒和政治上的坚定。认真组织学习胡锦涛主席“7·1”和“7·23”重要讲话和党的十八大精神,采取原原本本学、联系形势学、贴近工作学、纯正党性学的方式,通过政工网开设论坛、营区氛围布置、下发学习手册等途径,着力激发官兵听党指挥、履行使命、安全稳定的政治热情。“两会”期间,我们注重宣讲辅导理论观点、讨论辨析热点问题、运用学习成果破解难题,抓好会议精神的学习贯彻,北京军区《战友报》在头版位置刊载了我们《深学细研悟真谛、进脑入心促提高》的经验做法。

(宋建)

【严密组织政治考核工作】 年内,根据卫戍区首长“政治考核要突出政治”的指示,严格按照“考核一遍”的要求和《卫戍区政治考核工作实施意见》,区分预备役和现役官兵两个层次,高标准完成了政治考核工作。预备役官兵方面,针对预任官兵特点,采取地方、家庭、部队“三位一体”,地方派出所、预编单位、基层党委(支部)和政治机关“四级联审”的方式,对60名担负应急分队任务的预备役官兵逐一进行了政治考核,确保官兵绝对纯洁可靠。现役官兵方面,着眼“四个特殊”,采取“九步十查一落实”的考核方法,严密推进政治考核工作落实。高炮师在团进行了先行试点,并推广了这个经验做法,《战友报》在头版头条进行了报道。卫戍区政委高东璐对此专门做了重要批示。

(宋建)

【大力加强思想作风建设】 年内,以“加强党性修养,锤炼思想作风”教育整顿活动、学习贯彻民主集中制原则、加强党委书记队伍建设三个大项活动任务为牵引,认真抓教育、搞整顿、促纠改,党委班子建设在教育整顿活动和“五用一履行”清理整治中取得明显成效。扎实开展思想作风教育整顿活动,把教育整顿、常委民主生活会、中心组理论学习三项工作结合起来,区分动员学习、警示激励、检查分析、专项整治、干部考评、总结提高等六个步骤,扎实组织集中教育整顿活动。坚持把联系实际、解决问题作为教育整顿的着力点,查找和解决了“五用一履行”6个方面存在的11个问题,制定《干部教育管理规定100条》,修订完善了《财务管理规定》《车辆管理规定》,进一步规范了经费开支管理,加大了对人、车、钱、物的管控力度。

(宋建)

【扎实开展学习高铁成同志先进事迹活动】 年内,卫戍区党委《关于开展向高铁成同志学习活动的决定》下发后,我们深入发动官兵实践,采取紧跟媒体宣传学、营造浓厚氛围学、交流学习体会学、现役和预备役官兵互动学等方式,引导官兵在学习中坚定理想信念,在实践中强化宗旨意识,在活动中提升工作标准,不断感悟“警卫战士忠于党”的丰富内涵,掀起学习典型、苦练本领、干好工作的热潮,卫戍区专门搜集整理了我团的经验做法。本团自编自演的歌颂高铁成先进事迹的快板“最美警卫战士”,被高炮师推荐参加卫戍区文艺节目汇演。

(宋建)

【持续强化班子能力建设】 年内,把党课教育、常委民主生活会、中心组理论学习三项工作结合起来,通盘筹划,系统实施,妥善处理工学矛盾,确保教育学习有效落实。研究制定《建设服务型党组织措施》,进一步巩固拓展抓书记队伍建设成果,把民主集中制建设作为班子能力建设的重要内容,采取集中学习、交流研讨、会议决策的方式,组织一班人学理论、学科技、学管理,努力提高党委班子依法决策、科学决策能力,促进了部队建设科学发展、安全发展。

(宋建)

【狠抓战备应急力量建设】 年内,围绕强化战备观念,落实战备工作,狠抓了以"一联四应"为重点的战备工作。年初以来,共落实97个战备日,修订完善各类应急方案17份,配发购买战备物资1200余件套;投入2万余元在团机关建立3个针对不同任务的应急战备器材库;投入2.9万元改装厢式货车,使应急维稳、山林灭火等应急装备器材上车定位,达到人员定位、器材到位、随时出动、随时应急的要求。根据卫戍区《应急分队建设规范化方案》,区分现役和预任两个层次,建立了现役官兵10人营院应急分队和60人的常态化预备役应急分队,加强训练演练,确保遇有情况快速反应、妥善处置。

(宋建)

【完成应急分队实兵实装检验性拉动演练】 年内,根据卫戍区统一部署,组织现役和预任官兵100人,动用各类车辆33台次,各类器材1180余件(套),协调市公安局防暴大队、国家森林指挥部直属支队、昌平区消防支队3名专职教员及部分专业技术骨干给予现场指导,圆满完成了为期24天的应急分队实兵实装检验性拉动演练。演练期间,主要组织了基础训练、单兵技能训练、演练课目合练3项内容的学习训练;参加了上级组织的指挥员集训、通信骨干集训、冲锋舟操作手集训和山林灭火装备操作训练,在冲锋舟操作手集训中取得卫戍区第一名的好成绩。

(宋建)

【高标准抓好组织整顿工作】 年内,结合预编地域特点,从调整人员、健全组织、搞好指导、落实要求上下功夫,指导营连、直属队搞好调查摸底、开好预建党委(支部)会议,加强整组工作的组织领导。按照"编得实、管得住、联得上、招得来"的要求,科学编组,严把预任官兵出入队关,着力在提高"三率"上下功夫。党团员比例占93%,专业对口率达91%以上,复退军人比例占75%。在师组织的整组工作检查验收中,所属营连部全部达标,到点率达100%。

(宋建)

【不断完善安全防范制度措施】 年内,制定三个阶段的特殊时期安全稳定工作措施,明确不同时期安全防范重点;研究制定《团防范重大安全问题措施》,提高部队应对重大安全问题能力;修订完善《干部战士管理教育"双百条"规定》和《住京外干部请假管理规定》,通过落实责任、明确奖惩,加大对干部的管控力度;印制下发《干部下乡军地共管联系卡》,了解营连长驻营连期间工作和遵规守纪情况,堵住下乡干部的管理空档;制定《车辆安全管理规定》,进一步明确公车使用、私家车管理职责;完善《保密工作安全管理规定》,制定安装使用涉密电子文件标签和水印系统管理的相关措施;落实开展大项活动、完成大项任务中的风险评估机制,针对冬季适应性训练、"两实"作业、高炮专业和应急分队训练等工作任务,预想可能出现的安全隐患,制定应对措施,防范问题发生。

(宋建)

【扎实开展各级各类安全活动】 年内,按照上级的统一部署,结合团安全稳定工作实际,先后开展各项安全活动8次。为了防止"全面抓抓不全、时间到任务过"的问题出现,把各项活动有机融合在一起,扎实开展"学法规、用法规、守法规"活动和季节性安全防事故教育,提高官兵安全防范意识;严密组织"军容风纪和军车运行秩序专项整治"与"消防、保密、车辆三个专项治理活动",促进日常安全制度落实;持续推进"按职能、分系统组织安全工作检查"和"安全隐患排查治理活动",筑牢团队安全稳定基础;严格落实"百日安全评比竞赛活动"和"安全稳定工作责任制",激发官兵争先创优、主动作为的干劲。各项活动开展过程中,按照个人自查、单位互查、机关普查的方法,多次组织检查整改。在6次普查中,3个部门领导分别带机关同志,以“见到所有的人、打开所有的门、查清所有的事”的标准,区分团机关、延庆营和兴寿基地三个方向进行安全隐患排查,查出并解决了5类76个具体问题。

(宋建)

【积极探索预编工作新路子】 年内,认真贯彻落实军地双重领导原则,遇有大项工作,及时向地方党委、政府请示报告,争取工作支持。利用部队开展冬季适应性训练、高炮专业集训等时机,区县领导深入一线看望慰问部队。组织预任领导到阵地过“军事日”,鼓舞了部队官兵士气,激发了地方预任领导的责任感、使命感。深入探索科学编组的方法路子,把编组范围向大专院校、科研院所、人力和科技资源密集型企事业单位延伸,最大限度地储备优质兵员。调整33名通用预任预编官兵出队,将71名有技术专长的人员编入预备役岗位;结合应急力量建设,把地方森林扑火队员,协管员、流管员、治安员等长期在位、拉得出用得上、有相关特长的人员编入应急分队,提高了应急处突能力。坚持以活动求活力,以形象求影响,以作为求地位,积极组织部队参加和支援首都新农村建设,团建立了两个联系点,基层营连也与预编乡镇建立了对口帮建关系,有计划地开展文化下乡、村容整治、扶贫帮困等活动。全团共出动兵力500余人次,参加首都万人绿化植树活动、国际自行车拉力赛维稳备勤、整治村容村貌和学生军训,进一步扩大了预备役部队在驻地的影响。

(宋建)

【全面加强后勤和装备建设水平】 年内,认真研究制定《贯彻落实〈全面建设现代后勤目标任务框架体系〉方案措施》,进行后勤保障能力检验评估,持续抓好军人保障卡的深化运用,完成本级与上级相关部门数据的交换对接;修订完善财务管理规定,严格经费开支审批手续,落实公务卡结算制度;按照“612”标准,搞好官兵伙食保障;请领07式预备役军服140套、训练用迷彩服465套,在整组工作检查、首都绿化植树活动、高炮专业集训和应急分队检验性拉动演练等活动任务中,实行精细化保障,在规定时间内发放、收缴服装780套,圆满完成保障任务;加强车辆管理,抓好炊事员、卫生员、驾驶员培训,全年出动各类车辆400多台(次),行程12万余公里,实现了安全运行零事故;努力提高后勤保障人员素质,在卫戍区后勤专业兵比武中夺得1个单项第一;在师后勤专业兵比武中,取得1个集体第一、2个单项第一和1个单项第二的好成绩。着眼提升装备“两成两力”建设水平,严格落实车炮场日制度,定期对装备设施进行检查维护,扎实开展春季和秋季装备换季保养,投入3万余元,对所属装备逐件逐台进行维护保养,保持了车辆装备的良好状态。

(宋建)

人民防空

【概　况】 2012年,区民防局以科学发展观为统领,以区第四次党代会精神为指引,以圆满完成草莓大会、党的十八大安全保障工作为目标,积极加快人民防空建设与经济建设融合发展,强化人防工程安全管理,加大防空防灾宣传力度,较好完成了各项工作任务。接收市民防局装备的单兵3G视频训练系统和新型卫星通信系统并组织训练。按时完成全区防空警报器维护保养和测试工作,确保各种设备时时处于良好状态。严格审批程序,全力协调支持重大项目和绿色通道项目建设。全年,建设项目人民防空工程审查审批18项,平时利用人民防空工程批准审批5项,竣工认可防空地下室23处,无超时限审批的情况、无违反程序审批的情况发生。对全区在用人防工程火灾隐患、汛期安全隐患及其他安全隐患进行了拉网式排查,确保人防工程安全无事故。3名同志被北京市国动委评为“人民防空先进个人”。

(周鑫鹏)

单位名称:昌平区民防局
地址:昌平区南环东路1号
电话:(010)69746036
邮编:102200

【完成民防应急指挥通信车保障任务】 年内,坚持每周二应急指挥车训练制度，认真组织做好应急备勤工作，重点完成了“第七届世界草莓大会”、“两会”和十八大期间应急通信保障任务。

(周鑫鹏)

【积极开展公共安全宣传教育】 年内，利用“3·1国际民防日”、“5·12 防灾减灾日”和“新中国人民防空创立62周年”等大型社会宣传活动大力向市民普及防空防灾和公共安全知识，制作和发放宣传材料 5800 余份。改建了回龙观镇北店嘉园社区宣传教育基地，重新设计和制作了宣传教育展板 50 余块，大型户外喷绘 480 余平方米。长期开放城南街道、北店嘉园公共安全宣传教育基地和回龙观镇民防宣教中心，累计接待社会群众和学生 12200 余人次。

(周鑫鹏)

【组织区人防工程防汛抢险应急演练】 6 月 21 日，在回龙观北店嘉园社区组织了 2012 年昌平区人防工程防汛抢险应急演练，通过汛情报警、启动预案、组织警戒、人员疏散、封堵口部、抽水排水等演练科目充分检验了防汛抢险预案的可行性，检验了应急抢险队的快速反应能力和应急处突能力。

(周鑫鹏)

【加强人民防空法制化建设】 10 月 14 日，经第 14 次区政府常务会议审议通过，以政府令形式公布了《北京市昌平区人民政府关于修改〈昌平区人民防空工程建设与使用管理规定〉的决定》《北京市昌平区人民政府关于修改〈昌平区群众防空组织建设训练和使用管理规定〉的决定》和《北京市昌平区人民政府关于修改〈昌平区人民防空警报设施建设与使用管理规定〉的决定》。以政府办名义转发了《区民防局关于列入房屋综合开发成本的防空地下室移交区民防局统一管理办法的通知》。

(周鑫鹏)

【加强十八大期间人防工程安全维稳工作】 年内，全面落实人防工程安全管理责任制，努力做好十八大安全维稳工作。签订《人防工程安全维稳责任书》51 份，明确安全巡查员 59 名，维稳督查员 59 名。共出动 418 人次对人防工程进行安全检查；组织开展重点时期重点工程领导亲自督查 6 次；下达十八大安全维稳整改通知书 22 份；与使用管理单位及承租人进行执法约谈 8 次；关停违法、违规使用工程 9 处；对出租住人的 198 个房间进行了封闭管理、清退散租住户 620 余人，有效遏制了违法违规使用人防工程行为，提升了人防工程的安全系数。11 月 8 日至十八大结束，将全区人防工程按照低、中、高三种风险等级实行抽查、巡查和盯防等不同监管模式，盯防人员扎根基层，把问题解决在萌芽状态，确保人防工程安全无事故。

(周鑫鹏)

【市民防局领导到区调研】 11 月 28 日，市民防局局长刘宝杰带队对昌平民防建设情况进行调研，听取了区民防局局长王学剑的工作汇报，参观了城南街道民防指挥宣教中心和昌平区防空防灾指挥中心，对昌平民防工作给予了充分肯定；并与区长金树东、主管副区长王承军等领导就民防建设发展情况进行了座谈。

(周鑫鹏)

【加强人防工程日常维护和管理】 年内，以日常维护为重点开展工程的维护管理、科学分类、合理制定维护计划、逐步提高质量标准，确保战时能投入使用工程的完好率保持在 80% 以上。全年维护、维修人防工程 53 处。

(周鑫鹏)

双拥工作

【概 况】 2012 年是昌平区新一轮争创全国双拥模范城(县)开局之年、基础工作建设年。一年来，全区双拥工作在上级部门的亲切关怀和指导下，在区委、区政府的正确领导下，双拥工作紧紧围绕昌平区打造高端引领、创新驱动、绿色发展、开放包容的京北创新中心、国际科教新城的奋斗目标，以新一轮争创为主线，以推进区双拥工作军民融合发展为动力，以军地互办实事为落脚点，丰富工作内容，创新活动方式，健全政策法规，完善运行机制。全面落实“五个百分百”和“个、十、百、千、万”工程，牢牢把握以推进经济社会发展和军队现代化建设提供有力保障为切入点，不断挖掘双拥资源潜力，积极探索新形势下，军民融合式发展新路子、新方法。把双拥工作纳入学习实践科学发展观和争先创优活动之中，坚持军民融合、共谋发展大计，发挥军地优势，着眼军民需求，增进军政军民团结、维护社会和谐稳定，广泛宣传昌平特色双拥文化，促进了昌平特色双拥文化的繁荣与发展，圆满完成了全年度各项双拥工作任务，为昌平区争创全国双拥模范城“八连冠”奠定了坚实的基础。

（李蒕　陈延辉　员再新）

单位名称：昌平区双拥工作领导小组办公室
地址：昌平区政府街17号
电话：(010)69744602
邮编：102200

【区委常委会专题研究双拥工作】 1月4日，区委常委会研究通过《昌平区2012年双拥要点和2012年新年春节期间广泛开展拥军优属拥政爱民活动的通知》，并以区委、区政府文件和区委、区政府两办文件下发全区执行。

（李蒕　陈延辉　员再新）

【组织驻昌部队代表参加春节团拜会】 1月12日，区委、区政府邀请驻昌部队代表与昌平区各界人士一起参加了区春节团拜会，并观看了文艺演出。

（李蒕　陈延辉　员再新）

【区双拥工作座谈会召开】 1月14日，区召开“昌平区双拥工作座谈会”，会议总结了2011年双拥工作、全面规划了2012年双拥工作。

（李蒕　陈延辉　员再新）

【举行创建全国双拥模范城牵头交接仪式】 1月20日，区举行了迎新春军政联席会暨创建全国双拥模范城‘七连冠’与争创‘八连冠’驻昌部队牵头单位交接会。驻昌部队有关单位领导、区领导、区双拥工作领导小组办公室副主任和区有关单位领导参加会议。会议由区长金树东主持，区委常委、副区长孙启总结2011年双拥工作部署2012年工作；争创全国双拥模范城“七连冠”牵头部队防务学院院长张英利少将讲话；争创全国双拥模范城“八连冠”牵头部队某师副政委任永建大校发言；会上，七连冠牵头单位国防大学防务学院政委王希明与八连冠牵头单位某师师长苏荣对驻昌部队牵头单位牌子进行了交接；区委书记侯君舒讲话。

（李蒕　陈延辉　员再新）

【协调区领导慰问驻昌部队】 春节期间，区领导分别走访慰问联系部队，并现场办公为部队解决实际问题。期间向部队赠送慰问品、慰问金100余万元。

（李蒕　陈延辉　员再新）

【组织基层单位春节慰问部队的活动】 春节期间，区直各有关部门、各镇（街道）各基层单位召开了拥军优属座谈会，军政军民座谈会、优抚对象座谈会、联欢会和现场办公会。走访慰问了驻地部队和优抚对象为部队送慰问品约100万元，为优抚对象发放慰问品约60万元。为驻地部队和优抚对象解决实际问题，让子弟兵和优抚对象过了一个美满、幸福、愉快的节日。区工会、共青团、妇联、民兵、预备役部队等组织了拥军优属服务队，为驻地部队和优抚对象服务。教育部门对青少年学生进行了爱国拥军教育。民政部门为昌平籍战士发了一封节日慰问信，鼓励他们在部队安心服役，为昌平人民争光。区、处、镇、厂及驻地部队领导继续对优抚对象就近包片包户进行了慰问、服务，帮助军烈属、老红军、革命伤残军人、复员退伍军人，解决了各种困难，改善生活条件。

（李蒕　陈延辉　员再新）

【组织拥政爱民活动】 春节期间，各部队组织召开了军地联席会，共同研究、协商如何开展为驻地人民群众扶贫帮困、办实事、做好事活动。各部队还结合战备值勤的实际情况，充分发挥各自优势，广泛开展拥政爱民活动。积极组织开展了义诊赠药等关心支持社会公益事业活动；为驻地贫困户和优抚对象“送温暖”活动；参加了军警民联防巡逻；在共建点开展丰富多彩、生动活泼的活动，宣传党和政府的各项方针、政策，使群众在娱乐的同时受到教育。

（李蒕　陈延辉　员再新）

【全力保障世界草莓大会成功举办】 2月，为全面保障第七届世界草莓大会在昌平成功举办，在大会的准备和举行期间，驻昌部队积极支持地方大型活动的开展，先后出动官兵近5000人次、车辆200余台次，参加了第七届世界草莓大会场地清理、展区布置任务，确保了草莓大会的顺利举行。

（李蒕　陈延辉　员再新）

【参加全国双拥模范城（县）命名大会】 2月27

日,全国双拥模范城(县)命名大会在人民大会堂召开,区组织各届代表40人参加了命名大会。会上,昌平区第七次荣获全国双拥模范城荣誉称号,区委常委、双拥办主任、武装部部长孙连湖上台领取奖牌。

(李菡 陈延辉 员再新)

【驻昌部队学雷锋志愿者服务团队成立】 3月2日,学雷锋志愿服务动员大会在广电中心一楼举行,结合会议精神,驻昌各部队成立学雷锋志愿者服务团队近130个,服务团队的成立使学雷锋志愿服务活动的开展趋于常态化。3月期间,驻昌各部队开展"学雷锋、献爱心、送温暖、树新风"活动,慰问看望军烈属和孤寡老人,并赠送了生活及娱乐用品。驻昌部队出动官兵1200人次参加学雷锋活动,清洁城区道路、护栏及公园卫生,为人民群众治理美化环境;出去2000人次参加全民植树活动的保障任务。

(李菡 陈延辉 员再新)

【检查落实《昌平区双拥模范镇考评细则》情况】 3月,成立了由区双拥办、区武装部、区文明办、驻昌部队牵头部队、区教委、区民政局、区人力社保局为成员单位的,《昌平区双拥模范镇(街)评分细则》检查指导组,依据新修订的《昌平区双拥模范镇(街)评分细则》对全区17个镇(街)落实细则情况进行了检查指导,为推动全区镇(街)双拥工作的开展,起到了指导性作用。

(李菡 陈延辉 员再新)

【研究通过争创"八连冠"动员大会方案】 4月9日,区委常委会听取区双拥办关于召开《昌平区荣获全国双拥模范城"七连冠"表彰会暨争创"八连冠"动员大会》具体实施方案的汇报,通过了受表彰模范单位、先进人员名单,确定了会议组织形式、参加会议人员范围,充分肯定了会议方案。

(李菡 陈延辉 员再新)

【下发争创全国双拥模范城"八连冠"四年规划】 4月9日,区委常委会听取区双拥办《昌平区争创全国双拥模范城"八连冠"四年规划》汇报,并以区委、区政府文件下发《昌平区争创全国双拥模范城"八连冠"四年规划》的通知。以创建全国双拥模范城"八连冠"为目标,按照基础建设年、文化活动年、深化提高年、总结评比年四阶段,对四年创建工作进行了任务明确,确保新一轮创建工作实现年年有新主题、年年有新突破、年年有新亮点、年年有新跨越。不断提升昌平区创建全国双拥模范城"八连冠"的实力,不断提升昌平区双拥工作的整体水平。

(李菡 陈延辉 员再新)

【组织协调区国税局职工"军营一日"活动】 5月2日,组织协调昌平国税局干部职工40余人,到驻昌某部队参加"军营一日"活动,活动期间,昌平国税局向部队赠送了6000余元的图书,通过活动增进了军地之间的了解,加深的军地友谊。

(李菡 陈延辉 员再新)

【军民共建"三方五家"军地座谈会举行】 5月25日,流村镇、中国农业大学、中央警卫团及某部队军民共建"三方五家"军地座谈会在流村镇举行,区双拥办和三方五家单位领导参加座谈会,并观看文艺汇报演出。

(李菡 陈延辉 员再新)

【争创"八连冠"动员大会召开】 5月10日下午,昌平区在金池蟒山会议中心隆重召开荣获全国双拥模范城"七连冠"总结表彰暨创建"八连冠"动员大会。市双拥办副主任、北京卫戍区政治部副主任王巍大校,市民政局党委副书记李新京、驻昌部队牵头单位某部队政委李广彬大校和昌平区委、区人大、区政府、区政协四大家主要领导、全区各部、委、办、局的领导和各镇(街道)书记、镇长(主任)、双拥办主任、武装部长及中央、市属单位的领导参加了会议。会议由区长金树东主持。会上,首先由市民政局党委副书记李新京和区委书记侯君舒为昌平区荣获的全国双拥模范城奖牌揭牌;区委副书记朱光彤代表区委区政府作题为《坚定信心乘势而上奋力争创全国双拥模范城'八连冠'》双拥工作报告,总结了2008年以来昌平区的双拥工作,并对下一步创建"八连冠"工作进行了部署。会上还对小汤山镇等12个双拥模范镇(街),区直机关工委等91个爱国拥军模范单位,国防大学防务学院等57个拥政爱民模范单位,阳坊镇等10个国防教育先进单位,城关小学等20个先进少年军校,城北街道五街社区、某部队等60对军民共建先进单位和136名爱国拥军模范、62名拥政爱民模范进行了表彰。

(李菡 陈延辉 员再新)

【区双拥工作座谈会召开】 6月2日,“昌平区双拥工作座谈会”召开,会议回顾总结了2012年双拥工作开展情况、并结合上半年工作开展情况,对2012年下半年双拥工作的开展进行了规划。

(李菡 陈延辉 员再新)

【驻昌部队大力保障昌平学子高考】 6月7日至9日,为切实保障好昌平高考学生能够考出好成绩,驻昌部队昌平士官学校、某部队紧急抽调三台发电车,支援昌平三个高考点,圆满完成支援应急保障任务。

(李菡 陈延辉 员再新)

【举办驻昌部队“移动军网杯”足球友谊比赛】 6月,区双拥办协同中国移动昌平分公司联合举办首届移动军网杯足球友谊比赛,共有20支驻昌部队足球队参加比赛,空军23厂获冠军、武警特种警察学院获亚军、95865部队取得季军。

(李菡 陈延辉 员再新)

【区被评为北京市双拥模范区】 6月12日,区组织各届代表12人参加北京市双拥模范城(暨)双拥模范单位和个人命名表彰大会。会上,昌平区被评为北京市双拥模范区。

(李菡 陈延辉 员再新)

【组织军地青年联谊会】 6月20日,在传统节日“端午节”来临之即,区双拥办协同区委宣传部、区妇联联合举办“粽情粽意牵手幸福”军地青年鹊桥会,军地青年男女近100人参加。

(李菡 陈延辉 员再新)

【组织协调文艺工团到部队慰问演出】 7月2日,协同区文化委,协调66325部队,组织新疆洛浦县文工团到66325部队慰问演出,部队官兵、地方群众近1000人观看演出。

(李菡 陈延辉 员再新)

【部署全区“八一”期间双拥工作】 7月6日,区委办、政府办联合下发《关于“八一”期间在全区广泛开展拥军优属、拥政爱民活动的通知》。对全区各单位在“八一”期间积极做好拥军优属活动进行了部署。

(李菡 陈延辉 员再新)

【开展“随军家属就业服务月”活动】 7月18日,协同区人力社保局召开军嫂服务月活动布署会,全面部署2012年“随军家属就业服务月”活动。

(李菡 陈延辉 员再新)

【区离退休老干部参加“军营一日”活动】 7月20日,协同区老干部局组织离退休老干部代表40余人到66325部队参加“军营一日”活动。通过活动使老干部对新时期军队建设有了进一步的了解,切实感受部队的建设与壮大。

(李菡 陈延辉 员再新)

【军民共建签字仪式】 7月26日,区邮政局与航空博物馆举行了军民共建签字仪式;7月27日,昌平国税局与驻昌61172部举行军民共建签字仪式。通过签定军民共建协定书,进一步规范了共建活动的开展和长期性。

(李菡 陈延辉 员再新)

【区领导开展“军事日”活动】 7月27日,组织区级领导慰问66325部队,并参加了“军事日”活动。

(李菡 陈延辉 员再新)

【协调组织区级领导慰问驻昌部队】 “八一”建军节期间,协调组织区领导分别走访慰问联系部队,并现场办公为部队解决实际问题。期间向部队赠送慰问品、慰问金近100万元。

(李菡 陈延辉 员再新)

【协同昌平电视台录制双拥访谈节目】 “八一”建军期间,协同昌平电视台“百姓话题”栏目录制了一期“双拥专题”节目。昌平区双拥工作领导小组办公室常务副主任、民政局局长杨洪达、驻昌部队士官学校政治部主任杨继鹏和退役士兵代表接受的访谈。

(李菡 陈延辉 员再新)

【组织基层双拥工作信息员培训】 9月6日,组织基层双拥工作信息员156人,进行业务技能培训,培训内容以“信息、新闻写作、摄影技能”为主,进一步明确了昌平周刊“军旅生活”投稿相关事项。通过培训规范了区双拥创建工作信息报道流程,提升了基层双拥工作信息员业务技能,增强了新闻采写及摄影业务能力,提高了各单位双拥工作信息报送意识,为更好地宣传报道驻昌部队建设和双拥工作成果奠定了基础。

(李菡 陈延辉 员再新)

【协调组织军邮座谈会】 9月7日,在喜迎国庆63周年和“中秋节”之时,在喜迎党的十八大召开之即,进一步拓展对驻昌部队的邮政服务范围和提高邮政服务质量,广泛征求驻昌部队的意见建议。昌平区邮政局、区双拥办联合举办了2012年

"迎国庆庆中秋"军邮共建座谈会,驻昌部队30余家部队领导参加座谈会。

(李菡　陈延辉　员再新)

【举行全国双拥模范城(县)"七连冠"奖牌交接仪式】 9月12日,"昌平区荣获全国双拥模范城(县)'七连冠'奖牌存档交接仪式"举行。会上,驻昌部队防务学院政治部主任曾爱国和双拥办常务副主任、民政局局长杨洪达将奖牌与档案局领导进行交接,副区长孙启到会并讲话。

(李菡　陈延辉　员再新)

【驻昌部队积极参加地方环境治理】 9月14日至16日,在全区人员喜迎"国庆"、"中秋"两节前夕,驻昌部队武警特警学院、66325部队、昌平士官学校、武警森林机动支队、66177部队等,先后出动3900人次,动用车辆150台次投入城区十个社区的环境整治,为人民群众创造一个整洁优美的节日环境。

(李菡　陈延辉　员再新)

【举行区双拥艺术团成立授旗仪式】 9月28日,在防化学院礼堂隆重举行了"昌平区双拥文化艺术团及分团成立授旗仪式"并进行首场汇报演出。昌平区双拥艺术团的成立是为贯彻落实争创全国双拥模范城"八连冠"四年规划,创新双拥工作新模式,进一步推动昌平特色双拥文化的繁荣与发展,经昌平区双拥工作小组批准,设立昌平区双拥艺术团总团和50个分团,其中地方艺术团分团25个,驻军艺术团分团25个,总团设在区双拥办;负责协调分团开展工作。

(李菡　陈延辉　员再新)

【紧急出兵八达岭高速参加救援行动】 11月3日晚至4日,由于持续降雪,昌平境内京藏高速双向车辆基本处于停滞状态,部分车辆被困在京藏高速公路上。灾情就是命令,为保证交通顺畅和道路安全,驻昌部队积极配合地方政府出动人员800人次参与救援,由于雪天路滑,战士们只能徒步赶到现场救援。承载着物资的车辆在前,每隔一公里卸下部分食物和棉被,救援人员在后,紧跟救援车徒步行进。从德胜口大桥至延庆昌平段,路程19公里,寒流凶猛,刺骨的严寒中,救援人员逐一向被困司机发放救援物资。

(李菡　陈延辉　员再新)

【驻昌部队参加昌平河道清淤大会战】 12月14日,按照市委、市政府工作部署,昌平区水利工程建设大会战正式启动。驻昌部队等8家单位,800余人参加大会战启动仪式。

(李菡　陈延辉　员再新)

【办理区政府交办的政协委员提案】 年内,办理了区政府交办的一件建议、两件提案:一是第050号关于坦克出行道路污染改造的建议;二是第014号关于对坦克路进行硬化的议案;三是第234号关于解决某部队无偿占用丈头村26亩土地的议案;逐件进行调查了解、协商有关单位进行处理。

(李菡　陈延辉　员再新)

经济行政管理

综合调控

【概　况】 2012年,全区全社会固定资产投资完成490.1亿元,全市排名第六,增速18.8%,全市排名第五。

着力推动"十二五"规划落实。组织协调有关单位,推动完成全区"十二五"专项规划、镇街规划和重点产业功能区规划的编制及发布工作,完善"十二五"规划组成体系。开展"十二五"规划实施情况年度评估工作,推进"十二五"规划目标任务的分解落实。联合昌平新闻中心、电视台等媒体,在全区开展"十二五"专项规划、镇街规划的宣传工作,取得较好社会反响。

全力促进投资增长。市政府下达昌平区的实现479亿元(增长16%)年度投资任务,支撑投资任务的145个项目分解落实到23个主责单位,2012年,145项支撑项目开复工129项,开工率89%,完成投资347.3亿;其中77项重点工程开复工68项,开工率88%,完成投资260.7亿元。全年完成全社会固定资产投资490.1亿元,增长18.8%,完成年度任务的102.3%。

积极争取市级投资。研究对接市政府投资政策,加快市级投资项目申报进度,争取批复市政府投资项目41项,批复市级投资约26.3亿元。

确保物价总水平基本稳定。完成区内3个市场、2个企业的国家级监测点挂牌工作,对全区行政事业单位收费许可证进行年审。深入开展教育收费、医药收费和涉农价格等专项检查,妥善处理575起价格举报,完成全区17家教育机构收费标准调整和40所民办非学历教育收费标准备案工作。进一步加强价格认证工作,全年共出具涉案财产价格鉴定结论1743份,案值1767万元。

深入推进重点领域改革。2012年度医改任务顺利完成,群众就医环境得到进一步优化。东小口地区行政区划调整基本完成,3个新设街道办事处正式挂牌。提升行政许可效率,发改委综合服务中心窗口共受理业务202项,全部办结。

加强生态文明建设。认真落实平原造林总体部署,协助有关部门完成2012年度3.5万亩平原造林任务。2011年巩固退耕还林成果建设工程全部完成。京津风沙源治理、温榆河水系治理持续推进。马池口再生水厂、阳坊再生水厂工程稳步推进。

强化节能和能源管理工作。完成158家重点用能单位节能目标考评、198家公共机构供热计量改革工程和阳光浴室建设。深入开展重点用能单位能耗在线监测和能源审计工作,完成2家企业清洁生产验收和4家重点用能单位清洁生产审核。

(张建竹)

单位名称:昌平区发展和改革委员会
地址:昌平区西环路17号
电话:(010)80113317
邮编:102200

【行政事业性收费许可证年审】 3月19日,根据市发展改革委的部署和要求,对全区2011年度行政事业性收费执行情况及《收费许可证》进行年审。审核《收费许可证》正本152个、副本228个、审核收费项目1986项次、审核行政事业性统一收费票据1450本、审核收费金额28635.28万元。152个收费单位参加年审,合格率达100%。

(张建竹)

【固定资产投资支撑项目调度会】　7月11日，在区政府召开2012年固定资产投资支撑项目调度会，会议内容是关于1月至6月全社会固定资产投资支撑项目完成情况及下一步的工作措施。项目主责单位分别对所主管项目的投资落实情况及存在问题进行了汇报。会议要求职能部门要加强项目调度，争取实现各项目手续并联审批，项目主管部门加大协调力度，推动项目建设和投资落地，确保完成全区固定资产投资任务。

（张建竹）

【加强“中秋、国庆”两节期间价格监测】　9月27日，根据《北京市发展改革委关于进一步加强重大节庆活动期间价格调控及维稳工作的通知》精神，两节期间精心安排，周密部署，制定价格监测工作方案，实行领导带班和价格监测日监日报制度，加强对主要商品和服务价格监测分析，确保市场商品供求和价格变动信息数据全面、完整、准确。两节期间价格基本稳定。

（张建竹）

【商品房销售明码标价专项检查】　9月28日，根据《北京市发展改革委转发国家发展改革委办公厅关于立即开展商品房销售明码标价专项检查工作文件的通知》精神，区发改委同区住建委，完成全区商品房销售明码标价专项检查工作。全区在售楼盘共22个，重点检查商品房是否明码标价；是否按规定实行“一套一标”；是否一次性公布全部房源；是否存在虚假折扣、虚假优惠或者利用虚假信息、模糊语言、容易使人误解的标价方式进行价格欺诈等问题。经查，房产企业都能严格执行商品房销售“一价清”制度，做到“一套一标”，成交价均未超过备案价。

（张建竹）

【未来科技城市政道路工程补助资金获批复】　10月8日，北京未来科技城市政道路工程南区蓬莱苑西路等8条支路项目资金申请报告获得北京市发展改革委批复（京发改〔2012〕1564号）。项目工程总投资38432万元，其中从市政府固定资产投资中安排补助资金11530万元。未来科技城南区内蓬莱苑西路、北七家村西路、南区四路、鲁疃中路、南区二路、南区三路、蓬莱苑南路、北七南路等8条支路，道路总长度12.13公里，红线宽20米至30米。同步实施交通、绿化、照明以及雨水、污水、给水、再生水等市政配套综合管网工程。项目的实施提高了北京未来科技城基础设施完整性，完善了城区路网，为未来科技城建设奠定了坚实基础。

（张建竹）

【区中小学建设三年行动计划】　12月6日，区政府为贯彻落实市提出的城乡新区中小学建设工程任务，推动区教育结构不断优化，缩小城乡、区域和校际之间的差距，扩大优质教育资源，促进义务教育均衡发展，认真组织编制了《昌平区中小学建设三年行动计划》。区发展改革委按照《昌平区中小学建设三年行动计划》，积极协调区教委、财政、建设等部门做好项目上报审批工作，并努力争取市级资金。区共有4个项目获得市发展改革委专项建设任务的批复，安排市级资金23691万元，具体项目包括：沙河中心小学工程、阳坊中学迁建工程、未来科技城第一小学建设工程、未来科技城第一中学建设工程。

（张建竹）

【公共机构供热计量改造】　12月30日，区发展改革委完成全区198家公共机构供热计量改建工作。新建换热站3套（热计量、换热机组、外网管道及机房建设），安装二级泵混水系统1套（二级泵混水机组、外网管道及机房建设），新建168个热力井室、106个换热站安装热计量装置、热计量表302块、分时调节箱185个，热表箱297个。

（张建竹）

统　计　工　作

【概　况】　年内，区统计局（调查队）在区委区政府和市统计局调查总队的正确领导下，深入贯彻落实科学发展观，围绕“三个提高”，秉承“三个服务”，努力实现“三个赢得”，紧盯经济发展形势，狠抓数据质量控制，严格管理监督，完善体制机制，不断增强统计队伍凝聚力，促进统计事业全面发展，为区域经济社会发展提供优质服务和数据支撑。年内，局队荣获全国一体化住户调查先进集体荣誉称号，2名同志获得全国一体化住户调查先进个人荣誉称号；北京市区县政府统计工作综合考核位列优秀等次；2011年度昌平区节能工作特别贡献单位称号；2011年度昌平区综合行政服务中心红旗窗口称号；昌平区“迎接十八大 弘扬北京精神 做讲法制守纪律的北京人”法律知识竞赛优秀组织奖；2012年度昌平区“法治昌平”建设先进单位；党总支部被区委表彰为“创先争优先进基层党组织”；团支部被团区委表彰为“五四红旗团支部”。

（董金雪）

单位名称：昌平区统计局
地址：昌平区西环路17号
电话：(010)69742558
邮编：102200

【全区统计年度报表工作完成】 年内，精心组织2011年统计年报工作布置会，提高培训效果，严格审核评估，共组织年定报培训20余场，涉及调查对象3400余家，培训3700余人次。在统计年定报数据质量、组织工作、工作布置等全部22项考核内容中，局队有10项考核内容排在全市第一，其中组织工作情况、服务业、劳动工资、物流、生产价格、城镇住户等9项工作（专业）获得满分。

（董金雪）

【重点领域监测及时跟进】 年内，围绕区委、区政府提出的年度目标和区政府折子工程，对全区经济运行情况进行定期监测。加大对投资领域重大项目跟踪监测，坚持部门联动，密切联系发改委、经信委、住建委以及国土局等多个项目审批部门，交流项目审批进度。加强和完善服务业统计工作，拟定《北京市昌平区人民政府办公室关于进一步加强本区服务业统计工作的意见》，以政府文件形式下发，区政府成立了由常务副区长张燕友任组长的昌平区服务业统计工作领导小组，从组织领导层面上进一步加强，走在了全市的前列。

（董金雪）

【城乡住户调查一体化改革工作初战告捷】 年内，根据国家、北京市关于“城乡住户一体化调查”工作部署，局队周密制定实施方案，通过网站、媒体、广告屏、专题活动等形式展开“立体化”宣传，在对70个小区的10020户居民进行摸底调查和2226户“大样本”调查的基础上，严格抽取和落实正式样本726户（原样本510户），并于12月份正式记账。

（董金雪）

【社情民意调查中心平稳运行】 年内，社情民意调查中心针对本区需求，开展了处级单位组织工作满意度调查、行政机关政风行风满意度调查、群众文化需求调查、企业对镇街满意度调查、群众对镇街满意度调查、企业对科技园区满意度调查等。其中，行政机关政风行风满意度调查的电话访问量近6000个单位及个人，获取了大量的评价信息，有效发挥了听民声、察民意、问民情的作用。

（董金雪）

【统计产品质量稳中有升】 信息咨询成果斐然，全年提供统计信息1280条，媒体采用1139条，其中信息《2011年全区固定资产投资超额完成年度任务》被副区长张燕友批示。定期出版统计公报、普查公报、统计年鉴、《数据·昌平》月刊（9600册）等产品；公开政府信息134条，为公众提供信息咨询5053次。配合昌平园建立20周年编纂的《中关村昌平园统计年鉴》，为全市首家“园区”出版物，为领导和公众了解研究昌平园情况提供了详实资料。调研分析作用颇显，完成重点调研课题10篇，统计分析报告369篇。调研报告《昌平高端产业，可否形成气候》被副区长张燕友批转到有关部门进行阅研；调研报告《城市发展新区，昌平“实绩”如何》被区长金树东批示，在区政府常务会安排了专题解读。

（董金雪）

【统计法制宣传不断延伸】 年内，制定了《2012～2016五年法制工作实施意见》《“六五”普法学习方案》；举办有政府统计人员、企业统计人员130余人参加的“六五”普法骨干培训班；组织2000多家规模以上企业的法人、主管统计领导、统计人员6000余人进行了统计法规知识学习、考试和注册；在北汽福田企业建立法制宣传示范基地；开展了统计法制宣传“四季情”主题活动，送法到企业、社区共计70余家，发放宣传材料5万余份，组织统计法制宣讲70余场次，培训3万余人次；与区法院共建统计法制培训教育基地。

（董金雪）

【统计执法力度不断加大】　年内，共完成统计执法检查164家，统计业务督导195家，立案查处91家，对10家违法企业进行了罚款，查处迟报单位54家（同比下降52%），统计环境不断改善。在全市行政处罚案卷评查中，昌平执法案卷被评定为“优秀”。评选出12家“统计信用单位”，营造了良好统计信用环境。为强化统计基础工作，对134家无统计从业资格证的单位发放法律事务告知书，对114家“无证单位”进行处罚，延伸统计执法成果。全区共有1016人报名参加从业资格考试，合格率44.5%，报名人数和合格率再创新高。

（董金雪）

【统计宣传方式不断创新】　10月26日，举办了以“汇聚信息，服务发展；统计工作，大有可为”为主题的统计开放日活动，在宣传载体、渠道、手段、形式、内容上，取得了成功的尝试和效果，亲历开放日的领导和各界观众对活动给予了高度评价。9月份创刊的《昌平统计》杂志，使政府统计部门有了解读数据的窗口、统计产品的载体、展示作为的阵地、传播知识的平台（累计发行6000册）。通过一年实践，形成了每日更新统计信息网、每月发放《数据·昌平》、每季出版《昌平统计》、每年汇编《统计年鉴》《统计公报》的统计宣传链条。年内，有62篇文章被《中国信息报》《中国统计》《数据》杂志刊载。《数据》杂志分别授予昌平局队通联工作先进集体、回龙观统计所“热心支持杂志宣传”奖。

（董金雪）

【统计文化建设成绩斐然】　年内，昌平局队积极参加北京市政府统计系统文化艺术节活动，遴选优秀选手参加统计建模、唱歌、演讲、岗位能手大赛活动，取得了不俗成绩；举办不同主题的登山、演讲、艺术作品展、驾驶技能比赛等活动，营造和谐文化氛围，提升团队凝聚力；与长峪城村开展共建活动。

（董金雪）

工商行政管理

【概　况】　北京市工商行政管理局昌平分局隶属北京市工商行政管理局，承担昌平辖区的工商行政管理工作。现有人员342名，内设机构33个。2012年，昌平分局在市局和区委、区政府的正确领导下，紧密围绕建设良好市场生态环境的总体目标，以“促发展、强监管、重服务、保安全”为主线，以践行“务实、规范、创新、超越”的昌平分局精神为重点，以“效能建设年”为抓手，扎扎实实地推动基础工作，有声有色地开展创新工作，认真落实了市局和区委、区政府的工作部署，圆满完成了全年工作任务。在北京市工商行政管理系统辖区责任制年度考核评比中，再次荣获先进分局。

（韩玉林）

单位名称：北京市工商行政管理局昌平分局
地址：昌平区南大街31号
电话：(010)69742605
邮编：102200

【加强队伍自身建设】　年内，分局党组团结领导全体干部职工坚持以科学发展观为指导，紧密围绕建设良好市场生态环境的总体目标，深入践行“务实、规范、创新、超越”的昌平工商精神，保持昂扬风貌，全面履行职责，为分局取得优异成绩提供了坚强的思想、人才和组织保障。创新人才选拔任用机制，9名业务骨干进入到副科级领导岗位，老中青梯次配备的科级干部队伍结构初步形成。综合考虑工作需要、业务能力等因素，对10名副科级领导干部进行了岗位调整，中层领导班子配备更趋合理。按照市局统一部署，分两批次完成43名科级非领导职务晋升工作。着力推进挂职锻炼工作常态化，继续选派11名优秀青年干部开展为期1年半的挂职锻炼，进一步优化干部经历结构。完成了19名大学生、军转干部的公务员招录工作，充实基层一线执法力量，并开设“入局第一课”，强化对新入职干部的教育引导。工商所

40岁以下青年干部比例由年初的34.24%,提升到了38.31%,增加了4.07个百分点。

（韩玉林）

【依法履行市场准入职能】　年内,新登记市场主体12531户,其中企业4998户,发展量同比增长0.87%;个体工商户7533户,发展量同比下降21.40%。全区实有市场主体总数达到了104340户,比2009、2010、2011年分别增长了16.41%、2.62%、1.07%。为中石油、中国移动、华能集团等10余户企业进行了跟踪服务。妥善解决了中关村生命科学园新建项目"博雅CC"、华北电力大学科技园等因住所问题无法办照的难题,为56家重点企业在第一时间办理了登记注册。促动政府转发了《昌平区个体工商户转型升级工作意见》,通过宣传引导,2022家个体工商户完成转换工作。指导17家有形市场升级改造,3家市场有限公司成功转型。

（韩玉林）

【开展"走访听增"和"两送"活动】　年内,通过制作工商办事指南、内网开设专栏、走访重点企业、发放问卷等手段,拉近了工商部门与行政相对人的距离。主动搭建融资服务平台,联系兆丰、邮政储蓄等多家银行展开项目推介,共为50余家企业办理动产抵押、商标质押贷款近3亿元。携手工商银行在天通苑利康虹桥市场开通本市首个市场金融服务绿色通道,帮助20余家商户获得融资贷款300余万元。建立5个商务楼宇工商工作站,提供法律法规帮扶指导。全年共完成1107件商标注册申请,同比增长160%;7件商标被认定为2011年度北京市著名商标。针对特色农产品展开调研,启动"商标许可协议签订仪式",真顺村90家果农享受了品牌保护。制定了《百合花种球繁育收购合同》,进一步规范了行业交易行为。

（韩玉林）

【重大任务完成情况】　第七届世界草莓大会期间,在大会场馆及九华山庄进行驻场管理,对"一园两中心"5个销售点和2个制售点及场馆周边实施密集监管,未发生突发食品安全事件,被第七届世界草莓大会筹委会指挥部授予最佳安全保障奖和最佳服务保障奖。在贯穿全年的"创卫迎审"工作中,加大基础工作推进力度,解决问题500多件次。规范20余家有形市场,统一广告牌匾4000余块,修补场内破损道路40余处(近2000平方米),促动回龙观和水屯两大批发市场投资1300万元进行基础设施改造,为区顺利通过复审做出重要贡献,分局承担的工作得到区政府和市爱卫会专家组的充分肯定。

（韩玉林）

【无照经营治理工作】　年内,启用"昌平区无证无照经营综合管理信息平台",共向卫生、环保等部门移转无证照经营主体3860户。充分发挥领导小组办公室的牵头作用,聚合监管力量,取缔非法再生资源回收市场、清退非法砂石厂、清理储煤场所共计138个。主动破解难题,为北方明珠大厦、白坊市场等商户引导办照770余户。截至12月底,辖区无照存量降至5290户,较2011年底的7516户,净消减2226户,消减率约29.62%。

（韩玉林）

【工商社会化监管工作】　年内,按照"服务为先、分工协作、紧扣职能、和谐监管"的总体思路,确定天通苑、回龙观等5个工商所作为社会化监管工作试点,44个网格和37个社区、65个村完成对接,积极参与到社会服务、主体监管、消保维权等工作中。共为全区26843户企业办理了年检手续,为58724家个体工商户提供了验照服务,年检率、验照率分别达到了93%和81%。共搜集监管信息400余条,发现隐患575起,经过联合整治全部消除。

（韩玉林）

【食品安全工作】　年内,围绕民心工程,我们创新监管机制,探索难点,破解难题,为辖区百姓营造安全可靠的消费环境。出台了《昌平区食品安全工作督查督办规定》,制发建议函63份,移转案件线索25件。制定了《食品流通许可工作标准》,从"文书审查、现场核查、档案管理、非实物经营管理"等五方面进行规范,进一步强化食品经营主体准入工作。共办理食品流通许可证3249个。完成食品快速检测2028个,合格率达到89.6%,抽取高风险样本1818个,合格率为92.7%;在全市实现"三个率先",即率先实行"散装熟食包装上市"、"食品追踪检测制度"和建立"食品安全电子追溯平台"。此举在市局组织的"加强市场规范化建设工作经验交流会"水屯现场会上向全系统进行了推广;通过组建"诚信自律公约联盟”,创新“跨区域联勤”工作机制,完善“绿色通道评价办法”,建立信息采集统一模式等有力手段,积极推进消费者诉求的快速解决。在“非常规申诉举报处理”工作中实现了新突破,集体会商和任务留痕成为工作重心,工作效能进一步提升。年内,分局共受理申诉举报2449件,为消费者挽回经济损失60余万元。其中妥善解决非常规申诉举报26起,及时化解了可能引发的多起群诉群访案件。

(韩玉林)

人力资源和社会保障

【概　况】 人力社保工作紧紧围绕“落实政策、创新机制、提升品质、强化基础”的总体工作思路,着力推进工作创新。开通了昌平生源毕业生就业服务“直通车”,有效夯实了就业服务基础平台。年内,全区城镇新增就业17708、城镇登记失业率控制1.95%、新增绿色就业岗位1487个、安置城乡劳动力1471人、扶持创业499人、带动就业1084人。人才引进工作数量得到新突破,全年共引进高级人才76人,引进非北京生源毕业生498人。在郊区县率先成立了医疗保险监察分队,加强了医疗保险费用监管。截至年底,以五项社会保险为核心的社会保障制度覆盖人群达到182.87万人次,同比增长13.60%;五项社会保险基金累计收支规模达到71.05亿元,同比增长27.65%;城乡居民养老保险累计参保已达到12.86万人,农村居民参保率达到98%。着力推进了仲裁院及执法监察分队建设,顺利完成仲裁院及执法监察分队建设的各项前期准备工作。全年共为3825名农民工追讨工资2566.07万元;区属企业劳动合同签订率为98.1%;企业集体合同覆盖面达到95.6%。切实保障弱势群体生活水平。农村低保标准由每人每月340元提高到每人每月380元,城市低保标准由每人每月500元提高到每人每月520元。累计为2745户4065人发放城乡低保金1789万元。完成农村社救对象、优抚对象危房改造。全年农村危房改造指标为翻建140户、维修10户,均已完工;优抚对象危房翻修16户已全部完成。

(陈霆)

单位名称:昌平区人力资源和社会保障局
地址:昌平区政府街1号
电话:(010)69746816
邮编:102200

【全面超额完成全年就业创业目标任务】 年内,全区城镇新增就业17708人,完成全年指标(12000人)的147.57%;城乡劳动力实现就业14848人,完成全年指标(11200人)的132.57%;城镇登记失业率为1.95%;共采集空岗信息31222个,完成全年指标(25000人)的124.89%;成功推荐失业人员就业3825人,成功推荐农村劳动力就业1485人,分别完成全年指标(3380人,610人)的113.17%和243.44%;开展职业指导25667人次,完成全年指标(12500人)的205.34%;新增绿色就业岗位1487个,安置城乡劳动力1471人,完成全年指标(1000人)的147.1%;扶持创业499人,带动就业1084人,分别完成指标(250人,700人)的200%和155%;发放小额担保贷款270万元,完成全年指标(140万)的192.86%;社区岗位安置就业困难人员4048人,完成全年指标(2300人)的176%;共培训本区城乡劳动力5934人,完成全年指标的111.38%;开展职业技能鉴定3648人;本区生源高校毕业生就业率达到96.4%。

(陈霆)

【社会保障制度覆盖面进一步扩大】 年内,全区以职工基本养老、基本医疗、失业、工伤和生育五项社会保险为核心,以城乡居民养老保险、城镇居民医疗保险和老年保障为辅助的各项社会保障制度覆盖人群已经达到182.87万人次,比去年同期增加21.89万人次,同比增长13.60%,其中五项社会保险参保人数达到160.45万人次,职工基本养老、基本医疗农民工缴费人数分别达到7.72万和7.88万人;各项社会保险基金累计收支规模达到71.05亿元,比上年同期增加15.39亿元,同比增长27.65%,其中五项社会保险基金累计收缴

34.83 亿元；城乡居民养老保险续保率达到 98.6%，同比增长 2.6 个百分点；各项社会保障待遇及时调整并按时足额发放，基金安全平稳有序运行。

（陈霆）

【获北京市绿色就业工作先进单位】 年内，以举办第七届世界草莓大会为契机，以发展都市型现代农业等特色产业为载体，建立"产业＋政策＋培训"三位一体的绿色就业工作机制，不失时机地推进绿色就业工作，着力促进农村劳动力就近就地转移就业。在全市绿色就业推进大会上，区荣获北京市绿色就业工作先进单位，并获得市政府 100 万元的专项奖励；区编写报送的"昌平区以世界草莓大会为契机推进绿色就业工作"的专题信息得到市委、市政府多位领导的批示。在充分走访相关区县、有关职能部门、镇街、村（社区）和企业的基础上，着手研究起草了《昌平区促进绿色就业工作的实施意见》，重点推进绿色就业"四化"建设，即：农业产业企业化、农民就业员工化、农村保障城镇化和城乡就业一体化。

（陈霆）

【成功创建国家创业型城市】 年内，积极整合社会资源，完善"政策扶持、平台支撑、全程服务"全民创业体系，深入推进全民创业，全力打造"创业昌平"品牌。集成了涵盖创业培训、市场准入、融资贷款、税收优惠、创业资助、经营场所保障、手续办理等 7 个环节的 40 多个创业扶持政策；重点建设未来科技城、奥北创业新城，加快建设科技园昌平园、中关村国家工程技术创新基地、北京青年创业示范园等 9 个主题创业园区，搭建"两城九园"创业实战平台；建立了创业追踪回访制度，采用电话回访、问卷调查等形式对创业人员进行跟踪回访，确保创业成功率。在 7 月召开的全国就业工作会上，本区荣获国家创业先进城市称号，成为北京市首家也是唯一一家获得国务院表彰的全国创业先进城市（区）。

（陈霆）

【试点推进"就业保障直通车"信息发布平台建设】 年内，按照"一点输入，多点更新"和区、镇街两级"分屏显示、分级管理"的要求，投入 150 万元专项资金，在城北街道、城南街道、东小口镇、回龙观镇、小汤山镇等 5 个镇街所属 15 个村、社区，试点推进了"昌平区就业保障直通车"信息发布平台建设工作，为城乡劳动者提供"零距离"就业服务，实现了就业岗位进村、优惠政策到家。

（陈霆）

【稳步推进重点地区、重点项目转非安置工作】 年内，出台《关于推进昌平区建设征地补偿安置工作的意见》，成立昌平区建设征地补偿安置和昌平区征地转非安置两个领导小组，明确了政府部门职责分工，下大力度督办落实全区征地转非安置工作。明确按照逢征必转、即征即保，快还旧帐、不欠新账"的原则，决心在"十二五"期间解决所有遗留征地项目的转非安置工作。将未来科技城"两镇四村"、沙河镇、回龙观镇和东小口镇 8 个城乡结合部重点村的整建制转居确定为重点项目，重点推进、定期协调，确保转非安置工作的稳步推进。全年共完成了 4087 名转非人员的安置工作，同比增长 149.54%，其中建设征地项目 19 个，涉及转非人员 3828 人；整建制转居项目 1 个，涉及转非人员 259 人。另外还有 4932 人已经办理完转非手续。

（陈霆）

【积极开展就业"政策落实年"活动】 年内，将落实促进就业政策列入 2012 年政府为民办实事工程中，纳入全区镇街绩效考核评价体系，就业政策落实实现了历史性突破。通过组织现场咨询会、邮寄宣传材料、播报优惠政策和上门指导服务等多种形式，发放《致用人单位和城乡劳动力的一封信》《市区促进就业优惠政策汇编》等 1.7 万份政策宣传材料；通过"五进一送"专项活动，向 7.5 万个农户家庭邮寄了《龙年新春贺岁卡》《就业政策宣传折页》等就业创业政策宣传材料；与区工商联、区企联、各镇街等联合开展促进就业优惠政策宣讲活动 21 场，培训企业近千家；组织近 1000 人的就业服务人员开展业务培训，提高了政策受知面，提升了服务水平。全年共落实促进就业资金 1.14 亿，是近年来落实就业资金最多的一年，通过落实就业资金直接带动就业 1.5 万人；特别是鼓励用人单位吸纳就业落实市级资金 853 万元，较去年同期翻了一番。

（陈霆）

【社保经办软硬件环境持续改进】 年内，社保经办软硬件环境持续改进。在硬件方面，新建并启用了1100平方米的办事大厅,并对现有设备进行了改造和更新,新增了监控系统、排号机和LED显示屏等电子设备,进一步优化了整体经办服务环境,进一步提高了经办工作效率;在软件方面,实施了"年度能力提升计划",每周开展2至3次业务大讲堂,由各业务岗位工作人员轮流为大家详细讲解业务流程、政策依据及注意事项,培训后定期对授课效果进行评价,对授课内容进行考核,达到以讲促学的目的,进一步增强了社保队伍业务素质;投入专项资金自主开发并启用区、镇、村农保三级联动软件系统,实现了城乡居民养老保险信息化村级延伸。

(陈霆)

【人才工作取得新突破】　年内,围绕"三城、一区、一基地"建设(即:未来科技城、沙河大学城、昌平新城,科技商务区,中关村国家工程技术创新基地),研究制定了未来科技城聚集高端人才若干规定、科技商务产业高端人才发展工作支持政策、博士后工作站和创新实践基地管理办法及配套实施细则等人才创新政策,按每年5000万元标准,投入专项资金,重点支持科技商务产业人才发展,博士后工作站及创新实践基地在市局的评估考核中位居全市第一;充分用好全市人才工作试点区先试先行政策,人才引进工作数量得到新突破。全年共引进高级人才75人;办理《北京市工作居住证》513人,办理《北京市(留学人员)工作居住证》4人,解决夫妻两地分居20人;引进非北京生源毕业生380人;有7个留学人员科技活动项目获北京市择优资助77万元,获得北京市留学人员创业启动支持计划资助20万;5个出国培训项目获得市局批准。

(陈霆)

【劳动关系基础工作进一步加强】　年内,建立健全劳动关系口相关科室内部联动机制,开展"通过一个案例规范一家企业"活动;研究起草了昌平区加强和谐劳动关系创建工作"1+4"文件(征求意见稿);与北京劳动保障学院合作,开设了流动仲裁庭,并开展了互聘教师及仲裁员活动;着力推进了仲裁院及执法监察分队建设,顺利完成了各项前期准备工作。实施了事前干预、快查快结、全局联动工作机制,着力落实"无拖欠工资"工作。全年共处理投诉和突发事件581批次,为3825农民工追讨工资2566.07万元;区属企业劳动合同签订率为98.1%,劳动合同续订率为95.9%;建会企业集体合同覆盖面达到95.6%,其中工资集体协商面达到84.4%;共受理投诉举报案件440件;受理劳动人事争议仲裁案件4819件。

(陈霆)

质量技术监督

【概　况】　2012年,区质量技术监督局以服务区域经济发展为中心,以推进首都标准化战略为主线,以保障十八大和世界草莓大会为重点,扎实做好食品、产品质量和特种设备三大安全保障工作,提振精神,依法行政,扎实工作,大胆创新,充分发挥标准化在支撑政府中心工作、服务区域经济社会发展中的重要作用;扎实推进食品及工业产品生产企业诚信体系建设,加强食品及工业产品生产安全监管;完善三级网络建设,构建安全和谐特设环境;以民生计量和能源计量为重点,提高计量工作有效性,全局各项工作稳步有序推进落实。

(王巍)

单位名称:昌平区质量技术监督局
地址:昌平区昌崔路200号
电话:(010)69746078
邮编:102200

【开展第七届世界草莓大会服务保障】　2月,开展了第七届世界草莓大会服务保障工作。检查草莓种植企业、专业合作社89家,抽检昌平草莓样品121个,合格率100%。对50家农业种植公司、合作社进行计量检查和服务,免费检定、修理计量器具110余台。特设安全保障实行驻会监管,电梯维保单位全天24小时对35部电梯实时监控。突出重点区域、重点企业、重点食品,开展食品安全保障。

(李默)

【公共建筑热计量改造工作会召开】　4月16日,联合区发改委针对公共建筑热计量改造中热表问题召开工作会,区151家公用建筑热计量改造项目的施工单位、设计单位、监理单位参加会议。会上,对热能表选型、首检等工作进行了部署。要求各单位提供热能表生产厂家生产资质、首检证书、热表具体安装数量、安装位置等书面材料。

（高洁）

【开展世界计量日宣传服务活动】 5月18日,在区老干部局开展宣传服务活动。现场向老干部免费检定血压计63台,发放计量常识宣传手册200余份,并接受计量投诉和咨询,受到老干部们的热烈欢迎。

（高洁）

【开展"质检邀您看企业,食品安全大家行"活动】 6月21日,邀请区政协委员、食品专家和新闻媒体一行30余人到本区乳制品生产企业参加"质检邀您看企业食品安全大家行"活动。活动中,企业以多媒体课件、现场专人讲解等形式介绍了其主体责任理念和食品质量安全控制制度程序。参加活动的代表表示,通过参加活动,对企业的生产过程和政府部门的监管有了更深的了解。

（胡莹）

【对十八大食品专供企业实施驻厂监管】 11月,派出两名执法人员对区一家十八大食品专供企业实施24小时驻厂监管。驻厂期间,重点对企业的生产硬件条件、检验能力、原辅料的采购、生产过程的质量控制以及产品的出厂检验记录等进行了监督。十八大期间,该企业累计生产"精品德式早餐肠"2434.19千克,"精选培根"3440千克,做到了批批自检,批批抽样,累计抽取样品17个,检验合格率100%。

（韦菲）

【加强食品及工业产品质量安全监管】 年内,先后开展乳制品、食品添加剂、明胶、"血豆腐"、一次性餐盒、粽子、蜜饯、食用植物油、酒类及化妆品等重点产品专项整治十余次,累计检查获证食品企业819家次。查处无证生产豆制品等黑窝点18个。年审食品及相关产品生产企业148家。眼镜、涂料等30余种工业产品的平均抽检合格率为89.7%,高于全市3.5个百分点。依法处理使用不合格煤炭单位37家。日常监督检查机动车检测场12家(次)。

（王巍）

【加强特种设备安全监察工作】 年内,开展了自动扶梯、液化石油气充装单位、起重机械、大型游乐设施等重点设备专项整治,检查特种设备使用单位421家次,发出《特种设备安全监察指令书》83份。办理特种设备使用登记1771台,办理特种设备安装改造维修告知2894台,停用226台,注销327台。培训特种设备操作、管理人员479人次。全面开展超检验周期特种设备专项整治工作,向283家特种设备使用单位发出《特种设备督促检验通知》,督促履行检验程序,并向各镇、街道通报情况。

（王巍）

【加强标准化管理工作】 年内,起草并报请区政府审议发布了区落实《首都标准化战略纲要》的实施意见和重点任务分解方案。8家单位12个标准获北京市技术标准制修订补助54万元。7家单位获区财政配套奖励资金100万元。十三陵特区、中国航空博物馆分别被确定为国家级、市级旅游标准化试点单位。"百合栽培"国家级标准化示范区第二年度建设项目通过验收。审查企业标准文本907个,登记注册标准57家159个。开展食品标签、能效标识和商品条码专项执法检查,检查生产企业20家次,销售单位105家次。

（王巍）

【加强计量监督管理工作】 年内,对本区集贸市场、超市等范围内的计量器具、公平秤设置、定量包装商品和预包装商品的净含量及法定计量单位的使用等进行计量专项执法检查,共检查集贸市场、超市、医疗卫生单位、餐饮单位、加油站、眼镜制配单位、定量包装生产企业、计量器具生产厂、计量认证实验室465家次。办理计量器具制造、修理许可证签发4家11项。检查热量表生产企业6家,抽查已安装热量表165块。积极参与全区21家重点用能单位的节能目标考核工作,对两家商场进行能源综合平衡测试。

（王巍）

【完成技术检验检测任务】 年内,3个所属技术机构共完成计量器具强制检定71250台(套),质量检验样品4184个,检验特种设备8908台,为行政监督管理提供了充分地技术保障。

（王巍）

【加强服务窗口建设】 年内,驻区综合行政服务中心共受理行政许可、特种设备开工告知、企业标准备案、委托加工备案1467件。组织机构代码新办、年审、变更、注销37576件,按时办结率100%,群众满意率100%。

（王巍）

审 计 工 作

【概 况】 2012年，昌平区审计局在区委、区政府和市审计局的正确领导下，以科学发展观为指导，紧紧围绕建设现代化京北创新中心、国际科教新城的战略任务，按照“三加强、一提升”的局年度工作目标，圆满完成了各项工作任务。全年共完成审计项目90项，查出问题金额9795万元，其中政府投资结算审计59项、经济责任审计19项、预算执行审计8项、重点工程定期审计3项、审计专项调查1项。对50个政府投(融)资项目实施了跟踪审计，审减金额8399.67万元，提出审计建议474条，整改落实390条；参与市审计局及区临时性审计工作10项。

(刘冉)

单位名称：昌平区审计局
地址：昌平区南环东路1号广电大厦11－12层
电话：(010)69747354
邮编：102200

【深化区级预算执行审计】 年内，完成2011年度财政预算执行情况审计，掌握了财政预算收支规模、结构以及财政支出的重点，发现在非税收入缴纳、预算单位上报经常性项目预算以及政府投资建设项目报送审计等方面存在问题，并将审计结果，向区人大常委会作了报告，并进行公开，区财政局按照审计建议积极进行了整改落实；完成了6个部门预算执行审计，共查出违规金额461万元，对个别单位在专项资金申报、使用中存在重复申请、多申请、多支付，以及决算数据不准确、财务管理基层比较薄弱等问题提出了审计建议，并将审计结果上报区政府，区领导非常重视审计发现的问题，作出了按审计建议落实整改的批示，相关部门已按照审计意见和建议的要求，积极落实整改；完成了区地税局2011年度税收征管审计，审计发现个别业务流程、部分重点税源户等方面存在问题，区地税局高度重视审计建议的整改工作，制定了相应措施加强税收流程的培训和纳税辅导。

(刘冉)

【强化政府投(融)资项目跟踪审计】 年内，围绕全区重点工程建设项目，通过关口前移、全程跟踪、结果运用等措施，监督和指导中介机构对七里渠土地一级开发、东小口镇两个重点挂账村项目(马连店、中滩－贺村)、回迁楼项目(东小口、巩华城、未来科技城)、平原造林、老旧小区改造、第七届世界草莓大会、市政基础设施拆迁、沙河巩华城土地一级开发、未来科技城综合开发项目、未来科技城供水项目、滨河森林公园、昌平煤场清退、温榆河沿线绿化、环境整治项目、拘留所拆迁项目、社区蔬菜网店项目、阿苏卫垃圾焚烧发电厂项目等50个项目实施全过程跟踪审计。送审金额119亿元，审定金额105.68亿元，审减金额8399.67万元，提出审计建议474条，整改落实390条。其中审计拆迁补偿协议3683份，审定拆迁补偿款99.93亿元，预审、核减及节约财政资金2617.10万元。有效提高工程建设管理水平和投资效益。

(刘冉)

【开展政府投资项目工程结算审计】 年内，围绕城镇基础设施建设、环境保护、文教卫生、为民办实事等政府投资的重点建设项目，开展政府投资结算审计项目59个，送审金额9.15亿元，审定金额8.39亿元，查出问题金额7941万元。通过审计，发现工程造价不实，未按规定履行招投标程序和实施监理制，施工合同签订不严谨或未签订施工合同，部分工程未委托有资质的施工单位以及超额支付工程款等问题，并提出了审计建议。

(刘冉)

【开展区重点工程定期审计】 对振邦承基公司、铭嘉公司以及兴昌公司中关村科技园区昌平园东区、南口镇工业用地项目2011年7月至2012年6月资金来源及使用情况开展定期审计，对审计发现的个别项目开发间接费不应全部归集为项目开发成本，支付拆迁补偿款手续不齐，合同管理不规范，部分票据不合规以及超限额使用现金等问题提出了审计建议，促进企业规范管理、规范资金风险。

(刘冉)

【开展领导干部经济责任审计】 年内，根据区委组织部委托，开展了23个经济责任审计项目，重点关注领导干部决策的科学性、工作目标的可行性以及遵守国家财经法规和有关廉政规定等情况。审计表明，大多数领导干部能够认真履行岗位职责，严格执行财经法规，但被审计单位不同程度地存在专项资金未能专款专用、固定资产管理和账务处理不规范、历年形成的往来款未及时清理、大额现金支出、合同签订不规范、内部控制制度不健全等问题，涉及管理不规范资金1392万元。针对审计发现的问题和整改建议，被审计单位十分重视，并进行了积极整改落实。此外，加强与组织、纪检、监察等经济责任领导小组会议相关部门的联系，完善领导干部管理和监督机制，强化审计整改和审计结果运用，促进预防腐败体系建设。通过深化领导干部经济责任审计，依法加强了对权力监督和制约，维护行政权威，促进廉政建设和权力和谐运行。

（刘冉）

【配合市审计局项目】 年内，配合市审计局联合开展社会保障资金、2009年至2011年昌平区农业转移支付资金绩效情况、2012年城镇保障性安居工程、2005年至2012年“农转居”安置补偿资金管理使用情况以及区长任期经济责任审计工作。

（刘冉）

【完成临时审计项目】 年内，配合区有关部门开展了全区春秋两季中小学教育收费专项检查工作、参与卫生系统行风评议、牵头开展了鹿牌保温瓶公司搬迁资金跟踪审计以及协助区工会开展内部审计工作。

（刘冉）

【开展内部审计服务指导】 年内，按照“抓好典型促一般、抓机构建设促开展、抓建章建制促规范”的工作思路，加强了对内部审计工作的服务和指导，研究起草并下发了《昌平区基层站所内部审计管理办法》，促进内部审计单位抓好建章建制；对各单位内部审计制度建立情况进行了调查，摸清了全区基层站所内审机构设置、内部审计制度建设以及内部审计人员数量等基本情况；开展《民营企业内部审计情况调查问卷》、内部审计年度统计报表以及内审资格证年检培训等工作，提高内部审计人员的综合素质和水平，促进单位完善内部控制制度，依法规范履职。

（刘冉）

国有资产监督管理

【概　况】 2012年，区国资委在区委、区政府的正确领导下，团结带领全系统干部员工，深入落实科学发展观，认真履行出资人职责，紧紧围绕“整合·转型·监管”这一主题，加大企业改革调整，强化国资监管体系，狠抓安全工作落实，推进党建管理创新，各项工作取得了显著成绩。截至12月底，监管企业资产总额155.31亿元，所有者权益50.79亿元，主营业务收入18.84亿元，上缴税金8925万元，区属国有经济效益明显提升，处于近年来较好发展水平，为加快建设京北创新中心、国际科教新城做出了积极贡献。

（许正兴）

单位名称：昌平区人民政府国有资产监督管理委员会
地址：昌平区南环东路1号
电话：(010)69742456
邮编：102200

【国有企业改革转型不断深化】 年内，根据区委、区政府的工作要求，在相关部门的大力支持下，加快推动转型升级，实现了鹿牌保温瓶公司昌平生产线的全面停产，每年节约能耗指标至少8万吨标煤；红冶汇新“天津基地”建设初见规模，完成投资7000万元，H型钢正式投产。加大资源整合，以宏达兴公司为平台，完成对水屯市场的资产划转，以及南口地区钢圈厂等三家企业资源整合的前期准备工作；推进栎昌王麻子改制重组，完成职工安置方案、清产核资、财务审计等工作；盘活水产养殖场资产5.7亿元，实现了1200亩土地的正式挂牌；完成小汤山商场的前期筹建工作。进一步完善融资平台服务体系，晨光公司先后为253家企业提供担保约93亿元，昌鑫公司累计为区重点项目融资41.9亿元，为未来科技城、中北岳森等企业提供担保153.4亿元，有力地保障了全区重点工程建设；同时，组建了昌鑫建设投资有限公司，完成7家企业国有资产的划转工作，为发行企业债券和服务全区经济社会发展提供了有力支撑。

（许正兴）

【重点项目建设力度加强】 年内，充分发挥重大项目引领作用，大力推动城市化和功能区建设，新城东区建设累计投资48.3亿元，市政道路建设、土地一级开发项目以及回迁楼建设加快推进；巩华城拆迁完成投资113.6亿元，拆迁宅基地2946宗、非住宅企业244家；加快实现国有资产向工业地产的集中，京昌高科技产业园区全年投资10213

万元，2#厂房建成投入使用，3#厂房实现了主体竣工；继续加大水厂和供水管网建设，邓庄水厂、沙河地下水厂等项目加快推进，沙阳路管线二期工程实现完工；认真落实政府惠民工程，完成电动小客车出租公司的注册、场站建设等工作，9月1日实现了首批50辆电动出租车的正式运营，方便了城区群众的交通出行，发挥了国企在城市建设和社会服务方面的积极作用。

（许正兴）

【国资监管水平进一步提高】 年内，健全国资监管体系，提升国资监管效能，正式挂牌成立昌平区国有企业监事会工作管理中心；制定出台了《区国资委向监管企业委派财务机构负责人的试行办法》，并在宏达兴、皇城粮油等4家企业中试点开展财务机构负责人委派制度；加强企业管理和风险管控，认真做好8家主要企业内控体系建设的跟踪检查；完善考核评价机制，科学修订了企业负责人经营业绩考核与薪酬管理制度，并签订了《2012－2014年度任期考核责任书》；试点开展国有资本经营预算和收益收缴工作，2012全区收取国有资本收益707万元，国有资本预算支出540万元；严格资产处置审核把关，全年共办理国有资产产权登记、转让、变更、审批等项目74个，制定了《区国资委监管企业资产损失责任追究暂行办法》；深化现代企业制度，完成了首冶新元、红冶汇新等4家公司的董事会调整工作，同时有效落实监事会监督检查报告和列席企业会议制度，加强了监督检查的针对性和规范性。

（许正兴）

【安全稳定局面更加巩固】 年内，坚决贯彻落实“安全第一”的理念，认真落实安全生产主体责任，与22家监管企业签订了《安全目标管理责任书》。通过创新管理机制和加大监管力度，三年来17家企业顺利通过了“质量、环境、职业健康安全”管理体系资格认证。1月至12月企业自查安全隐患418项，检查督导企业39家（次），提出整改意见62条，防范措施和管理制度做到了及时到位，全年未发生重大安全生产事故，确保了企业干部职工的生命财产安全，为推进企业转型发展提供了安全保障。

（许正兴）

【深化创新企业党建和反腐倡廉工作】 年内，以学习和迎接党的十八大为主题，在监管企业中深入开展创先争优和“四强四优”创建活动，先后评选表彰出先进基层党组织20个、优秀共产党员100名、优秀党务工作者20名；认真抓好企业领导干部学习教育，组织举办了企业党支部书记培训班和第五期经营管理人才培训班；进一步创新人才管理机制，试点开展了机关和企业后备干部的“双向挂职锻炼”工作，面向全市、全区公开选拔了3名企业领导干部和6名企业中层干部；以“基层组织建设年”活动为契机，对所属129个党支部进行了分类定级，组织开展了系统学雷锋志愿服务和创建国家卫生区复审迎检工作，有效发挥了党组织的政治核心作用，为推动国有经济转型发展提供了坚强保障。以构建国资监管与现代企业制度相适应的惩防体系为主线，国资委党委全面部署系统内党风廉政建设工作。进一步落实党风廉政建设责任制，坚持把党风廉政建设与重点工作同部署、同落实，逐级签订《党风廉政建设责任书》338份；深入开展廉政风险防控管理“回头看”工作，全系统共查找廉政风险点1536个、制订防范措施2125条；加强对企业党风廉政建设工作的监督检查，18家企业建立健全了“三重一大”制度50项。企业党建和反腐倡廉工作的扎实开展，为推动国资国企改革发展提供了有力的政治保障。

（许正兴）

药品监督管理

【概　况】 2012年，北京市药品监督管理局昌平分局（简称“昌平分局”）紧密围绕保障人民用药安全这一核心任务，不断提高监督管理和服务水平，不断加大“三品一械”市场监管力度，全面推进药品监管工作开展，全年共完成“三品一械”抽验671件，累计受理各类案件266件，立案21件，罚没总值148722.11元。

（杨军）

单位名称：北京市药品监督管理局昌平分局
地址：昌平区西关环岛西100米
电话：(010)89702346
邮编：102200

【加强“三品一械”生产流通领域监管】 年内，按照国家、北京市开展药品生产流通领域集中整治的工作部署，昌平分局在全区范围内开展为期4个月的药品生产流通领域集中整治行动。重点检查药品生产企业是否严格按批准的处方和工艺生产，是否擅自接受药品委托加工或存在出租厂房设备等行为，共检查基本药物生产企业58家次，对高风险品种在产的3家企业检查8家次。将药品经营企业是否从非法渠道进货，是否严格按要求销售处方药，含特殊药品复方制剂的销售去向是否清楚，是否超范围超方式经营等内容，作为检查重点。根据日常检查情况，确定2家药品批发企业和48家零售企业作为检查重点。共完成药品经营企业监督检查89家次。

（杨军）

【开展中药饮片专项整治】 年内，按照市局关于中药饮片专项整治行动的工作要求，在充分开展调研的基础上，昌平分局切实开展中药饮片专项整治工作。在召开部署会，企业自查的基础上，检查中药制剂生产企业14家，结合中药饮片专项抽验工作，对5家饮片企业生产的20批次易掺假、造假、染色、加重的中药饮片进行了抽验；检查药品经营企业86家次，覆盖率100%，抽验中药饮片23批次，发现不合格3批次。

（杨军）

【医疗器械企业监督管理】 年内，继续强化医疗器械生产、经营企业和医疗机构日常监督工作，紧抓GMP推进、品种监管、地址核查等重点，有针对性的开展日常监督检查和专项检查。生产环节，针对占辖区品种比例多的、问题突出的、投诉举报较多的企业开展，例如体外诊断试剂企业、定制式义齿生产企业、物理治疗类企业等。流通领域，开展无菌和植入医疗器械经营企业、医疗机构医疗器械使用、装饰性彩色平光隐形眼镜市场专项检查等，共检查医疗器械生产企业117家次，经营企业107家次。

（杨军）

【保健食品化妆品监管】 年内，在保健食品方面，重点检查保健食品生产企业是否按要求建立原辅料供应商审核制度及进行原辅料控制的情况，共检查保健食品生产企业92家次。将保健食品经营企业监督检查的重点确定为保健食品专营企业各项制度建立执行情况，保健食品标签、说明书与批准证明文件是否一致，索证索票情况，共检查保健食品经营企业335家次。在化妆品方面，重点检查了美白、祛痘和抗皱类化妆品，共完成9家化妆品生产企业的全覆盖检查。定期组织小商品市场化妆品从业人员专业知识培训，并且聘请市场管理者为药监专管员，统一发放化妆品档案资料盒，规范购进台帐，要求各商户签订《化妆品经营质量安全承诺书》并设置警示牌。重点检查美白、祛斑、染发、祛痘、祛粉刺类的化妆品，共对82家商户进行了现场检查，针对检查发现的问题，已要求企业加强索证索票的管理。

（杨军）

【严厉打击“三品一械”违法行为】 年内，昌平分局继续加大对“三品一械”违法违规案件的查处力度，累计受理各类案件266件、立案21件、下达责令改正通知书28次、下达行政处罚决定书23次、罚没总值148722.11元。继续推进两法衔接工作，与区检察院、区公安部门召开联席会议，加强与区食品药品犯罪侦查中队的沟通与联系，移送公安机关案件5起，配合公安机关拘捕涉案嫌疑人76人次，保障了群众用药权益不受侵害。

（杨军）

【切实做好十八大药品安全保障工作】 为做好十八大期间药品安全保障工作，昌平分局制订十八大期间“三品一械”市场保障工作方案，组织召开区十八大药品安全保障工作会，与企业签订了承诺书；并结合日常工作，加大市场巡查力度和案件查办力度,摸底排查企业存在的安全隐患,建立台帐,定期复查,及时消帐,严厉打击制售假劣药品、无证经营等违法行为,始终保持对"三品一械"违法行为的高压震慑态势,凡此期间出现违法违规行为的企业,均依据法律高限给予严厉处罚。

(杨军)

【妥善处理铬超标胶囊事件】 年内,铬超标胶囊事件发生后,昌平分局立即启动应急机制周密部署,全体人员节假日停休,从"控制、减轻、消除"入手使胶囊事件得到妥善处理,通过短信、电话、现场告知方式,做到文件传达100%覆盖。生产环节:对有胶囊剂生产范围的药品生产企业紧急开展检查,重点检查空心胶囊的来源、供应商审计执行情况,空心胶囊的铬、重金属、微生物限度等项目的检验情况,共检查企业31家次。经营环节:在短信、电话、发文的基础上,积极开展现场检查,部署问题胶囊退回工作,最终问题胶囊全部退回上游生产企业,所涉及全部不合格品种在区经营企业内全部消除。现场检查经营企业155家次。医疗机构:与区卫生局联合发文,要求各医疗机构立即停止使用国家药监局通报的药品生产企业生产的所有胶囊剂药品,如实反映情况,及时采取措施,并对部分医疗机构进行抽查。

(杨军)

【折子工程和为民办实事任务】 年内,共完成"三品一械"抽验671件,超额完成全年抽验500件的工作目标,对发现的不合格产品,全部进行了立案查处。对全区11家基本药物在产企业的在产品种实施电子监管,实现基本药物在产品种电子监管覆盖率100%。

(杨军)

【积极推进药品安全百千万工程】 年内,按照《北京市药品安全百千万工程建设实施方案》的要求,继续推进昌平区药品安全百千万工程建设。经过筛选考核,最终明确百善、马池口、十三陵、崔村、阳坊五个镇为当年创建重点,其他镇街在此基础上逐步开展。截至年底,全区7个镇已通过市药监局审核,其余各镇(街)均设立了创建工作办公室,并抽调专人具体负责创建工作,由此建成一张由上至下、沟通快捷、坚强有力、覆盖企业和镇街的创建工作协调指挥网络,为全面落实药品安全百千万工程提供组织保障。

(杨军)

【加大宣传工作力度】 年内,充分利用电视、报纸、杂志、网络等媒体加强宣传报道,进一步拓宽思路加大宣传工作力度。一是开通政务微博。主动发布政务信息,广泛倾听民意,加强与群众的沟通,接受群众的监督,用准确、权威、透明、快捷的信息及时回应网民关切,帮助解决药品监管难点问题。二是利用各镇刊物开辟专栏,普及安全用药知识。提高村民安全用药意识。三是利用区公交站候车亭宣传发布栏,发布分局药品安全及法律法规内容的宣传海报,取得良好效果。

(杨军)

财税·金融·保险

财　　税

财　　政

【概　况】 2012年,财政部门在区委、区政府的领导下,深入贯彻落实科学发展观,全面落实区四届人大一次会议的各项决议,坚持稳中求进,聚焦转型发展,围绕建设现代化京北创新中心、国际科教新城的战略任务,充分发挥财政职能作用,以强化统筹为手段,以提高资金使用效益为目标,促进区域经济健康持续发展,不断提高民生保障能力,深化财政科学化精细化管理,圆满完成全年各项工作任务。全年公共财政预算收入完成522138万元,同比增长15.1%。总量在全市位居第七,增幅第二,在城市发展新区中昌平区财政收入增幅排名第一,总量位居第二。公共财政预算支出完成954154万元,同比增长14.6%。

(张永刚)

单位名称:昌平区财政局
地址:昌平区东环路中段
电话:(010)69742917
邮编:102200

【财政收入再攀新高】 年内,财政收入完成52.2亿元,完成年度预算的111.1%,比2011年增收6.8亿元,同比增长15.1%。财政支出完成95.4亿元,比2011年增加10.9亿元,同比增长14.6%。2012年总财力达到127.0亿元。

(张永刚)

【支持重点功能区建设】 年内,加快未来科技城建设,继续投入100000万元,为未来科技城增加注册资本金,投入54700万元,推进未来科技城道路、管沟、水暖电等基础设施工程建设。投入16000万元,支持创新基地道路工程建设。投入专项资金9762万元,支持中关村科技园区“腾笼换鸟”工程。投入4000万元,加快沙河高教园区建设。投入1500万元,支持新城东区道路工程建设。

(张永刚)

【支持企业快速发展】 年内,落实扶持企业发展资金,为384家企业拨付资金13698万元,支持企业持续健康发展。拨付2201万元,对进入上市辅导期的企业、获得国家和市级资金支持的企业给予奖励。投入资金1380万元,支持实验室经济发展,促进产学研用一体化科技创新能力的提高。支持青年创业、服务外包、咨询产业集聚试验区企业发展。整合资金,支持出台科技商务产业“1+4”政策体系,促进金融、科技商务产业发展。投入专项资金2703万元,落实节能减排政策。

(张永刚)

【全力保障第七届世界草莓大会】 年内,投入27768万元,用于草莓大会专项支出,重点用于世界草莓大会“一园两中心”基础配套设施、环境建设、道路建设等项目,保障第七届世界草莓大会顺利召开,发挥草莓大会后期效应,支持首届北京农业嘉年华筹备活动。

(张永刚)

【支持平原地区造林工程】 年内,区财政局多举措保障全区平原地区造林工程。一是测算确定2012年全区平原地区造林工程计划总投资13.2亿元,包括:绿化造林项目投资,地上物拆迁补偿、腾退资金以及部分地块解除原土地承包合同资金等。二是与区园林绿化局、区审计局等单位召开联席会议,共同研究具体工程事项,制定资金拨付流程。三是依政策确定各项补助标准,明确按照中标通知书、审计报告和工程进度拨付资金。四是积极筹措资金,并通过调整河路两侧绿化及环境整治项目预算,确保造林工程资金需求。五是及时拨付造林工程专项资金。2012年平原地区造林工程总面积3.5万亩,拨付平原地区造林工程绿化建设资金共计91571.7万元,占绿化工程总资金104600.3万元的87.5%。

(张永刚)

【保障教育支出依法增长】 年内,投入10302万元,落实"四免两补"政策,建立健全多元化助学体系,保障来昌务工就业人员子女和残疾少年儿童接受义务教育。投入2377万元,支持昌平一中、昌平二中和首都师范大学附属回龙观育新学校等名校建设。投入4969万元,推进职业教育多元化办学。拨付22087万元,加强校园安全防范和配备现代化教学设备设施,改善农村学校办学条件,促进义务教育均衡化发展。

(张永刚)

【多措并举缓解入园难问题】 年内,积极争取市级资金、统筹安排区级学前教育专项资金,继续加大学前教育支出,支持幼儿园改扩建,满足幼儿园扩班需求,全年新增学位2000个,有效缓解入园难问题。

(张永刚)

【加大民生保障投入】 年内,投入22185万元,落实城乡居民社会养老保险和低保补助政策。拨付残疾人生活补助资金2791万元,惠及8980名残疾人。落实"九养"政策,发放养老助残服务券2625万元。投入资金11933万元,支持社区服务中心用房购置,规范社区专职工作者待遇,增强社区服务能力。拨付专项资金3579万元,继续支持社区公益性就业组织发展,鼓励用人单位招用本区劳动力,促进城乡就业。

(张永刚)

【国有资本经营预算编制顺利推进】 2012年是昌平区试编国有资本经营预算的第一年,区财政局和相关部门按照《昌平区国有资本收益收缴管理暂行办法》积极组织收入,规范收缴过程和相关手续,全年国有资本经营预算收入完成507.98万元。其中3户企业上缴利润164.77万元、1户企业全额上缴股利分红343.21万元。国有资本经营预算支出安排539.87万元,以项目方式对上缴收益的企业给予全额支持。

(张永刚)

【筹集资金保障大学生村官待遇调标】 年内,按照全市统一部署,区财政局及时调高本区大学生村官2012年下半年待遇,审核拨付资金1078万元,落实工资、社会保险、住房公积金、业绩考核奖励等相关待遇,全区645名大学生村官直接受益。

(张永刚)

【支持农业产业优化升级】 年内,区财政统筹资金,支持农业产业优化升级。一是大力支持"一花三果"提质增效,促进传统农业发展模式转变,实现"一花三果"产业做精做细发展,提高产品质量,突出产品特色,打造昌平名片。二是利用昌平的资源优势与特色优势,鼓励发展优势农产品的深加工,延伸产业链条,提高农产品竞争力。三是发挥草莓大会的辐射带动效应,鼓励现代观光、采摘、休闲一体的观光果园发展模式,打造特色的昌平乡村旅游业。

(张永刚)

【积极扶持百合产业发展】 年内,区财政局认真落实惠农助农补贴政策,拨付农民百合种球补贴资金477万元,引进进口百合种球4478880粒,促进百合产业持续发展,推动西部山区半山区农业产业结构调整,促进农民就业增收、农村社会稳定和生态环境修复。

(张永刚)

【推进农民住宅抗震节能建设工作】 年内,区财政局积极推进农民住宅抗震节能建设工作。一是广泛征求镇(街)、新农办等部门意见,制定《北京市昌平区农民住宅抗震节能建设奖励资金实施办法》,保证资金专款专用。二是明确单户农民奖励范围及标准,其中抗震节能保温住宅新建翻建最高额度为4万元、节能保温单项改造项目最高额度为1.6万元,提高奖励政策透明度。三是科学划分各部门的工作职责,完善全区农民住宅抗震节能建设工作流程。四是规范奖励资金拨付程序及监督检查内容,提高财政资金规范性、安全性、有效性。五是通过镇、村、农户、施工单位和监理单位的检查验收,全区共对13593户进行抗震节能改造,拨付资金总额13797万元。

(张永刚)

【落实农资综合补贴调标资金】 年内,为弥补因柴油等农资价格上涨造成的种粮成本增加,区财政积极落实农资综合补贴调标资金保障,将小麦农资综合补贴调整为60元/亩,每亩比去年增加了15元;将玉米农资综合补贴调整为55元/亩,每亩比去年增加了10元。截至9月,调标资金66.1万元已全部下拨各镇,其中小麦调标资金13.7万元、玉米调标资金52.4万元。

(张永刚)

【支持新能源出租车推广】 年内,区财政拨付全区电动小客车运营管理公司注册资金200万元，保障新能源出租汽车推广应用项目的顺利进行，推动公共服务领域节能活动开展，倡导绿色出行。

（张永刚）

【安排社区服务中心用房资金】 年内，区财政局为满足社区服务发展需要，落实区政府为民办实事工程，拨付2个街道级社区服务中心用房建设项目资金2134.6万元，其中东小口社区服务中心用房投入889万元，回龙观社区服务中心用房投入1245.6万元。新建的社区服务中心将服务于居民养老、卫生、文化娱乐、体育健身、教育及就业等各方面需求，提高社区居民的生活质量。

（张永刚）

【两节送温暖慰问资金落实到位】 年内，为保障好“两节”期间困难群众的基本生活，区财政及时拨付城乡困难群众生活补贴137.8万元，惠及城保、农保、五保供养、优抚对象5402人。拨付专项送温暖活动资金724.2万元，走访慰问城乡低保家庭、残疾人家庭8754户，优抚对象、失业人员、高龄老人等特殊群体4140人，慰问光荣院、敬老院、困难企业等有关单位164个。

（张永刚）

【继续落实家电下乡补贴政策】 年内，区财政继续执行家电下乡补贴政策，严格审查，加大力度对专项资金进行监督检查，确保补贴资金落实到位。全年补贴家电75554件，落实补贴资金2211万元。

（张永刚）

【推进粮食直补工作】 年内，根据中央、市级文件精神，区财政积极推进粮食直补工作。一是加强部门协调，及时沟通情况，确保粮食直补数据在纵向和横向部门间得以确认；二是进行统筹布置，及时召开乡镇财政工作会，确保资金拨付流程实现畅通；三是抓紧政策落实，及时拨付补贴资金，确保农民利益得到维护。全区享受粮食直补政策的小麦种植面积共计9146.48亩，截至9月，粮食直补工作圆满完成。区财政共拨付粮食直补资金574.65万元，其中小麦补贴资金118.84万元、玉米补贴资金455.81万元。受惠农户达两万户，涉及种植面积六万多亩。

（张永刚）

【加强政府采购协议供货管理】 年内，区财政局不断规范政府采购管理。一是规范协议采购商品范围。供应商提供的商品品目、品牌、规格型号应在市政府采购中心公布的范围内，价格不能超出公布的最高限价。预算单位若采购公布范围之外的设备，需向财政局提出书面申请，经批准后方可采购。二是规范协议采购流程。供应商在报价前应办理立项，否则签订的采购合同财政局将不予备案，并不予支付资金。供应商应及时将采购合同送财政局备案。不属于供应商代理范围内的商品不能供货，否则将退回合同，不予备案。三是规范协议采购文本格式。供应商使用的商品报价单和合同文本要采用区政府采购网上公布的统一格式。四是规范协议采购完成时间。要尽量节省采购时间，及时办结各项手续，尽快完成采购活动，并将合同及时录入统计报表系统。

（张永刚）

【支持全区社会面视频监控系统平台升级】 年内，区财政通过政府采购，安排区社会面视频监控系统二三级平台升级、扩容和维修项目经费554万元，以满足相关部门对高清视频、智能行为分析、报警联动等方面的需求。项目实施后对实现全区“创一方和谐、保一方平安”的总体目标以及下半年党的十八大安保活动的顺利开展提供科技信息保障。

（张永刚）

【全过程预算绩效管理框架初步形成】 年内，区财政积极推进预算绩效管理工作，制定《关于推进本区预算绩效管理的意见》及《昌平区预算绩效管理办法（试行）》《昌平区预算绩效管理问责办法（试行）》和《昌平区财政支出绩效评价管理暂行办法》三个配套办法，加强绩效管理制度建设。将区级绩效考评项目扩大到19个。对区卫生局、区科委开展部门整体预算支出绩效评价试点，对“农村改水工程”和“危桥改造工程”进行事中绩效评价，对项目的进展情况进行跟踪问效。加强项目支出绩效目标管理，继续开展事前绩效评估工作，推动全过程预算绩效管理工作。

（张永刚）

【加大资金监督检查力度】 年内，区财政局为保障资金专款专用，从三个方面加强监督。一是对市、区两级拨付的文化事业引导资金进行重点检查，检查是否主要用于特色文化活动发展、基层文化队伍建设及文化基础设施建设。二是对市、区两级拨付的生态林效益补偿进行重点检查，检查是否按规定和要求及时、足额发放到村股民手中。三是对民生资金进行重点检查，主要涉及社保、就业、环境整治、幼儿园建设、危桥改造等方面，检查是否专款专用及资金使用效果。

（张永刚）

**【安排专项资金普及中小学生学科学、爱科学活

动】 年内,区财政安排资金300万元,用于全区中小学生参观科普场馆活动,全区80多所中小学校的学生参观了中国科技馆、自然博物馆、北京天文馆等科普场馆,受益学生达到3万人以上,丰富了全区青少年校外教育活动,普及科学知识,提高全区中小学生爱科学、学科学的积极性,扩大了科普影响面。

(张永刚)

【大力开展各级财会人员教育培训工作】 年内,区财政开展了各类培训工作。一是抓好农村财会人员财政支农政策培训。紧紧围绕"强化村级财务管理、宣传财政支农政策"这个主题,统筹规划、精心组织,共举办农村财会人员财政支农政策培训班14期,培训人数687人次,进一步提高了农村财会人员的政策水平。二是为贯彻实施新修订的《事业单位财务规则》,进一步规范全区事业单位财务管理,提高资金使用效益,组织举办了昌平区《事业单位财务规则》培训班,各委、办、局、镇政府、街道办事处财务科长及业务骨干近170人参加了培训。三是抓好2012年会计人员继续教育培训。紧密结合昌平经济社会发展和会计行业发展要求,规范管理,勇于创新,扩大培训范围。为企业会计人员安排了《小企业会计准则》培训,为新上岗的会计人员安排了《出纳岗位培训》课程,做到了学以致用、重在实效。完成共4000多人的继续教育培训,下发4500余份材料。

(张永刚)

【推进行政事业单位资产清查工作】 年内,区财政局五举措部署行政事业单位资产清查工作。一是加强组织领导,成立全区行政事业单位资产清查工作领导小组,确定资产清查范围、工作目标、工作内容、时间步骤和工作要求等,按照"统一政策、统一方法、统一步骤、统一要求和分级管理"的原则,明确财政部门、各主管部门和各单位职责任务。二是划分单位自查、中介审计、审核批复三个阶段,全面、真实、完整地反映全区行政事业单位资产和财务状况,做到不重不漏、账实相符。三是召开全区资产清查动员大会,全面部署资产清查工作,分5期对全区360多家行政事业单位的财务人员和资产管理人员进行清查报表填报和清查软件操作培训,做到重点突出、要求明确、部门协调、狠抓落实。四是全面推进资产管理与预算管理、财务管理相结合,保证资产管理数据与财务数据相一致,防止资产与财务"两张皮"现象。五是进一步完善资产管理信息系统,实现固定资产的重新分类,为预算编审和资产日常管理提供准确、细化、动态的信息支撑。

(张永刚)

【积极部署首届企业内部控制知识大赛】 年内,为进一步宣传、落实《企业内部控制基本规范》和《配套指引》,按照全市统一要求,认真组织好昌平区首届企业内部控制知识大赛。一是与区国资委商议具体组织程序,制定《昌平区关于参加北京市首届企业内部控制知识大赛的活动方案》。二是成立知识大赛组织委员会,设置大赛督查组、阅卷组和事务组,明确各赛程管理职责。三是结合昌平实际,将参赛范围扩大到全区各行政、事业、企业单位的全体人员。四是召开全区内控知识大赛动员布置会,将各单位组织参赛情况列入本单位财务部门年终考核范围。全区参加第一赛程笔试答题的单位和人次分别为196家和12957人,其中单位领导1190人、财会人员968人、其他人员10799人。

(张永刚)

【确保防汛资金安排到位】 年内,区财政局统筹安排防汛资金,用途分为六类:一是用于排水设施维护及设备购置,主要包括购买下水管道疏通车、雨污水设施的维修及垃圾清运等;二是用于应急度汛工程,主要包括新建桃峪口防汛物资库及解决南副坝沉降隐患等;三是用于防汛指挥系统运行维护,主要包括防汛演练、水文测报、雨情遥测等;四是用于防汛物资购置,主要包括购置发电机、排水动力组合等;五是用于山洪灾害非工程措施建设,主要包括山洪灾害普查及危险区划定等;六是预留应急险灾资金,用于应对突发事件的发生。

(张永刚)

【及时拨付供热补贴资金】 年内,区财政及时拨付区供热燃料补贴资金36817.2万元。其中市级资金30413.9万元、区级配套资金6403.3万元,用于购买所需的煤、油、电、天然气燃料,确保全区供暖工作的顺利运行,保障居民温暖过冬。

(张永刚)

【积极部署落实十八大维稳工作】 年内,区财政局四举措落实十八大维稳工作。一是高度重视,加强领导。树立大局观念,增强忧患意识,成立财政局十八大维稳工作领导小组,制定《昌平区财政局十八大维稳工作实施方案》,做到分工明确,责任明确,层层抓好落实。二是强化职能,超前服务。对于涉及政府投资项目资金、征地拆迁补偿资金、民生资金的安排、拨付进度等情况,进行全面梳理,加强与相关部门的沟通协调,确保资金及时拨付落实。三是加大排查,落实责任。集中时间、人员,开展全局尤其是重点部门隐患大排查,定期召开工作汇报会,切实落实好有关整改的具体措施。四是深化改革,确保稳定。不断深化预算管理、政府采购、投资评审等财政改革,全力保障和改善民生,切实加强财政资金使用情况的监督检查和绩效评价,深入开展创先争优和干部作风突出问题集中整治活动,推动财政事业更好、更快发展,以优异成绩迎接党的十八大胜利召开。

(张永刚)

【财政局打造红旗窗口】 年内,区财政局"四为先,五并重"打造财政红旗窗口。"四为先"是工作方式以贴近实际为先,管理措施以提升服务为先,改善局部以保障全局为先,个人得失以整体利益为先;"五并重"是窗口服务与后台管理并重,熟人与生人并重,部门与群众并重,办事与咨询并重,内控与外管并重。继续着力打造服务人民群众的便民窗口、展示精神风貌的形象窗口、优化发展环境的示范窗口,促进财政政风行风建设。

(张永刚)

【深入学习践行北京精神】 年内,区财政局强化措施,深入学习践行北京精神。一是抓动员,广泛宣传北京精神。充分利用电子屏、局域网、《财政信息动态》等平台,在全局营造浓郁氛围。二是抓学习,深刻领会北京精神。将学习北京精神作为重要内容,纳入年度教育培训计划;为各支部、各科室配发《北京精神50问》等学习教材;举办"弘扬核心价值体系践行北京精神"主题报告会,掀起全局干部职工共同学习北京精神的热潮。三是抓落实,努力践行北京精神。与"学雷锋"活动结合起来,深入开展做文明有礼的北京人活动,并以三八、五四、七一等节日为契机,组织党员、干部、青年团员开展环境保护、交通安全、献爱心等活动,积极弘扬社会主义核心价值体系,树立财政队伍良好形象。

(张永刚)

国家税务

【概　况】 2012年,昌平区国家税务局在市局和区委、区政府的正确领导下,全局上下一心、众志成城,圆满完成了各项工作任务。全年组织各项税收收入942249万元,同比增长13.7%,完成市局下达税收总量收入计划的101.81%,超收1.81个百分点;完成地方级收入235896万元,同比增长17.85%;完成区级财政收入117931万元,同比增长17.92%,完成区政府下达年度任务的102.5%,超收2.5个百分点。扎实推进营业税改征增值税试点工作,实现"营改增"企业征管工作的顺利衔接,申报率与入库率始终保持100%;顺利完成了"规范一线"改革试点工作,税源专业化管理新模式雏形初现;进一步完善了纳税服务体系、征防体系与内控机制建设、纳税人税法遵从度,干部队伍整体素质稳步提升。

(沈玉新)

单位名称:昌平区国家税务局
地址:昌平区鼓楼南街23号
电话:(010)69742048
邮编:102200

【"营改增"税制转换顺利完成】 营业税改征增值税工作正式启动以来,本局党组高度关注"营改增"工作,始终紧跟市局的整体部署、紧跟市局的目标要求、紧跟市局提出的各种指标完成时限,做到组织领导到位、前期准备到位、政策保障到位、宣传营造到位、培训辅导到位,全局上下同心同德,认真落实改革措施,最终圆满完成此次税制转换工作,确保了"营改增"纳税人正常购票、开票、申报、纳税,申报率与入库率始终保持100%。本局"营改增"政策转型试点工作顺利完成。

(沈玉新)

【"规范一线"税源专业化管理模式初现】 年内,按照市局"规范一线"工作的整体部署,本局制定了规范一线试点工作实施方案,从办税服务厅和管理所两个方面分别实施规范。一是详细梳理一线115项依申请行政审批事项的具体流程。二是按办税服务厅、管理所重新划分工作职责。三是完成了全部一线机构和62名一线干部的调整。四是成功建立了规范化办税服务厅、科学化税收分析小组、精细化日常监管体系和专业化纳税评估机制,初步构建了较为完整的税源专业化管理模式。

(沈玉新)

【认真落实各项税收政策】 年内,加强货物与劳务税管理。为进一步加强对增值税一般纳税人的监管力度,防范一般纳税人骗取抵扣税款,堵塞税收漏洞,明确征收部门和管理部门工作内容及时限,有效避免走逃情况的发生。有效加强对小规模纳税人的日常监管。试点农产品行业增值税核定扣除管理,并实施动态跟踪。定期进行消费税收入分析,逐户分析销售额、应纳税额、已纳税额的增减变动情况。对消费税重点税源企业,增加了行业内指标变动分析,进一步规范了消费税企业的纳税行为。加强企业所得税管理。成功开展了2011年度企业所得税汇算清缴工作,申报、缴纳税款39961万元。并对1799户纳税人进行了年度核定征收鉴定。加强出口退税管理。加快出口退税审批速度,征退税衔接管理与政策辅导日趋完善。全年办理出口退税68269万元。加强国际税收管理。强化对对非居民股权转让的调查调整工作。注重税收优惠政策的有效落实,全年共办理软件、残疾人就业、资源综合利用等增值税退税5.41亿元,共为332户企业办理企业所得税汇算清缴退税0.92亿元,共办理车辆购置税退税247万元,切实减轻了企业资金压力。

(沈玉新)

【信息化管理水平进一步提升】 年内,以"规范一线"为契机,继续电子申报推行工作,在全局私营以上企业中推广电子申报工作,特别是网上申报,通过对企业的宣传,多方面努力,使用网上申报企业22672户,电子申报使用率达到98.59%,网上抄报企业分别达到5500户;网上认证率达到96.6%。按照市局关于集贸市场和机动车销售推广网络发票工作安排,积极开展网络开票系统及税控收款机的推行工作,通过与服务公司的多次测试、对企业的宣传,提前完成85户机动车和22个集贸市场网络开票的推行工作;税控收款机的推行进展顺利,共发行税控收款机6541户,私营以上企业6431户,个体110户。全新打造了办公系统登陆界面,有效整合所有应用系统登陆接口,信息管理税能力稳步提升。

(沈玉新)

【纳税服务体系进一步完善】 年内,围绕12366构建高效政策咨询体系,纳税人满意度逐步提高。细化纳税服务投诉管理办法,形成了一套完整的工作机制。树立平等理念,加强纳税人权益的保护,建立健全对纳税人意见和投诉的快速处理机制,畅通投诉渠道,开通信件投诉、网上投诉、邮箱投诉等多种形式,接受纳税人的全面监督和投诉。在办税服务厅内设立"服务监督岗",同时向纳税人发放《纳税服务监督卡》,公布纳税服务投诉电话,接受纳税人的全面监督。

(沈玉新)

【深入开展税收宣传月活动】 年内,以税收宣传月、发票宣传月为等大型宣传活动为载体,打造多个传统税收宣传项目,借助各类媒体、网络与短信平台,开展了丰富多彩的税收宣传活动。推出了"导游讲税之十百千系列宣传活动",即:通过辖区内10个旅行社,100名导游,在税收宣传月期间向1000个旅行团开展税收宣传,以"贴近实际、贴近生活、贴近百姓"的形式宣传昌平税收形象。与昌平地税局联合中关村国家自主创新示范区昌平园管委会共同举办了以"发挥税收职能作用促进昌平经济发展"为主题的服务上市公司税收座谈会。联合昌平地税局、团区委在"昌平区税收服务示范园"开展了昌平税收志愿服务队与青年创业企业对接座谈会。组织全区总机构企业召开了重点税源座谈会,一方面向企业介绍本局规范一线调整的相关情况和汇算清缴与营改增等税收新政策;另一方面听取驻区总机构企业在纳税服务方面的需求。开展走进学校、走进超市、走进社区、走进市场、走进车市和走进山区等宣传活动,使税收宣传月多点开花。

(沈玉新)

【进一步推进党风廉政体系建设】 年内,全面深化内控机制建设,把深化和拓展内控机制建设作为党风廉政建设和反腐败工作的重要任务之一,把源头预防的责任落实到各级领导、具体岗位和全体人员,初步形成了大预防工作格局。扎实推进惩防体系建设,紧紧围绕六项任务形成了本局推进惩防体系建设工作的部署和考核机制。拓展思路加强政风行风建设。签订《党风廉政建设责任书》,严格落实党风廉政建设责任制。持续开展党风廉政教育,始终坚持"阳光、效能、平安"的廉政教育理念。认真履行监督职责,确保权力运行规范。严格规范办案程序,认真查办违纪案件。按照"健全监督体系,加强内部管理,强化社会监督,优化纳税服务"的工作思路,成立了行风评议工作领导小组,开展以"规范一线管理,深化纳税服务,创建群众满意科所"为主题的民主评议基层科所(办税窗口)活动。建立和完善行风建设的长效机制,有力推动本局的政风行风建设。

(沈玉新)

地方税务

【概　况】 2012年,昌平地税局(简称"区地税局")在市局党组和区委区政府的正确领导下,以科学发展观为指导,紧紧围绕科学发展主题和加快转变经济发展方式主线,牢牢把握稳中求进的工作总基调,全面推进依法行政,服务基层,为民服务,优化环境,促进和谐,为区域经济社会发展做出了新贡献。

2012年,昌平地税局坚决贯彻上级决策部署,把稳增长放在更加突出的位置,特别是面对年初经济增速放缓等因素导致的税收收入出现明显负增长的严峻形势,及时启动组收工作预案,强化组收工作责任制,细化收入任务分配方案,深化各项组收举措,成功扭转上半年税收负增长态势,下半年实现平稳较快增长。全年累计完成各项税费收入91.2亿元,同比增收13.3亿元,增长17.1%;组织地方公共财政预算收入73.7亿元,同比增收11.8亿元,增长19.1%;组织区级收入35.75亿元,同比增收6.02亿元,增长20.2%,对区级财政的收入贡献率达到68.5%,同比增长0.4个百分点,圆满完成全年收入任务。始终坚持不折不扣地落实结构性减税政策,认真执行税收优惠政策,积极推进"营改增"改革试点和地方教育附加开征工作,严格落实国家对房地产业的调控政策,大力加强税费管理,服务地方经济发展取得新成效。围绕加快建成法治型地税机关的目标和"法制昌平"的总体要求,突出制度建设和法治教育,积极开展税收执法督察,加大税收违法案件查处力度,不断完善国际税收管理工作,积极推进政府信息主动公开工作,优化政务流程完善管理制度,比较好地将依法行政基本准则贯穿于地税工作的各领域、各环节。继续优化纳税服务工作,狠抓传统服务项目落实,创新纳税服务手段,加快纳税服务平台建设,深化政风行风建设,区域涉税发展环境不断改善。坚持和尊重人的主体地位,调动和发挥干部职工的主观能动性,以创先争优、党组织建设、文化活动、健身活动、廉政建设、学习培训为载体,启动"文化树人凝心聚力,精神培育共创和谐"主题实践活动,全面加强党建和思想政治工作,队伍建设呈现新的气象。2012年,昌平地税局受市级表彰1项,区级表彰9项(集体荣誉5项、个人荣誉4项),本级表彰了3个单位和31名个人,连续8年保持"全国精神文明建设工作先进单位"荣誉,连续15年被评为"首都文明单位标兵"。

(周芳)

单位名称:昌平区地方税务局
地址:昌平区南环东路16号
电话:(010)69705047
邮编:102200

【做好地方教育附加征收工作】 按照有关规定,北京市自2012年1月1日起征收地方教育附加。全市行政区域内缴纳增值税、消费税、营业税的单位和个人,按照"三税"税额的2%进行征缴。为做好此项全新工作,区地税局积极采取措施:一是调试核心征管系统,确保网上申报新旧系统的衔接不出现问题。二是明确具体征收工作流程,为上门申报的零散税源、二手房个人缴纳地方教育附加提供便利服务。三是加强宣传,对内要求各税务所必须站在"民生、发展和稳定"的高度,做好征收工作。四是对外采取申报提示、短信告知等方式,将征收意义、征管范围、方式、征收率等向纳税人予以明确。

(周芳)

【市局督导组到局检查指导工作】 1月18日,市地税局"平安地税"督导组一行到区地税局检查指导工作。督导组在听取安全工作汇报后,细致查看了票证库房、计算机机房、食堂等重点部位,并对区地税局在安全保卫工作方面所取得的成绩给予肯定。

(周芳)

【2012年税务工作会议召开】 2月2日,区地税局召开2012年税务工作会议,区委常委、常务副区长张燕友,市局党组成员、副局长吕兴渭参加会议。

(周芳)

【区审计局入驻区地税局开展审计工作】 2月3日,区审计局入驻区地税局。党组书记、局长姚敬国、纪检组长谷秀敏出席昌平地税局审计工作会。审计局的工作人员在听取了详细的工作汇报后,开始了对区地税局上年度的各项审计工作。

(周芳)

【实施局党组成员下基层调研制度】 2月8日,区地税局开始实施党组成员下基层调研制度,并制定《2012年党组成员下基层工作方案》,以进一步贯彻落实市地税局党组关于为基层服务、为纳税人服务的工作宗旨,切实体现"两个服务"要求,强化局党组成员对基层税务所的指导、检查和服务意识,切实为基层解决实际问题,营造更加良好的工作环境,使税务所能够更好地为纳税人服务。

(周芳)

【发布实施《昌平区地方税务局税务行政调解工作规则》】 2月27日,区地税局发布实施《昌平区地方税务局税务行政调解工作规则》。该规则以贯彻落实市地税局和区政府关于加强行政调解工作为要求,进一步加强区地税局税务行政调解工作力度,对税务行政调解对象、条件、依据及调解联席会议组织机构做了明确,充分的发挥了行政调解化解涉税争议、和谐征纳关系的作用。

(周芳)

【2012年党风廉政建设工作会召开】 3月13日,区地税局组织召开2012年党风廉政建设工作会,市地税局副局长吕兴渭、区纪委副书记裴卫东、区监察局副局长王海龙、区地税局领导班子成员及全局干部参加会议。

(周芳)

【开展税收宣传进校园活动】 4月5日,区地税局与区国税局在兴寿学校,联合开展"宣传税法知识、共建和谐社会"主题税法宣传活动。此次活动主要以展板形式向同学们传播税收知识,活动共制作了20块展板,展示了昌平区国地税两局分管各税种情况、税收知识、发票常识以及公民纳税义务等方面内容。

(周芳)

【走进区工商登记大厅进行税法宣传】 4月17日,区地税局走进区工商登记大厅开展税法宣传活动。通过发放宣传材料、现场答疑等方式向已办理工商登记的纳税人进行依法纳税宣传。活动紧贴地税局工作实际,紧扣税收业务流程,重点向纳税人宣传税务登记适用范围和条件、纳税人办理时限要求、需纳税人提交的资料以及后续纳税的基本情况等内容。

(周芳)

【联合举办服务青年创业企业座谈会】 4月19日,区地税局与区国税局、团区委联合举办"昌平税收志愿服务队与青年创业企业服务对接座谈会"。此次座谈会以2011年在北京青年创业示范园建立的"税收服务示范园"和组建的"昌平区税收志愿服务队"为依托,针对入园企业在实际生产经营过程中遇到的困难与问题进行现场解答,并为园内企业特别明确了"昌平区税收志愿服务队"涉及国地税业务的联系人员,方便园内企业办理涉税业务,进一步拓展纳税服务空间。

(周芳)

【举办第八期乡村税校税法培训】 4月24日,区地税局在北七家镇郑各庄村举办第八期乡村税校税法培训活动。培训采取税收政策讲解和现场交流互动的方式进行,税务工作人员主要针对近期的税政文件,修改后的个人所得税法,营业税条例等纳税人广泛关注的有关税收知识政策进行了详细的讲解,并现场解答了参加培训人员提出的涉税问题。

(周芳)

【市地税局领导到昌平地税局调研】 4月25日,市地税局副局长吕兴渭带领相关处室人员到区地税局就优化政务流程完善管理制度工作和税源专业化管理等重点工作进行调研。调研中,吕兴渭听取了优化政务流程完善管理制度工作的情况汇报,与第一税务所、第二税务所、第三税务所、昌平税务所、东小口税务所及相关科室进行了座谈。

(周芳)

【深入"未来科技城"调研】 4月28日,区地税局局长、党组书记姚敬国带领有关科室人员深入"未来科技城"调研,与北京未来科技城开发建设有限公司和部分建设单位进行座谈,了解情况,征求意见。会上,相关科室为企业财务人员、办税人员进行了税收政策辅导,并就有关涉税问题回答了纳税人的提问。

(周芳)

【市局档案处检查指导局税务档案工作】 5月18日,市地税局档案处副处长高文雄一行到区地税局检查指导税务档案工作。检查组按照《2012年度税务档案管理综合检查工作方案》,就税务档案各项制度落实情况、档案归档管理工作、档案资料库房管理等方面进行了检查指导,现场查看了2012年一季度税务档案资料的移交、清点、接收工作,并就如何深化税务档案工作进行了探讨。

(周芳)

【市局领导到局调研】 5月24日,市地税局副局长王京华一行到区地税局就土地增值税工作进行调研,听取了区地税局的工作汇报。

(周芳)

【组织召开庆"七一"先进表彰大会暨廉政党课】 6月26日,为迎接建党91周年,区地税局组织召开庆"七一"先进表彰大会暨廉政党课。会上,对2011-2012年度先进党支部、优秀党支部书记和优秀共产党员进行了表彰。表彰会后,特邀市地税局监察处处长吕新利为党员干部上了一堂廉政党课。

(周芳)

【营改增工作汇报会召开】 7月18日,区地税局召开营改增工作汇报会,听取营业税改征增值税工作开展情况的汇报。会上,各税务所就近期营业税改征增值税的各项准备工作开展情况进行了汇报,并对工作过程中可能遇到的问题提出了意见与建议。

(周芳)

【全面部署发票换版税控升级工作】 7月25日,

区地税局组织召开普通发票简并票种统一式样工作部署培训会。副局长赵永鑫参会。会上,征管科就简并票种统一式样工作和税控升级工作等内容对参会人员进行了部署和工作要点培训。

(周芳)

【区政风行风评议组到局检查指导工作】 7月31日,区政风行风第一评议组及监察局纠风室人员莅临区地税局,就2012年民主评议基层站所工作开展情况进行检查指导。会上,区地税局就2012年民主评议基层站所工作开展情况及2011年评议反馈情况采取的具体措施向评议组做了详细介绍。会后,评议组前往税务所进行了实地检查,对区地税局开展的民主评议基层站所工作给予充分肯定。

(周芳)

【开展"7·21"特大自然灾害捐款活动】 8月1日,区地税局组织开展"7·21"特大自然灾害捐款活动。领导、党员和干部群众积极响应,奉献爱心,互帮互助,贡献自己的一份力量,共计捐款47300元,发挥了广大党员的先锋模范作用,进一步深化了创先争优活动,践行了北京精神。

(周芳)

【市局督导组督导政务流程梳理工作】 8月3日,市地税局"优化政务流程完善管理制度"督导组一行8人到区地税局就政务流程梳理工作进行督导。督导组听取了区地税局相关工作报告,查阅了梳理工作开展以来的工作记录,以及工作成效,并与部分税务所代表进行了交流。市局督导组对区地税局政务流程梳理工作表示高度肯定的同时,对该局政务流程梳理工作进行了具体要求和指导。

(周芳)

【传达学习市营改增试点改革启动大会讲话精神】 8月10日,区地税局组织全体干部对市营业税改征增值税试点改革启动大会上各位领导的讲话精神和相关文件进行了学习。鉴于此项工作的性质,党组书记、局长姚敬国强调务必保证每一名同志都及时进行学习。

(周芳)

【开展科级领导干部党纪政纪条规测试活动】 8月14日,区地税局在全体科级领导干部范围内开展了一次党纪政纪条规测试活动,旨在加强科级领导干部对《党章》《廉政准则》《纪律处分条例》《关于实行党风廉政建设责任制的规定》等党纪政纪条规的理解和认识,增强科、所领导干部廉洁自律意识。

(周芳)

【做客北京地税网站开展在线答疑活动】 8月23日,区地税局做客TAX861北京地税网站,开展以"依法行政、加强管理、优化服务,为昌平区打造'京北创新中心国际科教新城'做出新贡献"为主题的在线答疑活动。副局长赵永鑫首先向广大网友简要介绍了区地税局的基本情况,随后就2012年区地税局各项重点工作完成情况以及下半年的工作安排做了详细的说明。在2小时的答疑活动期间,在线浏览人数达617人次,其中在线注册参与互动的网友37人,提出涉及征管、税政、法制等各类税务问题共42个,在线即时解答24条,其余问题答案将在活动后于规定时限内通过网上公布。

(周芳)

【组织党员干部参观反腐倡廉警示教育展】 8月31日,区地税局组织中层以上党员领导干部参观昌平区反腐倡廉警示教育展览,不断增强党员领导干部立党为公、执法为民,廉洁从政的自觉性。

(周芳)

【2012年特约监察员座谈会召开】 9月6日,区地税局召开2012年特约监察员座谈会。会上,围绕税收执法、纳税服务和党风廉政建设等方面工作向特约监察员做了介绍,听取了特约监察员提出的意见和建议。

(周芳)

【营业税改征增值税工作部署会召开】 9月18日,区地税局召开营业税改征增值税工作部署会,部署下一阶段工作。会上,传达了北京市地税局近期对营业税改征增值税工作明确的相关政策,再次强调了税源户交接过程中的总体原则和注意事项。

(周芳)

【开展"金秋送法、携手同行"税法宣传】 9月25日,区地税局以"金秋送法、携手同行"为主题,开展了税法宣传活动。活动中,解答了人民群众关心的有关涉税事项,发放《发票真伪的鉴别》《个人住房转让相关政策》《新车船税纳税人须知》及《纳税人权利与义务》等的宣传册300余份。

(周芳)

【区领导到区地税局调研指导工作】 10月8日,区委常委、常务副区长张燕友带领相关部门领导到区地税局调研指导工作。会上,张燕友详细听取了区地税局1月至9月的收入完成情况,对在组收工作中采取的组收措施给予充分肯定,并对下一阶段组收工作提出具体要求。

(周芳)

【开展“12·4”全国法制宣传日活动】 12月4日,区地税局开展了以“弘扬宪法精神,服务科学发展”为主题的全国法制宣传日活动。此次活动,进一步提高了纳税人的税法遵从度,营造了依法纳税的良好氛围。

(周芳)

【提前26天完成市级收入任务】 截至12月5日,区地税局组织地方公共财政预算收入696856万元,完成市级年度任务69.6亿元的100.1%,提前26天完成任务。组织收入总计864539万元,收入进度97.1%。组织区级税收337935万元,收入进度96.3%。

(周芳)

【进行党风廉政责任制专项检查】 12月12日,市地税局副局长吕兴渭带领市地税局检查组到区地税局,对2012年贯彻落实党风廉政建设责任制、推进惩防体系任务完成情况进行专项检查。检查组认真听取局党组关于2012年落实党风廉政建设责任制情况的工作汇报,查阅了相关会议记录、责任书、廉政台帐等资料,并询问了有关情况。

(周芳)

【完成年终结算工作】 12月31日晚,区地税局局长、党组书记姚敬国、副局长丁振与收入核算科、信息科、办公室干部职工共同坚守工作一线,加班加点确保年终收入结算工作顺利进行。在大家的共同努力下,年终结算工作按时如期完成。

(周芳)

金 融

金融办工作

【概 况】 2012年,在区委、区政府的坚强领导下,在区发展改革工委的工作指导下,昌平区金融服务办以科学发展观为指导,不断优化金融产业发展,积极拓宽政府融资渠道,全力扶持企业上市融资,为全区经济社会发展和转变经济发展方式提供了有力支撑。

(赵凯)

单位名称:昌平区金融服务办公室
地址:昌平区西环路17号
电话:(010)80113317
邮编:102200

【政府融资工作全面推进】 年内,区政府与各大银行建立了良性合作关系,各项目主体得以更有针对性的、更深入的开展融资工作。重点项目融资有序推进,征集了2012年全区重点功能区及重点村项目资金需求,分别与十余家银行沟通,通过具体项目逐个对接梳理,确定了各家银行合作意向。已落实贷款资金134.9亿元,已与银行等机构达成合作意向的,预计还能解决资金缺口30.1亿元。经统计,本年度应偿还的重点功能区及重点村项目债务共计62.3亿元,已累计完成还贷54.6亿元,实现贷款展期7.7亿元。另有2013年年初应偿还债务共计20.68亿元,各项目主体已做出贷款偿还预案,确保政府信用维持良好记录。融资服务创新取得成效,债券融资工作进一步推进,拟以未来科技城公司为主体分别发行11亿元企业债和20亿元私募债,将为未来科技城建设解决部分资金问题。积极利用村集体闲置资金,研究制定了《昌平区关于鼓励村集体经济组织采取委托贷款方式投资区域开发建设项目的实施方案》,未来科技城先行先试,共取得村集体委贷资金18.5亿元。兴昌公司近期也计划采用委贷方式向南邵镇部分村集体筹集1亿元建设资金。最大化用足用好央企资金,深化与中投公司就TBD项目开展的合作,实现对央企资金的最大限度利用。由TBD公司作为代资实施主体参与沙河镇七里渠南北村项目后续迁建,已偿还民生银行贷款13.16亿元,并基本落实后续资金缺口。创新运用结构化融资产品。通过与兴业银行合作,创新使用结构化融资产品,拟分别以未来科技城公司、兴昌公司、铭嘉公司、振邦公司为主体,申请结构化融资资金共计46亿元。以未来科技城公司、兴昌公司为主体的结构化融资已到位26亿元,其余公司也正在积极完善手续,进一步推进中。

(赵凯)

【企业融资服务取得成效】 年内,进驻融资大厅的8家银行、3家担保机构积极为昌平区中小企业提供贷款及担保,共计办理业务1147笔,提供27.3亿元贷款、18.8亿元担保额度,为一批快速发展的中小企业提供及时有力的资金支持。建立昌平区政银企沟通协调联席会议制度,已联合工行、中信银行、北京银行、邮储银行、农投金通小贷等金融机构,组织召开多次中小企业融资对接会,使银企在沟通中合作,为金融机构与企业进一步对接进而实现共赢,打下良好的基础。区内企业上市工作取得进展。三家高新技术企业分别在中小板、创业板、德交所上市成功,在境内外上市成功企业共计已有19家;还有15家企业股改完成进入上市辅导期。

(赵凯)

【金融产业发展不断壮大】　年内,研究制定了《昌平区金融产业发展专项资金管理办法》,弥补了区在促进金融产业发展方面的政策空白,为建立多层次金融产业体系提供有力的支撑。金融服务工作机制进一步完善,建立金融产业数据统计机制,联合区统计局、工商分局、国税分局和地税分局,定期统计全区金融产业发展有关数据,制定了金融人才联席会议制度,以便于加强金融人才队伍建设,完善金融人才沟通机制,充分发挥其"智囊团"作用。各类金融机构规模逐步扩大,截至年底,共有15家银行、8家证券公司、22家保险经营公司、11家保险中介机构的总部、分支机构和营业网点共计230余家,以及12家创业投资基金、7家股权投资基金入驻服务。此外,区小额贷款公司和融资性担保公司均达到3家。金融风险排查工作力度进一步加强,组织实施了对辖内3家小额贷款公司的现场检查工作,配合市局完成了对辖内融资性担保公司的现场检查工作,按季度定期开展区域风险排查,金融运行总体平稳。金融机构服务工作积极开展协调有关部门,帮助瑞信方正公司顺利申领房租补贴60万元,完成了瑞信方正公司公积金优惠政策申请材料上报工作,认真解答意向企业关于设立小额贷款公司和融资性担保公司的各类咨询,按程序高效推进已成立小额贷款公司和融资性担保公司的各项变更申请审批工作。民生金融工程建设继续推进,一方面按照市金融局的工作部署,就农村金融服务现状开展调研,便于下一步开展村村通工程;另一方面积极配合区社区办,在职责范围内全力推进社区基本公共服务全覆盖工作。

(赵凯)

工商银行昌平支行

【概　况】　2012年,中国工商银行股份有限公司北京昌平支行(简称"支行")认真贯彻国家宏观调控政策和各项金融监管要求,在总分行新的三年战略发展规划指引下,坚持稳中求进的主基调,面对复杂多变的经营形势和日趋激烈的竞争环境,支行牢牢把握危中之机,围绕经营转型和结构调整这一中心工作深度开展战略解码,以保持利润稳定增长为目标,实现了全年在资产、负债、中间业务三大核心业务均衡协调发展,圆满完成了总分行下达的年度业务发展计划。在此基础上,支行坚持党风廉政建设、内控风险防范与业务发展齐抓并举,坚持开展改进服务年主题活动,在分行开展的年度党风廉政建设综合考评中获得良好成绩,内控综合评价继续保持了一类经营管理支行的水平。

(侯洪林)

单位名称:中国工商银行股份有限公司
　　　　　北京昌平支行
地址:昌平区西大街35号
电话:(010)69746269
邮编:102200

【公司金融业务】　年内,业务以总分行新的三年战略发展规划为指针,深度把握国家"十二五"规划和北京地区产业结构升级中蕴含的市场机遇,继续以支持实体经济发展为着力点,在开拓先进制造业、现代服务业、文化创意产业、战略性新兴产业四大新市场方面不断迈出新步伐。支行认真贯彻落实总分行和监管部门关于切实加强小企业金融服务的指示精神,全面加强与区发改委、经信委、企业联合会、昌平园管委会的业务合作,在畅通小企业客户融资渠道、丰富小企业客户融资产品方面下大力量,与区内多家政府职能部门联手举办小企业金融产品推介会,面向昌平园科技型高新技术企业大力推广"科技通"融资产品取得了显著的成效。本年度,支行小企业扩户行动全面提速,新增客户突破30户,累计发放贷款超过5亿元。

(侯洪林)

【个人信贷】　年内,认真执行国家宏观政策和金融监管要求，全面贯彻落实总分行制定的新的个人信贷发展战略，主动适应市场和监管政策新变化，以稳步推进个人信贷经营转型和结构调整为主基调，着力打造以个人按揭贷款为主导，个人消费贷款和个人经营贷款为两翼的业务发展新格局。支行牢牢抓住住房刚需市场，继续严格落实差别化的住房信贷政策，积极支持符合条件的个人首套住房和改善性住房需求，支行在保持个人住房业务稳定增长的同时，积极开拓个人消费和个人经营两大新市场取得了显著成效；抵押消费贷款和信用消费贷款两个品种满足了个人客户多元化的消费融资需求，其中抵押消费贷款投放突破5亿元，个人经营贷款投放突破2亿元。在此基础上，支行积极与市区两级工商管理部门联手，持续开展“工行进市场、服务进商户”，在区内重点商品交易市场建成首个金融服务绿色通道。

（侯洪林）

【机构金融业务】 年内，机构金融业务坚持以客户为中心，以市场为导向，在巩固基础业务的同时，不断加大产品创新，在改进金融服务质量、提升服务水平方面继续迈出坚定的步伐。支行在保持支付、结算、现金管理业务稳健发展的同时，积极发展金融资产服务业务，法人理财、资产托管、养老金业务、国际业务、企业电子银行业务得到了较好的发展。支行以财智账户卡为客户服务提升的切入点，积极发展高端现金管理业务、法人理财业务，通过不断丰富机构金融产品线，满足了企事业单位机构客户日益增长的金融新需求，积极开拓对公国际结算业务市场，实现国际业务结算量1.25亿美元。

（侯洪林）

【个人金融业务】 年内，认真贯彻总分行制定的“强个金”发展战略，围绕“满意在工行”主题服务年，进一步加强网点、营销渠道、产品、服务模式、运营体系和流程优化的改革。支行围绕个人客户星级提升工程，进一步加强网点、电子银行、自助机具三大渠道建设。其中网点渠道以完善贵宾理财中心软硬件配备和实施标准建设为核心，强力传导贵宾理财中心的品牌形象，不断改善客户体验和增加为客户服务的新内涵，有效的提升了对中高端客户的服务能力，实现新增理财金客户5541户，财富管理客户538户。在此基础上，扎实做好电子银行业务的普及推广工作，实现新增个人电子银行客户10.47万户。其中网银证书客户5.96万户、手机银行客户4.51万户。支行继续加大自助渠道建设，自助机具保有量突破143台，离行式自助银行达到3家。

（侯洪林）

【机构网点建设】 年内，紧密配合昌平区城市化建设发展步伐，通过着力优化渠道结构，加快向区内居民企业密集地区布放新建网点步伐，以满足居民、企业日益增长的金融服务需求。5月28日，北七家网点支行筹建完成正式对外营业。10月18日，东小口网点支行筹建完成正式对外营业。随着上述两家网点的投入运营，支行网点的数量已达到16家。

（侯洪林）

建设银行昌平区支行

【概 况】 2012年，昌平支行深入学习贯彻党的十七届四、五、六中全会精神和十八大会议精神，紧紧围绕“三大一高”，以存款、产品销售和客户发展作为工作重点，努力提高中间业务收入水平。全年，实现拨备前利润29818万元。年末，全口径存款余额164.06亿元，年度新增28.26亿元；各项贷款余额53亿元，比年初新增3.93亿元，增长率为8%；公司类贷款继续保持了“零”不良记录，个人类贷款逾期及非应计贷款等指标均控制在计划之内。昌平支行有在职中长期劳动合同人员215人，平均年龄37.5岁，其中本科及以上学历人员103人，党员97人。劳务人员25人。下设7个部室、3个升格支行、8个储蓄所。

（郑振刚）

单位名称：中国建设银行股份有限公司
　　　　　北京昌平支行
地址：昌平区东环路95号
电话：(010)69747044
邮编：102200

【业务发展情况】 年内，全行资金总量为184.92亿元，继续保持系统内郊县行第一位次，全年一般性存款余额172.59亿元，比年初增长32.58亿元；个人储蓄存款年内突破100亿元大关，年末存款继续保持郊县行序列领先位置。客户拓展工作成效显著，全年公司及机构类客户新增1773户，代发工资客户新增447户，个人有资产客户新增33960户，信用卡客户新增14766户，信用卡客户新增居郊县行首位。全面推进金融产品销售，战略性业务稳步发展，信托产品销售3970万元，基金销售15485万元，保险销售24,471万元，贵金属销售30,207万元，其中保险销售增长迅速，较上年度提高154.52%；全年共实现中间业务净收入6911万元。全年各项贷款发放额累计15.4亿元；小企业贷款业务发展迅速，新增小企业客户27户，全年累计发放额超过了8000万元。新增设消费信贷业务中心、完成3个新建网点的选址、装修和报批工作。

（郑振刚）

【内部管理】 年内，深入学习贯彻党的十七届四、五、六中全会精神和十八大会议精神，开展"创先争优"活动和党风廉政教育活动，推动全行工作的开展；2012年全行深化合规工作建设，进一步加强员工违规行为积分管理，加强会计操作业务的合规检查工作，全年未发生违法违规案件；推进机构和人力资源管理改革，新增设消费信贷业务中心，在全行范围内开展储蓄所（专柜）主任竞聘和个人客户经理竞聘，激发了员工的工作热情；加强人文关怀，开展"职工小家"建设活动和其他丰富多彩的业余文化活动，员工队伍的精神面貌进一步改变；开展了服务规范化建设活动，全年未发生重大服务态度类投诉和恶性服务事件；深入开展"平安建行"创建活动，全年共堵截各类金融诈骗7起，连续11年实现安全生产无事故、无案件，综合管理部荣获北京市公安局三等功嘉奖。

（郑振刚）

农业银行昌平区支行

【概　况】 2012年，农行昌平支行（简称"支行"）始终坚持分行党委和区委、区政府的正确领导，认真贯彻落实分、支行年初工作会精神及各项工作部署，按照分行"市场入主流、同业创一流"的战略目标，紧密结合地区经济实际，圆满完成各项工作任务，呈现出业务发展增速持续推进、市场规模保持领先、客户及产品结构不断优化、价值创造能力显著提升、社会形象明显改善的良好局面。

（刘畅）

单位名称：中国农业银行股份有限公司北京市分行昌平支行
地址：昌平区西环南路蓝郡嘉苑13号综合楼
电话：(010)69742829
邮编：102200

【主体业务保持快速增长】 截至年底，支行各项存款余额达到250.3亿元，比年初增加29亿元；储蓄存款余额达到149.2亿元，比年初增加24.05亿元，各项存款余额和增量在本区域各家银行中排名第一。各项贷款余额51.14亿元，比年初增加14亿元，贷款增量在本区域各家银行中排名第一。实现中间业务收入1.02亿元，比2011年增加1734万元，增幅为20.5%；实现拨备前利润4.92亿元，比2011年增加8748万元，比上年增长21.5%。

（刘畅）

【客户建设取得显著成效】 年内，支行坚持"一总三大两优"的市场定位，把客户建设当做重点工作来抓，明确对公业务的主导地位，实现了客户和业务结构的持续优化。密切了与区政府机关、委办局的沟通与合作，积极参与和支持了未来科技城、昌平新城、东小口地区等建设改造项目；为南车集团、三一电气等大型央企、上市企业扩大授信规模，累计发放贷款3.5亿元；持续开展部队、学校、医院等优质对公客户的营销工作，着重发展财政类机构客户，存款余额达3亿元，落实"攀岩计划"各项内容，2012年累计开立区属预算单位零余额账户25户；积极扶持本地区中小企业发展，净增优质中小企业客户13户，完成分行任务的127%；大力推进国际业务，累计办理西联汇款金额697万美元，个人结售汇2821万美元，实现外汇中间业务收入252.2万元；电子银行注册客户实际净增超过30万户，正常运行自助设备数量达180台，规模位居北京分行第一，实现中间业务收入2803万元，形成了公私联动、齐头并进的良好发展态势。

（刘畅）

【零售业务取得可喜成绩】 年内，支行以"春天行动"、"清凉夏日"、"赢在金秋"等专项营销活动为突破口，加大营销力度。其中个贷业务摆脱不利局面，由分行倒数第一跃居正数第一位，贷款余额由年初的11.18亿元，增长到年底的15.18亿元；个人优质客户保持快速增长，总量达4.9万户，全年净增6808户，完成任务的107%；累计销售各类保险产品7.1亿元，实现中间业务收入2001万元，其中安邦财险销售规模居全国第一；代理销售基金5.6亿元，完成任务的182%，实现中间业务收入110万元；净增贷记卡10392张，实现信用卡中收1185万元，信用卡不良控制率在分行系统名列第一。在分行零售业务表彰中，昌平支行个人业务先后荣获分行个贷奋勇争先奖,IC卡突出贡献奖,保险代理业务第一名等多项荣誉。

(刘畅)

【基础管理工作紧抓不放】　年内,进一步健全了以目标责任制为主要内容的考核体系,强化领导干部责任制。全面落实"三化三铁"创建活动的各项要求,支行全部网点均为"达标"以上,其中东环支行、沙河支行、东关南里支行被评为"良好"单位。全年平均差错率0.242‰,比2011年下降0.072‰,冲抹账率始终保持在分行要求的2‰以下,支行全面无差错柜员4名。组织各类业务培训共29次,参与人数达1400人次;进一步培养合规意识,重点账户的对账率达到100%,普通账户的对账率达到了95%以上,完成了分行下达的任务指标。全面落实好分行创建"平安农行"和"三化三达标"的工作部署,夯实安全保卫工作基础,规范安全保卫工作管理,有效防范各类刑事案件及安全事件。

(刘畅)

【自身建设脚步明显加快】　年内,结合支行工作需要,进一步加强干部队伍建设,员工交流制度已日臻制度化、常态化,推行长期在一地任职强制交流制度,优化了干部队伍的结构,提高了干部队伍整体战斗力、凝聚力。全年共有机关部室和网点的36名员工参与交流。机关部室客户经理定期到网点交流制度的创立,有效实现了业务经营的上下沟通。此外,年轻大学生充实机关工作有序展开,公司部、个人部等多个部门在网点抽调部分优秀大学生进入机关部室工作。运营主管队伍逐渐趋于年轻化,后备力量不断增强。实现了职工同工同酬,扩大了取暖费补贴和外地职工租房补贴范围,组织了职工岗位双选工作,提升了员工的工作积极性和责任感。

(刘畅)

中国银行北京昌平区支行

【概　况】　2012年,支行结合昌平区内及周边地区金融环境和特点,积极落实总分行党委工作部署,狠抓客户市场,拓宽存款源头;巩固中间业务优势,开发新的业务增长点;注重贷款业务资源储备,多措并举,持续发展,各项工作稳健推进。

(梁燕)

单位名称:中国银行北京市昌平区支行
地址:昌平区南环路57号
电话:(010)69704842
邮编:102200

【加强干部队伍建设】　年内,支行对5个网点正、副职干部进行了交流,2名内设部室副职进行了岗位晋升。同时进行了后备人才选聘工作。此外,支行尤其重视各条线经理队伍的配备和充实。先后进行了业务经理岗位轮换、缺编岗位的竞聘、消贷经理的竞聘、充实了理财和大堂经理队伍。为支行业务发展奠定了良好基础。

(梁燕)

【加快网点建设步伐】　年内,支行完成了新建清河支行装修工程已验收完毕;立汤南路支行原址装修、东环路支行迁址装修完成并对外营业等多个项目的装修改造工程。4月,北七家支行对外营业,标志着支行所辖网点数增加到10个。

(梁燕)

【创先争优工作深入开展】　年内,根据分行党委要求,督促各部门制定"创先争优"活动方案,深入开展"让客户少等一分钟,让员工早一分钟回家"两个"一分钟"工程。围绕活动主题开展了"亮承诺,亮身份,亮标准"的三亮工程;为"一分钟"工程献计献策;领导干部下基层,"接地气,勇担当";"建工十二五,奉献在中行";"支部创品牌,党员做服务标兵"以及"员工的爱与懂"六项专题活动。为18名员工进行岗位轮换、领导干部下基层26人次、组织各类文体活动6次、评选品牌支部2个、标兵党员2人、客户评价率96%、满意率为99%。

(梁燕)

邮政储蓄银行昌平支行

【概　况】　昌平支行成立五年来,在上级行的正确领导下,秉承"进步·与您同步"的企业核心价值观,坚持"普之城乡,惠之于民"的宗旨,充分发挥"一网两制"的优势,专心专注服务社区、服务"三农"、服务小微企业,致力于打造一家有特色的零售商业银行。截至年末,全区已开设7家二级支行,各项存款余额达40.99亿元;各项贷款余额达6.53亿元,整体贷款逾期率为0.11%;拥有储蓄账户58.05万户,绿卡用户36.10万户,自有ATM机达150台,24小时自助银行达到6家。

(养文君)

单位名称：中国邮政储蓄银行北京昌平区支行
地址：昌平区昌崔路201号天运通大厦三层
电话：(010)69729926
邮编：102200

【银监局领导莅临昌平支行调研指导工作】 10月17日，银监局副局长向世文一行在北京分行领导陪同下莅临昌平支行调研指导工作。针对邮储北京分行二类支行改革进展情况以及实地查看二类支行改革后的实际情况进行了深入调研。

（养文君）

【加快转变发展方式】 年内，通过细化资源配置、优化流程、释放人力资源等一系列措施，深入挖掘地域优势、资源优势和业务优势，持续推进个金业务转型升级，加快公司、信贷等新业务创新发展。积极转变市场营销模式，把提高整体营销水平作为转变发展方式的着力点，实现从单一营销到交叉营销、关系营销到方案营销的深度融合，实现客户多项金融产品的综合营销。

（养文君）

【能力建设持续增强】 年内，加快网点升级改造，大力推进科技信息化建设。通过缩减窗口台席，加大自助渠道布放，实现了功能分区，业务分流，人员精简，提升了网点的整体运营效率。电话银行、网上银行、手机银行、电视银行相继成功上线，经营管理信息系统不断完善，信息科技支撑金融创新、业务转型、经营管理、风险管控的能力显著增强。截至目前，昌平支行自助渠道对柜台业务的替代率已达到70%。

（养文君）

【品牌影响力逐步提升】 年内，立足于服务社区、服务"三农"、服务小微企业，围绕政府和百姓关注的热点、难点问题拓展业务，全年代发养老金、代扣医保等各类款项共计100.3万笔，金额16.1亿元，邮储银行"普惠金融"的品牌影响力逐步增强。

（养文君）

【做大做强"村官"队伍】 年内，昌平支行对在区卸任的大学生"村官"开展竞聘，截至年末，已招收大学生"村官"22名，现大部分入职"村官"充实到信贷队伍，充分发挥"村官"熟悉地方、熟悉农村的优势，既增加了支持"三农"的力量，又为政府排忧解难。从2009年首次招收大学生村官至今，"村官"信贷员累计发放针对昌平地区的涉农贷款、小微企业贷款达1.3亿元。

（养文君）

北京农商银行昌平支行

【概　况】 2012年，北京农商银行昌平支行严格贯彻落实国家宏观调控政策和监管要求，在总行与各级政府的支持帮助下，坚持"按规矩办事"的治行理念，围绕"结构优化"、"服务升级"和"效益提升"三项主题，着力推进结构调整和经营转型，切实加强风险防控和内部管理，以创新推动改革，以改革促进发展，在分支机构改革、稳存增存、不良压降、中间业务拓展等多项工作中均取得了较好的成绩。昌平支行辖内共有26家网点支行(分理处)和4家分时服务网点，在岗员工396人。其中本科学历219人、研究生学历18人。截至年末，各项存款余额达到188.94亿元，较年初增加23.6亿元，增长速度达到14.27%。个人VIP客户总量达到6298户，比年初增加1674户；个人网银有效客户净增10491户，手机银行客户净增1203户。

（陈颖）

单位名称：北京农村商业银行
股份有限公司昌平支行
地址：昌平区东环路91号
电话：(010)69744185
邮编：102200

【履行服务三农社会责任】 年内，积极响应北京市政府的"村村通"工程，在南口镇太平庄村和十三陵镇泰陵村建设2家"乡村便利店"。在农村地区累计布放ATM机具66台，同时保证黑山寨、下庄、桃洼、高崖口地区的服务型网点正常运营，有效填补偏远地区金融服务空白。配合总行组织凤凰乡村游体验活动和四季特色主题乡村游活动，支持昌平地区农家院、观光旅游业等商户改善金融支付环境。截至目前，我行已累计发展乡村游商户187户，安装POS机276台。此外，组织开展"普及金融知识万里行"之"助推小微、三农金融服务月"活动和"文化金融服务年"等活动，进农村、进社区、进企业、进校园、进商圈开展丰富多彩的金融知识普及宣传活动，提升公众金融安全意识和金融知识水平。

（陈颖）

【稳步推进结构优化】 年内，全面推进分支机构改革，开展"三定"优化工作，规范岗位设置，实现了管理架构由"三级"向"二级"转变和业务集中管理,确立前、中、后台三级业务管理模式,提升经营管理水平,奠定了"管辖支行做大做强、经营网点做优做精"的基础。

(陈颖)

【持续推动网点建设】 年内,不断推动老旧网点的装修改造工作,共对辖内包含下庄、十三陵、长陵、大东流等6家网点实施装修改造,使网点营业环境大幅改善,功能分区趋于合理,营销服务流程逐步顺畅。

(陈颖)

【有效提升从业人员业务素质】 年内,为不断提高广大员工的综合素质,逐步构建起员工教育培训体系,通过专题培训、系列培训、聘请专业培训公司等方式,分期对网点支行负责人、会计主管、客户经理等开展各类培训共计40期,涉及培训人员989人次,全面提升了各级人员的业务素质。

(陈颖)

【不断强化科技支撑】 年内,在总行的统一安排部署下,圆满完成新一代综合柜面系统、对公信贷管理系统(二期)、个人客户关系管理系统等的推广应用,有效提升服务效率及管理水平,科技基础建设进一步夯实。

(陈颖)

北京银行昌平支行

【概　况】 2012年,北京银行昌平支行(简称"昌平支行")在总行党委的领导下,在区委、区政府的支持下,认真贯彻总行年度工作会议精神,切实抓好各项业务指标的分解落实,紧紧抓住以业绩为中心的工作思路不动摇,整合系统内资源增强竞争力,加快业务转型提升创新能力,强化风险防控,提高全员防风险意识,确保支行稳步发展;加强支部领导班子自身建设,强化支部的凝聚力和执行力,不断增强廉洁自律管理水平和自我防范能力。支行各项存款余额达639857万元,贷款规模突破265437万元,继续保持贷款不良率为零的良好记录,各项业务得到持续、稳定发展,综合利润稳步提高,为昌平区经济建设提供金融支持和保障。

(崔亚森)

单位名称:北京银行昌平支行
地址:昌平区政府街2号
电话:(010)80103736
邮编:102200

【业务发展】 2月,第七届世界草莓大会召开。昌平支行有幸成为本次大会的保障团队成员,相继成立草莓大会专项小组,负责与大会组委会对接相关工作,确保大会期间金融服务工作任务圆满完成。同时,昌平管辖行所辖网点成为草莓大会门票的代售网点。对此项工作管理部领导、昌平支行领导高度重视,营业室员工认真对待,设置专口,指定负责人顺利开展售票工作。圆满完成了大会金融服务保障工作。全年昌平支行先后对区内重点项目和企业提供授信支持共6.64亿元,包括北京未来科技城开发建设有限公司4.22亿元;北京罗顿沙河建设发展有限公司3.72亿元等。并向昌平区内75户中小企业发放贷款,金额近2.32亿,及时解决了昌平区内中小企业融资困难。8月,昌平支行与昌平区马池口镇、南口镇和南邵镇正式签约"镇域经济"合作协议。签约后,支行为南口镇企业提供贷款支持500万元。

(崔亚森)

【开展社区宣传】 年内,昌平全年共组织了18场社区讲座,一共覆盖了78个乡镇和社区。在行领导的高度重视下,我们派出了本行的业务能手,不仅将银行专业知识普及到了社区居民的身边,还对社区群众所关心的问题做出了专业的回答。讲座深受社区居民的喜爱。

(崔亚森)

【加强风险防控】 年内,昌平支行领导高度重视风险防控工作,认真落实总行风险防控工作的指示要求,按照总行"安全工作责任细化"具体部署,成立领导小组,明确工作目标,各项工作细化到人,层层建立督导制度,把各营业网点合规操作及对员工综合素质的培养作为工作重点。并按照相关制度要求、业务文件进行学习,要做到"规章制度人人都知晓、规范操作人人都执行"把合规操作的理念贯穿到每一个操作环节中去,进一步提升风险防控水平

(崔亚森)

农业发展银行昌平支行

【概　况】 2012年,农发行昌平区支行(简称"昌平支行")认真贯彻落实分行支行行长会议精神,以"至诚服务、有效发展、以人为本、构建和谐"为

核心理念,围绕工作重点,狠抓客户营销,夯实基础管理,防范信贷风险,在支行党支部的带领下,经过支行员工的共同努力,全年各项工作取得较好成绩。支行各项贷款余额247666万元,比年初增加68197万元;各项存款余额49364万元,人日均存款2400万元,同比增加33万元;外汇结算业务金额31577美元,同比增加7229美元;实现利润8273万元,人均利润394万元,同比增加239万元。

(赵国光)

单位名称:中国农业发展银行
北京市昌平区支行
地址:昌平区北环路4号
电话:(010)89784518
邮编:102200

【业务工作实现新突破】 年内,昌平支行以土储贷款为中心,全力支持新农村建设。截至年底,累计向昌平七里渠南北村投放土储贷款186780万元,用于对500余宗居民宅基地进行补偿。七里渠南北村拆迁工作总体顺利,但由于受宏观政策、拆迁补偿标准提高等客观因素影响,使得土地不能按期上市,加之区政府在其他金融机构还款压力巨大。为此,在分行和支行的共同努力下克服困难,顺利完成七里渠南北村土储贷款期限由2年变更为4年的全部手续。

(赵国光)

【加强党组织建设】 年内,昌平支行党支部从实际出发,精心部署,周密安排,围绕主题党日活动,组织开展了一系列形式多样、丰富多彩的活动,进一步激发了干部职工立足岗位的热情和干劲。一是支行党支部以"创先争优"活动为契机,围绕中心工作,开展党员公开承诺活动。全体党员结合本职岗位,从防控风险、提高服务水平、加强组织建设、提升工作能力、带头遵纪守法等方面作出承诺,党支部将《党支部公开承诺书》《党员公开承诺书》制作成展板悬挂在支行走廊墙壁上进行展示,接受群众监督。二是开展"红色教育"主题活动,党支部组织全体党员和入党积极分子前往"冀东抗日根据地旧址"参观学习。通过参观展览,增进了支行党员群众之间的感情,进一步增强了党支部的凝聚力。

(赵国光)

【不断提升廉洁办行水平】 年内,昌平支行坚持"标本兼治、综合治理、惩防并举、注重预防"的方针,推进惩防体系和反腐倡廉制度建设,开展"四无"创建活动,有效防范各类案件和事故的发生,全面推进各项工作的深入开展;认真坚持把治理不规范经营与加强合规建设结合起来,通过各类载体强化合规理念,增强干部职工合规经营意识,使"合规经营"成为全行干部职工的行为准则,促进了规范经营管理各项措施的有效落实;大力开展反腐倡廉教育、岗位廉政教育,通过组织全体干部职工观看反腐倡廉教育展览、专题教育光盘等活动,使反腐倡廉工作收到了良好的效果;严格执行总行述职述廉、重大事项报告制度,认真落实廉洁办贷"十不准"等制度要求,进一步促进业务依法合规、持续、有效的发展,严格执行党务、行务公开,共创透明、公正、和谐的文化氛围。

(赵国光)

保 险

人保昌平支公司

【概 况】 年内,中国人民财产保险股份有限公司北京市昌平支公司(简称"昌平支公司")全面落实人保总公司和人保北京市分公司保险工作会议精神,以科学发展观为指导,紧紧围绕"向车险要效益,向非车险要规模,向服务要市场"的工作重点,转变观念、推进转型,开创了全面、协调、可持续发展的新局面。在业务调整、技术提升、客户服务、风险管控、基础管理、团队建设等方面取得了可喜的成效,圆满完成了各项任务指标,盈利能力和经营稳定性明显提高,为支公司"十二五"规划的落实打下坚实基础。

(陶爱军 兰雪)

单位名称:中国人民财产保险股份有限公司
北京市昌平支公司
地址:昌平区北环路21号
电话:(010)69723366
邮编:102200

【业务发展】 全年实现保费收入18839万元,同比增加4285万元，增幅29.4%，完成全年计划的112.5%。综合赔付率59.6%，费用率30.9%，综合成本率90.6%。车险业务发展上实施分类管理，积极发展效益较好的A、B类业务，严格控制风险系数较高的C、D类业务，对E类业务坚持改造的原则，严格控制D、E类业务的占比，使车险业务结构进一步优化，向规模险种要效益。继续巩固非车险业务发展，积极推出效益型险种的发展举措，销售费用实施差异化政策，向效益险种要规模。在车险业务渠道发展上新增21家新渠道，其中车商渠道3家。在业务发展布局上，布局"三网融合"的发展格局，随着农网服务功能及业务覆盖的逐步完善，三网融合的强劲动力成为公司业务发展的内生动力。借助农网中阳坊镇保险服务网点统保了阳坊镇3380户农户的房屋及家庭财产保险，政府代缴保费、农民得到实惠的投保模式是商业保险公司与政府职能部门共同参与新农村建设的一次重要实践。承保后的快速理赔得到百姓认可，创造的社会效益远远大于经济效益。

（陶爱军　兰雪）

【推进转型】 年内，梳理业务来源，细分渠道市场、内设组织架构调整、销售人员的定级、考核等科学的方案，推动了业务快速发展。努力完善经营管理体系，发展基础得到进一步夯实，运营集中按照总、昌平支公司的总体方案扎实进行。渠道改革继续深化，各渠道的定位更加清晰。机构管理和业绩考核更加科学合理，价值导向更加清晰明确。为进一步提高整体盈利水平、实现持续盈利夯实了基础

（陶爱军　兰雪）

【客户服务】 年内，强化服务观念，增强以客户为中心的服务理念，提高市场竞争力。深入开展"服务年"活动。从服务措施、基层管理、队伍建设、理赔质量、监测指标等五个方面，设立专门的客户服务大堂经理，为全面加强客户服务提供保障。着力提高承保时效。加强对承保时效的考核力度。不断创新理赔服务手段。积极推出特色、增值服务措施，有效提升公司的品牌影响力。

（陶爱军　兰雪）

【合规经营】 年内，昌平支公司先后开展落实15号监管函、"中介合规回头看"、接受意外险、货运险专项检查、第三次财务业务真实性大检查等各种合规工作的检查，进一步提高依法合规经营能力，规范市场销售行为。

（陶爱军　兰雪）

城乡建设

规划管理

【概　况】 2012年,规划分局按照区委、区政府的统一部署,以"转型、融合、精细、高效、开放"为着力点,在整合空间资源、服务科技创新、提升城市功能、改善民生福祉、优化发展环境等方面下功夫求实效。全年组织规划编制、专题研究、城市设计等共76项;核发规划许可333件,用地规模185万平米、建设规模290万平方米,市政管线万延米,开具钉桩通知单90余份。出具违法建设认定书425份,涉及违建774处,全程参加违法建设拆除近160万平方米。

(丁志国)

单位名称:北京市规划委员会昌平分局
地址:昌平区振兴路29号
电话:(010)69742688
邮编:102200

【地名及无障碍设施】 年内,办理标准地名命名5件,建筑物名称核准9件,昌平新城"创新基地"片区地名规划方案获得区政府审批通过。完成本年度居住区无障碍设施改造任务,对区7处重点居住区进行了无障碍设施改造。

(李秀萍)

【专题研究】 年内,开展昌平新城规划实施年度评估、TBD区域总规研究、昌平新城东区整体策划研究、十三陵镇中心区及邓庄组团城市设计、昌平西部地区规划研究、沙河高教园核心区城市设计、未来科技城北扩区规划研究工作。编制完成北七家核心区城市设计及城市设计导则,采用"策划研究、规划设计、效益测算"相融合的规划编制模式启动海鹊落城市设计研究。

(陈诚　吴静)

【乡村规划管理】 年内,开展延寿镇沙岭村庄搬迁、马池口村规划实施方案研究、南口新型农村社区规划、延寿镇望宝川村村庄选址规划工作。

(吴静)

【规划组织编制及审查】 年内,开展北部山区十三陵、延寿、兴寿、三镇总体规划编制、完善十三陵镇总体规划、完成延寿镇总体规划等工作。开展丽春湖地块、创新基地A－51、53地块等29个项目控规编制,其中21个已获批。

(陈诚　吴静)

【重大项目选址】 年内,完成国家大马戏院、北京化工大学的选址,配合推动武警指挥学院、公安部武警指挥部、二炮装备部、海洋卫星中心、宜家家居、区中医院、交通指挥中心等重大建设项目规划选址工作。

(陈诚　吴静)

【民生工程】 年内,补办吉利大学项目选址意见书,推进区级养老机构选址、规划编制工作。

(陈诚)

【保障性住房项目规划建设】 年内,区保障房任务量为开工11000套,按照计划任务,审定保障房项目规划设计方案共18413套,分别为沙河定泗路北郊猪场地块、随园二期限价房、中石化科学技术研究中心公租房、金隅集团南口采石场、兰各庄广合亨公租房、未来科技城南区定向安置房、七里渠定向安置房及贺村中滩村组团A地块重点村旧村改造项目,以上8个项目规划方案已全部审定并核发公文复函。

(琚云龙　陈诚)

【未来科技城规划建设】 年内,未来科技城入住15家央企规划条件及定桩工作已全部完成,规划设计方案已全部审定;其中神华、商飞、国电项目已核发建设工程规划许可证,鞍钢及国家电网项目已核发规划意见复函,其他10家核发公文复函;办理完成并核发未来科技城北区农民回迁定向安置房项目规划意见复函、建设用地规划许可证及部分建设工程规划许可证;核发未来城南区北七家及鲁疃农民定向安置房项目规划意见复函，核发岭上村农民定向安置房项目公文复函；审定未来科技城第一中学、第一小学及第一幼儿园规划设计方案并核发公文复函和建设用地规划许可证。

（琚云龙　陈诚）

【昌平新城东区规划建设】　年内，完成核发居住项目有金科廊桥水岸、融创长滩一号、路劲世界城、新龙北京风景住宅小区、蓝花宇农民回迁项目已完成全部规划手续；核发昌平首个养老住宅项目的泰康之家瑞城住宅小区及东沙河西岸的金隅昌平嘉禾园公建项目规划意见复函。

（琚云龙）

【规划监督】　年内，共对128项建设工程和在建工程进行规划监督，其中规划验线33项，建筑面积46万平方米；规划验收96项，建筑面积约306万平方米。

（王秀海）

【违法建设清理整治】　年内，对全区44个已建成的低密度住宅区内存在违法建设行为进行情况摸底，建立违建台账。对区内131处新建项目和地貌变化情况进行现场踏勘，及时将图斑变化的实际情况上报市规委；移送镇政府及城管部门违法建设109.4万平方米。

（王秀海）

【交通市政基础设施规划】　年内，组织开展综合交通规划修编、TBD综合交通规划及市政基础设施规划、回南北路提级快速路规划研究工作。组织开展京张城际铁路线位调整、轨道交通昌平线二期、未来科技城轨道交通线车辆段选址研究论证工作。推进全区道路交通体系规划建设和北苑客运交通枢纽、北七家公交中心站及高教园公交场站等公交场站设施的规划设计工作。

（耿利民）

【优化城乡发展环境】　年内，提升城市功能，打造生态城市，配合开展百万亩造林规划复审工作。以未来科技城为试点，开展绿色生态示范园的标准研究工作。

（耿利民　琚云龙）

建设管理

【概　况】　2012年是党的十八大召开之年，也是贯彻落实区第四次党代会精神的第一年，区住建委坚持以建筑领域安全稳定为重点，努力促进全区住房和城乡建设事业继续保持平稳健康发展。年内，办理建设工程施工招投标154项，建筑面积523.7万平方米。区内在建房建工程271项，开复工面积1528万平方米，完成投资246.66亿元，同比增长28.4%。建筑施工安全生产持续保持稳定态势，实现全年在监工程施工安全生产无责任事故目标。严格建筑施工质量管理，办理工程竣工验收备案手续100项，总建筑面积260.02万平方米。64项重点工程开工，完成投资204亿元。未来科技城、创新基地、沙河大学城等重点功能区进入大规模开工建设阶段。未来科技城调峰锅炉房及热网工程、八仙庄110千伏输变电工程、南丰路、泰康健康管理研究中心一期等四个重点工程竣工。既有居住建筑节能改造任务超额完成。

（潘学光）

单位名称：昌平区住房和城乡建设委员会
地址：昌平区南大街太安胡同5号
电话：(010)89708757
邮编：102200

【重点功能区及重点工程建设】　年内，全区重点工程70项，开工64项，完成投资204亿元。未来科技城、创新基地、沙河大学城等重点功能区进入大规模开工建设阶段。未来科技城15家央企全部开工建设，其中神华北京低碳清洁能源研究所、神华管理学院、神华科技发展公司三家单位已入驻运行；中国电信北京信息科技创新园四栋单体全部结构封顶；国家电网智能电网研究院进入装饰装修和设备安装阶段；中粮营养健康研究院行政楼二次结构基本完成、5号实验楼结构封顶；国家核电科研创新基地研发主楼结构封顶，正在进行幕墙施工。中关村国家工程技术创新基地3家入驻单位开工建设，其中中国石油科技创新基地A34单元体幕墙安装完成；中国移动国际信息港一期土建工程即将完成、二期完成降水井及降水管线的连接施工；北科大国家材料服役安全科学中心七个厂房主体结构工程已完成验收。沙河高教园区中央财经大学沙河校区一期第一阶段已完成、一期第二阶段学生楼已投入使用；北京航空航天大学沙河校区综合体育馆处于主体施工阶段，国家实验室进行基础施工，其他项目已完成。泰康健康管理研究中心进行屋面、幕墙、装修施工、设备安装；北大国际医院进行室内精装修；中海阳新能源电力股份有限公司研发中心、方正医药研究院、新时代健康产业集团科研基地等项目均在进行主体施工。

（田永军　潘学光）

【**规范建设工程招标投标**】　年内，完成各项招投标410项，中标金额213.7亿元。其中办理建设工程施工招投标154项，建筑面积523.7万平方米，中标金额171.6亿元。包括公开招标115项，建筑面积422.3万平方米；邀请招标22项，建筑面积68.4万平方米；直接发包7项，建筑面积5720平方米；一次性备案10项，建筑面积32.4万平方米。办理市政基础设施及道路工程招投标60项，中标金额31.9亿元。办理工程监理招投标126项，建筑面积348.9万平方米，中标金额2.71亿元。办理专业招投标70项，建筑面积126.8万平方米，中标金额7.5亿元。合同备案率100%，代收合同印花税470万元。

（杨亮　潘学光）

【**建设工程招标投标企业资质专项治理**】　年内，认真贯彻落实中央《关于对工程建设中挂靠借用资质投标、违规出借资质问题进行专项治理的通知》要求，针对2011年以来新开工、投资额500万元以上的政府投资和使用国有资金的56个工程项目进行了专项检查、复查，涉及施工单位37家，监理单位23家，招标代理单位13家，未发现挂靠借用资质投标、违规出借资质问题，检查结果通过了市住建委的抽查。加强合同履约监管，全年检查二次，检查项目28项，检查重点是国有投资项目、保障房项目。合同履约数据监督管理项目191项。其中在当前填报周期内应填报48项，已填报126项，需补报17项，未发现合同履约风险预警提示，填报率达91%。

（杨亮　潘学光）

【**严把招投标备案、资格预审关**】　年内，发布招标公告466次，共受理5113家企业参加投标报名，包括施工总承包企业2718家，监理工程企业1121家，专业工程企业1274家。对所有投标报名企业全部按照企业资质管理办法和投标资格预审管理办法进行资格审核备案，会同检查机关对所有外阜投标报名企业进行有无犯罪记录查询工作，分别查询施工项目42项，企业215家，监理项目18项，企业111家。把住前期关口，净化了投标市场环境。

（杨亮　潘学光）

【**严格评标管理**】　年内，对所有招标项目进行入场评审，现场监督，共抽取评标专家3984人次，安排开评标932场次。对所有参与评标的专家全部按照资格管理办法和入场要求，进行签到、登记、身份验证、资格验证、通信工具寄存。对评标专家在评审过程中的行为表现进行全过程人员监督和视频监控，及时发现妥善处理评审过程中出现的问题和评审后的投诉，对发生的两起施工总承包评审结果的投诉，依照有关法规规定的投诉处理办法会同市标办给予了妥善处理。

（杨亮　潘学光）

【**重点工程招投标工作取得进展**】　年内，未来科技城15家央企共办理招投标39项，总建筑规模143.44万平方米，施工总承包合同金额54.17亿元，监理合同总金额1.24亿元，办理专业招投标项目72项。其中神华、商飞、华能、中粮、国电、国核、电信、鞍钢、国网、武钢、中铝等11个项目已完成施工总承包和监理招投标并备案；中海油、中电、中材、兵器等四家已完成部分阶段施工承包和监理的招标工作。办理保障性住房工程招投标14项，总建筑面积107.54万平方米，完成招投标手续且备案的项目4项，建筑面积26.82万平方米，合同金额7.33亿元。完成老旧小区抗震节能改造一标段、二标段招标工作并备案，建筑面积21万平方米，合同额2.5亿元。

（杨亮　潘学光）

【**工程施工许可管理**】　年内，在建房建工程271项，开复工面积1528万平方米，完成投资246.66亿元。其中复工工程202项，建筑面积1186.5万平方米；新开工程69项，建筑面积341.5万平方米；在施市政基础设施工程25项，在施管线59.43千米。其中复工工程12项，在施管线32.85千米；新开工程13项，在施管线26.58千米，办理施工许可89项。其中房建类81项，建筑面积252.94万平方米，合同价款为77.25亿元；市政类4项，管线139.3千米，合同价款9.04亿元；装饰装修类4项，建筑面积4.36万平方米，合同价款1.06亿元。

（田永军　潘学光）

【**工程施工安全监督管理**】　以落实工程施工安全监督责任为重点，以实施“标准化施工”为目标，逐步完善建设工程安全监管长效机制。年内，办理建设工程施工安全监督备案36项。其中房屋建筑工程35项，建筑面积86.59万平方米；市政工程1项，管线总长4804米。监督在施各类工程230项，建筑面积1400万平方米。累计出动4691人次，检查工地3402项次，发现并消除各类安全隐患9612条，责令立即整改2845个（次）工地，限期整改30个（次），局部停工整改89个（次）。立案处罚8起、简易处罚40起，罚金14万元；扣163

分。召集建设单位、施工单位负责人约谈7次。举办消防应急演练6次、汛期开展防汛应急演练4次,促进了全区建设工程安全生产形势的持续稳定好转,实现在监工程不发生建筑施工安全生产责任事故目标。

(许秋顺　潘学光)

【提高绿色施工管理水平】　年内,严格执行《北京市建设工程施工现场管理办法》《北京市绿色施工管理规程》,按照"5个100%"的要求严格控制施工扬尘污染,全面开展"绿色施工"达标活动,工地达标率逐渐提高,63个工程项目申报北京市文明安全工地,同比上升37%。

(许秋顺　周德荣　潘学光)

【工程质量管理与竣工验收备案】　年内,办理工程竣工验收备案手续100项,总建筑面积260.02万平方米,总合同价款63.97亿元。其中房建工程95项,建筑面积257.81万平方米,合同价款63.58亿元(包括住宅工程41项,建筑面积138.3万平方米;其他公建工程54项,建筑面积119.51万平方米);装修工程4项,建筑面积2.21万平方米,合同价款2298.03万元;市政工程1项,管线总长4804米,合同价款1602.47万元。房建工程中属清理旧项目办理竣工验收备案手续的22项,建筑面积43.99万平方米,占房建工程备案总面积的17%。

(周德荣　潘学光)

【施工起重机械管理】　年内,进一步完善建筑起重机械备案程序化管理,做好建筑起重机械编号备案、使用登记工作。办理建筑起重机械登记编号备案407项;起重机械使用登记备案463项;撤销编号备案141项;安装告知488项,拆卸告知470项。在受理安装、拆卸告知单网上确认后,将复印件于当天转交安全监督部门及时进行现场监管。

(周德荣　潘学光)

【严格工程质量监督】　年内,建设工程质量监督在施工程1279项,建筑面积1059.57万平方米。其中新增监督注册工程72项,建筑面积219.14万平方米;同步监督竣工验收工程88项,建筑面积241.53万平方米。出动监督人员1829人次,进行监督执法检查934项次。对违规单位和人员进行行政处理,下发责令《改正通知书》56份,扣分137分,立案处罚4起,罚款金额累计20.13万元。受理质量投诉134件,妥善处理122件,处理率91.6%。23项工程获得2011—2012年度市建筑长城杯奖,其中竣工金奖2项、竣工银奖1项、结构金奖12项、结构银奖8项。区住建委质量监督站被中国建筑业协会工程建设质量监督分会评为"全国工程质量监督系统先进单位"。

(彭小东　潘学光)

【加强保障性住房工程质量监督】　年内,质量监督保障性住房工程21项,建筑面积388.8万平方米。针对保障性住房工程特点,加强结构工程实体检查,对钢筋、混凝土质量及进场检验、复试等影响结构工程质量的主控项目进行重点控制,重新修订《保障房检查评分表》,细化分项,将影响工程结构质量的主控项目分值提升,确保结构质量。开展质量竞赛评比三次,检查工程61项次,9项工程被评为"质量安全优胜奖"。

(彭小东　潘学光)

【建筑节能与建材管理】　年内,完成节能设计备案172项、141万平方米,完成节能专项验收备案554项、353万平方米;收缴新型墙体材料专项基金1733万元;返退1373万元;收缴散装水泥专项资金114.7万元;返退45万元;网上建材供应备案企业共计18家,建材采购备案435批次。出动60余人次,到施工现场开展建筑节能与建材使用专项执法检查4次。既有非节能居住建筑节能改造计划任务21.7万平方米,完成23.05万平方米,主要内容是外墙保温、外窗节能改造。

(赵秋菊　潘学光)

【搅拌站绿色达标考核】　年内,区内计划保留的17家搅拌站中已有13家通过绿色生产达标考核,并取得市住建委颁发的"预拌混凝土绿色生产达标搅拌站"标牌。另外4家已通过市、区两级住建委、环保局及相关专家绿色达标考核验收、复审。

(赵秋菊　潘学光)

房地产开发与建筑业

房地产开发

【概　况】　2012年,坚持保障性住房建设"土地供应、资金保障、规划选址、审批办理"四优先,超额完成保障性住房建设计划，开工12193套，完成投资9.2亿元，4个项目5948套保障性住房竣工交用。严格保障房申购资格审核管理，累计申购资格备案家庭9761户，已完成限价房配售6654户。严格执行公开摇号、顺序分配制度，完成年度摇号配售（租）保障性住房1869套。严格开发企业资质管理，全区共有203家房地产开发企业，办理开发企业资质备案手续89件。在施房地产开发项目59个，累计开复工面积1108万平方米，完成投资96.4亿元。

（潘学光）

单位名称：昌平区住房和城乡建设委员会
地址：昌平区南大街太安胡同5号
电话：(010)89708757
邮编：102200

【坚持保障性住房建设“四优先”】 年内，坚持保障性住房建设“四优先”。一是土地供应优先，全区安排保障性住房用地83公顷，占全年住宅土地供应的50%，各类保障性住房用地做到应保尽保；二是资金保障优先，区财政从土地出让净收益中足额计提保障性住房专项资金，区级累计筹集保障性住房专项资金8.6亿元，中央财政保障性住房资金4000余万元，市级廉租住房保障资金3000余万元，全部用于溪城家园公租房、廉租房项目回购。三是规划选址优先，坚持以规划为龙头，努力做到同步规划、同步实施；大部分保障性住房项目优先布局在轨道交通沿线和公交站点周边区域。四是审批办理优先，保障性住房项目全部纳入绿色审批通道，优先办理前期审批手续，压缩审批时限。区政府督查室、监察局等部门进一步完善保障性住房监督检查机制，确保保障性住房工作各项任务廉洁、高效完成。

（王丹峰　潘学光）

【保障性住房建设与管理】 年内，新开工保障性住房12193套，完成全年计划106%。其中定向安置房3917套、公租房5013套、限价房898套、经适房2365套，完成投资9.2亿元，完成全年计划118%。竣工4个项目，竣工保障性住房5948套。严格保障房资格审核，累计备案家庭9761户，其中已完成限价房配售7651户。经年度专项核查、摇号前复查、签约时再查，有860户轮候家庭因获得安置房面积、家庭人口变动、轮候期间购买房产、家庭资产收入变化等情况，被取消备案资格，占8.3%。

（王丹峰　潘学光）

【坚持公开配售保障房】 严格执行公开摇号、顺序分配制度，做到政策、程序、房源、配租配售对象、摇号过程、摇号结果“六公开”。12月19日，在昌平广电中心录播大厅举行本年度保障房配售（租）摇号仪式，1920户轮候家庭参加摇号。配售（租）房源1869套，分别位于沙河镇、昌平新城东区、东小口镇、北七家镇，包括限价商品房1214套，经济适用住房403套，公租房252套。限价商品房售价为每平方米7000元至7800元。

（王丹峰　潘学光）

【开发企业资质管理】 年内，办理开发企业资质备案手续89件，其中资质核定70件，资质变更19件。向市住建委上报拟注销企业19家。全区共有203家房地产开发企业，其中一级企业4家、二级企业11家、三级企业10家、四级企业120家，暂定企业58家。进一步规范资质审批，从窗口入审、书面初审、网上资料审核、科室复审四个流程着手，逐层严格把关，严格审核时限，确保审核质量。在施房地产开发项目59个，累计开复工面积1108万平方米，其中新开工104.6万平米，完成投资96.4亿元。区住建委被市住建委评为本年度“北京市房地产开发企业资质审批工作标兵单位”。

（王世武　潘学光）

建　筑　业

【概　况】 2012年，全区注册建筑企业408家，注册建造师2440人，新办建筑业企业资质备案26家，建筑业企业纳税5.67亿元。不断强化建筑企业劳务管理，特别是在党的十八大期间，坚持持续密集劳务合同规范检查，努力减少劳务纠纷发生。全年累计检查项目1283个（次），建筑面积3783.97万平方米，约谈企业36家，对107家违规企业给予记分处理。接待上访、举报39起。配合相关部门调查处理劳务纠纷4起，劳资纠纷45起，涉及民工980余人，金额3100余万元。

（潘学光）

单位名称：昌平区住房和城乡建设委员会
地址：昌平区南大街太安胡同5号
电话：(010)89708757
邮编：102200

【建筑企业资质管理】 年内，本区有建筑企业408家，其中特级1家、一级22家、二级82家、三级282家、不分等级21家。包括总包企业80家、专业承包企业312家、劳务企业16家。共有建造师2440人,其中一级建造师694人、二级建造师1287人、一级临时建造师181人、二级临时建造师278人。新办建筑业企业26家,同比增加13%;办理升级企业10家,增项企业5家,变更企业91家,去暂企业1家;接收外区转来企业2家。办理初始注册二级建造师321人,同比增长141.4%;二级注册建造师执业企业变更注册166人、增项注册5人、注销注册77人、遗失补办10人。区内民工累计18.28万人。建筑业纳税5.67亿元,其中区属建筑业企业纳税1.79亿元、非区属建筑业企业纳税3.88亿元。

(李恒罡 潘学光)

【开展建筑企业资质专项核查】 年内,按照市住建委的统一部署和要求,对本行政辖区内的33家建筑装修装饰专业承包一、二级企业进行了资质专项核查工作。经核查,对11家资质不达标企业下达了责令《改正通知书》。其中9家企业按期完成整改。对条件较差、逾期不能完成整改的北京麦克斯特建筑装饰工程有限公司和不按要求参加核查的北京华建佰意建筑装饰工程有限公司提请市住建委做出了依法撤销资质决定。此次核查,市区两级密切配合,同时进行,体现了核查的严肃性和规范性,加强了对建筑企业的有效管理。

(李恒罡 潘学光)

【建筑企业劳务管理】 2月,在《昌平周刊》上刊发了《致全区建筑行业农民工的一封信》,对在区建筑工地从事劳务的农民工如何与建筑企业建立劳动关系、如何维护自身权益等进行广泛宣传。要求所有建设工程开、复工前,参建各方共同签订《劳务管理保证书》,承诺切实加强劳务管理,确保不发生劳务纠纷。8月,召开建筑施工企业“十八大”安保维稳工作部署会,下发了《关于加强劳务管理做好十八大维稳工作的通知》,强调了特殊时期加强劳务管理的相关规定和措施,督促企业加强隐患排查,做好安全防范,确保十八大期间安全稳定。全年组织开展三期“房屋建筑和市政基础设施工程劳务管理专项检查”,累计检查项目1283个(次),建筑面积3783.97万平方米。查出不规范点2488个,下达责令《改正通知书》136份,约谈企业36家,消除纠纷隐患26个,对107家违规企业给予记分处理。收到各类《纠纷调处通知》45份,接待上访、举报39起。配合相关部门调查处理劳务纠纷4起,劳资纠纷45起,涉及民工980余人,金额3100余万元。对因管理不善、不按合同履约等原因引发群体性事件的相关责任单位作出相应处罚。

(李恒罡 潘学光)

昌平房地产开发总公司

【概 况】 北京市昌平房地产开发总公司(简称“昌房公司”)是建设部核准,区政府所属的二级开发企业。昌房公司注册资金3015.5万元,总资产5亿元,经营范围是房地产一、二级开发与商品房销售。目前,承担着沙河镇巩华城区及北区土地一级开发项目和七里渠土地城乡一体化改造项目的拆迁、回迁安置等工作。

昌房公司下属企业北京长安建筑工程有限公司、北京建通市政工程有限公司、北京特艺建筑装饰装修有限公司、北京立昌物业管理服务中心、北京昌房幼儿园、北京三合园农业科技发展有限责任公司及控股企业北京路鹏达市政工程有限责任公司,共有八个资质等级证书:国家房屋建筑工程施工总承包二级、土石方工程专业承包三级、起重设备安装工程专业承包三级、市政公用工程施工总承包一级,钢结构工程专业承包三级,建筑防水工程专业承包三级,体育场地设施工程专业承包三级,公路交通工程专业承包交通安全设施分项不分等级。这些施工承包资质为昌房公司的长远发展提供了必要条件。

昌房公司实现收入5.65亿元,完成纳税额达2775万元。自1992年组建到2012年底,累计开发商品房106.11万平方米;累计纳税额1.5亿元。

(李辉)

单位名称:北京市昌平房地产开发总公司
地址:北京市昌平区东环路99号
电话:(010)69746898
邮编:102200

【沙河镇巩华城区及北区土地一级开发项目】 年内,沙河镇巩华城区及北区土地一级开发项目取得阶段性胜利,累计完成宅基地拆迁总比例的90%,非住宅完成拆迁总比例的80%。真正做到“依法拆迁,和谐拆迁,阳光拆迁”,为巩华城及北区土地一级开发项目整体顺利推进奠定基础。

(李辉)

【沙河镇七里渠土地城乡一体化改造项目】 年

内，沙河镇七里渠土地城乡一体化改造项目按照区委、区政府的要求，采取先易后难，以点带面，有针对性的推进下，完成宅基地拆迁总比例的86%和A、B地块31家企业的签约与拆除，确保该项目的有序推进。

（李辉）

【回迁楼建设项目】 年内，巩华城回迁楼建设项目8个地块中有6个地块96.2万平方米的建筑面积已主体完工进入装修阶段，另两个地块32.39万平方米建筑面积正在进行主体施工。七里渠回迁楼31.2万平方米的建设任务中已开工的3.5万平方米达到了正负零，另有5万平方米在年底开槽施工。在两项目回迁楼建设项目中昌房公司各部门通力合作，用科学、创新的思路，确保工程质量，杜绝不安全隐患的发生。

（李辉）

【2012年度总结会召开】 2月25日，昌房公司2012年度总结暨2013年度工作部署会召开。会上首先总结了2012度工作并部署了2013年主要任务，并在最后对今年各项重点工作提出具体要求。

（李辉）

北京铭嘉房地产开发有限公司

【概　况】 2002年，北京铭嘉房地产开发有限公司（简称“铭嘉公司”）成立，总注册资金5000万元。承担着新城东区开发建设及老城区核心区升级改造的任务，主要负责市政工程建设、征地拆迁、回迁安置及土地上市等相关工作。新城东区已累计投资48.3亿元。2012年，铭嘉公司继续推进昌平新城东区的开发建设工作。

（邢健）

单位：北京铭嘉房地产开发有限公司
地址：昌平区南邵镇四合庄村东
电话：(010)60730161
邮编：102200

【参展小汤山温泉文化节】 4月2日至8日，参展第九届小汤山温泉文化节。参展主题是东区文化创意产业的建设与发展。

（邢健）

【土地开发手续办理】 年内，二、三、四、五、六期土地开发手续办理接近完善，七、八、九、十期前期手续加速办理，六期土地的拆迁腾退工作已基本完成。

（邢健）

【市政工程手续办理】 年内，完成南环南路、何营路、南丰路二期等新城东区主干路的相关审批手续，同时办理北环路、北环南路、南丰路等项目的前期手续。

（邢健）

【招商引资和项目落地对接工作】 年内，与招商地产、万达集团、派格太合环球文化传媒等开发单位，就东区开发建设工作进行前期沟通洽谈，多家公司对参与新城东区后续开发建设表达投资意向。

（邢健）

【征地拆迁及控违工作】 年内，拆迁农户4户，签署公建协议7户，总拆迁面积4414.82平方米；查处违章建设45户，拆除总面积约46717平方米，墙约920延米；其中强拆27户，拆除面积约11613平方米，墙约920延米；自拆18户，拆除面积约35104平方米。

（邢健）

【市政工程建设】 年内，南环路、内环路南半环、南环南路一标达到竣工验收和通车条件；南丰路二期二标具备竣工验收条件。

（邢健）

【多渠道筹措资金】 年内，积极争取市、区两级财政投入及与区土储中心协商解决资金问题。主动加强与建设银行、北京银行、浦发银行、兴业银行多家金融机构的沟通合作，成功争取市保障性住房投资中心资金支持，有效保障了新城开发建设的资金需求。

（邢健）

【市领导东区调研】 10月13日，市委常委、市委宣传部部长鲁炜东区调研。

（邢健）

【京港洽谈会推介东区建设】 11月5日，第十六届京港洽谈会在香港举办，区委常委、副区长孙启率团参加。在京港投资合作项目签约仪式上，区政府与招商地产就“昌平新城东区文化创意新区”项目达成战略合作协议。

（邢健）

【制定张营村拆迁补偿方案】 3月，与南邵镇政府开始共同制定张营村拆迁补偿实施方案。此次拆迁首次以《北京市昌平区人民政府关于进一步做好拆迁补偿安置工作的意见》文件精神为主要政策依据，公司多次邀请区住建委参与讨论和指导,也多次邀请张营村两委成员就方案的可行性进行座谈,经过 20 多轮的修改和完善,拆迁补偿方案最终于 11 月 29 日区政府专题会上获得通过。

(邢健)

【启动张营村整体拆迁工作】 12 月 31 日,由南邵镇、铭嘉公司及张营村两委组成的联合工作组,正式启动张营村的整体拆迁工作。

(邢健)

房 屋 管 理

【概 况】 2012 年,共有在拆迁项目 26 个,拆迁许可总建筑面积 714.8 万平方米,完成拆迁 68.3 万平方米。其中住宅面积 26.6 万平方米、非住宅 41.7 万平方米、拆除住宅户数 500 户、非住宅 134 处,6 个重点挂帐村拆迁工作均已完成 90% 以上。区内房屋交易 2.01 万套、成交建筑面积 204.95 万平方米、成交金额 266.65 亿元。办理房屋登记 2.58 万件、登记房屋建筑面积 585.62 万平方米。办理房产他项权利登记 9957 件、登记融资金额 209.97 亿元;老旧小区综合整治计划任务 36.72 万平米,实际开工面积 47.35 万平方米,年内全部竣工,完成任务的 129%。继续开展直管公房修缮工作,完成和平街东里等小区部分楼栋外墙保温、粉饰、重做防水等工程,西环里上下水系统、南环里配电室改造工程,柳树胡同等危旧平房翻建改造工程,直管公房修缮投资 3772.03 万元。本区物业服务资质登记企业 162 家,同比减少 6.8%。外区外埠登记注册本区经营的物业企业 60 家,物业管理从业人员 1.5 万余人。实施物业管理的项目 328 个,同比增加 43.8%。累计组建业主委员会 32 个。区内共有全国物业管理示范项目 1 个,市物业管理示范项目 10 个。本区有房地产经纪机构 331 家,同比减少 24.4%。以“全覆盖、全过程”为原则,对全区在售预售项目和房地产经纪机构开展限购政策落实情况专项检查,检查售房现场 47 个(次),发现问题 9 项,约谈企业负责人 85 人次,开具责令《整改通知》4 份,进一步规范了全区房地产交易市场秩序。

(潘学光)

单位名称:昌平区住房和城乡建设委员会
地址:昌平区南大街太安胡同 5 号
电话:(010)89708757
邮编:102200

【推进拆迁工作】 年内,区拆迁工作总指挥部制定并下发了《关于加快推进 2012 年度全区重点拆迁项目的通知》,要求进一步加大拆迁工作力度,集中人力、物力、精力推进拆迁工作。区内共有在拆项目 26 个(以核发拆迁许可证为准),拆迁许可总建筑面积 714.8 万平方米,其中住宅 338.8 万平方米,非住宅 376 万平方米,许可拆迁住宅户数 9056 户。年内完成拆迁 68.3 万平方米,其中住宅面积 26.6 万平方米、非住宅 41.7 万平方米。住宅户数 500 户,非住宅 134 处。在拆项目累计完成拆迁建筑面积 554.9 万平方米,其中住宅 296.4 万平方米、非住宅 258.5 万平方米,拆迁住宅 7464 户。未拆迁建筑面积 159.8 万平方米,其中住宅面积 42.4 万平方米、非住宅面积 117.4 万平方米、住宅 1592 户。涉及市政基础设施建设拆迁项目 16 个,拆迁总建筑面积共计 44.8 万平方米,其中住宅面积 2.9 万平方米、非住宅面积 41.9 万平方米,已完成拆迁建筑面积 17.2 万平方米。拆迁裁决立案 28 件,作出行政裁决 21 件。申请司法强执 6 件,全部在实际执行前达成协议。行政复议 4 件,全部维持原裁。行政诉讼 81 件,其中一审 46 件、二审 35 件,全部胜诉。

(刘向东 潘学光)

【重点挂帐村拆迁取得进展】 年内,重点挂账村中的中滩村完成签约 321 户,占总量的 92%;东小口村完成签约 423 户,占总量的 98%;芦村完成签约 170 户,占总量的 97%;七里渠南北村完成签约 914 户,占总量的 94%。贺村、马连店村已于上年完成大部分拆迁工作。至此,6 个重点挂帐村拆迁工作均已完成 90% 以上。

(刘向东 潘学光)

【两个新项目拆迁启动】 年内,核发《拆迁许可证》2 件,新启动拆迁项目分别是北京信息科技大学新校区建设项目和昌平科技园三期产业基地项目,涉及住宅 142 户,住宅建筑面积 4 万平方米,非住宅建筑面积 15 万平方米。

(刘向东 潘学光)

【落实私房政策】 年内,办理落实私房政策遗留件 13 件。其中要求补留自留房货币补偿 9 件、要求返还经租房房产土地1件、要求撤销经租房产1件、要求出具经租房原产权人或其亲属信息查询回复2件;要求补留自留房货币补偿中的3件已获市建委批准并评估完毕,评估值49.86万元。已发放补偿款1件,补偿额16.13万元;1件已接受评估结果;1件因申请人对评估结果不满意,认为评估值过低未提交同意评估结果的申请;受理有关经租产、文革产等历史房屋产权问题的各类来信5件,全部答复。

(付丽　潘学光)

【房屋交易与房屋登记管理】　年内,房屋交易2.01万套、成交建筑面积204.95万平方米、成交金额266.65亿元。其中新建商品房成交6330套、成交建筑面积70.46万平方米、成交金额131.1亿元;存量房成交1.38万套、成交建筑面积134.49万平方米、成交金额135.55亿元。办理房屋登记2.58万件、登记房屋建筑面积585.62万平方米。其中初始登记319件、建筑面积256.79万平方米;转移登记2.48万件、建筑面积297.25万平方米;变更登记746件、建筑面积31.58万平方米。办理房产他项权利登记9957件、登记融资金额209.97亿元;办理存量房网签2567件,网签注销2501件。共接收各类房屋登记档案6.61万件。其中权属登记档案3.12万件,他项权利档案3.49万件。接待来人查询权属档案1.48万卷,出具查询证明2079份。受理司法查封1341件,注销查封270件。收缴房屋登记费997万元,代收土地出让金4.97亿元。

(栾昆　潘学光)

【直管公房修缮】　年内,完成南口新西广街4－5号楼、沙河沙阳路15号院、西环里、南环里、北环里、瑞光胡同、御路园、和平街东里等小区部分外墙保温、粉饰、更换雨落管工程,对严重漏雨的楼、平房屋面重做防水,对西环里上下水系统、南环里配电室进行改造;完成水关新村3－6号楼大檐改造;清掏化粪池30座;信报箱安装839户;对昌平褡裢3号、政府南街4号、南口中官房、柳树胡同、半壁街、十一条39－43号等危旧平房进行翻建改造;完成直管公房修缮投资3772.03万元。

(张福芝　潘学光)

【普通地下室管理】　年内,办理普通地下室备案27件,普通地下室备案全部完成。对922处普通地下室使用情况进行核实,检查普通地下室107处,面积20.07万平方米,出具《整改通知》45份。

(张福芝　潘学光)

【城镇房屋安全检查】　年内,完成4832.42万平方米城镇房屋的安全检查工作,明确房屋修缮和防汛重点,实现了城镇房屋安全度汛的目标。完成房屋安全鉴定200项,鉴定房屋建筑面积270.77万平方米。审批住宅小区公共部位维修资金使用申请347件,累计审批专项维修资金3378.1万元,

(张福芝　潘学光)

【老旧小区综合整治】　根据市重大办《关于认真贯彻落实市委、市政府加快推进老旧小区综合整治工作的通知》的要求,昌平区老旧小区综合整治总任务为36.72万平方米。节能改造开工面积47.35万平方米,年内全部竣工,完成任务的129%。抗震节能综合改造开工18栋楼、建筑面积5万平方米。拆除沙河地区危楼3栋、建筑面积7000平方米。对城北街道和沙河镇老旧小区临街33栋楼房进行平改坡改造,完成16栋,其余17栋与抗震加固改造同时进行。完成安福街、东关北里、南环里、红冶钢厂宿舍等12个小区环境综合整治,包括路面、雨污水、绿化、车棚、围墙、传达室翻新改造等。完成7个小区无障碍设施改造。完成10栋简易楼改造,其中拆除4栋。

(庞继业　潘学光)

【物业服务与物业企业管理】　年内,在本区办理物业服务资质登记的企业共162家,同比减少6.8%。其中一级5家、二级25家、三级132家、三级暂定企业不再保留。另有外区外埠登记注册本区经营的物业企业60家。物业管理从业人员1.5万余人。实施物业管理的项目328个,同比增加43.8%。物业管理建筑面积4283万平方米,同比增加45.5%。其中住宅项目240个,建筑面积3823万平方米;非住宅项目88个,建筑面积460万平方米。受理物业服务合同备案284件,其中完成备案130件、待核查127件、待审核27件。累计组建业主委员会32个,涉及小区住宅建筑面积1068万平方米,同比增加12%(118万平方米)。区内共有全国物业管理示范项目1个,市物业管理示范项目10个(五星级2个、四星级8个)。受理涉及物业服务的信访投诉1042件,同比增加135%,全部办结。

(刘长海　潘学光)

【开展物业项目专项整治】　为实现党的十八大期间社会稳定目标,区住建委牵头,协调区市政市容委、区安监局、区卫生局、区民防局、公安分局、消防支队、物业管理纠纷人民调解委员会等9个部门以及7个相关镇街政府成立专项工作组,自9月5日至11月15日,针对回龙观、东小口、北七

家、小汤山、城北、城南、沙河等7个重点镇街、50个物业管理项目进行综合执法检查。共查出问题83处,分别出现在物业服务标准执行、普通地下室和人防工程使用管理、消防安全防范、有限空间安全管理、自备井和水泵房管理、保安员管理等方面。针对以上问题,专项组成员单位依法采取行业指导、限期整改、行政处罚等多种举措,力求有效解决矛盾纠纷和隐患,维护十八大期间物业管理领域安全稳定。

(刘长海 潘学光)

【开展物业企业经营状况抽样调查】 年内,对区内142家物业服务企业经营状况进行抽样调查,结果显示,盈利企业占61%,平均盈利9.2%;亏损企业占39%,平均亏损20.4%;利润率超过10%的企业仅占13.4%。

(刘长海 潘学光)

【房地产经纪机构管理】 年内,本区有房地产经纪机构331家,同比减少24.4%。其中本区注册的经纪机构118家、分支机构213家。办理房地产经纪机构备案410件,同比减少21%。其中经纪机构初始备案31件、变更(重新)备案141件、遗失补办1件、注销2件;分支机构初始备案36件、变更(重新)备案170件、遗失补办1件、注销28件;在加强日常执法检查的基础上,开展专项检查整治3次,检查房地产经纪行业(门店)100余家,检查违法经营房屋租赁地点78处,约谈告诫94人次,下发责令《整改通知书.9份,行政处罚4件,罚没款6.8万元,移送区工商部门进一步处理1批6家经纪机构;受理房地产市场相关投诉659件,包括网上信息平台投诉538件,信访投诉121件,其中涉及房地产经纪行业纠纷投诉203件,涉及商品房销售投诉456件,全部办结。

(候庆刚 潘学光)

【严把商品房预售许可初审关】 年内,共审核开发企业申报商品房预售许可初审手续27件,同比减少37.2%,包括商业项目1件、办公项目1件、限价商品房项目1件、住宅项目24件。涉及开发项目19个,包括楼栋432个、房屋8737套、建筑面积105.2万平方米。其中通过市住房城乡建设委复审取得预售许可25件、正在复审2件;按照“老项目不高于前期,新项目不高于周边”的原则,加大预售申报项目的价格管控力度,当年新建商品房价格有所下降,每平方米降幅500元至1000元,全区存量房市场总体保持平衡态势。开展在售预售商品房专项检查7次,覆盖区内全部29个在售预售项目。受理商品房销售投诉414件,全部办结。其中网上投诉387件、信访投诉27件。

(候庆刚 潘学光)

【严格预售资金监管】 2012年是实行预售资金监管政策的第二年。年内,重点监管预售资金42.96亿元,同比下降62.6%。根据市住建委相关文件要求,于3月、6月、11月对涉嫌违规的开发企业预售项目重点监管资金情况进行了4次专项执法检查,检查开发企业18个、20个开盘项目,发现其中存在预售资金未入账或未全部入帐问题的企业6家,分别约谈了相关开发企业主管负责人,要求立即进行整改,并对其进行复检,监督整改到位。

(候庆刚 潘学光)

【加强限购政策落实监管】 年内,广泛开展“限购”政策宣传,累计发放宣传材料434份。以“全覆盖、全过程”为原则对全区在售预售项目和房地产经纪机构开展限购政策落实情况专项检查,重点对窗口业务人员执行限购政策情况、业务掌握熟练情况、房屋开发企业和售房经纪企业制度建设情况、外地人、军人购房及其工作居住证认证情况、开发企业捂盘惜售情况进行检查。检查售房现场47个(次),发现问题9项,约谈企业负责人85人次,开具责令《整改通知》4份,收回企业《整改报告》、书面说明12份,进一步整顿和规范了全区房地产交易市场秩序,提高了开发企业、经纪机构执行国家限购政策的自觉性。

(候庆刚 潘学光)

【房屋、建筑市场行政监管】 年内,出动300余人次,巡查各类现场126个次,巡检各类法人机构110余家次,下发《整改通知》39份,作出行政处罚15起,罚款金额342.1万元。其中对未取得施工许可证提前开工的违法行为处罚9起,罚款金额308.6万元;对房地产开发企业资质过期、资质超期未变更而继续从事经营的处罚3起,罚款金额10.5万元;对建设单位擅自处分公共部位房产处罚1起,罚款金额20万元;对中介机构违规行为处罚2起,罚款金额3万元。对预售现场进行日常巡查和专项检查,做到发证(预售许可证)一家,检查一家,对销售现场进行100%监管。同时,以暗访、电话咨询等形式对预售开盘项目进行检查。对昌平新城、大学城、创新基地、未来科技城等重点功能区的56个项目施工现场进行综合执法检查,对存在问题的要求立即整改,约谈项目负责人11个次。落实安全生产责任制,形成“横到边、纵到底、全覆盖、无死角”的安全检查工作格局。

(于喆 潘学光)

【办理信访事项】 年内,接待处理群众信访1358件(次),同比增长42.3%。其中群众来信182件、来访56批次、来电投诉256件、网络转办件118件、非紧急746件。涉及小区物业管理572件、房屋工程质量153件、房屋出租管理134件、房地产开发管理86件、地下空间使用管理65件、房地产市场中介管理42件、住房保障管理方面40件、房屋拆改23件、房地产交易管理21件、房屋权属21件、施工安全18件、房屋拆迁管理9件、行政执法4件、其他159件、退回11件。已办结1120件,办结率为82.5%。牵头组织相关部门、顾问律师通过协调会的方式处理疑难信访案件4起,涉及房屋交易、开发企业资质管理、小区物业、房屋出租等方面。

(包立秋 潘学光)

【行政诉讼和复议】 年内,共发生行政诉讼案件95件,其中一审54件、二审41件;被诉具体行政行为由市住建委作出(委托区住建委应诉)的11件,占11.6%;由区住房城乡建设委作出的84件,占88.4%。诉《拆迁许可证》的47件、不服拆迁裁决的12件、要求《撤销拆迁期限延期公告》的10件、诉房屋登记的15件、要求撤销开发企业《暂定资质证书》的5件、诉行政不作为的3件、要求撤销施工许可证的3件。一审审结50件、二审审结38件,均胜诉;一审未审结的4件、因不服区法院判决进入二审程序未审结的3件。发生行政复议案件8件,其中区政府复议审查的2件、市住建委进行复议审查的6件、不服《拆迁许可证》的2件、要求撤销拆迁裁决的1件、要求撤销开发企业《暂定资质》的3件、要求依法确认被申请人不履行政府信息公开法定职责的1件、要求确认行政不作为的1件。行政复议案件已全部办结。其中6件维持具体行政行为、1件驳回当事人复议申请、1件要求履行政府信息公开职责。

(包立秋 潘学光)

【十八大期间维稳与信息工作】 7月中旬至党的十八大结束期间,组织召开维稳情报会商周例会、日例会60余次,收集上报维稳信息周报21篇、日报39篇。认真做好日常信访接待工作,妥善处理好重点人、重点事、历史积案和矛盾纠纷,有效防止群体访、越级访、暴力访等现象的发生。

(包立秋 潘学光)

【认真办理“两会”提案与建议】 年内,承办两会代表建议、提案60件,其中委员提案18件、代表建议42件,全部按时办结。在办理过程中,严格落实提案建议办理责任制,做到责任明确、分工具体、办理及时,积极主动与代表、委员建立沟通和联系,实地走访、了解实情、认真听取代表委员的意见,办理工作取得实效。

(孟巍 潘学光)

国土资源管理

【概 况】 2012年,北京市国土资源局昌平分局(简称“昌平分局”)在市国土局和区委、区政府的正确领导下,紧紧围绕市国土局的中心工作,依法行政、创新思路、主动作为,加快推进建设京北创新中心、国际科教新城,为地方经济社会发展贡献力量。年内,共立案处罚违法用地案件34宗,涉及土地面积150.901公顷,已收缴罚款1110.7万元。对流村镇白羊城村等4宗非法占地案件移交公安机关追究刑事责任。完成区域耕地实际保有量11914.676公顷,高于市政府下达耕地保有量绩效任务(任务目标为10933.33公顷)。

(周继波 季慧)

单位名称:北京市国土资源局昌平分局
地址:昌平区创新路9号
电话:(010)80107022
邮编:102200

【土地利用总体规划修编工作】 年内,开展了《昌平区土地利用总体规划(2006-2020年)》《昌平区镇(街)级土地利用总体规划(2006-2020年)》数据库建库工作,通过市国土局技术审查后,已报国土部备案。根据市国土局统一安排部署,分局还完成了“昌平区市区镇(街)三级基本农田保护区专项规划”初步编制工作,并上报市国土局。

(周继波 季慧)

【土地储备开发情况】 年内,区实现土地储备开发投资约70亿元(任务为60亿元),完成土地储备开发面积492.51公顷(任务数为460公顷),提前超额完成市政府下达的任务指标。

(周继波 季慧)

【土地供应情况】 年内,完成555公顷国有建设用地土地供应，土地供应总量位列全市第一。

（周继波　季慧）

【国土土地使用权日常登记发证工作】　年内，完成日常国有土地使用权登记639宗，土地面积1486.91公顷，其中土地抵押登记236宗，抵押贷款金额288.28亿元。

（周继波　季慧）

【农村土地确权登记颁证工作】　年内，积极开展农村土地确权登记颁证工作。全年完成全区2247宗集体土地所有权确权工作，确权登记2090宗，确权登记率达93.01%，如期完成市政府90%的工作目标。

（周继波　季慧）

【土地权属争议纠纷化解】　年内，攻克了明十三陵文物保护区与22个村集体土地所有权之间历史权属争议难题；解决了涉及公路的800余宗集体土地所有权争议问题、涉及水务系统的50余宗争议问题、10余宗部队与村集体的争议问题，维护了社会稳定和军民团结。

（周继波　季慧）

【政策性住房土地供应工作】　昌平分局成立了保障性住房工作领导小组，每周组织召开调度会，对项目进展情况及存在问题进行重点调度、及时解决。年内，完成保障性住房供地90.77公顷，位列全市前三名。

（周继波　季慧）

【征地审核上报情况】　年内，完成82个项目的用地预审，办理征地及农用地转用30件，征地及农用地转用面积814.65公顷，

（周继波　季慧）

【第十二次卫片执法工作】　年内，圆满完成第十二次土地矿产卫片执法检查专项工作。对卫星遥感发现的230宗违法用地进行拆除整改。共拆除违法用地54宗，占地面积597.9亩，其中耕地面积135.5亩；将全区的问责比例从44%降至4.98%。

（周继波　季慧）

【清理整治小产权房工作】　年内，全区共叫停在建、在售项目4个，遣散施工队3700余人，遣散售楼人员87人，拆除已建未售小产权房8处，共计1.134万平方米，将3起违法建设小产权房当事人移送公安机关追究刑事责任。

（周继波　季慧）

【治理乱采乱挖砂石工作】　年内，共出动盗采砂石执法检查8560人次，查扣盗采车辆51台。对盗采砂石涉嫌犯罪的移送司法机关追究刑事责任，以非法采矿罪和故意毁坏财物罪判决16人。全区65个砂石加工厂已完成砂石清理40处；46个砂石囤料场已完成砂石清理23处；372.64万吨需清理囤料已完成300.86万吨的清理工作，清理率达80.7%。

（周继波　季慧）

【地质灾害防治工作】　年内，积极开展了防治地质灾害动员部署、宣传培训、隐患排查。在7·21特大暴雨灾害中，全区未发生严重垮塌和泥石流等重大灾害，未发生人员伤亡事故。7·21以后，精心研判防治趋势，积极组织开展了灾情调查、隐患排查，将调查结果和处置建议及时上报和下发，并督促责任单位落实。同时完成了流村镇白羊沟崩塌地质灾害治理工程，南口镇居庸关等四个村的四个隐患点的治理工程申报工作。

（周继波　季慧）

【矿山地质环境治理工作】　年内，积极开展废弃矿山地质环境治理工作。完成了凤山矿石灰石治理区和延寿镇花岗岩治理区工程，已累计使用国土部、市财政资金3500多万元，累计治理面积达700多亩，有效减轻了地质灾害威胁和生态环境的修复。

（周继波　季慧）

城市管理

市 政 建 设

【概　况】 2012年是党的十八大召开之年，也是实施“十二五”规划的承上启下之年。在区委、区政府的正确领导下，区市政市容委坚持以科学发展观为指导，以迎接党的十八大胜利召开为动力，强化统筹协调，大力攻坚克难，努力推进全区道路建设、环境建设、城市运行保障等工作，全面完成了各项年度工作任务，促进了市政市容委各项工作取得新的进展。

（马立成）

单位名称：昌平区市政市容管理委员会
地址：昌平区南环东路
电话：(010)69746250
邮编：102200

【全区道路建设稳步推进】 年内，全区道路建设开复工项目达53项（复工31项、开工22项），其中北环路东延一期、路庄桥疏堵等19个项目实现竣工通车；顺沙路、南丰路等25个项目完成年度投资计划的90%以上，全区累计新增道路里程26公里，面积86.9万平方米，完成投资32.01亿元，同比增长43.5%，全区路网结构得到进一步完善。

（马立成）

【线性工程拆迁成绩显著】 年内，按照全区拆迁工作大会要求，确保了陕京三线、京包二期等16项拆迁工作取得重大突破。其中陕京三线、顺沙路等6个项目已基本完成拆迁任务，十里长街、轨道8号线北延等3个项目已完成总任务的50%以上，海德堡花园东路等4个项目已经启动并取得一定进展，累计完成住宅及非住宅拆迁248宗、面积18万平方米，伐移树木173.3万株，完成拆迁资金7.3亿元，为市区重点项目进场施工奠定了基础。

（马立成）

【环境建设重点项目全面完成】 年内，共安排轨道交通昌平线、西关路、西环路等16个重点环境建设项目（续建5项、新启动11项），已全部完工，累计完成投资2.8亿元，拆除违章建筑4836平方米、清理渣土59.5万吨、整理绿化用地89.6万平方米、种植地被28.5万平方米、铺装12万平方米、粉饰20.8万平方米，全区主要道路、铁路两侧环境面貌得到明显改善。

（马立成）

【环境秩序整治效果明显】 年内，以迎接十八大召开和国家卫生区复审为契机，充分发挥区环办的统筹协调作用，全面加强环境秩序整治工作，相继组织实施了迎十八大、迎“两节”、“两会”、规范建筑垃圾渣土等3项百日环境整治行动，开展了迎接国家卫生区复审环境整治、老旧小区街巷胡同环境整治、铁路沿线环境整治、优美小区街巷胡同创建、村庄环境升级达标等工作，采取落实“门前三包”责任制和挂销账制度等措施，对私搭乱建、非法小广告、黑车黑摩的、白色污染、游商摊贩、店外经营等痼疾顽症进行全面治理，全区环境面貌发生了很大变化。

（马立成）

【环境卫生管理不断加强】 年内，基本完成延寿镇垃圾中转站建设工程和为各镇（街）配备环卫设施工作。抓好道路清扫保洁，完成所属141条道路661万平方米的清扫保洁任务。开展非正规垃圾填埋场治理，基本完成马池口镇百浮村东南等3处非正规垃圾填埋场治理任务。加强建筑垃圾源头管理，完成245辆建筑垃圾运输车辆“四统一”相关标准标识规范工作，推进阿苏卫垃圾场回迁楼建设，目前回迁楼控规已得到批复，建设方案编制及占地拆迁工作已经完成,施工单位已经进场。

(马立成)

【垃圾分类工作稳步推进】 年内,完成25个居住小区垃圾分类推广工作,兴寿、南口和十三陵等镇农村地区实现垃圾二次分选。通过以上努力,全区垃圾总量控制在了41万吨,比去年仅增长了3.6%,实现了垃圾增长率控制在6%以内的目标,生活垃圾无害化处理率达到了95.2%,干净指数得到了提升。

(马立成)

【环境应急保障圆满完成任务】 年内,随着昌平地位的提升,影响力不断加大,重大活动、重大事件及重要领导来昌活动日益增多,为树立昌平的良好形象,加大了环境保障力度,协调各部门、各镇(街)共出动人员1.7万人次,车辆2400余次,清运垃圾渣土4904吨,圆满完成了世界草莓大会、中央领导来昌植树、环京公路自行车赛、中央领导视察未来科技城等40余项重大活动环境保障工作,为昌平赢得了美誉。

(马立成)

【城市设施平稳运行】 年内,加大地下管线、路灯等城市设施的建设维护力度,保证了各项城市设施的完好正常。落实地下管线及井盖设施综合协调管理责任,完成对9448.6公里地下管线、12.67万个检查井井盖、2.52万个雨水篦子的安全巡检工作。加强交通设施建设,新建交通信号灯6处、闯红灯监控29套,设置道路标线7500米。完善停车设施,完成城铁5号线天通苑北站临时停车场、水南路大货车停车场建设工程以及2个小区机械式立体停车楼建设试点工作,实施了36处老旧自行车棚维修改造和16处自行车棚新建工程,设置了机非隔壁护栏8000延米、阻停桩1.5万根,施划停车位2100个、路侧停车线2.4万延米。抓好道路公共服务设施的更新维护工作,完成更新座椅71个、路名牌25个、交通标志牌121面等。加强夜景照明设施建设维护工作,新建路灯327基、改造汞灯411盏,确保了98%的亮灯率,修复各种夜景灯具3154盏。

(马立成)

【网格化城市管理水平不断提升】 年内,按照精细管理,提高效率的理念,进一步加大信息化在城市管理中的应用。投资1350万元,完成了城市体征智能监控系统等9个方面的软件开发工作;建成东小口、回龙观分中心并投入使用,网格化覆盖范围从32.9平方米公里增加到100平方公里,网格从1116个增加到2883个;实现了与市级平台的对接,形成了市级平台－区级平台－分中心"三级管理模式。在提高平台信息化水平的基础上,按照采集、立案、派遣、处理、反馈、反馈处理、结案的工作程序,加大对有关部门的协调力度,提高了办事效率。全年,共受理案卷77960件,结案71347件,结案率达91.5%。此外,不断提高应急保障能力,做到有组织、有装备、有队伍,圆满完成了世界草莓大会、扫雪铲冰、7·21特大暴雨等应急保障任务。

(马立成)

【道路建设完成情况】 年内,全区累计完成道路建设投资32.01亿元,同比增长43.5%;实现开复工道路建设项目53项,比2011年增加10项,其中19个项目实现竣工通车,新增道路里程36.7公里,新增道路面积114.5万平方米。

(魏斌)

【道路项目前期手续】 区市政市容委共取得道路项目立项、设计方案、规划意见书等批复46件。

(魏斌)

【道路统计信息】 截至年底,全区道路总里程2196.7公里,道路总面积3553.25万平方米,路网密度163.5公里/百平方公里,列10个郊区县第三位。

(魏斌)

【"六纵、八横、十一联络"完成规划情况】 年内,主干路网"六纵、八横、十一联络"完成规划总里程221.4公里,规划实现率49.49%,比2011年提高8.4%,其中六纵规划实现率65.4%,八横规划实现率50.7%,十一联络规划实现率28%。

(魏斌)

【南丰路实现通车】 怀昌路至百沙路,全长4980米,红线宽60米,主干路。年底全线通车。

(魏斌)

【南中路实现通车】 京密北路至内环路,全长1117米,红线宽50米,主干路。9月,全线通车。

(魏斌)

【未来科技城北区次干路】 未来科技城北区次干路道路累计全长8570米,红线宽30米至40

米。年内,除神华规划四路外其它均完工,神华规划四路完成总工程量的50%。

(魏斌)

【未来科技城北区支路】 未来科技城北区支路道路累计全长4100米,红线宽15米至25米。年内,除新奥枫庭东侧路支线外均已具备通车条件,新奥枫庭东侧路支线完成总工程量的70%。

(魏斌)

【未来科技城综合管沟】 未来科技城综合管沟分为一期和二期,全长3940米,截至年底,一期工程完工,完成预验收;二期主体结构基本完成。

(魏斌)

【创新基地二十号路】 西区三号路至踩河南路,全长3008米,红线宽40米至50米。马满路以北路段10月通车。马满路以南路段待拆迁。

(魏斌)

【崔昌路东延】 怀昌路至安四路,全长3500米,红线宽40米,一级公路。截至年底,基本完成拆迁工作,道路工程完成95%,综合管线完成93%。

(魏斌)

【鲁疃西路北段】 定泗路至顺于路西延,全长2260米,红线宽45米,主干路。截至年底,拆迁全部完成,累计完成总工程量的99%。

(魏斌)

【顺于路西延】 立汤路至京承高速,全长6750米,红线宽45米,主干路。截至年底,道路完成总工程量的50%,桥梁完成总工程量的35%。

(魏斌)

【七北路】 七星路至京承高速,全长5800米,红线宽40米至45米,主干路。截至年底,累计完成总工程量的22%。

(魏斌)

【十里长街东延】 林萃路至建材城东侧路,全长1595米,红线宽60米,主干路。3月开工,截至年底,综合管线完成25%。

(魏斌)

【福田中街】 福田西路至京包铁路西侧规划路,全长1450米,红线宽30米,次干路。截至年底,管线和道路施工完成约700米,累计完成总工程量的48%。

(魏斌)

园 林 绿 化

【概　况】 2012年,昌平区园林绿化局紧紧围绕绿色发展理念,全力打造高品质生态风貌,努力营造适应昌平发展要求的生态品质和环境秩序,景观效果逐步提升,绿色空间大幅拓展,圆满完成了各项任务。截至年底,区林地面积为86127.89公顷,林木绿化率为64.07%,森林覆盖率为42.57%。完成平原地区造林面积3.5万亩,完成京津风沙源治理6.6万亩,包括人工造林5000亩、爆破造林1000亩、封山育林6万亩,完成彩色树种造林工程2000亩,完成生态效益促进发展机制森林健康经营工程,抚育中幼林4.4万亩。完成为民办实事工程绿化改造面积10.5万平方米。为昌平建设天蓝、地绿、水清,城乡风貌秀美的魅力之区打下良好基础。

(张雷)

单位名称:昌平区园林绿化局
地址:昌平区政府街10号
电话:(010)69742677
邮编:102200

【平原地区造林工程圆满完成】 年内,完成3.5万亩平原地区造林任务,共栽植各类乔灌木210万株,完成地上物拆迁31.7万平方米,清理渣土390万立方米,客土300万立方米。

(张雷)

【未来科技城绿化建设工程】 年内,滨水森林公园迎检路线周边可视范围内地块全面进场施工,已完成绿化面积60万平方米,栽植各类乔灌木3.8万株;鲁疃西路及未来科技城北区13条道路绿化工程先后启动,已完成绿化面积8万平方米,栽植乔灌木共计4.1万株,栽植宿根花卉及地被3.7万平方米。未来科技城展厅公园已顺利竣工,景观效果逐步呈现。

(张雷)

【京津风沙源治理工程】 年内,完成6.6万亩京津风沙源治理工程，包括人工造林5000亩、爆破造林1000亩、封山育林60000亩，涉及流村、南口等6个镇，共栽植油松、侧柏、黄栌等苗木44.4万株。

(张雷)

【彩色树种造林工程】 年内，完成2000亩彩色树种造林工程，建设地点位于崔村镇、延寿镇，共栽植各类彩叶树种10万株。

(张雷)

【生态效益促进发展机制森林健康经营工程】 年内，完成2012年生态效益促进发展机制森林健康经营工程中幼林抚育4.4万亩。

(张雷)

【滨河森林公园】 昌平新城滨河森林公园总建设面积11643亩，其中绿化面积约5880亩。建设地点位于昌平区东沙河、南沙河、北沙河，北起十三陵溢洪口，向南绵延20.6公里。年内，工程整体完成形象进度90%，工程累计完成清单内土方量为123.18立方米。累计种植各类苗木71.67万株，其中乔木15.35万株，花草、地被播种473.4万平方米；园路及广场基础完成95%，园路铺装完成89%。

(张雷)

【东小口森林公园(二期)建设】 东小口森林公园(二期)占地1113亩，总投资5106万元，项目于3月1日正式开工。种植各类乔灌木5.1万株，铺设园路3万平方米，建设广场、林荫停车场2.3万平方米，铺设给排水管线2万米，更新机井2眼，建设管理服务用房3400平方米。

(张雷)

【半塔郊野公园】 半塔郊野公园占地430亩，总投资1191.4万元，项目于4月1日正式开工。种植各类乔灌木1.9万株，地被植物7万平方米，新建园路1.2平方米，建设广场、林荫停车场8634平方米，铺设给排水管线7697米，更新机井2眼，建设管理服务用房1350平方米。

(张雷)

【代征绿地收缴】 年内，完成京基开发公司(23.4公顷)、佰嘉置业有限公司(1.25公顷)、北京洋房(17.6公顷)、宏大金华公司(1.25公顷)4个项目代征绿地收缴并用于平原绿化，共计43.5公顷代征绿地收缴工作。

(张雷)

【绿地监管】 年内，接到区城市管理监督指挥中心来件3160件，办结3155件，办结率99.84%。自2012年起城市管理信息系统考评结果纳入区政府督察考核工作指标，对该项工作提出更高更严谨的要求。

(张雷)

【为民办实事工程】 年内，为民办实事工程圆满完成，绿化改造面积10.5万平方米，涉及城区9条路、沙河高教园3条路以及昌平公园、南口公园、生命科学园绿化改造。

(张雷)

【义务植树】 年内，累计有约35万人参加了植树活动，新植树木40.8万株。接待中央军委、中宣部、国务院办公厅、北京市委、市政府等领导参加义务植树活动，承办了“首都文化林”、“首都学雷锋志愿林”、“青年林”、“中国石油碳汇林”等共计8项大型义务植树活动，直接参加活动人数达7000余人，栽植树木4.5万余株。

(张雷)

【护林防火】 年内，共接森林火情报警16起，其中发生1起一般森林火灾。查处野外违法用火53起、查处各类火灾隐患7起、印制各类宣传物品20万份、清理可燃物1.1万公顷。全区共有6227名护林员、11支巡查队、84名巡查员和28座瞭望塔、58名瞭望员。

(张雷)

【林业执法工作】 年内，共接待来信、来电、来访举报193件。其中接待来访8人、接电话举报148件、来信3封、信访5个，相关部门批转29件。经民警出警调查，事实清楚证据确凿，依法处理结办案件26件。其中结办行政案件26件(毁坏林木15起、滥伐林木3起、盗伐林木4起、违规移植2起、违法用火2起)。共立2起刑事案件，均正在调查处理中。实施行政罚款72484元，补种树木3317株，处理违法人员15人，违法单位11个。其他报案主办民警均按接处警办法进行了妥善处理，其中移交相关部门28起、无线索48起、有采伐许可证13起、治安调解20起、无违法事实24起、重复报警15起、不予受理12起、撤案7起。

(张雷)

【林木伐移审批管理】 年内，区共发放《林木采伐许可证》445件，采伐林木148102株，蓄积

11812.82 立方米。严格执行限额采伐管理。林木移植发证 84 件、31443 株;树木砍伐审批 17 件、78 株;树木移植 15 件、193 株。

(张雷)

【林地审批管理】 年内,共办理征收、占用林地许可证 9 件、19.3345 公顷。其中临时占用 3 件,工程项目有昌平区未来科技城供水工程,涉及林地 1.7018 公顷;西沙屯门站出线天然气工程,涉及林地 3.1797 公顷;陕京三线输气管道工程北京段(良乡分输站 - 王佐及北安河至西沙屯段)工程,涉及林地 6.9634 公顷。永久占用 6 件,工程项目有西三旗建材城东三区住宅及配套 D 区土地一级开发,涉及林地 0.3274 公顷;沙河镇巩华城 2#地东土地一级开发,涉及林地 0.4252 公顷;沙河镇踩河学校工程建设项目,涉及林地 0.6657 公顷;顺于路西延(立汤路京承高速公路)道路工程项目,涉及林地 1.9567 公顷;区拘留所迁建工程,涉及林地 0.6255 公顷;南口镇工业用地(二期)土地一级开发项目,涉及林地 3.4891 公顷。

(张雷)

【有害生物防控】 年内,共做产地检疫证明 65 份,检疫苗圃总面积 2.1 万亩,检疫苗木 2143 万株。

(张雷)

【野生动物保护管理】 年内,累计监测到野生鸟类 180 万只,未发现野生动物传播疫源疫病异常现象;救助雕枭、大雁、猫头鹰等野生动物 19 只。

(张雷)

环 境 卫 生

【概　况】 2012 年是党的十八大召开之年,是实施"十二五"规划的关键之年,也是加快推动全区经济社会科学发展、转型升级的重要一年,一年来,昌平区环境建设办公室按照区委、区政府总体部署,以贯彻落实科学发展观为统领,提升可持续发展能力为核心,深入落实"全区统筹、部门联动、社会参与、齐抓共管"的工作体制,按照"整体推进、重点提升、精细管理、服务群众"的原则,完善工作机制、加大投入力度、巩固建设成果,努力提高市容环境、生态环境、设施环境和秩序环境水平。年内,安排市容、设施、生态、秩序四大类环境建设任务 129 项,实现了当年全部完成。市容环境干净指数、城市容貌指数和生活垃圾资源化处理指数全部达标并超额完成,国家卫生区复审顺利通过,十八大保障圆满成功,在首都城市环境建设考核评比中,荣获郊区县排名第二,荣获"2012 年度首都城市环境建设优秀区县"、"城市管理先进区县"和"垃圾三化处理先进区县"荣誉称号。

(刘攀)

单位名称:昌平区市政市容管理委员会
地址:昌平区南环东路
电话:(010)69746250
邮编:102200

【进京第一印象区域环境整治】 第一印象整治工程包括京包铁路 S2 线沿线、京通铁路(昌平段)、轨道交通 8 号线站点周边、京新快速路(G7)回龙观段沿线两侧整治。年内,共清运渣土 45.5 万立方米,平整绿化用地 16.2 万平方米,种植乔灌木 5.88 万株,种植地被 14.41 万平方米,建筑物粉饰 4.46 万平方米,完成铺装 3800 平方米。

(刘攀)

【五条重点大街达标工作】 年内,为落实首都环境建设办部署,安排五条重点大街道路达标工作,包括西关路、西环路、立汤路(东小口段)回龙观西大街和北环路东延两侧整治项目。共清运垃圾渣土 7.3 万立方米,绿化美化 1.1 万平方米,种植乔灌木 6800 株,地被花卉 5.53 万平方米,外立面清洗粉饰 14.3 万平方米,硬化铺装 8.4 万平方米,整治广告牌匾 2864 平方米,安装人行道桩、交通标志牌 545 个、自行车支架 138 延米,取得了良好的整治效果。

(刘攀)

【老旧小区、街巷胡同环境整治】 年内,完成了大三尖、西关北路、清秀园、宽街、道署等五个老旧小区、街巷胡同环境整治工作。通过修补硬化路面、绿化补植、更换单元防盗门、安装路灯等,共完成楼顶防水 3159 平方米、路面硬化 934 平方米、路面修补 132 平方米、更换单元防盗门 51 扇,使小区、胡同面貌焕然一新。

（刘攀）

【村庄环境整治】 年内，为加快城乡一体化发展，以创建国家生态区为目标，推进和完成48个村庄的环境整治任务。打造了宏道、石头园、西山口、北照台、木厂等又一批优秀村庄。全区已有158个村庄环境达标，约占全区村庄总数的70%，基本实现了农村环境“干净、整洁、路畅、村绿、建制”的目标。

（刘攀）

【“门前三包”管理工作情况】 年内，区政府召开专题部署大会，印发了《关于进一步做好“门前三包”责任制管理工作的意见》，在全区启动“门前三包”责任书签订工作，签订“门前三包”责任书1.1万份。在“门前三包”责任制管理工作中，一是建立日常检查和联合检查工作机制，督促各单位落实管理责任；二是实行“门前三包”责任挂销账和主责部门负责制，督促各管理部门及下属单位落实“门前三包”责任。

（刘攀）

【环境应急保障工作】 随着区重大活动日益增多，不断加强环境保障，进一步完善各项工作。年内，协调相关部门和镇（街）出动人员2.1万人次，车辆2800余次，清运垃圾渣土2.8万吨，拆除私搭乱建9000余平方米，圆满完成了世界草莓大会、环京公路自行车赛、世界魔术大会等40余项重大活动环境保障任务。

（刘攀）

【环京公路自行车赛环境保障】 年内，为全面做好北京国际公路自行车赛环境保障工作，营造良好的比赛环境和良好氛围，区环境建设办牵头，各相关镇（街）积极行动，开展市容环境卫生整治、拆除私搭乱建、治理环境秩序。共出动人员5681人次，车辆587车次，清理垃圾、渣土1.2万吨，种植乔灌木1200株、地被2000平方米，粉饰赛道沿线墙面2.7万平方米，修建永久围墙1399延米，清理小广告1万余张，整治游商摊贩、黑车87起，完成了整治任务，赛道两侧环境水平有了明显的提升。

（刘攀）

【国家卫生区复审工作】 2012年是区国家卫生区复审年，区下大力气做好市容环境整治工作。环境卫生方面：扩大道路清扫保洁范围，增加保洁频次，延长道路清扫作业时间，实行“门前三包”主责部门负责制，建立季末清洁日活动制度，加强公厕、垃圾中转站的专业督查，及时补充环卫设施，提高管理质量；环境秩序方面：加强广告牌匾整治，对违规广告牌匾进行普查，建立了整治任务台帐，并组织开展整治，会同城管监察大队，共拆除违规广告牌匾1365块；完善停车设施管理，新增停车位2100个、更换破损停车标牌150块、安装人行便道阻停桩2300根、安装自行车停车架3150延米、规范自行车棚50处；对4225处环境秩序问题进行了挂账督办，销账4105处，销账率达97%，为国家卫生区复审营造了良好的秩序环境，在两拨次的国家卫生区复审检查中得到了专家的好评。

（刘攀）

【全面完成卫生区复审工作】 年内，按照区卫生区复审工作安排，一是成立市容环境和城中村及城乡结合部卫生组指挥部，指挥部负责督促各成员单位，发挥监管协调作用，督导解决难点和突出问题；二是编制《昌平区市容环境卫生和城中村与城乡结合部卫生组迎审工作实施方案》，细化卫生区复审区域环境卫生工作任务，明确管理责任、工作标准和整治时限。三是发挥环境卫生牵头部门作用，在复审期间成立5支环境卫生督导检查组，通过挂账销账方式检查督促各镇（街道）和各相关管理部门落实责任，提高工作标准，共挂账139件。四是扩大昌平城区城市道路专业清扫保洁范围，将绿化带和“门前三包”卫生面积纳入保洁范围内，做到“墙到墙边到边”、“一把扫帚扫到底”，同时临街胡同向内延伸30米专业保洁，保洁面积由661增加到692万平方米。五是增加专业保洁频次、延长道路清扫作业时间，环卫部门每天出动清扫保洁人员由600人增至880余人，清扫作业时间由10个小时延长至18个小时，由两个班次调整为三个班次，复审期间内共清理垃圾12.1万吨、清理非法小广告200余万张。六是加强公厕、垃圾中转站等环卫设施的专业督导检查，检查小组每天对公厕、垃圾中转站等环卫设施的使用和维护情况进行督查，对照国家卫生区标准，对出现问题的公厕、垃圾中转站及时向管理单位反馈，督促其尽快整改。

（李艳秋）

【起草环境卫生长效管理意见】 年内,为加强全区城乡环境卫生管理,完善管理政策和措施,一是会同区财政局到顺义区、西城区和延庆县进行调研,学习兄弟区县环境卫生好的管理经验和做法,找准全区环境卫生管理存在的主要问题和突破点。二是依据市相关部门的新政策、新标准,结合昌平区环境卫生存在的问题,起草《关于进一步加强昌平区环境卫生管理工作的意见》。

(李艳秋)

【垃圾分类工作开展有条不紊】 年内,继续在25个居住小区开展垃圾分类工作,完成1030个桶站建设、设置垃圾桶1500只、配置电瓶车42辆,配送户用分类垃圾桶4.8万只和垃圾袋2000万个,设置绿袖标指导员500余人;12所大学厨余垃圾就地处理工作按照要求,完成实地调查、实施方案制定等工作。截至年底,全区共收运生活垃圾44.7万吨,与去年同期44.2万吨相比增长0.5万吨,生活垃圾增长率为1.15%。

(李艳秋)

【开展非正规垃圾填埋场治理】 年内,开展南邵营坊村西、马池口白浮村东南及崔村镇西崔村西侧3处非正规填埋场治理工作。治理过程中,依照推进可持续发展方针,积极探索新技术,力争使各填埋场恢复生态平衡,并使筛分垃圾得到零填埋处理。同时,完成小卫星检测治理工作,年初市里挂账的4处脏乱点均已消除。

(李艳秋)

【完成垃圾中转站建设】 由于2011年乡镇区划调整,新组建的延寿镇地处北部山区,垃圾收运较远、山村间跨度较大,需要建设垃圾中转站,提高地区生活垃圾密闭化管理和收运能力。为此,按照区政府为民办实事项目要求,年内,完成在延寿镇建垃圾中转站工作。建设总投资230万元,建筑面积400平方米。

(李艳秋)

【完成镇街环卫中心垃圾收运设备配置工作】 年内,安排3755万元,为各镇街配置垃圾桶4000余只、大箱600个、垃圾车62辆、其他环卫用车30辆等。按照市市政市容委安排,完成环卫处、回龙观市政所和天通苑市政所45台电动汽车配置工作。

(李艳秋)

【深入做好"门前三包"责任制落实工作】 年内,做好"门前三包"责任制落实工作。一是按照区委区政府"门前三包"责任制管理工作大会的部署和区委、区政府《关于进一步做好"门前三包"责任制管理工作的意见》要求,启动沿街单位(商户)"门前三包"责任书重新签订工作,签订"门前三包"责任书1.1万份;二是成立"门前三包"责任制落实督导检查工作小组,通过日常检查和联合检查措施,督促沿街机关单位和商业店铺落实"门前三包"责任;三是建立"门前三包"责任制挂销账和主责单位管理制度,督促党政机关、职能部门首先落实"门前三包"责任制,并牵头组织下属单位落实"门前三包"责任制,为沿街商铺落实"门前三包"责任制起了带头和示范作用。

(李艳秋)

【认真做好今冬明春扫雪铲冰工作】 年内,按照市政府扫雪铲冰工作安排,编制《昌平区2012年扫雪铲冰工作方案》,建立扫雪铲冰应急响应机制,成立200余人的应急保障队伍;做好扫雪铲冰设备物资储备工作,采购储备融雪剂1900吨,扫雪铲冰车辆85台,推雪板、扫雪滚刷85个。为提高区环卫处冬季扫雪铲冰工作能力,协调完成环卫处融雪剂库房建设前期手续办理工作。

(李艳秋)

【城区街道清扫实行"全天候动态保洁"】 年内,完成环卫处、回龙观所及天通苑所共负责141条道路650万平方米的清扫保洁任务,其中可机扫面积515万平方米,已机扫面积504万平方米,机扫率已达到97.9%,人工保洁率为100%。其中环卫处负责昌平、南口地区、沙河科技园区82条街道370万平米道路清扫保洁工作,可机扫面积279万平方米,已机扫面积为268万平米,机扫率达到96%,冲刷率为96%,人工保洁率达到100%。回龙观市政所负责回龙观文化居住区内38条街道190万平方米的清扫保洁任务,道路可机扫面积173万平方米,已机扫面积为173万平米,机扫率已达到100%,人工保洁率为100%。天通苑市政所负责天通苑居住区内21条道路90万平方米的清扫保洁任务,道路可机扫面积63万平方米,已机扫面积为63万平米,机扫率已达到100%,人工保洁率为 100%。

(李艳秋)

【加强公厕管理】　年内,加强公厕管理,保障群众如厕方便。一是做好公厕开放工作,为周边群众做好服务。近几年来为各镇(街道)建设达标公厕 300 余座,按要求全部对社会免费开放,并按照《北京市城市公厕服务管理标准》(农村地区参照执行),安排专职保洁员负责公厕的日常保洁和设施设备的维护,做好公厕管理。二是建立公厕管理和维护制度,保持公厕的正常使用。按照《北京市公厕管理办法》,建立公厕安全管理和使用制度,公厕内设施设备摆放有序,不得将公厕改为它用。加强公厕设施设备维护,保证公厕内设备正常使用;做好公厕上下水等设施检查,定期清掏化粪池,保持上下水管道的畅通。三是做好公厕管理的检查,不断提高公厕管理质量。按照《昌平区 2009－2012 年城乡环境卫生管理工作的意见》和《昌平区环境卫生工作督察考核奖励办法》,每季度对全区公厕的使用情况进行检查,落实公厕管理责任制,加强公厕管理和服务质量,保障各类公厕的正常使用和公厕周边环境的整洁卫生,不断提高全区公厕管理水平。

(李艳秋)

供　水

【概　况】　2012 年,自来水公司进一步完善供水基础设施建设,为区的生产、生活用水提供保障。年内,共铺设供水管线约 23.6 公里,挖填土石 8.7 万立方米,砌筑各类井 634 座;安装阀门 1054 个,安装水表 468 块,安装消火栓 117 台,水表出户改造 500 余户。全年售水 2391 万立方米,实现水费收入 6864 万元;全年更换水表 6556 块,修漏 236 处,大口径管道抢修 9 次,修漏及时率 100%,查表正日率 100%,查表准确率 100%。管网漏失率 6.48%,千吨水耗电 360 度。

(王欣)

单位名称:昌平自来水有限责任公司
地址:昌平区南环路 53 号
电话:(010)69746788
邮编:102200

【夯实供水能力建设】　年内,为满足区社会发展和经济建设用水,自来水公司挖潜能、想办法,逐步推进供水能力建设。真顺水厂完成 7－10 号水源井的设备安装和管道冲洗工作以及水源井光纤连接和自控系统的调试,使水厂对水源井设备实现了远程调度控制和监测。邓庄水厂改扩建工程已完成 9 公里管线安装和加药间土建主体施工任务,完工后可使供水规模由 4 万立方米扩建到 7 万立方米,将暂时解决城区水资源量不足的问题。沙河地下水厂设计供水规模为 4 万立方米/日,规划用地 4 公顷,水厂选址位于八达岭高速公路路庄桥西侧,年供水量约为 1460 万立方米,已完成立项评审前的全部手续,该工程已列入市发改委项目库,等待市发改委评审、立项。昌平地表水厂完成项目可研编制、水土保持方案编制,开始报市水务局审批。真顺水厂供水输配至沙河大学城,在夏季供水高峰来临前确保沙河地区供水安全,实现了跨区域水资源调配。

(王欣)

【狠抓为民办实事工作任务】　年内,自来水公司高度重视为民办实事工作任务,抢工期、保质量,圆满完成施工任务。沙阳路供水干线,实施了二期工程,实现了与福田西路主干线的连通,该管线已开始为南一村公租房项目和保利房地产项目提供用水需求。该项目的实施,满足区域经济社会发展需要,使公司供水服务范围进一步扩展。

(王欣)

【落实重大管线工程】　年内,自来水公司抢工期、保质量,高标准地完成全年各项施工任务。沙河应急调水 DN600 主干管线的冲管并网工程顺利完成;穿越滨河森林公园干管工程完成施工、监理招投标及穿河相关协调、手续工作,完成北沙河穿越工程;南丰路供水管线工程,设计 DN800 球墨铸铁管线 6 公里,已完工 5.4 公里;顺沙路给水管线工程,设计 DN600 球墨铸铁管线 4.6 公里,已完工 2.7 公里,剩余 1.9 公里管线随道路改造同步实施;昌平城区应急供水工程,输水、配水管线采用DN800球墨铸铁管,管线全长14公里,沿线经过三镇六村,四次穿越高速公路,四次穿越铁路,五次穿越河道,年内完成水资源论证、评审、批复等手续,完成9公里管线安装和加药间土建主体施工。

(王欣)

【加快二次供水工作】 昌平作为北京市首家承接二次供水管理的区县,为全市二次供水建管一体化工作的开展探索了新的思路。二次供水管理办法执行一年以来,已有6家单位将二次供水设施交由公司维护管理。从二次供水方案确定,设备采购、安装,到远程监控系统运行调试,再到项目正式移交,做到环环相扣,稳步推进。构建开发平台对各项目设备进行远程24小时监控,及时发现设备存在隐患,实现远程巡检,自动接收设备报警,及时了解设备的运行状况,保证设备运行的安全性,可靠性,保证用水的供应,有效的节省了人力、物力以及财力等资源。二次供水工作的展开,使供水服务事业更加细化和透明化,同时,规范了我区高层建筑二次供水设施管理,解决了二次供水管理不善、产权不清、水质污染等问题。

(王欣)

【推进户表改造工作】 年内,为实现"为民、利民、不扰民,查表到户不入户"的服务宗旨,针对历史原因造成的昌平地区平房用户"多户一表"、住宅楼内部供水管道老化、腐蚀、漏水,产权单位或物业公司无人管理和维修等情况,自来水公司继续推进"水表出户"改造。截至年底,完成水表出户改造534户,砌井61座,铺设室外给水管线1022米。

(王欣)

【加强水质检测能力建设】 年内,自来水公司水质检测中心(昌平监测站)顺利通过北京市计量检测科学研究院计量认证评审组资质认定复评审和扩项评审,新增19个检测参数,检测能力增至72项,位列北京市城市供水水质监测网12家区县站第一。

(王欣)

节 水

【概 况】 2012年,按照《节水目标责任书》的任务和要求,经全区共同努力,按时完成目标考核要求的相关内容,使水资源利用总量、污水处理率、万元产值GDP耗水量全部达到了年初指定的目标,实现水资源的科学化、规范化管理。

(李国峰 庄栋民)

单位名称:昌平区水务局
地址:昌平区昌平路25号
电话:(010)89749740
邮编:102200

【严格用水总量控制与计划管理】 年内,严格用水总量控制,定额管理。2012年昌平区下达用水计划指标21954万立方米,全年实际用水20919万立方米,比指标值低4.7%(减少1035万立方米)。利用节水管理信息系统加强了对全区1136个企事业单位用水的动态管理,对67个用水户进行预警,发放预警通知单263份,有效促进了用水单位的节水意识。同时严格执行超计划加价措施,对17个超计划用水户水费进行了加价收费,收缴加价水资源25.91万元。

(李国峰 庄栋民)

【持续加强节水监督检查】 年内,加大对1136户用水单位的日常节水检查力度,检查覆盖率达100%;特别加强对52个用水大户的检查;另外还检查洗车站点32个、洗浴中心22个、高尔夫球场7个、滑雪场2个;检查居民小区制售水机116户;联合卫生、质检等多个职能部门,就废水直排、用水卫生和产品质量进行专项检查。对高耗能、高污染、高耗水"三高"企业的12个单位进行了重点检查,对存在的问题提出了具体的要求,并将9个单位列为退出"三高"企业的对象。

(李国峰 庄栋民)

【继续开展节水创建工作】 年内,重点推进驻昌平区中央单位和中央企业的节水创建工作。全年完成节水创建企业(单位)10个、节水小区4个、节水村庄15个。

(李国峰　庄栋民)

【加大雨洪利用工程建设】　年内,建成雨水利用工程14处,增加蓄水能力2.32万立方米。其中未来科技城项目单次降雨最大量可滞蓄雨水1.9万立方米,年均可滞蓄并渗透利用雨水25.5万立方米。完成老旧小区透水地面铺装2000平方米。

(李国峰　庄栋民)

【节水“三同时”制度和节水器具换装工作】　年内,审查节水设施项目22个,完成节水设施竣工验收项目12个。对南口机车车辆厂东西社区、玻璃厂宿舍、红冶家属区的7200户居民进行了节水器具换装,完成换节水型水箱配件2560套(件)、节水型水箱320套、节水型水龙头8590个、马桶节水阀门562个。

(李国峰　庄栋民)

【深入开展节水宣传工作】　年内,节水宣传工作以深入宣贯《北京市节水办法》为中心,开展了“做文明有礼的北京人,节水护水我先行”等活动。4月30日,昌平电视台就如何利用中水为百姓服务进行了专题报道;3月26日邀请社区居民、居委会等各方代表参加了居民节水方式方法的座谈会。继续开展节水大讲堂活动,先后在北京泰宁科创雨水利用有限公司和农垦干部管理学院,聘请了专家就雨水利用和节水技术管理等相关知识进行了授课,全区11水务站和部分用水单位代表参加了学习。在“世界水日、中国水周”宣传周期间,联合精神文明办公室开展丰富多彩的宣传活动,使用展板280块,悬挂横幅60余条,向现场群众共发放了节水知识、法规、画册等材料5.8万件,布袋、节水知识扑克等宣传品3.4万件。组织昌平区第九届节水杯篮球赛,通过比赛不仅拉近了我们水务工作者交和相关用水单位的距离,也使比赛成为一个很好的节水经验流平台,起到了非常好的节水宣传效果。

(李国峰　庄栋民)

供　电

【概　况】　2012年,在区委、区政府的正确领导下,昌平供电公司努力提升公司发展质量,抓安全、强电网、优服务、保稳定、提“两效”、促和谐,公司发展取得新进步。年内,累计完成售电量50.81亿千瓦时,同比增长5.65%。固定资产投资5.4亿元,新建10千伏及以上送电线路44.17公里、电缆99.5公里。拥有110千伏变电站25座、35千伏变电站7座,110kV及35kV主变总容量273万千伏安。

(严琪)

单位名称:昌平供电公司
地址:昌平区永安路33号
电话:(010)69742681
邮编:102200

【电网建设加速推进】　年内,主动对接昌平京北创新中心、国际科教新城建设,开展TBD商务区、未来科技城电网规划编制,完成回龙观、东小口地区重载问题报告,确定了“十二五”期间,电网建设投资规模及最终项目。取得东坨、七家庄、信息港输变电工程的重大项目绿色审批通道确认,中滩站选址工作取得突破性进展,完成二拨子、海鹊落输变电工程的规划前期手续办理。牛湾及满井永久外电源工程、八仙庄输变电工程如期竣工送电。加强电动汽车充换电服务网络建设,建成充换电站4座,新增充电桩74个。

(严琪)

【安全局面保持稳定】　年内,全面落实“安全年”主题教育活动,分类实施完成了244项保障措施。公司领导、管理人员、巡检人员开展到岗到位及安全巡视2934人次,现场纠正各类问题47处。投入资金1.2亿元,开展生产类运维、大修、技改项目149项,有效解决十三陵、高崖口站等设备重载问题。大力实施设备隐患排查治理,开展线路去树、防雷、防鸟害等季节性工作。全年配网事故102次,同比2010年、2011年分别下降26.6%、4.67%。配电自动化一期工程顺利竣工,配套完成主站建设,实现了15座配电站、室覆盖。开展“安全生产宣传月”活动,协助警方办理非法回收电力器材案件14起,破获盗窃电力设施案件1起。全年累计实现三个安全百日长周期,累计安全长周期2474天。荣获北京市电力公司安全生产先进单位称号。

(严琪)

【供电服务水平不断提升】 年内,完善95598行风投诉处理及监督工作流程,组织开展行风民主评议供电所活动,严格落实供电服务承诺,“五强化机制建设,促行风纠建水平提升”典型经验在市公司得到交流与推广。启动华龙园小区、一通小区等10项老旧小区改造工程,加快居民分户电采暖受理及安装,完成换表工作1642户。深化“百日攻坚”活动,加强增供扩销计划管理,累计新增容量72.27万千伏安,完成年度目标的111%。圆满完成国网年中工作会、世界草莓大会、中国国际魔术大会在内的各项政治供电任务58项。实施并推动14项路灯工程,创造了整洁美好的城市照明环境。推进共产党员服务队、示范岗建设,开展“六进三送”活动300余人次,与十三陵特区、66325部队等7家单位建立长期共建关系,充分彰显了公司良好品牌形象。

(严琪)

供　气

【概　况】 2012年,燃气办按照区市政市容委的总体部署和要求,紧紧围绕年度工作目标和任务,以迎接十八大胜利召开为动力,从改革、发展、稳定大局出发,结合燃气管理工作实际,认真贯彻“安全第一、预防为主、综合治理”的方针,牢固树立科学发展、安全发展理念,坚持以日常检查为基础,以专项整治为重点,以制度管理为保障的安全管理模式,加强规范企业安全生产行为,创新宣传形式和管理方法,与相关部门密切配合,有力地打击了燃气违法行为,为2012年安全稳定供气作出了贡献。截至年底,全区燃气用户累计达到42.31万余户(含燃气集团),全年共销售天然气1.7亿立方米(比上年增长40%)、液化气1.93万吨(比上年增长34%),全区高、中压燃气管线约581.82公里。

(崔玉玲)

单位名称:昌平区市政管理委员会
地址:昌平区南环东路
电话:(010)69746250
邮编:102200

【全力保障十八大安全】 党的十八大安全保障工作是今年安全工作的重中之重。年内,先后组织出动车辆565台次,人员3221人次,组织安全检查23次,联合区安监局、消防支队等部门检查25次:联合相关职能科室检查3次;开展企业自查12次。全年检查企业851家次,查出隐患308处,下发整改通知单146份。对存在问题不及时整改的4家液化气充装企业法人进行了约谈;通过检查,消除了企业安全隐患,保障了区域安全稳定。确保了城市运行安全无事故,高标准地实现了区市政市容委系统“大事不出,小事也不出”的总目标。

(崔玉玲)

【加大安全宣传和培训】 年内,为进一步提高全区人民燃气安全使用意识,积极组织燃气企业参加安全生产月宣传、咨询活动,向市民发放了《致全区燃气用户的一封公开信》《液化石油气居民用户须知》《餐饮服务业用户须知》等宣传资料1万余份;向直属单位及燃气企业发放“泪的呼唤”和“安全发展预防为主”光盘近200张;向全区各镇(街)发放了宣传资料约15万册,完成了燃气安全进村庄、进社区、进企业、进工地活动,受教育人数达到15万余人;先后组织4次安全生产培训,培训人员425人次。按照有限空间作业要求,组织企业分2批参加有限空间作业培训。

(崔玉玲)

【组织开展安全“护航”和“打非治违”行动】 年内,与全区17个镇(街)的155个村(社区)建立了“企业为主、社区配合”的联动工作机制,积极开展燃气安全隐患排查整改等各项工作。共出动人员1000余人次,累计入户巡检民用户6.2万户、占区内管道企业供应用户的82.33%,完善了燃气管网设备设施基础台账;结合“打非治违”专项行动,严厉打击燃气违法经营行为。联合区安监、公安、消防等部门共捣毁146处非法倒灌、经营液化气黑窝点,收缴液化气钢瓶1523瓶,依法行政拘留160人。

(崔玉玲)

【组织开展燃气重点工程建设】年内，根据市政市容委工作部署，按照领导要求将各项燃气重点工程建设列入燃气办工作重点，制定工程建设进度表，每周进行督办。截至11月30日，东区燃气管线、调压站、未来科技城燃气调峰锅炉工程建设已全部完成。未来科技城燃气调压站工程建设完成75%。完成名佳花园、西湖新村煤改气项目工程，确保冬季正常供暖。

（崔玉玲）

供　热

【概　况】 2012年，区热力中心在区委、区政府、市供热办和区市政市容委的正确领导下，认真履行供热管理职责，以安全保障为中心，坚持科学发展，坚持以人为本，高标准做好冬季供热期间的各项保障工作。确保冬季供热整体运行平稳正常，为十八大盛会的顺利召开，营造了良好的社会环境。截至年底，在区备案并供热的单位111家，集中供热总面积3534.93万平方米，其中住宅面积2946.2万平方米，非住宅面积588.73万平方米。锅炉房169处，其中燃煤锅炉房130处，供热面积3001.01万平方米，燃气锅炉房30处，供热面积511.02万平方米，电锅炉房7处，供热面积4.63万平方米，燃油锅炉房2处，供热面积18.27万平方米。较2011年新增供热总面积133.15万平方米。非集中清洁能源分户壁挂炉自采暖小区40个，供热面积1159万平方米，采暖住户9万户。

（武童）

单位名称：昌平区市政市容管理委员会
地址：昌平区南环东路
电话：(010)69746250
邮编：102200

【设备维修改造】 年内，为确保2012年至2013年采暖季正常供暖，全区111家供热单位夏季更新设备设施400处，大修设备设施575处，总投资12862万元。

（武童）

【供热资源整合】 年内，永安热力公司承建的昌平城区东区热源厂一期扩建工程和郝庄集中供热工程，总投资27921.27万元，拆除了周边老旧锅炉房18处，优化了区域供热资源配置，满足了新增热负荷需求，改善了居民生活环境，提高了居民采暖质量。

（武童）

【清洁能源改造】 年内，北七家地区信科物业公司承建的名佳花园小区和含光物业承建的西湖新村小区，总投资850万元，实施完成了燃煤改燃气锅炉房改造。2处锅炉房的成功改造，是推进老旧小区开展煤改清洁能源改造的重要典范。

（武童）

【老旧管网改造】 年内，宏翔鸿供热服务中心投资1278.7万元，在夏季期间，完成了8.5千米的老旧管网改造工作。

（武童）

【节能设备改造】 年内，天阳供暖公司投资3585.42万元，通过运用分布式变频二级泵、气候补偿器和在线数据传输系统等节能技术，实施了天通苑西区、东区和北区中苑C、D、E、H区域的节能技术改造，涉及供热面积796.76万平方米。

（武童）

【供热计量改造】 年内，完成了永安热力50.9万平方米的试点热计量改造工程和天阳公司1.7万平方米的试点热计量改造工程。配合发改委完成了公共机构热计量改造单位198家、新建换热站3个、安装混水机组4套、新建168个热力井室。配合完成建委牵头的部分非节能建筑，老旧小区综合整治和节能减排部分计量改造任务。

（武童）

【发放供热燃料补贴】 年内，完成2012－2013年供热燃料补贴统计情况，涉及供热单位111家，居民住宅面积2946.2万平方米。完成2011－2012年度供热燃料补贴38015万元的第一批补贴发放工作。

（武童）

城 管 监 察

【概　况】 2012 年,昌平区城管监察大队(简称“区城管大队”)以十八大环境保障为主线,以全区创卫复审环境保障为重点,认真落实市级挂账 100 处环境乱点整治工作。共出动执法力量 38036 人次,车辆 16910 车次,开展各类执法活动 1330 起,查处各类违法行为 5940 余起,罚款 600 余万元,暂扣无照经营和非法运营车辆 2135 辆,设立宣传站点 900 点次,宣传告诫 2 万余人次,统一规范市场广告牌匾 4000 余块,整治脏乱点、卫生死角 100 余处,停产停业整顿 1326 家,救助流浪乞讨人员 363 人。

(王宁)

单位名称:昌平区城市管理监察大队
地址:昌平区西关路 12 号
电话:(010)89785341
邮编:102200

【实现“六下降、一上升”的工作效果】 年内,共接到“96310”城管热线及各类群众来信来访投诉举报 19484 件,同比去年下降 20%。其中无照经营与去年同期相比下降 10.9%、露天烧烤下降 15.8%、施工工地管理下降 22.3%、散发广告宣传品下降 9.5%、旅游秩序管理下降 8.4%,整体热线办理满意率由去年的 70% 上升到 85%。

(王宁)

【做好执法协调和部门合作工作】 年内,借鉴 2011 年“三个百日”整治行动经验,搭建市区街三级工作平台,多部门长期合作,组建区环境秩序综合整治领导小组;成立由公安、交通、城管等部门组成的昌平区社会面环境秩序综合整治执法直属队,“一查处、三治理”工作取得实效;积极参与配合区三大秩序管理整治工作,针对区的治安秩序、交通秩序和环境秩序开展大规模整治行动。

(王宁)

【做好环境秩序综合整治工作】 年内,紧紧围绕影响街面环境秩序的 6 种(无照经营、店外经营、非法运营、非法小广告、乱停乱放、私搭乱建)违法形态,学校、医院周边及天通苑、回龙观等违法行为高发点位,依托 GPS 定位和视频取证监控系统实施指挥调度,组织开展了“护蕊行动”、“护生行动”、进京第一印象通道整治行动、专项整治执法月行动、车行道内散发小广告、兜售物品专项行动、施工工地专项整治行动、夜查道路遗撒、大风扬尘、夜间施工、露天烧烤专项整治行动,牌匾标识集中整治、占压盲道、救助、扫雪铲冰、扫黄打非、餐厨垃圾检查行动、打击非法运营行动等多波次的环境治理工作,上报执法数据 600 余篇,非法小广告停机 527 个,以高标准推动 20 个精品街区和 15 条精品大街建设。

(王宁)

【做好第七届世界草莓大会环境秩序保障工作】 年内,为做好第七届世界草莓大会环境秩序保障工作,一是结合城管工作职能和辖区特点,制定第七届世界草莓大会环境秩序保障方案;二是对安全隐患和环境秩序进行现场勘查和拉网式排查;三是加强应急备勤,坚持领导干部带班、值班制度,城管热线和电台 24 小时有人接听。

(王宁)

【做好“国家卫生区”复审迎检工作】 年内,为做好创卫复审工作,累计出动执法人员 1.4 万余人次,出动执法车辆 3800 余台次,发放宣传材料 9600 余份,规范“门前三包”4800 余起,处理无照经营 6700 余起,暂扣经营工具 788 件,拆除各种户外广告 660 块,没收非法小广告 8 万余张,查处非法营运行为 371 起,查处泄露遗撒 372 起,确保“国家卫生区”复审迎检工作取得实效。

(王宁)

【做好十八大环境秩序保障工作】 年内,为做好十八大环境秩序保障工作。大队成立“社会秩序类突出问题整治工作领导小组”和“十八大会议期间战时严控工作领导小组”,制定《环境秩序整治工作方案》《十八大安保城市秩序治理专项行动工作方案》及《十八大会议期间战时严控工作方案》等,并向政治敏感区、繁华商业区、旅游景区、交通枢纽、民族宗教场所等重点地区倾斜执法力量,确保工作部署落实到位。

(王宁)

【加大拆违控违力度】 年内,区城管大队拆除或协助拆除违章违法建设 499 处,面积约 100.9 万平方米,其中强制拆除 41 处,面积约 7.5 万平方米。对沙河镇七里渠南村工业园内北京龙城家具有限公司违法建设、北七家镇未来科技城项目规划建设范围内及南邵镇新城东扩景文屯村等违法建设进行强制拆除,有效推进全区重点功能区建设;对全区45个别墅小区的15000余处别墅进行的执法检查,对发现的182户正在进行的违法建设,扣押施工工具、查封施工现场等措施责令业主停止施工。

(王宁)

【做好重要节日等期间环境秩序保障工作】　年内,共制定和落实各类活动保障方案120余个,圆满完成了"静心"中高考保障,元旦、春节、元宵节、清明、五一、中秋、十一等重要节日保障,"春运"、"两会"等重点时期保障和百名将军、文化名人系列植树活动、中央领导未来科技城视察调研、"自行车环京赛"、"苹果节"、"长走活动"及"首届中国北京魔术大会"等大型活动赛事的环境保障任务。

(王宁)

【积极参评"双十佳"活动】　年内,响应市城管局号召,积极参加首都城管十佳分队、十佳个人的"双十佳"评选活动。经过公开投票、组委会投票等方式,最终城管南邵分队、李梅林分别获得首都城管"十佳分队"、"十佳个人"称号,为昌平城管大队取得了荣誉。

(王宁)

环境保护

【概　况】　2012年,在区委、区政府的坚强领导下,在市环保局的大力指导下,区环保局坚持以科学发展为主题,全力抓好"大气治理、污染减排和环保模范城创建"三大重点工作,持续推进"环境监管、环保支撑和能力建设"三项常规工作,基本完成了各项年度任务,为建设现代化的京北创新中心、国际科教新城做出新的贡献。

(张雅清)

单位名称:昌平区环境保护局
地址:昌平区科技园区白浮泉路15号
电话:(010)69746293
邮编:102200

【不断深化大气污染防治水平】　年内,启动以PM2.5为重点的大气治理方案,成为市政府首要拟办实事,区政府将落实以PM2.5为重点的大气治理各项措施列入重要实事和折子工程。区环保局认真落实上述部署,抓紧制定《昌平区落实北京市清洁空气行动计划2012年度实施方案》,从削减燃煤污染、减少机动车排放、严控扬尘污染、治理工业污染四方面协调推进,狠抓落实。协调启动永安热力西区供热厂改造项目,完成50蒸吨的燃煤锅炉改用清洁能源;淘汰更新23000余辆老旧机动车;积极参与煤炭储运场所清退和盗采砂石整治专项行动,联合区住建委、城管等部门查处施工工地违法行为275起,处罚运输车辆泄漏遗撒74起;加快启动北京水泥厂脱硝治理,协同区经信委、国资委等部门做好北京鹿牌、北京蒙派克停产搬迁,完成350吨挥发性有机物削减目标。2012年,区大气污染物中二氧化硫、二氧化氮、可吸入颗粒物平均浓度分别为28.5微克每立方米、40.3微克每立方米和97微克每立方米,二氧化硫浓度同比上升4.6%,二氧化氮浓度同比下降18.2%,可吸入颗粒物浓度同比下降0.2%。

(张雅清)

【全面完成年度污染减排任务】　年内,以强化减排考核为重点,研究制定《"十二五"时期主要污染物总量减排工作方案》和《主要污染物减排工作督查核查方案》,在全市率先与31家单位签订《污染减排责任书》,实现减排指标及时落地,并对签订减排责任书的31家单位开展了半年核查,对24家重点单位进行了减排督查,切实做到工作任务有分解、工作责任有落实、工作目标有考核,减排考核不断完善。沙河再生水厂(一期)投入运行,百善再生水厂主体工程完工,未来科技城再生水厂(一期)、马池口再生水厂等减排项目进入了工程勘察、设计招投标阶段;小汤山农业园、北京天岳恒和含光物业完成了煤改清洁能源;8个农业减排项目主体工程已建成;协调区经信委制定了《昌平区淘汰落后产能工作方案》,对5家高污染企业开展了淘汰退出,对家具、汽修等重点行业,按照"减二增一"原则进行前置审批,对使用煤、重油等高污染燃料的建设项目实行禁批。通过采取以上措施,区二氧化硫削减3.96%,氮氧化物削减7.37%,化学需氧量削减2.12%,氨氮削减2.08%,挥发性有机物削减10.3%,全面完成年度减排任务。

（张雅清）

【积极创建国家环保模范城】 年内，根据创模总体和年度实施方案，制定落实《创建国家环境保护模范城区督查工作方案》和《镇街绩效考核评价方案》，根据“创模机制、创模任务落实、区域环境质量、创建成果、环境安全、总量减排”6 方面对镇街进行半年及全年考核评价。抓好创模日常工作，汇总整理有关技术报告、档案资料和统计数据，认真编写创模工作报告，委托国家统计局社情民意调查中心开展公众对环境满意率调查，开展创模宣传，扩大群众知晓率。集中式饮用水水源地水质监测、规划环境影响评价等 3 项创模指标实现了新达标，不达标指标从 9 项降为 6 项，切实加快了创模进程。

（张雅清）

【建设项目环保审批】 年内，创新工作思路，在全市首个实行监察大队全面承担餐饮项目现场核查，提高环保审批效率。积极服务全区 77 项重点工程，为 64 项重点工程办理环保审批手续。发挥环境保护服务转型升级作用，对高污染、高耗能项目坚决实行限批。服务窗口共办理外网审批和验收申请 4400 余件、审批建设项目 707 件、验收 168 件、出具回复意见函 89 件。

（张雅清）

【环境监察】 年内，加强日常执法检查，深入开展燃煤锅炉、工业固废等环保专项行动 47 项。全年共检查单位 3000 余家、下发责令《改正通知》120 份、行政处罚 92 起、处罚金额 97 万余元，同比分别增长 48% 和 26%。积极维护群众切身利益，及时办理环境信访 1563 件，其中优秀信访办理件 27 件，同比增长 145%。加强路检路查、遥测筛查，加大进京车辆监管，共检查筛查机动车辆 21 万辆，处罚违规车辆 670 辆。

（张雅清）

【环境监测】 年内，高质量完成环境例行监测任务和监督性监测任务。全年共上报 1 万余个监测数据，出具社会委托《检测报告》1026 份，开展信访监测 49 次。科学评价环境质量，全区声环境质量达标率为 53%，符合绩效考核要求。加快声环境功能区划调整步伐，初步编制《昌平区声环境功能区划实施细则》和《昌平区声环境功能区划调整技术报告》。

（张雅清）

【排污申报登记和排污收费】 年内，加强排污申报登记和排污收费工作，完成排污申报 3050 家，征收排污费 240 余万元，同比增长 28.2%。

（张雅清）

【环保法制宣教工作】 年内，推进行政处罚规范化建设，创新建立案卷预审员制度，共审核处罚案件 130 件。整理汇总环保相关法律法规和复函解释，编辑完成 59 万字的《环保法律法规汇编》。认真组织开展“六五”世界环境日系列宣传活动，全年组织参与各类宣传活动 12 次，累计发放宣传材料 2 万余份。

（张雅清）

【设施建设取得新进展】 积极与市环保局沟通协调，在昌平公园、定陵建成两个 PM2.5 监测站点。污染源监控中心系统（二期）建成完工，顺利通过专家组验收。积极推进区环保局办公自动化平台建设运行，切实提高环保办公效率。

（张雅清）

防 震 减 灾

【概　况】 昌平区地震局（简称“区地震局”）是区政府负责防震减灾工作的职能机构，依法履行防震减灾主管机构的各项职责，承担本行政区域内防震减灾工作行政管理职能。始终坚持预防为主防御与救助相结合的防震减灾工作方针。严格遵守执行震情会商和震情跟踪制度，进一步完善全区防震减灾工作的三大体系建设，不断提高全区整体的防灾减灾能力。获中国国家地震局 2012 年度防震减灾工作先进单位，获北京市地震局 2012 年度区县防震减灾工作综合评比先进单位，北京市地震监测预报工作评比第二名、地震工作信息先进单位。

（刘忠斌）

单位名称：昌平区地震局

地址:昌平区南环东路1号
联系电话:(010)69726916
邮政编码:102200

【完成三处地震监测流动测震台建设】 为加强区域地震监测台网建设,完善地震监测预报工作体系。年内,区地震局经过市地震局相关处室和有关专家指导,分别选定于兴寿镇政府、长陵学校、昌平广电中心的三个地震测点建立了区县级流动测震台网。率先建立了三点一面的地震监测流动测震台网,强化了昌平及邻区地震活动的监测能力。

（殷德倚）

【完成防震减灾虚拟宣传教育中心建设工程】 为降低灾害带来的损失,增强全民的灾害防范意识,填补区在防震减灾宣教方面没有阵地的空白,2011年在区委、区政府的关怀指导下,区地震局与北京华丽达视听设备服务有限公司合作,在北七家镇建成了全市首家运用全虚拟技术进行防震减灾宣传教育(宣教中心)的基地。年内,中心的二期建设工程项目被列入昌平区2012年为民办实事工程,并得到了区政协委员的大力支持,先后就中心的运营维护、二期工程项目建设要求、扩大宣传面等方面向区政府提交了提案。区地震局积极认真研究,落实部署任务,全力保障了工程的质量和工期,截至10月底,已经完成了包括场馆设计、脚本制作、视听产品采购安装、影片制作等全部工作。至此,全面完成宣教中心工程,并对外接待。

（张东亚）

【广泛开展创建地震安全示范单位活动】 年内,为进一步增强社区群众的防震减灾意识,提高群众避灾自救互救的能力,根据国务院防震减灾工作联席会议精神,《北京市昌平区“十二五”防震减灾规划》和北京市2012年度防震减灾工作要点,区地震局开展了市级地震安全示范社区(村)的申报创建工作,通过对组织机构建设、组建队伍、完善相关制度、制定应急预案、开展地震知识讲座和演练等工作,有城北东关南里、南口南农社区、北七家望都家园、回龙观云趣园4个社区通过市局领导和专家组的考核,被评为“北京市地震安全示范社区”。

（张东亚）

【地震应急避难场所建设工程通过验收】 年内,区政府继续将地震应急避难场所建设工作纳入区为民办实事折子工程,主要在东小口镇建设1处避难场所,可利用面积约为7万平方米,可疏散周边群众4万余人。场所建设工作已于12月完成。根据区政府要求,区地震局组织相关人员进行了验收。分别就施工、工程质量和后期监管等问题交换意见,达成初步共识。各镇对施工工作表示满意,并承诺按照区地震局的要求进行后期管理,保障避难场所切实发挥作用。截至年底,区共建成Ⅱ类地震应急避难场所18处,建成后的避难场所内新增了众多应急避险设施设备。

（王佳琳）

【有效组织各类队伍的培训】 年内,分别组织北京化工大学地震应急志愿者队伍、区地震应急指挥部成员单位负责人、全区防震减灾助理员共1000余人,着重培训自救互救能力、地震现场处置能力;并进行地震现场演练。通过培训和演练,使每位参训人员了解认识了地震应急工作,掌握了基本救护能力,熟知地震现场处置流程,提高了应急准备和工作的能力,掌握了实用应急技能。

（王佳琳）

交通·邮电

交　通

公路建设

【概　况】 2012年,分局管养县级以上公路里程579.388公里、桥梁176座;乡村公路年养护里程1181.11公里。2012分局已下达公路建设养护计划总投资45984万元,计划使用资金情况32535万元。完成投资47518万元,完成总投资的103%。工程项目共计12项,其中新改建工程5项,大修工程4项,预防性养护工程1项,疏堵工程1项(续建),旧桥改造工程1项。本年度计划总投资35771万元。分局管养道路里程596公里、桥梁176座。路面使用性能指数(PQI)预计达到91.52,干线公路一、二类桥梁比例为96.5%,县级公路一、二类桥梁比例为96.7%。乡村公路大修工程共计50项全部完工,完成道路83.93公里,挡墙砌筑4900立方米;对全区乡村公路137座桥涵进行了定期检测,对1081公里道路进行了路况检测。成功实现养护路政巡查资源整合,降低了巡查成本,提高了管理效能。全年审批占用挖掘公路、增设平面交叉道口、穿跨公路架埋设施等路政许可案件109件,收取补偿费155万元,发现各类路政案件508件(含治超),其中赔偿案件87件,收取赔偿费23.8万元;行政处罚案件65件,处罚61.15万元。各类案件录入路政巡查子系统95%,结案率100%,许可卷、处罚卷合格率100%,优秀率90%。

(翟宇)

单位名称:北京市交通委员会路政局昌平公路分局
地址:昌平区城角西路11号
电话:(010)69742714
邮编:102200

【营造良好的绿色出行环境】 年内,分局管养道路里程596公里、桥梁176座。年度养护计划投资9150万元,已全部完成。为响应昌平区争创国家级卫生区的号召,共实施西关环岛、G6辅路、牛北路、顺沙路等4项绿化工程,完成投资1045万元。其中西关环岛作为市委、市政府"十二五"期间百万亩平原造林工程部署中重要一点,绿化面积达4.35万平方米,为突出人文理念,增设休息长椅,便于居民休息,得到社会良好公认。

(翟宇)

【区政府实事折子工程全面完成】 年内,根据《北京市昌平区2012年在直接关系群众生活方面拟办重要实事的通知》,分局负责完成南丰路道路工程、做好七北路道路工程前期工作、实施乡村公路大修等三项。截至年底,南丰路道路、交通工程完成全部施工,具备通车条件;七北路道路工程全长5.8公里,总投资17229万元,七北路段完成水源九厂路往东南半幅施工,鲁疃西路段完成西半幅施工;乡村公路大修工程共计50项全部完工,完成投资5549.93万元,完成道路83.93公里,挡墙砌筑4900立方米;对全区乡村公路137座桥涵进行了定期检测,路况检测里程达到1081公里。

(翟宇)

【全面推动跨年工程建设】 年内,结合昌平建设京北高科技产业走廊和未来科技城等重大产业项目的实际需求,认真编制执行"十二五"规划,初步形成“促前期多开一部分、勤调度多投一部分、保收尾多竣一部分”的良性循环，完成安四路、怀昌路、南涧路、太海路、昌流路等5项大修工程，全长42.3公里，总投资7386万元；克服拆迁占地等影响，最大限度保证计划执行，下大力气清理沙阳路、南丰路、昌崔路等开工时间较长、工期滞后较久的项目，在市、区两级政府的大力支持和协调下，停滞近8年的沙阳路工程于年底实现全线贯通，南丰路、昌崔路东延改建工程道路、桥梁工程主体全部完工。全年累计投资47518万元，完成公路建设养护计划总投资的103%。

（翟宇）

【平安工地建设】 年内，分局所有施工项目未发生甲方安全生产责任事故，安全稳定态势良好。扎实开展“平安工地”达标工作，顺利完成安全生产工作总目标。按照市局要求，分局成立平安工地领导小组，逐项落实创建标准。七北路平安工地示范项目顺利通过初期检查验收。

（翟宇）

【推进道路施工绿色节能】 年内，分局共计使用热再生沥青混凝土64145吨、温拌沥青混凝土20442吨、橡胶粉改性沥青混凝土7988吨，温拌、橡胶粉、抗车辙沥青混凝土和热再生沥青混凝土用量达到总用量的95.73%。旧路沥青材料回收率达到89%。

（翟宇）

【市交通委调研昌平科技园道路建设】 5月17日，市交通委张树森副书记到分局就南丰路、顺沙路（高教园区段）等方面进行了调研。分局就目前的南丰路、顺沙路（高教园区段）的工程概况、目前进展情况和下一步的计划进行了专题汇报，并就分局的领导班子建设、干部队伍建设、党建工团工作开展情况具体汇报。

（翟宇）

【突发事件道路应急处置】 7月21日，昌平地区暴雨时间持续半小时左右。此次降雨持续时间长、降雨急、大、猛，降水量145毫米。造成多个路段路面出现积水及坑槽翻浆，山区公路出现山体塌方。7·21及后续降水，分局提前启动预案，指挥、抢险队伍提前就位，确保了抢险工作的顺利进行。抢险过后立即安排养护公司进行修复，完成公路水毁恢复重建工程10项，修补路面14万平米，清理塌方20000余方。乡村公路水毁抢修完成路面快速修复450立方米，清理上塌方7631立方米。确保了交通设施的完好，处置突发事件能力得到市局及区政府的肯定。

11·3特大降雪，分局铲冰除雪指挥部预警后雪情前启动预案，第一时间对G110、G6辅路采取封路除雪，紧急抽调30人、11台机械、35吨融雪剂，分成两只队伍进行除雪作业，24小时内西北通道昌平段全部打通。其他干线公路共出动抢险人员681人次、投入运输车辆61台次，出动除雪机械64辆、使用融雪剂155吨、防滑料55立方米。因机制健全、预案完备、准备充分、反应快速、措施得力、效果突出，保通工作得到市民广泛肯定和市交通委路政局通报表彰。

（翟宇）

【实现路政养护联合巡查体制】 年内，成功实现养护路政巡查资源整合，降低了巡查成本，提高了管理效能，加大了对涉路违法行为的治理。赔偿案件87件，收取赔偿费23.8万元元；行政处罚案件65件，处罚61.15万元。

（翟宇）

【完成首个节假日小客车免费通行保障工作】 年内，为贯彻落实国务院、交通运输部关于重大节假日免收小型客车通行费相关工作要求，根据交通委统一部署，面对免费通行政策的首次实施，按照“四个不降低”和“四个不发生”的标准，分局及时启动了《北京市交通路政行业重要节假日及重大社会活动期间安全监管与应急保障工作预案》，并针对春节、全国“两会”、清明、五一、中秋、十一、十八大等不同期间特点，制定下发了《工作方案》及安全保障工作措施并召开了节日期间安全保障工作动员会。由主管领导带队全面进行安全检查和隐患排查，加强节日期间管养道路和桥梁的巡查，及时消除存在的各项安全隐患，圆满的完成了节日期间交通基础设施安全运行保障工作。

（翟宇）

【隐患治理确保安全】 年内，按照“动态分类、动态评审挂账、动态整改销账”的工作要求，实施隐患治理方案，落实道路安全隐患治理资金，按照治理措施和完成时限，完成工作任务。全部工程共治理隐患点54处,涉及18条道路,保障行车的安全、舒适,充分发挥交通设施的使用功能,最大程度的减少公路交通事故伤害,降低事故伤亡率,为人民群众的生命财产安全提供保障,在交通部全国安全隐患检查中取得良好成绩。

(翟宇)

【高标准完成重大赛事活动保障工作】 年内,分局先后承担了"世界草莓大会"、国家卫生区复审配合、交通部安全隐患大检查、"第二届环北京职业公路自行车赛"及十八大期间路域环境整治等一系列重大活动的保障工作。完成交通工程建设4项,分别为隐患治理、G110国道标志标线达标完善、桥梁限载标志及牛北路隔离栅增补。路政大队在重点活动期间对重点路线、旅游路线及周边道路加大巡视频率,开展环境综合整治工作,顺利完成外围道路保障工作,为十八大召开提供良好的路域环境。

(翟宇)

轨道交通建设

【概 况】 2012年,区轨道办在区委、区政府的领导下,努力发挥桥梁纽带作用,根据具体情况,提高服务意识,加大协调力度,作为市政基础设施分指挥部成员,多次参会,讨论昌平辖区内轨道建设存在的问题。同时,区轨道办主要负责昌平线二段工程的拆迁工作,积极协调解决轨道交通昌平线二段工程建设中出现的问题;协调配合市有关职能部门、轨道建设单位、施工单位、沿线各镇、街道及被征占地单位和个人的工作,做好二段工程拆迁和施工保障工作。年内,多次组织召开专题会,协调解决昌平线二段工程施工单位项目部选址问题并洽谈被征占地产权单位的商业补偿问题;协调城南街道办事处、十三陵镇政府,解决昌平线二段十三陵车辆段占地范围内种植大棚的赔偿问题;协调解决由于昌平线二段建设对产权单位及个人造成的停产停业补偿、房屋租赁损失、办公不便及车辆停放等问题。配合相关部门做好轨道交通昌平线与8号线联络线施工保障工作,协调各镇及被拆迁单位做好拆迁工作的收尾工作,协调解决昌8联络线工程燃气管线改移和占用回南北路施工场地等问题,解决拆迁中出现的各项问题。同时,由于地铁施工而需占用部分产权单位用于地铁建设、施工降水、预制梁建设、线路管网的拆改移、交通道路的导改、路面硬化等,区轨道办都及时与相关责任单位沟通协调,为2013年底通车做了有力保障。

(白玉茹)

单位名称:昌平区轨道交通建设指挥部办公室
地址:昌平区水关新村7号楼
电话:(010)69741312
邮编:102200

【制定昌平线二期工程征地拆迁补偿方案】 为保证昌平线二段工程拆迁工作有序进行,有章可循,区轨道办制定了《北京地铁昌平线二段工程征地拆迁补偿方案》,并上报区政府,使昌平线二段工程从政策和组织上得到了有力保障。

(白玉茹)

【昌平线二段工程拆迁工作准备会召开】 2月17日,区轨道办主持召开昌平线二段工程拆迁工作准备会。沿线镇、街及相关产权单位负责人参会。

(白玉茹)

【完成昌平线二段工程拆迁服务机构的招投标工作】 3月,完成昌平线二段工程评估及拆迁单位的招投标工作。

(白玉茹)

【完成昌平线二段工程拆迁放线工作】 3月,组织放线单位、拆迁和评估公司,在沿线镇政府、街道办事处、有关产权单位的配合下,完成了昌平线二段工程临时占地红线的放线工作。

(白玉茹)

【完成昌平线二段工程清登调查工作】 7月初至8月底,完成了清登调查工作。

(白玉茹)

【协调解决昌平线一期遗留问题及昌8联络线征地拆迁等问题】 9月26日,作为市政基础设施拆迁分指挥部成员,参加例会。会议对昌平线一期工程遗留问题及昌8联络线征地拆迁等问题进行研讨,并提出解决方案。沙河镇、回龙观镇、北七家镇等相关领导参会。

(白玉茹)

【完善昌平线一段工程牛北路防噪音设施】 轨道交通昌平线运营产生噪音较大,影响了农学院师生和领秀慧谷小区业主的正常生活和学习,区轨道办进行现场调研,并上报市重大办协调解决该问题。于8月底前完成了声屏障的安装工作。

(白玉茹)

【配合做好昌平线一段工程拆迁项目的审计工作】 市审计局于8月对昌平线一段工程开展审计工作。区轨道办积极配合,完成了一段工程的审计工作。

(白玉茹)

【委托审计公司做好拆迁项目跟踪审计工作】 年内,为使拆迁工作做到公平、公正、公开,区轨道办委托审计公司全程跟踪审计昌平线二段工程的拆迁工作。

(白玉茹)

【协调解决南邵镇姜屯村村民出行问题】 年内,由于昌平线一期建设的影响,造成姜屯村村民出行不便。区轨道办协调京投公司、地铁运营公司等协调解决此事,在地铁桥下开设掉头路口,方便百姓出行。

(白玉茹)

【推进昌平线拆迁工作专题会召开】 6月13日,副区长王承军主持召开专题会,研究昌平线二段工程及昌8联络线工程拆迁工作的进度问题。会议议定由区轨道办牵头,相关职能部门、镇政府及街道办事处全力配合,保证工程按时推进。市轨道建管公司、区发改委、区住建委、区市政市容委、回龙观镇、沙河镇、南邵镇、十三陵镇、城南、城北街道办事处等相关领导参会。

(白玉茹)

【配合做好昌8联络线预制梁厂工作】 年内,昌8联络线施工需租用华北电力大学土地用于预制梁厂建设,区轨道办配合市轨道交通建管公司,做好沟通协调及转付补偿费用等工作。

(白玉茹)

【昌8工程临时占地施工拆迁补偿工作】 年内,昌8联络线工程需征占北京农学院部分用地,其中北侧13个科研大棚及其附属科研用房承担多个农业科研项目并且包含了多位教授多年的科研成果,因此棚内植被无法按照评估通用标准进行评估作价。区轨道办多次召开会议协调解决该问题,最终做出13个科研大棚、附属科研用房及植被的补偿方案,确保联络线工程的顺利进行。

(白玉茹)

【完成龙禧一街主辅路交通导改工作】 年内,由于昌8联络线建设需临时占用回龙观镇龙禧一街主辅路,为保证断路施工不影响道路通行,区轨道办委托施工单位修建临时道路以供社会车辆通行。

(白玉茹)

【完成城北市场宽带机房及社区光缆网改移工作】 年内,昌8联络线建设需在回龙观城北市场区域采取明挖施工,区轨道办委托网络技术公司做好网络线缆拆改移工作。

(白玉茹)

【完成城北市场地上线路改移工作】 年内,昌8联络线建设需在回龙观城北市场区域采取明挖施工,需对该区域所有管线进行改移,待地铁施工回填完成后恢复。区轨道办委托施工单位做好地上线网的改移工作。

(白玉茹)

运输管理

【概　况】 2012年,昌平区共有境内公交企业1个,运营客车462辆,从业人员1411人;出租汽车企业8个、个体23户,出租汽车2110辆,从业人员2988人;旅游客运企业8个,运营车辆316辆,从业人员323人;租赁企业24户、客车324辆,从业人员90人;游船企业4个,20172.4各类游船140艘,从业人员27人;客运人力三轮车210辆(户、人);货运5363户,各类货车18740辆,吨位97261.522吨,从业人员30000人;机动车维修530户,其中一类56户、二类125户、三类349户,从业人员4437人;境内铁路监护道口14处、监护员113人;途经辖区5、8、13号线,昌平线轨道交通运营里程33公里、车站14座。全行业共有运输、维修业户6171户,各类运输车辆、船舶22302辆(艘),从业人员39486人。

(李娟)

单位名称:昌平区交通局

地址：昌平区北环路11号
电话：(010)69746109
邮编：102200

【开展“两节、两会”百日整治】 2011年12月9日至2012年3月15日的“两节、两会”百日整治期间，区交通局组织清洁不锈钢公交设施1024平方米，更换公交设施公益广告1670平方米；纠正客运人力三轮车乱停乱放17起、公交车不规范进站37起、大货车超载超限和遗撒37起，运输行业其他违法与不规范行为559起。促进运输环境秩序和道路运输行业安全稳定。

（李娟）

【运输行业安全稳定过元旦】 1月1日至3日，安排3个巡查组，检查、维护运输市场秩序。期间区内公交运送乘客91.68万人次，同比增加10.5%，无恶性投诉，无旅客滞留；未接到行业事故报告，区内交通运输行业安全稳定、有序运行。

（李娟）

【春节期间运输安全保障】 1月22日至28日，安排4个执法检查组，做好运输行业巡查检查和市场监管，重点检查地铁车站烟花爆竹禁放区域监管责任落实情况，旅客运输市场秩序，加强除夕、初五烟花爆竹集中燃放日巡查，共出动24组、执法人员75人次。区域客货运输、汽车维修行业做好运输和维修服务保障，保证节日供应、群众出行和车辆维修。区内公交做好节日运输保障，每天投入运营车辆462辆，共发车13650班次，同比增1.7%，安全运送乘客121.81万人次，同比增37.76%。旅游客运行业共承接旅游包车844车次，同比增加15%，运送游客17555人次，同比减少14.2%；认真执行领导带班制度，做好应急值守，接收办理区内公交运营服务质量投诉1起。

（李娟）

【烟花爆竹安全监管】 1月，组织交通运输行业开展可燃物清理活动，消除隐患；检查14座地铁车站，56个公交场站禁放区，发放禁放标识，明确张贴位置，签订《安全责任书》，落实岗位、人员、时间和防范应急措施，登记备案；对烟花爆竹运输企业、专运车辆及从业人员进行检查，确保资质、车况合格，消防设施齐全有效，监督运营企业使用GPS系统，全程监控烟花爆竹车辆运营；开展非法运输烟花爆竹专项检查，查车448辆次，未发现问题。

（李娟）

【开通北部山区环线公交】 2月9日，适应昌平区行政区划调整，区交通局将昌31路、32路运营车辆整合、调整为北部山区公交环线正式运营。昌平北站为始末站，运营车辆由10辆增至18辆，日发班次由48班增至96班，发车间隔由60分钟缩短为高峰20分钟、平峰30分钟。北部山区群众出行更加便捷，日客运量由1.1万人次增加到1.2万人次，增长9%，得到山区群众欢迎和好评。

（李娟）

【第七届世界草莓大会交通运输保障】 第七届世界草莓大会2月18日至22日举行，区交通局负责大会运输保障工作。在大会开幕前一个月，组织在草莓博览园及周边和公交线路沿线建安公交候车亭86个、站牌架50个、护栏593延米，翻新候车亭30个，张贴草莓大会公益广告1268平方米，配套美化了大会整体环境。共组织准备大中小型客车115辆、出租汽车100辆、公交车辆24辆，备班10辆，2月14日启动草莓大会运输保障方案，至大会闭幕，共发2008车次，运送会议人员、公交游人共126551人次；首都机场和市区火车站共接送与会国内外来宾1014人次，发车172班；每天100辆出租车保点服务，共发542车次，运送1170人次。共出动交通运输执法人员352人次，在地铁天通苑北站、南邵站，人辛峰桥，草莓园停车场，昌平西关，九华山庄6处重要节点，做好秩序维护疏导、参观引导。劝离地铁车站站前广场、公交站位停靠小汽车95辆、流动摊贩62个。

（李娟）

【中小学生参观科普场馆运输保障】 2月至5月，在全市组织的“走进科普场馆”活动中，区四合汽车服务公司负责本区近3万名中小学生参观市区及周边科普场馆的运输保障任务。共发送大、中型客车417辆次，总行程3.3万余公里，安全运送1.6万名参观师生。

（李娟）

【区内公交落实残疾人免费乘车政策】 3月1日起，区内公交41条线路，462辆营运车辆，落实北京市残疾人免费乘车政策，区1.8万残疾人享受此优惠,预计每天有400余名残疾人免费乘公交。

(李娟)

【道路货运企业质量信誉考核】 3月,开展区内10户危险品运输企业、48户绿色车队企业、12户10辆车以上普货运输企业经营资质、运输安全、经营行为、服务质量、社会责任、企业管理等方面的质量信誉考核,认定AAA级(优良)62户,AA级(合格)8户,分别占总数的89%和11%,合格率100%。

(李娟)

【"清明"节运输安全保障工作】 4月2日至4日清明节期间,区内公交462辆车全部投入运营,共运送108.23万人次,同比上年清明节93.67万人,增长15.54%。安排执法人员,重点巡查途经陵园公交线路运营情况,维护运营秩序,协助交管部门维护陵园停车秩序;增加道口监护人员,做好途经佛山陵园单行铁路道口交通疏导与秩序维护,保障每天近万辆车安全通行;处理群众投诉区内公交未按班次运营1起。

(李娟)

【"五一"交通运输保障】 4月29日至5月1日,区内公交全部462辆车投入运营,同比上年增加28辆,期间共发6795班次,同比上年6779班次基本持平,累计运送109.25万人次,较上年94.96万人次增加14.25万人次,增长15%。节日期间未收到非正常情况报告,全区运输行业总体安全稳定。

(李娟)

【开通专45路】 5月10日,始发沙河、途经高教园、终点设在北街家园八区的市公交专45路开通运营。针对高教园区上下班(学)客流特点,线路采取早晚高峰运营,运营时间6:00—9:30、17:00—20:00,发车间隔8分钟。进一步方便园区师生、居民出行。

(李娟)

【货运源头治理促进治超形势明显好转】 5月至12月,区开展煤场、沙石场、物资回收业"三项治理"行动,清理、取缔了大部分煤场、砂石场和物资回收点,消除了二次超装源头,为治理超限超载运输奠定了基础。路面治超共查扣超限超载货车409辆,卸载煤炭、沙石等货物1693.02吨,平均单车超限超载4.14吨。同比上年扣车365辆、卸货11109.95吨、车均超30.44吨,查扣车辆增加12%,卸载量减少85%,车均超限超载量减少86%。

(李娟)

【完成国际越野挑战赛运输保障任务】 5月12日,2012北京国际越野挑战赛于居庸关、十三陵景区及周边道路举行,区交通局负责赛会交通保障工作,共安排15辆公交车,25辆旅游车为赛事提供运输服务保障。其中摆渡车运行180车次,运送12600余人次;其他车辆全天运行,运送工作人员、裁判员、志愿者800余人次。全部安全、准时抵离。协调市、区相关公交企业,将水库路朝凤庵公交场站做为赛事自驾车停车场,安排15名执法人员,引导1000余辆自驾车安全、有序停放。

(李娟)

【举办首届"运协杯"羽毛球赛】 5月15日,区道路运输协会举办首届"运协杯"羽毛球比赛,设男子双打和女子单打两个项目,交通运输行业14个会员单位和交通局机关共16支代表队、38名男女运动员参赛。

(李娟)

【"雷锋车队"免费接送高考学生】 6月6日至7日高考期间,北京银山出租汽车公司"首都的士雷锋车队",发扬传承雷锋精神,提前在网络上公布叫车电话,为考生提供运输服务,免费接送43名考生。

(李娟)

【开展安全宣传咨询日活动】 6月10日,在昌平永安公园宣传点,开展"践行北京精神,弘扬安全文化,推进安全发展型城市建设"主题宣传咨询活动。悬挂横幅2条、设置展板4块,结合行业特点,制作发放《安全三字经》等宣传材料6000余份。

(李娟)

【微循环临3路开通运营】 6月15日,市公交开通松兰堡发车,途经翠明新城、于辛庄村至沙河地铁站微循环临3路。线路早晚高峰运营,发车间隔5分钟,运营时间周一至周五6:30—9:00、17:00—20:00,方便松兰堡、于辛庄村和周边小区约7千余人上、下班(学)。

(李娟)

【做好“7·21”强降雨防汛工作】 7月21日，强降雨期间，区交通局防汛指挥部全员值守。安排3个检查组，主管领导带队，重点巡查区域公交线路运营情况，对公交场站、地铁车站进行应对措施检查、隐患排查，督促公交企业坚持运营。受降雨、积水影响，区内公交车辆无法按点发车、收车，全部460辆营运车辆，多数未能按时收车，最晚的直至次日凌晨2:30回场。当日运送13.5万人次，无任何事故，无旅客滞留。部署公交、地铁运营企业认真总结应对强降雨的经验，查找不足，开展新一轮安全检查；针对雨后地表含水饱和，路基松软等情况，组织进行公交线路沿线各类隐患排查，与水务、公路部门沟通，采取有效应对措施，规避桥梁、道路隐患和山体滑坡、滚石等危及运营安全情况，确保安全。

（李娟）

【三一重工至官高东昌70路开通】 8月13日，由三一重工发车，途经桃洼、南口、昌平城区，终点官高东的昌70路开通运营。线路配置大型公交车12辆，运营时间5:10—20:00，发车间隔15分钟。

（李娟）

【电动出租车9月1日开始示范运营】 9月1日，在完成充电与驻车场站建设、车辆生产、运营公司组建和驾驶员招聘与培训等前期准备工作后，50辆电动出租车正式上路示范运营，当日在朝凤庵场站举行启动仪式。

（李娟）

【完成前锋学校公交站港湾改造】 9月3日，落实人大代表政协委员建议提案，经两个月施工，位于昌平水库路的前锋学校公交车站港湾改造工程竣工交付使用。工程将站台两侧明沟改暗沟，站位外拓4.5米，建公交港湾，非机动车道设在港湾外侧，设置硬隔离设施，引导非机动车绕行，限制车辆乱停乱放，解决了学校门前道路拥堵秩序混乱和安全隐患问题。

（李娟）

【开展客运人力三轮车年度审验】 9月下旬到10月上旬，组织客运人力三轮车年度审验，在遵章守纪运营宣传教育基础上，统一规范车容车貌、车身颜色，检验车辆技术状况，认定从业人员资格，做到人、车、证三统一。其中两名违章三次的经营者注销运营资格。两名经营者自行放弃审验，共有210人(车)通过年审，发放新准运牌证，准予上路运营。

（李娟）

【中秋国庆期间运输与安全保障】 10月1日至8日，安排22次巡查组、出车22辆次，出动执法人员95人次，巡查路面客运、货运车辆运营与运输秩序情况，入户检查水域游船、地铁车站运行情况，铁路道口监护情况。区内公交投入运力3696辆次，发车18004班次，运送乘客271.77万人次，同比上年十一黄金周分别增加5.96%、5.81%、7.89%；旅游客运共出车1385辆次，运送游客4.04万人次，同比分别增加6.05%、5.21%；出租汽车行业出车22.4万辆次，运送63.3万人次。所有乘客、游客均安全送抵，未发生投诉。承担节日期间救援任务的19户汽车维修企业，出动救援40余次，抢修各类车辆50余辆次。

（李娟）

【及时处置铁路道口抛锚车辆】 10月4日上午，营坊铁路道口两名监护员及时准确处置一辆途经道口抛锚、线路着火大货车，使用道口备用灭火器灭火、组织路过车辆用备用钢丝绳将事故车拖离道口，在7分钟内排除险情，未影响列车正常行驶。

（李娟）

【区内公交运营车辆实现智能管理】 10月1日，区内公交万佳通公司通过前期建立控制中心，场站建立调度中心，运营车辆安装数据采集和信息接收设备，全部462辆运营车辆实现GPS系统监控管理。

（李娟）

【调整昌11路通达兴隆口村】 10月28日，昌11路调整运营路径，穿行兴隆口村，由原需步行约1.3公里到花塔站乘车，到直接在村内上车，受到欢迎。

（李娟）

【北京国际长走大会运输保障】 11月3日，长走大会当日，组织摆渡车、收容车，领导、媒体用车共31辆，运送会务人员900余人，摆渡长走人员6000余人次，收容80余人；协调长走主会场及停车场的朝凤庵公交场站130辆公交车临时转场，将公交场站会议室作为存放大会发放苹果的临时库房;涉及的6条公交线路临时调整运营;组织3组12名执法人员,在大会现场疏导、指挥与会车辆有序停放。各项措施有效保证了大会顺利圆满进行。

(李娟)

【启动雪天客运应急保障预案】 11月3日,区普降大雨加雪后,山区道路形成积雪。针对雪情,于11月4日晨启动雪天应急预案,部署区内公交万佳通公司9条山区线路(昌12、16、17、18、31、31支、32、33、35路)全线停运,3条线路(昌11、55、68路)山区段停运;昌52路、66路因沿线柳树树挂影响运营安全临时绕行。所有运营车辆限速限距,确保安全。加强巡查检查,当日安排2个组,对客运线路、轨道交通站点进行重点巡查,监督停运措施落实,维护客运秩序。密切关注雪情,做好道路勘查,视情况及时调整、恢复线路运营。加强职守,局长任组长的雪天应急保障领导小组全员到位,做好处置突发事件准备。到11月5日晨,因道路积雪,仍有8条山区线路停运。

(李娟)

【"11·3"强降雪应急救援】 11月3日、4日普降大雪后,北部山区道路形成积雪,京藏高速、110国道山区段因道路结冰湿滑车辆停驶,致交通瘫痪。区交通局按照市运输管理局紧急指令,于11月4日由一名副职领导带队,组织辖区汽车维修企业两批次20名维修救援队伍,赶赴京藏高速八达岭延庆段实施维修救援,当日修复3辆大货车。并按照市应急指挥部要求,安排10名维修人员连夜在现场待命。11月5日,陆续调集维修人员35名,在八达岭路段抢修熄火抛锚车辆,安排6名工作人员现场调度,协调相关事宜。至当晚18:00,修复故障车38辆、清理事故车7辆,道路恢复通行。按照区政府指令,安排两名主管负责人参加110国道山区段救援协调小组,负责救援物资、人员运输车辆调度,期间未启动预案。

(李娟)

【魔术大会运输保障】 11月30日至12月2日,首届中国北京国际魔术大会在昌平举行。组织相关运输企业,准备大中小型客车28辆、出租汽车20辆、厢式货车两辆,自11月26日启动运输保障工作,至12月3日结束,共出动大客车50辆次、公务车70辆次、出租车80辆次、厢式货车8辆次,为大会官员、评委、演员、观摩团成员、志愿者和工作人员提供机场接送、各项活动、外围出租车和道具装备运输服务,运送会务人员160人次、客人3000人次,全部安全抵离。

(李娟)

【十八大安保维稳工作】 11月开始,对公交场站、出租旅游客运企业、460余辆客运车辆和40条公交线路进行检查;逐一检查12个危险化学品运输企业,针对存在问题发限期整改通知书3份;每天对辖区4条地铁线路14座车站运营与卫生情况巡查,清理站前黑车商贩,保障车站安全,维护站区秩序;检查汽车维修企业23户次,针对存在问题发限期整改通知书6份;会同交管部门开展城区客运人力三轮车、摩的检查,查扣摩的36辆,纠正乱停乱放等违章行为57起;更换公交设施十八大宣传图片、口号1300平米,维修破损候车亭2个、站牌架6个;检查各类货车1091辆次,查扣超限超载23辆,卸载各类货物69.59吨,罚款2.76万元;查扣无从业资格证、擅自改装、二级维护过期等货车25辆,消除事故隐患。

(李娟)

【汽车维修行业参加全市职业技能大赛】 11月,昌平赛区300余名汽车维修工经初赛、复赛和参加全市决赛,选手郑阳获汽车维修电工决赛第12名、王波获汽车发动机维修决赛第22名。参赛人员中5名获得技师证书、18名获得高级工证书、25名获得中级工证书、3名获得初级工证书。

(李娟)

【专业运输企业交通安全年度考核验收】 12月中旬,会同交管、安监部门,组成三个联合检查组,对区内公交、出租、旅游客运,危险化学品、混凝土及大型普通货运共56个专业运输企业2012年度交通安全防范责任制落实情况考核验收。针对个别企业人员教育、车辆管理不到位,安全会议记录内容不翔实,安全工作部署不具体,档案整理不规范等问题,下发限期整改通知书6份,经复查合格。

(李娟)

【运输行业执法与安全检查】 年内,共出动执法检查人员5436人次,检查各类运输企业2859户次,运营车辆7830辆次,下达限期整改通知书40

份,处理违法违章案件337起,罚款85.26万元。通过行业执法与安全生产宣传检查,促进区域交通运输行业安全生产,未发生重大以上事故。

(李娟)

【治理公路超限超载运输】 年内,通过昼、夜检查相结合,日常治理与集中整治相结合,治理公路超载超限运输行为,共出动治超执法人员7452人次,检查货车8205辆次,查处各类道路运输违法违章338起次,查扣"双超"违法货车731辆,卸、转载煤炭、砂石、铁粉等超限超载货物2217.69吨,罚款80.68万元。

(李娟)

【全程办事代理工作】 年内,交通行政服务大厅受理群众办事13793件,其中审批类6711件、服务类7082件;应办结13686件,已办结13660件,办结率99.81%。

(李娟)

【运输行业从业资格培训】 年内,举办运输行业从业资格培训班9期,129名客运驾驶员、901名货运驾驶员通过培训考试获得从业资格。

(李娟)

【营运车辆综合性能检测与技术等级评定】 年内,汽车综合性能检测站对客货运输车辆进行二级维护检测10915辆次,技术等级评定11187辆次,共22102辆次。

(李娟)

邮 电

昌平邮政

【概 况】 昌平区邮政局服务范围覆盖全区17个镇(街道办事处)、305个行政村,服务面积1343.5平方千米。下设五部一室一中心、四个专业局和集邮公司;下辖12个邮政支局、27个邮政所,其中邮政储蓄网点22个;信箱信筒439个;全局共有投递道段136条,总里程4573公里。年末职工人数699名。主要经营有邮政基础业务、邮政储蓄业务、邮政增值业务、邮政附属业务、电信公众业务;与邮政、电信业务相关的设计、施工、销售、咨询以及国务院通信主管部门批准开办的其他通信业务;邮政物流;电子邮件业务;化肥、农用物资配送;航空机票、火车票销售代理;保险兼业代理等业务。

(时丽娟)

单位名称:昌平区邮政局
地址:昌平区政府街25号
电话:(010)69742290
邮编:102200

【经营成果】 年内,邮政业务总量完成20172.04万元;邮政通信总量完成14574.70万元;邮政业务收入完成17283万元,完成年计划16763万元的103.1%,同比增长15.87%;全员劳动生产率实现20.36万元/人。各专项业务均实现了较好的发展。

(时丽娟)

【服务质量】 年内,新通邮楼房13个小区1150栋14095户,新建楼房通邮率达到100%;服务满意度为93分,满意率为99%。

(时丽娟)

【落实市政府4号文件精神】 3月8日,制定下发了《村邮员管理考核办法》,按季完成村邮员的服务质量考评及村邮员补贴发放工作,确保了专业管控措施到位。完成老旧小区居民住宅楼房信报箱更新补建100121户,确保新建住宅楼房信报箱通邮率达到100%。

(时丽娟)

【圆满完成第七届世界草莓大会服务任务】 世界草莓大会期间,认真落实邮件安全制度,全面分析大会用邮特点、收寄、封装、出口等需求,做好充足准备,确保邮政服务安全,并利用全市邮政网点代售草莓大会门票,方便广大市民购票。被第七届世界草莓大会筹委会指挥部授予"最佳服务保障奖"。张玉娟等5名同志被评为先进个人。

(时丽娟)

【加快网点建设优化作业组织】 4月12日,对霍营邮政所进行基建改造，完善了技防、物防工作；对松园邮政所进行装修改造；十三陵邮政所、天通苑六区邮政所在确保普遍服务的前提下，采取隔日营业方式；完成了龙跃所和天通中苑的接收工作。

（时丽娟）

【水屯邮政所增加储蓄业务】 4月26日，水屯邮政所开办储蓄业务，新增了储蓄、汇兑、保险理财及电子缴费业务，并增设了一台24小时ATM存取款一体机，为周边企事业单位和个人提供更加优质方便的服务。

（时丽娟）

【军企联合发展母亲邮包项目】 6月27日，与中国人民解放军防化学院共同开展了"母亲邮包"捐赠活动，共劝募母亲包邮包270个，为发展慈善事业奠定了良好的基础。

（时丽娟）

【完成大学生包裹收寄工作】 6月22日，全面启动大学生包裹收寄工作，根据每个学校特点制定不同的收寄方案和应急预案，于7月10日圆满完成此项工作，共收寄大学生包裹11519件，受到师生们的一致好评。

（时丽娟）

【与空军航空博物馆签订军民共建协议书】 7月26日，与空军航空博物馆签订《军民共建协议书》，充分发挥军地双方各自优势，军民携手，互办实事，共创文明单位。

（时丽娟）

【为区农产品提供网络销售平台】 8月1日，成功为小汤山天润园发展有限公司生产的干菌、干果等土特产提供网络销售平台，提升了区农产品的知名度，为区农业的快速发展、经济增收和农业结构优化贡献一份力量。

（时丽娟）

【推出国内小包业务】 10月30日，为满足寄递轻小件商品的商户需求，推出了国内小包业务，相对优惠的价格，无盲区的投递服务受到用户们的一致认可。

（时丽娟）

【强化十八大期间邮件安全收寄验视工作】 年内，认真落实重大活动期间的邮件安全工作，重点关注验视环节，封发、运输环节严格执行三项基本制度及封闭作业制度。做好非法出版物的查堵工作，确保了邮政服务安全、寄递物品安全、用户用邮安全。

（时丽娟）

【制作南口百年专属邮册】 年内，为南口镇成立100周年制作专属邮册400套，受到镇政府领导的高度赞扬，为地方经济和文化建设贡献一份力量。

（时丽娟）

【完成复转军人包裹收寄工作】 截至12月3日，历时13天，圆满完成27个驻区部队的军包收寄任务，共收寄包裹4545件，为部队官兵提供了优质高效的服务。

（时丽娟）

【领导班子调整】 12月20日，北京市邮政公司对昌平区邮政局领导班子进行调整，原党委书记、局长李敬生调任市邮政公司工作，任命王贺利为昌平区邮政局党委书记、局长。

（时丽娟）

【爱心包裹为灾区儿童献爱心】 年内，积极开展"爱心包裹"劝募活动，共劝募学生型爱心包裹920个、学校型爱心包裹6个，为灾区儿童献上邮政人的一份爱心。

（时丽娟）

昌平联通

【概　况】 北京联通昌平区分公司（简称"分公司"）是一个具有雄厚的网络资源、先进的通信技术、优质的通信服务、强大的人才队伍的通信企业，服务于昌平区各政府机关、城镇、乡村、企业、部队、学校及广大公共客户。在北京联通公司和区政府的正确领导下，秉承"一切从客户需要出发"的企业理念，以"客户满意"为宗旨，励精图治，追求卓越，从语音业务到数据业务，从固网业务到移动业务，从日常通信到应急通信，全方位、多层次的支撑着昌平区与世界的信息交流，为所有客户提供优质通信服务。年内，分公司以科学发展观为指导，以健康发展、效益增长为主线，坚持公司"产品为纲、渠道为王、服务为先、执行为本"的"四为"经营思路，按照"有目标、有措施、有责任人、有时限、有督促检查、有考核评估"的"六有"执行要求，扩大市场规模，提升服务质量，增强网络能力，强化系统支撑，深化精细管理，科学调整结构，努力营造和谐、进取的工作氛围，充分调动广大员工的积极性、创造性，推动分公司健康、和谐、可持续发展。

（王丽伶）

单位名称：中国联合网络通信有限公司北京市昌平区分公司
地址：北京市昌平区政府街8号
电话：(010)69741001
邮编：102200

【通信网络覆盖情况】 截至年底，分公司拥有固定电话局所290个（其中包括万门以上接入能力的端局6个、89个模块局和195个用户装机能力在2千门以下的接入局点）；自有营业网点11个；光纤网络遍布304个行政村、460个小区；电缆约5700条公里、光缆约9400条公里、管道约790沟公里；固定电话安装能力约70万门，宽带安装能力约59万门；固定电话用户约39万户，宽带用户约24万户；GSM宏基站647个、微站151个；WCDMA宏基站509个、微站354个。

（张小芳）

【一届四次职工代表大会召开】 1月30至31日，分公司召开2012年工作会议暨第一届职工代表大会第四次会议，以党的十七届六中全会、中央经济工作会议精神为指导，深入贯彻落实集团和北京公司工作会精神，回顾总结分公司2011年工作，全面部署2012年工作，团结和动员全体干部员工紧抓机遇，锐意进取，为分公司全面完成2012年各项任务目标，实现科学发展新突破而努力奋斗。分公司领导、三级经理、职工代表等70余人参加了会议。

（于倩）

【全面实施公众宽带升速工作布置会召开】 2月2日，全面实施公众宽带升速工作布置会召开。会上，分公司领导对全面实施公众宽带升速工作进行了具体的布置，并强调各部门要认真领会北京联通公司关于全面实施公众宽带升速的通知精神，扎实开展工作，提高责任意识和大局意识，确保分公司公众宽带升速工作万无一失。同时分公司已成立宽带升速工作指挥部，建立信息通报制度，完善服务保障计划，合理安排营销工作，做好应急预案和流量监控等工作，全面保障升速工作圆满完成。

（于倩）

【完成世界草莓大会开幕式重保工作】 第七届世界草莓大会于2月18日至22日在区召开，涉及63个国家和地区的1000余名学术代表参加本次大会，预计参观人数达50万人次。分公司受区政府委托负责整个大会的固网和移动网络通信保障工作，由于开闭幕式、学术研讨、综合展示、技术参观设定在两个区域进行，给通信保障工作增加了难度。分公司领导高度重视草莓大会通信业务保障工作，成立了草莓大会通信保障团队，确定责任人和职责分工，分公司紧急向公司运维部门申请调动移动信号保障应急通信车一辆，结合现场实际情况和保障区域特点确定了三个保障组：草莓园通信保障组、九华山庄通信保障组、外围应急通信保障组。保障业务包括草莓博览园的宏基站、WLAN和室内分布移动业务，涉及草莓博览园69部电话及宽带、公安监控探头专线、BTV电视台10M专线；九华山庄小交换机30B＋D、北京广播电台2M数字专线、50M紫金专线等业务。

（于倩）

【成立学雷锋便民服务志愿团队】 3月，按照昌平区精神文明办的工作要求，并结合北京联通公司团委开展的“立足岗位学雷锋、主动服务展风采”活动，学雷锋、见行动，以弘扬雷锋精神为主线，以本职岗位工作为重点，以主动服务客户为目标，以志愿服务的形式，成立了“昌平联通学雷锋便民服务志愿团队”。通过开展“心系客户爱在联通”便民服务主题实践活动，送服务进社区、进学校、进农村，方便客户了解、办理和使用联通业务，以实际行动便民服务，助推分公司“为民服务创先争优”活动深入开展。

（王磊）

【举办女员工主题文化月活动】 为激励女员工继续发扬自尊、自强、自信、自立的“四自”精神，以乐观的态度、饱满的热情、执着的追求，塑造联通女性的新形象，分公司在“三八”节期间开展了“让生活更美好”——庆“三八”女员工主题文化月活动。活动月中，围绕女工特点开展了系列活动：一是通过光荣榜、座谈会的形式，选树典型，表彰“三八红旗集体”2个及“三八红旗手”10名。二是全面营造“心系客户爱在联通”便民服务活动的浓厚氛围，组织“巾帼”女工团队学雷锋便民服务志愿者深入各营业厅帮助客户使用自助终端服务系统，引导客户快速办理各类业务，为客户提供方便快捷的服务。三是举办“庆三八展巾帼风采”长走健身活动，以健身活动的形式向全体女工致以节日的问候和良好的祝愿。四是举办“打造美丽人生”女性大讲堂活动，通过心理、保健、审美等健康知识讲座，帮助女工不断陶冶情操、提升素质、塑造职场魅力，以最佳的精神面貌投入本职工作。

（王丽伶）

【三一集团向联通分公司赠送锦旗】 4月18日，分公司收到了三一重机有限公司送来的锦旗，锦旗上书写着“热情服务廉明高效情系企业保驾护航”16个字，以感谢分公司为其提供的优质服务和网络保障。

（于倩）

【成立内部手机俱乐部】 4月，分公司成立内部手机俱乐部。内部手机俱乐部的成立旨在培养分公司手机小教员，不断丰富公众3GVIP客户的手机大讲堂授课内容，拓展与客户交流形式，实现传授、答疑、解惑、便民服务的目的，在提高客户感知的同时，也为今后分公司手机大讲堂活动取得更高实效积累经验。

（李原）

【完成北京国际越野挑战赛通信保障任务】 5月12日，北京国际越野挑战赛在十三陵景区举行。分公司为本次比赛提供两条100兆专线业务，40个数据信息点及比赛沿途的2G、3G业务的保障工作，完成业务收入3万元。保障团队成员精诚合作，克服保障线路长、面积广等困难顺利完成2012北京国际越野挑战赛通信保障任务，得到赛事组委会的好评。

（王永奎）

【开展“健康伴我行”健身月活动】 5月，分公司开展了“健康伴我行”健身月活动。活动突出了运动健身与娱乐休闲相融合的特色，通过举办爬山、跳绳、踢毽、慢骑自行车个人项目和拔河、第九套广播体操团体项目的比赛，鼓励员工积极参与各项健身活动，使员工在集体活动中体会企业的关爱、团队的精神、健身的乐趣和同事间的友情。

（王丽伶）

【开展5·17电信日现场营销活动】 为迎接5·17世界电信日的到来，树立联通品牌形象，提高客户感知，分公司结合属地特点，制定了详细的现场宣传计划，送服务进校园、进社区。5月12日至21日，共举办30余场现场宣传活动，在小区、学校、集市等人流多的地方开展便民服务现场营销活动，宣传、受理联通业务，现场解答客户问题，助推分公司“心系客户爱在联通”便民服务主题实践活动深入开展。

（于倩）

【组织大客户通信之旅活动】 5月，分公司组织了多场大客户通信之旅活动，带领客户参观通信博物馆和电报大楼、皂君庙IDC机房等重要通信局所，使客户通过聆听介绍、亲自参与、互动体验，了解联通企业悠久的发展历史和专业的通信技术，感受通信历史的发展变迁，体验通信技术更新换代给人们生活带来的便利，同时对物联网、通信行业应用、智能光网络等通信的技术和业务有了一个全新的认识和理解。更重要的是让客户对于同公司的合作增强了信心，实现了客户维系与业务发展的双赢。

（杨志东）

【举行防汛通信保障应急演练】 为确保汛期通信网络安全，将防汛工作落实到位，应对汛期可能出现的恶劣天气，检验应急机制和人员的响应速度及应变能力，6月2日，分公司举行了防汛通信保障应急演练。本次演练涉及交换、传输、宽带、动力、专线、线路、基站各专业及综合部人员，是一次全专业、多范围的大规模演练。通过演练，分公司及时进行总结，针对演练中发现的薄弱环节，继续完善专业应急预案，进一步提高应急通信保障能力。

（张鲲）

【举办廉洁文化观影活动】 6月20日晚，分公司举办了“构建和谐家庭书写清廉人生”廉洁文化观影活动。近百名重要岗位员工代表和家属共同观看了影片《忠诚与背叛》。本次廉洁文化观影活动特邀员工家属一同参加，旨在将企业廉洁文化建设与构建和谐家庭相结合，充分家庭助廉作用，提高员工家庭成员对企业廉洁文化的认知度和关注热情，是分公司开展“风清·廉通”廉洁文化系列活动之一。观影前，分公司领导为前来为参加活动的家属赠送了《幸福靠自己婚姻靠经营》和《求医不如求自己》2 本畅销书，得到员工和家属的喜爱。

（王丽伶）

【举办“智慧北京与沃共赢”行业应用巡展】 7 月 17 日，昌平区信息化应用展启动仪式在分公司回龙观分局举行。副区长周云帆、分公司总经理秦吉波等领导出席启动仪式并讲话。本次展会共两天，展会上集中展示了通信技术在各行业的应用成果，展现了如何通过通信技术的有效应用实现多种行业运营的信息化管理，进一步便捷了工作方法，提高了管理的精准度，从而实现管理效率的提升和运营成本的降低。

（于荣新）

【举办乒乓球挑战赛昌平赛区选拔赛】 7 月 21 日，分公司在昌平体育馆成功举办了“乒乓在沃”第三届中国联通乒乓球挑战赛北京昌平赛区选拔赛。“乒乓在沃”中国联通乒乓球挑战赛是中国联通对长期以来支持联通公司广大客户的一次回馈。此次比赛 300 余名运动员都表现出顽强的作风，发挥了真实的技术，建立了真挚的友谊，展现了高尚的风格。经过激烈角逐，最终产生 10 名优胜者获得晋级资格，参加北京赛区的最后角逐。

（王春静）

【举办“员工子女社会实践活动”】 8 月，分公司举办历时一个月的“员工子女社会实践活动”。为丰富员工女子暑假生活内容，分公司积极为员工子女营造参加社会实践活动的机会，使员工子女通过学习联通业务知识；参观父母的工作场；体验校园现场营销等活动，进一步加深对父母工作性质的理解，促进父母与子女间的和谐亲子关系，同时培养孩子们坚定的意志，吃苦耐劳的道德品格和良好的生活习惯。

（王丽伶）

【开展“员工关爱月”活动】 9 月，分公司以“关怀和谐与联通共成长”为主题开展“员工关爱月”活动。长期以来，分公司积极树立关怀员工的战略思想，从政治、工作、生活等多方面关怀员工，将员工关爱贯穿到全年工作始终。在“员工关爱月”中，通过开展座谈会、工会主席接待日、劳动竞赛、技能培训、拓展训练及厨艺比赛、长走等系列文体活动，帮助员工加强沟通与交流，树立应对困难的信心，增强对企业的认同感、责任感、归属感和成就感，进而达到让员工保持阳光愉悦的工作心态，做自信、乐观、坚韧的人，与公司共同成长、共发展。

（王丽伶）

【举办营业人员业务技能大比武活动】 10 月 18 日，为全面检验和提高营业人员的操作技能和水平，分公司借新系统成功上线之际，组织全体营业人员进行业务技能大比武。本次比武是针对理论知识和业务技能的比赛，通过此次比赛的赛前培训和赛后总结、分析，营业人员对系统的操作和营销技巧有了进一步的提升，形成了营业厅内创先争优的良好学习氛围。

（刘云超）

【举办“打造高效能班组长训练营”主题培训】 11 月 23 日，分公司举办集多项竞技、讲座和娱乐于一体的“打造高效能班组长训练营”主题培训，近 40 员工参加活动。培训采用室内培训和户外拓展相结合的方式。通过培训，使学员明确班组长管理角色定位与认知，掌握班组团队员工辅导、训练与激励技巧，提升班组长的个人影响力，以及个人威信，影响员工精神状态，掌握班组内部沟通协调，有效分解部门或班组目标指标的方法，有利于提高管理效率，塑造班组良好的内部氛围，提高内部凝聚力，以结果为导向，提高班组团队执行力。

（潘雪清）

【“昌平智慧园区客户”产品推介会召开】 12 月 13 日，分公司在金池蟒山度假村召开“昌平 2012 年智慧园区客户”产品推介会活动。此次活动，以“推进园区智慧方向发展”为主题，旨在通过与园区及大型房地产开发商全面、深入的交流与探讨，“零距离”展示联通产品、解决方案及行业应用案例，展现联通品牌，同与会者分享联通产品的技术特点和应用优势。会上，分公司总经理秦吉波从昌平分公司现状、通信信息技术等角度做了精彩的主题演讲，新元科技园、中科创新园、中关村科技园昌平园、华世柏利等 30 余家园区、企业代表出席会议。

（吴志娜）

【举办新入职大学生演讲比赛】 12 月 20 日，为增强企业凝聚力和向心力，营造健康和谐的企业文化氛围，展示新入职大学生在实习锻炼中立足本职、爱岗敬业、乐于奉献的精神风貌，分公司在长陵培训中心举办“锤炼自我成就未来”新入职大学生演讲比赛。比赛在11名新入职大学生中进行,参赛选手通过工作之中的亲身体验、实习间的所见所闻及身边爱岗敬业、热心服务的典型事例,畅谈感想与收获;用理性、发展、客观、积极的人生态度诠释对企业、对工作的热爱与追求。分公司领导班子成员、新入职大学生实习指导老师及相关部门三级经理近40人来到现场观摩比赛。

(王丽伶)

昌平电信

【概　况】 中国电信股份有限公司北京市昌平区分公司(简称“昌平电信”)立足于昌平区通信建设,为客户提供包括固网业务、移动通信、宽带网络、长途业务与基于电信网络的语音、数据、图像以及多媒体通信与信息业务等多种信息服务;在北京电信公司和昌平区政府的正确领导下,我们始终秉承着“用户至上、用心服务”的服务理念,不断创新业务模式、提高服务能力。多元化、个性化、品质化的产品布局与服务准则不但满足了以企业客户为首的高值客户日益增长的服务需求,更是兼顾了广大公众客户,包括农村地区居民的通讯体验,真正地使信息化成果惠及到最广大的人民群众中。2012年是承上启下的关键年份,也是中国电信实现跨越式发展的重要年份。在新的征程中,昌平电信深入贯彻落实十八大精神,以科学发展观为指引,抓住3G、移动互联网等发展机遇,大力实施聚焦客户的信息化创新战略和差异化发展策略,持续深化模式转型,积极转变发展方式,加大组织结构调整力度,不断强化精确管理,努力开创有效益规模发展的新局面,实现服务信息化的新突破。以全新的多业务、多网络、多终端融合及价值链延伸促进昌平局的健康与持续发展。

(刘岳　韩晶)

单位名称:中国电信股份有限公司北京市昌平区分公司
地址:昌平区鼓楼北街12号
电话:(010)59704775
邮编:102200

【客户服务热线全天候服务】 年内,中国电信客户服务热线10000,通过人工服务,全天候为客户提供业务咨询与受理、费用查询、障碍申告、投诉及建议服务。中国电信北京公司网上营业厅面向包括天翼客户、我的e家客户和商务领航客户在内的所有北京地区客户提供24小时不间断的服务。客户可以访问登陆网上营业厅进行业务信息查询,话费查询、业务办理、靓号选购、充值缴费能操作,足不出户鼠标一点即可完成大部分的业务服务。

(韩晶)

【信息化建设成就再创新高】 年内,昌平电信在北京电信的统一管理下致力于积极落实“双进入”机制、无线城市建设,在属地内本网、他网以及同时接入小区开展了范围甚广的“宽带提速、光纤入户”工作,此项工作为累计30余个新旧小区、5万余户用户改造并改善了上网环境。协调基站120余个,为近5000户用户提供了20M上网带宽,2.5万余户用户享受到了光纤到户,1.5万余户居民享受到了10M光纤接入宽带入户。在无线城市建设方面,新增移动通讯2G、3G基站20个,累计达到204个。WLAN建设情况,新增覆盖区域52个,累计达到120个。新增AP个数1950个,累计达到2757个。无线通讯网络覆盖率达到80.8%,光纤网络家庭用户达到近3万户,光纤家庭用户覆盖率达到84%。

(刘岳)

【电信-银行合作模式取得阶段型成果】 为进一步挖掘客户需求,自2011年起,北京电信与北京农商银行携手合作,开拓创新,向公众开放了银行冻结存款免预存拿手机的业务。这项业务为广大农商银行存款客户带来了便利和实惠,获得了广泛的认可。2012年3月,北京电信将苹果4S作为与农商行的合作机型更是受到了众多年轻客户的追捧。这种行业间合作使区域内客户体验到了一站式服务的便捷:“钱存了,话费省了,手机有了”。

(冯伟光)

【属地多家电信代理商正式开业】 年内,昌平电信共签约开设了10多家电信合作营业厅、60多家代理店。合作厅、代理店和专区多分布于昌平区热点商业中心和居民居住区域,多为临街店面,地理位置优越,为广大居民办理电信业务提供了方便快捷的服务,满足了居民多样化的通信需求。各合作营业厅秉承着“用户至上、用心服务”的理念,以“客户满意”为宗旨,逐步实现店面管理的标准化和规范化。各渠道代理商的建立提升了电信的品牌知名度,拓宽了电信业务的销售渠道,全方位、多层次的支撑着昌平区的通信服务,获得了广大客户的一致好评。

（冷笑非）

【天翼智能手机昌平特卖会成功举办】 8月4日至5日,在北京电信公司及相关部门的支持指导下,昌平电信在回龙观北店时代广场成功举办了“天翼智能手机昌平特卖会”。本次活动共邀请了10余家合作伙伴及昌平局自有营业厅、农商行合作网点共同参与,还特邀诺基亚、HTC、华为、酷派、联想、中兴等7家终端厂商配合渠道代理商进行现场演示。特卖会现场通过天翼品牌介绍、一元竞拍、老客户抽奖、智能机促销优惠、3G体验式营销等众多活动极大地活跃了现场的气氛,聚拢了活动现场的人气,提升了天翼品牌的影响力。本次昌平特卖会不仅取得了良好的成绩,同时有效提升了客户对绿色手机的了解,将优惠送到群众中去。

（王旭）

【中国电信天通苑龙德营业厅正式开业】 12月1日,中国电信天通苑龙德营业厅正式开业。该营业厅地处东小口镇城镇中心,地理位置优越,营业厅内实现了全业务受理,包括宽带和固话,为广大居民办理电信业务提供了方便快捷的服务,满足了居民多样化的通信需求。它的建成进一步拓宽了电信的销售渠道,有效带动了周边通讯服务的发展。龙德营业厅标准规范的店面管理以及耐心细致的服务更是获得了广大顾客的一致好评。

（王斌）

昌平移动

【概　况】 中国移动北京公司昌平分公司(以下简称“昌平分公司”)成立于1999年,历经多次机构变革,最终于2005年12月2日正式挂牌,成为中国移动北京公司的二级部门。昌平分公司下设3个部门、拥有10个自有厅台、27个合作厅台、30个自助服务终端网点、267名员工、两处办公大楼,主要承担市场拓展、厅台服务、客户推广与维系、网络建设及维护支撑、行政管理等全方位多元化的综合性工作。根据昌平区环境和地域的特点,昌平分公司秉承“创无限通信世界,做信息社会栋梁 ”的企业使命,践行“正德厚生、臻于至善”的企业核心价值观,追求卓越发展,勇于承担社会责任,大力发展2G、3G、WLAN、4G网络建设,通过更多的创新业务模式来满足客户更便利、更灵活、更经济、更时尚和更个性化的通信需求。通过完善的营销体系和强大的网络支撑,为昌平区人民提供方便及时快速准确的移动通信服务,并助力于昌平区经济发展和信息化建设。2012年,昌平分公司在中国移动北京公司的正确领导下,在区委、区政府及各委办局大力支持下,在广大员工的共同努力下,勇敢面对挑战,把握发展机遇,以人为本,勇于创新,不断提升业务服务能力,进一步完善各项管理制度,加强人才队伍建设,各项工作平稳而有序开展。昌平分公司积极助力地方建设:完成各类重大活动、赛事的服务保障工作;深入开展“阳光特惠工程”活动,为在校学生提供更多的实习锻炼机会,开展温暖贫困新生活动,组织高校教职工篮球邀请赛;加深与地方单位、部队、大型企业合作,建立战略合作伙伴关系,提供专业信息化服务支持。

（张悦）

单位名称:中国移动通信集团北京有限公司昌平分公司
地址:昌平区南环东路42号
电话:13911396699
邮编:102200

【与北汽福田共同举办物联网论坛】 1月12日,昌平分公司与北汽福田股份有限公司共同举办了“搭建通信保障平台 服务昌平重点企业”物联网论坛。副区长王承军、北汽福田总经理周洪波、昌平分公司总经理陈君及50位局级、镇街领导出席,并举行了座谈。

（张悦）

【携手区武装部、双拥办慰问空军部队】 1月17

日,昌平分公司携手区武装部、区双拥办,到空军95865部队进行节前慰问。区委常委、武装部部长、双拥办主任孙连湖、双拥办副主任陈延辉、昌平分公司总经理陈君等领导参加了本次慰问活动。近年,昌平分公司与驻昌76家部队建立合作关系,开展现场活动109场次,免费提供号码资源14000余张,先后为中国人民解放军空军二十三厂招待所成功开通经WLAN网络覆盖项目,为武警部队提供互联网专线及固移通、综语等业务。

(张悦)

【完成第七届世界草莓大会通信网络保障】 2月18日至22日,被誉为“草莓届的奥运会”的第七届世界草莓大会在兴寿镇举行。此次大会共吸引了60多个国家和地区的20万人来访、参观。作为草莓大会的保障单位之一,昌平分公司为草莓大会主会场三座楼宇7万余平米做了室内分布建设工程,共安装室内分布天线171副,WLAN AP天线点54副,同时为草莓大会工作人员、志愿者及草莓种植户1800余人制作了专门的集团彩铃,并提供了30万条小区短信服务。采取多项措施圆满完成了服务保障工作。

(张悦)

【完成居庸关沙岭子地区山火扑救现场网络保障工作】 4月3日,居庸关沙岭子地区发生山火,昌平分公司接到区应急办通知,紧急选派两辆卫星通信车,赶往现场网络支援。本次保障任务的圆满完成,提升了中国移动北京公司在昌平地区的企业形象,也为公司在应对复杂地形的抢险通信保障工作积累了宝贵的经验。

(张悦)

【与公安昌平分局签署信息化工作合作备忘录】 7月27日,与公安昌平分局在凤山温泉度假村举行信息化工作合作备忘录签署仪式。自双方合作以来,昌平分公司为公安昌平分局提供了无线网络传输、互联网光纤接入、网络管理软件和防火软件等服务。

(张悦)

【开展“爱心计划”赠机活动】 8月,昌平分公司在北京化工大学、中国政法大学、中国石油大学等12所院校,向1200名贫困新生赠送“爱心手机”。通过此次社会公益事业活动,为高校贫困学生提供通讯保障、生活保障,为教育事业添砖加瓦。

(张悦)

【联合区市政市容委完成网格二期签约工作】 9月25日,与昌平区市政市容管理委员会联合举办了城市网格二期签约仪式。近年,昌平分公司为昌平区市政市容委提供了呼叫中心、无线DDN、城管通、信息机、定位通、数字传输专线等多项业务支撑,为网格项目提供了强有力的支撑服务。

(张悦)

【与区委宣传部联手打造手机版《昌平周刊》】 与区委宣传部合作,以区新闻中心为信息化试点,将《昌平周刊》由传统的印刷出版方式,转变为电子化产品,从10月开始,为3000余位政府领导、工作人员发送手机彩信版《昌平周刊》。该服务改变了区政府办公人员的传统阅读方式,同时大大提升了新闻时效性。

(张悦)

【组建“昌平动感学子联盟”】 11月17日至18日,携手中国石油大学(北京)、中国政法大学、北京航空航天大学、北京邮电大学等13所重点高校,组织113名学生辅导员、优秀学生干部参加了为期两天的“阳光特惠工程”第一届高校优秀青年拓展交流活动。活动中创建了“昌平动感学子联盟”,113名优秀青年成为第一届联盟组织成员。

(张悦)

【圆满完成地方重大赛事服务保障工作】 昌平分公司先后圆满完成2012国际越野挑战赛、第二届环北京职业公路自行车赛、2012秋季北京国际长走大会等重大赛事期间的通信保障工作,树立了良好的企业形象。

(张悦)

农　业

农村工作

【概　况】 2012年，全区农村经济总收入完成298.2亿元，同比增长10.2%；农民人均纯收入实现14971元，同比增长11.4%；农林牧渔总产值完成26亿元，同比增长31%，农村经济继续保持了平稳较快增长。

坚持按照“强二优三精一”的产业发展思路，不断加大强农惠农力度，通过优化、调整产业结构，推进农业产业转型发展取得新的成果。以设施农业为龙头，“一花三果”为主导的都市型现代农业产业继续提质增效。设施农业播种面积22742亩。其中温室播种面积达20707亩，占91.1%。设施农业总收入实现5.9亿元，同比增长62.8%。

城乡发展进一步融合。城乡结合部建设取得突破性进展，重点村建设扎实推进，拆迁任务全面完成。东小口地区行政区划调整基本完成，3个新设街道办事处正式挂牌。南口新型农村社区试点建设稳步启动。沟域经济建设加快推进，南口镇羊台子沟域概念性规划初步完成，集聚各级各类投资5亿元，实施了川北河综合治理、白羊沟生态修复等一系列重点工程，实现了沟域面貌持续改观，生态环境持续优化，人民生产生活条件持续提升，经济发展持续向好。新农村建设深入推进，建设抗震节能房2720户，新创建生态村20个，进一步改善了农村的生产生活环境。安装LED节能路灯6000盏，维护老旧太阳能路灯1.5万盏。加强农村基础设施后期管护，落实管护人员1.7万人。

农村改革全面推进。完成改革村304个，量化资产总额374.7亿元，股东总数达36万人。278个农村股份经济合作社实现按股分红，占改革完成村总数的92%，分红总额达5.48亿元。指导改革后新型农村集体经济组织规范运营，实现农村经济社会全面、协调、可持续发展。

农业服务体系建设不断完善。强化农民科技培训，完成农业实用技术培训10820人次。强化农村信息服务，完善区级“221信息平台”领导管理决策系统，推进移动农网、12316农业服务热线等信息平台应用，新建村级气象综合信息服务站100个，实现山区、半山区气象预警服务全覆盖。强化农民专业合作社建设，引导全区390家农民专业合作社规范管理，社员总数达到1.38万人，辐射带动社外农户2.71万户，培育国家级农民专业合作示范社1家，市级农民专业合作示范社14家。强化农村金融服务，继续开展涉农专项贷款担保贴息，累计发放涉农专项贷款1.93亿元，贴息384万元。完善政策性农业保险服务体系，开设险种18个，参保农户5023户，保费总额1552.4万元。

（李国荣）

单位名称：昌平区农村工作委员会
地址：昌平区政府街19号
电话：(010)69742758
邮编：102200

【“一花三果”提质增效】 年内，百合产业，销售百合鲜切花612.6万枝，生产百合商品球600万粒，实现产值7525万元；草莓产业，日光温室总规模突破1万栋，建成优质种苗繁育基地6000亩，草莓年产量达到700万公斤，年收入实现3.88亿元；苹果产业，新发展标准化果园2235亩，推广零农残有机果品生产1万亩，预计全年产量达到2400万公斤，产值实现2.05亿元；传统林果业，新建甜柿示范点7个，指导果农完成甜柿嫁接2万余株，恢复发展燕山板栗、核桃、樱桃、籴籴枣、京白梨等传统珍稀小果品15万亩，果园管理水平显著提升。昌平“一花三果”年收入已突破7亿元。

（李国荣）

【沟域经济加快建设】　年内，重点推进南口镇羊台子沟域概念性规划工作，进一步深化沟域总体规划并对重要节点项目进行策划。围绕环境整治、生态建设、基础设施、新民居和特色产业五个方面，集聚各级各类投资5亿元，重点推动延寿沟域建设，持续提升流村西峰古道沟域建设水平，实施了川北河综合治理、白羊沟生态修复等一系列重点工程，实现了沟域面貌持续改观，生态环境持续优化，人民生产生活条件持续提升，经济发展持续向好。同时，配合沟域经济，发展林下特色产业，板栗、核桃等传统林果业实现提质增效，林下栗蘑种植规模达到110万袋，产量80万斤，拉动包括特色餐饮、乡村旅游等产业综合产值8000万元，促进农民增收1800万元。

（李国荣）

【菜篮子工程有序实施】　年内，全区完成设施建设631.2亩，完成新菜田3309亩。在百善镇新发展500亩有机蔬菜基地和1200亩绿色蔬菜基地。同时，完成了设施蔬菜标准园的创建工作。

（李国荣）

【生态养殖业稳步推进】　年内，对畜牧业“菜篮子”工程建设总投资240万元，完成2家奶牛场、1家生猪场和1家肉鸡场的生产基础设施改造。市级财政转移支付300万元，对12家畜禽养殖场进行治理，按照市农业局、市农委、市财政局《2012年渔业高产高效生产基地建设实施方案》的要求，实施了北京京北闻来垂钓中心和北京金润龙水产技术有限责任公司高产高效生产基地建设项目，共计改造水面86亩。畜禽总存栏136.63万头、只，累计出栏112.36万头、只，生产鲜奶5.6万吨，生产鲜蛋0.91万吨，肉类总产量1.02万吨。

（李国荣）

【农产品品牌进一步提升】　年内，积极筹办和参与各类农业节庆活动，成功举办第二届栗蘑擂台赛，组织参加第十届中国国际农产品交易会，“燕昌红”甘栗仁荣获本届交易会金奖，营坊昆利果品专业合作社获北京团畅销产品奖。采取“三馆两园”寓农于乐的运作方式，全力筹备首届北京“农业嘉年华”，打造融合式发展第一品牌，大幅提升了昌平都市型现代农业的发展水平和品牌影响。

（李国荣）

【农业产业深度融合发展】　年内，坚持“调结构、上水平、保增收”的原则，进一步转变发展方式，都市型现代农业、文化创意产业和旅游休闲产业融合发展的态势愈加明显。全区观光农业园总数达到202个，市级民俗旅游村25个，民俗旅游接待总户数1250户。休闲观光农业年收入突破5.9亿元。

（李国荣）

【农产品加工业发展壮大】　年内，组织华耐、天安农业、中农榜样三家企业成功申报本年度市级农业产业化重点龙头企业，全区市级龙头企业数量已达到6家。改造提升天周、锄禾、燕昌红等农产品加工企业生产线，解决果品销售问题，提升农产品附加值。

（李国荣）

【加大强农惠农政策力度】　年内，充分发挥农业产业政策对农业产业结构调整与转型升级的重要作用，在调查全区农业资源和对现行农业产业政策进行重新梳理的基础上，研究出台了《昌平区农业产业“1+14”政策集成》，内容包括：一部《扶持农业产业发展的政策意见》和14项配套实施细则，涉及百合、草莓、苹果、栗蘑和传统林果业发展，“菜篮子”、日光温室建设，扶持农民专业合作社发展、农业标准化建设、农产品加工企业，促进农产品流通，支持涉农专项贷款担保贴息、政策性农业保险，加强设施农业节水灌溉等内容。通过政策集成，优化产业结构，推动农业标准化生产、组织化运作、产业化经营，实现农业提质增效。

（李国荣）

【坚持“科技引领，产业导向，政府买单，农民受益”】　年内，立足一产实际和农民需求，将农民科技培训工作与农村实用人才培养、农业科技推广、农村劳动力职业技能培训和农民素质教育相结合，完成农业实用技术培训10820人次。

（李国荣）

【加强农村金融服务】　年内，继续开展涉农专项贷款担保贴息，累计发放涉农专项贷款1.93亿元，贴息384万元。完善政策性农业保险服务体系，开设险种18个，参保农户5023户，保费总额1552.4万元。

（李国荣）

【加强农民专业合作社建设】　年内，引导全区390家农民专业合作社规范管理，社员总数达到1.38万人，辐射带动社外农户2.71万户，培育国家级农民专业合作示范社1家，市级农民专业合作示范社14家。

（李国荣）

【加强农业信息服务】　年内，利用《农民课堂》播出各类农业节目1000余条次。完善区级“221信息平台”领导管理决策系统，推进移动农网、12316

农业服务热线等信息平台应用，新建村级气象综合信息服务站100个，实现山区、半山区气象预警服务全覆盖。

（李国荣）

【围绕稳定抓管理】 年内，围绕稳定抓管理。全区农村集体经济产权制度改革工作全面完成，完成改革村304个，量化资产总额374.7亿元，股东总数达36万人。278个农村股份经济合作社实现按股分红，占改革完成村总数的92%，分红总额达5.48亿元。指导改革后新型农村集体经济组织规范运营，研究起草了《关于加强农村股份经济合作社规范管理，促进村级集体经济发展的意见》，促进农村股份经济合作社制度化、法制化、规范化管理。同时，全力配合国土部门做好农村集体土地所有权确权调查和登记颁证工作，恢复农村经济合作社，确认集体土地所有权主体，农村集体土地确权登记颁证工作如期完成，为下一步深化改革，维护农民土地权益奠定了基础。

（李国荣）

【围绕统筹促发展】 年内，围绕统筹促发展。城乡结合部重点村城市化工程进展顺利，回迁楼按照动迁后两年回迁的目标加紧施工。东小口地区行政区划调整基本完成，3个新设街道办事处正式挂牌。南口新型农村社区试点建设稳步启动。实施农宅抗震节能改造2.8万户。安装LED节能路灯6000盏，维护老旧太阳能路灯1.5万盏。加强农村基础设施后期管护，落实管护人员1.7万人，有效维护了农村基础设施的正常运转。落实山区镇泥石流易发区及生存条件恶劣地区搬迁40人。完成马刨泉村环境整治和韩台村民居改造两项生态移民工程。扎实推进对口支山工作，帮助27个对口支援村与166家支援单位建立联系，落实对口支援款314万元，实施对口支援项目折合人民币200万元。

（李国荣）

【部署世界草莓大会外围服务保障】 2月15日，区农委组织区农业局、质监局、农业服务中心及崔村、兴寿、小汤山镇主管领导召开第七届世界草莓大会外围服务保障工作专题会，就草莓大会期间服务保障工作进行安排、部署。

（李国荣）

【中国北京昌平草莓网正式运行】 3月10日，作为区级“221信息平台”的一部分，以草莓主产区——兴寿镇为重点，整合草莓产业资源，搭建“中国·北京·昌平草莓网”，旨在推动“221信息平台”在乡镇的应用，关注区草莓产业“后草莓大会”时期的发展，面向消费者、种植户（合作社）及区、镇相关管理部门提供信息服务。

（施爱华）

【区政协考察设施农业发展情况】 3月13日，区政协主席王书合带队，率部分区政协委员对区设施农业发展情况进行考察。区政协领导和与会委员对区设施农业所取得的成绩给予了充分肯定，并针对区当前设施农业发展过程中存在的问题和今后设施农业的发展方向提出了意见和建议。

（李国荣）

【贯彻市农村工作会议精神研讨会召开】 3月15日，区委组织区农委、新农办、农业局、经管站、住房城乡建设委、经济信息化委、旅游发展委等部门主要领导，各镇（街道）党（工）委书记、相关村党支部书记及龙头企业代表近80人，就贯彻落实全市农村工作会议精神，深入推进城乡一体化，加快发展都市型现代农业进行讨论。区长金树东主持会议，区委常委、区委组织部部长李良，区委常委、区委宣传部部长余俊生出席会议，市农业局吴宝新副主任参加了会议。

（田宁）

【土城村采取网上竞拍方式出租土地】 3月18日，马池口镇土城村，将296亩到期土地采取网上竞拍方式出租。通过竞价出租，每亩由预计出租3000元，与实际成交的4320元和4200元相比，每亩分别增加收益1320元和1200元。本项296亩出租土地，年增加效益37.2万元，使每个股东平均年收入增加457元。杜绝了在出租农村集体资产过程中少数干部说了算，暗中捞取好处的行为，有效地预防了基层干部腐败现象的发生。

（郭殿祥）

【市政协调研区农业科技服务体系】 4月13日，市政协科技委主任申建军带队，对区农业科技服务体系建设情况进行专题调研。区领导苏卫东陪同调研。

（田宁）

【成都市政府代表团到区考察现代农业】 4月24日，成都市副市长谢瑞武带领的成都市政府代表团到区考察都市型现代农业发展情况。副区长赵阳陪同考察。

（田宁）

【区人大考察集体土地集中租赁管护工作】 5月11日，区人大常委会农村工作委员会组织部分委员和区人大代表考察区农村集体土地集中租赁管护工作。委员、代表对区农村集体土地集中租赁管护工作给予了肯定，并对工作的下一步深入实施提出了建议和意见。

(田宁)

【参加市优秀农村实用人才高级研修班】 5月20日至6月1日,组织35名优秀农村实用人才参加了“北京市优秀农村实用人才高级研修班”。年内,完成农业实用技术培训1.1万人次,培养农业技能型人才169人。

(张淑媛)

【农业电视节目完成改版】 5月,区农委与区电视台合作的农业电视节目全面改版。保留了日播栏目《农民课堂》;新增周播栏目《走进三农》,以专题的形式宣传富民政策,传递致富消息。《信息直通车》免费为农民发布农产品供求信息;所有节目视频都在昌平广播电视网上挂出,公众可随时上网收看。年内,除《昌平新闻》外,昌平电视台共播出农业节目500多期。

(施爱华)

【区人大对承办的代表建议进行重点督办】 6月19日,区人大常委会主任李福忠对农委系统水务局本年度承办的四件代表建议办理情况进行重点督办。通过考察和座谈,代表对农委系统办理代表建议工作给予充分肯定。区人大常委会副主任郑国柱、副区长苏卫东、部分区人大常委会委员、人大代表和区政府办、区农委、区水务局的负责同志参加督办活动。

(田宁)

【第二届栗蘑擂台赛成功举办】 6月23日,在景山公园举办了昌平区第二届栗蘑擂台赛。参赛农户46户,专家对区内的种植户选送的栗蘑进行评比,选出“昌平栗蘑王”(重量达12.67公斤)。现场对栗蘑王进行了拍卖,并制作了栗蘑菜肴供市民品尝。有近20家媒体进行报道。

(邹虎)

【组织开展汛期施工安全专项检查】 7月27日,为有效应对7·21特大暴雨引发的次生灾害,区农委组织本系统有关单位对汛期施工安全工作进行专项检查。检查组现场检查了南环路雨季改造工程和滨河森林公园湿地改造工程,要求汛期施工单位一定要提高安全意识,明确责任,强化管理,尤其要加强深基坑作业和安全用电管理,落实防范和治理措施,同时,要严格执行汛期遇极端天气停工撤人制度,完善应急预案,坚持领导到岗带班,确保安全。

(田宁)

【开展汛期有限空间安全生产督查行动】 8月16日,区农委配合区安监局开展农业行业汛期有限空间作业专项督查行动。重点听取了区农业局、农业服务中心等行业主管单位的有限空间管理工作情况汇报,并对兴寿镇香屯村百川泉养猪场、百善镇种养循环农业园养殖场的有限空间进行了实地检查。督查组要求有关单位要充分认识有限空间作业的危险性,加强安全管理,及时登记备案,落实企业安全生产主体责任,做到不安全不作业,严禁违规作业,为十八大的胜利召开创造良好的安全环境。

(田宁)

【山区沟域经济建设取得新进展】 年内,延寿沟域建设得到了区委、区政府的高度关注,建立了主管副区长牵头、区农委具体负责,相关部门协同的联系工作机制。聚集各级各类投资,围绕环境整治、生态建设、基础设施、新民居和特色产业重点实施11项工程,积极推动沟域经济建设,实现了沟域面貌持续改观,生态环境持续优化,人民生产、生活条件持续提升,经济发展持续向好。考评工作小组对延寿沟域建设工作表示肯定。延寿沟域在市级重点建设沟域联合考评获得500万奖励资金。

(兰连顺)

【参加第十届国际农产品交易会】 9月27日至30日,区内农民专业合作社和社农企业参加了第十界中国国际农产品交易会。在此届农产品交易会上,昌平区获得优秀组织奖,燕昌红板栗专业合作社获得农业部金奖,营坊昆利合作社和金华林养蜂专业合作社获得畅销产品奖。

(张涛)

【参加组工干部业务知识大比武】 7月至9月,组织全系统政工干部参加区委组织部组织的“组工干部业务知识大比武”活动,取得笔试考试成绩均分98.8,“擂台比武”预赛小组第一、决赛第二名的好成绩,获得“昌平区组工干部擂台比武”二等奖。

(黄志魁)

【督导土地确权登记颁证主体确认工作】 10月10日,市农委主任王孝东及体改处处长侯书江等市农委领导来区就农村集体土地确权登记颁证主体确认工作进行督查指导。区长金树东、副区长苏卫东、区农委书记李元和、主任董锦华、副书记魏宝华、区经管站长徐德清、国土局副局长张兴国等领导参与调研督导。魏宝华作题为《关于农村集体土地确权登记颁证主体确认有关问题的汇报》。

(郭殿祥)

【组织栗蘑之乡申报工作】　11月2日，中国特产之乡推荐暨宣传活动组织委员会考察了昌平区中国栗蘑之乡申报工作。考察团由第十届全国政协委员林乃基、中国特产报社社长兼总编辑刘真以及农业部和中国农科院专家组成。副区长苏卫东、区农委主任董锦华、副主任殷永增向组委会进行汇报。

（邹虎）

【督导区农村确权登记颁证主体落实情况】　11月13日，市农委副主任康森率市农委、市颁证办相关人员到区就农村集体土地确权登记颁证主体落实情况进行督查指导。副区长苏卫东，区农委副书记魏宝华，区经管站长徐德清，国土局局长张少伟、副局长张兴国等领导参与调研督导。康森对昌平区登记颁证工作给予肯定。

（郭殿祥）

【沟域经济建设成果展示会召开】　11月27日至29日，北京沟域经济建设成果展示暨招商推介在北京国际会议中心隆重召开，在开幕式上副市长夏占义出席并致辞。昌平区展示了2009年以来沟域规划和建设的成果，重点推出了2011年和2012年市级重点建设沟域——西峰古道沟域和延寿沟域，同时展销沟域特色农产品。

（兰连顺）

【政策性农业保险体系进一步完善】　年内，制定《昌平区2012年政策性农业保险工作意见》，共开设18个险种。全区全年参保农户5023户，保费1552.4万元。

（张淑媛）

【组织参与“12·4”法制宣传日活动】　12月4日，区农委组织系统各单位在亢山广场展开宣传的活动，利用各种宣传方式宣传12·4内容，共设立了六个咨询台，展出展板20余块，发放扑克牌、环保袋、宣传帽、张贴画、法制书籍等宣传材料60余种，5000余份，现场解答咨询群众1000余人次。

（鲁晨）

【“221信息平台”建设力度进一步加大】　年内，“昌平三农信息网”平稳运行。围绕区产业特色，建设了“昌平栗蘑网”、“中国北京昌平草莓网”，并为有需求的农民专业合作社制作具有特色的宣传网站。完成了市级“221信息平台”昌平区模块数据在线填报工作。协调区综合行政服务中心、区农服中心、区农业局等相关单位，认真做好内网平台（领导管理决策系统）的数据更新工作。

（施爱华）

【农业信息服务体系不断完善】　为全区17个镇、街道安装气象信息显示屏和气象预警信息机，全区共建有气象信息显示屏38块，气象预警信息机209部，村级气象综合信息服务站222个，通过硬件设备和气象信息员队伍，向社会公众提供气象预报、预警和科普知识的发布服务。在草莓、百合花及百合种球种植基地安装气象探测设备，建立草莓和百合生长所需气象条件的指标体系，形成生产指导性意见，拓展了气象信息服务的功能。

（施爱华）

【推进涉农专项贷款工作】　年内，发放涉农专项贷款738万元，为到期用户补贴利息和担保费380余万元。

（张涛）

【培育壮大农业龙头企业】　年内，成功申报了北京华耐农业发展有限公司、北京天安农业发展有限公司和北京中农榜样生物科技有限公司三家企业为市级重点培育壮大农业龙头企业。

（张涛）

【编制完成《昌平区农业产业政策汇编》】　年内，对全区农业产业政策进行了重新梳理，最终形成了昌平区“1+14”《农业产业政策汇编》，即一部《扶持农业产业发展的政策意见》和14项配套实施细则，涉及百合、草莓、苹果、栗蘑和传统林果业发展，“菜篮子”、日光温室建设，扶持农民专业合作社发展、农业标准化建设、农产品加工企业，促进农产品流通，支持涉农专项贷款担保贴息、政策性农业保险，加强设施农业节水灌溉等内容。

（王佳）

新农村建设

【概　况】　2012年，在区委、区政府的领导下，区新农办紧紧围绕区委、区政府的工作部署，深入贯彻党的十八大和区第四次党代会精神，以加快推进全区城乡一体化为目标，突出农宅抗震节能改造、新型农村社区试点建设和城乡结合部重点村迁建三项重点工作，认真履行部门职能，统筹安排工作任务，积极协调，精心指导，在改善农村生活环境、促进城乡结合部地区建设等方面取得了一定的成绩。

(刁学婧)

单位名称:昌平区新农村建设领导小组办公室
地址:昌平区南环路1号广电大厦909室
电话:(010)69709071
邮编:102200

【农宅抗震节能改造项目完成情况】 年内,农宅抗震节能改造项目计划完成2.3万户。工作中重点把握“服务农民”和“保证质量”两条主线。一方面,加大补贴力度。新建翻建项目,每户补助4万元;单项改造项目,每户最高补助1.6万元。在施工队伍的选择环节,实现农户与施工队的直接对接,确保农民主体作用的充分发挥。另一方面,严格把握工程质量。坚持统一专家审核、统一施工材料标准、统一施工工艺步骤、统一工程监理、统一资金补贴标准的“五统一”,有效保障了工程质量。年内,完成改造22788户,新建5759户,超额完成5500户,拨付工程款1.36亿元。改造后的农宅冬季室内温度平均升高3℃ -5℃,受到农户的普遍欢迎。

(刁学婧)

【继续实施“亮起来”工程】 年内,安装LED路灯6000盏。加强“亮起来”工程的后期维护,确保全区1.3万盏太阳能路灯随坏随修,使农民长期受益。

(刁学婧)

【新型农村社区试点建设稳步推进】 年内,在南口镇新型农村社区试点建设工作中,基本完成了前期摸底调研、经验学习、方案编制和方案审批四个阶段的工作,在多次修订完善的基础上,编制完成《昌平区南口镇战略发展规划》《昌平区南口镇中心区控制性详细规划》和《昌平区南口镇新型农村社区规划》,形成了相对完备的规划成果。同时,积极争取北京市城乡建设用地增减挂钩试点、集体租赁住房试点等相关政策,力求项目尽快实施。

(刁学婧)

【“两创”工作扎实推进】 年内,按照“三级管理,统一指导”的创建模式,继续开展环境优美镇和生态村创建工作,组织召开工作部署会和培训会,完成项目申报,基础设施建设及绿化美化工程。顺利完成市级专家组对区1个镇、17个村的实地验收。验收结果为百善镇获得了北京市“环境优美镇”的命名;西官庄、南口镇村等15个村获得了北京市“生态村”的命名。同时,与区相关部门密切配合,通过分步实施环境整治、环境建设和环境保护三大生态环境建设工程,巩固已有的创建成果,为创建国家生态区奠定基础。

(刁学婧)

【城乡结合部重点村迁建工作稳步推进】 年内,城乡结合部重点村建设主要包括“调、拆、建、转、管”五方面内容。工作重点集中在“建”、“转”、“管”三个方面。一是“建”方面,贺村5.3万平方米回迁楼建设完成,村民已经回迁;回龙观村28.4万平方米回迁楼已完成室内装修,正在进行市政基础设施建设;贺村中滩组团(包括中滩村、东小口村、芦村和单村)三号地已开始土方施工,单村绿地回建工作基本完成;马连店村10栋回迁楼已开工建设;七里渠南北村回迁楼进入开槽阶段。二是“转”方面:贺村已完成整建制转居工作;东小口镇其余重点村和沙河镇七里渠南北村农转居方案已经得到市政府批复;回龙观镇回龙观村农转居方案已报至市政府,待批准后实施。三是“管”方面:7个重点村的产权制度改革工作已全部完成,社区建设、绿地种植、重点村集体产业发展等工作都在按计划推进。

(刁学婧)

农村集体经济产权制度改革

【概　况】 农村集体经济产权制度改革是继家庭承包经营、农村税费改革之后,又一项具有重大历史意义的农村改革,昌平区自2003年在全市10个远郊区县中,率先推进农村集体经济产权制度改革工作以来,始终坚持“资产变股权、农民当股东”的改革方向,大力推进农村集体经济产权制度由“共同共有”向“按股共有”转变。历时10年,全区312个集体经济组织其中完成改革304个。2012年,重点完成了兴寿镇兴寿、上苑、南口镇马坊、马池口镇土楼4个难点村,已完成总村数的97.4%,量化资产总额374.7亿元,股东总数达36万人。已有278个农村股份经济合作社实现按股分红,占改革完成村总数的92%,分红总额达5.48亿元。

(郭殿祥)

单位名称:昌平区农村工作委员会
地址:昌平区政府街19号
电话:(010)69742758或(010)89741675
邮编:102200

【南口镇花塔村举行年度股份分红大会】 1月18日,南口镇花塔村股份经济合作社举行2011年度股份分红大会。副市长夏占义、市农委主任王孝东、区委书记侯君舒、区长金树东、市农委副书记高华、市园林绿化局局长邓乃平、市农研中心主任郭光磊,以及市农委、市农研中心和区、镇有关领导出席大会并为股民发放股金。花塔村于2010年11月完成产、林权制度改革,共有集体经济组织成员股东592人。2011年,村股份经济合作社股份分红和集体生态林公益补偿金分配共计50.9万元,比上年增加14.4万元,增长39.3%,股东人均分红859.8元,比上年增加243.3元,增长39.3%。

(郭殿祥)

【市政协考察区经济产权制度改革工作】 3月22日,市政协经济委主任李进山及市政协委员一行18人对区农村集体经济产权制度改革工作进行调研。市政协经济委领导先后听取了昌平区、顺义区、回龙观镇北店嘉园社区关于农村集体经济产权制度改革情况的介绍,并实地参观了回龙观镇北店时代广场。区领导侯君舒、苏卫东、李雪红陪同调研。

(郭殿祥)

【完成原两村村民老股金及劳龄缺失补偿】 6月,完成原南照台、活山涧村民共72户、218人的老股金及劳龄缺失补偿工作。原南照台、活山涧村属于区1995年至1997年险村险户整体搬迁村。按照相关政策规定,对于原南照台、原活山涧的村民,自1956年1月1日至2010年5月31日流村镇产林权制度改革统一基准日止,期间内对其农业户籍在原南照台村、原活山涧村的时段给予计算缺失劳龄并采取一次性的形式予以补偿。对于撤制村、队集体经济组织成员最初的入社股金,按15倍的比例返还。已有150人签订了老股金及劳龄缺失补偿协议书,每年劳龄404.66元,保护了农民的合法权益。

(郭殿祥)

【强化对农村产权制度改革的后续管理】 年内,强化了对农村集体经济产权制度改革的后续管理工作。指导改革后新型农村集体经济组织规范运营,研究起草了《关于加强农村股份经济合作社规范管理,促进村级集体经济发展的意见》,通过规范组建班子、加强内部管理、完善运行机制,强化外部监督等措施,促进农村股份经济合作社制度化、法制化、规范化管理,多措并举,为实现农村经济社会全面、协调、可持续发展奠定制度基础。

(郭殿祥)

种　植　业

粮食种植

【概　况】 2012年,粮食种植因平原造林、城镇规划、种植结构调整的需要,在种植面积下降较大的情况下,加强三夏三秋各阶段的农业生产管理,积极推广测土配方施肥、合理增密、土壤深松等农业技术,开展高产田试验示范,使用粮食新品种,有效提高了粮食的质量和单位产量。

(季有胜)

单位名称:昌平区农业局
地址:昌平区政府街12号
电话:(010)80119755
邮编:102200

【粮食生产稳中有升】 年内,全区粮食种植面积68395亩,亩产308.24公斤,总产21082.1吨。其中夏粮种植面积7195亩,亩产248.88公斤,总产1790.7吨。秋粮种植面积61200亩,亩产315.22公斤,总产19291.4吨。

(尹学军)

【落实粮食直补和生态补贴政策】 年内,区继续按照"农户申请、村委会公示确认、镇政府审核、区政府批准、市里备案"五步走操作程序,公开、公正地开展粮食直补和生态补贴工作。全区14个镇(街道),享受种植补贴的小麦面积9146.48亩、牧草面积2185亩、玉米面积52402.99亩、水稻面积270亩。共发放补贴资金681万元,其中良种补贴62万元、种植补贴574.8万元、生态补贴44.2

万元。

(尹学军)

【高产创建示范取成果】 年内,在兴寿镇、百善镇建设市级春玉米高产创建示范方1万亩方,共涉及16个村11782.5亩。示范区内全部采用测土配方施肥、有机肥培肥地力、土壤深松、气候灾害预防与减灾等技术措施,建立"三情"监测,推广因苗、因墒管理技术,积极开展技术服务和培训,为我区种粮农户的提供了同"专家、竞赛对手"之间很好的学习交流平台,增强了种粮农户学科学、用科学的积极性,对区粮食的优质高产起到了带动示范作用。示范区玉米平均亩产848.7公斤,比目标产量800公斤/亩增产48.7公斤/亩,增幅6.1%。

(尹学军)

【实施农区灭鼠】 年内,按照全市的统一部署,区农业局及时安排部署全区农区灭鼠项工作,以设施保护地、城乡结合部、养殖场及周边区域为重点,顺利完成了12万亩农田、103个畜禽养殖场、135个养殖户、2643亩鱼塘的农区灭鼠任务。共计发放毒饵7960公斤、警示标志1.19万个、粘鼠板2000张,设立鼠情监测点5个,施用地块防治效果达到100%。

(季有胜)

【农业基础建设及综合开发】 年内,区农业基础建设及综合开发项目建设面积1.3万亩,生态综合治理面积6000亩,分别在兴寿镇和延寿镇实施。全面完成农田培肥工作,配送有机肥6500吨,配方肥650吨;按计划完成80%以上沟路林渠各项建设任务,剩余清挖排水渠和林网绿化工程将结合施工条件要求于2013年开春进行;按要求完成"2010年—2011年农业基础建设及综合开发续建项目"的相关任务。通过农业综合开发项目的实施,全面提升了区农田综合生产、生态环保、美化景观的能力,对区草莓及蔬菜产业发展起到了积极的促进作用。

(季有胜)

【加强重点功能区农村集体土地管护工作】 年内,本着"巩固成果,强化队伍,加强巡查,严防违建"的工作方针,区农业局重点加强对农村集体出租土地和出租土地流转事项的管理;建立健全了农村集体土地资源集中租赁管护机制;健全管护档案;落实管护队伍;加大管护土地的巡查力度和违建的监管处理力度。重点功能区管护总面为80787.206亩,租赁土地41709.56亩,管护面积33960.076亩,涉及14个镇(街)116个村。签订租赁管护合同351份,土地面积75669.636亩,占总管护面积94%;未签订集中租赁管护合同的土地面积5117.57亩,占6%。

(曹海力)

蔬菜种植

【概　况】 2012年,在稳定现有蔬菜种植面积的基础上,积极推进"菜篮子工程"建设,坚持以发展设施蔬菜为主、露地蔬菜为辅的原则,立足本地资源优势,着重提高蔬菜生产的产品质量和生产效能。抓好以金六环农业园为核心的设施蔬菜标准园建设,发挥蔬菜产业园区的龙头带动作用;大力发展无公害、绿色、有机蔬菜生产,为广大市民提供安全放心农产品。全年区蔬菜播种面积22705亩,产量41646吨,产值增长6.6%。

(季有胜)

单位名称:昌平区农业局
地址:昌平区政府街12号
电话:(010)80119755
邮编:102200

【积极推进"菜篮子工程"建设】 年内,以科学发展观为指导,围绕"三率一能力"的建设目标,转变发展思路,通过加强基地建设、推进高产创建,发挥农业科技优势,加快"菜篮子"生产向标准化生产、规模化种养、组织化运作和产业化经营方向发展,不断提高"菜篮子"主要产品生产能力和质量安全水平。全年共完成新菜田建设任务3281亩,其中设施面积699.06亩、露地面积2501亩,并完成百善镇千亩蔬菜标准园和金六环农业园标准园建设。

(季有胜)

【开展"三百工程"示范创建活动】 年内,以提高蔬菜高产、高效、优质、安全、生态为核心,在全区范围内开展了设施蔬菜高产高效示范创建活动。一是组织蔬菜种植基地和农户积极参与蔬菜安全高产高效"百分竞赛"活动,提高参与者的种植技能,实现果类菜产量平均增长15%—40%;二是在蔬菜生产主要镇、村示范推广工厂化育苗、测土配方施肥、生物防治等十几项蔬菜种植新技术,为蔬菜高产高效安全提供技术保障,使全区优良蔬菜品种覆盖率达90%以上,增强了蔬菜产业综合实力。

(季有胜)

【严把蔬菜质量安全关】 年内，区农业局严密开展对金六环、南地绿都、天润园、欧格有机农庄等蔬菜标准化生产基地的病虫害调查，指导农户进行病虫害防治。同时，加大对水屯批发市场、沃尔玛、世纪联华等大型终端市场的检查力度，全年抽检蔬菜样品2579个，检测合格率为100%；对金六环农业园等10个基地近万亩菜田执行有机、绿色标准化生产。

（季有胜）

【开办田间学校】 年内，区在小汤山西官庄、百善孟祖、南邵姜屯开办3所蔬菜生产田间学校，针对生产中出现的实际问题，定期对学员进行田间培训。对主要镇村的蔬菜种植户进行了设施建造和安全生产技术培训，并组织学员参加了市蔬菜生产高产高效现场观摩活动，学习其它区县的各种好的生产技术和高产方法。全年，共计组织各类培训25次，培训学员1500多人次。

（季有胜）

【完善全区镇级农产品安全管理机构】 年内，为切实加大监管力度、保障全区农产品质量安全，全区17个镇（街）全部加挂农产品质量安全管理站牌子，并做到了“五个有”，即：有机构、有职能、有人员、有办公地址、有经费。同时，各镇（街）均明确了1名至2名具体的管理人员，多数镇（街）建立了农产品快速检测室。

（杨立成）

养　殖　业

畜禽养殖

【概　况】 2012年，昌平区畜牧养殖业生产发展围绕“强基础、保稳定、促环保”的目标，在各级财政的支持下，通过项目建设，对养殖场生产基础设施进行改扩建，改善更新生产条件、提高生产能力、提升标准化生产水平、强化畜牧养殖业生产基础。通过落实各级补贴政策，降低养殖场（户）生产成本、加强市场抗风险能力、稳定基础生产畜禽群体。通过引导、宣传、补助措施，帮助养殖场建设污物废水处理设施，完成国家污染减排考核组的农业减排考核任务，降低养殖场污物排放、缓解养殖与环保矛盾、推进区畜牧业节能减排、促进全区环保工作开展，全年总体生产发展取得预期效果。

（吕士军）

单位名称：昌平区农业局
地址：昌平区政府街12号
电话：(010)80119755
邮编：102200

【全年畜禽生产情况】 年末，存栏136.63万头（只），累计出栏112.36万头（只），生产鲜奶5.6万吨、鲜蛋0.91万吨，肉类总产量1.02万吨。其中生猪存栏7.5万头、出栏9.5万头；肉羊存栏1.91万只、出栏2万只；肉鸡存栏5.11万只、出栏99.28万只；蛋鸡存栏113.65万只；鸭存栏6.62万只、出栏0.22万只；奶牛存栏1.11万头；其它畜禽存栏0.73万头（只），出栏1.36万头（只）。

（吕士军）

【畜牧业“菜篮子”工程建设项目顺利完成】 年内，按照市农业局、市财政局《关于印发2012年北京市畜牧业“菜篮子”工程建设实施方案的通知》的要求，利用市级补助资金240万元，完成2家奶牛场、1家肉鸡场和1家生猪场的生产基础设施改造建设，并顺利通过区级组织的工程验收。项目建设改善了养殖场的生产条件，提升了昌平区肉、蛋、奶等主要畜禽产品的生产供应能力、质量安全控制能力和应急保障能力。

（吕士军）

【完成北运河区流域养殖场减排建设任务】 为加快首都母亲河——北运河水系环境综合治理，实现畜禽养殖场粪污达标排放，年内，利用市级财政资金111.1144万元，完成2家养殖场粪污治理工程建设，治理模式采取建设小型沼气站形式。通过实施粪污处理工程建设，降低北运河水系农业产业排污总量，实现粪污有机化、无害化处理，提高养殖场可持续发展能力，形成生产与环境治理同步发展局面，确保北运河水系综合安全。

（吕士军）

【完成畜禽养殖场粪污治理任务】 年内，根据市、区两级政府的总体资金安排，总投资300万元，采取建设“堆积发酵池”、“沼气设施”和“化粪池”三类治理模式，完成12家养殖场粪污设施建设。通过设施建设，降低了养殖场污物排放量，树立了企业新形象，养殖场周边的环境得到明显改善，增强了养殖场可持续发展能力。

（吕士军）

【建立规模猪场病死畜无害化处理补贴机制】　根据市财政局、市农业局联合印发的《关于印发<北京市生猪规模养殖场无害化处理专项资金管理暂行办法>的通知》中“无害化处理每头病死猪补助80元”的补贴标准及补贴时间要求，区第一阶段2011年11月16日至2012年5月31日共统计审核无害化处理病死猪13236头，发放补贴资金105.888万元。

（吕士军）

【按时完成能繁母猪补贴政策兑现工作】　年内，根据市农业局、市财政局《转发农业部办公厅财政部办公厅关于2012年能繁母猪饲养补贴实施指导意见的通知》要求，完成全区11972头能繁母猪政策补贴工作，发放补贴资金119.72万元。

（吕士军）

水产养殖

【概　况】　2012年，昌平区水产养殖业在市、区两级政府的正确领导下，以温水鱼产业化为特色，以抓水产品质量安全管理为工作重点，通过开展基础设施改造、渔政监督执法、水产品治理安全监管以及增殖放流等一系列有效措施，保障了全区水产养殖业的平稳发展。

（吕士军）

单位名称：昌平区农业局
地址：昌平区政府街12号
电话：(010)80119755
邮编：102200

【水产养殖情况】　年内，全区有水产养殖场户145家，池塘数量502个，水面面积2643.53亩。其中观光垂钓场户104家，休闲渔业水面1996亩，占全区养殖水面的76%。

（吕士军）

【水产生产情况】　年内，全区共放养鱼种27.4万公斤。其中花白鲢2.8万公斤、鲤鱼4.4万公斤、草鱼5.3万公斤、名特优品种13.2万公斤、其他品种1.7万公斤。成鱼产量208万公斤，其中花白鲢22.8万公斤、草鱼41.8万公斤、鲤鱼34.8万公斤、其他名优品种108.6万公斤。

（吕士军）

【渔业高产高效】　年内，按照市农业局、市农委、市财政局《2012年渔业高产高效生产基地建设实施方案》的要求，经渔场申请、各级政府同意，实施了北京京北闻来垂钓中心和北京金润龙水产技术有限责任公司高产高效生产基地建设项目，共计改造水面85.3亩，其中京北闻来垂钓中心改造水面37.5亩，金润龙水产公司改造47.8亩。10月底，两家渔场改造工程竣工，并通过验收。发放市、区两级财政补助资金153.54万元。

（吕士军）

【发展高效渔业】　温水鱼产业化龙头企业北京金润龙水产公司在2011年育种车间的升级改造后，在罗非鱼良种繁育阶段较去年同比节电30%左右，循环水利用率达95%，同时降低饵料系数、减少鱼病发生，达到了节能减排、降本增效的目的。2012年，区加大了对该公司基础设施改造的扶持力度，对老旧池塘进行护坡、池底清淤，达到节水节能高效渔业的标准，进一步提高了资源利用率和罗非鱼繁育能力。全年共繁育罗非鱼种20万公斤、收储农户罗非鱼5万余公斤，提供罗非鱼饲料60万公斤，同时，充分发挥优势，辐射带动全区约100户养殖户养殖罗非鱼。

（吕士军）

【扎实开展水产苗种生产工作】　苗种是水产养殖的物质基础，做好苗种生产管理是确保渔业生产顺利和水产品质量安全的关键点。年内，全区共生产罗非鱼种20万公斤、花白鲢6.5万公斤、草鱼4万公斤、鲤鱼4万公斤、生产锦鲤鱼苗330万尾、罗氏沼虾苗1000万尾。

（吕士军）

【继续实施水域增殖放流】　年内，在总结近年增殖放流经验和问题的基础上，本着“增加水域生态资源，养护一方净水”的宗旨，区进一步提高增殖放流覆盖率、加大观赏鱼增殖放流量、提升了增殖放流的景观效益和社会效益。全年共向十三陵水库、王家园水库、南庄水库、长沟水库、上庄水库、东小口森林公园、温都水城人工湖、响潭水库、沟崖水库、德胜口水库等水域放流鲢鱼32323公斤、鳙鱼7906公斤、草鱼543.8公斤、红鲫1500公斤、红鲤372公斤、草金鱼1228公斤。

（吕士军）

【加强水产品质量安全监管】　年内，从宣传、教育入手，认真落实专项整治活动，加大执法监管，打击非法添加剂专项工作，全年发放水产技术和渔政宣传材料1370余份，接待群众咨询60余人次，出动执法人员346人次，出动执法车辆138车次，自然水域例行检查45次，检查水产品批发市场47个次，检查水产养殖场所161个次，水产品经营利用企业15个次，抽取水产品样品469个，抽检水产苗种样品22个，抽查批发市场销售水产样品439个，批发市场进行水产品药物残留自检1317个。

（吕士军）

动物卫生监督管理

【概　况】　2012年，区农业局在区委、区政府的正确领导及各镇街、各相关部门的支持下，夯实基础性工作、完善动物疫病防控工作机制、加强疫病防控、加大动物及动物源性产品的监管力度，全面落实了动物程序化免疫、抗体监测、检疫净化、养殖场精细化管理等措施，大力推进取缔泔水喂猪、“瘦肉精”等非法添加剂监管、“打死黑除四害”专项行动等社会热点领域的监督管理工作，确保了全区无重大动物疫情发生，有效保障了全区畜禽养殖业平稳健康地发展。

（王天坤）

单位名称：昌平区农业局
地址：昌平区政府街12号
电话：(010)80119755
邮编：102200

【有效完成动物防疫工作】　年内，全区共完成高致病性禽流感免疫438万只次，口蹄疫免疫48万头（只）次，高致病性猪蓝耳病免疫25万头次，鸡新城疫免疫603万只次，猪瘟免疫29万头次，狂犬病免疫6万条，完成羊痘、猪乙脑等18种疫病指导性免疫996万头（只）次。

（王天坤）

【有序实施动物免疫抗体检测和检疫净化】　年内，全区共进行高致病性禽流感免疫抗体监测14307只次，抗体合格率为92.7%；牲畜亚Ⅰ型口蹄疫免疫抗体监测4058头（只）次，抗体合格率为86.4%；牲畜O型口蹄疫免疫抗体监测5752头（只）次，抗体合格率为92.4%；奶牛A型口蹄疫免疫抗体监测2271头次，抗体合格率为91.5%；鸡新城疫免疫抗体监测6552只次，合格率为85.8%；猪瘟免疫抗体监测1768头次，合格率为96.4%；高致病性猪蓝耳病免疫抗体监测1771头次，合格率为99.9%，对抗体不合格场户及时进行补免，确保全区畜禽的免疫抗体水平始终处于较高的合格水平。

（王天坤）

【严格动物卫生监督执法】　年内，区农业局继续以“绿剑行动”及“瘦肉精”、“打非添”等综合整治行动为主线，进一步严格开展全年动物卫生执法监督工作。全年共计检查各类场所975场次，出动执法人员2591人次，下达监督笔录869份，监督意见书747份，提出整改意见2821条；立案并查处各类违法行为43起（含2011年立案、2012年结案8起），其中一般程序37起、简易程序6起；收缴罚、没款36044.12元，没收违法所得4002元，无害化处理检疫不合格动物产品683.6公斤，没收不合格饲料4100.6公斤。

（杨稚）

【稳步推进产地检疫工作】　年内，依托区域官方兽医室开展产地检疫工作，进一步提升产地检疫率。全区累计产地检疫生猪8.83万余头、牛701头、禽类动物5990.72万余只、检疫种蛋499.93万余枚、其它动物54.93万余头只、动物产品4491.77吨。以生猪为代表的全区产地检疫率为81.21%，与去年同期相比增长8.65个百分点。

（杨稚）

【狠抓屠宰检疫取实效】　年内，全区共检测氟喹诺酮120样次，克伦特罗80样次、沙丁胺醇120样次，圆满完成全年任务；辖区内三家屠宰企业，屠宰检疫生猪164.31万余头；活鸡2289.64万余只，屠宰检疫率均为100%；检出病害猪4639头、病鸡26.55万余只，全部实施了无害化处理。

（杨稚）

【扎实推进动物防疫精细化管理工作】　年内，区农业局制订《昌平区动物防疫精细化管理实施方案》，以“严谨高效、创新务实、突出重点、破解难题”为原则，建立涉及“动物防疫、信息反馈、疫情监控、联防督查、疫情处置、疫病流调”六方面的管理体系，着力打造以“精”、“细”、“严”为核心的动物防疫精细化管理模式。全区动物养殖量较大的镇均已建立动物防疫精细化管理工作台账，并实现了场场有人管、户户有人抓的良好格局。

（孟德艳）

【清理整治泔水喂猪】 年内,针对泔水养猪危害大、污染大、易反复等特点,区农业局继续加大对泔水喂猪的清理整治力度,制定工作方案。明确职责,层层落实责任制,明确职责,加大督查力度,掌握存栏动态,采取部门联动工作机制,坚决取缔泔水猪。全年共清理整治泔水喂猪27户、3049头。拆除圈舍500平方米。

(孟德艳)

【积极开展医政药政管理工作】 年内,区农业局完成动物防疫条件审核79件,其中新办12件;完成兽药GSP检查验收和兽药经营许可办理19件;审核动物诊疗许可38件。

(孟德艳)

【推进动物防疫体系基础设施建设】 年内,区农业局积极推进重大动物疫情预警与指挥系统、动物疫病预防控制中心、基层派出机构动物防疫体系基础设施建设工作,分阶段将新采购仪器设备配置到相关单位并完成固定资产转移。完成城南地区和小汤山防疫站办公用房的翻建和搬迁工作,并已正常开展业务办公。

(孟德艳)

【保障草莓大会期间养殖安全】 2月2日开始,为确保世界草莓大会期间不发生重大动物疫情和动物产品安全事件,区动监所开展以兴寿为中心的5个镇的"摸实情、重实效、进场入户"专项检查。共检查55场次,出动执法人员110人次,出具笔录55份、意见书50份,发放各类宣传材料120余份。

(高伶慧 刘文君)

【配置动物卫生监督"电子眼"】 2月14日开始,为强化执法检查效率,提高现场监督执法针对性、准确性,区在动物及动物产品安全监管各环节配置使用"携带方便,操作简单,灵敏度高,识别准确"的"中国动物检疫专用识读器",用来识别检疫证明真伪。识读器的配置为官方兽医安装了一双"电子眼",提高了动监部门在养殖、屠宰、加工和销售等各环节查证验物的效率和准确性,保证了动物及动物产品来源安全可靠,为保障广大群众吃到放心的动物产品再上一道保险。

(刘景文)

【荣获2011年全市动物防疫工作优秀区县】 3月13日,市防治重大动植物疫情指挥部、市农委、市农业局将昌平区评为2011年全市动物防疫工作优秀区县并颁发奖牌。

(黄骅)

【区成为北京市消灭马传贫达标验收区县】 3月19日,市农业局颁发《消灭马传贫工作达标区县》证书。这是区继消灭牛瘟和马鼻疽后,又成功消灭的第三个动物病。

(王天坤)

【研制成功家禽夜间免疫用注射器】 8月,马池口镇农民田间学校工作站和南口镇动物防疫站联合开展夜间免疫用新型注射器研发成功,并在区进行全面的推广使用。该实用新型注射器已经向国家专利局申请国家专利。

(王天坤 贾凤利)

【全面推行说理式执法】 8月开始,昌平区在动物卫生行政执法中全面推行说理式行政执法文书,以进一步规范动物卫生行政行为,增强动物卫生行政执法透明度,确保当事人合法权益。说理式行政执法文书重在说理,即:说明事理、说清程序、说透法理、说通情理。在制作法律文书时,监督执法人员针对案件中"何人、何时、何地、何事、何果"5个方面开展调查,就案件事实运用法律原理进行分析论证,主要在违法与合法情节轻重与危害大小这些核心问题上分清是非、明确责任,做到逻辑严谨、论证周密、说理充分。

(高伶慧)

【护航十八大专供畜禽产品安全】 十八大期间,区动监所对畜禽产品专供企业实施24小时监管,并采取"三强化"措施:强化日常监管;强化可追溯监管;强化发货现场监督。期间,监管供应14个代表驻地的9个品种的动物产品,共计14批次、6913公斤,监督消毒车辆22车,有效保障了全区供会禽产品质量安全。

(冯娟)

【全市突发重大动物疫情应急演练在区举办】 11月9日,在区举办了"2012年北京市突发重大动物疫情应急演练"活动。市农业局副局长刘亚清,副区长苏卫东等有关领导以及市各区、县农业局、疫控中心的主管领导等200余人参加此次活动。

(黄骅)

【获市动物疫病诊断年终考核第一名】 12月25日,在市兽医实验诊断所组织的全市2012年动物疫病诊断检测工作年终考评中,区疫控中心取得全市总分第一的优秀成绩。

(黄骅)

林 果 业

【概　况】 2012 年,昌平区林果产品以“提质增效、标准管理”为指导,着眼于兴绿富民,全面加强果树标准化管理技术培训,积极推动果树产业发展,认真研究、规划和开展以苹果、柿子为代表的都市型现代果园建设,努力打造优质、安全、高效的绿色产业。果品总产量达 37760 吨,产值 2.78 亿元(其中苹果产量达 20580 吨,产值 1.75 亿元,分别比上年增长 5.8% 和 0.6%)。

(张雷)

单位名称:昌平区园林绿化局
地址:昌平区政府街 10 号
电话:(010)69742677
邮编:102200

【大力发展苹果产业】 年内,新发展苹果 2235 亩(其中包括矮砧苹果 1215 亩,占发展面积的 54.4%),分布在兴寿、流村、崔村、十三陵等 9 个镇。重点建设桃林、北流两片规模较大的果园,完成了两园栽植任务,苗木总体成活率在 90% 以上。通过推广苹果标准化栽培管理技术,累计完成苹果套袋 8000 万个,推广零农残有机果品生产技术 1 万亩、人工授粉 2000 亩、放蜜蜂 2000 箱、覆盖授粉面积 5000 余亩、推广覆盖节水栽培 5000 亩,进一步提升了全区苹果产业的现代化水平。

(张雷)

【果品安全生产监管】 年内,为加强食品安全生产监管,对全区樱桃、李、桃、杏、枣、苹果、柿子七个树种,199 份样品,进行了果品农药残留抽样监测,全部合格。其中抽取 100 份苹果样品进行定量检测 5 项重金属、25 项农药残留,结果显示 99% 符合绿色食品标准,100% 符合无公害食品标准。

(张雷)

【苹果技术交流】 年内,邀请日本青森县苹果协会苹果专家成田東敏先生两次到区进行矮砧苹果技术交流活动,先后到区 10 片矮砧示范园进行现场培训、修剪示范和指导,培训果农 1300 余人次。

(张雷)

【果农技术培训】 年内,共举办培训班 11 场,其中苹果 8 场次、樱桃 1 场次、柿子 2 场次,村镇级培训及现场会 67 场次,共计培训果农 5000 余人次。培训地点深入到各主产镇、重点村和重点果园,扩大技术辐射带动面,提高培训成效,发放苹果管理历及相关技术材料近 6000 份。

(张雷)

【北京·昌平区第九届苹果文化节开幕式】 10 月 20 日,北京·昌平区第九届苹果文化节开幕式在昌平区十三陵神路东侧农副产品销售 2 号港湾隆重举行。开幕式上进行昌平精品苹果展示。文化节主要包括五大活动版块:北京·昌平区第九届苹果文化节开幕式、苹果版块、体育版块、旅游版块、招商版块。市、区有关领导和各区县园林绿化局负责人等 500 余人应邀参加。

(张雷)

【全国苹果现代栽培技术经验交流会举办】 10 月 15 日至 16 日,在中石化培训中心举办全国苹果现代栽培技术经验交流会。本次活动邀请农业部全国农业技术推广中心、市园林绿化局、昌平区政府、国家苹果产业技术体系专家、北京市苹果主产区示范县技术骨干以及苹果专业合作社技术骨干、农民技师约 120 人参加活动。

(张雷)

【精品展示活动】 10 月 22 日,在北京景山公园举行昌平精品苹果展示活动。北京市园林绿化局、昌平区政府、北京市公园管理中心等单位有关领导、新闻媒体代表、市民代表和昌平果农等约 200 人参加。

(张雷)

【传统果品产业标准化发展】 年内,以柿子在代表的传统林果在十三陵、流村两镇建立景陵、康陵、泰陵园、新建村等甜柿示范点 7 个,累计高接阳丰甜柿成、幼树 2 万余株,示范园初具规模。举办甜柿培训班 5 期,开展入园指导 20 余次,培训技术骨干 10 名,示范园高接成活率在 80% 以上,病虫害得到有效防控。

(张雷)

【百合切花生产、采收、繁育、播种情况】 年内,采用“送货到地头 + 收货到门口 + 保底价格收购 + 超额分成 + 无营销费用”的服务方式,加强技术指导与培训,积极进行百合切花的采收处理,拓展销售渠道。全年种植百合日光温室 1703.5 栋,其中切花(包括二茬花)累计 1055.5 栋,种球繁育 424 栋,轮作累计 224 栋;共采收百合切花 612.6 万枝,收获百合籽球 600 万粒,为 2013 年百合切花生产打下良好的基础。

（张雷）

【百合组培球的繁育与培养】　年内，通过引进国外先进技术，初步建立种球国产化繁育体系。已种植百合种球组培苗60万粒，脱毒鳞片扦插球50万粒，长势良好，更新组培球20万粒。

（张雷）

【百合栽植技术培训】　年内，采取现场观摩、技术疑难问题解答、技术员专题讲座以及入户指导等方式进行技术培训。共培训花农2240人次，农民技师12人，培训技术员44次。

（张雷）

【野花繁育】　年内，落实生产计划，调整种植结构。坚持以月季为主草花为辅，陪育月季、紫菀、假龙头等宿根花卉110万盆。其中盆栽月季20万盆、宿根花卉90万盆。

（张雷）

【花卉研发创新及成果转化应用】　年内，通过与中国农业大学合作，共设置186个月季杂交组合，授粉6510朵。对自育的火凤凰、粉荷、火焰山等5个新品种及各自的对照品种的46项指标已完成DUS测试，已进入国家林业局新品种保护的申报阶段。

（张雷）

农　机　监　理

【概　况】　2012年，昌平区农机安全监理工作以科学发展观为指导，坚持“安全第一，预防为主，综合治理”的工作方针，不断提高依法行政和“文明监理、优质服务”的能力，通过全区监理人员的共同努力，较好地完成了各项农机监理工作，保证了第七届世界草莓大会期间，全区农机生产形势稳定，确保了全区不突破农机安全生产控制考核指标，促进了农机化建设健康发展。

（赵倩）

单位名称：昌平区农业局
地址：昌平区政府街12号
电话：(010)80119755
邮编：102200

【制定农机安全生产责任制】　1月12日，召开2012年农机安全监理工作部署会，分别与全区17个镇(街)签订《2012年昌平区农机安全监理工作责任书》，并明确要求各镇与村、村与机手要层层签订安全生产责任书，逐级落实农机安全生产目标，制定、完善、规范各项农机安全生产制度。

（赵倩）

【开展在册老旧农机注销工作】　1月10日，为解决区在册老旧闲置农业机械过多、死账呆账严重等问题，农机监管部门制定下发了《关于开展昌平区在册老旧农业机械注销规范管理工作的通知》，于2月份正式开始办理老旧农业机械注销工作，为在册老旧农机所有人提供上门服务。全年共办理在册老旧农机注销1431台，其中北京B牌照注销1154台，京NJ注销202台，京01牌照注销77台。

（赵倩）

【落实设施农业装备安全隐患排查】　为确保第七届世界草莓大会顺利召开，切实保障卷帘机、微耕机生产安全，区成立专门工作小组，主抓设施农业安全工作。1月至3月，针对设施农业装备的特殊情况，在兴寿、百善等地开展“送法入户”活动，坚持为全区设施农业园、种植小区免费钉挂安全操作提示板，为全区所有卷帘机粘贴安全提示贴，或更换新的安全提示贴，总计达9000余张，对兴寿镇、崔村镇等五个重点镇的草莓种植小区进行安全隐患排查，重点检查卷帘机用电安全，开关安装位置等内容，确保了草莓大会及周边地区设施农业生产形势稳定。

（赵倩）

【常规化拖拉机年度检验】　为方便农机户参加年度检验，3月，农机监管部门在全区各镇开展了拖拉机集中年检工作。自4月起坚持每周三开展拖拉机年检工作，检验过程中，监理人员充分利用移动检测线，对灯光、转向、制动等容易出现安全隐患的环节严格把关，明确标准，对检验不合格车辆向机主讲明不合格原因，要求及时进行修理，修理完毕再进行检验，直至检验合格为止。并在集中年检工作中，采取多项便民措施。坚持为参检车辆免费粘贴反光标贴，并与昌平区定点政策性农业保险公司——中华联合保险公司进行协商，在年检现场为机手快速办理交强险投保手续。

（赵倩）

【完成拖拉机牌证换发工作】　自4月起，全区开展北京B牌证换发京01牌证、京NJ牌证拖拉机(链轨式除外)/联合收割机换发京01牌证的工作,共办理牌照换发168台。

（赵倩）

【开展农机补检工作】 为提高检验率,8月起,全区集中开展农机补检工作。一是分别制作各镇京01、京02牌证车辆台账,明确补检工作对象;二是监理人员逐台进行催检;三是成立三个工作小组,划分责任区域,深入各镇帮助完成补检工作;四是制定检验率考核目标,将检验完成情况与机具购置补贴分配挂钩。全年共检验京01牌照车辆637台,京02牌照车辆49台,京NJ牌照车辆82台,北京B牌照车辆153台。总检验率达91.78%,位列全市第二。

（赵倩）

【联合确保农用车交通安全】 7月,区农机安全监理所与昌平交通支队在运河沿岸开展农机交通安全专项整治行动,重点查处了无证驾驶、脱离年检、违法载人、超速超载、酒后驾驶等行为,对农业车驾驶人员起到良好的警示作用。

（赵倩）

【落实国补机具发放工作】 自7月起,区农机监管部门严格按照《北京市农业机械购置补贴专项资金管理暂行办法》开展国补机具发放工作。机具发放过程中,首次实现了申请、购机、检验、申领牌照一条龙服务。同时在发放现场举办安全培训班,对购买者进行安全培训,并由生产厂家技术人员现场进行操作演示,为购机者讲解故障排除和维修保养等使用技术。

（赵倩）

【有效推进平安农机创建工作】 年内,区继续开展平安农机创建巩固工作,创建第六期平安农机示范镇3个、示范村14个、示范户40个;新创建平安农机先进服务3个、先进设施农业园区8个、先进养殖小区2个。

（赵倩）

【持续强化农机安全宣传教育】 年内,以保障世界草莓大会期间农机安全为契机,在全区广泛宣传设施农业装备安全。全年共组织、参加农机安全送法下乡、专项治理等大型法制宣传活动6次,累计发放法制宣传品21200份,悬挂标语、横幅380条;召开镇级农机安全生产会11次,举办机手培训班38次,培训机手1142人次。

（赵倩）

农业服务

【概　况】 2012年是区农业产业发展腾飞之年,作为全区草莓产业发展的负责单位,农服中心以科学发展观为指导,在“突出重点、展现亮点、谋划彩点”方面做足文章,出色的完成上级交给的工作任务,使区农业产业走出了国门,向高端产业化迈进。

（于静湜）

单位:昌平区农业服务中心
地址:昌平区府学路科技中心楼
电话:(010)69742441
邮编:102200

【大会主场馆获最高等级认证】 世界草莓大会主场馆建设创新应用了地源热泵、雨水收集、日光照明、呼吸幕墙、SRC墙体、节水灌溉、中水回用、双玻温室等多项低碳、节能、环保新技术、新材料。工程质量获得国家建筑协会“长城杯”,建筑设计通过国家住建部环保最高等级“绿色三星”认证。

（于静湜）

【场馆运营管理实现零差错】 农业服务中心组成世界草莓大会场馆综合保障团队,制定了科学严谨的全套保障方案和应急预案。做好水、电、气、暖、通信、网络、卫生、票务等综合保障。完成会期运营保障和重要接待任务。会期五天,共处理各类应急事件500余起,为市民答疑2000余次。全国政协主席贾庆林,国务院副总理回良玉、市委书记刘淇、全国人大副委员长陈至立、全国政协副主席罗富和,科技部、农业部、中国工程院等中央有关部门和各省区市领导,以及联合国粮农组织官员、25个国家驻华使节、国际园艺学会主席、国际友好城市代表等国外贵宾先后到草莓博览园视察指导。会期包括国际园艺学会主席在内,来自世界66个国家和地区的1160名学术代表齐聚草莓博览园,开展学术交流。会后至6月底,累计接待300多批次政府考察、学术交流团组共1万多人次,接待市民观光15万人次。

（于静湜）

【博览展示呈现七大看点】 博览展示呈现七大看点。一是世界最全的野生草莓种质资源20种;二是全国30余个品种品系自主知识产权品种汇聚一堂;三是达到世界先进水平的17种立体栽培模式;四是国际水准的土壤消毒技术8种,其中多项为中国首创;五是草莓产业全产业链展示;六是现代化草莓加工厂运行投产;使用最新工艺流程生产草莓粉等现代草莓产品融入市民生活;七是草莓文化创意的形成,诠释了草莓与文化、草莓与科技、草莓与城市、草莓与健康、草莓与生活之间的密切联系。

(于静湜)

【做好场馆后续利用】 随着草莓产业发展的日渐完善,昌平草莓产业核心区建设正在迅速崛起。整个产业带在新地标的带动下,形成了以点带面的发展格局。为了充分利用新地标大力发展会展农业,按照区委、区政府的要求,农服中心一方面与区旅游委合作,将草莓博览园打造成为国家AAAA级旅游景区。另一方面,配合嘉年华筹委会做好北京首届农业嘉年华的筹备工作。

(于静湜)

【不断加大政策扶持力度】 年内,随着产业的不断壮大,农服中心在实施草莓种苗、菌剂、农药等政策补贴的同时,勇于创新,大胆实践,惠农政策逐年更新。一是充分利用农资连锁配送体系,使种植企业、农户通过农资补贴卡直接以补贴后的价格购买农资,减少了中间环节;二是制定了土壤消毒补贴政策,育苗基地、企业、种植户按标准进行土壤化学消毒,最高可享受50%的补贴,这一举措有效解决了连作障碍难题,确保了产业丰收丰收;三是制定了严谨的架式基质栽培补贴政策,向全区推广立体栽培模式近500栋;四是加大对育苗企业的扶持力度,引进棚式避雨育苗、槽式基质育苗法。

(于静湜)

【全区草莓收入突破3.88亿元】 年内,在各项惠民政策的推动下,全区6000余栋日光温室年产鲜草莓700万公斤,总产值突破3.88亿元。

(于静湜)

【努力提高科技服务水平】 年内,农服中心成立了16个服务小组,带动全系统200余名专业技术人员参与其中,推广实用技术100余项,建立科技示范户700余户,为农民解决实际问题和咨询答疑5000余户次。发展草莓产业不仅使全区草莓种植户更加富裕,还增加了种植户知识的储备,实现口袋、头脑双富裕。

(于静湜)

【有效实施品牌宣传战略】 年内,为打造"昌平草莓"精品农产品品牌,农服中心坚持实施品牌战略,重视品牌宣传工作,积极配合中央、市区级媒体,拍摄、发表草莓产业类题材新闻300余篇;发放各类宣传知识手册6000余份。借助热点气象栏目、运通车身广告等宣传载体,有效提升了昌平草莓的知名度,拓宽了精品草莓的市场。如今,"吃草莓,到昌平"已经成为首都市民的共识,"昌平草莓"这个品牌已深入人心。

(于静湜)

【逐步完善安全体系建设】 通过一年的试验,草莓医院、农资连锁配送体系发挥了实效,实现了昌平草莓质量安全可追溯的目标,成为国内首个农资配送到地头的示范基地。农资补贴的实施使全区3500余户农民从中受益。农服中心还加大对"昌平草莓"国家地理标志的运用和保护,充分利用农产品监测检测中心,形成了覆盖面全、工作效率高的监测网络,全年共抽检草莓样品7800个,合格率100%。

(于静湜)

【高效提升产业核心竞争力】 年内,农服中心充分发挥农民专业合作社带头作用,促进先进农业科技推广,增强农民市场竞争力,培养农民民主意识、合作意识,有效提高了农民组织化程度。同时,还加大了对龙头企业的扶持力度,着力引进一批具有国际水平的新企业入驻,力促昌平草莓开金花、结金果。目前已经与朔方尚德公司合作,深入开发高端的农产品,打造高端的农产品品牌,并签订了保护价收购协议,企业生产优质草莓粉供应蒙牛、伊利、三元、光明等乳业公司,2012年产值突破了1亿元。

(于静湜)

【强化科技推广工作】 年内,农技推广站在南口镇太平庄村开展的杂粮村创建项目获得成功,全村通过杂粮试种平均每亩增收1000元以上,部分村民还相继推出了杂粮宴;通过推广水肥一体化、集雨窖池蓄水灌溉、喷灌、微灌等方式,区农林用水总量年节省460万立方米,相当于两个昆明湖容量;金六环农业园建设的物联网集成项目,对园内蔬菜生产种植到采收、包装、销售整个过程实施有效监控,对蔬菜种植进行科学化管理提供有力依据。农服中心系统推广新产品200余个,新技术100余项。广泛开展实用技术、实用技能培训,共培训学员总人数8000余人次。

(于静湜)

【着力建设新农村】　年内，农服中心科学规划，稳步实施，对12个村“两气”工程进行升级改造，增加太阳能增温设备和安全报警装置，保障工作人员及使用者的人身安全；有效开发沼液、沼渣综合利用，推广沼气增温、沼气肥、病虫害防治、沼渣育苗、养鱼等综合利用技术，使沼气真正成为种植业与养殖业的纽带。优质高效完成区政府交办的为民办实事、折子工程项目。重点对全区新农村1.6万盏太阳能路灯提供了维修保障；实施京津风沙源治理工程，完成基本草场7000亩。

（于静湜）

水　务

【概　况】　2012年是贯彻落实昌平区第四次党代会精神、加快转变水务发展方式推动转型发展的起步之年，也是以扎实工作和优异成绩迎接党的十八大胜利召开之年。在区委、区政府的正确领导下，坚定信心、稳中求进，全力加快水务建设步伐，努力提升水务承载力，为建设京北创新中心、国际科教新城进一步奠定了坚实的水务基础。2012年全区累计落实各类水务建设项目共50项，落实项目资金14亿元。开工建设46项，完成固定资产投资5.34亿元。

（李国峰　庄栋民）

单位名称：昌平区水务局
地址：昌平区昌平路25号
电话：(010)89749740
邮编：102200

【水务基础设施建设取得较大进展】　年内，未来科技城供水工程已完成调蓄水厂主体建设，新打水源井15眼，铺设输水管道28公里；未来科技城再生水厂已于6月正式开工，已完成厂区土建工程量的70%；昌平新城滨河森林公园工程已完成河道治理6.6公里，完成功能湿地建设，加压泵站建设和引水管线铺设；沙河再生水厂已正式投入运行，百善再生水厂已完成设备安装，进入调试运行阶段；创新基地内的中直渠已完成河道治理4公里，铺设截污管线2.5公里。

（李国峰　庄栋民）

【推进河道治理等重点水务工程建设】　年内，半壁店沟（西北旺北路—城铁13号线）河道治理工程已开工建设；市级挂账村中滩村、贺村排水及水环境治理工程已报发改委评审；东小口沟治理工程可研已批复，勘察、设计招投标已完成；德胜口水库和水沟水库除险加固工程已完成施工、监理招投标工作。马池口再生水厂工程已取得立项批复，正在积极组织勘察、设计招投标以及征（占）地拆迁补偿等相关工作；阳坊再生水厂及配套管网工程已取得项目建议书的批复；沙河再生水厂（二期）及配套再生水管线工程可研报告已上报区发改委，正在办理土地预审、环评等前期手续；南口污水处理中心再生水厂工程前期工作正在积极推进；七燕干渠污水处理工程进入试运行阶段。

（李国峰　庄栋民）

【持续加快新农村水务基础设施建设步伐】　年内，积极推进农业节水灌溉等项目的前期工作；实施了农村应急水源和备用水源工程14处、农村河道水环境改善工程9处、农村雨洪利用工程10处；持续开展水库移民后期扶持项目19项；继续实施生态清洁小流域和京津风沙源治理，完成水土流失治理面积40平方公里。

（李国峰　庄栋民）

【积极完成为民办实事项目建设】　年内，实施了昌平城区等5个镇19处雨污水设施改造，新建雨水管线3公里，污水管线5公里，进行明渠清淤1.2公里；完成了东营桥等7座危旧桥的改造；修复了东沙河、辛店河、南口西河道堤防2公里；修复了7个山区村护村坝850米；对昌平城区清秀园北区、北七家镇温泉花园小区等5个小区供水管网进行了节水改造，涉及居民4512户。

（李国峰　庄栋民）

【积极实行最严格的水资源管理制度】　年内，积极开展水文水资源调查，做好地下水水位、水质监测工作，加强水资源调度和水源保护研究；加强节约用水宣传，全年下达用水指标2.1954亿立方米，并将具体指标分解到各用水单位，促进各企事业单位节约用水；推行4个小区节水器具换装

5000余件，完成5个雨水再生水综合利用项目，完成创建节水型单位、小区、村庄共29个；办理凿井许可批复35件，完成400余个用水单位取水许可年审及换证工作；加强水资源费、污水处理费征收工作，全年收缴水资源费4630万元、污水处理费2160万元。

（李国峰　庄栋民）

【强化供排水设施安全管理】 年内，加强全区供排水设施有限空间安全防范管理工作；完善供排水管理相关办法和制度，办理排水许可42件；打造专业化排水设施管护队伍；处理供排水热线应急事项130余项。

（李国峰　庄栋民）

【持续加强污水设施和水土保持监管力度】 年内，加强对集中污水处理厂和再生水厂的技术指导，建立安全隐患排查和应急机制；强化了152处分散污水处理设施的管理工作；妥善处置了污水处理厂的产出污泥，实现污泥的减量化、无害化、资源化。加大开发建设项目水土保持方案审查力度，完成76个项目的水土保持方案专家评审和批复，对26个项目水土保持设施进行了竣工验收；开展全区水土流失监测工作。

（李国峰　庄栋民）

【应对特大暴雨灾害能力进一步提升】 年内，狠抓了2012年防汛责任制、预案、物资、队伍、避险措施“五落实”；加大了水库、河道、在建工程、山洪泥石流易发区、危旧房屋、城市积水点等重点隐患排查力度；在7个山区镇开展山洪灾害非工程措施建设。汛期，全区上下高度关注气象雨情信息、坚守岗位、积极应对每个降雨过程，尤其是在应对“7.21”大暴雨、“7.27”和“7.30”强降雨过程中，严防死守，积极排除积水隐患，科学合理调度水库、河道水情；积极组织排除山区岩石崩塌险情，积极开展灾情调查、险情排查、洪水调查，抓紧组织编制水毁工程修复方案，加快推进对积水点的改造。经过全区上下共同努力实现了不跨坝、不倒闸、不出现人员伤亡的目标。汛后，及时对平原河道、山区沟道进行行洪障碍物调查，确定河道清障276处，清障面积98万平方米，制定河道沟道清障实施方案；及时对“7.21”大暴雨中发生的积水点情况进行调查分析，确定城镇积水点59处，编制城镇积水点改造方案。同时对全区镇管13条河道、41条渠道、20条沟道编制了清障、清淤方案。

（李国峰　庄栋民）

【进一步增强城市防洪排涝能力】 年内，结合“7·21”特大暴雨中暴露出的昌平水利建设中存在的挤占河道、破坏自然水系等突出问题，按照市委、市政府水利工程建设大会战安排部署，及时组织启动昌平区水利工程大会战，及时开展了河道清淤大会战，设立全区主战场和各镇街分战场，清除河道淤泥，恢复和提升河道行洪能力；制定全区大会战实施方案，确定三年内实施河道清淤、清障、水毁修复、水库消隐和积水点改造等九大项会战任务。

（李国峰　庄栋民）

【水务家底得到全面掌握】 年内，完成水务普查成果填表上报，确定水务普查对象6205个，获取普查数据近100万个，报表6万张；对普查成果进行四轮审核和修订；完成普查空间数据采集和工作底图的标绘工作；完成区内1950年前水文化遗产调查，确定38处水文化遗产；建设水务普查昌平子系统；顺利通过了水普档案检查验收。

（李国峰　庄栋民）

【党风政风行风进一步转变】 年内，认真落实区委、区政府关于基层站所党风廉政建设工作部署精神，对全局党风廉政建设和反腐败工作深入反思、讨论，对基层单位的日常工作管理、干部管理、财务管理、工程建设管理上存在严重缺陷不足，及时组织健全完善了各项工作制度；加强了科级以上干部队伍管理和党纪条规廉洁自律教育，推行了基层站所科级干部轮岗制，强化了财务管理，组建了财务核算中心，对基层单位的财务支出实行双签制，对部分站所财务实行了集中统管；完善了廉政风险防控措施，建立外部监督机制，聘请了100名廉政监督员，强化在信息公开、依法办事、工作实效、干部清正廉洁、群众满意度等方面的调查和监督，促进全局党风政风行风进一步转变，确保党风廉政建设抓出成效。

（李国峰　庄栋民）

【水务经济建设取得长足发展】 年内，局属各单位结合本单位实际，抓住机遇，扎实工作，努力开展水务经济建设，基层31个单位创造经济产值10.47亿元，完成上缴税金4133万元，实现利润

3589万元。水务经济发展取得了较好的成绩。

（李国峰　庄栋民）

气　象

【概　况】 2012年，昌平区气象局（简称“区气象局”）在区委、区政府及市气象局党组的领导下，全面贯彻落实市政府9号文、京政发24号文以及北京市第十一次党代会精神，紧紧围绕率先实现气象现代化这一主线，把做好党的十八大和第七届世界草莓大会气象服务保障工作做为中心任务，以推进“两个体系”建设为重点，突出做好“一花三果”为龙头的特色农业气象服务和防灾减灾的建设，优化完善政策与服务体系，探索基层台站改革，彰显气象服务效益，大力开展党建、党风廉政建设以及文明创建活动，为昌平区建设京北创新中心，国际科教新城提供坚实气象保障。

（单秋旭）

单位名称：北京市昌平区气象局
地址：昌平区西关路29号
电话：(010)89783659
邮编：102200

【气候概况】 本年度平均气温为12.3℃，接近常年平均值（12.1℃），年极端最高气温为37.9℃，比历年最高（41.4℃）低3.5℃，极端最低气温为－17.2℃，比历年最低（－19.6℃）高2.4℃。年降水量683.5mm，比常年（542.9mm）多近三成，比历年最多（901.4mm）少2成多，比历年最少（282.0mm）多1.4倍。年内，共出现雷暴天气27日，出现大风天气8日。总体上看，本年度气温接近常年平均值，降水偏多。入冬以来气温偏低，降水明显偏少，旱情发展，春季气温回升，降水偏多，缓解了前期旱情，对改善土壤墒情和冬小麦起身、拔节、抽穗、扬花及灌浆等有利。进入夏季，气温持续偏高，前期降水适宜，对纯、夏玉米的生长有利，7月21日至22日的大暴雨造成部分地块的玉米、蔬菜及果树出现水淹、倒伏，后期降水明显偏少。但前期降水充足，墒情适宜，尚能满足大白菜播种和玉米的灌浆、成熟。秋季气温接近常年平均值，降水明显偏多，土壤商情好，有利于小麦的分蘖和壮苗，为小麦的安全越冬打下良好的基础。同时，有利于各种果树的果实膨大。

（程波）

【气象灾情】 年内，区出现两次气象灾情：一是7月21日大暴雨，导致山区出现多处道路岩石崩塌，4个镇农作物受灾，面积1500亩，4处河道防堤冲毁，1处电线被雷电击断，个别村民房屋倒塌或被倒下的大树砸坏。二是11月3日至4日的雨雪天气使区的部分设施农业及畜舍受损，果树倒折，造成经济损失2000万元。

（刘霞）

【气象执法】 7月，为进一步贯彻落实《气象探测环境和设施保护办法》，区气象局与区安监局、区消防支队相关工作人员进行联合执法，对区新建、改建、扩建建筑物进行执法检查，对影响探测环境数据的施工单位责令停工，同时为他们讲解破坏气象探测环境数据的严峻性使施工方充分认识气象探测环境和设施保护的重要性、紧迫性。为预防雷电事故发生，进一步强化法律意识，安排9月下旬对区域内的新建、改建、扩建建筑物进行了连续2天的行政执法专项检查，共查处10家拒检单位。

（苏慧娥）

【气象为农服务】 年内，积极推进区政府第118项折子工程：加强气象信息平台建设，完善“两个体系”建设。截至9月，完成了为新增100个村安装预警信息机，新建100个气象信息综合服务站，新建12块预警信息大屏，新建12个科普示范村的建设工作；争取地方财政资金为25个镇、街、重点村气象信息服务站配备电脑、打印机，已通过中央政府采购。全面贯彻落实京政发〔2012〕9号文件精神，积极推动完善气象灾害预警信息发布与传播政策法规，区气象局牵头起草发并以区政府形式下发5个文件：即《昌平区气象灾害应急预案》《昌平区气象灾害防御规划（2012－2020年）》《昌平区人民政府关于进一步加强气象灾害监测预警和突发事件预警信息发布有关工作的意见》《昌平区气象应急认证管理办法》《昌平区气象应急认证实施细则》，并成立昌平区防御气象灾害指挥部，指挥部其他成员来自应急、水务、国土、园林绿化、安监、财政等多个相关部门。标志着昌平区已经形成了政府主导、部门联动，政策、规范完备的气象防灾减灾体系。根据北京市率先实现气象现代化的要求和《昌平区气象事业"十二·五"规划纲要》的部署，区气象局充分发挥创造性，在原有的"五个平台"（即人影指挥平台、决策服务平台、预警信息综合发布平台、区县暴雨监测预警信息制作和服务平台、气象信息员工作平台）基础上，区气象局新建了两个平台，即气象探测与服务设施分布系统、气象为农服务支撑平台。"七大平台"的建成有利于气象监测、指挥、决策、信息处理、制作、整合、共享和发布，提高效率。

（王健军）

【世界气象日纪念活动】 2012年世界气象日的主题是"天气、气候和水为未来增添动力"，3月，区气象局开展一系列丰富多彩的主题宣传活动。在此期间，区气象局与区水务局、区科协等多家单位先后在亢山广场、悼陵监村共同举办科普宣传活动。向人们讲解了人工影响天气、气象防灾减灾等与气象日主题紧密相关的知识。24日，区气象局接待昌盛园小学的近百名学生和近30名附近社区居民。业务科讲解员通俗易懂地为孩子们讲述厄尔尼诺、拉尼娜的概念；龙卷风、冰雹、沙尘暴等天气现象以及如何应对气象灾害，如何采取有效措施等。世界气象日纪念活动中，区气象局共发放科普宣传材料共计3000余份。

（单秋旭）

【人工影响天气】 年内，昌平区人影工作主要围绕"安全"展开，为保证作业期的安全，4月份请专业技术人员对所属的4个炮站的高炮和火箭发射架进行了检修，并对全体炮手进行了上岗前的培训。作业期在区人影办指挥下，四个炮站利用高炮进行防雹作业16次，发射炮弹384发，由于高炮防雹作业及时有效的进行，全年高炮防护区内未出现雹灾，果品和庄稼等作物未受到损失。人影作业高效安全，未发生安全事故。在干旱和防火季节采用燃烧碘化银烟炉、发射增雨火箭等方式，进行增雨雪作业，共燃烧碘化银烟条276根，发射增雨火箭9枚，效果较好。为了更好的进行增雨雪作业，11月，将黑山坨、碓臼峪、大黑山、大杨山等4个高山地基增雨雪点的碘化银燃烧炉更换。

（张宝泉）

【气象探测站网建设】 年内，完成区"山洪泥石流非工程建设"项目和中国气象局"山洪"项目的建设。新建6要素自动气象站2个；温雨站4个；雨量站3个，加强对区气象灾害监测的准确性和连续性。

（张建丽）

【专题气象服务】 年内，为正月十五龙腾狮跃闹元宵、第七届世界草莓大会、北京国际长走大会、北京国际户外耐力跑挑战赛、"长城长、中华魂"长城保护宣传活动、高考气象服务、首届北京国际航空运动邀请赛、环北京职业公路自行车赛、昌平第九届苹果文化节、首届中国北京国际魔术大会等提供优质的气象服务。全年共制作各类气象服务专报38期。

（武媛）

农村经营管理

【概　况】 2012年，区经管站按照建设社会主义新农村的总体要求，坚持以科学发展观指导农村经管工作全局，紧紧围绕全区农村工作中心任务，深入应用农村经济在线审计系统，贯彻落实农村"148"民主管理制度体系；切实做好农村集体产权制度改革收尾工作，强化改革完成村后续规范管理；深化农村集体出租土地合同清查与整改；指导农民专业合作社开展规范化建设，提高农民专业化组织程度；推广应用农经地理信息系统，稳步推进信息化建设；严格农民负担监督执法检查，做好减轻农民负担工作；认真做好农村土地承包经营纠纷调解工作，高效完成信访审计事项，有效提升了农村经管工作水平，维护了区农村社会的和谐稳定。

（梁博）

单位名称：昌平区农村合作经济经营管理站
地址：昌平区政府街19号
电话（010）89741713

邮编:102200

【贯彻落实“148”制度体系】 年内,区经管站依据《“148”农村民主管理体系考核评价指标》,应用在线审计方法检查各镇(街道)落实“148”农村民主管理体系和重大事项决策程序“五步法”的具体情况,将考核结果纳入年终绩效考核范围,保障区农村民主管理落到实处。完成年度农村集体资产台账更新工作,按照市村合作经济组织会计制度实施细则规定,将资产管理台账中涉及会计科目变动的内容进行了相应的调整;对全区168名经管及托管会计人员进行培训。开展农村集体资金、资产、资源状况调查工作,摸清农村集体“三资”管理底数,通过实行农村集体财务预决算、大额资金专户储存等管理制度强化农村集体资金监督,通过重大事项决策程序“五步法”强化农村集体资产、资源的购建、使用与处置的监督。

(梁博)

【深入推广农村经济在线审计系统】 年内,区经管站应用在线审计方法,完成2011年度村级组织正常运转专项补贴资金管理使用情况审计工作;完成针对全区16个镇所属的45个村级新型集体经济组织的审计工作;完成2012上半年财务收支审计工作,并于民主公开日对核实财务数据进行公开。各项审计工作开展过程中,区经管站充分发挥在线审计高效、便捷的优势,实现审计经常化,加强区农村经济内部审计监督,规范基层组织经济行为。采取应用农村经济在线审计和手工审计相结合的方法,开展村级干部任期经济责任审计工作,促进村务监督委员会在村级管理事务中充分发挥作用,规范换届选举纪录,强化监督机制的贯彻落实。

(梁博)

【做好农村集体产权制度改革收尾工作】 年内,经管站将产权制度改革工作的重心由推进改革向规范改革完成村后续管理转移,按照《关于加强农村股份经济合作社规范管理的指导意见》的要求,指导改革完成村的运营工作。指导股份经济合作社监事会、村理财小组、村务监督委员会之间团结协作共同做好民主监督工作,指导股份经济合作社建立并落实各项管理制度,特别是要规范改革完成村的股份分红工作,将各种福利分配逐步取消纳入到股份分红范畴,确保改革后股份经济合作社规范有序运营,使改革成果真正惠及于民。

(梁博)

【深化农村集体出租土地合同清查与整改】 年内,区经管站开展农村集体出租土地合同年度清查,更新合同管理数据库,进一步摸清出租土地合同现状。采取行政协调、经济补偿、法律诉讼的方式,继续加大合同整改工作力度,力争通过合同整改工作,再补充完善一批、再终止解除一批,努力营造健康规范的农村集体土地出租市场秩序;严格落实《关于暂停签订农村集体土地出租和流转合同的通知》精神,开展不定期检查,杜绝私签合同现象发生;同时加强合同管理的调研力度,做好合同管理工作的业务指导,并将农村集体出租土地合同整改工作纳入2012年各镇(街道)农村经营管理考核评价体系当中,严格考评。通过区、镇、村三级经管部门的协同努力,在清查出的18065份合同中,全区已完成12915份合同的整改,占全部合同的71.5%,尚有5150份合同未进行整改,占全部合同的28.5%。

(梁博)

【加快合作社的规范化发展和建设工作】 年内,区经管站秉持“规范财务会计制度、突出产权明晰;规范组织管理,突出管理民主;规范盈余分配制度,突出盈余返还;规范经营服务机制,突出服务性经营”四项原则,深入开展合作社规范化指导工作,监管市、区级示范合作社会计电算化实行情况,并推行财务在线审计系统,加强对农业项目资金使用的监管,积极整合为农服务资源,建立起区农民专业合作社联席工作机制,协调各相关部门根据职责进一步加强对农民专业合作社的指导、扶持和服务,为合作社的发展创造良好的外部环境。截至年底,全区在工商部门注册登记的农民专业合作社390家,合作社社员总数13832人,带动农户数27076户。在农民专业合作社示范社评比活动中,区1家合作社被评为全国农民专业合作社示范社,14家合作社被评为北京市农民专业合作社示范社。

(梁博)

【推广应用农经地理信息系统】 年内,区经管站新增兴寿、崔村、百善、流村、延寿5个试点镇,推广应用农经地理信息系统,开展土地使用现状统计、农户家庭经营结构调查、农业产业结构现状调查统计工作。加大对各镇（街道）、村信息员的培训力度，提升信息管理和应用能力，截至年底，完成对全部357名村级信息员进行培训，并以推进农经地理信息系统为契机，将农村人口资料及农户家庭资料重新核准，提高农村管理信息化数据的可靠性，充分利用网络把村级数据传输到镇级服务器，真正实现四级网络连通。加强对村务公开触摸屏的管理，制定触摸屏管理和使用制度，并将触摸屏管理和使用情况纳入年底考核范围。

（梁博）

【开展农村经济统计监测工作】 年内，区经管站坚持按月统计全区农村经济收益分配，按季分析全区农村经济运行情况。2012年，农村经济总收入实现298.2亿元，同期增长10.2%；农民人均所得实现13527.9元，比上年同期增长9.2%。

（梁博）

【认真开展减轻农民负担工作】 年内，区经管站认真开展春秋两季农民负担监督执法检查，做好数据统计上报和信息化更新工作；加大农民负担情况调研工作力度，关注加重农民负担的新动向；做好农村一事一议筹资筹劳试点工作，积极制定符合区实际情况的管理办法。

（梁博）

【做好农村土地承包经营纠纷调解工作】 年内，区经管站进一步建立健全"三级调解"机制，畅通信息沟通渠道，及时对农村集体的土地承包、租赁、流转等问题进行纠纷的调查和调处并按时填报《农村土地承包经营纠纷调解与仲裁情况月报表》；强化队伍建设，积极开展农村土地承包经营纠纷调解员、仲裁员培训工作。本年度共接办25件农村土地承包经营纠纷调解事项，未接到仲裁申请。

（梁博）

【做好信访接待工作】 年内，区经管站共接待因土地承包纠纷、合同纠纷、土地确权、政策咨询等问题来电、来人来访22件，涉及48人次；接办区信访办、区纪委交办的信访案件8件，涉及信访调查事项24个，均已完成。有效保障了村集体经济组织的正常运行，减少了农村内部矛盾，对农村社会的稳定起到积极的促进作用。

（梁博）

小汤山现代农业科技示范园

【概　况】 2012年，小汤山农业园紧紧围绕国家现代农业科技城建设，注重引领示范，扩大辐射效应，着力完善水、电、暖、通信等基础设施建设，科学编制"现代农业服务创新示范基地"规划，圆满完成第七届世界草莓大会草莓苗备份及对口接待工作，全力做好国家农业园科技园区评估、科技部星火项目申报实施、新疆基层干部培训、农业考察接待、入园企业服务等工作，全面提升园区科技内涵，增强发展动力和创新能力，努力建设科技资源密集的国家现代农业科技城先导示范园，推动农业融合式发展。全年累计接待新疆基层干部10批1076人次，农业考察团体216批11294人次，编制完成"现代农业服务创新示范基地"建设方案，新建安装太阳能集热系统1000平米，完成草莓大会备份草莓苗34万盆，园内绿化美化面积2.5万平方米。

（许晓英　刘敏）

单位名称：北京市小汤山现代农业科技示范园管理委员会
地址：昌平区小汤山镇中国航空博物馆路西
电话：(010)61785121
邮编：102211

【哈萨克斯坦代表来园参观】 2月20日，北京市友好城市哈萨克斯坦阿斯塔纳代表在市外办工作人员陪同下来小汤山农业园参观访问。代表团先后参观了北京黑猪加工基地及食用菌工厂化生产车间。

（许晓英　刘敏）

【园区选送的草莓品种分获金银奖】 2月20日，入园企业北京亚欧创新科技有限公司选送的"枥乙女"和"晶瑶"两个草莓品种，参加"第七届中国草莓文化节暨中国精品草莓擂台赛"，分获金奖、银奖。

（许晓英　刘敏）

【国家星火项目通过验收】 3月14日，小汤山农业园承担的国家星火计划项目“现代农业温室太阳能供热技术应用示范”项目通过专家组验收。

（许晓英　刘敏）

【荣获首都文明旅游景区荣誉称号】 4月，小汤山农业园被首都精神文明建设委员会授予“首都文明旅游景区”荣誉称号。

（许晓英　刘敏）

【新疆对口支援培训班成员来园考察】 5月29日，由中组部组织的“新疆基层干部对口支援培训干部班”学员及新疆党支部书记、连队主要负责人等100余人，到小汤山农业园培训点参观学习。中组部党员教育中心副主任李志宏、四处处长任建华、市委组织部干教处处长吴兵及区委组织部副部长杨玉文出席活动。

（许晓英　刘敏）

【最高人民检察院领导来园调研】 6月1日，最高人民检察院党组成员、纪检组组长莫文秀一行到小汤山农业园参观调研。区委副书记、政法委书记朱光彤、区人民检察院党组书记、检察长王向明等班子成员及农业园主要领导陪同。

（许晓英　刘敏）

【国家保密局领导来园考察】 7月12日，国家保密局领导一行来小汤山农业园参观考察，分别参观了黑猪养殖、分割车间及食用菌工厂化生产、包装车间。区委办副主任王海津陪同。

（许晓英　刘敏）

【太阳能供暖系统项目竣工】 9月10日，小汤山农业园西区太阳能供暖系统建设项目顺利竣工。共计安装太阳能集热板499块、约988平方米，新建蓄能水箱300立方米，可为2000平方米温室冬季供暖。

（许晓英　刘敏）

【市委督查室领导来园调研】 9月11日，市委督查室主任费宝岐、市农委副主任康森等领导，就小汤山农业园建设情况来园调研。副区长苏卫东、区委办副主任王海津、区政府办副主任高益梅等领导陪同。

（许晓英　刘敏）

【太平洋岛国驻华大使来园考察】 10月20日，太平洋岛国（密客罗尼西亚、萨摩亚、斐济、汤加等国家）驻华大使和中国外交部美大司司长谢锋及夫人一行22人来园考察，主要参观了高档花卉生产示范基地。

（许晓英　刘敏）

【台北同乡会理事长一行来园参观考察】 10月22日，台北彰化同乡会理事长谢坤宗一行38人到小汤山农业园参观考察，区委常委、副区长孙启，区政府办主任靳增立、区台办主任张维亮及园区领导陪同。

（许晓英　刘敏）

【马来西亚贵宾来园考察】 11月17日，马来西亚全国民政党副主席丹斯里拿督.刘荣华准将、东马沙巴州斗湖区市议会主席拿督.伊斯麦等一行10人，来小汤山农业园参观考察。区外事办主任周玲、园区主要领导陪同。

（许晓英　刘敏）

【市广播电影电视局领导来园调研】 11月23日，市广播电影电视局领导一行来到小汤山农业园参观调研，先后参观了食用菌工厂化生产车间，耐旱耐寒苗木繁育基地及先正达育种试验温室，区广电中心有关领导陪同。

（许晓英　刘敏）

昌平牧工商总公司

【概　况】 昌平牧工商总公司是2001年根据北京市昌平区机构改革方案要求由原昌平区畜牧局改革而成立的公司。昌平牧工商总公司是产业型公司，主要从事种畜禽饲养繁殖、技术服务、良种推广、开办畜牧农民田间学校等相关工作。2008年根据区改革方案成立昌平区动物卫生监督管理局，将昌平牧工商总公司划归昌平区动物卫生监督管理局管理。后又根据2009年9月区委、区政府新的机构改革方案，将昌平牧工商总公司及其下属企事业单位整建划归到昌平区农业服务中心管理。自2008年昌平区实施机构改革，公司及所属单位被划归到区动监局管理（未实施）后又被整建划归到区农业服务中心管理至今已有五年多的时间也未实施划转，公司根据上级要求停止一切经营活动，整理资产，准备移交。但在改革一直没有实施的情况下，公司还一直继续从事昌平区的畜牧技术服务、推广和开办农民田间校等相关工作，拉动农民就业，促进农民增收，为全区的畜牧业发展做出了突出的贡献。

（陈文）

单位名称：昌平牧工商总公司
地址：昌平区百善镇百善村东
电话：(010)61731651
邮编：102211

【积极开办田间学校培训工作】 年内，田间学校工作根据2011年办学情况和农民的需求，在上一年度田间学校工作的基础上，开办田间学校6所，新建两所，续建3所，其中生猪三所、柴鸡蛋2所、肉羊1所。每所田间学校开办技术培训10期。圆满完成了2012年田间学校培训工作任务。

（陈文）

【田间学校培训取得的效果】 年内，通过培训活动，有针对性的对农民养殖生产技术问题进行培训和指导，对全区50个养殖专业场（户），存栏仔猪约1.6万头，减少死亡800头，使仔猪成活率提高了5%，挽回直接经济损失16万元。对发霉饲料鉴别方法、科学防治用药技术、肉羊的驱虫保健育肥技术，高产柴蛋鸡的挑选、产蛋窝的建造等技术的推广得到广泛应用，提高了农民养殖技术水平和经济效益。

（陈文）

【完成"2011－2012"冬春科技大培训】 年内，市畜牧兽医总站结合市生猪创新团队建设项目，在全市开展了"2011－2012"冬春科技大培训"活动。公司生猪工作站评比总分第一名，获得冬春科技大培训组织奖，区农业局荣获"冬春科技大培训组织协调奖"，冬春科技大培训农民知识竞赛区代表队获得第三名。

（陈文）

【做好区领导干部公开选拔工作】 年内，认真做好区组织的领导干部公开选拔工作，并要求公司职工积极参与。公司有两名同志分别入围副处级和科级的职位。公司积极配合区委组织部和镇有关单位对两位同志的民主测评考察工作，两名同志分别通过区百善镇和沙河镇的选拔，为区的干部公开选拔工作输送了人才。

（陈文）

【开展"百项技术"培训活动】 3月6日，健康养殖与环境控制研究室与麻峪村和西山口村工作站联合在崔村镇动物卫生防疫站举办"百项技术"培训活动。团队首席专家云鹏研究员，健康养殖与控制功能究室主任谢实勇、岗位专家王美芝副教授，区农业局副局长罗桂河，北京盛世富民清真食品有限责任公司邢久明副总经理，崔村镇疫病控制中心杨学文站长、区畜牧技术推广站、区家畜繁殖指导站及生猪养殖场（户）共计57人参与了本次培训。培训活动采取了技术演示与讲解、现场操作和知识竞赛三种形式。岗位专家用幻灯片向农民介绍了健康养殖与环境控制最新的科研成果，以及适合北京地区采纳的环境控制技术。同时，还向农民发放《养殖场安全用药指导手册》和《繁殖猪舍夏季环境控制技术》技术资料共计200余册。

（陈文）

工 业

经济与信息化

【概 况】 2012年，昌平工业和信息化工作坚持“调结构与稳增长”并重，克服各种不利因素对工业增长的消极影响，坚持整体推进、重点突破策略，使全区工业和信息化工作取得了一定成绩。工业经济总量持续增长，产业结构进一步优化，能源科技、现代制造、生物医药三大产业支柱作用更加明显，高新技术产业的优势更加突出；三一北京制造中心、福田发动机等一批重点工程积极推进，总投资26.1亿元的71个技改项目如期竣工；市级企业技术中心增加到35家，著名商标达到45件；两化融合初见成效，形成了信息化与制造业、服务业融合发展的新业态。全区330家规模以上工业企业完成产值1178.7亿元，同比增长11.4%，位列全市十个郊区县第二；资产总额1170.4亿元，同比增长23.5%；完成销售产值1180.8亿元，同比增长12.8%；主营业务收入完成1169.5亿元，同比增长12.8%；利润总额51.9亿元，同比下降32.4%；利税总额完成81.2亿元，同比下降24%。六大产业总体呈现“四增二降”，即基础与新材料产业：61家规模以上工业企业完成产值526.8亿元，同比增长38.4%。汽车与交通设备产业：23家规模以上工业企业完成产值305亿元，同比增长0.7%，全年增速实现由负转正。生物与医药产业：26家规模以上工业企业完成产值58.5亿元，同比增长15.1%。都市产业：55家规模以上工业企业完成产值59.4亿元，同比增长4.8%。装备产业：147家规模以上工业企业完成产值212亿元，同比下降14.5%。电子信息产业：18家规模以上工业企业完成产值17亿元，同比下降11%。

（于凌燕）

单位名称：昌平区经济和信息化委员会
地址：昌平区西环路15号
电话：(010)69742365
邮编：102200

【2012年企业家迎新春茶话会召开】 1月8日，区召开2012年企业家迎新春茶话会。区领导与全区170多家规模以上企业负责人欢聚一堂，畅叙情谊，共话发展。区领导侯君舒、金树东等出席茶话会。副区长周云帆主持茶话会。茶话会上，区长金树东向大家通报了全区经济社会发展情况。中关村科技园昌平园、区经信委、区投资促进局和区综合行政服务中心相关负责人分别介绍了全区工业、信息化、高新技术产业发展和投资促进等方面工作情况。神华销售集团华北能源贸易有限公司、北京诺华制药有限公司等8家企业负责人先后介绍了企业发展现状和未来发展规划。

（庞剑光）

【2012年度工业和信息化建设工作会召开】 3月13日，区经信委召开2012年度工业和信息化建设工作会。各镇(街道)、北企公司主管领导、经济发展科科长，以及52家重点企业负责人参加会议。会上，区经信委主任王志刚作题为《加快发展方式转变实现工业产业升级全力推进我区经济和信息化建设创新发展》的工作报告，全面总结了2011年全区经济和信息化工作，安排部署了2012年各项工作任务。副区长周云帆出席会议并讲话。会上，沙河镇等6家先进单位、北汽福田等52家快速增长企业受到表彰。

（于凌燕）

【区中小企业服务年暨银企对接会召开】 5月15日，昌平区2012中小企业服务年暨银企对接会在区委党校大礼堂召开。邀请9家银行、3家担保机构、3家投资公司以及1家证券公司与参会的100

余家企业进行了金融对接服务。副区长周云帆参加会议。会上,8家企业与金融单位签订了以信用融资为主要形式的合作协议,金额共计9000万元。

(庞剑光)

【进一步做好安全生产稳定工作会召开】 6月5日,区经信委、区安监局联合召开昌平区工业企业进一步做好安全生产稳定工作会。全区50余家重点工业企业负责人参加会议。会上,区经信委副主任高建勋传达了《关于进一步做好昌平区工业企业安全生产稳定工作的通知》,副区长周云帆出席会议,并就安全生产稳定工作讲话。

(彭玉松)

【区政协委员调研昌平规模工业企业】 6月8日,区政协副主席李雪红等一行20余人对区规模工业企业发展情况进行调研。委员们考察了有研亿金新材料股份有限公司和北大先行科技产业有限公司,并听取了企业负责人关于企业产品和发展情况的介绍。随后,在区经济信息化委召开座谈会,委员们听取了主任王志刚关于昌平区规模企业发展建设情况的汇报,详细了解了2011年昌平工业发展情况和2012年昌平工业经济运行情况、"十二五"时期昌平工业发展目标等三个方面内容。委员们对区规模企业所取得的成绩充分肯定,并针对规模企业发展过程中存在的一些问题提出意见和建议。

(于凌燕)

【举办企业消防安全常识培训】 6月14日,区经信委举办《北京市消防条例》、企业消防安全常识培训会。会议传达了5月30日在全市重点企业安全生产会议上苟市长关于企业要加强安全生产管理的讲话精神,学习了《北京市消防条例》、企业消防安全常识、消防安全四个能力建设标准等内容,提高了企业对消防安全的认识和对消防工作的重视。会后,企业将对单位员工进行培训以及消防演练。

(杨艳桔)

【甘南藏族玛曲县领导一行来区考察】 6月21日,甘肃省甘南藏族自治州玛曲县委、县政府一行8人来区考察,并与相关职能部门进行座谈交流。区委常委、组织部长李良、区经信委党组书记李智民等领导参加座谈会。会上,李智民详细介绍了昌平区工业经济的发展情况。玛曲县委书记张正雄介绍了玛曲县的基本情况。李良代表区委、区政府对玛曲县委、县政府一行表示热烈的欢迎,并且对昌平区的政治、经济、文化及今后的发展方向作了全面的介绍,希望两地保持长期友好往来,共创美好未来。

(于凌燕)

【上半年工业经济运行分析会召开】 7月26日,区经信委在区委党校礼堂召开2012年上半年工业经济运行分析会。市经信委副主任梁胜、区委常委、常务副区长张燕友,副区长周云帆等领导出席大会。来自全区各相关职能部门领导,各镇(街)主管镇长和经济发展科科长,部分规模以上企业负责人,以及区经信委科级以上干部共计170余人参加会议。会议表彰了神华昌运等15家2011年度工业保增长贡献突出企业。区经信委主任王志刚对2011年全区工业保增长工作情况进行了总结,对2012年以来的工业经济形势进行了通报,并安排部署了下半年重点工作。梁胜介绍了全市上半年工业经济发展情况,并对下半年工作提出了指导意见。张燕友对去年以来全区各系统、各单位、各企业为工业经济发展做出的突出贡献给予了充分肯定,并提出三点希望和要求。会议要求全区各部门和各单位要按照区委、区政府的统一部署,切实抓好今年各项工作的落实,为2012年各项预期目标的实现做出积极努力,不断开创昌平工业经济和信息化工作的新局面。

(于凌燕)

【区中小企业服务平台成立】 8月30日,昌平区中小企业服务平台正式启动运行,标志着区服务企业的手段向着规范化、系统化、集成化迈进,进一步改进了对中小企业公共服务网络建设体系。启动仪式上,副区长周云帆与相关部门领导共同为"昌平区中小企业服务平台"正式运行启动水晶球。

(庞剑光)

【技术创新】 年内,区企业技术进步取得了新成果。确定固定资产投资百万元以上技术改造项目80项(其中有15项为2011年结转项目),项目计划总投资26.1亿元,现已累计完成投资20.7亿元,71个项目竣工投产。向全区广泛征集申请"北京市著名商标"的企业20家,北汽福田汽车股份有限公司、北京康比特体育科技股份有限公司、北京宏福建工集团有限公司等3家企业的3个商标获得"中国驰名商标"认定,北京金威焊材有限公司等6家企业的7个商标获得"北京市著名商标”认定，著名商标累计达到45件。重点培育了北大先行科技产业有限公司等14家企业技术中心建设，有7家获得市级技术中心认定，使市级以上企业技术中心达到35家。做好国家重大科技成果转化项目申报工作。向市经信委推荐三一电气有限责任公司、北京南车时代机车车辆机械有限公司、北京神雾环境能源科技集团股份有限公司、乐普（北京）医疗器械股份有限公司四家企业的5个国家发明专利产业化项目。三一电气有限责任公司的高效节能一体化变频永磁同步电动产业化建设项目和北京神雾环境能源科技集团股份有限公司的蓄热式转底炉处理冶金粉尘回收铁、锌成套工艺及装备的产业化项目分别获得1600万元和600万元的资金支持。

（刘霞）

【节能减排】 年内，区根据《北京市人民政府关于进一步加强淘汰落后产能工作的实施意见》，深入做好退出“高污染、高耗能、高耗水”工作，初步确定了“十二五”期间淘汰落后产能企业35家，2012年已完成4家企业的退出，分别是：北京鹿牌都市生活用品有限公司、北京腾飞造纸厂、北京市昌平华美喷塑厂、北京市洁宝日化公司。为顺利推进“北京鹿牌都市生活用品有限公司”享受《北京市推进污染扰民企业搬迁加快产业结构调整实施办法》，区邀请市经济信息化委、市发改委和市财政局有关领导，深入鹿牌公司进行实地调研，了解和掌握了企业在2012年内实施搬迁过程中需要政府协助解决的困难，市级各部门领导针对实施搬迁过程中的土地交易、搬迁资金专户处理等问题提出了意见和建议。开展全区工业行业重点用能单位“十二五”时期节能目标考核考评工作。积极推动清洁生产审核工作，配合市节能环保中心对北京百奥药业有限责任公司和北京三元食品股份有限公司乳品四厂进行清洁生产审核阶段性验收。

（黄丽丽）

【开展帮扶企业】 年内，区深入开展帮扶企业工作。研究制定《昌平区人民政府关于贯彻北京市进一步促进中小企业发展措施的实施意见》；深入开展中小企业服务年活动；加强中小企业服务中心体系建设，为中小企业提供融资、政策、培训等综合服务；做好中小企业贷款贴息备案和申报工作，54家企业103笔贷款符合要求，贴息金额共计1149.7万元；组织100家企业与15家金融机构召开2012中小企业服务年暨银企对接会，8家企业与金融单位签订了协议，贷款近亿元；组织300多家企业开展政策宣讲活动；与中介服务机构合作分期举办小企业会计准则、信息化建设等知识培训；开展小企业基地和公共服务平台建设，3家通过北京市级小企业创业基地和公共服务平台认定；启动中小企业服务平台；积极争取国家、市级以上资金支持，112家企业累计获得科技成果转化、中小企业专项、两化融合项目、工业发展资金、保增长等奖励资金1.2亿元。

（庞剑光）

【推进重大项目建设】 年内，区加大了重点工业项目建设力度。重点推进三一北京制造中心、福田发动机等35个投资在3000万元以上的重大产业项目建设。35个项目总投资为215.2亿元，占地4893亩。截至12月底，这些项目都有了不同程度的进展。其中：世纪华盛研发中心等6个项目已竣工投入使用；中国移动通信有限公司一期：数据中心工程、北京修正医药科技产业基地、北京绿创节能环保示范基地B楼环保科技大厦、诺和诺德糖尿病中国研发中心项目、福田发动机扩能技改项目等6个项目主体完工；北京通用航空产业园激光成形研发生产基地项目、北京科兴生物制品有限公司“昌平新疫苗产业基地”、北京康比特体育科技股份有限公司运动营养产业基地项目等10个项目已开工；北京新雷能科技股份有限公司模块电源扩产项目、北京泰宁科创科技有限公司雨水综合利用研发及生产基地北京知蜂堂蜂产品有限公司蜂产品以及茶色素和膳食纤维生产基地等4个项目正在办理立项。与此同时，做好非政府投资的工业项目备案、核准等工作。全年共办理核准立项37个，总投资31亿元。办理备案项目立项75个，总投资27.7亿元。完成环保备案244个，意向总投资16.1亿元。

（张宏鸽）

【乡镇工业】 年内，区乡镇工业坚持以科学发展观为指导，积极推进产业结构调整和发展方式转变，加强工业经济运行的监测与服务，认真做好帮扶企业工作，各项工作均取得了新成绩。统计年报显示，企业个数796个，职工人数40250人，实现增加值528818万元，实现产值2303451万元，利润178643万元，上交税金101443万元，资产总额3356047万元。主要产品有电气机械及器材、食品、汽车配件、医药、金属制品、专用设备等。

(于凌燕)

【信息化工作】　年内,区全面落实北京市信息基础设施提升计划,协调电信和广电运营商,加快信息化基础设施建设。截至12月底,新建及扩容基站163个;铺设信息管道41沟公里;建设无线宽带接入点(AP)2547个,累计AP达到7991个;新建高清交互双向网络18079户,完成有线电视网络双向网改造11666户,累计完成31.6万户;完成高清交互机顶盒推广4.1万户,累计推广21.1万户。协助成立昌平区业余无线电协会。完成国家信息化专家咨询委员会《未来科技城信息化总体规划》咨询评议和验收工作。

(仲兵)

中关村科技园区昌平园

【概　况】　2012年,中关村科技园昌平园(简称"昌平园")全年实现总收入2344亿元,同比增速为55.5%,超额完成2000亿元的目标。实缴税费90亿元左右,较上年增长23.5%左右。园区共有上市企业19家,累计IPO融资额76亿元。新增博晖创新、雪迪龙和博新精仪三家上市企业。从上市地分布来看,主要集中在国内创业板、中小板和港交所,各有4家。上市企业年末总市值约600亿元,市值超过十亿元的企业约13家,北汽福田和康得新2家企业市值超百亿。全年上市企业实现收入约400亿元,占昌平园总量的18%左右。重点工程建设项目稳步推进。2012年,昌平园重点工程建设项目共17项,总建筑面积152万平方米。其中北大国际医院、新时代总部基地、北医健康产业园等八个工程建设项目列为昌平区重点项目,总建筑规模约121万平方米,总投资约89亿元;2012年,完成计划投资19亿元,竣工面积约44.5万平方米。5项列入区前期手续办理的重点工程项目,土地、规划等手续办理进展顺利。创新创业要素进一步聚集。博士后工作站建设稳步推进,有博士后企业分站3家,博士后实践基地工作站5家,进站人才16名,博士后实践基地被评为北京市唯一的一家优秀基地,2家工作站评为北京市优秀工作站,园区聚集了包括千人计划、海聚工程和高聚工程40多位高端人才。建立了留学人员创业园,已入驻留创企业11家。重点完善大学科技园和孵化器的建设,基本完成人才公租房的分配。同时推进"腾笼换鸟"战略,为重点项目落地提供空间。

(王红彬)

单位名称:中关村科技园区昌平园管理委员会
地址:昌平区超前路9号
电话:(010)69744527
邮编:102200

【2012年规划建设工作会召开】　1月5日,"昌平科技园区2012年规划建设工作会"召开。副区长周云帆出席并讲话,昌平园管委会主任于泓主持。区发展改革委等部门领导及南部、小汤山、回龙观等镇街相关主管等150多人参会。

(王红彬)

【世界上第一个戊型肝炎疫苗获准上市】　1月11日,在科技部召开的"戊型肝炎疫苗获得新药证书新闻发布会"上,向社会各界发布世界上第一个戊型肝炎疫苗获准上市。

(王红彬)

【利德华福入选"中国最具潜力非上市企业"】　1月,《福布斯》发布2012年中国潜力企业排行榜,首次呈现"中国最具潜力上市企业"与"中国最具潜力非上市企业"两张榜单。北京利德华福电气技术有限公司在非上市企业榜单上获第二位排名。

(王红彬)

【德海尔两项产品获欧盟CE认证】　2月6日,北京德海尔医疗技术有限公司的"睡眠呼吸记录系统"、"医用空气压缩机"获得欧盟CE认证,意味着两产品严格遵守欧洲共同体的《医疗设备指令93/42/EEC》,其设计、功效和安全性已符合欧盟的健康及安全性标准,为产品在欧洲及其他承认CE认证标志的国家上市敞开了大门。

(王红彬)

【两家单位入选市国际科技合作基地】　2月9日,市科委发出《关于认定第一批北京市国际科技合作基地的通知》,认定30家单位为"北京市国际科技合作基地”。昌平园两单位入选，均为生物医药领域，即：北京蛋白质组中心被认定为“蛋白质组学北京市国际科技合作基地”；北京万泰生物药业股份有限公司被认定为诊断试剂与疫苗北京市国际科技合作基地。

（王红彬）

【生命园获市级生态工业园试点园区授牌】 2月28日，在市经济信息化委召开的“市级生态工业园区示范授牌暨战略性新兴产业布局与重大项目落地决策服务支撑系统部署会”上，中关村生命科学园获第三批市级生态工业园试点园区授牌。

（王红彬）

【市政协领导到昌平园调研】 3月21日，市政协副主席马大龙带领市政协调研组一行到昌平园调研科技创新工作，区政协副主席、昌平园管委会主任于泓陪同。调研组听取了关于未来科技城建设背景、总体规划、目标定位和入驻央企等情况的具体介绍，并实地参观了南、北两区15家入驻央企的建设情况。

（王红彬）

【《中关村条例》执法检查工作布置会召开】 3月27日，由昌平区人大常委会科教文卫委员会主办的“《中关村国家自主创新示范区条例》贯彻执行情况执法检查工作部署会”在区人大召开。副区长周云帆、区政协副主席、昌平园管委会主任于泓等相关部门领导参加。

（王红彬）

【昌平园留学人员创业园揭牌】 3月29日，由昌平园管委会主办的“中关村昌平园留学人员创业园揭牌仪式”在中关村兴业生物医药创业园举行。中关村管委会、昌平园管委会以及区政府相关部门领导，留学人员企业爱博诺德（北京）医疗科技有限公司、科元和盛（北京）科技有限公司等有关负责人出席。

（王红彬）

【北京中建中关村生命科学园有限公司揭牌】 4月13日，在“中关村发展集团标识发布暨项目签约仪式”上，举行了北京中建中关村生命科学园有限公司揭牌仪式，市委常委赵凤桐、中国建筑董事长易军、区委书记侯君舒和中关村发展集团董事长于军为公司揭牌，标志着生命园三期开发建设正式启动。

（王红彬）

【中央领导到北京生命科学研究所调研】 4月17日，中组部部长李源潮到北京生命科学研究所调研，科技部和北京市政府等有关负责人参加。李源潮参观了4个实验室，与科研人员进行座谈，详细了解科研工作情况，认真听取科学家们的意见。

（王红彬）

【举办驻京中外企业昌平行活动】 4月20日，由市投资促进局、昌平区政府联合举办“驻京中外企业昌平行活动”。市投资促进局局长周卫民、昌平园管委会主任于泓等相关领导出席，大型国企、跨国公司、高新企业等中外代表共130余人参加。

（王红彬）

【4企业获评市技术先进型服务企业】 5月10日，市科委、市商委、市财政局等6部门联合公布了北京市2011年度拟认定技术先进型服务企业名单。昌平园北京诺和诺德医药科技有限公司、北京维通博际医药研发有限公司等4家企业入选，资格有效期为3年，且可享受税收优惠政策。

（王红彬）

【未来科技城区域能源中心项目开工】 5月18日，由北京能源投资（集团）有限公司主办的“北京未来科技城区域能源中心开工仪式”举行。副市长洪峰，市、区有关委办局及各相关单位代表出席。

（王红彬）

【“特色微型专业园”研讨会召开】 5月29日，由昌平园管委会主办的“特色微型专业园”研讨会在企业墅举行。昌平园携区发改委、经信委、国土局、规划局、住建委、工商、税务、投资促进局等9大委办局相关领导，同进驻企业共同座谈，建立了良好的沟通交流平台和机制。

（王红彬）

【海林获“2012中国家居产业百强企业”】 6月8日，在“2012中国家居产业百强企业研究成果发布会暨第四届中国家居产业百强企业家峰会”上，北京海林节能设备股份有限公司被评为“2012中国家居产业百强企业”。

（王红彬）

【4企业获五星级企业信用评级】 6月13日，昌平中小企业信用促进协会在区发改委召开“2012年昌平区第一批中小企业信用考评专家审议会”。昌平区发改委、金融办、昌平园高促中心、企业信促会、北京银行昌平支行、兴业银行昌平支行、建

设银行昌平支行、工商银行昌平支行、农业银行昌平支行、北京合众普惠财务策划有限公司、北京华瑞众和税务师事务所、联合信用管理有限公司和北京中小企业再担保有限公司等企业信用评审单位参加了此次会议。本次参评的30家昌平园企业中，有4家被评为五星级、10家被评为四星级。

（王红彬）

【航天基金会领导视察四季沐歌】 6月28日，中国航天基金会理事长张建启（原总装备部副部长）、秘书长张玉江（原酒泉卫星发射中心副司令员）、宣传部部长申行运（原航天员大队大队长）领导一行莅临昌平园企业四季沐歌公司参观考察，四季沐歌股东日出东方公司董事长徐新建、四季沐歌执行总裁李骏接待了来访领导。

（王红彬）

【中科创新园项目开工奠基】 7月11日，中科院昌平中科创新园项目举行开工奠基仪式。市政府副秘书长戴卫，中国科学院副秘书长曹效业，区领导金树东、张燕友、周云帆、于泓以及中科实业集团负责人出席奠基仪式并为项目培土奠基。

（王红彬）

【新三板筹备组调研昌平园】 7月27日下午，中国证券业协会副会长、全国场外交易市场筹备组副组长邓映翎率全国场外交易市场筹备组一行调研昌平园新三板企业。筹备组先后来到国铁科林和绿创设备公司，实地参观了企业生产线，听取了企业负责人介绍和对未来新三板市场的意见建议，对企业登陆新三板后的发展状况进行了详细了解，对发展过程中遇到的问题进行了解答。

（王红彬）

【两企业获国家专项补助资金】 7月，财政部、工业和信息化部下发了《关于下达2012年第二批科技成果转化项目补助资金的通知》，全市共16家企业的16个项目获得资金支持，昌平园三一电气有限责任公司的高效节能一体化变频永磁同步电动机产业化建设项目获得补助1600万，北京神雾环境能源科技集团股份有限公司的蓄热式转底炉处理冶金粉尘回收铁、锌成套工艺及装备的产业化项目获得补助600万。

（王红彬）

【国务院发展研究中心领导莅临生命园】 8月7日，中关村管委会刘航委员、创新处张若松、王剑华陪同国务院发展研究中心产业经济部部长冯飞、副部长石耀东、主任王晓明、王忠宏博士、宋紫峰博士一行八人到中关村生命科学园进行中关村产学研调研，并听取生物医药中试基地方案介绍。本次调研会由中关村生物医药产业联盟组织召开，联盟成员单位乐威泰克、科信必成、昭衍新药、方正医药、生命园孵化器等企业应邀参加此次会议。

（王红彬）

【高德获“移动互联网最佳实践奖”】 9月11日，由互联网大会主办的“寻找移动互联网的最佳实践与创新典范”活动结果出炉，高德旗下超过7800万用户的地图和导航类应用——“高德地图”，摘获“最佳实践”大奖，工业和信息化部部长苗圩为高德颁奖。

（王红彬）

【首家外资生物制药研发中心落户】 9月24日，诺和诺德中国新研发中心落地中关村生命科学园，这是第一家在中国建立研发中心的国外生物制药公司，新研发中心也是诺和诺德全球研发体系的重要组成部分。

（王红彬）

【工委召开创先争优经验交流大会】 9月，昌平园工委召开本系统创先争优经验交流大会。副区长周云帆和昌平园管委会领导班子成员以及来自昌平园工委所属30余个支部的书记、委员共130余人参加会议。

（王红彬）

【6人获评优秀（创业）企业家】 9月，北京优秀（创业）企业家评审领导小组公布了2011－2012年度北京优秀（创业）企业家名单，昌平园国电燃料有限公司董事长兼总经理孟廷荣、北京海林节能设备股份有限公司董事长李海清等6人入选。

（王红彬）

【区领导调研留创园企业】 10月10日，副区长、管委会主任周云帆、昌平园管委会副主任颜梅、王晨光等到留创园企业——爱博诺德（北京）医疗科技有限公司调研参观。公司创始人解江冰博士介绍了企业目前致力于开发拥有用于治疗白内障、青光眼、视网膜病变的眼科重大疾病的自主知识产权和代表民族品牌的医疗科技产品，并就目前的市场份额及发展前景作了详细介绍。

（王红彬）

【7企业被评重点高新技术企业】 10月19日，国家科技部公布的《关于发布2012年国家火炬计划重点高新技术企业评选结果的通知》显示，昌平园共有北京利尔高温材料股份有限公司、北京神雾环境能源科技集团股份有限公司等7家企业入选。

（王红彬）

【四季沐歌荣膺行业最具潜力品牌】 10月30日，在"热立方杯"2012年度慧聪网第五届中国热泵行业十大品牌评选颁奖典礼上，四季沐歌空气能被评为2012年度"中国热泵行业最具潜力品牌"。

（王红彬）

【德国纽伦堡市经济技术合作论坛举行】 11月16号，昌平区与德国纽伦堡市的经济技术合作论坛举行。双方出席论坛的领导有：副区长、管委会主任周云帆，区长助理赵晓东及相关委、办、局主管领导，纽伦堡市副市长费尔斯、纽伦堡工商会主席冯·皮琉斯等。

（王红彬）

【昌平园首家企业登陆德交所】 德国当地时间11月20日上午9:00（北京时间11月20日下午4:00），昌平园企业北京博新精仪科技发展有限公司正式在德国法兰克福德意志交易所初级市场上市挂牌交易，成为昌平园首家在德交所上市的企业。

（王红彬）

【博士后创新实践基地荣获优秀基地】 11月22日，北京市人力社保局在中关村生命科学园召开"2012年北京市博士后工作会议"。市人力社保局副局长宋丰景通报了2012年度创新实践基地和创新实践基地工作站评估工作结果，昌平园北京市博士后（青年英才）创新实践基地被评为唯一优秀基地。

（王红彬）

【万泰药业荣获中国专利金奖】 11月30日，国家知识产权局和世界知识产权组织的"第十四届中国专利奖颁奖大会"在京隆重举行，大会表彰了积极运用知识产权制度、推动技术创新和促进经济社会发展作出突出贡献的专利权人、发明人和设计人。会上，中关村示范区共有4家企业荣获中国专利金奖4项，其中包括昌平园的北京万泰生物药业股份有限公司。

（王红彬）

【中关村管委会赴昌平园调研】 12月12日，中关村科技园区管委会经济分析处副处长顾保芳带领太极计算机股份有限公司、神州数码信息系统有限公司工程技术人员一行10余人，对昌平园信息化工作进行调研。昌平园管委会副主任康巍巍陪同调研。

（王红彬）

【获优秀科技工作者称号】 12月14日，中国科协会员日暨全国优秀科技工作者颁奖大会在人民大会堂举行，中国科协、中央和国家有关部门的领导出席会议。中国科协主席韩启德向广大科技工作者祝贺节日。会上，对近千名全国优秀科技工作者进行了表彰。昌平园乐普（北京）医疗器械股份有限公司总经理蒲忠杰被授予全国优秀科技工作者称号。

（王红彬）

【兑现420万元的专利奖励资金】 12月20日，区科委、区知识产权局共同主办的"2012年昌平区专利资助及奖励专项资金兑现大会2012年昌平区'长城杯'双十评比颁奖大会"召开。区政府、区政协等相关领导出席。会上，区知识产权局、区政协相关领导分别介绍了2012年昌平区知识产权工作以及区"长城杯"双十奖实施情况；向中国医药研究开发中心、北汽福田汽车股份有限公司等59家企事业单位和6名个人兑现420万元的专利奖励资金；为获得昌平区"长城杯"双十奖的20人颁发奖杯。

（王红彬）

生命科学园

【概　况】 中关村生命科学园（简称"生命科学园"）是中关村科技园区的重要组成部分，是以生命科学研究、生物技术和生物医药相关领域研发创新为主的高科技专业园区。建设中关村生命科学园是北京市委、市政府落实国务院《关于加快中关村科技园区建设的批复》精神，发展首都知识经济，调整北京产业结构，提升自主创新能力的重大举措。国家发改委于2006年10月批准生命科学园为北京国家生物产业基地。园区以北京生命科学研究所、北京市药品检验所为基础支撑平台，以北大国际医院为临床试验平台，依托生物芯片北京国家工程研究中心、蛋白质药物国家工程研究中心等7个国家级工程化产业项目和美国健赞、瑞士先正达、丹麦诺和诺德等8家国际著名生物技术企业的研发中心，将建成集生命科学研究、企业孵化、中试与生产、成果评价鉴定、项目展示发布、风险投资、国际交流、人员培训于一体的国际一流的生物技术园区。

（郭瑞）

单位名称：北京中关村生命科学园发展有限责任公司
地址：昌平区生命园路29号
电话：(010)80719950/51
邮编：102206

【国际青年科学家奖】 年内，生命科学园有4位科研人员（邵峰、王晓晨、张宏、朱冰）获得美国霍华德·休斯医学研究所“国际青年科学家奖”。

（郭瑞）

【市级生态工业园试点园区】 2月28日，生命科学园“北京市级生态工业园试点园区”授牌。

（郭瑞）

【捷和泰（北京）科技有限公司正式成立】 4月13日，日本JSR公司与万泰生物的合资公司—捷和泰（北京）科技有限公司正式成立，在生命科学园举行了开业典礼，昌平园管委会、北京市经信委、生命科学园等相关领导出席。捷和泰将致力于研发符合国家需求的乳胶诊断试剂和化学发光诊断试剂中间原料，满足国内诊断试剂生产厂商对关键核心中间体的需求，并提供OEM的半成品，大力推动国家高灵敏度诊断试剂研发进程。

（郭瑞）

【中央领导到生命科学园生命所调研】 4月17日，中共中央政治局委员、中央书记处书记、中组部部长李源潮到生命科学园生命所调研。指出，要总结生命科学园生命所的成功经验，创建更多符合国际惯例、具有中国特色、吸引国际一流人才的科研平台，创新科研单位自主选题、科研人员专心研究的科研机制，倡导靠真才实学、潜心研究出成果的科研风气，为建设创新型国家服务。中组部、科技部和市有关领导参加调研。

（郭瑞）

【北京博晖创新光电技术股份有限公司创业板上市】 5月23日，北京博晖创新光电技术股份有限公司（以下简称“博晖创新”）创业板上市仪式在深圳证券交易所举行。博晖创新（证券代码300318）本次向社会公开发行人民币普通股2560万股，发行价15元，募集资金3.84亿元，用于综合研发基地建设，包括储备技术开发平台、测试平台、组装配置平台和培训平台等内容。

（郭瑞）

【北医健康产业园开工仪式举行】 5月25日，位于生命科学园内的北大国际医院集团旗下北医健康产业园举行了隆重的开工仪式。北医健康产业园项目占地219亩，投资逾20亿人民币，总建筑面积22万平方米，其建成后将成为国内高端的资本与医药、医药服务业相结合的园区。

（郭瑞）

【第一批北京市外贸转型升级示范基地】 8月28日，以生命科学园为代表的昌平生物医药基地成为第一批北京市外贸转型升级示范基地之一。

（郭瑞）

【诺和诺德中国新研发中心揭幕庆典】 9月25日，诺和诺德中国新研发中心揭幕庆典在中关村生命科学园举行。这座坐落于生命科学园的新研发中心为诺和诺德海外最大的研发中心，总投资超过1亿美元，其中约4000万美元用于建立世界领先水平的新实验室及引进研发设备。

（郭瑞）

【国家蛋白质科学基础设施开工建设】 11月30日，由国家发改委、教育部、解放军总后勤部和北京市投资12.22亿元，军事医学科学院联合清华大学、北京大学、中国科学院生物物理研究所共同承建的国家蛋白质科学基础设施—北京基地（凤凰工程），在生命科学园开工建设。这是国家生命科学领域最大的单体项目。“凤凰工程”总部科研大楼建筑面积为3.73万平方米，计划于2015年全部竣工。大楼根据使用需求设计了不同功能分区,将构建以蛋白质组分析系统、蛋白质结构解析系统、蛋白质功能研究系统为核心,以生物信息学、蛋白质大规模制备等分系统为支撑的蛋白科学研究平台,可为大约500名科研人员提供良好的科研工作条件、学术交流场所和生活综合服务保障。

（郭瑞）

【生命所朱冰实验室被评为 The Journal of Biological chemistry 2011 年度最佳论文】 生命科学园生命所朱冰实验室2011年发表于 The Journal of Biological chemistry 上的文章"H3K36 methylation antagonizes PRC2 mediated H3K27 methylation"于2012年4月12日被评为 The Journal of Biological chemistry (《生物化学》杂志)2011年度最佳论文。The Journal of Biological chemistry(《生物化学》杂志)是由美国生物化学和分子生物学学会出版的专业性学术期刊,以工作的出色程度及其对研究领域潜在的深远影响为标准,对2011年全年发表在该杂志上的4000多篇文章进行评选,最终评选出20篇2011年度最佳论文。该论文的共同第一作者是袁文博士和徐墨博士。论文的其他作者还包括生命所博士生黄畅和刘楠,以及蛋白质中心陈涉博士。朱冰博士是论文的通讯作者。该项目由科技部和北京市资助,完成于北京生命科学研究所。

（郭瑞）

【成功入选第七批中关村开放实验室】 7月18日,第七批中关村开放实验室(共25家)在国家会议中心举行了授牌仪式,生命科学园入园企业博奥中心成功入选。至此,中关村开放实验室数量已达134家。由博奥生物有限公司负责建设和运营的生物芯片北京国家工程研究中心(以下简称"中心")是经国家发改委批准建立的国家级研究开发机构。成立至今,中心已获得专利授权160项,利用这些专利研制出了国际上第一张家蚕全基因组芯片、第一张转录因子活性谱芯片、第一张细胞电旋转生物芯片以及用于中华骨髓库建设的HLA分型基因芯片系统、用于食品安全检测的兽药残留检测蛋白芯片系统和用于神州飞船搭载实验的芯片实验室系统,专利实施率达到55%;先后在《自然生物技术》(NatureBiotechnology),《植物细胞》(ThePlantCell),《病毒学》(JournalofVirology)等杂志上共发表SCI论文58篇,编著中英文专著10部。2007年,中心自主创新开发的"系统化生物芯片和相关仪器设备的研制及应用"成果获得国家技术发明奖二等奖。凭借综合竞争力,中心成功入选第七批中关村开放实验室,这将有利于提升中心自主创新能力,促进产学研结合,促进科技成果转化。

（郭瑞）

【中关村领导调研生物医药中试基地建设】 7月20日,中关村生物医药中试基地调研会在生命科学园创新大厦举办。此次调研会是由中关村生物医药产业联盟组织,中关村管理委员会创新处张若松、原中关村管委会副主任赵慕兰和北京市长城企业战略研究所代表一行6人亲临研讨会现场,联盟成员昭衍、方正医药、乐威泰克、科信必成等公司应邀参加此次调研。调研会由生命园孵化器公司总经理兼中关村生物医药产业联盟秘书长吴玫涵女士主持。吴总针对生物医药中试基地建立的背景、目标、功能等内容做了汇报。会上,各企业与中关村管委会领导就中试基地建设的有关框架问题及项目筛选入库、运行机制以及药品审批等问题进行了深入的探讨和交流。

（郭瑞）

【国务院发展研究中心领导到生命园调研】 8月7日,中关村管委会委员、刘航等陪同国务院发展研究中心产业经济部部长冯飞一行8人到生命科学园进行中关村产学研调研,并听取生物医药中试基地方案介绍。本次调研会由中关村生物医药产业联盟组织召开,联盟成员单位乐威泰克、科信必成、昭衍新药、方正医药、生命园孵化器等企业应邀参加了此次会议。

（郭瑞）

【入围2012年度国家重点新产品计划】 8月17日,科技部官方网站发布了《关于下达2012年度国家有关科技计划项目的通知》。生命科学园入园企业博奥生物有限公司暨生物芯片北京国家工程研究中心(简称"博奥生物")自主研发的结核分枝杆菌菌种鉴定试剂盒(DNA微阵列芯片法)入围了2012年度国家重点新产品计划,并将获得"国家重点新产品证书"。结核分枝杆菌菌种鉴定试剂盒(DNA微阵列芯片法)采用DNA微阵列芯片技术,通过对常见临床样本中的分枝杆菌核酸进行检测,快速获取临床常见致病分枝杆菌的准确种属信息。该产品具有准确、快捷、高效、灵敏、先进的特点,主要用于结核病和非结核分枝杆菌(NonTuberculousMycobacteria, NTM)病的辅助诊断,也可用于流行病学调查等领域。

(郭瑞)

【获"央视财经50指数"十佳公司荣誉称号】 8月24日,"CCTV 中国上市公司峰会"在北京召开。在本届 CCTV 中国上市公司峰会上,发布了"2012年央视财经50指数"新名单,生命科学园入园企业碧水源以特有的创新价值成为央视财经50指数样本股之一,同时入选2012年"央视财经50指数创新维度十佳",获得"央视财经50指数十佳创新公司"荣誉称号。作为中国证券市场环保行业的唯一入选者,碧水源以掌握自主创新的核心技术为钥匙,为企业、投资者开启了长续发展和价值投资之门。国家发改委副主任连维良、中国证监会副主席刘新华、科技部党组成员王志学、中国上市公司协会会长陈清泰、中央电视台副台长魏地春等领导出席峰会。

(郭瑞)

【应邀出席2012"千人计划"太湖峰会】 8月25日,以"创新推动中国经济转型发展"为主题的2012"千人计划"太湖峰会在无锡开幕。600余名"千人计划"专家代表与会。博奥生物有限公司程京院士应邀出席2012"千人计划"太湖峰会。

(郭瑞)

【中关村留学人员精品项目推介会召开】 8月22日,由中关村人才特区建设促进中心主办,生命科学园留创园、中关村软件园留创园,华北电力大学留创园,中关村科技园区昌平园留创园共同承办,中关村留创协会协办的"中关村留学人员精品项目推介会(三三会)"在生命科学园创新大厦举行。中关村管委会副主任杨建华,副区长、昌平园管委会主任周云帆,中关村人才处处长李志磊等领导出席本次会议并致辞。同时,参会还有企业、风投机构、证券公司、银行等相关机构,参会人员240多人。会议分为两部分,40多家企业首先进行了集中的产品展示。之后8家企业做了演讲,进行重点推介。参加本次推介会的40多家企业由四家承办留创园分别推荐,行业涉及生物医药、互联网、电子信息,电网控制,新能源技术,节能环保等诸多行业,是中关村园区广大科技企业的典型代表。推介会上8家企业进行了现场路演。他们带来的创新创业项目基本代表行业内的领先水平。参加此次三三会的还有60多家风投机构、银行、券商及相关中介机构代表,他们与推介企业就企业商业模式,技术特点,融资意向等诸多问题进行了热烈的交流与讨论。多家企业与投资机构达成了初步洽谈意向,推介会效果显著。

(郭瑞)

【第一批北京市外贸转型升级示范基地并授牌】 为加快转变外贸发展方式,调整外贸结构,提升本市外贸发展质量和水平,依据《商务部关于开展外贸转型升级示范基地培育工作的函》和《北京市商务委员会关于开展外贸转型升级示范基地培育工作的通知》,市启动了市级外贸转型升级示范基地培育认定工作。经区县申报、专家组评审、社会公示等程序,昌平生物医药基地(中关村生命科学园)等6个基地获得认定为第一批北京市外贸转型升级示范基地。并于8月28日举行了授牌仪式。市商务委员会将在外贸服务平台建设、品牌推广、增加渠道网络等方面出台相关支持政策,积极促进示范基地向高端化、品牌化、规模化转型升级。

(郭瑞)

【先正达生物技术北京研究中心落成仪式举行】 10月11日,先正达生物技术北京研究中心落成仪式在生命科学园隆重举行。正达生物技术北京研究中心是先正达全球主要的研发中心之一,于2008年10月正式落户于北京中关村生命科学园,是国内首家外资农业生物技术研究机构。其新的现代化研究中心于2012年10月落成,并组建了一支150人的高素质科研团队。先正达生物技术北京研究中心专注玉米、大豆等主要作物早期天然农艺性状领域的研究,用于提高作物产量、抗旱性、抗病抗虫能力方面。研究中心将立足中国,着眼并服务全球,同时有力支持先正达北美及其他区域的生物技术研发工作。先正达将继续与中国科研院所及相关企业密切合作,分享自身的生物技术研发经验,促进中国在农业生物技术领域的国家交流和相互学习,形成中国与先正达在生物技术研究领域的双赢局面,携手为解决中国乃至世界日益增长的粮食、饲料及能源需求提供创新的可持续解决方案。副市长苟仲文、市科委党组书记杨伟光、区长金树东、北京农业局副局长郑渝，副区长、昌平园管委会主任周云帆，市生物技术和新医药产业促进中心主任雷霆，中关村发展集团董事长于军、中关村发展集团总经理许强，中关村发展集团总经理助理、生命科学园党委书记韩柏等领导应邀出席落成仪式。

（郭瑞）

【碧水源获“净水行业最具影响力企业”荣誉称号】 10月27日，被称为“水业奥斯卡的“2012年度净水行业十大评选颁奖典礼”在北京隆重举行。生命科学园入园企业碧水源净水以为净水行业所做出的杰出贡献和品牌创新的活力荣获“净水行业十大最具影响力企业”殊荣。期间，碧水源最新独具特色的 waterpad 三膜净水机以其“时尚”、“科技”元素在高端品牌风尚秀活动中震惊全场。

（郭瑞）

【药品监管与创新服务座谈会召开】 为落实市委书记郭金龙的指示要求，大力支持生命科学园区医药产业发展，积极做好园区内中央企业和本市企业的服务工作，推动北京生物医药产业向支柱产业转化，10月25日，市药监局组织药品、医疗器械注册、审批和技术审核部门同志，并邀请国家食品药品监督管理局新药审批及技术审评部门人员，与中关村发展集团共同在生命科学园区召开“药品监管与创新服务座谈会”，对接医药企业需求，面对面提供政策咨询和技术指导，一一解答企业提出的药品注册、质量认证、快速审批、创新药物鼓励政策以及医疗器械产品临床试验等方面的问题。生命科学园83家医药企业共160余人参加了沟通交流。此次交流活动，进一步推动了创新药物研发，推进了科研成果转化，促进了重大创新医药产品在京落地规模化生产。在此基础上，市药监局与中关村发展集团将认真收集企业发展需求，定期组织沟通交流，及时解决企业发展面临的问题，形成创新服务长效机制。

（郭瑞）

【何愿平获2012年度最受投资者青睐CFO奖】 11月14日，由CIMA皇家特许管理会计师公会组织的CIMA中国2012年度大奖颁奖典礼暨CFO高峰论坛在上海国际会议中心举行。经过激烈角逐，生命科学园入园企业北京碧水源科技股份有限公司常务副总裁、财务总监兼董事会秘书何愿平获最受投资者青睐CFO奖。CIMA皇家特许管理会计师公会成立于1919年，是世界上最大的管理会计师认证、管理和监督机构，属于非盈利组织，拥有19.5万会员和学员，遍布176个国家和地区。在中国，CIMA发展迅速，已经成为聚集国际金融高管及财界领袖的最大平台。何愿平是碧水源的创始人之一，是企业战略的主要制定者之一，参与了碧水源IPO的全过程，现任北京碧水源CFO、常务副总裁兼董事会秘书，对企业的发展有着举足轻重的贡献，作为实业运营与创业者，与文剑平等人一起带领公司取得了快速发展，成为行业龙头并成功在创业板上市，并把碧水源打造成目前创业板市值第一的企业，由此被誉为业内身价最高和最有成就的CFO。

（郭瑞）

【碧水源跻身2012年度中国企业上市公司成长百强榜】 12月9日，“2012年度第十一届中国企业成长百强榜”的评选活动在北京揭晓，值得一提的是，今年首次新增了2012年度中国企业上市公司成长百强榜。经过数据收集、调研、专家评审等流程，北京碧水源科技股份有限公司以227%的成长率名列榜单第38名，并位居节能环保企业第3名。

（郭瑞）

【北医健康产业园工程1－5#楼结构全面封顶】 12月12日，随着最后一方混凝土的浇筑完成，生命科学园北医健康产业园一期工程1－5#楼结构提前实现封顶目标，将全面进入装修施工阶段，为2013年全面竣工交用打下坚实的基础。北医健康产业园一期工程于6月13日正式破土动工，从1－5#楼全部完成地下结构施工，到完成1－5#楼结构封顶，仅用170天。1－5#楼为化学实验楼、生物实验楼及孵化器，总建筑面积为8.5万平方米。为高效推进工程进度，北医健康产业园工程部在施工过程中坚持做到超前谋划、统筹安排、严格管理、交叉作业多项工序，如在主体结构施工的同时，填充墙和二次结构也同步推进，为分段结构验收做好准备。结构施工期间先后克服了7.21特大暴雨在内的近50余天雨雪的影响、农民工大量集中返乡秋收造成的劳动力匮乏、十八大期间交通管控对钢筋及混凝土等材料运输的不良影响、提前入冬施工降效的影响等困难,在保证质量和安全的前提下全力以赴抢工期、抓质量、推进度。工程建设期间得到了来自政府相关部门、方正集团及北大国际医院集团等各级领导的高度重视和支持。副区长兼昌平园管委会主任周云帆,北京大学校长助理、北大资产经营有限公司董事长、总裁黄桂田教授,方正集团高级副总裁、北大国际医院集团 CEO 冯七评等领导先后多次到工地视察工程进展、指导工作。北医健康产业园工程1-5#楼结构封顶,是工程建设具有里程碑意义的阶段性成果。北医健康产业园将秉承结构施工期间优良态势,保证按期完成建筑全面建设,为同时开展的招商打下良好基础。

(郭瑞)

【先正达荣膺中国社会责任优秀企业】 12月7日,由中国外商投资企业协会、中国保护消费者基金会、中国民(私)营经济研究会、中国环境新闻工作者协会共同主办的"2012 中国企业社会责任年会"在北京隆重召开。会议进行了科学、系统的企业社会责任评估,发布了"2012(第四届)中国企业社会责任榜",表彰了一批履行社会责任的优秀企业。作为行业领袖,先正达以优异的企业社会责任表现,继2010年后再次获评"中国社会责任优秀企业"称号,此次与先正达同时获此奖项的还包括百事、沃尔玛、百度等中外知名企业。在此次年会上,先正达(中国)投资有限公司企业事务的王晓先生作为农业行业的上榜企业代表,参与现场对话,探讨跨国公司的持续发展与本土责任。王晓先生向在座嘉宾们介绍了先正达将企业社会责任融入公司业务发展和商业模式创新的理念:"我们作为企业要想农民所想,真正了解农民的痛感在那儿,然后把公司的技术和产品通过商业模式的创新,提供给农民,满足他们对作物解决方案的迫切需求,这就是我们在中国做的。"先正达持续开展帮助中国三农建设与发展的企业社会责任活动获得年会组委会以及专家评审的一致认可,对此先正达深感自豪并将继续努力,更好地在中国实践企业社会责任,为中国农业的发展做出贡献。

(郭瑞)

【市外事办领导来生命科学园碧水源调研】 12月27日,市外事办主任赵会民、副主任张海舟一行八人由中关村管委会副主任周国林陪同到碧水源进行调研,此行调研目的是为了进一步了解中关村企业海外业务拓展情况和具体需求。赵会民主任等听取了总经理戴日成、副总谢荣禄对企业总体情况和海外业务拓展的介绍,并参观了展示大厅。在调研中,赵会民主任等对碧水源的技术和产品表示认同,并强调企业要适时拓展海外市场,外事部门也会帮助企业主动走出去。戴日成对市外事办领导重视碧水源并作为典型调研对象表示感谢。

(郭瑞)

北京科技商务区建设有限责任公司

【概　况】 北京科技商务区建设有限责任公司(简称"TBD 公司")成立于2011年10月,由中投发展有限责任公司(占股80%)与北京兴昌高科技发展有限公司(占股20%)共同出资组建,合作开发建设中关村示范区北部产业带科技商务区。TBD(TechnologicalBusinessDistrict)公司位于中关村国家自主创新示范区北部研发服务和高技术产业带的中心位置,衔接着海淀、昌平两大科技创新板块,周边分布着未来科技城、航天城、永丰产业园等十多个高技术组团和上百家科研院所,占据着科技创新要素流动的枢纽位置。区域内还保留着明清古城"巩华城"的历史文脉,秉承着沙河水系"京北水绿走廊"的生命滋养,独具科技、人文、绿色的资源优势。TBD 将充分整合京北地区生态、历史、文化等方面资源,坚持"以水为魂,以绿为基",以科技商务建筑集群为中心,以文脉轴线为架构,以生态可持续为标准,实践低碳环保理念,致力于打造独具生态魅力和智慧活力的世界城市示范区、科技创新前沿区、京北商务中心区、低碳实践先行区和宜居生活模范区,为建设中国特色世界城市做出积极探索。

(由凯宇)

单位名称:北京科技商务区建设有限责任公司

地址：昌平区回龙观镇定泗路国际信息产业基地立业路8号兆科大厦
电话：(010)56525700
邮编：102206

【TBD项目重点区域城市设计国际方案征集成果展示】 4月13日，TBD项目重点区域城市设计国际方案征集成果展示会在北京饭店举办。市委书记刘淇，市长郭金龙等领导出席会议并参观了成果展示，听取了北京科技商务区的基本情况和国际方案征集情况汇报。本次国际方案征集邀请了国内外6家知名设计单位，经过专家评审，最终选拔出4家设计单位入围参展，设计成果受到与会领导一致好评，同时对TBD公司前期工作给予充分肯定，对后续TBD项目规划、行动计划及产业招商等工作提出意见和建议。

（由凯宇）

【区政府建立TBD项目推进工作周例会机制】 8月17日，区委常委、常务副区长张燕友主持召开区政府首次“TBD项目推进工作周例会”，区发改委、区财政局、土储分中心、规划分局等相关委办局领导参加会议。会议就下半年七里渠和朱辛庄二期土地入市前的工作节点计划和各相关部门的工作任务进行商讨，并确立了TBD工作周例会机制。该机制的建立加强了区政府与TBD公司之间的沟通、有力推动了TBD工作的开展。

（由凯宇）

【市委、市政府TBD工作专题会召开】 9月6日，市委常委、常务副市长李士祥主持召开会议，研究北京科技商务区(TBD)建设涉及的土地、规划和产业发展行动计划编制等工作，对市各委、办、局的工作有了更为具体的时间节点和目标任务的要求，标志着TBD工作进入一个新的发展阶段。

（由凯宇）

【巩华城12宗启动地块取得控规批复】 9月11日，市规委完成对巩华城12宗启动地块的控规批复，有力保障了TBD科技金融岛先期启动项目的土地入市工作。

（由凯宇）

【TBD项目马来西亚招商会成功举办】 9月19日，TBD项目海外推介会在马来西亚吉隆坡成功举办。本次活动邀请了五六十位马来西亚华商领袖，包括马来西亚外交部副部长、中国驻马来西亚大使馆领事参赞、马中友好协会会长、马来西亚中华总会会长及马中经贸总商会会长等贵宾。推介会由区长金树东主持，常务副市长李士祥对北京市经济发展情况和TBD项目做了详细介绍，中国驻马来西亚大使馆领事参赞、马来西亚外交部副部长及马中友好协会会长等均发表讲话，TBD公司总经理林澎详细汇报了TBD项目的总体情况和发展规划。此次招商推介会成果丰硕，扩大了TBD项目在东南亚的知名度，为后续的招商工作打下良好基础。

（由凯宇）

【TBD公司参加第十六届京港洽谈会】 11月5日至6日，第十六届京港洽谈会在香港会展中心举办，TBD项目作为北京市十余个重大项目之一予以发布推介。5日下午，昌平区在港丽酒店举行了“北京昌平区重点产业功能区香港推介会”暨京港投资合作项目签约仪式。黑石集团大中华区主席梁锦松、九龙仓集团董事会主席吴光正、香港置地集团总裁彭耀佳等100余位企业高层出席会议。TBD公司与香港九龙仓集团、香港置地控股有限公司和开维集团等知名企业签署了合作框架协议，中投发展有限责任公司董事长张弘力以及副市长苟仲文、丁向阳助签签约仪式。

（由凯宇）

【TBD地形测绘成果通过评审】 11月30日，区规划分局组织市测绘院、TBD公司召开TBD地形测绘技术报告评估验收会，测绘成果顺利通过验收。

（由凯宇）

【京北数码港一期产业园地块规划条件取得签批】 12月11日，TBD公司向市规委申报签批京北数码港一期产业园地块用地规划条件，同时呈报市土地储备中心，完成TBD区域内第一宗经营性地块上市准备工作。

（由凯宇）

安全生产监督

【概　况】 2012年,昌平区安全监管局认真贯彻落实国务院、市、区关于加强安全生产工作的决策部署和重要指示精神,以科学发展观为指导,牢固树立"以人为本,安全发展"理念,以落实企业安全生产主体责任为重点,继续深入开展"安全生产年"活动,圆满完成了全国两会、第七届世界草莓博览会、党的十八大等重大活动安全生产保障工作,实现了安全生产形势持续稳定好转。

(袁博)

单位:昌平区安全生产监督管理局
地址:昌平区南环东路1号广电大厦
电话:(010)69706133
邮编:102200

【安全生产事故考核控制指标完成较好】 2012年,市安委会下达给昌平区的年度安全生产事故控制指标为6人,年内,全区共发生纳入考核的生产安全事故2起,死亡2人,未超过市局下达的控制指标。

(袁博)

【安全生产执法检查】 年内,采取日常执法、重点执法、跟踪执法、联合执法,专项执法等形式开展了烟花爆竹、危险化学品、有限空间、职业危害、非煤矿山、建筑施工、人员密集场所、拆迁工地等十余项安全生产专项整治行动,累计检查生产经营单位7420家次,查处各类生产安全隐患11998条,下达行政执法文书6647份。对128起安全生产违法行为进行了行政处罚,罚款金额104.49万元人民币。

(袁博)

【严厉打击安全生产领域非法违法行为】 年内,专门开通了617-12350安全生产举报投诉专线。通过来电、来访等方式,共查处各类安全生产举报事项162起。结合市安全监管局"打非治违"护航行动1、2号方案及区委"四项整治"文件精神,确立了"打非治违""一建立、四结合、五到位"的工作模式。共出动检查组5488个,出动检查人员40916人,检查企业30651家,打击各类非法违法、治理纠正违规违章行为为21116起,罚款784.09万元,拆除违章建筑1038000平方米。联合公安、消防、工商、交通等部门查处南口镇老北京微缩景观停车场内一起改装柴油罐车为客运大巴车加油的非法违法行为。查扣危险化学品"非法"运输车一辆。

(袁博)

【行政许可】 年内,共换发危险化学品经营许可证23个,注销4个;换发非药品类易制毒化学品经营备案证明4个,配合市安监局对13家加油站进行现场审核。继续实行烟花爆竹经营许可摇号机制,共颁发烟花爆竹经营许可证125个。

(袁博)

【安全生产宣传】 年内,以"安全生产月"活动为契机,广泛开展安全生产宣传活动。先后组织开展了安全生产"宣传咨询日"、知识竞赛、征文、媒体采访月、"平安昌平—安全生产走基层"系列宣传报道、安全生产月书画笔会、职工安全生产书画作品展、安全生产文艺演出基层巡演等活动,成立了安全生产平安艺术团,建立了安全文化主题公园。共举办各类安全生产宣传教育活动560次,发放宣传品65万份;悬挂安全横幅3860条;播放安全生产口号24条、安全生产宣传警示教育片3套共56期、安全监管局自创歌曲《光荣安监人》和《安监员之歌》30次、安全生产公益宣传片183次;电视台采访报道52条,《昌平周刊》刊登新闻稿件72条;采访并播出"安全生产走基层——《平安昌平》专题片"39期。

(袁博)

【安全生产培训教育】 年内,采取请进来,走出去的形式,共举办电工、焊工等各类安全生产培训班89期,培训考核6578人。培训生产经营单位负责人和安全生产管理人员12期共2027人,同比增加了1338人,增长了194%。培训村(社区)安全员120人。开展有限空间"四进"、职业危害万人答卷活动,培训从业人员2万余人。协助各属地、各行业开展各类安全生产培训班2730次,培训人员58865人。

(袁博)

【安全生产标准化建设】 年内,扩大安全生产标准化建设范围,制定了区餐饮业、汽修业等12个行业企业安全生产标准化考评标准。对区175家工业企业开展安全生产标准化培训4次,组织咨询机构对100家工业企业进行安全生产标准化复评。共有320家企业通过复评达到区级安全生产标准化标准(工矿企业163家、人员密集场所和汽修行业66家、危险化学品企业91家）。

（袁博）

【安全生产事故隐患自查自报系统推广应用】 年内，深入推进安全生产事故隐患自查自报系统，及时对新增企业及属地政府安全管理人员进行系统培训。通过系统开展隐患自查自报的企业为1929家，上报率为60.55%，全市排名第三。

（袁博）

【烟花爆竹安全监管】 春节期间，安装并运用视频监控，对60个重点城镇的烟花爆竹销售网点及批发仓库进行实时监控。共出动执法人员269人次，执法车辆109台次，检查烟花爆竹销售网点1317家次，查处隐患467条，下达执法文书375份。节后，共回收烟花爆竹4552箱，折合人民币共计134万元。

（袁博）

【第七届世界草莓大会安全保障】 第七届世界草莓大会举办期间，每天组织50余名执法人员，分成17个检查组，对九华山庄主会场、“一园两中心”各重点部位及周边重点镇危险化学品生产经营储存、人员密集场所、有限空间、重大危险源等生产经营单位开展安全执法检查、巡查。

（袁博）

【十八大安全保障】 十八大期间，召开专题会议，部署十八大期间安全生产保障工作；制定和下发十八大安保方案；加大执法检查力度，强化重点时期对重点行业、重点地区、重大危险源、重要危化品的安全监管；组织开展十八大期间安全生产专项督查、专项执法检查及“镇街查百家行动”等保障活动。共检查重点行业生产经营单位521家，查处安全隐患1320条，下达《责令限期整改指令书》257份、《现场检查记录》220份。

（袁博）

【有限空间及职业安全监管】 年内，实行有限空间施工队伍、施工工程登记备案制度，共备案施工队伍56支施工工程233项。加大对有限空间施工现场的检查、巡查力度。继续开展职业危害申报管理工作，积极推进职业病危害项目申报系统升级改造，全年申报职业危害企业为891家。

（袁博）

【安全生产应急管理】 年内，每月对4家危险化学品应急物资储备库进行检查，加强节假日及重大活动期间应急值守，加大对企业应急值守、应急培训、应急演练等情况的执法检查力度。联合公安、消防、环保、公路、交通等职能部门开展部门与企业联动的应急演练9次，编制完成草莓大会、“7·21防汛”、十八大等重点时期应急预案5份。

（袁博）

【安全生产监管队伍建设】 年内，区安全生产执法监察队增编至60名。区安全生产执法监察队增设北京市昌平区安全生产应急指挥中心（副科级），负责全区安全生产应急管理及应急体系建设，负责生产安全事故的调查处理和监督落实，生产安全事故信息的统计、分析等工作，安全生产管理体系逐步得到了完善。

（袁博）

北京兴昌高科技发展有限公司

【概　况】 2012年，北京兴昌高科技发展有限公司（简称“兴昌公司”）在区委、区政府的正确领导下，在中发展集团及相关部门的大力支持与配合下，紧紧围绕北京建设北部研发服务和高新技术产业聚集区以及昌平加快推进经济转型升级的战略核心，扎实推进昌平园西区、东区土地一级开发及专业园区建设，完善市政基础设施和回迁小区建设，全面推进滞留拆迁工作，妥善处理麓鸣花园历史遗留问题。北京通用航空产业园中航激光代建基地主厂房和马池口埝头工业区孵化器基本完工，南口三一产业园启动入市交易前各项准备工作。兴昌公司已累计完成投资57.64亿元，2012年完成投资5.24亿元，实现经营总收入7473万元。截至12月底，兴昌公司对外投资23家企业，投资金额12.73亿元，累计收回投资效益1.19亿元，资产总额68.64亿元。

（杨静）

单位名称：北京兴昌高科技发展有限公司
地址：昌平区科技园区超前路9号
电话：(010)89715555
邮编：102200

【土地入市交易】 年内，兴昌公司共完成2个地块入市交易，上市地块总面积11.8万平方米，规划总建筑面积19.84万平方米，成交总价81227.43万元：昌平园西区三期0208－71－3地块，总用地面积2.29万平方米，规划建筑面积

2.93万平方米，规划用途为工业用地，由北京刘庄华星医药科技有限公司竞得，成交价格1227.43万元；昌平园东区二期0303－04地块，总用地面积9.51万平方米，规划建筑面积16.91万平方米，规划用途为住宅混合公建用地，由北京铁建房地产集团有限公司以配建3.5万平方米公共租赁住房的竞标条件竞得，成交价格80000万元。

（李政愿 杨静）

【兴昌佳苑回迁小区主体工程完工】 年内，兴昌佳苑回迁小区项目完成工程量投资2.9亿元，累计完成工程量投资8.1亿元，占工程总投资的86%。

（安亚明 肖乐）

【麓鸣花园项目各项工作稳步推进】 麓鸣花园重整项目累计完成拆迁381户，清偿债务2.45亿元，安置购房债权人182户。年内，投入资金1.98亿元，累计投入资金11.28亿元。经法院批准，麓鸣花园项目建设单位兴昌达博公司破产重整延期至2013年4月30日。

（杨静）

【通用航空产业园启动项目征地】 年内，通用航空产业园控制性详细规划经市规委原则通过。兴昌公司与百善镇政府拟定了项目征地补偿安置标准，并签订了中航激光基地200亩土地预征地协议。

（李政愿 杨静）

【治违拆违工作常抓不懈】 年内，拆除违法建设1421平方米，拆除围墙1500延米，清理抢栽抢种树木270余棵。

（马力 杨静）

【推进招商引资】 年内，阿里巴巴集团、展地文化传播集团等七家企业考察马池口埝头工业区，详细了解工业区的土地、规划、市政、投资环境和开发进展。

（俞浩 杨静）

【区领导视察兴昌佳苑回迁小区建设情况】 3月20日，区委书记侯君舒，区委常委、副区长孙启一行视察兴昌佳苑小区施工现场，听取关于工程进展情况的汇报并提出指导性意见。

（安亚明 肖乐）

【昌平园东区滞留拆迁工作】 4月9日，区政府启动昌平园东区滞留拆迁，完成拆迁4户住宅、13户非住宅。6月初，区政府关于加快推进2012年度全区重点拆迁项目的总体部署，成立以南邵镇、昌平园管委会、兴昌公司等单位为主体的新城东区及旧城改造拆迁分指挥部，继续推进滞留拆迁工作。

（鞠凤 肖乐）

【昌平园东区开展口粮田清退补偿工作】 7月初，对昌平园东区南邵村55户口粮田开展清退补偿工作，完成47户，剩余8户。

（鞠凤 肖乐）

【开展救灾捐款活动】 7月下旬，组织兴昌公司全体员工开展7·21特大暴雨灾害救灾捐款活动。

（张月双 杨静）

【马池口工业区内孵化器完成内装工程】 8月底，马池口埝头工业区内孵化器1、2号楼（总建筑面积2.48万平方米）完成内装工程，内装、消防、供电、供暖、照明等各项工作完成验收。

（俞浩 杨静）

【昌平园东区开展环境整治工作】 9月底，兴昌公司配合南邵镇政府开展昌平园东区环境整治工作，安装宣传围挡1000余米，清理垃圾2000余立方米。

（安亚明 肖乐）

【建筑中心股权转让】 10月，兴昌公司将持有的北京昌园建筑工程有限责任公司40%的股权，以240万元的挂牌价格转让给北京凯热艺科技有限责任公司。

（杨静）

【临时信访办成立】 11月中旬，兴昌公司成立临时信访办公室，搭建组织机构，理顺来访接待、解释答复流程，妥善做好来访接待事宜，通过系统整理来访群众的诉求，梳理出矛盾的焦点，制定出解决方案。

（杨静）

【干部队伍充实优化】 11月下旬，经过个别酝酿、推荐提名、集体讨论、拟任公示等环节，对16名同志进行中层职务调整，涉及9个部门，14个中层岗位，任职人员平均年龄33岁，为公司的内涵发展注入了新的活力和后劲力量。

（杨静）

【概　况】　2012年，北京晨光昌盛融资担保有限公司（简称“晨光昌盛公司”）全体员工团结一心、开拓前进，坚持把“为企业提供融资服务，确保国有资产保值增值”作为首要任务，以十八大精神为指引，以平台建设为抓手，为广大中小企业提供更高效的融资渠道。公司累计为253家企业，690笔项目提供担保，累计担保额约为93亿元，担保责任余额约为25亿元。

（刘洋）

单位名称：北京晨光昌盛投资担保有限公司
地址：昌平区超前路9号
电话：(010)69709488
邮编：102200

【雷锋志愿服务分队成立并开展帮扶活动】　3月5日，晨光昌盛公司按照区文明办和区国资委相关文件要求，结合公司自身实际，成立了以党员、团员和积极分子为主体的雷锋志愿服务分队，同日前往北京昌平水屯装饰建材城内的共产党员商户开展首次帮扶活动。队员们针对商户关心的非抵押融资方式等问题进行了解释说明，并为其下一步经营发展提供了专业性指导。同时，队员们也将商户所反映的融资需求情况进行分析整理，为下一步公司开发融资担保业务新品种，帮助广大小微企业和个体商户降低融资成本、提高融资效率奠定了良好基础。

（刘洋）

【与兆丰村镇银行签署合作协议】　5月8日，晨光昌盛公司与昌平兆丰村镇银行正式签署合作协议，共同加强和改善对涉农企业和中小微企业的金融服务，促进涉农企业和中小微企业融资担保工作有序开展。此次合作，是晨光昌盛公司立足昌平，为三农和广大中小微企业提供融资服务的新举措。通过整合兆丰村镇银行和晨光昌盛公司的优势资源，将对缓解区内涉农企业和中小微企业担保难、融资难问题起到积极的促进作用。

（刘洋）

【继续推动“瞪羚计划”深入开展】　年内，晨光昌盛公司继续推动中关村管委会“瞪羚计划”的深入开展，参与科技担保融资服务工程，支持瞪羚重点培育企业创新发展。通过“瞪羚计划”，晨光昌盛公司已累计为瞪羚企业提供担保约11.5亿元，有效引导了资本与科技对接，加快了昌平科技企业在科技成果转化、生产规模扩张、信用建设等各方面的发展。

（刘洋）

【推动文化创意企业发展】　年内，针对文创企业特点，晨光昌盛公司创新采用知识产权、企业经营权、收益权等多种反担保形式，突破了文创企业融资过程中缺乏抵押物的瓶颈，已为十余家文创企业提供约12.49亿元的担保支持。

（刘洋）

【助力北京青年创业园企业发展】　年内，为支持北京青年创业园企业融资，晨光昌盛公司与团区委等部门联合设立了青年创业融资平台。截至年底，已累计为18家青创企业提供390万元的担保融资服务，有效缓解了青年创业的压力，为企业发展注入生机和活力。

（刘洋）

【加大对微型企业扶持力度】　年内，晨光昌盛公司以小额贷款担保平台为基础，加大对微型企业扶持力度，针对微型企业贷款担保制定了专项业务实施办法及操作流程，并指定专门的部门负责此项业务。截至年底，已累计批准担保项目72个，批准担保项目金额543万元，担保项目类型涉及种植、养殖、农家乐旅游、百货销售、家政、摄影等行业；受惠人员遍及全区14个镇（街道），产生了良好的社会效益。

（刘洋）

【为企业提供全方位增值服务】　年内，为帮助中小企业降低融资成本，晨光昌盛公司用足用好相关扶持政策，为企业提供全方位增值服务。全年累计为“瞪羚企业”申请贷款利息补贴、为区工业企业申请财政局新增固定资产保费补贴、为信促会会员申请中介资金补贴总金额上千万元；办理中关村信用促进会入会、年审企业200余家。

（刘洋）

【信用能力不断增强】　年内，凭借良好的经营业绩和较强的资金实力，晨光昌盛公司信用能力不断增强。截至年底，晨光昌盛公司已连续四年信用评级达到AA级以上，是北京市首家信用评级获得AA+的区县担保机构。

（刘洋）

【获中长期科技融资统贷统还平台合作资格】　年内，为促进科技型中小企业的发展，满足科技型中小企业的融资需求，市科委启动中长期科技融资统贷统还平台和科技型小微企业专项融资行动计划。晨光昌盛公司凭借良好的经营业绩和专业的融资服务能力，获得市科委中长期科技融资统贷统还平台合作的资格，成为全市获得该项资格的两家担保公司之一，并率先完成第一批项目贷款。

（刘洋）

【获得ISO9001质量管理体系认证】 年内，晨光昌盛公司按照区国资委关于开展质量体系认证工作的有关要求，结合公司工作实际需要，在对现有质量管理模式及发展要求进行深入分析的基础上，引入国际通用的ISO9001质量管理体系标准思想和模式，经过3个多月的试运行和两阶段的审查，最终获得了ISO9001质量管理体系认证。为公司进一步理顺内部关系，优化组织结构，建立权责一致、分工合理、决策科学、执行畅顺、监督有力的质量管理体系，提升全体员工的工作水平和公司的管理水平，提升公司的工作执行力奠定了良好的基础。

（刘洋）

【公司名称变更】 依据市金融工作局《关于统一本市融资性担保机构名称的通知》及相关法律法规的要求，12月12日，晨光昌盛公司办理完毕工商营业执照名称变更手续，获得市工商局新核准的营业执照，公司正式更名为："北京晨光昌盛融资担保有限公司"，原名称同时终止。

（刘洋）

北京英特莱科技有限公司

【概　况】 北京英特莱科技有限公司（简称"英特莱公司"）是北京市高新技术企业，中关村百家创新企业，中国消防企业30强，中国环保行业骨干企业，股东为北京英特莱技术公司、北京京棉纺织集团有限公司、北京国有资产经营有限公司和北京平板玻璃集团公司，成立于2001年12月28日，注册资本7600万元，占地面积38000平方米，建筑面积20000平方米，现有员工350人，拥有国内先进的纺织材料生产线及服装试验室。英特莱公司科技主要从事消防个人防护装备、工业防护装备和环保过滤材料、节能保温材料及其制品等高技术纺织品的研究、开发、制造与销售。英特莱公司贯彻执行"起步，就与世界同行！"的企业精神，产品质量处于国内领先地位，达到国际水平。市场分布于西欧、北美、日本等世界发达工业国家及国内市场。英特莱获得多项国家专利，荣获国家火炬计划项目、重大技术创新项目、中国消防协会科学技术创新奖。

（魏军）

单位名称：北京英特莱科技有限公司
地址：昌平区西环路76号
电话：8008106686
邮编：102200

【英特莱被批准为国家级节能服务公司】 2月6日，国家发展和改革委员会、财政部等组织专家对地方上报的节能服务公司进行了评审，经过专家们严格的筛选及认真的评审，最终以英特莱等公司成功入围，进入了节能服务公司第四批备案名单。

（魏军）

【《英特莱人》再获北京优秀内报内刊】 2月15日，北京市工商业联合会主办的"北京市工商联2011年度优秀内报内刊表彰会"，在北京培新宾馆隆重召开。《英特莱人》等报刊获得2011年度北京市工商联内报内刊优秀奖。

（魏军）

【英特莱工会联合会一届二次会议召开】 4月27日，北京英特莱科技·摩根工会联合会第一届第二次会员代表大会在公司胜利召开。中关村科技园区昌平园工会副主席马迪迪女士和北京市人大代表、公司创始人、英特莱副董事长兼总经理、北京英特莱摩根热陶瓷纺织有限公司副董事长刘学锋应邀列席了会议。

（魏军）

【节能技术入选《市节能低碳产品推荐目录》】 市发改委于6月颁发《关于联合印发北京市2012年节能低碳技术产品推荐目录》的通告。英特莱公司的"可重复使用型隔热保温节能技术"入选工业节能技术类目。《目录》共筛选评审出的6类

65 项技术中，英特莱公司为唯一一家可重复使用型隔热保温节能技术的咨询单位。

（魏军）

【两项专利获得授权】 7 月 11 日和 25 日，英特莱公司经中华人民共和国国家知识产权局批准再获两项实用新型专利，分别为《一种可产生空气隔热层的防护服面料》和《一种带有凸线形成的空气隔热层的消防服》。

（魏军）

【阻燃服获全国工业产品生产许可证】 8 月 6 日，英特莱公司在经过北京市质量技术监督局严格得实地核查、抽检及后续的整改工作后，于 8 月 15 日，英特莱公司的特种劳动防护用品——阻燃服装最终获得全国工业产品生产许可证。工业产品生产许可证是生产许可证制度的一个组成部分，是为保证产品的质量安全，由国家主管产品生产领域质量监督工作的行政部门制定并实施的一项旨在控制产品生产加工企业生产条件的监控制度。

（魏军）

【全力做好员工健康生活方式推广工作】 8 月 29 日至 30 日，英特莱公司参加了由昌平疾病预防控制中心、昌平区卫生监督所组织的“全民健康生活方式行动实施方案”的培训。

（魏军）

【英特莱节能签约 EMC 合同】 英特莱公司节能于 9 月开始积极参与河北万象天成照明节能 EMC 项目，多次进行现场调研分析，10 月中旬安装测试样灯。在与其他对手竞争中，英特莱凭借良好的产品技术，于 10 月 31 日与石家庄万象天成正式签署合作协议，并将于 11 月下旬建设完成。

（魏军）

【参加第六届国际安全及健康展览会】 9 月 18 日至 20 日，英特莱公司在北京国家会议中心成功参加第六届中国国际安全生产及职业健康展览会。作为中国防护服行业的领导者，英特莱公司此次展会主要展示了 PBI、芳纶高性能消防服，永久阻燃工业防护服，高性能系列防电弧服，高性能永久阻燃空军飞行服、军服等。此外，还配套展出了个体防护装备用阻燃头罩、阻燃毛衣、阻燃内衣、消防手套等系列产品。基于英特莱公司长期坚持贯彻的“救火，先从保护消防官兵生命安全做起！”的理念，英特莱各类防护服产品通过了 ASTMF1959、 ENISO11612、 ISO15384、 EN13911、EN470、EN471、EN1149 和 EN469：2005 等测试认证，完全满足并保证了消防战士和工作场所相关作业人员的人身安全和职业健康。

（魏军）

【与上海消防局进行技术交流】 10 月 15 日，美国 PBI 公司总裁兼首席运营官比尔·劳森和英特莱公司总经理刘学锋等人与上海市消防局在局多功能会议室进行了消防防护装备技术交流。上海消防局局长赵子新少将和政委张华锋少将接见了比尔·劳森和刘学锋一行。上海市消防局孙勤副局长、后勤部钱士洪部长和装备处、战训处、特勤大队的相关领导、专家参加了技术交流。

（魏军）

【英特莱被选为消防装备行业分会执委】 10 月 29 日至 30 日，“中国消防协会消防车泵装备行业分会第二届委员会全体会议”在江苏省苏州市中茵皇冠酒店成功召开。英特莱公司副总经理史俊荣应邀出席此次会议。大会期间，英特莱公司作为消防装备的知名生产企业，顺利入选为消防车泵装备行业分会第二届委员会执行委员单位，协会还聘任本公司史俊荣为中国消防协会消防车泵装备行业分会第二届委员会执行委员。

（魏军）

【刘学锋当选为北京市第十四届人大代表】 11 月 16 日，经北京市昌平区第四届人民代表大会第二次会议依法选举，英特莱公司创始人、副董事长兼总经理刘学锋当选为北京市第十四届人民代表大会代表。

（魏军）

北京振邦承基开发建设有限公司

【概　况】 北京振邦承基开发建设有限公司成立

于2006年5月,注册基本金2亿元,是昌平区国有企业。主要负责中关村国家工程技术创新基地的开发建设工作。为加快创新基地建设,拓宽融资渠道,3月,振邦公司注册资本金增至2.92亿元。拟建成为以自主创新为龙头,以新材料、新能源、重大装备等高新技术为基础的国家级工程技术研发基地。创新基地主要入驻项目有:中国石油科技创新基地项目、中国移动国际信息港项目、北科大国家材料服役安全科学中心、北京信息科技大学新校区项目。年内,已完成投资6.6亿,基础设施基本具备,基本满足入驻项目的各项需求。

(贾晓鹏)

单位名称:北京振邦承基开发建设有限公司
地址:昌平区沙河镇西沙桥西1公里
电话:(010)80725665
邮编:102206

【市政基础设施建设】 年内,完成道路通车里程约5500米,各种市政管线敷设全长25000米,及时保证了中石油(北京)科技创新基地、中移动信息港、北科大国家重点材料实验室等入驻项目建设必需的市政配套及道路通行条件。

(贾晓鹏)

【中石油科技创新基地项目】 中国石油科技创新基地项目位于创新基地北部,分为10个地块,总占地面积205.3公顷,在昌注册单位23家。该项目拟建成为集科技创新、研究试验、产品开发和机械制造为一体的开发区。项目一期工程已交付使用,建筑面积15.3万平方米,中石油(北京)科技开发有限公司、中石油安全环保院等5家单位已入驻并投入使用;项目二期工程建筑面积35.56万平方米,已全面开工建设。

(贾晓鹏)

【中国移动国际信息港项目】 中国移动国际信息港项目位于创新基地西南部,分为9个地块,占地面积59.6公顷,该项目已完成3个地块的土地出让工作;项目一期工程建筑面积6.5万平方米,已于9月投入使用;二期工程建设的网管支撑中心、研发创新中心和业务支撑中心三个项目总建筑规模约34万平方米,已有20余家意向入驻企业。

(贾晓鹏)

【北科大国家材料服役安全科学中心项目】 北科大国家材料服役安全科学中心项目位于创新基地东南部,分为2个地块,规划面积29.2公顷,总建筑规模约14万平方米。3月29日,北科大国家材料服役安全科学中心正式启动建设,项目分三期进行,一期工程试验厂房一、厂房二及试样制作厂房已基本完工;二期工程生活区中两栋学生宿舍楼、博士后公寓、专家公寓及食堂施工图已完成;三期办公区主楼的施工图设计进度正陆续推进。

(贾晓鹏)

【北京信息科技大学新校区项目】 北京信息科技大学新校区占地78.9公顷,地上建筑控制规模54万平方米,地下建筑控制规模2万平方米,先期建设36万平方米校舍,其余作为教育预留。北京信息科技大学已与振邦公司签订土地一级开发项目委托协议书。7月,马池口镇东坨村一期住宅拆迁工作正式启动,为推进该项目的土地一级开发建设奠定坚实的基础。

(贾晓鹏)

北京昌鑫建设投资有限公司

【概　况】 北京昌鑫建设投资有限公司(简称"昌鑫公司")成立于1993年,是经区政府批准成立的从事国有资产投资经营的国有独资公司。昌鑫公司作为区政府专门设立的大型综合性投融资平台公司,主要负责区城市基础设施建设工作,同时肩负着区综合性融资平台、产业投资平台和国有资产管理经营平台的多重职能,通过企业化、专业化和市场化的运作模式,为区经济社会发展服务,确保国有资本保值增值目标的实现。截至年底,昌鑫公司注册资本9.8亿元,净资产60.47亿元,总资产144.93亿元。昌鑫公司投资经营资产涉及房地产、基础设施、金融、制造、高科技、旅游、教育、体育等多个领域,旗下拥有权属企业22家。

(刘芳)

单位名称:北京昌鑫国有资产投资经营公司
地址:昌平区南环东路1号广电大厦15层

电话:(010)69747645
邮编:102200

【企业改制工作】 5月,根据区国资委《关于北京昌鑫国有资产投资经营公司改制为国有独资公司有关事宜的通知》精神,昌鑫公司圆满完成企业改制工作,由全民所有制企业变更为国有独资公司,公司名称变更为"北京昌鑫国有资产投资经营有限公司"。7月27日,昌鑫公司召开第一届董事会第一次会议。会议选举公司董事长及其他高管人员,通过公司《2012年度投资计划》等多项议案。公司董事会的胜利召开,标志着公司建立现代企业制度、完善法人治理结构工作进入到新的阶段。

(刘芳)

【政府融资工作】 年内,作为区政府指定的政府融资平台,昌鑫公司与北京银行、建设银行等六家金融机构开展合作,为昌平滨河森林公园等33个涉及全区基础设施、新兴产业、社会民生的重点项目进行融资。截至年底,昌鑫公司共计签约贷款41.905亿元人民币,贷款到账33.3665亿元,项目单位实际使用资金总计人民币24.78亿元,共偿还贷款本金17.95亿元。为支持区重点工程项目建设,昌鑫公司为北京振邦承基开发建设有限公司等多家国有企业,提供担保共计85.7亿元。

(刘芳)

【公司增资3.5亿元】 9月20日,为增强公司实力,提高公司的融资能力,区国资委对昌鑫公司增资3.5亿元,公司注册资本由6.3667亿元变为9.8667亿元。

(刘芳)

【向未来科技城公司增资3.5亿元】 10月19日,为推动区重点工程——未来科技城项目建设,根据区政府及区国资委安排,昌鑫公司向北京未来科技城开发建设有限公司(以下简称"未来科技城公司")增资3.5亿元。

(刘芳)

【股权划转工作】 12月,根据区政府《关于北京宏达兴投资管理公司等企业国有股权国有产权无偿划转有关事项的通知》,昌鑫公司与宏达兴公司、永安热力公司等7家企业签订了股权转让协议、隶属管理变更协议,7家企业的19.24亿国有股权、国有产权成功划转至昌鑫公司名下。11日,昌鑫公司完成了企业名称及工商注册登记变更工作,名称变更为"北京昌鑫建设投资有限公司"。

(刘芳)

北京未来科技城开发建设有限公司

【概　况】 北京未来科技城开发建设有限公司(简称"未来科技城公司")组建于2009年8月,主要负责未来科技城项目的开发建设,总注册资本金460450万元。经营范围为:房地产开发、土地开发,施工总承包、专业承包、销售商品房、技术开发、技术服务、物业管理等。下设北京未来科技城置业有限公司、北京未来科技城置地有限公司、北京未来科技城园林绿化有限公司、北京未来科技城汽车租赁有限公司、北京未来科技城科技发展有限公司。2012年,在各级领导的高度重视和关心支持下,按照区委、区政府的要求和部署,未来科技城公司与区相关部门、北七家、小汤山两镇加快推进未来科技城建设,进展总体顺利,12家央企一期项目主体工程基本完工,神华、商飞项目投入运行;北区基础设施基本建成,南区道路工程全面开工、水电气热等基础设施部分建成;公共服务设施建设工作有序推进,部分总部办公地块入市交易,整个园区初具规模。

(白玉)

单位名称:北京未来科技城开发建设有限公司
地址:昌平区北七家镇定泗路238号达华会馆
电话:(010)89757195
邮编:102209

【未来科技城建设工作部署会召开】 2月9日,2012年未来科技城建设工作部署会议召开。区委书记侯君舒表示,要切实增强加快未来科技城建设的责任感和紧迫感,全面提高建设工作水平,确保实现年度工作目标。市政府副秘书长张玉平强调,要靠前指挥,明确责任,严格落实项目建设倒排工期制度,进一步加大工作协调力度,加快推进北区基础设施建设,高质量高水平地完成今年工作任务。市委组织部副部长闫成,市重大项目办副主任戴孟东,区领导朱光彤、王晓霞、陈秋生、张燕友、孙启、余俊生、奚增森、刘淑华、王承军、任鹏举参加会议。

(李洁)

【入驻中央企业挂职工作会召开】 2月24日,未来科技城入驻中央企业挂职工作会召开。会议强调，挂职干部要集中精力把挂职工作落到实处，切实发挥企地间的桥梁纽带作用，增强团队意识，严格遵守挂职纪律，展示昌平区干部的优秀素质和良好形象。国务院国资委企干一局副局长李伟，区领导李良、王承军，15家中央企业代表，第二批和第三批挂职干部参加会议。

（李洁）

【综合管廊（二期）工程主体结构基本完成】 3月26日，未来科技城南区综合管廊（二期）工程开工建设。综合管廊总投资约10亿元，全长4公里，其中北段2.2公里，南段1.7公里。包括4个独立舱，其中电力舱2个，水加电信舱、热力舱各1个。截至9月中旬土建结构基本完工，热力舱开始安装供热管线。

（王卉）

【人才基地筹建工作小组会议召开】 4月26日，中央企业集中建设人才基地筹建工作小组第四次会议在北京未来科技城建设现场召开。中央组织部副部长李智勇、国务院国资委副主任金阳、教育部副部长杜玉波、财政部副部长李勇、国家税务总局副局长宋兰、国家能源局副局长刘琦、北京市副市长陈刚、天津市副市长王治平出席会议。会议听取了北京、天津、浙江、湖北四省市未来科技城建设进展情况，以及神华集团、中国商飞、航天科技关于海外引才和人才基地建设情况的汇报，研究部署了2012年建设工作任务。中央企业集中建设人才基地筹建工作小组办公室成员，天津、浙江、湖北三省市和36家中央企业相关领导，市政府副秘书长张玉平，市委组织部副部长闫成，区领导侯君舒、金树东、朱光彤、张燕友、王承军参加会议。

（李洁）

【北区神华四路项目下部结构基本完工】 5月16日，未来科技城北区神华规划四路开工建设。该项目南起定泗路，北至顺于路西延，道路全长1370米，行车速度30千米/小时，规划为城市次干路。建设内容包括道路、给水、雨水、污水、中水等工程。截至2012年底，桥梁下部结构完成80%，钢筋混凝土预应力箱梁完成75%。

（王卉）

【南区三个村安置房主体结构相继完工】 5月27日，未来科技城南区鲁疃村、北七家村定向安置房项目举行奠基仪式。鲁疃村安置房项目总投资约10.4亿元，位于南区核心区东侧，总建设用地面积20.3公顷，总建筑面积30.3万平方米，拟建住宅楼24栋，安置鲁疃村被拆迁的农（居）民3060人。北七家村安置房项目总投资3.5亿元，位于未来科技城南区核心区西侧，总建设用地面积6公顷，总建筑面积约10.7万平方米，拟建住宅楼9栋，安置北七家村被拆迁的农（居）民929人。岭上村定向安置房项目总投资约1.62亿元，位于南区核心区西侧，总建设用地面积1.8公顷，总建筑面积4.65万平方米，拟建住宅楼4栋，安置岭上村被拆迁的农（居）民436人。截至12月30日，未来科技城南区鲁疃、岭上、北七家安置房项目主体结构基本完工（受高压线影响楼座除外）。

（王卉）

【公立学校一期全面开工建设】 8月1日，未来科技城南区公立学校一期项目全面开工建设。南区公立学校一期建设内容包括第一中学、第一小学、第一幼儿园三所教育配套设施，用以满足园区先期入驻央企员工子女的基础教育需求。第一中学建设规模约3.5万平方米，规划建设36个班级；第一小学建设规模约1.5万平方米，规划建设18个班级；第一幼儿园建设规模约0.5万平方米，规划建设12个班级。截至年底，幼儿园项目主体结构全部完成，小学项目主体结构完成20%，中学项目主体结构完成40%。

（王卉）

【中组部领导莅临未来科技城调研】 8月6日，北京未来科技城调研座谈会在未来科技城建设现场召开。中央组织部副部长李智勇，国务院国资委副主任金阳，市委常委、组织部部长吕锡文，部分中央企业负责同志出席会议。调研组一行先后参观了华能项目、鲁疃西路大桥及滨水森林公园、综合管廊北段、国网项目、调蓄水厂及110KV变电站、商飞项目的建设现场，随后听取了未来科技城建设进展及中国海油、国家电网、华能集团、中国电力关于人才引进及建设情况的汇报。李智勇强调，要又好又快地建设北京未来科技城，着重在工程建设、科技人才管理机制及建设标准方面对其他三地的未来科技城，乃至全国范围内的人才基地发挥引领示范作用；入驻企业在科技研发、人才引进、成果转化方面采取的措施，以及更好地发挥海外高层次引进人才作用等方面加强宣传力度，为全面推进未来科技城建设营造良好的社会舆论环境。中央组织部人才工作局局长孙学玉、副局长宋永华，国务院国资委企干一局副局长肖宗辉，市委办局领导闫傲霜、郭洪、王红、闫成、戴孟东、李军，区领导侯君舒、金树东、朱光彤、李良、张燕友、余俊生、周云帆、王承军参加会议。

（李洁）

【北区市政道路具备通车条件】 9月7日，未来科技城北区15条市政道路（全长约为25.54公里）具备通车条件。10月10日，未来科技城北区五号路建成通车并顺利验收。该项目规划为城市次干路，西起北区四号路，东至秦北路南延，长约1.93公里，道路红线宽30米，建设内容包括雨水、污水、给水、中水、交通、绿化、照明等市政管线工程。

（王卉）

【市委领导到未来科技城调研】 9月20日，市委书记郭金龙一行到未来科技城调研。国务院国资委主任、党委书记王勇，中央组织部副部长李智勇，市委常委、组织部长吕锡文，市委常委、市委秘书长赵凤桐一同调研。郭金龙一行参观了未来科技城展厅，观看了宣传短片及沙盘，实地察看了南区、北区建设现场，深入神华技术创新基地察看了材料分析实验室运行情况，沿途听取了昌平区贯彻落实中央人才工作小组和市委、市政府决策部署、全力推进未来科技城建设情况的汇报。区领导侯君舒、李福忠、王书合、朱光彤、李良、张燕友、王承军陪同调研。

（李洁）

【市领导调研未来科技城】 10月4日，市委副书记、代市长王安顺一行到未来科技城调研建设进展情况。王安顺一行参观了未来科技城展厅，观看了宣传短片及沙盘，实地察看了南区、北区建设现场及入驻央企建设进展情况。市委常委、常务副市长李士祥，副市长张工，市政府秘书长孙康林，区领导侯君舒、金树东、朱光彤、张燕友、王承军参加调研。

（李冰）

【土沟村定向安置房项目验收并交付使用】 10月17日，未来科技城北区土沟村定向安置房具备交付条件，回迁工作正式启动。土沟村安置房位于小汤山镇前蔺沟村，总投资约7亿元，建设用地面积约为14.37万平方米，总建筑规模约为26.01万平方米，其中地上建筑面积20.38万平方米，地下建筑面积5.65万平方米，绿地率为30%，建设内容包括住宅（33栋）、配套公建及教育配套（小学及幼儿园）。截至年底，基本完成交房后的维修工作。

（王卉）

【华润国际医院项目合作框架协议正式签署】 11月5日，未来科技城华润国际医院项目合作框架协议在京港洽谈会上正式签署。该项目投资建设主体为华润医疗集团有限公司，总占地面积3.05公顷，容积率1.2，总建筑规模3.66万平方米，旨在为园区内的国际高端人才和家属、其他工作人员和家属以及周边居住人群提供基本医疗服务，为需要人群提供高端医疗服务。

（李冰）

【公共服务配套区面向央企定向招商产品说明会召开】 12月7日，未来科技城公共服务配套区面向央企定向招商产品说明会召开。会议听取《未来科技城公共服务区面向央企定向招商方案》的汇报及与会中央企业代表的发言。国务院国资委企业领导人员管理一局局长庄树新、副局长肖宗辉，市委组织部副部长闫成及20家中央企业领导出席会议。区领导金树东、朱光彤、李良、张燕友、王承军参加会议。

（李洁）

【南区市政道路基本开工】 年内，未来科技城南区市政道路项目相继开工建设。包括：6条次干路，8条支路。建设内容含道路、给水、雨水、污水、中水等工程。截至12月20日，南区科技城路、海德堡花园东路、北七家村中路、鲁疃南路、南区三路、北七家村西路六条道路具备通车条件。

（王卉）

北汽福田汽车股份有限公司

【概　况】 北汽福田汽车股份有限公司（简称“福田汽车公司”）是中国品种最全、规模最大的商用车企业。成立于1996年8月28日，1998年6月在上海证券交易所上市，股票代码600166。现有资产300多亿元，员工近4万人。在国内的京、鲁、湘、粤、冀、鄂、辽、新等多省市拥有整车和零部件基地；在中国、日本、德国、印度、俄罗斯等国家拥有研发分支机构；在印度、俄罗斯设立了事业部，在全球20多个国家设有KD工厂，产品出口到80多个国家和地区。自成立以来，累计产销汽车近600万辆。目前旗下拥有欧曼、欧辉、欧马可、奥铃、拓陆者、蒙派克、迷迪、萨普、风景等汽车产品品牌。2012年，福田汽车集团在商用车市场大幅下滑的形势下，实现了销售整车62万辆，商用车产销量排名全球第一位，品牌价值增长到428.65亿元，连续9年蝉联商用车第一。确立了"五大转型"（商用车低端产品向高端产品转型，商用车黄金价值链的延伸，投资类产品向消费类产品转型，国内业务向国外业务转型，制造业向服务业转型）的总目标，系统性构建了新的商业管理模式——"1+N"，形成了汽车与新能源汽车、工程机械、新能源、金融、现代物流、信息技术服务六大产业优势互补、资源共享、相互支撑的黄金产业链。

（黄自稳）

单位名称：北汽福田汽车股份有限公司
地址：昌平区沙河镇沙阳路
电话：(010)80708570
邮编：102206

【市委领导调研福田汽车】 2月18日，市委书记刘淇一行到福田汽车公司调研，并听取了党委书记、总经理王金玉关于福田汽车"走出去"战略及福田戴姆勒汽车合资项目的汇报。

（黄自稳）

【北京福田戴姆勒汽车有限公司成立】 2月18日，戴姆勒股份公司和福田汽车集团在北京举行北京福田戴姆勒汽车有限公司成立大会，并召开合资公司首届董事会会议。

（黄自稳）

【向青海省捐赠汽车】 3月14日，中国医药卫生事业发展基金会、北京市东城区人民政府支援青海省社会公益项目启动仪式在福田汽车公司举行。仪式现场，中国医药卫生事业发展基金会向青海省共捐赠了36辆福田汽车公司生产的"健康中国流动医院"专用医疗车和医疗服务车，其中包括福田汽车公司向青海省捐赠的价值290万元的"流动医院"专用车和能够适应复杂地形、可用于医疗服务的全新皮卡拓陆者。

（黄自稳）

【福田汽车肯尼亚销售有限公司成立】 3月26日，福田汽车肯尼亚销售有限公司成立暨TUNLAND拓陆者上市仪式在肯尼亚首都内罗毕隆重举行。

（黄自稳）

【中高端轻卡月销过万】 3月31日，福田汽车中高端轻卡月销过万暨"全程无忧"服务品牌升级媒体座谈会在北京举行。会上，启动了全新的"一卡护全程"服务战略。

（黄自稳）

【河北省领导到公司调研】 4月5日，河北省委书记张庆黎、省长张庆伟率河北省党政代表团到福田汽车公司参观调研。市长郭金龙等市领导，以及北汽集团董事长徐和谊、福田汽车公司总经理王金玉等领导陪同调研。

（黄自稳）

【俄罗斯下诺夫哥罗德州州长一行访问福田汽车】 4月5日至6日，俄罗斯下诺夫哥罗德州州长尚采夫、副州长斯瓦特果夫斯基、投资政策部部长卡扎其果娃和副部长扎伊采夫一行，参观考察了福田汽车位于北京的福田戴姆勒汽车制造二工厂和北京多功能工厂，并与北京市经济和信息化委员会签署了合作意向书，双方共同探讨向俄罗斯下诺夫哥罗德州投资及设立汽车制造企业的可能性。

（黄自稳）

【参展2012（第十二届）北京国际汽车展览会】 4月23日，2012（第十二届）北京国际汽车展览会在北京国际会展中心举行，福田汽车公司携18款整车亮相车展，涵盖了蒙派克、奥铃、欧曼、萨普、电动欧马可、电动迷迪、电动欧辉客车等十大品牌。当天，福田汽车公司举行了"北京福田汽车支持中国国家排球队征战奥运助威"活动启动仪式。

（黄自稳）

【喜获中国驰名商标】 4月27日，国家工商行政管理总局公布了2012年上半年新认定的驰名商标名单，福田汽车在第12类汽车产品中注册的"FOTON"商标喜获中国驰名商标。

（黄自稳）

【两集体获全国工人先锋号称号】 5月1日，北京福田雷萨泵送机械公司泵车调试车间和北京福田戴姆勒汽车有限公司车架纵梁数控班荣获全国"工人先锋号"的荣誉称号。

（黄自稳）

【福田欧辉获多项荣誉】 5月16日，2012（第三届）北京国际道路运输、城市公交车辆及零部件展览会在中国国家会议中心开幕。欧辉携BJ6730长头校车、BJ6123直充纯电动城市客车、BJ6129一层半全承载城间客车及BJ6850新款城间客车4款新品参展，并获"2012年度最佳校车奖"、"2012年度最佳新能源客车奖"及两项"2012年度最佳公路客车奖"四重大奖。

（黄自稳）

【荣获"优秀董事会"称号】 5月19日，第八届中国上市公司董事会"金圆桌奖"论坛暨颁奖盛典在北京举行，福田汽车公司荣获"优秀董事会"称号。

至此，福田汽车已连续七年在董事会“金圆桌奖”中获奖。

（黄自稳）

【荣获多项党委创先争优荣誉】 7月1日，福田汽车公司荣获多项党委创先争优荣誉。北京多功能汽车厂党委荣获北京市“创先争优先进基层党组织”称号，福田康明斯党委“四个坚持”被评为“北京市社会领域创先争优优秀基层党建工作创新项目”，南海汽车厂党委荣获广东省佛山市“创先争优先进基层党组织”称号。

（黄自稳）

【携手排球达人助威中国国家女子排球队出征】 7月17日，“福田汽车携手排球达人助威中国国家女子排球队出征仪式”在福田汽车公司举行。国家体育总局排球管理中心党委书记张蓉芳、中国国家女子排球队前奥运冠军宋妮娜、福田汽车排球达人及福田汽车相关领导出席活动。

（黄自稳）

【为北京7·21特大雨水自然灾害捐款】 7月30日，福田汽车公司发起了为北京7·21特大雨水自然灾害捐款的活动，募集善款近20万元，为帮助受灾群众度过难关做出努力。

（黄自稳）

【北京福田戴姆勒汽车有限公司成立揭牌】 8月28日，以“远见卓识引领未来”为主题的“北京福田戴姆勒汽车有限公司成立揭牌仪式”在福田戴姆勒制造二工厂隆重举行。“欧曼第55万辆下线暨GTL重卡出征汉诺威车展仪式”同期举行。

（黄自稳）

【获评“2012年度中国最受信赖企业”】 9月27日，在北京举行的“2012中国影响力峰会”上，福田汽车公司获评中国影响力“2012年度中国最受信赖企业”。

（黄自稳）

【90台福田欧辉18米LNG清洁能源公交车投入运营】 9月30日，90台福田欧辉18米LNG清洁能源公交车投入运营仪式在“大1路”公交始发站——靓厂新村1路公交总站隆重举行。副市长苟仲文、市政府副秘书长周正宇出席仪式。

（黄自稳）

【助力2012第二届环北京职业公路自行车赛】 10月10日，在2012第二届环北京职业公路自行车赛期间，福田汽车公司党委副书记赵景光为赛段获奖选手颁奖。作为“环京赛指定用车”，福田汽车有5大品牌共计54辆汽车产品作为后勤保障用车，分别承担大赛的兴奋剂检测、参赛选手流动休息、器材维修等方面的工作。

（黄自稳）

【市领导到公司调研】 10月20日，市委书记郭金龙，市委副书记、代市长王安顺，市委常委、市委秘书长赵凤桐，市委常委陈刚，副市长苟仲文等市领导到怀柔调研福田重型机械项目，强调要大力发展新能源汽车产业。

（黄自稳）

【参展西班牙国际客车博览会】 10月23日，全球最著名的西班牙国际客车博览会（简称FIAA）在马德里举行。福田欧辉客车携BJ6123混合动力城市客车参展。

（黄自稳）

【获“特别贡献奖”】 11月7日，在沙特阿拉伯利雅得展览展示中心举行的巡展收官仪式上，福田汽车获得中东地区进出口“特别贡献奖”。

（黄自稳）

【贯彻落实十八大精神成典型】 11月29日，市委宣传部组织的“走转改”媒体代表团到福田汽车公司围绕贯彻落实十八大精神、转型创新和新能源发展等主题进行了集中采访。

（黄自稳）

北京红冶汇新控股集团有限公司

【概　况】 北京红冶汇新控股集团有限公司（简乐“红冶集团”），于2008年11月正式成立，前身为北京首钢红冶钢厂，原隶属首钢总公司。2003年，根据北京产业结构调整总体规划以及首钢总公司的搬迁，8月划转昌平区管理。近几年，随着北京市产业结构调整及对钢铁生产退出的要求，红冶钢厂作为高能耗、高污染、高排放企业，不符合昌平区区域经济发展定位，为此，企业不断加大自身调整力度，经过数年的努力，到2010年全面退出了钢铁生产。红冶退出钢铁生产后，我们按照区委、区政府、区国资委的工作要求，在区政府各有关部门的大力支持下，积极探索产业结构调整，成立了“北京红冶汇新控股集团有限公司”，并组建了“北京红冶汇新集团”。红冶集团注册总资本6.2亿元,2012年末在册职工人数633人,红冶汇新集团下属6个全资子公司,即:北京红冶嘉信钢铁贸易有限公司、北京红冶嘉鹏轻钢有限公司、北京红冶嘉润科技发展有限公司、北京华都酿酒食品有限责任公司、北京华都酒业营销有限公司、天津红冶汇新实业有限公司。

(周永革)

单位名称:北京红冶汇新控股集团有限公司
地址:昌平区昌平火车站西
电话:(010)60756466
邮编:102249

【2011年领导干部述职会召开】 1月11日,红冶集团召开领导干部述职会,共42名员工参加了会议。会上董事长、总经理蔡渊对2011年集团红冶集团经营情况,2011年三大重点工作进行总结。集团党委书记吕星对2011年领导班建设、企业党建工作、开展创先争优活动、党风廉政建设、企业文化建设工作进行总结。在总结中,他们对工作中存在的问题进行深入地剖析,同时提出了进一步改进的措施及2012年工作的思路。会后,全体与会人员分组对集团领导班子及个人进行了民主评议。

(周永革)

【红冶集团一届二次职代会会议召开】 3月9日,红冶集团召开了第一届二次职工代表大会,共有47名代表参加了会议。会议由党委书记吕星主持,总经理蔡渊在会上作《明确方向,坚定信心,团结奋进,扎实工作,全面推动北京红冶汇新集团健康、稳步、快速发展》的报告》。会议审议了《关于2011年度业务招待费使用情况的报告》《北京红冶汇新集团2012年预算计划安排》《2011年度厂务公开工作报告》《北京红冶汇新集团安全生产奖惩办法》《红冶汇新集团生产安全事故报告和调查处理办法》。吕星作总结讲话。

(周永革)

【完成第二届董事会选举】 3月,按照区国资委要求,红冶集团新增北京宏达兴公司为公司另一股东。公司按照上级要求和公司章程规定,完成了新一届董事会的选举工作。

(周永革)

【组织召开第二届一次董事会】 4月1日,红冶集团召开第二届第一次定期董事会。会上,根据国资委党委提名,选举蔡渊为红冶集团董事长,兼任总经理。

(周永革)

【先进集体、先进职工评选表彰工作】 4月,红冶集团开展先进集体、先进职工评选表彰工作。对在2011年度经营生产、技术管理等各项工作中表现突出的1个先进单位、4个先进集体、3个先进班组、10名集团先进个人进行表彰。

(周永革)

【开展慈善募捐活动】 4月,红冶集团响应区发起的以"春风送温暖、慈善济万家"为主题慈善募捐活动,要求以支部积极宣传和组织,确保"春风送温暖,慈善济万家"募捐活动的顺利实施。截至4月20日,各支部共收到捐款5695元,参加捐款共计252人。

(周永革)

【开展革命传统教育活动】 为进一步开展创先争优活动,迎接党的十八大的胜利召开,重温党的历史。5月10日至15日,红冶集团组织优秀党员、党务工作者及领导干部共计24人赴江西井岗山、南昌、庐山开展党员教育活动。红冶集团党委书记吕星、董事长蔡渊一同参加了此次活动。

(周永革)

【开展"创先争优"系列活动】 6月初,开展职工摄影作品征集活动,共征集职工摄影作品70幅,经评委审评有20幅作品入围,28日在集团会议室展出。征文活动收到16篇。

(周永革)

【开展庆祝建党91周年系列党日活动】 6月28日,红冶集团召开《庆祝建党91周年"歌颂祖国、歌颂党"系列党日活动会》。会上,对创先争优活动以来的先进党组织、优秀共产党员进行了表彰、组织4名新发展党员面向党旗进行了入党宣誓。参加的党员及入党积极分子共计80多名。

(周永革)

【天津红冶嘉鹏公司开业庆典】 6月15日,在天津市宝坻区大钟庄镇红冶工业园举行天津红冶嘉鹏钢结构有限公司开业庆典。红冶集团领导、宝坻区政府、大钟庄镇政府及各职能部门、客户、经销商、供应商、媒体和嘉宾80余人前来庆贺。来宾们参观了正在生产的高频焊接H型钢生产线。

（周永革）

【组织为北京“7·21暴雨灾害”捐献活动】 7月21日，北京市发生了61年以来特大一次降雨，造成重大人员和财产损失。灾难无情人有情，作为北京的一份子，有责任也有义务奉献一份爱心。红冶集团积极响应区委、区国资委号召，积极组织为北京暴雨灾害捐款，为受灾地区人民伸出一把援手。截至7月26日14时，集团全体党员、领导干部和部分职工274人共募集捐款6655元。

（周永革）

【创先争优活动总结大会召开】 9月17日，红冶集团召开红冶创先争优总结大会。会上，党群部对红冶集团2010年4月以来开展创先争优活动情况进行全面总结。

（周永革）

【区国资委领导到天津红冶工业园视察】 9月19日，区国资委和直属单位主管安全的有关领导及专业员一行27人，在红冶集团董事长、总经理蔡渊等陪同下，到天津红冶工业园视察。先后参观了天津红冶工业园基本建设，嘉鹏生产线，嘉信机修厂房，天津红冶汇新综合楼。参观后，在综合楼会议室召开现场专业会。

（周永革）

【红冶集团二届二次董事会召开】 10月23日，红冶集团二届二次董事会在天津红冶汇新公司召开。会议由红冶集团董事长蔡渊主持，全体董事及监事以及集团副总经理共16人参加。会议审议了《2012年上半年红冶汇新集团工作报告》《关于明确公司“三重一大”制度范围和标准的通知》《关于红冶嘉润科技发展有限公司收购并就嘉禾木科技有限公司的请示》及有关事项。

（周永革）

【中层以上领导干部开展财务知识培训】 11月16日至18日由人力资源部牵头，组织红冶集团各级领导干部及集团财务人员进行为期两天的财务知识培训工作。培训邀请了首都经济贸易大学曹建教授和集团副总经理史伟进行授课，集团及各公司领导和集团财务共计40多人参加培训。

（周永革）

【签订战略合作备忘录】 12月25日，红冶集团就华都酒业合作事宜，与市糖业烟酒公司签订《战略合作备忘录》。

（周永革）

【完成被投资公司股权收购】 12月，根据区国资委批复，红冶集团与被投资公司——北京嘉禾木科技有限公司其他股东签署《股权转让协议》，随后着手办理各项交接手续，完成对该公司收购。

（周永革）

北京华都酿酒食品有限责任公司

【概 况】 1949年4月19日，昌平县人民政府接管了聚通、同泉涌和瑞升泉等几家老烧锅酒坊，组建昌平县酿酒厂。1989年9月，变更为北京市华都酿酒食品工业公司，注册资金1653.7万元，隶属昌平县经济委员会。2000年6月，企业改制，组建北京华都酿酒食品有限责任公司（原北京市华都酿酒食品工业公司保留）。隶属昌平县经济委员会（后为昌平区国有资产监督管理委员会），公司注册资本1502.8万元。2004年，为落实昌平卫星城总体建设规划，从昌平城区镇西环路25号搬迁到原北京滤纸厂（北京市昌平区兴寿镇汤泰路8号）。2008年7月，根据昌平区国资委批复北京华都酿酒食品有限责任公司（简称“华都酿酒公司”）正式划归北京首钢红冶钢厂管理。隶属北京首钢红冶钢厂。2010年7月，隶属北京红冶汇新控股集团有限公司。

（闻毅东）

单位名称：北京华都酿酒食品有限责任公司
地址：昌平区兴寿镇汤泰路8号
电话：(010)61726861
邮编：102200

【市人保局领导来公司慰问】 1月12日，市人力资源和社会保障局局长桂生等来公司进行节前慰问指导工作。区委常委、常务副区长张燕友、区人力资源和社会保障局局长赵海英陪同。

(闻毅东)

【通过《全国工业产品生产许可证》年审】 4月11日,通过北京市质量技术监督局《全国工业产品生产许可证》年审。

(闻毅东)

【通过《安全生产标准化三级企业》验收】 5月25日,通过北京市昌平区安全生产协会《安全生产标准化三级企业》验收。

(闻毅东)

【荣获2011－2012年度先进基层党组织】 6月,中共北京市昌平区人民政府国有资产监督管理委员会委员会授予华都酿酒公司党总支部2011－2012年度先进基层党组织荣誉称号。

(闻毅东)

【污水站改造项目完工并通过验收】 7月19日至10月30日,由北京慧翔创新科技有限公司承包,总投资37.7万元的污水站改造项目完工并通过验收。

(闻毅东)

商务·旅游

商　　务

商务管理

【概　况】　2012年，在区委、区政府的正确领导下，区商务委员会围绕年初制定的目标任务，以加快转变商务发展方式为主线，以“惠民生、促转型、保增长”为核心，不断进取，全面推进了商务领域各项事业的发展。全区社会消费品零售额实现280.4亿元，同比增长12.2%，总量位居全市第六、城市发展新区第一。按照“统一采购、统一配送、统一管理、统一标准、统一标识”的要求，新开50家社区蔬菜网点连锁直营店；完成了3个社区菜市场和2个农集贸市场的新建改造；牵头组织再生资源回收行业综合整治，累计清理20个再生资源回收市场，2070个再生资源回收站点，相关从业人员25647人，同时新建了15个社区回收站；组织举办了北京市第三届职业技能（营业员、收银员）初赛、复赛；累计出动人员968人次，325次检查商业和餐饮行业，下发执法文书141份，发现的72项安全隐患已全部督促企业整改完毕；开展食盐专项执法检查177次，生猪私屠滥宰专项执法136次；对10家典当行进行了年度核查的初审，新增典当企业2家；完成71家成品油零售企业经营资质年检；新增酒类流通备案商户570家。

（赖金坚）

单位名称：昌平区商务委员会
地址：昌平区南环路55号
电话：(010)69746220
邮编：102200

【经济指标增势良好】　年内，社会消费品零售额实现280.4亿元，同比增长12.2%，总量位居全市第六、城市发展新区第一；实际利用外资实现9291万美元，同比增长2.17%；进出口总额实现27.42亿美元，同比增长19.06%。

（赖金坚）

【惠民工程扎实开展】　年内，按照“统一采购、统一配送、统一管理、统一标准、统一标识”的要求，开设50家社区蔬菜网点连锁直营店，配送中心建设完成并投入使用，新建改造3个社区菜市场、2个农集贸市场，有效促进了全区蔬菜零售网络终端建设。

（赖金坚）

【妥善应对各项重大及突发事件】　年内，在党的十八大召开期间，全面做好市场供应保障和大型商业设施安全监管工作，不断完善生活必需品市场供应应急预案，妥善、快速、有效地应对京藏高速大雾堵车、11·3雪灾等各种突发事件。

（赖金坚）

【组织开展再生资源回收行业综合整治】　年内，认真落实区委、区政府“三项治理”专项行动要求，牵头组织开展再生资源回收行业综合整治工作，累计清理20个再生资源回收市场，2070个再生资源回收站点，相关从业人员25647人。同时完成了15个社区回收站建设。

（赖金坚）

【促消费工作持续加强】　年内，制定了《昌平区2012年“促消费”工作实施方案》，组织新世纪商城、沃尔玛超市等20家重点商业企业召开了座谈会；开展了元旦、春节、中秋、国庆等节日促销活动；组织举办了北京市第三届职业技能（营业员、收银员）初赛、复赛。

（赖金坚）

【加快推进重点商业项目建设】　年内，金隅万科广场项目施工秩序平稳有序，累计完成工程形象进度48%；宜家家居项目初步确定了新的选址方案；中关村国际商城项目结合TBD建设进行了功能定位的优化调整，正在积极与相关部门沟通。

(赖金坚)

【着力提升行业管理服务水平】　年内,对44家餐饮企业作为“北京市第一批早餐经营示范点”进行了授牌;注重发挥行业协会作用,举办了3500人参加的商品营业员、美容美发职业技能大赛。对北亚车市、阳光商厦等重点企业开展了综合执法检查;对9家典当行年度核查进行了初审;对70家成品油零售企业经营资质进行了检查。

(赖金坚)

【市场流通体系进一步完善】　年内,完成全区10家典当行的年度核查的初审,新增典当企业2家;完成71家成品油零售企业经营资质年检;新增酒类流通备案商户570家;开展了会展业摸底调查工作。

(赖金坚)

【加大行业安全监管力度】　年内,累计出动人员968人次,325次检查商业和餐饮行业,下发执法文书141份,发现的72项安全隐患已全部督促企业整改完毕;开展食盐专项执法检查177次,生猪私屠滥宰专项执法136次。

(赖金坚)

【粮食流通秩序进一步加强】　年内,在粮食行业开展“打非治违”专项行动;监督做好2011年第一轮退耕还林补助粮发放;妥善做好军粮供应;主动做好区级储备粮监管。

(赖金坚)

北京市皇城粮油有限责任公司

【概　况】　2012年,北京市皇城粮油有限责任公司(简称“粮油公司”)全面贯彻落实党的十八大和市十一次党代会以及区四次党代会精神,坚持以邓小平理论、“三个代表”重要思想、科学发展观为指导,继续坚持“粮食收储、盘活资产、贸易经营”三块经济格局的经营理念。年末,资产总额35665万元、所有者权益11374万元,所辖6个二级子企业(所辖独立核算单位13个),职工人数370人。全年实现主营业务收入46135万元,同比增加了34.59%;利润总额178万元,同比增加了9.81%;上缴税金315万元。

(王祖梅)

单位名称:北京市皇城粮油有限责任公司
地址:昌平区政府街14号
电话:(010)69746033
邮编:102200

【圆满完成稻谷接卸工作】　年初,粮库职工放弃春节假日休息时间,加班加点,克服困难,圆满完成了市粮食局下达的1.8万吨储备稻谷接卸任务,确保了粮食不压车、火车不压站,及时下盘,安全入库。

(王祖梅)

【被评为北京市粮食行业先进集体】　4月13日,在北京市粮食流通工作会议暨粮食行业先进集体和先进个人表彰大会上,粮油公司被授予北京市粮食行业先进集体的荣誉称号。

(王祖梅)

【被评为北京市粮食行业先进个人】　4月13日,在北京市粮食流通工作会议暨粮食行业先进集体和先进个人表彰大会上,粮油公司党委书记、董事长付宝林被授予北京市粮食行业先进个人的荣誉称号。

(王祖梅)

【重视消防安全】　为加强消防安全知识学习,增强全员消防安全意识,提升自防、自救和快速应急反应能力,粮油公司于6月21日组织所属单位在后牛坊粮食收储库举行了灭火器灭火及消防水龙带连接的消防演练;于9月25日特邀北京市永安防火中心主任进行消防安全知识培训,取得了很好的效果。

(王祖梅)

【创先争优活动总结暨经验交流会召开】　9月24日,粮油公司召开创先争优活动总结暨经验交流会,全面总结回顾创先争优活动的基本情况和成功经验,部分先进党支部和优秀共产党员介绍了先进经验,党委提出创先争优活动要“保持常规化,力求实效性”。

(王祖梅)

【多种举措重视职业健康】　年内,为预防和消除职业病危害,保护粮油保管员和检验员的身体健康,公司安排24名保管员和7名检验员进行了职业病健康体检。为了保障粮食熏蒸作业人员的生命安全和身体健康,公司停止使用原有的自吸过滤式防毒面具,购置了新型的呼吸保护装备,新设备从根本上解决了粮仓内氧气浓度过低时作业人员的安全问题。提高了粮食熏蒸、清消作业人员的劳动补助标准。

(王祖梅)

【退耕还林补助粮供应工作】　年内,圆满完成两轮退耕还林补助粮供应工作。第一轮完成6个镇、100个村、4903户；第二轮完成10个镇、132个村、10374户；累计供应粮食1942吨，退耕还林面积4.5万亩。

（王祖梅）

【改善仓储企业基础设施建设】 年内，投资680万元对所属各单位的老旧仓房、库容库貌等进行维修改造。

（王祖梅）

【规范化管理工作取得成效】 年内，根据《北京市储备粮承储企业规范化管理办法》的有关规定，经市粮食局规范化管理领导小组综合评审，粮油公司所属后牛坊粮食收储库被评为“北京市储备粮规范化管理优秀企业”。

（王祖梅）

【一符四无粮库验收合格】 年内，根据《北京市储备粮管理办法》和《北京市储备粮管理“一符四无”评比办法》规定，粮油公司所属四个收储库均被评为2012年度市储备粮“一符四无”粮库。

（王祖梅）

昌平医药药材总公司

【概　况】 北京市昌平医药药材总公司成立于1956年，2002年转制为股份合作制企业，注册资金604万元，现有资产3312万元。下设经营部、昌药医药连锁经营有限公司、北京松兰饮片厂，均通过药品监督管理部门的质量管理体系认证。其中昌药医药连锁经营有限公司、北京松兰饮片厂为公司的全资子公司。

（杨素春）

单位名称：昌平区医药药材总公司
地址：昌平区北环路3号
电话：(010)69742301
邮编：102200

【中药饮片销售量稳步上升】 年内，下属松兰饮片以拆迁为契机，化不利为有利，注册了“松兰”商标，严格按照药品生产质量管理规范《GMP》进行生产、销售，增加药品检验设备，改善生产环境，逐步调整经营模式，与大型批发企业合作，饮片销售量稳步上升。

（杨素春）

【改扩建工程】 年内，随着药品销售额不断增长，原有库房已不能满足需求，首先投资260万元，对原库房进行改造扩建，新增仓储面积1400平方米。同时增加冷库100立方米。加强对特殊药品的管理，保障药品安全。现有库房面积9400平方米，其中饮片库5300平方米，中西成药库4100平方米

（杨素春）

【培训工作】 年内，按照药品行业要求及培训计划，重点培养药学专业技人才，执业药师培训工作取得突破性进展，6名职工通过2012年度执业药师考试，取得了执业资格证书。

（杨素春）

【托管配送】 年内，积极推进经营体制改革，整合内部经营机构，完善公司新的经营运作体系。积极响应区政府号召，在区发改委、卫生局、药监局的大力支持下，受昌平区妇幼保健院委托，为该院提供完善的仓储设施，对其所有药品严格按照GSP要求进行管理，确保药品质量及群众用药安全。药品配送和药库托管作为医药分开的一种过渡形式，加强和完善了医院药品的管理，促进了药品的合理应用。

（杨素春）

昌平区供销合作联合社

【概　况】 年内，区供销社系统坚持以科学发展观为指导，立足改革发展实际，着力推进经营管理创新，不断提高经济运行质量，增强内在发展实力，各项工作按计划稳步推进。所属新世纪商城、银山出租汽车公司等单位，努力发挥集团化经营优势，取得重大突破。全年完成商品销售总额59919.9万元，同比增加9678.90万元，增长19.26%；实现营业收入52388.52万元，同比增加6699.69万元，增长14.66%；实现利润总额287.10万元，同比增加29.10万元，增长11.28%；上交国家财政总额1408.50万元，同比增加139.50万元，增长11%。

（姚春江）

单位名称：昌平区供销合作联合社
地址：昌平区政府街20号
电话：(010)69742066
邮编：102200

【汤山新商场列入重点工程】 年内，为进一步加快汤山新商场筹建工作，专门成立建设工程领导

小组,负责筹划汤山新商场建设有关工作。筹建工作已经完成规划设计、环保、人防等审批手续,前期准备工作基本就绪,已列入区国资委重点工程项目。

(姚春江)

【完成老旧商业设施改造】　年内,汤山创新百货公司积极做好原小汤山供销社老旧商业设施的升级改造工作。完成汤山市场南大厅3500平方米营业面积的内外升级改造,并移交新世纪商城经营管理;完成市场内办公用房翻建和院内水、电、暖、路面等基本设施改造。

(姚春江)

【银山出租汽车公司完成兼并审批手续】　年内,银山出租汽车公司并购仙京出租汽车公司后,积极着手仙京出租汽车公司并入银山出租汽车公司的重组材料,报北京市交通运输管理局后于11月获得同意批复。同时,银山出租汽车公司还按规定要求完成了177辆出租汽车的报废更新,为企业进一步发展奠定了基础。

(姚春江)

【探索资产保值增值新方式】　以加速社有资本保值增值为重点,积极参与市供销社小额贷款经营,3月,区供销社筹集资金4000万元,与北京市供销社系统其它单位横向资本联合,以20%的股份投资入股市社小额贷款公司,积极涉足金融资本运作经营,探索了新形势下社有资本保值增值的新方式、新途径。

(姚春江)

【采取措施保证安全生产】　年内,通过细化责任分工,推动安全维稳工作的具体落实,做到领导到位、责任到位、组织到位、措施到位。新世纪商城组织各商场(部门)1300多名职工,先后举办14场次《人员密集场所从业人员安全生产知识培训》,着力提升职工安全生产意识。多次组织消防安全演练和处置突发事件演练,加强职工消防安全"四个能力"建设。通过人防、技防等措施,完善了安全生产工作预警机制。

(姚春江)

【继续实施三体系认证管理】　年内,区供销社机关、新世纪商城、银山出租汽车公司按照质量、环境、职业健康安全三体系认证的标准化管理要求,持续改进工作中存在的差距不足,不断提升安全生产的标准化管理水平,并于10月底通过中联认证中心年度现场监督审核。

(姚春江)

【做好十八大安全保障工作】　年内,为做好十八大安全保障工作,区供销社专门成立十八大期间战时安全保障工作领导小组,部署有关人员对出租房屋、场地进行详细检查,完善了出租房屋、场地的信息登记建档,为进一步加强安全管理工作奠定了基础。

(姚春江)

【加强企业党组织建设】　年内,以"重温入党宣誓,创先争优承诺,加强基层组织建设"为主题,区供销社党委、所属各党总(支)部积极开展纪念建党91周年系列活动。严格履行发展党员程序,区供销社党委吸收预备党员3名,并有13名同志按期转为中共正式党员。

(姚春江)

【做好两节慰问及困难职工帮扶工作】　两节期间,积极争取上级有关部门支持,自身筹措和安排帮扶资金,走访慰问离退休老干部、劳动模范、困难职工、独生子女困难户、企业一线职工174人次,共计送去慰问品、慰问金15.6万元,送去了企业的关心和温暖。

(姚春江)

昌平商贸总公司

【概　况】　2012年,商贸总公司以"挖潜创收,节约费用,强化管理"为重点,全年实现收入1892.90万元,费用支出同比上年减少139万元,推进岗位责任制目标管理,推进IS09001认证工作,全面落实企业安全工作。

(刘会勇)

单位名称:北京昌平商业贸易总公司
地址:昌平东关二条
电话:(010)69742973
邮编:102200

【获得质量认证证书】　根据区国资委统一安排,商贸总公司机关推进IS09001质量管理体系认证工作。聘请北京中机天腾认证咨询中心进行辅导培训,历经宣传动员、文件编写、建立质量管理体系、内审外审几个阶段,从3月份开始到10月份获取中联认证中心颁发的质量管理体系认证证书。

(刘会勇)

【成立学雷锋服务队】　3月,商贸总公司成立了菜蔬公司、新永安物业公司两支学雷锋志愿服务队,服务队定期开展学雷锋志愿服务活动。3 月 31 日,服务队在昌平亢山广场开展理发、修理自行车、量血压等综合义务活动。

(刘会勇)

【职工作品展】 配合庆祝建党 91 周年,商贸总公司工会在全系统内征集书法、摄影作品 130 余件,选出优秀作品 40 件在总公司大厅展出。

(刘会勇)

【组织消防演练】 4 月 18 日,公司在北环方城门前组织消防演练,并请消防局专职人员进行防火知识讲座,区国资委组织全系统安管干部进行了观摩,到会 80 人。

(刘会勇)

【商贸学校开办技能培训课】 年内,商贸培训学校培训农民工 1223 人,涉及中式面点、中式烹调、制冷设备维修、家政服务等专业。

(刘会勇)

【环境治理】 年内,结合区创卫验收工作,公司所属物业企业对居民小区进行环境治理,涉及 40 栋居民楼 14 万平方米。主要包括楼道粉刷、清理小广告、清理卫生死角、整理路面、绿化美化环境。投入资金 70 万元。

(刘会勇)

新世纪商城

【概　况】 2012 年,是党的十八大胜利召开和新世纪商城迎来开业十八周年的喜庆之年,在区供销社党委、理事会的正确领导下,各商场、部门紧紧抓住经营场所升级改造后的有利时机,不断完善经营布局调整,狠抓业务经营,主要经济指标完成情况实现了新的跨越;通过继续实施质量/环境/职业健康安全三体系认证,落实安全生产标准化建设工作,进一步提高了企业规范管理水平;党总支部、工会、共青团组织积极开展卓有成效的工作,使企业的党建和精神文明建设取得了新成就;整体业务经营能力和企业管理工作得到进一步提升,为企业整体的可持续发展打下了坚实的基础。

(姚春江)

单位名称:北京市昌平新世纪商城
地址:昌平区鼓楼南大街 17 号
电话:(010)69741009
邮编:102200

【经济效益进一步提高】 年内,实现商品销售总额 61000 万元,比上年同期增加 8010 万元,增长 17.35%,其中实现商品批发销售 6681.5 万元,比上年同期增加 1246.13 万元,增长 22.6%,实现零售额 54200 万元,比上年增长 20%;实现毛利额 7409.98 万元,比上年同期增加 645.61 万元,增长 9.5%;企业固定资产总值 19068 万元;向国家上缴税收完成 1152 万元。企业实力和经济效益进一步提高。

(姚春江)

【春节期间商品销售实现大幅度增长】 春节期间,新世纪商城总体销售额实现大幅度增长,春节前 10 天和后 6 天,总计实现零售额 4705.3 万元,比上年同期增加 874.4 万元,增长 22.8%,比全市重点监测企业平均增长幅度高出 7.3 个百分点。

(姚春江)

【升级改造成果显著】 年内,经过总体升级改造,新世纪商城的购物环境发生了重大变化,得到了广大消费者的充分认可,经营成果在元旦期间成效显著。本部一至五楼商场在 16 天中实现零售额 3572.8 万元,占总体零售额的 76%,其中一楼商场增长幅度达到 21.29%;二楼商场因黄金销售受到冲击等因素,比上年同期减少零售额 51.4 万元,下降5.21%。在分店销售中,汤山商场增长幅度为 57.63%;星城商场增长25.71%;崔村商场下降 42.44%;因朝宗桥商场重张开业,实现同期零售额净增长 320 万元,占到总体零售额的 6.8%。

(姚春江)

【服务第七届世界草莓大会】 2 月 18 日至 22 日,第七届世界草莓大会在昌平举行,按照大会组委会和区商务委的安排,新世纪商城承担了为游客提供食品供应和应急保障工作,在会议正式举行的 5 天里,总计零售食品、饮料 13 万元,为备勤公安干警提供应急食品 250 余份,出色完成了服务保障工作。4 月 18 日上午,第七届世界草莓大会总结表彰大会在北京会议中心隆重召开,新世纪商城被筹办委员会指挥部授予"最佳服务保障奖",姚春江、张霞被授予"筹办工作先进个人"。

(姚春江)

【荣获北京市"三八"红旗集体荣誉】 3 月,北京市妇女联合会、北京市总工会、北京市人力资源和社会保障局做出决定,对 2010 年以来做出突出贡献、品德高尚、热心公益、爱岗敬业、无私奉献的首都各行各业妇女先进典型进行了表彰。新世纪商城荣获北京市“三八”红旗集体荣誉称号；新世纪商城党总支书记、副总经理陈慧英荣获北京市“三八”红旗奖章荣誉称号。

(姚春江)

【为扑救山火人员供应配餐】 4月3日下午，位于南口镇居庸关东部的山区发生山火，按照区应急办和商务委的指令，新世纪商城于下午6时许开始为参加扑救山火的人员紧急配装食品和饮料，晚8时开始将600份餐包运送至指定地点并进行分发。4日凌晨1时，在接到指令后，又组织人员配装200份餐包于4时之前送到集结地点。4日11时之前，再次将700份配餐送到现场。

(姚春江)

【服务2012北京国际越野挑战赛】 5月12日，2012北京国际越野挑战赛在昌平举行。按照大会组委会的安排，新世纪商城承担了会务餐饮供应和零售服务任务，在准备阶段，商城积极与八方环球公司和体育局进行沟通，确认所需物资数量，严把商品质量关，总计配送餐包2700余份，其它办公用品和食品价值7000余元，现场售卖服务工作便利了观众和运动员的购买，圆满完成了供应任务。

(姚春江)

【汤山创新百货市场大厅重装开业】 7月6日，北京汤山创新百货市场大厅在经过装修改造和重新招商后正式开业。此次对汤山创新百货市场大厅的改造自2011年11月开始，历时半年，改造使整体经营环境彻底改变，对商户进场提高了经营能力的标准，采取了市场化运营、超市化管理的方式，开业当日实现零售额15.2万元。综合性经营的方式，便利了当地居民。当日，食品超市实现零售额15.6万元。

(姚春江)

【做好防汛应急保障准备工作】 7月25日，市商务委召开“蔬菜等日用必需品保供稳价”视频会议后，商城立即下发紧急通知，要求各商场、部门做好防汛应急准备，启动应急预案，备足应急物资，加强值班值守。

(姚春江)

【服务环北京职业公路自行车赛】 2012年环北京职业公路自行车赛于10月9日至13日举行，按照区体育局的安排，新世纪商城在12日、13日涉及的昌平赛段比赛中，为志愿者和工作人员提供了物资保障服务，将80箱农夫山泉饮用水和400份配餐送达指定地点，保证了赛事运行的需要。

(姚春江)

【星城商场启动升级改造】 10月8日，星城商场二期改造工程正式启动，预计总体在2013年五一之前完成投入全新的运营模式。经过改造后，星城商场的经营环境和布局将发生根本的改变，成为昌平西部地区的大型购物场所。

(姚春江)

【企业第三次职工代表大会召开】 10月16日，新世纪商城召开第三次职工代表大会，选举产生了新世纪商城第三届工会委员会、经费审查委员会和女工委员会，同时选举崔德清为工会主席，曹建军为工会副主席。

(姚春江)

【通过三体系认证年度监督审核】 10月24日至26日，中联认证中心审核员对新世纪商城质量/环境/职业健康安全体系认证进行了年度监督审核。经过全面细致的审核，审核组对新世纪商城的三体系认证工作给予了客观的评价，推荐新世纪商城三体系认证证书继续有效，新世纪商城通过了三体系认证的年度监督。

(姚春江)

【通过安全生产标准化建设验收】 按照《昌平区安全生产标准化实施方案》和区商务委的要求，新世纪商城本部和所属汤山商场、新晨商场、朝宗桥商场、配送中心自9月起实施了安全生产标准化建设工作，新世纪商城本部于11月27日通过专家组评定验收，新晨商场、汤山商场、朝宗桥商场和配送中心于12上旬通过专家组复审评定。至此，2012年新世纪商城所申报的安全生产标准化建设达标单位获得通过。

(姚春江)

【全力做好应急保障供应】 11月3日至4日，北京地区普降暴雪，造成京藏高速、京新高速、110国道等主要进、出京道路车辆全面拥堵受阻。按照区应急办、商务委的安排，3日晚，商城启动应急保障预案，自4日零时开始配装餐包，3时至24时，安排车辆送至指定地点，在公安交通干警、武警官兵的配合下，全天供应配餐11300份，5日全天供应配餐6600份，两昼夜出动20车次，供应配餐总计17900份，另供应手电筒、电池、雨靴等物资2104元。

(姚春江)

【再次做好应对雨雪应急准备】 11月10日零时，为落实市、区政府9日晚紧急会议精神，区商务委安排新世纪商城须在上午将10000份冷餐包投放至三个应急商品存放点，其中德胜口村委会3000份、果庄村村委会3000份、居庸关古客栈4000份。在新世纪商城有关商场和配送中心的积极努力下，三个应急点的食品于中午12时30分之前全部卸、存完毕，以应对可能发生的道路拥堵。

（姚春江）

【年末促销活动成效显著】 12月12日起，新世纪商城本部开展冲击年末大型促销活动，在寒风和雨雪的天气条件下，销售TCL电视337台，实现零售额110万元。在此期间，又携手探路者户外运动品牌推出了全场5至6折销售，12日至16日5天实现零售额18.35万元。

（姚春江）

【参加全市职业技能大赛成绩优异】 年内，组织100余名收银员、营业员参加北京市第三届职业技能大赛，有61人进入复赛。在全市的决赛中，李素霞获得收银员组第三名；张维英、于立红、刘亚婷分获营业员组第六、七、九名并荣获国家二级职业资格（技师）；冯莉荣获得“北京市商业服务明星”荣誉称号；纪万善获得“北京市商业企业服务管理先进工作者”荣誉称号；新世纪商城获得“优秀组织奖”。

（姚春江）

阳光商厦

【概　况】 2012年，北京昌平阳光商厦有限公司（简称“公司”）在公司党支部和董事会的领导下，以邓小平理论和“三个代表”科学发展观为指导。明确“夯实基础，迎接挑战”的战略决策，以抓经济保增长为重点，加强营销策划活动，大力推进管理质量上水平，坚持开展员工培训提升服务，促进全面工作有序开展，取得了较好的成绩。公司全年综合营业收入3.1亿元，其中主营业务2.55亿元，占年计划109.5%，较上年同期增加3370万元，增幅12%。商场营业收入2.37亿元，较上年同期增加3100万元，增幅15%，烤鸭店营业收入1864万元，较上年同期增加268万元，增长16.8%；公司综合毛利较上年同期增加230万元，增幅7.7%；员工收入同比平均增长20%。

（唐宏）

单位名称：北京昌平阳光商厦有限公司
地址：昌平区府学路29号
电话：(010)69747644
邮编：102200

【开展一线员工教育培训】 2月16日，公司召开“2012年素质教育工程启动仪式及岗位培训动员大会”，就此着力开展了全年培训教育工作。成立以总经理为组长的培训工作领导机制，搭建培训工作信息反馈渠道，形成主要领导亲自抓，分管领导协调抓，部门经理具体抓的格局。公司全年组织两轮理论考核与实操演练。上半年考核员工610人，占总考核人数98.4%，综合分数93分以上；下半年考核员工558人，占总考核人数99%，综合分数90.5%以上。

（唐宏）

【组织员工演讲比赛】 9月20日，公司结合企业文化讨论活动，组织了“创阳光服务品牌”演讲比赛。活动安排历时两个月，分三个阶段，即基层员工选拔赛、公司决赛和优秀选手演讲，激发了广大员工立足岗位，奋力拼搏，为企业发展做贡献的工作热情，为进一步实现企业目标提供了强大的精神动力。

（唐宏）

【通过国家安全生产标准化认证】 9月，按照国家安全生产标准化要求，公司着手安全生产标准化认证工作。经过专家的检查指导和培训，对公司内所有安全隐患进行整改，建立和完善32项安全标准化管理制度。12月，顺利通过安全标准化认证复审。

（唐宏）

【公司工会第三届委员代表大会召开】 8月30日，公司召开第三届一次代表大会，审议通过了第二届工会工作报告、财务报告和经审报告，选举产生了新一届工会委员会、经费审查委员会，协商产生了女工委员会和职工矛盾调解委员会。

（唐宏）

【集体合同签订】 11月22日，公司第三届二次职代会暨集体合同签订仪式隆重举开。50名职工代表出席了会议。公司党政班子领导成员及中层以上经理列席会议。工会方首席代表唐宏与企业方首席代表何小平就第三期《集体合同》《2013年工资集体协商协议》进行了签订。

（唐宏）

【职工代表大会召开】 12月28日，公司召开职工代表大会，会议由党支部书记何小平主持。公司领导班子成员、部门经理共计17人对分管工作进行了总结和个人述职。最后,组织职工代表对17名干部进行了民主评议。

(唐宏)

【组织丰富多彩的促销活动】 根据各种传统节日和主题节日特点,全年共策划实施了元旦、春节、五一、店庆、国庆等17档大型促销活动,实现销售1.5亿元,占全年总销售的60%。

(唐宏)

【贯彻十八大会议精神宣讲动员会召开】 11月4日,公司召开学习贯彻十八大会议精神宣讲动员会,党支部书记何小平主持并结合国情对十八大工作报告进行详细解读,听取中央党校专家学习党的十八大报告暨“全面建成小康社会的战略部署”讲座。公司全体党员、干部、职工代表100人参加会议。

(唐宏)

昌平区烟草专卖局(公司)

【概　况】 北京市昌平区烟草专卖局(公司)成立于1998年3月,下设六科一室:办公室(安全保卫科)、专卖监督管理科、法制科、营销网建科、配送仓储科、财务科、人事劳资科。截至2012年,昌平烟草共有职工91人。

(高晨)

单位名称:昌平区烟草专卖局(公司)
地址:昌平区西关路29号
联系电话:(010)89703417
邮政编码:102200

【依法行政】 年内,在行政执法案卷评查方面局共制作行政执法案卷431卷,其中一般程序行政处罚案卷143卷、简易程序行政处罚案卷273卷,在市局组织的一至三季度行政执法案卷评查中,局优秀率均为100%。在行政许可案卷评查方面局共制作行政许可案卷967卷,其中新办239卷、变更22卷、延续706卷。一至三季度,参加市局专卖处评查的共32本许可案卷均为优秀卷,优秀率达到了100%。

(高晨)

【市场监管】 年内,在无证经营卷烟户监管方面,局在无证(照)户调研的基础上不断巩固、完善和探索无证户综合治理机制,充分发挥联合执法合力,对辖区无证(照)户坚决予以取缔。截至12月底,辖区共有卷烟零售户2761户,根据12月份调研结果,现共有无证(照)经营户62户,占辖区零售户户数的比率为2.24%。辖区卷烟持证经营户公开摆卖比率在2012年度市场调研抽查中,辖区卷烟持证经营户公开摆卖率第一、二季度分别为1.67%、0%,达到“三不卖”比率控制在4%以内的标准且保持了较高的市场净化水平。市场净化率在2012年度市局组织的市场调研抽查中,第一、二季度的市场净化率分别为98.83%、99.64%,平均比率为99.24%,市场净化情况良好。零售卷烟诚信经营店比率按照市局(公司)的统一要求和部署,结合工作实际,稳步推进诚信经营店建设,共有授牌诚信经营户279户,占辖区零售户比率为10%,圆满地完成了诚信经营店建设工作。

(高晨)

【内部监管】 年内,共处理并完成各项预警490条,针对出现的预警问题及时调查,预警处理定性准确,预警处理文书保存完整,做到系统处理优秀率和合格率均为100%。

(高晨)

【组织建设实现新发展】 年内,认真落实党风廉政责任制,积极开展纪检监察进岗位、进流程试点工作,建立卷烟零售客户社会监督机制,与昌平检察院建立了职务犯罪预防工作机制。认真开展了“235”主题教育,召开了复转军人、女职工、大学生、党团员、入党积极分子等“235”教育座谈会、论坛会,参观了西柏坡、白洋淀革命教育基地和顺义百强企业燕京啤酒厂等,教育党员干部发扬革命传统,牢记“两个务必”。认真开展了“创先争优”活动,组织党员干部积极开展“我身边的先锋”评选活动、“优秀共产党员”表彰活动、举办“创先争优”活动展览等,2012年,先后被市局和区国资委评为优秀基层党组织。

(高晨)

【企业文化】 年内,先后组织召开职工新年团拜会;三八妇女节、五四青年节、八一建军节和新来大学生座谈会、论坛会等。组织开展了读书学习活动,先后为职工、党员干部购买发放了《北京精神百家谈》《北京精神50问》《走向辉煌》《十八大辅导读本》《党章》等书籍。组织召开了"优秀共产党员"表彰大会,通报表彰14名"优秀共产党员"。组织参加了市局组织的青年辩论赛、健球比赛、乒乓球比赛、QC成果发布、客户经理授课比赛等活动,取得了客户经理授课比赛市局第一名、健球比赛市局第二名、青年辩论赛和乒乓球比赛优秀奖的良好成绩。组织了全局职工仆克牌比赛、摄影比赛、营销知识比赛、真假烟鉴定比赛与公安足球联谊赛、登山等活动。组织开展了职工素质教育活动,全局34名职工积极参加了市局政工处组织的素质教育,提高职工综合素质。组织召开街区小组表彰大会,通报表彰37名卷烟零售街区小组,对5名优秀的街区小组长颁发了奖品。组织救灾捐款、看望生病住院困难职工和共产党员献爱心等活动,促进了企业和谐发展,营造了"快乐工作、幸福生活"的企业文化氛围。

(高晨)

外经外贸

【概　况】 2012年,全区外经外贸工作取得新进展。实际利用外资实现9291万美元,同比增长2.2%,总量在城市发展新区中,位于大兴、顺义之后排名第三。新批设立外商投资企业21家,合同外资3.05亿美元;17家企业增加合同外资7989万美元;4家区内企业在境外设立公司,投资总额8570.1万美元;在京港洽谈会上,签约昆仑能源地区总部等3个合作项目,总投资额28.46亿元人民币,签署战略合作框架协议3个、服务协议2个。进出口总额实现27.42亿美元,同比增长19.1%,总量在城市发展新区中,位于大兴、顺义之后排第三。对外贸易经营者备案301个;审批加工贸易金额23734.4万美元;服务外包收入实现完成34.97亿元,同比增长4.3%;组织参加首届中国(北京)国际服务贸易交易会,签约金额5000万美元。

(赖金坚)

单位名称:昌平区商务委员会
地址:昌平区南环路55号
电话:(010)69746220
邮编:102200

【新批三资企业21家】 年内,新批设立外商投资企业21家,合同外资3.05亿美元。

(赖金坚)

【推动外经工作开展】 年内,境外投资取得新进展,4家区内企业分别在新西兰、美国等设立了7家公司,投资总额8570.1万美元。

(赖金坚)

【组织参加京港洽谈会】 年内,在京港洽谈会上收获颇丰,签约昆仑能源地区总部等3个合作项目,总投资额28.46亿元人民币,签署战略合作框架协议3个、服务协议2个。

(赖金坚)

【促进对外贸易稳步发展】 年内,对外贸易经营者备案301个;组织参加首届中国(北京)国际服务贸易交易会,签约金额5000万美元。

(赖金坚)

【积极做好加工贸易审批管理】 年内,实地验厂30次,审批加工贸易合同363个,审批金额23734.4万美元。

(赖金坚)

【服务外包收入持续增长】 年内,服务外包收入实现完成34.97亿元,同比增长4.3%。

(赖金坚)

旅　　游

旅游业管理

【概　况】 昌平区现有旅游企业602家,旅游景区37家。其中世界文化遗产2家、国家级森林公园2家、A级以上景区16家;星级酒店44家;社会旅馆285家;旅游商店餐馆34家;旅行社75家;市级民俗村25个、市级民俗户1601户、乡村酒店135家、观光采摘园4500个(包含草莓园)。旅游行业固定资产投资总额达200余亿元,提供就业岗位3万余个。2012年,接待中外游客1450万人次,实现旅游收入89.01亿元,分别增长5.9%和14.3%,旅游收入在全市16个区县中位居第6

名,10个郊区县中继续保持首位。

（李国辉）

单位名称:昌平区旅游发展委员会
地址:昌平科技园区创新路8号
电话:(010)69744656
邮编:102200

【"踏雪寻莓"旅游活动走进北京旅游咨询】 春节前夕,为更好的宣传推介昌平冬季旅游活动,丰富市民的春节假日文化生活,旅游委将一万册"爱上昌平·踏雪寻莓"系列旅游活动宣传册发送到首都机场、前门大栅栏、王府井、什刹海等北京市繁华地带的20几家市区旅游咨询站,受到来访咨询者的广泛关注。

（杨郑艳）

【完成世界草莓大会旅游接待服务工作】 第七届世界草莓大会于2月18日至22日在昌平区举行。在草莓大会期间,根据区委、区政府对旅游接待服务方面的工作要求,旅游委上下,精心组织、明确职责、团结协作,圆满完成大会赋予的旅游接待服务保障任务。草莓大会期间提供客房4352间次,接待中外客人6303人次,其中有来自69个国家和地区的外宾1839人次;出动旅游执法人员60人次,车辆20台次,检查相关企业70余家;设置旅游咨询点6个,接待咨询客人4.3万人次,发放《踏雪寻莓》等宣传资料8.5万份,接听咨询电话2000余个,"爱上昌平"官方微博发送信息200余条,报送信息17条。

（李国辉）

【成功举办"第九届小汤山温泉文化节"】 4月2日,第九届温泉文化节在九华山庄隆重开幕,历时2个月温泉节秉承"政府搭建平台、企业实效参与、惠及市民游客、繁荣旅游经济"的办节宗旨,以"春·泉,爱上昌平"为活动主题,共推出了6项主要活动和10余项企业自办活动。"首届温泉旅游文化展"、《旅游护照》的发放和"十佳温泉旅游地·网络票选活动"是本届温泉节的创新之笔。温泉文化节期间共接待游客214万人次,同比增长6.6%,实现收入12.11亿元,同比增长17.1%。

（李国辉）

【"首届昌平温泉旅游文化展"开幕】 4月2日至8日,做为"第九届温泉文化节"重要活动之一的"首届昌平温泉旅游文化展"在草莓博览园举行。以"爱上昌平"为主题的约2000平方米的展览会场分为温泉会展展区、旅游休闲展区、重点产业功能区、文化艺术展区、科技教育展区、昌平礼物展区六个版块,通过实物、图文、表演、多媒体等多种方式,向广大游客展示昌平城镇建设与经济发展的成就,重点推介具有代表性的温泉企业与产业项目,充分结合温泉旅游产业与文化创意产业的共同发展优势,实现搭建企业互动交流,共谋发展机遇的展示平台。

（李国辉）

【"旅游服务大篷车"进社区与居民面对面】 4月7日、21日,第九届温泉文化节"泉心泉意·旅游服务进社区"活动大篷车开进团结湖街道南北里社区、麦子店街道朝阳公园社区和亚运村街道安慧里社区、大屯街道秀雅社区。作为第九届温泉文化节的重头戏,此次进社区活动旨在:走出去,与市民零距离沟通,送健康、送产品、送服务、送心意;请进来,邀请市区居民到昌平泡温泉、住农家乐、吃农家饭,感受昌平独有的旅游资源。

（杨郑艳）

【10家单位被纳入市旅游开放单位】 年内,中国航空博物馆、小汤山现代农业科技示范园、草莓博览园、香堂文化新村、君知雨农业生态园、昌平御生堂中医药博物馆、吉利大学、汇佳学校、昌平区职业教育农业文化园区、倚兰(北京)环保净化工程设备有限公司10家企事业单位被纳入首批北京市旅游开放单位,以上涵盖了旅游、文化、教育、卫生、农业观光、高科技等多个领域。这10家单位于5月19日"中国旅游日"免费向社会团体开放。

（徐保富）

【荣获"首都文明单位和首都文明景区"】 5月24日,经首都精神文明建设委员批准,区旅游委及明十三陵、居庸关长城、银山塔林、中国航空博物馆、温都水城、小汤山农业园、中国北方国际射击场、龙脉温泉度假村、蟒山国家森林公园和双龙山自然风景区10家A级景区荣获"2011年首都文明单位和首都文明旅游景区"称号。

（刁俊祥）

【对星级饭店进行有限空间安全作业培训】 5月29日,在区体育馆举办"旅游行业有限空间安全作业知识培训班"。全区44家星级饭店近200名有限空间一线作业人员参加了培训。培训班上全体学员观看有限空间事故案例,专业人员讲解《北京市有限空间作业安全生产规范文本》,对如何做好有限空间安全作业工作提出要求,同时下发了《昌平区旅游行业有限空间安全生产专项治理工作方案》、事故案例光盘和知识答卷。

（李晓雪）

【推出“爱上昌平・绚一夏”12 项旅游活动】 6月2日,随着第九届温泉节文化节的帷幕落下,第四届蟒山森林啤酒节隆重开幕,“爱上昌平・绚一夏”为主题的“昌平消夏美食季”和“昌平欢乐暑期军事拓展夏令营活动”2大类12项夏季旅游活动正式拉开序幕。

(朱凯峰)

【荣获“2012 北京国际旅游博览会”双奖】 6月15日至17日,“2012 北京国际旅游博览会”在北京国际展览中心隆重举行。区旅游委特装81平方米展区,以“爱上昌平”为主题,重点展示推介昌平的精品旅游景区、温泉会展产业、乡村旅游和军事拓展夏令营活动四部分内容,同时配有LED屏,全天播放新摄制的《昌平旅游宣传片》。3天共发放“爱上昌平”旅游宣传品2万余份,接待咨询者300余人,从展示的规模和创新形式上受到市民的好评,区旅游委被大会组委会评为“最佳组织奖”和“最佳展台奖”。

(孟薇)

【“爱上昌平・军事拓展夏令营”活动开营】 7月9日,“爱上昌平・军事拓展夏令营”活动在中国北方国际射击场开营。活动每期三天行程,“小游客”们不仅在中国北方国际射击场亲身体验实弹射击项目,还在教练的指导下拆装枪械,了解枪械知识;参观有亚洲之最称誉的中国坦克博物馆和中国航空博物馆;到军都山滑雪场参与野外拓展训练,尽情展现自己的兴趣和特长;在增长军事科普知识,锻炼生存能力的同时,还参观了中国首家无障碍生态农业观光园—北京君知雨生态园,在这里能看到绿色种植养殖、无障碍的采摘和绿色食品精加工等项目,亲身体会残障人学习的技巧,激发孩子们自强不息的奋斗精神。

(杨郑艳)

【“昌平旅游饭店业消防大演习”举行】 7月10日,作为“安全生产月”重要活动之一的“昌平旅游饭店业消防大演习”在九华山庄举行。市旅游委、区政府相关部门领导及全区星级饭店主管领导到场观摩。演习通过中控室接警、跑点、疏散游客、抢救伤员、全力扑救火灾等步骤有序进行。通过演习,不仅强化了企业各部门之间的紧密配合,也是对消防应急预案的检验和完善。

(沈玉江)

【深入挖掘开发昌平旅游商品】 7月25日,2012第九届“北京礼物”旅游商品大赛昌平赛区—“我最喜欢的昌平礼物”评选活动正式拉开帷幕。本次活动有来自本区9个镇(街)、4所市高等设计院校的140份作品参选,最终5大类、46件作品脱颖而出,分别获得“我最喜欢的昌平礼物”评比活动一、二、三等奖和优秀奖。12月28日,在第九届“北京礼物”旅游商品大赛上,昌平旅游商品荣获金奖、铜奖等14个奖项,旅游委获得最佳组织奖。在“2012 北京旅游商品博览会”上,旅游委组织了9家特色旅游商品厂商参展,被大会组委会评为最佳组织奖和最佳展台奖。

(李苗)

【打造昌平旅游服务品牌】 9月8日,历时半年的“2012年北京市饭店行业职业技能大赛”决赛圆满结束。昌平旅游行业1706名选手参加了初赛,478名选手进入复赛,90名选手取得决赛资格。最终获得1个集体奖、6个单项奖的好成绩,26名选手受到区政府的表彰,初赛、复赛、决赛及获奖人数均位居全市之首。旅游委被市区技能大赛组委会评为优秀组织奖。

(段立鹏)

【参加“国际商务及会奖旅游展览会”】 9月12日至14日,“2012 中国(北京)国际商务及会奖旅游展览会(CIBTM)”在北京国家会议中心隆重举行。区旅游委组织九华山庄、温都水城、拉斐特城堡酒店、红栌山庄等昌平会奖旅游重点企业参加了本次展览会,同时聘请专业制作公司对租用的84平方米昌平展区进行了特装,并以“爱上昌平”为主题全面展示昌平特色旅游资源和旅游产品,LED屏全天播放新摄制的《昌平旅游宣传片》。三天共发放《昌平导游》《昌平地图》及旅游企业宣传资料5000余份,接待买家150余个,受到与会者的关注。

(马卉青)

【完成“两节”期间旅游安全保障工作】 多措并举,圆满完成“两节”期间旅游安全保障工作。一是9月24日召开全区假日旅游工作会议进行工作布署,并制定了旅游市场秩序和交通保障工作方案。二是旅游委班子成员假期坚守在区4个假日交通保障现场指挥部;为防止交通拥堵,为重点景区临时征用停车场15处,3.1万个停车位,并推出了东线、西线、北线3条游客分流特色旅游线路。三是从9月17日开始,旅游委组成四个执法检查组对重点旅游企业展开执法检查;旅游执法大队假日期间共出动执法人员80人次,执法车辆16台次,巡查旅游企业60家次,抽查导游200人次。

(李国辉)

【“苹”添秋色系列旅游活动启动】 10月19日,

第九届苹果文化节“苹”添秋色系列旅游活动在居庸关长城正式启动。活动包括3大项内容：“醉美赏金秋健身游昌平”自驾游启动仪式，金秋全家汇、关城古韵、草莓大道观赏游、皇苑赏秋游、军事体验游、文化遗产游和温泉养生游七条特色线路供游客选择；爱我家乡—学生游昌平，参与农事体验，果园采摘；参加野外求生，挑战自我拓展训练；金秋剪影—网络秋游摄影展。昌平苹果旅游文化节荣获“2012中国旅游品牌总评榜”—《北京年度最具价值旅游节》。

（李国辉）

【开启“智慧旅游”发展新进程】　“魅力乡村游”交互系统做为2012年区政府折子工程和为民办实事项目，受到区委、区政府的大力支持和帮助。年内，以十三陵镇区域旅游资源为试点建设，开发出多个系统功能，其中包括空中实景导览、实景视频功能、便民查询功能和乡村酒店预订功能。该系统除了支持pc终端和触摸屏外，还支持手机/pad等移动终端，通过移动终端，直接为旅游者提供较为丰富的乡村旅游信息及服务，并实现乡村酒店进行在线预定。该项目12月中旬进入试运行。

（陈涛）

【旅游市场秩序得到进一步净化】　年内，区旅游委统筹抓好旅游市场环境秩序的日常检查和执法监管工作，取得明显成效。共接到有效旅游投诉1起，同比下降99%；帮助游客解决购物纠纷15起，为游客挽回经济损失5万余元；通过中国移动发送小区旅游提示短信6.5万条，在旅游商店明显位置悬挂温馨提示牌130块和公布旅游投诉电话等措施，进一步提高了游客的自我保护意识和防范意识，旅游市场秩序更加规范有序。在全市2012年旅游市场治理工作考核中，昌平区年度考核为100分。

（袁德新）

十三陵特区

【概　况】　2012年，十三陵特区办事处（简称“特区”）所辖景区共接待游客530万人次，比2011年增加25万人次，同比增加4.95%，实现旅游经济总收入3亿元，比2011年增加500万元，同比增长1.69%。

（陈辉）

单位名称：昌平区十三陵特区办事处
地址：昌平区十三陵定陵
电话：(010)60761422
邮编：102213

【明史知识进高校】　3月1日，特区团委和吉利大学团委联合开展了“弘扬雷锋精神，明史知识进高校”活动。在吉利大学图书馆，明代帝陵研究会会长胡汉生为近300名在校生宣讲了《明十三陵历史文化》。

（刘少华　陈辉）

【组织“畅游十三陵”旅游推广活动】　3月18日，特区通过《旅伴》杂志、远方网，邀请了70余家国内组团旅行社负责人、20余名知名网站论坛博主、行者到明十三陵景区，开展“畅游十三陵”旅游推广体验活动。活动包括参观永陵、品尝康陵春饼宴和体验居庸关夜长城等内容，并在居庸关长城古客栈召开“畅游十三陵旅游推广研讨会”。

（王燕　陈辉）

【完成新建文物库竣工验收工作】　3月26日，新建文物库房完成竣工验收。文物库房位于定陵三道院右侧，总建筑面积2435平方米（文物存放面积770平方米）。其中地下部分建筑面积1850平方米、地上部分建筑面积585平方米。项目总投资约2866万元。

（高小华　陈辉）

【市政协考察调研文物保护工作】　3月29日，市政协文史委许伟副主任率政协委员一行33人，考察了世界文化遗产——明十三陵的永陵和裕陵。特区主任雷涛、副主任高小华陪同考察。

（王丽梅　陈辉）

【全国人大检查文物保护情况】　4月10日，全国人大副委员长韩启德、全国人大教科文卫委员会副主任委员刘永治及检查组成员一行70余人到明十三陵检查文物保护情况。韩启德副委员长对明十三陵的文物保护工作给予充分肯定，希望进一步完善法规，理顺体制，依法管理，加大文物保护力度，切实做好世界文化遗产的保护和管理工作，积极做好文化的传承与弘扬。市人大常委会副主任吴世雄，区长金树东、区人大常委会副主任李春菊、副区长刘淑华及特区相关领导陪同检查。

（王颖　陈辉）

【“回望大明——走近万历朝”特展结束】 4月22日，由特区、首都博物馆共同举办的“回望大明——走近万历朝”特展在首博圆满落下帷幕。展览于上年8月9日正式对外开放，持续时间达8个多月，接待参观人数近80万人次。

（宋磊 陈辉）

【成功举办“相约北京2012国婚大典”】 5月1日，“相约北京2012年国婚大典——第三十届中国长城集体婚礼”在居庸关长城北关文化广场成功举办，活动吸引了58对新人参加。

（徐德军 陈辉）

【“定陵出土文物精品展”开展】 5月18日，特区在定陵新建第一展厅隆重推出了“定陵出土文物精品展”。展览共展出精品文物50余件，其中9件文物为首次展出。市文物局、区政府和相关部门领导及中国明史学会专家出席开展仪式。

（王丽梅 陈辉）

【长城资源调查和认定成果发布活动举行】 6月5日上午，国家文物局在居庸关长城举行仪式发布“长城资源调查和认定成果”，活动由市文物局、区政府承办，中国文化遗产研究院、十三陵特区办事处协办。

（谭煦 陈辉）

【《回望大明：走近万历朝》评为“文化遗产优秀图书”】 6月8日，在中国文物报社主办的年度文化遗产十佳图书评选推介活动中，由特区和首博依照“回望大明——走近万历朝”特展编著的《回望大明：走近万历朝》被评为2011年度“文化遗产优秀图书”。

（宋磊 陈辉）

【明十三陵世界文化遗产领导小组成立】 为联动协调区属各职能部门，共同做好明十三陵的管理和保护工作，6月9日，经区政府批准，昌平区明十三陵世界文化遗产保护管理领导小组正式成立。组长：金树东，副组长：孙启，成员单位包括区公安分局、区发改委、区旅游委、特区等单位。领导小组下设办公室，办公室设在十三陵特区办事处。

（袁江玉 陈辉）

【“《拍宝》”艺术品鉴定会在昭陵景区举办】 6月9日，为提高全区人民保护历史文化遗产的意识，活跃艺术品收藏爱好者的文化生活，打造昌平文化品牌，区文化委、特区、区古玩艺术品收藏家协会共同在昭陵景区举办了“2012年中国文化遗产日主题宣传暨《拍宝》栏目走进昌平大型艺术品鉴定会”。

（谭煦 陈辉）

【中国代表团领奖服发布仪式举行】 6月26日，2012年伦敦奥运会中国体育代表团领奖服发布仪式在居庸关长城隆重举行，“冠军龙服”揭开了神秘面纱。国家体育总局局长助理，中国奥委会副主席晓敏、国际奥委会委员杨扬、奥运冠军许海峰、郭晶晶，国家皮划艇队队员李强、周玉等嘉宾共同出席见证了“冠军龙服”发布仪式。

（王宇 陈辉）

【校企合作共谋发展】 6月29日，定陵博物馆与昌平职业学校校企合作挂牌仪式在十三陵博物馆前举行。市教委职成处、区教委、区旅游委及特区领导出席了本次揭牌仪式。校企合作、共建实践教学基地将实现景区和学校优势互补、资源共享、相互促进、共同发展。

（钟建勋 陈辉）

【住建部风景名胜区保护管理执法检查】 9月11日，根据国家住建部《关于开展国家级风景名胜区保护管理执法检查的通知》和市园林绿化局《关于开展全市风景名胜区保护管理执法检查的通知》的要求，住建部领导、全国风景名胜区专家、市园林绿化局领导和检查组成员一行30人对十三陵的风景名胜区保护管理情况进行执法检查。检查组对特区的工作给以肯定，同时指出，十三陵镇与景区融合在一起是好的体制，但要把握住方向，严格落实“保护第一，利用第二”原则，强调把总体规划和控制规划编制好是当务之急。

（周小艳 陈辉）

【市纪委调研廉政文化园区规划设计情况】 9月12日，市纪委常委张才雄一行调研“明境昭廉”廉政文化园区规划设计情况。调研组对项目的策划和规划设计表示肯定，希望廉政文化园的建设能够让参观者以史为镜、以古鉴今，同时通过更加丰富的手段，将明代廉政文化的教育案例与园区规划设计紧密结合，把园区建设成为一个有地域特色、史料丰富的反腐倡廉教育基地。

（聂蕊 陈辉）

【北京高端旅游推介会在居庸关长城举办】 9月13日晚，2012中国（北京）国际商务旅游展览会活动之一——“长城之夜暨北京高端旅游推介会”在居庸关长城举办，国内外特邀商家代表亲身体验了独具魅力的“长城之夜”，活动展现了十三陵特区的高端旅游资源。

（谭煦 陈辉）

【“探秘十三陵”神路开启】 9月22日，“探秘十三陵——户外运动旅游”活动在十三陵景区总神道前举行启动仪式，特区党委书记、十三陵镇党委书记王建成，特区主任雷涛、党委副书记海英、纪委书记包卫东及赞助商代表参加了开幕式。

（谭煦 陈辉）

【区关于明十三陵保护管理的法规完成修订】 3月，特区启动《昌平区人民政府实施<北京市明十三陵保护管理办法>的规定》修订工作。由区政府于9月颁布实施。10月25日，特区与区法制办再次进行研讨，并邀请市法规二处处长王庆祥、市文物局法规处处长高小龙莅临指导。至此，特区修订该法规的工作已完成。

（袁江玉 陈辉）

【十三陵特区将推出"三陵一路"景区联票】 11月2日，十三陵特区在居庸关长城古客栈召开"2012年旅行社联谊会暨2013年门票政策说明会"。

（王颖 陈辉）

【博物馆讲解技能比赛获殊荣】 11月10日，在北京市第三届职业技能大赛——"博物馆讲解技能比赛"中，特区荣获组织奖，长陵管理处李梅荣获优秀讲解员奖。此项赛事由市委宣传部、市总工会、市人力资源和社会保障局、市文物局共同主办。

（陈辉）

【"阅古赏珍——北京明清文物精品展"顺利结束】 11月21日，在首都博物馆举办的"阅古赏珍——北京明清文物精品展"顺利结束。展览在5月18日国际博物馆日推出，荟萃北京多家博物馆的艺术精品，展示明清时期北京历史文化。明十三陵定陵博物馆作为首都博物馆联盟成员和其他博物馆共同举办此展览。

（宋磊 陈辉）

【十三陵控制性详规编制工作全面启动】 12月19日，区政府召开十三陵风景名胜区控制性详细规划启动会。会议由区委常委、副区长孙启主持。孙启要求各委、办、局要积极配合好本次控制性详细规划的资料收集，积极与规划编制工作小组对接，确保落实到位。

（周小艳 陈辉）

北京市昌平区第一中学

北京市昌平区第一中学2012年共有42个高中班、18个初中班。有学生2000人、教职工280人。其中特级、高级教师78人，市级学科带头人和骨干教师共10人，区级学科带头人和骨干教师79人，博士、硕士研究生教师30余人。

2012年，昌平一中大力推进以培养学生创新精神和实践能力为宗旨的教学改革，开设100余门选修课，自主编印了20余种选修课教材；组建京剧社、青鸟文学社等30余个学生社团，成员1000余人，在校园内外开展丰富多彩的活动，取得了丰硕的成果。本学期获得全国三等奖1个；市级一等奖11个，二等奖10个，三等奖5个，区级奖项10个；建立八大社会实践基地，使教育由课堂向生活有效延伸。

学校高考成绩连年攀升，社会影响力不断增强。高考本科录取率由55.8%上升到93.7%，重点大学录取率由19.8%上升到50%，连续多年高考成绩获得昌平区文理总分第一名和各项单科第一名，每年都有1至3名学生考入清华大学或北京大学（本科录取446人，2人考入北大、1人考入清华），办学质量得到了社会的高度赞誉。

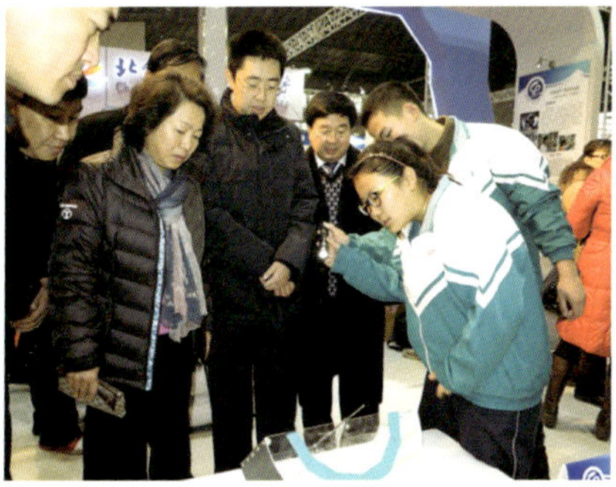
学生为副区长周云帆、区人大副主任李春菊等领导演示科技创新发明

京剧社受韩国邀请，参加中韩交流

喜获北京市第三届模拟联合国大会“十佳地球村”奖

为获“感动昌平一中最美教师”颁奖

昌平一中全貌

昌平一中学生成人仪式

北京市昌平区第二中学

2012年，北京市昌平区第二中学把建设“仁德二中、生态二中、智慧二中”定为发展目标，在各级领导关心指导下，在社会各界的关注、支持下，在仁德文化建设、教育教学改革、特色育人等方面不断探索，不断实现自我提升，以优异成绩向十八大献礼，用出色的业绩回报昌平父老乡亲！

3月3日、4日，第十二届“未来伙伴”北京青少年机器人竞赛在昌平二中举行，该大赛第一次到郊区举办，选择由科技特色突出的昌平二中承办，来自全市十六个区县的四百余名中小学机器人爱好者参加了竞赛，昌平二中三个代表队的三个项目均获得北京市一等奖，昌平二中获得“特别贡献奖”。

昌平二中学生刘玉婷与中国科学技术协会副主席冯长根，北京市副市长苟仲文，中国科学院院士林群，北京市科学技术协会党组书记、常务副主席夏强，北京市教育委员会副主任郑萼，北京市科学技术委员会委员张虹，中共昌平区委书记侯君舒，昌平区委副书记、区长金树东，上海未来伙伴机器人有限公司副总经理兰之君共同启动本次大赛

吴宇校长陪同苟仲文副市长等市区领导共同观看文艺节目、机器人高端技术及机器人技术应用展示

中高考成绩优异。高考王杰坤同学获得全区理科考分状元，学校还获得六个单科状元，在同类校中，昌平二中本科总人数、本科录取率均获全区第一。中考平均分、综合排名获全区第一。

康天壮与闫涛被保送到北京理工大学

王杰坤(理科考分状元、被北京大学录取)

4月10日至12日，昌平区第一次初三、高三全科次复习课现场会在昌平二中举行。全区初、高三教师600余人全程参加了听课交流活动。昌平二中丁玲、吕渊等10位教师做了现场观摩课，北京市学科专家钟作慈、郭铁良、徐雨玲、李岩梅、张静、曾阳分别点评。初、高三复习课现场会同时在一所学校全面展开，这在昌平区是首次，期间全景展示了昌平二中教育教学的丰硕成果。

北京市学科专家钟作慈作点评

昌平二中语文教师丁玲做课

7月10日，在山东大学建校100周年、威海艺术学院建校10周年之际，昌平二中金帆民族乐团和舞蹈团师生100余人应邀参加庆祝演出。民乐团学生演奏的《庆典序曲》、《瑶族舞曲》等9首中外知名乐曲，舞蹈团学生表演的《萌草行》、《邵多丽》等剧目，获得各界领导和观众高度评价。

民乐演奏《庆典序曲》

傣族舞蹈《邵多丽》

7月15日至18日，昌平二中管乐团参加了由北京管弦乐协会举办第七届北京国际管乐节各项比赛和交流演出活动，演奏《匈牙利狂想曲》、《我和我的祖国》并获中学组金奖，赢得中、美、韩三国评委的一致好评。

参赛曲目《匈牙利狂想曲》、《我和我的祖国》获中学组金奖

乙组跳高金牌获得者霍帅（右二）

8月8日至11日，昌平二中田径队参加了在上海行知中学举办的"全国中学生田径锦标赛"，初三学生霍帅以1.80米的成绩夺得乙组跳高金牌。

8月18日至26日，昌平二中青少年曲棍球队在"北京市青少年曲棍球锦标赛"中获得女子组第一名的佳绩。

8月21日至28日，昌平二中高一新生的军训活动，实现入学教育新突破——把传统文化精华融入到军训中，使学生在掌握军事技能、提高军事素养、锻炼意志品质的同时，对学生进行更深层次的仁德、感恩教育。

昌平二中吴宇校长检阅新生军训成果

学生诵读"弟子规"

北京市昌平区第二中学

9月20日，昌平二中民乐团在中国人民解放军军乐厅参加了“全国第四届中小学生艺术展演”北京地区器乐节目的现场选拔赛，演奏了景建树先生的作品《冬不拉与热瓦普》，顺利通过选拔并获得第一名。

10月19日至21日，昌平二中22名学生运动员代表昌平区参加了在牛栏山一中举行的北京市第50届中学生田径运动会，共获得2金、2银、5铜的佳绩，其中秦雪、金嵌玉分获400米栏和100米栏金牌。

演奏《冬不拉与热瓦普》获得第一名

100米栏金牌获得者金嵌玉(中)

400米栏金牌获得者秦雪(中)

10月22日，北京市教委、北京卫戍区司令部、北京卫戍区政治部对昌平二中进行高中国防教育工作验收，北京市学生军训工作办公室主任张培松、参谋王文龙等市区领导对昌平二中的国防教育工作给予“三大亮点、七大特色”的评价，昌平二中成为昌平区第一个顺利通过北京市国防教育示范校验收的学校。

北京市国防教育示范校验收组听取汇报

北京市军训办公室主任张培松大校等验收组成员实地检查二中

11月6日，昌平二中高分通过由北京市教委组织的民族团结教育示范校检查评估组的验收，成为昌平区第一个民族团结教育示范校。北京市民委宣教处司永成处长等15位领导、专家高度评价昌平区及昌平二中民族团结教育工作：“汇报最精彩、访谈最真挚、听课最生动、材料最详实、组织最巧妙完美、工作最扎实”。

11月23日，昌平二中回龙观校区羽毛球队在“阳光体育”区中小学生秋季运动会羽毛球比赛中，获得初中组团体总分第一名、高中组团体总分第二名的佳绩。

昌平二中回龙观校区羽毛球队荣获初中团体总分第一名

北京市民族教育学会于洪武副会长做点评

11月15日，由北京市委教工委、市教委主办的“点燃生命的太阳”北京市学生金帆艺术团成立25周年文艺晚会在北京航空航天大学体育馆举行，昌平二中金帆民族乐团参加了《月上帆头》的演出，实现演奏形式的突破——运用新民乐的方式进行演奏。

新民乐演奏《月上帆头》

11月16日，中国特色品牌学校共同体在昌平二中举行基础教育课改全国展示交流活动，昌平二中以‘和谐课堂，自主成长’为主题进行全国展示交流”，来自北京市各区县、各省市的500多名教师和学校领导参加了交流研讨，昌平二中被授予“中国特色品牌学校共同体培训基地”称号，吴宇校长作了题为《和谐课堂、自主成长》的主题报告；昌平二中孙刚、宋爱英、石琳娜等12位教师与来自北京、河北等地优秀教师进行学科同课异构。

吴宇校长以“和谐课堂，自主成长”为主题作中心发言

中国特色品牌学校共同体向吴宇校长颁发“共同体培训基地校”牌匾

11月21日，由北京教科院基教研中心主办的北京市高中化学新课程系列研讨活动第一次光临郊区高中校——走进昌平二中，同时向全市展示昌平二中化学新课程改革的成果，来自各区县的近200多名教师、领导及专家参加了研讨。昌平二中的葛继宁、姜衍凯、李振玲老师与其他四所学校的教师进行了同课异构活动。

北京市学科带头人、昌平二中化学教师葛继宁做课

昌平二中作为历史名校被北京教育志编纂委员会办公室编辑录入《故学巡礼》专题片《古柏书香继大成》——昌平二中，11月8日，昌平二中等学校在《故学巡礼》专题片昌平区首发式上接受专题片光盘。

12月19日，昌平二中回龙观校区乒乓球队在“阳光体育、健康成长”区中小学生秋季运动会乒乓球比赛中荣获初中团体总分第一名。

昌平二中回龙观校区乒乓球队荣获初中团体总分第一名

“故学巡礼”专题片昌平首发式——向昌平二中等学校赠送专题片光盘

北京市昌平区第三中学

校长 党支部书记 陈玉林

体育场改造完成

全面开展综合素质提升工程

跨校拜师为青年教师成长搭建平台

参加北京市基教研中心举办的“文化繁荣与文化发展之服装比赛活动”荣获团体优秀奖

参加“品昌平草莓绘美好未来”书画活动

昌平三中是一所校园美丽、文化底蕴深厚、办学特色鲜明的优质完全中学,学校坚持“以人为本、特色立校、科研兴校、人才强校、开放办学、内涵发展”的办学理念。提出了在比较中发现特色,在发展中培育特色,在创新中凝练特色的学校发展思路。昌平三中是中国文联和沈鹏先生认定的沈鹏书法艺术学校,昌平书法家协会集体分会成员,2012年昌平三中被市语委办确认为首批规范汉字书写教育特色校。是昌平区乒乓球传统校,也是北京市乒协在学校中唯一指定的乒乓球俱乐部。如今又成立了昌平三中鹏翔青少年体育俱乐部。本着立足优势资源,立足学生发展需求,立足学校特色建设原则,学校形成了书法、绘画、乒乓球、篮球等特色教育,逐步形成了“以美启智、以美育人、全面发展、艺体见长”的办学特色。每年向高等学校输送大批艺术体育类人才,高考录取率持续稳居全区普通校第一名,使学生真正体会到走进三中、享受成功。

北京市昌平区医院

成为首都医科大学临床教学医院

北京市征兵工作领导小组副组长、卫戍区副司令员石志远来院检查指导征兵工作

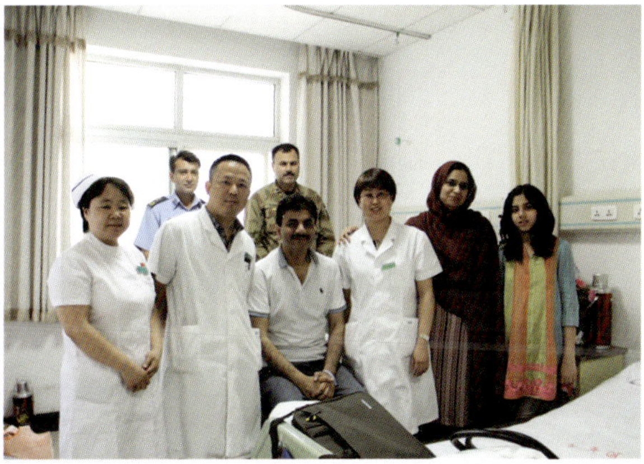

成功救治国防大学防务学院巴基斯坦学员哈立德准将

“中国科学院生物物理研究所转化医学研究基地挂牌”仪式

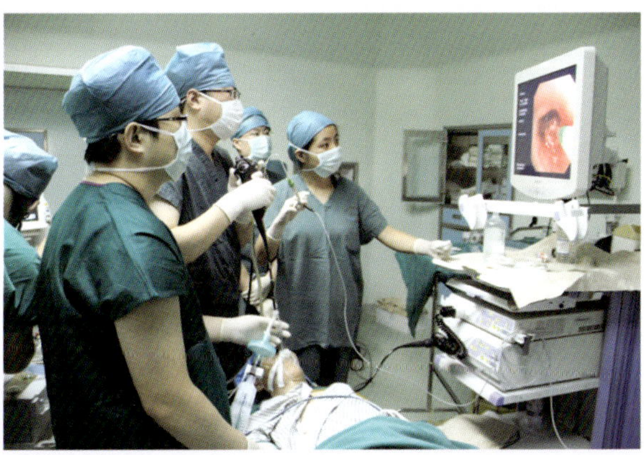

首例呼吸内科支气管镜下肿瘤摘除术

新建成的内儿病房大楼

北京市昌平区中医医院

国家中医药管理局医政司司长许志仁参加区中医医院等级评审汇报会

北京市中医管理局局长赵静实地调研医院建设

与北京中医药大学东直门医院开展学术协作

南院区候诊大厅

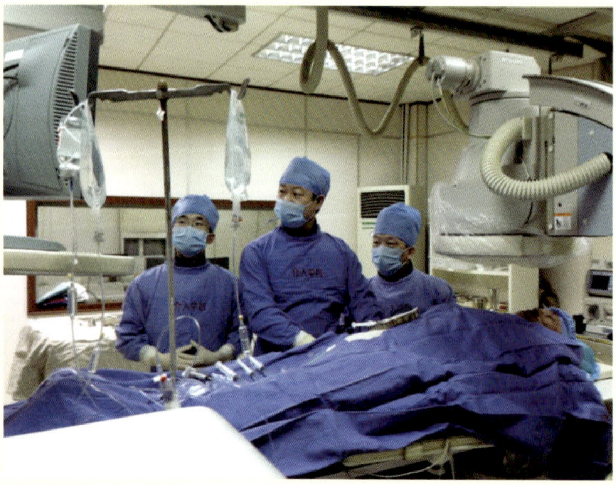

冠心病介入治疗科成立并接诊

李葆富先生传承工作室正式开诊

北京市昌平区城南中心小学

12月31日，北京市文联为慰问随迁人员，市区领导与演职员们合影留念

12月31日，北京市文联慰问随迁人员及子女师生进行表演

6月1日，城南中心举行"六一"庆祝大会

5月26日，城南中心小学参加北京市科技英语大赛荣获特等奖

3月5日，北京市昌平区城南中心小学少先队开展"学习雷锋好榜样 北京精神少年行"主题队日活动"

7月28日，5位城南中心小学教师参加全国中小学信息技术创新与实践活动，2人获得一等奖，3人获得二等奖

12月4日，法制宣传教育日、宣传员向家长发放法制专刊

4月13日，城南中心小学参加红星快乐营实践活动，同学们在制作陶艺

北京市昌平区阳坊中学

9月7日，昌平区委、昌平区教委、阳坊镇领导来阳坊中学慰问教师

12月31日，阳坊中学第五届艺术节暨庆元旦文艺汇演

3月，阳坊中学志愿服务队建队仪式

12月7日，阳坊中学张琳琳老师在四校联盟市级现场会上作典型发言

2012年，北京市昌平区阳坊中学现有教职工59人。其中高级职称9人、中级职称21人。专任教师53人，区骨干教师11人，区学科带头人1人；本科以上学历49人。开设初中教学班12个。初中毕业生74人；招初一新生72人；在校初中生192人。

学校坚持“全面发展铸就人生基础，学有特长提升人生品位”的办学理念和“培养文雅学生，成就儒雅教师，形成高雅学校”的学校发展目标，贯彻“以德育人，科学管理育人，培养学生独立理性选择正确价值观的能力，提高学生人文素养和科学素养”的办学思想，发扬“团结、服务、奉献、创新”的阳坊中学精神，采取“以目标管理促发展，以机制创新促发展，以点带面促发展，以活动促发展”的办学措施，确立了“学校因我作为更精彩”、“走向崇高，拥有崇高”的教育思想，认真开展“践行北京精神，做一个有道德的人”德育主题教育实践活动，认真贯彻“两个优化，五个落实和七要四不”教学原则，深化教学改革，积极打造有效课堂。学校中考总评成绩位居全区第九名，农村平原学校第四名。在昌平区中小学春季田径运动会上荣获初中二组第三名；初二年级代表昌平区参加北京市体质测试赛，获北京市第六名，位居昌平区三所参赛学校第一名；在昌平区秋季系列赛中获跳绳第二名，定向越野第六名。学校被评为昌平区教育系统第十一届“平安之路”交通安全先进单位、昌平区“十一五”可持续发展教育项目实验先进单位、昌平区教育系统工会工作先进单位、昌平区先进少年军校、第十五届全国青少年“五好小公民”主题教育活动示范学校、昌平区教育史志工作先进集体、2006年—2010年昌平区教育系统法制宣传教育先进单位、阳坊镇创先争优先进基层党组织等。12月7日，和百善学校、长陵学校、亭自庄学校共同组织筹备的“发挥校际联盟优势，促进学校共同发展”四校联盟市级现场会在百善学校成功举办。

科技·教育·文化·卫生·体育

科　技

【概　况】 2012年,区科技工作以科技项目为抓手,全面致力于未来科技城建设,探索出一条"多措并举,协调推进"的新路子。创建央企"一对一"服务,完善未来科技城服务机制。成立未来科技城科技服务部,负责具体推进央企科技服务工作。中国神化、中国商飞等企业已与区科委相关部门建立稳定的业务关系。加大项目组织力度,形成联合调研的良性互动机制。与未来科技城各部门及央企挂职领导保持紧密联系,及时有效对接市科委相关业务处室及其主管领导,并实时跟踪央企项目动态信息。加大项目申报组织力度,开展项目咨询、组织推荐及后续服务工作,建立较为详细的未来科技城入驻央企档案,形成联合调研的良性互动机制,为后续科技项目的组织申报奠定坚实基础。通过重大项目切入、知识产权跟进、科技成果展示等措施,全力保障"第七届世界草莓大会"的科技工作顺利开展,促进全区的草莓产业优化升级。为加快培育和发展民生科技产业,以全面提高农产品市场竞争力为核心,以增加农民收入为目的,充分整合资源优势,积极发挥科技创新驱动效应,集成政策,引进技术,着力打造精品农业、特色农业,重点实施三大"科技惠农示范工程"。

（孔繁华）

单位名称:昌平区科学技术委员会
地址:昌平区东关二条1号
电话:(010)69700663
邮编:102200

【区温泉特色科技示范园升级改造】 1月5日,经过半年设计施工,昌平区温泉特色科技示范园一期4个日光温室已全部完成升级改造,区科委、承建方(北京市太阳能物业管理中心)和使用方(北京君知雨生态园)共同参加验收仪式。

（孔繁华）

【推荐的5个项目获奖】 1月10日,2011年技术市场工作会和第十三届金桥奖颁奖会在翠宫饭店召开,区科委推荐的5个项目获奖。

（孔繁华）

【区知识产权工作会议召开】 1月12日,区知识产权局组织召开"昌平区知识产权工作会议暨2011年度昌平区专利资助及奖励专项资金兑现会"。副区长周云帆、市知识产权局张伯友处长、区科委主任李万佰、区知识产权局局长王永林等领导出席会议。2011年,全区共受理申请1867件,审核通过1798件,此次会议资助、奖励金额228万元,涉及50个企业及个人。

（孔繁华）

【完成2011年度全国科普统计工作】 1月19日,通过区科委的积极推进,昌平区市级科普基地、各委、办、局及其直属单位和各镇(街)等65家单位,结合实际情况统筹安排,均按时完成数据录入、报送,圆满完成2011年度全国科普统计工作。

（孔繁华）

【区领导到区科委听取区科技创新工作汇报】 2月1日,副区长周云帆到区科委听取区科技创新工作汇报,区科委主任李万佰及党组班子成员参加会议。周云帆在听完汇报后指出,科委要进一步明确科技创新的重要意义,全面整合科技创新资源,发挥其最佳效益,努力形成比较完善的科技创新体系,推进区科技创新跨上新台阶。

（孔繁华）

【区政府顾问调研第七届世界草莓大会筹备工作】 2月13日,区政府顾问李继扬带领北京市农业局退休老干部到区调研第七届世界草莓大会筹备工作。李继扬指出，要及早谋划场馆设施后续开发利用，做好知识产权的防护措施，充分发挥大会辐射拉动作用，进一步促进昌平区都市型现代农业的快速发展。

（孔繁华）

【对零售商品开展执法检查工作】 2月13日，区知识产权局、工商昌平分局与区旅游局联合对草莓大会主会场九华山庄的零售商品开展执法检查工作。对九华山庄零售商品知识产权保护、价格、质量等进行全面检查。

（孔繁华）

【国家科技奖励获奖名单公布】 2月14日，国家科技奖励获奖名单公布，其中由中国石油大学（北京），北京利尔高温材料股份有限公司参与承担的6个项目获得国家科学技术进步奖二等奖，由北京亚都空气污染治理技术有限公司参与发明的1个项目获国家技术发明奖二等奖。

（孔繁华）

【首次设立知识产权保护机构】 2月16日，由区知识产权局、区工商分局等相关单位组成的知识产权专业队伍，正式进驻第七届世界草莓大会，为参展商提供知识产权保护。此次大会，区知识产权局、区工商局等6家单位与参展商签订《参展知识产权承诺书》《展会知识产权保护办法》《北京市展会知识产权保护办法》等相关规定将在草莓大会官方网站上进行公示。这是区大型展览活动中首次设立知识产权保护机构。

（孔繁华）

【市知识产权局领导考察草莓大会展会知识产权办公室】 2月20日，市知识产权局局长汪洪带队考察草莓大会展会知识产权办公室。副区长周云帆、区知识产权局局长王永林陪同检查。汪洪一行查看了企业、高校的专利发明及科研成果展示情况，并要求知识产权办公室做好对展会中专利产品和植物新品种的统计工作，及时化解展会纠纷，为大会圆满举办保驾护航。

（孔繁华）

【区中小学生参观科普场馆动员部署会召开】 2月21日，全区中小学生参观科普场馆动员部署会召开。副区长周云帆、区科委、区科协、区教委、北京市四合汽车公司及各学校相关负责人出席会议。该项活动被列入区政府为民办实事工程之一，全年由区政府安排300万元专项资金，计划共组织3万名中小学生参与。

（孔繁华）

【天麻产业重大项目专题研讨会召开】 2月22日，区科委邀请区政府顾问李继扬研究员、中国农业大学卢凤君教授、北京农学院蒋林树教授和金六环农业园等专家学者，召开天麻产业重大项目专题研讨会。区科委主任李万佰介绍了昌平区发展天麻产业的基本情况，各位专家为区天麻科技示范重大项目的申报提出建议。此次研讨会，有效促进了市、区两级科委的业务交流，使区科委的项目申报工作更为贴近市科委工作思路和地区需求。

（孔繁华）

【区6个项目进入市科技型中小企业技术创新资金拟立项项目】 2月28日，市科委公布2012年度北京市科技型中小企业技术创新资金拟立项项目名单，昌平区有6个项目进入该名单。

（孔繁华）

【区科技企业孵化联合会工作会召开】 3月6日，区科技企业孵化联合会工作会召开，主要议题是确定2012年工作计划，讨论孵化器所属企业与北京化工大学对接活动方案，并决定于近期组织对接活动。

（孔繁华）

【推荐科技成果落地培育项目顺利通过】 3月9日，区科委推荐的“大型火电空冷系统空气导流技术研究及示范应用”和“废弃脱硝催化剂再生处理及回收处理技术的研究”两个科技成果落地培育项目，通过北京市组织的专家论证会。

（孔繁华）

【区15家企事业单位成为市专利试点单位】 3月9日，市知识产权局发布《关于认定2011年度北京市专利试点验收合格单位的通知》，辖区内的瑞奇外科器械（北京）有限公司、北京雪迪龙科技股份有限公司、北京勤邦生物技术有限公司、北京天维宝辰化学产品有限公司等15家企事业单位顺利通过验收，并获颁《专利试点单位证书》，成为北京市专利试点单位。

（孔繁华）

【区科委调研中央财经大学科技园昌平园】 3月13日，区科委主任李万佰到中央财经大学科技园昌平园调研，了解北京博新精仪科技发展有限公司上市情况,中央财经大学副校长王瑶琪、大学科技园总经理夏鸿义、北京博新精仪科技发展有限公司总经理谢巍陪同调研。调研中谢巍总经理表示该公司预计2012年5月在德国上市。李万佰对公司上市、知识产权保护、科技成果转化及人才的引进等方面提出建议,并表示科委将给予大力支持和指导。

(孔繁华)

【开展全区3·15消费者权益日知识产权专项执法行动】 3月15日,区知识产权局联合区文化委、工商分局开展全区3·15消费者权益日知识产权专项执法行动,执法队重点对三街市场、金五星批发市场等区域开展检查,收缴三街市场报刊亭的盗版光盘12张,盗版图书120册。查处小商品市场经营区域侵权箱包案件3个。进一步净化了市场环境。

(孔繁华)

【建设鲜天麻中试基地】 3月中旬,区科委在去年实验基础上,与北流村合作建设鲜天麻中试基地,占地面积30亩,大棚20座,预计年产20万斤,该基地的建立,标志着区已将天麻基础研究转为应用研究,为构筑天麻全产业链奠定基础。

(孔繁华)

【"农业先导技术科技示范基地建设"通过专家验收】 3月16日,由区政府主持的"农业先导技术科技示范基地建设"通过专家验收,该项目的设立是以项目建设推动国家现代农业科技城建设和科技支撑第七届世界草莓大会的重要举措,是由市科委支持,区政府主持的重大农业科技项目,项目资金960余万元。

(孔繁华)

【市科委重大专项办调研未来科技城】 3月22日上,市科委重大专项办公室主任徐琤一行6人到未来科技城调研,未来科技城管委会产业发展处处长张贵林,区科委主任李万佰、副主任宋红等陪同调研。徐琤在听取未来科技城公司关于科技相关的工作及项目汇报后,重点对未来科技城公共服务区、平台建设相关的项目、入驻央企引进"千人计划"的专家科研项目立项等进行了具体指导。李万佰表示科委将尽全力助推未来科技城项目立项。

(孔繁华)

【区生物医药领域项目汇报会召开】 3月23日,昌平区生物医药领域项目汇报会召开,市科委生物医药处处长巴纪兴带队参会。此次汇报会,区科委根据市科委的工作要求,精心组织、认真审核,共从18个项目中筛选了6个项目的集中汇报,其中百济神州、中生朗捷公司的2个项目得到处领导的认可,建议细化项目方案,尽快报送市科委。

(孔繁华)

【推荐3个重大科技成果转化落地培育项目】 3月23日,区科委正式发函,向市科委重大办报送2012年昌平区推荐的重大科技成果转化落地培育项目3个,分别是"泛在绿色创新标准IEEE1888(未来科技城)绿色节能应用示范"、"高温高压小井眼测井系统"、"面向城市安全的大规模网络集成安全检查设备及系统"。

(孔繁华)

【2012年科技工作会召开】 3月26日,区科委召开2012年科技工作会。区各镇(街)主管科技的镇长(主任)和科技专管员40人参加会议。会上,区科委主任李万佰介绍了2011年全区科技工作情况并提出2012年全区科科技工作思路,指出2012年科技工作将继续坚持"两高一实"的工作方针,围绕一个"中心",突出三个重点,做好八项工作。

(孔繁华)

【举行昌平区科技企业孵化器与化工大学科技成果对接会】 3月27日,由区科委组织、北京化工大学承办的"昌平区科技企业孵化器与化工大学科技成果对接"会在北京化工大学科技园举行。与会双方进行了对接,达成了多项初步意向。

(孔繁华)

【2012年昌平区知识产权进校园工作会召开】 3月28日,区知识产权局组织召开"2012年昌平区知识产权进校园工作会"暨"2012年知识产权进校园培训会",区教委及37所中学授课教师参加会议。会议总结了过去一年的工作成绩,部署了2012年主要工作任务,并邀请北京陆浩知识产权代理有限公司杨丽萍为教师进行了知识产权授课培训,进一步丰富了授课教师的知识产权知识。

(孔繁华)

【举行四下乡服务活动】 3月29日,"文化、科技、卫生、法律"四下乡服务活动在延寿镇北庄村举行。区科委聘请中科心理研究所2名心理咨询专家，向村民捐赠农村科技图书，发放科普宣传材料1000余份，展出宣传展板20块，受到村民的热烈欢迎。

（孔繁华）

【举办知识产权培训会】 3月，区知识产权局在北京首创宇轩科技孵化器、北京绿创科技孵化器举办2场中小企业知识产权培训。孵化器的40余家企业负责人和专利管理人员50余人参加了培训。培训会邀请了北京集佳知识产权代理公司的专家就企业如何撰写专利文件交底书，如何开展专利保护等基础知识进行了详细的讲解。

（孔繁华）

【创建新农村低碳、节能住宅】 4月5日，区科委创建新农村低碳、节能住宅这一重大工程项目，旨在通过新型环保材料应用、太阳能光热、地热等多项节能方案措施集成推广，打造一座绿色、低碳、节能的新农村民居试点，从而实现民居住户最大程度减少常规不可再生能源的使用量。

（孔繁华）

【引进黄河口大闸蟹】 4月7日，区科委与山东东营市海洋渔业局、山东黄河口水产有限公司大闸蟹养殖签约暨蟹苗投放仪式在十三陵水库龙母庄养殖基地举行。区政协副主席李雪红和相关专家出席仪式。经过一年试养，取得养殖成功，2012年决定扩大养殖规模，此次共同投放蟹苗总计1万只。

（孔繁华）

【开展"知识产权在我身边"系列活动】 4月20日至26日昌平区知识产权宣传周期间，围绕"创造、保护、发展"的主题，在区38所中学发起"知识产权在我身边"系列活动。活动通过开展知识产权图片展览、知识竞赛、专家讲座等丰富多彩的形式，将相关知识传递到中小学生群体，为学生提供一个可以充分认识和了解知识产权的平台。

（孔繁华）

【专利资助及奖励申报工作启动会召开】 4月25日，区知识产权局组织举办"企业知识产权培训暨专利资助及奖励申报工作启动会"，国家工商总局、北京12330保护知识产权举报投诉中心、区人民法院知识产权厅及12330保护知识产权举报投诉中心昌平工作站出席会议，60余家企业参加了会议。会议为大家详细讲解了专利政策，商标的申请流程与维护，知识产权诉讼程序等相关知识及12330工作站的基本职能，对企业今后的知识产权工作将起到积极的促进作用。

（孔繁华）

【世界知识产权日宣传周活动】 4月26日，区知识产权局牵头，工商昌平分局、区文化委、区人民法院、区检察院、区商务委等部门参与，在亢山广场举行了以"创造保护发展"为主题的世界知识产权日宣传周活动。活动期间，开展了知识产权的宣传和咨询服务，共发放《中华人民共和国专利法》《知识产权100问》等宣传资料2000余份，接受咨询100余人次。

（孔繁华）

【科技周昌平区活动开幕式】 5月19日，北京科技周昌平区活动开幕式科普宣传活动在亢山广场举行。区科委在活动中针对百姓科技需求，向群众发放《科技在我身边》《科普畅游手册》《技术合同登记问答》《技术市场宣传手册》、科普杂志、科普光盘等图书和资料2500余份。

（孔繁华）

【昌平数字科技馆项目开始建设】 6月，昌平数字科技馆项目开工建设。

（孔繁华）

【获区政府100万元的科技奖励资金】 7月，获得首届霍华德休斯医学研究所的国际青年科学家奖的北京生命科学研究所4名高级研究员共获得区政府100万元的科技奖励资金。

（孔繁华）

【举行2012年昌平鲜天麻产销合作签约仪式】 8月23日，区科委举行2012年昌平鲜天麻产销合作签约仪式，区科委主任李万佰、副主任李雪红、北京昌明联盟集团有限公司董事长邹本良出席仪式。北京昌明品尚天麻科技有限公司负责人与北京易占行天麻种植有限公司、十三陵镇下口村股份经济合作社、北京顺道种植园及北流村种植户等37个天麻种植大棚负责人签订了鲜天麻收购合同并为每个大棚天麻先期支付了1万元收购定金。

（孔繁华）

【组织专家与企业家一行到洛浦县进行考察】 8月，区科委组织专家与企业家一行8人赴北京援疆定点洛浦县进行考察学习。区科委主任李万佰详细了解了支援建设的洛浦科技信息平台建设情况，代表昌平科技战线员工和全区人民的心愿向洛浦县玛丽艳小学捐赠了25台电脑，并表示将和洛浦县保持长期合作，向洛浦县提供需要的科技人才、科技技术、种苗等服务。考察期间，区科委和洛浦县科技局签订了战略合作框架协议。

（孔繁华）

【举行区科普工作者培训班启动仪式】 9月4日，2012年昌平区科普工作者培训班启动仪式在昌平鲜果乐园举行。区科委主任李万佰、副主任李雪红及各镇（街道）、社区科普工作者40余人参加启动仪式。李万佰在仪式上对学员们提出增强学习的紧迫感，确保学习的参与性，提高学习的实效性三点要求。

（孔繁华）

【举办昌平区公务员科普报告会】 9月14日，昌平区公务员科普报告会举办，来自全区的200余位公务员坐在一起学习科普知识。北京大学公共卫生学院社会医学与健康教育系副主任钮文异教授，围绕“身体健康、心理健康、社会适应”等方面开展了既有理论知识，又联系实际的心理咨询讲座。

（孔繁华）

【市知识产权局领导调研华北电力大学】 9月26日，市知识产权局周砚局长与区知识产权局局长王永林一行，到华北电力大学开展第五批北京市专利示范单位调研工作。周砚指出，华北电力大学拥有明显的特色资源优势，学校领导应将知识产权工作与学校的发展规划紧密联系起来。王永林表示，日后将继续加强与校方的紧密联系，促进知识产权对学校科研发展的深层带动作用。

（孔繁华）

【“2012年农民专业合作组织商标注册工作会”召开】 10月17日，区知识产权局组织区各乡镇有关农业合作社负责人召开“2012年农民专业合作组织商标注册工作会”，指导合作社开展农业商标注册工作。本次共资助11家农业合作社11个商标的注册，涉及果品、种植、餐饮服务等领域的33个类别。

（孔繁华）

【节能低碳住宅项目顺利通过专家验收】 10月18日，区科委节能低碳住宅项目顺利通过专家验收。该项目对昌平区新农村建设是一次突破性的实践。

（孔繁华）

【北京品尚鲜天麻产品上市新闻发布会召开】 10月30日，由区科委、区卫生局、区中医管理局主办，北京昌明联盟集团有限公司和北京昌明品尚天麻科技有限公司联合承办的“北京品尚鲜天麻产品上市新闻发布会”在昌平区财会之家召开。发布会的各位嘉宾从不同角度介绍了区推进天麻产业发展的概况和“品尚鲜天麻”发展统一规划，并对中央电视台、北京电视台等二十余家到会媒体记者的提问作了详细解答，使与会各界对鲜天麻的药用价值、发展概括、市场前景、经济带动作用等方面有了更深刻的认识和了解。

（孔繁华）

【“国家现代农业科技城昌平园建设”研讨座谈会召开】 11月8日，区科委组织中国农业大学卢凤君教授和有关专家召开了“国家现代农业科技城昌平园建设”研讨座谈会。区政协副主席李雪红、区科委主任李万佰、总工程师张正伟、小汤山现代农业科技示范园、区园林绿化局、区农业服务中心等有关部门领导出席研讨会。与会专家指出，国家现代农业科技城昌平园率先通过了农科城建设发展规划，特色产业有了进一步发展和创新，昌平利用现代服务业引领现代农业、打造新型农业产业链，农业潜力无限，大有可为。

（孔繁华）

【举办“昌平区青少年知识产权竞赛”】 11月20日，区知识产权局在昌平区百善中学举办“昌平区青少年知识产权竞赛”。来自全区36所中学的代表队参加了比赛，经过预赛、决赛的激烈角逐，最终北京师范大学附属回龙观育新学校代表队荣获比赛一等奖。

（孔繁华）

【参加“12·4”法制宣传日活动】 12月4日，昌平区法制宣传日活动在亢山广场集中开展。区科委积极参加“12·4”法制宣传日活动，为群众发放《科技在我身边》等宣传材料2000余份。

（孔繁华）

【2012年昌平区首届专利集市】 12月18日，由区科委、区知识产权局、市发明协会共同主办的“2012年昌平区首届专利集市”在区体育馆拉开帷幕。集市分为使用技术专利展区、工业技术专利展区、北京发明创新奖展示区和专利洽谈区4个板块，共有60余家企业和个人的200余项专利产品参展。

（孔繁华）

【“区专利资助及奖励专项资金兑现大会召开】 12月20日，“2012年昌平区专利资助及奖励专项资金兑现大会及昌平区长城杯双十奖颁奖大会”召开。会上，对59家企业和6名个人的4900件专利。给予420万元的资助奖励。同时，为10名青年发明奖及10个实用技术创新奖颁发了奖杯及证书。

（孔繁华）

教　育

教育工作

【概　况】 2012年，在区委、区政府的正确领导下，在市教委的关心指导下，在全区各部门、各镇（街）的大力支持下，围绕“打造昌平教育品牌，创建首都教育发展新兴区”的目标要求，区委教育工委、区教委带领教育系统广大干部、教师，抓课堂促改革、抓队伍转作风、抓活动树品牌，在全市树立了昌平教育的良好形象，为全区经济社会发展做出积极贡献，圆满完成年度工作任务。

（张永宽）

单位名称：昌平区教育委员会
地址：昌平区南环路1号
电话：(010)69742570
邮编：102200

【区“十二五”时期骨干教师高级研修班开班】 1月13日，区教委召开“十二五”时期区骨干教师高级研修班开班典礼。教育部基础教育司副司长朱慕菊，北京市教育学会会长李观政、主任钟作慈，副区长刘淑华，区委教育工委书记隋彦玲、副书记韩文勇、区教委副主任苏俊山等领导出席开班典礼。苏俊山解读研修方案。韩文勇宣读昌平区教委聘请骨干教师高级研修班导师的决定。钟作慈介绍18位导师情况。昌平教师进修学校的周学荣、北京五中特级教师梁捷分别代表学员、导师发言。

（张丽芳）

【教育系统领导干部会召开】 2月9日，区教委召开教育系统领导干部会，会议就安全稳定、教学质量、队伍建设、难点调研、品牌打造、教育资源建设六方面工作进行部署。会后，与会人员围绕“十二五”教育规划，结合市区相关要求就如何促进教育发展等议题分7组进行讨论。教育系统各中小学、幼儿园、直属单位及机关副科级以上干部150人参加会议。

（樊勇）

【学校志撰写培训会召开】 3月2日，区教委教育志办公室召开《昌平区教育志》学校志撰写培训会。教育志办公室主任张永宽通报二轮修志进展情况，讲明二轮修志各单位需要上交的相关材料内容及数量，对校志一稿上交情况进行讲评。区教委高校服务办原科长葛明军从二轮修志背景、校志的篇目设计、资料的收集、学校志的编纂等方面对撰稿人员进行学校志撰写的培训；二轮修志主笔李艳平从工作心态、撰稿要求等方面进行讲解，结合二轮修志中学校志撰写样本中的相关事宜进行具体指导，并对撰写学校志稿件提出具体要求。各公办幼儿园、小学学校志撰写人员53人参加会议。

（唐明）

【教育系统“十二五”干部教师培训工作会召开】 3月14日，区教育系统“十二五”干部教师培训工作会召开。市教育学院院长李方，区教工委书记隋彦玲等领导出席会议；区中小学、幼儿园校（园）级干部、主管教师继续教育工作干部351人参加会议。会议听取《昌平区教育干部培训工作报告》《昌平区中小学、幼儿园教师培训工作报告》。会议表彰“十一五”期间教育系统干部培训优秀学员106人、“十一五”期间教师继续教育工作先进单位25个、先进个人24人，市区领导为获奖代表颁奖。回龙观中学校长、实验二小校长分别作《以培训为载体，打造优秀团队，促进学校发展》和《做有‘度’的润泽生命的教育》的干部、教师培训经验报告，对本校干部、教师的培训工作进行汇报，得到与会领导的好评。李方对昌平区“十一五”期间在干部和教师培训工作上取得的成果给予充分肯定，对昌平区“十二五”干部和教师培训工作提出建议。隋彦玲总结，坚定了加大干部、教师培训工作改革和创新力度的决心，为“十二五”期间的培训工作指明了目标，明确了方向。

（张磊）

【培训食堂管理员】 3月22日，区教委与区卫生监督所联合对全区学校、幼儿园食堂管理员进行培训。区卫生局卫生监督所专家李继忠、栗勇坤分别作《强化管理，规范经营是保证学校食品安全的生命线》《食源性疾病与食物中毒》的专题讲座，从管理的角度和病理的角度向与会人员进行培训。区教委后勤管理科要求与会人员认真领会培训内容，回单位后向全体人员做一次内部培训，提高全体从业人员的思想意识，规范操作流程，确保食品安全。教育系统学校、幼儿园食堂管理员100人参加培训。

（王建松）

【高校与中小学对接研讨会召开】 4月11日，区教委召开高校与中小学对接研讨会。武警警种指挥学院副院长梁铮、华北电力大学副校长李和明、北京航空航天大学副书记徐亚军等6所高校领导及区8所中小学校领导出席会议。会上，高校领导表示重视与地方的合作与衔接，愿意为昌平区内中小学开放本校的实验室、图书馆等资源以及无偿为中小学提供法律、心理、科普等各种知识讲座，也欢迎中小学生到大学参观。中小学校领导表示中小学对高校资源，特别是师资培训资源的需求很迫切，希望共商形成长效合作机制，同时期待在大学生志愿者服务等方面联手开展互惠互利的活动。区人民政府教育督导室副主任黄友刚表示希望高校能从实质上为区内中小学生提供优质资源，让中小学生亲身感受科学家的榜样作用，希望双方通过此次接触打开思路，达到以点带面的效果。

（樊勇）

【中小学教师多媒体课件大赛总结表彰会召开】 4月25日，区教委、区教育工会和区教育网络和信息中心联合举办的昌平区首届中小学教师多媒体课件大赛总结表彰会召开。教育工会主席对区首届中小学教师多媒体课件大赛进行总结。区教委领导就教育信息化的发展概况做简要分析，对中小学教师教育教学与教育技术应用能力的提高提出希望。两位获奖教师代表分别作《干一行思一行爱一行》《建设优质资源，提高课堂实效》的典型发言。本次大赛，共征集作品143件，包括中学组79件、小学组64件，作品涉及全区37所学校。经过评审，中学组评出一等奖6个、二等奖16个、三等奖27个，小学组评出一等奖5个、二等奖12个、三等奖19个。并推荐10个一等奖作品（中小学各5件）参加市级比赛。各中小学、幼儿园主管信息化的领导、工会主席和获奖选手300人到会。

（张庚）

【高中教师基本功培训与展示活动表彰会召开】 5月3日，区教委召开高中教师基本功培训与展示活动表彰大会。各高中校校长、主管高中教学工作的副校长、主任、高三年级组长、教研组长、备课组长，基本功参赛及备选选手、专家支持团队，进修学校领导及高中各科教研员120人参加大会。区教育工委书记隋彦玲、区教委主任李成旺出席表彰会。教师进修学校副校长陈静作题为《细节决定成败过程决定成果》的工作总结。教研员代表郑学英、基本功选手代表姜连娇分别就学校、教研团队、选手层面做经验总结。昌平二中教师吕渊、董立红和昌平一中教师周有祥进行说课展示。会上，对在市级培训与展示活动中取得突出成绩的23名教师、区级培训和展示活动中取得优异成绩的137名教师和给予本次活动大力支持的8所高中学校、80名指导教师进行表彰。

（彭博）

【举办中小学生航模比赛】 5月3日，区教委举办中小学生航模比赛。在各学校进行初赛选拔的基础上共有42所中小学校的1059名学生参加本次现场航模竞赛。比赛采用分组别、分类别的方式进行。组别分为：甲组（小学一至三年级）、乙组（小学四至六年级）、丙组（初中一至三年级）、丁组（高中一至三年级），类别有：海豹号直升机航模、全球鹰滑翔机航模、天驰橡筋航模、赛斯那仿真飞机航模、海鸥电动飞机航模。团体成绩：小学组一等奖6所学校、二等奖9所学校、三等奖16所学校；中学组一等奖2所学校、二等奖4所学校、三等奖6所学校。个人成绩：海豹号直升机航模甲组一等奖24名、二等奖35名；乙组一等奖33名、二等奖50名；丙组一等奖5名、二等奖8名。全球鹰滑翔机航模甲组一等奖14名、二等奖21名；乙组一等奖31名、二等奖47名；丙组一等奖10名、二等奖15名。天驰橡筋飞机航模甲组一等奖16名、二等奖23名;乙组一等奖51名、二等奖76名;丙组一等奖15名、二等奖23名;丁组一等奖1名、二等奖2名。赛斯那仿真飞机航模甲组一等奖18名、二等奖26名;乙组一等奖30名、二等奖45名;丙组一等奖12名、二等奖19名。海鸥号电动飞机航模甲组一等奖20名、二等奖29名;乙组一等奖46名、二等奖69名;丙组一等奖18名、二等奖28名;丁组二等奖1名。优秀辅导教师一等奖117名、二等奖45名。

(黄鑫)

【中小学校校舍安全工程】 6月5日至10月30日,区中小学校抗震加固工程完成了昌平实验小学、沙河中心小学、崔村中学等22所学校的平房和楼房翻建,总建筑面积35171平方米,投入资金11918.2万元,工程全部竣工。截至年底,历时四年,全区中小学校校舍安全工程全部完工,平房和楼房翻建共351个项目,总建筑面积349439.85平方米,其中楼房整体加固项目93个,改造面积280828.85平方米;平房翻建项目258个,改造面积68611平方米,工程总投资86601万元,改造方式均为整体加固。

(辛颖)

【2184人参加普通高考】 6月7日至8日,区2184名考生在昌平一中、昌平二中、昌平三中三个考点参加普通高等学校招生全国统一考试和高职单考单招考试。全区参加普通高校招生统一考试2029人(文史类考生815人、理工类考生1214人),单考单招考试155人。设三个考点、75个考场,并设有5个备用考场。其中昌平一中789人、27个考场;昌平二中1193人、40个考场;昌平三中202人、8个考场。昌平三中为普高三科及单考单招考试考点。缺考235科次。

(李冬梅)

【完成中招及录取工作】 6月至8月,区招生考试中心组织高级中等学校招生统一考试。全区共设9个考点、123个考场、3560名考生参加考试。2978人参加招生录取,共录取2971人,升学率99.76%。其中普高2126人(示范高中815人、普通高中1311人),占录取总数71.56%;中专407人,占录取总数13.70%;技校76人,占录取总数2.56%;职高213人,占录取总数7.17%;高职149人,占录取总数5.01%。未录取7人,其中6人为复读生、1人出国留学。

(李冬梅)

【举办教育科研走进阳坊中心小学活动】 7月6日,区教委教科室举办的教育科研走进阳坊中心小学活动。阳坊中心副校长作《依托课题研究提高教师研究能力》的科研工作经验交流,主要从学校科研工作管理与课题推进策略两方面展开交流。海淀实验小学副校长作《在研究中前行》的专题讲座,主要就怎样开展小课题研究展开。与会者学习、查阅了阳坊中心的科研档案材料,观看学校宣传短片,就"课题推进与学校科研工作管理"的相关问题与到会领导、专家进行互动交流。全区科研干部和科研骨干教师116人参加活动。

(刘桂华)

【市领导一行到百善学校进行调研】 8月8日,副市长洪峰一行到百善学校就教育工作情况进行调研。参观百善学校机床实验室、科技长廊、模型工作室、机器人工作室、体育场等设施,听取校长樊海龙对于学校发展状况的介绍,对学校在教育、教学方面取得的优异成绩给予肯定。区领导侯君舒、朱光彤、张燕友、刘淑华以及区教委领导隋彦玲、李成旺、林海波和百善镇领导徐强、李怀来等陪同调研。

(张立亭)

【暑期小学教学论坛召开】 8月23日至24日,区教委召开全区部分学校校长和全体教学干部参加的小学教学工作论坛。本次论坛分四个阶段,第一阶段是教学质量分析,教研员分别针对监控学科进行详细的试卷分析;第二阶段是习惯养成专题,教研员和典型学校代表就如何培养学生良好的学习习惯作主题发言;第三阶段是教学研讨,与会人员就"加强课程建设、深化课堂教学改革、加强学生习惯培养"三个专题进行深入研讨交流,剖析存在的问题,并提出建设性意见;第四阶段是小学教研室、体美科、义教科作总结和新学期工作部署。区教委领导到会并讲话,相关学校校长和教学干部270人参加会议。

(赵彩霞)

【高中教学研讨会召开】 8月23日至24日,区教委召开高中教学研讨会。通报2012年高考录取情况,分析高考成绩;高一、高二期末监测成绩,提出教学建议;各高中校介绍高考成绩及录取情况;总结上学年度创新性教学管理工作、教师研训工作、探索有效教学模式情况、教学评价工作;新学年教学工作的打算与安排。来自不同学校的四位教师围绕提高课堂教学有效性做典型经验介绍;布置新学年高中教学和教研工作任务。各高中校校长、教学干部、骨干教师、高中各学科教研员70人出席会议。

(彭博)

【昌平第三实验小学设立】 8月28日,经区机构编制委员会审核同意设立昌平第三实验小学。办学性质为公立区教委直属小学,区教委所属区财政全额拨款事业单位,暂核定区财政全额拨款事业编制45人,科级领导一正二副。举办者昌平教委,开办资金50万元。办学地址位于昌平区小汤山镇土沟新村小区36号,占地面积10000平方米,学校建筑面积8881.3平方米,体育场(馆)面积4000平方米。图书馆(室)藏书0.81万册。固定资产总值137.86万元。学校信息化经费投入1.63万元,拥有计算机22台,多媒体教室座位200个,校园网出口总带宽100Mbps,数字资源量20GB。有20个普通教室,18个专用教室,拥有新式的学生课桌椅,校长评估系统,校园安保技防系统。有教职工17人,其中高级职称1人、中级职称8人。专任教师11人,包括区学科带头人1人,本科以上学历14人。学校前身是大东流中心土沟小学,现有教学班5个,招生39人,在校生132人。

(张学明)

【课程建设现场会召开】 9月26日,区教委召开"构筑理想课程体系,提升学校文化品质"课程建设现场会,会议共分三大板块:参观实验二小的校园文化,查阅课程建设成果资料,观看由950名学生呈现的民乐、合唱、乒乓球操、足球、篮球、轮滑及朗诵等校本课程成果展示;与会人员深入课堂,分别观摩10节课堂教学展示课;实验二小校长高海燕作《以课程建设为路径,做润泽生命的教育》主题发言,从"解读润泽生命的教育与理想的课程体系、润泽生命的课程建设历程、对润泽生命的课程文化建设的展望"等三个方面进行介绍。学生代表和家长代表从不同角度谈对学校实施润泽生命教育的感受和收获。北京市课程研究中心副主任程舟进行点评,认为实验二小的做法实实在在地为学生终生负责:培养学生良好习惯,激发学生浓厚的兴趣。区教委主任李成旺代表两委班子高度赞赏实验二小成立八年来取得的成绩,做到了学生喜欢、家长满意、领导认可,用"感动、幸福、特色、书香"概括此次走进实验二小的感受,号召全区中小学校长学习实验二小的经验,推动全区课程教育改革。区教委、教育工委领导,全区中小学校长、教委直属单位领导及兄弟区县教育系统领导和教育工作者200人参加大会。

(赵彩霞 樊勇)

【举行第三期中青年后备干部培训班学员选拔】 11月15日至16日,区教委举行昌平区教育系统第三期中青年后备干部培训班学员选拔工作。区教工委、教委从报名条件到选拔测试,对后备干部进行严格挑选,为昌平教育可持续发展培养教育后备力量。来自全区中小学校、直属单位的82名后备干部参加笔试、面试,笔试用时两小时,笔试题型有辨析题、案例分析题和问答题等,笔试内容包括学校管理理论和实际问题等,考试采用闭卷方式进行。在笔试基础上,对82名后备干部进行面试,综合考察其素质和能力,考查以口试的形式进行,考查内容涵盖学员自我介绍、学校管理问题分析。评委由教委政工科、干训部教师及部分中小学校长组成,本着公正、公开、公平的原则,评委依据仪表气质、内容正确、思路清晰、语言表达等评分标准,对学员现场表现进行评分。共选拔40人为第三期中青年后备干部班学员。

(张磊)

【昌平区学校史志工作现场会召开】 11月21日,区教委主办、昌平职业学校承办的昌平区学校史志工作现场会在昌平职业学校召开。与会人员观看昌平职业学校专题片,了解昌平职业学校的基本情况和发展状况;昌平一中、昌平五中、昌平职业学校领导向参会学校赠送本校《2012卷年鉴》并分别介绍学校史志工作情况及编辑出版学校《年鉴》的经验;区教工委副书记韩文勇到会并讲话,强调史志工作存史、资政、教化的作用,史志工作是宣传学校、提高学校知名度的一个载体,学校年鉴是一个学校发展到一定阶段的必然产物,做好史志工作是学校凝聚人心、促进工作的手段,要求学校对此项工作高度重视,选择配备一批喜欢史志工作的同志做好此项工作,肯定学校年鉴编辑出版工作并提出贵在坚持,只有坚持才能有成效,巩固成果,各校根据自己的情况编辑出版学校《年鉴》的要求;区教育志办公室主任张永宽作《记录历史传承文化服务大局》教育志办公室工作总结。区教育志办公室成员、昌平职业学校领导、区中学主管史志工作的领导及史志工作负责人70人参加会议。

（韩玉霞）

【区民办教育总结表彰会召开】 12月20日，区教委召开2012年度昌平区民办教育总结表彰大会。区政府教育督导室围绕2012年度区行政审批工作、行政管理工作、民办教育系统取得的成绩和存在的问题、2013年民办教育发展规划作总结报告，会议表彰2012年度在民办教育工作岗位上做出突出贡献先进工作者48名、优秀教师62名、优秀协调办主任16名、优秀管理干部24名。布置2012年度民办教育机构年度检查工作。先进工作者、优秀教师、优秀协调办主任代表作典型发言。昌平区民办教育系统主要领导、教师代表和全体协调办主任167人参加会议。

（李跃龙）

【昌平区教育史志工作会召开】 12月26日，区教委召开教育史志工作会。区教工委副书记韩文勇出席会议并讲话，肯定2012年昌平区史志工作加大了示范引领的力度，成功召开西贯市回民小学"故学巡礼"专题片昌平区首发式和昌平职业学校史志工作现场会；肯定教育志办公室工作，要求大家要当学者、做学问；指出全区工作发展还不平衡，10%单位摇摇领先，6所学校出版年鉴，大部分单位完成区教育志办公室布置的上报年鉴条目工作，学校大事记规范，少数单位基本完成区教育志办公室布置的工作，单位大事记比较规范；要求单位领导和撰稿人重视史志工作，组织一支好的编写队伍，只要认真、心细、手勤就能作好此项工作。会上，对2012年度史志工作进行总结并布置2013年史志工作，表彰史志工作先进单位25个、先进个人41个、优秀条目（照片）撰稿人100个。区中小学幼儿园、直属单位、部分民办单位主管领导和组稿人200人参加会议。

（韩玉霞）

【完成学生健康体检工作】 年内，区中小学卫生保健站对本区中小学生34629人进行体检。其中小学生22522人、中学生12107人。建立学生健康档案，学生建档率100%。统计数据表明：2011－2012学年度，昌平区学生贫血患病率、营养不良低体重率、沙眼患病率、龋齿患病率、肠道蠕虫感染率达到国家规定的控制指标；但学生的视力不良率上升，尤其小学生视力不良率上升较快（小学49.18%、初中75.84%、高中84.29%）。学生肥胖问题得到控制（小学16.4%、初中15.64%、高中12.03%）。

（憨盛楠）

【学前教育】 2012年，昌平区幼儿园91所，包括区教委直属园5所、学校附属园5所、农村镇中心园12所、企业或单位办园7所、部队办园5所，社区、村办园24所，民办园33所，其中公办性质幼儿园占63%。有市示范幼儿园3所、市一级一类幼儿园16所、一级二类幼儿园1所、二级二类幼儿园7所、市级早教基地10所。教学班704个。离园幼儿3668人、入园幼儿5265人、在园幼儿17285人。教职工2516人，其中专任教师1313人，专科以上学历935人，占71.2%；有中学高级教师2人、幼儿园高级教师137人、幼儿园一级教师158人。新建、改扩建延寿镇中心幼儿园、昌平实验幼儿园、95820部队幼儿园、农学院幼儿园、山峡小区配套幼儿园、金隅万科小区配套幼儿园、上苑中心小学附属幼儿园、下庄学校附属幼儿园等，新建白浮村等7所村办幼儿园，新增2000个学位。

（谷长志）

【农学院幼儿园新园开园】 1月9日，北京农学院幼儿园新园举行开园剪彩仪式。该园按照北京市一级一类幼儿园标准设计建造，占地面积2638.6平方米，建筑面积1888平方米，办园规模6个班，可容纳近200名幼儿。新园的正式使用标志着幼儿园的教育环境与办园条件达到了一个新的水平，将会为北京农学院及回龙观文化居住区提供优质的学前教育。

（董双鸿）

【马池口镇中心幼儿园展开民乐兴趣班招生工作】 2月28日，马池口镇中心幼儿园展开民乐兴趣班招生工作，共有四个民乐兴趣班，分别是琵琶班、古筝班、笛子班和二胡班，各班分别招生5人、15人、12人、8人。根据孩子们的年龄特点和接受能力的实际情况，兴趣班采用的是小班授课的方式，活动时间为每周一和周四，上午八点半至九点半，聘请到马池口中心小学的古筝、笛子和二胡专业教师各一名进行授课，琵琶班教师由该园教师担任。授课内容为音乐常识、乐理知识、指法和技巧以及考级的曲目。专业教师的授课培训及幼儿园教师的辅导相结合,利用孩子们课余时间进行练习。

(宋瑾)

【举办青年教师才艺展示活动】 3月20日,教工幼儿园举办青年教师才艺展示活动。展示内容包括:故事、边弹边唱、舞蹈、诗歌朗诵、手工作品、绘画等,25名青年教师参加。每班派一名教师作为评委,从主题内容、艺术感染力、形式、表现效果四个方面现场评分,选出情景故事2个、诗歌朗诵1个、绘画4人、歌舞表演5人、手工作品3件,让以上教师加强练习,然后向全体教职工进行汇报展示。园长点评总结,希望青年教师要在实践中不断提升自己的艺术素养,扎实练好基本功,促进各项工作不断取得新成效。

(褚小芹)

【举办特级教师工作室活动】 3月至4月,教工幼儿园举办特级教师工作室活动。活动围绕本园的立项课题"开发主题活动,促进幼儿良好行为习惯实践研究"开展。活动介绍本学期工作室的团队成员、具体工作计划;从课题的目标和意义、加强理论学习、确立子课题、课题研究内容、研究过程与方法、课题研究的科研依据、培养幼儿行为习惯的具体做法、预期成果等方面进行细化分解,要求课题成员分工协作,扎实开展课题研究,在促进幼儿良好行为习惯品质的内化中取得一定的成效;北京市特级教师周德林进行《主题活动课程设计》的培训,从主题活动概念、主题活动原则、主题活动指导思想和理论依据、背景、目标、内容选择、过程设计、资源支持、探索与创新等方面进行讲解,帮助骨干教师提升组织主题活动课程的驾驭能力;交流研讨"大、中、小班主题活动设计",课题组成员分别针对不同层次幼儿的学习习惯目标、道德习惯目标、生活习惯目标设计了《我会说》《活动区规则我遵守》《我会洗手》和《我会上厕所》主题活动,课题组教师通过聆听对主题活动的设计提出了自己的意见和见解,周德林进行评价、补充、总结;园长总结工作室这一平台的作用,要求团队成员充分利用好这一平台,向成员提出在常规教研活动中积极发挥骨干力量,做好青年教师的传、帮、带工作,使青年教师的专业技能进步更快。园领导、大教研组长及课题组教师11人参加活动。

(褚小芹)

【开展幼儿园半日展示活动】 4月17日,机关幼儿园举办昌平区幼儿园半日活动展示——走进机关幼儿园现场会。从幼儿的区域活动指导、户外活动和教学活动三方面展示了3个年龄段6个班级的半日活动。机关幼儿园副园长马立红作《规范管理,扎实研究,有效提高教师一日活动的组织能力》的汇报,从"建章立制,明确教师日常工作的自我管理"、"引领规划,提高教师时间的自我管理"、"园本培训,促进教师课程的自我管理"、"园本激励,提高教师情绪管理"四个方面进行阐述。市早教所专家徐明从教师怎样从幼儿的年龄特点来思考问题、关注幼儿的游戏状态来调整材料和教学行为两方面给与点评;徐明以理论结合实际的方式,进行《符合幼儿的年龄特点和心理特点的半日活动》专题讲座,强调教师要从幼儿的年龄特点来思考问题,从关注幼儿的游戏状态来调整材料和教学行为。区教委、区学前教研室领导和昌平区54所幼儿园的教师80人参加活动。

(董文秀)

【组织市级早教基地送教进社区活动】 4月20日,区教委组织市级早教基地到崔村镇开展送教进社区活动。通过发放育儿宣传材料、育儿知识咨询、婴幼儿基础测量及早教亲子活动等形式,普及科学育儿知识,提高了崔村镇域内0 ~3岁儿童早期受教育率。教工幼儿园、机关幼儿园、工业幼儿园、财贸幼儿园、崔村镇中心幼儿园及崔村镇散居幼儿、家长,共计80余人参加活动。

(董双鸿)

【开展"童真元土"基地亲子实践活动】 4月至11月,区工业幼儿园分别组织中班、大班小朋友来"童真元土"教育实践基地开展亲子实践活动。春季种植活动中,教师和家长带领幼儿分小组挖坑、撒种、掩埋、浇水,体验种植的辛苦与快乐。在收获季节,幼儿在教师和家长引导下观赏品种丰富的温室花卉;和家长们一起看萝卜、拔萝卜,了解萝卜的生长环境以及生长的过程;开展亲子游戏"萝卜知识竞赛""萝卜找朋友""萝卜蹲"等。同时,开展"快乐水培"亲子活动,职业学校教师给幼儿介绍植物的种类及生长所须条件;幼儿参观温室中用来调控温度的暖气、水帘,感知适宜的环境对植物的重要意义,关注水、空气、土壤的清洁,感知它们对植物生存的重要性;与家长一起进行水培植物的栽培活动。让幼儿在活动中体验到劳动的快乐，丰富对植物的感知，感受合作的快乐。教师、幼儿、家长共325人次参加活动。

（李迎春　袁媛）

【开展手拉手活动】 5月24日，教工幼儿园开展手拉手活动。本次手拉手活动接待南口中心幼儿园来园展示教研活动过程。南口幼儿园展示的教研活动内容为“图书区的环境创设与材料投放”，教工幼儿园副园长张艳清、大研教组长杜娟、中班教研组长张海霞、国防大学第三幼儿园5名教师现场观摩，最后交流研讨，对教研内容的选择、教研过程、组织形式作为亮点分享学习；指出幼儿图书区要相对安静，不要紧邻建筑区、表演区，要有效利用图书区墙面，墙面应显示与图书、阅读相关的信息。

（褚小芹）

【举办跳蚤市场爱心义卖活动】 5月24日和28日，机关幼儿园举办跳蚤市场爱心义卖活动。有278个家庭组成摊位参与活动，孩子们将家里闲置的、有再使用价值的物品，整理干净后拿到幼儿园进行交易或交换。活动中孩子和家长们热情高涨、踊跃推销和购买义卖物品。活动结束后，幼儿园将代表孩子们将义卖所得款捐赠给贫困地区的孩子们。孩子们通过参与“跳蚤市场”这一小小的社会环境活动，对物品的价值有了初步的评估能力和对物质可以循环利用的意识和社会交往的能力也得到提高。活动让幼儿知道了我们要尽自己的微薄之力去帮助那些需要帮助的人。

（董文秀）

【开辟种植、养植园】 5月27日，昌平区滨河幼儿园在幼儿园东侧开辟种植、养植园。种植园里种着草莓、西红柿等蔬菜、水果及农作物；同时建造了兔子养殖园。每个班级认领一块种植园进行管理，每周每个班级幼儿轮换到养殖园喂养动物。种植园、养殖园的建立为幼儿观察大自然，了解各种树木、花朵、农作物、蔬菜、水果的生长过程提供了很好的探索空间；让幼儿体验种植、护理的过程，组织幼儿参与收获，将收获的蔬菜拿到食堂制作食物，让幼儿感受劳动的果实。师生260人参与活动。

（杨光）

【举办第一届科技节】 6月1日，回龙观镇中心幼儿园举办第一届科技节。科技节以“小手拉大手，我们共同游”科学游园会的形式呈现。幼儿园共有20个组27个项目开展科学实验展示活动，内容有瓶子吞鸡蛋、蜡烛燃烧、甘蓝汁变色等。活动当天的科学游园会把27个项目分为：体验区、挑战区、游戏区三组开展活动。孩子和家长自主选择活动项目，共同参与。师生、家长602人参加活动。

（佟红攀）

【2所幼儿园通过北京市一级一类园验收】 6月26日，马池口镇中心幼儿园、长陵镇中心幼儿园接受市一级一类园验收。验收组由市教委学前处、市教科院早期教育研究所以及市妇幼保健院领导和专家组成，通过听取园长汇报、观看半日活动、查阅档案材料等形式从管理、办园方向、保教工作以及卫生保健等方面对两所幼儿园进行全面检查，两所幼儿园顺利通过专家组验收，至此，区一级一类幼儿园总数已达16所。

（董双鸿）

【学前教育研讨会召开】 8月23日至24日，区教委召开暑期学前教育研讨会，各参会幼儿园园长围绕如何打造园所特色、加强教师队伍建设、提高学前教育整体质量、创新学前教育管理体制改革的新方法、新途径几个方面进行讨论，并就区幼儿园园长工作评价、区级示范幼儿园评选征求园长意见。区教委就幼儿园收费及入园等热点问题进行工作部署。教委直属园园长、学前科成员20人参加研讨会。

（董双鸿）

【举办小鬼当家主题游戏活动】 9月至12月，机关幼儿园每周二定期开展小鬼当家主题游戏活动。活动引导幼儿进入生活，接触生活，体现“来源生活，回归生活”的教育理念，为幼儿创设一个模仿生活、充分自由的游戏空间。游戏内容分为服务类、创作类、消费类、表演类、藏画阁，幼儿通过剥豆子、当小小送货员、当场创作美术品并出售等方式挣钱，幼儿挣到钱后可到小超市、电影院、照相馆等幼儿喜欢的消费区进行消费。幼儿自己充当收银员、检票员、照相师等职业，通过设定这样一个特定的环境，让幼儿以游戏的方式体验生活中遵守规则、与人交往、动手做事、消费交易等等的本领。共活动20次，幼儿700人次参加活动。

（董文秀）

【开展保护环境捡拾垃圾活动】 10月20日，幸福童年双语幼儿园组织青年教师开展保护环境捡拾垃圾活动。教师们早8点在幼儿园集合,团支部书记作活动安排,并对活动提出要求,集体乘车前往活动目的地——奥林匹克森林公园。到达公园后,教师们两人一小组,一路捡拾垃圾,以实际行动传播"共建生态文明,共享绿色未来"的环保主题。最后,大家在一起表演以"保护环境从我做起"为主题的游戏和娱乐节目。32名教师参加活动。

(刘敏)

【举办首届民办幼儿园演讲比赛】 10月27日,区教委举办"向石丽颖老师学习,做营造童话世界的天使"为主题的民办幼儿园青年教师演讲比赛,来自全区9所幼儿园12名选手参加决赛。现场演讲采用百分制,从形象风度、演讲内容、语言艺术、综合印象四方面对演讲选手进行评分。2人获一等奖、4人获二等奖、6人获三等奖;8所幼儿园获"优秀组织奖"。市教委民办教育处、团区委、区政府教育督导室、区教委、北京王府学校以及东小口镇、北七家镇、回龙观镇领导和来自38所幼儿园近800名民办单位教职工参加比赛。

(汤武)

【举办走进机关幼儿园现场会】 11月14日,区教委在机关幼儿园举办"以美育人,和谐发展——走进机关幼儿园现场会"活动。全区所有高中、初中、小学、学前的校长(园长)160人参加会议。市教委副主任罗洁、市学前教育处处长张小红,副区长刘淑华,区教委书记隋彦玲、区教委主任李成旺等莅临现场。现场会由大班的小朋友当讲解员向全体来宾介绍园所环境,通过观看园所宣传片,观摩中班幼儿音乐活动,观摩开放式游戏活动"小鬼当家"系列活动,让与会人员感受机关幼儿园"以美育人,和谐发展"的教育理念。活动后各级领导和专家都给与高度评价,并就本次活动谈了自己的感想并进行了点评。

(董文秀)

【开展家长评教活动】 12月20日至23日,关幼儿园开展家长评教活动。活动以不记名发放问卷的形式开展,评价内容包括:主动热情服务家长,听取家长的意见和建议,能满足家长的合理要求;教师与孩子的感情融洽,孩子喜欢班上的老师;教师能尊重你的孩子,您的孩子经常能得到他的表扬和鼓励;热爱幼儿,对幼儿亲切耐心,不体罚变相体罚;信心照顾幼儿,做好对幼儿的生活护理;孩子的成长与进步;对幼儿园环境满意度;对幼儿园每日伙食满意度;对幼儿园安全措施满意度;喜欢老师以什么方式与您交流;对园务工作满意内容和不足。活动共发放问卷753份,回收753份,家长满意率为97%,其中有15名教师的满意率为100%。

(董文秀)

【基础教育】 2012年,区小学85所(公办84所、民办1所);毕业5245人,招生6904人,在校生36480人。教职工2826人,其中专任教师2414人;小学入学率100%,巩固率100%,毕业率100%。中学43所(公办37所、民办6所,初中18所、完全中学9所、高中1所、一贯制学校15所);毕业6897人(初中4640人、高中2257人),招生7626人(初中4498人、高中3128人),在校生22008人(初中13575人、高中8433人);初中入学率100%,巩固率100%,毕业及格率100%;教职工3701人,其中专任教师2814人。特殊教育学校2所(公办1所、民办1所),结业20人,招生17人,在校生98人,开设教学班15个;教职工53人,其中专任教师28人。校外教育单位1个,教职工43人,其中专任教师27人。全区中小学教师学历合格率100%,中小学特级教师11人(小学3人、中学8人),高级专业技术职务教师881人(小学35人、中学846人)。中小学占地总面积270.34万平方米,校舍面积101.12万平方米,绿化用地面积40.29万平方米,运动场地面积110.21万平方米。图书馆藏书230.68万册,固定资产总值113859.65万元。全年教育经费投入185540万元,其中国家拨款181424万元,自筹经费4116万元。

(樊勇)

【区初中骨干班主任培训班开班】 1月12日,区初中骨干班主任培训班开班。著名德育专家、市班主任研究会副理事长徐安德教授作《科研引领班主任专业发展的研究与实践》的讲座,从班级文化建设、班主任科研意识、班主任主题班会系列化等方面概括了班主任专业发展的内容及方向。讲座后,开展班集体建设活动,建立健全了班级管理体制和班级学习体系,选举出班委会成员,成立了学习部、生活部、信管部等6个管理部门。该培训采取专家讲座、研讨交流、考察学习等方式进行,培训以专家引领、自主研修、合作创新、综合发展的为工作思路,以让学员全程体验培训班的班级管理为基本途径,探索"引领、自主、创新、发展"研训一体的培训模式。培训内容包括班级管理、技能辅导、案例分析、教育法规等,学员完成240学时的学习并完成相关的任务后,准予结业,学制为期一年。初中骨干班主任43人参加培训。

(张捷)

【昌平二中教学研讨会召开】 2月7日至9日,昌平二中召开教学研讨会,学校初高中教研组长、学科组长和部分学科优秀教师及教学干部106人参加研讨。会议围绕三个主题分阶段进行。会议着重研讨"鲲鹏实验班"方案修订及实验班高一阶段的教学安排,参会人员对三年来"鲲鹏实验班"实验实施情况进行深入反思,根据实际情况提出实验方案的调整意见;大家还研究了实验班学生进入高中后各学科的教学、管理等问题,各学科都拿出了"鲲鹏实验班"高一上学期教学方案。会议重点研讨高中各学科新学期工作计划,各学科在学科选修课程、校本教材的开发、学科兴趣小组的开展方面提出具体实施计划。各学科教师集中交流内高班预科阶段试用教材修订工作进展情况。每阶段会议都采用先分组研讨再集中汇报的方式进行。

(张云)

【崔村中心剪纸校本课程正式启动】 2月15日,崔村中心小学民族艺术剪纸校本课程正式启动。学校结合农村地域特色,挖掘办学资源,启动剪纸校本课程。邀请昌平职业学校艺术剪纸名家丰浩老师做顾问,挑选6名具有美术功底、热爱剪纸的教师作为校本课程实施团队,由丰浩对剪纸艺术小组教师进行前期培训,该培训为期一周,每天安排三课时理论知识,结合三课时实践操作,围绕剪纸传统文化、基本技法、作品设计等内容展开细致教学,为开展剪纸课程奠定基础,剪纸校本课程正式进入学生自愿报名和授课阶段。每周授课两次,一学期共30次,利用学生活动课时间进行授课。

(刘新生)

【昌平实验中学完成体育馆设备更新工作】 2月27日,昌平实验中学完成校体育馆功能及体育设备的更新工作,共投资60万元,铺设了全新的塑胶地面,一层设置羽毛球场地5块,乒乓球厅设置乒乓球台4架,另备有两架用于专业乒乓球比赛的高档球台;二层改造成职工健身房,增设跑步机、椭圆机、立卧式自行车健身器、瑜伽垫、健身柔力球等全新设备,并对场地环境进行精心布置。学校安排各年级学生每学期进入体育馆进行体验式体育活动,委托易动羽毛球体育俱乐部,对学校体育馆包括一层羽毛球、乒乓球场地和二层健身房等场地进行物业式管理,负责校内外人员出入、场地设备日常维护、场地卫生保洁、健身安全指导等相关管理工作,由学校行政主管领导负责与被委托管理方接洽具体管理事宜。

(马红国)

【昌平二中"迟来的丰碑"报告会召开】 3月16日,昌平二中召开以"迟来的丰碑——寻找南口战役抗日遗迹"为主题的报告会。初一、初二年级全体师生共400余人参加。报告会由抗战史专家杨国庆主讲,讲述自己6年来研究南口战役,踏访当年的战地,寻找70年前的战争遗迹、遗物,并走遍大江南北寻访战争亲历者的寻访经历,展示挖掘到的战争遗物,让学生了解南口战役历史,进行爱国主义教育。昌平二中春晖戏剧社将杨老师的事迹改编成小品《迟来的丰碑》,此小品代表学校参加昌平区第十五届学生艺术节。

(王丽娜)

【举办高中通用技术学科教学现场会】 3月23日,区教委举办高中通用技术——学生技术实践活动有效开展教学现场会,市基教研中心技术教研室主任赵薇、全国通用技术课标组研究员于慧颖,区教委领导及高中校主管教学领导、通用技术学科教师26人参加活动。参会人员参观第二届通用技术学科开展的设计与制作大赛展览;前锋学校、小汤山中学教师分别作展示课《简单结构设计》《欣赏和评价典型结构设计》。课后,赵薇、于慧颖进行点评。

(庞淑芳)

【南口学校举行"防震、防火安全演习"活动】 3月26日,南口学校开展"普及安全知识提高避险能力"防震、防火安全应急疏散演练活动。演习前学校领导为师生具体说明演习时间、路线、内容,讲解演练的具体操作程序、疏散要求与注意事项,提出快、静、稳的要求。活动进行两次。第一次为防震演习,听到警报声响,各班教师停止授课,指挥学生抱头、闭眼,躲在各自的课桌侧边,用书包护住头部,进行室内应急避震。警报解除后,学校领导、教师分别在楼道、楼梯间、楼门口、操场等重要地段,指挥学生按照预定的四条疏散路线快速、安全、有序的撤离疏散到操场,疏散的同时要求学生用书包、书本护住头部。第二次为防火演习,学生听到警报声响,立刻用毛巾、衣物等掩住口鼻,降低重心,弯腰行进,从教室撤离到操场。两次演习用时均不超过1分30秒,无一人滞留室内及危险区域。全体教师参与演习。学校领导对演习进行总结,要求学生进一步加强紧急情况的自救和逃生意识,进一步做到快速有序,并及时解决演练中存在的问题。小学部师生600人参加活动。

(刘海燕)

【南口镇小学开展学雷锋活动】 3月,南口镇小学开展“弘扬北京精神,争做志愿好少年”学雷锋活动。组织三年级学生观看电影《雷锋》,让少先队员认识雷锋、了解雷锋的生平事迹;组织四年级学生开展“践行北京精神——讲雷锋故事”比赛;组织五年级学生开展“学做志愿者,清扫一条街”活动,60名学生志愿者清扫街上的废纸、塑料袋;组织六年级学生开展“净化校园,我爱我家”活动,六年级学雷锋志愿者清扫学校的橱窗、各专用教室。月底,开展“学雷锋标兵”评选活动,根据乐于助人、文明礼貌、遵守纪律等条件,通过推荐、投票的形式,评选出7名“学雷锋小标兵”。

(王春凤)

【“市高三地理复习实效性研究现场会”召开】 4月12日,“北京市高三地理复习实效性研究现场会”在昌平二中召开。本次现场会的主题是:重原理、抓细节、促方法。北京市教育学会常务理事兼学术委员会执行主席钟作慈、市基教研中心地理教研室主任李岩梅、区教委副主任苏俊山,区教师进修学校副校长陈静、各区县地理教研员及地理教师100人参加活动。钟作慈作《关于高中地理高考复习的几点建议》专题讲座,对高三复习和教学工作进行指导。昌平二中教师刘韵丽和颜晓爱分别以《重原理、抓细节、促答题》和《重获取、细解读、促方法》为主题作两节研究课,展示区地理学科“有效课堂之学生学习过程有效性研究”教学研究阶段性成果。钟作慈进行课后点评和指导,认为教师的课程理念新,重视学生学习过程的有效性和知识体系的重新建构,较好的实现了高三复习的实效性,起到示范和引领作用。

(彭博)

【举办全国校本教研实践与策略研讨会】 4月18日,全国校本教研实践与策略研讨会在区巩华中心小学举办。研讨会由中国教师研修网、区教师进修学校、昌平巩华片教学协作组共同承办。与会人员听取巩华片教学协作组负责人《开展联片教研,促进共赢发展》的联片教研经验汇报,从联片教研的背景、联片教研的思考和体会、联片教研取得的成效三方面进行介绍;观摩《生命生命》课堂阅读教学。课后围绕“关注年段特点,打造适合学生发展的课堂”主题进行研讨,做课教师介绍自己的教学设计思路,教研组长介绍教研组活动情况,青年教师代表汇报作为同伴在校本教研中的成长历程;片组校的干部教师分别从学生课堂中的主体地位、教学目标的有效达成、课堂中的有效训练、教材的深度解读、课堂中以读为本、读写结合等方面进行交流。中国教师进修网培训总监、全国校本教研项目组秘书长周卫对联片教研活动进行点评。215人参加研讨会。

(王书奎)

【举办北京市小学规范化建设工程系列展示活动】 4月19日,北京市小学规范化建设工程系列展示活动——走进昌平现场会在城北中心小学举行。全市各区县教委主任、科长、校长和本区校长320人参加活动。本次活动主题是:“育人为本,注重养成,为学生幸福人生奠基”。活动第一个环节,城北中心小学展示18节课,包括国家级课程、地方课程、校本课程,通过课堂重点体现不同年级、不同学科习惯训练点如何体现、如何有效落实。第二个环节,城北中心小学校长李乃让带领团队进行学校养成成果汇报展示,一年级组教师对习惯的专题研究,体现了教师对习惯研究的重视和有益探索;一年级学生儿歌展示,体现了一年级学生习惯养成过程和孩子们幸福快乐的童年;弟子规诵读体现了中华传统文化美德在指导学生习惯养成、塑造学生健康人格方面潜移默化的作用;快板《小小积分卡》体现了积分卡在好习惯养成中的激励评价作用;毕业生刘梦阳以及其他学生的成长故事,让每个人体会到好习惯是幸福人生的基石,是美丽人生的起点,是每个孩子隐形的翅膀。校长李乃让的《养成好习惯,为学生幸福人生奠基》报告,从好习惯好人生教育的机制建设、实施探索的途径与方法以及成效、思考等方面进行发言,为基层学校展示了丰富的实践经验。第三个环节,区县发言、专家点评和领导讲话,区教委主任李成旺全面介绍了昌平区以养成教育为突破口,确保小学规范化建设工程取得实效的方法,为其他区县的养成教育工作提供了鲜活的管理经验。市政府教育督导室副主任李壑对昌平区养成教育的思路、方法以及实际效果充分认可,肯定了几年来区城北中心小学在习惯养成教育方面的系统性、科学性和长效性。

(胡长红)

【高中研究性学习推进研讨会召开】 4月19日,北京教育科研究院基础教育研究中心主办的“北京市高中研究性学习推进研讨会”在沙河中学召开。全市各区县教研员和教师及昌平区各高中校教学主任和专职教师116人参加会议。研讨会以“合理开发和利用学科教育资源,有效推进研究性学习”为主题,就“研究性学习与学科资源整合”进行探讨。前锋学校、沙河中学的9位教师做展示课,专家对九节展示课分别进行点评和指导。昌平区教研员就两年来本区高中研究性学习教研工作的组织与开展进行汇报。沙河中学副校长就学校高中研究性学习的有效推进和对学生课题研究的组织与指导进行介绍,教师代表汇报了自己作为研学教师的成长历程。市综合实践活动学会会长陶礼光认为昌平区的教研工作扎实有效,学校针对研究性学习所进行学科资源的利用和整合的教学尝试,进一步丰富了高中研学的教学资源,为有效推进研学提供了有益的借鉴和参考;教师引导学生对学科内容当中的问题作为研究主题,通过真正的研究实践,实现了研究性学习与学科学习的紧密联系,实现了学生学科思维拓展,学科知识得以应用,综合能力得到了提升和发展。

(王欣)

【南口学校组织首届绘画比赛活动】 4月,南口学校组织主题为“用画笔画出绿色地球”首届绘画比赛活动。学校德育领导干部、美术教师5人担任评委。活动面向全校学生,自愿参加,自选画种,经初评51幅作品参加学校评比。评委从主题突出、绘画水平、画面设计、色彩处理、绘画技巧等方面,评出一等奖两幅、二等奖4幅、三等奖8幅。获奖作品制成两块展板进行展示,组织师生观看欣赏。绘画比赛活动为学生搭建自我展示和提升的平台,同时展示了学校在艺术教育、文化教育方面的成果。中学部学生723人参加活动。

(雍小龙)

【开展低年级语文教学活动】 5月3日,南口镇小学与高崖口中心小学开展低年级语文教学活动,本次活动的研究主题是随文识字。教师李阳和王蕾分别执教《三个儿子》和《四个太阳》,两位老师在课堂中把识字贯穿在导入、初读、感悟、提升的教学过程中,通过字源识字,识字随文两条途径将识字与阅读有机结合,学生学习兴趣浓厚。课后,两校领导和老师12人进行交流,认为:识字、阅读教学的整合,不是识字与阅读的简单相加,而是在低年级阅读教学中,有机进行识字教学,在识字过程中促进学生阅读能力发展。

(李荣会)

【南邵中心小学举行教师硬笔书法基本功竞赛】 5月18日,南邵中心小学举行教师硬笔书法基本功竞赛。基本功竞赛的主题:传承中华经典,展示书法艺术。比赛内容是默写中华经典古诗词,内容、字体不限,字数在100字以内,时间10分钟。评价指标:书写规范工整、字体适中美观、文笔流畅版面整洁、重心平稳、主笔突出、章法布局合理、按时完成等。学校组织六人担任评委,经过客观公正评价,从参赛的87名教师中评出硬笔书法金奖3人、银奖6人、铜奖12人。

(张淑凤)

【昌平实验中学举行学生学科基本功比赛】 5月21日至25日,昌平实验中学举行学生学科基本功比赛。参加本次比赛的为初一、初二、高一、高二四个年级的1000余名学生。比赛科目为中高考科目数学、语文、外语、物理、化学、生物、历史、地理和政治学科。初中年级设学生个人一、二、三等奖各5名,高中年级设学生个人一、二、三等奖各10名,各年级均设班级团体奖2至3名。学生个人奖按个人参赛总分计算,班级团体奖以班集体平均分、及格率和优秀率三项总和计算。本次比赛重在引导学生重视各学科基本知识、基本技能和基本方法。

(苏劲松)

【“育人为本,科学减负,健康成长”现场会召开】 5月24日,区教委在城关小学召开“育人为本,科学减负,健康成长”为主题的“减轻学生课业负担全面提高学生素质”现场会。市教委基础教育一处处长张凤华、区教工委书记隋彦玲、教委主任李成旺等领导及各学校校长、主管领导及城学校师生650人参加活动。第一部分是“阳光下成长”大型文体表演,由三场组成:“沐浴阳光”,展示学校管乐团、三四年级呼啦圈、四五年级口风琴、学校独轮车队及二年级舞蹈队的演出;“快乐成长”,展示五、六年级学生的花样跳绳和武术操表演;“放飞希望”,展示学校合唱团、校园集体舞、学校魔术小组的表演和三四年级舞蹈队的爵士舞。第二部分是教学展示,同时开放足球、篮球、羽毛球,形体、合唱、口风琴、美术、书法等10节课。第三部分是“减轻学生课业负担全面提高学生素质——走进城关小学暨体育艺术成果展示会”大会发言,该校副校长汇报学校体育艺术工作情况及成果;家长代表结合自己孩子的发展情况和参与学校活动情况发言;与会领导发言。隋彦玲在讲话中指出:“城关小学注重给孩子搭建多种发展平台,办学突出、有特色,为全区起到示范作用”。张凤华说:“今天的活动让人受鼓舞、振奋、引人深思,展示了城关小学‘减负’的成功,这是一个很好的范例,在减负工作中发挥着引领的作用”。

(邵红英)

【桃洼学校召开校内“一校一品”特色现场会】 5月30日和11月30日,桃洼学校坚持每学期召开校内“一校一品”特色现场会检查评比活动。中学部、前洼小学、檀峪小学三个学部分别召开“广播操系类展示”、“校本课程—腰鼓操展示”、“校本课程—民间艺术手工制作”为主题的首届办学特色现场会。全体干部及部分教师一行14人到三校现场从听取主管领导汇报、查阅资料、观摩、评价交流进行评比。综合两学期评选结果:第一名:中学部广播操系列展示;第二名:校本课程—民间艺术手工制作;第三名:校本课程—腰鼓操。校长王海峰做总结发言:坚持打造一校一品的原则,相互学习,向身边的人学习;今后学校发展目标:全员参与,坚持不懈,多点融合,教学相长,师生进步,形成特色,成果显著。

(谷士山　谷晓甜)

【为内蒙古希望工程教师培训班进行培训】 6月17日至21日,区教委小学教研室为内蒙古希望工程第四期“黄如论爱心基金”教师培训班的100名教师进行培训。小学教研室副主任作《深入解读课标,把握教改方向,打造适合学生发展课堂》的专题讲座,城关小学教师任季作《关于作文教学的实践与探索》的作文教学专题讲座。组织教师们到城北中心六街小学听两节低年级关于识字教学的现场课以及说课,观摩城北中心低年级学生学习习惯养成教育团队的展示交流;结合低年级教学,教研员王朝芹作《随文识字的思考与探索》专题讲座。在昌盛园小学听两节中年级关于古诗教学的现场课以及说课,教研员陈丽两节课情况进行评课,并作《古诗教学的思考与探索》的专题讲座。在二毛学校听两节高年级阅读教学的观摩课和说课,教研员高春杰作《关注文本表达,提高小学高年级阅读教学实效性》的专题讲座。在昌平第二实验小学,听三节语文校本课程现场课、一个优秀班主任的读书交流汇报,该校校长高海燕作《校园小天地,语文大课堂》的学校语文校本教研工作经验介绍。小学教研室主任王春秀带领学员就五天的学习进行交流研讨。

(高春杰)

【编写完成《魅力东区校本课程》】 6月,南邵中心小学《魅力东区校本课程》编写完成。课程分为九个部分:古镇南邵今与昔、南邵历史文化、新城东区交通、魅力新城农村、南邵物产资源、南邵现代教育、回民文化——筛海坟与护林碑、南邵新貌、展望新城未来。课程主要特点紧密结合社区实际,为学生开展综合实践活动提供了主题和时空。该校本课程于2010年2月立项,投入2万元,以电子文本形式展现,图文并茂,各占50%,免费发送给全校1056名师生。该校本课程9月排入课表投入使用,安排一至六年级十一个学期,每学期4课时,共44课时,由综合实践课教师任教。

(张淑凤)

【参加第十二届中国青少年机器人竞赛获奖】 7月19日,南口学校学生代表北京市参加第十二届中国青少年机器人竞赛,该比赛由中国科协和天津市人民政府共同主办,共有来自全国33个(省、区、市)及港澳地区的519支代表队、3100名选手参赛,竞赛分小学、初中、高中三组进行,以“激情创造快乐成长”为主题,主要内容包括以飞天圆梦为主题的机器人综合技能比赛,以仿生机器人为主题的机器人创意比赛,机器人足球比赛,以食品安全为主题的FLL机器人工程挑战赛和以大破栅门为主题的VEX机器人工程挑战赛。南口学校初二年级学生吴昊、徐浩然获初中组机器人足球比赛第一名。

(高敏)

【电脑绘画作品获全国一等奖】 7月23日,天通苑小学学生刘萱子代表北京小学生,参加在江西南昌举行的第十三届全国中小学生电脑制作活动,她的电脑绘画《记录北京》获全国一等奖。该项活动为教育部、中央电化教育馆主办,本届大赛的主题是:探索与创新。鼓励广大中小学生结合学习与实践活动及生活实际,积极探索、勇于创新,运用信息技术手段设计、创作电脑作品,培养"发现问题、分析问题和解决问题"的能力。本届比赛共收到来自全国31个省市、自治区、新疆生产建设兵团的限额推荐作品1788件作品。经过现场技术测试、答辩等环节小学电脑绘画类共产生全国一等奖10名、二等奖30名。

(王学成)

【南口镇小学开展推普周活动】 9月14日至20日,南口镇小学开展推广普通话宣传周教育系列活动。围绕"大力推广和规范使用国家通用语言文字",在校园内开展"啄木鸟"纠错行动,各班成立"啄木鸟纠察小组",对各班黑板报、学习园地、作业等进行检查,发现不规范用字予以纠正,活动共纠正错别字110个;同时,组织"中华经典诗文诵读活动"、组织学习《最容易读错的500个字音》,由各班的推普宣传员利用活动课和班会时间向本班同学推广宣传;3年级至6年级举办以经典作品为内容的硬笔书法作品征集活动和手抄报评比活动,评出优秀作品60份。

(李荣会)

【荣获"全国第四届中小学生艺术展演"北京地区选拔赛第一名】 9月20日,昌平二中金帆民族乐团在中国人民解放军军乐厅参加"全国第四届中小学生艺术展演"北京地区器乐节目现场选拔赛。此次昌平二中以委约国家一级作曲家景建树创作的新作品《冬不拉与热瓦普》参赛,作品充分体现了鲜明的新疆地区的民族风格、生动的民族情韵和磅礴的民族气魄,将新疆少数民族的器乐演奏与我国民族器乐的演奏有机结合在一起,相互衬托,展现了中小学生热爱祖国、朝气蓬勃、勇于探索、健康上向的精神风貌,体现了时代特征、校园特色、学生特点。学生们在现场将乐曲深情、灵动,热情、豪放、表现得淋漓尽致。博得专家组的一致好评,顺利通过选拔并获得第一名。

(闫静)

【南口学校举行青年教师板书比赛】 9月25日,南口学校组织小学部工作六年以内的青年教师板书比赛活动。成立由副校长陈茂胜为组长、教学干部和备课组长为组员的评审组。22名教师参加比赛。先集中抽签,决定每位教师比赛地点,统一时间开赛,赛时为15分钟,内容为书写完成自选板书设计一份。评审组按照:书写规范准确,字迹工整清楚,板面布局合理,美观实用;语句简明,知识结构完整、准确、科学,有概括性;有课题,内容层次分明,重点突出,主线清晰;体现学科特点,有创意,内容和形式和谐统一等方面现场评比,评出一等奖5人、二等奖9人。

(赵嘉起)

【前锋学校举办五十周年校庆活动】 9月28日,前锋学校举办五十周年校庆活动。李福忠、王书合等区领导出席庆典。前锋学校第一届校长赵崇喜、区人大主任李福忠为前锋学校校史馆揭牌。副区长刘淑华致贺辞,与会领导和嘉宾一同观看庆典文艺演出。参加此次活动共计3500人。期间,学校编辑出版《前锋学校50年发展历程》《我的前锋我的家》两本书。《前锋学校50年发展历程》记载学校从1962年建校起到2012年8月学校的大事记,图文并茂;《我的前锋我的家》收集了学校老校友、老教师,历届家长代表对学校的回忆。前锋学校始建于1962年,为工程兵先锋小学,是一所寄宿制小学。1964年12月,学校移交地方管理,改为先锋小学。1967年9月,改名为前锋学校,成立初中部。1969年7月,停办初中班。1973年,重新开办初中班。1982年9月,增设高中部,1983年1月,校址迁至现昌平区水库路20号。1986年,建立学前班。2000年6月,撤销学前班。与北京市艺术学校合作,创办了艺术学校分部。2001年8月,学生宿舍楼竣工,学生正式入住。2001年秋,开办英语实验班。以英语、计算机为突破口,办出学校特色;2002年11月,综合教学楼投入使用。2003年,开设武术课、航模课。2005年,撤销艺术学校分部。2008年10月和澳大利亚丛树校结成友好学校。8月,前锋学校新建中学教学楼、办公楼、艺术楼、学生宿舍楼正式使用;原中学教学楼归属小学部。2009年,创办昌平区第一家公办寄宿制小学。建校以来,共培养小学毕业生4424人、初中毕业生4289人、高中毕业生2981人。

（宋秀捷）

【南口铁道北中学开展民族体育——竹竿舞】 9月，南口铁道北中学开展民族体育——竹竿舞。学生利用体育课学习竹竿舞，并在大课间活动中成为学校的特色运动项目。竹竿舞中使用的竹竿一般直径为4厘米，长5米至6米，打竿者一般为4人至6人，分两排蹲着或坐着，其他学生为跳杆者。竹竿舞训练主要分为动作节奏感训练（口令击掌练习、打杆练习）、跳杆者下肢动作练习、舞蹈创新编排。竹竿舞是黎族、苗族和广西京族民族传统体育项目，学生可以通过用敲打竹竿控制节奏的快慢从而达到调节运动量的目的。竹竿舞运动是多人配合的集体运动项目，能培养学生的团队协作精神。

（林水平）

【开展学校特色建设】 9月，昌平实验中学围绕学生综合素质“培养”与“评价”，提出“自主诊断式学生综合素质培养模式”。制定并实施《自主诊断式教师教学及班级学生管理实施方案》；设计九套量表和相关的活动记录单，供学生、任课教师、班主任、家长使用，为学生综合素质诊断活动提供具体、操作性强的诊断评价工具，规范学生综合素质评价过程性活动的内容；创新实施《学生综合素质评优与表彰方案》，引导各评价主体在电子平台上填写时，要对照学生综合素质诊断量表的评价内容、结合综合素质档案袋的记录，开展基于事实描述的评价，较好地引导师生和家长共同参与到学生综合素质评价活动之中；开发并使用《昌平实验中学自主诊断式学生综合素质培养模式实施手册》《昌平实验中学自主诊断式学生综合素质培养模式教师工作手册》和《昌平实验中学研究性学习活动手册》。该模式立足课堂，从教师的教育教学行为出发，激励和引导教师树立、践行全面发展和自主发展的理念，引导全体教师关注课程改革和聚焦“自主诊断式学生综合素质培养模式”，树立全面可持续发展的学生发展观，同时开发拓展《北京市普通高中学生综合素质评价方案》中的三级评价指标体系，建立健全学生综合素质评价诊断量表系统，规范学生综合素质过程性评价活动和评价结果的呈现与应用，引导学生不断认识自我、实现自我教育。

（马红国）

【举办2012年昌平区新任教师培训班】 9月至12月，区教委继续教育办公室举办2012年新任教师培训班。培训班在本年度安排了8天全员的集体培训，利用每周末的一天时间开展培训活动。全区中小学、学前所有学段新任教师406人参加学习，学习内容涉及师德法规、教材教法、班级管理、教育科研、信息技术、名师风采等诸多学校工作的领域。邀请昌平名师柏继明、刘黎明、王春秀以及学科教研员、部分市级骨干教师等先后给学员们作专题讲座。截至12月29日，培训班已完成本年度所有培训任务，全部结业。

（孙长力）

【举办书法教育现场会】 10月12日，区“传承民族文化普及书法教育”现场会在昌盛园小学举办。中国书协教育工作委员会副主任、北京教科院基教研中心艺术教研室主任杨广馨，市教科院研究员朱传世，区教委主任李成旺等领导及来自全区各中小学教学主管干部和书法教师253人参加活动。二年级至六年级的554名优秀学生代表在操场上进行现场汉字书写表演，其中三年级至六年级的48名学生展示了软笔书法；展示二年级至六年级学生书写的长达35米的百首唐诗。学生表演后，与会人员观摩1节软笔书法教学课堂教学、5节语文写字教学课。会上，校长吴宝文作《传承书法文化普及书法教学践行尊重教育》的汇报，从“认识与思考”、“研究与实践”、“反思与设想”等方面介绍学校开展书法教学的成果。教师代表作《让书法艺术走进语文课堂》的经验介绍，学生代表、家长代表分别从不同角度向与会者汇报了书法教育给孩子带来的收获。杨广馨即兴发言，从文化传承的角度，对昌盛园小学的书法教育和这次现场会进行高度赞扬。朱传世从书法与教育这个角度，肯定了昌盛园小学的书法教育。李成旺对现场会进行总结，对今后昌平的书法教育提出指导性意见和要求。

（金东明）

【昌平一中召开数字化校园启动大会】 10月18日，昌平一中召开数字化校园启动大会。区教委、区教育网络和信息中心、承建方代表、监理方代表。昌平一中部分教职员工和学生代表200人参加本次大会。昌平一中副校长潘月春对数字化校园项目的前期工作进行总结，承建单位北京合众天恒科技有限公司代表对本项目的组织安排、实施计划和服务支持做简单说明，监理单位北京中百信咨询有限公司对本项目的工作内容、工作计划、人员配置、各方配合要求做简单介绍。校长林立在发言中强调一中数字化校园建设从规划到设计再到实施一定要紧紧围绕“一切为了学生发展”的办学理念,突出学校的办学特色,提升学校的办学品质。区教委副主任苏俊山认为该校作为北京市首批数字化校园建设的29所实验校之一,在昌平区数字化校园建设方面真正起到了表率作用,希望一中数字化校园建设要全员参与,在工程实施中加强三方沟通协作,三方应以高度负责的精神和行动做好一中数字化校园建设。

(周坤)

【昌盛园小学风云气象站揭牌】 10月19日,区气象局援建的昌盛园小学风云气象站正式揭牌,三四年级学生500人参加活动,区气象局局长李文华及区科学技术协会、区教委领导出席活动。活动中,李文华为学生进行《从小培养学生气象观测能力和意识》的培训,气象局为学校选派4名辅导员指导学校师生,并进行培训。学校选拔3名教师任学生气象观测站辅导员,三四年级共选拔出学生21人任风云迷气象观测员。揭牌仪式上,学校为辅导员和学生颁发证书和荣誉牌,向昌平区气象局赠送“气象普及从娃娃抓起”的锦旗。风云气象站定为每周一组织学生开展活动,每学期活动20次,该气象站将成为学生进行科学观测、科学探究的活动基地。

(郭会兰)

【昌平实验中学历史教学评比获全国一等奖】 10月23日至25日,昌平实验中学初中历史教师王涛参加中国教育学会历史教学专业委员会举行的全国中学历史教学评比大赛获一等奖。来自全国各地历史教师参赛选手256人。王涛代表北京市参赛,参赛题目是北京版教材初二年级第9课《文艺复兴》,其构思独特,采用了问题导学式的方式,引发学生的思考,使用学生新颖和感兴趣的材料。比赛分为现场授课教师组和说课组,比赛内容涉及初中、高中各个学段的教学内容。大赛分为课堂教学大赛和说教学设计大赛两个组别。

(张翠珍)

【美国北卡教育代表团访问昌平一中】 11月2日,美国北卡罗莱纳州国会议员、全球课堂联盟(GCA)理事会主席陶盛州(JoeTolson)先生率美国北卡教育代表团访问昌平一中,就加强北卡与昌平之间的教育交流与合作进行探讨。该代表团就联合办学、美国大学招收中国学生、中美高中学生交流项目、中美教师培训与交流项目与昌平一中进行友好会谈。昌平一中国际部学生参加活动。全国政协常委伍淑清、区外事办主任周玲、区教工委书记隋彦玲、区教委主任李成旺参加座谈。

(王晓东)

【开展新任班主任培训】 11月9日至27日,区教委开展新任班主任培训。各中小学、民办校和随迁子女学校新任班主任308人参加培训。培训中,先后开展了师德建设、和谐班集体建设、班主任工作诊断、班主任个案研究和家庭教育指导等五个专题的培训活动。邀请北京教育学院教授张红、平谷区德育教研室主任韩玲、北京交大附中副校长李文和北京教育科学院研究员、教育部教师工作司专家、原《班主任》杂志主编王宝祥教授分别作《班主任的角色与行为定位》《今日如何做教师》《科研引领班级建设》《家校合作帮助家长走出教育误区》的讲座,邀请本区德育工作老教师刘卫红、王宝珍分别作《班级德育与系列主题班会》《教师的有效沟通》的讲座,邀请本区紫禁杯优秀班主任任立平作《谱写优美乐曲弹奏智慧音符》的讲座。结业式上,区教委副主任林海波从充分认识班主任工作的重要意义,发挥班主任的重要作用,进一步明确班主任的工作职责,努力提高班主任专业素养等方面与新任班主任交流看法。通过学习,308名新任班主任全部结业。

(安凯杰 邱立君)

【举行走进百姓身边的学校展示活动】 11月13日,城北中心小学举办“构建养成教育体系,为学生的幸福人生奠基”走进百姓身边的学校展示活动,家长代表、社区代表、5名区人大代表等226人参加活动。来宾一致认为学校习惯养成教育方面的系统性、科学性和长效性是非常好的,“好习惯好人生教育”的方向是完全符合素质教育理念的,是实施素质教育的重要途径和载体,这方面的研究与实践带动了教师、学生、家长的素质,从而促进了学校的和谐、健康、可持续的发展。

(王英)

【“昌平区高中研究性学习常态课及学生优秀成果展示交流会”召开】 11月14日,“昌平区高中研究性学习常态课及学生优秀成果展示交流会”在昌平二中召开。市综合实践活动学会会长陶礼光、市教研员梁烜到会指导。区教委和进修学校相关领导及各初、高中校的教学领导和专兼职教师70人参加交流会。昌平二中三位教师分别作三节展示课。昌平二中两个学生课题研究小组和昌平一中、前锋学校的各一个学生课题研究小组分别展示研究成果。昌平二中领导教师分别作《开展研究性学习,培养学生综合素质》及《我与学生共成长》主题发言。陶礼光对昌平区高中研究性学习工作、昌平二中的研究性学习推进,展示的学生课题研究成果给予高度评价,认为昌平区的教研工作扎实有效,学校实现常态化课堂教学是高中研究性规范化实施、提高研究性学习实效性的有效途径,为有效推进研究性学习提供了有益的借鉴和参考。

(彭博)

【通用技术课程推进现场研讨会召开】 11月20日,区教委召开普通高中课程整体建设中通用技术课程推进现场研讨会。会议的主题是:展现和促进高中通用技术课程建设,交流学校和区域层面五年课程实施的主要做法和经验,研讨通用技术课程进一步发展。北京市课程中心主任程舟和各区县教委中教科、中教研及各高中学校学科骨干教师、昌平区全体学科教师120人参加会议。区教委高中科科长孙立作《积极探索稳步推进注重实效形成特色》的昌平区通用技术课程实施情况汇报。前锋学校副校长、昌平二中教学主任、昌平三中教师代表分别作《科技改变时代教育成就未来》《通用技术课程促进学校科技特色教育发展》《我与新课程共成长》的主题发言。昌平区6位教师为与会人员从必修课程、选修课程、校本课程三个层面展示6节课。与会人员参观昌平区通用技术教师和学生的近二百件"设计与制作"的作品,包括木工、电子、服装蓝染、家政与生活、雕刻机使用等技术的运用及昌平一中、昌平二中、昌平三中、前锋学校的学生纸模服装设计作品展示。程舟在发言中强调通用技术课程的综合性、实践性特点以及在育人方面具有的独特价值,在课程实施层面,既要关注学生学的过程,注重培养学生创新思维、系统思维的能力和习惯,也要注重对结果的表达,更要从课程实施的整体性出发关注到通用技术课程的独特价值。

(庞淑芳)

【举办首届中小学美术教师专业基本功比赛】 11月21日,区教委在前锋学校举办首届中小学美术教师专业基本功比赛。全区62所学校的120名40岁以下的中小学美术教师参加比赛。比赛内容是人物速写和中国画创作,采取现场作画的方式,聘请北京教育学院的4位专家担任评委,从构图、线条、笔墨、画面、情境等要素进行评比。比赛评出小学组一等奖14人、二等奖27人、三等奖38人;中学组一等奖6人、二等奖10人、三等奖15人。

(刘坤)

【举办昌平区中学语文教师朗诵比赛】 11月22日,区教委举办区中学语文教师诗文朗诵比赛。在各学校初赛的基础上推选23人参加区级比赛,活动邀请区教委中学教研室主任及基层学校的几位领导担任评委。比赛内容以国学经典、古典诗词为主。每位参赛教师以饱满的精神、热烈的情感、丰富的肢体语言诠释着诗文的魅力,通过配乐等形式的朗诵,传递着诗文包涵的的不同风格。评委根据朗诵内容、朗诵技巧、举止仪表、现场效果等评比标准,评出一等奖5人、二等奖8人、三等奖10人。

(高秀敏)

【举办中小学音乐教师专业基本技能比赛】 12月6日至7日,区教委举办第三届中小学音乐教师基本技能比赛。来自全区146名40岁以下中小学音乐教师参加比赛。比赛坚持公平、公正、公开的原则,分中学组和小学组进行比赛。聘请中央音乐学院和北京教育学院的4位专业教师担任评委,从声乐的演唱技巧、艺术表现、精神风貌等三方面进行了评比。评出小学组一等奖17人、二等奖35人、三等奖53人;中学组一等奖5人、二等奖11人、三等奖12人。

(刘坤)

【"走进昌平"活动在百善学校举行】 12月7日,市教委会和市教育学会初中教育研究分会在百善学校联合举办"发挥校际联盟优势,促进学校共同发展——走进昌平"活动。市教委、昌平区教委系统各单位400人参加活动。与会人员观摩百善学校、长陵学校、亭自庄学校、阳坊中学的11节展示课和4个教研组的联合教研活动;副区长刘淑华介绍昌平教育情况;区教委主任李成旺作《探索合作共赢有效途径,促进初中教育优质均衡发展》主题报告;长陵学校校长李雪涛代表四校以《发挥四校联盟优势,促进学校共同发展》为题汇报联盟学校8年发展历程,总结联盟学校发展经验;市教委副主任罗洁在发言中指出,这次活动是市推动义务教育均衡发展的实践突破,四校联盟是实现区域教育均衡发展的成功案例之一。"四校联盟"是由长陵学校、亭自庄学校、阳坊中学和百善学校四所农村学校自发结合的校际合作组织,经历了起始阶段、发展阶段、深入阶段,在"志同道合聚心智,资源共享促发展"理念引领下,从最初的联合阅卷到建立制度、联合教研、全方位合作,联盟校之间有效对接、优势互补、定期交流、相互促进、共同提高。

(张立亭)

【组织北京市中学音乐学科区域教研活动】 12月18日,市中学音乐学科区域教研活动在区教师进修学校举行。该活动由昌平区、通州区、丰台区开展联合教研活动,并邀请其他区县相关人员观摩。活动主题是对中学音乐学科微格教学的形式与内容进行研究。昌平区的谷会娟、段亮亮,丰台区的米秋梅、张妍,通州区的张宏、侯文生等6位音乐教师分别进行15分钟的微格教学展示,6个课例涉及初中欣赏、歌唱教学和高中鉴赏教学。研讨会对微格课涉及的微型课和片段课的作用、特点、训练方法进行研讨,对即将开展的全市初中音乐教师基本功培训与展示中涉及的微格课教学展示的内容与方法进行进一步说明。北京市教研员梁洪来肯定了各区对微格课形式、内容进行的大量而深入的研究,对展示教师在语言、教态、示范等方面展现的扎实基本功表示钦佩。梁洪来同时指出,教学中教师用语言解释音乐,旋律线用法失当、过多"分析情绪"等问题,对教师教学示范中音准、节奏和歌唱习惯等问题提出明确的要求。10个区县的中学音乐教研员、音乐教师89人参加活动。

(苏伦高娃)

【举行"好习惯好人生"德育论坛活动】 12月19日,城北中心小学举行"好习惯好人生"德育论坛活动,293名教职工参加活动。东关小学全体教师的诗朗诵把大家带进城北中心小学真诚、合作的校园文化,带到了学校礼仪教育点点滴滴的动人场面,让每个人感到作为"城北人"的骄傲与自豪。学生、家长、教师论坛,围绕着"中国式过马路"、"乱丢纸屑,垃圾围城"、"尊重他人,以礼为行"三个论题进行,每一组都紧紧围绕主题,从自身角色出发阐述观点,教师、学生、家长从学校日常生活中的教育养成方面,生动地阐述了如何培养学生的规则意识、自觉行为,引导学生能够处理好人与自然和谐相处的问题,人与人之间相互尊重问题,以及人与社会规范之间的问题。学生们的弟子规舞蹈、师生的礼仪展示、一年级学生的文明礼仪儿歌,让来宾看到孩子们的天真可爱、彬彬有礼。学校领导和大家共同分享城北中心小学好习惯教育的内涵:即好习惯教育是一种责任,是对家长负责、对学生负责,对教育事业负责;好习惯教育是一种行动;好习惯教育是一种坚守;好习惯教育是一种创新与发展。

(胡长红)

【参加首届全国中学生健美操、啦啦操锦标赛获奖】 12月22日至23日,百善学校健美操队参加由中国中学生体育协会主办、中国中学生体育协会健美操分会和南京市中华中学承办的首届全国中学生健美操、啦啦操锦标赛。本次比赛共设竞技组、大众组与啦啦操三个大项、若干小项,汇集了来自全国各地52所中学的1500名队员参赛。在两天的赛程中,该校健美操队参加了5项比赛,经过顽强的拼搏,最终夺得全民健身操三级、大众锻炼标准四级、花球啦啦操三个单项一等奖和技巧啦啦操、集体有氧徒手健身操两个单项二等奖,并获健康活力汇团体第四名、啦啦操团体第四名和啦啦操自选动作组最佳创编奖。

(孙长虎)

【桃洼学校出版第一本正式书籍】 12月28日,桃洼学校整理编辑的《崛起——享受成长的快乐》第一部文学论文由中国艺术摄影出版社出版发行。该书为16开369页,约23.25万字,书号为:ISBN978-9-8816-1274-8,第一次印数300本。该书由校长王海峰主编,分为学校简介、管理、特色、课题研究、科研论文、教师格言、案例和学校大事记八个部分。

(谷士山)

【职业与成人教育】 2012年,昌平区有职业高中1所,高等职业教育学校1所。职业高中开设16个专业,41个专门化方向。招生1305人,毕业1661人,毕业就业率98.6%,在校生4043人,开设教学班97个。教职工281人,其中专任教师242人。专任教师中高级专业技术职务教师39

人,市级学科带头人1人,市级骨干教师2人,区级学科带头人2人,区级骨干教师31人。学校占地面积13.32万平方米、建筑面积7.15万平方米、使用面积6.34万平方米。昌平区成人教育中心占地面积7212平方米,建筑面积6377.89平方米,使用面积5190平方米;图书室藏书7900册,订阅报刊杂志共30种210份;固定资产总值836万元,全年教育经费投入1620万元,其中国拨682万元、自筹938万元;学历在校生共计5024人:其中新招1569人、毕业1697人;举办各种短期培训共计13539人;在校生总数3182人,组织各级各类社会化考试达10000人次;完成"农民教育大讲堂"培训11000人。截至2012年12月底,学历班开设专业38个,短期培训项目有17个,社会化考试项目7个。现有教职工72人,包括专业技术人员56人,其中高级专业技术职务15人、中级专业技术职务21人;区学科带头人1人;区骨干教师9人;拥有30个多媒体教室、各种专用教室9个。

(樊勇)

【服务第七届世界草莓大会】 2月18日,昌平职业学校1000名学生服务第七届世界草莓大会。学校此次服务是在区政府、区教委的协调推动下,于2011年底与第七届世界草莓大会组委会签署合作协议。协议主要内容涵盖选拔学生承担开幕式及学术会议礼仪服务、草莓博览园中文讲解、媒体接待及相关外围服务等工作。其中承担开幕式及学术会议礼仪服务的120名学生来自学校航空服务系,主要负责迎宾、引领、电梯服务、签到等工作。从航空服务系和旅游管理系选拔出部分学生承担草莓博览园的中文讲解和媒体接待工作,负责向媒体记者介绍草莓大会概况、各场馆分布情况及各展区展品。部分学生分散在各草莓种植区及种植户,负责草莓种植技术指导和游客接待工作。

(康静)

【举行旅游服务与管理专业职业教育分级试点班】 3月14日,昌平职业学校举行旅游服务与管理专业职业教育分级试点班。试点班由学校旅游系与中国国际旅行社总社、金桥国际旅行社、和平国际旅行社、北辰国际旅行社等多家旅行社合作开办。试点班是学校被确立为北京市职业教育分级试点院校之后,进行"旅游服务与管理专业职业教育分级制改革"的首个项目。学校旅游系于2011年通过北京市教委职业教育分级制改革的试点认证。此次开班的职级制试点班设三级一个班,在今后的学习中,将按照企业需求,掌握旅行社的相关知识、熟悉旅行社操作流程,提高职业素质和能力,成长成为企业发展需要的高素质应用型人才。试点班将接受学校与企业的"双重培训",按照校企合作的职业教育分级制(三级)创新人才培养方案来培养。学校与企业将共同为学生定制个人职业生涯发展规划,并共同授课。试点班主要授课内容有:地接导游、旅行社计调、旅行社票务等。

(王艳)

【与中滩中学"职普融通"合作办学】 3月15日,昌平职业学校与昌平区中滩中学"职普融通"合作办学启动仪式在中滩中学举行。面对为数众多的来京务工人员子弟在中滩中学就读的实际情况,两所学校积极响应区教委"校外教育大课堂"的号召,进行"职普融通——在普通教育中渗透职业教育元素"试点。通过"职普融通"帮助学生具有初步的职业意识,打开通过职业教育成才的大门,使他们初中毕业后可以选择在京升学,并实现就业。本次合作办学发挥昌平职业学校职业教育资源优势以及中滩中学普教文化课优势,通过双方共同拟定学科培养计划、教学大纲、发展规划等,完成劳技课程以及实践教学方面的教学任务。同时,昌平职业学校将通过"师带徒"指导中滩中学教师进行实际教学,培养中滩中学"双师型"教师以及"昌平课外教育大课堂",形成"校外教育大课堂","职普融通"劳技类课程开发和校本教材。

(李慧芳)

【举行校企合作签约仪式】 3月28日,昌平职业学校与北京若森数字技术有限公司举行校企合作签约仪式。此次校企合作以"引企进校"形式开展,具体合作内容包括:成立"昌平区数字艺术人才培养基地",培养数字艺术人才,推进区域内数字技术发展,为区域经济增长提供充分的人才保障;校企共同推进示范校重点建设项目数字影像技术专业的建设;成立北京市若森数字科技有限公司校内项目开发部,开发《侠岚》百科、卡酷动画项目及公益动画等项目,提高学校及企业的社会影响力。学校与若森数字技术有限公司在未来的合作中发挥各自优势、取长补短,达到资源共享,共同发展的目的。企业通过指导师生生产、实践和实习实训,帮助学校建立生产与实训课程体系。

学校将生产与实训课程纳入到整个教学体系当中,向企业输送优秀毕业生充实员工队伍。

(张振华)

【举办城镇失业人员初级中式面点师培训班】 4月17日,昌平职业学校在十三陵镇大宫门村举办城镇失业人员初级中式面点师培训班。来自十三陵镇大宫门村的25名失业人员参加培训。学校结合大宫门村失业人员自身特点和就业愿望,选择中式面点师专业培训。学校拉运教学设备下村进行培训,并选派教学经验丰富的专业教师授课,精心安排课程,培训内容包括:职业道德基础、饮食食品卫生基础知识、成本核算、面点操作基础及紫薇饼、蝴蝶包、芝麻凉卷、马拉糕、拉面、烧麦等多种面点。应学员要求,本次培训选择晚上进行授课,整个培训共计38天。培训结束后,学员可参加北京市职业技能鉴定。成绩合格后,将取得由北京市人力资源和社会保障局颁发的《中式面点师初级》职业资格证书。

(姚蕾)

【举行上口村民俗旅游接待开村仪式】 4月28日,由十三陵镇上口村主办、昌平职业学校协办的以"览十三陵美景感上口村民俗品驴打滚美食"为主题的十三陵镇上口村美食文化节暨民俗旅游接待村开村仪式在上口村文化广场举行。2011年,学校确定与十三陵镇上口村建立新农村共建关系。经过学校与镇、村领导的多次研讨,校村共同确定以"上风上水上口村争创最美新农村"为目标,以发展民俗旅游业为龙头,以民间小吃为特色,以发展旅游产业链,富裕全村百姓为宗旨,以挖掘历史文化内涵为方向的发展思路。经过一年的共建,学校专业教师为该村设计了特色饮食品种,先后为村民开展了民俗饭菜制作、经营常识、民间手工艺制作、果树种植等培训。为18家民俗接待户配备了餐具、桌椅,并对村庄的广告、宣传进行策划、设计和制作。

(张利成)

【举办社会工作师培训班】 5月3日,区社区学院与区社工委联合举办昌平区社会工作师培训班。共培训四天,培训内容为:《社会工作综合能力》《社会工作实务》两门课程,组织者为每一名学员配发了教材和学习资料。聘请北京工业大学人文社会科学院资深教授讲课。培训方式为重点解读、交流互动等。各社区居委会推荐的基层社区工作骨干成员51人参加培训。

(韩继英)

【区农广校"阳光工程"项目通过验收】 5月28日,由市农业局、市农广校、区农业局组成的"阳光工程"验收组,对昌平农广校2011年"阳光工程"培训工作进行验收。验收组通过听汇报、咨询提问、审阅培训计划、总结及实施方案、考勤记录情况、培训教材及教学师资、台账、资金等项目资料,对昌平农广校"阳光工程"培训工作给予肯定,此次验收获得98.2分。验收组对昌平农广校今后工作特别是2012年"阳光工程"培训工作提出建议和希望。

(石凤旋)

【区成人学校校刊《昌成学苑》出刊】 6月18日,区成人学校校刊《昌成学苑》正式出刊。成人学校校长魏小芳为校刊题写校长寄语。校刊由成人学校学生会主办,面向全校学生征稿,由学生会宣传部排版。该创刊号包括学校特色专业、资讯快报、热点聚焦、美文赏析、就业直通车等版块。展现了学校实际情况,反映学生校园生活,为学生打开了一扇了解学校的窗户,拉近了师生距离,增强了学生和学校的感情。

(王金英)

【举行"3+2"中高职衔接合作办学签字仪式】 6月20日,昌平职业学校与北京劳动保障职业学院、北京吉利大学"3+2"中高职衔接合作办学签字仪式在昌平职业学校报告厅举行。昌平职业学校校长段福生分别与北京劳动保障职业学院院长李继延和北京吉利大学校长王兴贵签署酒店管理(航空服务方向)专业、汽车运用(检测)与维修专业"3+2""中高职衔接合作办学协议"。协议规定双方合作的内容、双方权利、义务以及合作的时间。双方共同确立专业人才培养目标,共同设计人才培养方案,共同建设课程、开发课程标准。昌平职业学校主要负责中职段的教学任务,吉利大学和北京劳动保障学院负责高职段的教学任务,并负责学生实习管理与推荐工作。学制为5年,其中学生在中职段学习3年,高职段学习2年,毕业取得大专学历。2012年9月首次招生,汽车运用(检测)与维修专业招收83名学生,酒店管理(航空服务方向)专业招收40名学生。合作时间从2012年6月20日起,截至时间根据市教委的整体安排确定。

（尚国荣）

【市领导莅临学校调研】 8月8日，副市长洪峰到昌平职业学校调研。参观学校数字艺术长廊，数字艺术中心、影视后期制作实训室、旅游景点讲解实训室、航空服务实训室等实训室，对学校进行“教育与生命”融合表示赞同；在数字艺术中心的动画创作中心，详细了解学校与若森数字技术有限公司的合作情况，对学校办学成果给予肯定；观看学校宣传片，了解学校的办学情况；听取副区长刘淑华《打造昌平教育品牌办人民满意的昌平教育》工作汇报，了解昌平教育发展整体情况，对昌平职业教育给予肯定。

（王于）

【课题结题，成果出书】 9月15日，区教委职成科受北京市教科院委托承接的乡镇成人学校特色课程建设和教学资源建设实验试点工作中确立的“新农村建设背景下，民俗特色村创建模式的研究”课题正式结题。课题通过实验研究法和个案研究法对十三陵乡康陵村“正德春饼宴”民俗特色项目的研发及康陵村民俗特色村的创建过程进行全程研究，探索出新农村建设背景下民俗特色村创建的基本模式。经北京市教育科学院鉴定，课题按协议要求圆满完成，同意结题。专家认为课题研究内容及研究结果对新农村建设背景下农民就业增收、创业致富起到了积极的促进作用，对新农村建设和村域经济产业链的形成起到了借鉴和引领作用，对教育培训部门和乡镇成人学校开展农村、农民教育培训起到了指导、辐射作用，也为“十二五”时期全面推动农村成人教育的改革与发展做出了积极的贡献。课题的调研报告、研究报告和工作报告都得到市教科院的好评。课题研究成果《新农村建设背景下，民俗特色村的创建》一书已由高教出版社出版，面向全国发行。该课题于2011年12月正式立项，共投入课题经费61400元。

（尚国荣）

【开展“阳光工程”培训项目】 11月5日至12月13日，昌平农广校开展“阳光工程”农业专项技术培训。北京农学院枣树专家张铁强围绕枣树冬季田间管理和测土配方施肥技术进行讲解，带领学员走进田间地头进行实践，农民学员对冬季枣树杂草如何铲除及枣树施肥、剪枝问题进行交流。昌平区农业局农业技术专家冯术快讲解冬季果树病虫害防治技术，从预防果树冻害、减轻枝干腐烂病的发生；刮除树干老粗翘皮、减少病虫越冬基数，促进树体生长；结合冬剪剪除病虫枝并清理果园，减少和控制病虫基数；翻树盘，破坏在土壤中越冬的病虫生存环境四个方面进行讲解。北京市果林研究所教授郝艳宾讲解核桃的栽培、病虫害防治、剪枝等项目，对核桃树的生长特性、营养成分、种植要求等进行讲解，进行现场解答。北京市农林科学院林业果树研究所副所长、中国园艺学会樱桃分会理事长张开春讲授大樱桃产业现状、苗木繁育、大樱桃栽培管理、病虫害防治等知识。共500人参加培训。

（张玉娥　吴洋）

【教育督导】 2012年，昌平区教育督导室坚持以中国特色社会主义理论为指导，加强督政与督学相结合，完善各项教育督导检查工作，全面贯彻党的教育方针，全面推进区政府各相关委办局、镇政府、街道办事处以及中小学全面实施素质教育督导评价工作，促进和保障中小学提高教育质量，推进昌平区率先基本实现教育现代化进程。全年督导工作在平稳中逐步推进，继续做好小学规范化建设工程学校督导检查验收工作，完成第三轮实施全区中小学及幼儿园素质教育综合督导。加强对镇街及相关委办局关心支持教育、优先发展教育工作的督导力度，建立督政工作信息月报制度，及时了解镇街教育工作动态。本年度督导室设主任1人、副主任2人，共有专职督学3人。

（苏凤兰）

【教育工作通报会召开】 1月13日，区教委、区教育督导室联合召开昌平区镇政府（街道办事处）教育工作通报会。传达市寒假基础教育领导干部工作会精神，要求全区以《北京市中小学建设三年行动计划》为抓手，下大力量扶助薄弱学校，促进义务教育均衡发展；关注流动人口学校，取缔非法校车；关注学生健康和安全问题；加大德育工作建设力度，把“北京精神”渗透到学校的每个环节。要求镇街领导要增强责任心和使命感，多学习教育法律法规和政策以及教育工作会议精神，及时把握教育动态，关注教育难点、热点问题，为“打造昌平教育品牌，创建一流城市教育”做出贡献。通报2011年昌平教育工作情况，教育工作评价方案实施情况，区域内学校基本建设需要关注的问题，接送学生、幼儿车辆违法行为专项整治工作，明确民办教育管理职责与任务。区教工委、各镇街主管教育工作的领导以及社会事务科科长40人参加会议。

(苏凤兰)

【督导验收学校培训会召开】 2月15日,区教育督导室召开第四批11所小学规范化建设工程暨全面实施素质教育督导验收学校培训会。11所小学具体负责同志参加会议。会议从“明确一个概念、了解两项工作、把握六个方面、分解十项指标”对督导验收具体工作进行培训。要求参加督评验收学校要高度重视、认真准备、统筹安排好督评筹备工作,争取在督评验收工作中取得实效。

(陈敏)

【教育督导工作座谈会召开】 2月23日,区教育督导室召开2011年度教育督导工作座谈会。会议对2011年教育督导工作进行总结回顾,对2012年督导工作进行具体安排。与会专兼职督评人员畅谈教育督导工作体会,认为区政府对教育督导工作更加重视,区委教育工委、区教委对教育督导工作的保障支持更加突出,教育督导工作开展严谨细致、求实创新,在促进学校依法规范办学、推动教育教学改革、提高教育质量等方面发挥了促进作用。各位督学还就督评工作时间、人员配备、听课安排以及督导结果使用等方面,提出意见和建议。提出教育督导要继续发挥好工作监督和业务指导作用,与教育行政管理形成合力,进一步增强教育督导工作的针对性和导向性,促进全区教育工作水平再上新台阶。就做好今后的教育督导工作提出要求。区政府兼职督学、区教委机关和相关直属单位的督评人员40人参加座谈会。

(陈敏)

【3所幼儿园督导验收培训会召开】 3月15日,区教育督导室召开第三轮3所幼儿园全面实施素质教育督导验收培训会。从督导依据、原则、内容、方式和流程等方面对幼儿园负责人进行培训。会议要求接受督导的3所幼儿园要统一认识、高度重视,将迎接素质教育督导工作当成一次诊断园所工作、规范园所工作、促进园所工作的有利契机,并在此基础上不断提高办园质量和水平,办人民满意的幼儿园;认真筹备、细致梳理,深刻领会素质教育督导的工作目的,准确把握评价实施细则中的评价要素,整合各项档案资料,逐步促进幼儿园各项工作向正规化、标准化方向发展;立足实际,重在发展,在自评和迎检准备工作中要充分体现“自身发展”,体现办园特色;统筹安排,科学推进,将迎接素质教育督导与推进学前三年行动计划相结合,统筹落实、协调一致。

(陈敏)

【小学规范化建设工程督导检查】 5月22日至31日,区教育督导室与区教委组成联合督导组,对辖区内11所学校的素质教育暨小学规范化建设工程进行督导检查。此次督导检查既包括对学校软件建设情况的检查,又包括对小学规范化建设工程硬件建设情况的检查。督导组通过听取汇报、察看课间操和档案资料、听课、座谈5种检查方式对学校规划计划、干部队伍、教师队伍、行政管理、教学、德育、体育美育卫生、安全、设备设施、现代教育技术、音体美器材11个工作方面进行检查。区教育督导室于正式督导前,组织部分兼职督学对5所完小的硬件和校园文化进行前期督导,并对11所学校的820名学生、330名家长和510名教师进行分类问卷调查,为正式督导提供有效统计数据。此次督导首次使用“督导工作简报单”,即由区教育督导室为学校指定2名责任督学,将当日督导情况以“督导工作简报单”形式,呈报区教委主管领导阅示,以进一步加大督导结果的使用。经过汇总成绩,11所学校均取得93分以上的成绩。督导结果均为成效显著。

(陈敏)

【学前教育专项督导迎检工作协调会召开】 9月27日,区政府召开迎接市政府学前教育专项督导迎检工作协调会。会上,区政府教育督导室、区教委领导分别通报学前教育市级专项督导筹备工作进展情况,并对市级督导检查两日工作进行详细安排。强调区政府相关部门领导要提高认识、全力配合、明确责任、细化工作;抓住市级督导的工作契机,结合本部门教育工作职责,全面梳理学前教育三年行动计划落实情况;认真反思,客观分析,要通过本次市级督导真正促进自身工作,下大力气缓解“入园难”,推动昌平区学前教育的科学发展。区政府21个相关委办局、17个镇街和区教委相关科室以及实地考察单位主要负责人70人参加会议。

(苏凤兰)

【对6所中学进行全面实施素质教育督导】 10月10日至12日,区教育督导室会同区教委组成督导检查组,对十三陵中学、满井中学等6所学校全面实施素质教育工作实施情况进行综合督导检查。督导检查组通过研究学校年度自评报告，听取学校关于全面实施素质教育情况的工作汇报，查阅相关档案资料，召开干部座谈会，深入课堂听课，观察课间活动和实地检查等形式，结合对学校教师、学生问卷调查结果，对学校8个方面的工作进行督导评价。在集中反馈环节，各督评小组在充分肯定学校办学成绩、提炼办学特色的同时，就存在的问题提出可行性建议。责任督学将当日督导情况以“督导工作简报单”的形式呈报给区教委主管领导，在为学校呼吁解决相关问题的同时，也为教育行政决策提供了客观依据。此次接受督导检查的6所中学督导结果均为成效显著。

（陈敏）

【接受北京市学前教育专项督导检查】 10月31日至11月1日，市政府教育督导室一行23人，对区发展学前教育工作情况进行专项督导检查。市督导组专家重点对昌平区发展学前教育工作的组织领导、园所建设、经费投入、队伍建设、规范管理、发展水平进行督导，听取《实施三年行动计划，办人民满意的学前教育》工作报告。市督导组对区学前教育工作开展情况给予肯定，并指出学前教育事关儿童的健康成长、市民的切身利益和现代化教育水平，各级政府的职责落实是学前教育的保障，需要继续加大力度，加大统筹，改革层面需进一步加以完善。要求相关部门要深刻认识加快发展学前教育的重要意义，在自查、自评、迎检的过程中践行“以督促改、以督促建、以督促发展”的督导理念，加快建设步伐，改革创新，使学前教育更健康更持久发展，促进全区学前教育实现新的发展。督导组专家分三组召开专题座谈会，结合昌平区各部门在“三年行动计划”中职责落实情况，与相关负责人进行研究讨论，并提出意见与建议。31日下午和1日上午，督导组专家分成三个组，对昌平区机关幼儿园、北海昌房幼儿园、农学院幼儿园、北京幼师鼓楼实验幼儿园、马池口镇中心幼儿园和滨河幼儿园进行实地考察，听取基层单位学前教育工作情况汇报，与领导干部座谈，查阅档案材料，对干部教师和幼儿家长进行问卷调查。区委教育工委、区教委、区政府教育督导室领导分组陪同督导检查活动。

（苏凤兰）

【对3所幼儿园进行督导检查】 11月7日至9日，区教育督导室、区教委组成联合督导组，对南口镇中心幼儿园、中国政法大学幼儿园以及国防大学第三幼儿园全面实施素质教育工作情况进行综合督导。通过听取汇报、察看幼儿半日活动、查阅档案资料、干部座谈、教师问卷等形式，对3所幼儿园的规划计划、两支队伍建设、行政管理、保教、卫生保健、后勤管理以及安全工作进行全面督导评价。督导检查过程中，园所高度重视，认真准备，充分展示了各园素质教育成果和办园特色；督评检查人员认真履行督评职责，体现了依法督导和公平公正的原则。责任督学就相关问题与园所充分沟通，总结提炼园所工作成绩和典型做法，并就存在问题提出初步建议。经过汇总成绩，1所幼儿园的督导结果为成效显著，另外两所幼儿园为成效较好。

（陈敏）

【探索尝试督导工作机制】 年内，区教育督导室探索尝试工作机制，从以下四个方面实现突破：重新调整科室职责分工，完善督导工作管理体制。区政府教育督导室、区语言文字工作委员会内设督导一科、督导二科和区语委办三个职能机构。督导一科负责督政工作，督导二科负责督学工作和教育督导课题研究，区语委办临时挂靠督导一科。尝试建立问题发现、问题解决督导工作机制。在正式督评当天，增加一个环节，由责任督学负责填写“督评工作简报单”，总结提炼学校办学成绩，分析学校现存问题，并报请区教委相关领导参阅，促进工作经验推广和工作问题及时解决。从队伍建设角度，考虑探索建立督学责任区，实行兼职督学包校制，安排每位督学对所负责学校进行经常性、随机性的督查，对重点问题进行专题调研，并向区政府教育督导室通报工作情况。进一步充实教育督导评价机制，切实发挥以督促建、以督促改、以督促发展的教育督导作用。统筹落实好三项工作，结合语言文字工作的职责以及治理教育乱收费工作责任分工要求，对学校语言文字规范化检查、贯彻教育收费政策执行情况的督查作为两个单项，与素质教育督评、小学规范化建设工程专项督导工作统一部署、统一实施、统一验收。

（陈敏）

【开展“红领巾在行动，雷锋精神在闪光”活动】 2月27日至3月5日，西贯市回民小学开展“红领巾在行动，雷锋精神在闪光”活动。活动内容有讲雷锋的故事;背雷锋的名言;读雷锋的日记;讲身边“雷锋”的故事;举行“学雷锋”为主题的国旗下讲话活动;各班制作学雷锋专题墙报、黑板报;召开以”雷锋精神伴我行“为主题的班队会;学唱歌曲《学习雷锋好榜样》;组织学生35人成立学雷锋志愿服务队,走出学校清扫村里的街道,亲身实践雷锋精神。学校师生280人参加活动。

(包雪莲)

【开展教师送课活动】 3月26日,北京小学校长李明新带领党员教师25人到西贯市回民小学开展党员教师送课活动。北京小学教师讲授四年级语文《纪昌学射》、五年级数学。《纪昌学射》一课以“激趣定标”为引直观明确教学,以自主合作学习为主的能力培养过程,以渗透学习方法为辅的素养提升过程,以共同总结深化寓意,升华情感。《图形的变换练习课》一课关注在动手操作中发展学生的空间观念和在条理叙述中培养学生的表达能力。课后,两校教师分为语文、数学两个组进行评课活动,语文组教师就童话课如何教学进行讨论,最后大家都认为作为童话课最主要的是让学生知道以后读到童话文章知道应该怎样去理解和阅读的方法。数学老师经过评课都认为课上应该让学生多多去实际动手操作,才能更好的理解。李明新和该校校长李秋伶分别作总结性发言,他们都认为在课上要多多鼓励孩子,对孩子的表现要做出及时的评价,还要时刻注意孩子各方面的表现,不仅仅是听课的表现,还要关注孩子在课上是如何做事,并教会孩子应该如何做人。两位校长都表示这样的活动以后一定多多开展,把北京市重点学校的先进教学经验带到农村学校里来,并且资源共享,共同发展。该校教师14人参加听课活动。

(包雪莲)

【与内蒙古达旗第六小学开展教学交流活动】 3月30日,昌盛园小学3名教师到内蒙古达旗第六小学参加“第四学习共同体、结对共建教研活动”。活动中,英语教师执教《UnitTwolikeBading》一课,教师多次从学生的兴趣点出发,通过观察图片质疑、标画重点词句等方式引导学生自主阅读短文,激发学生的阅读兴趣,逐步培养学生自主解决问题的能力;语文教师上作文指导课《吹乒乓球》,该课形式新颖,步骤清晰,指导到位,利于写作,学生在充分体验的基础上,在轻松愉悦的教学氛围中完成现场作文;教学主任进行《深化尊重教育品牌建设、促进学校内涵发展》的讲座,从学校办学特色、教师队伍建设、取得的突出成绩等方面对“创建尊重教育品牌”等方面进行阐述。课后共同体成员校交流课堂教学的实效性和学校特色发展,对昌盛园小学奉献的两节现场课及讲座,给予高度评价。学习共同体、结对共建教育教学研讨活动有效促进了学校间的交流与沟通,促进了区域教育的均衡发展。领导、教师130人参加活动。

(王洪燕)

【开展社会实践活动】 4月18日,西贯市回民小学开展“践行北京精神走进怀柔生存岛”活动,学生173人、教师15人参加活动。学生学习手语歌《中国人》,在山地训练营、工艺园、农事区、攀岩场四大区开展不同形式的活动。活动培养了学生自信心和承受挫折与失败等心理品质;激发了想象力、开发非智力因素;增强了创造力和团队协作意识;克服了孤僻、脆弱、责任感差等弊端;达到了学会学习、学会做事、学会合作、学会生存的目的。

(包雪莲)

【邀请化工大学志愿者参加民族运动会】 4月28日,西贯市回民小学邀请化工大学志愿者参加民族运动会,共建单位北京化工大学一年级志愿者参加活动。表演赛环节中,学校20名教师和化工大学10名志愿者参加少数民族运动项目板鞋竞速30米跑、50米推铁环比赛,板鞋竞速比赛分为三人一组,共十组队员参赛,按照完成时间评出一等奖1组、二等奖2组、三等奖3组;推铁环比赛中,该校体育教师李化明以45秒的成绩获第一名。

(杨东涛)

【教师到内蒙古送课交流】 6月26日,城关小学部分领导教师到内蒙古托克托县送课。语文教师教人教版五年级《花是给别人看的》一课,该课充分体现体验式学习方法,步步深入文本,带领学生走进德国,走进德国人美好的心灵世界,弘扬“人人为我,我为人人”的精神世界。数学教师执教五年级数学《鸡兔同笼》一课,该课充分体现教学策略中的画图法、列举法、假设法、方程法。英语教师执教二年级英语课《canyouswim》,该课联系实际,写进学生,学以致用。托克托县领导、教师高度评价三节课依据文本,深挖文本,联系生活,学为所用,对城关小学课堂教学刮目相看。城关领导对三节课也提出诚恳的建议，希望教师不仅要备课本，也要背学生，继续提高教师根据学生的认知情况组织课堂的能力。双方领导经磋商，以后将加强交流；内蒙古领导要求到学校听课、议课，学校领导表示欢迎，并洽谈今后活动安排。双方领导、教师60人参加活动。

（刘宏梅）

【举行科普讲座】　7月2日至3日，西贯市回民小学举行“青春绿色行化工展风采”系列活动之科普励志讲座活动。学校聘请化工大学材料学院教师为学生进行科普以及励志教育，教师讲解会跳舞的小木炭、白糖变黑雪等一些生活中有趣的化学现象，提高学生们的探索兴趣，丰富学生的头脑，开阔视野，提升学生们对科技知识探索的欲望。讲座后，化工大学的学生志愿者用自己所学的知识为学生做三个不同内容的科普实验，三年级进行的是《神奇的色彩》、四年级进行的是《污水变清》、五年级进行的是《水的研究》实验，实验调动了学生对科学兴趣和爱科学、学科学、用科学的热情。

（包雪莲）

【开展主题班队会评比活动】　7月2日至5日，西贯市回民小学组织全校一年级至六年级开展主题班队会评比活动。各班围绕“践行北京精神”开展活动，活动中学生们各抒己见，表达对“北京精神”的理解，他们用诵读《三字经》《弟子规》，讲名人故事，表演三句半、相声、小品等形式诠释了“北京精神”的含义，通俗易懂，易于掌握和理解。评委由学校领导班子成员6人组成评委，评委从准备工作、组织实施、效果反应三个方面进行评比，从6个班中评出一等奖1个、二等奖2个、三等奖3个。

（包雪莲）

【开展教师写字比赛】　7月12日，西贯市回民小学开展教师写字比赛活动。比赛前，学校组织教师，对他们进行书法培训，并提供时间让教师们练习书法。本次开展教职工钢笔字楷书临摹比赛、板书比赛，学校教师24人参加，所有参赛教师在同一时间同时完成书写作品，然后互相打分，根据字的间架结构、书写布局、笔画运用等评价标准进行打分，按照总评分评选出一等奖1人、二等奖2人、三等奖3人，获奖作品在学校公示栏进行展示。

（杨东涛）

【开展推普周活动】　9月17日，西贯市回民小学组织全校师生开展“我要纠错”推普周活动。活动中，学校通过校园之声广播、班队会等形式向学生和教师进行宣传教育，组织部分学生和教师走上街道、社区进行“我要纠错”活动，共发现错字5个，纠正错字5个，师生们用自己实际行动告诉大家要使用和书写规范字。此次活动全校187名学生和22名教师参加。

（包雪莲）

【举行古尔邦节庆祝活动】　10月26日，昌平二中600余名新疆内高班师生欢聚一堂，举行以“师生共筑同心结，民族团结一家亲”为主题的古尔邦节庆祝活动。会上，校长吴宇讲话，代表二中全体师生向新疆班的各族同学致以节日的祝愿，并通过新疆学生向他们远在千里之外的父母表达节日的问候。区教委领导致辞并向新疆班全体师生祝贺节日，肯定昌平二中内高班的办学成绩。联欢会现场，学生表演《乐上帆头》、舞蹈《赛马》等同学们自编自演的文艺节目。联欢会在舞蹈《民族大团结》欢快祥和的乐曲中结束。

（阎晓东）

【参观“科学发展、成就辉煌”图片展】　10月28日，昌平二中内地新疆高中班师生前往北京展览馆参观了“科学发展、成就辉煌”图片展，重温十年来在党的正确指引下国家取得的可喜成绩，通过参观，促使师生们更加拥护党的领导，坚定建设社会主义和谐社会的信心。学生们在留言簿上纷纷留言：要努力学习本领，将来为祖国的繁荣富强做出自己的贡献。此次展览由中央宣传部、国家发展改革委、解放军总政治部、北京市委共同主办。

（阎晓东）

【举办民族团结教育专题讲座】　10月29日，昌平二中聘请北京市民委宣传处司永成处长为全体教职工作《民族团结教育专题讲座》，以促进民族团结教育工作的开展，进一步贯彻落实《学校民族团结教育指导纲要》。司处长从落实好民族团结教育的历史背景、现实意义及深远的历史意义方面，从开展民族团结教育与全面实施素质教育有机融合，开展主题教育活动，民族团结教育融入课堂，研发校本课程等方面做了深刻的解读与分析。教职工300人参加活动。

（阎晓东）

【二年级召开主题班会】 10月30日，西贯市回民小学二年级召开“我们都是一家人”主题班会。班会采用小组采访、讨论、汇报展示、舞蹈、诗歌朗诵、诵读童谣等形式，介绍了回族知识，学生们知道了我国56个民族都是一家人，生活在西贯市回民小学里我们要团结友爱，热爱祖国，我们都是一家人。班会邀请昌平七里渠中心的学生们一起参与班会，为表达我们少数民族和汉族同学都是一家人，该校学生向小伙伴赠送了回族特有礼物——礼拜帽，使这些汉族学生亲身体验回族民俗特色。活动中，两校学生一起进行座谈、品尝回族特色小吃、参观学校。38名学生、10教师参加活动。

（包雪莲）

【通过北京市民族团结教育示范校验收】 11月6日，由市教委组织的民族团结教育示范学校的检查评估组检查昌平二中民族团结教育工作。市民委宣教处处长司永成等15位领导、专家通过听取区教委《加强民族团结教育促进民族教育与全区教育同步发展》的全区民族团结教育工作汇报，该校《中华文化聚人心和谐校园育英才》民族团结教育汇报，观看该校优秀毕业生努尔比耶在北京电视台《党在百姓心中》节目中演讲的视频片段，观看新疆班学生参加机器人制作、书法绘画、舞蹈团、金帆民乐团等社团的展示活动，进行课堂观摩、访谈、座谈、学生问卷调查、档案资料查阅等环节共同检查验收昌平二中民族团结教育工作。检查组一行高度评价昌平区民族团结教育工作并给予该校高度评价：校长汇报最精彩、访谈最真挚、听课最生动、材料最详实、组织最巧妙完美。

（阎晓东）

【完成对内蒙古百名数学教师的研修活动】 12月6日，“内蒙古黄如论爱心基金会”百名内蒙古数学教师到城北中心三街小学，与昌平区数学教师赵震、禹芳、王丽娜等一同学习交流。活动围绕三位教师的展示进行，城关小学、城北中心小学、昌盛园小学教师分别执教《烙饼问题》《圆的认识》《分数再认识》三节课，《烙饼问题》从新课标提出的丰富孩子基本生活经验入手，以最优化为轴，通过孩子的动手动脑，解决了生活和数学中的难题；《圆的认识》一课从积累孩子数学课堂活动经验入手，让孩子操作、创造、观察从而自主探究出关于圆的知识，总结圆的定义；《分数再认识》一课是在学生三年级学习分数初步认识的基础上，以生活经验“以绳量井”为引入，用数形结合的思想将生活经验一步步抽象为数学知识，在有效的师生、生生互动下，孩子们既快乐又有高效地理解了“单位‘1’、分数单位”等抽象名词，为孩子五年级下学期学习分数乘除法，打下坚实的基础。城北中心三街小学学生舒浩洋为大家介绍辽宁号的活动，学生的好习惯以及孩子们课外知识的涉猎，得到百名内蒙古教师的好评。师生90人参加活动。

（禹芳）

【内高班师生学习党的十八大精神】 12月22日，由教育部和新疆教育厅联合组织的在内地民族班开展学习贯彻党的十八大精神宣讲活动宣讲团一行三人来到昌平二中为新疆班学生进行宣讲。宣讲团成员有：新疆教育厅内学办干部张静老师，厦门集美中学副书记张勤勇，原内高班毕业生、中国地质大学研究生吾买尔艾力。张勤勇从十八大报告的主题、背景、内容等方面，结合生动的实例，为同学们详细解读了十八大精神；吾买尔艾力结合自己的学习体会和成长经历，希望学弟学妹们尊敬老师，懂得感恩，努力学习。内高班学生表示，在今后的学习和生活中将更好的践行十八大精神，提高认识，懂得感恩，加强民族团结，珍惜机会，努力学习，争做内高班优秀学生，把自己锻造成为对国家、对社会有用的人才。

（阎晓东）

【北汽福田公司领导慰问学校师生】 1月7日，北汽福田公司FMG公益组织到昌平特教学校慰问师生并捐赠福田风景汽车一辆和益智乐高玩具。北汽福田公司的领导和教委领导共同欣赏了孩子们精心准备的节目并给予了较高的评价，邀请学生代表参加北汽福田公司“FMG”一周年庆祝活动。48人参加活动。

（李海洋）

【开展游园活动】 5月9日，昌平特教学校组织全体学生前往北京植物园开展游园实践活动，活动中学生们认识植物、了解植物，并且在活动中捡拾路边垃圾，培养了学生保护大自然，爱护大自然的意识。教职工及学生50人参加活动。

（李海洋）

【六一学生展示活动】 6月1日，昌平特教学校举办“庆六一”学生展示活动。活动分为学校生活展示,学生现场才艺展示(朗读、歌谣、舞蹈等),学生作品展示,亲子游戏四项。展示活动使学生的自信心及自立能力都得到了提高,让孩子们真正感受到"我能行"。家长及师生60人参加活动。

(李海洋)

【开展采摘校外实践活动】　9月19日,昌平特教学校全体教职工及师生到黑山寨采摘栗子,活动中学生们自己动手,捡拾栗子126斤。学生们通过活动了解了我们吃到的栗子是如何经过加工而来,体会农民伯伯的辛苦,感受秋收的喜悦。48人参加活动。

(李海洋)

【举办教职工羽毛球比赛】　9月21日,昌平特教学校在全体教职工中开展羽毛球比赛,该比赛分为青年男子组、中年男子组、青年女子组和中年男子组四组进行比赛,评比方法以单循环赛制进行,竞赛每组分别设立一二三等奖各1名。25人参加比赛。

(李海洋)

【校安工程竣工】　10月15日,昌平特教学校校安工程竣工。学校校安工程将原有教学区域的教室、专业教室、办公室等旧房彻底拆除重建,新建建筑面积1150平方米,新建普通教室4个、专用教室10个、办公室3个、学生宿舍4个、财务室1个、医务室1个、会议室1个、招待室1个、图书室1个。该工程自5月15日开始动工,历时5个月。施工期间校领导坚持每周与施工方,监理方进行沟通,确保工期及工程质量。

(李海洋)

【举行消防安全知识讲座】　10月26日,昌平特教学校邀请昌平区消防中队邵长柱进行消防知识讲座。讲座结合图像、影音资料向大家介绍消防知识、消防意识,以及如何合理使用消防工具。会后,进行消防演练,通过示范使大家熟悉灭火器的使用方法以及遇到火灾应如何处理等消防知识。25人听讲座并参加演练。

(李海洋)

【召开家长会】　11月9日,昌平特教学校召开家长会。会上,教师对每一名学生开学以来的表现和进步进行详细介绍,向家长出示IEP(个别教育计划),通过交流和家长共同调整确定教育计划。播放教师自己制作的光盘《学校生活》,使家长了解孩子在校学习生活情况。

(李海洋)

北京交通职业技术学院

【概　况】　2012年,北京交通职业技术学院占地面积203761平方米,产权建筑面积97012平方米。图书馆建筑面积2979平方米,藏书25.9万册,其中纸质图书12.9万册、电子图书13万册。固定资产总值12498.252万元,其中教学、科研仪器设备总值3166.530万元。全年教育经费投入6214万元,其中国家拨款4212万元、自筹经费2002万元。学校信息化经费投入108万元,拥有计算机888台,多媒体教室座位4835个,信息化设备资产610万元,网络信息点数1620个,校园网出口总带宽110Mbps,电子邮件系统用户数0个,上网课程数25门,数字资源量130000GB,管理信息系统数据总量28GB。设有四系一部:路桥系、汽车系、管理系、轨道交通系、基础部,共18个专业。教职工259人,其中专任教师102人,包括教授及教授级高级工程师2人,副教授及高级工程师以上25人;博士2人,硕士41人;"双师型"教师38人;外聘教师62人。毕业生673人,毕业生一次就业率96.7%,一次签约率80%。2012年共招生714人,高考北京地区提档线文科150分、理科150分。2012年在校生2156人。

(陈晓燕)

单位名称:北京交通职业技术学院
地址:昌平区邓庄村东
电话:(010)89703145
邮编:102200

【完成首次自主招生计划】　2月至5月,北京交通职业技术学院圆满完成首次自主招生计划。本次自主招生经过计划制定、招生宣传、招考报名、资格审查、出题组考、阅卷评分、面试组织、录取公示、录取手续办理、新生报到等一系列工作,共计划招生100人、实际录取105人,全部报到。本次自主招生的专业主要有4个,分别为物业管理专业(华润置地物业班)、城市轨道交通控制专业(通信信号方向,北京地铁通号公司订单班)、汽车技术服务与营销专业(北京现代班)和计算机应用技术专业(3G移动互联,中软国际订单班)。

（陈晓燕）

【举行合作办学签字仪式】 2月21日，北京交通职业技术学院与巴黎东大马恩河谷大学举行了合作办学签字仪式。参加本次签字仪式的中方代表有昌平区副区长周云帆等6人；外方代表有马恩河谷市政联合会副主席安德里·尤斯特等4人。根据协议，合作双方将共同致力于对旅游管理类专业学生的培养，采取3年本校就读、1年国外留学深造的方式，重点加强两校间师资互助和学生交流。合作协议的签署标志着北京交通职业技术学院与法国巴黎马恩河谷新区友城教育合作项目正式启动。

（陈晓燕）

【稳步推进教师工程项目管理和服务】 2月26日起，北京交通职业技术学院开展了由北京市教委人事处组织的教师工程项目各项工作。入选2011年度北京市职教名师的王宇老师，入选2011年度北京市优秀青年骨干教师的裴冠金、杨丽丽、孙兆英老师等教师按项目组的要求开展了培养期内的教育教学、业务拓展工作，按照阶段要求详尽地填写了《成长方案》《任务书》《落实情况反馈表》和《中期检查报告》等相关材料。此次2011年度职教名师项目和优秀青年骨干教师项目的培养周期均为两年。

（裴冠金）

【积极开展教师境内外培训】 3月至12月，北京交通职业技术学院积极组织教师参加关于职业教育教学方法和教育管理、教学理念方面的培训。先后安排6人赴澳大利亚学习，1人赴英国学习；国内各类培训和学习共83人次。培训内容涵盖了高校学生学籍管理工作研讨交流会，骨干教师“教育科学研究方法”专题学习，国外职业技术教育改革与发展专题培训，现代教育技术运用以及各项教师教学能力提高培训班等。广大教师收获较多并积极将所学成果运用到实际的课程建设和教育教学当中，提高了教育教学质量。

（裴冠金）

【心理健康教育中心承办心理情景剧展演活动】 5月，北京交通职业技术学院心理健康教育中心承办了驻昌高校心理健康教育工作联盟“5·25”心理健康节系列活动之心理情景剧展演活动。北京化工大学、中国石油大学等6所院校选送7部作品参赛。本院精心组织评比，圆满完成了任务。

（王丽红）

【举办昌平2012年大型高招咨询会】 5月6日，由昌平区考试中心主办的“北京昌平2012年大型高招咨询会”在北京交通职业技术学院成功举行。包括中央财经大学、中国政法大学、北京交通大学、北京邮电大学、首都师范大学在内的北京37所本科院校，近4000名考生和家长参会。此次高招咨询会的目的是为了使昌平区高考考生能够更多地了解高等学校的招生政策及信息，为高校、中学、考生及家长之间搭建沟通平台，为广大高考考生及家长提供有力、有效的志愿填报的参考信息。

（胡晓艳）

【承办北京市高职院校汽车营销大赛】 5月12日，北京交通职业技术学院首次独立承办“2012年北京市职业院校（高职组）汽车营销赛项”。市教委高教处张富宇老师、副区长刘淑华、区教委主任李成旺、区教委副主任苏俊山及学院院级领导等出席了大赛。本次大赛分为三个环节，即：汽车基本知识、计算机服务软件操作、汽车销售技巧。由六位知名院校的专家教授和行业知名人士组成了裁判组成员。来自北京信息职业技术学院、北京现代职业技术学院、北京京北职业技术学院、北京科技经营管理学院、北京吉利大学、北京交通职业技术学院6所高职院校的11支代表队共计22位选手同台竞技，展现风采。

（刘连光）

【职业教育发展座谈会召开】 5月15日，区人大常委会在北京交通职业技术学院召开职业教育发展座谈会。会前，对职业教育的发展进行了实地调研，参观考察了学院的体育场、酒店实训楼、建筑专业实训室、汽车实训中心等；会上，围绕区三届人大常委会关于区政府发展职业教育情况报告的审议意见落实情况进行跟踪检查这一主题展开讨论。本次座谈会由区人大副主任李春菊带队，区人大相关处室负责人、区政府各职能部门的主管领导、昌平职业学校、昌平卫生学校和北京交通职业技术学院全体院级领导近20人参加了会议。北京交通职业技术学院是目前唯一一所由昌平区政府办学的高职院校。

（陈晓燕）

【与对口支援院校召开座谈会】 5月22日，北京交通职业技术学院与青海交通职业技术学院召开座谈会。会议双方就学院管理、发展思路、育人理念、支援建设等方面展开学习交流，双方就前段时期对口支援工作进行了总结，并就下一步援建内容的落实和实施提出了具体的意见和建议。北京交通职业技术学院党委书记兼院长杨保红、青海交通职业技术学院李文时院长等16人参加了此次座谈会。自2010年9月开始，北京交通职业技术学院与青海交通职业技术学院成为了牵手帮扶院校，承担了来自青海交通学院共121名学生进京为期一年的企业顶岗实习的组织安排和管理工作，其中汽车系接收学生85名，路桥系接收学生36名，此外还接收一名青年教师到管理系进修学习。

（陈晓燕）

【校企合作教材开发成果座谈会召开】 6月1日，北京地铁运营有限公司四分公司与北京交通职业技术学院教材开发成果座谈会在学院园林实训基地召开。北京地铁运营有限公司四分公司领导、专家、技术能手，学院领导、教师出席了座谈会。针对市面上有关城市轨道交通客运方向、检修方向、驾驶方向教材理论性较强，与实际操作结合不足的现象，本次由地铁运营公司专家和学院教师共同编写的校企合作开发教材，如《城市轨道交通电动列车维护与检修》《城市轨道交通电动列车驾驶》《城市轨道交通车站运营服务》等，图文并茂，内容丰富，简洁易懂，注重理论结合实际。座谈中双方交流了校企人员互聘、合作培养学生、合作开发职业培训课程、合作开展职业培训、实习生毕业生接收等专业建设的校企合作内容。双方还进一步确定了订单培养班的细节问题以及继续进行深度合作的发展方向。

（李森）

【举行道德模范巡讲活动】 6月15日，北京交通职业技术学院举行由市委宣传部、首都文明办、市委教育工委、团市委、市文联联合组织开展的“全国道德模范首都高校巡讲活动”专场报告会，学院近200名师生参加了此次报告会。第三届全国道德模范提名奖获得者马虎作了感人事迹报告，向师生们讲述了自己如何从一名普通农民工做到现在建设集团总经理的历程。本次活动还以道德模范的真实感人事迹为原型改编的曲艺表演的形式，生动再现了道德模范先进事迹。此次报告会为提高学院内涵建设创造良好的道德环境和舆论氛围。

（陈晓燕）

【承办职业技能大赛初赛和复赛】 6月至8月，北京交通职业技术学院承办了北京市第三届职业技能大赛昌平赛区汽车发动机维修工、汽车维修电工的初赛和复赛。本次大赛以“创新驱动发展 技能成就未来”为主题，以服务首都经济和促进就业为宗旨，激发广大劳动者学习技术、钻研业务，全面提升劳动者的技能水平，营造尊重知识、尊重技能、尊重人才的良好氛围。本次大赛汽车发动机维修工共148人报名，汽车维修电工共116人报名。学院圆满完成了本次大赛的组织工作。

（黎妮）

【系列专题研讨会召开】 6月至12月，北京交通职业技术学院路桥系召开了系列专题研讨会。本次系列专题研讨会主要包括高等级公路维护与管理专业专题研讨会、建筑工程技术专业专题研讨会、工程造价专业教学指导委员会成立及人才培养方案研讨会等。研讨会均由学院领导、部门负责人、专业教师、行业企业专家等组成。主要对研讨专业现执行教学进程表、教学改革方式与执行程序、人才培养方案以及学生实习实践等问题进行了热烈的讨论，提出很多宝贵意见及建议。

（郝焱）

【签订校企合作协议】 7月，北京交通职业技术学院与北京祥龙博瑞汽车服务（集团）有限公司签订了校企合作协议。协议主要包括汽车系专业人才培养方案的制定、学生顶岗实习和就业等方面的内容。根据协议，学院学生可以到北京祥龙博瑞集团顶岗实习，实习岗位主要有销售顾问、维修接待、机动车保险、客户接待、前台等，就业的方向主要是祥龙博瑞集团旗下的4S店。10月，学院与北京汽车新能源汽车有限公司举行校企合作洽谈会并签订了校企合作协议。校企合作协议的签订，为学院汽车系学生实习就业提供了良好的平台，为学生成为高素质的技能型人才奠定了良好基础。

（黎妮）

【开展大学生暑期社会实践活动】 8月，开展了“向五四精神学习·向实践学习”暑期实践活动。本次活动以促进大学生成长成才为目标，与创先争优活动相结合，与专业学习相结合，与科技创新相结合。学院3个系部共组建9支实践团队，每支团队设2名指导老师，参与人数均在10至15人左右。在暑期中，各团队在指导老师的带领下积极参与实践，开展了形式多样的社会实践活动，撰写实践报告。11月份，北京市学联等单位对在2012年首都大学生暑期社会实践活动中表现突出的集体和个人进行表彰。其中,北京交通职业技术学院荣获2012年“首都大学生暑期实践先进单位”称号,米玉琴同志荣获2012年“首都大学生暑期实践先进工作者”称号,门佳辉同学荣获2012年“首都大学生暑期实践先进个人”称号,“北京交通职业技术学院住宅小区停车位紧张引发问题的调查与分析暑期社会实践团"荣获2012年“首都大学生暑期社会实践优秀团队”称号,北京交通职业技术学院《北京交通职业技术学院住宅小区停车位紧张引发问题的调查与分析》荣获2012年“首都大学生暑期社会实践优秀成果”称号。

(李萍)

【聘请副区长孙启任学院名誉院长】 9月6日,区委常委、副区长孙启莅临北京交通职业技术学院视察指导工作,与学院院级领导、科级以上干部、教研室主任、骨干教师等近70人进行座谈。会上,学院党委书记兼院长杨保红代表学院向副区长孙启颁发聘书,正式聘请孙启任学院的名誉院长。孙启对学院近几年的良好发展态势表示了肯定,强调学院的专业设置要紧密与市场相结合,要加强校企合作,培养技能性应用型人才,为昌平区域经济发展做贡献。作为学院的名誉院长,他表示,要当好学院的“宣传员”、“服务员”,为学院与区政府各职能部门、行业、企业之间的紧密联系做好协调工作,努力推动学院更快更好地向前发展。孙启还参观了学院的轨道交通实训中心和汽车实训中心,详细了解了实训中心建设及使用情况。

(陈晓燕)

【举办校政企三方教师节座谈会】 9月10日,北京交通职业技术学院召开2012年校政企三方教师节座谈会。来自政府各职能部门的领导、各合作企业的相关负责人、学院领导及有关部门负责人等近31人出席了本次会议。会议从加强校政企三方合作,创新合作模式、拓宽合作渠道,服务于地方经济发展等方面展开了讨论。此次座谈会的召开促进了学院与政府、企业、行业的全面融合,为学院内涵建设的发展和社会服务能力的提高起到积极推动作用。

(陈晓燕)

【首届教学督导委员会成立】 9月20日,北京交通职业技术学院首届教学督导委员会成立。院长杨保红任教学督导委员会主任,科研处长张彦军兼任教学督导委员会办公室主任。教学督导委员会在院长领导下,对教学过程的各个环节进行全面的监督、检查、指导,提出意见和建议,以促进教育教学质量的全面提高,从而形成学院具有鲜明特色、科学合理的督导运行机制。

(果建梅)

【首都高职院校体育工作推进会召开】 11月8日,由北京市教委体育美育处处长王东江、首都高校大学生体育协会主席杜松彭等7位专家组成的“首都高职院校体育工作推进活动”专家组,对北京交通职业技术学院的体育工作开展情况进行了全面考察和评估。专家组通过听取报告和座谈,对学院体育工作的办学宗旨、培养目标、工作机制、教师爱岗敬业以及积极融入首都高校体育大家庭等给予了较高评价,概括为“领导重视、思路清晰、工作扎实、群策群力”,同时就存在的问题提出了中肯的意见和建议。学院将在推进会基础上全面、深入地推进各项体育工作,力争取得更大的进步。

(罗锦丽)

【举行奖学金颁奖仪式】 11月23日,北京交通职业技术学院举行2011－2012学年度华润未来之星奖学金、华润励志奖学金颁发仪式。华润置地(北京)物业管理有限责任公司总经理徐璟剑及学院副院长李卫东等出席大会并为获奖学生颁奖。物业管理专业李博洋等12位学生分别获得奖学金,其中华润未来之星奖学金5人,励志奖学金7人,奖金金额共计12000元。

(李新)

【开展企业专家专题讲座】 11月,北京交通职业技术学院城市轨道交通系邀请企业专家来学院为学生做专题系列讲座。此次系列讲座邀请了北京市地铁运营有限公司北京地铁特需专家、北京市高级技术能手、地铁“金手柄”王刚老师作“北京地铁公司概况与员工职业发展”专题讲座;邀请北京市地铁运营有限公司通信信号公司人力资源部部长厉燕玲作“北京地铁公司概况与员工职业发展”专题讲座。11级和12级城市轨道交通系4个专业500多名学生参加了系列讲座。通过对北京地铁电动列车设备、构造和电气系统,北京地铁通信信号公司人力资源情况等相关方面知识的介绍,丰富了专业知识,提高了专业技能,鼓舞了学生以过硬的专业素质投身到北京地铁事业发展中去。

(李经智)

【做好2012年冬季征兵工作】 11月至12月，北京交通职业技术学院武装部征兵办公室开展2012年冬季征兵工作。学院有32名同学踊跃报名，经过体检、政审等环节，最终陈晨、马庆权等11名男生和刘爽、代昱2名女生，共计13名同学以过硬的身体条件和全优的政审结果从学校光荣入伍。北京交通职业技术学院在2009年、2010年、2011年连续三年获得"昌平区征兵工作先进单位"的基础上，出色地完成了2012年冬季征兵工作。

（董帅）

【举行学习党的十八大精神报告会】 12月13日，北京交通职业技术学院举办了学习党的十八大精神报告会，特邀北京大学教授、国务院发展中心世界所特约研究员、中南海培训中心客座教授、市委讲师团成员李茂春为全体教职工解读十八大报告。学院全体教职工200多人参加了报告会。会上，李茂春教授围绕十八大召开的背景、报告的主要内容和精神、党章修改的主要方面和新增的内容以及十八大做出的人事调整和安排四个方面展开论述。李茂春教授历时近两个小时的报告，主题明确、内涵丰富、分析透彻，对大家深入学习领会、全面准确把握十八大精神具有很好的指导性和启发性。

（陈晓燕）

【新增设的两个专业顺利招生】 8月，北京交通职业技术学院新增的两个专业首次实现招生计划。2011年北京市教委高教处公布了北京市高校新增专业名单，北京交通职业技术学院"城市轨道交通控制（通信信号方向）"、"工程监理"两个专业被批准准予建设。2012年8月，学院对这两个新增专业进行招生，共招生99人。其中城市轨道交通控制（通信信号方向）专业招生61人，工程监理专业招生38人。学院共有14个专业面向社会招生。

（裴冠金）

【完成道桥实训中心设备招标采购任务】 年内，北京交通职业技术学院完成了道桥实训中心设备招标采购任务。2011年学院获得中央财政支持道路桥梁工程技术专业实训设备建设项目，今年，学院通过公开招投标方式购置了道路检测、桥梁量检测、GPS测量设备等检测设备，使学院路桥实训中心能够完成力学、集料、土工、混凝土、水泥、沥青、测量、路检桥检等比较完善的实训项目，通过在学院实训室进行实训，学生毕业后可以胜任建筑、公路、桥梁等相关行业的实验室工作。

（刘连光）

【参加全国及北京市各项比赛获奖】 年内，北京交通职业技术学院学生参加全国及北京市各项比赛获奖。其中，在全国大学生英语竞赛中荣获D类二等奖和D类三等奖。在全国职业院校技能大赛高职组汽车营销赛项中获得团体三等奖。在第二届北京市大学生交通科技大赛中获优秀奖。在第四届北京市大学生人文知识竞赛（高职组）中获得三等奖。在第三届"外研社杯"全国高职高专英语写作大赛北京赛区比赛中荣获公共英语组二等奖和优秀奖。在北京市大学生数学建模竞赛中，荣获高职（专科）组二等奖。在北京市第三届高职高专大学生数学竞赛中，其中2人获一等奖、2人获二等奖、4人获三等奖，高淑娥老师获优秀指导教师奖。在首届北京市大学生书法大赛获三等奖。在首都高校第50届学生田径运动会获得第二名，在首都高等学校第四届秋季学生田径运动会荣获男子团体总分第三名，在北京职教系统运动会，取得了一项破记录、两个第一、一个第二、一个第三的好成绩。

（陈晓燕）

【做好国家奖、助学金组织审批发放工作】 年内，北京交通职业技术学院学生资助管理中心开展国家奖、助学金组织审批发放工作。学院有2名同学经严格审核后获得2011－2012学年国家奖学金，金额共计1.6万元；63名同学经严格审核获得2011－2012学年国家励志奖学金，金额共计31.5万元；另有288名同学获得2012－2013学年北京市国家助学金，其中135名同学享受每人每月450元的一等助学金、153名同学享受每人每月230元的二等助学金。

（董帅）

沙河高教园区

【概　况】 2012年，沙河高教园区作为昌平区重点推进"三城一区一基地"建设中的"一城"，在市、区领导的高度重视下，在市、区各职能部门和当地党委、政府的大力支持下，坚持以"三个代表"

重要思想、科学发展为指导，克服重重困难，与入园高校、罗顿公司团结一致，扎实苦干、共克时艰、稳中求进、真抓实干，全力以赴加快推进沙河高教园区建设。截至12月底，沙河高教园区全年完成投资约84741.2万元，实现开复工面积60.6万平方米。其中五所高校完成投资约32291.2万元，实现开复工面积8.93万平方米；罗顿公司完成投资约52450万元，实现开复工面积51.67万平方米。一是高校新校区建设扎实推进。中央财经大学、北京航空航天大学、外交学院运转正常，已入住师生共1.5万人；北京邮电大学已开工建设，学生公寓进入开槽建设阶段；北京师范大学正在办理开工前的相关手续。二是市政基础设施建设不断完善。园区道路已完成19.8公里，中财沙河校区跨南丰路人行过街天桥项目已开工建设。三是拆迁安置补偿工作艰难推进。王庄新村、大洼村拆迁工作全部完成，小寨村、满井东队剩余宅院拆迁工作正积极推进；满东队非住宅23处已签约22处；园区范围内市百货公司仓库和松兰饮片厂搬迁工作已基本完成；空军23厂、农机试验站等企业搬迁工作正在加快推进。四是配套住宅及公共服务设施逐步完善。园区配套住宅复工20万平方米；配套中小学、幼儿园于10月中旬进场施工；智能安全监控设施取得了立项批复。

（熊玉川）

单位名称：昌平区沙河高教园区管理委员会
地址：昌平区顺沙路中央财经大学东侧
电话：(010)80761647
邮编：102206

【各级领导对园区建设高度重视】　年内，市成立沙河高教园区建设协调领导小组，市领导吉林、赵凤桐、洪峰、陈刚召开专题会议，协调解决相关问题，加快推动北京师范大学沙河校区建设。市领导赵凤桐还多次召开会议，到园区视察，协调解决园区建设中遇到的困难和问题。市委副秘书长傅华定期召开调度会，听取工作汇报，协调市区职能部门解决园区建设中遇到的困难。区委书记侯君舒、区长金树东等领导多次召开专题会议，研究部署沙河高教园区建设工作。

（熊玉川）

【高校新校区建设稳步推进】　年内，中央财经大学、北京航空航天大学、外交学院沙河校区已经投入使用，入驻师生共1.5万名。北京邮电大学于9月16日举行奠基仪式。新校区总占地约1348.3亩，总建筑面积约60万平方米。其中一期占地858.55亩，建设面积约为39.72万平方米；二期占地489.77亩，建设面积约为20.28万平方米，新建学生公寓已进入开槽建设阶段。北京师范大学于9月27日获得市政府《关于北京师范大学昌平新校区一期项目（G地块）征地的请示》批复，正在办理开工前的相关手续。

（熊玉川）

【拆迁安置补偿工作艰难推进】　园区建设涉及沙河镇王庄、大洼、满井东队和小寨四个村的整体搬迁，需要拆除农民宅院约900个。年内，满井东队和小寨村剩余宅院的拆迁工作正在积极推进。

（熊玉川）

【非住宅拆迁工作积极推进】　年内，高教园区范围内非住宅拆迁总计约35处。其中北邮沙河校区一期项目12处、北师大沙河校区G-18地块23处，北邮沙河校区一期非住宅拆迁项目已评估完毕。为加快推进北京师范大学开工建设，沙河高教园区、沙河镇抽调专人，组成入村工作队，全力推进满井东村住宅和非住宅拆迁工作。北师大沙河校区G地块用地面积248.877亩，非住宅23处已签约22处。非住宅拆迁完毕后，北师大G-18地块163亩土地可进场施工。

（熊玉川）

【企业搬迁工作积极推进】　年内，农机试验站搬迁，已取得新址搬迁选址批复。相关问题还在进一步协商中。空军23厂搬迁工作对民品部分已进场评估，但评估价格经过多次协商仍未达成一致，搬迁难度很大。副区长刘淑华、王承军与空军23厂领导就该企业搬迁补偿问题进行专题研究，有关工作正在积极推进。

（熊玉川）

【市政基础设施建设不断完善】　年内，园区内道路已完成19.8公里，相应雨污水、自来水、中水、电信、燃气等管线随路由铺设。永久电力隧道施工完成2公里，为高校供电的永久电力隧道已建成并投入使用。6月19日，沙河高教园区协调区水务局、沙河镇、百善镇，对中央财经大学南大门排水沟进行清淤工作，在“7·21”特大暴雨灾害中，使该校雨污水得到顺利排放。

（熊玉川）

【配套住宅及公共服务设施逐步完善】　年内,配套住宅及公共服务设施共计约271.8万平方米。已累计开工139.96万平方米,已竣工108.5万平方米,其中配套住宅累计开工119.19万平方米、竣工91.66万平方米,复工20万平米;农民搬迁楼累计开工20.77万平米,累计竣工16.86万平米。高教园区二期(一)项目已完成一级开发。按照市领导的指示精神,该地块51万平米全部为高校建设公租房,总投资56亿元,相关工作正在积极推进。园区配套中小学、幼儿园于10月中旬进场施工,由罗顿公司负责开发建设,建成后将无偿移交政府,并委托北师大附属学校进行办学。中财沙河校区跨南丰路人行过街天桥项目于11月19日进场施工。智能安全监控设施建设取得了立项批复。园区四期核心区规划调整工作正在进行。

(熊玉川)

【园区管理机构正式成立】　7月3日,昌平区沙河高教园区管理委员会机构编制获得批复。

(熊玉川)

北京农学院

【概　况】　2012年,学校占地面积75.76万平方米,建筑面积(含学校产权建筑面积、非产权建筑面积)20.67万平方米、非产权建筑面积10.73万平方米。资产总值67321.65万元,其中教科仪器设备资产值31742.04万元。全年教育经费投入45944.31万元,其中国家拨款35332.83万元、自筹经费10611.48万元。有计算机数3782台。学校信息化经费投入2771.16万元,拥有多媒体教室座位个数7624个,信息化设备资产2202.66万元,网络信息点数6000个,校园网出口总带宽500Mbps,电子邮件系统用户数9530个,上网课程数3163门,数字资源量9500GB,管理信息系统数据总量336GB。校区设置10个学院,4个教学部及继续教育学院。开设专业数28个及覆盖学科数7个;具有一级学科数7个,一级学科博士点0,博士学位授权点数0,硕士学位授权点数9个和专业学位授权点数12个;博士后流动站数0,其中博士后研究人员出站0、进站0和在站人数0。国家重点学科0、北京市重点学科数5个、部级重点学科数0;国家级研究0、实验机构0及其构成,国家重点实验室数0。教职工总数1122人,其中专任教师数425人,包括教授86人、副教授数160人;有博士生导师12人和硕士生导师数132人;中科院院士0,工程院院士数0。有"长江学者奖励计划"特聘教授0、国家有突出贡献专家0、享受政府特殊津贴专家4人等国家级专家及其构成。外籍教师数3人,其中教授0人、副教授0人。毕业学生总数及其构成。招收学生总数及其构成。在校学生总数及其构成。本科毕业生就业率95.26%,高考北京地区本科提档线理科433、文科449。留学生毕业、招生和在校生总数及其构成。图书馆建筑面积15997平方米,馆藏纸质文献65.9万册、电子文献22万种。毕业生2205人,其中学历教育学生中全日制研究生186人(博士生0人、硕士生186人、研究生班0人),普通本专科生1915人(本科生1530人、专科生385人),成人教育本专科生96人(本科生64人、专科生32人),网络教育本专科生0人(本科生0人、专科生0人);非计划招生高等教育学生中在职人员攻读博士硕士学位8人(博士生0人、硕士生8人),研究生课程进修班0人。招生人2378人,其中学历教育学生中全日制研究生212人(博士生0人、硕士生212人、研究生班0人),普通本专科生1931人(本科生1543人、专科生388人)、成人教育本专科生98人(本科生52人、专科生46人),网络教育本专科生0人(本科生0人、专科生0人);非计划招生高等教育学生中在职人员攻读博士硕士学位137人(博士生0人、硕士生137人),研究生课程进修班0人。在校生8326人,其中学历教育学生中全日制研究生498人(博士生0人、硕士生498人、研究生班0人),普通本专科生7217人(本科生6071人、专科生1146人),成人教育本专科生363人(本科生191人、专科生172人),网络教育本专科生0人(本科生0人、专科生0人);非计划招生高等教育学生中在职人员攻读博士硕士学位248人(博士生0人、硕士生248人),研究生课程进修班0人。留学生毕业0人,招生0人,在校生0人。

(李国敏)

单位名称:北京农学院
地址:昌平区回龙观镇北农路7号
电话:(010)80794134

邮编:102206

【“2011 年北京市农民专业合作社示范社”】 1月4日,农学院推广教授陈青君长期扶助的北京延庆县四海种植业合作社经市农委组织专家组初评,市财政局、市发改委、市科委、市工商局、市商务委等相关部门联合审核,被评为“2011 年北京市农民专业合作社示范社”。

(李国敏)

【一教材获“2011 年北京高等教育精品教材”】 1月5日,农学院刘芳老师主编的《农村统计与调查》教材获“2011 年北京高等教育精品教材”。

(李国敏)

【中国植物保护学会第十届六次常务理事会扩大会议召开】 1月7日,中国植物保护学会第十届六次常务理事会及 2012 年迎春茶话会在农学院召开,会议总结了学会 2011 年工作并对 2012 年工作要点进行了研究和讨论。郭予元院士、吴孔明院士及学会在京常务理事及理事代表 50 余人参加会议。

(李国敏)

【一人荣获“全国教科文卫体系统优秀工会工作者”称号】 1月13日,农学院校工会常务副主席张永红在中国教科文卫体工会全国委员会第三届第一次全体会议上荣获“全国教科文卫体系统优秀工会工作者”称号。

(李国敏)

【两人荣获国家科学技术奖】 2月14日,农学院郑文堂教授参与完成的“大型矿山排土场安全控制关键技术”项目荣获国家科学技术进步奖二等奖;姚山博士参与完成的“森林计测信息化关键技术与应用”项目荣获国家科学技术发明奖二等奖。

(李国敏)

【两个本科专业获批】 3月2日,农学院申报的包装工程专业和会展经济与管理专业获批。至此,学校本科专业达到 28 个,进一步丰富了学校在工科和管理类本科专业设置。

(李国敏)

【13 位专家入选 2012 年现代农业产业技术体系北京市创新团队】 4月,北京市农业局发布 2012 年现代农业产业技术体系北京市创新团队岗位聘用人员名单,农学院共有 13 位专家分别入选 6 个团队,其中范双喜教授被聘为叶类蔬菜团队首席专家。

(李国敏)

【四个新品种通过鉴定】 5月19日,农学院范双喜教授团队选育的耐热结球生菜品种——北生 1 号、北生 2 号,耐热散叶生菜品种——北散生 1 号、北散生 2 号通过北京市鉴定。

(李国敏)

【与顺鑫集团签订共建人才培养协议】 6月8日,农学院与北京顺鑫农业发展集团有限公司签订共建人才培养基地校企合作协议。根据协议,双方将在未来 5 年内,围绕都市型现代农业人才培养和服务首都社会经济等方面开展全面战略合作,共同推进双方技术进步,同时适应国家和首都经济建设与社会发展对高等学校创新人才培养的要求,培养大学生实践能力、创新能力和创业能力,进一步实现教育为首都社会、经济发展服务的职能。

(李国敏)

【被授牌为“中共北京高校青年教师社会实践基地”】 6月14日,农学院大学科技园被市委组织部、中关村科技园区管委会等 9 部门联合授牌为“中共北京高校青年教师社会实践基地”。授牌后农学院大学科技园将面向北京高校青年教师提供社会实践活动场所。

(李国敏)

【1 校友获全国创先争优优秀共产党员称号】 6月29日,全国创先争优表彰大会在人民大会堂召开,农学院原农学系 79 级校友,现任北京市农林科学院玉米研究中心主任赵久然被授予全国创先争优优秀共产党员光荣称号。

(李国敏)

【中澳合作办学项目获教育部审批】 7月,农学院与澳大利亚伊迪斯科文大学(ECU)合作举办的农业资源与环境(环境管理方向)专业本科教育项目获教育部审批。项目引进澳大利亚伊迪斯科文大学教学体系和质量保证体系,实行英语授课和考核,学生在国内学习三年,第四年在澳大利亚学习。学生毕业授予北京农学院农业资源与环境(环境管理)专业农学学士学位和澳大利亚伊迪斯科文大学环境科学理学学士学位。

(李国敏)

【1 大学生“村官”获全国就业创业优秀个人称号】 7月17日,全国就业创业工作表彰大会在人民大

会堂举行。农学院食品科学与工程学院食品工程专业2007届毕业生、北京市大兴区庞各庄镇王场村村主任助理陈墨获全国就业创业优秀个人称号,并作为先进个人代表参加了表彰大会。

(李国敏)

【1个实验室被确认为中关村开放实验室】 7月,农学院农业生物制品与种业实验室被授牌为中关村开放实验室。中关村开放实验室是依托中关村国家自主创新示范区内的高等院校、科研机构、转制院所和示范区企业实验室建立,以市场应用为导向,以服务企业为目标,对中关村国家自主创新示范区企业实现开放、资源共享的实验室。该实验室的获批,为学校学科建设和科研工作提供了更广阔的平台,为学校科研成果转化拓宽了渠道。

(李国敏)

【优质肉牛新品种培育获得重大进展】 7月19日,经过3年努力,农学院动物科技学院倪和民教授主持并执行的国家转基因重大专项:"优质高效转基因肉牛新品种培育",应用体细胞克隆技术,首批两头含有脂肪性脂肪连接蛋白基因(FABP)的秦川牛犊牛,在农学院综合实验基地诞生,为培育国家自主品牌的肉牛新品种迈出关键的一步。标志着农学院具备了生产转基因动物成熟的技术体系。

(李国敏)

【3名教师获市级奖励】 9月,农学院动物科学技术学院刘凤华教授、经济管理学院何忠伟教授获2012年北京市师德先进个人称号。经济管理学院邓蓉教授授获第八届北京市高等学校教学名师奖

(李国敏)

【与南口农场共建校外人才培养基地】 9月11日,农学院与南口农场共建校外人才培养基地揭牌仪式在南口农场南农百果园举行。此次与南口农场合作共建人才培养基地,是学校加强校企合作共育人才的战略举措,对于学校和南口农场的长期发展都具有重要的意义。

(李国敏)

【市三委两局签署协议共建农学院】 9月6日,北京市教育委员会、北京市科学技术委员会、北京市农村工作委员会、北京市园林绿化局、北京市农业局与农学院负责人共同签署《关于合作共建北京农学院的协议》,共建北京农学院。此次北京市三委两局合作共建农学院,是农业院校与行业部门更加紧密合作的良好开端,也标志着这种互助合作关系进入一个实质性的发展阶段。共建合作的开展能够很好地加强彼此之间沟通协调,发挥行业优势,整合区域资源,通过共建深入探索首都高等农业教育更好地服务于首都城乡经济社会一体化发展和建设世界城市的长效机制,全面提升高等农业教育服务首都经济社会发展的能力和水平。

(李国敏)

【与门头沟区签订合作协议】 10月25日,农学院与门头沟区人民政府签订战略合作协议。根据协议,双方在"十二五"期间,将充分发挥学校自身特色和优势,开展更加深层次的实质性的合作,实现双方优势互补、资源共享、互惠双赢,共同全面推动门头沟现代化生态化新区建设。

(李国敏)

【2012年科技工作大会召开】 12月5日,农学院召开2012年科技工作大会。大会表彰了2011－2012年度科研管理先进单位、科研工作先进个人,全面总结了学校2011－2012两年来科技工作的主要成绩和存在的不足,提出今后科技工作的重点和措施。

(李国敏)

【与延庆县人民政府签订战略合作框架协议】 12月19日,农学院与延庆县人民政府签订战略合作协议。农学院有着与延庆功能定位和发展目标高度契合的学科专业优势与人才智力储备,根据协议,双方在将在原有合作基础上,进一步巩固校政协同创新平台和政产学研战略联盟,充分发挥农学院在都市型现代农业人才培养、科技创新、技术推广与成果转化方面的特色和优势,开展更深层次的合作,实现双方优势互补、资源共享、互惠双赢。共同为推动首都经济社会发展和世界城市建设做出新的更大的贡献。

(李国敏)

【1教材入选第一批"十二五"普通高等教育本科国家级规划教材】 12月,农学院范双喜教授主编的《园艺植物栽培学》(第2版)教材被教育部评为第一批"十二五"普通高等教育本科国家级规划教材。

(李国敏)

【编制学校信息化建设顶层设计方案】 截至年

底,农学院信息化建设成绩显著,编制了学校信息化建设顶层设计方案(2013 - 2016);完成了“万兆主干、千兆到桌面”的有线网络改造;开通了教育科研网千兆接入的下一代互联网 IPv6 应用。

(李国敏)

中国石油大学(北京)

【概　况】 2012 年,中国石油大学(简称“石油大学”)是一所石油特色鲜明、以工为主、多学科协调发展的教育部直属的全国重点大学,是设有研究生院的高校之一。是首批进入国家“211 工程”建设的高校和国家“优势学科创新平台”项目建设高校。学校占地面积 35.9 万平方米,建筑面积 37.8 万平方米。下设现设有 11 个学院(部)以及提高采收率研究院、非常规天然气研究院、新能源研究院、中国能源战略研究院 4 个直属研究院,开设本科专业 27 个,拥有 11 个博士授权的一级学科,45 个博士点,6 个博士后流动站;33 个硕士授权的一级学科,151 个硕士点;4 个专业硕士学位授予权,工程硕士授权点涵盖 20 个工程领域;拥有 5 个国家重点学科、2 个国家重点(培育)学科、7 个北京市重点学科。现有教职工 1284 人,专任教师 799 人;在专任教师中,具有博士学位的教师占 68%。教授 223 人,副教授 250 人,其中博士生导师 184 人。现有中国科学院院士 2 人、中国工程院院士 2 人、双聘院士 5 人。国务院学位委员会学科评议组成员 3 人,教育部“长江学者和创新团队发展计划”创新团队 3 个,国家级教学团队 3 个,北京市优秀教学团队 6 个。中组部“千人计划”入选者 3 人,“长江学者”特聘教授 5 人,国家杰出青年基金获得者 8 人,国家“973”项目首席科学家 5 人,国家级教学名师 1 人,全国优秀教师 4 人,中国青年科技奖获得者 5 人,全国百篇优秀博士生论文获得者 5 人。学校获国家科技进步奖 5 项,其中作为第一完成单位获得国家技术发明二等奖 1 项,获得国家科技进步特等奖 1 项,获得国家科技进步二等奖 3 项;获得省部级及社会力量设奖共 51 项,其中一等奖和特等奖 16 项,以第一完成单位获奖 18 项。申请专利 222 项,获得专利授权 128 项,其中发明专利 86 项;软件登记 53 件。SCIE 论文 318 篇,EI 论文 665 篇,CPCI 论文 104 篇。正式出版学术专著、教材、编著、译著 38 部。主办或承办国际国内学术会议 24 次。学生在国际、国内各种学科竞赛中共获奖 394 项,获奖中国际奖 15 项,国家奖 209 项,北京市奖 170 项。

(许博)

单位名称:中国石油大学(北京)
地址:昌平区府学路 18 号
电话:(010)89733256
邮编:102249

【5 项成果获国家科技奖励】 年内,石油大学 5 项成果荣获国家科学技术奖励。李根生教授为首的团队完成的“水力喷砂射孔与分段压裂联作技术及工业化应用”获国家科学技术发明奖二等奖,该成果发明了具有自主知识产权的滑套式不动管柱水力喷砂射孔压裂联作技术井下系列工具,成功解决了不动管柱喷射分段的关键工具难题,丰富和发展了水射流和压裂改造理论与技术,促进了油气开采和水射流技术的进步,开辟了磨料射流用于增产改造的新途径。吴晓东、陈长风两位教授参与的成果“特大型超深高含硫气田安全高效开发技术及工业化应用”获得国家科技进步奖特等奖,该校为第 6 完成单位。获得国家科技进步二等奖的项目分别是陈勉、金衍、张来斌、李军教授与中国石油化工股份有限公司石油工程技术研究院等单位合作完成的“高应力强水敏深层井筒稳定关键技术及工业化应用”,陈勉为第二完成人;蒋官澄教授与中国石油集团钻井工程技术研究院等单位合作完成的“超高温钻井流体技术及工业化应用”,以及石油工程学院与中海油研究总院等单位完成的“海上绥中 36 - 1 油田丛式井网整体加密开发关键技术”。

(许博)

【5 专业入选“卓越工程师教育培养计划”】 2 月,石油大学五个专业入选教育部“第二批卓越工程师教育培养计划高校学科专业名单”,分别为:石油工程、地质工程、机械设计制造及其自动化、过程装备与控制工程、化学工程与工艺石油工程。

(许博)

【化学学科与工程学学科首次进入 ESI 学科排行】 根据 ESI 2012 年 3 月份更新数据表明,中国石油大学化学学科与工程学学科首次进入 ESI

学科排行。化学学科全球有 1047 所高校及科研机构进入 ESI 学科排行，中国石油大学列第 818 位；工程学学科全球有 1217 所高校及科研机构进入 ESI 学科排行，中国石油大学列第 944 位。基本科学指标数据库（Essential Science Indicators，简称 ESI）对全球所有高校及科研机构的 SCIE、SSCI 库的论文数据进行统计，只有近 11 年来科研机构按论文被引总次数排列在前 1% 的学科方可进入 ESI 学科排行。

（许博）

【中德国际工程师学院揭牌】　4 月 1 日，石油大学与德国 BSK 国际教育机构合作成立的中德国际工程师学院揭牌。成立中德国际工程师学院，是该校与德国高水平大学开展的重要合作，也是学校提高工程教育质量、实施国际化战略的举措，中德国际工程师学院将在人才培养、师资建设、国际交流、科学研究等方面开展工作。

（许博）

【9 项成果获北京市科学技术奖】　4 月 13 日，北京市科学技术奖励大会对 2010、2011 年度北京市科学技术奖获得者进行表彰，石油大学 2010、2011 年度共获北京市科学技术奖 9 项。其中 2011 年地学院庞雄奇教授主持的《油气临界成藏理论、评价方法与重大勘探成效》和石工学院蒋官澄教授主持的《“绿色”超低损害钻井液与废弃钻井液污染治理新技术》获北京市科学技术奖一等奖；另有 2 项成果获得二等奖、5 项成果获得三等奖。石油大学以第一完成单位获奖 8 项，以第二完成单位获奖 1 项。

（许博）

【新增 3 个北京市重点学科】　4 月，石油大学化学工程与技术一级学科、管理科学与工程一级学科、材料学二级学科新增为北京市重点学科。截至目前，该校共拥有 7 个北京市重点学科，分别是地质资源与地质工程、化学工程与技术、管理科学与工程三个一级学科，石油天然气安全工程、低碳能源工程 2 个交叉学科以及机械设计及理论、材料学 2 个二级学科。

（许博）

【聘任 4 名名誉院长】　5 月 15 日，石油大学举行新能源研究院名誉院长聘任仪式，全国政协经济委员会副主任、工业和信息化部原部长、中国工业经济联合会会长李毅中受聘为新能源研究院名誉院长，新能源研究院定位于攻克一批长期制约相关领域发展的重大科技问题，并为加快推进国家能源结构调整、缓解能源供需压力提供强有力的技术支撑。6 月 1 日，石油大学聘任刘光鼎院士为地球物理与信息工程学院名誉院长，刘光鼎院士是中国著名海洋地质地球物理学家，现任中国科学院院士，中国地球物理学会理事长，中国海洋学会名誉理事长，中国科学院地质与地球物理研究所研究员，所学术指导委员会主任，所发展战略委员会主任，全国政协委员。6 月 15 日，石油大学聘任周守为院士为石油工程学院名誉院长，周守为院士是我国著名海洋石油开发工程专家，1982 年毕业于西南石油学院，现为中国海洋石油总公司党组成员、副总经理，中国海洋石油有限公司总裁，海洋石油工程股份有限公司董事长，中海油提高采收率重点实验室主任，中国石油学会海洋石油分会副理事长，中国造船工程学会副理事长，中国海洋学会副理事长，世界石油大会中国国家委员会副主任。同日，石油大学聘任于洪君为人文社会科学学院名誉院长，于洪君现任中共中央对外联络部副部长，研究生学历，法学博士。

（许博）

【3 个北京市重点实验室获认定建设】　5 月 23 日，石油大学 3 个实验室获北京市科学技术委员会认定建设为市重点实验室。3 个实验室分别是：油气污染防治北京市重点实验室、温室气体封存与石油开采利用北京市重点实验室和石油数据挖掘北京市重点实验室。3 家实验室顺利地通过了市科委组织的初审、专家评审和现场考察等环节，据悉，此次认定的北京市重点实验室共有 69 家，石油大学为获得认定最多的 4 家单位之一。

（许博）

【中国能源战略研究院揭牌】　6 月 14 日，石油大学举行中国能源战略研究院揭牌暨院长聘任仪式。全国政协常委、经济委员会副主任、国家能源委员会专家咨询委员会主任、原国家发展改革委副主任、原国家能源局局长张国宝受聘为中国能源战略研究院院长。中国能源战略研究院旨在开展能源软科学领域重大问题的基础性研究工作，服务国家能源战略需求。研究院将以前沿性、基础性研究为核心，以建成国家能源软科学基础理论研究平台、能源战略与政策咨询服务中心以及高级能源复合型人才培养基地为目标。

(许博)

【国家自然科学基金创新研究群体实现“零”突破】 8月17日,石油大学由高德利教授作为带头人的创新研究群体“复杂油气井钻井与完井基础研究”获得国家自然科学基金委批准为国家自然科学基金创新研究群体。第一期资助经费600万元,研究期限3年,这是该校获得的第一个创新研究群体。

(许博)

【一个973项目获批】 9月,以石油大学为依托单位,王尚旭教授为首席科学家的973项目“深层油气藏地球物理探测的基础研究”获得科技部国家重点基础研究发展计划批准立项,资助经费3600万元,执行期限2013-2017年,这是该校负责的第九个973项目。是在上一期973项目“非均质油气藏地球物理探测基础研究”以优秀成绩通过科技部验收的基础上获得的滚动支持。

(许博)

【新设4个博士后科研流动站】 9月,石油大学获人力资源和社会保障部、全国博士后管委会联合批准新设“化学”、“材料科学与工程”、“安全科学与工程”、“管理科学与工程”4个博士后科研流动站,加上已设有的“地质资源与地质工程”、“化学工程与技术”、“石油与天然气工程”、“地质学”“机械工程”以及“动力工程与工程热物理”等6个博士后科研流动站,该校已拥有10个博士后科研流动站。

(许博)

【两场国际会议召开】 9月25日至29日和12月5日至8日,石油大学分别召开了首届水下技术协会技术会议和第五届最优化与控制及应用国际会议。首届水下技术协会技术会议主题为“深水水下系统和南海油气田开发”,会议有来自英国、美国、新西兰及国内的学者约150人参加,周守为院士发表了“Developing deepwater engineering technology of China”的主题报告,水下技术协会总部业务拓展经理Ian Gallett发表了“Underwater Technology: the Future, and the Role of the Learned Society”的主题报告。国内外专家学者围绕“深水水下系统和南海油气田开发”这一主题展开了讨论,水下技术协会总部(英国)首席培训师Jim Neffgen对部分参会人员进行了深水水下系统的相关培训并颁发了水下技术协会签发的培训证书。最优化与控制及应用国际会议(OCA2012)有来自中国、美国、加拿大、澳大利亚、俄罗斯、日本等近20个国家和地区的200余位嘉宾出席了会议。大会邀请了美国科学院院士R. T. Rockafeller、瑞典皇家科学院院士Anders Lindquist、中国科学院院士袁亚湘等9位国内外著名学者作大会报告,100余位专家学者作了分组学术报告。最优化与控制及应用国际会议是优化与控制领域的高水准学术会议,每2年至3年举行一次,旨在展示最优化与控制理论及其在工程、自动化、石油石化等领域应用的最新研究成果。

(许博)

【3篇博士学位论文获年度市优秀博士学位论文】 10月,石油大学3篇博士学位论文获北京市优秀博士学位论文。分别是程林松教授指导的博士生廉培庆的博士论文《异常高压碳酸盐岩油藏裂缝成因及渗流机理研究》、张宝生教授指导的博士生唐旭的博士论文《石油产业波及效应理论与模型研究》、王尚旭教授指导的博士生袁三一的博士论文《基于地震资料部分谱的稀疏反射系数全息反演方法研究及应用》。2012年共评出63篇北京市优秀博士学位论文。截至年底,该校共有7篇博士学位论文获得北京市优秀博士学位论文。

(许博)

【一创新引智基地获准建设】 10月,石油大学肖立志教授作为负责人申报的“油气地球物理探测创新引智基地”获教育部和国家外国专家局联合批准立项建设。该创新引智基地主要依托油气资源与探测国家重点实验室和教育部复杂油气藏勘探开发工程中心,将引进来自美国、英国、德国以及加拿大等4个国家15名优秀科学家组成国际化研究阵容,基地研究方向涵盖了油气勘探开发过程中的关键地球物理理论与方法,将建立适合中国复杂油气地质条件的地球物理探测基础理论体系。“油气地球物理探测创新引智基地”是学校获准立项建设第3个创新引智基地;此前2个分别是“重质油化学与开发技术创新引智基地”和“非常规天然气开发技术创新引智基地”。

(许博)

【首度开展创业帮扶培训】 10月20日,石油大学举办了面向学生开展的创业帮扶培训。此次培训由华普亿方培训专家对学生进行课程讲授。全校共有43名具有创业意向或已在创业的学生参加,课程内容为创业素质及相应法律法规,创业项目及创业计划等。

（许博）

【实验办公综合楼奠基】 10月26日,石油大学“实验办公综合楼工程”奠基。该工程总建筑面积约72000平方米,其中,地上建筑5.7万平方米(15层)、地下建筑约1.5万平方米(2层),主要功能是为学校机关和各学院提供办公场所和实验场地。

（许博）

【获中国石油和化学工业联合会科学技术奖】 11月20日,石油大学有14项科研成果获得中国石油和化学工业联合会科学技术奖。获奖成果中,有8项成果石油大学为第一完成单位,包含特等奖1项、一等奖3项、二等奖2项、三等奖2项。由张来斌教授主持完成的项目《巨磁阻效应磁记忆检测技术及其在油井管完整性管理中的应用》丰富和发展了结构完整性管理技术及应用领域,建立起较完善的油井管早期损伤检测诊断技术体系,对推动井筒完整性管理技术进步、保障油气井安全发挥了重要作用,获得本年度中国石油和化工联合会科学技术奖特等奖。地学院周庆祥教授被授予“中国石油和化学工业联合会青年科技突出贡献奖”称号。

（许博）

【获首批全国石油和化工行业重点实验室认定】 11月16日,石油大学油气太赫兹波谱与光电检测实验室获首批全国石油和化工行业重点实验室认定。首批全国共有6个实验室获得此项认定。油气太赫兹波谱与光电检测实验室自2007年成立以来,针对国家石油和化工行业对光学新技术的重大需求,实现了太赫兹波谱、超快响应光电探测、光纤传感与测控等前瞻性技术和重大关键技术在油气领域的应用,形成一系列具有自主知识产权的标志性研究成果。

（许博）

【8个项目获石油化工联合基金资助】 12月,石油大学8个项目获得2012年石油化工联合基金资助,资助总经费1257万元。其中重点支持项目和培育项目各占4项。获得资助的4个重点支持项目分别是地球科学学院庞雄奇教授负责的“广泛连续型致密砂岩气藏成因机制与预测方法”项目、石油工程学院蒋官澄教授负责的“页岩气钻探中的井壁稳定及高效钻完井基础研究”项目、地球物理与信息工程学院李向阳教授负责的“页岩储层地震各向异性响应特征研究及应用”项目和陈小宏教授负责的“页岩气储层岩石物理及其地震响应机理研究”项目。石油化工联合基金由国家自然科学基金委员会和中国石油天然气集团公司共同出资设立,提倡学科交叉和产、学、研、用结合。石油大学2012年获得国家自然科学基金资助各类项目已达到92项,资助经费7607.5万元,其中重点项目达到7项。无论是项目数还是经费额均实现了新的突破,资助项目数和经费较2011年的67项和4458万元,分别增长约35%和71%。

（许博）

【首次在境外建联合培训基地】 12月4日,石油大学与美国俄克拉荷马大学共建联合培训基地。此次是学校第一次在中国境外专设培训基地。俄克拉荷马大学以能源相关专业见长,在全美排名前五,尤其是在非常规油气的勘探开发方面,在全球处于先进地位,此前,石油大学与其合作了两期油田工程师赴美培训,主要针对非常规油气领域。今后的合作领域将涵盖中国高端培训赴美,美国专家来华讲学,美国在校生来华短期培训等。

（许博）

【新增1名“千人计划”特聘教授】 12月25日,中组部第七批“千人计划”国家重点创新项目长期专家钮凤林教授正式来石油大学工作,此后三年将在非常规天然气研究院和地球物理与信息工程学院开展地震与能源领域结合的相关研究工作。钮凤林是美国莱斯大学地球科学系教授、系副主任。在地球内部构造和断层内的应力监测等方面取得了丰硕的研究成果。在世界知名刊物上发表论文近80篇,其中5篇论文发表在《自然(Nature)》杂志上,其它多数刊登于地球科学的国际顶尖级杂志,如《自然地球科学(Nature Geoscience)》,《地球和行星科学快报(Earth and Planetary Science Letters)》等。其先后主持美国自然科学基金、能源部、美国地质调查局、中国石油东方地球物理公司攻关项目等国家级科研项目10余项。钮凤林教授于2012年2月入选“千人计划”,也是学校继李向阳、郭柏云教授之后引进的第三位“千人计划”专家。

（许博）

【8位青年教师获博士点基金新教师课题资助】

12月，石油大学8位青年教师获得教育部博士点基金新教师课题资助，分别是地球科学学院朱世发，地球物理与信息工程学院张峰，机械与储运工程学院赵天奉、陈严飞，石油工程学院赵晓亮，化学工程学院吴志杰、工商管理学院唐旭和新能源研究院姜伟丽。自2007年该项基金设立以来，该校共有32名青年教师获得资助，其中5人入选北京市科技新星计划、5人入选教育部新世纪人才支持计划、32人次获得国家自然科学基金资助。

（许博）

【5名青年教师入选“新世纪优秀人才支持计划”】 年内，石油大学5名青年教师入选教育部2012年度“新世纪优秀人才支持计划”。他们分别是石油工程学院黄中伟、化学工程学院刘蓓、孟祥海以及机械与储运工程学院胡瑾秋、王玮。这是该校历年来入选人数最多的一年，也是入选平均年龄最低的一年（平均年龄不足34岁）。

（许博）

中国政法大学

【概　况】 2012年，中国政法大学（简称“法大”）占地面积48.7358万平方米，学校产权建筑面积39.9278万平方米、非产权建筑面积0.7864万平方米。固定资产总值69476万元，其中教学、科研仪器设备资产值11951.21万元。图书馆建筑面积20393平方米，藏书234万册，其中纸质图书198万册、电子图书36万册。全年教育经费投入94789.02万元，其中，国家拨款61412.74万元、自筹经费33376.28万元。学校信息化经费投入580万元，拥有计算机4841台，多媒体教室座位16349个，信息化设备资产5008万元，网络信息点数14000个，校园网出口总带宽820Mbps，电子邮件系统用户数10000个，上网课程数7门，数字资源量6TB，管理信息系统数据总量4TB。校区设置19个院（系、部）；开设18个专业及覆盖71个学科；拥有一级学科13个，一级学科博士点3个，博士学位授权点27个，硕士学位授权点68个和专业学位授权点3个；博士后流动站3个，其中博士后研究人员出站18人、进站27人和在站82人。国家重点学科1个、北京市重点学科一级学科1个、二级学科5个、部级重点学科0个；国家级研究、实验机构及其构成，国家重点实验室0个。教职工1654人，其中专任教师（含辅导员）903人，包括教授253人、副教授387人；博士生导师167人、硕士生导师779人；中科院院士0人、工程院院士0人。“长江学者奖励计划”特聘教授1人、“长江学者奖励计划”讲座教授1人，享受政府特殊津贴专家18人，国家“千人计划”入选者1人，全国优秀教师2人、国家教学名师1人、北京市教学名师13人，全国杰出资深法学家5人，曾获全国十大“杰出中青年法学家”称号7人、“首都十大杰出青年法学家”称号1人，获“翻译文化终身成就奖”1人，入选“新（跨）世纪百千万人才工程”3人，入选教育部“新世纪优秀人才支持计划”31人。外籍教师51人，其中，教授31人、副教授10人。毕业生7233人，其中学历教育学生中全日制研究生1761人（博士生165人、硕士生1596人），普通本科生2162人，成人教育本科生1355人；非计划招生高等教育学生中研究生课程进修班1955人。本科毕业生就业率97.11%。招生8516人，其中学历教育学生中全日制研究生2145人（博士生202人、硕士生1943人），普通本科生2363人、成人教育本科生1148人；非计划招生高等教育学生中在职人员攻读硕士学位335人，研究生课程进修班2525人。高考北京地区文科提档线为547分，录取最低分547分、最高分615分；理科提档线581分，录取最低分581分、最高分627分。在校生21792人，其中学历教育学生中全日制研究生5815人（博士生730人、硕士生5085人），普通本科生8297人，成人教育本科生2544人；非计划招生高等教育学生中在职人员攻读硕士学位777人，研究生课程进修班4359人。留学生毕业52人，招生110人，在校生486人。港澳台留学生毕业49人，招生112人，在校生403人。

（刘旭）

单位名称：中国政法大学
地址：昌平区府学路27号
电话：（010）58909114
邮编：102249

【试点培养“应用型法学博士”】 1月9日、9月7

日,法大研究生院分别与最高人民检察院、最高人民法院签署招录培养“应用型法学博士”合作协议。该项目旨在培养具有良好创新能力、实践能力、国际交流与竞争能力、组织管理能力的法检系统拔尖创新人才。该校为该类博士生设置了专门的培养方案和培养计划,聘请高校理论界教师和司法实务界专家型领导共同担任导师,率先在法学博士生教育中实现双导师培养制。年内,该校与最高人民检察院合作招录5名应用型法学博士研究生,包括刑法学专业2人、刑事诉讼法学专业3人,学制3年,学生毕业后获得法学博士学位;与最高人民法院合作招录培养的“应用型法学博士”自2013年开始招生,预计招收5人。

(刘旭)

【获5项人文社会科学重点研究基地重大项目】 2月24日,法大5个科研项目通过2012年度教育部人文社会科学重点研究基地重大项目评审。该校共申报5个项目,全部获得立项,共获得教育部50万元经费资助,学校配套50万元项目资金,项目数比上年增长25%。

(刘旭)

【恢复社会工作专业招生】 3月,法大恢复社会工作专业招生。该校社会工作专业于2002年停招,恢复招生后与社会学专业按社会学类实行大类招生,文理兼收;学制4年,修业年限3年至6年;总学分要求160学分,包括课堂教学142学分,课外实践教学18学分;课程考核分为考试和考查两种;毕业后授予法学学士学位。该专业旨在培养具备社会科学基础知识和社会工作基本理论,具备良好的社工价值和职业伦理的判断能力,掌握社会工作的通用工作技巧,进入社会福利、社区服务、社会政策、司法矫正、残疾康复、家庭辅导、社会发展等领域,从事社会问题分析、服务方案策划、社会工作干预、社会工作行政、社会政策分析等工作的专业人才。该专业与社会学专业共招生43人,于2013年进行专业分类,社会工作专业学生约15人。

(刘旭)

【启用学生公寓无障碍智能通道机】 3月1日,法大学生公寓无障碍智能通道机正式投入使用。该项目于2011年6月立项,耗资69.38万元,共在13栋楼宇安装了29路无障碍智能通道机,旨在保障学生人身财产安全,有效排除进出尾随的安全隐患。该项目在北京高校中首次实现与现有校园一卡通集成功能,师生进出学生公寓楼只需携校园卡通过,无需刷卡。

(刘旭)

【建立司法考试网络培训平台】 3月12日,法大“国家统一司法考试网络培训平台”正式上线。该平台面向社会开放优质教育资源,根据学习者的学习习惯、知识水平层次制定个性化学习计划,以树状知识体系为串联,将知识点解析、专家视频课堂、相关法律规定、关联知识点比对等学习内容有机结合在每一个知识点的学习过程中,同时辅以全程学习评测、错题积累、学习笔记、督促提醒、交流互助、专业答疑等多维度全方位的网络技术支持服务功能。年内,该平台主要向该校学生开放,上线学习人数达2000人以上,全校司法考试通过率整体提高10%。

(刘旭)

【共建教育部首个青少年法制教育基地】 4月10日,法大与教育部政策法规司合作建立教育部首个法制教育基地——教育部青少年法制教育基地,并在该校设立青少年法制教育研究中心。该中心与该校与法治政府研究院合署办公,承担青少年法制教育理论研究、青少年法制教育培训及青少年法制教育宣传工作,设专职岗位7个,并首次聘请16位实务界、学界人士担任兼职研究员。年内,该中心承担了“青少年学生法制教育现状与对策研究”、“青少年社会主义法治理念教育研究”两项课题的研究工作,并开发了“青少年社会主义法治理念调查问卷”。

(刘旭)

【成立学校首所孔子学院】 4月17日,法大孔子学院英国合作伙伴班戈大学与国家汉办/孔子学院总部在伦敦举行签约仪式,中共中央政治局常委李长春出席了签约仪式。9月11日,该校与英国班戈大学合作建立的英国班戈大学孔子学院正式揭牌。该孔子学院是世界上第一所具有法律文化特色的孔子学院,该校张丽英教授担任首任中方院长。年内,学生50人。

(刘旭)

【新增2门国家级精品视频公开课】 4月23日,法大《法律逻辑》《中国哲学智慧》两门课程入选教育部2012年度精品视频公开课。其中,《法律逻辑》由王洪教授主讲,课时30学时,内容涉及

"实在法的优劣"、"法的评价"等10个专题，年均约300人修读；《中国哲学智慧》由王心竹副教授等6位教师主讲，课时36学时，内容涉及"中国传统婚姻观中的智慧"、"从《孙子兵法》的军事智慧看中国思想的一贯之道"等10个专题，年均270人修读。此两门课程为该校的通识主干课程，与2门跨学科综合性课程、其他11门主干课程和190余门选修课程共同构建了该校的通识课程体系。

（刘旭）

【新增2个北京市重点学科】　4月25日，法大2个学科被市教育委员会增补为市重点学科。其中政治学为一级学科北京市重点学科，下设政治学理论、中外政治制度、科学社会主义与国际共产主义运动、中共党史、国际政治、国际关系、外交学7个二级学科；马克思主义基本原理为二级学科北京市重点学科。至此，法大共有1个一级学科北京市重点学科、5个二级学科北京市重点建设学科、2个交叉学科北京市重点学科。

（刘旭）

【改善师生工作生活环境】　5月，法大后勤管理部门推出两项措施改善师生工作生活环境。该校在教学、行政及公共活动区域的184个卫生间安装了厕纸，并按盘专人定期查看更换；为教学楼安装空调107台，新增空调教室86间，空调教室覆盖率由32%提升至69%。

（刘旭）

【举办3场回馈社会法制讲座】　5月，法大在国家图书馆举办了3场"回馈社会法制讲座"。6日，该校民商经济法学院院长、博导、教授王卫国主讲《中国土地法改革之展望》，立足国家土地制度两轨并行的实际现况，阐述了土地产权制度、征收制度和流转制度三方面内容。12日，该校副校长、博导、教授马怀德主讲《规范公权力是预防化解社会矛盾的治本之策》，讲座内容涉及当前社会矛盾的主要形式和特点、社会矛盾形成的原因、预防和化解社会矛盾的法制途径三个方面。13日，该校教务处处长、博导、教授于志刚主讲《互联网的代际转型与中国法律、中国法学的未来走向》，讲座内容包括互联网代际转型和网络社会阶层的特点，以及中国法学面对虚拟网络社会的走向问题。3场讲座每场受众均在200人以上。

（刘旭）

【中央领导来校视察】　5月9日，中共中央政治局常委、中央政法委书记周永康一行视察法大。周永康一行参观了该校校史展，观摩政法干警招录培养体制改革第二学位班课堂教学和国际空间模拟法庭教学，并与师生员工代表举行座谈。周永康代表党中央、国务院和总书记胡锦涛向该校建校60周年表示祝贺，并对该校提出建设"中国特色、世界一流的社会主义法科强校"的殷切期望。

（刘旭）

【庆祝建校60周年】　5月16日，法大举办建校60周年庆祝大会。会议回顾学校发展历程，听取校友及师生代表发言，并宣读吴邦国、温家宝、贾庆林、刘延东、李建国、李铁映等中央领导题词、贺信、贺电。周铁农、王胜俊、曹建明、成思危、罗豪才等50余名部级以上领导，以及来自30个国家和地区的130多位国际及港澳台嘉宾、25名学校董事会董事、300余名国内嘉宾及校友参加了校庆日庆祝活动。该校是一所以法学为特色和优势，兼有文学、史学、哲学、经济学、管理学、教育学等多学科的"211工程"重点建设大学和"985工程优势学科创新平台"重点建设大学。法大前身是成立于1952年的北京政法学院，自1954年开始由司法部直接管理；1983年，北京政法学院与中央政法干校合并，组建为中国政法大学，2000年划转教育部管理。

（刘旭）

【举办"成思危现代金融菁英班"】　5月16日，法大与中国科学院签署《中国科学院研究生院与中国政法大学协同创新暨联合举办"成思危现代金融菁英班"战略合作协议》。该校是加入教育部和中国科学院联合实施的"科教协同育人系列行动计划"的唯一文科性大学。根据协议，双方合作期限5年，在人才培养、科学研究、资源共享等方面开展合作；每年从该校本科生中选拔50名学生进行合作教育和联合培养，学制4年，修业年限3－6年，修满166学分（包括数学分析1、高等代数1、概率与数理统计1、运筹学1，总计20学分），可以获得经济学学士学位，继续修满数学课程57学分（总计77学分），可以获得经济学和理学双学士学位。该班首届招收的50名学生于10月9日开班，成思危教授讲授第一课。

（刘旭）

【合作开展特色EMBA和EDP项目】　5月16日，法大签订《中国政法大学商学院与加拿大西安大略大学毅伟商学院高端教育项目(EMBA、EDP)合作备忘录》。双方合作开展 EDP 项目(企业经理人员短期课程进修项目)和期限为10年或5期的EMBA 项目,共同出任联合高级项目总监。12月3日,EDP 项目“新时代领导者卓越管理课程”在京开课。

(刘旭)

【获12项国家社会科学基金项目】 5月20日,法大《行政诉讼法修改研究》《刑事证据规则研究》等12个项目通过2012年度国家社会科学基金项目评审。其中重点项目2项、青年项目2项、一般项目8项,共获得资助200万元。

(刘旭)

【获3项哲学社会科学研究重大课题攻关项目】 5月23日,法大3项课题通过2012年度教育部哲学社会科学研究重大课题攻关项目评审。该校共申报4个项目,3项获得立项,居全国高校之冠,比上年增长300%。

(刘旭)

【组织优秀司法鉴定文书评比】 6月1日,法大在京召开第二届“鼎永杯”优秀司法鉴定文书颁奖大会暨司法鉴定研讨会。该评选活动旨在进一步规范司法鉴定文书制作,提高司法鉴定文书质量,是经司法部司法鉴定管理局研究同意,由中国政法大学证据科学研究院和北京鼎永泰克科技有限公司联合承办的系列活动。本届评选活动始于2010年年底,共有来自28个省、直辖市和自治区的252家鉴定机构参加,参选司法鉴定文书691份,参评鉴定文书涉及专业范围包括三大类九项鉴定项目(法医临床鉴定、法医病理鉴定、法医精神病鉴定、法医物证鉴定、法医毒物鉴定、声纹鉴定、微量鉴定、文书鉴定和文痕鉴定)及部分三大类外鉴定项目。经过15位专家初选、复选及集中评议。最终评选出46份优秀司法鉴定文书,其中一等奖2名、二等奖6名、三等奖12名、优秀奖26名。

(刘旭)

【1位教授当选首批北京市侨联特聘专家】 6月16日,法大李曙光教授当选北京市侨联特聘专家并任专家委员会副主任委员。北京市侨联首批特聘专家共31位,均为博士学位、具有教授或研究员职称,并在本研究领域作出突出贡献的领军型人才。李曙光,男,1963年出生,法学博士,二级教授(法学),博士生导师,主要研究方向为经济法、破产法、金融法、法经济学,著有《破产法的转型》《转型法律学》《法思想录》等著述;先后参与《国有资产法》《破产法》《证券投资基金法》等法律法规及国务院有关国有企业改革与民营经济发展政策的起草和制定工作。现任北京市侨联第十三届委员会副主席、北京市归国留学人员联合会副主席、中国侨联特聘专家委员会秘书长,1995年起兼任亚洲开发银行、世界银行与中国政府多个合作项目的中方首席专家、专家组组长等职务。

(刘旭)

【启动博士生申请审核录取制试点】 7月6日,法大研究通过《中国政法大学博士研究生申请审核录取制试行办法》,正式启动2013年博士生申请审核录取制试点工作。此项试点工作旨在扩大博士生导师招生自主权,尝试取消初试环节,结合网络申请和面试成绩确定录取名单,首批试点单位为中欧法学院、法和经济学研究中心。

(刘旭)

【牵头成立2个协同创新中心】 7月11日,法大牵头成立司法文明协同创新中心。该中心主要参与高校为吉林大学、武汉大学,并联合公检法机关等共38个国内协同单位、14个国外教育科研机构,通过优势互补和分工协同,开展司法文明理论、司法文明史、诉讼法学、证据法学、法庭科学、侦查学、检察学、环境司法、军事司法、国际司法、司法伦理学、知识产权司法鉴定、司法会计学等学科和创新团队建设,全面提升协同各方人才、学科、科研三位一体的创新能力。12月28日,法大牵头成立全球治理与国际法治协同创新中心。中心主要参与高校为武汉大学、厦门大学、南开大学和对外经贸大学,协同中央编译局、外交部条约法律司、商务部条约法规司、最高人民法院民四庭等单位,并联合加拿大蒙特利尔大学等国外高校,共同开展跨学科、跨部门、跨国界合作。年内,该校还作为主要参与高校共同组建了“知识经济与法治发展协同创新中心”和“国家领土主权与海洋权益协同创新中心”。

(刘旭)

【获2项北京市教学名师奖】 7月16日,法大马皑教授、王人博教授被授予第八届北京市教学名师奖。该奖项自2006年开始评选,由北京市教育委员会举办,旨在推进“教授上讲台”工作,强化人才培养在高校工作中的中心地位,表彰对象为长期承担基础课教学任务、教学效果好、学生评价高、同行专家认可的一线教师,特别是为低年级学生讲授基础课的优秀教师。

(刘旭)

【获2项国家自然科学基金项目】 8月17日,法大获得两项国家自然科学基金项目。其中《专利许可谈判行为与决策模型研究》获得国家自然科学基金委员会资助项目面上项目资助,《EIIIA/EDA-FN,TGF-β1和MMP-2在骨骼肌损伤时间推断中应用价值的研究》获得国家自然科学基金委员会资助项目青年科学基金项目资助。获得资助经费共75万元。

(刘旭)

【获批唯一国家级法学实验教学示范中心】 8月17日,"中国政法大学法学实验教学中心"获批成为教育部"十二五"期间国家重点建设的100个国家级实验教学示范中心中唯一的法学类实验教学示范中心。该中心实验用房共10690平方米,包括证据科学教育部重点实验室,侦查学实验中心,社会学实验室,环境法、行政法、劳动法、知识产权法、少年越轨、刑事法6个法律诊所,4个模拟法庭(模拟仲裁庭),两个墙幕式多功能视频教室以及检察案例原始卷宗副本阅览室和司法案例原始卷宗副本阅览室等。

(刘旭)

【改造1个特色化专业】 8月21日,法大与信息安全共性技术国家工程研究中心合作将侦查学专业改造为"侦查学(网络犯罪侦查)"。该专业为法学、自然科学交叉学科,融合侦查学、法学和计算机信息科学的基本理论、方法和技能,在原侦查学课程设置基础上,增加与网络犯罪有关的4门基础课和《网络跨国犯罪与侦查协作》《电子证据调查学》《电子证据鉴定》等7门技术课,授课方式以课堂教学和实验模拟为主,学生毕业后获得法学学士学位。该专业招生属于提前批录取,文理兼收,招生名额40个。

(刘旭)

【入选全国优博论文、北京市优博论文各1篇】 8月28日,法大证据科学专业博士研究生尚华的《论质证》(导师张保生)获得北京市2012年(2011届)优秀博士学位论文。12月28日,法大证据科学专业博士研究生吴洪淇的《证据法的运行环境与内部结构》(导师张保生)获得全国2012年(2010届)优秀博士学位论文。

(刘旭)

【设立马克思主义理论博士后科研流动站】 8月31日,法大设立马克思主义理论博士后科研流动站。该科研流动站经国家人力资源和社会保障部、全国博士后管委会批准,自2013年起开始招生。至此,该校共设立法学、政治学以及马克思主义理论3个博士后科研流动站。

(刘旭)

【获59项国家级大学生创新创业训练计划项目】 9月3日,法大59个创新训练项目获批2012年度第一批国家级大学生创新创业训练计划项目。此为法大首批申报的创新训练项目,全部通过审核,共获得中央财政59万元经费资助,同时学校按比例配套经费59万元。该计划由教育部设立,包括创新训练项目、创业训练项目和创业实践项目三类,旨在促进高等学校转变教育思想观念,改革人才培养模式,强化创新创业能力训练,增强高校学生的创新能力和在创新基础上的创业能力,培养适应创新型国家建设需要的高水平创新人才。

(刘旭)

【授予1人名誉博士学位】 9月20日,法大授予刘皇发名誉博士学位。刘皇发,男,1936年10月生于香港新界,自1980年起出任新界乡议局主席,现任全国政协委员、香港特别行政区立法会议员、香港特别行政区行政会议成员,香港永同益集团有限公司董事会主席。1984年中英就香港问题谈判期间,刘皇发率先带领新界乡议局及乡民,向中央提出了"加强香港的经济建设"、"挽留公务员日后为特区服务"等主张,全力支持中国恢复行使香港主权。

(刘旭)

【获7项北京市哲学社会科学优秀成果奖】 9月25日,法大7项成果获得北京市第十二届哲学社会科学优秀成果奖。其中《中国司法制度的基础理论问题研究》获得特等奖、《卢旺达国际刑事法庭的理论与实践》获得一等奖、《刑事诉讼法哲理思维》等5个项目获得二等奖。获奖成果比上届增加了3项。

(刘旭)

【获5项"全国杰出资深法学家"称号】 9月26日,法大江平、巫昌祯、张晋藩、陈光中、潘汉典5

位教授被中国法学会授予“全国杰出资深法学家”称号。该奖项由中国法学会评选，是建国以来的首次评选，全国共有25位法学教授、专家获此殊荣。江平，男，1930年出生，中国政法大学终身教授、民商法专业博士生导师，国务院批准的有突出贡献、享受政府津贴的专家。巫昌祯，女，1929年11月出生，教授、特约博士生导师，主要从事婚姻法学研究。张晋藩，男，1930年出生，中国政法大学终身教授、博士生导师，国家重点学科法制史学带头人；陈光中，男，1930年出生，中国政法大学终身教授、博士研究生导师，诉讼法学带头人；潘汉典，男，1920年出生，教授、博士生导师，精通英、法、日、德、俄等多种语言，主要从事比较法研究。

（刘旭）

【聘请首位“千人计划”教授】 11月14日，法大正式聘任首位“千人计划”入选者尤金·克拉克（EdwardEugeneClark）教授。该教授将到该校比较法学研究院工作，开展电子商务法、互联网法等方面研究。尤金·克拉克，男，1948年4月出生，美国、澳大利亚双国籍，拥有两个法学博士学位和两个教育学硕士学位，主要研究领域为电子商务法、公司法和金融法等；出版和发表20多部著作、100余篇文章，曾独立开设20多门课程；美国律师协会委员，兼任《全球商务及组织精英：研究及实践评论》《信息、科学与法律期刊》《当代商务和政府问题期刊》编委，曾任澳大利亚堪培拉大学副校长、美国菲尼克斯法学院创始院长等职务，获得首届澳大利亚总理国家教学优秀奖（澳大利亚仅有两位法学学者获奖）。

（刘旭）

【通过模范教职工之家验收】 11月19日，法大通过“中国教科文卫体系统模范教职工之家”验收。该校工会工作主要有两点创新：一是民主工程建设创新，首创教代会代表列席校长办公会议制度、接待教代会代表日制度；二是工会理论研讨创新，吸引教授、专家参加理论研讨会，增强工会理论的创造力。

（刘旭）

【首创“庭审同步直播”教学模式】 11月20日，法大举行了“远程观摩实况庭审”启动仪式。该校与国内典型、特色、先进司法机关进行实质性合作，在国内外高校中首创将法院庭审实况同步直播搬进课堂，在教室中实现全天全程远程旁听、观摩国内法院的现场庭审实况。庭审同步直播是该校“同步实践教学模式”改革和探索的重要举措之一，旨在人才培养中全面启动和全国司法机关的优质资源的互换、互用，使实践教学和理论知识的检验实时嵌入司法实务的每一个环节，实现校内实践教学尤其是课堂实践教学由“静”到“动”、由图上演练、理论推演到实时融入司法现场、过程的彻底转变，实现理论教学和司法实务过程的无缝衔接，开创法学专业应用型、复合型、技能型人才培养的新模式。年内，该校与10家法院签署共建协议，每周实况直播2次至3次庭审，最终将实现每周一到周五的上、下午各有一次庭审实况直播。

（刘旭）

【获批“卓越法律人才教育培养基地”】 11月23日，法大获得教育部批准，同时建设“应用型、复合型法律人才教育培养基地”、“涉外法律人才教育培养基地”和“西部基层法律人才教育培养基地”三个“卓越法律人才教育培养基地”，建设期均为5年。其中应用型、复合型法律人才教育培养基地注重通识教育培养，实行双专业双学位人才培养模式和辅修专业模式，使学生形成复合型知识结构，强化学生实践能力的培养；涉外法律人才教育培养基地注重扩宽学生国外实习渠道，增加国际法和外国法相关教学内容以及外语教学和双语教学比重，实现全部学生在校学习期间拥有国际化学习经历；西部基层法律人才教育培养基地主要培养对象为政法干警招录体制改革试点第二学士学位班学生、政法干警招录体制改革试点法律硕士专业学位研究生以及本科毕业后定向回西部地区工作的西部少数民族地区学生，采取双导师制，突出具有丰富经验的法官、检察官等实务部门专家在学生职业训练中的作用。

（刘旭）

【举办首届WTO模拟法庭竞赛】 11月27日，法大举办第一届中国WTO模拟法庭竞赛。该项赛事由该校与西南政法大学、中华人民共和国商务部条法司共同主办，该校国际法学院承办，是国内首次将WTO争端解决机制引入高校比赛，完全模拟再现WTO争端解决程序。比赛采取小组赛和淘汰赛相结合的形式，共有西南政法大学、厦门大学、南开大学等8所高校参赛，裁判员均为拥有WTO争端解决丰富实务经验与出庭经历的政府官员与专家学者。经专家组评议，对外经贸大学代表队最终获得冠军，中国政法大学代表队获得亚军。颁奖仪式于当天举行。

(刘旭)

【昌平校区地下通道完工】 11月28日，法大昌平校区南北区地下通道完工并验收。该校昌平校区南北区被市政道路分隔开，该项目建设旨在实行人车分流，消除师生进出校门安全隐患。该项目由昌平区政府投资建设，通道总长107.87米，宽6米，于5月16日开工建设。

(刘旭)

【组建学习十八大学生宣讲团】 12月2日，法大组建“深入学习十八大精神学生宣讲团”。宣讲团成员由学生组织推荐，最终选拔20名优秀学生骨干，包括18名本科生和2名研究生，专业覆盖法学、社会学、政治学、行政管理学、公共管理学。宣讲团充分发挥学生的自我教育作用，通过讲座、座谈等活动深入基层团支部和社区开展宣讲活动，引导学生和社会大众了解重大理论创新，思考社会热点问题。年内共举办13期活动，主题涉及“中国梦”、青年的历史责任、文化软实力提升、民主与法制建设等话题。

(刘旭)

【1人获“翻译文化终身成就奖”】 12月6日，法大潘汉典教授被授予“翻译文化终身成就奖”荣誉称号。该奖项设立于2006年，由中国外文局和中国翻译协会举办，是表彰翻译家个人的最高荣誉奖项，至今共有15位翻译家和文化学者获此奖项。潘汉典，男，1920年出生，教授、博士生导师，精通英、法、日、德、俄等多种语言，从事法学教育与研究工作64年，主要从事比较法研究，曾主编《法学译丛》和《比较法研究》，翻译和出版了大量法学译著，包括罗马尼亚、日本、法国、德国、加拿大和意大利六国的宪法，以及马基雅维利的名著《君主论》和《比较法总论》《英格兰状况》等，2002年被中国翻译工作者协会于以“长期从事翻译工作，成绩卓著”授予“资深翻译家荣誉证书”。

(刘旭)

【创设“本科生创新论坛”】 12月9日，法大首届“本科生创新论坛”闭幕。该活动旨在强化本科生创新思维，突出学生学术自治和对学生综合能力的考察，设置“创新学分”，评委均由公开竞聘的学生担任，进入复赛的选手和评委均获得“创新学分”。该活动每年举办一次，本届活动历时5个月，近200人参赛。经过征求意见会，论文征集，学生评委选拔、抽签和培训，论文初选、复赛、决赛等阶段，最终有16篇论文进入决赛。3名选手获得一等奖，5名选手获得二等奖，9名选手获得三等奖。

(刘旭)

【9名学生应征入伍】 12月10日，法大9名学生应征入伍。该校共有18名学生报名应征，经过体检、政审等选拔环节，有8名男生、1名女生被昌平区人民政府征兵办公室批准入伍。该9名学生来自该校7个学院，硕士研究生1人、本科生8人，他们在部队完成2年服役期后将回到学校继续完成各自学业。

(刘旭)

【建立首个司法原始卷宗复印副本阅览室】 12月26日，法大“检察案例卷宗副本阅览室”开馆。该阅览室为全国高校首个司法原始卷宗复印副本阅览室，其开馆使法学院校在案例教学中彻底抛弃“学理案例”、“人造案例”，从而使用真实判例、真实案卷，是真正意义的案例教学的开始。该阅览室是该校同步实践教学平台的组成部分，旨在打破法学院校和司法机关在人才培养中严重缺乏合作的现状，建立优质司法资源向高校输送、流动、汇集的工作思路和合作模式，实现人才培养中知识体系学习和实践能力培养的同步完成，同时为教师教学和科学研究增加新素材，并实现了课堂实践教学和国情教育的同步完成。年内，该校与国内1家市级检察院、5家区县级检察院、4家中级法院、6家基层法院签订共建协议，接受司法机关捐赠的原始案例卷宗副本包括民事、刑事、行政等各类案件，并且兼顾到地域代表性，总量达3000余套。

(刘旭)

【教师建议得到国家领导人批示】 年内，法大石亚军教授撰写的《关于深化我国行政管理体制改革的建议》，得到总理温家宝、国务委员马凯批示；马怀德教授、王敬波教授等专家提出的《加强青少年法制教育的建议》，得到中央政治局委员，国务委员、国务院党组成员，北京奥运会组委会副主席、党组副书记刘延东同志重要批示；朱晓武副教授作为主要作者参与撰写的题为《关于鼓励发展绿色低碳建筑的政策建议》，经上报中办和国办，被国办刊物《专报信息》采用，并得到国家领导人批示。

(刘旭)

【全面推行教学助理制度】 年内，法大在全校范围内推行了面向本科生的教学助理制度。教学助理制度旨在加强教学过程控制，使课堂教学活动在课堂外得到有效延伸。教学助理全部由该校研究生担任，配合课堂教学协助主讲教师开展常规性课外答疑、读书辅导、学习问题交流、批改学生作业和试卷等相关工作。配备教学助手的课程包括本科生专业必修课、通识必修课、通识主干课、案例课、研讨课共5个类别，全年共有361名研究生承担该项工作。

（刘旭）

【新增5项外方奖学金学位项目】 年内，法大获得5项外国高校奖学金学位项目。包括美国俄亥俄州立大学LLM项目（法律硕士项目，MASTEROFLAWSPROGRAM）、南卫理公会大学LLM项目、洛约拉马利蒙特大学LLM项目、爱尔兰都柏林大学LLM项目和芬兰赫尔辛基博士生项目。该校新增与15个国家和地区的26所大学签署35份合作交流协议书及备忘录，全年共派出师生909人次。

（刘旭）

【创设虚拟“第三学期”学业修读平台】 年内，法大为本科生开通虚拟“第三学期”学业修读平台。该平台试行公共基础课自主修读模式，以网络课程教学为主要载体，实施“循环开课、自主修读、统一考核”的修读模式，强化学生在学业修读过程中的主动性与能动性，学生可以在课余时间完成部分课程的研读并修完8－10学分。该平台首次推出《从爱因斯坦到霍金的宇宙》（31学时）、《魅力科学》（19学时）、《数学文化》（26学时）、《基础生命科学》（23学时）、《美学原理》（27学时）共5门自然科学类与哲学社会科学类通识选修课程，供学生通过网络进行视频修读，课程修读结束后根据学生观看授课视频记录、提交课程作业与期末考试的成绩对学生进行综合评价。

（刘旭）

【在学科竞赛中获奖】 年内，法大学生代表队在学科竞赛中取得好成绩。该校学生获中国高校第六届国际人道法模拟法庭比赛冠军，连续3届夺魁并获第十一届亚太高校国际人道法模拟法庭比赛参赛资格；获中国空间法学会第九届CASC杯国际空间法模拟法庭竞赛（全英文）冠军、季军、最佳书状奖（控方）、优秀辩手奖4个奖项，并获亚太区参赛资格；获荷兰海牙国际刑事法院审判竞赛（中文）冠军、决赛最佳辩手称号；获第四届北京市大学生模拟法庭竞赛一等奖；获2012年北京市大学生创业设计竞赛获一等奖。

（刘旭）

【在文体比赛中取得好成绩】 年内，法大学生代表队在文体竞赛中取得好成绩。该校先后获首届北京市大学生书法大赛中一等奖、三等奖各1项；获2012首都高校大学生藤球赛中获团体第一名；包揽2012－2013年度中国大学生男子足球赛（北京赛区）十一人制和五人制乙组冠军，成为第一支在同年包揽十一人制和五人制冠军的球队。

（刘旭）

北京市私立汇佳学校

【概　况】 2012年，北京市私立汇佳学校占地面积9.3518万平方米，建筑面积9.3847万平方米，体育场（馆）面积3.02万平方米。拥有教学楼3座、学生宿舍楼7座，以及艺术楼、外教楼、学生餐厅、保龄球馆、网球场、小学游泳馆、中学露天游泳池、人造草皮、田径运动场及高尔夫练习场等设施。图书馆（室）藏书5.8137万册，电子图书24.3万册，订阅杂志、报刊153种。固定资产总值23225万元。全年教育经费投入16200万元，全部为自筹经费，学校信息化经费投入215万元。拥有计算机500台，多媒体教室座位2300个，设有校园网络中心，校园网出口总带宽100Mbps，数字资源量160GB。“信息技术”课程39课时/周。多媒体教室113个，普通教室3个，专用教室2个，实验室3个，专用钢琴房125间、钢琴200架，图书馆设有普通阅览室、国际文凭（IB）图书阅览室。教职工534人，其中高级职称103人，中级职称30人，专业教师269人，包括特级教师1人、北京市骨干教师30人、北京市学科教学带头人0人；本科以上学历327人。外籍教师69人。开设教学班84个，其中小学班33个、初中班21个。高中班30个。毕业571人，其中小学161人、初中179人、（IB）高中231人；招生533人，其中小学108人，初中209人。高中216人；在校生2097人，其中小学820人，初中602人、高中675人，包括寄宿生2097人。高中录取分数线460分（本区），

(IB)高中毕业生全部被外国大学录取,升学率100%。

(李尔京)

单位名称:北京私立汇佳学校
地址:昌平区龙凤山
电话:(010)69744794
邮编:102200

【汇佳教育机构史料馆工作会议召开】 1月10日,汇佳教育机构史料馆史料管理工作会议在汇佳召开。参加会议的有关领导及史料工作人员共计25人。会上,汇佳教育机构总裁、董事长、汇佳学校校长王志泽就史料管理工作讲话,对今后史料管理工作提出新的要求。

(李尔京)

【北京汇佳教育科学研究院成立大会召开】 2月18日,"北京汇佳教育科学研究院成立大会暨学术委员会第一次会议"在汇佳学校召开。经北京市社会科学界联合会审批、北京市社会团体管理办公室登记注册,北京汇佳教育科学研究院于2011年底获准成立。成立大会上由闫晓强宣读了批准函。陶西平宣读了汇佳教科院顾问及学术委员名单,颁发聘书,并进行了教科院揭牌仪式。

(李尔京)

【区人大代表考察汇佳学校】 3月7日,区人大代表一行考察了汇佳的办学情况。代表先后考察了初中部、中学图书馆、健康中心、小学图书馆及小学部。校办主任张晔等分别就学校管理、教育教学、办学特色和办学成绩向代表作了汇报。学校国际化的办学路子、双语双文化的办学模式得到了代表们的肯定。

(李尔京)

【典范人物评选】 3月14日,汇佳学校高中部举办一年一度(2011年度的)典范人物评选。典范人物的评选旨在于发掘和发现学生的闪光点,学生对于个人优势的发挥和展现。不论在生活还是在学习方面,候选人都需要得到老师和同学相当的肯定。获奖学生和学生代表先后发言,参加评选会的学生有100人,个人奖获得者12人,集体奖6个。

(李尔京)

【汇佳学校与明圆学校学雷锋手拉手活动】 3月23日,在学雷锋月中,汇佳学校小学部与大兴区明圆学校举行学雷锋手拉手活动。汇佳学校小学部的17名师生、3名家长,代表了全体汇佳人,在北京市社会科学界联合会的支持下,与大兴明圆学校的师生汇聚。两校14名学生代表上台互赠纪念品。汇佳同学们为来京务工人员子弟带来了书籍、学具、玩具及手工艺品,共计34箱。汇佳人要传承中华民族的优秀传统,在学雷锋月中与明圆学校手拉手,奉献爱心。师生希望带去的物品能给明圆学生带来帮助与快乐。

(李尔京)

【赴美小留学生游览卡特琳娜岛】 4月17日,汇佳第18届赴美GAE学校的63名小学生来到美国西岸最南边的卡特琳娜岛进行探究考察活动。同学们在岛上参观了实验室,有海藻,鱼,鲨鱼,夜间动物,浮游生物。指导老师结合图片、多媒体等现代信息技术进行讲解,让孩子们了解了海洋知识、海藻的种类、鲨鱼的感官等。同学们还参加了两个团体项目"蜘蛛网"、"跷跷板"以及潜水活动。

(李尔京)

【IB高中部艺术类学生作品展】 4月23日,在汇佳学校宴会厅举办IB高中部艺术类学生作品展。汇佳学校总督学王家骏先生、校办主任张晔及各学部负责人、IB高中部艺术类学生和其家长共同参观了作品展。参展学生13人,共展出艺术作品156件。其中绘画129幅、石膏作品19件,拼贴作品6件、服装设计2件。这是汇佳首届艺术作品展,充分展示了汇佳艺术教育的成果、艺术类学生的精神风貌,通过展览,不仅体现出艺术类学生的水平,而且营造了学校良好的艺术氛围。

(李尔京)

【初中部英语戏剧专场晚会】 5月23日,晚初中部举办英语戏剧专场晚会。参加汇演的戏剧内容有《三只小猪》《白雪公主》《灰姑娘》等,西方经典影视作品改编的《X - girls》《辛普森一家》,还有同学们自己编写的剧本如《最强海盗》《远离毒品》《那些年,我们的食人族》《铁达尼号》。为培养学生学习英语的兴趣,参加演出活动的同学有77人,35个小组参加了选拔。其中10个小组以其纯正的口语及精彩的表演获得了参加最后演出的资格。节目表现形式多元,风格不一,道具制作别出心裁,配乐、配音恰到好处,充分体现了同学们丰富的想象力与创造力。

（李尔京）

【小雨进汇佳】 5月24日，北京电台著名节目主持人小雨走进汇佳教育机构，与汇佳的师生们进行互动和交流。小雨首先与汇佳职业学院领导洽谈了合作的意愿；之后，参观了汇佳实验幼儿园和汇佳学校，并赠送了“六一”儿童节礼物。此后小雨还对汇佳学校小学部红领巾广播站的小播音员进行了现场指导与培训。晚上，小雨还为汇佳教育机构700余名师生进行了“你会讲故事吗”专题报告，并在现场展示了给幼儿园讲故事的技巧，加深了汇佳师生对语言艺术教育的理解。此外，小雨还为职业学院学前教育系现场讲故事的学生进行点评。会上，院长徐恒亮向小雨颁发了汇佳职业学院客座教授聘书。

（李尔京）

【世界遗产教育研究在汇佳中小学落地】 5月29日，北京大学世界遗产教育专家走进汇佳进行专题讲座。自汇佳教科院“依托世界遗产开发IB课程培养国际化人才实践研究”课题开题以来，汇佳小学部、初中部分别依托世界遗产周口店北京人遗址和长城，启动了PYP和MYP课程资源开发工作。为了提高师生对世界遗产及保护的认识，课题组邀请了北京大学世界遗产教育专家范佳翎博士，为学校四五年级及初一年级师生作了题为人类的“世界遗产，我们的共同财富”的专题讲座。参加讲座的四年级学生161人，五年级学生173人，初一年级学生180人，参会学生对保护世界遗产表现出极大的热情，报告期间争先恐后抢答问题并表达个人对保护世界遗产的看法。会后，课题组教师与范博士就深入开展课题研究进行了研讨。

（李尔京）

【欢庆“六一”儿童节活动】 6月1日，小学部举行“关爱地球，呼唤和平”欢庆“六一”儿童节活动。汇佳教育机构董事长王志泽、汇佳学校总督学王家骏、小学部861名小学生及各部门领导参加本次活动并观看艺术演出。活动第一部分主题大队会，一年级学生入队并由家长亲手为他们佩戴红领巾，第二部分艺术演出，同学们载歌载舞，表演精心编排的节目，一起庆祝属于自己的儿童节，博得了各位老师、同学及家长的阵阵掌声。此外，书画组老师精心准备了“视觉艺术作品展”，展示了各年级学生结合PYP主题的探究作品以及校纸艺、陶艺、书法、绘画俱乐部的学生作品。

（李尔京）

【汇佳托福考试中心剪彩揭牌仪式】 6月6日，汇佳托福考试中心剪彩揭牌仪式在汇佳科教园计算机中心隆重举行。参加剪彩揭牌仪式有教育部、区教委、有关院校领导、汇佳教育机构董事长王志泽、总督学王家骏、佳教育机构各单位各部门的领导及师生代表。汇佳托福考试中心由汇佳教育机构提出申请、并由教育部考试中心批准成立。该中心位于昌平科技园区，环境优雅，设备先进，并设有商务酒店，各种设施一应俱全，最多可容纳近200名考生，为考生提供良好的考试和住宿环境。

（李尔京）

【希望之星英语大赛】 6月15日，初中部5名同学代表昌平区参加中央电视台举办的CCTV希望之星英语风采大赛的决赛。两人荣获银奖，其余三人获得一等奖。

（李尔京）

【举办初三毕业生设计展】 6月20日，在学校大厅首次举办2012初三毕业生MPY个人毕业设计展。共展出作品80余件。学校各级领导、初三在校师生、家长等共300余人出席展会。

（李尔京）

【IB高中部举行科学集市第四学科组成果展示】 6月26日，IB高中部第四学科组成果展示在学校大厅举行。本次展示共有29个课题组参加，共计204名同学参与此活动。主题是“生态系统”，以科学集市的方式进行。

（李尔京）

【汇佳教育20年庆典启动仪式】 7月7日，汇佳教育20年庆典启动仪式在学校礼堂举行。汇佳学校董事长、校长王志泽，副总裁杨桂琴，总督学王家骏等校领导出席本次活动。汇佳教育20年庆典及汇佳学校成立20周年校庆徽标和口号公开征集活动获奖人员，部分汇佳校友、学生、家长及有关媒体单位应邀参加了本次盛会。20年校庆口号是“学贯中西行者无疆”。该口号体现了汇佳学校“怀祖国心、做世界人”的核心教育理念，这是汇佳学校迎接挑战而形成的成长纲领之一。最后，校领导一起上台，启动汇佳教育20年庆典倒计时钟。

（李尔京）

【初中部教师参加 MYP 培训】　9 月 15 日至 17 日，汇佳学校初中部组织 MYP 项目培训。项目的协调员以及语言 A、数学、人文、艺术等学科的 13 名教师参加了 IBO（国际文凭组织）在北京德威国际学校组织的 MYP 项目培训。培训内容涉及 IB 的教育理念、培养目标、教学计划、教学方法、项目评估等多个主题，来自世界各地的 IB 专家和 MYP 培训官分别针对老师在实际教学中存在的困难与问题进行指导与交流。

（李尔京）

【首届汇佳教育科学年会召开】　9 月 19 日，首届汇佳教育科学年会在汇佳学校召开。会议收到涉及国际教育、学校管理、教师专业发展、德育、心里与健康教育、课程开发与教学等方面研究论文共 91 份，其中学前教育工作者论文 22 份、小学教育工作者论文 16 份、初中教育工作者论文 14 份、高中教育工作者论文 11 份职业学院教育工作者论文 20 份、其它 8 份。年会采取主旨报告、会议专题交流加汇佳教科院学术委员会专家点评以及书面交流的方式，传递教育改革与发展的信息并进行了学术研讨。同时，还成立专项研究工作室，促进汇佳教育科研深入发展。

（李尔京）

【初二年级社会实践】　10 月 18 日，初二年级全体师生 190 人参观中国人民革命军事博物馆和中国人民抗日战争纪念馆。这次活动是中文 A 语言教学“战争与和平”主题的学习内容，探究战争与我们生活的关系。这次活动，不仅引导学生更多地了解历史上的战争知识，引发战争的根源，战争带给人类的损失，人类如何规避战争等；还激发学生对和平幸福生活的珍惜，接受爱国主义教育，增强社会责任感；与 MYP 学习方法相结合，培养学生主动观察、思考的能力，学会调查研究，提升与人合作的能力，为深化 MYP 教学起到了作用。

（李尔京）

【文字历史讲座】　12 月 14 日，汇佳学校三年级 113 名同学在教室听文字历史讲座。通过此次讲座，教师们结合 PYP 主题，带领学生们“利用古代文明的证据，证明与当今社会的联系”使得学生们对中国的汉字有了更进一步的了解，而且还丰富了他们的历史知识。

（李尔京）

【全球汇佳校友 2013 新年峰会】　12 月 27 日，由 IB 高中部主办的 2013 年全球汇佳校友新年峰会在汇佳学校礼堂举行。汇佳教育机构所属的院、校、园的中外籍领导与代表、历届 IB 校友代表及部分学生家长代表等近 500 人参加了本次盛会。汇佳教育机构董事长王志泽、总督学王家骏、IB 高中部主任田之麦和十二位不同届别的校友代表，就“‘教育国际化’汇佳 20 年探索之路”的主题分别从不同的角度探讨当下教育的国际化趋势和汇佳学校 20 年发展历程。峰会进行五轮讨论。由十位不同届别的来自英国、美国、加拿大的 IB 校友进行研讨。

（李尔京）

文　化

文化文物

【概　况】　2012 年，昌平区文化委认真贯彻落实党的十八大、十七届六中全会精神，按照《中共北京市委关于发挥文化中心作用加快建设中国特色社会主义先进文化之都的意见》和区第四次党代会的部署和要求，紧紧围绕区委、区政府中心工作，牢固树立文化强区发展理念，确定了“建设一流的领导班子、培育一流的人才队伍、提供一流的公共服务、创造一流的文化品牌”的“四个一流”的工作目标，坚持“凝心、聚力、创新、自强”的工作指导方针，积极推进公共文化设施建设，扎实开展文化惠民服务，广泛开展精神文明创建活动，不断丰富百姓文化生活，突出区域特色，创新文化品牌，提升百姓文化品味，扩大区域文化影响力，梳理历史文脉，弘扬优秀传统文化，加强文物和非物质文化遗产保护，整治规范和繁荣发展文化市场，持续推进全区文化事业的创新与发展。区文化委及直属单位先后荣获第七届世界草莓大会最佳服务保障奖、首都文明单位、第二届北京国际电影节积极贡献奖、北京市文物安全工作先进单位、北京市万场群众文艺汇演优秀组织奖、首届北京阅读季红色经典诵读活动最佳组织奖、北京市"一街一品"优秀活动组织奖等15项市系统以上奖项。

（白玉峰）

单位名称：昌平区文化委员会
地址：昌平区府学路10号
电话：(010)69742257
邮编：102200

【元旦期间文化活动】 元旦期间，区文化委组织和动员镇(街)开展了迎新年文艺演出、到敬老院慰问演出、庆元旦读者交流会、文艺作品展览、爱国主义教育影片放映等文化活动；区文化馆到长陵学校进行迎新年文艺演出、举办迎新年联欢会；区图书馆举办"迎新年"新书推荐、制作贺卡送家人、欢乐动画迎新年等活动，接待读者1500多人，借阅图书2000余册；区内各文化广场，文艺爱好者开展了交际舞、广场舞蹈、音乐角等活动。

（白玉峰）

【表彰胡金玲暨魔术工作室揭牌仪式举行】 1月4日，区举办表彰胡金玲获第八届中国杂技金菊奖。第五届全国魔术比赛金奖暨金玲魔术工作室揭牌仪式在昌平财会之家举行。

（白玉峰）

【电影管理处支部互动送温暖】 1月12日，区电影管理处党支部与崔村镇西崔村党支部建立互动关系，突出党建和农村电影服务进行交流互进并慰问困难党员。

（李卫利）

【组织观众参加市群众文艺大汇演活动】 1月15日，北京市农工委组织主办的"群众文艺大汇演"在市工人体育馆举办，区文化委组织昌平观众300名参加。

（肖经桂）

【区2012年春节团拜会举办】 1月18日，区委、区政府主办，区委宣传部、区文化委承办的"昌平区2012年春节团拜会"在中国政法大学礼堂隆重举行。区委、区政府组织昌平各界代表800余人参加。

（肖经桂　李晨辰）

【春节期间文化活动】 春节期间，区文化委组织协调开展了"新春联欢会"、"迎春书法展"、"送春联"、"我参我乐"春节有奖猜谜、"迎新春电影放映"、秧歌花会走街乡、图书阅览等文化活动100多场、观众12万多人次。

（白玉峰）

【参加农民艺术节"乡村大舞台"擂台赛】 1月，北京市农工委组织主办北京市第22届农民艺术节"乡村大舞台"擂台赛，昌平区的节目类获三等奖和优秀奖，舞台类获银奖和组织奖。

（肖经桂）

【参加北京市民摄影大赛获奖】 1月至3月，区文化馆组织参加北京文化艺术活动中心、市摄影家协会主办的"幸福北京——2011北京市民网络摄影大赛"，获"集体组织奖"，庞林的《跟着妈妈看北京》获一等奖，曾国全的《聚精会神作》获二等奖，吴宝林的《北京国际铁人三项锦标赛》和顾学礼的《颐和园庙会见闻》、史义军的《抗联老战士李在德》获三等奖。

（李晨辰）

【正月十五龙腾狮跃闹元宵活动举办】 2月6日，区"正月十五龙腾狮跃闹元宵活动"在永安公园文化广场举行。全区30多个传统项目团队、近千名演员参加，区委宣传部、区文化委、区体育局等单位组织，市文化局、区相关单位领导和观众1万多人观看。

（肖经桂）

【昌平影剧院后续完善工程】 2月15日至5月29日，昌平区影剧院投资125.8万元，对影剧院演出配套房间进行装修并增添钢琴等演出设备，使影剧院具备电影放映、文艺演出、召开会议等综合功能。

（刘汀）

【党建暨党风廉政建设大会召开】 2月16日，区文化委召开2012年党建暨党风廉政建设大会。区纪委副书记李春玲出席并讲话，区文化委主任陈玉起、党委副书记贾月林、纪委书记王勇先后部署工作和讲话，党委书记李志武主持会议。区文化委领导和党员干部130多人参会。

（白玉峰）

【区级非遗项目颁牌仪式举行】 2月22日，区文化馆举行昌平区级非物质文化遗产项目颁牌仪式。区文化委、文化馆领导和工作人员及区级"非遗"项目代表参加。区8个项目先后列入"区级非物质文化遗产名录"。

（李晨辰）

【“扫黄打非”工作部署会召开】 2月24日,昌平区2012年文化市场暨“扫黄打非”工作会议在区委617会议室召开。区委常委、宣传部长、区“扫黄打非”工作领导小组组长余俊生出席会议并讲话,22个成员单位领导和全区18个镇(街)主管领导53人参会。

(刘元松)

【区委宣传部对全区文化设施建设情况调研】 3月5日,区委常委、宣传部长余俊生、副部长瞿会宁对昌平文化设施建设情况进行调研。区文化委主任刘全新全面汇报工作,班子其它成员汇报分管工作,党委书记李志武主持会议,机关科室和基层单位负责人参会。

(姜莉)

【开展学雷锋日活动】 3月5日,区文化委组织机关、文化馆、图书馆、文物所和电影管理处五支学雷锋志愿服务队到北七家镇老年社区赠送图书150册、进行文艺演出和放映电影。同日,区图书馆到亢山广场开展“弘扬雷锋精神,引领时代风尚”志愿服务活动,普及图书阅览知识,发放资料300余册,展出展板8块,并馆内设立“雷锋精神”图书专架,举办雷锋永远在我们身边故事会等;文化执法队到中山路开展环境卫生清扫活动;新华书店设立“北京精神、雷锋书籍专架,便民学习选购等学雷锋活动。

(白玉峰)

【北京市“扫黄办”领导到昌平调研】 3月14日,北京市“扫黄办”主任、市文化行政执法总队长王英偶、副总队长周大庆等一行五人到昌平调研“扫黄打非”工作。区委常委、宣传部长余俊生,区政府副区长刘淑华,区文化委主任刘全新、副主任杨广文等陪同调研。

(姜莉)

【昌平·厦门文化交流】 3月18日,区文化委、文化馆和厦门市文化馆、美术馆联合举办的“燕云鹭潮——2012昌平·厦门书画联展”在厦门美术馆闭幕,标志2012年昌平、厦门两地文化交流圆满结束。3月7日,昌平、厦门两地近100位书画家创作的200幅书画精品在厦门美术馆开展,昌平区文化馆馆长周浩带队同区书画家8人赴厦门参展,与厦门市文化馆、美术馆、思明区文化馆、集美区文化馆的领导和艺术家进行艺术研讨,并参观厦门市相关艺术场所,并进行笔会交流等活动。

(白玉峰 李晨辰)

【基层文化工作座谈会召开】 3月23日、27日,区文化委分别在崔村镇、流村镇组织召开了全区“基层文化工作座谈会”。各镇(街)主管文化的领导参会。

(肖经桂)

【来京务工人员电影放映周活动】 3月26日至30日,昌平区电影管理处携手区职介中心到兴寿、南口、东小口、小汤山等镇开展为来京务工人员放映公益电影周活动。

(李卫利)

【“科普之春”图书惠农兴村活动】 3月28日,市区科协、十三陵镇政府联合举办第十四届北京科普之春活动启动仪在悼陵监村文化广场举行。区图书馆将农业果树、家庭科普、外出务工须知等资料800余册发送给农民,并制作科普谜语200条吸引群众竞猜,受益群众千余人。

(孟晓庆)

【区古玩艺术品收藏家协会捐赠展举办】 3月28日至4月30日,区文化委举办“古玩艺术品收藏家协会捐赠展”。26名区古玩艺术品收藏家协会会员向区博物馆捐赠藏品100余件并展出。

(张福升)

【图书下乡服务活动】 3月29日上午,区政协组织文化、科技、卫生、法律“四下乡”服务活动在延寿镇北庄村文化广场举行。区图书馆向群众发放《知识情报信息》《北京精神百家谈》、科普宣传资料、台历等1000余册,并组织农业、科技、生活谜语200条进行竞猜活动。

(孟晓庆)

【第二届北京阅读季活动】 4月1日至6月20日,第二届北京阅读季期间,区图书馆在延寿镇举办了昌平区“北京精神美德传承”读书演讲比赛。市新闻出版局长杨静慧、副区长刘淑华、区委宣传部副部长周文健、区文化委主任刘全新等领导和经选拔赛产生的15名优秀选手参加;开展“悦读读书风景摄影展”活动,收集作品200余幅,展出100幅;组织“书香家庭”评选活动,阳坊镇的邓佐荣和东小口镇的韩淑慧两个家庭被评为北京市“书香家庭”;开展“百姓读书大讲堂”活动,组织讲座、论谈、报告等系列活动31场。

(孟晓庆)

【建党90周年征文颁奖会举办】 4月19日,区文化馆在馆内举行了“庆祝中国共产党建党90周年征文”颁奖会。征文期间，征集作品100余篇，20名作者分获奖。

（李晨辰）

【青少年原创科普剧比赛举办】 4月25日，区图书馆举办了昌平区青少年原创科普剧比赛。系红领巾读书活动，19支代表队、175名学生参加。5月19日，回龙观中心代表队参加北京市科普剧比赛获二等奖，2名同学分获最佳导演和最佳表演奖。

（孟晓庆）

【“我眼中的北京精神”讲故事比赛举办】 5月8日，昌平区“我眼中的北京精神”讲故事比赛在区图书馆报告厅举行。全区各中心、直属学校的33名选手参赛。6月9日，5名优秀选手参加北京市讲故事比赛，姬翔宇、周依萍获二等奖，于宓雪儿、许静怡、冯玉倩获三等奖。

（孟晓庆）

【服务残疾人】 5月16日，在全国第22个助残日来临之际，区电影管理处来到小汤山镇为参加残疾人趣味运动会比赛的残疾人放映电影。5月18日，区图书馆接待城南街道的30余名残疾人参观并热情服务。

（李卫利　孟晓庆）

【古玩及名家书画展举办】 5月18日，区文化委、区博物馆、区古玩艺术品收藏协会主办的昌平区纪念“5·18国际博物馆日”暨古玩及名家书画展仪式在区图书馆大楼前举行。展出古玩杂项280件、书画作品60余件。副区长刘淑华、区委宣传部副部长周文健和区文化委领导班子，区书画协会、古玩协会会员及文化委基层单位代表100多人参加。

（张福升）

【第十届北京国际图书节活动】 5月18日至27日，第十届北京国际图书节期间，区新华书店先后参与区政协到延寿镇开展文化下乡、和区科协在昌平亢山广场进行图书展销及开展在店内设立“北京精神图书专架”、免费向读者发放会员卡200张等活动。

（谷素梅）

【畜舍屯村发现古代水利设施】 5月下旬，马池口镇畜舍屯村村民在村北树林里发现有大量青石出土，经区文化委与市文物研究所一个多月的考古勘探和发掘清理，出土古代水利设施一座，呈南北走向，长约50米，横断面约2米，并有大量瓷器碎片出土，经推断为辽金时期器物，具有一定历史文化价值。

（张福升）

【世界魔术协会主席艾瑞克等参观区文化馆】 5月23日，世界魔术协会主席艾瑞克先生，亚洲魔术联盟主席、中国魔术艺术委员会主任戴武琦，中国杂技家协会外联部负责人宓鲁、北京杂技家协会主席李恩杰到区文化馆参观金玲魔术工作室和非物质文化遗产展厅等。

（李晨辰）

【区第十二届“五月的鲜花”群众歌咏比赛举办】 5月28日，区委宣传部、区总工会、区文明办、区文化委联合主办的昌平区第十二届“五月的鲜花”群众歌咏比赛在中国政法大学礼堂举行。36支合唱队伍参加比赛，区领导、相关部、委、局领导及观众1400余名参加活动。

（肖经桂）

【“图书馆服务宣传周”举办】 5月28日至6月3日，围绕“践行北京精神，共建文明图书馆”主题，区图书馆举办了图书馆服务宣传周系列活动，展出板报9块，发放宣传材料1000余份，新书推荐300余种，参加读者1千多人；组织各镇（街）图书室参与，受益群众达3600余人。

（孟晓庆）

【区历史文脉梳理工程专家务虚会暨动员会召开】 6月7日，昌平区历史文脉梳理工程专家务虚会暨动员会在财会之家召开。区委常委、宣传部长余俊生，常务副部长瞿会宁，副部长周文健、孙士军，区文化委主任刘全新、区文联主席周振华、区文化委副主任杨广文，北京大学新闻与传播学院教授、博士生导师肖东发，北京市社会科学院历史研究所所长王岗、北京师范大学第二附属中学历史教师纪连海、国家博物馆馆员李俊臣、昌平十三陵特区明代帝陵研究会研究员胡汉生、区退休干部李国棣、马德清、施会泉参加会议。明确杨广文负责此项工作。

（李燕晶）

【中国文化遗产日主题宣传暨《拍宝》栏目走进昌平】 6月9日，区文化委、区十三陵特区办事处、区古玩艺术品收藏家协会与北京电视台《拍宝》栏目在明十三陵——昭陵联合举办“2012年中国文化遗产日主题宣传暨《拍宝》栏目走进昌平大型艺术品鉴定会”活动。北京市文物局巡视员巴爱民，区委常委、宣传部长余俊生，副区长刘淑华及有关单位领导出席开幕式。

（张福升　李晨辰）

【新疆洛浦县文工团到昌文化交流】　7月2日，新疆维吾尔自治区和田地区洛浦县到昌平开展文化交流。当日下午2:00和19:30，洛浦县文工团先后在驻昌部队某部和区广电中心进行了两场演出。北京市文化局副局长何昕、王珠，昌平区和洛浦县有关领导、区文化委主任刘全新及部队官兵、当地群众1200余人观看。

（肖经桂）

【参加“科普之夏”宣传活动】　7月7日，北京市第十四届“科普之夏”昌平区活动在城南街道新汇园社区启动。区图书馆围绕本届主题“保障食品安全、服务公众健康”，免费发放科技信息资料200册，有奖猜谜科普知识200条，受益群众500余人。

（孟晓庆）

【市政府督查组到昌平检查文化工作】　7月19日，市政府办公厅副主任吴大仓、市政府绩效办副主任邢千里等组成的市政府检查组对昌平区2012年政府为民办实事农村数字电影厅服务运行情况和有线广播村村响建设项目进行绩效检查。市广电局副局长臧增祥等领导和区委宣传部副部长孙士军等陪同检查。

（杨磊　李卫利）

【庆“八一”文化活动】　八一期间，为庆祝建军85周年，区文化委、区文化馆与相关镇党委、政府到部队进行慰问演出，区电影管理处到驻昌部队放映电影，丰富军营文化生活；系统内部召开复员转业军人、现役军人家属座谈会；到昌平区高新企业参观学习等活动。

（白玉峰）

【电影《钢铁玫瑰》首映式举行】　8月9日，首部反映北京市基层检察官彭燕风采的电影《钢铁玫瑰》首映式在昌平保利影剧院举行。北京市检察院政治部主任张幸民、副主任焦海涛，区委副书记朱光彤，区委常委、宣传部部长余俊生等领导出席首映式。

（刘汀）

【市文化局领导到区调研】　8月17日，市文化局局长肖培、党组成员李恩杰等到区调研文化工作。区委常委、宣传部长余俊生、副区长刘淑华和文化委部分领导班子成员陪同调研。

（姜莉）

【千场优秀出版物展节活动】　9月6日至11月30日，北京市千场优秀出版物展节期间，区新华书店先后开展了张贴“弘扬主旋律，喜迎十八大”的宣传图片、悬挂标语；设立专项展台，展出优秀出版物300余种；向流村镇老峪沟小学赠书1000余册；开展专版宣传；制作昌平区书画名人展板；图书9折优惠展销；30余次送书到校等活动。

（谷素梅）

【全国“扫黄打非”督查组到区检查】　9月11日，全国“扫黄打非”工作小组办公室专职副主任、新闻出版总署反非法和违禁出版物司长周慧琳为组长的全国“扫黄打非”督查组到区检查“扫黄打非”工作。市文化执法总队长王英偶、副总队长周大庆，区委常委、宣传部部长余俊生，区文化委主任刘全新陪同检查。

（刘元松）

【中秋、国庆两节文化活动】　中秋、国庆两期间，区文化委组织开展各类文化活动200余场次，参与观众达10万多人次。先后举办了主题为“庆十一，喜迎十八大”书画、摄影展、图书阅览服务，“喜迎十八大，服务农民工，快乐网上读”、“我心目中的英雄故事”演讲，“庆十一”主题电影放映150余场。各镇(街)组织了“庆国庆”喜迎十八大、国庆联欢会及惠民演出等文化活动。

（白玉峰）

【重阳节文化活动】　“九九重阳节”期间，区文化委在组织本单位离退休干部职工进行敬老话未来座谈会和走访慰问的同时，开展了为老年演出、“关爱老年人重阳送健康”主题的赠书、献花活动，到福利院、敬老院放映电影等文化活动50多场次。

（白玉峰）

【区第十四届艺术节开幕式暨广场舞蹈比赛举办】　10月24日，区委宣传部主办、区文化委承办的“昌平区“第十四届艺术节开幕式暨广场舞蹈比赛”在昌平一中隆重举行，全区16支广场舞蹈队伍、400余名队员参加。

（肖经桂）

【参加喜迎十八大万场群众文艺汇演闭幕式】 10月27日,市农工委组织主办的喜迎十八大万场群众文艺汇演闭幕式在北京工人体育馆举行。昌平区组织东小口、回龙观镇240名观众参加,东小口镇合唱队并同台演出。

(肖经桂)

【有线广播"村村响"工程建设】 10月29日,昌平区2012年为民办实事项目——阳坊镇10个行政村和崔村镇13个行政村的"有线广播村村响工程"通过市验收。

(刘元松)

【喜迎接十八大主题放映】 10月30日至11月30日,区电影管理处筹备《建国大业》《建党伟业》《老百姓是天》《辛亥革命》等十部影片,放映"喜迎接十八大"主题电影1600场。

(李卫利)

【京剧票友大赛昌平选手获奖】 11月,第十届"椿树杯"北京市社区京剧票友大赛在西城区南区文化馆剧场举行,全市13个区县文化馆和20个票房参加。区文化馆辅导、选拔的选手王雁芳获二等奖,赵东梅获三等奖。

(李晨辰)

【十八大文献征订、发放活动】 11月至12月昌平新华书店销售十八大文献及相关图书1万多册。

(谷素梅)

【北京市益民书屋服务纪实情景剧预选赛】 11月30日,北京市"享惠民硕果奔文化小康——北京市益民书屋服务纪实情景剧"预选赛在大兴区长子营镇文化活动中心举办,东小口《寻觅香格里拉》、回龙观《我要去参演》代表昌平区参赛,回龙观代表队进入决赛,并将参加2013年1月11日的决赛。

(孟晓庆)

【首届中国北京国际魔术大会举办】 11月30日至12月2日,昌平区成功举办了首届中国北京国际魔术大会。大会由中国文化部、中国文联、北京市政府主办,文化部艺术司、外联局,中国杂技家协会,北京市文化局、市文化资产监督管理办公室、市文学艺术界联合会、北京演艺集团和昌平区人民政府联合承办,中外文化交流中心、亚洲魔术联盟、北京杂技家协会、中国杂技团有限公司共同协办;期间,邀请了22个国家和地区的国际著名魔术大师约50名,先后在昌平体育馆主会场和昌平保利影院、军都旅游度假村分会场举办了开幕式暨国内外顶级魔术大师专场演出、舞台国际魔术邀请赛、近景国际魔术邀请赛、高端国际魔术论坛、魔术道具展以及魔法讲座和闭幕式暨刘谦专场演出。文化部副部长董伟,中国文联副主席李屹、边发吉,市委常委、宣传部长、副市长鲁炜,市文化局长肖培,区委书记侯君舒,区长金树东等领导先后参加大会。世界魔术联盟主席多美尼克·丹特、副主席格里特·布莱格曼、亚洲魔术联盟主席戴武琦等贵宾全程参与。昌平区专门成立了大会指挥部,区长金树东任总指挥,区委常委、宣传部部长余俊生、副区长刘淑华任副总指挥,区委办、区政府办、宣传部、区文化委、区体育局等26个成员单位各负其责;分设协调、安保、接待、保障、宣传、交通、车辆和观众8个组团,区文化委具体负责组织协调和筹办运作工作。

(白玉峰)

【乡村大舞台暨一村一品(昌平区)选拔赛举办】 12月23日,北京乡村大舞台暨一村一品(昌平区赛区)选拔赛在昌平区广播电视演播大厅隆重举行。相关单位领导和镇、街业余文艺爱好者200余人参加活动。

(肖经桂)

【区举办"文明与我"书画、摄影优秀作品展】 12月26日,区文明办、区文化委、区文联联合举办的昌平区"文明与我"书画、摄影优秀作品展在区文化委四层、五层展厅开展。展出书画100幅、摄影作品100张。

(白玉峰)

【四处文物保护单位装安技防设施】 12月,区文化委利用市财政资金196.6万元,对和平寺和白浮泉遗址——都龙王庙2处北京市级文物保护单位安装了视频监控系统,对庆王墓碑楼和阳坊镇药王庙2处昌平区级文物保护单位安装避雷设施。

(张福升)

【文学创作】 年内,区文化馆组织举办戏曲培训班,开展文学、文艺辅导培训1万多人次,组织文学专业和爱好者创作中短篇小说、散文、诗歌、曲艺作品等110余篇(部),编发《军都文苑》《说说唱唱》4期。

（白玉峰）

【文化展示】 年内，区文化委先后组织参加了环北京公路自行车赛、苹果文化节、温泉文化节、草莓文化节、2012北京国际万人长走、庆祝建党91周年“北京新秧歌社区群众舞蹈展示大赛”等文化展示活动。

（白玉峰）

【公益惠民演出】 年内，组织“公益惠民”演出954场。其中“文艺演出星火工程”专业院团演出304场、非专业团队演出608场；“百姓周末大舞台”30场，周末场演出12场。

（肖经桂）

【展览】 年内，区文化委组织和配合区相关部门举办了文化昌平创意新城、古今昌平、党风廉政建设警示教育、昌平·厦门书画、纪念“5·18”国际博物馆日暨古玩及名家书画、“文明与我”书画、摄影优秀作品、阅读风景摄影、古玩艺术品收藏家协会捐赠品、庆十一喜迎十八大书画摄影、非遗产项目等10多次大型展览活动，观众10万多人次。

（白玉峰）

【图书阅览】 年内，区图书馆新建社区益民书屋14家，先后举办全区文化资源共享工程管理员、益民书屋管理员、图书管理员培训500多人次；接待读者33万多人次，借阅图书40多万册；办理一卡通6127个，有效持证读者28960人；增加馆藏24905册，光盘467张，报刊733种，总馆藏62万余册、件；组织读者活动100多次，参与8万多人；建立送书点20个，送书下乡2.11万册；编发《知识情报信息》6期。

（白玉峰　孟晓庆）

【公益电影放映】 年内，昌平区电影管理处举办全区公益电影放映员培训300多人；组织22支流动放映队和298家农村数字影厅放映公益电影15242场，观众60多万人。

（白玉峰　李卫利）

【践行北京精神弘扬雷锋精神】 年内，区文化委组织干部职工广泛开展读一本好书、看一部好电影、做一件好事的“三个一”学雷锋做岗位标兵活动活动，开展志愿者下乡辅导、文艺演出活动，举办“雷锋精神”图书推荐、播放经典影片《雷锋的故事》等“践行北京精神，争做雷锋传人”活动，组织党员志愿者服务队到儿童福利院慰问残障儿童活动，利用休息日，到福利院、敬老院放映电影等活动。

（白玉峰）

【昌平区影剧院票房收入突破千万元】 年内，区影剧院（昌平保利影剧院）放映影片9851场次，观影40.3万多人次，票房收入1378.3万多元。

（刘汀）

【历史文脉梳理工程】 年内，昌平区成立了以区委书记侯君舒为组长，区委、区人大、区政府、区政协全体领导参加的“昌平区历史文脉梳理工程协调小组”，区委宣传部成立昌平区历史文脉编委会，编委会编辑部由区文化委副主任杨广文任执行主编，李燕晶、周杨、秦德仲、殷宇晴任编辑，并组建工程专家团队。先后召开动员会、专家务虚会、课题推进会、收集资料会、工程设计征询研讨会，制定《昌平区历史文脉梳理实施方案》，确定昌平历史、地理、文物古迹、镇街、今日昌平五项大纲篇目，59个分篇目，开展课题工作对接，移接图书资料，编辑《昌平历史文脉梳理工程宣传操作手册》等工作，30个作品开始创作，10个已见成效，6个基本成型。

（白玉峰　李燕晶）

【文物安全保护】 年内，区文化委强化属地管理责任，与各镇、街道签订安全责任书，建立文物安全台帐，开展文物安全检查106次，检查311家（次），张贴烟花爆竹禁放标识300余张，处理群众举报22件，收回田野石刻12块，新发现文物2处。

（白玉峰）

【文化企业审批年度核验】 年内，区文化委接待、咨询文化企业类问题2000多人次。新设文化企业88家，变更企业76家；举办听证会8批次、涉及企业26家；核验文化经营单位458家并换发新证；整理文化企业档案151份。

（景冬蕊）

【“扫黄打非”、文化行政执法】 年内，区“扫黄打非”领导小组办公室、区文化市场领导小组办公室组织召开全区“扫黄打非”办公室联席会议、文化企业规范经营暨安全工作责任落实部署会、印刷企业规范经营安全生产工作部署会、娱乐场所国家卫生区复审达标动员会、迎接党的十八大“扫黄打非”文化企业安保专项行动工作部署会、深化“扫黄打非”专项行动部署会、整治出版物市场和非法盗印复印行为工作部署会，举办文化娱乐场所经营单位安全生产大型公开课，签定《2012年安全生产责任书》《2012年文化经营单位承诺书》。开展联合执法检查4135人次，收缴盗版图书349册，收缴盗版光盘1300张，取缔非法窝点、游商、地摊55家；收缴卫星接收设施9套；取缔"黑网吧"52家，收缴电脑881台；取缔"黑电玩"9家，收缴电子游艺机428台；治安拘留64人。开展文化市场专项检查1860人次，检查图书、报刊、电子出版物、音像制品、经营单位、演出单位、卫星电视接收设施使用单位、印刷复制企业、歌舞娱乐场所、电子游戏经营场所、互联网上网服务营业场所、电影发行放映场所4478家(次)，处理群众举报55件，立案调查34件，办结案件34件，保障了全区文化市场的规范经营和安全稳定。

(白玉峰　刘元松)

广播电视

【概　况】 2012年是党的十八大胜利召开的一年，是深入学习贯彻党的十七届六中全会精神、实施"十二五"规划承上启下的一年。区广播电视中心党委牢牢把握正确舆论导向，围绕全区中心工作和工作重点，深入贯彻落实科学发展观，大力弘扬实践北京精神，坚持广电媒体作为党和人民喉舌的根本性，坚定信心，团结奋进，在宣传工作、事业建设、体制创新、节目制作、管理水平、科技进步和产业经营等方面，都取得了显著成绩；为把昌平建设成为现代化的京北创新中心、国际科教新城，提供了强大的精神动力和强有力的舆论支持。

(任虹)

单位名称：昌平区广播电视中心
地址：昌平区南环东路1号
电话：(010)69746088
邮编：102200

【重大活动宣传工作】 年内，区广播电视中心为做好昌平区四次党代会、区人大、区政协"两会"的宣传报道，开播了《连线党代会》《盛会风景线》《"微"播党代会》《党代会印象》《党代表声音》《百姓寄语党代会》《贯彻党代会精神 迈向新征程》等多个版块，对党代会进行全方位、多角度、深层次的报道；为迎接十八大的胜利召开，在《昌平新闻》中开播《喜迎十八大 展示新成就》等一系列报道；在《视角》《百姓话题》栏目中播出《昌平各界聚集十八大》《新起点 新征程 聚焦党的十八大》专题节目；昌平人民广播电台制作播出10余组歌颂党丰功伟绩的歌曲专栏。

(任虹)

【完成重大宣传任务】 年内，区广播电视中心圆满完成了一系列重大宣传报道任务，制作播出了一大批主题鲜明、特色突出、群众喜爱的精品节目和栏目。全年昌平电视台采编播出《昌平新闻》3500条，其中经济新闻播发总量占56%；采制播出各类专题栏目15档，共计1129期。

(任虹)

【世界草莓大会报道】 年内，为做好第七届世界草莓大会的宣传报道，区广播电视中心开播《草莓——让生活更甜美》系列报道；先后推出《康康播报》《喜迎草莓盛会》《探访草莓博览园》《每日盛况》《记者新发现》《我在草莓园》《游园小贴士》《明日游园早知道》等板块；共播发相关新闻117条。

(任虹)

【国际赛事报道】 年内，结合"环北京职业公路自行车赛"和"首届中国北京国际魔术大会"开展宣传报道，区广播电视中心利用视频、广播、文字、图片等多种形式进行宣传报道，共播发相关新闻近36条、拍摄照片2000余张，上传图片140余张，为昌平打造独具特色的"魔术之都"营造了浓厚氛围。

(任虹)

【深化"走转改"】 年内，区广播电视中心坚持三贴近，深化"走转改"，突出权威性、引导性、可视性，努力做到"节目质量追求更精、信息发布含量更大、服务全局贴得更紧、围绕主题报道更快"，制作播出了一大批主题鲜明、特色突出、群众喜爱的精品节目和栏目，如："记者走基层"、"我在基层"、"一线见闻"、"走基层 进企业"、"走基层 进农村"、"我在草莓园"、"记者新发现"等多组系列报道；播发"走转改"新闻稿件近200条，专题栏目近80部。

(任虹)

【发挥网络优势】 年内，区广播电视网全年编辑、上传视频新闻及专题节目3000余条；录制、编辑、上传音频节目5000条；上载各类信息9万余条；先后制作《第七届世界草莓大会》《第九届北京昌平小汤山温泉文化节》专题页面；针对全国性的节假日和重大事件制作宣传动画及节日横幅20余个。

（任虹）

【新闻专题获奖情况】 年内，区广电中心节目、栏目在市级以上评比中荣获各类奖项共22项，其中大型主题系列片《昌平红色记忆》获全国科教电视党史党建节目三等奖；2011年度全国优秀科教节目爱国主义教育三等奖；“2011年区县广电中心纪念建党90周年优秀节目评比”广播类二等奖和电视类一等奖；《辉煌20年》荣获中国广播电视协会2011全国优秀科教电视节目评析三等奖；专题节目《阳春白雪的故事》荣获中国广播影视大奖电视专题片奖；《真情故事》栏目荣获2012年全国十佳栏目和“2011－2012”中国最具品牌价值电视栏目；《产学研合作使校企双方实现共赢》节目荣获北京市委宣传部第五届北京市优秀科普作品奖科技新闻类优秀奖；《草莓节直播》、《新闻特写·耋耄老人的16张选民证》荣获“2011—2012年北京电视台记者站优秀作品奖”；系列片《昌平红色记忆——十三陵水库篇》获2011年度“北京广播影视奖”电视系列报道一等奖；《“昌平苹果”在全国率先实现“零农残”》《90岁老人珍藏16张选民证》获“北京广播影视奖”电视新闻一等奖；《心情追忆——用生命点亮青春》获“北京广播影视奖”广播播音主持一等奖；《昌平新闻》女主播获“北京广播影视奖”电视播音主持三等奖；《深山区百姓家门口享受政府服务》获“北京广播影视奖”广播新闻二等奖；《“一事一议、一事一决”——昌平信访推广“一单式”工作法、“5＋2”工作模式》获“北京广播影视奖”广播系列报道三等奖；《与法同行》获“北京广播影视奖”广播优秀栏目奖；《相约？——舞动生命的奇迹》《真情故事》获“北京广播影视奖”技术质量三等奖；《版权技术保护措施和法制管理》获中国新闻技联2012年度“新闻科技论文”优秀论文三等奖。

（任虹）

【完善安全播出保障体系】 年内，区广电中心按照“严而又严，细而又细，实而又实”的工作要求，认真落实“安全生产年”活动，制定预案，细化措施，完善规章，狠抓落实，以安全播出为重点、以技术保障为基础，修订完善安全播出方案，强化信息技术应用。

（任虹）

【安全播出情况】 年内，BTV9昌平新闻时段安全播出1642.5小时，转播BTV公共频道5292.5小时；电视无线13频道播出3285小时；昌平生活频道播出4745小时，转播BTV公共频道2190小时；广播电台播出5840小时；永安大屏播出《昌平新闻》912.5小时，转播北京新闻台2007.5小时。

（任虹）

【技术更新改造】 年内，区广播电视中心对播出矩阵和生活频道备用播出工作站、非编上载服务器硬盘及电台主播出工作站显卡进行更换；对播出机房供电线路进行改造；对发射机房、播出机房、服务器室的接地进行防雷检测；对播出机房和服务器室UPS电源电池进行更换；对永安大屏电源和监控系统进行维修更换；更新了转播车电源线200米、购置400米音频线、200米视频线；增设数字微波传输系统，将带宽增加到60M保障网络通畅。

（任虹）

【人才队伍建设】 年内，区广播电视中心与中国传媒大学学生就业指导中心和研究生学院建立联系，发布招聘信息，并根据岗位需求情况，组织完成招聘人员考试、实习考核等相关工作，择优录取15名业务较全面、有工作经验的同志，充实了广电队伍；拓宽科级干部选拔任用渠道，优化干部队伍结构，对9个科级职位实施竞争上岗。

（任虹）

【党风廉政建设】 年内，区广播电视中心与中层干部层层签订廉政风险责任书，把廉政风险防范管理工作抓到源头，深化廉政教育，明确职责任务，切实抓好纪检工作。

（任虹）

【献爱心活动】 年内，区广播电视中心积极开展投身慈善事业，先后参与“春风送温暖 慈善济万家”、“共产党员献爱心”、“房山特大自然灾害救灾”募捐活动，共捐款41470元。

（任虹）

歌华有线昌平分公司

【概　况】 北京歌华有线电视网络股份有限公司

昌平分公司(简称“昌平分公司”),正式成立于2002年3月,隶属于北京歌华总公司北京歌华有线总公司。前身为昌平有线电视台,昌平有线电视网络中心。昌平分公司主要授权负责昌平地区有线电视网络的开发、规划、建设和与运维,从事广播电视节目收转传送、数字化推广、视频点播、网络信息服务、基于有线电视网的互联网接入服务、互联网数据传送增值业务和有线电视广告发布等业务。昌平分公司已建成覆盖全区的有线电视网络,网内传输模拟电视节目62套,数字电视节目172套(其中高清电视节目14套)、调频广播节目16套和多种交互数字电视应用服务。2012年,昌平分公司在总公司的正确带领下,在区委、区政府的关怀支持下,举全体员工之力圆满完成各项工作指标和为民办实事惠民工程任务。为首都信息化建设和公共文化服务工作的构建做出贡献。

(张珊珊)

单位名称:北京歌华有线电视网络股份有限公司昌平分公司
地址:昌平区西环南路60号
电话:(010)69718808
邮编:102200

【服务保障】 2012年是昌平分公司强化服务质量建设之年,全体员工尽职尽责、勇于奉献、开拓创新、攻坚克难圆满完成了十八大安全传输运维保障任务,实现了“大事不出,小事也不能出”的总体工作目标。经受住了“7·21特大暴雨”以及“11·4暴雪”等自然灾害考验,荣获市委宣传部“抗击7·21特大自然灾害宣传报道工作先进集体称号”。顺利通过北京广播电影电视局对昌平分公司承办的2012年市政府惠民折子工程“村村响”工程竣工验收工作。天通苑营业厅荣获总公司“优秀服务营业厅”二等奖。

(张珊珊)

【数字歌华】 2012年,昌平分公司充分发挥有线电视网络优势,积极开拓视频、数据、高清产品等多项交互业务,加快数字化网络改造、提升高清交互机顶盒推广速度,加强非居民用户的走访洽谈,丰富网络产品范围、延伸服务终端层面。从网络覆盖到用户服务连通了一条为政府、为百姓服务的新途径,为区信息化建设和公共文化服务平台搭建作出新贡献。年内,全区双向网络覆盖超过80%,数字用户突破30万户,完成两项政府专网的接入和宽带网速升级工作,实现将网络发展与惠民举措的有机结合。

(张姗姗)

卫　生

卫生管理

【概　况】 2012年,区卫生局健全适应社会主义市场经济要求和社会发展水平的基层卫生服务体系和新型农村合作医疗制度;全力做好全民健康促进工作;全力做好预约挂号诊疗、抗菌药物临床应用整治、临床路径管理等工作,医疗服务质量显著提高;全区应对突发公共卫生事件和疾病预防控制的能力不断提高;新型农村合作医疗人病统筹工作得到了进一步普及和提高,农民抵御疾病风险的能力不断增强。辖区有各级各类医疗卫生机构848所,病床7982张(其中公立卫生机构床位6449张),专业技术人员8437人,每千人口平均拥有综合病床4.81张、卫生技术人员5.08人、执业(助理)医师2.02人、注册护士1.96人。卫生服务水平明显提高。全年完成门诊660.03万人次,急诊54.32万人次,留观180012人次,危重症抢救(门诊3714人次,住院906人次),住院61064人次,住院危重病人抢救成功率59.38%,出院67122人次,治愈率51%,好转率45.34%,病死率1.37%,入出院诊断符合率99.26%。

(韩雪)

单位名称:昌平区卫生局
地址:昌平区西环路

电话：(010)69746223
邮编：102200

【获"市级示范社区卫生服务中心"称号】 年内，北京市昌平区北七家社区卫生服务中心以优异的成绩荣获市级示范社区卫生服务中心称号，并推选为评选国家级示范社区卫生服务中心。

（韩雪）

【区医院综合病房楼投入使用】 年内，完成昌平区医院综合病房楼建设。该项目建筑面积21020平方米，已经正式投入使用。

（韩雪）

【三家医院通过医院等级评审】 年内，华一医院转型为中西医结合医院，区中医医院升为三级医院，王府中西医结合医院通过三级医院评审，确定为三级甲等中西医结合医院。

（韩雪）

【二级综合医院实现预约挂号服务】 年内，区各二级综合医院全部接入统一平台，面向社会提供电话和网络预约挂号服务。

（韩雪）

【区被重新确认为国家卫生区】 年内，区顺利通过全国爱卫会的复审考核验收。全国爱卫会于12月4日下发《全国爱卫会关于2012年国家卫生城市（区）、乡镇（县城）复审结果的通报》，昌平区被重新确认为国家卫生区。

（韩雪）

爱国卫生工作

【概　况】 2012年，昌平区爱国卫生工作在区委、区政府的正确领导下，在市爱卫会的业务指导下，在各镇政府、街道办事处、各委办局的大力支持协作下，全面推进爱国卫生运动向纵深发展，以良好的工作态势、最佳的工作水平、优异的工作成绩，圆满完成预定工作目标。

（杨明）

单位名称：昌平区爱国卫生委员会办公室
地址：昌平区西环路
电话：(010)69746223
邮编：102200

【开展世界无烟日活动】 5月30日，区爱卫会为更好的贯彻落实北京市爱卫会对公共场所无烟环境建设的工作部署，以第25个世界无烟日为活动契机，在昌平政法大学开展以"烟草业干扰控烟"为主题的大型宣传活动，本次活动采用传单发放、展板、横幅以及签名和有奖问答等多种形式，向全校师生展示了"吸烟的危害"和《烟草控制框架公约》，让同学们对烟草烟雾危害及其他控烟知识有了更深的认识，深受广大师生欢迎。此次活动共征集签名上千人，发放宣传材料2000余份，张贴宣传海报30余张。

（杨明）

【加大监督检查力度】 年内，不断加大禁烟和控烟监督、检查力度。共监督检查辖区单位728个，其中合格单位712个，合格率为97.8%；不合格单位16个，不合格率为2.2%。

（杨明）

【开展无烟医疗卫生机构创建工作】 年内，为全面贯彻落实卫生部等4部门印发的《关于2011年起全国医疗卫生系统全面禁烟的决定》文件精神，继续推进全国卫生行政部门和医疗卫生机构室内全面禁烟工作，根据市爱卫会相关文件指示，区各医疗卫生机构7月依据《无烟医疗卫生机构评分表（2012版）》评分标准要求，进行全面自查自评工作；8月区爱卫会组织协调，卫生监督机构组织实施，进行督导检查和暗访评估；10月，卫生部组织有关专家对全国创建无烟医疗卫生系统工作进行暗访评估。

（杨明）

【全区范围内统一灭鼠活动】 年内，为降低全区鼠密度，根据市爱卫会统一布署，在全区范围内开展了春、冬两季统一灭鼠活动，为做好此项工作，区爱卫办分别召开春、冬季灭鼠工作专项会议部署此项工作，15个镇2个街道办事处参加此次会议。会上，着重强调了对鼠出没的重点区域：市政地下管线、禽畜养殖场、餐饮、宾馆（饭店）、农贸市场、食品加工制售行业等地区的鼠药投放要点。区春、冬季灭鼠行动共下发鼠药1540箱、粘鼠板

1300箱、陶瓷鼠站5000个。

（杨明）

【家庭灭蚁活动】 为解决困扰居民家庭的蚂蚁危害，落实《健康北京十二五发展建设规划》相关要求，按照市爱卫会2012年居民家庭灭蚁活动工作的统一安排，利用夏秋季蚂蚁活动高峰时期开展以家庭为重点的“健康北京灭蚁行动”，区爱卫会定于6月至9月组织开展全区统一灭蚁工作，为更好地做好此次宣传工作，区爱卫会组织各镇、街道办事处利用发放宣传横幅、宣传画、宣传手册等多种形式开展宣传活动，并按市爱卫会要求，聘请专业消杀公司对广大居民住户进行免费入户灭蚁服务，全区共完成灭蚁服务97175户次。

（杨明）

【统一灭蚊蝇活动】 年内，为巩固区国家卫生区工作成果，顺利通过国家卫生区复审考核，使病媒生物防制指标符合国家卫生区复审的考核要求。开展多次全区统一灭蚊蝇活动，并不断加大病媒生物防制投入，对建成区、东小口、回龙观的重点区域聘请专业消杀公司进行统一消杀作业。区爱卫会统一要求、统一部署各镇、街病媒生物防制工作，共下发灭蚊、蝇用药45吨，灭蟑用药6.5吨。

（杨明）

【开展城市清洁日活动】 2012年是全国爱卫会开展的《2010—2012年全国城乡环境整洁行动方案》的最后一年，也是该项活动的考核和评价年。为全面落实行动方案要求，美化首都环境卫生，保障三月全国“两会”的顺利召开，区全面开展第二十四个爱国卫生月活动。2月24日，在全区开展以“美化环境，喜迎‘两会’”为主题的城市清洁日活动。以国家卫生区复审工作为契机，在全区范围内，动员组织各机关、团体、部队、镇（街道）、社区、企事业单位及个体、私营业户，各级领导干部、广大党员群众，积极开展环境卫生集中整治活动。重点是清扫街道，清运垃圾，清理卫生死角，清除“小广告”、白色垃圾、烟头等影响市容市貌的杂物，清洁公共卫生和公共交通设施。全年共开展城市清洁日活动18次。

（杨明）

【开展爱国卫生月活动】 2月20日至3月30日为北京市第二十四个爱国卫生月，为更好的做好爱国卫生月工作，扩大这次活动影响的覆盖面，区爱卫会对全区95个委、办、局及镇街系统下发《关于进一步加强城乡环境整洁行动，开展第二十四个爱国卫生月活动工作的通知》。各单位接到通知后充分利用专栏、板报、会议、等多种形式进行宣传，本次活动共出板报70块，悬挂宣传横幅40余条。

（杨明）

【健康示范村/社区启动会”召开】 4月20日，区爱卫会、区健康教育所联合召开“昌平区2012年健康大课堂工作布置会暨健康示范村/社区启动会”，区爱卫会、区健康教育所、有关镇政府健康教育工作负责人及社区卫生服务中心人员共20余人参加会议。会议下发了《2012年昌平区健康示范村/社区健康教育工作实施方案》及其他相关材料。

（杨明）

【通过健康促进示范村、健康社区验收】 年内，百善镇钟家营村、小汤山镇大汤山村、马池口镇畲仓屯村、阳坊镇阳坊村、回龙观镇新龙社区已顺利通过健康促进示范村、健康社区验收。全区北京市健康促进示范村已达38个、健康社区14个。

（杨明）

【国家卫生区复审工作动员大会召开】 3月7日，“昌平区国家卫生区复审工作动员大会”召开。区主要领导出席会议；会议由区长金树东主持；副区长刘淑华作复审工作动员报告；各相关单位进行了表态性发言；市爱卫会副主任、市卫生局副局长赵春惠对昌平区国家卫生区复审工作提出了期望与建议；区委书记侯君舒结合区具体情况，对区卫生区复审工作进行了全面部署与要求。会议下发《昌平区国家卫生区复审工作实施方案》，各成员单位按照实施方案的文件要求，全面开展本部门的卫生区复审工作。

（杨明）

【对国家卫生区复审工作明查考核】 6月19日，北京市爱卫会组织国家卫生区专家对区卫生区复审工作进行明查考核，听取了区国家卫生复审工作汇报，还分别对健康教育、市容环境卫生、食品安全、病媒生物防制等国家卫生区相关内容进行验收检查，并将考核结果上报全国爱卫会。

（杨明）

【对国家卫生区复审工作暗访考核】　7月至10月，全国爱卫办组织专家，对区国家卫生区复审工作进行暗访考核，考核重点在于城市基础设施建设与日常卫生管理等方面的巩固与发展情况，特别是旧城区、背街小巷、城中村、城乡结合部、农副产品市场等薄弱环节以及“五小”行业的卫生管理情况。全国爱卫会于12月4日下发《全国爱卫会关于2012年国家卫生城市(区)、乡镇(县城)复审结果的通报》，昌平区顺利通过全国爱卫会的复审考核验收，被重新确认为国家卫生区。

（杨明）

卫生监督

【概　况】　昌平区卫生局卫生监督所是在区卫生局领导下承担全区167万人口的餐饮服务安全、生活饮用水、公共场所、职业卫生、放射卫生、学校卫生、医疗机构、传染病防治、消毒产品、母婴保健、采供血、打击非法行医以及相关执业人员的执业活动等相应法律、法规的监督执法任务的执行机构。现设置职能科室3个，业务科室4个，综合执法队1个，卫生监督派出机构8个，现有公务员87人，工勤4人，其中副处级领导职务1人、副处级非领导职务1人、正科级领导职务15人、副科级领导职务15人、非领导职务(副主任科员)17人。

（杜宗婵）

单位名称：昌平区卫生局卫生监督所

地址：昌平区鼓楼北街7号

电话：(010)69745043

邮编：102200

【加强监督检查】　年内，开展经常性监督执法检查共计15493户次，其中餐饮服务单位10371户次、公共场所2652户次、生活饮用水711户次、学校卫生181户次、职业卫生316户次、放射卫生97户次、医疗服务监督490户次、母婴保健36户次、血液管理监督15户次、传染病管理监督489户次、消毒产品生产企业监督32户次、消毒产品经营单位监督11户次、预防接种49户次、病原微生物实验室43户次。取缔非法行医161户次。执行完毕行政处罚544起，罚没款1589008元。其中一般程序行政处罚442起，罚没款1588808元；简易程序行政处罚102起，罚款200元。依法向区人民法院申请执行2起未按期缴纳罚款的行政处罚案件，现已执行完毕，执行罚没款17100元。

（杜宗婵）

【公共卫生举报及处理】　全年共接报(并)受理各类来电、来访、来信(投诉举报件)713件，现已全部办结。按专业分类，食品安全499件(占69.99%)、医政110件(占15.43%)、公共场所43件(占6.03%)、生活饮用水51件(占7.15%)、母婴6件(占0.84%)、传染病与消毒4件(占0.56%)。由北京市卫生监督所转入区的投诉举报346件中，食品安全270件、医政专业30件、生活饮用水23件、公共场所23件。办理区卫生局转来的信访件82件，均在规定的时限内向卫生局进行了反馈。在受理的投诉举报中，经核实违法事实成立，依法实施了行政处罚案件49起、简易程序行政处罚20起、一般程序行政处罚29起、罚款133690元。

（杜宗婵）

【行政许可】　年内，共发放卫生许可证2820件，其中餐饮服务许可证1735件(新办971件、延续673件、变更91件)，公共场所卫生许可证840件(新办345件、延续467件、变更38件)，生活饮用水卫生许可证177件(新发54件、延续118件、变更5件)，放射诊疗许可证68件(新办4件、校验51件、变更13件)，全年共注销卫生许可101件。对3家7个建设项目职业病危害预评价和控制效果评价进行审核备案和批复。全年共登记申请办证3015份，接受电话、网上咨询582人次。

（杜宗婵）

【大型活动卫生保障】　年内，共完成大型活动食品安全保障12次，包括第七届世界草莓大会、第十二届北京市青少年机器人大赛、2012北京国际越野挑战赛、2012年“高考”、“中考、会考”，第四届北京金隅蟒山森林啤酒节开幕式、首届北京国际航空运动邀请赛、中央首长莅临未来科技城调研活动、日本地震海啸灾区高中生来华休养、第二届国际学生北京夏令营、2012环北京职业公路自行车赛、2012年首届北京国际魔术大会等重大活动和体育赛事的食品安全保障工作。

(杜宗婵)

疾病预防与控制

【概 况】 2012年,昌平区疾病预防控制中心(简称“区疾控中心”)以增进全民健康为目标,以科学发展观为指导,进一步加强疾病预防控制体系建设,努力提高疾病控制和突发公共卫生事件应急能力。认真履行工作职责,圆满完成年度各项疾病预防控制工作任务,全区居民的健康水平逐步提高。

(郭红侠)

单位名称:昌平区疾病预防控制中心
地址:昌平区鼓楼北街7号
联系电话:(010)69742645
邮编:102200

【疾病预防控制工作】 年内,组织完成预防接种799483人次;公共服务从业人员预防性体检92466人;中小学生及职业健康监护健康体检33174人;艾滋病哨点监测8392人次,高危人群行为干预194948人次;开展各种卫生防病检测检验30万余件;调查处理多发及暴发疫情73起;截至年底,全区已经连续33年无脊髓灰质炎病例,连续32年无白喉病例。

(郭红侠)

【健康教育与健康促进】 年内,在《昌平周刊》刊登科普文章及信息106篇;自制发放宣传品56种76.96万份;在昌平电视台播放健康教育相关新闻8条,预防疾病温馨提示60余次、专题片1期;利用建成区电子滚动屏播放11条3648小时;组织大型宣传活动11次;“昌平健康教育”微博发表博文302篇、拥有粉丝14202人;组织全区开展健康大讲堂560场共35730人次参加。

(郭红侠)

【业务培训及督导检查】 年内,完成对基层医疗卫生机构专业培训42次,参加2777人次;开展各类督导检查25项46次;开展基层医疗机构卫生防病考核2次。

(郭红侠)

【市级工作考核】 2月29日,市卫生局对区疾控中心2011年度疾病预防控制工作进行绩效考核,通过听取工作汇报和现场考核,考核组专家一致认为区疾控中心的档案管理规范,信息利用充分,工作落实到位,各专业均高质量的完成了工作任务。4月,被授予北京市优秀疾病预防控制中心荣誉称号。

(郭红侠)

【实验室资质认定复查/扩项评审和食品检验机构资质认定首次评审】 3月17日至18日,区疾控中心接受了市质量技术监督局评审组对实验室资质认定(计量认证)复查/扩项评审和食品检验机构资质首次评审,评审组对中心质量管理体系运行情况进行了全面的现场检查和考核,最终以较高成绩通过评审。

(郭红侠)

【成立十周年庆祝大会召开】 5月4日,区疾控中心成立十周年庆祝大会召开。大会认真总结了成立十年来取得的成绩,同时提出今后面临的机遇与挑战。与会领导向长期从事疾病预防控制工作并做出突出贡献的人员颁发荣誉证书。最后邀请中国疾控中心传染病控制所所长、工程院院士徐建国作专题学术报告《传染病预防控制的过去、现在和未来》。

(郭红侠)

【重大活动公共卫生保障】 年内,制定了《昌平区疾病预防控制中心关于党的十八大安保维稳工作方案》,按照要求开展了摸底排查、隐患整改、信息报送、培训及演练等工作。期间,共出动709人次对辖区内游泳馆、宾馆、发热门诊等246个场所进行了排查,报送卫生应急保障信息32期。同时,中心还参与并完成第七届世界草莓大会、中考、高考等重大活动的公共卫生保障工作。

(郭红侠)

妇幼保健院

【概 况】 2012年是实施“十二五”规划的第二年,随着北京市新医改政策的落实,政府逐步增加惠民工程,昌平区妇幼保健工作以落实好政府惠及广大妇女儿童各项公共卫生项目为重点,做好自身建设、人才培养、健康教育,抓好各项工作的质量管理,努力降低孕产妇及婴幼儿死亡率,提高各种保健管理率,开创妇幼卫生工作新局面。

年内,妇幼卫生工作主要指标完成情况:有户籍孕产妇5987人,住院分娩率100%;活产6056人;孕产妇建卡5981人,建卡率99.90%;产前检查5987人,产检率100%;孕早期检查5986人,早检率99.98%;高危孕产妇1720人,高危筛出率28.73%,高危管理1703人,合格管理率99.01%;产后访视5926人,访视率98.98%;系统管理5926人,系统管理率98.98%。新生儿期母乳喂养9250人,有喂养登记9632人,母乳喂养率96.03%;6个月内母乳喂养率91.76%。孕产妇死亡率0;围产儿死亡22例,死亡率3.62‰;新生儿死亡率1.65‰;婴儿死亡率3.14‰。新生儿访视5970人,访视率98.58%;新生儿访视、代管共9646人,检出高危新生儿1678人,高危新生儿发生率17.40%,合格管理1560人,合格管理率92.97%。0~6岁在册儿童74849人,接受一次及以上体检69812人,儿童保健覆盖率93.27%;3岁以下儿童系统管理率82.80%;0~6岁儿童听力筛查率87.47%,口腔检查率89.04%,龋齿患病率22.42%、矫治率34.07%,发育迟缓患病率0.19%,低体重患病率0.14%,消瘦患病率0.18%,肥胖患病率3.23%,贫血患病率3.99%。4~6岁儿童视力检查率98.55%,视力低下患病率5.78%。全年计划生育手术18784例,其中本地7095例、外地11689例。放置宫内节育器子宫穿孔1例、人工流产出血1例,计划生育手术并发症发生率为1.06/万。农村妇女普查实查60117人;宫颈涂片59907张,涂片率99.65%;检出妇科疾病17577人,疾病检出率29.24%;四病治疗率100%。婚检1519人,婚检率11.55%,其中男性患病率40%、女性患病率60%。

(丁莉)

单位名称:昌平区妇幼保健院
地址:昌平区北环路1号
电话:(010)69746091
邮编:102200

【加强保健人员培训】 年内,通过例会对基层妇幼人员进行培训8期700余人次,对托幼园所保健医生进行培训2期141人次,请市级专家到区为助产机构和基层妇幼人员专题培训3期216人次,组织相关人员参加两癌筛查、产前筛查的相关知识和技术培训,组织新上岗的助产技术服务人员、计划生育技术服务人员、托幼园所保健医生、婚前保健服务人员参加北京市的岗前培训和考核。配合市妇幼信息二期开发,参加市师资培训,并聘请工程师到区进行妇幼信息二期系统大规模的培训,共培训2天300余人次。通过各种培训提高了保健队伍的整体素质。

(丁莉)

【35岁－59岁户籍妇女两癌筛查】 年内,为提高“两癌筛查”工作质量,保证“两癌筛查”有序进行,妇幼保健院专门成立“两癌筛查办公室”,专门负责“两癌筛查”协调、转诊和追访,已全部完成15个镇、2个街道办事处的“两癌筛查”工作。2011—2012年区目标人群104068人,完成入户登记49822人,宫颈癌筛查39367人(筛查率37.83%),乳腺癌筛查42697人(筛查率41.03%),已确诊乳腺癌17例(患病率39.82/10万),宫颈癌6例(患病率15.24/10万),均进行了手术治疗。宫颈癌、乳腺癌筛查率及患病率(诊断准确率)均较上一轮明显提高。

(丁莉)

【农村孕产妇住院分娩补助工作】 年内,重点加强农村孕产妇住院分娩补助的宣传,指导社区卫生服务机构通过为孕妇建立《北京市母子保健健康档案》机会进行项目宣传,助产机构通过产前检查、孕妇学校、住院分娩环节加大宣传力度,使目标人群了解政府的政策,1月至9月全区共完成农村孕产妇住院分娩补助441人。

(丁莉)

【免费增补叶酸预防神经管缺陷】 3月、10月将市级配送的叶酸(27288瓶)及时下发至各基层保健单位,利用例会对全区妇幼人员再次进行项目培训及知识培训,6月至7月对十三陵、城区、崔村、马池口、沙河、兴寿、百善社区中心进行项目督导检查。1月至9月全区共完成4241人叶酸发放工作,叶酸发放量较去年明显增加。

(丁莉)

【免费建立《北京市母子健康档案》】 年内,根据北京市卫生局《关于开展免费建立《北京市母子健康档案》工作的通知》要求,对全区居住的常住人口孕产妇及儿童免费建立《北京市母子健康档案》,截至到9月底已免费建立13870本《北京市母子健康档案》。同时,为严格管理《北京市母子健康档案》,制定《北京市母子健康档案》运转常规,定期上报建档情况,及时协调解决基层在建档过程中出现的问题,保障此项工作的有序开展。

(丁莉)

【孕产妇产前检查和产后访视补助项目】 年内,根据北京市《关于落实北京市孕产妇产前检查和产后访视项目补助政策的通知》精神,区卫生局、区财政局联合制定并下发《昌平区孕产妇产前检查和产后访视项目补助政策工作方案》,对基层妇幼人员和助产机构妇产科主任进行了培训,通过全区促进自然分娩,保障母婴安康项目,对助产机构医务人员和基层妇幼人员进行5期助产技术培训,制定相关制度,为社区卫生服务机构免费刻补助专用章36个,向财政提交了资金预算申请,并按照文件要求开展工作。

(丁莉)

【0-6岁学前儿童免费健康体检】 2011年10月至2012年8月共完成新生儿免费先心病筛查10512人、髋脱位筛查10512人;助产机构2011年10月至2012年9月完成先天性甲低筛查9056人、苯丙酮尿症筛查9056人;2011年10月至2012年6月完成听力异常筛查6487人。

(丁莉)

【免费新生儿先天性疾病筛查】 2011年10月至2012年8月对0-6岁儿童完成免费围产访视46567人次、健康体检95263人次、血常规检查62870人次、听力筛查62938人次、智力筛查9913人次、口腔检查69523人次、视力检查22472人次。

(丁莉)

【新生儿耳聋基因筛查】 4月,根据北京市《关于落实北京市政府为民办实事项目做好本市常住人口新生儿耳聋基因筛查工作的通知》精神,组织助产机构相关人员培训,设专人管理耳聋基因筛查工作,制定工作管理制度,积极开展宣传,及时下发耳聋基因筛查的设备和材料至各助产机构,4月至9月共完成耳聋基因筛查4753人。

(丁莉)

【为低保老人免费安装全口牙】 年内,为低保老人免费安装全口牙,共筛查52人,符合条件的30人,已全部安装完毕。

(丁莉)

【市级妇幼卫生绩效考核和重大公共卫生项目督导】 年内,根据《北京市卫生局关于开展2012年区县级妇幼卫生工作绩效考核的通知》精神及《北京市重大公共卫生项目督导评估方案》要求,成立昌平区妇幼卫生绩效考核领导小组和专家组,制定了各自的职责,开展了社区卫生服务机构和助产机构绩效考核自评工作。7月10日,市卫生局、市优生优育协会、市财政局、市妇联、市计生委和市核算中心的领导及市妇幼保健院专家一行16人对全区妇幼卫生工作进行绩效考核和重大公共卫生项目督导检查,分别从政府保障、妇幼保健网络建设、妇幼保健管理、妇幼保健服务提供等四方面进行了考核。通过此次检查进一步规范了区的妇幼卫生工作和重大公共卫生服务项目,区妇幼保健管理工作在市绩效考核中取得排名全市第三的好成绩。

(丁莉)

【市妇幼网络信息系统二期项目推广应用】 年内,随着北京市妇幼网络信息系统二期开发与测试工作完成,区通过对妇幼保健院、社区卫生服务机构的妇幼人员、托幼园所保健医及助产机构医务人员和网络信息管理人员进行分批次培训,全区于11月1日开始正式使用妇幼二期信息网络报送数据。

(丁莉)

【完成关爱孕产妇,幸福千万家项目】 自2011年

11月妇幼保健院承接了昌平区社工委审批的社会专项资金购买服务——关爱孕产妇,幸福千万家(产后抑郁防治)项目。通过制定实施方案,召开由区社工委和区卫生局相关领导参加的项目启动会,邀请市级专家对全区妇产科医务人员、基层妇幼人员进行3期产后抑郁防治的专业知识培训,上街义诊咨询,基层妇幼人员利用孕妇建册、产后访视环节对孕产妇开展产后抑郁指导及健康教育,制作并发放产后抑郁防治宣传海报220张、宣传材料4种55000份。对618名产妇开展了产后情绪问卷调查,通过爱丁堡抑郁量表,计算出区产妇抑郁症患病率为14.4%,针对患病人群基层妇幼人员入户访视有针对性的开展产后抑郁防治指导。5月,完成项目工作。

(丁莉)

【成立月子会所】 9月19日,为延伸母婴保健服务,满足社会不同阶层的群众需求,月爱生态月子会所正式成立。作为北京市首家公立医院创办的月子会所,在28天的月子周期,结合孕期、产后、儿童早期综合发展理念为产妇、婴儿提供专业护理服务,并培养产妇科学的自我护理及育儿技能。

(丁莉)

【药库托管】 年内,积极响应"医改"政策,作为全区第一家试点单位,自10月起,由北京市昌平医药药材总公司托管药库并承担药品配送业务。既有效降低药品损耗,压缩药品管理成本;又缓解医院业务用房紧张,改善业务用房布局。另外,弥补了药品管理人力资源匮乏,提升药品管理水平。同时,提高药品配送准确率与速度,保证临床科室用药。

(丁莉)

【建立儿童保健中心】 年初,儿童早期综合发展中心工作得到市卫生局的充分肯定,并作为试点单位向全市推广。由于场地有限,本院每天只能接待约200名婴幼儿,约200个家庭的服务需求。通过深入研究决定,在昌平公园南侧租用一处房屋,建筑面积1590平方米的三层楼房。该房屋地理位置优越、交通环境良好、周边环境优美,且距离妇幼保健院仅10分钟车程,便于管理和开展业务。可以满足约550个家庭需求。能够有效地整合利用现有资源,满足人们日益增长的保健需求。

(丁莉)

【预约挂号】 为方便患者就医,节省排队挂号的时间,根据《北京市卫生局关于实施全市统一预约挂号平台的通知》及相关文件要求,完善本院的预约挂号功能进行,并对相关人员进行培训,确保操作人员的正常使用。11月22日开始,在北京市统一挂号平台投放号源,使患者可以通过网络及114电话预约本院门诊号。口腔科实现预约制挂号,上午进行初诊,下午按预约时段问诊,很好的分流了病人,减少患者候诊时间,减少医患纠纷的发生。

(丁莉)

昌平区医院

【概　况】 2012年,在区委、区政府的坚强领导和上级主管部门的大力支持下,在全院广大干部职工的共同努力下,医院贯彻落实科学发展观和十八大精神,以医院等级评审筹备为中心工作,以实现患者安全和持续质量改进为目标,不断加强医院内涵建设,规范医疗行为,改善服务态度,提高医疗质量,促进医患和谐,创造了良好的社会效益与经济效益;新内儿病房楼的启用、院区环境的进一步美化,使患者就医环境更加温馨舒适;医院门急诊量达到了115万余人次,较去年增长了29%,住院病人数量近1.7万余人次,全年共义诊32万人次,减免挂号费及诊疗费120余万元,取得了社会和经济效益的双丰收。

(孙向群)

单位名称:昌平区医院
地址:昌平区鼓楼北街9号
电话:(010)69742509
邮编:102200

【与台湾师生进行交流】 4月6日,作为"第三届海峡两岸医学生交流活动"的一部分,台湾大学医学院、国立阳明大学、中国医药大学的近80名师生来到区医院进行基层卫生实践和短期交流。

(孙向群)

【共建首医教学医院】 4月27日，区医院举行昌平区人民政府、首都医科大学和北京天坛医院“共同建设北京市昌平区医院成为首都医科大学教学医院”合作协议签字仪式。今后5年协议三方将合力打造规范的首都医科大学昌平临床教学医院。

（孙向群）

【为旧址揭牌】 4月28日，区医院到发源地——十三陵镇上口村进行寻根之旅。在此举行了旧址揭牌仪式，同时为当地群众进行了义诊。

（孙向群）

【完成北京国际越野挑战赛医疗保障】 5月12日，区医院组建医疗保障小组，圆满完成昌平区十三陵水库周边举行的北京国际越野挑战赛医疗保障任务，为来自世界各国的运动员、教练员提供优质医疗服务。

（孙向群）

【驻院警务工作站启用】 5月14日，在公安昌平分局、昌平内保大队、昌平派出所等单位大力支持下，建立医院警务站。3名民警入驻区医院，实行24小时值班制度，有效维护了正常诊疗秩序。

（孙向群）

【举办过敏性鼻炎咨询】 5月20日，区医院联合人民医院举办主题为“用知识造福人类——过敏性鼻炎健康教育、咨询”活动。开展过敏性鼻炎专业咨询，介绍过敏性鼻炎的新概念和应对的新方法，并为前来咨询的患者及家属答疑解惑。

（孙向群）

【挽救巴基斯坦学员生命】 5月23日，区医院为共建单位提供畅通无阻的绿色通道，成功救治一名在国防大学防务学院学习，因急性心肌梗塞就诊的巴基斯坦准将哈立德的生命，被中央电视台、《解放军报》等多家媒体单位报道。

（孙向群）

【与洛浦县卫生系统人员进行交流】 6月13日，新疆洛浦县人民政府副县长冯晓琴携同洛浦县卫生系统考察组一行11人到区医院参观交流。

（孙向群）

【内儿病房楼正式投入使用】 6月16日，区医院内儿病房楼正式启用。内科调整科室专业布局，增加内科重症监护病区；内儿科的床位数由原来的193张增加至305张，儿科增设新生儿病区，新病房设备、设施精良，内科、儿科住院环境上升到一个全新的层面。

（孙向群）

【医疗项目成本和预算管理工作启动】 8月8日，区医院召开医疗项目成本核算、预算管理及资金支出控制系统启动会。区医院作为第一家开展医疗项目成本和预算管理工作的二级医院，为全市医疗项目成本核算数据库增加了区县二级医院的数据，使医院项目成本核算从市级扩展到区县迈出了第一步，并为医院决策提供了可靠的基础数据。

（孙向群）

【美国斯坦福大学学生来院交流】 8月20日，在北京大学国际合作处的主导下，美国斯坦福大学的5名大学生到区医院耳鼻喉科进行交流学习活动。

（孙向群）

【北京市糖尿病防治合作中心揭牌】 8月28日，区医院举行北京市糖尿病防治办公室“糖尿病流动医院”项目在区医院启动。北京市糖尿病防治办公室及北京同仁医院的内分泌专家来到区医院举行了糖尿病揭牌仪式。

（孙向群）

【承办北京北部消化道肿瘤专家研讨会】 8月28日，在区医院举行“北京北部消化道肿瘤专家研讨会”。研讨会邀请到肿瘤领域专家协和医院赵林教授、朝阳医院安广宇教授、301医院刘哲峰教授，延庆、密云、怀柔、平谷及顺义医院的各位肿瘤科同仁们参加了此次研讨。研讨会旨在加强北京郊区各医院肿瘤治疗规范化和标准化水平，造福患者，共同提高临床诊治水平。

（孙向群）

【完成环北京职业公路自行车赛医疗保障】 10月12日，区医院顺利完成2012年环北京职业公路自行车赛昌平赛段的比赛医疗保障任务，为来自世界各国的运动员、教练员和群众提供优质医疗服务。

（孙向群）

【通过梅毒规范化诊疗服务国家级督查】 10月25日，中国疾控中心性病控制中心专家协同北京市疾病预防控制中心、昌平区疾病预防控制中心相关人员莅临区医院，开展梅毒筛查转介及规范化服务进行现况调查和督导检查，并对开展梅毒规范化诊疗提出新要求。

（孙向群）

【顺利完成征兵体检工作】 11月5日，北京市征兵工作领导小组副组长、卫戍区副司令员石志远及市教委、市体检中心相关领导到区医院进行征兵体检工作实地检查。在2012年度的征兵体检工作中，区医院顺利通过市体检中心、市征兵办公室体检专家组的抽复查，合格率为100%。

（孙向群）

【完成门诊楼改造、扩建工作】 11月，区医院完成门诊楼改造、扩建工作，口腔科、眼科、耳鼻喉科重新布局。经过改造后，增加了科室使用面积，改善了就医环境，提高了科室的接诊能力，方便患者就医。

（孙向群）

【中科院生物物理研究所转化医学研究基地挂牌】 11月30日，“中国科学院生物物理研究所转化医学研究基地”在区医院正式揭牌，成为北京地区医学成果转化揭牌的第一家单位。会上，同时启动由中科院生物物理所所属中生北控公司牵头医院参与的“临床营养诊断关键技术及其产品研制”科研项目。这是国家“十二五”科技支撑计划研发课题项目，区医院还将成为该项应用技术的推广示范基地。

（孙向群）

【成为“高血压科普教育合作单位”】 12月4日，由卫生部和中国医师协会联合主办的“医疗质量万里行，降压在行动”在区医院正式启动。中国医师协会陈秀枝主任和著名高血压病专家，北京安贞医院高血压科主任余振球教授为区医院进行“高血压科普教育合作单位”授牌。此项目旨在建立高血压疾病的综合健康服务模式，从而减少心脑血管事件的发生。

（孙向群）

昌平区中医医院

【概　况】 昌平区中医医院全体干部职工在区委、区政府的关怀下，在区卫生局的正确领导和各委、办、局的大力支持下，以党的十八大精神为指导，认真贯彻执行各项卫生工作方针，按照《北京中医药事业发展“十二五”规划》的要求，积极进取，努力工作，在中医药特色优势发挥、中医药人才梯队建立、中医特色专科建设、医护质量与安全管理、中医预防保健和中医药文化建设等方面进行了持续改进和全面完善。2012年9月，顺利通过国家中医药管理局三级甲等中医医院的评审验收。全年门急诊人次81.4万人次，年住院8499人次，年手术4700余台，床位使用率93.5%，平均住院日9.7天，年业务收入4.38亿元。为推动全区中医药事业的发展做出了积极的努力，为昌平打造京北创新中心，国际科教新城做出了贡献。

（徐晓静）

单位名称：昌平区中医医院
地址：昌平区城区东环路南段
电话：(010)69742196
邮编：102200

【完善规章制度，规范医院管理】 年内，医院在管理上积极探索、勇于创新、持续改进，确定了“以质量、安全与和谐为主题，以学科建设为主线，努力实现跨越式发展”的管理思路。把加强制度建设作为强化管理的措施之一，制定各类管理规章65项。其中行政管理20项、医护管理45项。

（徐晓静）

【科、教、研工作取得新进展】 年内，在学科建设与科研工作中，完成糖尿病科、国家中医药管理局“十二五”中医重点专科协作组成员单位的申报工作，并申报成功，成为国家中医药管理局“十二五”重点专科协作单位。全年开展新技术、新项目17项，承担市、区级科研课题9项，全年在各学术期刊上共发表学术论文39篇，征集院内交流论文325篇。

（徐晓静）

【通过三级甲等中医医院等级评审验收】 年内，按照国家中医药管理局《三级中医医院评审细则》要求，医院举全院之力，凝全员之心，积极开展三级甲等中医医院的创建工作，在中医药特色优势发挥、中医药人才梯队建立、中医特色专科建设、医护质量与安全管理、中医预防保健和中医药文化建设等方面进行了持续改进和全面完善，于9月顺利通过国家中医药管理局三级甲等中医医院的评审验收。

（徐晓静）

【健康管理中心实现数字化管理】 1月，健康管理中心全数字化体检信息管理系统于正式启用。此系统是面向健康管理量身定制的一种计算机自动化管理系统，可全面实现无纸化、无胶片化的健康管理模式，提高健康体检效率，规范健康体检业务，便于健康体检管理。

（徐晓静）

【开展首例髌骨加压固定器治疗髌骨骨折】 1月，医院骨伤科成功为一名左膝髌骨骨折患者实施首例应用髌骨内固定器行切开复位内固定手术，效果良好。此手术采用髌骨加压固定器可实现加压可靠、固定确切、创伤较小的优势，并在早期可行膝关节大范围功能锻炼，减少患者膝关节活动受限及功能障碍的可能性。目前该患者经复查膝关节活动基本正常，术后恢复良好。

（徐晓静）

【开设“药学咨询”窗口】 2月，医院在门诊药房开设“药学咨询”窗口，负责为患者解答药剂疑难，提供详细而有价值的药学资料，帮助患者走出用药误区并讲解用药常识，为深入开展药学咨询服务提供了范例。

（徐晓静）

【成功完成首例宫腹腔镜联合手术】 4月，医院妇产科成功为一名43岁女性不孕症患者实施首例宫腹腔镜联合手术，这标志着医院在微创及治疗不孕症领域又迈上一个新台阶。此手术采取在宫腔镜治疗宫腔异常回声的同时，由腹腔镜了解盆腔情况后行输卵管通液术的术式治疗不孕症，历时1小时5分钟，手术过程顺利、创伤小、出血少，术后三天出院，现恢复良好。

（徐晓静）

【继续推进“三好一满意”工作】 5月，按照国家卫生部和国家中医药管理局要求，医院统一部署，继续推进“三好一满意”工作。从门急诊服务、对口支援、志愿服务、中医预防保健、医疗质量安全、合理检查用药、医德医风教育、政风行风建设、患者满意度和院务公开等方面强教育、提素质、重管理，全面推进“三好一满意”工作，实现“服务好、质量好、医德好和群众满意”的活动目标。

（徐晓静）

【建立“三位一体”安保工作新机制】 5月，医院在安全保卫工作中建立“技防、物防、人防”三位一体的安保工作新机制。以技防为抓手，新增监控探头12个，实现院内监控全覆盖；以物防为基础，新增各种防护用具，加强物防保护；以人防为保障，新增保安4名，缩短巡逻间隔，健全保安值班巡逻制度。同时，在院内设立警务站，辖区民警24小时值守，确保医院门急诊、病区及各部门的安全。

（徐晓静）

【通过中医绩效考核评审工作】 6月，医院接受北京市中医管理局、北京市中医协会专家组对本院中医绩效考核工作的检查评估，专家组从医院管理、重点学科、业务内涵、药事管理、财务分析、中医药文化等方面进行考核验收，最终以99分的成绩通过此次验收。

（徐晓静）

【喜迎建党91周年下乡义诊献爱心】 6月，医院内科党支部与兴寿镇半壁店村党支部开展“党员互助、支部互动”义诊咨询活动。此次活动共为村民查体100余人次，心电图60余人次，测血糖60余人次，耳穴埋豆40余人次，中药穴位贴敷20余人次，发放预防保健知识手册及书籍100余份，得到了广大村民的一致好评。

（徐晓静）

【名老中医李葆富传承工作室正式开诊】 8月，为贯彻落实《北京中医药“薪火传承3+3工程”基层名老中医传承工作室建设方案》，加大区县基层名老中医学术思想的整理和挖掘工作力度，筹备多时的李葆富先生传承工作室正式开诊，为百姓提供更加优质的中医药服务。

（徐晓静）

【开展首例后腹腔镜下肾切除术】 9月，医院外科成功为一名老年男性左肾结核患者实施首例后腹腔镜下肾切除术，标志着医院在泌尿外科微创领域又迈上一个新台阶。此手术在全麻下行后腹腔镜下肾切除术，术后患者恢复良好，未见手术并发症发生。该技术的疗效优于开放性手术，具有创伤小、病人痛苦少、恢复快等特点。

（徐晓静）

【开展有创——无创机械通气序贯脱机一例】 9月，重症医学科首次采用有创机械通气——无创机械通气序贯脱机方式成功为一例撤机困难患者撤机，为今后的临床新技术应用提供了技术支持。

（徐晓静）

【加强文化建设共享泉香亭秀】 年内，为弘扬中医药文化，加强医院中医药文化建设，医院新建静心阁、中医综合治疗区、中医养生集萃、中医经典故事、历代诊病故事集锦等，积极传播"天人合一，阴阳平和，上工治未病"等中医理念，有效提升医院的综合实力和社会影响力，为医院的建设与发展起到积极的推动作用。

（徐晓静）

【与北京中医药大学东直门医院学术协作工作全面启动】 10月，北京中医药大学东直门医院与我院学术协作工作全面启动。聘任赵进喜等11名专家为医院各学科学术主任。学术主任将通过科室管理、业务查房、病历讨论、专家门诊、学术讲座、教学查房、课题研究等形式，参与医院科室、重点专科的建设，带动并提升各学科医疗技术水平。

（徐晓静）

【积极落实"一和三同"工作】 10月，医院积极落实"一和三同"工作，围绕"和谐医患，同拒红包、同抵回扣、同葆健康"的主旨，共同抵制"红包"、"回扣"，营造"风清气正、干事创业"的优良环境，扎实推进"一和三同"活动的有序开展。

（徐晓静）

【"强化管理创建节约型医院"工作全面启动】 10月，医院全面启动"强化管理创建节约型医院"工作。制定并下发《昌平区中医医院关于"强化管理创建节约型医院"实施方案》及系列管理规定，在全院掀起创建节约、精细管理的浓厚氛围。

（徐晓静）

【新建冠心病介入治疗科和心律失常起搏器治疗研究室】 10月，根据医院业务发展需要，组建冠心病介入治疗科和心律失常起搏器治疗研究室，旨在推动医院介入治疗和心脏起搏器治疗技术的研究和发展，为医院临床技术的开发和应用提供有力支持。

（徐晓静）

【举办大型健康讲座及义诊活动】 11月，医院与北京中西医结合肝病学会在区退干中心联合举办大型健康讲座和义诊活动。来自中日友好医院、北京地坛医院、北京佑安医院的专家为100余名离退休干部进行健康讲座、咨询和义诊等服务。

（徐晓静）

【急诊科改扩建工程竣工】 8月，医院对急诊科进行全面改造，将增急诊支持区140平方米，扩大急诊候诊区，成立急诊挂号、急诊收费、急诊检验和急诊药房，使急诊就医流程明显改善。

（徐晓静）

【开通官方微博】 11月，为充分利用微博平台，更好地沟通社会、服务公众，医院以"北京市昌平区中医医院"开通新浪微博。医院将利用微博平台，可发布医院新闻、健康养生、就诊须知、服务范围等信息，为更好的服务患者做出积极的努力。

（徐晓静）

【新建南院区并开始接诊】 12月17日，为更好地服务患者，拓展服务空间，提升服务能力，医院新建南院正式开始接诊。南院区位于区科技园区星火街9号，建筑面积5000平方米，是昌平地区唯一一家集健康体检、特色诊疗、中医养生、中医保健为一体的健康管理中心。

（徐晓静）

【中药房荣获"北京市示范中药房"称号】 12月，医院中药房被市中医管理局评为"北京市示范中药房"。这是北京市首家郊区县市级示范中药房，也是昌平地区唯一一家市级示范中药房。

（徐晓静）

【医院喜获患者好评】 2012年，在全区二级医院患者满意度评议中，本院在就诊流程、就诊质量、就诊结算、服务品质和患者忠诚度等方面获全区满意率第一的好成绩。

（徐晓静）

体 育

【概 况】 2012 年,昌平区体育局认真贯彻党的十七届六中全会、十八大和市、区党代会精神,坚持以科学发展观为指导,紧紧围绕建设现代化的京北创新中心、国际科教新城目标,进一步加强全民健身服务体系建设,狠抓青少年业余体育训练工作落实,促进体育产业发展,较好地推动了全区体育事业持续稳定发展,为提高群众身体素质、推进和谐社会建设做出了应有的贡献。

(张宇)

单位名称:昌平区体育局
地址:昌平区西环路 31 号
电话:(010)69742856
邮编:102200

【举办 2012 北京国际越野挑战赛】 5 月 12 日,2012 北京国际越野挑战赛在十三陵地区举行,今年的赛事延续去年的三个比赛项目,100 公里、50 公里和 10 公里,新增 50 公里双人徒步项目,来自世界各地的近 8800 名户外运动爱好者们参加了本次挑战赛。区长金树东、市体育局副局长李晋康、副区长刘淑华及赞助公司的负责人参加了开幕式,并为比赛鸣枪发令。经过激烈角逐,10 公里越野挑战赛男子组和女子组的冠军分别由叶尔加那提和崔海萌获得,50 公里越野挑战赛男子组和女子组的冠军分别由莱纳斯·荷尔摩萨特和张谦获得,100 公里越野挑战赛男子组和女子组的冠军分别由杨家根和卡米·塞克斯获得,50 公里双人徒步跑挑战赛冠军由李冲和路宜获得。本届挑战赛较去年无论在赛事规模,还是赛道难度都有大幅的提高。

(张宇)

【承办首届北京国际航空运动邀请赛】 由市体育局、区人民政府主办,市航空运动协会、区体育局、市飞人动力体育器材有限公司承办的首届北京国际航空运动邀请赛于 6 月 29 日至 7 月 1 日在十三陵水库及其周边地区成功举行。市体育局副局长、市航协主席苑振洲,区人大主任李福忠等领导出席开幕式。本届比赛吸引了来自奥地利、巴西、保加利亚、西班牙、德国、俄罗斯、瑞士、土耳其、匈牙利、中国等 10 个国家的 80 余名运动员,分别参加了单、双人定点飞行和特技飞行比赛。经过三天的飞行比赛,任义杰、王玓、张树鹏分别获得控制留空和定点项目初、中、高级组的冠军,国外选手亚历山大.米舒获得特技飞行项目单人组冠军、托马斯·赖瑞特和菲利普·赖辛格获得特技飞行项目双人组冠军。

(张宇)

【完成环北京职业公路自行车赛保障任务】 2012 年环北京职业公路自行车赛(简称“环京赛”)于 10 月 9 日至 13 日在北京举行。该赛事从 2011 年开始,将连续在北京举办四届。有 18 支世界顶级车队和 1 支中国车队的 152 名运动员参加了比赛。比赛共分 5 个赛段,涉及东城、西城、朝阳、海淀、昌平、门头沟、怀柔、平谷、密云、延庆 10 个区县,总赛程 753.5 公里。10 月 10 日至 13 日赛事第二、三、四、五赛段分别途经阳坊、南口、马池口、流村、十三陵、延寿、城南、城北 8 个镇街,昌平担负的赛事保障总里程大约为 193 公里。相比去年举办的首届“环京赛”,今年的比赛中涉及昌平的赛道多为山路,并首次承担赛段起、终点的保障任务。针对今年的“环京赛”,一方面在赛事组委会和区委、区政府的统一指挥下,借鉴奥运筹办工作经验,按照运转高效、反应迅速的要求,充分发挥属地管理优势,有效整合各方资源,广泛动员社会力量,全面提升属地保障工作水平,全面做好属地保障工作。另一方面从“环京赛”特点出发,建立赛事保障指挥体系,制定完善的应急保障方案,全区各有关职能部门、沿线镇街严格按照赛事组委会的要求和国际大赛有关规则,建立严密的属地保障运行体系,形成了务实、高效、协调的赛事保障工作机制。使各有关职能部门、沿线镇街属地保障工作形成联动;属地安保控制、交通秩序、环境整治、市政通讯、赛道养护、景观布置、观众组织、文化展示、医疗卫生、食品安全、志愿者组织等相关基础性保障工作可靠到位,确保区赛事属地保障工作安全顺畅、万无一失。

(张宇)

【做好全民健身设施维护更新工作】 年内,坚持将全民健身设施建设纳入政府为民办实事项目。组织对区体育馆室内外墙壁、停车场和区体育活动中心西围墙进行了维护、改造,更换体育馆外墙玻璃22块、粉刷馆内墙壁1万平方米,改造扩建体育馆停车场8000余平方米、新增车位近百个,翻新改造体育活动中心西围墙200余米,使区体育场馆面貌焕然一新、服务更加完善;同时,对2007年配建的95套全民健身工程进行更新、维修;并完成34个体育生活化社区达标建设工作,使区全民健身设施水平得到进一步提升。

(张宇)

【广泛开展群众性体育活动】 年内,以第六届"和谐杯"乒乓球赛为龙头,组织举办春季长跑比赛、"温商杯"羽毛球比赛、广播操比赛、第九届"节水杯"男子篮球联赛等16项区级群体赛事。与此同时,充分发挥单项体协、群团组织和基层单位的作用,广泛开展球类、广播操、太极拳(扇)、健身气功、骑行等形式多样、贴近百姓的健身活动,全民健身热潮不断掀起。

(张宇)

【承办和参加市级以上群体赛事活动】 年内,承办了2012年北京市全民健身路径交流大会等两项市级赛事,组织参加了2012年全国百城千村健身气功展示、北京市龙舟大赛等三项市级以上赛事活动,直接参与达20余万人次,充分展示了区群体赛事组织水平和群众良好的精神风貌。

(张宇)

【加强基层体育骨干培训】 年内,组织第九套广播体操、健身气功等体育指导员培训班四期450人,选派26名骨干参加市级以上培训,进一步提升了区社会体育指导员队伍整体素质。

(张宇)

【搞好全民健身指导工作】 年内,组织国民体质测试7000人,获得有效数据5554份;组织科学健身大讲堂活动50场次,直接受众万余人,为普及科学健身,倡导培养文明、健康生活方式,起到积极的促进作用。

(张宇)

【青少年体育人才培训水平进一步提高】 年内,深入全区26所中心校、48所完小,高质量地完成了体校招生选材工作。在全力抓好昌平体校业余训练落实的基础上,进一步推进10个青少年体育俱乐部和15所传统项目校建设,充分发挥体育社团、社会体育俱乐部开展竞技人才培训积极性,加强业训项目布局和运动员注册工作,年度新增拳击、高尔夫球、足球3个布局项目,使全区业训布局项目达18个,注册运动员达602人,比上年新增338人,进一步夯实人才培养基础。积极组队参加市级比赛,锻炼队伍,组织全区369名运动员参加了北京市2012年青少年锦标赛16个大项比赛,获得金牌39枚、银牌39枚、铜牌56枚,成绩较往年有较大提升;昌平体校年度为市级运动队输送9人,青少年后备人才培训工作水平稳步提高。

(张宇)

【即开型体育彩票销售取得新业绩】 年内,新增体彩专卖店26家,使区体彩销售网点总数达154家,完成即开型体育彩票销售总额达6100万元,名列远郊区县第一。

(张宇)

社会生活

人口管理

【概　况】　截至年底，全区户籍人口达246990户、560598人（男283006人、女277592人）。其中非农业人口156656户、362450人（男189681人、女172769人）；农业人口90334户、198148人（男93325人、女104823人）。全年出生7856人（男4069人、女3787人），死亡2796人（男1456人、女1340人），迁入23262人（市内迁入12843人、市外迁入10419人），迁出16009人（迁往市内10263人、迁往市外5746人）。

（白丽花）

单位名称：北京市公安局昌平分局
地址：昌平区西环路甲68号
电话：(010)89705793
邮编：102200

【流动人口管理】　年内，共登记流动人口765158人，其中办理暂住证349826个。

（白丽花）

【出租房屋管理】　年内，共登记出租房屋392110户（间），处罚违法出租房3749户、罚款11900元。

（白丽花）

民　政

【概　况】　2012年，在区委、区政府的坚强领导下，在市民政局的有力指导下，区民政局以科学发展观，认真贯彻落实区党代会、区人代会精神，紧紧围绕区政府折子工程和为民办实事项目，做好民政各项工作，为全区经济社会和谐发展做出了积极的贡献。

（蔺丽）

单位名称：昌平区民政局
地址：昌平区政府街23号
电话：(010)69712054
邮编：102200

【民政宣传】　年内，宣传工作利用昌平电视台、《昌平周刊》、昌平新闻网等媒体，围绕慈善协会换届、养老助残九养政策落实、六型社区建设、居委会换届、农村社区服务站建设、政区大典编纂等民政中心工作进行集中报道宣传。按照局党委的核心思想和指导精神，策划编辑民政局内部刊物《和谐民政》双月刊创新信息月报方式，加大信息报送力度。2012年是社会管理创新年，激励各科室、事业单位加大对信息宣传工作的重视程度，在做好日常信息报送工作的同时，深入挖掘本部门在社会管理创新工作中的亮点、党员群众中的典型或针对工作中的难题进行专题调研。为配合民政局队伍建设工作，以一楼大厅为平台，设计制作总结性、汇报性展板共10块，定期宣传一段时期内的工作重点。

（张妍）

【行政执法】　年内，在区依法治区领导小组和区政府法制办公室的指导下，坚持以“三个代表”重要思想、科学发展观为指导，结合自身工作实际，以提高自身法律素质，提高依法行政，依法管理，依法决策的意识和能力，努力实现由提高民政工作者法律意识向提高法律素质的转变为目标；对各项民政法律工作的管理，实现由注重依靠行政手段向注重运用法律手段管理转变，着力提高民政干部职工、进一步开展解放思想大讨论活动，紧贴中心、服务大局。紧紧围绕区委、区政府中心工作和区民政局《二〇一二年法制工作要点》，努力提高民政事业的法制化管理水平，增强依法决策、依法行政能力。及时上报《行政处罚统计季报》《行政复议案件统计季报》《行政诉讼案件统计季报》。

（姚科）

【信访工作】 年内，共接待来访和咨询群众175起287人次，群众满意率达100%。共办结信访件101件，其中市局转件8件、区非紧急救助中心转件28件、区政风行风转件5件、区信访办转件4件、局长信箱14件、区委督查室转信3件、局自收来信20件、重信8件、匿名信11件、办结率100%。全局共接待群众上访102起213人次、下访120起210人次，解决信访问题100件。

（谷士生）

【优抚安置】 年内，全区共有各类优抚对象3239人。其中享受定期生活补助优抚对象1392人，享受60周岁以上农村退役士兵老年生活补助1388人，享受60周岁以上生活补助烈士子女200名，持证烈属259人。

（张大军）

【春节慰问金支出】 春节慰问优抚对象和开展活动支出10.16万元。其中慰问优抚对象困难家庭26户，支出15600元；慰问重残人员10户，支出6000元；慰问区光荣院、309医院等支出6万元；举行春节团拜会等支出2万元。为见义勇为牺牲、伤残、困难人员发放生活补助6.6万元，为全区见义勇为人员发放春节慰问金7.92万元。为全区优抚对象发放慰问金83.52万元；共计发放春节慰问金98.04万元。

（张大军）

【义务兵优待金、立功奖励金发放】 年内，发放义务兵优待金888万元，发放义务兵立功（荣立三等功以上）奖励资金1.4万元。

（张大军）

【医药费报销】 年内，为优抚对象核销医药费共计385.8万元(3858606元)。

（张大军）

【完成60周岁以上烈士子女普查工作】 1月10日起，根据民政部、北京市民政局通知精神，优抚科开始部署普查工作。此次普查对象包括年满60周岁以上烈士子女、建国前被错杀人员年满60周岁以上子女，符合条件者将享受每月130元的生活补助（自2011年7月1日起）。在各镇、街道的共同努力下，普查工作圆满完成。此次普查共普查人数为204人，经审查有188人符合条件。

（张大军）

【完成16户优抚对象危房改造工作】 全年计划优抚对象危房改造12户。2月，优抚科会同区财政局对申请危房改造户进行再次实地普查，共普查危房19户。经过审查，确定全年危房改造任务为16户。12月底，已有14户全部完工、2户主体完工。

（张大军）

【全国两会期间的维稳工作】 年内，为确保两会期间的安全稳定，按照局领导的指示，优抚科积极与有关镇街通报情况，向区维稳办、市民政局汇报情况。有关镇街密切配合，采取得力措施，确保了两会期间的稳定。9月，为做好十八大期间的稳定工作，优抚科与安置办联合下发了关于做好复退军人稳定工作的通知。根据掌握的情况，两会期间，全区优抚对象没有发生越级上访现象。

（张大军）

【按期完成西峰山烈士陵园建设一期工程】 3月28日，区政府召开了烈士陵园建设专题会议，区领导主持会议并对西峰山烈士陵园建设作出指示，要求各有关单位密切配合，尽快实施。区民政局成立专门班子，抽调专门人员，日常工作由优抚科负责。历时两个月，涉及农民个人占地补偿等问题基本落实，经费保障已向区政府上报了专题请示。区民政局与流村镇政府于6月18日签订了西峰山烈士陵园改扩建为昌平区烈士陵园合作用地协议，8月16日工程正式开工。全部工程分为三期完成，一期工程为500座烈士墓（11月完成）；二期工程为主纪念碑和陵园主路（2013年12月完成）；三期工程为附属设施和美化绿化（2014年10月1日前完成）。

（张大军）

【清明烈士陵园祭扫的服务保障工作】 为营造良好整洁环境，清明节前夕，优抚科在烈士陵园悬挂条幅、摆放鲜花、插上彩旗，代区四大班子、区民政局向革命烈士敬献了花圈。同时，节日期间陵园安排专人值班，确保安全。清明节共接待各界祭扫群众449人。

（张大军）

【部署十八大期间维稳工作】 9月，根据市、区统一部署，为做好十八大期间的稳定工作，优抚科与安置办联合下发了《关于做好复退军人稳定工作的通知》。十八大期间，全区优抚对象没有发生新的越级上访现象。

（张大军）

【圆满完成退役士兵安置工作】 年内，全区共接收退役士兵191人，其中城镇退役士兵142人（包括3名农转非退役士兵、34名三期以上转业士官、

3名三期以上复员士官),农村退役士兵49人。城镇退役士兵中,27人按政策复工复学;3名三期以上士官按政策复员;66人自愿申请自主就业;24人自愿申请办理了自谋职业;25人由政府分配工作。安置率达100%。

(马正)

【社会救助】 春节前,区民政局开展两节(元旦、春节)期间走访慰问送温暖活动。局领导陪同市民政局、市残联领导走访慰问12户城乡低保对象,共计发放款物折价1.1万元;区领导走访慰问29户城乡低保对象,共计发放款物折价2.6万元;区民政局走访慰问100户社救对象,发放慰问品折价5万元。共为14户14名救助对象办理司法救助专项资金领款手续,支付救助金139万元。审批临时救助232户624人,发放救助金113.7万元。其中因病救助198户529人,救助资金95.4万元;因灾救助13户44人,救助资金10.1万元;因子女教育负担过重救助19户48人,救助资金6.5万元;因其他困难救助2户3人,救助资金1.7万元。开展农村社救对象住房救助,翻建140户、维修10户,拨付救助款643.5万元。

(赵晶)

【绘制社区应急避险图】 年内,共录入487个村(社区)应急救助队伍、志愿者人数、社区人口状况等各项基础数据,以及过渡性安置场所所在地、最优社区避险路线等信息共2500条。

(赵晶)

【完成"7·21"暴雨灾情信息统计报送】 年内,经对区防汛办、昌平公路分局、区农业局等相关部门提供的数据进行整理汇总,最终确定全区"7·21"特大暴雨灾情数据核报为:农业经济损失257.698万元(其中种植业损失250.948万元,养殖业损失6.75万元);基础设施经济损失1576.06万元(其中公路基础设施损失948.06万元;水务基础设施损失600万元;农村基础设施28万元);个人经济损失2.5万元(其中农房倒毁损失2.5万元)。此次灾害共造成直接经济损失1836.258万元。

(赵晶)

【开展"11·4"暴雪救灾】 在开展"11·4"救灾中,全区共出动车辆180辆,救灾人员1370人,发放棉被585件、棉大衣466件、食品16645份、柴油5.5吨、药品40盒,确保滞留人员无一伤亡。充分发挥救灾物资储备中心作用,为61户家中失火或生活困难家庭发放棉被71床、棉褥41条。

(赵晶)

【举办市灾害信息员技能大赛昌平赛区初赛】 年内,举办市灾害信息员技能大赛昌平赛区初赛。全区共有36人报名参赛,其中6人进入全市复赛、1人进入全市决赛,并取得中级职业资格证书。

(赵晶)

【完成"全国减灾示范社区"评选申报】 年内,推荐申报两个全国减灾示范社区及3个市减灾示范社区。

(赵晶)

【完成区首批养老机构星级评定】 年内,经评定委员会评议,最终确定全区首批8所机构为二星级养老机构、两所为一星级、1所未达到星级标准。发放2012年星级评定以奖代补经费,获得星级资质的养老服务机构奖励标准为一星级2万元,二星级4万元,全区共有10家养老机构获得星级评定以奖代补经费共计36万元。

(赵晶)

【发放运营资助金】 年内,共为全区23所养老机构发放上一年度运营资助金1167.74万元。

(赵晶)

【组织开展养老护理员竞赛】 年内,组织开展市第三届职业技能大赛昌平赛区养老护理员竞赛。全区共29人参加初赛,25人取得养老护理员初级执业资格;8人成功进入复赛,其中4人获得养老护理员中级执业资格。

(赵晶)

【审核定点社会福利机构补助金】 年内,对生活不能完全自理低保老人的入住定点社会福利机构补助金进行了审核。对符合要求的不能完全自理低保老人入住定点社会福利机构给予每月1100元的补助金,共有16名低保人员享受补助资金19万元。

(赵晶)

【地退工人管理】 年内,共为137名地退工人办理增资调资,月增加工资共计46.7万元;为3名地方退休工人报销门诊药费0.2万元;为130名地退工人发放防暑降温物品;为10名死亡地退工人家属办理丧葬费领取手续,发放丧葬费55.8万元。

(赵晶)

【弃婴收养】 年内,发放2010年至2011年度特困残疾儿童手术康复营养费共计3人4500元。经核实,本年度全区新增18名孤儿(散居孤儿5人、区儿童福利院养育孤儿13人),均符合"孤儿重大疾病公益保险"条件,爱心卡已发放到位。

(赵晶)

【农村低保】 根据全市低保调标工作部署，农村低保调标1次。1月，农村低保标准由原来的每人每月340元调整到380元。12月底，全区共有农村低保对象1938户2937人，累计发放保障金1410.6万元。

(任丽亚)

【城市低保】 根据全市低保调标工作部署，城市低保调标1次。1月，城市低保标准由原来的每人每月500元调整到520元。12月底，全区共有城市低保对象791户1103人，累计发放保障金712.79万元。

(任丽亚)

【农村五保供养】 根据《北京市农村五保供养制度实施细则》和《北京市民政局、北京市财政局、北京市统计局、国家统计局北京调查总队关于调整2011年本市农村五保供养最低标准及有关问题的通知》的规定，年内，全区农村五保集中供养标准为11160元，用于保障五保对象吃、穿、住、教、葬、服务和照料费等支出。全年，共计110.75万元，一次性全额拨到各镇(街道)，再由镇(街道)拨入五保供养机构。

(任丽亚)

【城乡低收入家庭认定】 年内，全区共审批城乡低收入家庭36户88人，发放低收入家庭救助证36本。

(任丽亚)

【城乡医疗救助】 年内，全区城乡低保、低收入对象共有1237人次享受医疗救助，累计发放医疗救助金176.57万元。

(任丽亚)

【发放城乡低保对象一次性生活补贴】 年内，按照《民政部财政部关于2012年元旦春节期间为城乡困难群众发放生活补贴有关问题的通知》和市财政局《关于下达2012年元旦春节期间城乡困难群众生活补贴中央补助资金预算的通知》精神，为进一步保障好困难群众的基本生活，决定在元旦、春节期间为城乡困难群众发放一次性生活补贴。全市城市低保对象每人300元、农村低保对象和农村五保对象每人200元。补贴已于春节前发放到位，全区共有4277人，发放一次性生活补贴97.30万元。

(任丽亚)

【发放城乡低保对象一次性临时生活补贴】 年内，根据中央和市委、市政府指示精神，为进一步做好本年度春节期间困难群众基本生活保障，全市在上一年度11月、12月两次发放城乡困难群众生活补贴的基础上，决定于春节前为全市城乡困难群众再次发放一次性临时生活补贴，标准仍为每人200元。补贴已于春节前发放到位，全区共有4277户，发放一次性临时生活补贴85.54万元。

(任丽亚)

【"两节"期间走访慰问低保家庭】 根据中央和市委、市政府《关于开展2012年"两节"期间走访慰问送温暖活动的通知》要求，"两节"(元旦、春节)期间，全市民政系统继续深化两节送温暖工作，对全市低保家庭进行一次普遍走访慰问，低保对象慰问金按照享受低保待遇的家庭发放。全区共有2861户，发放慰问金56.82万元。

(任丽亚)

【高等教育新生入学救助】 年内，根据市《关于进一步规范高等教育新生入学救助办法的通知》规定，调整全市高等教育新生入学救助标准。享受本市城乡居民最低生活保障、低收入救助的家庭和享受生活困难补助的重残人家庭中，当年参加全国普通高等教育入学考试、在本市高等教育招生计划内、经北京教育考试院高等学校招生办公室正式录取、考入普通高等学校接受全日制本科、专科或高等职业教育的学生，当年可申请享受一次性最多救助4500元。经验证后全区于10月底已全部办理完成17名城乡低保、低收入家庭经济困难学生的助学救助金7.42万元，保证了新生按时入学。

(任丽亚)

【燃煤自采暖补贴】 年内，根据市民政局、市财政局《关于提高城乡低保家庭冬季燃煤自采暖救助标准的通知》精神，采暖季由11月15日起至下一年度3月15日止。实际应享受供暖救助时间不足两个月的，可按救助标准的50%享受救助。并将城乡低保家庭冬季燃煤自采暖救助标准由400元/户/采暖季，提高到500元/户/采暖季。采暖季开始后批准享受城乡低保或生活困难补助的家庭，实际应享受供暖救助的时间已达到或超过两个月的，可全额享受供暖救助据统计全区共有城乡低保对象2394户，发放燃煤自采暖补贴119.7万元。

(任丽亚)

【清洁能源自采暖补贴】 年内，根据市民政局、市财政局《关于部分民政对象申领住宅清洁能源分户自采暖补贴的实施意见》精神及经市人民政府批准，市市政管委等部门联合发布的《北京市居民住宅清洁能源分户自采暖补贴暂行办法》精神，针对民政部门管理的特殊群体提出实施办法，城市低保对象家庭:按居住建筑面积60平方米、30元/平方米·采暖季·户的标准补贴;住宅建筑面积小于60平方米的,按实际居住建筑面积补贴;住宅建筑面积超过60平方米的,按60平方米补贴,超出部分由个人负担。据统计为12户城市低保对象发放住宅清洁能源自采暖补贴共2.16万元。

(任丽亚)

【资助农村低保人员参加农村合作医疗】 年内,根据市民政局、市财政局、市卫生局、市劳动和社会保障局关于印发《进一步完善农村特困人员医疗救助制度实施办法的通知》精神和区农村合作医疗管理委员会关于转发《昌平区2012年新型农村合作医疗暂行办法》的通知规定,农村居民最低生活保障对象参加合作医疗的个人缴费部分,由区县政府资助。本年度个人缴费标准为100元,全区享受农村最低生活保障待遇中参加新型农村合作医疗的共计2161人(此次统计不包括享受农村低保待遇中的残疾人),资助资金21.61万元。

(任丽亚)

【发放低保对象阶梯电价补贴】 年内,根据本市居民生活用电试行阶梯电价方案,按照市政府会议精神,对低保对象、五保对象给予用电补贴,每户每月15度每度7.32元的标准,7月至12月的用电补贴2745户共计12.06万元。

(任丽亚)

【为60岁以上低保老人免费镶牙】 年内,根据市、区文件精神,为60岁全口无牙和全口不足10颗牙的低保老人免费镶牙,全区共有30人符合条件,每人镶牙费用1000元。

(任丽亚)

【配合审计全国社会保障资金工作】 6月,为配合全国社会保障资金审计工作,深入调查、全面了解掌握乡镇低保资金使用的基本情况,区民政局委托各乡镇社保所全额追回已发放的2009年至2011年低保对象39人死亡后多领低保金5.44万元和低保人员拥有车辆1人多领低保金8千元。追回的低保资金已入乡镇低保账户。

(任丽亚)

【捐赠接收及救助】 年内,捐赠中心坚持以“执政为民,为民解困,全心全意,为人民服务”为宗旨全力做好各项捐赠接收及救助工作。全年共接收捐款154.7万元,各类救灾物品4万件。

(尹玲玲)

【送温暖、献爱心】 4月,捐赠中心在“送温暖,献爱心”(捐赠月)活动期间,共接受捐款127.5万余元。并根据市接受捐赠事务管理中心规定,将“捐赠月”接收的捐款60%,即76.5万元上缴至市捐赠中心作为全市捐赠专款使用。

(尹玲玲)

【救助卡发放】 4月,捐赠中心为全区较为困难的城市低保户免费发放“爱心家园”救助卡530张(每张300元)。用于领取粮油等生活必需品。全年累计发放生活必需品15万元。

(尹玲玲)

【7·21水灾捐赠活动】 7月,在“7·21特大自然灾害”捐赠活动中接收捐款20.17万元,已全部用于支援房山区。

(尹玲玲)

【冬衣送暖】 12月,在“冬衣送暖”活动中,共募集冬棉衣被2.8万件,并于12月底将活动中募集的棉衣被全部运至对口支援单位(内蒙)。另接收捐款3.17万元,根据上级指示,作为救助本区困难群众的救助资金。

(尹玲玲)

【对口支援】 年内,支援对口单位资金共计47万元。1月,支援对口单位(内蒙古太仆寺旗、巴林右旗、镶黄旗)救助款共计22万元;7月,支援对口单位(巴林右旗和克什克腾旗)救助款18万元;11月,支援(江西省吉安市青原区财政局、永丰县财政局和永丰县恩江镇农村经营管理站)救助资金,共计7万元。

(尹玲玲)

【日常捐赠】 年内,共接收日常捐赠物资0.2万件、捐款3.8万元,其中日常捐款0.8万元、泥石流捐款0.5万元、见义勇为捐款2.5万元。

(尹玲玲)

【救助情况数据统计】 年内,共救助443人,其中男性401人、女性42人、住址不详20人、医疗救治45人、未成年人4人。经救助管理站工作人员多方联系,未成年人均已安全送达家属。

(贾培)

【世界草莓大会和两会期间集中救助工作】 世界草莓大会和两会期间,为了避免受助人员再次流浪街头,买好返乡车票后,所有返乡人员均由救助管理站出动护送车辆、护送小组送至火车站检票上车,同时也有效做到杜绝骗票现象的发生。遇有年老体弱、肢体残疾等特殊救助人员不能自行返乡的,救助管理站启动跨省护送机制,出动救助车辆、护送人员驱车跨省护送被救助人员返乡。

(贾培)

【十八大期间集中救助工作】 十八大期间,救助管理站共救助8人,其中一人精神异常已送往华一医院;一名 6 岁儿童,已送往第一未成年保护中心。

(贾培)

【极端天气下集中救助工作】 年内,救助管理站制定极端天气下集中救助工作预案,积极联系公安、城管等部门,在昌平辖区内进行极端天气下集中救助工作,确保昌平辖区内无冻、饿现象发生。

(贾培)

【社区建设】 年内,围绕"一个纲领":《中共北京市委办公厅、北京市人民政府办公室印发 <关于全面加强城乡社区居委会建设工作的意见> 的通知》;落实"三件大事":"全区第八届社区居委会选举及社工队伍建设、'六型社区'和农村社区示范单位创建、社区服务建设",有力地提高全区基层社会管理水平。

(唐慧勇)

【完成第八届社区居委会换届工作】 年内,全区共 177 个社区完成第八届社区居委会换届选举工作,选举产生居委会班子成员 1130 人。

(唐慧勇)

【完成新建社区居委会选举工作】 年内,9 个新建社区居委会的选举工作完成,选举产生居委会班子成员 57 人。

(唐慧勇)

【完成"六型社区"示范单位评选创建工作】 年内,依据市"六型社区"创建工作联席会议要求,按社区总数 20% 的比例上报创建"六型社区"数量及社区名单,全区申报数量达 36 个,目标值 34 个。经过自荐申报、集中检查、互评互查、自评自查、第三方评估等创建环节,共有 34 个社区通过市联合检查验收,完成了全年目标任务。

(唐慧勇)

【完成创建农村社区建设典型示范社区工作】 年内,依照市民政局要求,全区创建北京市农村建设典型示范社区指标 8 个,区民政局在审查自荐单位材料的基础上,采取听取汇报、实地考察、查阅资料等方式,对自荐申报市级农村社区建设典型示范社区进行检查验收,确定的 8 个农村社区全部通过市检查组的检查验收。

(唐慧勇)

【落实新社区办公用房和工作经费】 年内,追加上一年度至今新建的 12 个社区居委会办公等相关经费 92 万余元;与区财政局沟通,拟下发《昌平区关于加强社区公益事业专项补助资金、社区办公经费和社区居委会一次性开办费使用管理工作的意见》,大幅度提高办公和公益事业经费等;全区 36 名退离老积极分子每人每月生活补贴从 598 元提高到 1000 元,全年共追加资金 173664 元。

(唐慧勇)

【社区服务】 年内,社区服务工作按照年初的工作部署,在民政局的领导下,大力践行首都民政队伍核心价值观,解放思想、奋发有为,以落实《北京市"十二五"时期城乡社区服务工作行动方案》为主线,全力推进城乡一体化社区服务体系建设,较好的满足了居民日益增长的各项社区服务需求,各项工作呈现良好的发展态势。

(张媛媛)

【社区志愿服务工作】 年内,全区在首都社区志愿服务网登记注册志愿者队伍 339 支、注册志愿者超过 32800 人,有 3 个社区志愿服务组织被市民政局授予"2012 年度首都社区志愿服务组织之星"、3 位社区志愿者被市民政局授予"2012 年度首都社区志愿者之星"光荣称号。全年走访慰问全区优秀社区志愿者 306 人。

(张媛媛)

【社区大课堂】 年内,社区服务中心组织开展社区大课堂知识讲座活动,全区共有 11 个镇街的 103 个社区居委会组织开展此项活动,共开课 193 节,听课人数总计 10957 人;共开设市级精品课程 23 次、区级精品课程 82 次、社区居委会自办课程 88 次;镇街组织开课 10 次、社区组织开课 183 次。

(张媛媛)

【农村社区服务站建设】 124 个农村社区服务站建设于 11 月底顺利完成,所有硬件设施设备全部安装到位并投入使用,全区农村社区服务站建设工作完成全覆盖。

(张媛媛)

【两节服务活动】 "两节服务活动"(即:元旦、春节期间开展社区服务活动)共完成家政服务卡 435 张、理发卡 415 张。

(张媛媛)

【网络建设】 年内,新建的 12 个社区居委会纳入北京市社区管理信息网和信息管理系统。社区服务中心及下辖 6 个街道中心网站共向社区公共服务信息网录入信息 3354 条。

(张媛媛)

【开展社区才艺大赛】 年内,组织开展"昌平区第六届家庭才艺大赛"中共有 9 个镇街的 13 个家庭晋级决赛。

(张媛媛)

【社区为老服务】 年内,"社区暖心活动站"通过本年度的社区服务公益行项目审批。

（张媛媛）

【社区服务系统设备更新】 年内，社区服务中心及下辖6个街道分中心（城北、城南、马池口、南邵、南口、沙河）工作用电脑全部更新升级为联想M6280T。

（张媛媛）

【农村基层政权建设】 年内，根据区政府的工作部署和市民政局的工作要求，农村基层政权建设工作以推进农村基层民主发展为出发点，以解决群众实际问题、促进农村社会稳定和经济发展作为落脚点，坚持"为民服务"这一主线，以维护首都农村社会稳定，圆满完成全年的工作任务。

（李淑萍）

【全区村务公开大检查】 年内，按照市委组织部、市农工委、市民政局通知要求，为认真做好村"两委"换届调研摸底、村务公开民主管理大检查和村"两委"干部任期责任审计等工作，为村"两委"换届选举奠定坚实基础。区委组织部、区民政局、区经管站联合对全区17个镇76个村进行了检查。

（李淑萍）

【启动村"两委"换届选举工作】 根据《中共北京市委组织部关于成立北京市村"两委"换届选举工作领导小组的通知》等相关文件精神，11月，全区启动村"两委"换届选举工作。

（李淑萍）

【行政区划工作】 年内，根据区政府工作部署和市民政局工作要求，行政区划工作认真落实《关于调整昌平区东小口地区行政区划的批复》文件精神，完成东小口地区办事处、天通苑北街道办事处、天通苑南街道办事处、霍营街道办事处3个新设街道办事处行政区域界线实地勘察工作，并举行了揭牌仪式。

（李玉芳）

【东小口地区行政区划调整勘界工作】 年内，与东小口地区办事处、天通苑北街道办事处筹备组、天通苑南街道办事处筹备组、霍营街道办事处筹备组、北京市测绘设计研究院一起，组织太平庄等13个相关村共同对东小口地区与3个新设街道办事处行政区域界线进行了实地勘察。

（李玉芳）

【三街道成立大会暨揭牌仪式举行】 按照市政府的批复精神，12月31日，区委、区政府在东小口镇政府为东小口地区新设立的天通苑南、天通苑北、霍营三个街道举行了揭牌仪式。天通苑南、天通苑北、霍营街道党工委、办事处正式成立。

（李玉芳）

【省界联合检查】 年内，根据京冀线联合检查小组的要求，昌平区民政局、怀来县民政局对两省之间18公里行政区域界线进行了联合检查，对京冀线12号省际界桩进行了维护。边界两侧的乡镇无边界争议纠纷，两省边界居民和谐相处，无跨界建筑，不存在任何问题，双方共同签署了联检工作报告。

（李玉芳）

【完成政区大典编纂工作】 年内，完成政区大典编纂工作。《中华人民共和国政区大典—北京卷昌平分册》包括区级词条和镇街词条，主要包括9个方面内容：一、政区概况—名称来历、地理位置、政区沿革、政区划分、人口面积等；二、自然条件—地形地貌、气候、水文、矿藏及其他自然资源、自然灾害等；三、经济概况—农业、工业、商业外贸、财政金融等；四、社会发展—文化艺术、教育、科技、医疗卫生、体育、广播电视、新闻出版、社会保障、环境保障等；五、基础设施—交通运输、邮政电信、能源等；六、名胜旅游—旅游业概况、主要风景区、重点名胜旅游、风景点、风土人情、土特产品等；七、重大事件；八、著名人物；九、城区市政建设等。《政区大典北京卷昌平分册》初稿共8万余字，从各个方面展现了昌平自建国以来的变化，改革开放的成果及现代化科技城市的繁荣。

（李玉芳）

【清明群众祭扫服务工作】 清明节，在区委、区政府及民政局党委的高度重视下，围绕平安清明、文化清明、惠民清明这一主题，通过重点推进7项措施，圆满完成清明节群众祭扫服务保障工作。

（孟志松）

【清理殡葬用品店工作】 2月15日，配合市局综合执法大队对全区十三陵地区的违规殡葬用品店进行了排查。3月29日，汇同市局综合执法监察大队、市工商执法队、市城管执法队及区相关执法部门对十三陵地区念慈殡葬服务中心、腾达殡葬用品店等11家违规用品店进行了联合清理整顿。此次清理共拆除违规广告牌7块；收缴纸钱冥币等封建用品100余份；对大型宣传标志限期进行拆除。

（孟志松）

【殡葬执法工作】 6月7日，依照《北京市殡葬管理条例》对德陵公墓超范围经营做出没收违法所得16.9800元的行政处罚。

（孟志松）

【非法公墓治理工作】 3月，在十三陵镇政府的大力配合下，对该镇仙人洞村南一处非法公墓进行了取缔。此次共拆除空穴126个，立碑墓穴39个。9月14日，在崔村镇政府配合下，对崔村镇八家村一处非法公墓进行了查处。

(孟志松)

【技能大赛筹备工作】 6月16日至10月22日,历时共4个月,经技能大赛初赛、复赛、决赛三个环节,圆满完成技能大赛的组织工作。荣获“优秀组织奖”称号,参赛选手取得了二等奖一名、三等奖一名的佳绩。殡葬办工作人员李文博、张祎荣获组织活动先进个人称号。

(孟志松)

【规范档案工作】 10月9日至17日,对全区经营性、公益性公墓业务档案规范情况进行了规范化检查并针对存在的问题提出了三点建议:一是设立档案管理长效机制,定期聘请专业人员进行培训;二是各单位要设专人负责档案管理工作;三是完善档案柜、档案袋、归档章等档案专业设施和用品。

(孟志松)

【丧葬补贴工作】 年内,共审核18个镇街上报的《北京市城乡申请表》1940份,累计支出补贴金额970万元。整体流程运行正常,未出现投诉事件。

(孟志松)

【殡仪业务建设】 年内,殡仪馆在党支部下大力抓外联扩尸源、狠抓优质服务和作风建设、加大基础投入、抓好二次创收等,业务实现“双突破”,即火化量达13722万具,业务收入3100万元,达历史最好水平,圆满完成所担负的殡葬工作。

(李风水)

【便民、惠民政策】 年内,开展“学雷锋优质服务承诺”活动,推出便民轮椅、免费茶水、“便民服务箱”等便民政策,深受群众称赞。同时,调整低价位骨灰盒、骨灰寄存服务,规范收费,落实惠民政策。全年优惠200余家,减免20余万元;办理千元以下殡仪服务3742份,让利于民。

(李风水)

【慈善捐款】 年内,为区慈善协会、灾区等捐款24万余元,荣获“为慈善事业做出突出贡献单位”。

(李风水)

【硬件设施】 年内,投资1000多万元兴建火化二区主体及告别室、冷藏室、家属休息室等,安装6台豪华炉,建二区至告别厅联络通道,铺设大门至二区、至办公楼道路及停车场沥青路面,骨灰堂装修六间祭奠守灵室,安装3台制式遗物焚烧炉,路两旁栽花种树,安装路灯等照明设施,改善了治丧环境。

(李风水)

【参加北京市第三届职业技能大赛】 年内,选派15人参加北京市第三届职业技能大赛,有5人进入复赛,4人进入决赛,区殡仪馆聂忠亮、王婷婷分获整容师和殡仪服务员专业第三及第六名的好成绩。

(李风水)

【殡仪馆行风建设】 年内,先后开展“学雷锋活动月”、“行风政风评议”、“为党旗做贡献”、“执法为民做贡献”等活动,规范服务程序和收费,抓好作风建设,加大违规违纪处理力度,提高服务质量,先后荣获市行风建设“先进单位”、“全国殡葬改革先进单位”评比第一名等荣誉。

(李风水)

【社会组织管理】 年内,昌平区的社会组织管理工作,坚持认真贯彻执行党和国家有关社会组织管理的法律法规和方针、政策。全面贯彻落实科学发展观和“大民政”工作理念,按照“一口审批、分类管理、政府监督、扶持发展”和“宽审批、严监管”的指导方针,依法行政,确保社会组织登记管理工作有序进行、扎实推进、稳步发展。全年共完成社会组织筹备9家、成立登记27家、变更登记24家、注销登记3家,为29家社会组织换发了登记证书。全区社会组织达406个(其中社会团体96家、民办非企业单位310家)。业务范围涉及教育、科技、卫生、劳动、体育、民政、法律服务、环保、建筑、水利、慈善、煤炭、农村专业经济等社会生活的各个领域,逐步形成了种类齐全、层次有别,覆盖广泛的社会组织体系,社会组织逐渐成为推进昌平经济发展、社会进步和构建社会和谐社会的一支重要力量。

(兰建朝)

【社会组织年检工作】 年内,全区应参检社会团体89家,已参检87家,参检率为97%;应参检民办非企业单位291家,已参检215家,参检率为74%。

(兰建朝)

【深入推进社会组织服务民生行动】 年内,积极宣传和落实政府购买社会组织公益服务项目申报工作,经市专家组遴选,共有2家民非组织的2个项目入选。

(兰建朝)

【调研课题圆满完成】 9月,在进行调研课题过程中,明确调研目的、合理制定方案,努力拓宽调研渠道,通过抽样问卷、访谈、与业务主管单位沟通座谈等多种形式力求全面掌握真实资料,认真分析数据,积极提炼亮点、找准问题,探寻根源,合理借鉴经验,结合实际需求,寻找符合本地区社会组织管理工作开展的有效途径和方法,形成了《政府购买社会组织服务机制的实践与思考》和《浅谈民办非企业单位参与社区公共服务》两个调研报告。

（兰建朝）

【社会组织评估工作】 年内，进一步梳理和深入理解社会组织评估工作，努力争取落实评估经费，积极与区财政局就评估经费问题进行反复协商，该项目已经取得区财政局的认可，项目经费将于明年予以拨付使用。同时，与北京海朝社会组织服务与评估中心就评估工作的具体细节进行交流商讨，拟对10家社会组织进行评估工作，推进社会组织规范化建设。12月11日，在区民政局召开区社会组织规范化建设评估培训会正式启动评估工作。

（兰建朝）

【婚姻家庭】 年内，严格执行《婚姻法》《婚姻登记条例》《收养法》《收养子女登记办法》的规定，依法登记，热情文明服务，执法合格率达到100%。婚姻登记处被评为北京市民政工作先进集体、首都民政系统行风建设示范单位。

（孟阳）

【结婚登记】 年内，结婚登记实行周一至周六全天办公，坚持做到：以人为本、严格审查、依法登记，特别为行动不便人群、高峰日登记人群提供周到细致的服务。根据《北京市结婚登记颁证服务暂行规范》，认真落实颁证服务工作，全年共办理结婚登记6816对。

（孟阳）

【做好高峰日结婚登记工作】 2月14日“情人节”迎来第一个登记高峰，当天办理结婚登记185对；8月23日“七夕节”办理结婚登记120对；12月12日“世纪示爱日”办理了结婚登记354对，平安、顺利、高效地完成了各个高峰日的登记工作。

（孟阳）

【离婚登记工作】 年内，设立独立的婚姻家庭辅导室，开展婚姻家庭辅导工作，严格审查，仔细询问，耐心辅导，做好调解工作，减少非理性冲动型离婚登记的发生，维护当事人的合法权益，全年共办理离婚登记1683对。

（孟阳）

【收养登记工作】 年内，认真开展《收养法》及《中国公民收养登记办法》的宣传活动。坚持以人为本、依法办理的原则，积极维护收养人和被收养人的合法权益，全年共办理收养登记4件。

（孟阳）

【婚姻登记档案管理】 年内，严格按照《中华人民共和国档案法》和《婚姻登记档案管理办法》的规定，依法为司法部门、婚姻当事人提供档案查阅，出具婚姻登记证明。全年共出具婚姻登记记录证明730人次，整理装订婚姻档案9889卷，婚姻档案实现规范化管理。

（孟阳）

【完成婚姻历史档案补录工作】 与区档案局沟通合作，4月初至6月底，历时3个月，完成了1961年至2000年共计108286条婚姻登记历史档案信息的补录工作。

（孟阳）

【获评全国3A等级婚姻登记机关】 年内，认真做好申报3等级婚姻登记机关的准备工作，主动向局领导汇报创建计划和实施方案，对候登区域和颁证大厅进行装修改造。6月，完成向民政部的申报工作。12月，通过民政部的检查验收，获评全国3A等级婚姻登记机关。

（孟阳）

【福利事业】 年内，全区共有福利企业47家，职工1922人，其中残疾职工822人，实现销售收入50011.35万元、利税2307.15万元，残疾职工最低工资标准1260元。2012年，福利生产办公室对全区47家福利企业进行超比例奖励，保险补贴审批工作。享受超比例奖励人数75人，补贴款项22.5万元、享受保险补贴的人员共520人，补贴款项共106万元。

（李雅丽）

【发放残疾人社会福利企业补贴】 年内，昌平区福利生产办公室根据京残发【2012】48号的文件精神。对安置稳定期精神残疾的社会福利企业按照上一年度残疾人就业保障金征缴标准给予每人21658元的补贴。补贴款项64974元，享受补贴人数3人。

（李雅丽）

【军休办工作】 年内，按照全面贯彻落实军休干部“两个待遇”，积极地为军休干部做实事、做好事，认真组织丰富多彩的文体活动，使军休干部将康、愉快的安度晚年。

（曾红燕）

【接收安置工作】 年内，共接收军队退休干部48人。其中正师4人、副师6人、正团21人、副团5人、正营4人、副营4人、正连1人。

（曾红燕）

【落实军休干部生活待遇】 年内，军休办下拨离退休费和生活补贴4855万元，共下拨三个军休所医疗费1005万元。做到发放及时，准确无误。保证了军休干部的日常门诊、就医看病和住院治疗，为223名军休干部进行体检,确保把军休干部的两个待遇落到实处。

(曾红燕)

【落实军休干部政治待遇】 年内,主要学习了胡锦涛“七一”讲话、党的十七届六中全会精神、市第十一次党代会精神及局长吴世民、副局长霍军讲话精神。学习中,坚持“党委率先学、支部认真学、党员分散自学”的原则。先后发放党刊960份;发放《雷锋精神学习读本》470册;《政府工作报告》470册;购买《开拓前进、勇于创新——热烈迎接党的十八大召开》图片三套;发放《军休之友》刊物6720本。让军休干部老有所学,政治上、思想上、行动上自觉地同党中央保持一致。

(曾红燕)

【福利彩票发行工作】 年内,全区共有福利彩票销售网点163个。其中普通网点81个、快乐8网点48个、PK拾网点34个。截至12月31日,全区共销售电脑票248277286元,累计销量位居全市第五,远郊区县第一。即开票销售量截至12月31日共销售100325100元,圆满完成全年度的即开票任务。

(白彬)

【征地超转人员管理】 年内,区新接收征地超转人员663人。截至12月底,全区共有征地超转人员4861人。其中市管超转人员601人,全年发放生活费922.8万元,报销医药费460.1万元,发放自采暖补贴63.5万元;区管超转人员3733人,累计发放生活费5358.2万元,报销医药费1325.5万元,发放自采暖补贴15.2万元。全年按区政府〔2004〕64号文件领取生活困难补助费的超转人员527人,累计发放生活费338.9万元。

(王兴莉)

【老龄工作】 年内,按照全面贯彻“党政主导、社会参与、全民关怀”的居家养老助残工作暨九养政策的落实工作,积极实现老年餐桌、老年托老所全覆盖的工作目标。抓基层、抓重点、抓落实,促进了全区九养政策的全面发展,丰富了老年人的精神文化生活,为全区居家养老助残服务的顺利实施提供了可靠的职能保障。

(张福明)

【为老年人办实事】 年内,共为全区13200名老年人(60岁至64周岁)办理了老年证;为全区9216名老年人(65周岁以上)办理了老年优待卡;为全区90周岁至99周岁及百岁老年人发放高龄津贴累计11428人次,发放金额共计106.8万元。

(张福明)

【“九养”政策的落实】 截至年底,全区累计发放居家养老(助残)服务券1.3万人次;累计为老年人(残疾人)配备“小帮手”电子服务器3200人次。评选市级“孝星”708名,并给予每人1000元的奖励。对全区284家养老(助残)餐桌进行考核,并对服务态度好、经营管理好的老年(助残)餐桌给予108.6万元的餐桌补助金奖励。完成对全区32名养老(助残)员的考核工作。

(张福明)

【市局领导检查区养老管理中心试点建设】 12月28日,市老龄办副主任蔡双等一行8人检查区养老管理服务中心试点建设。区民政局局长杨洪达、副局长徐金旺、老龄办主任许恩年陪同检查。

(张福明)

【慈善事业】 年内,在中华慈善总会和市慈善协会的大力支持和区委、区政府的深切关怀下,通过全体会员的共同努力和区各级慈善工作者的辛勤付出,全区慈善事业健康顺利向前发展。全区慈善事业在逐步从传统慈善向现代慈善的转换过程中成长和发展,全民慈善意识逐渐增强,并进一步转换为慈善行动,全区的慈善事业呈现出更加广阔的前景。

(王铮)

【发展会员,广募善款】 年内,慈善协会积极发展团体会员和个人会员,截至12月底,共有团体会员159个,个人会员74人。全年共募集善款2405.84万元。

(杨晶)

【共产党员献爱心】 年内,由区委组织部、区委宣传部、区慈善协会共同组织开展的‘2012年“共产党员献爱心”’捐献活动,共募集捐款332.47万元。

(杨晶)

【广泛开展慈善救助项目】 年初,按照区委的统一部署,对全区困难的1079个家庭开展“一帮一”救助活动。救助款按特困户1万元、困难户5000元的标准全部下拨到各镇街,共支出救助款848万元。全区困难党员救助项目:参照北京市慈善协会将“共产党员献爱心”所募集善款的10%部分,拨付市委组织部,用于全市困难党员救助的做法,经区慈善协会会长办公会决定,将全区“共产党员献爱心”活动筹集善款的10%部分,即35万元整拨付区委组织部,用于区范围内困难党员的救助。

(刘美娜 杨晶)

【“爱心成就未来”项目】 年内,助学活动惠及来自全区20名因家庭成员大病大灾导致家庭生活困难的孩子。此次活动共发放12万元的助学款。

（刘美娜）

【"爱心助学子，和谐民族情"项目】 年内，助学项目惠及的44名学生全部来自于昌平二中内地新疆高中班毕业班，考取大学本科或大学专科的少数民族贫困生。慈善协会对这44名贫困生中考取大学本科的学生一次性资助5000元，考取大学专科的学生一次性资助4000元。"爱心助学子，和谐民族情"活动共发放助学款21.8万元。

（刘美娜）

【助老慈善医疗卡】 年内，"助老慈善医疗卡"项目共为全区1263名低保老人报销共计32.83万元。

（杨晶）

【临时救助】 年内，区慈善协会认真按照《协会章程》和《实施社会救助暂行办法》开展临时救助，共累计支出临时救助款达96.7万元，救助57人次。

（刘美娜 杨晶）

【定向扶贫低收入村】 年内，为进一步做好区低收入村的帮扶工作，开展了"定向扶贫低收入村捐赠"项目。全区对口支援山区54个低收入村的218个扶持单位作为第一批捐赠单位。全年定向扶贫低收入村捐赠款已顺利支出427万元。

（刘美娜）

【公益性税前扣除资格】 年内，区慈善协会的工作得到各级领导肯定，被市民政局、市财政局、市国税局、市地税局共同确认为北京市具有"公益性税前扣除资格"单位。

（王铮）

民族·宗教·侨务

【概　况】 2012年，区民宗侨办在区委、区政府的正确领导下，在市民委（宗教局）、市侨办等有关部门的大力支持下，以邓小平理论和"三个代表"重要思想和科学发展观为指导，坚持"各民族共同团结奋斗、共同繁荣发展"的民族工作主题，坚持党的民族宗教侨务工作基本方针，按照年初制定的工作计划，扎实工作，为实现全区民族团结、宗教和睦、社会发展做出了应有的贡献。

（张喆）

单位名称：昌平区民族宗教侨务办公室
地址：昌平区政府街23号
电话：(010)69744130
邮编：102200

【认真开展春节走访慰问活动】 春节期间，区民宗侨办认真开展走访慰问活动，先后走访慰问了宗教教职人员、少数民族困难户和归侨困难户，了解他们工作、生活等方面的情况，并送去慰问金。

（张喆）

【民宗侨界春节联谊会召开】 1月12日，区民宗侨办在西贯市回民小学召开全区民宗侨界2012年春节联谊会，全区各镇（街道）主管领导及工作人员，各相关单位负责人，各民族村、民族学校和重点民族企业负责人，各宗教团体、宗教活动场所负责人及宗教教职人员，归侨侨眷代表共200余人欢聚一堂。民宗侨界代表自编自演了小品、舞蹈、歌曲等文艺节目，展现了民族团结进步、宗教和谐稳定的良好氛围。

（张喆）

【市、区领导到阳坊镇慰问少数民族困难户】 1月19日，市政府副秘书长马林、市民委主任池维生等领导在区委常委、副区长孙启的陪同下，到西贯市村村民赵凤岐和李旭玲家中进行走访慰问。马林代表市政府，孙启区委、区政府向两户村民致以节日问候，表示党和政府一直在关心着少数民族困难群众的生活，并送去慰问金及慰问品。区民宗侨办主任贾洪东，阳坊镇党委书记吕晨飞、镇长李昌等领导陪同慰问。

（张喆）

【区领导到民宗侨办调研】 2月2日，区委常委、区委统战部部长陈秋生到民宗侨办调研。陈秋生在听取民宗侨办主任贾洪东关于2011年全区民族宗教侨务工作基本情况、2012年工作要点和近期主要工作汇报后指出：2012年，全区民族宗教侨务工作的主要任务是保稳定，要以此为主线，把思想统一到为民办实事上来，把好事办好，努力维护全区民族团结进步、宗教和谐稳定的大局，以迎接党的十八大的胜利召开。

（张喆）

【协助世界草莓大会把好清真食品关】 为保证第七届世界草莓大会清真餐饮任务的顺利完成，2月13日，民宗侨办就清真餐饮问题到九华山庄进行具体指导，现场介绍清真食品在进货渠道、运输、储存、加工及关键岗位工作人员等重点环节的具体要求，并协调区知名清真餐饮企业——胜利文化园选调5名厨师到九华山庄负责大会期间的清真餐饮配制，确保参加会议的穆斯林吃上放心餐。

（张喆）

【制定并印发《全区民族宗教系统法制宣传教育第六个五年规划》】 年内，为贯彻落实昌平区法制宣传教育第六个五年规划，根据市民委“六五”法制宣传教育规划精神，区民宗侨办围绕“十二五”时期昌平区跨越式发展的总体目标，结合全区民族宗教工作实际情况，制定了《全区民族宗教系统法制宣传教育第六个五年规划》，下发到各镇（街道）社会事务科、各民族村、各民族学校、各民族企业、各宗教团体、各宗教活动场所。同时，成立民族宗教普法工作领导小组，确保“六五”普法规划的顺利实施。

（张喆）

【举办民族宗教干部培训班】 2月29日，区民宗侨办在阳坊大都饭店举办全区民族宗教干部培训班，区委常委、副区长孙启作开班动员。市民委副主任马中璞、赵宏生分别就如何正确把握党的民族、宗教政策，妥善处理民族问题，依法管理宗教事务进行了讲解。区委常委、统战部长陈秋生作总结讲话。区民族宗教工作领导小组成员单位及相关部门主管领导及工作人员，全区各镇（街道）副书记、主管镇长（主任）及工作人员，民族村及重点村（社区）书记、主任共计110余人参加培训。

（张喆）

【市考评组到区考评民族村经济工作】 2月24日由市民委、市农委、市财政局、农业专家及区县代表组成的北京市少数民族村经济发展考评组到区考评民族经济工作。考评组实地考查了区2011年专项资金扶持项目完成情况，听取了区民族村经济工作情况汇报和涧头村“开心农庄”项目进展情况汇报。考评组对区2011年民族村经济工作给以充分肯定。

（张喆）

【市政协就宗教活动场所合理布局问题调研】 3月31日上午，市政协民族和宗教委员会主任佟根柱带领市宗教活动场所合理布局调研组到区就宗教活动场所合理布局问题进行调研。调研组在区委书记侯君舒、区长金树东、区政协主席王书合等区有关领导陪同下参观了两个基督教聚会点并进行了座谈。侯君舒指出：“民族宗教工作关系重大，是一个地区和谐稳定团结的重要标志。随着经济社会发展、城市化进程的加快和人口的快速增长，昌平将进一步加强对宗教事务的依法管理，进一步加大对宗教基础设施的投入力度，进一步深入研究宗教活动场所的合理布局和长期发展，立足实际、集思广益，为信教群众开展合法的宗教活动创造更加良好的环境和条件，从而有力的凝聚宗教界人士为建设和谐昌平贡献力量。”调研组对区宗教场所合理布局给以充分肯定。

（张喆）

【区佛教界欢度浴佛节】 4月28日，为佛教佛祖释迦牟尼诞辰日，区佛教界举办了法会和庆祝活动。当日，全区400余名佛教信众分别前往延寿镇延寿寺和南口镇和平寺欢度节日。区民宗侨办分别前往两寺看望、慰问信教群众。

（张喆）

【基督教南口堂新堂建设奠基仪式举行】 4月28日，基督教南口堂新堂建设奠基仪式举行。奠基仪式由市基督教“三自”爱国运动委员会主席蔡葵主持。市宗教局副局长赵宏生，区委常委、区委统战部部长陈秋生到会并讲话。区委统战部、区民宗侨办、区发改委和南口镇主要领导及施工、监理部门负责人、全区基督教信教群众代表共200余人出席奠基仪式。

（张喆）

【市人大到涧头村调研】 5月16日，市人大民宗委主任席文启到涧头村调研。区民宗侨办主任贾洪东汇报了全区民族村经济工作开展情况，涧头村党支部书记路玉涛介绍了全村的基本情况以及“开心农庄”项目的进展情况、今后的工作设想。席文启对昌平区民族村经济工作给予肯定，对涧头村今后的发展提出意见和建议。随后，席文启一行实地考查了“开心农庄”项目。区人大主任李福忠、副主任杨国昌陪同调研。

（张喆）

【区伊斯兰教协会第二次代表会议举行】 5月29日，昌平区伊斯兰教协会第二次代表会议举行。会议听取并审议通过了《北京市昌平区伊斯兰教协会第一届常务委员会工作报告》等，选举产生了北京市昌平区伊斯兰教协会第二届委员会和监事会。市宗教局副局长马中璞，区委常委、区委统战部部长陈秋生出席会议，并对会议的召开表示祝贺，对区伊斯兰教事业所取得的成绩给予充分肯定，并对今后工作提出希望和要求。

（张喆）

【举办宗教教职人员培训班】　6月6日，区民宗侨办在阳坊胜利文化园举办"2012年昌平区宗教教职人员及骨干信徒培训班"。区民宗侨办主任贾洪东、副主任张琳分别就"宗教与社会主义社会相适应"、《宗教事务条例》相关问题进行了讲解。全区各宗教团体、宗教活动场所负责人，宗教教职人员及部分骨干信徒70余人参加培训。

（张喆）

【部署开展和谐寺观教堂"安全年"和"宗教政策法规学习月"活动】　6月6日，根据国家宗教局和北京市宗教局的统一部署，区民宗侨办于召开专题会议，认真部署区开展和谐寺观教堂"安全年"和"宗教政策法规学习月"活动。会议传达了国家宗教局和北京市宗教局《关于在宗教界开展"宗教政策法规学习月"活动的通知》和《关于印发＜北京市宗教局开展和谐寺观教堂活动方案＞的通知》，部署了区的活动方案。全区各宗教活动场所负责人参加会议。

（张喆）

【组织全区宗教界代表人士参观学习】　6月中旬开始，区民宗侨办以纪念中国共产党建党91周年为契机，结合宗教政策法规学习月活动，分两批组织全区各宗教场所负责人、宗教教职人员赴黑龙江考察，进行爱国主义教育，并参观当地宗教活动场所，学习交流和谐寺观教堂创建经验。通过考察活动，进一步增强了全区教职人员爱国爱教的责任感。

（张喆）

【国家宗教局领导到区调研】　7月2日，国家宗教局副巡视员赵燕华等领导在市宗教局李胜勇委员和区民宗侨办贾洪东主任的陪同下，到区调研宗教工作。先后考察了居庸关长城城隍庙、南口青龙观和南口和平寺，听取了各场所负责人的工作汇报。赵燕华和李胜勇对区宗教活动场所建设、宗教教职人员的培养和宗教活动情况给以充分肯定。

（张喆）

【组织全区宗教界人士传达学习市第十一次党代会精神】　7月18日，区民宗侨办组织各宗教活动场所负责人和宗教教职人员座谈会，会议传达了市党代会精神以及区委书记侯君舒关于贯彻落实市党代会精神的讲话，并提出三点意见：一是宗教教职人员要全文学习《报告》，深入领会和把握《报告》的精神实质和主题，并在讲经布道中宣传市党代会精神。二是要认真组织开展宗教政策法规学习活动，积极创建和谐寺观教堂。三是要认真排查安全隐患，落实安全措施，同时要团结、教育信众爱国、爱教，为构建和谐昌平贡献力量。

（张喆）

【组织召开宗教活动场所经验交流会】　7月18日，民宗侨办组织各宗教场所负责人到昌平清真寺和居庸关城隍庙进行实地参观、学习，两个场所负责人分别就建立健全各项制度、规范场所管理、依法有序开展宗教活动、创建和谐寺观教堂等方面进行了介绍，各场所负责人还畅所欲言、深入交流。此举，既促进了各宗教之间的相互了解和沟通，又相互获得了场所管理的宝贵经验。

（张喆）

【对区宗教活动场所安全检查】　为切实加强各宗教活动场所的消防安全保卫工作，确保十八大期间的宗教活动安全、有序，根据和谐寺观教堂"安全年"创建活动要求，8月2日至3日，区民宗侨办会同区消防支队对全区依法登记的宗教活动场所及固定处所进行全面的消防安全检查。检查组听取了各活动场所消防安全工作情况，实地查看了活动场所的硬件设施和消防设备，对存在的问题提出整改意见，并现场进行消防知识及技能培训。

（张喆）

【市民委到区调研清真企业扶持项目】　年内，区民宗侨办共争取国家和市级资金221万元支持区民族企业发展。8月9日上午，市民委就区2012年清真企业扶持项目进行调研，详细了解了项目完成情况，对我区相关部门密切配合、关口前移、最大限度发挥专项资金效果的做法给予充分肯定。区民宗侨办主任贾洪东陪同调研。

（张喆）

【对区清真食品市场进行联合检查】　为切实保障广大少数民族群众合法权益，维护清真食品市场稳定，为党的十八大胜利召开营造民族团结、和谐的良好社会氛围，8月9日至11日，区民宗侨办会同工商昌平分局、区商务委对回龙观镇、东小口镇、城北街道、阳坊镇、南口镇的重点街道、民族村和清真寺周边、农贸市场等重点地区的清真食品市场进行执法检查。通过检查进一步规范区清真食品市场秩序，确保区清真食品市场的安全。

（张喆）

【开斋节服务保障工作部署会召开】 8月14日，区召开开斋节服务保障工作部署会，区委常委、副区长孙启出席会议。会上，区伊协和各单位先后通报了各清真寺开斋节准备情况和开斋节服务保障准备情况，区民宗侨办就开斋节服务保障工作进行部署，孙启提出具体要求。

（张喆）

【穆斯林群众欢度开斋节】 8月20日，是回族等信仰伊斯兰教的少数民族群众的传统节日——开斋节，当天到昌平清真寺、沙河清真寺、西贯市清真寺、小辛庄清真寺内欢度节日的穆斯林群众约4000人。参加活动的除本地区的穆斯林群众外，还有在昌平工作、学习、生活的外地穆斯林群众及部分阿拉伯国家的穆斯林。区委常委、区委统战部长陈秋生代表区委、区人大、区政府、区政协到昌平清真寺亲切慰问广大穆斯林群众，并向全区广大穆斯林群众致以节日的祝贺。区委统战部常务副部长张维亮、区民宗侨办主任贾洪东、城北街道办事处工委书记茅江等领导陪同。

（张喆）

【区维稳工作督查组进行督查指导工作】 8月22日，区法院院长刘毅带领区十八大维稳工作第十督查组来区民宗侨办督查指导工作。民宗侨办汇报了十八大维稳工作进展情况及下一步工作重点。督查组现场检查了区民宗侨办维稳信息材料、工作台帐、矛盾排查化解台账、会议记录等书面材料。刘毅对区民宗侨办十八大维稳工作给予充分肯定，认为区民宗侨办对十八大维稳工作高度重视，措施到位，各种材料完备，矛盾排查化解及时有效，下一步工作思路清晰。

（张喆）

【教师节期间开展走访慰问活动】 9月10日，是第28个教师节，区民宗侨办领导分别来到西贯市回民小学、定福皇庄回民小学和昌平二中新疆内高班，慰问了辛勤耕耘在教学第一线上的教师，并向三校教师表示节日的祝贺，对多年来奋战在民族教育事业一线上的教师表示敬意与感谢。

（张喆）

【市宗教局对区清真寺财务管理及和谐清真寺创建工作进行检查】 年内，区民宗侨办按照国家宗教局下发的《宗教活动场所财务监督管理办法（试行）》和市宗教局的工作部署，认真指导清真寺完善管理制度、规范财务管理，实现清真寺财务规范化管理。9月11日，市宗教局伊斯兰教处处长丁希松等一行到区检查清真寺财务管理、和谐清真寺创建工作。检查组在听取了各清真寺有关工作汇报、查看了相关资料、并与寺管会成员、财务人员座谈后，对区各清真寺的工作给予肯定，希望清真寺的各项工作再上新台阶。

（张喆）

【市宗教局对区有关寺庙进行检查】 9月25日，在区民宗侨办主任贾洪东陪同下，市民委委员李胜勇带领的第三检查组采取"听、看、查、评"的方式对区和谐寺观教堂创建工作进行检查。检查组对青龙观和延寿寺两处场所的硬件设施建设、消防安全、财务管理、宣传学习、爱国爱教等"安全年"创建情况给予充分肯定，并要求场所在继续保持和发扬的同时，进一步加强学习，提高宣传等软件建设，确实把宗教活动场所建成"爱国爱教"教育场所。

（张喆）

【举行民宗侨界代表人士中秋座谈会】 9月26日，区民宗侨办组织召开全区民宗侨界代表人士迎中秋座谈会。区民宗侨办全体工作人员和全区民宗侨界代表人士欢聚一堂，共叙友谊，畅谈发展，共迎中秋佳节。座谈会上，区民宗侨办主任贾洪东向全区民宗侨界人士致以节日的问候，对各位民宗侨界人士为迎接党的十八大的胜利召开和为昌平区的经济社会发展做出的贡献给以充分肯定，并希望广大民宗侨界人士继续发扬优良传统，更加紧密地团结在党和政府周围，以实际行动，为党的十八大的胜利召开，为昌平区民族和谐、宗教和睦、经济繁荣，再做新的贡献。

（张喆）

【区领导检查宗教活动场所安全】 9月29日下午，区委常委、区委统战部部长陈秋生带领公安、消防、安监、城管等有关部门领导，来到昌平清真寺进行安全检查。区民宗侨办主任贾洪东汇报了全区各宗教活动场所十八大和中秋、国庆期间的安全隐患排查及整改情况，以及安全预案制定情况。各有关部门检查了清真寺的燃气、电路及消

北京市昌平区北七家镇

市委书记刘淇、中宣部部长刘云山在北七家镇首都文化林参加植树劳动

北京市宣传部部长鲁炜、区委书记侯君舒在北七家镇首都文化林参加植树劳动

北七家镇召开全镇十八大安保维稳和环境整治大会

北七家镇第九届村民委员会换届选举工作动员培训大会

北京市昌平区南口镇

“三八”妇女节前夕，区委书记侯君舒到南农社区慰问居民代表周俊兰

6月12日，区领导检查南口镇关闭非法砂石加工厂工作进展情况

3月14日，国土资源部副部长胡存智到南口镇调研

2月9日，北京市农委领导到南口调研新型农村社区建设情况

8月22日，区委常委、纪委书记王晓霞到南口镇调研

5月21日，副区长刘淑华到陈庄中学调研新校区建设工作

11月28日，举办南口建镇100周年庆典活动

百年庆典文艺演出

北京市昌平区兴寿镇

5 月 24 日，副区长苏卫东就兴寿镇草莓产业进行调研

3 月 5 日，区委宣传部副部长周文健到辛庄村艺术家工作室调研

10 月 20 日，镇党委书记许正锋、镇长叶玉东重阳节前夕慰问香屯村百岁老人

6 月 25 日，区人大主任李福忠、镇党委书记许正锋七一前慰问兴寿镇老党员

2012 北京兴寿草莓庙会

4 月 12 日，河北滦南倴城到兴寿镇考察草莓产业情况

北京市昌平区马池口镇

6月14日，马池口镇党委书记张劲柏、镇长王玉君陪同区领导张燕友、陈秋生、刘淑华、孙卫、任鹏举调研马池口镇开展打击违法占地、违法建设工作情况

6月17日，马池口镇举办两委换届选举工作总结暨培训会

5月4日，闪电——北京公路自行车联赛(马池口绕圈赛)在水南路西段举行

马池口镇大力推进文化工程建设，图为北小营村秧歌队在表演

马池口镇发展都市型农业初见成效，图为绣花农庄草莓套种西瓜

马池口镇完成平原绿化造林7000亩

北京市昌平区百善镇

十八大期间安全检查

镇党委书记实地查看平原绿化工作进程

百善镇成立善德文化艺术社,并举办了首届“善德文化艺术节”

新星广场标志

文化墙——24孝图

北京市昌平区南邵镇

南邵镇位于昌平区东部，面积35.54平方千米，农业用地面积8288亩，辖16个行政村。截至2012年底，全镇常住人口2.91万人，户籍人口0.82万人。

2012年，农村经济总收入156243.1万元，比上年增长10.1%。镇地方财政收入8160万元。人均劳动所得15413.1元，增长9.5%；农村居民人均纯收入16824元。

机关干部、两委干部学习十八大精神报告

富余劳动力就业招聘会

治理地铁周边黑车占道

南邵镇首届庆“三八”励拓丰盈杯乒乓球邀请赛

兴昌佳苑小区

防设施,陈秋生部长对宗教活动场所的安全工作表示满意。

(张喆)

【对区基督教南口堂建设工地进行安全检查】 9月25日和11月6日,市民委李胜勇委员和市民委范宝副主任先后对区基督教南口堂建设工地进行了检查。在查看工地和听取建设方情况汇报之后,李胜勇和范宝对工地目前的安全管理状况予以充分肯定。区民宗侨办主任贾洪东陪同检查。

(张喆)

【区朝觐人员平安抵京】 11月16日,区两名朝觐人员随中国朝觐团平安抵京。区民宗侨办、区伊协及西贯市清真寺部分乡佬到首都机场迎接。

(张喆)

【昌平二中被评为在北京市民族团结示范校】 11月,昌平二中以全部参评学校总分第一名的优异成绩被评为市民族团结教育示范校。

(张喆)

【学习贯彻十八大精神座谈会召开】 11月28日,区民宗侨办召开全区民宗侨界学习贯彻党的十八大精神座谈会,全区各宗教团体、宗教活动场所负责人、全体教职人员及骨干信徒、归侨侨眷代表30余人参加了座谈。与会人员表示,要深入学习贯彻十八大精神,积极为全面建成小康社会做贡献。

(张喆)

【西贯市清真寺建设项目协调会召开】 11月30日上午,区政府在319会议室组织召开西贯市清真寺建设项目协调会,区委常委、副区长孙启出席会议。会议由区民宗侨办主任贾洪东主持,区发改委、文化委、财政局、规划分局、国土分局、阳坊镇政府主管领导参加会议。

(张喆)

【少数民族村经济工作座谈会召开】 12月5日,区民宗侨办召开少数民族村经济工作座谈会。会议由贾洪东主任主持,副主任张琳传达了国家、市和区关于少数民族经济发展的相关政策和工作要求,通报了区5个少数民族村1月至10月的农民人均劳动所得情况,对完成2012年的经济指标任务提出了要求,部署了2013年少数民族村经济发展项目申报工作。

(张喆)

【全区基督教、天主教信众欢度圣诞节】 12月24日至25日,近4000名信教群众分别到基督教南口堂、燕子口天主教堂等依法登记的宗教活动场所欢度平安夜和圣诞节,现场气氛祥和,活动有序。区委常委、统战部部长陈秋生代表区委、区政府到基督教南口堂和燕子口天主教堂,看望广大信教群众,并进行了慰问。区委统战部、区民宗侨办、公安昌平分局及各相关镇(街)领导分别到各堂点慰问信教群众。

(张喆)

【区和谐寺观教堂创建工作圆满完成】 年内,小辛庄清真寺、沙河清真寺、西贯市清真寺、道教青龙观和城隍庙、佛教和平寺和延寿寺共8处宗教活动场所通过市创建和谐寺观教堂的验收。至此,区宗教活动场所全部达标,圆满完成了和谐寺观教堂创建工作任务。

(张喆)

【区两家企业被列为全国少数民族特需商品定点企业】 年底,国家民委公布了2012年全国少数民族特需商品定点企业重新认定名单,区的北京老马清真食品有限责任公司、北京民族印务有限责任公司被列为全国少数民族特需商品定点企业。

(张喆)

人民生活

【概　况】 年末,全区常住人口183万人,比上年末增加9.2万人,增长5.3%;其中常住外来人口95.7万人,增长6.8%,占常住人口的比重为52.3%,比上年末提高0.7个百分点。年末全区户籍人口56.1万人,比上年末增加1.2万人,增长2.2%。城镇居民人均可支配收入29950元,比上年增长8.2%;消费性支出19872元,同比增长7.5%。城镇居民人均住房使用面积35.3平方米。农村居民人均纯收入14971元,比上年增长11.4%;人均生活消费支出11932元,同比上涨6.9%。农村居民人均住房面积57.4平方米。

(关丽丽)

单位名称:昌平区统计局

地址:昌平区西环路17号
电话:(010)69742558
邮编:102200

【城镇居民收入支出情况】 年内,城镇居民家庭总收入33943元,同比增长8.5%。其中人均可支配收入29950元,同比增长8.2%。家庭总收入由工资性收入、经营性收入、财产性收入和转移性收入四部分组成,分别为23068元、837元、1553元和8485元。城镇居民消费性支出19872元,同比增长7.5%。消费性支出包括食品、衣着、居住、医疗保健、交通和通信等八大类,结构呈六升二降态势。居民消费性支出的增长主要体现在交通和通信以及食品上,同比分别增长了37.9%和6.5%。

(梁盛胜)

【农村居民收入支出情况】 年内,农民人均纯收入14971元,同比增长11.4%;其中工资性收入11025元,家庭经营收入-595元,财产性收入1945元,转移性收入2597元。工资性收入对纯收入增长贡献最大,拉动纯收入增长7.5个百分点。人均生活消费支出11932元,比上年增加772元,同比上涨6.9%。八大类消费五升三降,文化教育娱乐用品及服务、交通和通讯增速较高,分别同比增长60.4%以及34.7%。

(梁盛胜)

街道·镇

街道

城北街道办事处

【概　况】 城北街道办事处(简称“城北街道”)位于昌平区中部,辖区总面积18.9平方千米,下辖13个社区党总支部,40个社区居委会和5个村委会。截至2012年底,街道常住人口近21.1万人,户籍人口约9.1万人,其中非农业人口8.9万人。

2012年,城北街道属地税收完成16.39亿元,同比增长14.98%。区级财政收入完成3.17亿元,同比增长20.26%。城镇居民年人均可支配收入21994元,增长11.6%。

(王秋懿)

单位名称:昌平区城北街道办事处
地址:昌平区东关环岛东北侧
电话:(010)89731143
邮编:102200

【农业】 年内,城北街道辖区内未整体转制仍保留农村建制的有二街、三街、六街、西关、朝凤五个社区,共有农业人口2309人,农村劳动力总数1599人。现有农业用地总面积1579.15亩,其中耕地1054亩,主要集中在西关、朝凤庵、六街三个村;果园174亩,主要集中在朝凤庵村;林地面积253亩,主要集中在六街、二街、朝凤庵三个村。农村人口就业现状:直接从事农业生产的262人(种菜、果园),大多数人从事商业、服务业,还有少数人从事社区或村管理工作。

(王秋懿)

【工业】 年内,城北街道辖区内所辖500万元以上工业企业14家。其中2000万元以上的规模企业5家,2000万元以下500万元以上的准规模企业9家;2012年企业总产值59049.6万元,同比增长3%;企业利润总额5513.8万元,同比增长74.5%。

(王秋懿)

【城乡建设】 年内,新开工项目2处,建筑面积约2万平方米(工商局档案库房、区武装部仓库),2012年前开工在施项目12处,建筑面积63万余平方米。按照区老旧小区综合整治办公室的要求,城北街道2012年已完成辖区8栋共16000余平米老旧小区抗震加固改造协议的签订及搬迁工作。共完成30余栋共20余万平方米的老旧小区节能保温综合改造工作。按照市政府228号令《北京禁止违法建设若干规定》的要求,继续做好控违拆违工作,共发现并劝拆违法建筑2处。制定出台了《城北街道国家卫生区复审工作实施方案》和《城北街道国家卫生区任务分解表》,签订《城北街道国家卫生区复审工作责任书》。街道出资300余万元,组建了一支200余人的专职看守队伍。迎审期间,共开展大规模卫生清扫活动20余次,清除堆物堆料1000余处,清理垃圾2000余吨,铲除非法小广告50000余处,顺利完成国家卫生区复审工作。

(王秋懿)

【社会事业】 年内,加强失业人员教育、管理和技能培训,加强就业指导,建立与辖区用工单位联席制度,提供就业信息,拓宽再就业渠道。全年采集空岗信息4100个,职业指导2534人,参加职业技能培训153人,1650名失业人员实现再就业,973人实现灵活就业、自主创业,城镇登记失业率始终控制在2.5%以内。完成低保金、无养老保障人员养老金、失业人员失业金的发放工作,总额达510余万元,为退休人员、失业人员、灵活就业人员、一老一小及无业居民报销药费金额达900余万元,申领和补办社会保障卡5855张。做好“两限房”、经济适用房、“廉租房”申请登记、审批工作，252户居民通过北京市审批。做好家电下乡补贴工作，全年共办理4098人次，发放补贴127.17万元。加强社区计生服务，健全计生基层工作网络，加强对流动人口计划生育管理，落实计划生育家庭的奖励和特别服务制度。做好扶残助残、优抚、救济、社会捐赠等各项工作。

（王秋懿）

【社区建设】　年内，城北街道共有40个社区居委会进行了换届选举（其中包括新建居委会4个），全部一次选举成功。本次选举共登记选民68090人，选民中共有党员11553名，区人大代表6名，区政协委员1名；共划分居民小组615个，选举产生新一届居民代表1627人，其中党员756人；本届采取直选方式选举的居委会共有9个（包括4个新建居委会），直选社区上站投票率为83.3%。其它31个社区居委会仍然采用的是居民代表选举方式。通过依法选举，产生新一届社区居委会成员272人。其中居委会主任40人，副主任66人，委员166人，女性187人，占68.8%；连选连任139人；党员人数136人，占50%，比上届增加11%；大专以上学历占66.9%，比上届增加11%；社区党组织书记、居委会主任“一人兼”的有30个社区，占75%，比上届增加58%；“两委”成员交叉任职比例50.5%，比上一届增加31.5%。本届选举中，街道在探索社区直选、扩大基层民主上有了新的突破，9个直选社区平均上站投票率达到83.30%，居民关注社区选举的热情普遍提高。三街、史家坑2个社区成立了“一刻钟社区服务圈”市级示范点，开展系列需求调查和资源摸底工作，为社区居民提供便捷、高效的服务。京科苑社区党支部以落实校园安全防范措施为抓手，发挥党组织和党员作用，形成了社区、学校、家庭联手保安全的巨大合力，维护了辖区的和谐、稳定。东关社区党支部开展了“佩戴党徽、亮明身份、争当先锋”活动，一名党员一句格言，把每名党员的照片和格言制成宣传栏，以格言警句为标志，亮名党员身份。西环里社区党支部以关注民生服务群众为出发点，积极开展环境整治、健康教育等便民服务。燕平路社区党支部积极开展党员“亮牌示范”活动，向群众亮出党员“名片”，主动接受群众监督。六街社区党支部开展“找亮点促进步，向身边党员学习”活动，实现了社区党支部和党员之间的交流沟通和良性互动；东关社区党支部开展廉政文化进社区，在社区营造反腐倡廉的浓厚氛围；南环里社区党总支部以加强党员志愿者服务队伍建设为重点，强化服务群众功能。

（王秋懿）

【新农村建设】　年内，进一步开展农村社区建设典型示范社区创建活动，提高农村社区建设和管理服务水平，探索新型农村社区发展新模式，推动社会主义新农村建设。做好村务公开民主管理大检查工作，不断提高各村村务公开民主管理工作水平。圆满完成村党组织换届选举工作，截至12月16日，5个村顺利选举产生了新一届村党组织班子，达到了预期目标。城北街道共有农村党员141名，应到会党员127名，实到会党员120名，党员到会率达到94.49%。5个村全部是一次性选举成功，共选举产生支部委员22名，其中19人是上届党支部班子成员，5名党支部书记全部实现连选连任。新当选的支部委员平均年龄48.1岁，其中55岁以上的4人，占18.2%；51至54岁的5人，占22.7%；46至50岁的6人，占27.3%；36至45岁的6人，占27.3%；35岁以下的1人，占4.5%；具有大专以上学历的15人，占68.2%，高中及中专学历的6人，占27.3%，初中学历的1人，占4.5%；女委员7名，占31.8%。在开展创先争优活动中，六街村党支部以推行党务村务公开、促进民主管理为抓手，采取抓好“四个民主”、开展“三个带头”、完善“两项机制”的“4+3+2”模式，提高村级规范化管理水平，推动活动深入开展。在农村党员中继续开展设岗定责、“六承诺”等活动，积极搭建农村党员服务群众、体现先进性的平台。尤其是在“抓党建、治违建，创先争优促发展”主题活动中，广大党员庄重承诺，带头自查自纠，带头遏制违建。二街村党支部组织党员包片，包胡同，每天对辖区内的平房进行巡逻，严防死守，确保拆违工作顺利进行。三街村党支部积极探索“一体两翼”模式，建立以村党支部为主体，综治维稳服务中心和志愿者维稳服务队为两翼的组织体系，动员党员加入民情恳谈室和流动人口服务站，发挥他们对村情、民情熟悉的优势，帮助解决邻里矛盾、家庭纠纷等问题，助推基层党建工作；朝凤村党支部与中国政法大学开办法律诊所，为村民提供法律服务，促进了支部互动活动的开展。

（王秋懿）

【商贸旅游】　城北街道位于区中心位置，是昌平区的行政、办公、商业、经济中心和连接区南部和北部重要的缓冲器和传递器，承载着区旅游、人口和其他产业疏解的重要职能。城北街道旅游资源不足,但对旅游资源的配套服务作用明显。年内,城北街道辖区能提供不同消费层次游客住宿的星级饭店10家,其中三星级6家,二星级4家;具备一定规模以上的住宿、餐饮企业87家,为区的旅游发展提供了较好的配套服务功能。

(王秋懿)

【精神文明 民主法治建设】 年内,人大城北街道工委在开展"深化人大制度认识,增强代表职责意识"活动以来,结合实际,求真务实,不断丰富活动内容,努力提高代表的整体水平。在原有的《代表联系选民制度》《代表接待日制度》和《代表向选民述职制度》的基础上,又建立了《代表活动登记考核制度》《代表建议办理制度》。同时将原有的《代表联系选民制度》进一步细化。城北街道较好地完成了无邪教社区创建、"教育转化攻坚整体仗"、日常防控、警示教育、境外网络斗争等工作任务,41名巩固帮教对象均已成功融入社会,巩固率继续保持100%。接待受理信访总量129件次,受理来访70批312人次,同比信访总量下降20%,未发生一起到市以上单位非正常群体访。5月4日,一支以中国政法大学法律硕士学院研究生为主体的"中国政法大学城北街道普法志愿者服务队"在办事处成立,并举行了授旗仪式。11月12日,在全市司法行政系统视频大会上,城北司法所受到市司法局的通报表彰。精神文明建设方面,深入贯彻十七大和十七届四中、五中全会精神,以社会主义核心价值体系为统领,努力践行"人文北京、科技北京、绿色北京"三大理念,致力打造高品质的文明城区,提高辖区居民精神文明素质,为建设现代化京北创新中心、国际科教新城提供精神动力和智力支持。

(王秋懿)

【重要会议和重要活动】 2月6日,街道组织表演队伍参加2012年昌平区"正月十五龙腾狮跃"闹元宵活动。2月22日,街道召开2012年党工委系统工作会。4月10日,街道举办2012年"星火工程"首场演出。5月4日,街道司法所成立普法志愿者服务队,并对50名普法志愿者进行首次业务培训。6月20日,街道社保所举办"老有所乐乐祖国繁荣昌盛老有所为为中华复兴高歌"迎"七一"文艺汇演。7月26日,市信访督导组到城北街道就如何做好党的十八大期间信访工作进行督导。8月16日,中央信访工作北京督导组到城北街道灰厂路居委会就如何开展信访工作,为党的十八大期间营造良好的社会环境督导检查昌平区的信访工作。10月12日,首都绿化委员会办公室领导到街道检查北京市花园式社区和花园式单位创建工作,并给予充分的肯定。

(王秋懿)

城南街道办事处

【概　况】 城南街道办事处(简称"城南街道")处紧邻昌平主城区,为昌平新城核心功能区之一,属城乡结合部,平原地区。面积14.7平方千米,辖16个社区、5个行政村。截至年底,全街道常驻人口7.1万人,户籍人口1.7688万人,外来人口3.5万人,社会人口15万人。

2012年,城南街道完成财政收入完成23275万元,乡镇企业营业收入121070万元,农户经济总收入102244万元,乡镇企业利润总额9396万元;城镇居民年人均可支配收入20468元,农民人均所得17096元。

(邱玉仿)

单位名称:昌平区城南街道办事处
地址:昌平城南环东路18号
电话:(010)69741019
邮编:102200

【农业】 年内,新建并验收日光温室319栋。有6处危旧房8处重点积水、度汛隐患部位安全防汛。与各村(居)签订责任书,配合城南地区动物防疫站做好辖区动物疫病免疫工作。加强对甲型H1N1流感、禽流感的防控。城南街道有重点功能区土地1902.39亩,其中集体租赁土地772.4亩、管护土地1129.95亩,做好集体土地管理。大中型水库农村移民后期扶持资金,每人600元,共计16人,总金额9600元。做好大中型水库农转非移民就业培训补贴,每人补贴560元共计79人,总金额44240元。辖区有机电井105眼,水源热泵系统2处。水利事业单位2家,农村供水工程5处。北郝庄村粮食直补申报24.2亩,补贴2347.4元。新增加绿化道路面积10.27亩,涉及旧县、南郝庄。农村集体出租土地合同涉及邓庄、旧县、南郝庄、北郝庄、水屯、凉水河6个村。核查租赁合同面积共计815.72亩(850元/亩)。在面积中有52亩合同租金增加到1500元/亩。平原绿化造林涉及旧县、邓庄两个村,现已完成旧县21个标准大棚及其它地上物拆除藤退工作，拆除藤退面积47.7亩。完成平原造林绿化面积共计87.65亩。

(邱玉仿)

【工业】 年内，发挥昌平新城功能核心区的定位优势，培育并服务好规模化龙头企业和推进农村城市化建设作为加快经济发展的着眼点。园区企业经济效益基本平稳，乐普医疗、高德软件、巴可伟视等重点品牌企业保持较大增长，全年新增企业139家。财政收入完成23275万元，增长10.26%。共计接待办理工商注册经营场所的审批187件，办结187件，其中入驻企业76家，注册资金共计7345.1万元。个体工商户111家。整治辖区29家站点关停27家，其中两家有照站点逐步退出。同时配合区商委拟在各村建立一家回收站点。完成24户社区居民全年基本生活(粮油)调查工作；已签约便民菜站凉水河、介山各一家；整顿无照经营商贩，已取缔1家，尚有两家正在整治。

(邱玉仿)

【城乡建设】 年内，金隅东沙河中区住宅项目二期开工建设。山峡、凉水河完成村民回迁入住。京包高速回迁楼建设完成，正在制定分配方案。旧县完成规划调整，邓庄纳入十三陵门户地区总体发展规划、南郝庄村民回迁楼项目开展建设，化庄改造项目在区拆迁指挥部领导下，完成相关单位关于建设方案的意见征求，正在办理前期各项手续。郝庄供热厂投入使用。秋实社区供暖改造按时完成。以国家卫生区复审为契机，对区域环境进行综合治理。投入资金约690万元，清运生活垃圾7128.86吨，建筑垃圾2500吨；清理1105处脏乱点；规范大型广告牌匾500余块。对化庄、昌盛园、介山、砂石厂等城中村和老旧小区、建成区内各社区及主要路段进行综合整治和绿化美化。

(邱玉仿)

【社会事业】 年内，为1200名户籍育龄妇女和流动育龄妇女进行生殖健康体检。做好养老助残、困难户扶助工作，对低保户、重残、军烈属、伤残军人、优抚对象、高龄老人发放补助金75万元。做好传染病防治等健康知识宣传工作，发放《健康知识问答》1万余份。开展慈善救助"春雨"行动，累计捐款120万元，捐赠衣物1620件。完善就业服务体系，劳动力就业培训推荐就业岗位1106个，多渠道安置就业683人，无零就业家庭。新建便民菜站2家。投资520万元，对邓庄村、北郝庄村幼儿园设施进行升级改造。开展"正月十五闹元宵"、秧歌舞蹈大赛、春季长跑、拔河比赛、乒乓球赛等各类文体活动，全年共完成9场接待专业院团的星火工程演出，观众达2900余人。完善流动人口综合管理信息平台，推动"六型社区"建设，辖区内3个社区申请市级示范单位，秋实家园社区、昌盛园社区作为"一刻钟服务圈"市级示范点。

(邱玉仿)

【社区建设】 年内，实施"一区一品"工程，培育发展新汇园"爱心书屋"、砂石厂社区打造基地式九大服务平台、畅春阁社区"红杉"爱心服务队、水屯家园社区以"金点子"服务社区居民、水屯家园社区建立"党员心语信息平台"及"星级志愿服务"、北郝庄村"村级事务接待站"及"1+1联系服务队"、郝庄北区"党员爱心互助会"、郝庄西区打造社区艺术团、富泉"党员联络服务团"、秋实家园"老年乐园"。新建龙山锦园和新汇园社区办公用房已投入使用，介山、山峡等5个社区办公用房拟于近期装修。按照全市统一标准，为秋实家园、世涛天朗等6个办公用房达标社区安装楼梯标识、引导牌等标识，进一步完善社区规范化建设。加强社区防震减灾工作，畅春阁社区完成创建地震安全示范社区。

(邱玉仿)

【新农村建设】 年内，在农村党组织中，开展党员设岗定责、党员承诺等活动。强化"三会一课"制度、"两委"联席会制度、实行村党组织、村委会班子及成员和村务监督委员会成员述职述廉评议制度，规范村级事务民主管理工作流程；进一步完善基层干部年度绩效考核目标评价体系，明确目标责任机制；重点加强薄弱村基层支部班子建设。从理顺"两委"班子之间、完善村"两委"班子民主议事和决策程序。

(邱玉仿)

【商贸旅游】 年内，协助京能集团完成天龙源项目重组转型，建设大型旅游综合体，提高西部地区发展潜力。进一步整合资源，深度调整产业结构，推进产业高端发展；加快西北部旅游休闲功能区"京能奥莱欢乐城"项目建设。

(邱玉仿)

【精神文明　民主法治建设】 年内，完成全国"两会"、环京自行车公路赛、党的十八大安保维稳工作。发动各类群防群治力量，统一佩戴红袖标开展巡逻值守，对信访、精神病等各类重点人逐一落实看护责任，加强流动人口与出租房屋管理，抓好安全生产工作，组织生产、消防、交通、食品安全及非法违法生产经营等联合执法检查210余次。开展"安全生产月"宣传活动,消除各类安全隐患。辖区21个村和社区建立消防工作室,形成消防安全网格化管理机制。落实"148"农村民主管理制度,加大对村级事务重大决策"五步法"落实情况的监管。组织完成凉水河、山峡、化庄、介山四个股份合作社换届工作,实现董事会、监事会与社区"两委"任期同步,完成集体土地确权颁证工作,辖区38宗集体土地,有35宗完成颁证前各项工作。推进法治城南和民主法治村、社区建设,共排查调处各类矛盾纠纷215件,调解成功210件,调解成功率97%,防止民间矛盾纠纷激化案件6起。落实领导干部接访制度,发挥基层社会矛盾调处工作站和基层"恳谈室"作用,与各村、社区签订《信访和排查调处工作目标管理责任书》,"六五"普法宣传教育,开展各类法制宣传19场,发放法制宣传材料3万份。16个社区共选出居委会成员82名,其中主任16名、副主任15名、委员51名,居委会干部平均年龄41岁。居委会成员中,有党员62名,占76%,妇女干部40名,占总数的49%,社区书记、主任"一人兼"比率达56.3%。社区党支部成员进入居委会班子的27人,两委交叉任职率达47.4%。

(邱玉仿)

天通苑南街道办事处

【概　况】　天通苑南街道办事处(简称"天南街道")于2012年12月31日正式挂牌成立。位于昌平区东南部,辖区东到北苑东路,西至中滩村路,南到昌平区与朝阳区界线,北至太平庄中街,占地面积约5.5平方千米,管辖13个社区及1个村,总人口约10.7万,是人口密度比较集中地区。

(谷冲)

单位名称:昌平区天通苑南街道办事处

地址:昌平区东小口镇水务站南50米

电话:(010)84823891

邮编:102218

【街道成立背景】　2008年,东小口地区被北京市确定为城乡结合部综合配套改革试点地区。2012年3月21日,北京市民政局下发《北京市民政局关于调整昌平区东小口地区行政区划的批复》(京民划函〔2012〕99号)文件,文件中指出:经市政府专题会研究,将东小口地区办事处(镇)辖区拆分为4个区域,保留东小口地区办事处(镇)建制,并新设3个街道办事处(天通苑南街道办事处、天通苑北街道办事处、霍营街道办事处),形成"一镇三街道"的格局,天通苑南街道办事处就此正式成立。

(谷冲)

【积极探索新建街道大部制管理模式】　6月,由区委社会工委牵头,天南街道与区政府办、区委研究室、区编办、区发改委、区人力社保局共同组成调研组,重点对广东省顺德市、云南省昆明市官渡区官渡街道办事处大部制改革情况及改革后的社会管理经验和成效开展了实地调研,形成调研报告,为新建街道形成有特点的大部制管理模式提供了重要的参考依据。另外,天南街道还分别到丰台、海淀、朝阳、石景山等地的知名街道,参观街道各部门机构设置、对外服务窗口等,经过充分细致的交流学习,学习探讨了很多基层政府创新行政管理体制和社区发展、社会建设的宝贵经验。经反复研究,确立了"改革创新、开放包容、完善服务、构建和谐,努力打造昌平区社会管理创新示范区"的街道发展目标。

(谷冲)

【天通苑南街道机关的机构设置】　年内,天南街道积极配合区编办,研究确定天南街道办的主要职责、内设机构和人员编制等事项,天南街道的行政编制及"三定"方案已分别于9月和11月获得市编办和区委的批复。按照"精简、高效"的大部制体制改革精神的要求,天南街道办设置"四部一室一中心"六个部门。其中党群工作部,主要抓党建、群众组织、群众工作、精神文明等工作;社区工作部,主要负责社区建设和管理,包括养老、助残、一刻钟服务圈、社会服务均等化等社区综合服务;综治维稳工作部,负责社区综合治安、辖区安全、治安事件处理、应急处理,包括对突发事件、人身安全、社会公共安全的事件处理;社会管理与城市建设部,主要负责市政基础设施建设与管理、市容环境卫生管理等工作;公共事务服务中心是整个街道办事处的对外形象窗口,直接服务百姓;综合办公室,负责为机关高效运行整体服务、后勤保障和机关工作人员管理等事项。为进一步提高办事效率,强化办事力度,减少推诿扯皮行为,天南街道的6个部门领导均由街道办事处副主任兼任,各部门不单独设置下属科室。

(谷冲)

天通苑北街道办事处

【概　况】　天通苑北街道办事处位于昌平区东南部，面积约4.7平方千米，耕地面积1485亩。辖9个社区、3个行政村，截至年底，全街道常住人口约14万人，户籍人口16924人，其中非农业人口16151人。

（蔡郁）

单位名称：昌平区天通苑北街道办事处
地址：昌平区天通苑北街道太平家园小区西100米路北
电话：(010)64824833
邮编：102218

【街道办事处职责】　一、贯彻执行党和国家的各项方针政策、法律、法规，落实区委、区政府的决定和命令。二、加强社区建设，发展社区服务，指导和帮助社区居委会开展组织建设、制度建设，发挥社区群众自治组织的作用，开展群众文化、科普、体育、社区教育等工作。三、开展爱国卫生、计划生育和卫生保健等工作。四、开展社会救助、社会福利和优抚安置等工作，协助有关部门开展就业、社会保障和社会化管理等工作。五、参与城市建设和管理，开展市容卫生、绿化美化、环境保护等工作，对住宅小区管理、物业管理进行监督检查。六、统筹协调并监督检查公安、工商、税务、安全生产、园林绿化、城管等职能部门派驻机构或专职人员行政执法工作。七、配合有关部门做好防空、防汛、消防、防震、交通管理、抢险救灾等工作。八、受理群众反映的各类问题，及时向上级反映群众的意见和要求，办理群众来信来访事宜。九、负责辖区内社会治安综合治理，强化流动人口和出租房屋管理，维护居民合法权益，保障辖区内政治稳定和社会安定。十、组织领导接到区域经济工作，制定街道经济发展规划，负责辖区内农村集体资产管理工作；负责街道财政预算和收支管理，进行财务审计。十一、承办区政府交办的其他工作。

（蔡郁）

【部室架构】　天通苑北街道办事处属区政府派出机构，设综合办公室、党群工作部、社会工作部、社会管理和城市建设部、综治维稳工作部、公共事务服务中心6个部室(中心)。

（蔡郁）

【天通苑北街道办事处正式挂牌成立】　天通苑北街道办事处于12月31日正式挂牌成立，由市发展和改革委员会委员韩晓芳与区委常委、组织部部长李良共同为天通苑北街道办事处进行揭牌。

（蔡郁）

霍营街道办事处

【概　况】　霍营街道办事处12月31日正式挂牌成立。位于昌平区南部，面积4.3平方千米。东到建材城东侧路、回龙观东大街、小区路，与东小口镇接壤；西至原东小口镇与回龙观镇界线，与回龙观镇接壤；南到原东小口镇与回龙观镇界线、昌平区与海淀区界线、城铁13号线车辆段围墙，与回龙观镇、海淀区、调整后的东小口镇接壤；北至回南路，与东小口镇接壤。辖18个社区、1个行政村。截至2012年，霍营街道办事处常住人口7.3万人。

（杨春萍）

单位名称：昌平区霍营街道办事处
地址：昌平区霍营街道黄平路207号
电话：(010)60787800
邮编：102208

【街道办事处职责】　一、贯彻执行党和国家的各项方针政策、法律、法规，落实区委、区政府的决定和命令。二、加强社区建设，发展社区服务，指导和帮助社区居委会开展组织建设、制度建设，发挥社区群众自治组织的作用，开展群众文化、科普、体育、社区教育等工作。三、开展爱国卫生、计划生育和卫生保健等工作。四、开展社会救助、社会福利和优抚安置等工作，协助有关部门开展就业、社会保障和社会化管理等工作。五、参与城市建设和管理，开展市容卫生、绿化美化、环境保护等工作，对住宅小区管理、物业管理进行监督检查。六、统筹协调并监督检查公安、工商、税务、安全生产、园林绿化、城管等职能部门派驻机构或专职人员行政执法工作。七、配合有关部门做好防空、防汛、消防、防震、交通管理、抢险救灾等工作。八、受理群众反映的各类问题，及时向上级反映群众的意见和要求，办理群众来信来访事宜。九、负责辖区内社会治安综合治理，强化流动人口和出租房屋管理，维护居民合法权益，保障辖区内政治稳定和社会安定。十、组织领导接到区域经济工作，制定街道经济发展规划，负责辖区内农村集体资产管理工作；负责街道财政预算和收支管理，进行财务审计。十一、承办区政府交办的其他工作。

（杨春萍）

【部室架构】 霍营街道办事处属区政府派出机构，设综合办公室、党群工作部、社会工作部、社会管理和城市建设部、综治维稳工作部、公共服务中心6个部室（中心），编制80人。

（杨春萍）

【街道筹备组领导外出考察学习】 3月14日，新建街道筹备组领导一行6人到石景山区鲁谷街道曙光社区就社区规范化建设和社会管理创新等方面问题进行实地考察学习。

（杨春萍）

【区领导就街道筹备情况进行调研】 5月29日、9月18日，区委常委、区常务副区长张燕友等领导到东小口地区就新建街道办公选址、行政区划调整勘界情况、新建街道筹备进度情况进行综合协调。

（杨春萍）

【霍营街道办事处举行揭牌仪式】 12月31日，霍营街道办事处正式成立，市编办副主任孙仕柱、市民政局副局长谢延智、市发展改革委委员韩晓芳，区长金树东，区委常委、组织部部长李良，区委常委、副区长孙启出席在昌平区东小口镇政府举行的揭牌仪式。

（杨春萍）

镇（地区办事处）

沙河镇
（沙河地区办事处）

【概　况】 沙河镇位于昌平区南部，面积56.5平方千米，辖6个社区、22个行政村。截至2012年底，全镇常住人口11.08万人，户籍人口4.3万人，其中非农业人口2.6万人。

2012年，全镇区域税收完成12.91亿元，同比增长23.42%；地方财政收入完成2.21亿元，同比增长19.46%；农村经济总收入达到29.48亿元，同比增长10%；农民人均劳动所得达到15624.7元，同比增长9%。全镇经济实力、区域综合竞争力继续增强。

（李青芳）

单位名称：昌平区沙河镇人民政府
　　　　　昌平区沙河地区办事处
地址：昌平区沙河镇松兰堡村西
电话：(010)80761375
邮编：102206

【农业】 年内，市实施的五年100万亩平原造林绿化工程，沙河镇共绿化3616亩。传统的农业种植、养殖已淡出沙河的历史舞台。全镇种植蔬菜685亩、玉米420亩、花卉260亩；有规模以上种植企业两个：小沙河海瀛科技食用菌种植基地、松兰堡卉隆干花种植基地；规模以上养殖企业（户）7个：七里渠南村北郊三元牛奶场、王庄农机试验站奶牛场、松兰堡春山奶牛场、踩河诚远盛隆奶牛场、七里渠北京黑猪原种猪场、七里渠南村宝丰养猪场、老牛湾翠衣特种养殖场。

（高大旗）

【工业】 年内，全镇工业总产值达到287.6亿元，占GDP的比重70%以上。规模以上工业企业50家，职工3.5万人，实现工业增加值82.8亿元，比上年增加9.1%。其中大中型工业企业3家，职工2.2万人，实现工业增加值69亿元，比上年增加6.6%。销售收入达到亿元以上的企业12家，其中100亿元以上的1家，10亿元以上的两家。

（吴秀强）

【城乡建设】 年内，深入开展"违法建设、违法占地、再生资源、建筑渣土、生活垃圾"专项整治行动，优化区域发展环境。制定并有效落实专项整治工作方案，清理整治土地卫片挂账点1处，市级渣土、垃圾挂账点13处，清理废品回收市场5个、回收摊点161个、涉及人员1510人。始终保持对违法建设、违法占地的高压态势，明确责任分工，落实责任到人，加强巡查看护，实施24小时巡防监控，做到了组织机构健全、执法队伍有力、保障措施到位，整治效果显著。截至年底，全镇今年在功能区的拆迁过程中共拆除违章违法建设52处、375938平方米，其他拆除违章违法建设23处、22423平方米，合计共拆除违章违法建设75处、398361平方米，有效遏制了违章违法建设的增长，区域人口、资源与环境的关系进一步改善。积极为中央、市、区领导来沙河检查和参加重大活动提供沿线环境保障,共出动人员700余人次、动用铲车4班次、挖掘机7班次、清理垃圾和渣土400余吨。加强监管,严格控制,全面做好小产权房整治工作。成立专项治理工作机构和治理队伍,主要领导亲自抓,严格落实属地管理责任,对全镇6处(白各庄、七里渠北村、于辛庄、松兰堡、辛力屯、踩河)小产权房进行彻底的排查和梳理,开展多次专项治理活动,约谈村委会干部和开发商,组织清退售楼人员,遣散施工队伍,拆除宣传广告,已全部停止施工,有效遏制了小产权房的建设与销售,维护了农村集体土地管理秩序。强化社会治安综合治理,不断提高人民群众安全感。全面落实实有人口服务管理工作,建成镇社会治安管理信息平台。进一步强化村庄社区化管理工作,成立相应组织机构,统筹协调村庄社区化管理的组织实施。大力推进老旧小区综治维稳分中心改造,建立"两站两室",做好社会治安群防群控工作。切实抓好流动人口管理,提高对流动人口的管理与服务质量。开展"清风"行动,严厉打击无照经营、入室抢劫等十类突出的治安和秩序问题,确保了区域社会治安状况平稳。强化应急管理,提高突发事件预防处置能力。切实做好防灾减灾、安全生产、交通安全、食品药品安全等工作。深入开展企业安全生产、危险化学品、交通、消防、食品、建筑工地、有限空间等重点行业和领域的安全隐患排查治理工作,坚决遏制重大事故发生。加强应急物资储备和队伍建设,加强应急值守,提高防范和处理突发公共事件的能力,确保了"7·21"特大暴雨期间镇域内绝对安全。

(李青芳)

【社会事业】 年内,劳动就业与社会保障水平明显提升。深入开展"充分就业镇,充分就业村(社区)"创建活动。截至年底,实有登记失业人员625人,登记失业率为2.3%,"零就业家庭"和"纯农就业家庭"为零。以"弱有所助"为目标,积极开展社会救助工作,保障弱势群体基本生活。发放各类残疾人补助金158.2万元;发放民政专项资金40.7万元;完成慈善募捐100万元。进一步加大投入,提高区域文教工作水平。继续完善教育奖励帮扶机制,努力提高各方面积极性。整合区域资源,建设镇文化服务中心五福家园分中心,不断满足群众精神文化需求。建设镇中心幼儿园西沙屯分园,在满足区域拆迁需要的同时,促进教育的均衡发展。协调区相关部门和各开发单位,加快沙河北区等回迁区域幼儿园、学校、医院等公共基础设施的规划建设。服务与管理并举,积极开展计划生育工作。坚持党政一把手"亲自抓、负总责",加强基层计生网络队伍建设,抓好育龄妇女管理与服务,稳定低生育水平,计划生育率达到98.4%。全程办事代理工作规范开展,满意率100%,为民服务意识得到加强。积极发挥工会组织在企业发展建设中的积极作用,新建工会76家。

(欧玉英)

【社区建设】 年内,强化社区服务功能,形成社区特色。圆满完成社区居委会换届选举工作,所辖6个社区居委会一次性选举产生新一届居委会成员46名,社区"两委"结构进一步优化。全面提高社区管理服务水平,认真开展"六型社区"创建工作,组织召开专题会议,量化分解各部门主责任务,完善硬件,做好检查验收的各项前期准备工作。

(门志平)

【精神文明 民主法治建设】 年内,强化法制观念,法制工作质量全面提高。以"六五"普法为依托,深入开展法律宣传教育活动,下发9000册自行编印的《公民常用法律法规汇编》,群众法律意识普遍提高。充分发挥司法在地区经济社会中的作用,进一步提高法律服务工作水平,满足了地区群众的法律服务需要,基层民主法治建设得到加强。加强农村民主管理,积极推进农村财务、村务公开工作。继续做好农村民主管理,严格贯彻落实重大事项"五步法",推广应用农村经济在线审计系统,确保"148"民主管理制度体系有效落实,积极推进农村财务、村务公开工作,提高了基层工作的透明度。健全信访排查调处机制,维护社会和谐稳定。树立"大信访"和统筹兼顾、协商协调工作理念,健全矛盾排查调处机制,妥善化解社会矛盾纠纷。积极将信访维稳引入重点工作,切实发挥信访维稳在拆迁控违等工作中的积极作用。截至年底,共处理农民工讨薪事件74起,涉及2791名农民工工资2676.7万元。创新思想政治宣传工作,营造健康向上发展氛围。坚持贴近实际、贴近生活、贴近群众的原则,唱响主旋律、打好主动仗,创新形势、创新手段、创新内容,不断提高思想政治宣传工作水平,为沙河新城建设营造了良好的舆论氛围。积极主动联系昌平区电视台、《昌平周刊》等新闻媒体,制作电视专题片16期、宣传专版7期,加大对沙河经济社会发展亮点的宣传报导。精心改版、编辑《沙河新视点》,不断丰富刊物内容和形式。举办弘扬"北京精神"大讲堂活动10期。深入开展以"党在百姓心中"为主题的百姓宣讲评选活动。加强理论中心组学习,不断提高广大党员干部的政治理论水平。

（李青芳）

【重要会议和重要活动】 8月30日，镇第四届人民代表大会第二次会议召开。与会代表认真听取镇长申士学所作的关于《加强领导，精心组织，积极推进城乡结合部建设》的专题工作报告。通过听取报告，进一步促进了人大代表对政府工作的理解和重点拆迁政策的了解，同时为代表履行职责搭建了平台。中国石化人才公寓开建。9月7日，位于沙河镇沙百路旁的中国石化人才公寓开工建设。该项目是北京市2012年公共租赁住房建设收购计划和人才公寓计划项目，建成后，安置中石化业务骨干、中高级技术人才。另有6万平米公租房，约1300套，由政府统筹安排。与其它公租房不同，此项目包括科研实验、人才公寓两个部分，一次规划，分期实施。项目科研实验部分建成后，入驻中国石化集团公司下属的石油勘探开发研究院、石油工程技术研究院等石油化工上游科学技术研究相关单位和信息数据处理中心。人才公寓部分，将安置集团内部相关单位业务骨干、中高级技术人才。人才公寓部分中含有6万平米公租房由政府统筹分配。科研中心和人才公寓项目总建设用地面积31.66公顷，其中科研用地面积14.52公顷，居住及配套用地面积17.14公顷。人才公寓项目总建筑面积为65.9万平方米。项目竣工大约需要3年，建成后，5000多名石油能源领域科研骨干人员在这里工作。4000多户、14000多人口在基础设施和配套公共服务设施完善的崭新社区里生活。外交学院入驻沙河高教园区。9月10日上午，国务院总理温家宝来到沙河高教园区的外交学院新校区，出席周恩来和陈毅铜像揭幕仪式，此举标志着沙河高教园区外交学院正式开学。外交学院沙河新校区扩建工程（一期）工程自2007年9月启动建设至2012年9月，完成建筑面积8.0958万平方米，其中包括办公楼、图书馆、接待中心、留学生宿舍、餐饮中心、体育中心、看台、本科学生宿舍、信息中心、教学楼、会堂等12个单体建筑，完成投资共37358万元，入住学生约700余名。沙河镇顺利完成村党组织换届选举工作。截至12月22日，全镇22个村全部圆满完成村党组织换届选举工作。应到党员1235人，实到1170人，到会率95%，平均得票率85%。选举产生新一届村党组织班子成员90人。其中党组织书记22人，党组织副书记23人，委员45人。新一届村党组织书记中，拟兼任第九届村民委员会主任的13人，占59.1%。新一届村党组织班子成员预计与第九届村民委员会班子成员交叉任职的有51人，交叉任职比例为56.7%。新一届村党支部委员平均年龄45岁，其中45岁以下24人，占26.7%；45－55岁54人，占60%；55岁以上12人，占13.3%。大学9人，占10%；大专40人，占44.4%；高中及中专21人，占23.3%；初中20人，占22.2%。男67人，占74.4%；女23人，占25.6%。

（王猛 李青芳）

【其他重要工作或特色活动】 年内，重点功能区建设扎实推进。巩华城及北区土地一级开发项目总占地8240.68亩，总投资约191亿，涉及8个村、4个社区的搬迁，签约率达到了90%以上。2349户回迁居民已顺利入住一期回迁安置房。第二期回迁安置房共建回迁楼66栋，已有58栋完成封顶。沙河高教园区已有中央财经大学、北京航空航天大学、外交学院三所高校开学入驻，北京邮电大学已开工建设，很快启动北京师范大学G18地块满井东队的拆迁工作。90%的签约户已顺利入住五福家园回迁小区。创新基地。现主要是集中力量开展前期的拆迁、控违和综合治理等工作。已经入驻的项目建设进展顺利，中国石油科技创新基地10个地块一级开发全部完成；中国移动国际信息港一期工程6.5万平方米已建设完成；北京科技大学“国家材料服役安全科学中心”一期工程7大厂房已竣工验收。七里渠项目的拆迁工作签约率达90%以上。镇圆满完成京包高速二期项目沙河段拆迁工作拆迁共涉及老牛湾村31宗宅基地，拆迁补偿采取货币补偿方式，安置采取置换宅基地方式。截至11月2日，全部完成31宗宅基地签约工作。

（李青芳）

南口镇

【概 况】 南口镇位于昌平区西北部，面积201.7平方千米。其中平原面积15.7平方千米。辖11个社区、28个行政村（17个自然村）。截至年底，全镇常住人口7.1511万人，户籍人口4.4522万人，其中非农业人口3.0169万人。

2012年，全镇经济总收入完成50亿元；税收完成40996万元；地方财政收入完成9189万元；镇街居民人均可支配收入完成18101元；农民人均纯收入完成10188元；民俗旅游总收入完成680

万元。

(李围)

单位名称:昌平区南口镇人民政府
地址:昌平区南口镇
电话:(010)69778770
邮编:102202

【农业】 年内,高标准完成京津风沙源造林700亩、国家重点公益林1338亩、公路两侧绿化493亩、河路两侧绿化103亩、封山育林10200亩、平原造林577亩;小流域治理取得成效;大力做好环境整治工作,认真贯彻区“三项整治”要求,对全镇10家储煤场地进行治理,共查处运入车辆180余台次,清退煤炭约400万吨,加大再生资源回收点治理力度,清理废旧物资约120吨,全镇16家违法砂石加工厂和4家围料场加工设备全部拆除;违章违法建设得到有效控制,共拆除违章违法建设14100平方米,加大小产权房查处力度。

(李围)

【工业】 年内,三一北京制造中心项目一期土地开发及上市交易顺利完成;工业区北路如期开工建设;清华科技园项目一期征地已接近尾声。

(李围)

【城乡建设】 年内,投资680万元完成6条乡村道路大修;做好公路及桥梁养护,完成兴隆口桥拆除重建;南口镇东一路附属设施建设按期完工;完成羊台子森林防火路和龙之谷旅游项目的立项工作;做好老旧小区改造,对三个老旧小区、一栋简易楼进行综合整治,完成七栋楼房共29600平方米的改造。

(李围)

【社会事业】 年内,开办政策及技能培训班7个,培训367人;办理自谋职业、灵活就业299人;城镇登记失业率1.71%;办理城乡养老保险7378人,缴纳保金710万元;新办理“一老一小”275人,报销药费33万元;“一帮一”等慈善慰问扶贫289人,发放救助款118万元;新型农村合作医疗共报销医药费3460人次444万元;“春风送温暖,慈善济万家”活动共捐款81万元;为优秀教师发放奖金23万元,为高考考取本科的学生发放奖金24万元;做好南口镇中心幼儿园项目建设;去年共受理各种政策性住房申请600户;圆满完成11个社区的换届选举工作;南口村社区、南农社区成功创建“六型社区”;开展社区“一刻钟”服务圈工作;落实“九养”政策,发放高龄老人津贴和养老服务券152万元。

(李围)

【规划编制顺利进展】 年内,完成南口镇发展战略规划、南口镇绿地系统规划、中心区街区层面控规;协助昌平规划分局开展昌平西部地区空间结构研究工作;做好南口镇沟域经济规划相关工作;昌平公安分局拘留所项目征地拆迁工作顺利完成;北京市第十五中学昌平(南口)分校一期工程已经封顶;南口镇生态休闲公园项目完成景观设计、建筑工程项目建议书等编制工作;全国第三批改革发展试点镇获得批复。

(李围)

【新农村建设】 年内,投资85万元扩建垃圾分类筛选车间900平方米;完成居庸关等5个村的市级生态村创建。完成3212户农村住宅保温节能改造;做好五个村的财政对口扶持工作;发放粮食直补47万元;水库移民补贴24万元;栗蘑、百合花、草莓种植补贴206万元;农业政策性保险理赔10万元。

(李围)

【精神文明 民主法治建设】 年内,开设各种培训班20余个,培训837人次,城镇登记失业人员再就业708人,农村劳动力转移就业263人。为城乡低保户发放低保金246万元;为90岁以上高龄老人发放老年津贴10.03万元;为80岁以上老人发放居家养老服务券132.66万元;办理老人优惠卡485个。有13288人参加新农合。完成5户危房改造,发放救助款24.3万元。对48户“一帮一”受助家庭发放资金36.1万元。为优抚对象提供优质服务;完成捐赠捐款8万元,捐赠棉衣棉被2296件。完成慈善募捐50万元。做好全镇1791名残疾人的日常服务。全年受理保障性住房申请340户,组织934户家庭参加意向登记、摇号、选房等工作。

(李围)

【重要会议和重要活动】 1月,举办两场学习区四次党代会精神汇报会,机关干部100余人,11个社区的干部、党员120余人,农村干部、党员和“素质教育六进家”先进家庭100余人参加报告会。1月18日,南口镇花塔村召开股份经济合作社2011年年度分红大会。副市长夏占义,市委农工委书记、市农委主任王孝东,市园林绿化局局长邓乃平参加分红大会。2月15日,镇召开机构改革动员大会。3月5日,镇召开2012年社区“两委”换届选举工作动员部署会。5月11日,国家发改委城市和小城镇改革发展中心召开“南口镇战略发展规划”专家评审会。7 月 27 日,镇学习贯彻市第十一次党代会精神部署会召开,镇党政府班子成员、镇机关科级干部、农村(社区)书记、主任 100 余人参加会议。9 月 18 日,镇第四届人民代表大会第二次会议召开,65 名镇人大代表、17 名区人大代表及镇领导班子成员参加会议。11 月 28 日,南口建镇 100 周年庆典暨专场文艺演出活动在北京警察学院礼堂隆重举行。12 月 3 日至 18 日,镇 28 个村党支部换届选举工作完成。

(李围)

【其他重要工作或特色活动】 3 月 14 日,国土资源部副部长胡存智、国土资源部、北京市国土资源局等领导到镇,就农村土地征收标准情况展开调研。3 月 22 日,住房和城乡建设部村镇建设司司长赵晖到镇,实地调研南口城乡一体化及小城镇建设工作情况。4 月 20 日,由国家住建部、财政部专家组成的国家绿色低碳重点小城镇建设考评组到镇,就南口镇申报国家试点示范绿色低碳试点小城镇工作进行考评。9 月 14 日,市农委副书记、市新农办副主任刘福志就镇新型农村社区建设情况进行调研。9 月 19 日,市农委、市发改委、市规划委、市国土局、市财政局等部门及新型农村社区专家一行 9 人来到镇督导检查新型农村社区试点建设进展情况。年内,国家发展改革委办公厅发文公布第三批全国发展改革试点城镇名单,根据发改办规划〔2011〕2085 号文的通知要求,经研究决定,南口镇被列为第三批全国发展改革试点城镇。此次,全国共有 369 个城镇入选,其中北京市有 10 个城镇入选,南口镇是昌平区唯一入选的城镇。

(李围)

阳坊镇

【概　况】 阳坊镇位于昌平区西南部,镇域总面积 40.55 平方千米。属中关村国家自主创新示范区核心区,是北京市政府批准的 42 个重点建设发展小城镇之一。现辖 10 个行政村、1 个社区居委会、11 家驻军部队。截至年底,全镇常住人口 24000 人,户籍人口 15769 人,其中非农业人口 6586 人,另部队大院常驻人口约 2 万人。根据区对阳坊镇的功能定位,结合阳坊自身资源特色和社会经济发展特点,确定要把镇建设成为“阳光小镇、快乐之坊”。

2012 年,全镇税收完成 2.456 亿元,同比增长 4.3%,财政收入完成 4361 万元,同比增长 0.73%,农村经济总收入完成 9.87 亿元,同比增长 10%,人均劳动所得完成 13630 元,同比增长 9%。

(康怡)

单位名称:昌平区阳坊镇人民政府
地址:昌平区阳坊镇政府
电话:(010)69760175
邮编:102205

【农业】 年内,推进农业现代化建设,加大基础设施和设施农业建设力度,千方百计增加农民收入。全镇共有日光温室 1460 栋,种植 900 余栋,种植作物以百合花、食用菌、非洲菊、蔬菜为主,种植京白梨、鸭梨等果树 2600 余亩。同时,按照“政府引导、典型示范、市场运作、稳步发展”的工作思路,积极培育和发展京白梨专业协会和百合花专业合作社。

(康怡)

【工业】 年内,按照土地利用“节约集约化”要求,加大工业南区土地一级开发力度,实现土地资源效益最大化。同时,协助园区企业办理用地审批、技改申请等手续,积极服务企业发展,实现了以工业东区、工业南区、工业北区三大传统工业区为重点的工业经济稳步发展良好势头。

(康怡)

【城乡建设】 年内,“陕京三线”燃气管道工程进展顺利。阳坊镇从维护群众利益角度出发,探索创新拆迁模式,成功实现了拆迁群众就地安置,保障了群众利益的最大化。同时,将以往已被拆迁户为单元入户沟通、签订协议变为所有被拆迁户集体协商、捆绑签约。该项目所涉及的宅基地地上物拆迁工作已全部完成,涉及到阳坊镇域内的各区段均已进场施工。中心幼儿园、文体活动中心和污水处理厂建设项目已获发改委立项批复,完成了消防站建设项目的前期征地拆迁及立项等相关手续。与此同时,圆满完成了平原绿化工程任务,绿化总面积 1209 亩,栽植各类苗木 20 多种、6 万余株,城镇绿化率由原来的 41.49% 攀升至42.79%,提升了 1.3 个百分点,极大地提高了城镇绿化覆盖率,优化了群众生活环境。积极推进北部军用技术转化基地前期手续。该基地计划占地 200 亩左右,由中国人民解放军防化研究院负责组织实施,基地建设将初步包括一个国家级重点实验室和一个北京市重点实验室。该基地所占地块属西贯市村集体所有,阳坊镇通过组织召开协调会、实地勘查地块等方式方法,使得双方最终达成一致意见,已完成用地协议签订和土地征用手续办理工作。滨河森林公园项目稳步推进。该项目位于铁路西北环线与沙阳路之间,东起沙阳路口运河桥、西至佛山陵园路口,总占地面积约10亩。计划投资60万元用于人行步道改造、道路两侧绿化及建设服务休闲配套设施。已完成活动配套用房建设、场地平整和部分人行步道改造等工作。

(康怡)

【社会事业】 年内,面对防汛工作的新形势、新情况、新问题,阳坊镇建立了物资配备、人员设置、部门联动、措施落实"四到位"的防汛体系。特别是"7·21"强降水后,阳坊镇立即启动应急预案,镇村干部逐一了解低保户、优抚对象生活状况,排查积水点和危旧房屋,并建立防汛隐患整改台账、逐一销账,督促中小学校、幼儿园建立应急避难机制,建议后花园风景区、民俗旅游户汛期暂停对外开放,并投资6万元疏通了后白虎涧村堵塞河道,解决了二道河行洪道阻塞问题。通过对重点区域的重点看护、重点时段的重点盯防、重点人群的重点安置,未出现人员伤亡现象,无重大安全事故发生,圆满完成了地区平安度汛的工作任务。以政府出资为农村家庭投保为主要形式,由政府出资近20万元为近4000户农村家庭投保家庭财产险,最高保额达5.2万元,通过引入市场化的保险机制解决农户家庭因灾致贫的问题,用政府的小投入换来群众的大保障,化解农民生活中存在的风险。同时,全力做好农民就业工作,建立服务、信息、宣传三个平台,完善定期招聘、点面结合培训、就业工作考核三项制度;提供求职登记、职业指导、职业介绍、招聘洽谈、劳动保障事务代理等"一站式"全程服务;以镇劳务公司为依托,全力打造公共人力资源市场全天侯、全方位、一站式全免费的公共服务机构;建立创业意识培训、政策咨询、创业项目推荐、小额贷款申请、后续跟踪等一条龙服务的SYB创业培训新机制,全年举办SYB创业培训班3期,培训人数120人,上报小额贷款申请材料20人,6人通过审批,获得贷款50万元。全年举办专场招聘会2场,现场招聘企业50余家,提供就业岗位600余个,推荐、派遣就业350人次,促进了本镇劳动力就业增收。由此,阳坊镇被昌平区就业工作领导小组评为"充分就业镇"。

(康怡)

【社区建设】 年内,充分发挥党组织在社会管理工作中的核心作用。大力开展"党群组织建设创新示范街"活动,成立中心街临时党支部和工青妇等党群组织,建立党团员联系商户制度,明确党员责任区,激活党群工作站、法律援助服务站、社会管理综合服务站等平台,通过组织中心街从业人员参加技能培训、参与志愿服务和文体活动等形式,激发基层活力,提高中心街自我管理、自我服务的能力,力求形成管理者、经营者和周边住户共同受益的多赢局面。完善体制,推进协同式社会管理。打破部门壁垒,通过多方协调和争取,实现了一项工作多部门负责、沟通不畅向某一部门全权负责、统筹安排的转变,理顺了专项工作的领导体制和工作机制。同时,成立中心街管理委员会,开展中心街沿街单位的日常管理服务工作,并编印《中心街商户一本通》,开展"一单式一站式"入户服务,形成面向商户个体的一次性告知和行政单位集中服务的工作模式。此外,建立部门联席会制度,协调解决中心街环境建设和社会管理的突出问题;严格落实"门前三包"责任制,加大责任制落实综合执法力度;建立商户信用管理体系,开展"示范商家"、"诚信商家"等评选活动,实行"党(团)员示范岗"、"党(团)员示范户"挂牌等制度,鼓励和引导党团员在服务质量提升上争做表率。创新手段,实行智能化社会管理。依托现代信息技术,建立了社会管理综合信息平台。通过这样一套内部联网、各部门开放管理的软件系统,力求实现"信息共享、工作监控、决策支持"三项核心功能。同时,在区委组织部的指导和支持下,社会管理综合信息平台也被正式列入了"北京市基层党建大项目"项目库。该平台基于镇域范围内的卫星遥感图层,同时整合镇内中长期规划,以建筑物实时影像图斑为管理单元,将各企事业单位、商户、住户的基本信息以及各相关部门管理服务内容综合录入到各个单元,由此通过即时记录、多样统计、预警预判等方式实现对镇域范围内的人、地、事等内容的全面实时掌控。此平台的建设与运行将推动中心街各项事务的精细化、智能化管理,促进中心街社会管理和决策的协同化、规范化、高效化、科学化。该信息平台开发已初步完成,进入了试运行阶段。

(康怡)

【新农村建设】 圆满完成农村党支部换届选举工作。12月3日启动农村党支部换届选举工作,通过召开动员部署会、印发《致党员的一封信》,成立换届选举工作领导小组,严格选举程序,坚持做到法定程序不变通,规定步骤不减少;加大培训力度,实行包村工作组"一环节一培训"制度,特别是对直选流程等重点内容进行详细讲解。同时，调整充实包村工作指导组，镇主要领导包重点村、难点村，调配熟悉选举工作流程、经验丰富、精力充沛的同志，提前进入状态，做到及时发现和解决选举工作中出现的各种矛盾和问题，形成了党委统一领导、包村工作组具体指导的换届选举工作体系。10个农村党支部共有党员652名参加投票选举，参与率达88%。共选出新一届支部委员39名，平均年龄48.4岁。党支部换届选举完成后，共产生新一届党支部书记9名，平均年龄47.8岁，连选连任的党支部书记4人，占本届党支部书记总数的40%；连选连任的支部委员24人，占本届支委总数的61.5%；交叉任职的13人，占支委总数的30.3%，其中有2名村委会主任当选为党支部书记，有2名村委会主任当选为副书记，2名村委会主任当选为委员。强化农村民主管理。各村共申报"五步法"申请事项115件，镇党委批复114件。同时，充分发挥村务监督委员会作用，全面做好政务、事务、财务三方面监督。特别是针对涉及村庄发展和群众利益的事项，确保做到重点监督、全程监督，逐步形成由党组织领导、村务监督委员会监督、村委会实施的分工明确、运行顺畅的领导体制和工作机制。完善农村干部培养体系。严格落实"书记抓、抓书记"的党建责任制，实行党建任务具体化，打造强有力的农村发展"火车头"。同时，农村党支部定向培养1至2名优秀人才，由党支部书记、副书记作为入党联系人，在严格程序发展入党的基础上，优先考虑将其作为村党组织重点后备干部加以培养。

（康怡）

【商贸旅游】 年内，以阳坊涮肉和白虎涧生态旅游为主的第三产业发展势头良好，有效带动了地区经济的发展。

（康怡）

【精神文明建设】 年内，积极推进"文化兴镇"工程。以"阳光小镇、快乐之坊"为主题，全力推进"梳理昌平历史文脉工程"之一的《阳坊风物志》编纂工作，同时，积极培育、打造东贯市国学大讲堂、北京前白书画院等村级文化平台。自两个村级"文化新阵地"开办以来，共组织讲座、培训58期，参与群众4000余人次，为宣传继承传统文化、开展思想文化建设搭建了平台。

（康怡）

【重要会议和重要活动】 1月12日，邀请到历任镇党委班子的15名新老干部欢聚一堂，喜迎新春佳节，共商发展大计。3月6日，阳坊镇纪念三八国际劳动妇女节102周年大会暨文艺演出在镇文化中心隆重举行。大会对荣获"和谐家庭"以及"好儿媳"的集体和个人进行了表彰。3月23日，阳坊社区召开居委会党支部换届选举党员大会。3月24日至4月4日，参与志愿服务的各类志愿者达4209人次，服务祭扫人员164600人、祭扫车辆29589辆。4月28日，北京阳坊前白书画院举办揭牌仪式。5月16日，镇举办"北京精神与青年责任"主题演讲比赛。5月17日，镇党委主办，镇工会、团委、妇联、文化服务中心联合承办了"践行北京精神·红五月"歌咏比赛。6月2日，镇举办了《阳坊风物志》编纂工作启动仪式。6月19日，镇为2009届的9名村官召开村官欢送会，镇领导班子成员和村党支部书记及全体村官参加会议。6月28日，庆祝建党91周年暨基层党组织先进事迹报告会在防化学院大礼堂召开。7月2日至5日，镇党政领导班子成员对新录用的10名工作人员进行入职培训，其中新录用公务员2人，事业编8人。7月20日，镇举办庆"八一"军地文艺演出暨"第二故乡美"摄影比赛颁奖活动。7月26日下午，区委书记侯君舒一行在镇领导的陪同下，为防化学院的全体官兵送上节日的祝福及慰问金，并预祝学院在今后的发展中取得更大的成绩。9月17日，镇联合派出所、工商、城管、综治等多个部门，在区文化市场监察大队的指导下，对镇域内的11家印刷厂、报刊亭、音像店、网吧、KTV等文化经营场所进行了联合执法。9月27日上午，召开镇中共第四次代表大会第二次全体会议暨创先争优活动经验交流大会。10月10日，第二届环北京职业公路自行车赛第二赛段的第一站为阳坊镇，途经镇内的前、后白虎涧村等6个村，镇领导任负责人、全体机关干部做好各值守点的交通秩序维护、环境治理、安全保障等工作。11月26日下午，镇召开认真学习贯彻党的十八大精神专题会。12月3日，镇召开农村党支部换届选举工作会。12月31日前，阳坊镇农村党支部换届选举工作完成。

（康怡）

小汤山镇

【概　况】 小汤山镇位于北京正北，昌平新城东南，处在前门、故宫中轴线的北延长线上，距首都机场13公里，距北京城区16公里，东与顺义区接壤，西靠百善镇，南临北七家镇，北靠兴寿镇。镇域面积70.1平方千米。全镇辖24个行政村、3个社区。截至年底，全镇常住人口6.7万人，户籍人口3.3万人，其中非农业人口1.3万人。辖区内中央、市、区属单位120余家。

2012年，全镇完成地区生产总值25.56亿元，同比增长12.2%；工业总产值15.56亿元，同比增长8.1%；地方财政收入实现1.63亿元，同比增长20.2%；农村居民人均可支配收入16758.7元，同比增长14.6%。

（刘秀）

单位名称：昌平区小汤山镇人民政府
地址：昌平区小汤山镇
电话：(010)61781357
邮编：102211

【农业】 年内，小汤山镇大力发展都市型现代农业，紧紧抓住草莓大会中心镇的发展机遇，鼓励农户发展草莓采摘和观光休闲农业，促进产业融合发展。全镇已建设日光温室2964栋，春秋大棚264栋，连栋日光温室32栋25万多平方米，有草莓种植户108户，有小汤山赴鑫农业种植中心、北京金汤莱芙蓉专业合作社等11家农产品生产基地获得无公害认证；有特菜大观园、百果采摘园等多个观光采摘基地，培育出小汤山特菜、华都肉鸡、金盛福等农产品品牌。全镇有3家单位正在申办无公害认证等相关手续；小汤山双兴苑特菜种植基地、北京鸿拓绿野农场、小汤山镇酸枣岭村经济合作社、北京金汤莱芙蓉专业合作社四家单位获得2011年"菜篮子"工程优秀"三品"基地奖励。同时，为切实提高全镇设施农业利用水平，小汤山镇成立了小汤山镇闲置设施清查整治工作领导小组，联合各村村委会，加强对设施农业的动态监管，并通过设立公告牌、强制拆除违章大棚房、签订责任书等手段，促进设施农业健康发展。

（刘秀）

【工业】 年内，小汤山镇经济总量不断增加，经济实力不断增强。全镇工业企业已发展到151家，企业现有职工5452人，形成以镇级工业小区为核心的现代制造、都市加工、新型建材、彩色印刷、电子产品、食品加工等多种行业共同发展的新格局。全年工业企业新引进人才13人，新开发本地农民就业岗位341个，为企业的健康发展注入了新的活力，全镇工业正在向健康、协调的方向发展。镇内所辖小汤山工业园区始建于1998年，2006年3月被市政府批准为市级开发区。2009年5月园区总面积由122.3公顷增至257公顷，并于2010年10月获得市规委批复。园区现有入驻企业42家，项目总占地86公顷，总建筑面积25万平方米，完成投资7.3亿元，年产值30多亿元，其中有港源装饰、华丽联合、北京利尔（2010年4月在深交所上市）等优秀企业，基本上形成了以新材料产业、机械制造为主的产业类型。2009年8月，小汤山工业园区申请纳入中关村自主创新示范区，积极向未来科技城成果转化基地转型升级。2011年初，根据区委、区政府决定，小汤山工业园区作为未来科技城成果转化基地，由未来科技城公司进行开发建设。2012年，对园区原土地一级开发公司进行了重组，园区管委会清产核资工作均已完成，园区自此归属未来科技城公司管理。

（刘秀）

【城乡建设】 年内，在城乡基础设施建设方面，投资1661万元完成24个村的82项新农村建设项目；投资136万元修缮和维护镇文化广场；完成后蔺沟桥改造、银街中路改造和银街北路路灯安装工程；扎实推进供暖中心选址工作、顺沙路改造工程、四场路拆迁工作和新建国税所、再生水厂前期手续办理工作。小汤山中心小学建设工作稳步推进，教学楼主体已封顶；昌平实验三小具备开学条件，中心幼儿园和文体中心项目前期工作有序推进。在镇域规划编制方面，统筹考虑未来科技城北扩区、"汤泉古镇"项目及国际健康城用地需求，编制完成中心组团、大东流组团南部地区控规，基本完成葫芦河村搬迁安置地块控规，正在编制西北部地区01－16地块控规；泰康国际健康城产业园土地一级开发和阿苏卫村搬迁安置用房各项手续正在办理过程中。对135宗农村集体土地进行确权，占总任务量146宗的92.5%。在镇容镇貌、环境整治和绿化美化方面，小汤山镇以第七届世界草莓大会为契机，投资1334万元对13个村进行环境综合整治，硬化路面6.7万平方米，清理乱堆乱放3万多平方米，粉饰墙体8.68万平方米，创建区级环境达标村4个、生态村4个。落实"三河一路"环境整治和绿化美化，对顺沙路等5条镇域主干道路两侧进行绿化美化，共绿化7.4万平方米，种植树木5万余株。圆满完成2012年平原地区造林工程任务3785亩，栽植苗木25.6万株。镇建立健全土地卫片执法检查、拆违控违和整治抢栽抢种现象的长效工作机制，组建四支共200余人的巡查队伍，分片负责违章违法建设巡查管控工作。全年共发现违章违法建设145处、制止125处、实施拆除13处、拆除建筑面积2.2万平方米。全面清查镇内屯煤场所、砂石加工厂和废品回收站点情况，清除砂石加工厂1家、清理砂石囤料7.5万吨、整治废品回收点25个。

（刘秀）

【财政税收】 年内，镇上缴国家税金8.9亿元，比去年增加1.97亿元，同比增长28.5%；完成区考核财政收入1.63亿元，比去年增加0.28亿元，同比增长20.2%。用于民政福利、优抚残疾、社会救济等方面支出973.3万元；对各种公益岗位人员专项补助254.7万元；用于绿化、美化及综合治理补助等方面支出668.9万元；用于环境卫生、公路养护补助等方面349万元；用于新农村及公益事业建设969.5万元；用于文化、宣传、教育等方面824万元。发放小麦粮补资金26.59万元，补贴农户123户，补贴面积7387亩；发放玉米粮补资金64.97万元，补贴农户1281户，补贴面积20092亩。

（刘秀）

【社会事业】 年内，全国科普日区科协在洼里乡居楼举办，小汤山镇15个家庭参加采摘活动，活动主题：节约能源资源、保护生态环境、健康生活饮食、鼓励创新创造。投资近8万元为双兴苑幼儿园和小汤山中心园购买空调，六一期间为全镇在园幼儿和幼儿教师购买了节日礼物；投资近60万元表彰本年度的优秀教师、骨干教师，为全镇在校学生购置校服，为全镇在校学生、在园幼儿人意外伤害保险；为全镇中小学拨付20万元奖学专项资金。完成了全镇24个村18797人的农民大病统筹人员的登记、注册工作；投资近100万元，为全镇农民办实事；全镇公民献血任务完成，献血任务242瓶。全镇各村、社区开展了丰富多彩的文体活动，共举办45场文体活动，21600人次参与；继续鼓励和支持后牛坊花钹大鼓的发展，传承和发展好这项国家级非物质文化遗产；“星火工程”文艺演出共组织52场、全年放映电影150场、24个村级数字影厅放映960场；“益民书屋”在24个村全覆盖。组织全镇“第六届和谐杯乒乓球赛”，选拔出三支优秀代表队参加了区级比赛，并获得优秀组织奖；开展360人的国民体质测试活动；为五个村更新了价值6万元的全民健身工程器材、为土沟新村配建了10万元的器材；基层共开展各项体育比赛及表演活动121场次。

（刘辉）

【社区建设】 年内，三个社区党支部顺利选举产生了新一届支部领导班子、居委会成员。将行政区社区居委会作为“六型社区”示范单位，以环境整洁、管理规范、服务完善、安全稳定、健康幸福、文明祥和六个方面作为重点标准来打造社区建设。开展各类环保宣传活动12次，各小区绿化美化程度明显提高；社区组织体系健全，社区民主自治制度完善；成立了民主监督小组，建立了社区民主评议制度。全年为60岁以上老人办理乘车证3个、为65岁以上老人办理乘车证25个；办理新农保11人；为80岁以上老人34人办理老年券；为80岁以上老人发放老年券1980张。社区公益服务常态化发展，登记志愿者700人；现有“京北丽人”志愿服务队、乒乓球协会和书画兴趣小组3个制度健全、活动经常的公益服务组织；建立健全综治委、治保会、社区专职群防群治队伍和社区治安志愿者者队伍等组织，成立消防安全工作领导小组，健全社区公共安全制度，及时有效调处矛盾纠纷；流动人口和出租房屋服务管理规范有序。

（刘辉）

【新农村建设】 年内，扎实推进新农村建设，统筹城乡发展。以移动信息机为农户发送农业新闻、科技知识、生活小常识等各类信息130000余条，为20个村安装农业预警信息机，自动发布天气预报和突发性天气信息。完成了全镇24名村邮员岗前培训。成立小汤山镇农宅节能抗震领导小组，与施工单位签订了施工合同和安全合同。已完工1036户，正在陆续验收。翻建新建开工12户，已完工9户。完成合同清查工作，24个村共有各项合同1931份，文本合同1824份，口头合同107份。功能区租赁合同管护合同26份，河路两侧绿化及果园管护合同47份，平原造林合同19份（含小汤山苗圃国有土地1份），新签合同53份（河路两侧、平原造林合同52份，东官庄大棚口头合同1份）。对镇农业服务中心和林业工作站进行资产清查工作，清查资产72台件，金额963.6万元；完成24个村集体经济合作社和小汤山镇经济联合社的恢复组建工作，为农村集体土地所有权颁证登记工作奠定基础。

（刘辉）

【商贸旅游】 年内，以大型温泉企业为载体，全力提升乡村绿色旅游品质，加大对外宣传推介力度，打造汤泉古镇整体品牌。组织旅游企业参加“第九届北京·昌平·小汤山温泉文化节”、首届温泉旅游文化展。推出“手拉手、一帮一、友好共建”活动，共有16家企业结成39对友好共建对子，签定39份友好共建协议。开通“小汤山旅游”微博和博客。在镇域采摘园中推广设立《采摘须知》等宣传橱窗，开展相互交流、相互指导活动。组织召开

4 次安全工作部署会。参与"我最喜爱的昌平礼物"的评选活动。航空博物馆的"冯如百年邮品"获得二等奖,乡居楼的"洼里油鸡"、"乡村柳编筐"分别获得三等奖,小汤山镇获得"最佳组织奖"。全镇旅游收入 71842.35 万元,旅游接待人次 264.48 万人。

(刘辉)

【精神文明　民主法治建设】 年内,以雷锋精神为榜样开展志愿服务活动:成立了 30 支"学雷锋志愿服务小组"队伍,学雷锋志愿者共 200 人,开展了包括环境卫生整治、敬老助残、文化娱乐等近 200 场次的志愿服务活动。以"四德"宣传教育为载体全面提高居民素质:举办健康教育、文明礼仪教育、重大节日挂国旗、"移动杯"文明短信征集活动,组织"共铸诚信"征文、"北京精神"演讲比赛、组织群众参与第二届"感动昌平十大道德楷模"评选活动、"身边好人投票"8000 张、"周末社区大讲堂"45 次,组织开展"文明与我"诗歌、散文、摄影等原创作品有奖征集活动,征集摄影作品百张、书画作品十余幅。推出小汤山镇为 2012"首都文明镇",酸枣岭、葫芦河村为 2012"首都文明村",评选出 340 户区级生态文明户。深入贯彻落实农村民主管理"148"制度体系及农村集体重大事项决策程序"五步法",切实加强农村集体财务、资产、合同管理,24 个村全部实现按股分红。完善村民委员会和村务监督委员会职能,落实"一单式"信访工作方法,聘请专业律师团队提供法律咨询服务,切实保障群众合法权益。扎实推进"六五"普法宣传教育,增强法律意识。全年接待群众来信来访 135 起 165 人次、立案 45 件、结案 40 件。全年来信来访批次人次明显下降,全镇更加稳定和谐。

(刘辉)

【重要会议和重要活动】 年内,召开党建经济工作会,动员全镇上下提振精神,求实创新,按照小汤山镇"十二五"时期"汤泉古镇——科技新城"的总体目标,紧抓发展契机,顺应发展形势,推动全镇经济和社会各项事业的全面进步,努力开创"十二五"期间小汤山经济社会发展新局面。对全镇的党建、经济工作进行安排和部署,对 2011 年度在全镇经济社会发展方面做出突出贡献的先进集体和单位进行了表彰。举办"昌平区小汤山镇 2012 年'春风行动'专场招聘暨政策宣传活动"。共有 13 家企业报名参加了此次招聘活动,包括九华山庄、龙脉温泉、利尔耐火、华丽联合等龙头企业,为群众提供 600 余个就业岗位,发放宣传材料近千份,登记应聘人员 328 人,直接签署聘用协议 115 人。第九届北京·昌平·小汤山温泉文化节于九华山庄隆重开幕,举办了首届昌平温泉旅游文化展,小汤山镇作为产业功能区在展会亮相,"汤泉古镇"创意街区项目受到展会参观者的一致好评。

(刘辉)

【其他重要工作或特色工作】 年内,加快"汤泉古镇"项目相关规划设计编制工作,聘请台湾大学及 DADA 设计公司完成《汤泉古镇核心区城市设计》;委托北京市城市规划设计研究院编制《小汤山镇中心组团控规及深化方案》和《小汤山镇葫芦河村搬迁安置地块控制性详细规划》。《小汤山镇中心组团控规及深化方案》编制完成,已上报市规委,等待批复;《小汤山镇葫芦河村搬迁安置地块控制性详细规划》正在编制中。与新加坡 CPG 公司进行了两次沟通交流,已初步完成工作方案。聘请北京舜土规划顾问有限公司对"汤泉古镇"土地开发成本进行综合分析测算。经测算,预计核心区用地的上市交易价格为 61.45 亿元,政府土地收益为 4.49 亿元,土地储备成本为 58.72 亿元。土沟村回迁:成立回迁工作指挥部,明确职责分工。成立由镇党委书记任主任的现场指挥部办公室,下设前期筹备组、现场工作组(含看房组、选房组、交房组)、政策咨询组、宣传工作组、工程质量维修保障及物业手续办理组、信访接待组、维稳及后勤保障组七个工作小组,明确职责分工,责任落实到人,稳步推进回迁期间的各项工作。制定了《未来科技城北区(小汤山镇土沟村)回迁工作实施方案》《看房实施细则》《选房实施细则》《交房实施细则》、宣传手册、通知书、购房确认书等政策文件,印制了《致土沟村民的一封公开信》及宣传手册 1500 份。加强宣传引导和服务,营造良好的回迁氛围。择优聘请北京昌安永盛物业服务公司负责整体回迁的服务工作和回迁小区物业管理工作,聘请北京天焱鑫成房地产经纪公司负责回迁房产权证的办理工作。扎实开展看房、选房、交房三个环节的具体工作。土沟村 888 户被拆迁村民中,已有 879 户选房并签订协议,有 875 户办理了交房手续,分别完成总任务量的 99% 和 98.5%。

(刘辉)

百善镇

【概　况】 百善镇位于昌平城区东南部,地处平原,北起京密引水渠,南至温榆河,东临小汤山,西接沙河高教园区,面积35.09平方千米。辖1个社区、13个行政村。截至年底,全镇常住人口2.42万,户籍人口1.52万人,其中非农业人口0.53万人。

2012年,全镇农村经济总收入10.47亿元,比上年增长10.8%。镇地方财政收入(含建筑业)4726.2万元,增长27.4%。农村居民年人均纯收入13459元,增长9.1%。

(齐佳全)

单位名称:昌平区百善镇人民政府
地址:昌平区百善镇
电话:(010)61730019
邮编:102211

【农业】 年内,以设施农业为突破口,已建有日光温室2500多栋、连栋温室7.7万平方米,形成了有机蔬菜、香白杏、草莓、大樱桃等为主的现代农业发展格局,创建了具有本地特色的自有农业品牌。借助农业发展优惠政策,积极争取农业综合开发、农业专项资金1457.5万元,开展农业基础设施建设。大力培育农业龙头企业,形成了以欧阁有机农庄为代表的规模化农业生产及加工企业。以北京创新百善循环科技公司为主体的"北京市设施蔬菜标准园",作为农业部重点项目、北京市"菜篮子"工程,已完成市、区农业部门的验收。

(齐佳全)

【工业】 年内,通过持续深入开展择商引资、腾笼换鸟工作,提高准入门坎,全镇形成了以中航天地激光公司和百善重工为代表的现代制造行业、以北京生泰尔生物科技集团为代表的生物制药行业、以北京科力通机电设备科技有限公司为代表的机电行业、以北京天龙融和软件公司为代表的电子信息行业、以人卫印刷和百善印刷为代表的印刷出版行业。全力扶持企业做大做强,已完成9家企业技改项目申报工作,资金达7832万元。积极引进高新技术企业和解决就业能力强的企业,中航天地激光公司建设项目落户百善工业区,东侧厂房已经完成主体工程;佳贝林二期工程已经落成。

(齐佳全)

【城乡建设】 年内,镇政府投资300多万元建成镇综合行政服务中心,实现多部门一站式办公。市级重点项目阿苏卫循环经济产业园有序推进。完善基础设施建设,再生水厂建设基本完成;投资220万元,完成狮子营桥改造工作;完成回昌路建设工程地上物清登和补偿工作;完成百钟路等5条道路新建、大修工程,建设面积21822平方米;积极推进农宅抗震节能改造工程,全镇共完成1313户。落实控规编制,《中心区西部地块控制性详细规划》已于8月2日得到市规委批复;《东部镇区控制性详细规划》已公示完毕,包括通用航空产业园钛合金激光快速成型产业化、百善镇中心幼儿园等项目;《农民就业培训基地项目控制性详细规划》正在进行公示。对镇内20余家废品回收站点进行了清理整治,封停盗采砂石点、非法砂石加工厂各一处;对百善村东家电市场、善缘小区周边等地区集中开展环境秩序整治,组织多部门联合执法16次,全镇环境秩序大幅好转,"市级环境优美镇"创建成功。

(齐佳全)

【财政税收】 年内,全镇实现农村经济总收入10.47亿元,实现工商税收2.57亿元,财政收入4726.2万元(含建筑业),分别比上年增长25.6%、27.4%。农民人均劳动所得13459元,城镇居民可支配收入完成17384元,分别比上年增长10.8%、9.1%和21%;实现企业总收入7.85亿元,企业增加值1.45亿元,工业总产值6.88亿元,工业企业利润2653万元,分别比上年增长4.7%、4%、11.4%和10.4%。

(齐佳全)

【社会事业】 年内,深入开展"2012春风行动",提供政策咨询400余人次;积极开办劳动技能培训班三期,培训农村富余劳动力150人次;实现农村劳动力转移就业201人,就业困难人员就业103人。落实惠民帮扶政策,强化计生、残疾人服务工作,完成农民免费健康体检、育龄妇女健康体检年度任务;2012年"一帮一"救助100户,总额72.5万元;实现新农合参合率100%,报销2441人次,报销总额178.1万元;积极开展各类捐赠活动,共募集善款29.6万元。

(齐佳全)

【新农村建设】 年内,深入挖掘党建工作亮点,培养树立了一批具有百善特色的党建品牌。召开创先争优经验交流大会,总结形成长效机制27项;深入调研,形成《农村党员积分考核管理的实践与思考》课题报告;创新活动形式依托qq和飞信等网络载体统一管理长期在外工作的年轻党员;庆祝建党91周年,评选表彰12个创先争优先进党支部和50名优秀党员,泥洼村被评为北京市创先争优先进基层党组织。截至12月18日,百善镇13个村全部完成党支部的换届选举工作。全镇实际参加选举大会投票的党员756人,达到应到会人数的97%。党支部委员50人,其中,男性40人,女性10人;包含上届两委成员43名,连选连任比例为83%,10个村实现党支部书记连选连任,6个村当选支委全部为原成员;大专以上学历18人,比上届多3人,提高了20%。全力推进平原地区绿化造林工程,共拆除腾退土地面积1509亩、建筑物8.1万平方米,签订造林合同60份共6203.63亩;报审金额3444万元,已通过审计2007万元,兑现1222万元;建成百善景观生态林、北六环绿色通道、沙河机场周边景观生态林、温榆河景观生态林四大生态片林。

(齐佳全)

【精神文明　民主法治建设】　年内,弘扬善德文化,评选"健康老人"和"孝老模范",精心筛选部分"孝老模范"、"健康老人"、"优秀共产党员"和"学雷锋标兵"的先进事迹,编辑印制《善德风采录》6000册向全镇干部群众发放。丰富精神文明建设活动,利用《百善联报》,宣传刊登宣传科技文化、法律法规、文明礼仪等知识,截至年底,共印发普刊10期、专刊2期78000份。建造"文化墙"14000余平方米;组建镇级宣讲团,集中宣讲全镇涌现出的先进典型;分批次招募15名公共文明引导员,对善缘小区周边摊贩和车站乘车秩序等进行规范管理。组织"星火工程"演出、妇女秧歌展示、艺术作品评选等特色活动,专业文艺演出12场,非专业演出19场,建立4个法制文化广场,13个益民书屋;巩固发扬乒乓球、拔河优势体育项目,狮子营村拔河队参战第七届全国农运会,女队获得亚军的好成绩。在百善、狮子营、钟家营、善缘小区建立法制文化广场,推进"法律服务村居行"活动,对百余名法制宣传骨干进行法制培训。完善群众走访"一单式"工作法,妥善处理了14起民工讨薪事件。

(齐佳全)

回龙观镇
(回龙观地区办事处)

【概　况】　回龙观镇位于昌平区南端,2005年首都总体规划修编被列为城市中心组成区范围,2010年被纳入中关村国家自主创新示范区核心区。区域面积34平方千米,现辖8个行政村、47个社区(含4个经济社区)。截至年底,全镇总人口近39.5万,户籍人口55420人,其中非农业人口48930人。

2012年,地方财政收入2.73亿元,同比增长10.7%。农村经济总收入291421万元,同比增长10.1%;城镇居民年人均可支配收入23845元,同比增长11.9%;农民年人均劳动所得18442.7元,同比增长9.1%。

(王俊卿)

单位名称:昌平区回龙观人民政府
　　　　　昌平区回龙观地区办事处
地址:昌平区龙观镇
电话:(010)62713340
邮编:102208

【工业】　年内,协助交大思诺、领先共创等3家企业完成注册,新增税源纳税额500万元,帮助远东德丰等5家企业办理土地出让手续,成功帮促雪迪龙公司完成上市融资。为企业争取利息补贴100万元、市级技改资金补贴300万元、区级技改重组补助资金120万元。积极促进宜家家居落户,F03东综合商业楼与北京京都儿童医院有限公司初步达成建设儿童医院意向。完成"北四村"产业用地项目开发实施方案,为北京科技商务区(TBD)建设提供1308亩土地储备。

(王俊卿)

【财政税收】　全年完成税收15亿元,与去年基本持平;实现财政收入2.73亿元,同比增长10.7%。完成规模工业总产值38.8亿元,实现企业总收入53.1亿元,实现企业利润8.02亿元,基本完成上级下达指标。

(王俊卿)

【城乡建设】　年内,有序推进朱辛庄二期征地拆迁、一期拆迁遗留的房产证手续办理工作。研究分析"北四村"搬迁安置方案,初步完成回迁用地项目基础现状调查摸底工作。督促新龙公司尽早完成回龙观村旧改项目大市政建设,继续探讨彻底解决南店村增加住房的有效途径。完成万龙社区2号楼60户居民抗震加固签约和搬迁工作。有效清理辖区矿石固料场、西二旗北路废品回收市场,配备34处由商务局认证的再生资源回收点。坚决制止违法建设。建立基层拆违考核机制,加大巡查力度,坚决杜绝新生违法建设,全年共拆除违建项目21处、违建面积约3.1万平方米。全面做好农村土地租赁合同清查整改、集体土地租赁管护工作,积极寻求集中租赁方式,加强集体土地管控,从源头上遏制违法建设。加大农村土地房屋办理工商执照以及加装电表的审核力度,进一步控制违建的发生。加快基础设施建设。全力配合做好地铁8号线北延工程、回南北路及回昌东路等重点交通项目拆迁建设。完成慧华苑小区道路修缮工作预算,积极推进西店、定福皇庄、东店村公路修建工程进度。配合做好二拨子110千伏输变电工程建设,完成慧华苑社区电改内线工程、龙乡社区和北郊农场社区小区内电力主干线改造工程。顺利通过国家卫生区复审。镇成立迎检工作领导小组、13个包片小组、12个清查分队、1个联合执法队和2个专项巡检组,全面形成"3+2"检查治理模式。签订了约1650余份"门前三包"责任书,实现任务全覆盖。建立了整改挂销账制度,共完成233处台帐的销账工作。组建3000余名由机关工作人员和社区居民构成的"卫生监督员"红袖标队伍,分片包干开展环境秩序维护工作。重拳治理了违法违规经营行为,全面开展了爱国卫生工作机制建设、设施建设和病媒生物防制工作,大力规范了市场、餐馆、建筑工地等行业的环境卫生秩序,圆满完成了全地区198亩平原造林任务和3万余平方米的绿化补植,营造了整洁、清新、有序的环境。建立健全常态管理机制。实行了环境管理"服务外包化"工作试点,聘用20名保安在龙泽、回龙观城铁站周边进行看守,杜绝周边脏乱差现象;联合执法队、环卫机动小分队,坚持开展长期性的环境秩序整治和绿化美化工作,巩固复审工作成果。同时积极开展垃圾分类工作,完成对新龙城等6个新增试点小区的培训任务以及分类垃圾桶站的建设。

(王俊卿)

【社会事业】 年内,推进就业和社保体系建设。稳步推进城乡劳动力就业和创业工作,加强和完善社区(村)劳动保障服务站建设,成功推荐1796名失业人员就业,帮扶35人成功创业,带动96人实现就业,成功创建"昌平区充分就业镇"和1个"市级充分就业示范社区"。认真落实各项社保政策,为各类人员审核医疗费260余万元,报销医疗费245.8万元。稳步完成养老助残基础保障工作,发放各项高龄补贴163.6万元,办理老年优待卡839张,发放各类残疾补助款96.3万元。积极开展各类慈善救助活动,共计募集善款107万元,新旧衣物万余件。协调发展科教文卫事业。不断提高地区科学文化教育水平,共投入300余万元改善学前教育、基础教育学校办学条件,开展社区教育培训和科普活动100余次。积极推动并实现积水潭医院回龙观院区开诊运营,配合推进北大国际医院医疗项目建设,切实开展非法医疗机构取缔、用药安全知识培训等工作。落实计生政策,符合政策生育率98.77%。推动地区文化活动中心建设,成功举办回龙观春晚、"回超"足球联赛等文体活动100余场次,并加强对玉光寺、菩萨庙修缮和保护。

(王俊卿)

【社区建设】 年内,实行社区规范化建设,严格规范居委会办公流程,全面采集社区基础数据,建立起系统的社区工作档案。分阶段、有重点地推进"六型社区"创建工作,北店嘉园等8个试点社区已全部验收合格。逐步推进社区服务中心筹建工作,制定管理架构和管理制度,并有序进行内部装修等开业前期筹备工作。完成瑞旗家园、龙泽苑等社区居委会办公用房的接收与购置工作。完成社区两委换届选举和瑞旗家园等10个小区的业委会的成立及换届工作。完成三合庄园等社区12家蔬菜连锁直营店建设工作。

(王俊卿)

【新农村建设】 年内,按时完成各村资产年检以及农村集体资产、债权债务状况调查及资产台账更新工作,顺利完成集体土地所有权确权颁证、农村股份分红和土地确权村民收益分配任务,并继续做好回龙观村旧改项目资金发放和审计工作。完成村党支部换届选举工作。8个行政村共有54人当选,平均年龄44.2岁,其中男35人、女19人,每个支部都有女委员,6名大学生"村官"当选。完成第九届村委会换届选举试点工作,各村书记主任一人兼比例达到100%,两委交叉任职比例达到90%,各村新一届村委会中全部有女性成员。二拨子村整建制转居工作已获市政府批准,朱辛庄村和史各庄村305人占地转非工作即将完成,回龙观村757人的转非安置工作全部完成。

(王俊卿)

【社会安全稳定保障】 年内,探索创新社会秩序管理。扎实开展社会矛盾排查化解、治安问题整治和邪教组织活动防范处置等10个专项行动,排查、整改各类安全稳定隐患151个,妥善化解一批突出信访问题和重点社会矛盾。积极创新社会管理手段,推行流动警务模式,成立130余人的小区夜间巡逻队,对辖区进行全天候巡查,提升对地区治安形势的掌控能力。积极开展联合执法,严厉打击违法违规经营行为,营造良好的社会面秩序。

坚持动员全民参与十八大安保维稳,圆满实现了"大事不出、小事也不出"的目标。全面落实安全防范措施。全年共召开安全工作会议31次,签订安全责任书171份,组织消防安全演练4次。同时以流动人口聚居区、学校、医院、幼儿园、建筑工地以及地下空间为重点地区,全面开展安全隐患排查整治,共查处安全隐患512处,下达各类执法文书121份,处理各类违法行为350余起,有效防范安全事故发生。完成新康园社区三期住宅楼电梯改造大修工作。基本完成第一次水务普查,完成一、十二、十三、十四排干共1.1万立方米的清淤疏堵工程、东村家园地下室排水改造工程、金达园小区门前积水改造工程,有效应对了"7·21"汛情。不断加强重点区域管理。有序推进实有人口服务管理全覆盖体系建设,进一步完善"北四村"拆违打非指挥部工作机制,建立"北四村"社会面控制信息管理平台,实现了对其道路、房屋、流动人口等方面的全方位管控。组建"五到位"消防工作站,完成了开辟"北四村"第二条消防疏散通道试点、"北四村"及三合庄村马家地的34个消防井的标准化改造以及19所幼儿园烟感报警器的安装工作,提高了火灾防控能力。开展东店村工业园出租房屋清理整顿,建立综合管理站,全面实行村庄社区化、网格化管理模式。

(王俊卿)

【精神文明 民主法治建设】 年内,广泛开展学雷锋活动。在全镇范围组建70余支学雷锋志愿服务团队,将每周六定为学雷锋志愿服务日,全镇各企事业单位、社区、村均安排组织服务活动。组织"身边雷锋"、"首都文明建设奖"评选工作,回龙观西大街、同成街参加首都文明街道评选活动。开展创建生态文明户活动。在2011年创建100户生态文明户全部达标的基础上,在三合庄、二拨子、朱辛庄新增100户生态文明户。开展文明引导工作。2012年新增文明引导员编制42名,对轻轨8号线的育新花园站和霍营站增加了文明引导员进行站台引导。开展"党在百姓心中"宣讲活动。从辖区学校、大学生社工、大学生村官中选出五名选手组成宣讲团,在全镇范围进行宣讲。全年共办理群众来信323件,全年信访件办结率97%,与2011年基本持平。按期完成市、区两级人大代表建议和政协委员提案的办理和答复工作。

(王俊卿)

北七家镇

【概 况】 北七家镇位于昌平区东南部,全镇总面积56.8平方千米。辖18个社区、19个行政村。截至年底,全镇常住人口200254人,户籍人口35997人,其中非农业人口20463人。

2012年,北七家镇地方财政收入24019万元,同比增长17%。城镇居民人均可支配收入24664元,同比增长17.5%;农村居民人均纯收入16307元,同比增长9%。

(吴文燕)

单位名称:昌平区北七家镇人民政府
地址:昌平区北七家镇人民政府
电话:(010)69751031
邮编:102209

【农业】 年内,随着城市化建设进程的加快,传统农业地位逐步削弱,传统种植业和养殖业逐渐退出。现有农用地面积4376亩,其中玉米450亩、小麦600亩、牧草1500亩、菜田884.7亩(农业大棚600栋)、果品200亩、西瓜500亩、养殖小区182亩、鱼池60亩。大力引导农民退耕还林和植树造林,推进基础设施建设,加强生态环境治理,2012年新增绿化面积6097亩(绿化总面积达19084亩:林地16789亩、苗圃2295亩,林木绿化率19.4%);完成八排支干南七段排水隐患490米挑明沟工程、定泗路北青少年教育基地排水隐患500米暗涵工程、中直机关西侧排水隐患800米管涵施工、东三旗村内300米暗涵工程。2012年农村经济总收入达32.4亿元,农村人均纯收入16307元。

(吴文燕)

【工业】 年内,根据国务院关于调整中关村国家自主创新示范区空间规模和布局的批复,北七家镇宏福科技园、北七家工业园和未来科技城南区共计7.66平方千米地块纳入中关村国家自主创新示范区,镇域产业格局进一步完善。企业经济总收入完成251000万元,与去年同期持平;企业利润总额完成16000万元,同期增长3%。

(吴文燕)

【城乡建设】 年内,以保障未来科技城建设为重点,继续推进城市化建设进程,加快村民回迁房建设进度,未来科技城南区岭上村、北七家村、鲁疃村回迁楼相继开工建设。北七家消防站建成投入使用,东二旗村回迁楼竣工验收,海鶄落村集体租赁房项目主体结构完工。

(吴文燕)

【财政税收】 年内,镇税收总额完成98631万元,比上年93387万元增加5244万元,增长6%;财政收入完成24019万元,比上年增加3532万元,增长17%。

(吴文燕)

【社会事业】 年内,首都师范大学附属中学昌平校区奠基并开工建设。完善新型农村合作医疗大病统筹工作,为全镇14733人办理了新型农村合作医疗大病统筹,为1426人次报销医疗费用450万元。对148名困难群体发放救助帮扶款52.45万元。提高地区教育水平,对全镇考入高校的大中专108名学生给予34.1万元奖励。

(吴文燕)

【社区建设】 年内,全镇18个社区居委会除新成立的宏福苑东区、望都新地以外的其他16个社区居委会均进行了换届选举,圆满完成第八届社区居委会换届选举工作。社区建设与管理方面,社区居委会全覆盖工作初见成效,将依水庄园小区(渡上)纳入望都新地社区居委会管理范围;将温哥华森林小区纳入温泉A区社区居委会管理范围;将水韵风情庄园小区(威尼斯花园)纳入美树假日嘉园社区居委会管理范围。在基础设施建设方面,对北亚花园、温泉花园B区进行了电力改造,解决老旧小区居民用电难问题。文明社区创建方面,名流花园社区、望都家园社区、宏福苑社区三个社区被评为2012年度北京市"六型社区"示范单位;桃园公寓、温泉A区被首都文明办评为"首都文明社区"。

(吴文燕)

【新农村建设】 年内,镇继续深入推进新农村建设,进一步完善农村基础设施建设,开展环境整治工作,推进绿化美化工程。在基础设施方面,安装LED节能灯500盏,完成曹碾、西沙各庄、南七家、沟自头、海鶄落、东三旗六个村的"亮起来工程"。在环境整治方面,在燕丹村、东三旗村、南七家村共投资约90万元新建村级垃圾中转站,改善农村人居环境。完成了立汤路(东三旗、东沙各庄段)、牛北路(白庙、平西府、郑各庄段)、定泗路(东二旗段)三条路两侧广告牌匾整治工作。道路建设方面,完成曹八路大修工程1.8公里。

(吴文燕)

【精神文明 民主法治建设】 年内,北七家镇第四届人民代表大会第二次会议召开,听取审议镇政府上半年工作报告和上半年财政预算执行情况的书面报告。全年共开展代表座谈活动3次,代表视察活动3次,听取政府专项工作汇报8项,向政府送达代表意见建议8条,强化了代表建议的督办工作。广泛开展人民调解、法制宣传、矫正帮教、法律服务、法律援助等各项工作,不断提升群众法制意识,营造良好法制环境。全年共调解民间纠纷200余起,调解成功160件。认真开展矫正帮教工作,全年共接收矫正对象25人,帮教人员接收42人,"两类"人员情况稳定,无脱管、漏管和重新犯罪现象发生。为群众提供法律服务和法律援助,全年司法所接待法律咨询200余人次;审查合同60份;代书120余件;代理民事纠纷22起。广泛开展法制宣传和"六进"活动,开展普法宣传30场次,发放普法宣传资料以及普法短剧光盘共计3万余份。组织学习宣传贯彻党的十八大精神,通过悬挂海报、横幅百余条,印发十八大问题答卷,邀请专家讲解,百姓宣讲团宣讲,召开座谈会、撰写心得体会300余份,深化了基层干部对十八大报告的认识;开展"党在我心中"演讲活动,讲述党的光辉历程和丰功伟绩。开展健康知识、文明礼仪、金融理财等培训活动,举办相关内容讲座40余场,参加人数3000人次,提高了广大群众的文明素质。组建22支学雷锋志愿者服务队,开展系列学雷锋志愿者活动;做好生态文明户创建工作,选出符合申报条件家庭228户;推进农村精神文明建设"十个一"工程;有序推进公共文明引导员工作,现东三旗和燕丹站公共文明引导员已全部上岗,极大改善了镇域乘车环境。继续创建全民学习的社会氛围,推动图书下乡,投资119万元完成17家益民书屋建设;举办了"北七家镇社区文化季暨奥北小剧场首演"活动,打造地区文化品牌;广泛开展群众性文体活动,共组织"星火工程"文艺演出60场、电影放映684场次,成功举办第六届"和谐杯"乒乓球赛,极大地丰富了群众文化生活。

(吴文燕)

【商贸旅游】 年内,以温都水城、拉斐特城堡为龙头的旅游业,带动服务业的快速发展,知名快捷酒店一如家、格林豪泰、汉庭、7天连锁、君巢酒店落户北七家镇。吉普、奔驰等知名品牌4S专卖店入驻亚运村交易市场,北七家建材市场稳步发展。宝隆艺园古玩市场推出的面向普通大众的收藏品拍卖活动多次在北京财经频道播出,带动了拍卖行业的发展。以温都水城为核心的郑各庄主题村庄、以欧洲城堡文化体验旅游为主题的拉斐特城堡酒店带动了文化创意产业发展,促进文化产业与旅游、物流、信息等产业融合发展。

(吴文燕)

【重要会议和重要活动】 1月4日,北七家镇召开机构改革动员部署会。会上,宣布了《北京市昌平区北七家镇机构改革方案》。1月9日,宣布了镇党政机构科室及事业单位拟任科长或负责人人选名单。1月11日,全体机关干部岗位安排完成。经过改革,在机关内部择优录取12名事业单位工作人员,5个科级领导职位进行竞争上岗,8个科级非领导职务进行民主推荐,经区人力社保局考察通过。此次机构改革,机关设置为12个科室,事业单位为6个中心1个所。行政人员编制55名,其中处级领导职数为13名,科级领导职数12正6副。事业人员编制核定为80名,科级领导职数为7正10副,机构改革圆满完成。3月8日,市委组织部组织处副处长刘敏华一行,在区委社会工委副书记王闽榕的陪同下来到镇郑各庄村,调研党组织引领经济社会发展情况。3月19日,区委副书记、政法委书记朱光彤来到北七家镇调研社区管理和维护稳定工作。3月23日,市政协副主席王永庆带领调研组来到北七家镇进行实地考察,就昌平区重点小城镇基础设施建设情况开展专题调研,区领导侯君舒、金树东、王书合、王承军和区相关部门负责人陪同调研,镇党委书记刘长永、镇长韩军就相关工作进行了汇报。4月14日,中共中央政治局委员、市委书记刘淇,中共中央政治局委员、中央书记处书记、中宣部部长刘云山与首都文化界千名代表一起参加首都文化林义务植树活动。中宣部常务副部长雒树刚、中宣部副部长、中央外宣办主任王晨,市委副书记、市长郭金龙,区委书记侯君舒、区长金树东等领导参加植树活动。4月15日,首都学雷锋志愿林建设启动仪式在北七家镇举行,市委常委、宣传部部长、副市长鲁炜,市委社工委书记、市社会办主任宋贵伦等领导和区领导侯君舒、金树东、余俊生、苏卫东一行与北七家镇党委书记刘长永、镇长韩军等领导参加植树活动。5月8日,宏福苑东区社区居委会、望都新地社区居委会分别举行揭牌仪式。7月11日,北七家镇召开学习贯彻北京市第十一次党代会精神工作部署会。8月19日,北七家镇召开全镇十八大安保维稳和环境整治大会。8月20日上午,区委副书记、政法委书记朱光彤率领区督查组到北七家镇检查十八大安保维稳工作。8月22日,首都综治办副主任、市委党的十八大安保工作昌平督查组副组长许继慧带领督查组一行到北七家镇,督导检查十八大安保专项行动工作情况。区委副书记、政法委书记朱光彤、区委常委陈秋生、孙启、田运胜及北七家镇党委书记刘长永、镇长韩军陪同检查。8月28日,市纪委常委、市监察局副局长宋兰刚、市纪委预防腐败一室主任闫中等领导一行来到北七家镇,调研村务公开工作。9月5日,区委副书记、区政法委书记朱光彤率领区督查组到北七家镇督查"十八大"安保维稳工作。9月29日,首都师范大学附属中学昌平校区在北七家镇举行开工奠基仪式。10月12日,中央610办公室机关工委副书记杨滇利等领导一行20余人,赴北七家镇调研反邪教工作。10月25日,昌平区第八届职工文化艺术节闭幕式在北七家镇文化中心举行。北京国际汽车博览中心新闻发布会在温都水城湖湾酒店金色大厅隆重举行。区委常委、副区长孙启在发布会上致辞。北七家镇党委书记刘长永、镇长韩军出席发布会。10月30日,市区检查组领导一行15人来镇检查社保所大厅和服务窗口设置、工作制度、档案资料管理等情况。11月1日,北七家镇召开北七家镇社区物业控制违法建设工作部署会。11月5日,区委副书记、政法委书记朱光彤率领区督查组到镇检查十八大安保维稳工作。11月9日,区委政法委副书记、610办公室主任齐炳瑞到镇检查十八大召开期间反邪教专项维稳工作。11月8日,镇领导班子成员与机关干部一起,集中收看了党的十八大开幕式，认真收听收看胡锦涛代表中国共产党第十七届中央委员会所作的工作报告。当天，全镇各村、社区和单位也组织观看了党的十八大开幕式。11月20日，镇召开学习宣传贯彻十八大精神动员大会。镇领导班子成员、机关干部参加会议。12月3日，区委副书记、政法委书记朱光彤一行检查镇廉政建设工作情况。12月4日，镇召开村党组织换届选举工作动员部署会。12月23日，镇圆满完成新一届村党组织换届选举工作。12月26日，镇召开第九届村民委员会换届选举工作动员培训大会，部署村委会换届选举工作。

（吴文燕）

崔村镇

【概　况】 崔村镇位于昌平区东部，面积约63平方千米。镇辖12个行政村。截至年底，全镇常住人口1.8万人，户籍人口1.4万人，其中非农业人口0.41万人。

2012年，崔村镇完成地区生产总值15.5亿元，比去年增长10%。镇地方财政收入完成3188万元，同比增长43%。农村居民年人均纯收入14212元，同比增长9%。

（吴信玉）

单位名称：昌平区崔村镇人民政府
地址：昌平区崔村镇
电话：(010)60721700
邮编：102212

【农业】 崔村镇致力于发展精品特色农业，以苹果、草莓两大特色果品为主导，着力打造都市型现代农业。草莓产业紧抓第七届世界草莓大会契机，积极推进草莓产业上规模、上效益、上水平发展。年内，新建日光温室、春秋大棚104栋，使全镇日光温室大棚达到近1900栋，改造完成62栋立体基质栽培式草莓温室，对198栋大棚实施老旧温室改造。通过不断强化服务管理，全镇草莓总产量达61.5万公斤，总产值实现3324.95万元。苹果产业围绕提质增效，做好协会服务管理、技术指导和产品营销工作。全镇草果产量和质量稳步提升，在昌平区第九届苹果节上，镇荣获果王和两个技术能手奖，再次展现出崔村苹果的优秀品质。此外，通过农业综合开发、农机化推广、良种统供、农民培训、基地建设等一系列项目的实施和各项惠农政策的落实，切实改善了镇农业基础设施，推动了都市型现代化农业的发展。

（吴信玉）

【工业】 年内，通过内整外引优化产业结构，对外加大招商引资力度，对内盘活闲置土地、厂房等资产，引进高新技术产业入驻，注重培育新的增长点。全镇新注册企业120家，个体工商户330家，规模以上企业达25家，年产值2000以上的10家，其中实际5000万元以上的5家，出口交货值一家总收入在8000万元以上。为5家规模企业申报了技改项目的工作，其中包括：川北科技有限公司、北京盛磁科技有限公司、北京鹏程安泰尔救援设备公司、瑞尔木质家具有限公司和佛罗伦萨散热器有限公司。年内，技改工作已经全部完成。

（吴信玉）

【城乡建设】 年内，在查处违法占地违法建设工作中，着力做好“巡查、宣传、监管、拆除”四个方面工作，共拆除违法建设2.44万平方米，没有出现新增小产权房。在第三季度卫片检查中，全镇有图斑变化17处，比去年同期的54处，有了大幅度降低。对于现有的17处，通过与区国土、农委等部门沟通协调，其中9处正在办理农调手续，4处正在自行清理，4处正在拆除。着力采取严格注册登记、严密巡查防控措施，有效防止外部煤炭储运场所流窜到本辖区。清查再生资源回收站点36家，对有照的10家进行规范管理，其余26家无照经营的全部清理完毕。完成了3处砂石加工场关停清理任务。2012年，镇平原造林任务指标495亩，完成签约面积544亩，栽植树木2.72万棵，按期完成了平原造林任务。完成八家村10614平方米、西辛峰村1595平方米、南庄村13853平方米、南庄营村5534平方米新农村绿化建设，共栽植树木1.5万棵。完成1000亩荒山造林任务，栽植苗木7.4万株。“环境优美镇”和“生态文明村”创建工作进一步推进。

（吴信玉）

【财政税收】 2012年，崔村镇税收完成1.05亿元，比上年增长42.9%。上级财政预算资金为

8092 万元,比去年增加 32.2%。财政本级收入为 3621 万元,比去年减少 5.8%。资金支出 11633 万元,其中财政资金支出 8092 万元,本级资金支出 3541 万元。

(吴信玉)

【社会事业】 年内,不断推进农村合作医疗体系建设,参保人数达到 10262 人,参保率基本做到应保尽保。加快推进城镇"一老一小"和无业居民医疗保险工作,群众看病难、看病贵问题得到缓解。截至 10 月底,城乡居民养老保险已缴参保费人员 4205 人,参保率达到 99.2%,缴费金额为 448 万元。共有 819 余人已到期享受养老保险待遇,平均每人每月享受金额约为 400 元。全镇动态就业率稳定在 99% 以上,长期失业状态基本消除,全镇 12 个行政村都已申报充分就业村,正在等待验收结果。举办"金秋艺术节闭幕式暨迎新春慰问演出"、"崔村镇和谐香堂杯春季长跑比赛"等,全镇近千名群众参加,掀起群众文体活动的高潮。全镇 10 个村级图书室按北京市标准图书室的要求进行完善和整理,已通过昌平区的初检。组队参加昌平区春季长跑比赛、农民象棋比赛、和谐杯乒乓球比赛,第九套广播操比赛等活动。春节期间对 200 多户民政对象进行走访,为低保户发放城乡低保金、临时救助补贴等资金,为优抚对象发放定期补助、报销医药费。加强助残工作,做好重残补助金、特困残疾人补助发放工作,积极为困难群众组织实施白内障复明手术,向残疾人发放助听器、轮椅等康复器材。

(吴信玉)

【新农村建设】 年内,推进农宅抗震节能改造工程。农宅抗震节能改造工作于 3 月份在镇正式启动,这是今年新农村建设的一项重要工作。截至年底,共测量 1671 户,完成施工 1650 户,全部通过验收。高效保质完成村庄社区化管理工作。棉山村、西辛峰村、大辛峰村、南庄营村、南庄村是 2012 年度村庄社区化建设试点村。镇定期安排专人深入上述各村进行实地踩点、测量,克服各种困难,全力推进工作开展。截至年底,5 个村的社区化管理建设全部完成,投入资金 2400 多万元。基层党组织活力增强。以香堂村、真顺村为试点,实施"星级党支部及党员积分制"党建创新项目。健全党组织和党员的考核评价体系,量化奖优惩劣的标准。通过真顺、香堂的试点工作,为全镇党建品牌的推广积累了经验。发挥效能,大力推行村民代表承诺制,为党委政府开展工作搭建了有效的平台。2012 年,结合"创先争优"主题活动,组织全镇村民代表更新了为民服务承诺,征集承诺近 400 条。善于吸纳,深入开展交流互助活动。在全镇基层党组织和党员中积极开展"支部互动、党员互助"活动,实现资源共享、优势互补。镇村与村之间、村与机关之间、村与企事业单位之间、村与高校之间共结成了 16 个互动对子,12 名党员结成了互助对子。顺利完成村党组织换届选举。提早完成村"两委"换届摸底调查、审计、考察等准备工作,采取加强宣传引导、严肃换届纪律、制定鼓励"两提高、两降低"的导向性政策、开展交流谈心活动等多项措施,夯实了选举工作基础。截至 12 月 16 日,全镇村党组织换届选举工作顺利完成。基层民主管理制度落实。深入落实区"148"文件精神和"五步法"工作法,不断深化拓展两个"民主日"活动,进一步强化了村级民主管理力度。上半年,组织全体班子成员对各项民主管理制度进行重新学习,并邀请专家对村"两委"干部进行专门培训。同时,充分发挥《崔村镇村"两委"干部工作制度汇编》的作用,使村干部一册在手,即可科学规范的处理各类村政事务。

(吴信玉)

【商贸旅游】 年内,充分发挥军都山滑雪场、太伟高尔夫球场、瑶台山庄等旅游企业带动作用,推进旅游资源的开发利用,加强西峪、真顺等民俗村旅游服务管理,积极开发特色旅游产品,提升接待服务水平,推进旅游产业健康发展。全年共接待游客 20 万人次,实现旅游收入 2000 万元,形成较为明显的拉动效应。

(吴信玉)

【精神文明 民主法治建设】 年内,镇第四届人民代表大会第二次会议召开,顺利完成选举任务。全镇 12 个村的有线广播工程顺利完工。完成 10 期《崔村大地》编印发放工作。向区电视台、区新闻中心上报各类新闻稿件 160 余篇,区电视台报道我镇新闻 20 余条,区"两办"采用我镇信息 40 余条,《昌平周刊》采用镇新闻 65 条。认真做好生态文明户创建工作,按照整村推进原则,香堂村 583 户生态文明户通过考核验收。开展了"党在百姓心中"宣讲、学雷锋等一系列丰富多彩的活动。610 办公室深入开展了社会面防控、警示教育、巩固帮教以及无邪教社区建设等各项工作,确保了敏感期"四个不发生"防控目标的实现。同时,完善信访接待办理机制,实行镇党政领导每周三接访制度,尽量做到当场答复,当场不能给予明确答复和解决的,信访办报主要领导签批给相关责任单位和责任人,限期办理。广泛开展法制宣传和“六进”活动,做好“六五”普法工作,不断提升群众法制意识。大力做好人民调解工作,全年排查化解矛盾100多起,这个做法被市人民调解刊物刊登,有一个调委会和三个调解员被评为区级先进。

(吴信玉)

【重要会议和重要活动】 2月11日,镇召开2012年重点工作部署会。会上,镇党委、政府与各村党支部书记签订了党风廉政建设责任书。5月14日,崔村镇严厉查处违法建设违法占地暨“三项治理行动”动员部署会召开。5月31日,崔村中心小学举办了我幸福、我快乐暨六一庆祝活动。区委书记侯君舒、常务副区长张燕友、人大副主任李春菊、副区长刘淑华、政协副主席任鹏举及镇党委书记史佑民等区、镇和孩子们一起欢度六一。6月18日下午,区委常委、组织部部长李良在镇党委书记史佑民等领导陪同下慰问八家村建国前老党员王德全和大辛峰村困难党员杨荣祥,衷心祝愿老人健康长寿,并给老人送上慰问金,镇领导送上米、油、鸡蛋慰问品。6月28日,镇党委召开庆七一创先争优表彰大会暨建党91周年文艺演出。8月1日,副区长王承军在镇党委书记史佑民等领导陪同下,前往驻镇66006部队进行慰问。8月2日,崔村镇第四届人民代表大会第三次会议。8月23日,镇召开十八大安保维稳工作动员部署会。镇党政班子成员、科室负责人、站所负责人及各村书记、主任参加会议。10月11日,区委常委、宣传部部长余俊生到镇就文物保护工作进行调研。镇党委书记史佑民,宣传委员张振鸿陪同。11月7日下午,区委副书记朱光彤等一行三人到镇就十八大安保维稳工作进行督查。朱光彤听取镇党委书记史佑民关于崔村镇十八大安保维稳工作情况的汇报。11月29日,在区委常委、组织部部长李良的带领下,区党风廉政建设责任制专项检查小组一行6人到镇,就2012年党风廉政治建设责任制落实情况进行检查。在听取镇党委书记史佑民的汇报后,李良对镇的党风廉政建设工作给予高度评价,并提出工作要求。12月12日,区委常委、组织部部长李良到镇就村“两委”换届选举工作进行调研。李良听取汇报后,充分肯定镇前一阶段村党组织换届选举工作取得的成效,并对下一步工作提出三点建议。12月19日,由区档案局市级测评员组成的测评组到镇,对档案工作进行测评。经过测评,确定崔村镇为市级优秀单位,并颁发奖牌。

(吴信玉)

兴寿镇

【概　况】 兴寿镇位于昌平区卫星城东部,与顺义区、怀柔区接壤。镇域面积75平方千米,辖21个行政村。截至年底,全镇常住人口31179人,户籍人口22948人。

2012年,全镇农村经济总收入完成10.8亿元,同比增长10.6%;农民人均劳动所得实现12079.1元,同比增长9%。完成财政收入3087万元,同比增长21.44%;完成税收11603万元,同比增长7.43%。

(仇哲)

单位名称:昌平区兴寿镇人民政府
地址:昌平区兴寿镇兴寿村
电话:(010)61726118
邮编:102212

【农业】 年内,大力发展都市型、生态型、现代农业,促进草莓产业的升级和发展。充分利用电视、报刊、杂志、广播等宣传媒介,树立兴寿草莓优质的品牌形象。全镇共发展草莓大棚4300余栋,基地面积6000亩,发展14个草莓种植专业村,带动种植户1300户,实现总产值1.48亿元。推动草莓产业、苹果产业等一产与文化创意产业等三产的融合发展,进一步提升现代农业的生态价值和景观功能,精心保护和打造具有田园特色的小城镇风貌。

(仇哲)

【重点工程】 年内,以半壁店庄园小区开发项目为代表的旧村改造项目启动拆迁工作,并已有部分进行腾退。兴寿镇中心区改造土地一级开发工作正在办理前期手续。民福置业桃源项目已完成征地转非工作,正稳步推进“三通一平”工作。可园旅游度假用房项目已获得征地批复,正在进行农转非安置的前期准备工作。桃下路工程一标段已完成道路建设;二标段尚余一公里未铺油;三标段已完成铺油;四标路基路床已完成40%,涵洞挡墙均已完成80%以上;五标正在修建涵洞挡墙。由于行政区域调整,二、三、四、五标段均在延寿镇范围内,故拆迁工作由延寿镇负责,拆迁协调难度大，兴寿镇积极与延寿镇进行拆迁协调工作，并已责成施工单位对有条件的路段加快施工进度。

（仇哲）

【城乡建设】　年内，研究制定原生态艺术集聚区发展规划，规划涉及上、下苑等9个村，规划面积7平方千米。吸引人才、智力、资金、文化等高端要素向兴寿聚集。不断巩固扩大对外开放和区域合作成果，吸引更多知名农业企业、机构入驻兴寿，更多的高端农业展会落户兴寿，进一步提升兴寿镇产业发展的竞争力。巩固世界草莓大会的环境整治成果，坚持典型引路、以点带面，集中打造环境示范亮点。积极实施村庄美化、绿化工程：有1个村申报了市级生态文明村创建工作；1个村申报了区级环境整治提升村；4个村申报了国家级生态文明村创建工作；并做好市级、区级检查验收工作，全镇实现道路畅通、村庄整洁。完成平原地区造林工程2926.7亩，种植树木总计约20万棵，镇域环境极大改善，镇域生活品质极速提升。

（仇哲）

【社会事业】　年内，全镇的教学布局得到调整，上苑学校进行改造，办学条件得到提高，建立12820平方米的中小学为一体的综合教学楼和办公楼，新建了300米塑胶跑道学生操场。选拔20名优秀大学生村官，组建志愿者服务队，利用节假日时间，对兴寿学校学生进行课程辅导，受益学生达150人；上苑学校借助区位优势，主动联系上苑艺术家联合会，开办艺术特长班，加强对学生的素质教育和才艺培养。在镇中心区建设一座面积约5000平方米的敬老院，一期总投资872万元。春节期间对全镇586位80岁以上老人进行走访慰问，重阳节期间对41位90岁以上老人进行走访慰问。同时，加大农村实用人才队伍建设力度，通过集中培训、搭建平台、评定优秀、强化管理，奏响建设高素质实用人才队伍“四步曲”，为农民致富储备人才。重视繁荣文化体育事业，大力开展各类群众性文体健身活动。全年完成各项演出66场，活跃了广大群众的文化生活，营造了和谐的文化氛围。

（仇哲）

【新农村建设】　年内，全镇完成188宗土地颁证工作，完成颁证率94%，位居全区前列。其中土地权属争议39宗，已解决土地争议30宗。新农合参合15528人，新农保参保105人，完成率均达100%，城镇医保和养老保险实现全覆盖。全年共发放各类慰问金24.26万元，为各类群体发放生活补助522万元，农村低保306人，“五保”老人3294人，农村低保保障率达100%。落实保障性住房政策，为14户群众办理新批宅基地上报初审工作，审批村民翻建房屋410户。做好农村抗震节能房屋改造工程，兴寿镇20个村上报新建（翻建）、单项改造3740户。其中新建（翻建）163户，单项改造3577户。新建（翻建）完工49户，在建117户，完成28.8%；单项改造外墙保温完工3215户，完成90.6%，门窗改造完工2629户，完成79.8%。精心筹备“两委”换届工作，加强组织建设。深入开展创先争优活动，加强思想建设。深入开展“三级联创”活动，不断提升基层组织的应急管理能力、公共服务能力、解决自身问题和统缆全局的能力，各党支部成为密切联系群众、加快经济发展、促进和谐稳定的坚强堡垒。加强基层阵地建设，提升了基层组织的形象，增强了服务群众的功能。强化了党员干部的教育管理，完善了党员干部的教育、管理、培训，构建完善的管理体制、激励机制和监督体系，努力建设一支经得起考验、守得住底线、打得赢硬仗的高素质党员干部队伍。优化了干部队伍，增强了队伍的活力和战斗力。

（仇哲）

【商贸旅游】　年内，大力推动兴寿镇旅游业的发展，通过整合旅游资源，形成规模优势。利用草莓、苹果等设施农业和乡村酒店发展观光采摘、休闲娱乐于一体的休闲产业，促进农民增收。2月18日至22日，第七届世界草莓大会在召开，地点在兴寿镇香屯村村西草莓博览园。兴寿镇继承和发扬志愿者精神，齐心协力，由机关干部、大学生村官以及村两委班子成员和党员、村民代表等组成的志愿者服务队总计约1500人，奋战在一线，做好主会场外围保障工作，确保大会运行有序、周边安全稳定、交通安全畅通、服务细致周到；确保实现场馆运行和外围保障工作的全面融合、无缝衔接。

（仇哲）

【精神文明　民主法治建设】　年内，以第七届世界草莓大会为契机，镇人大突出监督重点，改进监督方式，增强监督实效。发挥重点工程、环境整治、食品安全卫生和教育医疗执法4个专项监督检查组的作用。定期组织专项小组代表活动，对政府确定的重点工程、环境整治、食品安全卫生和教育医疗情况进行视察和执法检查，听取工作情况的汇报，提出意见和建议，发挥出专项小组的作用，督促政府进一步搞好各项工作。镇信访办高度重视涉及群众切身利益的热点、难点问题，全年共接待群众来访76批430人次，同比分别下降了

27.6%和34.7%,其中接待集体访14批230人次,同比分别下降了44%和52.3%。信访办结率达100%,信访人员逐年减少。全面落实安全生产目标责任制和“一票否决制”,立足安全监管机制创新,加大消防安全、食品安全、交通安全工作,全镇安全生产形势总体平稳。扎实开展社会治安综合治理,各种违法犯罪活动得到有效遏制。

(仇哲)

【重要会议和重要活动】 年内,“1+3”专项行动成效显著。年内,围绕“环境建设年”这一主题,结合区委、区政府“1+3”专项行动,重拳出击,深入开展专项治理行动,从而使兴寿镇整治违法建设违法占地初见成效,新增违法建设得到有效遏制,截至年底,已拆除违法建设76处,拆除面积20590平方米。同时,彻底清除36处无照废品回收站及1处煤炭储运场所;严厉打击盗采砂石行为和关闭非法砂石加工厂,累计清除砂石2.7万吨;行动中,还加大对黑洗衣店、泔水猪、地沟油、旧货市场等低端产业的清退工作,加强了对流动人口的管理,并取得了明显的成效。基础设施建设取得新进展。抓住第七届世界草莓大会胜利召开的有利契机,投资6547.8万元,完成了镇域路网建设项目。投资720万元完成了兴寿镇草莓基地道路工程,共涉及7个村16个草莓种植基地,总面积2197.4亩,硬化道路6万平方米。完善了3789.1亩的草莓种植基地供电设施。启动了昌金路沿线19个村1.3万亩的农业综合开发土地治理项目,投资1469.5万元用于电力配套、清挖排水渠、修整机耕路、修建过路方涵和管涵、建设防护林网、修整停车场、农田培肥等工程。做好十八大维稳工作。为保证“十八大”顺利稳定召开,兴寿镇加强信息情报统筹,启动维稳情报信息会商机制,对各类不稳定因素进行细致分析、制订对策,增强工作的前瞻性、预见性。同时深化矛盾排查化解,减少不稳定因素,及时传达区委、区政府关于切实做好十八大维稳会议精神,安排工作队入村开展矛盾纠纷排查,梳理确定了一批影响稳定的重点矛盾,做好矛盾纠纷的源头预防。加大突出治安问题和治安重点地区排查整治力度,开展全天候、全方位巡逻防控工作。加大舆论宣传引导,强化正面声音,精心组织迎接党的十八大系列宣传报道活动,切实把广大干部群众的智慧和力量引导到谋发展、保稳定上来。夯实组织基础,完成村党支部换届。12月1日至27日,兴寿镇完成农村党支部换届选举工作。举办草莓庙会。1月25日至30日,兴寿镇举办“2012北京·兴寿草莓庙会”,为期6天。庙会期间,日均接待游客1.7万人,6天共接待游客10万人次,参展摊位350余个,日均营业额340万元,6天总计2000余万元。其中草莓展销摊位260个,平均每日销量突破4万斤,销售额突破100万元,6天共拉动草莓销售24万斤,草莓种植户增收1000余万元。达到了“以会兴莓,以会促销,以会惠民”的目标。结合基层组织建设年工作和筹备做好村“两委”换届选举工作,镇党委决定在机关干部中开展实施“机关干部接地气,创先争优2+1”活动。切实加强农村基层党组织建设,提升农村“两委”干部的素质和能力,增强党员队伍的生机活力,积极引导基层党组织和广大党员干部为推动科学发展、促进经济平稳增长、维护社会和谐稳定贡献力量。8月4日,召开全镇工作会议。党委副书记任宝立部署了这一活动的实施方案。

(仇哲)

东小口镇
(东小口地区办事处)

【概　况】 东小口地区位于昌平区东南部,南邻朝阳区,西与海淀区接壤,地域面积32.8平方千米,属于典型的城乡结合部,同时也是一座迅速崛起的“新城”。空间呈“两区夹一带”的格局,即东部为天通苑经济适用房居住区,西部为回龙观文化居住区东区,中部为万亩绿化隔离带。现有人口近37.5万人,其中行政村人口约18780人,流动人口约12167万人。现辖16个村、43个社区。共有基层党支部110个,党员3930名,其中农村党员1286名。民族主要以汉族和回族为主,其中小辛庄村为纯回民村。

2012年,地区财政收入完成11481万元,比去年同期10409万元增长1072万元,同比增幅10.29%;税收总额完成106486万元,比去年同期77236万元增长29250万元,同比增幅37.87%;农村人均劳动所得23989元;居民人均可支配收入23574元。

(金文亮　李宏敏)

单位名称:昌平区东小口镇人民政府
昌平区东小口地区办事处
地址:昌平区东小口镇中滩村386号
电话:(010)84811903

邮编:102218

【工业】 年内,规模工业企业 17 家,企业总收入 140110 万元,企业利润总额 3314 万元,企业增加值 23228 万元,工业总产值 56078 万元。招商引资工作取得积极进展。全年新增企业 616 家,新增注册资金 38170 万元。

(乔海英 奚海英)

【城乡建设】 5 月 14 日,九台西路东起天通苑西三区北门西至魏窑路口南 100 米,全长 1950 米。九台西路大修工程从四月初开始,前期对排水管线进行了施工,新建排水管道 293 米,新增雨水口 28 个,连接管线 284 米。5 月 16 日,由地区党工委牵头,城管、公安、工商等多部门联合执法,拆除霍营村林业用地违法建设 1000 平方米。此次联合执法共出动车辆 15 辆,铲车 1 辆,执法人员近百人。7 月 6 日至 14 日,按照党委、政府要求综治办积极配合镇相关科室对魏窑村违法建筑进行拆迁。7 月 17 日,综治办配合镇相关科室对芦村洪恒刚出租院的违章建筑进行拆除。全年共拆除各类违法建设 84 处,拆除面积 179377 平方米,强制拆除 24 处,共计 22220 平方米,其中在拆迁范围内的共计拆除 153857 平方米,非拆迁范围内的共计拆除 25520 平方米。东小口镇政府被评为 2012 年度拆除控违先进单位。年内,镇向区国土、规划部门对违章建筑的单位或个人出违章认定函 76 份,并下发各类通知书 196 份。东小口森林公园二期工程投资近 5100 万元,总面积 1178 亩;半塔郊野公园投资近 1859 万元,面积达 429.4 亩;两园已建成向公众开放。东小口森林公园一期和太平郊野公园完成了升级改造。镇 7 个村 1192 亩的平原绿化,栽植苗木 47100 株。

(金文亮 李宏敏)

【社会事业】 年内,城乡居民养老保险参保人员累计达到 4125 人,其中农业户籍 3985 人,非农业户籍 140 人,缴费金额达 401 万元。1533 人参保城镇居民医疗保险,其中一老保险 61 人,一小保险 1450 人,城镇无业居民保险 22 人。完成 1316 名异地居住退休人员的养老金领取资格认证;申报退休人员养老金 2320 万元;发放城乡无保障老年居民保障金 419 万元;办理企业退休人员医疗报销 21 万元;累计报销超转老人医药费 445 万余元;为 73 人申请丧葬补助金额 168 万元;为困难人员办理医疗救助 53828 元;教育救助 4500 元。镇、村投资 131.36 万元,为 8757 村民上了农村合作医疗大病统筹。全年报销 1468 例,报销金额达 407.06 万元。为外来流动人口儿童和工地农民工进行查漏补种和麻疹接种 11642 人。同时,对 0－6 岁流动儿童查漏补种 1340 人次,18－40 岁的外来务工人员进行流脑、麻疹疫苗接种 2616 人,接种 A＋C(流脑)疫苗 2654 人。投资 37.86 万元,对社区、绿化带、水域进行 2 次病媒生物防控消杀,总面积为 94.65 万平方米。大规模开展的“除四害”活动,有效阻止了传染疾病的传播。

(金文亮 李宏敏)

【社区建设】 年内,投资 1200 万元,加快推进蓝天园小区、天鑫家园、霍营小区、太平家园等 6 个老旧小区的水、电供应改造。落实区政府为民办实事工程,超额完成社区蔬菜网点连锁直销店建设工作,签约网点 12 个,开业运行 7 家。投资 406 余万元,完成嘉诚花园、华龙苑中里、华龙苑南里三家老旧小区综治维稳分中心建设。

(金文亮 李宏敏)

【新农村建设】 6 月 6 日,东小口镇贺村中滩村组团 AB 地块旧村改造项目奠基。此次回迁安置涉及中滩村、东小口村、芦村和单村四个村的 1109 宗。区长金树东、副区长苏卫东、镇党委书记王军、镇党委副书记、镇长刘芬等出席仪式并奠基。11 月 23 日,东小口镇马连店村组团农民回迁楼在原址奠基。区委常委、区纪委书记王晓霞,区人大常委会副主任杨国昌等出席仪式并奠基。全年镇 17 个村共选定指界人 52 人,并签订集体经济组织土地确权指界人推举决议书。成立农村土地确权登记发证工作领导小组,此次颁证工作共涉及 74 宗地,完成 72 宗,完成率 96%,完成区政府下达的 95% 的工作目标。兰各庄村社区化管理工作被评为昌平区示范先进单位

(金文亮 李宏敏)

【精神文明 民主法治建设】 4 月 25 日,天一社区社工丁平平代表镇参加由区主办的“北京精神美德传承”演讲比赛,并取得了第三名的好成绩。6 月 15 日,“工会杯”2012 年昌平区广播操比赛在昌平区体育馆顺利开赛,龙锦苑东一区 25 人参加此次比赛荣获三等奖。全年接待群众来访 15 批 134 人次;接待农民工讨薪 11 批 272 人次。接收信访综合办公系统 29 件,同比减少 42%;市长信箱 185 件,同比减少 19.6%;区转信 37 件,同比增加 27.6%。到期办结率达 100%。各村、社区建立信访台帐,制定信访预案,确保各项稳控措施的落实。开展两次重点矛盾纠纷大排查,排查矛盾纠纷 45 起,化解 40 起,成功率 88.9%。镇包村(联系社区)工作组、信访服务中心积极开展“亿

霖木业”涉案款项清退工作，深入群众家中做思想工作，宣传政策、耐心疏导。镇范围内79名亿霖木业案件受害人，已有61名办理了退款手续。

（金文亮、李宏敏）

【重要会议和重要活动】　1月21日，区长金树东，区委常委、区纪委书记王晓霞，区委常委、副区长孙启等领导来到东小口拆迁指挥部，慰问坚守在一线的广大干部职工。2月22日，地区推荐昌平区出席北京市第十一次党代表大会代表工作部署会召开。2月18日至22日，第七届世界草莓大会召开。在地区党工委、办事处的统一领导下，成立地区第七届世界草莓大会会时环境和秩序维护领导小组，重点解决了“黑车”“黑摩的”非法运营，非法散发喷涂小广告，街头游商，乱设广告牌匾、邮报亭、商亭、早餐亭、移动公厕、堆物堆料、占道经营，乱倒垃圾渣土等行为，保障了第七届世界草莓大会会时环境干净整洁。被组委会评为“最佳服务保障奖”。3月15日，地区组织召开迎接国家卫生区复审工作动员大会。3月16日、20日，由区市政市容委书记张洪涛带队的督导小组对地区整治难点进行走访调查。地区党工委书记王军、办事处副主任张传成等领导陪同。4月19日，地区召开关于北京市出席党的十八大候选人初步人选产生情况通报会。4月21日，镇召开第四届人民代表大会第二次会议，会议补选了东小口镇人大主席和东小口镇人民政府镇长。镇党委书记、地区党工委书记王军当选为东小口镇人大主席；镇党委副书记、地区党工委副书记、办事处主任刘芬当选为东小口镇人民政府镇长。7月21日晚23点30分，地区党工委、办事处主要领导陪同区水务局局长洪起国、到天通苑现场指导防汛工作。东小口防汛指挥部要求各工作组对地区范围内的各个部位进行彻底巡视。开展隐患排查和指导防汛、排除险情等工作。8月25日，镇召开第四届人民代表大会第三次会议，会议听取了《东小口镇人民政府2012年上半年工作报告》。9月15日，区委书记侯君舒率领区各委办局相关领导到东小口，针对地区环境秩序整治工作进行视察。区委副书记、区长金树东，区委常委、常务副区长张燕友，区委常委、宣传部部长余俊生，副区长刘淑华，区政协副主席仜鹏举　同检查。地区党工委书记王军陪同。9月18日，区委常委、常务副区长张燕友，区委常委、副区长赵阳组织召开东小口地区综合配套改革试点工作推进会。9月28日，东小口镇召开残疾人联合会第二次代表大会，会议听取《东小口镇残疾人联合会第二次代表大会工作报告》，并选举产生东小口镇残联第二届主席团主席、副主席、委员、残联理事长及出席昌平区残联第三次代表大会代表。12月28日，市就业处副处长王福刚一行8人到东小口镇检查就业创业工作。镇长刘芬介绍了东小口镇2012年就业创业工作情况。王福刚肯定了东小口镇就业创业工作取得的成绩。12月31日，新增的天通苑南、天通苑北、霍营街道办事处揭牌仪式在东小口镇政府举行。市编办副主任孙仕柱、市民政局副局长谢延智、市发展改革委委员韩晓芳、区长金树东、区委常委、组织部部长李良，区委常委、副区长孙启为三个街道办事处揭牌。

（金文亮　李宏敏）

南邵镇

【概　况】　南邵镇位于昌平区东部，面积35.54平方千米。辖16个行政村。截至年底，全镇常住人口2.91万人，户籍人口0.82万人。

2012年，农村经济总收入156243.1万元，比上年增长10.1%。镇地方财政收入8160万元。人均劳动所得15413.1元，增长9.5%；农村居民人均纯收入16824元。

（徐丽娟）

单位名称：昌平区南邵镇政府
地址：昌平区南邵镇南邵村
电话：(010)60734825
邮编：102200

【城乡建设】　年内，新城东区建设稳步推进。4月初，由区政府组织成立景文屯村拆迁工作指挥部，截至年底，已签订拆迁补偿协议住宅2户，拆除非住宅12户，强拆非住宅2户；研究制订张营、何营两个村的拆迁方案。为确保轻轨及回昌路建设顺利进行，共征用张各庄、南邵、四合庄、景文屯四个村的集体土地154.257亩。做好上年度转非劳动力安置补偿款发放，社保、医保趸缴补缴等项工作。环境管理水平不断提升。一号路建设清理渣土7000余方，清运个人堆放物450余方，砌花池1300米，绿化面积9710平方米；推动官高村实现市级环境达标村，完成污水管道施工，对村内主要街道铺设沥青9017平方米；推动姜屯村争创国家“生态村”的创建工作，加强基础设施建设，扩大绿化面积。在推动重点项目建设的同时，不断加大镇域内的环境建设，共清运生活垃圾4800余吨、拾拣白色垃圾1200余公斤、清理非法小广告5000余条；完成平原造林任务201.6亩，种植杨树、国槐、花灌木等4145棵。全力做好查处违法建设违法占地及“三项治理”工作。共下发停工通知和拆除通知120份，通过做工作部分户自行拆除，有效地遏制了新增违法建设。2011年度土地卫片共47项，全部下发了《责令限期拆除通知书》，完善强拆各项手续，29项已完成拆除工作，其中占基本农田3项6.45亩已全部拆除清退完毕，都已经进行复耕，达到见苗见绿。加大对新增违法建设的查处力度，切实发挥镇土地看护队的作用，认真做好辖区内控违工作。

（徐丽娟）

【社会事业】　年内，共有10443人参加新型农村合作医疗，交纳大病统筹款939870元，其中镇财政补助313290元，实现了村民参合人员全覆盖。有421名农民报销医药费140多万元。免费为镇域内4287名60岁以上人员进行健康体检。为22个生活困难户发放困难补助资金4.4万元，为军属、烈属发放抚血金及生活补助资金497万元，为24户贫困家庭发放“一帮一”慈善救助金19万元，为33名低保老人办理了慈善医疗卡。镇政府与16个村，22个企事业单位签订目标管理责任书；全年组织育龄妇女生殖健康体检2次，为5297户计划生育家庭办理意外伤害保险，对当年考入全日制高等学院的58名独生子女发放助学金，共计投资72万余元；为符合条件且准备怀孕的81对夫妇提供免费孕前检查；统计年度出生219人，符合政策生育率98.17%，各项计生奖励落实率100%。出资45万元用于奖励优秀教师、购置办学设备及中小学的基础设施建设。推动联片供暖工作，积极与市政联系，争取区政府资金支持，对中学、小学、卫生院、幼儿园、供电所、加油站等单位进行供暖改造工程，实行联片供暖。强化武装部工作。积极抓好基层民兵组织整顿工作，按照“压缩规模、调整结构、确保质量”的思路，完成186名基干民兵和480名普通民兵的编制任务，并对所有民兵的信息进行微机录入。认真贯彻落实《北京市征兵工作条例》，依法做好兵役登记工作，严把体检、政审、学历三关，落实征兵工作任务。全力做好十八大安全维稳工作。成立南邵镇十八大安全维稳工作领导机构。组织800人的安全维稳队伍，负责维护全镇的街道、路口、重点部位的巡查及重点人的监控。建立信访排查机制，对全镇各种问题及矛盾逐项排查、分类，制定信访突发处置工作预案。设立专项资金发至各村，用于十八大期间安全维稳工作。举办南邵镇庆“三八”励拓丰盈杯乒乓球邀请赛、妇女才艺比拼大赛等活动。建立女性人才库，吸纳镇域内各行各业的110余名女性技术骨干进行储备。举办十字绣、丝网花等手工编织培训班5期，参与妇女236名，在区妇联举办的手工艺品展示大赛中，南邵镇有2名选手分别获得了一等奖和三等奖。注重实效，服务广大团员青年。抓好干部队伍建设，加大基层团干部培训力度，深化“两新”组织建团工作，新建团支部15个。新发展团员50名，并在此基础上，做好推优入党工作，有4名青年经过团组织推荐加入党组织。

（徐丽娟）

【社区建设】　年内，深化创先争优，基层组织建设进一步加强。深入开展创先争优活动，服务保障中心工作。以开展基层组织建设年活动为契机，认真做好分类定级、晋位升级工作，对基层党（总）支部进行分类定级，并进行公示，接受社会监督。扎实开展创先争优总结工作，召开创先争优活动经验交流大会，总结和提炼创先争优活动中的好经验、好做法。各基层党支部结合自身实际，建立了1－2个创先争优长效机制，进一步巩固和发展创先争优活动成果，推动创先争优工作常态化、长效化。结合创先争优活动，开展专题集中培训、经验交流会和异地参观学习等，并有针对性的对村“两委”干部进行培训，全年共组织培训累计80课时。要求各支部组织“两委”干部每月集中学习不少于2次，每次不低于2小时，学习记录组织部门每季度检查，检查结果与支部负责人绩效奖金挂钩。深化“两委”干部任期承诺制。进一步规范承诺事项，增强承诺事项的具体化和可操作性，通过“两委”班子自评、党员群众民主测评、镇党委组织部门复审三个环节，促进“两委”干部工作有目的、有时限、有责任。加强农村党员队伍建设，强化党员先锋模范作用抓教育，培育讲学习的党员队伍。严格落实“三会一课”制度，组织党员学习党的十七届六中全会和北京市第十一次党代会精神，全年共培训党员3000余人次。在重大节假日期间，全镇共有400余名党员积极参与社会面防控工作；在“共产党员献爱心”捐献活动中，有1350名党员、入党积极分子和群众捐款67602元，参与人数同比增长9%，捐款金额同比增长20%；在“7·21”特大自然灾害捐款活动中募集善款69131.6元，充分彰显了共产党员的先进性。全镇16个农村基层党支部按照各自实际，对党务公开实行“事前公开、征求意见、决策公开、民主讨论、结果公开、接受监督”的程序，督促党务公开工作有序开展和不断完善。安全管理工作不断加强。采取三项措施，加强全镇的安全管理工作。与各村各单位签订各项安全管理责任书940份，签订率达到100%，责任到人；加强教育，提高安全责任意识。全年对辖区内70余家生产经营单位进行3次安全知识教育培训；加强安全生产检查，安排专人专车在镇域内不间断的进行各类安全检查，共查出安全隐患279项，整改率达到98%。

（徐丽娟）

【新农村建设】　年内，抓好试点村的节能减震房屋改造工作。在完成农户申报、施工单选定、申请复核、施工图纸审核等相关工作手续的基础上进行施工建设。到年底，已完成355户的外墙保温和更换门窗工作。完成村基础设施建设。投资110万元完成三合庄村路面硬化12689平方米；投资200万元完成官高村污水管线1829米、支管线3078米、化粪池4个。抓好农业产业基础设施建设。完成东营、张各庄两个村260亩100栋日光温室建设及节水设施工程建设；完成何营果园720亩节水管网改造工程，并硬化院内路面11000平方米；完成四个村200盏LED路灯安装；完成营坊养殖小区西侧2500平方米路面硬化；完成官高路口到二砖厂小桥300米排水管线铺设工作。

（徐丽娟）

【精神文明　民主法治建设】　年内，注重发挥人大代表职能。强化代表培训，提高履职能力和水平。以会代训，让代表了解集体行使权力的重要性，为每一名代表订阅《中国人大》《北京人大》等刊物，组织代表参加人大制度理论知识答题和竞赛活动，提高代表对人大制度的认识，宣传人大理论知识，为代表履职提供理论依据。深入推进“无邪教村创建活动”，强化610工作。全面落实领导干部责任制、防范工作责任制和巩固帮教责任制，与基层各单位签订《2012年南邵镇防范和处理邪教工作责任书》。加强长效机制建设，建立健全重点人、重点部位安保工作台账，做到有针对性的开展防范工作。加强信访工作。采取早分析、早处理的工作方案，对各村近期可能出现的问题、矛盾进行分析，研判，使镇域内的各种问题及矛盾早发现，早化解。截至年底，全镇信访维稳形势平稳，信访总量为38批269人，同比减少17批262人次，批次人次分别下降31%和49%。扎实推进精神文明建设，各项工作全面推进配合拆迁、拆违控违工作，做好舆论宣传。在滞留户拆迁工作中，制作悬挂宣传横幅标语450条；撰写有关拆迁广播稿22篇；新安装广播点三处，每天10多个小时循环播放；在开展严厉查处违法建设违法占地等违法行为专项治理行动中，制作悬挂横幅57条，出动流动宣传车100余小时，制作专项治理专刊3500本，下发到村民手中。利用镇、村市民学校精心组织“社区大讲堂”活动，全年共举办18场，受教育人数达3千余人次。全年参加区级大型文化活动12次，参与人员360人次。接待专业团演出28场，村级演出33场，观众达17000人次，较好地完成了星火演出任务。组建学雷锋志愿服务队17支，其中村级服务队16支，公共文明引导员服务队1支，共计83人。开展生态文明户创建工作，涉及姜屯、张各庄、东营、营坊、三合庄五个村292户，基本通过区文明办的检查验收。

（徐丽娟）

流村镇

【概　况】　流村镇位于昌平区西部，面积269.4平方千米。辖28个行政村。截至年底，全镇常住人口2.2万，户籍人口19071人，其中农业人口14332人，非农业人口4739人。

2012年，全镇经济保持了平稳发展的良好态势。实现财政收入3100万元，实现税收1.37亿元，与上年基本持平。实现农村经济总收入11亿元，实现农民人均纯收入9502元，分别增长10%、9%。

（琚敏）

单位名称：昌平区流村镇人民政府
地址：昌平区流村镇北庄村东
电话：(010)89771182
邮编：102204

【农业】　年内，完成漆园村香椿主题公园建设，漆园、韩台等南山7村增植香椿12万株。建立马刨泉核桃产业基地。在长峪城、黄土洼种植玫瑰6万株。在老峪沟、新建推广种植食用百合、甜柿。现有农业专业化合作组织70个。

（琚敏）

【工业】　年内，规模以上工业企业实现工业总产值9.4亿元，同比增长6.5%，销售收入10.45亿元，同比增长6.1%。盘活天九药业闲置用地，引进康远制药公司。引进注册企业120家，其中具备特级资质建筑公司2家,分别是中交第一公路工程局有限公司北京建筑分公司(原北京鑫基建筑工程有限责任公司)、北京正宏置业集团有限公司(注册资金2.7亿元)。扶持镇域企业发展,上报技术改造、农产品加工等项目8个。完成北京诚益通科技控股有限公司上报市技术中心认定项目1个。清退4家低端产业企业。再生水厂项目纳入区水务局"整体打捆"上报项目范围。110千伏安输变电工程项目已到项目主体昌平供电公司和北流村签订征地补偿协议阶段。

(琚敏)

【沟域经济建设】 年内,镇沟域经济规划经区委、区政府原则同意。聘请专业公司对沟域环线及周边景观节点进行设计包装,包括休闲采摘园、登山休闲步道、标识牌、停车港湾、观景亭、摄影写生点等。对长峪城、白羊城、狼儿峪三个节点村进行专题设计。渔阳生态酒店项目已签约。西峰山烈士陵园项目主体工程完成过半。

(琚敏)

【城乡建设】 年内,重点查封白羊沟度假山庄违法建设项目,拆除违法建设项目19宗,建筑面积1万余平方米。开展"一查处三治理"专项行动,主责清理煤场1个,协同清理煤场7个;清理无照经营再生资源回收(加工)点13个,规范有照经营点6个;关停砂石加工场5个、囤料场4个。农村集体土地确权颁证率94%以上。完成白羊沟地质灾害塌方治理工程,北禾路恢复通行。完成乡村公路大修工程17.83公里,完成漆园涵洞、黄长路涵洞整修工作,铺设环京赛赛道200余米。完成马禾路两侧边沟、李流路环岛出口边沟整治工程。建设北禾路防冰挡墙100余米。以创建国家生态镇为目标,大力开展生态文明创建工作,12个村通过区级环境达标村验收,3个村通过市级生态文明村验收。完成南雁路环境整治专项工程,建造仿古文化挡墙1000余米,粉饰建筑外立面12000平方米,栽种绿化树木700余株,圆满完成第二届"环北京职业公路自行车赛"赛道沿线环境整治任务。全年收集垃圾6500吨,送往阿苏卫销纳3100吨,筛分减量50%以上。完成河路两侧绿化2530亩、京津风沙源造林2100亩。完成农村集体土地集中租赁面积8893.477亩、管护面积2505.93亩,重点功能区租赁2097.34亩、管护1556.16亩。完成白羊沟9个边坡点治理。完成环卫中心、路管站机构改革任务,成立北京流村环境卫生服务中心有限公司、北京流村道路管理服务有限公司。

(琚敏)

【社会事业】 年内,对在校学生和在园儿童开展慰问活动,投入资金37880元。教师节期间,对教师和教育工作者以及在中考、高考中取得优异成绩的学生进行奖励,投入奖励资金20余万元。镇中心幼儿园项目获得市发改委立项批复,正在办理规划条件等审批程序。争取资金支持修复长峪城瓮城、白羊城东西朝房、流村段明长城,为白羊城碑楼安装避雷针。更新10个健身园居家工程器材。组织参加区"春季长跑比赛"、区"工会杯"广播操比赛、国民体质测试等活动。圆满完成第二届"环北京职业公路自行车赛"流村属地保障工作任务。举办"喜迎新春促发展宣传党的十八大"文艺汇演、第一届"舞动流村唱响和谐"广场舞蹈大赛等大型文化活动10场,组织星火工程文艺演出等文化活动百余场。整理形成《流村风物志》初稿。计划生育率98.3%,被评为市级计划生育工作红旗单位。建成白羊城人口计生文化园一个、老峪沟人口文化街一条。举办"创建和谐人口,构建幸福家庭"演讲比赛。全年新农合参合人数12928人,参合率达到92.17%。

(琚敏)

【社会保障】 年内,落实新农村抗震节能保温房屋改造政策,完成单项改造、翻建3850户。涉及2村9户泥石流易发区农户全部搬迁。审批新增农村低保户5户,发放农村低保金、城镇低保金、精简退职资金170余万元,为大病、大灾人员申请临时救助4件。发放优抚金67.7万元。为60名60岁以上低保老人办理慈善协会医疗卡。争取"一帮一"救助68户。为65周岁老人办理乘车卡182例。为585名80岁以上老人发放养老助残卷。安置6名残疾人到北京亮丽展铭粉末冶金厂工作。6279人参保城乡居民养老保险,领取城乡保险养老金人员974人。为108人申报丧葬补助54万元。组织烹饪、面点及编织等职业技能培训班4期,培训农村劳动力225人。

(琚敏)

【换届选举】 12月22日,全镇28个村全部圆满完成支部换届选举,选举产生新一届党支部班子成员94人。其中女性29人,占30.6%;大专以上学历38人,占40.4%;平均年龄47.5岁。连选连任支部书记23人,占82.1%;全票当选14人,占50%。连选连任支部委员66人,占70.2%;新进入班子19人,占20.2%。支部班子队伍结构进一步优化,实现了组织意图与党员意愿的有机统一。

(琚敏)

【新农村建设】 年内,举办以学习党的十八大、市区镇党代会精神为主题的宣讲活动10余场。专购并下发《十八大报告》单行本、《新党章》3400本,印发《今日流村》12期。举办"庆七一喜迎十八大"颂歌廉歌大合唱、"三方五家"共建联谊、"庆八一"军民联欢会等大型文艺活动。落实基层组织建设年工作部署,43个党支部全部完成基层党组织晋位升级工作。市政协、市外办、区委组织部等市区部门分别于长峪城、南流、马刨泉等村开展结对共建活动。年初修订《村"两委"班子绩效考核办法》,举办"两委"班子集中培训班,每月至少组织一次政策业务专项培训,全年开展培训20余期。按季度分片听取村党支部书记工作汇报。开展村"两委"班子和村务监督委员会述职述廉评议活动。对基层党组织活动经费进行1:1配比,为各村补贴活动经费12.2万元。开展"党在我心中"宣讲、向华一医院党组织学习、"共产党员献爱心"等创先争优活动,举办庆七一表彰大会。严格执行发展党员"四制一表"制度,共发展党员38人。村党支部换届选举前,对各村党支部书记进行任期经济责任审计。建立事业单位审计制度,规范事业单位财务管理。与28个村、22个科室、10个基层站所签订党风廉政建设责任书。举办"践行北京精神,保持纯洁作风"主题教育、基层站所党风廉政教育等活动。组织机关、站所、村"两委"干部观看影片《第一书记》、警示教育展览等。新建工会88家,发展会员920人,与11家企业签订工资集体协议。新建团支部20家,争取青年创业资金5000元。组织大学生村官、青年团员、巾帼志愿者开展敬老助老、慰问困难学生等志愿服务活动。做好双拥共建、征兵等工作,4名适龄青年应征入伍,今年获得区级军(警)民共建先进单位、双拥模范镇等荣誉。做好档案、保密等工作,获得市级档案先进单位称号。

(琚敏)

【商贸旅游】 年内,组织开展旅游服务接待技能培训150余人次。接待游客9万余人次,同比增长7.8%;民俗旅游收入343.8万元,同比增长7.4%;采摘园收入922.5万元,同比增长8.6%。完成渔阳生态酒店项目的规划调整工作。

(琚敏)

【精神文明　民主法治建设】 年内,开展"深化人大制度认识,强化代表职责意识"主题活动。召开镇四届人大二次会议,听取镇政府关于环境建设情况的报告,对水南路绿化、白羊沟塌方治理、漆园村香椿基地进行视察。镇人大代表在区四届人大一次会议上共提出9项建议,其中4项建议得到落实,2项建议纳入发展规划。做好610工作,获得同"法轮功"及其他邪教组织斗争先进集体称号。开展领导干部下访、接访活动,有效协调化解违建购房人上访、农民工讨薪等问题。发挥流动调解庭作用,与南口法庭联合调解案件72件。开展学雷锋志愿服务、践行"北京精神"等活动。创建生态文明户417户。瓦窑村雷殿徒步走纪念馆被列为区级市民素质教育基地。成立公共文明引导员队伍,选拔6名公共文明引导员。2012年,被评为"首都文明镇",王家园等3个村被评为"首都文明村"。

(琚敏)

【重要会议和重要活动】 1月4日,镇召开区四次党代会精神宣讲会。1月10日,镇召开推荐北京市十八大代表工作部署会。1月13日,镇举办"迎新春展未来促发展"文艺汇演。2月9日至11日,镇召开2012年"两委"干部培训暨工作部署会。2月23日,镇召开市十一次党代会代表选举工作部署会。3月2日,镇召开机构改革动员会。3月23日,镇召开森林防火知识培训会。4月10日,镇召开科级干部竞争上岗民主测评会。5月7日,镇召开村三委述职述廉工作部署会及秧歌大赛部署会。5月14日,市政府外事办与南流村开展城乡党组织结对共建活动。5月22日,镇举办"舞动流村唱响和谐"广场秧歌大赛。5月25日,镇举办"军民鱼水情、共建和谐曲"军民共建"三方五家"联谊活动。6月4日,镇召开安全迎汛工作会。6月7日,区长金树东带领水务、气象、国土等相关部门负责人到镇针对迎汛准备工作进行了实地检查。6月13日,副区长苏卫东到镇检查农宅抗震节能改造工作。6月26日,镇举办"庆七一喜迎十八大"颂歌廉歌大合唱。来自流村镇28个村的党员干部、武警森林机动支队官兵参加演出。6月28日,镇召开纪念中国共产党成立91周年暨表彰大会。7月13日,镇召开学习市十一次党代会精神暨公文写作培训会。8月17日,镇经济分析暨半年工作总结部署会召开。8月29日,镇第四届人民代表大会第二次会议召开,听取《强化环境整治,提升环境水平,为打造休闲农业与乡村旅游示范区而努力奋斗》专题报告。9月23日,镇召开北京职业公路自行车赛流村属地保障工作会。10月22日,镇召开十八大维稳工作汇报会。11月8日,镇组织全体机关干部集中收看中国共产党第十八次全国代表大会实况。11月26日,镇学习宣传贯彻党的十八大精神动员会召开。

12月3日,镇召开村党支部换届选举动员部署会。12月24日,镇召开新一届农村党支部班子集中谈话会。12月28日,镇召开党的十八大精神宣讲会。

(琚敏)

马池口镇

【概　况】 马池口镇地处太行山脉与燕山山脉交汇处,地下水源丰富,是北京市现有的应急供水水源地之一。镇位于昌平新城西南,属于昌平新城规划核心区的范围。镇东部有京藏高速路和京包高速公路、西部有颐南路纵贯南北,北京六环路、顺沙路、昌流路和水南路横贯东西;京包铁路和京通铁路从镇中部通过,并在镇域内设有昌平火车站;北沙河流经镇域南界,东沙河流经镇域东界,京密引水渠自东向西南横贯镇域中部。镇管辖20个行政村、1个社区。镇域总面积56.17平方千米。现有人口约10万余人,总户数为13390户,户籍人口30481人,其中农村人口18683人;居民人口11798人;流动人口约7万人。

(陈良　杨宝玉)

单位名称:昌平区马池口镇人民政府
地址:昌平区马池口镇
电话:(010)60758410
邮编:102200

【农业】 年内,超额完成农民住宅抗震节能改造工程。区下达镇任务2800户,截至12月底,共完成新建农宅11户、改造农宅3004户,超额完成204户。此工程实施过程中,镇严把质量管,要求施工单位建立回访制度,对农户逐一进行回访,并制作联系卡,以便施工单位随时上门维修,最大化地满足农民的要求,此举措得到区新农办肯定并推广到全区各镇实施。全年,通过区级验收的已达到2781户,无一例质量事故,也无一例上访事件,确保改造工程成为民生工程和民心工程。产业发展。大力发展有机农业和设施农业,使镇农业向更深层次发展,积极响应市菜蓝子工程的建设,截至年底,镇共新建日光温室89栋。对全镇草莓种植情况进行摸底调查,共种植草莓81栋、百合种植6栋。完成了1843.9亩小麦粮食直补(小麦)及生态补贴的审核及发放工作,补助资金212048.5元。完成4198.7亩玉米、水稻的审核及补贴发放,补贴资金411323.5元。

(陈良　杨宝玉)

【工业】 全年新引进企业75家,注册资金共计1800万元,其中注册资金1000万元以上企业1家,引进企业以制造、商业为主要行业。现有企业792家,其中本镇注册720家、异地注册72家,并全程帮助工业区入驻企业办理开工手续,确保年内竣工。规模工业实现产值43.4亿元,乡镇二、三产业实现营业收入28.6亿元,企业利润2.2亿元、工业总产值28.3亿元、出口交货值1.14亿元,工业区实现销售收入36亿元、税金2.3亿元。

(陈良　杨宝玉)

【城乡建设】 年内,立足特色,发挥优势,以工业园区为依托全力打造高新技术集聚区、积极引导工业企业走规模化发展道路,实现产业集群式发展,加强园区基础设施建设,继续坚持倡导"个性化服务、跟进服务、贴心服务"理念,为落户企业做好基础服务工作,并积极推进马池口镇工业区示范基地申报工作。统筹城镇建设,取得镇村建设新进展。合理利用规划功能布局,依托文化旅游产业和高新技术产业,推进实现循环经济名镇的目标,突出三条主轴,完善文化旅游区、现代农业功能区、循环经济产业园,创新基地四大功能区,突显京藏高速路、京包铁路和主动联结昌平新城、国家工程技术创新基地等区内重点功能区和海淀区等相邻地区带来的辐射,统筹产业发展、城镇建设与生态环境建设,充分整合地区的现有资源,不断提高区域发展的集聚力,促进产业、生态和城市建设多方面和谐发展。

(陈良　杨宝玉)

【财政税收】 2012年,全镇农村经济总收入21.8亿元,年均递增10%;企业总收入完成28.5亿元,年均递增6.3%;工业总产值完成27.3亿元,年均递增15.3%;税收和财力持续增加,税收总额实现5.02亿元,年均递增18.7%;实现财政收入10196万元,年均递增10.4%;人民生活进一步改善,人均劳动所得12140.2元。

(陈良　杨宝玉)

【社会事业】 年内,社会事业蓬勃发展,新农村建设进一步推进。社会保障、财政补贴、民政优抚等工作全面发展。超额完成就业与再就业工作任务,城镇登记失业人员实现再就业、农村劳动力培训等指标均达100%以上,镇社会保障事务所通过“四星级”验收,并代表全区迎接人保局“劳动用工一条街”专项检查并获得好评。家电下乡、粮食补贴、水库移民补贴95.5万元,发放“一帮一”慈善扶贫救助款、低保、养老助残等各项补贴合计475.4万元。文、教、体、卫事业长足发展,组织全镇21个单位的文艺骨干参加区级部门组织的各类培训班,接待“星火工程”团体文艺演出59场,播放电影840场;投入100余万元支持教育事业,超额完成了农民健康检查任务。加大药品市场的监管力度,荣获“药品安全示范镇”称号。圆满完成征兵工作,双拥工作创“七连冠”荣誉称号。圆满完成居委会换届选举工作,顺利通过“六型社区”工作验收。健全完善利益导向机制,持续稳定低生育水平。加强便民服务,做好保障性住房申请工作;做好集体土地确权颁证工作,发证率达90%;老旧小区改造工程共有4栋家属楼计218户,截至年底,已有170户完成综治协议签订工作,周转安置费已发放100%,剩余改造住房按计划实施。

(陈良　杨宝玉)

【新农村建设】 年内,城乡一体化迈出新步伐,新农村建设进一步推进。响应北京市菜蓝子工程的建设,镇共新建日光温室89栋。落实好各项涉农政策,做好涉农专项贴息贷款,解决农民资金困难,发放涉农贷款15万元。继续巩固和完善区“148”文件制度体系和“五步法”咨商制度,推动资产管理、合同管理和财务管理,有效起到了源头控制的作用。2010年全镇共有十个新农村基础设施建设村(东坨、西坨、东闸、北庄户、楼自庄、土城、北小营、丈头、上念头),工程于2010年4月开工,2011年6月全部完工,共铺设道路308000平方米,北小营和丈头做了污水管网的收集工程。今年3月完成工程量的计量及施工资料等审计的前期准备,6月区新农办、总包单位及审计公司对镇的十个新农村基础设施建设村的道路及污水进行外业部分的审计。2012年太阳能浴室建设村移交。太阳能浴室建设村全镇共五个,分别是亭自庄、葛村、百泉庄、乃干屯、畲岔屯,工程全部为区发改委统一招投标,各镇的实施村负责提供建设场地。工程在2011年的4月份施工,10月底竣工。3月,镇农业发展办公室与区发改委、设计单位、施工单位、监理单位到现场进行验收并做了工程实体移交。

(陈良　杨宝玉)

【精神文明　民主法治建设】 年内,积极支持人大工作,相互促进为群众办实事。研究制定了镇人大“深化人大制度认识,增强代表职责意识”主题活动方案,顺利召开马池口镇第四届人民代表大会第二次会议。为认真履行人大职责,跟踪督办代表议案、建议,采取多种措施,密切联系群众,深入基层,镇党政班子成员也加强与代表的联系,召开代表座谈会,切实为群众办实事、办好事。积极解决社会矛盾,圆满完成全年保持安全稳定任务。深入动员社会力量参与维稳工作,认真落实各项防控措施,构建网格化社会面防控体系。开展“千人大执法”行动,建立联勤联动清理整治工作机制,集中整治无证无照商户,开展了2012年十类治安突出问题“清风”行动以及社会治安重点地区排查整治、社会环境秩序整治清理、公共安全隐患排查等活动,有效净化了社会环境。建立矛盾摸排和预防处置机制,坚持领导接访、干部下访和及时回访制度,强化责任落实面,建立信、访、网、电“四位一体”的群众诉求表达综合平台,采取包村包案解决方法,投入450万元资金化解了一大批社会矛盾。经过努力,镇全年尤其是在十八大期间和涉日维稳期间没有出现一起重点人上访和群体访事件,真正落实了“大事不出,小事也不出”的工作目标,社会日益和谐稳定。社会管理齐抓共管,环境秩序大幅迈进。层层落实安全责任,多次开展安全宣传、培训和联合执法等各项活动,有效消除各类安全隐患,遏制了重特大事故的发生。坚持依法行政,加大法治宣传教育力度,认真做好人民调解和社区矫正、两劳帮教等工作。加大环境治理整治资金投入力度,完成了S2线、水南西延工程、重点挂帐村和重点项目的环境整治工作,镇村环境逐步改善。对镇域范围内国家重点绿化工程进行美化和养护,做好防汛、森林防火、公路修整等工作。圆满完成2012年职业自行车公路赛的赛事保障任务。共投资2160万元完成了白浮、横桥等6个村的社区化建设,共建围墙4430.58米,办公用房46间,面积1376.76平方米,安装监控探头252个。做好流动人口服务管理工作,登记率达到95%以上;出租房屋登记率、宣传教育率达到100%。着力做好实有人口全覆盖管理体系建设,服务社会促发展。

(陈良　杨宝玉)

【落实"一查处三治理"】 年内,标本兼治,严厉查处违法建设违法占地行为。持续保持"防违控违"高压态势,实现拆违控违工作的常态化管理,有效遏制了违法建设行为。加大考核力度,把拆违工作纳入村级干部考核重点,健全工作机制,严格奖励兑现,充分发挥村班子在控违拆违工作中的核心作用。加大队伍建设力度,镇政府投入80万元成立8人的拆违控违专业队伍,购置巡逻执法车3辆,实现防控结合,实现镇域内不间断巡查,确保早发现、早制止、早拆除。2011年度土地变更卫片涉及镇31个项目,占地面积226.15亩,其中耕地79.65亩、基本农田30亩,经过重拳打击,耕地和基本农田恢复率达到100%,作为全区拆违控违工作标兵单位代表昌平区通过了市国土部门验收。截至年底,全年已拆除违法建筑房屋及水泥地面55651平方米,全镇违法建设、违法占地行为得到有效的控制。齐抓共管,全面治理清退煤炭储运场所。全镇共有煤炭储运场所26家,总面积1271.23亩,占全区任务的67%,是全区的重点治理地区。按照区委、区政府的工作要求,结合镇的实现情况,通过宣传、座谈、谈话、送达告知书、联合执法和专人看护等多种形式,严格控制经营规模,控制运进煤炭数量,按规定时间完成场地清退工作,确保煤炭储运场所的治理效果。截至年底,已清理验收煤炭储运场所24家,腾退土地1071.23亩,解除土地合同573亩,拆除煤炭储运场所建筑5处、煤炭设备49套,剩余的2家也已安排专人盯防,明确了清退时限,确保不留死角和余地。综合整治,大力治理再生资源回收行业。依法对全镇再生资源回收行业进行全面清理整治。经过清理整治,全镇134个再生资源回收站点中,有证照经营商户54家,已经清理完毕30家,其余无照或者异地经营商户80家全部进行了清理。重拳打击,全面关闭非法砂石加工厂。对辖区内砂石加工厂、囤料场进行全面调查,建立动态巡查制度,落实对重点区域的昼夜巡查措施,开展严厉打击盗采砂石行为、关闭非法砂石加工厂。全镇共有砂石加工厂22处、囤料29.6万吨;囤料场10个,囤料4.2万吨;机械设备21套。截至年底,清理砂石厂囤料25.8万吨,完成87.04%;清理砂石加工厂7处,完成比例58.33%;清理囤料3.2万吨,完成75.93%;清理囤料厂6处,完成比例60%;机械设备21套全部拆除,完成比例100%。

(陈良　杨宝玉)

【完成村党支部换届工作】 年内,镇把做好村"两委"换届选举工作作为今年农村基层工作中的一项重要任务,及早谋划、认真部署。深入开展村"两委"班子、后备干部考察和村党支部书记任期经济责任审计,认真摸清村"两委"班子基本信息,提前调整优化村党支部班子。研究制定"关于做好村党组织换届选举工作方案",制定工作流程图,严格程序和纪律要求,圆满完成了20个村党支部换届选举工作,实现了组织意图与群众意愿的高度统一,为实现书记主任"一身兼"比例由上一届的50%提高到65%,两委成员交叉任职比例由上一届51.3%提高到60%的换届目标奠定了坚实基础。支部换届后,立即开展为期两天的新一届村党支部班子的培训工作,就农村党务和村务管理中的重点问题进一步完善了制度保障,切实提高基层干部综合素质和履职能力。

(陈良　杨宝玉)

【推进重点项目建设】 年内,镇党委、镇政府把拆迁工作作为全镇工作的重中之重,整合资源,组建强有力的工作队伍,多措并举,攻坚克难,全力以赴,加快征地拆迁进度,强力推进重点功能区项目建设。陕京三线系市政府重点工程,全长86公里,涉及区域12.8公里,途经镇土城、横桥、楼自庄、白浮四村,约10公里,征地面积101亩,镇党委、镇政府加大协调力度,组成三个工作小组利用七天时间完成了所有地上物腾退工作,已进场进行施工建设;中移动项目遗留的拆迁工作涉及镇西坨村7户,在区委、区政府的有力支持下,也仅用一周内的时间完成全部拆迁工作;适时启动京包二期拆迁工作,克服历史遗留问题,京包二期涉及镇北庄户、西坨、东坨三村22宗地,已完成签约21宗,近期正在开展确权地、农业设施损害及边角地补偿方案编制等收尾工作。北京信息科技大学土地一级开发项目平稳推进。该项目是镇第一个整村拆迁项目，占东坨村568.98亩，其中涉及宅基地141宗、安置人口705人、非住宅27宗。按照区政府的工作安排，7月9日驻村正式启动宅基地拆迁工作，23日进入正式签约阶段，严格执行政策，坚持“和谐拆迁、公平拆迁”原则，共签约宅基地70宗，签约率50%，拆除面积3万余平方米，为尽快完成整村的拆迁工作奠定了坚实的基础。超额完成平原绿化造林任务。今年镇平原绿化造林工程任务是2199亩，经过努力全年共完成2730亩，超额完成531亩。超额完成农民住宅抗震节能改造工程。区下达镇任务2800户，截至年底，共完成新建农宅11户、改造农宅3004户，超额完成204户。马池口中学迁建项目和昌平城区应急供水工程扎实推进。马池口中学迁建是区级重点工程之一，从拆迁至今已历时5年，经过努力，年初项目正式批复，工程于7月开工建设，现主体工程已完成。区应急供水工程主要是利用镇8口深井水源，新建DN800输水管线调水至邓庄水厂，出水后通过新建DN800配水管线向昌平城区供水，工程涉及镇三个村，畲沓屯段已经完工，其它路段顺利推进。

（陈良　杨宝玉）

延寿镇

【概　况】　延寿镇位于昌平区的东北部，功能定位为生态涵养镇，是区唯一的深山区镇。镇域面积125.25平方千米，植被覆盖率达95%，辖17个行政村。截至年底，全镇常住人口11227人，户籍人口11023人，其中非农业人口2705人。

2012年，镇财政收入3355万元。人均纯收入10209.9元，增长7.3%；人均劳动所得10208.3元，同比增长9.3%。

（高雪川）

单位名称：昌平区延寿镇人民政府
地址：昌平区十三陵镇景陵村西
电话：(010)60761127
邮编：102213

【农业】　年内，突出工作重点，沟域经济建设稳步推进。全力构建“一廊、一轴、两心、三区”的区域空间布局，完成了2012年延寿镇国家农业开发生态综合治理项目的立项和专家评审工作，编制了初步设计方案及可行性研究报告；完成了北京沟域建设成果展示暨招商推介会的参展工作，全年共办理涉农专项贷款4份，落实资金40万元；完成全镇1381亩玉米直补工作；完成17份农业政策性保险的参保工作；完成7个村对口支山工作，落实资金232万元。并做好了10个村59.93万袋栗蘑菌袋的检查指导和补贴资金审核工作，完成分水岭野山杏专业合作社无公害食用菌基地申报工作。完成全镇43辆农用车车辆检验、安全责任书签订工作和京B牌照农用车换发牌照工作；完成北庄村2座雨洪利用蓄水池的建设工作；完成慈悲峪村大口井和分水岭村应急无负压供水设备安装工作；完成海字、湖门、北庄3个村的水毁修复工程和百合村人畜饮水工程建设。

（高雪川）

【工业】　年内，共有企业419家，其中异地注册企业305家、本地经营企业114家，注册资金共计13亿元。2012年新引进注册企业22家，注册资金1422万元。截至12月，企业营业收入完成51343万元，较去年同期49514元，增长1829万元，增幅4%；企业增加值完成15070万元，较去年同期14666万元，增长404万元，增幅3%；利润总额完成3197万元，较去年同期3083万元，增加114万元，增幅4%；工业总产值完成21245万元，较去年同期20927万元，增长318万元，增幅2%。其中总收入在500万元以上的规模工业企业有4家。

（高雪川）

【城乡建设】　年内，投入资金18万元，新购置垃圾桶500个，加强了下庄地区环卫设施配备；截至年底，全镇实现垃圾减排800余吨，清理运输建筑垃圾3600吨、生活垃圾1200余吨、白色垃圾630公斤、非法小广告3000余张，清除卫生死角90多处；做好主要公路两侧的土地的租赁管护工作，完成公路和河道两侧绿化工程126亩，完成下庄北坡彩叶工程800亩；实施了黑山寨、南庄、花果山、连山石4个村的新农村绿化工程；栽植黄卢、侧柏、油松等3万余株，完成京津风沙源550亩人工造林工程；建设围栏770米，修建封育标牌5个，安排专职管护人员5人，完成了封山育林9000亩。完成慈悲峪、下庄、木厂等村的花卉种植和花坛建设工程，栽种各种花卉3000余株；完成沙岭村至慈悲峪村公路两侧及川北河河道治理工作，粉刷墙面13000平方米，绿化平整场地10000平方米，清理道路两侧垃圾杂物800余吨，建设景观挡墙1000延米，建设景观雕塑7处、特色景观石5处，栽植各种乔灌木10000余株。

（高雪川）

【社会事业】　年内，积极落实各项惠农政策，推动文化、教育、卫生和社保事业均衡发展。落实"1+4"文件，全面加强农村劳动力就业和就业培训。全年共举办烹调师、配餐员、面点师和园林技能培训10次，参训人员485人；发放就业报刊300余份，建立就业困难人员援助台帐46人次；实现农村劳动力转移就业332人；推荐失业人员就业54人；推荐农村劳动力就业73人；实现创业10人，带动就业27人；发放小额担保贷款5份，涉及资金48万元。为26名90周岁以上老年人发放津贴6.08万元；为80岁以上老年人办理了养老助残券31.05万元；为119名老年人办理了优待卡。全镇城乡居民养老保险人数达到3681户，参保率达到95%；认真做好了"一老一小"无业医疗报销工作，全镇参加一老一小及无业居民大病医疗保险147人，发放北京市社会保障卡128张。农村低保和新农合待遇进一步提高。全镇农村合作医疗参合人数7652人，缴费金额76.52万元，参合率高达97.49%；完成全镇163户农村低保户和15户城市低保户的城乡低保救助发放资金工作，发放资金1273674.25元；完成低保家庭情况调查工作，初步实现城乡低保动态管理。民政和残联工作取得新成效。镇政府出资2.2万元在"两节"期间对低保户、优抚对象和重度残疾人家庭进行走访慰问，出资5.14万元对低保户进行了物资补助，出资7.6万元对59名困难户进行一次性生活救助；进一步落实"一帮一"慈善救助工作，争取救助资金37万元，为60岁以上退役士兵发放生活补助金3.59万元；开展"春风送温暖、慈善济万家"和"博爱在京城"等捐款活动，筹集捐款7.68万元；发放残疾人生活补助金128.31万元，重度残疾人居家养老助残服务券45.86万元，对部分残疾人进行了医疗救助和生活救助。

（高雪川）

【新农村建设】　年内，不断加大对农村基础设施建设的投入力度，完成百合、上庄等村700盏LED节能路灯的安装工作；完成黑山寨、北庄等15个村352户农宅抗震节能翻建方案申报及施工工作；完成1074户单项改造施工方案申报及改造工作；对全镇建有节能吊炕的农户进行了安全隐患排查、清理和维修；实现了木厂、连山石等7个村的道路硬化及污水改造工程的测量和验收工作；完成17个村新型村邮站建设，初步形成村级专职邮员代办邮政服务模式。完成沙岭新村建设用地土地平整、地质灾害评估、地形图测绘和规划公示等前期具体工作，完成了前期审批手续和项目立项工作，待招标完成和项目施工许可证办理后即可开工建设；完成望宝川新农村建设规划编制工作，对全村300亩建设用地指标进行1:1分配，相关工作方案正在审批和公示的过程中；完成下庄农贸市场的申报手续办理工作，预计主体施工在年底结束；各项重点工程扎实推进，为沟域经济发展奠定了基础。流动服务站开展以来，下村服务85次，完成各类订单1697件，完成常规工作1100项，为群众办实事450多件，解决困难320多件。截至年底，共计拆除违建7410平方米，恢复卫星图斑变化5910平方米；创新村级"三资"管理方式融洽干群关系，2012年，镇政府相关职能科室共计清查整改农村集体经济合同341份，完成村委会印章审批盖章2520次，村级财务章审批盖章266次，村股份经济合作社印章审批盖章270次，流动工作站盖章60次，完成了牛蹄岭、黑山寨、上庄和南庄等村闲置用地的回购和土地储备工作，"三资"管理长效机制正在不断建立和完善。在打击盗采砂石工作方面，完成镇域内砂石盗采点、砂石囤料场和非法砂石加工厂的关闭工作；完成全镇集体土地确权办证工作。

（高雪川）

【精神文明　民主法治建设】　年内，全镇形成积极向上的精神风貌和文明和谐的社会氛围。顺利完成了500户生态文明户创建的区级验收工作；完成了北京市迎接党的十八大昌平第十三分团延寿报告会；开展以"学雷锋践行北京精神——做文明有礼的北京人"为主题活动，进行大型学雷锋活动3次、村民互助志愿服务40多次、征集童谣47首；成立延寿镇北京精神宣讲团，并举办宣讲活动17场，举办周末社区大讲堂5场；举办"寿"文化笔友会、举办"文化重阳、送福延寿"主题活动，弘扬了延寿文化；入村开展各种共建活动20余次，"红色1+1"、城乡共建活动开展初见成效。完成"北京精神、传承美德"读书演讲比赛的承办工作；完成环北京职业公路自行车赛延寿镇赛段外围保障工作；组织了28场"延寿镇业余艺术团星火工程文艺演出"和数字电影放映工作；做好北庄、慈悲峪、海子、百合等4个村的"益民书屋"完善和管理工作，组织5场"百姓读书大讲堂"活动。完成延寿镇中心幼儿园建设工作，学习下发区委"1+3"文件，聘任4名站所廉政监督员，拓宽监督渠道,协助审查村级账目,发挥监督职能。共受理群众举报5件,其中区转办件2件,自办件3件,协查件2件。全镇共有流动人口602人,组织法律宣传活动16次,发放宣传材料30000余份,解答法律咨询200余人次,落实了“六五”普法规划;深入落实领导接待和包案制度,建立《每日访情》长效机制和信访电子台账,共接待群众来访243批511人次,处理转移来访信件55封,协调信访问题452件,巩固落实了群众走访“一单式”工作法和“五访一恳谈”信访模式;创办《延寿党务》建立党员干部学习交流平台,作为镇党委党务工作公开的窗口、传达学习方针政策的载体、优秀党员风采展示的阵地、基层支部工作交流的平台、全镇党员统一学习的园地,每月两期,送发全镇1100名党员。年内,已印发十三期。

(高雪川)

【文化旅游】 年内,镇共有民俗村11个,其中市级民俗村4个,即:湖门、西湖、花果山、百合。现有民俗旅游接待户280户,其中二至五星级乡村酒店12家,可同时接待3000多人就餐和住宿;完成延寿镇公路沿线旅游标识牌设计及安装工作,年内,“延寿”、“驻寿”、“修寿”、“养寿”等17个景观节点已基本联结成型;完成延寿“寿”字LOGO的注册工作,注册的“寿”字LOGO,用于延寿镇的旅游节点上,今后这一标识将更广泛的运用富有延寿文化气息的地方,如延寿镇域内的旅游区、旅游商品等。

(高雪川)

【重要会议和重要活动】 3月1日,镇组织11个部门,协同区拆违办对分水岭村东4栋违章建筑进行拆除,拆除面积1500平方米。现场宣读了依法拆除决定书,并对相关物品进行清理登记。3月14日,北京市第二中级人民法院与南庄村、百合村举行了城乡党组织结对共建活动签字仪式。市二中院与百合、南庄两个村通过交流学习、教育培训、送法下乡、扶贫帮困等活动形式,进一步促进城乡党建资源双向流动。4月11日,镇召开川北河环境治理专题工作会,会上,对川北河沿线的21处需整治点逐项进行说明,并要求各村每周上报一次整治进度,在4月底前完成环境整治工作。4月19日,镇召开镇域标志、标识、标牌研讨会,与会人员就设计的风格与自然环境相融合,如何彰显特色、提升品位等问题进行深入讨论,对设计方案提出了建设性的意见和建议,为下一步的可行性、实用性提供保证。4月23日,延寿镇组织开展“春风送温暖,慈善济万家”募捐活动,此次共募捐10万余元。5月11日,市委、区委组织部领导一行13人到镇调研服务型党组织建设情况,市区领导详细了解村级“三资”管理运行情况,查看并询问工作的制度、流程及服务时间等,了解印章实际保管与使用步骤,并查阅了相关工作资料。随后,调研组一行人乘流动服务车入村对流动服务站运行情况进行实地调研。6月28日,镇召开纪念中国共产党成立91周年暨表彰大会。会上,对获得先进党支部荣誉称号的北庄村、慈悲峪村等10个党支部和获得优秀共产党员荣誉称号的关洋、孙宝兰等50名优秀共产党员进行了表彰奖励。8月1日,由延寿镇、空军导弹84营、南庄村共同承办的“庆八一”军民联欢会在空军导弹84营精彩上演。来自镇辖区内的共建单位、部分南庄村民、官兵共300余人参加了此次文化展演。9月20日,市沟域经济建设评审组一行来延寿镇检查沟域经济建设情况,区相关委办局及镇相关领导陪同检查。评审组听取了延寿沟域建设情况汇报,随后前往沙岭新村、延寿寺景区节点、慈悲峪栗蘑种植户等地进行了实地检查考评。9月25日、28日,延寿镇举行北部山区行政区划调整暨延寿镇成立一周年调研座谈会,区人大常委会主任李福忠、常务副区长张燕友分别出席会议,会议交流总结了延寿镇顺利完成行政区划调整阶段性工作的成功经验,区领导给予了高度认可。同时,17个村的书记、主任分别对北部山区区划调整一年来的感想及感触进行发言。10月23日,延寿镇与区老干部局共同组织了“文化重阳·送福延寿”主题活动。十余位老年大学的老干部们来到延寿寺,通过多种形式共庆佳节。11月23日,团中央农村部党支部在延寿镇召开乡镇直属团组织党的十八大精神学习交流会。团中央农村部等领导一行13人出席会议,团区委领导及东小口镇等三个乡镇代表及镇团员青年代表20余人参会。

(高雪川)

十三陵镇

【概　况】 十三陵镇人民政府位于昌平区西北部,面积158.84平方千米。辖2个社区、38个行政村。截至年底,全镇户籍人口2.6万人,常住人口2.83万人。其中非农业人口0.93万人。

2012年,完成财政总收入14917万元,增长97.37%。实现农村经济总收入17.69亿元。人均劳动所得11293元,同比增长10.3%。实现地方税收14692万元,同比增长0.05%。

(朱春华 冯立民)

单位名称:昌平区十三陵镇人民政府
地址:昌平区十三陵镇泰胡路2号院
电话:(010)89761455
邮编:102200

【农业】 年内,各类果品种植面积达4.67万亩,总产量10753吨,实现总产值7438万元。规模化发展特色果林业。实施果林种植结构调整和果园品质提升工程,继续发展苹果、汆枣、樱桃、甜柿四大特色示范基地,改造精品果园。落实国家惠农政策,制订《关于做好十三陵镇2012年粮食补贴工作的意见》,共发放玉米直补56.6万元,涉及33个村、2561户。发放草莓补贴款1.05万元;发放涉农专项贴息款33.72万元;共发展栗蘑种植户8户,种植10.3万袋,发放补贴18.54万元。完成巩固退耕还林成果项目工程100公顷,平整土地共30000立方米,巩固退耕还林项目工程已全部完成。积极应对灾害天气,鼓励10个村、148户农民参加农业性保险,玉米投保731.2亩,减少了农民经济损失。配合区农委完成农业221信息平台调查工作。

(路淑清 张永宽)

【工业】 年内,实现企业总收入31800万元,完成全年任务的100%。企业增加值完成6000万元,其中工业总产值完成2180万元,工业利润总额完成70万元。引进税收企业16家,异地企业注册资金约18000万元。

(郝志刚)

【城乡建设】 年内,做好土地利用情况调查。积极协调清华规划设计院做好"十三陵明文化旅游综合区城市设计规划"的修编工作。完成全镇村庄规划编制审批。完成全镇土地确权工作,发证314份。协调设计单位及区相关部门,做好"十三陵镇文化活动中心项目的"设计、选址、报批等工作。申报403户村民翻建住宅基地。发放危房解危补贴资金5.55万元。全年共审核登记限价商品房74户,廉租房0户,经济适用房12户。结合"抓党建,治违建,创先争优促发展"主题活动,协助区国土分局开展2011年度地籍变更调查变化图斑情况核实、占用基本农田项目图斑核实、第十二次卫片核查工作等;继续做好山区地质灾害隐患点防治,分别与11个地质灾害隐患村签订了责任书,为地质灾害隐患点住户发放《北京市突发地质灾害防灾明白卡》140张;结合汶川地震四周年,开展防震减灾活动日;拆除各类违法建设100余处,累计拆除违法建设约3.2万平方米,总占地面积5.7万平方米;土地矿产巡查队共发现50余起土地违法案件,对违法建设等情况均依法进行制止,并下发了停止建设或违法通知;调处8起村民建房纠纷,办理非紧急救助服务中心转来的信访件40件,接待群众咨询500余次。轨道交通昌平线二期拆迁和施工保障工作进展顺利,征地地上物的统计工作已完成,评估活动开始。完成重点小城镇绩效考评工作。涧头村污水排放管线铺设二期工程已全部完工、验收,共铺设污水管线294米;排污管线改造后路面硬化工程已基本完成、验收,硬化道路面积3404平方米。

(路晓龙 朱红艳)

【社会事业】 年内,投入310万元,开展城乡低保、社会救助、养老助残和慈善救助。新农保参保率95%;参加新农合15243人,参合率提高到98%;城乡居民养老保险参保率达到96%。开发就业岗位487个,组织实用技术、职业技能等培训12期2110人次,实现转移就业317人,推荐就业478人,消除零就业家庭、纯农就业家庭,27个村达到充分就业村标准,城镇登记失业率控制在2.5%以内。科、教、文、卫事业快速发展,累计奖励优秀大学生94人、24.2万元,九年义务教育普及率达到100%;"教师节"、"儿童节"分别慰问教师、儿童,共发放慰问金27万元;累计开展文艺演出65场、放映电影1400场;创建药品安全示范镇,食品安全等工作得到长足发展。全年出生286人,计划生育率达到98.25%,新建3处计生宣传阵地,为5818个计生家庭、1543人办理意外伤害保险,发放独生子女父母奖励费32.2万元,为4600名育龄妇女开展免费健康检查。

(程希枝 王哲)

【社区建设】 年内,胡庄社区文艺宣传队演出60场,为区、镇建设做出了贡献;创建北京市"六型社区"、昌平区"地震安全示范社区",获得北京市"双拥先进单位"、"首都精神文明社区"、北京市"健康社区"等荣誉称号。社区党员队伍不断壮大,现有党员127人、入党积极分子11人。

(胡玉红 廉文滨)

【新农村建设】 年内,为3个村安装了饮用水净化设备;做好水库移民后期扶持工作,配合上级单位验收,为9个村(居)发放专项资金506.04万元;推进抗震节能住宅改造,完成双向改造1764户,单项改造1346户,新建、翻建280户,已拨付双向改造资金1568.68万元。14个村通过区级环境升级达标村验收,25个村(居)创建生态文明户500户。拆除违建3.2万平方米,完成全镇土地确权工作。继续发挥农村会计服务所的职能,加强农村集体资产与财务管理。顺利完成村党支部换届选举工作,村委会换届即将启动。农村改革不断深化,基层民主建设不断加强。

(张建 石巧玲)

【商贸旅游】 年内,精心打造文化旅游品牌,发展特色饮食文化,举办康陵新(迎)春祈福、上口美食文化节、文化集市、自行车骑游等主题活动。进一步集聚文化创业产业,发挥十三陵国际文化艺术园的辐射带动作用,吸引3家文化创意企业落户。全年累计接待游客300余万人次,实现经营收入1934万元。

(许宣平)

【精神文明 民主法治建设】 年内,镇注重精神文明建设,通过举办"祈福迎春龙行天下"主题活动及上口村"驴打滚"美食文化节,邀请明史研究会会长商传、文化名人纪连海讲述明朝那些事,组织观看《雨中的树》等教育影片、每月升国旗活动不断增强党员、群众爱国情结和综合素质。通过组织党政机关人员学习十八大精神、市第十一次代表会精神及区第四次党代会精神,增强领导干部理论水平、思想觉悟。在民主法治建设方面,对影响镇和谐稳定的因素及时排查解决,全年共接待来访群众378批次、775人,其中初次来访反映问题的群众有144批次,有效化解137批次;集体访27批次。深入开展反邪教工作,加强对8名人员帮教监控。积极组织人大代表开展代表考察、检查、视察、评议等活动,提高代表履职水平,为政府工作的有效开展发挥积极作用。落实镇人大代表及部分区人大代表环境巡视检查制度,进一步提高了全镇的环境整治工作。

(李东风 张敏)

【重要会议和重要活动】 3月6日,召开社区"两委"换届部署会,社区换届选举工作正式启动。3月14日,十三陵镇召开悼陵监村对口支山扶贫会议。3月16日,胡庄社区和北新村社区分别举行选举大会,"两委"成员均高票连任,社区换届圆满结束。5月17日,召开悼陵监村对口支山工作进展情况汇报会,分析悼陵监村实际困难,拟扶持特色产业发展,帮助村民脱贫。8月30日,十三陵镇召开农村"两委"换届筹备工作会。9月7日,十三陵镇召开庆祝区划调整一周年活动工作部署会,拉开周年庆祝活动序幕。9月23日至10月21日,举办十三陵镇首届乡村文化体育节。通过非物质文化遗产展示、文化演出月活动、民间工艺品展示、广场文艺展示、才艺大比拼、"探秘十三陵"户外运动旅游活动、乡村体育节等增进镇域融合,促进镇群众文化事业和体育事业发展。11月30日,召开机关干部换届选举工作培训会。12月2日,召开大学生村官及各村主任换届选举工作培训会。12月17日,召开十三陵镇农村支部换届总结大会。12月10日至23日,完成38个村的党支部换届,成为全区首个圆满完成村党支部换届的镇。

(张敏)

北方企业集团公司

【概　况】 北方企业集团公司位于昌平城区西南4公里处,面积5.6平方千米,所辖马池口村。截至年底,全村共1122户;总人口3321人。

2012年,农村经济总收入完成53328万元;地区企业增加值完成14226万元;乡镇企业总收入完成43538万元;乡镇企业利润总额完成3089万元;工业总产值完成29730万元;工业利润总额完成1493万元;外贸出口商品交货额完成7728万元;农村人均劳动所得12780元;企业完成税收额3873万元;完成财政总收入829万元,为昌平经济和社会发展做出了应有贡献。

(王学梅)

单位名称:北京北方企业集团公司
地址:昌平区马池口村
电话:(010)60771927
邮编:102200

【举办区四次党代会精神培训】 1月4日,北方企业集团公司对全体机关人员进行昌平区四次党代会精神培训,请区委政策研究室主任瞿会宁进行区第四次党代会精神解读,瞿会宁对区四次党代会的背景、意义等多方面全方位地进行了解读,使大家对区四次党代会精神实质有了更进一步的了解,为认真贯彻大会精神,全面开创地区工作局面打下良好基础。

(王学梅)

【慰问困难职工】 1月17日,北方企业集团公司总工会对困难职工进行慰问,为他们发放节日慰问金,表达工会对职工的关爱之情。

(王学梅)

【组织家长知识讲座】 3月7日,北方企业集团公司妇联特邀请区青苹果之家、区关心下一代委员会讲师王宝珍,为马池口中心小学的学生家长们讲授如何配合学校教育培养好孩子。通过讲故事、案例分析、情景模拟及现场互动,使近百名前来参加讲座的家长们深刻意识到家庭教育的重要性。此次家教知识进校园公益讲堂,近百人参加,发放关爱女孩等宣传品50余份、宣传书籍和材料80余份。

(王学梅)

【举办饮食与健康知识讲座】 4月12日,北方企业集团公司党委综合办公室组织了一期饮食与健康专题讲座,请专业讲师进行饮食与健康专业知识讲解。马池口村的计生宣传员、机关干部共50人参加培训。

(王学梅)

【举办生活金点子讲座】 4月20日,北方企业集团公司举办了生活金点子培训,邀请昌平职业学校的老师就生活常常遇到的问题及处理小窍门知识进行讲座,并通过实验方式,使大家更加详细地掌握了生活中的金点子。马池口地区群众及机关人员共50余人参加,

(王学梅)

【举办亲子运动会】 4月28日,马池口中心幼儿园举办一场亲子运动会,运动会上,幼儿家长们观看了大、中、小班的幼儿们进行的体操表演,幼儿园班与班之间的老师、家长们分别进行了拔河、跳绳等比赛,此次比赛,赛出了风格与水平,加强了老师、家长之间的沟通与了解。同时,使家长对学校和幼儿们有了进一步的了解,为今后的幼儿教育工作创造了良好的条件。

(王学梅)

【保密法规宣传教育】 6月1日,北方企业集团公司举办贯彻保密法规培训,由保密员传达上级文件精神,并对全体机关人员进行保密知识宣传教育,通过宣传教育,进一步提高全体机关人员的保密意识。

(王学梅)

【举行铁路西砍伐树招标会】 4月23日,北方企业集团公司经济发展科在集团公司六楼西厅举行铁路西砍伐树木招标会。会上,对前来参加投标者以暗标投标的方式进行公开招标,出标价格最高的获得砍伐树木工程。

(王学梅)

【区领导到北方企业集团公司调研】 5月4日,区领导朱光彤、陈秋生等到北方企业集团公司进行调研。听取党委书记左权的工作汇报,并结合马池口村实际提出指导性意见。

(王学梅)

【巨恩特公司来北企进行交流】 6月25日,知名人士——巨恩特公司董事长李强一行来北企,听取北方企业公司现状介绍,又进行了实地参观考察,并相互进行交流,这次交流,对北方企业集团今后的发展将起到推动作用。

(王学梅)

【区市政管委到北企业进行调研】 11月9日,区市政管委领导来到北方企业集团公司进行工作调研,听取北方企业集团公司环境、村镇建设情况汇报,并提出指导性意见。

(王学梅)

【村党支部换届选举工作】 12月15日,北方企业集团公司党委组织马池口村全体党员进行村党支部换届选举工作,通过精心的组织安排,换届选举工作依法、有序地顺利完成,全体党员投票选举产生新一届党支部班子。

(王学梅)

人 物

组织机构负责人

一、区委机关

中国共产党北京市昌平区委员会

书 记 侯君舒
副书记 金树东 朱光彤
常 委 王晓霞(女) 李 良 陈秋生 张燕友 孙 启 余俊生 赵 阳(挂职) 孙连湖 田运胜
委 员 (常委均系委员,从略)
王 璐(女) 王书合 王向明 王志刚 牟少华(女) 刘长永 苏卫东 苏贵光 赵海英(女) 茅 江 周云帆 贺 军 王承军 云富勇 白向军 刘 毅 李万佰 李元和 李志杰 李福忠 吴小利 张 勇 陈隽磊 郭玉清 郭向东 董贵蛟 靳增立
候补委员 刘晓梅(女,满族) 宁 澈 杨冬泉 杨春山 黄先锋 隋彦玲(女) 王海岭

中国共产党北京市昌平区纪律检查委员会

书 记 王晓霞(女)
副书记 裴卫东 李春玲(女,4月免) 陈玉起(4月任) 瓮 民
常 委 魏学军 李进春 王海龙 尚文生 王双锋
委 员 于丽艳(女) 王 建 史佑民 吕晨飞 王建华(女) 刘向东 许正锋 李成旺 吴学军(女) 孟令然 赵学功 秦建柱 徐德清 郭自成 黄建军 梁士强 路玉玺(满族) 董锦华 蒋苏京 翟永峰

区委工作机构及相关部门

区委办主任 张 勇(2月任)
组织部部长 李 良
常务副部长 唐拥军(2月任)
宣传部部长 余俊生
常务副部长 瞿会宁(2月任)
政法委书记 朱光彤
常务副书记 郭玉清
统战部部长 陈秋生
常务副部长 张维亮(2月任)
区委组织部副部长、区委老干部局局长 郑雁凌(女)
区委直属机关工委书记 朱光彤
常务副书记 尚大海
区委社会工委书记 陈秋生
区社会办主任 刘向东(2月任)
研究室主任 瞿会宁(2月免) 周金星(2月任)

国家保密局局长 王海津
文明办主任 涂沙金
610 办公室主任 齐炳瑞
综治办主任 郭玉清(12 月免)
杨振和(12 月任)
流管办主任 郭玉清(12 月免)
杨振和(12 月任)
区委巡视一组组长 路玉玺
区委巡视二组组长 王和平
区委组织部副部长、编办主任 徐忠富
区委党校党委副书记、常务副校长 杨春山
党委书记 尚万江
区委党史办(区志办)主任 朱华海

二、区人大机关

昌平区人民代表大会常务委员会

主　任 李福忠
常务副主任 张文良
副主任 杨国昌 奚增森 李春菊(女) 郑国柱
委员(按姓名笔画排序)
王丽英(女) 王金玉 冯世勇
孙秀静(女) 刘智勇 李同新
李海英(女) 杨启红(女) 杨剑平(女)
杨　毅 谷全成 宋　杰 张　进
张艳霞(女) 张强斌 周志军 郝　和
胡玉泉 秦　况 袁振春 黄永刚

区人大工作机构

办公室主任 胡玉泉
研究室主任 杨　毅
代表联络室主任 李同新
教科文卫工委主任 秦　况
农村工委主任 张　进
城建环保工委主任 谷全成
财经工委主任 宋　杰
内务司法工委主任 李海英(女)

三、区政府机关

北京市昌平区人民政府

区　长 金树东
副区长 张燕友 孙　启 赵　阳(挂职)
刘淑华(女) 苏卫东 周云帆 王承军

区政府工作机构及相关部门

政府办主任 靳增立
外事办主任 周　玲(女)
法制办主任 王基业(12 月免)
安晓玲(女,12 月任)
信访办主任 梁士强
台办主任 张维亮(2 月免)
区委组织部副部长、人力资源和社会保障局党委书记、局长 赵海英(女)
监察局局长、行政投诉中心主任 裴卫东
知识产权局局长 王永林
文化委党委副书记、主任 陈玉起(2 月免)
刘全新(2 月任)
党委书记 **李志武**
旅游局党组书记、局长 袁丽民(女,2 月免)
旅游委党组书记、主任 袁丽民(女,2 月任)
经济信息化委党组副书记、主任 王志刚
党组书记 李智民
商务委党组书记、主任 云富勇
安监局党组书记、局长 金东彪(12 月免)
兰剑波(12 月任)
体育局局长 王玉禄
党组书记 王　冰(12 月免) 方　磊(12 月任)
卫生局党委副书记、局长 杜高潮
党委书记 杨群群

人口计生委党组书记、主任 李春菊(女,2月免)
党组副书记、主任 石彩红(女,2月任)
党组书记、副主任 邱少强(2月任)
国资委党委副书记、主任 陈隽磊
党委书记 徐 军
住房城乡建设工委书记、主任 奚增森(2月免)
贺 军(2月任)
市政市容工委书记、主任
任鹏举(2月免工委书记)
工委书记 张洪涛(2月任)
科委党组书记、主任 李万佰
发展改革工委书记、主任 苏贵光(2月免)
李志杰(2月任)
教育工委书记 隋彦玲(女)
教委主任 李成旺
农村工委副书记、主任 董锦华
工委书记 李元和
科技园区工委书记、管委会主任
于 泓(7月免)
周云帆(7月任)
投资促进局局长 崔 明(2月免)
杨 嵩(2月任)
交通局党委副书记、局长 张 伟
党委书记 邱小波
环境保护局党组书记、局长 田国瑞(12月免)
金东彪(12月任)
城管监察大队党组书记、大队长 韩续昌
园林绿化局党委副书记、局长、绿化办主任
沈树祥
党委书记 马传亮
水务局党委书记、局长 洪起国
司法局党委书记、局长 徐平仪
民防局局长 王学剑
民政局党委书记、局长 杨洪达
农业局党组副书记、局长 宗 江
党组书记 宋 明
动物卫生监督管理局局长 王 祥(12月免)
宗 江(12月任)
民宗侨务办公室主任 贾洪东
财政局党组书记、局长 吴小利
审计局党组书记、局长 郭自成
统计局党组书记、局长 刘全新(2月免)
李春玲(2月任)
综合行政服务中心主任 张 华
沙河高教园区管委会主任
刘子玉(2月任,12月免)
王 冰(12月任)
档案局党组书记、局长 赵丽君(女)
农服中心党委副书记、主任 许克仲
党委书记 李利军
经管站党组书记、站长 徐德清
地震局局长 刘 平(女)
党委书记、主任
张 勇(2月免)
党委书记 王建成(2月任)
十三陵特区办事处主任 雷 涛(2月任)
机关行政事务管理处党组书记、主任
石东琨(女)
广播电视中心党委书记、主任 刘晓梅(女)
小汤山农业园管委会
党委书记、常务副主任 鲍春光(12月免党委书记)
张正伟(12月任党委书记)
北京交通职业技术学院党委书记、院长 杨保红(女)

四、区政协机关

中国人民政治协商会议
北京市昌平区委员会

主 席 王书合
副主席 李永生 任鹏举 于 泓(9月免)
李富和 陈 勉 李雪红(女)
秘书长 郭守忠
常务委员 于 梅(女) 王 欣(女) 王 彬
王金玲(女) 王立兵 王剑元

王砚平 王鲁滨 纪树一 邢洪金
邢晓峰 张晓鹏(女) 吴道洪
张维亮 李术元 李秀玉
李克非 李志江 杨建东
李胜利 杨洪达 陈武威
林国水 周建忠 罗钊明 赵守华
赵连葆 秦凤权(女) 赵德林
徐振宏 桂振华 黄 辉(女)
常 坚 梁建兵 鲍志华
塔 娜(女) 潘晓军 薛林兴

区政协工作机构

办公室主任 纪树一
研究室主任 赵守华
提案委兼文史资料委员会主任 李志江
经科委兼港澳台侨委员会主任 赵德林
城建环保与社会法制委兼民族宗教委员会主任 杨建东
教文卫体委兼学习委员会主任 赵连葆
专委会工作五室主任 王清晨(女,12月任)

五、群团组织

总工会党组书记、主席 郝 和
团委书记 刘智勇
妇联主席 王 璐(女)
科协主席 王秋生
科协党组书记 李树伟
残联党组书记、理事长 彭尚玉(12月免理事长)
理事长 陶建刚(12月任)
工商联党组书记、会长 邢晓峰
红十字会常务副会长 杨玉宝
文联主席 周振华

六、政法、军事机构

市公安局昌平分局党委书记、局长 田运胜
党委副书记、政委、工会主席 王砚平
法院党组书记、院长 刘 毅
检察院党组书记、检察长 王向明
武装部政委 韩 义
部 长 孙连湖

七、街道办事处、镇（地区办事处）

回龙观镇、回龙观地区办事处党(工)委书记 贺 军(2月免) 郭向东(2月任)
镇 长 储 鑫(女)
主 任 储 鑫(女)
东小口镇、东小口地区办事处
党(工)委书记 李志杰(2月免) 王 军(2月任)
镇 长 王 军(2月免) 刘 芬(女,2月任)
主 任 王 军(2月免) 刘 芬(女,2月任)
沙河镇、沙河地区办事处
党(工)委书记 白向军
镇 长 申士学(12月免) 白保平(12月任)
主 任 申士学(12月免) 白保平(12月任)
小汤山镇
党委书记 牟少华(女)
镇 长 张新亮(2月免) 张大鹏(2月任)
崔村镇
党委书记 史佑民
镇 长 刘宝君(2月免) 王月林(2月任)
兴寿镇
党委书记 许正峰
镇 长 叶玉东(12月免) 黄森华(12月任)
阳坊镇
党委书记 吕晨飞
镇 长 李 昌
南邵镇
党委书记 王 建

镇　　长　徐　强(2月免)　李　欣(女,2月任)

百善镇

党委书记　郭向东(2月免)　徐　强(2月任)

镇　　长　李怀来(12月免)　李万升(12月任)

北七家镇

党委书记　刘长永

镇　　长　韩　军

十三陵镇

党委书记　张　勇(2月免)　王建成(2月任)

镇　　长　石彩红(女,2月免)　方桂堂(2月任)

延寿镇

党委书记　宁　澈

镇　　长　桑先军

南口镇

党委书记　黄建军

镇　　长　段学勇

流村镇

党委书记　秦建柱

镇　　长　张中武

马池口镇

党委书记　刘向东(2月免)　张劲柏(2月任)

镇　　长　王玉君(女)

城北街道办事处

工委书记　茅　江

主　　任　刘庆海

城南街道办事处

工委书记　董贵蛟(2月免)　韩宝田(2月任)

主　　任　韩宝田(2月免)　郑森堂(2月任)

天通苑南街道办事处(新建街道办事处)筹备组

组　长　黄先锋(2月任,12月免)

副组长　苏贵峰(2月任,12月免)

天通苑南街道办事处(新建街道办事处)

工委书记　黄先锋(12月任)

主　　任　苏贵峰(12月任)

天通苑北街道办事处(新建街道办事处)筹备组

组　　长　张新亮(2月任,12月免)

副 组 长　张学广(2月任,12月免)

天通苑北街道办事处(新建街道办事处)

工委书记　张新亮(12月任)

主　　任　张学广(12月任)

霍营街道办事处(新建街道办事处)筹备组

组　　长　刘宝君(2月任,12月免)

副 组 长　张海明(2月任,12月免)

霍营街道办事处(新建街道办事处)

工委书记　刘宝君(12月任)

主　　任　张海明(12月任)

北方企业集团公司党委书记　左　权

八、企业单位

北京振邦承基开发建设有限公司董事长、总经理　王小淳

兴昌高科技发展总公司总经理　王海岭

铭嘉房地产开发总公司董事长、总经理　李　勇

北京市昌平自来水有限责任公司董事长、总经理　王振国

北京市昌平自来水有限责任公司党委书记　王桂林

供销联社党委书记、主任　蔡国平

昌房公司党委书记、总经理　王　波

北京沙河高教园区开发建设有限责任公司董事长　王　波

未来科技城开发建设有限公司党委书记、经理

杨　嵩(2月免)　董贵蛟(2月任,8月任董事长)

九、双管单位

国家安全局昌平工作站站长　苏大伟

市国土资源局昌平分局党组书记、局长

张少伟(2月免局长)

汪少群(12月任局长,党组副书记)

市药品监督管理局昌平分局党组书记、局长

张爱华

市规划委员会昌平分局党组书记、局长　段　刚

市交通委路政局昌平公路分局党组书记　刘满泉
局　长　李自明(6月免局长)
沈东强(6月任)
国税局党组书记、局长　张　岩(8月免)
郑东霞(8月任)
地税局党组书记、局长　姚敬国
市工商局昌平分局党组书记、局长　赵学功
质量技术监督局党组书记、局长　王建军
统计局党组副书记、国家统计局昌平调查队队长
于桂谦
烟草专卖局党总支书记、局长　张　伟
气象局局长　李文华
邮政局党委书记、局长　李敬生(12月免)
王贺利(12月任)

十、其他单位

农村商业银行昌平支行行长　张秀杰
中国银行昌平支行行长　包路生
工商银行昌平支行行长　周冀平
农业银行昌平支行行长　王红岐
建设银行昌平支行行长　林树军
北京银行昌平支行行长　庞玉宇
农业发展银行昌平支行行长　崔建成
邮政储蓄银行昌平支行行长　王立君(11月免)
杜久忠(11月任)
人保财产昌平支公司经理　李德水

昌平区荣获市级以上(含系统)先进集体和个人

昌平区荣获市级以上(含系统)表彰的先进集体

序号	获奖先进集体	表彰单位	获奖名称
1	昌平区委老干部局	北京市人民政府	北京市敬老爱老为老服务示范单位
2	昌平区投资促进局	北京市投资促进局	2012年北京市项目促进工作(重大项目促进优秀单位)
3	昌平区法院	市总工会	首都劳动奖状
4	昌平区法院	市委政法委	北京市涉法涉诉信访工作先进集体
5	昌平区科协	北京市全民科学素质干纲要实施办公室	北京市十一五实话全民科学素质工作先进集体
6	昌平区科协	北京市科协	第九届百万家庭数字生活大赛组织工作一等奖
7	昌平区科协	北京市科协	第十二届未来伙伴北京青少年机器人竞赛优秀组织奖
8	昌平区科协	北京市科协	第32届北京青少年科技创新大赛
9	昌平区科协	北京市全民科学素质干纲要实施办公室	《昌平科普喜事多》获优秀节目三等奖
10	昌平区科协	北京市科协	第十二届未来伙伴北京青少年机器人竞赛特殊贡献奖
11	昌平区科协	老科总科学技术工作者总会	先进集体称号
12	昌平区地震局	中国地震局	2012年度全国地市防震减灾先进单位
13	昌平区地震局香堂村(示范社区)	中国地震局	国家地震安全示范社区
14	昌平区地震局	北京市地震局	北京市区县防震减灾综合评比先进单位
15	昌平区地震局	北京市地震局	2012年度全市地震系统政务信息先进集体
16	昌平区地震局流村台	北京市地震局	2012年度全市地震前兆观测资料质量评比优秀
17	昌平区地震局	中国地震局	2012年度全国地市防震减灾先进单位
18	昌平区地震局香堂村	中国地震局	国家地震安全示范社区
19	昌平区地震局	北京市地震局	北京市区县防震减灾综合评比先进单位
20	昌平区地震局	北京市地震局	2012年度全市地震系统政务信息先进集体
21	昌平区地震局流村台	北京市地震局	2012年度全市地震前兆观测资料质量评比优秀
22	昌平区委党史办公室	北京市地方志办公室	2012年《北京年鉴》编纂工作先进集体
23	昌平区文化委	北京农民艺术节指导委员会	北京市第22届农民艺术节乡村大舞台金凤凰三等奖
24	昌平区文化委	市文化局	北京市万场群众文艺汇演优秀组织奖
25	昌平区文化委	北京阅读季办公室	首届北京阅读季红色经典诵读活动最佳组织奖
26	昌平区文化委	第七届世界草莓大会筹委会组织部	第七届世界草莓大会最佳服务保障奖
27	昌平区文化委	北京阅读季办公室	选送的《走进新农村》节目荣获首届北京阅读季红色经典诵读活动三等奖
28	昌平区文化委	北京阅读季办公室	首届北京阅读季纪念建党90周年红色知识竞赛活动优秀组织奖
29	昌平区文化委	北京阅读季办公室	“悦·读”读书风景摄影展优秀组织奖
30	昌平区文化委	北京阅读季办公室	首届北京阅读季“读书益民杯”有奖正文活动优秀组织奖
31	昌平区文化委	首都精神文明建设委员会	首都文明单位
32	昌平区文化委	北京国际电影节组委会	第二届北京国际电影节积极贡献奖

33	昌平区文化委	市文物局	“践行北京精神,提升职工素养”北京市文博系统书法绘画比赛优秀组织单位
34	昌平区文化委	市文化局	北京市“一街一品”优秀活动组织奖
35	昌平区文化委	市文物局	2012年度北京市文物安全工作先进单位
36	昌平区文化委	北京阅读季领导小组办公室	第二届北京阅读季“北京精神美德传承”读书演讲比赛活动组织奖
37	昌平区文化执法队	北京市文化市场行政执法总队	有奖问答活动三等奖
38	昌平图书馆昌平区图书馆回龙观分馆	北京市文化局	2012年度北京市图书馆“千场讲座”活动荣获组织奖
39	昌平图书馆	中国图书馆协会	2012年中国图书馆学会年征文活动中提交的论文荣获三等奖
40	昌平图书馆	北京市读书益民工程领导小组办公室	“树形象 展风采 创佳绩 喜迎十八大”2012年北京市益民杯知识竞赛荣获优秀组织奖
41	昌平图书馆	北京市读书益民工程领导小组办公室	“树形象 展风采 创佳绩 喜迎十八大”2012年北京市益民杯知识竞赛荣获优秀组织奖
42	昌平图书馆	北京市读书益民工程领导小组办公室	“树形象 展风采 创佳绩 喜迎十八大”2012年北京市益民杯知识竞赛荣获三等奖
43	昌平图书馆	北京市文化局、北京市教育委员会、中国少年先锋队北京市工作委员会、首都精神文明建设委员会办公室、中国共产主义青年团北京市委员会	2012年北京市红领巾读书活动“爱心快递图书捐赠”中荣获优秀组织奖
44	昌平图书馆	北京市文化局、北京市教育委员会、中国少年先锋队北京市工作委员会、首都精神文明建设委员会办公室、中国共产主义青年团北京市委员会	2012年北京市红领巾读书活动荣获优秀组织奖
45	昌平图书馆	北京市文化局	2012年度北京市图书馆“全民阅读”活动中荣获组织奖
46	昌平图书馆昌平区图书馆流村分馆	北京市文化局	2012年度北京市图书馆“千场讲座”活动荣获组织奖
47	昌平图书馆昌平区图书馆延寿分馆	北京市文化局	2012年度北京市图书馆“千场讲座”活动中荣获组织奖
48	昌平图书馆昌平区图书馆东小口分馆	北京市文化局	2012年度北京市图书馆“千场讲座”活动中荣获组织奖
49	昌平图书馆昌平区图书馆南口分馆	北京市文化局	2012年度北京市图书馆“千场讲座”活动中荣获组织奖
50	昌平图书馆昌平区图书馆北七家分馆	北京市文化局	2012年度北京市图书馆“千场讲座”活动中荣获组织奖
51	昌平图书馆昌平区图书馆南邵分馆	北京市文化局	2012年度北京市图书馆“千场讲座”活动中荣获组织奖
52	昌平图书馆昌平区图书馆阳坊分馆	北京市文化局	2012年度北京市图书馆“千场讲座”活动荣获组织奖
53	昌平图书馆昌平区图书馆马池口分馆	北京市文化局	2012年度北京市图书馆“千场讲座”活动荣获组织奖
54	昌平图书馆昌平区图书馆城南分馆	北京市文化局	2012年度北京市图书馆“千场讲座”活动荣获组织奖
55	昌平图书馆昌平区图书馆十三陵分馆	北京市文化局	2012年度北京市图书馆“千场讲座”活动荣获组织奖
56	昌平图书馆昌平区图书馆小汤山分馆	北京市文化局	2012年度北京市图书馆“千场讲座”活动荣获组织奖
57	昌平图书馆昌平区图书馆百善分馆	北京市文化局	2012年度北京市图书馆“千场讲座”活动荣获组织奖
58	昌平文化馆	中国音乐学院	第四届北京传统音乐节优秀组织奖
59	昌平文化馆	北京市文化局	第四届来京创业者才艺风采大赛优秀组织奖

60	昌平文化馆	北京市文化局	第十届"椿树杯"北京市社区京剧票友大赛锦绣大地彩唱组比赛中荣获优秀组织奖
61	昌平文化馆	北京市委宣传部	"我的北京我的家——北京七日"摄影大赛中,6件作品获奖,文化馆同时获得优秀组织奖。
62	崔村镇香堂村	和就业工作领导小组	市级充分就业示范村
63	崔村镇香堂村	北京市残疾人联合会	北京市第六届残疾人社区艺术汇演组织奖
64	崔村镇香堂村	北京市人民政府	北京市敬老爱老为老服务示范单位
65	崔村镇大辛峰	北京市人民政府	北京市敬老爱老为老服务示范单位
66	崔村镇大辛峰	北京市农民体育协会	2012年度北京市农村体育先进单位
67	崔村镇大辛峰	北京市残疾人联合会	北京市第六届残疾人社区艺术汇演三等奖
68	崔村镇西崔村	北京市农民体育协会	2012年度北京市农村体育先进单位
69	崔村镇西崔村	北京市残疾人联合会	北京市第六届残疾人社区艺术汇演三等奖
70	崔村镇西崔村	北京市民政局	先进村民委员会
71	崔村镇真顺村	市经信委、农工委	北京市信息化优秀示范村
72	崔村镇崔村镇机关	北京市档案局	市级优秀单位
73	区委组织部	北京市党建研究会	2012年度立项课题优秀成果三等奖
74	昌平区马池口镇人民政府	北京市药品监督管理局	药品安全示范街道(乡镇)
75	昌平区马池口镇人民政府	第七届世界草莓大会委员会指挥部	最佳服务保障奖
76	国家统计局昌平调查队	国家统计局	全国一体化住户调查先进集体
77	昌平区财政局	北京市财政局	北京市财政系统参加全国财政"六五"谱法法规知识竞赛优秀组织单位
78	昌平区民政局	北京市民政局	2011年度民政工作绩效管理考评优秀单位
79	昌平区民政局办公室	北京市民政局 市人力资源和社会保障局	北京市民政工作先进集体
80	昌平区人民政府军队离休退休干部安置办公室	北京市民政局 市人力资源和社会保障局	北京市民政工作先进集体
81	昌平区民政局婚姻登记处	北京市民政局 市人力资源和社会保障局	北京市民政工作先进集体
82	昌平区佛山陵园	北京市民政局 市人力资源和社会保障局	北京市民政工作先进集体
83	昌平区委政法委	北京市委政法委	2010-2012年度北京市涉法涉诉信访工作先进集体
84	昌平区维稳办	北京市国家安全工作领导小组办公室,北京市人力资源和社会保障局	2010-2012年度首都国家安全工作先进集体
85	昌平区维稳办	北京市维稳办	北京市2012年度维稳调研工作优秀组织奖
86	昌平区维稳办	北京市维稳办	北京市2012年度维稳调研工作优秀调研报告三等奖
87	昌平区维稳办	北京市维稳办	北京市2012年维稳考评工作优秀单位
88	昌平区	首都综治委	2012年度首都社会管理综合治理先进区县
89	昌平区经管站	北京市农村合作经济经营管理办公室	信息化建设工作先进单位
90	昌平区经管站	北京市农村合作经济经营管理办公室、北京市农村经济研究中心	北京农村经管系统信息报送工作先进单位
91	昌平自来水有限责任公司昌平管理所	北京市总工会	2012年度工人先锋号
92	昌平自来水有限责任公司邓庄水源厂保卫科	北京市公安局	北京市单位内部安全保卫工作中荣获集体嘉奖
93	昌平自来水有限责任公司水质监测站	北京市水务局、北京市城镇供水协会	北京市城市供水水质监测网先进集体
94	昌平自来水有限责任公司安全保卫科	北京市公安局	北京市单位内部安全保卫工作中荣获集体嘉奖

95	昌平区供销合作联合社	中国商业企业管理协会、中国财贸轻纺烟草工会全国委员会	“全国和谐商业企业”称号
96	昌平新世纪商城	中华全国供销合作总社	全国供销合作社“文明服务示范单位”
97	昌平新世纪商城	北京市总工会	北京市工会女职工组织规范化建设示范单位
98	银山出租汽车有限责任公司首都的士雷锋车队	中华全国总工会	全国工人先锋号
99	昌平新世纪商城	市妇女联合会、市总工会、市人力社保局	北京市"三八"红旗集体
100	昌平新世纪商城	首都精神文明建设委员会	首都文明单位
101	昌平新世纪商城	第七届世界草莓大会筹办委员会指挥部	第七届世界草莓大会先进集体
102	水屯农副产品批发市场中心	中国保护消费者基金会	全国重承诺守信用消费者放心单位
103	水屯农副产品批发市场中心	中国保护消费者基金会	重承诺守信用消费者放心单位
104	水屯农副产品批发市场中心	北京市发展和改革委员会价格监测中心	2012 年度北京市价格监测工作先进单位
105	水屯农副产品批发市场中心	北京市发展和改革委员会价格监测中心	2012 年度北京市价格监测质量考核先进单位
106	昌平商业贸易总公司	北京市交通安全委员会	北京市交通安全先进单位
107	市皇城粮油有限责任公司	北京市公安局	北京市公安局集体嘉奖
108	皇城粮油后牛坊粮食收储库	北京市粮食局	市储备粮“一符四无”粮(油)库
109	皇城粮油南口粮食购销站	北京市粮食局	市储备粮“一符四无”粮(油)库
110	皇城粮油沙河粮食收储库	北京市粮食局	市储备粮“一符四无”粮(油)库
111	皇城粮油昌平粮食收储库	北京市粮食局	市储备粮“一符四无”粮(油)库
112	皇城粮油后牛坊粮食收储库	北京市粮食局	北京市储备粮规范化管理优秀企业
113	昌平区疾病预防控制中心	北京市卫生局	2011 年北京市口腔公共卫生服务项目单项先进单位
114	昌平区疾病预防控制中心	北京市疾病预防控制中心	2011 年度放射卫生工作三等奖
115	昌平区疾病预防控制中心	北京市卫生局	2011 年度北京市信息报告工作先进单位
116	昌平区疾病预防控制中心	北京市疾病预防控制系统第三届职工运动会组委会	北京市疾病预防控制系统第三届职工运动会团体第三名
117	昌平区疾病预防控制中心	北京市疾病预防控制中心主任联谊会	北京市疾病预防控制系统第一届养生堂百克杯乒乓球赛优秀组织奖
118	昌平区疾病预防控制中心	北京市爱国卫生运动委员会	北京市爱国卫生先进集体
119	昌平区疾病预防控制中心	北京市疾病预防控制中心	2011－2012 年度北京市重点职业病哨点监测工作先进集体
120	昌平区疾病预防控制中心	北京市疾病预防控制中心	创作的《相爱还是伤害》获 2012 年北京市基本公共卫生服务健康教育传播材料制作大赛海报类一等奖
121	昌平区疾病预防控制中心	北京市疾病预防控制中心	创作的《我们需要看的更清楚》获 2012 年北京市基本公共卫生服务健康教育传播材料制作大赛海报类二等奖
122	昌平区疾病预防控制中心	北京市疾病预防控制中心	2012 年“北京市疾控系统健康大课堂”活动中成绩突出,特授予优秀组织奖
123	昌平区疾病预防控制中心	北京市疾病预防控制中心	北京市 2012 年度放射卫生工作三等奖
124	昌平区疾病预防控制中心	北京市疾病预防控制中心	北京市 2012 年猩红热监测先进单位
125	昌平区疾病预防控制中心	北京市疾病预防控制中心	北京市 2012－2013 年度流感监测先进集体
126	昌平区疾病预防控制中心	北京市疾病预防控制中心	2012 年度北京市口腔公共卫生服务项目单项先进单位
127	昌平区疾病预防控制中心	北京市卫生局	2012 年度北京市疾病预防控制工作考核优秀单位
128	昌平区卫生局	北京市卫生局	北京市卫生系统第一届职工运动会 A 组团体总分第五名
129	昌平区卫生局	北京市卫生局	北京市卫生系统第一届职工运动会羽毛球男子团体 A 组第六名
130	昌平区卫生局	北京市卫生局	北京市卫生系统第一届职工运动会“精神文明奖”
131	昌平区卫生局	北京市卫生局	北京市卫生系统第一届职工运动会中国象棋 A 组第一名

132	昌平区卫生局	北京市卫生局	北京市首届卫生监督技能竞赛中获团体第三名授予团体优秀奖
133	昌平区卫生局	北京市卫生局	北京市卫生系统第一届职工运动会男子篮球A组第五名
134	昌平区卫生局	北京市卫生局	北京市卫生系统第一届职工运动会团体总分第五名
135	昌平区卫生局	北京市卫生局	北京市卫生系统第一届职工运动会特殊贡献奖
136	昌平区卫生局	北京市妇女儿童工作工作委员会、北京市人力资源和社会保障局	北京市妇女儿童工作先进集体
137	东小口社区卫生服务中心	北京市药品监督管理局、北京市卫生局	北京市药品不良反应监测工作先进单位
138	十三陵社区卫生服务中心	北京市药品监督管理局	北京市药品不良反应监测工作先进单位
139	马池口社区卫生服务中心	北京市药品监督管理局、北京市卫生局	北京市药品不良反应监测工作先进单位
140	回龙观社区卫生服务中心防保科	北京市卫生局	2011年北京市免疫规划工作先进单位
141	回龙观社区卫生服务中心	北京市卫生局、北京市中医管理局	北京市中医全科医师转岗培训基层实践基地
142	回龙观社区卫生服务中心	北京市卫生局	阳光长城计划社区实践基地
143	回龙观社区卫生服务中心	中国健康促进基金会	基层合理用药共同成长计划”基层科研课题“处方点评”获得资助
144	回龙观社区卫生服务中心	北京市卫生局	2012年度“社区卫生服务机构处方点评工作组”优秀集体奖
145	回龙观社区卫生服务中心	北京市卫生局	“2012年度北京社区百姓安全用药宣教”比赛一等奖
146	回龙观社区卫生服务中心	北京市卫生局	2012年度社区卫生服务机构处方点评工作组优秀集体奖
147	回龙观社区卫生服务中心防保科	北京市卫生局	北京市2012年度传染病疫情报告先进集体
148	回龙观社区卫生服务中心	北京市卫生局	2012年度北京社区百姓安全用药宣教比赛一等奖
149	昌平区卫生局	北京市中医管理局	2012年度北京地区中医、中西医结合、民族医医疗机构医疗服务信息网工作一等奖
150	昌平区社区卫生服务管理中心	北京市社区卫生服务管理中心	北京市知己健康及家庭医生式服务演讲比赛组织奖
151	昌平区社区卫生服务管理中心	北京市社区卫生服务管理中心	北京市社管系统2012年度统计分析报告评比活动中荣获纪念奖
152	昌平区社区卫生服务管理中心	北京市社区卫生服务管理中心	2012年度北京市“家庭保健员”工作扎实推进奖
153	昌平区社区卫生服务管理中心	北京市卫生局	2012年度北京社区百姓安全用药宣教工作优秀组织奖
154	昌平区社区卫生服务管理中心	北京市卫生局	2012年度北京市卫生局“社区卫生服务机构处方点评工作组”优秀集体奖
155	昌平区社区卫生服务管理中心	北京市社区卫生服务管理中心	2012年度文字信息管理奖
156	昌平区城区社区卫生服务中心	北京市医疗保险协会	北京知已健康及家庭医生式服务演讲比赛优秀奖
157	昌平区城区社区卫生服务中心	北京市卫生局	2012年度社区卫生服务机构处方点评工作小组优秀集体奖
158	昌平区城区社区卫生服务中心	北京市卫生局	2012年度北京社区百姓安全用药宣教比赛三等奖
159	阳坊社区卫生服务中心	北京市药品监督管理局、北京市卫生局	北京市药品不良反应监测工作先进单位
160	昌平区中医院特需病区	北京市中医管理局	2012年北京市中医系统优秀护理集体称号
161	昌平区中医院药剂科中药房	北京市中医管理局	北京市示范中药房
162	昌平区中医医院	北京市卫生局	2012年度死因登记报告先进集体
163	昌平区中医院特需病区	国家中医药管理局	2012年度全国中医医院优质护理服务先进病房
164	昌平区中医医院	国家中医药管理局	“北京市太洋树康杯中医护理知识竞赛”中荣获“优秀组织奖”
165	小汤山社区卫生服务中心	北京市中医管理局	北京市基层中医药综合服务区建设单位
166	小汤山社区卫生服务中心	北京市药品监督管理局、北京市卫生局	北京市药品不良反应监测先进单位
167	小汤山社区卫生服务中心	北京市卫生局	北京市2012年度死因等级报告先进集体
168	昌平区中西医结合医院	中国医疗卫生事业创新峰会组委会	2012年中国医疗系统党建示范单位

169	昌平区中西医结合医院	中华中医药学会	中医药标志性文化(微标)三奖
170	昌平区中西医结合医院党总支	国家中医药管理局创先争优活动领导小组	全国中医药系统创先争优活动活动先进集体
171	昌平区中西医结合医院	北京市疾病预防控制中心	北京市先进肠道门诊
172	昌平区中西医结合医院	北京市疾病预防控制中心	创作脑卒中防治获2012年北京市基本公共卫生服务健康教育材料制作大赛PPT类三等奖
173	昌平区中西医结合医院骨伤科	北京市总工会北京市科学技术委员会	市级职工创新工作室
174	昌平区中西医结合医院	北京市卫生局北京医药卫生文化协会	首都医药卫生文化创新成果奖
175	昌平区结核病防治所	北京市人民政府	北京市敬老爱老为老服务示范单位
176	昌平区结核病防治所	北京市结核病控制研究所	北京结核病健康教育与促进先进单位
177	兴寿社区卫生服务中心	北京市卫生局	北京市传染病疫情报告死因登记报告工作先进集体
178	北七家社区卫生服务中心	北京市卫生局	北京市示范社区卫生服务中心
179	北七家社区卫生服务中心	中华人民共和国卫生部	全国示范社区卫生服务中心
180	昌平区妇幼保健院	中国疾病预防控制中心妇幼保健中心	全国妇幼保健机构运营与发展状况综合指标排名百强县
181	昌平区妇幼保健院	北京市卫生局	2012年度北京市口腔公共卫生服务项目单项先进集体
182	昌平区妇幼保健院	北京市卫生局、北京市人口和计划生育委员会、北京市体育局、北京市人联合会、北京市未成年人保护委员会	北京市昌平区儿童早期综合发展服务中心
183	昌平区精神卫生保健院	北京市妇女联合会、北京市总工会、北京市人力资源和社会保障局	北京市三八红旗集体
184	昌平区医院医疗卫生志愿服务队	团市委、市卫生局党委	2012年度北京青年健康使者火炬行动优秀志愿服务集体
185	昌平区中医医院“彩虹志愿服务队”	团市委、市卫生局党委	2012年度北京青年健康使者火炬行动优秀志愿服务集体
186	昌平区卫生局团委	团市委、市卫生局党委	2012年度北京青年健康使者火炬行动组织贡献奖
187	昌平区医院	北京市药品监督管理局、北京市卫生局	2012年度北京市医疗器械不良事件日常监测工作先进单位
188	昌平区医院体检中心	北京市体检中心	2012年高招体检工作先进单位
189	昌平区医院呼吸科	北京市总工会、北京市科学技术委员会	市级职工创新工作室
190	昌平区医院肠道门诊	北京市疾病预防控制中心	肠道门诊被评为2012年度北京市先进肠道门诊
191	昌平区医院	北京市红十字基金会	同心共铸中国心2012年大型公益活动爱心单位
192	昌平区医院	北京市卫生局	北京市2012年度传染病疫情报告先进集体
193	十三陵镇人民政府	北京市献血办公室	2012年北京市无偿献血工作中成绩突出，荣获先进集体称号
194	十三陵镇石头园村	北京市民政局	北京市先进村民委员会
195	十三陵镇供电所	国家电网公司	2012－2013年度标准化示范供电所
196	十三陵镇林业工作站	北京市人民政府首都绿化委员会	首都全民义务植树先进单位
197	十三陵镇城管分队	北京市城市管理综合行政执法局	2012年度创建规划分队验收合格单位
198	十三陵镇城管分队	北京市城市管理综合行政执法局、北京市人力资源和社会保障局	北京市城市管理综合行政执法系统先进分队
199	十三陵镇涧头村	北京市司法局	北京市规范化人民调解委员会
200	十三陵镇涧头村	北京市民族事务委员会、北京市农村工作委员会北京市财政局	2012年度北京市少数民族乡村经济发展进步奖
201	十三陵镇胡庄社区	首都精神文明建设委员会	首都文明社区
202	十三陵镇胡庄社区	北京市爱国卫生运动委员会	北京市健康社区
203	十三陵镇茂陵村	首都精神文明建设委员会	首都文明村
204	城南街道办事处	市双拥办	北京基层双拥工作示范先进单位

205	城南街道北郝庄	首都精神文明建设委员会	首都文明村
206	城南街道水屯	首都精神文明建设委员会	首都文明村
207	城南街道山峡	首都精神文明建设委员会	首都文明村
208	城南街道化庄	首都精神文明建设委员会	首都文明村
209	城南街道化庄	北京市人口计生委	北京市计划生育先进集体
210	城南街道砂石厂	首都精神文明建设委员会	首都文明社区
211	城南街道砂石厂	市双拥办	北京基层双拥工作示范先进单位
212	城南街道水屯家园	首都社会管理综合治理委员会	群防群治先进集体
213	城南街道秋实家园	首都精神文明建设委员会	首都文明社区
214	城南街道秋实家园	市社工委	规范化社区
215	城南街道秋实家园	市区民政局	六型社区
216	城南街道秋实家园	市社工委	“一刻钟社区服务圈”示范单位;
217	城南街道秋实家园	市科协	国家科普社区
218	城南街道秋实家园	市科协	北京市优秀科普社区
219	城南街道畅春阁	首都精神文明建设委员会	首都文明社区
220	城南街道畅春阁	市双拥办	北京基层双拥工作示范先进单位
221	城南街道世涛天朗	市区民政局	六型社区
222	城南街道世涛天朗	市人民政府首都绿化委员会	花园式单位
223	城南街道新汇园	市社工委	规范化社区
224	城南街道新汇园	市区民政局	六型社区
225	城南街道昌盛园	市科协	北京市优秀科普社区
226	城南街道昌盛园	市社工委	规范化社区
227	城南街道昌盛园	市区民政局	六型社区
228	城南街道昌盛园	市社工委	“一刻钟社区服务圈”示范单位;
229	城南街道昌盛园	市民政局	先进居委会
230	城南街道凉水河	市双拥办	北京基层双拥工作示范先进单位
231	城南街道邓庄	市双拥办	北京基层双拥工作示范先进单位
232	南口村社区	北京市妇联	首都巾帼志愿服务优秀团队
233	花塔村	中共北京市农村工作委员会	北京市管理民主先进村
234	南口镇	北京市农委	北京市农村改革先进乡镇
235	昌平区农业局	北京市畜牧兽医总站、生猪产业体系北京创新团队	北京市 2011－2012 冬春农业科技大培训活动协同组织奖
236	昌平区防治重大动物疫病指挥部办公室	市大病办、市农业局、市农委	2012 年度动物疫病防控工作优秀单位
237	昌平区种子管理站	北京市种子管理站	二０一二年度北京市种子管理系统先进单位
238	昌平区动物卫生监督所	北京市动物卫生监督所	2012 年度北京市动物卫生监督工作先进单位
239	昌平区动物卫生监督所	北京市动物卫生监督所	2012 年度北京市动物卫生监督法制工作先进单位
240	昌平区动物卫生监督所	北京市动物卫生监督所	2012 年度北京市动物卫生监督信息工作先进单位
241	昌平区植保植检站	北京市植物保护站	2012 年度植物检疫行政执法及植物疫情监测与防控工作先进集体
242	昌平区农机安全监理所	北京市农业机械监理总站	2012 年度北京市农机监理工作先进单位
243	昌平区旅游委	第七届世界草莓大会筹委会指挥部	最佳服务保障奖
244	昌平区旅游委	第九届北京礼物旅游商品大赛组委会	第九届北京礼物旅游商品大赛优秀组织奖
245	昌平区旅游委	北京市第三届职业技能大赛组委会	北京市第三届职业技能大赛优秀组织奖
246	昌平区旅游委	北京市旅游发展委员会	2012 年北京饭店行业职业技能大赛优秀组织奖
247	昌平区旅游委	北京市旅游发展委员会	北京旅游商品博览会最佳展台奖

248	昌平区旅游委	北京市旅游发展委员会	北京旅游商品博览会最佳组织单位
249	区发改委价格管理监测科	国家发改委	农业成本调查先进集体
250	区发改委价格管理监测科	市发改委价格监测中心	2012年价格监测先进集体
251	区发改委煤电科	北京市电力事故应急指挥部办公室	中国共产党第十八次全国代表大会电力保障先进单位
252	昌平区价格认证中心	国家发改委认证中心	国家先进价格认证机构
253	昌平区审计局	北京市审计局	2012年度信息工作先进单位
254	昌平区审计局	北京市人民政府、首都绿化委员会	2012年度首都全民义务植树先进单位
255	昌平区审计局	北京市审计局	2012年度“应用京OA”先进单位
256	昌平区妇联	北京市妇女儿童工作委员会北京市人力资源和社会保障局	北京市妇女儿童工作2010-2012年度先进集体
257	昌平区公安消防支队	首都精神文明建设委员会	首都文明单位
258	昌平区公安消防支队	北京市安全生产委员会办公室北京市人力资源和社会保障局	先进单位
259	昌平区公安消防支队	公安部	全国“清剿火患”战役成绩突出公安消防支队
260	昌平区公安消防支队	公安部	执法质量考核第一名
261	昌平区公安消防支队	公安部	安正杯第一名
262	九三昌平区工委综合支社	九三学社北京市委	社会服务工作先进集体
263	小汤山镇	北京市计划生育委员会	北京市计划生育先进集体
264	小汤山镇	北京市献血办公室	北京市无偿献血办公室
265	小汤山镇	北京市档案局	区县机关档案测评市级优秀单位
266	小汤山镇	中国共产主义青年团北京市委员会、市社保局	北京市五四红旗团委
267	小汤山镇	北京市防范和处理邪教问题领导小组	北京市同法轮及其他邪教组织斗争先进集体
268	小汤山镇	北京市体育局、人力资源和社会保障局	北京市群众体育先进集体
269	北京君知雨生态园	全国妇联	全国城乡妇女岗位建功先进集体
270	北京市规划委员会昌平分局	市住房保障工作领导小组	北京市2012年度住房保障工作先进单位
271	北京市规划委员会昌平分局	首届北京农业嘉年华筹委会指挥部	首届北京农业嘉年华最佳服务保障单位
272	百善镇人民政府	北京市药品监督管理局	药品安全示范街道(乡镇)
273	百善镇人民政府	北京市人民政府首都绿化委员会	首都绿化美化先进单位
274	百善镇人民政府	北京市农村工作委员会、北京市环境保护局	2012年度北京郊区环境优美乡镇
275	百善镇吕各庄村	北京市人民政府	北京市敬老爱老为老服务示范单位
276	百善镇吕各庄村	北京市委组织部	北京市党员电教示范站点
277	百善镇吕各庄村	北京市农村工作委员会	北京郊区生态村
278	百善镇半壁街村	北京市人民政府	北京市敬老爱老为老服务示范单位
279	百善镇百善村	首都精神文明建设委员会	首都文明村
280	百善镇百善村	北京市双拥工作领导小组	基层双拥工作示范单位
281	百善镇钟家营村	北京市人民政府	北京市敬老爱老为老服务示范单位
282	百善镇钟家营村	北京市民政局	北京市先进村委会
283	百善镇钟家营村	北京市卫生局	北京市健康村
284	百善镇钟家营村	北京市人民政府首都绿化委员会	首都绿色村庄
285	百善镇泥洼村	北京市委	创先争优先进基层党组织
286	百善镇泥洼村	首都精神文明建设委员会	首都文明村
287	百善镇狮子营村	全国农民运动会	男子组拔河第五名
288	百善镇狮子营村	全国农民运动会	女子组拔河第二名
289	百善镇狮子营村	北京市人民政府	北京市敬老爱老为老服务示范单位

290	百善镇狮子营村	2012年全国拔河新星系列比赛北京站暨北京市首届拔河比赛组委会	混合组600公斤级第一名
291	百善镇狮子营村	2012年全国拔河新星系列比赛北京站暨北京市首届拔河比赛组委会	男子组第三名
292	百善镇狮子营村	北京市委组织部	北京市党员电教示范站点
293	百善镇上东廓村	北京市人民政府	北京市敬老爱老为老服务示范单位
294	昌平区住房城乡建设委	北京市住房和城乡建设委员会	2012年安全生产监督管理先进单位
295	昌平区住房城乡建设委	北京市住房和城乡建设委员会	2012年北京市房地产开发企业资质审批工作标兵单位
296	昌平区住房城乡建设委	北京市献血办公室	2012年北京市无偿献血先进单位
297	天通东苑第一社区红璐艺术团	北京市老年体育协会	北京市老年体育协会第十四届中老年优秀健身项目表演赛荣获优胜奖
298	顶秀青溪家园社区	首都城市环境建设委员会	首都城市环境建设先进单位
299	阳坊镇	市新农办	北京市新农村建设先进镇
300	阳坊镇	市计生委	北京市依法行政单位
301	阳坊镇	市计生委	北京市红旗单位
302	阳坊镇	北京市公安交通管理局	北京市交通安全先进单位
303	阳坊镇	北京市消防局	北京市消防安全先进单位
304	昌平人民检察院	最高人民检察院	全国检察宣传先进单位
305	昌平人民检察院	最高人民检察院行政装备厅	全国检察机关计划财务装备工作“两房”建设先进单位
306	昌平人民检察院	最高人民检察院	全国检察机关首届廉政短片二等奖
307	昌平人民检察院	最高人民检察院侦查监督厅	全国检察机关侦查监督十佳检察建议书提名奖
308	昌平人民检察院	北京市人民检察院	北京市检察机关先进基层检察院
309	昌平人民检察院	中共北京市委政法委员会	北京市涉法涉诉信访工作先进集体
310	昌平人民检察院	北京市交通安全委员会	北京市2011年度交通安全先进单位
311	昌平人民检察院	北京市人民检察院侦监处	北京市检察系统第二届诉讼监督精品案件——陈世红职务侵占案
312	昌平人民检察院	北京市人民检察院侦监处	北京市检察系统第二届诉讼监督精品案件——张海等三人故意毁坏财物案
313	昌平人民检察院	北京日报	《北京日报》“检察官在线”2012年度优秀组织奖
314	昌平人民检察院	最高人民检察院政治部	全国检察机关司法警察编队管理示范单位、昌平人民检察院
315	昌平人民检察院侦查监督一处	北京市人民检察院	“我身边的榜样”——北京市检察机关践行政法干警核心价值观先进集体：
316	昌平人民检察院侦查监督一处	北京市人民检察院	北京市检察机关先进集体昌平人民检察院
317	昌平人民检察反贪污贿赂局	北京市人民检察院	北京市检察机关先进集体昌平人民检察院
318	昌平人民检察院职务犯罪预防处	北京市人民检察院	北京市检察机关先进集体
319	昌平人民检察院法警大队	北京市人民检察院	北京市检察机关先进集体
320	昌平人民检察院办公室	北京市人民检察院	北京市检察机关先进集体
321	昌平人民检察院反贪污贿赂局12.25专案组	北京市人民检察院	北京市检察机关2011－2012年度办案集体一等功
322	昌平人民检察院侦查监督一处	北京市人民检察院	北京市检察机关2011－2012年度办案集体二等功
323	昌平人民检察院监所检察处	北京市人民检察院	北京市检察机关2011－2012年度办案集体三等功
324	昌平人民检察院未成年人案件检察处	北京市人民检察院	北京市检察机关2011－2012年度办案集体嘉奖
325	昌平人民检察院控告申诉检察处	北京市人民检察院	北京市检察机关2011－2012年度办案集体嘉奖
326	昌平人民检察院公诉二处	北京市人民检察院	北京市检察机关2011－2012年度办案集体嘉奖

327	昌平人民检察院民事行政检察处	北京市人民检察院	北京市检察机关2011－2012年度办案集体嘉奖
328	昌平人民检察院侦查监督一处	中共北京市委政法委、北京市人力资源和社会保障局	第七届北京市人民满意的政法单位争创奖
329	昌平人民检察院反贪污贿赂局党支部	中共北京市委政法委员会	北京市政法系统五好党支部
330	昌平人民检察院反贪污贿赂局	北京市人民检察院	北京市检察机关优秀反贪局
331	昌平人民检察院职务犯罪预防处	北京市人民检察院	北京市检察机关廉政法制课工作优秀单位
332	昌平人民检察院反贪污贿赂局	北京市人民检察院	北京市检察机关反贪优质案（赵加利等人贪污案）；
333	昌平人民检察院侦查监督部门	北京市人民检察院	北京市检察机关释法说理优秀法律文书（侦监业务）
334	昌平人民检察院监所检察处	北京市人民检察院	北京市检察机关释法说理优秀法律文书（监所业务）
335	昌平人民检察院控告申诉处	北京市人民检察院	北京市检察机关释法说理优秀法律文书（控申业务）
336	昌平人民检察院公诉部门	北京市人民检察院	北京市检察机关公诉部门释法说理优秀工作机制（《昌平区人民检察院加强公诉环节释法说理工作的规定》）
337	昌平人民检察院法警大队	北京市人民检察院	北京市检察机关“做忠诚卫士，展法警风采”主题活动优秀组织奖
338	北京市药品监督管理局昌平分局	北京市药品监督管理局	2012年度北京市医疗器械不良事件监测组织协调工作先进单位
339	昌平区平原地区造林工程建设指挥部办公室	北京市平原地区造林工程建设指挥部办公室	2012年平原地区造林工程优秀信息单位
340	阳坊镇林业工作站	国家林业局	全国生态建设突出贡献奖
341	阳坊镇林业工作站	北京市人民政府首都绿化委员会	首都绿化美化先进单位
342	昌平区森林防火指挥部	北京市森林防火指挥部	2012年度森林防火工作先进单位
343	北京市昌平区林业工作站	人社部	国家京津风沙源治理工程先进集体
344	昌平区广电中心	中国电视艺术家协会	北京市昌平广播电视台经第二届名优电视栏目推选委员会推选《真情故事》被评为“2012十佳电视栏目”
345	昌平区广电中心	首都精神文明建设委员会	2011年被评为首都文明单位标兵
346	昌平区广电中心	中国传媒大学、人民大学新闻学院、复旦大学新闻学院经	第五届中国品牌媒体高峰论坛专家评审《真情故事》获2011—2012中国最具品牌价值电视栏目
347	昌平区广电中心	第七届世界草莓大会筹委会指挥部	第七届世界草莓大会最佳服务保障奖
348	昌平区广电中心	北京电视台	贵站和我台联合制作的《新闻特写·耋耄老人的16张选民证》荣获2011—2012年北京电视台记者站优秀作品奖
349	昌平区广电中心	北京电视台	贵站和我台联合制作的《草莓节直播》荣获2011—2012年北京电视台记者站优秀作品奖
350	十三陵特区办事处	中国国际贸易促进委员会北京市分会	最佳组织奖
351	居庸关长城管理处	北京市旅游发展委员会	“北京礼物”纪念品铜奖
352	十三陵特区精品购物中心	北京市旅游发展委员会	“北京礼物”纪念品优秀奖
353	十三陵特区办事处	北京市林业局	北京市森林防火先进集体
354	十三陵特区办事处	北京市文物局	北京市文物安全先进单位
355	十三陵特区办事处	北京市献血办公室	北京市无偿献血先进单位
356	十三陵特区办事处	北京市旅游发展委员会	第十四届“首都旅游紫禁杯”集体奖
357	昌平区信访办公室	第七届世界草莓大会筹委会指挥部	第七届世界草莓大会最佳安全保障奖
358	昌平区信访办公室党支部	中央组织部	全国创先争优先进基层党组织
359	昌平区信访办公室党支部	北京市委	创先争优先进基层党组织
360	昌平区信访办公室	人力资源和社会保障部、国家信访局	全国信访系统先进集体
361	昌平区信访办公室	北京市信访办公室	2012年度办信工作调研评比三等奖

362	昌平区综合行政服务中心	北京市妇女联合会、北京市总工会、北京市人力资源和社会保障局	北京市三八红旗集体
363	昌平区综合行政服务中心	第七届世界草莓大会筹办委员会指挥部	最佳服务保障奖
364	昌平区商务委员会(粮食局)	北京市粮食局、北京市人力资源和社会保障局	北京市粮食行业先进集体
365	昌平区安全生产监督管理局	市科协、区政府	第12届未来伙伴北京青少年机器人竞赛贡献奖
366	昌平区安全生产监督管理局	第七届世界草莓大会筹办委员会指挥部	第七届世界草莓大会最佳安全保障奖
367	昌平区安全生产监督管理局	北京市总工会	首都劳动奖状
368	昌平区劳动和社会保险监察大队	北京市人力资源和社会保障局	北京市2012年度开展劳动监察工作先进单位
369	昌平区军嫂服务中心	北京市人社局、北京市民政局、北京市社会建设工作办公室、北京市总工会、北京市妇联	2012年随军家属就业服务月活动先进单位
370	昌平区医疗保险事务管理中心	北京市医疗保险事务管理中心	2012年度医疗保险经办机构工作考核评比先进单位
371	昌平区社会保险基金管理中心	北京市社会保险基金管理中心	2012年度社保经办机构重点业务目标考核先进单位
372	昌平区职业技能鉴定管理中心	北京市人力资源和社会保障局、北京市职业能力鉴定管理中心	优秀职业技能鉴定管理中心
373	昌平区人力资源和社会保障局	北京市人力资源和社会保障局	北京市社会保障卡工程建设区县优秀组织奖
374	昌平区人力资源和社会保障局办公室	北京市公安局	内保系统集体嘉奖
375	昌平区人力资源和社会保障局	北京市妇女儿童工作委员会 北京市人力资源和社会保障局	北京市妇女儿童工作先进集体
376	昌平区人力资源和社会保障局	市劳动争议仲裁委 市人事争议仲裁委	2012年度调解仲裁综合工作先进单位
377	昌平区人力资源和社会保障局	北京市人力资源和社会保障局	2012年度劳动监察工作先进单位
378	昌平区人力资源和社会保障局	北京市人力资源和社会保障局	2012年度调研工作先进单位
379	昌平区人力资源和社会保障局	北京市交通安全委员会	市级交通安全先进单位
380	昌平区职业技术学校	市农委、市农村 工作委员会、市人力社保局	北京新型农民培养先进单位
381	昌平区人力资源和社会保障局	首届农业嘉年华筹委会指挥部	首届农业嘉年华最佳服务保障奖
382	昌平区人力资源和社会保障局	北京市交通安全委员会	北京市2012年度交通安全先进单位
383	昌平区人力资源和社会保障局	北京市人力资源服务行业协会	2012年度通讯报道组织奖
384	昌平区人力资源和社会保障局办公室	北京市公安局	内保系统集体嘉奖
385	昌平区人力资源和社会保障局	北京市交通安全委员会	市级交通安全先进单位
386	昌平区总工会	昌平区委、区政府	爱国拥军模范单位
387	昌平区总工会	北京市安全生产月活动组织委员会	2012年北京市安全生产月活动优秀组织奖
388	昌平区总工会	全国“安康杯”竞赛组委会	全国“安康杯”竞赛安全宣传工作先进单位
389	昌平区总工会	首都职工素质教育工程领导小组	首都职工素质教育工程2012年“五一”假日活动中评为优秀组织单位
390	昌平区总工会	北京市总工会	2012年度“劳动创造幸福”活动荣获优秀组织奖
391	昌平区总工会	全国“安康杯”竞赛组委会	2012年度“安康杯”竞赛荣获“先进单位”称号
392	昌平区总工会女职工委员会	北京市妇联、北京市总工会	北京市三八红旗集体
393	昌平区总工会女职工委员会	北京市总工会女职工委员会	首都女职工庆“三八”书画、摄影大赛,荣获优秀组织奖
394	昌平区市政市容委	北京市环境秩序整治领导小组	2012年度环境秩序整治突出贡献奖
395	昌平区市政市容委	北京市交通委员会	2011年至2012年度北京市交通工作先进集体
396	昌平区环卫处	市和谐杯组委会	北京市第六届和谐杯乒乓球比赛优秀组织奖
397	昌平区环卫处	市和谐杯组委会	北京市第六届和谐杯乒乓球比赛总决赛郊区组二等奖
398	昌平区	首都环境建设委员会	垃圾三化处理先进区县
399	昌平区	首都环境建设委员会	信息化城市管理先进区县

400	昌平区委防范处理邪教办	北京市委防范处理邪教问题领导小组	北京市2012年度防范处理邪教工作先进区县
401	城北街道办事处	北京市爱国卫生运动委员会	爱国卫生先进集体
402	城北街道办事处	北京市城市环境建设委员会	环境建设先进(镇)街
403	城北街道办事处	北京市人民政府	北京市敬老爱老为老服务示范单位
404	城北街道办事处	北京市交通安全委员会	2012年度北京市交通安全先进单位
405	城北街道办事处	北京市人口和计生委	北京市阳光计生规范化建设示范单位
406	城北街道老干部党支部	中共北京市委组织部、北京市老干部局	2012年北京市创先争优先进离退休干部党支部
407	城北街道防范和处理邪教问题办公室	北京市委防范和处理邪教问题办公室	防范和处理邪教工作先进集体
408	城北街道社会保障事务所	北京市人力资源和社会保障局、北京市民政局	北京市2012年底优秀社会保障事务所
409	城北街道西关村委会	北京市司法局	北京市规范化人民调解委员会示范调委会
410	城北街道创新园社区居委会	首都城市环境建设委员会	北京市环境建设先进社区
411	城北街道灰厂路社区居委会	北京市人口和计生委	北京市人口和计划生育工作先进集体
412	城北街道创新园社区居委会	北京市人口和计生委	北京市人口和计划生育工作先进集体
413	城北街道政法大学西行站	首都精神文明建设委员会	首都自觉排队示范站台
414	城北街道昌园社区居委会	北京市民政局	北京市先进居委会
415	城北街道昌园社区居委会	北京市民政局	北京市"六型"社区示范单位
416	城北街道东关南里社区居委会	北京市地震局	北京市地震安全社区
417	城北街道东关社区	北京市爱国卫生运动委员会	2012年北京市爱国卫生先进集体
418	城北街道二街社区	中共市委防范和处理邪教问题领导小组	北京市2011年度防范处理邪教工作示范社区
419	城北街道二街社区	市委组织部、市社工委、市老干部局	北京市离退休干部"四就近"服务工作示范社区
420	城北街道六街社区	全国妇联、教育部、中央文明办	全国家庭教育工作示范社区
421	城北街道六街社区	北京市人民政府	北京市敬老爱老为老服务示范单位
422	城北街道六街村	北京市民政局	北京市农村社区建设典型示范社区
423	城北街道西关社区	北京市人民政府	北京市敬老爱老为老服务示范单位
424	城北街道松园社区	北京市人民政府	北京市敬老爱老为老服务示范单位
425	城北街道南环里社区	北京市人民政府	北京市敬老爱老为老服务示范单位
426	城北街道永安社区	首都综治办 北京市公安局	百姓心目中的平安社区
427	北京市昌平区直属机关工委	国家体育总局	2012年全民健身活动优秀组织奖
428	昌平工商分局	第七届草莓大会筹委会指挥部	最佳服务保障奖
429	昌平工商分局	第七届草莓大会筹委会指挥部	最佳安全保障将
430	昌平工商分局	首都精神文明建设委员会	首都文明单位标兵
431	昌平工商分局	国家工商总局	全国工商系统诚信市场创建活动先进单位
432	昌平工商分局	团市委	五四红旗团总支
433	昌平工商分局	北京市工商行政管理局	全国工商机关企业登记管理系统学习十八大精神知识竞赛优秀奖
434	昌平工商分局永安工商所、市场科	北京市人力社保局、市工商局	先进集体
435	昌平工商分局市场科、登记科、永安工商所、园区工商所、信档中心	北京市工商局	先进集体
436	昌平区教委	北京市学生资助事务管理中心	2012年北京市学生资助工作先进单位
437	昌平区教委	北京市档案局	北京市区县机关档案工作测评市级优秀单位
438	昌平区教委	市档案局、市人力资源和社会保障局	2009—2012年度北京市档案系统先进集体
439	回龙观中学	北京市教委	北京市节约型示范学校
440	回龙观中学	北京市教委、北京市水务局	2012北京市教育系统节水知识大赛团体赛(中学组)中获三等奖
441	回龙观中学	北京市教委、北京市少工委	北京市第十五届学生艺术节中荣获校级合唱展演一等奖

442	回龙观中学	北京市教委、北京市少工委	北京市第十五届学生艺术节中荣获校园剧展演一等奖
443	回龙观第二小学	北京教育学院	书香燕京－北京市阅读指导》读书征文活动中评为组织先进单位
444	昌平区机关幼儿园	北京市教育委员会	北京市示范园与农村乡镇中心园"手拉手"活动中做出突出贡献特别贡献奖
445	流村中心小学少先队	少先队北京市工作委员会	星星火炬奖
446	回龙观中心小学六2班	北京市教委	北京市先进班集体
447	回龙观中心小学	北京市教委、北京市少工委	北京市第十五届学生艺术节中荣获班级合唱展演一等奖
448	回龙观中心少先队	市团委、市党委教育工作委员会、市教委	北京市"千优带队"工程标兵学校
449	回龙观中心小学	北京市教委	北京市中小学生摄影大赛优秀组织奖
450	回龙观中心小学	中国教育学会	中国教育学会"十二五"教育科研规划课题随笔化写作理论与实践研究实验先进单位。
451	回龙观中心小学	北京市教委	"2012首都学生外语展示系列活动"小学组英语童话剧表演比赛优秀组织奖
452	回龙观中心小学少先队	北京市少工委、北京市教委	2012年北京市少先队"星星火炬奖"
453	城关小学	教育部关心下一代工作委员会	教育部关工委"光辉的旗帜"主题教育活动示范学校荣誉称号单位
454	城关小学四(1)中队	少先队北京市工作委员会、北京市教育委员会	2012年北京市少先队"星星火炬奖"
455	城关小学六(6)班	北京市教育委员会	2012年北京市先进班集体
456	城关小学	北京市校园足球办公室、北京市足协青少部	全国青少年校园足球联赛(北京昌平赛区)男甲第二名
457	城关小学	北京市校园足球办公室、北京市足协青少部	全国青少年校园足球联赛(北京昌平赛区)男乙第二名
458	城关小学	北京市校园足球办公室、北京市足协青少部	全国青少年校园足球联赛(北京昌平赛区)女乙第二名
459	城关小学	北京市校园足球办公室、北京市足协青少部	全国青少年校园足球联赛(北京昌平赛区)女甲第五名
460	城关小学	首都精神文明建设委员会	首都文明单位标兵
461	城关小学	北京市教育委员会	北京市第十五届学生艺术节中荣获合唱二等奖(大合唱)
462	城关小学	北京市教育委员会	北京市第十五届学生艺术节荣获合唱一等奖(班级合唱)
463	城关小学	北京市教育委员会	单位报送德育工作案例《实践"减负"创新 促进自主发展》被评为北京市中小学德育工作优秀案例
464	城关小学	教育部关工委全国青少年主题教育活动组织委员会	第十五届全国青少年"五好小公民"主题教育活动示范学校
465	城关小学	共青团北京市委员会、中共北京市委教育工作委员会、北京市教育委员会	2011－2012年度"千优带队"争创工作标兵学校
466	城关小学	北京市教育委员会、北京市水务局	北京市教育委员会,北京市水务局联合举办的2012年北京市教育系统节水知识大赛团体赛获小学组三等奖
467	城关小学	少先大队、少先队北京市工作委员会	2012年北京市少先队"星星火炬奖"
468	城关小学	少先队北京市工委北京肯德基有限公司	阳光体育2012奇奇运动会北京地区决赛季军
469	城关小学	少先队北京市工作委员会、首都精神文明建设委员会办公室	2012年度北京市红领巾读书活动示范单位
470	城关小学	首都社会管理综合治理委员会办公室、首都精神文明建设委员会办公室、公安局交通管理局	全国文明交通示范学校
471	昌平区少年宫	北京市教育委员会人事处、北京市科技委员会科技宣传与软科学处、北京市科学技术协会科普部、北京科技教育促进会	北京市科技教育优秀实训基地

472	昌平区少年宫	中国教育学会音乐教育分会、中国电视艺术家协会文化交流中心、北京爱乐华夏文化艺术院、华夏之星全国青少年音乐舞蹈电视展演活动组委会	第六届华夏之星2012全国校园音乐舞蹈电视展演活动优秀组织奖
473	昌平区少年宫	北京市教育委员会	北京市中小学生科技英语创意大赛优秀组织奖
474	昌平区少年宫	国际华人艺术节组委会、国际音乐舞蹈交流促进会	第四届国际华人艺术节暨大赛(新加坡)小学组团体金奖
475	昌平区少年宫	ITF中国联盟	2012全国ITF跆拳道青少年锦标赛道德风尚奖
476	昌平区少年宫	ITF中国联盟	2012全国ITF跆拳道青少年锦标赛女子团体套路第二名
477	昌平区少年宫	国际功夫联合会、北京国际武术文化交流大会组委会	2012北京国际武术文化交流大会武术推广奖
478	马池口中学	北京市教育委员会	北京市第十五届学生艺术节合唱(初中组)三等奖
479	马池口中学	教育部关心下一代工作委员会、教育部关工委全国青少年主题教育活动组委会	第十五届全国青少年"五好小公民"主题教育活动示范学校
480	马池口中学	教育部关心下一代工作委员会	全国青少年"五好小公民"主题教育"我是90后"读书征文活动一等奖
481	燕丹学校	教育部关工委全国青少年主题教育活动组织委员会	被评为第15届全国青少年"五好小公民"主题教育活动示范学校
482	燕丹学校	北京市少工委	荣获2012年北京市少先队星星火炬奖
483	燕丹学校	北京教育学院、北京市教育技术设备中心	第二届《"书香燕京"中小学阅读指导》读书征文活动中被评为组织先进单位
484	中滩中学	教育部关心下一代工作委员会、教育部关工委全国青少年主题教育活动组织委员会	第15届全国青少年"五好小公民"主题教育活动示范学校
485	中滩中学	北京市教育委员会	合唱、校园剧《考试》荣获第十五届学生艺术节荣获三等奖
486	第三中学	(国家级)大会组委会	"肆海蓝校杯"第三届中国中西部青少年篮球锦标赛高中组第八名
487	史各庄中心	少先队北京市工作委员会、北京市教育委员会	星星火炬奖
488	沙河中心小学	教育部关心下一代工作委员会;教育部关工委全国青少年主题教育活动组织委员会	第15届全国青少年"五好小公民"主题教育活动示范学校
489	沙河中心小学	中国少年先锋队北京市工作委;北京市教育委员会;首都精神文明建设委员会办公室;中国共产主义青年团北京市委员会;北京市文化局	2012年北京市红领巾读书活动中荣获示范单位
490	崔村中心	教育部关工委全国青少年主题教育活动组织委员会	第15届全国青少年"五好小公民"主题教育活动示范学校
491	崔村中心	北京市健美操舞蹈协会	2012年北京市中小学生大众健美操比赛中荣获规定动作小学组四级一等奖
492	北七家中心	北京市体育局	第四届北京市体育大会健美操比赛暨2012农业银行杯全国万人全民健身操展示大赛北京分站赛全民健身操小学组自选动作二等奖
493	北七家中心	北京市体育局	第四届北京市体育大会健美操比赛暨2012农业银行杯全国万人全民健身操展示大赛北京分站赛全民健身操小学组自编动作三等奖

494	北七家中心	北京市教委、北京市少工委、北京市图书馆	2012年度北京市红领巾读书活动示范单位
495	北七家中心	国家教育部关工委	第十五届全国青少年"五好小公民"主题教育活动示范单位
496	北七家中心	市团委、市党委教育工作委员会、市教委	2011－2012年度"千优带队"争创工程优秀学校
497	北七家中心	市教委、市少工委	北京市少先队"星星火炬奖"
498	北七家中心	北京市教委	北京市第十五届艺术节校级合唱
499	北七家中心	北京市教委	北京市第十五届艺术节儿童歌舞剧
500	北七家中心	北京市教委	北京市第十五届艺术节校园剧
501	北七家中心	北京市教委	北京市科技英语创意大赛团体表演赛、团体特等奖、剧本创作奖、服装道具设计奖
502	城南中心小学	北京市教育委员会	北京市第十五届学生艺术节中荣获校级合唱展演三等奖
503	城南中心小学	少先队北京市工作委员会、北京市教育委员会	2011－2012年度"千优带队"争创工程优秀学校
504	城南中心小学	少先队北京市工作委员会、北京市教育委员会	少先队大队荣获2012年北京市少先队"星星火炬奖"
505	城南中心小学	北京市教育委员会	校网站被评为北京市中小学优秀校园门户网站
506	昌平一中	北京市教委	北京市第十五届学生艺术节中荣获京剧展演一等奖
507	昌平一中	北京市教委	北京市第十五届学生艺术节中荣获京剧展演二等奖
508	昌平一中	北京市教委	北京市第十五届学生艺术节中荣获京剧展演三等奖
509	昌平一中	北京市教委	北京市第十五届学生艺术节中荣获校级合唱展演三等奖
510	昌平一中	国家语言文字工作委员会语言文字报刊社	全国百佳语文教师评选暨提升国民语文应用能力活动中荣获国民语文应用能力实验校称号
511	昌平一中	DI创新思维组委会	2012DI创新思维全球总决赛最有创意奖总分第29名（由地理教师张丽负责）
512	昌平一中	北京教科院基础教育教学研究中心	首届北京市普通高中通用技术服装及其设计展示团体二等奖
513	昌平一中	中国教师报	首都优质高中教育家成长工程基地联盟校
514	昌平一中	中国人民对外友好协会、中国教育电视协会、中国艺术教育文化交流中心、全国校园春节联欢晚会组委会	"庆祝中韩建交20周年"魅力校园第九届中韩青少年文艺交流盛典活动中被评为"中韩艺术交流优秀团队"
515	昌平一中	中国人民对外友好协会、中国教育电视协会、中国艺术教育文化交流中心、全国校园春节联欢晚会组委会	庆祝中韩建交20周年大型交流活动第九届中韩青少年文艺交流盛典活动中被评为"中韩艺术交流优秀团队"
516	昌平一中	北京青少年科技创新学院	"雏鹰建言行动"中获优秀组织奖
517	昌平一中	北京市教委	2012年北京市青少年DI创新思维竞赛第二名
518	昌平一中	北京市教委	2012年北京市青少年DI创新思维竞赛第六名
519	昌平一中	教育部语言文字应用管理司	全国百佳语文教师评选暨提升国民语文应用能力活动中荣获国民语文应用能力实验校
520	昌平一中	2012－2013DI创新思维中国区大赛组委会	2012－2013DI创新思维中国区总决赛三等奖
521	昌平一中	北京市教委	第三届国戏杯学生戏曲大赛优秀组织奖
522	昌平一中	北京市教委	第三届国戏杯学生戏曲大赛优秀组织奖
523	昌平一中	北京市教委	北京市十二五时期中小学教师培训实践基地
524	阳坊中心小学	国家环境教育委员会	全国环境教育示范学校
525	阳坊中心小学	北京市教育委员会	北京市"五五"普法先进集体

526	阳坊中心小学	北京市教育委员会	北京市校外教育优秀学校
527	阳坊中心小学	国家教育部关工委	第15届全国青少年"五好小公民"主题教育活动示范学校
528	阳坊中心小学	北京市教育委员会、北京市体育局	北京市第六届中小学生跆拳道比赛体育道德风尚奖
529	昌平中小学卫生保健站	北京市体检中心	2012年中招体检工作先进单位
530	昌平中小学卫生保健站	北京市教委、北京市卫生局等	第四届"关爱眼部健康 减缓近视发展"青少年用眼卫生活动优秀组织奖
531	工业幼儿园	北京市教委	北京市示范园与农村乡镇中心园"手拉手""活动中做出的突出贡献"特别贡献奖
532	工业幼儿园	北京市武术运动协会	2012年"栋马童车杯"北京市少儿(第九届)武术操比赛幼儿组《集体自选拳》二等奖
533	工业幼儿园	北京市武术运动协会	2012年"栋马童车杯"北京市少儿(第九届)武术操比赛 最佳组织奖
534	昌盛园小学	中国校园健康行动学生视力康复工程办公室	关爱学生远离近视活动示范学校
535	昌盛园小学	中国教育协会、中国语文现代化学会	在"叶圣陶杯"第四届全国中小学生听说读写大赛中获优秀组织单位奖
536	昌盛园小学	北京市教委	在北京市第十五届学生艺术节中获校级合唱展示一等奖
537	昌盛园小学	北京教育科学研究院基础课程教材发展中心、国际青年成就中国部	JA中国2012小学绿色创新挑战赛《未来城市绿色畅想》全能公司奖
538	昌盛园小学	北京市书法考级中心	获2012年度北京市首次中国书法等级考试优秀组织奖
539	昌盛园小学	北京市教育委员会、北京市体育局	北京市第六届"和谐杯"乒乓球比赛暨北京市中小学生乒乓球联赛小学男子乙组(团体)第二名
540	昌盛园小学	北京市第六届和谐杯乒乓球比赛组委会	北京市第六届"和谐杯"乒乓球比赛优秀组织奖
541	昌盛园小学	少先队北京市工委北京肯德基有限公司	阳光体育2012奇奇运动会北京地区决赛季军
542	昌盛园小学	少先队北京市工委北京肯德基有限公司	2012阳光体育奇奇运动会优秀奖
543	昌盛园小学	联合国教科文组织中国可持续发展教育项目全国工作委员会	国家实验学校
544	昌盛园小学	中国少年先锋队北京市工作委员会	北京市红领巾通讯校园记者站
545	昌盛园小学	联合国教科文组织中国可持续发展教育(ESD)项目全国工作委员会秘书处	在2012中国可持续发展教育优秀案例、论文评选活动中,认真组织本校教师参与,成绩突出,获优秀组织奖
546	昌盛园小学少先队大队	少先队北京市工作委员会、市教委	荣获2012年北京市少先队"星星火炬奖"
547	沙河中学	北京市教育委员会	北京市第十五届学生艺术节中荣获校级合唱展演一等奖
548	沙河中学	北京市教育委员会	北京市第十五届学生艺术节中荣获校园剧展演二等奖
549	沙河中学	北京市教育委员会	北京市第十五届学生艺术节中荣获校园剧展演三等奖
550	沙河中学	北京市教育委员会	北京市节约型示范校
551	沙河中学	北京市法制宣传教育领导小组办公室	北京市青少年法治文艺大赛表演三等奖
552	沙河中学	全国教育学会	课题研究先进单位
553	沙河中学	北京市教育技术设备中心	第二届《书香燕京——北京市中小学阅读指导》读书征文活动中评为组织先进单位
554	特殊儿童教育学校	北京市教育协会特教研究会	优秀组织奖
555	二毛学校	教育部关心下一代工作委员会教育部关工委全表示和年主题教育活动组织委员会	被评为第15届全国青少年"五好小公民"主题教育活动示范学校
556	二毛学校	少先队北京市工作委员会北京市教育委员会	六(4)班荣获2012年北京市少先队"星星火炬奖",特发此证

557	二毛学校	少先队北京市工作委员会北京市教育委员会	中国少先队星星火炬奖
558	二毛学校	北京市节约用水管理中心北京少年报	在"每天节约一杯水"——首都青少年节水公益行动系列活动中荣获优秀组织奖
559	二毛学校	少先队北京市工作委员会北京市教育委员会	六(2)中队:荣获2012年北京市少先队"星星火炬奖",特发此证
560	南口学校	北京市交通安全委员会	北京市2011年度交通安全先进单位
561	南口学校	北京市教育委员会	北京市第十五届学生艺术节合唱比赛中获得高中组班队二等奖
562	南口学校	北京市双拥工作领导小组	北京市基层双拥工作示范单位
563	南口学校	北京市教育委员会	北京市第十三届中小学师生电脑作品评选活动(机器人竞赛项目)中获得小学组机器人灭火(第一名)一等奖、初中组机器人灭火(第一名)一等奖、高中组机器人足球(第二名)一等奖
564	南口学校	国家民委文化宣传司	全国蹴球邀请赛中获得三项银奖、两项铜奖
565	南口学校	中国科协	第十二届中国青少年机器人竞赛中获得初中组机器人足球项目第一名
566	南口学校	教育部关心下一代工作委员会、中央电化教育馆、中国发明协会	第十届全国中小学信息技术创新与实践活动虚拟机器人灭火项目比赛中获得小学组二等奖、初中组一等奖、高中组一等奖
567	南口学校	北京市人民政府台湾事务办公室、北京市教育委员会	北京市青少年涉台教育基地
568	霍营中心小学	少先队北京市工作委员会	星星火炬奖
569	霍营中心小学	北京市健美操体育舞蹈协会	2012年北京市健美操锦标赛全民健身操大众锻炼标准规定动作比赛中,获得小学组四级二等奖
570	霍营中心小学	北京市教育委员会、北京市体育局	北京市第十五届学生艺术节中荣获班级合唱二等奖
571	霍营中心小学	北京市教育委员会、北京市体育局	北京市第十五届学生艺术节中荣获班级儿童歌舞剧二等奖
572	霍营中心小学	北京市教育委员会、北京市体育局	2012年北京市中小学生第三届网球比赛校园网球活力操项目一等奖
573	霍营中心小学	北京市教育委员会、北京市体育局	2012年北京市中小学生第三届网球比赛校园网球活力操项目最佳表演奖
574	霍营中心小学	北京市教育委员会、北京市体育局	2012年北京市中小学生第三届网球比赛中,获得小学甲组团体第三名
575	霍营中心小学	北京市教育委员会、北京市体育局	2012北京市中小学生大众健美操比赛三等奖
576	七里渠中心小学	北京市教育委员会	北京市第十五届学生艺术节中荣获儿童歌舞剧展演二等奖
577	七里渠中心小学	北京市教育委员会	北京市第十五届学生艺术节中荣获校级合唱展演三等奖
578	七里渠中心小学六(2)班	北京市教育委员会	北京市先进班集体
579	七里渠中心小学	北京市教育委员会	北京市中小学生科技英语创意大赛团体一等奖
580	七里渠中心小学	教育部关心下一代委员会	第15界全国青少年"五好小公民"主题教育活动师范学校
581	七里渠中心小学	少先队北京市工作委员会、共青团北京市委员会、北京市教育委员会等	北京市红领巾读书活动示范单位
582	十三陵中心小学	全国教师教育学会综合实践学科委员会	《综合实践活动与学校发展》研究项目课题研究先进单位

583	十三陵中心小学	北京市教育委员会	北京市第十五届学生艺术节校级合唱展演三等奖
584	十三陵中心小学	北京市基础教育课程改革实验工作领导小组	2011－2012 学年度北京市基础教育学生综合素质评价工作先进单位
585	进修学校	北京市教育委员会	北京市教育科研管理先进单位
586	昌平二中	全国教师教育学会综合实践委员会	2012 年度课题研究先进单位
587	昌平二中	北京市科学技术协会、昌平区人民政府	第 12 届未来伙伴北京机器人竞赛特殊贡献奖
588	昌平二中	北京市教育委员会	北京市十二五时期中小学教师培训实践基地
589	昌平二中	中国教师报	中国特色品牌学校共同体培训基地
590	二一学校	教育部关工委全国青少年主题教育活动组织委员会	第 15 届全国青少年“五好小公民”主题教育活动示范学校
591	二一学校	北京教育学院、北京市教育技术设备中心	第二届《“书香燕京”中小学阅读指导》读书征文活动中被评为组织先进单位
592	兴寿学校	北京市教育委员会	北京市中小学示范性校园门户网站
593	兴寿学校	北京市教育委员会	北京市第十五届艺术节中指导的节目中获班级合唱展演三等奖
594	兴寿学校	教育部关心下一代工作委员会	第十五届全国青少年“五好小市民”主题教育活动示范学校
595	兴寿学校	中国关心下一代工作委员会	2012 年先进家庭教育单位
596	昌平五中	少先队北京市工作委员会、北京市教育委员会	2012 年北京市少先队“星星火炬奖”
597	昌平五中	北京市健美操体育舞蹈协会	2012 年北京市健美操锦标赛全民健身操大众锻炼标准规定动作中学组五级二等奖
598	昌平五中	北京市教育委员会	北京市第十五届学生艺术节校园剧展演一等奖
599	昌平五中	北京市教育委员会	北京市第十五届学生艺术节校园剧展演二等奖
600	昌平五中	北京市教育委员会	北京市第十五届学生艺术节校园剧展演三等奖
601	昌平五中	北京市教育委员会	北京市第十五届学生艺术节儿童歌舞剧展演二等奖
602	昌平五中	北京市教育委员会	北京市第十五届学生艺术节校级合唱展演二等奖
603	昌平五中	北京市教育委员会	北京市第十五届学生艺术节班级合唱展演二等奖
604	昌平五中	北京市教育委员会国际合作与交流处	“2012 首都学生外语展示系列活动”初中组英语配音比赛优秀组织奖
605	昌平五中	教育部关心下一代工作委员会、教育部关工委全国青少年主题教育活动组织委员会	第 15 届全国青少年“五好小公民”主题教育活动示范学校
606	昌平五中	北京市教委、北京市体育局	2012 年北京市第六届中小学生跆拳道比赛学校（初中组）团体总分第五名
607	昌平五中	北京市教委、北京市体育局	2012 年北京市第六届中小学生跆拳道比赛最佳组织奖
608	昌平实验中学	北京市基础教育课程教材改革实验工作领导小组	“2011－2012 学年度北京市基础教育学生综合素质评价工作先进单位”
609	昌平实验中学	北京教育学院 北京市教育技术设备中心	第二届《“书香燕京”——北京市中小学阅读指导》读书征文活动组织先进单位
610	昌平实验中学	北京市教委	北京市第十五届学生艺术节中荣获班级合唱展演一等奖
611	昌平实验中学	北京市教委	北京市第十五届学生艺术节中荣获校级合唱展演二等奖
612	昌平实验中学	北京市教委	2012 首都学生外语展示系列活动初中组英语配音比赛一等奖
613	马池口中心小学少先队总队	少先队北京市工委、北京市教委	2012 年北京市少先队“星星火炬奖”

614	马池口中心楼自庄小学	北京市教委	北京市先进班集体
615	昌平第二实验小学	少先队北京市工作委员会 北京市教育委员会	2012年北京市少先队"星星火炬奖"
616	昌平第二实验小学	北京市体育局竞技体育处 北京学生活动管理中心	北京登录杯首届中小学生篮球超级联赛男子组代表队第三名
617	昌平第二实验小学	北京市教育委员会	先进班集体
618	昌平第二实验小学	教育部关心下一代工作委员会教育部关工委全国青少年主题教育组织委员会	第15届全国青少年"五好小公民"主题教育活动示范学校
619	昌平第二实验小学	少先队北京市工作委员会北京市教育委员会	2012年北京市少先队"星星火炬奖"
620	昌平第二实验小学	北京市教育委员会	2012年教育宣传工作先进单位
621	昌平第二实验小学	北京市教育委员会国际合作与交流处	2012首都学生外语展示系列活动优秀组织奖
622	昌平第二实验小学	北京市教育委员会北京市体育局	2012年北京市中小学生大众健美操比赛一等奖
623	昌平第二实验小学	北京市教育委员会北京市体育局	2012年北京市中小学生大众健美操比赛规定动作一等奖
624	昌平第二实验小学	北京市教育委员会北京市体育局	2012年北京市中小学生大众健美操比赛自选动作
625	昌平第二实验小学	北京市教育技术设备中心	第二届《"书香燕京"——北京市中小学阅读指导》读书征文活动组织先进单位
626	昌平第二实验小学	国际华人艺术节组委会 国际音乐舞蹈交流促进会	第4届国际华人艺术节暨大赛最佳组织奖
627	南邵中学英语教研组	北京市总工会	北京市工人先锋号
628	南邵中学	教育部关心下一代工作委员会、教育部关工委全国青少年主题教育活动组织委员会	第十五届全国青少年"五好小公民"主题教育活动示范学校
629	兴寿镇	第七届世界草莓大会筹委会	最佳服务保障奖
630	天通西苑第一社区居委会	北京市民政局	先进社区居民委员会

昌平区荣获市级以上(含系统)表彰的先进个人

序号	获奖人姓名	所在单位	表彰单位	获奖称号
1	王月林	崔村镇镇长	北京市计生委	先进工作者
2	刘　洋	崔村镇组织委员	北京市森林防火工作指挥部	北京市森林防火工作先进个人
3	石凤君	崔村镇副镇长	北京市计生委	先进工作者
4	王家林	崔村镇社会事物科科长	北京市农村体育工作办公室	体育工作先进个人
5	董国胜	崔村镇社会事物科科员	北京市鲜血办公室	无偿鲜血特殊贡献奖
6	朱凤伍	崔村镇社保所所长	国务院	城乡养老全国先进个人
7	周长明	崔村镇大辛峰村书记、主任	北京市农民体育协会	2012 年度北京市农村体育先进工作者
8	周长明	崔村镇大辛峰村书记、主任	崔村镇北京市人民政府	北京市万名孝星
9	李小君	崔村镇大辛峰村支部委员	北京市农民体育协会	2012 年度北京市农村体育先进工作者
10	张建民	崔村镇西崔村书记	北京市农民体育协会	2012 年度北京市农村体育先进工作者
11	张文山	崔村镇香堂村书记、主任	北京市人民政府	北京市万名孝星
12	杨立荣	崔村镇南庄村副书记	北京市妇女儿童工作委员会、北京市人力社保局	北京市妇女儿童工作先进个人
13	韩　辉	区委组织部干部二科科长	北京市委组织部	北京市党员电教优秀站点管理员
14	梁盛胜	昌平区统计局住户调查科科长	国家统计局	全国一体化住户调查先进个人
15	陈春花	昌平区统计局住户调查科科员	国家统计局	全国一体化住户调查先进个人
16	高振生	昌平区财政局主任科员	北京市珠算心算协会	北京市珠心算先进工作者
17	朱文旭	昌平区财政局副科长	北京市秘书学会	《阅籍读典添才智 经世济民显身手》一文被评为优秀奖
18	杨洪达	昌平区民政局党委书记、局长	人力资源和社会保障部、民政部	全国民政系统先进工作者
19	杨洪达	昌平区民政局党委书记、局长	北京市民政局、北京市人力资源和社会保障局	北京市民政工作先进个人
20	柏永忠	昌平区民政局社救科科长	北京市民政局、北京市人力资源和社会保障局	北京市民政工作先进个人
21	田济华	昌平区佛山陵园主任	北京市民政局、北京市人力资源和社会保障局	北京市民政工作先进个人
22	郑　芳	昌平区福利彩票发行处主任	北京市民政局、北京市人力资源和社会保障局	北京市民政工作先进个人
23	蔺　莉	昌平区民政局办公室科员	中共北京市民政局委员会	践行首都民政队伍核心价值观先进典型
24	郭玉清	区委政法委常务副书记	北京市委政法委	2010－2012 年度北京市涉法涉诉信访工作先进个人
25	周景成	区委政法委副书记、区维稳办主任	北京市委政法委	2010－2012 年度北京市涉法涉诉信访工作先进个人
26	杨振和	区委政法委副书记、区综治办主任	北京市委政法委	2010－2012 年度北京市涉法涉诉信访工作先进个人
27	吴鸿贤	区维稳办干部	北京市委政法委	2010－2012 年度北京市涉法涉诉信访工作先进个人
28	杨振和	政法委副书记、综治办主任流管办主任	北京市未成年人保护委员会	2011－2012 年度北京市未成年人保护工作先进个人
29	蒋　莉	区委政法委政治部副主任	北京市委政法委	北京市政法系统优秀共产党员

30	陈金玲	经管站副科长	北京市农村合作经济经营管理办公室北京市农村经济研究中心	优秀信息员
31	尹国元	北京市昌平自来水有限责任公司、副总经理	北京市水务局、北京市城镇供水协会	北京市城市供水水质监测网先进个人
32	王凤进	北京市银山出租汽车有限责任公司首都的士雷锋车队队长	中华全国总工会	全国五一劳动奖章
33	陈慧英	北京市昌平新世纪商城	北京市妇女联合会 北京市总工会 北京市人力资源和社会保障局	北京市“三八”红旗奖章获得者
34	尚桂红	北京昌平商贸职业技能培训学校	北京市人力资源和社会保障局	北京市职业技能培训优秀教师
35	孙岩峰	北京市皇城粮油有限责任公司	北京市公安局	北京市公安局个人三等功
36	沈　阳	皇城粮油昌平粮食收储库	北京市公安局	北京市公安局个人嘉奖
37	闫革彬	区疾病预防控制中心副主任	北京市卫生局	北京市重点职业病哨点监测工作先进个人
38	闫革彬	区疾病预防控制中心副主任	第七届世界草莓大会筹委会指挥部	第七届世界草莓大会保障先进个人
39	王秀云	昌平区疾病预防控制中心副主任	北京市卫生局	北京市传染病报告及死因登记报告工作先进个人
40	彭智会	昌平区疾病预防控制中心书记	北京市爱卫会	北京市爱国卫生先进个人
41	郭红侠	昌平区疾病预防控制中心副主任	北京市卫生局	2012年度北京市口腔公共卫生服务项目先进个人
42	王瑞琴	昌平区疾病预防控制中心科员	北京市疾控中心	北京市2011－2012年度流感监测先进个人
43	唐雅清	昌平区疾病预防控制中心科长	北京市总工会	首都劳动奖章
44	刘重程	昌平区疾病预防控制中心科员	第七届世界草莓大会筹委会指挥部	第七届世界草莓大会保障先进个人
45	隋吉林	区疾病预防控制中心副科长	第七届世界草莓大会筹委会指挥部	第七届世界草莓大会保障先进个人
46	余　杰	昌平区疾病预防控制中心科长	北京市公安局	北京市公安局授予个人嘉奖
47	解春新	昌平区疾病预防控制中心科员	北京市卫生局	北京市传染病报告及死因登记报告工作先进个人
48	钱旭东	昌平区疾病预防控制中心科长	北京市卫生局	北京市重点职业病哨点监测工作先进个人
49	赵明强	昌平区疾病预防控制中心科员	第七届世界草莓大会筹委会指挥部	第七届世界草莓大会保障先进个人
50	李古通	昌平区爱卫办	全国爱卫会	国家级先进个人
51	李古通	昌平区爱卫办	北京市爱卫会	市级先进个人
52	张月珍	昌平区爱卫办	北京市爱卫会	市级先进个人
53	朱平辉	回龙观社区卫生服务中心主任	北京市卫生局	2012年度北京市猩红热监测先进个人
54	徐　时	回龙观社区卫生服务中心防保科职工	北京市卫生局	北京市2012年度传染病疫情报告及死因报告先进个人
55	李桂成	回龙观社区卫生服务中心内科主任	北京市卫生局科教处、北京医学教育协会	北京市全科医师社区基地带教师资基本功比赛三等奖
56	刘志国	昌平区中西医结合医院健教科科长	卫生部新闻办公室中国健康教育中心中国记协办公室	中国健康知识传播激励计划骨质疏松传播二等奖
57	杜文华	昌平区中西医结合医院内二科主任	中共健康教育中心卫生部新闻宣传中心)	基本公共卫生服务健康教育传播材料制作大赛优秀奖
58	杜文华	昌平区中西医结合医院内二科主任	北京市疾病预防控制中心	2012年度北京市健康教育幻灯制作三等奖
60	陈玉梅	昌平区中西医结合医院防保科科长	北京市疾控中心	北京市2012年猩红热监测先进个人
61	陈赛影	北京市昌平区兴寿社区卫生服务中心护士长	北京市卫生局	北京市传染病疫情报告死因登记报告工作先进集体

62	张军波	小汤山社区卫生服务中心预防保健科科员	北京市卫生局	北京市传染病疫情报告及死因登记报告工作先进个人
63	张　丽	小汤山社区卫生服务中心检验科	北京市临床检验中心	北京市临床血液学检验室间质量评价优秀质量管理员
64	刘天秀	小汤山社区卫生服务中心检验科	北京市临床检验中心	北京市临床生化检验室间质量评价优秀质量管理员
65	赵冬梅	小汤山社区卫生服务中心检验科	北京市临床检验中心	北京市尿液化学分析检验室间质量评价优秀质量管理员
66	赵冬梅	小汤山社区卫生服务中心检验科	北京市临床检验中心	北京市尿沉渣形态学学检验室间质量评价优秀质量管理员
67	吴英会	昌平区中医医院护士	北京市中医管理局	2012年北京市中医系统优秀护士称号
68	刘敬东	昌平区中医医院科教科主任	北京市中医药学会、北京中西医结合学会	2012年度北京中医药学会、北京中西医将诶和学会优秀联络秘书
69	高铁杰	昌平区结核病防治所，所长	北京市人民政府	2012年北京市万名孝星
70	陈福彪	昌平区结核病防治所，放射科主任	北京市人民政府	2012年北京市万名孝星
71	何东宁	昌平区结核病防治所，总务科主任	北京市人民政府	2012年北京市万名孝星
72	王　莉	区结核病防治所，门诊主任	北京市人民政府	2012年北京市万名孝星
73	赵福郡	区结核病防治所	北京市人民政府	2012年北京市万名孝星
74	王　博	昌平区医院 医生	团市委、市卫生局党委	2012年度北京青年健康使者火炬行动优秀志愿者
75	毛新	昌平区医院党委副书记、纪检书记	北京市妇女联合会、北京市总工会、北京市人力资源和社会保障局	北京市“三八“红旗奖章荣誉称号
76	郝桂兰	昌平区医院护理部副主任	北京市药品监督管理局、北京市卫生局	2012年北京市医疗器械不良事件监测工作优秀个人
77	闫秋芬	昌平区医院医务科科长	北京市红十字基金会	爱心闪耀，照亮希望，同襄善举，共促和谐，特授予同心 共铸中国心，大型公益活动公益明星荣誉称号
78	李向欣	昌平区医院医务科内科主任	北京医师协会	2012年度北京优秀中青年医师
79	李鸿雁	昌平区中医医院医生	团市委、市卫生局党委	2012年度北京青年健康使者火炬行动优秀志愿者
80	方桂堂	十三陵镇镇长	首都城市环境建设委员会	首都城市环境建设先进个人
81	刘长德	十三陵镇常务副镇长	首都城市环境建设委员会	首都城市环境建设先进个人
82	王　宏	十三陵镇党委宣传委员	北京市委	北京市第十一届优秀思想政治工作者称号
83	魏艳华	十三陵镇社会事务管理科科长	北京市献血办公室	2012年北京市无偿献血工作中成绩突出，荣获先进个人称号
84	张洪兵	十三陵镇环卫管理中心主任	首都城市环境建设委员会	首都城市环境建设先进个人
85	马全福	十三陵镇林业站副站长	北京市人民政府首都绿化委员会	2012年度首都绿化美化先进个人
86	胡玉红	十三陵镇胡庄社区书记兼主任	北京市委	北京市优秀共产党员
87	顾　清	城南街道工委组织委员	北京市委防范和处理邪教问题领导小组	2012年度北京市同“法轮功”及其他邪教组织斗争先进个人
88	顾　清	城南街道工委组织委员	北京市献血办公室	2012年北京市无偿献血先进个人
89	郑森堂	城南街道办事处主任	北京市人口计生委	北京市2012年度人口和计划生育工作先进个人

90	韩宝田	城南街道工委书记	北京市人口计生委	北京市2012年度人口和计划生育工作先进个人
91	史洋意	城南街道办事处主任	北京市交通委	交通安全先进个人
92	谷天利	南口镇610办	北京市委防范和处理邪教领导小组	先进个人
93	刘元清	南口村社区	首都文明办	身边的雷锋标兵
94	杨建强	昌平区植保植检站	北京市植物保护站	2012年度全市农作物病虫测报与防治"先进工作者"
95	陈海明	昌平区植保植检站	北京市植物保护站	2012年全市农作物病虫测报与防治工作,"先进工作者"
96	刘　征	昌平区植保植检站	第七届世界草莓大会筹委会指挥部	先进个人
97	刘正雄	昌平区植保植检站	第七届世界草莓大会筹委会指挥部	先进个人
98	姚学军	昌平区动物疫病预防控制中心主任	北京市家禽产业技术体系创新团队	2012年度北京市家禽产业技术体系创新团队先进个人
99	王天坤	昌平区动物疫病预防控制中心副主任	奶牛产业技术体系北京市创新团队	2012年度综合试验站站长
100	李爱莲	昌平区价格认证中心主任	市发改委认证中心	优秀价格认证人员
101	赵宏国	昌平区价格认证中心职员	市发改委认证中心	优秀价格认证人员
102	陈淑青	昌平区价格认证中心职员	市发改委认证中心	优秀价格认证人员
103	王　南	昌平区发改委经济发展科职员	北京市人民政府、首都绿化委员会	2012年度首都绿化美化先进个人
104	哈申格日乐	昌平区发改委能源科科长	市发改委、市环保局、市人保局、市财政局	2012年度北京市减排先进个人
105	刘亚辉	昌平区节约能源管理办公室副主任	市发改委、市环保局、市人保局、市财政局	2012年度北京市减排先进个人
106	田　颖	昌平区节约能源管理办公室职员	市能源与经济运行调节工作领导小组	2012年度首都能源运行保障先进个人
107	王　胜	昌平区发改委副主任	市妇联、市文明办、市教委、市团委、市关心下一代工作委员会	2012年度北京市"千名好家长"
108	刘　哲	昌平区审计局	北京市委市政府	"北京市城乡结合部重点村建设工作先进个人"荣誉称号。
109	陈　鹏	昌平区审计局	首都城市建设委员会	2012年度首都城市环境建设工作先进个人
110	陈　鹏	昌平区审计局	北京市人民政府首都绿化委员会	2012年度首都绿化美化先进个人
111	刘会春	昌平区审计局	北京市审计局	2012年度社保资金审计工作优秀表彰
112	邹　伟	昌平区审计局	北京市审计局	2012年度社保资金审计工作优秀表彰
113	陈　玲	昌平区审计局	北京市审计局	2012年度社保资金审计工作优秀表彰
114	谷新纳	昌平区审计局	北京市审计局	2012年度社保资金审计工作优秀表彰
115	刘　冉	昌平区审计局	北京市审计局	2012年度北京市审计系统优秀信息员
116	刘振松	昌平区天通苑市政管理所所长、书记	北京市城乡环境建设委员会	市级环境建设先进个人
117	马立国	昌平区天通苑市政管理所车队队长	北京市交通安全委员会	市级文明安全驾驶人
118	王书庆	昌平区公安消防支队副支队长	公安部	全国"清剿火患"战役成绩突出个人
119	张文强	昌平区公安消防支队防火监督处监督指导二科科长	公安部	消防产品监督管理先进个人
120	于铁铮	昌平区公安消防支队防火监督处监督指导三科科长	公安部	全国"清剿火患"战役公安消防部队宣传工作成绩突出个人

121	李佳俊	昌平区公安消防支队北七家中队指导员	北京市委、北京市人民政府	抗击“7·21”特大自然灾害先进个人
122	叶喜良	昌平区公安消防支队十三陵中队战士	公安部、中国书法家协会、中国美术家协会	书法作品《江山如画》优秀奖
123	董清华	北京农学院植物科学技术学院副教授	北京市教育委员会	“面向都市型现代农业需求、改造植物生产类传统专业”获得北京市教育教学成果一等奖(排名第4)。
124	董清华	北京农学院植物科学技术学院副教授	九三学社北京市委	社会服务工作先进个人
125	孙和平	北京鑫平书画院院长	九三学社北京市委	社会服务工作先进个人
126	张万松	中国石油大学理学院副教授	九三学社北京市委	社会服务工作先进个人
127	甄燕昌	区科学技术协会秘书长	九三学社北京市委	社会服务工作先进个人
128	罗　伟	卧龙电气集团北京华泰变压器有限公司	北京市科学技术协会	北京市金桥工程项目奖
129	罗　伟	卧龙电气集团北京华泰变压器有限公司	北京市科学技术协会	北京市金桥工程组织奖
130	金东彪	区安监局局长、党组书记	市安监局	全国安全生产监管监察先进个人
131	崔洪凯	昌平区环境保护局东小口环境监察大队干部	环境保护部	全国环保系统优秀信访干部
132	余怿晗	昌平区环境保护局环境监察支队副队长	首都城市环境建设委员会	首都城市环境建设先进个人
133	牟少华	小汤山镇党委书记、人大主席	北京市计划生育委员会	北京市计划生育先进个人
134	张会清	小汤山镇计生办主任	北京市计划生育委员会	北京市计划生育先进个人
135	李永利	小汤山镇工会副主席	北京市档案局	北京市档案系统先进个人
136	刘少华	小汤山镇安全管理科副科长	北京市消防委员会	北京市消防工作先进个人
137	崔子超	小汤山镇武装部干事	中共北京市委防范和处理邪教问题领导小组	北京市2012年个人先进
138	周玉霞	小汤山镇社会事务科主任科员	北京市献血办公室	北京市无偿献血工作先进个人
139	刘道容	小汤山镇社会事务科副主任科员	北京市民政局	北京市万名孝星活动中被评为孝星
140	魏晓明	市规划委昌平分局办公室主任	首届北京农业嘉年华筹委会指挥部	首届北京农业嘉年华先进个人
141	张　琦	市规划委昌平分局咨询中心主任	首届北京农业嘉年华筹委会指挥部	首届北京农业嘉年华先进个人
142	李秀萍	市规划委昌平分局主任科员	首届北京农业嘉年华筹委会指挥部	首届北京农业嘉年华先进个人
143	宋卫东	天通中苑第一社区书记兼主任	北京市人民政府	2012年北京市万名孝星命名活动中,被命名为“孝星”
144	陈　勉	中国石油大学(北京)、院长	国务院	国家科技进步二等奖
145	樊建春	中国石油大学(北京)、教授	中国石油与化学工业联合会	科技进步特等奖
146	张万松	中国石油大学(北京)、理学院工会主席	九三学社北京市委员会	九三学社北京市委员社会服务工作先进个人
147	张万松	中国石油大学(北京)、理学院工会主席	北京市教育委员会	第十二届北京市中小学生金鹏科技论坛活动中荣获辅导一等奖
148	张万松	中国石油大学(北京)、理学院工会主席	北京青少年科技创新学院	北京市青少年科技创新学院“翱翔计划”优秀指导教师

149	李雪莉	百善镇人民政府	北京市园林绿化局	2012年度首都绿化美化先进个人
150	赵文忠	百善镇政府安全管理科科长	北京市安全生产委员会办公室、北京市人力资源和社会保障局	北京市安全生产先进个人
151	赵文忠	百善镇政府安全管理科科长	北京市防火安全委员会	消防工作先进个人
152	许秋顺	区建设工程安全监督站站长	北京市安全生产委员会办公室北京市人力资源和社会保障局	北京市安全生产先进个人
153	许秋顺	区建设工程安全监督站站长	首都城市环境建设委员会	首都城市环境建设先进个人
154	陈 楠	昌平区建设工程安全监督站科员	北京市市政府	北京市“7.21”特大自然灾害抗灾先进个人
155	项 超	昌平区住房城乡建设委科员	北京市住建委建管中心	北京市建筑业行业管理先进个人
156	王继超	昌平区住房城乡建设委科员	北京市建筑业执业资格注册中心	北京市建筑业人员管理先进个人
157	蒋锡芬	区住房城乡建设委妇委会主任	北京市献血办公室	2012年北京市无偿献血先进个人
158	李慧芸	天通苑南街道党群工作部组织干事	北京市人力资源与社会保障局北京市高校毕业生到农村工作联席会办公室	北京市优秀大学生村官
159	靳小虎	昌平区政府督查室科员	第七届世界草莓大会筹委会指挥部	第七届世界草莓大会筹办工作先进个人
160	靳小虎	昌平区政府督查室科员	北京市人大常委会办公厅、北京市人民政府办公厅、政协北京市委员会办公厅、北京市人力资源和社会保障局	北京市办理人大代表建议政协提案工作先进个人
161	张斌贤	退休	毛泽东思想学术研究会、《中国军转民》杂志社	《共和国不会忘记·中国复转军人风采》文献贡献证书
162	张斌贤	退休	中共中国华星集团公司离退休人员管理服务中心委员会	优秀共产党员称号
163	张斌贤	退休	中共组织部老干部局、中国书法家协会	《喜迎十八大感怀》书法作品入选全国离退休干部“诗书画影抒情怀、喜迎党的十八大”作品展
164	刘先中	天通苑南街道天二党支部党员	国家森林防火指挥部国家林业局	全国森林防火工作先进个人
165	孙艳萍	阳坊镇计生办科长	市计生委	北京市人口计划生育先进个人
166	牛艳芳	前白虎涧村村委	北京市妇女联合会教育委员会	市级好家长
167	王 平	昌平区人民检察院监所处处长、驻所检察室主任、检察委员会委员、检察员	最高人民检察院	首届全国监所检察业务标兵
168	刘 伟	昌平区人民检察院政治处组宣科副科长、副科级助理检察员	检察日报社	《检察日报》优秀通讯员
169	王 平	昌平区人民检察院监所处处长、驻所检察室主任、检察委员会委员、检察员	北京市人民检察院	专项奖励二等功
170	彭 燕	昌平区人民检察院公诉二处处长、兼未成年人案件检察处处长、检委会委员、检察员	中共北京市委	北京市创先争优优秀共产党员
171	李建增	昌平区人民检察院控告申诉检察处长、副处级检察员	中共北京市委政法委员会	北京市涉法涉诉信访工作先进个人
172	周丽娜	昌平区人民检察院侦查监督二处处长、正科级检察员	首都综治委预防青少年违法犯罪专项办公室	北京市法制小组优秀课件二等奖
173	杨 琳	昌平区人民检察院党组成员、反贪污贿赂局局长、检察委员会委员、检察员	北京市人民检察院	北京市检察机关优秀反贪局长

174	章文军	昌平区人民检察院党组成员、纪检组组长、检察委员会委员、检察员	北京市人民检察院	北京市检察机关廉政法制课优秀授课人才
175	王　平	昌平区人民检察院监所处处长、驻所检察室主任、检察委员会委员、检察员	北京市人民检察院	北京市检察机关先进个人
176	车玉梅	昌平区人民检察院职务犯罪预防处副处长、正科级检察员、主诉检察官	北京市人民检察院	北京市检察机关先进个人
177	王国辉	昌平区人民检察院反贪污贿赂局侦查二处副处长、正科级检察员	北京市人民检察院	北京市检察机关先进个人
178	杨福荣	昌平区人民检察院案件管理办公室主任、检察员	北京市人民检察院	北京市检察机关先进个人
179	杨　文	昌平区人民检察院公诉一处副处长、检察员	北京市人民检察院	北京市检察机关先进个人
180	刘　伟	昌平区人民检察院政治处组宣科副科长、副科级助理检察员	北京市人民检察院	北京市检察机关先进个人
181	夏剑英	昌平区人民检察院职务犯罪预防处助理检察员	北京市人民检察院	北京市检察机关先进个人
182	周丽娜	昌平区人民检察院侦查监督二处处长、正科级检察员	北京市检察业务骨干评审工作领导小组	北京市检察业务骨干
183	刘　霞	昌平区人民检察院侦查监督一处副处长、正科级检察员	北京市检察业务骨干评审工作领导小组	北京市检察业务骨干
184	洪　磊	昌平区人民检察院公诉二处副处长、正科级检察员、主诉检察官	北京市检察业务骨干评审工作领导小组	北京市检察业务骨干
185	赵晓磊	昌平区人民检察院公诉二处副处长、副科级检察员、主诉检察官	北京市检察业务骨干评审工作领导小组	北京市检察业务骨干
186	王雪鹏	昌平区人民检察院公诉一处副处长、副科级检察员、主诉检察官	北京市检察业务骨干评审工作领导小组	北京市检察业务骨干
187	杨福荣	昌平区人民检察院案件管理办公室主任、检察员	北京市检察业务骨干评审工作领导小组	北京市检察业务骨干
188	许燕凌	昌平区人民检察院反贪污贿赂局副局长、检察委员会委员、副处级检察员	北京市检察业务骨干评审工作领导小组	北京市检察业务骨干
189	简志坚	昌平区人民检察院反贪污贿赂局侦查一处副处长、检察员	北京市检察业务骨干评审工作领导小组	北京市检察业务骨干
190	王国辉	昌平区人民检察院反贪污贿赂局侦查二处副处长、正科级检察员	北京市检察业务骨干评审工作领导小组	北京市检察业务骨干
191	戈连松	昌平区人民检察院反贪污贿赂局侦查一处正科级检察员	北京市检察业务骨干评审工作领导小组	北京市检察业务骨干

192	王汝强	昌平区人民检察院反渎职侵权局局长、副处级检察员	北京市检察业务骨干评审工作领导小组	北京市检察业务骨干
193	尹文涛	昌平区人民检察院反渎职侵权局副局长、副处级检察员、主侦检察官	北京市检察业务骨干评审工作领导小组	北京市检察业务骨干
194	章文军	昌平区人民检察院党组成员、纪检组组长、检察委员会委员、检察员	北京市检察业务骨干评审工作领导小组	北京市检察业务骨干
195	夏剑英	昌平区人民检察院职务犯罪预防处助理检察员	北京市检察业务骨干评审工作领导小组	北京市检察业务骨干
196	王秀荣	昌平区人民检察院驻昌平区看守所检察室副主任、正科级检察员	北京市检察业务骨干评审工作领导小组	北京市检察业务骨干
197	刘宝清	昌平区人民检察院纪检组副组长,兼任纪检监察处处长、副处级检察员	北京市检察业务骨干评审工作领导小组	北京市检察业务骨干
198	史 淼	昌平区人民检察院法律政策研究室副主任、副科级助理检察员	北京市检察业务骨干评审工作领导小组	北京市检察业务骨干
199	赵明一	昌平区人民检察院反贪污贿赂局侦查二处副科级助理检察员	北京市人民检察院	北京市检察机关2012年第一季度学习之星
200	夏剑英	昌平区人民检察院职务犯罪预防处助理检察员	北京市人民检察院	北京市检察机关2012年第二季度学习之星
201	王雪鹏	昌平区人民检察院公诉一处副处长、副科级检察员、主诉检察官	北京市人民检察院	北京市检察机关2012年第二季度公诉之星
202	于晶蕊	昌平区人民检察院未成年人案件检察处副处长、副科级检察员、主诉检察官	北京市人民检察院	北京市检察机关2012年第三季度公诉之星
203	宛 霞	昌平区人民检察院副科级检察员、主诉检察官	北京市人民检察院	北京市检察机关2012年第四季度公诉之星
204	吴 梦	昌平区人民检察院行政见习	北京市人民检察院	北京市检察机关"做忠诚卫士,展法警风采"主题征文活动优秀奖
205	孙红玲	昌平区人民检察院政治处组宣科副科级助理检察员	《北京日报》	《北京日报》"检察官在线"特等奖:(《为何出事的总是临时工》)
206	刘 伟	昌平区人民检察院政治处组宣科副科长、副科级助理检察员	《北京日报》	《北京日报》"检察官在线"一等奖:(《取缔炭火烧烤列入"治庸问责"》)
207	吕山山	昌平区人民检察院政治处组宣科副科级助理检察员	《北京日报》	《北京日报》"检察官在线"一等奖:(《1700万莫名出入个人账户,银行该不该担责》)
208	吕山山	昌平区人民检察院政治处组宣科副科级助理检察员	《北京日报》	《北京日报》"检察官在线"优秀奖:,(《假货估值,要威慑力也要可行性》)
209	孙红玲	昌平区人民检察院政治处组宣科副科级助理检察员	《北京日报》	《北京日报》"检察官在线"优秀奖:(《开发商跑路怎能让购房者买单》(《开发商跑路怎能让购房者买单》、《老人押房产先过心理关》)
210	马雅萌	昌平区人民检察院公诉二处副科级助理检察员	北京市人民检察院	北京市检察机关2012年新录用人员岗前培训班优秀班委

211	孟繁智	昌平区人民检察院法律政策研究室副科级助理检察员	北京市人民检察院	北京市检察机关2012年新录用人员岗前培训班优秀班委
212	施竹毅	昌平区人民检察院未成年人案件检察处书记员	北京市人民检察院	北京市检察机关2012年新录用人员岗前培训班优秀学员
213	孟德飞	昌平区人民检察院职务犯罪预防处书记员	北京市人民检察院	北京市检察机关2012年新录用人员岗前培训班优秀学员
214	王喜君	昌平区人民检察院公诉二处副科级助理检察员	北京市人民检察院	北京市检察机关2012年新录用人员岗前培训班优秀学员
215	苏　荣	昌平区人民检察院侦查监督一处副科级助理检察员	北京市人民检察院	北京市检察机关2012年新录用人员岗前培训班优秀学员
216	张　伟	昌平区人民检察院控告申诉检察处副科级助理检察员	北京市人民检察院	北京市检察机关2012年新录用人员岗前培训班优秀学员
217	黄东宇	霍营街道办事处社区工作部科长	中共北京市委防范和处理邪教问题领导小组	北京市2012年度防范处理邪教工作先进个人
218	陈　娜	霍营街道办事处公共事务服务中心职员	北京教育学院、北京市珠算协会	2012年北京市"智慧之师"征文三等奖、2012年北京市"求实杯"会计技能大赛票币算指导教师一等奖
219	王　霞	昌平区园林绿化局 绿化办副主任	北京市平原地区造林工程建设指挥部办公室	2012年平原地区造林工程优秀信息领导
220	郝祖武	昌平区平原造林管理中心 副处级调研员	北京市平原地区造林工程建设指挥部办公室	2012年平原地区造林工程优秀信息员
221	王可飞	昌平区园林绿化局办公室副主任	北京市森林防火指挥部、市园林绿化局、市人力资源和社会会保障局	2010-2012年度北京市森林防火先进个人
222	高龙波	昌平区园林绿化局城北街道办事处林业站站长	北京市森林防火指挥部、市园林绿化局、市人力资源和社会保障局	2010-2012年度北京市森林防火先进个人
223	张崇岭	昌平区园林绿化局城南街道办事处林业站站长	北京市园林绿化局	北京市园林绿化局科技进步奖
224	彭宝来	昌平区森林公安处副处长	北京市园林绿化局森林公安局	个人嘉奖
225	王晓东	昌平区森林公安处民警	北京市园林绿化局森林公安局	个人嘉奖
226	冯　意	昌平区流村森林公安派出所民警	北京市园林绿化局森林公安局	个人嘉奖
227	易根法	昌平区园林绿化局 副主任科员	北京市委、市政府	首都绿化美化先进个人
228	董兴华	北京市昌平区林业工作站	人社部	国家京津风沙源治理工程先进个人
229	张金鑫	昌平区广电中心广播电视台广播部主任	中国新闻技联	2012年度"新闻科技论文"优秀论文三等奖
230	王　莹	昌平区广电中心广播电台编辑记者	中国新闻技联	2012年度"新闻科技论文"优秀论文三等奖
231	强锡萍	昌平法院党组成员、副院长	市妇联、市总工会、市人力资源和社会保障局	北京市三八红旗奖章
232	双玉娥	昌平法院干部科科长	市委政法委	北京市政法系统优秀党员
233	双玉娥	昌平法院干部科科长	市高级法院	北京市法院双优法官
234	冯自华	昌平法院民二庭副庭长	市高级法院	北京市法院双优法官
235	李雪莲	昌平法院立案庭副庭长	市高级法院	北京市法院双优法官
236	尤文静	昌平法院民三庭助理审判员	市高级法院	北京市法院双优法官
237	于广丹	昌平法院刑庭助理审判员	市委政法委	北京市涉法涉诉信访工作先进个人
238	金建军	昌平法院小汤山法庭庭长	市委政法委	北京市涉法涉诉信访工作先进个人

239	叶向东	学会部部长	北京市科学技术协会、北京市财政局	2012年度优秀科普宣传员
240	王俊敏	科普部部长	北京市科学技术协会、北京市财政局	2012年度优秀科普宣传员
241	赵　芳	昌平区地震局震害防御科科员	北京市地震局	2012年度全市地震系统政务信息先进个人
242	殷德倚	昌平区地震局监测预报科科长	北京市地震局	2012年度北京区县地震监测预报先进个人
243	赵　芳	昌平区地震局震害防御科科员	北京市地震局	2012年度全市地震系统政务信息先进个人
244	殷德倚	昌平区地震局监测预报科科长	北京市地震局	2012年度北京区县地震监测预报先进个人
245	刘彩云	昌平区委党史办公室副主任	北京市地方志办公室	2012年《北京年鉴》编纂工作先进个人
246	王宏适	昌平区委党史办公室	北京市地方志办公室	2012年《北京年鉴》编纂工作先进个人
247	王宝江	昌平区文化委员会副主任	北京市文物局	2012年度北京市文物安全与执法工作先进个人
248	李海艳	区图书馆外借部主任	中国图书馆协会	2012年中国图书馆学会年征文活动中提交的论文荣获三等奖
249	白俊龙	昌平文化馆	北京市文博系统	“践行北京精神 提升职工素养”——北京市文博系统书法绘画比赛 绘画组 优秀奖
250	张宇英	昌平区文化馆	北京市委宣传部	《福到农村》在2012“我的北京我的家——北京七日”摄影大赛中荣获纪念奖
251	张福升	昌平区文化委员会文物科科长	北京市文物局	2012年度北京市文物安全与执法工作先进个人
252	艾俊北	区文化市场执法队副主任科员	北京市文化市场行政执法总队	2012年度第三季度办案能手
253	艾俊北	区文化市场执法队副主任科员	北京市文化市场行政执法总队	有奖征文二等奖
254	孙　锋	昌平区机关行政事务管理处	北京市公安局	嘉奖
255	杨曾斌	十三陵特区办事处副主任	北京市公安局	北京市公安局内保系统嘉奖
256	王志平	居庸关长城管理处主任	北京市公安局	北京市公安局内保系统嘉奖
257	朱宗良	十三陵特区办事处保卫科科长	北京市公安局	北京市公安局内保系统嘉奖
258	马福江	十三陵特区办事处车辆管理中心主任	北京市公安局	北京市公安局内保系统嘉奖
259	孙一兵	十三陵特区办事处人事科科长	北京市同法轮功及其他邪教组织斗争领导小组	北京市同法轮功及其他邪教组织斗争先进个人
260	高小华	十三陵特区办事处副主任	北京市文物局	北京市文物安全工作先进个人
261	袁江玉	十三陵特区办事处文保部副科长	北京市文物局	北京市文物安全工作先进个人
262	肖　楠	十三陵特区办事处文保部科员	北京市旅游服务咨询中心	北京市旅游咨询服务优秀咨询员
263	宋新兴	十三陵特区办事处基建维修队队长	北京市妇联	北京市妇联千名好家长
264	李　梅	十三陵特区长陵管理处讲解班班长	北京市文物局	北京市第一届讲解员大赛优秀讲解员
265	朱京伟	昌平区民防局指挥信息中心主任	北京市国动委	人民防空工作先进个人
266	辛全山	昌平区民防局工程管理中心副主任	北京市国动委	人民防空工作先进个人
267	王红彬	中关村科技园区昌平园管理委员会政研室主任	中关村管理委员会	优秀通讯员
268	孙家庚	昌平区信访办公室群众权益保障科科长	第七届世界草莓大会筹办委员会指挥部	第七届世界草莓大会先进个人
269	夏　军	昌平区信访办公室副调研员	第七届世界草莓大会筹办委员会指挥部	第七届世界草莓大会先进个人

270	朱贵龙	昌平区信访办公室群众权益保障科主任科员	第七届世界草莓大会筹办委员会指挥部	第七届世界草莓大会先进个人
271	巩学庆	昌平区信访办公室复查科科长	第七届世界草莓大会筹办委员会指挥部	第七届世界草莓大会先进个人
272	叶　莉	昌平区信访办公室政策研究科副科长	第七届世界草莓大会筹办委员会指挥部	第七届世界草莓大会先进个人
273	郭红江	昌平区信访办公室来访接待科主任科员	市精神文明办	身边雷锋——最美北京人
274	张光霁	昌平区商务委员会粮食科科员	北京市粮食局北京市人力资源和社会保障局	北京市粮食行业先进个人
275	牛世荣	昌平区农委发展规划科长	第七届世界草莓大会筹委会指挥部	第七届世界草莓大会先进个人
276	李国荣	昌平区农委办公室主任	第七届世界草莓大会筹委会指挥部	第七届世界草莓大会先进个人
277	鲁　晨	昌平区农委法制科科长	第七届世界草莓大会筹委会指挥部	第七届世界草莓大会先进个人
278	田　宁	昌平区农委团工委副书记	第七届世界草莓大会筹委会指挥部	第七届世界草莓大会先进个人
279	张丽园	昌平区农委信息科科员	第七届世界草莓大会筹委会指挥部	第七届世界草莓大会先进个人
280	董锦华	昌平区农委主任	第七届世界草莓大会筹委会指挥部	第七届世界草莓大会先进个人
281	张宝来	昌平区农委副主任	第七届世界草莓大会筹委会指挥部	第七届世界草莓大会先进个人
282	韩国玲	昌平区农委副主任	第七届世界草莓大会筹委会指挥部	第七届世界草莓大会先进个人
283	柴会昌	昌平区农委武装部长	第七届世界草莓大会筹委会指挥部	第七届世界草莓大会先进个人
284	魏福臣	昌平区农委综合指导科长	第七届世界草莓大会筹委会指挥部	第七届世界草莓大会先进个人
285	张宝来	昌平区农委副主任	北京市交通安全委员会	市级交通安全优秀管理干部
286	腾　宾	昌平区安全生产监督管理局	国家安监总局、国家煤监局	全国安全生产监管监察先进个人
287	赵海英	昌平区人力资源和社会保障局党委书记、局长	北京市修志办	2012 年度北京市修志先进个人
288	姚海军	昌平区人力资源和社会保障局党委副书记	北京市公安局	内保系统个人嘉奖
289	沈辉、陈霆	昌平区人力资源和社会保障局科长	市委农村工作委员会 市农村工作委员会	调研成果二等奖
290	王汝松	昌平区退休干部活动中心主任	北京市人民政府	2012 年度北京市万名“孝星”
291	马　旺	昌平区退休干部活动中心文艺部部长	北京市人民政府	2012 年度北京市万名“孝星”
292	陈连生	昌平区退休干部活动中心工人	北京市人民政府	2012 年度北京市万名“孝星”
293	刘新亮	昌平区退休干部活动中心工人	北京市人民政府	2012 年度北京市万名“孝星”
294	许建平	昌平区退休干部活动中心工人	北京市人民政府	2012 年度北京市万名“孝星”
295	石东山	昌平区退休干部活动中心工人	北京市人民政府	2012 年度北京市万名“孝星”
296	左为民	昌平区人力资源和社会保障局科长	北京市人力资源和社会保障局	北京市人力社保系统 2012 年度优秀调研成果二等奖
297	王　新	昌平区人力资源和社会保障局科员	北京市人力资源和社会保障局	2012 年度职业技能培训优秀教师
298	付新刚	昌平区人力资源和社会保障局副校长	北京市人力资源和社会保障局	2012 年度职业技能培训优秀教育工作者
299	李振杰	昌平区人力资源和社会保障局科员	北京市人力资源和社会保障局	2012 年度北京市人力资源和社会保障局统计优秀个人
300	朱立宏	昌平区人力资源和社会保障局科长	北京市人力资源和社会保障局	先进个人
301	刘运芳	昌平区人力资源和社会保障局副大队长	北京市人力资源和社会保障局	北京市 2012 年度优秀劳动保障监察员

302	解爱军	昌平区人力资源和社会保障局科员	北京市人力资源和社会保障局	北京市2012年度优秀劳动保障监察员
303	王鹿原	昌平区人力资源和社会保障局科员	北京市人力资源和社会保障局	“2012年度北京市人力资源和社会保障统计优秀个人”
304	金　光	昌平区总工会常务副主席	中华全国总工会	2012年度职工互助保障优秀工作者
305	李春维	昌平区总工会干部	北京市总工会	2012年度职工互助保障优秀工作者
306	苏绍福	昌平区市政市容管理委员会副主任	首都环境建设委员会	首都城市环境建设先进个人
307	李士友	昌平区市政市容管理委员会主任科员	首都环境建设委员会	首都城市环境建设先进个人
308	金红军	昌平区市政市容管理委员会副科长	首都环境建设委员会	首都城市环境建设先进个人
309	张小航	昌平区市政市容管理委员会副科长	首都环境建设委员会	首都城市环境建设先进个人
310	刘晶晶	昌平区市政市容管理委员会科员	首都环境建设委员会	首都城市环境建设先进个人
311	王浩	回龙观市政管理所书记	首都环境建设委员会	首都城市环境建设先进个人
312	李子晨	昌平区环卫处副主任	首都环境建设委员会	首都城市环境建设先进个人
313	刘振松	天通苑市政管理所所长	首都环境建设委员会	首都城市环境建设先进个人
314	闫丽堃	昌平区市政市容委政工科科员	中共北京市委防范和处理邪教问题领导小组	北京市2012年度防范处理邪教工作先进个人
315	仇多启	昌平区市政市容委环境统筹协调科科员	2012年度环境秩序整治先进个人	北京市环境秩序整治领导小组
316	张晓鹏	昌平区市政市容委项目中心负责人	北京市交通委员会	2011年至2012年度北京市交通工作先进个人
317	刘红泽	昌平区市沙河市政管理所所长	北京市公安局	“个人嘉奖”
318	刘国利	环卫处垃圾清运队队长	中华人民共和国住房和城乡建设部	全国优秀环卫工作者
319	李宝龙	昌平区市政市容委拆迁办负责人	北京市总工会	2011至2012年度交通工作先进工作者
320	刘振松	天通苑市政管理所所长、书记	北京市昌平区城乡环境建设委员会	市级环境建设先进个人
321	马立国	天通苑市政管理所车队队长	北京市交通安全委员会	市级文明安全驾驶人
322	郭海峰	北京永安热力有限公司书记、经理	北京市能源与经济运行调节工作小组	2012年度首都能源运行保障先进个人
323	吴景明	中国政法大学开放教管办主任、副教授	九三社中央	参政议政先进个人
324	廉学玉	昌平区委防范处理邪教办科长	中央防范处理邪教办	全国教育转化能手
325	茅　江	城北街道党工委书记	北京市语言文字工作委员会	2010-2012年度北京市语言文字工作先进个人
326	茅　江	城北街道党工委书记	北京陆军预备役高炮第五团	优秀预备役军官
327	王　亚	城北街道办事处副主任	北京市爱国卫生运动委员会	爱国卫生先进个人
328	李元君	城北街道环保科科长	北京市爱国卫生运动委员会	爱国卫生先进个人
329	李元君	城北街道环保科科长	首都城市环境建设委员会	环境建设先进个人
330	李德友	城北街道协调办公共文明引导员	首都精神文明建设委员会	学雷锋志愿服务之星
331	刘雪松	城北街道东关社区党总支委员	首都城市环境建设委员会	北京市环境建设先进个人
332	刘建立	城北街道六街社区居委会主任	北京市民政局	2012年度北京市先进社区居民委员会主任
333	赵建秀	城北街道六街社区志愿者	北京市妇女联合会	首都巾帼志愿之星
334	芦　杉	城北街道防范和处理邪教问题办公室工作人员	北京市委防范和处理邪教问题办公室	防范和处理邪教工作先进个人
335	胡之群	昌平工商分局科长	市工商局	市工商系统第三批“十佳经济卫士”

336	张立利	昌平工商分局科员	市工商局	市工商系统创先争优优秀共产党员
337	许毅	昌平工商分局科员	市工商局	市工商系统创先争优优秀共产党员
338	刘美玲	昌平工商分局科员	市工商局	诚实守信先进个人
339	翟书海	昌平工商分局科员	北京市公安局	北京市单位内部安全保卫工作个人嘉奖
340	胡万鹏	昌平工商分局科长	市工商局	市工商系统监管执法专业人才选拔中被确定为“市场准入类专业人才”
341	冯銘明	昌平工商分局副科长	市工商局	市工商系统监管执法专业人才选拔中被确定为“执法类类专业人才”
342	孔　莹	昌平工商分局科员	市工商局	市工商系统“食品快速检测”业务竞赛中获第一名
343	杨　化	昌平工商分局科员	市工商局	市工商系统“食品快速检测”业务竞赛中获第二名
344	王建新	昌平工商分局科员	市工商局	市工商系统“12315投诉举报”业务竞赛中获前十名
345	张　堃	昌平工商分局副所长	市工商局	市工商系统“全国工商机关企业登记管理系统学习十八大精神知识竞赛”优秀选手奖
346	王春恒	昌平工商分局科员	市工商局	市工商系统“全国工商机关企业登记管理系统学习十八大精神知识竞赛”优秀选手奖
347	田　旭	昌平工商分局科员	市工商局	市工商系统“全国工商机关企业登记管理系统学习十八大精神知识竞赛”优胜奖
348	刘新松、张海东、马竞	昌平工商分局科长	市工商局	优秀科长
349	刘晓东、王红军	昌平工商分局所长	市工商局	优秀工商所长
350	方　军、王刚、李冰、许毅、肖金桥、花海俊	昌平工商分局科员	市工商局	优秀经济卫士
351	刘书栋	昌平工商分局副所长	市工商局	优秀经济卫士
352	伊春英	昌平工商分局副科长	市工商局	先进工作者
353	梁化莹	昌平工商分局科员	市工商局	先进工作者
354	杜娟	昌平区教工幼儿园	中共北京市委宣传部、首都精神文明办、中共北京市委讲师团	北京市“党在百姓心中”百姓宣讲“双十佳”评选活动“优秀百姓宣讲员”
355	刘姝芳、陈芳	回龙观中学教师	北京市教委、北京市少工委	北京市第十五届学生艺术节最佳指挥
356	高静、陈芳、高静	回龙观中学教师	北京市教委、北京市少工委	北京市第十五届学生艺术节最佳伴奏
357	刘姝芳	回龙观中学教师	北京市教委、北京市少工委	北京市第十五届学生艺术节中获合唱指导一等奖
358	刘姝芳、王军红	回龙观中学教师	北京市教委、北京市少工委	北京市第十五届学生艺术节校园剧指导一等奖
359	刘向东	回龙观中学校长	北京教育科学研究院基础教育科学研究所北京市教育学会中青年教育理论工作者研究会	《关于学校发展自我诊断的交流》获市基础教育科学研究优秀论文二等奖

360	刘姝芳	回龙观中学教师	北京市教育委员会体卫艺处、北京市教育学会中小学美育研究会	《抓住民族艺术进校园活动契机,奏响学校和谐教育新篇章》获得北京市中小学第五届《京美杯》征文一等奖
361	陈芳、刘姝芳	回龙观中学教师	北京教育科学研究院基础教育科学研究所、北京市教育学会中青年教育理论工作者研究会	《初中音乐即兴教育与教学》获北京市基础教育科学研究优秀论文三等奖
362	王军红、李娜、高静、陈芳	回龙观中学教师	北京教育科学研究院基础教育科学研究所北京市教育学会中青年教育理论工作者研究会	北京市基础教育科学研究优秀论文二等奖
363	贾　培	回龙观第二小学教师	北京市基础教育课程改革实验工作领导小组	北京市基础教育学生综合素质评价工作先进个人
364	王会红、刘美华、颜志耘、张静洋、徐辉、杜志杰	回龙观第二小学教师	北京教育学院	《书香燕京－北京市阅读指导》读书征文活动中评为先进组织者
365	韩立连	天通苑小学教师	教育部关心下一代工作委员会 教育部关工委全国青少年主题教育活动组委会	第十五届全国青少年"五好小公民"主题教育活动征文指导一等奖
366	李冬英	天通苑小学教师	教育部关心下一代工作委员会、教育部关工委全国青少年主题教育活动组委会	第十五届全国青少年"五好小公民"主题教育活动征文指导二等奖
367	吴海峰	天通苑小学教师	北京市教育委员会	第十三届北京市中小学师生电脑作《海底乐园》北京市三等奖
368	苟晋平	天通苑小学教师	北京市教育委员会	苟晋平老师指导的《秋韵》荣获第十三届北京市中小学师生电脑作品评选活动电脑绘画三等奖
369	苟晋平	天通苑小学教师	北京市教育委员会	苟晋平老师指导的《美丽的海洋》荣获第十三届北京市中小学师生电脑作品评选活动电脑绘画三等奖
370	苟晋平	天通苑小学教师	北京教育科学研究院基础教育课程教材发展研究中心,人民美术出版社	"迎接党的十八大展示首都教师风采——北京市中小学教师书法比赛"中荣获三等奖
371	徐颖	机关幼儿园教师	北京市教育委员会	北京市半日评优特等奖
372	王会玲	机关幼儿园教师	北京市教育委员会	北京市半日评优活动一等奖
373	张　岩	机关幼儿园副园长	北京市教育委员会	北京市示范园与农村乡镇中心园"手拉手"活动中,被评为北京市学前教育系统优秀支教工作者
374	路书芳	流村中心小学班主任	北京市紫禁杯教育奖励基金管理委员会	第二十五届北京市中小学紫禁杯优秀班主任
375	李　莹	回龙观中心小学教师	北京市教委、北京市少工委	北京市第十五届学生艺术节最佳指挥
376	王　超	回龙观中心小学教师	北京市教委	北京市中小学生摄影大赛优秀指导教师
377	郭江南	回龙观中心小学教师	北京市教委	北京市中小学紫禁杯优秀班主任
378	李　杨	回龙观中心小学教师	北京市教委	"2012首都学生外语展示系列活动"小学组英语童话剧表演比赛优秀辅导教师
379	怡久文	回龙观中心小学校长	北京市教委、人保局	北京市校外教育先进个人
380	高欣蕾	回龙观中心小学副主任	北京市少工委、北京市教委	北京市优秀少先队辅导员
381	孙　卓	回龙观中心小学教师	北京市教委、北京市文化局、北京市少工委	北京市红领巾读书活动青少年原创科普剧优秀指导教师
382	孙　卓	回龙观中心小学教师	北京市教委、北京市文化局、北京市少工委	北京市红领巾读书活动讲故事比赛优秀指导教师

383	蔡玉英	南口镇小学 教师	北京市紫禁杯教育奖励基金管理委员会	第二十五届北京市中小学紫禁杯优秀班主任
384	任立平	南口镇小学 教师	北京市教育委员会	北京市农村中小学教师研修工作站优秀学员
385	侯守娟	南口镇小学 教师	北京市教育技术设备中心	第二届书香燕京读书征文先进组织工作者
386	司立轩	财贸幼儿园网管	北京市电化教育研究会	北京市电化研究会学前教育技术专业委员会第二次会员代表大会即第五届年会上被评为先进个人
387	闫振敏	城关小学语文老师	北京市环境保护基金会北京市人民广播电台	北京市第十六届小学生"我爱地球妈妈"演讲比赛优秀辅导奖
388	李春荣	城关小学音乐教师	北京市教育委员会	北京市第十五届学生艺术节中指导的节目荣获合唱一等奖
389	戴全花	城关小学音乐教师	北京市教育委员会	北京市第十五届学生艺术节中指导的节目荣获合唱二等奖
390	王秀荣、杨景岚、王金燕、张啟龙、张玉霞、刘永利	城关小学语文老师	教育部关心下一代工作委员会	第十五届全国青少年"五好小公民"主题教育活动征文指导奖
391	丰金娜	城关小学大队辅导员	共青团北京市委员会少先队北京市工作委员会	北京市"优秀少先队辅导员"
392	丰金娜、杨景岚、于学江	城关小学大队辅导员语文老师体育老师	少先队北京市工作委员会	2012阳光体育奇奇运动会北京市总决赛中成绩优异，特授予您优秀指导教师奖
393	丰金娜	昌平区城关小学大队辅导员	中国少年先锋队北京市工作委员会	2012年北京市红领巾读书活动中荣获优秀辅导员
394	唐建京	大东流中心小学教师	北京市基础教育课程教材改革实验工作领导小组	北京市基础教育学生综合素质评价工作先进个人
395	聂玉峰	少年宫主任	北京市校外教育研究室、市教育学会校外教育研究会	论文《创新少年宫办学模式的实践与探讨》获北京市第十三届课外、校外教育理论研讨会论文一等奖
396	聂玉峰	少年宫主任	北京市青少年学生校外教育工作联席会议办公室、北京校外教育协会	第四届北京校外教育理论与实践研究论文一等奖
397	代莹莹	少年宫教科研室主任	北京市校外教育研究室、市教育学会校外教育研究会	论文《创新少年宫办学模式的实践与探讨》获北京市第十三届课外、校外教育理论研讨会论文一等奖
398	代莹莹	少年宫教科研室主任	北京市青少年学生校外教育工作联席会议办公室、北京校外教育协会	第四届北京校外教育理论与实践研究论文一等奖
399	蒋文华	少年宫教师	国际华人艺术节组委会、国际音乐舞蹈交流促进会	第四届国际华人艺术节暨大赛(新加坡)小学组团体指挥一等奖
400	聂玉峰	少年宫主任	北京市青少年学生校外教育工作联席会议办公室、北京市教育委员会、市人力资源和社会保障局	2012年北京市校外教育先进个人
401	王忆齐	少年宫教师	北京市教育委员会体育卫生与艺术教育处、北京市教育学会中小学美育研究室	论文"中小学生练字的占位方法初探"获北京市中小学第五届《京美杯》征文一等奖
402	周萌	少年宫教师	北京市教育委员会体育卫生与艺术教育处、北京市教育学会中小学美育研究室	论文"谈中国舞多元教育中传授中国文化"获北京市中小学第五届《京美杯》征文二等奖
403	宋越军	少年宫教师	北京市教育委员会体育卫生与艺术教育处、北京市教育学会中小学美育研究室	论文"农村小学舞蹈教学实施美育的探讨"获北京市中小学第五届《京美杯》征文二等奖

404	杨进芝	少年宫教师	北京市教育委员会体育卫生与艺术教育处、北京市教育学会中小学美育研究室	论文"浅谈校外英语教学中的美育"获北京市中小学第五届《京美杯》征文二等奖
405	闫桂花	少年宫教师	北京市教育委员会体育卫生与艺术教育处、北京市教育学会中小学美育研究室	论文"音乐感知引导在校外少儿钢琴教学中的作用"获北京市中小学第五届《京美杯》征文二等奖
406	方 芳	少年宫教师	北京市教育委员会体育卫生与艺术教育处、北京市教育学会中小学美育研究室	论文"浅谈高校学生音乐素养审美"获北京市中小学第五届《京美杯》征文二等奖
407	刘晓兰	少年宫教师	北京市青少年学生校外教育工作联席会议办公室、北京校外教育协会	第四届北京校外教育理论与实践研究论文二等奖
408	闫桂花	少年宫教师	北京市青少年学生校外教育工作联席会议办公室、北京校外教育协会	第四届北京校外教育理论与实践研究论文三等奖
409	闫桂花	少年宫教师	北京市青少年学生校外教育工作联席会议办公室、北京校外教育协会	第四届北京校外教育理论与实践研究案例三等奖
410	闫桂花	少年宫教师	全国城区少年宫工作研究会、全国青少年电子音乐节组委会	2012年全国第二届青少年电子音乐节电子器乐节指导节目金奖
411	王忆齐	少年宫教师	北京市青少年学生校外教育工作联席会议办公室、北京校外教育协会	第四届北京校外教育理论与实践研究论文三等奖
412	王玉林	马池口中学教师	北京市教育委员会	在北京市第十五届学生艺术节中指导的节目荣获合唱三等奖
413	谢 静	燕丹学校老师	北京市少工委	论文获北京市少先队辅导员优秀案例二等奖
414	董晓静	燕丹学校老师	市教育学会	教学设计化学式在2012年北京市初中化学优秀教学设计评选一等奖
415	韩俊华	燕丹学校老师	市教育学会	教学设计化学式在2012年北京市初中化学优秀教学设计评选一等奖
416	董晓静	燕丹学校老师	市教育学会	教学设计物质的转化及其应用在2012年北京市初中化学优秀教学设计评选一等奖
417	韩俊华	燕丹学校老师	市教育学会	教学设计物质的转化及其应用在2012年北京市初中化学优秀教学设计评选一等奖
418	郝万良	燕丹学校老师	北京市教育学会	获北京市第三届"智慧老师"教育教学研究成果三等奖
419	肖 伟	燕丹学校老师	北京市教育学会	获北京市第三届"智慧老师"教育教学研究成果
420	董晓静	燕丹学校老师	北京市教育学会	获北京市第三届"智慧老师"教育教学研究成果
421	韩俊华	燕丹学校老师	北京市教育学会	获北京市第三届"智慧老师"教育教学研究成果
422	尚红花	燕丹学校老师	北京市教育学会	获北京市第三届"智慧老师"教育教学研究成果二等奖
423	王春霞	燕丹学校老师	北京市教育学会	获北京市第三届"智慧老师"教育教学研究成果二等奖
424	安 亮	燕丹学校老师	北京市电化教育委员 会	2012北京市小学电化教育专业第十三届年会"三优"评选活动二等奖
425	王 蕊	燕丹学校老师	北京市电化教育委员 会	2012北京市小学电化教育专业第十三届年会"三优"评选活动三等奖

426	季东伟	燕丹学校老师	北京市教育委员会	荣获第十三届北京市中小学师生电脑作品评选活动多媒体课件一等奖
427	朱　宏	燕丹学校老师	教育部关工委	荣获第15届全国青少年“五好小公民”征文指导一等奖
428	李美娟	燕丹学校老师	教育部关工委	荣获第15届全国青少年“五好小公民”征文指导一等奖
429	陈　红	燕丹学校老师	教育部关工委	荣获第15届全国青少年“五好小公民”征文指导二等奖
430	刘少茹	燕丹学校老师	教育部关工委	荣获第15届全国青少年“五好小公民”征文指导三等奖
431	王春霞	燕丹学校老师	教育部关工委	荣获第15届全国青少年“五好小公民”征文指导二等奖
432	邱艳君	燕丹学校老师	教育部关工委	荣获第15届全国青少年“五好小公民"征文指导二等奖
433	尚红花	燕丹学校老师	教育部关工委	荣获第15届全国青少年"五好小公民"征文指导二等奖
434	王金晶	燕丹学校老师	北京市装备中心	第二届全国教育技术装备与实验教学优秀论文评选活动获市二等奖
435	王桂凤	中滩中学教师	中国教育技术协会中小学专业评价委员会	全国互动反馈教学应用现场交流活动的说课比赛中荣获一等奖
436	李建磊	中滩中学副主任	中国教育技术协会中小学专业评价委员会	全国互动反馈教学应用现场交流活动的说课比赛中荣获二等奖
437	徐丽	中滩中学教师	中国教育技术协会中小学专业评价委员会	全国互动反馈教学应用现场交流活动的说课比赛中荣获二等奖
438	高凯	中滩中学教师	中国教育技术协会中小学专业评价委员会	全国互动反馈教学应用现场交流活动的说课比赛中荣获二等奖
439	王竞辉	中滩中学教师	中国教育技术协会中小学专业评价委员会	全国互动反馈教学应用大赛课例评比一等奖
440	宋佳栗	中滩中学教师	中国教育技术协会中小学专业评价委员会	全国互动反馈教学应用大赛课例评比一等奖
441	陈立华	中滩中学教师	中国教育技术协会中小学专业评价委员会	全国互动反馈教学应用大赛课例评比一等奖
442	张雪慧	中滩中学副主任	中国教育技术协会中小学专业评价委员会	全国互动反馈教学应用大赛课例评比一等奖
443	于艳秋	中滩中学教师	中国教育技术协会中小学专业评价委员会	全国互动反馈教学应用大赛课例评比二等奖
444	陈德云	中滩中学教师	中国教育技术协会中小学专业评价委员会	全国互动反馈教学应用大赛课例评比二等奖
445	高凯	中滩中学教师	中国教育技术协会中小学专业评价委员会	全国互动反馈教学应用大赛课例评比三等奖
446	张明星	中滩中学教师	中国教育技术协会中小学专业评价委员会	全国互动反馈教学应用大赛课例评比三等奖
447	李建磊	中滩中学副主任	中国教育技术协会中小学专业评价委员会	全国互动反馈教学应用大赛论文评比一等奖
448	王竞辉	中滩中学教师	中国教育技术协会中小学专业评价委员会	全国互动反馈教学应用大赛论文评比二等奖
449	张明星	中滩中学教师	中国教育技术协会中小学专业评价委员会	全国互动反馈教学应用大赛论文评比二等奖
450	屈凤霞	中滩中学教师	中国教育技术协会中小学专业评价委员会	全国互动反馈教学应用大赛论文评比二等奖
451	刘雅茹	中滩中学教师	中国教育技术协会中小学专业评价委员会	全国互动反馈教学应用大赛论文评比二等奖
452	申艳辉、王桂凤	中滩中学教师	中国教育技术协会中小学专业评价委员会	全国互动反馈教学应用大赛论文评比二等奖
453	褚广崇	中滩中学教师	中国教育技术协会中小学专业评价委员会	全国互动反馈教学应用大赛论文评比三等奖
454	陈立华、宋佳栗、高凯	中滩中学教师	中国教育技术协会中小学专业评价委员会	全国互动反馈教学应用大赛论文评比三等奖
455	王燕丽	中滩中学教师	中国教育技术协会中小学专业评价委员会	全国互动反馈教学应用大赛论文评比三等奖

456	马 飞	中滩中学校长	北京教育委员会体育卫生与艺术教育处、北京市教育学会中小学美育研究处	论文荣获北京市中小学第五届《京美杯》征文一等奖。
457	王桂凤	中滩中学教师	北京教育科学研究院基础教育科学研究所、北京市教育学会中青年教育理论工作者研究会	北京市 2011 - 2012 学年度基础教育科学研究优秀论文评选二等奖
458	刘丽娜	中滩中学教师	北京教育科学研究院基础教育科学研究所、北京市教育学会中青年教育理论工作者研究会	北京市 2011 - 2012 学年度基础教育科学研究优秀论文评选三等奖
459	屈凤霞	中滩中学教师	北京教育科学研究院基础教育科学研究所、北京市教育学会中青年教育理论工作者研究会	北京市 2011 - 2012 学年度基础教育科学研究优秀论文评选三等奖
460	王竞辉	中滩中学教师	北京教育科学研究院基础教育科学研究所 北京市教育学会中青年教育理论工作者研究会	北京市 2011 - 2012 学年度基础教育科学研究优秀论文评选三等奖
461	宋佳栗、陈立华	中滩中学教师	北京教育科学研究院基础教育科学研究所 北京市教育学会中青年教育理论工作者研究会	北京市 2011 - 2012 学年度基础教育科学研究优秀论文评选三等奖
462	刘丽娜	中滩中学教师	北京教育科学研究院基础教育科学研究所 北京市教育学会中青年教育理论工作者研究会	北京市 2011 - 2012 学年度基础教育科学研究优秀论文评选二等奖
463	陈立华	中滩中学教师	北京教育科学研究院基础教育科学研究所 北京市教育学会中青年教育理论工作者研究会	北京市 2011 - 2012 学年度基础教育科学研究优秀论文评选一等奖
464	张明星	中滩中学教师	北京市基础教育课程教材改革实验工作领导小组	北京市基础教育课程教材实验2012 年优秀论文评选一等奖
465	李建磊、陈立华	中滩中学教师	北京市基础教育课程教材改革实验工作领导小组	北京市基础教育课程教材实验2012 年优秀论文评选一等奖
466	张雪玲	中滩中学教师	北京市教育委员会	北京市第十三届中小学师生电脑评比活动指导教师二等奖
467	张明星	中滩中学教师	北京市教育委员会	北京市第十三届中小学师生电脑评比活动指导教师三等奖
468	邱 兰、宋佳栗	中滩中学教师	北京市教育学会初中教育研究分会	2012 年北京市初中教师“实践德育”论文评比一等奖
469	周天峰	中滩中学教师	北京市教育学会初中教育研究分会	2012 年北京市初中教师“实践德育”论文评比三等奖
470	王竞辉	中滩中学教师	北京市教育学会初中教育研究分会	2012 年北京市初中教师“实践德育”论文评比三等奖
471	李建磊	中滩中学教师	教育部关心下一代工作委员会	第十五届全国青少年"五好小市民"主题教育活动征文指导一等奖
472	于艳秋	中滩中学教师	教育部关心下一代工作委员会	第十五届全国青少年"五好小市民"主题教育活动征文指导一等奖
473	陈梦	昌平三中教师	北京市教育委员会	北京市首届高中教师新课程基本功培训和展示活动物理学科二等奖
474	徐 芳	昌平三中教师	北京市教育委员会	北京市首届高中教师新课程基本功培训和展示活动化学学科二等奖
475	贺燕茹	昌平三中教师	北京市教育委员会	第二届北京市高中生技术设计创意大赛团体三等奖
476	贺燕茹	昌平三中教师	北京教育科学研究院基础教育教学研究中心	北京市普通高中通用技术纸服装设计优秀辅导教师称号
477	贺燕茹	昌平三中教师	北京教育科学研究院基础教育教学研究中心	北京市普通高中通用技术纸服装设计团体一等奖
478	李冬梅	昌平三中教务副主任	北京市教育委员会体育卫生与艺术教育处、北京市教育学会中小学美育研究会	北京市中小学第五届《京美杯》征文一等奖

479	梁 晰	昌平三中教师	北京市教育委员会体育卫生与艺术教育处、北京市教育学会中小学美育研究会	北京市中小学第五届《京美杯》征文一等奖
480	陈 琳	昌平三中教师	北京市教育委员会体育卫生与艺术教育处、北京市教育学会中小学美育研究会	北京市中小学第五届《京美杯》征文一等奖
481	刘 坤	昌平三中教师	北京市教育委员会体育卫生与艺术教育处、北京市教育学会中小学美育研究会	北京市中小学第五届《京美杯》征文一等奖
482	李海生	昌平三中教师	北京市教育委员会体育卫生与艺术教育处、北京市教育学会中小学美育研究会	北京市中小学第五届《京美杯》征文二等奖
483	姚 洁	昌平三中教师	北京市教育委员会体育卫生与艺术教育处、北京市教育学会中小学美育研究会	北京市中小学第五届《京美杯》征文二等奖
484	冯 燕	昌平三中教师	北京市教育委员会体育卫生与艺术教育处、北京市教育学会中小学美育研究会	北京市中小学第五届《京美杯》征文三等奖
485	唐丽美	昌平三中教师	北京市教育委员会体育卫生与艺术教育处、北京市教育学会中小学美育研究会	北京市中小学第五届《京美杯》征文三等奖
486	贺燕茹	昌平三中教师	北京教育科学研究院基础教育教学研究中心	《纸筒滚落试验》获北京市普通高中通用技术优秀教学成果评选活动一等奖
487	贺燕茹	昌平三中教师	北京教育科学研究院基础教育教学研究中心	《感受技术魅力 体验设计制作乐趣》获北京市普通高中通用技术优秀教学成果评选活动一等奖
488	贺燕茹	昌平三中教师	北京少年电子技师定活动组织委员会	北京市中小学电子制作创新大赛中获得优秀辅导员称号
489	李海生	昌平三中教师	北京市班主任工作研究会	北京市班主任工作研究会年会征文二等奖
490	王爱华	沙河中心小学教师	中国少年先锋队北京市工作委员会、北京市教育委员会、首都精神文明建设委员会办公室、中国共产主义青年团北京市委员会、北京市文化局	2012年北京市红领巾读书活动“阅读丰富我的生活”征文比赛中荣获优秀指导教师
491	吴志强	崔村中心教师	北京市基教研中心	2012年北京市基础教育优秀课堂教学设计三等奖
492	王兴荣	崔村中心教师	北京市基础教育研究中心	北京市基础教育科学研究论文一等奖
493	王春梅	崔村中心教师	北京市基础教育研究中心	北京市基础教育科学研究论文一等奖
494	刘新生	崔村中心教师	北京市基础教育研究中心	北京市基础教育科学研究论文一等奖
495	孙晓虎	崔村中心教师	北京市基础教育研究中心	北京市基础教育科学研究论文二等奖
496	杨明华	北七家中心大队辅导员	北京市教委、北京市少工委	优秀辅导员
497	刘艳明	北七家中心小学教师	国家教育部关工委	第十五届全国青少年“五好小公民”主题教育活动征文指导一等奖
498	李卫国	北七家中心小学教师	国家教育部关工委	第十五届全国青少年“五好小公民”主题教育活动征文指导一等奖
499	刘杰锋	北七家中心小学教师	国家教育部关工委	第十五届全国青少年“五好小公民”主题教育活动征文指导一等奖
500	刘佳宁	北七家中心小学教师	国家教育部关工委	第十五届全国青少年“五好小公民”主题教育活动征文指导二等奖
501	张丽娟	城南中心小学教导处副主任	中共北京市委教育工作委员会、北京市教育委员会北京市教育工会	被评为2012年北京市师德先进个人
502	孟庆梅	昌平一中教师	北京市教委	北京市第十五届学生艺术节中指导节目获京剧一等奖

503	孟庆梅	昌平一中教师	北京市教委	北京市第十五届学生艺术节中指导节目获合唱三等奖
504	孟庆梅	昌平一中教师	中国人民对外友好协会、中国教育电视协会、中国艺术教育文化交流中心、全国校园春节联欢晚会组委会	在"庆祝中韩建交20周年"魅力校园第九届中韩青少年文艺交流盛典活动中获"中韩艺术交流使者"称号
505	爱新觉罗·子妤	昌平一中教师	北京市教委	北京市第十五届学生艺术节中指导节目获合唱三等奖
506	张有喜	昌平一中保卫干部	北京市公安局	2012年北京市公安局个人嘉奖
507	刘　靖	昌平一中教务主任	北京教育学院、教育技术设备中心	第二届《"书香燕京"-北京市中小学阅读指导》读书征文活动中被评为先进组织工作者
508	高宝香	昌平一中图书管理员	北京教育学院、教育技术设备中心	第二届《"书香燕京"-北京市中小学阅读指导》读书征文活动中被评为先进组织工作者
509	王孟如	阳坊中心小学	北京市教育委员会	北京市"五五"普法先进个人
510	王孟如	阳坊中心小学	北京市教育委员会	北京市校外教育优秀校长
511	王孟如	阳坊中心小学	北京市教育委员会、北京市体育局	2012年北京市中小学生武道运动发展突出贡献奖
512	李玉霞	昌盛园小学数学教师	北京市职工职业技能大赛组委会	第二届北京市职工职业技能大赛中中小学教师多媒体课件制作比赛小学组优秀奖
513	刘　娟	昌盛园小学科学教师	北京教育学院	参加2011北京市中小学小学教师带薪脱产培训项目(小学科学版)评为优秀学员
514	那士学、王丽萍共35位教师	昌盛园小学语文教师	中国教育协会、中国语文现代化学会	您的学生在"叶圣陶杯"第四届全国中小学生听说读写大赛中荣获一等奖。特授予"优秀指导教师"光荣称号
515	王慧君	昌盛园小学音乐教师	北京市教委	北京市第十五届学生艺术节合唱一等奖
516	高连荣	昌盛园小学音乐教师	北京市教委	北京市第十五届学生艺术节最佳指挥奖
517	刘　娟	昌盛园小学科学教师	北京市教委	在《未来城市绿色畅想》JA中国2012小学绿色创新挑战赛中获优秀指导教师，其带领学生团队获得全能公司奖
518	冉国明	昌盛园小学数学教师	走进美妙的数学花园中国青少年数学论坛组委会	在第十届走进美妙的数学花园中国青少年数学论坛-全国趣味数学解题技能展示活动中，指导周骁同学取得四年级组一等奖优异成绩授予优秀指导教师荣誉称号
519	张文春	昌盛园小学数学教师	走进美妙的数学花园中国青少年数学论坛组委会	在第十届走进美妙的数学花园中国青少年数学论坛-全国趣味数学解题技能展示活动中，指导李卓君同学取得五年级组三等奖优异成绩授予优秀指导教师荣誉称号
520	赵燕森	昌盛园小学数学教师	走进美妙的数学花园中国青少年数学论坛组委会	在第十届走进美妙的数学花园中国青少年数学论坛-全国趣味数学解题技能展示活动中，指导安文宇同学取得五年级组三等奖优异成绩授予优秀指导教师荣誉称号
521	胡　颖	昌盛园小学数学教师	走进美妙的数学花园中国青少年数学论坛组委会	在第十届走进美妙的数学花园中国青少年数学论坛-全国趣味数学解题技能展示活动中，指导商桂城同学取得五年级组三等奖优异成绩授予优秀指导教师荣誉称号

522	崔 静	昌盛园小学数学教师	走进美妙的数学花园中国青少年数学论坛组委会	在第十届走进美妙的数学花园中国青少年数学论坛-全国趣味数学解题技能展示活动中，指导张敬为同学取得三年级组三等奖优异成绩授予优秀指导教师荣誉称号
523	唐书玉	昌盛园小学数学教师	走进美妙的数学花园中国青少年数学论坛组委会	在第十届走进美妙的数学花园中国青少年数学论坛-全国趣味数学解题技能展示活动中，指导贾濠瑞同学取得三年级组三等奖优异成绩授予优秀指导教师荣誉称号
524	叶玉云	昌盛园小学数学教师	走进美妙的数学花园中国青少年数学论坛组委会	在第十届走进美妙的数学花园中国青少年数学论坛-全国趣味数学解题技能展示活动中，指导刘源丰同学取得六年级组三等奖优异成绩授予优秀指导教师荣誉称号
525	王 欢	昌盛园小学信息技术教师	北京大学现代教育技术研究所	在基础教育跨越式发展创新探索实验项目中贡献突出评为优秀网管
526	尚永斌	昌盛园小学书法教师	北京教科研基础教育课程教材发展研究中心	毛笔书法作品，在“迎接党的十八大展示首都教师风采——北京市中小学教师书法比赛”中，获一等奖
527	朱克月	昌盛园小学美术教师	北京教科研基础教育课程教材发展研究中心	硬笔书法作品，在“迎接党的十八大展示首都教师风采——北京市中小学教师书法比赛”中，获二等奖
528	尚永斌	昌盛园小学书法教师	北京教科研基础教育课程教材发展研究中心	硬笔书法作品，在“迎接党的十八大展示首都教师风采——北京市中小学教师书法比赛”中，获三等奖
529	孙宝江、王俊红	上苑中心小学教师	北京教育学会	论文《有效的才是最好的-对课堂提问的思考》智慧教师评选二等奖论文《浅谈农村小学科学课堂教学的评价》智慧教师三等奖
530	梁海霞、梁海刚	上苑中心小学教师	北京教育学会	论文《浅谈如何培养一年级学生数感》智慧教师三等奖
531	戈森平	上苑中心小学教学主任	北京教育学会	论文《我表达 我快乐》智慧教师一等奖
532	王华	上苑中心小学教师	北京教育学会	论文《小提问里的大学问》智慧教师二等奖
533	张然、梁海霞	上苑中心小学教师	北京教育学会	论文《浅谈指导小学生习作审题》智慧教师三等奖
534	王俊红、孙宝江、戈森平	上苑中心小学教师	北京市教科院	北京市2011-2012学年度基础教育科学研究优秀论文评审二等奖
535	巩小燕、贺培、祁萨菩、王晓霞、王新颖、纪小明、戈森平	上苑中心小学教师	北京市教科院	北京市2011-2012学年度基础教育科学研究优秀论文评审三等奖
536	刘红艳	昌平区沙河中学	北京物理学会	第七届全国高中应用物理知识竞赛(北京171中学杯)中荣获北京赛区预赛优秀指导教师奖
537	王春燕	昌平区沙河中学	北京市教育技术设备中心	在第二届《“书香燕京”——北京市中小学阅读指导》读书征文活动中被评为先进组织工作者
538	张 玮	沙河中学	北京市基础教学课程教材改革实验工作领导小组	在北京市基础教育课程教材改革实验中，被评为“2011——2012学年度北京市基础教育学生综合素质评价工作先进个人”

539	罗香菊	沙河中学	全国教师教育学会	参加全国教师教育学会综合实践活动学科委员会《综合实践活动与学校发展》研究项目积极认真成绩显著被评为2012年度课题研究先进个人
540	王志鹏	特殊儿童教育学校	北京市特教中心	征文一等奖
541	杨文雅	特殊儿童教育学校	北京市特教中心	征文三等奖
542	李海洋	特殊儿童教育学校	北京市特教中心	征文三等奖
543	任虹颖	特殊儿童教育学校	北京市特教中心	征文三等奖
544	张丽明	特殊儿童教育学校	北京市特教中心	基本功大赛三等奖
545	王晨阳	特殊儿童教育学校	北京市教育协会特教研究会	特教征文一等奖
546	杨文雅	特殊儿童教育学校	北京市教育协会特教研究会	特教征文一等奖
547	张丽明	特殊儿童教育学校	北京市教育协会特教研究会	特教征文二等奖
548	任虹颖	特殊儿童教育学校	北京市教育协会特教研究会	特教征文二等奖
549	王路远	特殊儿童教育学校	北京市教育协会特教研究会	特教征文二等奖
550	李海洋	特殊儿童教育学校	北京市教育协会特教研究会	特教征文三等奖
551	朱建云	特殊儿童教育学校	北京市教育协会特教研究会	特教征文三等奖
552	高铁媛	特殊儿童教育学校	北京市教育协会特教研究会	特教征文三等奖
553	甘京川	特殊儿童教育学校	北京市教育协会特教研究会	特教征文三等奖
554	张　北	特殊儿童教育学校	北京市教育协会特教研究会	特教征文三等奖
555	齐兰清	二毛学校教师	中国教育学会中国语文现代化学会	"优秀指导教师"光荣称号
556	曹秀丽	二毛学校教师	中国教育学会中国语文现代化学会	"优秀指导教师"光荣称号
557	欧凤云	二毛学校教师	中国教育学会中国语文现代化学会	"优秀指导教师"光荣称号
558	徐洪霞	二毛学校教师	中国教育学会中国语文现代化学会	"优秀指导教师"光荣称号
559	齐学文	二毛学校教师	中国教育学会中国语文现代化学会	"优秀指导教师"光荣称号
560	刘桂玲	二毛学校教师	中国教育学会中国语文现代化学会	"优秀指导教师"光荣称号
561	姜连娇	南口学校教师	北京市教育委员会	北京市首届高中教师新课程基本功展示一等奖
562	杜雪梅	南口学校教师	北京市教育委员会	北京市首届高中教师新课程基本功展示二等奖
563	秦秀亭	南口学校教师	北京市教育委员会	在第三届北京市高中生技术设计创意大赛中荣得获优秀辅导教师
564	郑　辉	南口学校教师	北京市教育委员会	在第三届北京市高中生技术设计创意人赛中获得优秀辅导教师
565	陈立莉	南口学校教师	北京市紫禁杯教育奖励基金管理委员会	第25届北京市中小学"紫禁杯"优秀班主任一等奖
566	张　杨	南口学校教师	教育部关心下一代工作委员会、中央电化教育馆、中国发明协会	在第十届全国中小学信息技术创新与实践活动中荣获优秀指导教师
567	高　敏	南口学校教师	教育部关心下一代工作委员会、中央电化教育馆、中国发明协会	第十届全国中小学信息技术创新与实践活动优秀指导教师
568	赵　菊	南口学校教师	教育部关心下一代工作委员会、教育部关工委全国青少年主题教育活动组织委员会	第十五届全国青少年"五好小公民"主题教育活动征文指导特等奖
569	宋金英	南口学校教师	教育部关心下一代工作委员会、教育部关工委全国青少年主题教育活动组织委员会	第十五届全国青少年"五好小公民"主题教育活动征文指导特等奖
570	杨永琴	南口学校教师	教育部关心下一代工作委员会、教育部关工委全国青少年主题教育活动组织委员会	第十五届全国青少年"五好小公民"主题教育活动征文指导一等奖

571	施 岩	南口学校教师	教育部关心下一代工作委员会、教育部关工委全国青少年主题教育活动组织委员会	第十五届全国青少年“五好小公民”主题教育活动征文指导一等奖
572	董方靖	南口学校教师	教育部关心下一代工作委员会、教育部关工委全国青少年主题教育活动组织委员会	第十五届全国青少年“五好小公民”主题教育活动征文指导一等奖
573	薛丽青	南口学校教师	教育部关心下一代工作委员会、教育部关工委全国青少年主题教育活动组织委员会	第十五届全国青少年“五好小公民”主题教育活动征文指导一等奖
574	谷明伟	南口学校教师	教育部关心下一代工作委员会、教育部关工委全国青少年主题教育活动组织委员会	第十五届全国青少年“五好小公民”主题教育活动征文指导一等奖
575	郭君阔	南口学校教师	教育部关心下一代工作委员会、教育部关工委全国青少年主题教育活动组织委员会	第十五届全国青少年“五好小公民”主题教育活动征文指导二等奖
576	韩立颖	南口学校教师	教育部关心下一代工作委员会、教育部关工委全国青少年主题教育活动组织委员会	第十五届全国青少年“五好小公民”主题教育活动征文指导二等奖
577	李 换	南口学校教师	教育部关心下一代工作委员会、教育部关工委全国青少年主题教育活动组织委员会	第十五届全国青少年“五好小公民”主题教育活动征文指导二等奖
578	邢晓雪	南口学校教师	教育部关心下一代工作委员会、教育部关工委全国青少年主题教育活动组织委员会	第十五届全国青少年“五好小公民”主题教育活动征文指导二等奖
579	谷金平	南口学校教师	教育部关心下一代工作委员会、教育部关工委全国青少年主题教育活动组织委员会	第十五届全国青少年“五好小公民”主题教育活动征文指导二等奖
580	谷天朝	南口学校教师	教育部关心下一代工作委员会、教育部关工委全国青少年主题教育活动组织委员会	第十五届全国青少年“五好小公民”主题教育活动征文指导三等奖
581	姜连娇	南口学校教师	中共北京市委教育工作委员会、北京市教育委员会、中国教育工会北京市委员会	北京市师德先进个人
582	张 杨	南口学校教师	北京市教育委员会	指导的高中组机器人足球获得第十三届北京市中小学师生电脑作品评选活动（机器人竞赛项目）一等奖
583	张 杨	南口学校教师	北京市教育委员会	指导的高中组机器人灭火与搜救获得第十三届北京市中小学师生电脑作品评选活动三等奖
584	张 杨	南口学校教师	北京市教育委员会	指导的初中组机器人灭火获得第十三届北京市中小学师生电脑作品评选活动一等奖
585	张 杨	南口学校教师	北京市教育委员会	指导的初中组机器人足球获得第十三届北京市中小学师生电脑作品评选活动三等奖
586	张 杨	南口学校教师	北京市教育委员会	指导的小学组机器人灭火获得第十三届北京市中小学师生电脑作品评选活动一等奖
587	张 杨	南口学校教师	北京市教育委员会	指导的小学组机器人足球获得第十三届北京市中小学师生电脑作品评选活动三等奖
588	沈玉梅	南口学校教科室主任	全国教师教育学会综合实践活动学科委员会	参加全国教师教育学会综合实践活动学科委员会《综合实践活动与学校发展》研究项目积极认真成绩显著被评为2012年度课题研究先进个人
589	平朝晖	七里渠中心小学教师	北京市基础教育课程教材改革实验工作小组	2011—2012学年度北京市基础教育学生综合素质评价工作先进个人
590	陈 山	十三陵中心小学 校长	全国教师教育学会综合实践学科委员会	《综合实践活动与学校发展》研究项目课题研究先进个人
591	周金钟	十三陵中心小学 副校长	全国教师教育学会综合实践学科委员会	《综合实践活动与学校发展》研究项目课题研究先进个人

592	陈　丽	小学语文教研员	北京市教育学院	广西南宁扶绥的"同课异构"活动中做观摩课《四时田园杂兴》和古诗教学专题讲座，受到好评
593	陈　丽	小学语文教研员	北京市教育学院	广西贺州的"同课异构"活动中做观摩课《渔歌子》和古诗教学专题讲座，受到好评
594	高春节	小学语文教研员	北京市基教研中心	北京教研北京实验工作通讯两刊优秀信息员
595	东艳红	继教办教研员	北京教育学院	北京教育学院学历班优秀班主任
596	任　荣	继教办教研员	北京教育学院	北京市"绿色耕耘"小学英语教师培训项目优秀班主任
597	张丽芳	继教办教研员	北京教育学院	北京市优秀信息员
598	刘洪梅	昌平区教工幼儿园教师	中共北京市委教育工作委员会、北京市教育委员会、北京市教育工会	2012年北京市师德先进个人
599	吴　宇	昌平二中校长	北京市教育委员会	感动金帆贡献奖
600	侯艳娟	昌平二中教师	北京市教育委员会	北京市第三届高中生科技创新大赛中获优秀辅导教师奖
601	韩飞鹏	昌平二中教师	北京市教育委员会	2012年北京奥林匹克教育学校体育后备人才培养基地优
602	王世国	昌平二中副书记	北京市公安局昌平分局	2012年内保系统北京市公安局个人嘉奖
603	韩宏丽	二一学校教师	中国教育学会教育机制研究分会	第十一届"现代教育理论与实践论坛"论文评比一等奖
604	韩宏丽	二一学校教师	北京市基础教育研究中心	荣获北京市中小学音乐教育教学论文二等奖
605	姬秀美	二一学校教师	中国教育协会	教学设计《确定平行四边形顶点问题》获"卡西欧杯"第八届全国初中青年数学教师优秀课观摩与评比活动二等奖
606	姬秀美	二一学校教师	北京教科院	课例《确定平行四边形顶点问题》获北京市中学青年教师优秀课评比一等奖
607	孙洪波	二一学校教师	北京市基础教育研究中心	北京市初中化学元素化合物专题复习教学现场课评比一等奖
608	蔡世芳	二一学校教师	中国地理研究协会	第六届"地球小博士"全国地理科技大赛中获全国优秀指导教师一等奖，授予全国优秀科技辅导员称号
609	秦　健	兴寿学校教师	北京教育网络和信息中心	北京市中小学骨干教师专业培训一等奖
610	赵馨雅	兴寿学校教师	北京市教育委员会	北京市第十五届艺术节中指导的节目获合唱三等奖
611	庞会波	兴寿学校教师	北京教育网络和信息中心	北京市中小学教师信息技术与教育创新论文评选活动中获三等奖
612	齐艳芳	兴寿学校教师	教育部关心下一代工作委员会	第十五届全国青少年"五好小市民"主题教育活动征文指导一等奖
613	杨爱清	兴寿学校教师	教育部关心下一代工作委员会	第十五届全国青少年"五好小市民"主题教育活动征文指导一等奖
614	王海静	兴寿学校教师	教育部关心下一代工作委员会	第十五届全国青少年"五好小市民"主题教育活动征文指导二等奖
615	王小松	兴寿学校教师	教育部关心下一代工作委员会	第十五届全国青少年"五好小市民"主题教育活动征文指导二等奖

616	李春玉	兴寿学校教师	教育部关心下一代工作委员会	第十五届全国青少年“五好小市民”主题教育活动征文指导三等奖
617	李春玉	兴寿学校教师	北京市紫禁杯教育奖励基金管理委员会	第25届北京市中小学“紫禁杯”优秀班主任一等奖
618	刘贺香	昌平五中教师	中国青少年发展服务中心、全国“青少年走进科学世界”科普活动指导委员会办公室、全国中学生数理化学科能力展示活动组委会	在第四届全国中学生数理化学科能力,解题技能展示活动中,指导学生取得优异成绩,贡献突出,特授予“优秀指导教师”荣誉称号
619	张　蕾	昌平五中教师	中国青少年发展服务中心、全国“青少年走进科学世界”科普活动指导委员会办公室、全国中学生数理化学科能力展示活动组委会	在第四届全国中学生数理化学科能力解题技能展示活动中,指导学生取得优异成绩,贡献突出,特授予“优秀指导教师”荣誉称号
620	罗有良	昌平五中教师	北京市教育委员会、北京市科学技术协会、北京市科学技术委员会	第32届北京青少年科技创新大赛科技辅导员科教创新项目科教制作类三等奖
621	王　亮	昌平五中教师	教育部关心下一代工作委员会、中央电化教育馆、中国发明协会、全国中小学信息技术创新与实践活动组织委员会	作品“足球进攻技术”荣获第十届“全国中小学信息技术创新与实践活动”决赛多媒体学习工具评优赛项初中组二等奖
622	李伟娟	昌平五中教师	教育部关心下一代工作委员会、教育部关工委全国青少年主题教育活动组织委员会	第15届全国青少年“五好小公民”主题教育活动征文指导一等奖
623	张　欣	昌平五中教师	教育部关心下一代工作委员会、教育部关工委全国青少年主题教育活动组织委员会	第15届全国青少年“五好小公民”主题教育活动征文指导二等奖
624	申　英	昌平五中教师	北京市教育委员会	指导的作品《最后的绿地》荣获第十一届北京市中小学师生电脑作品评选活动初中组电脑绘画三等奖
625	佟雪艳、罗友良	昌平五中教师	北京市教育委员会	制作的教具“汽化与液化循环酿酒器具组”在2012年北京市基础教育系统自制教具评选活动中获得二等奖
626	王　亮、安德建、张宝东	昌平五中教师	北京市教育委员会	作品“足球进攻技术”荣获北京市第十三届中小学生电脑作品评选活动多媒体课件二等奖
627	马建梅	昌平五中教师	北京市紫禁杯教育奖励基金管理委员会	第二十五届北京市中小学紫禁杯优秀班主任一等奖
628	张小兵	昌平五中政教副校长	北京市教委、北京市体育局	2012年北京市第六届中小学生武道运动发展突出贡献奖
629	马立斌	昌平五中教师	北京市教委、北京市体育局	2012年北京市第六届中小学生武道运动发展优秀教练员
630	师国召	昌平五中教师	北京市教委、北京市体育局	2012年北京市第六届中小学生武道运动发展优秀教练员
631	陈慧平	昌平五中教师	中国关心下一代工作委员会教育发展中心、中国歌剧舞剧院考级委员会、世界文化联盟、青春中国全国青少年艺术展评活动北京组委会	青春中国“第八届全国青少年艺术展评活动”北京选区美术类优秀指导教师奖
632	安德建	昌平五中教师	北京教育网络和信息中心	课程《自制电教物品管理网站》在2011－2012年度北京市中小学骨干教师专业培训成果评比中,荣获一等奖

633	任娜	昌平五中教师	中国关心下一代工作委员会教育发展中心、中国歌剧舞剧院考级委员会、世界文化联盟、青春中国全国青少年艺术展评活动北京组委会	青春中国"第八届全国青少年艺术展评活动"北京选区美术类优秀指导教师奖
634	王浩英	昌平五中教师	中国关心下一代工作委员会教育发展中心、中国歌剧舞剧院考级委员会、世界文化联盟、青春中国全国青少年艺术展评活动北京组委会	青春中国"第八届全国青少年艺术展评活动"北京选区舞蹈类优秀指导教师奖
635	安德建	昌平五中教师	北京教育网络和信息中心	课程《机房系统安装》在 2011 - 2012 年度北京市中小学骨干教师专业培训成果评比中，荣获一等奖
636	虎素菊	昌平实验中学副校长	北京教育学院 北京市教育技术设备中心	第二届《"书香燕京"——北京市中小学阅读指导》读书征文活动先进组织工作者
637	孔宪花	昌平实验中学教师	北京教育学院 北京市教育技术设备中心	第二届《"书香燕京"——北京市中小学阅读指导》读书征文活动先进组织工作者
638	张丽姝	昌平实验中学教师	北京教育学院教务处	北京教育学院举办的 2012 年京郊教师"绿色耕耘"(初中英语)培训项目中优秀学员
639	孔宪花	昌平实验中学教师	北京市紫禁杯教育奖励基金管理委员会	第二十五届北京市中小学紫禁杯优秀班主任二等奖
640	李学森	马池口中心小学人士干部	北京市教育委员会	北京市昌平区中小学电子化学籍管理工作先进个人
641	焦振洲	马池口中心小学教师	中国教育工会北京市委员会	北京市师德先进个人
642	左红霞	马池口中心小学德育干部	北京市基础教育课程教材改革试验工作领导小组	2011 - 2012 学年度北京市基础教育学生综合素质评价工作先进个人
643	柳东红	第二实验小学教导处副主任	北京教育总工会	2012 年首度教育系统职工运动会乒乓球比赛区县乙组男子单打第一名
644	甄筱苒	第二实验小学教师	北京教育总工会	2012 年首度教育系统职工运动会乒乓球比赛区县乙组女子单打第三名
645	高海燕	第二实验小学校长	北京教育科学研究院基础教育科学研究所、北京市教育学会中青年教育理论工作者研究会	北京市 2011 - 2012 学年度基础教育科学研究优秀论文一等奖
646	高　跃	第二实验小学教师	北京教育科学研究院基础教育科学研究所、北京市教育学会中青年教育理论工作者研究会	北京市 2011 - 2012 学年度基础教育科学研究优秀论文一等奖
647	李　璐	第二实验小学教师	北京教育科学研究院基础教育科学研究所、北京市教育学会中青年教育理论工作者研究会	北京市 2011 - 2012 学年度基础教育科学研究优秀论文二等奖
648	程　曦	第二实验小学教师	北京教育科学研究院基础教育科学研究所、北京市教育学会中青年教育理论工作者研究会	北京市 2011 - 2012 学年度基础教育科学研究优秀论文二等奖
649	李小平	第二实验小学副校长	北京教育科学研究院基础教育科学研究所、北京市教育学会中青年教育理论工作者研究会	北京市 2011 - 2012 学年度基础教育科学研究优秀论文二等奖

650	周慧颖	第二实验小学教师	北京教育科学研究院基础教育科学研究所、北京市教育学会中青年教育理论工作者研究会	北京市2011－2012学年度基础教育科学研究优秀论文二等奖
651	杨红霞	第二实验小学教师	北京教育科学研究院基础教育科学研究所、北京市教育学会中青年教育理论工作者研究会	北京市2011－2012学年度基础教育科学研究优秀论文二等奖
652	石维华	第二实验小学教师	北京教育科学研究院基础教育科学研究所、北京市教育学会中青年教育理论工作者研究会	北京市2011－2012学年度基础教育科学研究优秀论文二等奖
653	张常娥	第二实验小学教师	北京教育科学研究院基础教育科学研究所、北京市教育学会中青年教育理论工作者研究会	北京市2011－2012学年度基础教育科学研究优秀论文二等奖
654	王建平	第二实验小学教导主任	北京教育科学研究院基础教育科学研究所、北京市教育学会中青年教育理论工作者研究会	北京市2011－2012学年度基础教育科学研究优秀论文二等奖
655	徐丽杰	第二实验小学教师	北京教育科学研究院基础教育科学研究所、北京市教育学会中青年教育理论工作者研究会	北京市2011－2012学年度基础教育科学研究优秀论文三等奖
656	郝芳超、张艳	第二实验小学教师	北京教育科学研究院基础教育科学研究所北京市教育学会中青年教育理论工作者研究会	北京市2011－2012学年度基础教育科学研究优秀论文三等奖
657	周娜娜	第二实验小学教师	北京教育科学研究院基础教育科学研究所、北京市教育学会中青年教育理论工作者研究会	北京市2011－2012学年度基础教育科学研究优秀论文三等奖
658	刘春艳	第二实验小学教师	北京教育科学研究院基础教育科学研究所、北京市教育学会中青年教育理论工作者研究会	北京市2011－2012学年度基础教育科学研究优秀论文三等奖
659	徐丽杰	第二实验小学教师	北京教育科学研究院基础教育科学研究所、北京市教育学会中青年教育理论工作者研究会	北京市2011－2012学年度基础教育科学研究优秀论文三等奖
660	李红艳	第二实验小学教师	北京教育科学研究院基础教育科学研究所、北京市教育学会中青年教育理论工作者研究会	北京市2011－2012学年度基础教育科学研究优秀论文三等奖
661	张艳、郝芳超	第二实验小学教师	北京教育科学研究院基础教育科学研究所北京市教育学会中青年教育理论工作者研究会	北京市2011－2012学年度基础教育科学研究优秀论文三等奖
662	刘蕾	第二实验小学教师	北京教育科学研究院基础教育科学研究所、北京市教育学会中青年教育理论工作者研究会	北京市2011－2012学年度基础教育科学研究优秀论文三等奖
663	韩海鹰	第二实验小学教师	北京教育科学研究院基础教育科学研究所、北京市教育学会中青年教育理论工作者研究会	北京市2011－2012学年度基础教育科学研究优秀论文三等奖
664	张爱兴	第二实验小学教师	北京教育科学研究院基础教育科学研究所、北京市教育学会中青年教育理论工作者研究会	北京市2011－2012学年度基础教育科学研究优秀论文三等奖

665	王翠霞	第二实验小学教师	北京教育科学研究院基础教育科学研究所、北京市教育学会中青年教育理论工作者研究会	北京市 2011－2012 学年度基础教育科学研究优秀论文三等奖
666	张常娥	第二实验小学教师	北京教育科学研究院基础教育科学研究所、北京市教育学会中青年教育理论工作者研究会	北京市 2011－2012 学年度基础教育科学研究优秀论文三等奖
667	赵婉儒	第二实验小学教师	北京教育科学研究院基础教育科学研究所、北京市教育学会中青年教育理论工作者研究会	北京市 2011－2012 学年度基础教育科学研究优秀论文三等奖
668	李志鹏	第二实验小学教师	北京教育科学研究院基础教育科学研究所、北京市教育学会中青年教育理论工作者研究会	北京市 2011－2012 学年度基础教育科学研究优秀论文三等奖
669	郝跃辉	第二实验小学教师	北京教育科学研究院基础教育科学研究所、北京市教育学会中青年教育理论工作者研究会	北京市 2011－2012 学年度基础教育科学研究优秀论文三等奖
670	范建华	第二实验小学教师	北京教育学院数理学院	2011 年小学科学常态课教学比赛《温度计的使用》一等奖
671	王翠霞	第二实验小学教师	北京教育学院数理学院	2011 年小学科学常态课教学比赛《摩擦力》一等奖
672	周晓博	第二实验小学教师	北京市教育委员会	北京市第十五届学生艺术节最佳伴奏奖
673	贺　浩	第二实验小学教师	北京市教育委员会	北京市第十五届学生艺术节辅导一等奖
674	周晓博	第二实验小学教师	北京市教育委员会	北京市第十五届学生艺术节辅导一等奖
675	王向东	第二实验小学教师	北京市教育委员会	北京市第十五届学生艺术节辅导一等奖
676	王向东	第二实验小学教师	北京市教育委员会	北京市第十五届学生艺术节最佳指挥奖
677	胡建丽	第二实验小学辅导员	少先队北京市工作委员会北京少先队工作学会	北京市少先队辅导员优秀论文三等奖
678	李志鹏	第二实验小学教师	教育部关心下一代工作委员会教育部关工委全国青少年主题教育组织委员会	第 15 届青少年“五好小公民”主题教育活动征文辅导一等奖
679	马洪燕	第二实验小学教师	教育部关心下一代工作委员会教育部关工委全国青少年主题教育组织委员会	第 15 届青少年“五好小公民”主题教育活动征文辅导二等奖
680	王丽丽	第二实验小学教师	教育部关心下一代工作委员会教育部关工委全国青少年主题教育组织委员会	第 15 届青少年“五好小公民”主题教育活动征文辅导一等奖
681	徐丽杰	第二实验小学教师	教育部关心下一代工作委员会教育部关工委全国青少年主题教育组织委员会	第 15 届青少年“五好小公民”主题教育活动征文辅导一等奖
682	张　清	第二实验小学教师	教育部关心下一代工作委员会教育部关工委全国青少年主题教育组织委员会	第 15 届青少年“五好小公民”主题教育活动征文辅导二等奖
683	张士平	第二实验小学教师	北京市基础教育课程改革试验工作领导小组北京教育科学研究院基础教育教学研究中心	北京市基础教育优秀课堂教学设计评选三等奖
684	石维华	第二实验小学教师	北京市基础教育课程改革实验工组领导小组	北京市基础教育课程教材实验 2012 年优秀论文二等奖
685	张常娥	第二实验小学教师	北京市基础教育课程改革实验工组领导小组	北京市基础教育课程教材实验 2012 年优秀论文一等奖
686	张　艳	第二实验小学教师	北京市基础教育课程改革实验工组领导小组	北京市基础教育课程教材实验 2012 年优秀论文二等奖

687	李　璐	第二实验小学教师	北京教育学院初等教育系	小学语文学科教师培训项目研究课
688	李小平	第二实验小学副校长	北京市基础教育课程改革试验工组领导小组	2011－2012学年度昌平区基础教育课程建设优秀成果评选《“晨诵、午读、暮省”校本课程的研究与实践》研究报告三等奖
689	柳东红	第二实验小学教导处副主任	北京市基础教育课程改革试验工组领导小组	2011－2012学年度昌平区基础教育课程建设优秀成果评选《乒乓球校本课程开发的实践与研究》研究报告三等奖
690	刘春燕	第二实验小学教师	北京市基础教育课程改革实验工组领导小组	2011～2012学年度北京市基础教育学生综合素质评价工作先进个人
691	吴红颖	第二实验小学教师	北京市基础教育课程改革实验工组领导小组	2011～2012学年度北京市基础教育学生综合素质评价工作先进个人
692	高海燕	第二实验小学校长	中央教育科学研究所教育科技研发中心	中国教育研究院“十二五”部级规划课题——“优质课堂与现代教学技艺运用的研究”课例评选二等奖
693	李　璐	第二实验小学教师	中央教育科学研究所教育科技研发中心	中国教育研究院“十二五”部级规划课题——“优质课堂与现代教学技艺运用的研究”课例评选二等奖
694	刘　蕾	第二实验小学教师	中央教育科学研究所教育科技研发中心	中国教育研究院“十二五”部级规划课题——“优质课堂与现代教学技艺运用的研究”课例评选二等奖
695	王翠霞	第二实验小学教师	中央教育科学研究所教育科技研发中心	中国教育研究院“十二五”部级规划课题——“优质课堂与现代教学技艺运用的研究”课例评选二等奖
696	王建平	第二实验小学教导主任	中央教育科学研究所教育科技研发中心	中国教育研究院“十二五”部级规划课题——“优质课堂与现代教学技艺运用的研究”课例评选二等奖
697	徐丽杰	第二实验小学教师	中央教育科学研究所教育科技研发中心	中国教育研究院“十二五”部级规划课题——“优质课堂与现代教学技艺运用的研究”课例评选二等奖
698	张爱兴	第二实验小学教师	中央教育科学研究所教育科技研发中心	中国教育研究院“十二五“部级规划课题——“优质课堂与现代教学技艺运用的研究”课例评选二等奖
699	赵琬儒	第二实验小学教师	北京学生科技节办公室	第十七届北京市中小学生自然科学知识竞赛优秀辅导员
700	王翠霞	第二实验小学教师	北京学生科技节办公室	第十七届北京市中小学生自然科学知识竞赛优秀辅导员
701	胡振涛	第二实验小学教师	北京学生科技节办公室	第十七届北京市中小学生自然科学知识竞赛优秀辅导员
702	范建华	第二实验小学教师	北京学生科技节办公室	第十七届北京市中小学生自然科学知识竞赛优秀辅导员
703	杜晶晶	第二实验小学教师	北京市教育技术设备中心	第二届《“书香燕京”——北京市中小学阅读指导》读书征文活动优秀教师
704	郝芳超	第二实验小学教师	北京市教育技术设备中心	第二届《“书香燕京”——北京市中小学阅读指导》读书征文活动优秀教师
705	刘春艳	第二实验小学教师	北京市教育技术设备中心	第二届《“书香燕京”——北京市中小学阅读指导》读书征文活动优秀教师

706	王丽丽	第二实验小学教师	北京市教育技术设备中心	第二届《"书香燕京"——北京市中小学阅读指导》读书征文活动优秀教师
707	闫影楠	第二实验小学教师	北京市教育技术设备中心	第二届《"书香燕京"——北京市中小学阅读指导》读书征文活动优秀教师
708	胡建丽	第二实验小学辅导员	北京市教育技术设备中心	第二届《"书香燕京"——北京市中小学阅读指导》读书征文活动先进组织工作者
709	李小平	第二实验小学副校长	北京市教育技术设备中心	第二届《"书香燕京"——北京市中小学阅读指导》读书征文活动先进组织工作者
710	刘连绪	第二实验小学教师	北京市教育委员会国际合作与交流处	2012首都学生外语展示系列活动小学组英语童话剧表演比赛优秀辅导教师奖
711	路　然	第二实验小学教师	北京市教育委员会国际合作与交流处	2012首都学生外语展示系列活动小学组英语童话剧表演比赛优秀辅导教师奖
712	程　曦	第二实验小学教师	北京教科院基础教育科学研究所减轻学生过重课业负担,促进学生健康成长项目组	2012年北京市"减负大家谈"征文二等奖
713	刘春艳、刘蕾	第二实验小学教师	北京教科院基础教育科学研究所减轻学生过重课业负担,促进学生健康成长项目组	2012年北京市"减负大家谈"征文一等奖
714	王建平	第二实验小学教导主任	北京教科院基础教育科学研究所减轻学生过重课业负担,促进学生健康成长项目组	2012年北京市"减负大家谈"征文三等奖
715	郑　蕊	第二实验小学教师	北京教科院基础教育科学研究所减轻学生过重课业负担,促进学生健康成长项目组	2012年北京市"减负大家谈"征文二等奖
716	宋蓟平	第二实验小学教师	北京市教育学会创造教育研究会	2012年北京市创造教育优秀论文三等奖
717	任宝立	兴寿镇党委副书记	第七届世界草莓大会筹委会	第七届草莓大会先进个人
718	刘志昌	兴寿镇副镇长、武装部部长	第七届世界草莓大会筹委会	第七届草莓大会先进个人
719	李东霞	兴寿镇副镇长	北京市政府	北京市敬老爱老为老服务先进个人
720	魏友文	兴寿镇党办主任	第七届世界草莓大会筹委会	第七届草莓大会先进个人
721	张静荣	兴寿镇政府办主任	第七届世界草莓大会筹委会	第七届草莓大会先进个人
722	高满华	兴寿镇林业站站长	第七届世界草莓大会筹委会	第七届草莓大会先进个人
723	宗宝岳	兴寿镇农业服务中心主任	第七届世界草莓大会筹委会	第七届草莓大会先进个人
724	王学智	兴寿镇社会事务管理科副科长	第七届世界草莓大会筹委会	第七届草莓大会先进个人
725	焦宝武	兴寿镇主任科员	第七届世界草莓大会筹委会	第七届草莓大会先进个人
726	魏宝军	兴寿镇社会治安综合治理办公室主任	第七届世界草莓大会筹委会	第七届草莓大会先进个人
727	张立敏	兴寿镇安全管理科科长	第七届世界草莓大会筹委会	第七届草莓大会先进个人
728	费春青	兴寿镇环境卫生管理中心副主任	第七届世界草莓大会筹委会	第七届草莓大会先进个人
729	王殿洋	兴寿镇公路管理站站长	第七届世界草莓大会筹委会	第七届草莓大会先进个人
730	张守军	兴寿镇副处待遇,负责环境卫生工作	第七届世界草莓大会筹委会	第七届草莓大会先进个人
731	钱琪	兴寿镇政府办副主任	第七届世界草莓大会筹委会	第七届草莓大会先进个人
732	杨建华	兴寿镇主任科员	第七届世界草莓大会筹委会	第七届草莓大会先进个人
733	张冬玲	兴寿镇科员	第七届世界草莓大会筹委会	第七届草莓大会先进个人
734	仇哲	兴寿镇科员	第七届世界草莓大会筹委会	第七届草莓大会先进个人
735	焦东杰	兴寿镇科员	第七届世界草莓大会筹委会	第七届草莓大会先进个人
736	杜娟	兴寿镇管理员	第七届世界草莓大会筹委会	第七届草莓大会先进个人
737	赵静	兴寿镇管理员	北京市政府	北京市敬老爱老为老服务先进个人

738	魏红英	兴寿镇管理员	北京市政府	北京市敬老爱老为老服务先进个人
739	刘宝成	兴寿镇协管员	北京市政府	北京市敬老爱老为老服务先进个人
740	蔡建国	公路昌平分局路政大队科员	北京市治理超载超限工作领导小组	2012 年治超工作先进个人
741	曹延生	公路昌平公局路政大队科员	北京市治理超载超限工作领导小组	2012 年治超工作先进个人
742	赵凤菊	公路昌平分局副局长	第七届世界草莓大会筹委会	第七届世界草莓大会筹办先进个人
743	徐婷	公路昌平分局办公室副科长	第七届世界草莓大会筹委会	第七届世界草莓大会筹办先进个人
744	冯建文	公路昌平分局工程科科长	第七届世界草莓大会筹委会	第七届世界草莓大会筹办先进个人
745	张永胜	公路昌平分局副科长	第七届世界草莓大会筹委会	第七届世界草莓大会筹办先进个人
746	骆树民	公路昌平分局养护科科长	第七届世界草莓大会筹委会	第七届世界草莓大会筹办先进个人
747	骆树民	公路昌平分局养护科科长	北京市抗击“7・21”特大自然灾害	市抗击“7・21”先进个人
748	侯和平	公路昌平公局安全科科员	第七届世界草莓大会筹委会	第七届世界草莓大会筹办先进个人

统 计 表

2012年昌平区国民经济发展统计表

2012年主要经济指标完成情况

指标名称	单位	2012年	2011年	增长速度(%)
财政收入(公共预算)	万元	522138	453728	15.1
财政支出(公共预算)	万元	953606	831953	14.6
区域税收	万元	1854414	1607717	15.3
各项人民币存款余额	万元	13148816	11656098	12.8
#居民储蓄余额	万元	7902207	6711258	17.7
各项贷款余额	万元	3366847	3192681	5.5
农林牧渔业总产值	万元	259915	198344	31.0
规模以上工业总产值	万元	11922163	10778590	10.6
建筑业总产值	万元	2606922	2344504	11.2
社会消费品零售额	万元	2804443	2499754	12.2
全社会固定资产投资	万元	4900848	4125708	18.8
实际利用外资额	万美元	9291	9093	2.2
旅游接待人数	万人次	1450	1369	5.9
旅游营业收入	万元	890097	778636	14.3
城镇居民人均可支配收入	元	29950	27669	8.2
农村居民人均纯收入	元	14971	13441	11.4

2012年昌平区房地产开发和销售主要指标

指　标	单　位	绝对数	增长速度(%)
房地产开发投资	亿(元)	276.5	-1.0
房屋施工面积	万平方米	1319.7	9.1
#住宅	万平方米	794.2	7.3
新开工面积	万平方米	142.9	-70.9
#住宅	万平方米	86.3	-74.7
房屋竣工面积	万平方米	176.2	54.2
#住宅	万平方米	88.1	14.4
商品房销售面积	万平方米	190.7	85.3
#住宅	万平方米	167.6	135.0
商品房待售面积	万平方米	72.7	44.1
#住宅	万平方米	27.7	-11.1

2012年昌平地区生产总值

指 标	绝对量(亿元)	增长速度(%)
合 计	5062998	11.3
第一产业	92088	39.4
第二产业	2257185	3.7
工业	1962296	1.3
建筑业	294889	23.7
第三产业	2713725	17.6
交通运输、仓储和邮政业	27523	-28.8
信息传输、计算机服务和软件业	146405	0.8
批发和零售业	220908	17.6
住宿和餐饮业	163029	7.5
金融业	243231	14.4
房地产业	645797	33.6
租赁与商务服务业	179305	34.1
科学研究、技术服务和地质勘察业	370605	40.0
水利、环境和公共设施管理业	46291	10.1
居民服务和其他服务业	75389	-7.0
教育	308427	4.3
卫生、社会保障和社会福利业	107244	13.5
文化、体育和娱乐业	22351	-24.6
公共管理和社会组织	157220	6.7

2012年昌平区规模以上工业总产值完成情况

单位:万元

指　　标	2012年	2011年	同比增长(%)
全区规模以上工业总产值	11922162.8	10778590.2	10.6
#煤炭开采和洗选业	4342263.0	3016552.8	43.9
专用设备制造业	533133.6	689544.8	-22.7
医药制造业	607848.7	498699.1	21.9
通用设备制造业	468129.3	469592.8	-0.3
电气机械及器材制造业	682914.7	846061.3	-19.3
非金属矿物制品业	334124.9	395171.7	-15.4
农副食品加工业	324102.4	294705	10.0
计算机、通信和其他电子设备制造业	141167.4	191114.4	-26.1

宜居新城

北京十三陵

明太祖朱元璋像

永乐盛世

北京十三陵明皇蜡像宫有限公司是立足于首都，依托明十三陵，于1994年8月建成开业，是亚洲最大的黄种人蜡像艺术馆。明皇宫占地13.33万平方米，位于北京的后花园昌平西关环岛西北侧，地处北京通往八达岭和十三陵的交汇处，交通十分便利。他以现代建筑与中国古典建筑的完美结合，以现代技术与古典故事创造出一幅幅神奇的画面，以被西方称之为“超写真雕塑”的蜡像杰作而蜚声中外，集先进的蜡像雕塑艺术和现代影视声光技术于一体的大型人文旅游文化景观。2008年被国家旅游局评定为3A级景区。

主展厅8400平方米，以26个形态逼真的景致，374尊千姿百态、栩栩如生的人物蜡像，艺术的浓缩再现了明王朝开国皇帝朱元璋举兵灭元夺取王位，至明末代皇帝朱由检被李自成起义军推翻并自缢煤山。生动形象的再现了16个皇帝所经历的重大历史事件，真实地记录了明王朝276年由盛入衰的历史。

北京十三陵明皇蜡像宫开业至今，受到了世界各地游客及各级党政军领导的好评。我们始终认真贯彻落实党中央、国务院、市委、市政府及区委、区政府的决策部署。在今年安全生产大检查工作中，接待了张区长、周副区长等领导的视查。建立了安全生产长效机制，制订了安全大检查方案、隐患排查治整改方案、落实整改措施、总结检查成效、建立了一套安全生产管理制度。通过景区内完善的监控系统，于2012年8月帮助游客找回来丢失地相机，做到了安全生产、诚信经营。

近几年来，我们先后获得了昌平区、北京市的各种荣誉。2011年被昌平区总工会评为“经济技术创新工程”先进单位，被市总工会评为“模范职工之家”，连续3年被昌平区团工委评为“五四红旗团支部”，2012年公司团支部被评为“北京市青年文明号”。

联系电话：69747257

明皇蜡像宫简介

区领导视察景区情况

区领导检查景区安全工作

圣诞晚会

圣诞晚会

年　会

“居正改革”展品照

北京宏福集团

宏福集团董事长　黄福水

宏福集团总裁　刘 洋

北京宏福集团成立于1996年。经过20几年的发展,目前已有宏福建工集团、温都水城旅游饭店管理有限公司、宏福建科科贸有限公司、宏福建投置业有限公司等自营实体公司30余家,引进合作企业70余家。建筑、旅游、科技、文化、现代服务等五大产业强势推动郑各庄村主动城镇化建设进程。

2012年,宏福集团总资产56.5亿元,自营收入38亿元,创利税6.5亿元。郑各庄村农民人均纯收入59800元,其中股东收益24300元、村内福利7910元。建筑施工企业开复工总面积116.6万平方米;温都水城接待国内外游客110万人次;国际贸易销售总额8519万元;资产运营、大学后勤等物业创收突破1亿元。新安贞医院进入内装阶段,老年公寓即将全面竣工,水城广场全场招商,集古玩艺术品收藏、鉴赏、展销于一体的苍龙街开市,中央戏剧学院落成启用,北京电影学院继续教学院职业教育教学部、北京星干线艺术学校相继开学,北京农村商业银行宏福分理处挂牌营业。

2012年4月,郑各庄村以主动城镇化为载体的村庄治理模式被美国哈佛大学选入教学案例,也是中国乡村首个入选哈佛大学案例的村庄。村党总支书记、村委会主任、宏福集团董事长黄福水应邀在美国哈佛大学分别做了"创新解难题,求变促发展"、"主动城镇化引领郑各庄农民走向富裕路"的主题演讲,成为中国首位登上哈佛大学讲台的"村官"。中央电视台、人民日报、人民日报海外版新华每日电讯、农民日报、环球人物、北京日报、北京电视台等多家媒体做了专题报道。

2012年,温都水城被评为五星级中国绿色饭店,并荣登北京人最钟爱的旅游品牌榜;宏福科技园被国务院批准划入中关村国家自主创新示范区。

国家公务员局、国土资源部、市委组织部、市国土资源局、湖北省十堰市、广东省佛山市、河南省新乡市、黑龙江省黑河市等党政机关,首都经济贸易大学、中央财经大学、北京农学院、台湾政治大学等高等院等60多个团体莅临郑各庄村考察调研或参观交流。

温都水城

2011 年总结表彰大会

星干线艺术学校

宏福科技园

新安贞医院

4 月 24 日，黄福水在哈佛大学讲堂讲授郑各庄主动城镇化案例

中央戏剧学院

修正药业研发基地

多功能会展中心

长城烟云

附　录

中共北京市昌平区委文件目录

文　号	文件标题
京昌发〔2012〕1 号	区委区政府关于转发《昌平区双拥工作领导小组 2012 年双拥工作要点》的通知
京昌发〔2012〕2 号	区委区政府关于印发《昌平区 2012 年党风廉政建设和反腐败工作要点及任务分工方案》的通知
京昌发〔2012〕3 号	区委区政府印发《关于昌平区平原地区造林工程的实施意见》的通知
京昌发〔2012〕4 号	区委关于出席北京市第十一次党代表大会代表选举工作的通知
京昌发〔2012〕5 号	区委区政府关于认真贯彻落实市委市政府安全生产工作部署进一步加强安全生产工作实施意见
京昌发〔2012〕6 号	区委关于印发《区委常委会 2012 年工作要点》的通知
京昌发〔2012〕7 号	区委关于印发《区委常委会 2012 年议题计划》的通知
京昌发〔2012〕8 号	区委区政府关于印发《昌平区争创全国双拥模范城(县)“八连冠”四年规划》的通知
京昌发〔2012〕9 号	区委关于开展评选表彰创先争优先进基层党组织优秀共产党员活动的通知
京昌发〔2012〕10 号	区委关于在深化创先争优活动开展基层组织建设年工作中向区华一医院党总支等先进基层党组织学习的决定
京昌发〔2012〕11 号	关于严厉查处违法建设违法占地的工作意见
京昌发〔2012〕12 号	区委区政府关于十三陵特区办事处和北方企业集团公司工作绩效考核评价的意见
京昌发〔2012〕13 号	区委区政府关于开展镇街经济社会协调发展绩效考核评价的意见
京昌发〔2012〕14 号	区委区政府关于进一步做好“门前三包”责任制管理工作的意见
京昌发〔2012〕15 号	区委区政府关于进一步加强廉政风险防控管理的实施意见
京昌发〔2012〕16 号	区委区政府关于加强基层站所党风廉政建设的意见
京昌发〔2012〕17 号	区委区政府关于切实做好十八大维稳工作的意见
京昌发〔2012〕18 号	区委区政府关于加快发展科技商务产业的意见
京昌发〔2012〕20 号	区委区政府关于印发《昌平区东小口地区行政管理体制改革实施意见》的通知
京昌发〔2012〕21 号	区委关于成立昌平区村“两委”换届选举工作领导小组的通知
京昌发〔2012〕22 号	区委关于做好村党组织换届选举工作的意见
京昌发〔2012〕23 号	区委区政府关于做好 2012 年军队转业干部安置工作的通知
京昌发〔2012〕24 号	区委关于印发《昌平区党代表大会代表任期制实施办法(试行)》的通知

中共北京市昌平区委办公室文件目录

文　号	文件标题
京昌办发〔2012〕1号	区委办关于印发《昌平区2012－2016年深化干部教育培训改革实施意见》的通知
京昌办发〔2012〕2号	区委办区政府办关于继续在2012年“两节”期间对特困家庭实行“一帮一”慈善扶贫救助的通知
京昌办发〔2012〕3号	区委办区政府办关于在2012年“两节”期间广泛开展拥军优属、拥政爱民活动的通知
京昌办发〔2012〕4号	区委办区政府办关于调整第七届世界草莓大会运行指挥机制的通知
京昌办发〔2012〕5号	区委办关于印发《昌平区村党组织、村委会班子及成员和村务监督委员会成员述职述廉评议制度》的通知
京昌办发〔2012〕6号	区委办印发《关于进一步加强后进村党组织整顿建设工作的方案》的通知
京昌办发〔2012〕8号	区委办区政府办关于区领导接待群众来访工作的通知
京昌办发〔2012〕9号	区委办关于成立昌平区2012年社区“两委”换届选举工作领导小组的通知
京昌办发〔2012〕10号	区委办转发区委组织部、区委社会工委《关于做好2012年全区社区党组织换届选举工作的实施方案》的通知
京昌办发〔2012〕11号	区委办区政府办转发区民政局《关于居民委员会换届选举工作的意见》的通知
京昌办发〔2012〕12号	区委办区政府办关于印发《昌平区国家卫生区复审工作实施方案》的通知
京昌办发〔2012〕13号	区委办区政府办印发《关于进一步加强新形势下农村精神文明建设工作的实施意见》的通知
京昌办发〔2012〕14号	区委办区政府办关于调整区领导联系镇(街道)进一步加强联系工作的通知
京昌办发〔2012〕15号	区委办关于调整区委党的建设工作等五个领导小组成员的通知
京昌办发〔2012〕16号	区委办关于调整区级领导联系统战系统代表人士安排的通知
京昌办发〔2012〕17号	区委办区政府办关于印发《2012年未来科技城建设重点工作任务》的通知
京昌办发〔2012〕18号	区委办区政府办印发《关于妥善处置建筑领域农民工讨薪问题的实施意见》的通知
京昌办发〔2012〕19号	区委办区政府办关于调整昌平区依法治区工作领导小组等议事协调机构成员的通知
京昌办发〔2012〕20号	区委办关于调整昌平区精神文明建设委员会等议事协调机构成员的通知
京昌办发〔2012〕21号	区委办区政府办关于印发《昌平区2012年环境建设工作要点》的通知
京昌办发〔2012〕22号	区委办印发《关于深入开展向区华一医院党总支等先进基层党组织学习活动的实施方案》的通知
京昌办发〔2012〕23号	区委办区政府办关于成立昌平区集中治理煤炭储运场所、再生资源回收行业、盗采砂石行为总指挥部的通知
京昌办发〔2012〕24号	区委办区政府办关于印发集中治理煤炭储运场所、再生资源回收行业、盗采砂石行为实施方案的通知
京昌办发〔2012〕25号	区委办印发《关于加强全区农村基层组织建设工作的整体安排》的通知
京昌办发〔2012〕26号	区委办区政府办关于开展2012年镇街经济社会协调发展绩效考核评价工作

文号	文件标题
	的通知
京昌办发〔2012〕27 号	区委办区政府办关于印发《昌平区东小口地区综合配套改革试点实施方案》的通知
京昌办发〔2012〕28 号	区委办关于印发《北京市昌平区 2011－2015 年党史工作规划》的通知
京昌办发〔2012〕29 号	区委办区政府办印发《关于组建义务人民建议征集员队伍进一步加强新形势下人民建议征集工作的意见》的通知
京昌办发〔2012〕30 号	区委办区政府办印发《关于开展“六型社区”示范单位评选创建活动的工作意见》的通知
京昌办发〔2012〕31 号	区委办区政府办关于印发《昌平区处级单位主要领导干部和区属国有企业领导人员经济责任审计实施办法》的通知
京昌办发〔2012〕32 号	区委办区政府办关于印发《昌平区科级干部监督管理办法》的通知
京昌办发〔2012〕33 号	区委办区政府办关于印发《昌平区基层站所财务管理办法》的通知
京昌办发〔2012〕34 号	区委办区政府办关于印发《昌平区基层站所内部审计管理办法》的通知
京昌办发〔2012〕35 号	区委办区政府办转发区纪委《关于开展基层站所党风廉政系列教育活动的实施方案》的通知
京昌办发〔2012〕36 号	区委办区政府办关于“八一”建军节期间在全区广泛开展拥军优属、拥政爱民活动的通知
京昌办发〔2012〕37 号	区委办区政府办关于区领导接待群众来访工作的通知
京昌办发〔2012〕39 号	区委办区政府办转发区残联《关于进一步加强按比例安排残疾人就业情况申报审核工作的意见》的通知
京昌办发〔2012〕40 号	区委办区政府办转发区信访办《关于保障水电气暖正常供应确保社会和谐稳定的工作意见》的通知
京昌办发〔2012〕41 号	区委办区政府办关于印发《昌平区电子监察系统建设工作方案》的通知
京昌办发〔2012〕42 号	区委办区政府办关于调整昌平区落实党风廉政建设责任制领导小组等议事协调机构的通知
京昌办发〔2012〕43 号	区委办关于调整昌平区党务公开工作领导小组成员的通知
京昌办发〔2012〕44 号	区委办区政府办关于加强重点矛盾纠纷化解工作的通知
京昌办发〔2012〕45 号	区委办区政府办关于成立昌平区北京农业嘉年华组委会的通知
京昌办发〔2012〕48 号	区委办区政府办关于进一步精简文件和简报的实施意见

北京市昌平区人民政府文件目录

文　号	文件标题
昌政发〔2012〕1 号	关于印发北京市昌平区人民政府工作规则的通知
昌政发〔2012〕2 号	关于印发 2012 年区政府折子工程的通知
昌政发〔2012〕3 号	关于印发北京市昌平区 2012 年在直接关系群众生活方面拟办重要实事的通知
昌政发〔2012〕4 号	关于印发昌平区 2012 年重点工程建设项目的通知
昌政发〔2012〕5 号	关于印发昌平区 2012 年度依法行政工作要点的通知
昌政发〔2012〕6 号	关于印发《昌平区 2012 年新型农村合作医疗暂行办法》的通知
昌政发〔2012〕7 号	关于印发昌平区全民健身实施计划(2011－2015 年)的通知

昌政发〔2012〕8 号	关于印发昌平区政府投资建设项目管理办法的通知
昌政发〔2012〕9 号	关于印发北京市昌平区沙河高教园区管理委员会主要职责内设机构和人员编制规定的通知
昌政发〔2012〕10 号	关于印发贯彻落实《首都标准化战略纲要》和《北京市“十二五”时期标准化发展规划》实施意见的通知
昌政发〔2012〕11 号	关于成立昌平区人民政府行政复议委员会的通知
昌政发〔2012〕12 号	关于印发昌平区 2012—2020 年大气污染治理措施的通知
昌政发〔2012〕13 号	关于印发昌平区第 28 个教师节为教师办实事方案的通知
昌政发〔2012〕14 号	关于印发昌平区推进建设征地补偿安置工作意见的通知
昌政发〔2012〕15 号	关于进一步加强气象灾害监测预警和突发事件预警信息发布有关工作的意见
昌政发〔2012〕16 号	关于贯彻北京市进一步促进中小企业发展措施的实施意见
昌政发〔2012〕17 号	关于印发昌平区 2012 年度政府绩效管理工作实施方案的通知
昌政发〔2012〕18 号	关于实施新一轮山区地质灾害易发区及生存条件恶劣地区农民搬迁工程的意见
昌政发〔2012〕19 号	关于印发昌平空气重污染日应急方案(暂行)的通知
昌政发〔2012〕20 号	关于农村集体土地所有权登记发证中变更所有权主体代表的通知
昌政发〔2012〕21 号	关于印发《昌平区公共供水管理办法》的通知

北京市昌平区人民政府办公室文件目录

文　号	文件标题
昌政发办〔2012〕1 号	转发区住房城乡建设委关于进一步加强昌平区保障性住房与拆迁安置政策衔接有关事宜的通知
昌政发办〔2012〕2 号	转发区食品办关于开展严厉打击非法生产加工食品行为专项整治工作意见的通知
昌政发办〔2012〕3 号	转发区卫生局关于昌平区农村居民免费健康体检工作方案的通知
昌政发办〔2012〕4 号	转发区环保局关于昌平区“十二五”时期主要污染物总量减排工作方案的通知
昌政发办〔2012〕5 号	转发公安昌平分局关于建立联勤联动联合执法工作机制实施方案的通知
昌政发办〔2012〕6 号	关于进一步提高会议工作效率做好《2012 年区政府常务会议重要议题计划》实施工作的通知
昌政发办〔2012〕7 号	转发区安全生产委员会办公室关于昌平区企业安全生产标准化建设实施方案的通知
昌政发办〔2012〕8 号	转发区市政市容委关于 2012 年昌平区重点道路建设实施方案的通知
昌政发办〔2012〕9 号	关于进一步加强区政府重大行政决策和行政规范性文件合法性审查工作的通知
昌政发办〔2012〕10 号	转发国土昌平分局关于建立共同查处利用集体土地违法建设销售住宅行为责任机制实施方案的通知
昌政发办〔2012〕11 号	转发国土昌平分局关于昌平区 2011 年度土地矿产卫片执法检查工作实施方案的通知

昌政发办〔2012〕12 号	转发国土昌平分局关于昌平区 2012 年地质灾害防治工作方案的通知
昌政发办〔2012〕13 号	关于在治理矿产品违法行为中没收财物有关问题的通知
昌政发办〔2012〕14 号	转发区科协关于 2012 年北京科技周昌平区活动安排意见的通知
昌政发办〔2012〕15 号	转发区市政市容委关于昌平区缓解交通拥堵第九阶段(2012 年)工作实施方案的通知
昌政发办〔2012〕16 号	转发市国土局关于约谈国土资源违法违规行为突出区县乡镇政府领导人暂行办法的通知
昌政发办〔2012〕17 号	转发区环保局关于昌平区 2012 年整治违法排污企业保障群众健康环保专项行动工作方案的通知
昌政发办〔2012〕18 号	关于集中开展安全生产领域“打非治违”专项行动的通知
昌政发办〔2012〕19 号	关于转发区人力社保局昌平区评选全国创业先进城市工作方案的通知
昌政发办〔2012〕20 号	转发区环保局关于昌平区落实北京市清洁空气行动计划 2012 年度实施方案的通知
昌政发办〔2012〕21 号	转发工商昌平分局关于个体工商户组织形式转换工作实施意见的通知
昌政发办〔2012〕22 号	转发公安昌平分局关于昌平区治理黑车和治理自行车丢失被盗专项行动工作方案的通知
昌政发办〔2012〕23 号	转发区防火安全委员会办公室关于进一步加强镇(街道)消防安全网格化管理工作意见的通知
昌政发办〔2012〕24 号	转发区旅游委关于昌平区 2012 年旅游市场秩序治理整顿工作实施方案的通知
昌政发办〔2012〕25 号	转发区经济信息化委关于昌平区信息化建设工作 2012 年度实施意见的通知
昌政发办〔2012〕26 号	转发区市政市容委关于进一步加强建筑渣土消纳和运输车辆规范管理工作实施方案的通知
昌政发办〔2012〕27 号	转发区深化医药卫生制改革领导小组办公室关于昌平区深化医药卫生体制改革 2012 年折子工程的通知
昌政发办〔2012〕28 号	转发区文化委关于昌平区互联网上网服务经营场所管理暂行办法的通知
昌政发办〔2012〕29 号	转发区市政市容委关于昌平区 2012 年户外广告和牌匾标识设置整治工作方案的通知
昌政发办〔2012〕30 号	转发北京市人民政府办公厅关于做好重点领域政府信息公开工作的通知
昌政发办〔2012〕31 号	转发区统计局关于进一步加强本区服务业统计工作意见的通知
昌政发办〔2012〕32 号	转发国土昌平分局关于清理整治利用集体土地违法建设销售(变相销售)住宅工作实施方案的通知
昌政发办〔2012〕33 号	转发区质监局关于昌平区贯彻落实《首都标准化战略纲要》和《北京市“十二五”时期标准化发展规划》重点任务分解方案的通知
昌政发办〔2012〕34 号	转发昌平公路分局关于昌平区乡村公路管理养护年活动实施方案的通知
昌政发办〔2012〕35 号	转发区园林绿化局关于开展保护发展森林资源目标责任制建立和执行情况检查的通知
昌政发办〔2012〕36 号	关于印发昌平区建设征地农转非病残人员医疗鉴定办法的通知
昌政发办〔2012〕37 号	关于进一步推进预决算信息公开工作的通知
昌政发办〔2012〕38 号	关于印发昌平区科技商务产业发展专项资金管理暂行办法的通知
昌政发办〔2012〕39 号	关于印发昌平区金融产业发展专项资金管理办法的通知
昌政发办〔2012〕40 号	关于印发昌平区创业投资引导基金管理暂行办法的通知
昌政发办〔2012〕41 号	关于印发昌平区科技商务产业高端人才发展工作支持政策的通知

昌政发办〔2012〕42 号	转发市政府绩效管理工作领导小组关于《北京市 2012 年度区县政府绩效管理考评细则》和《昌平区 2012 年度政府绩效管理任务书》的通知
昌政发办〔2012〕43 号	关于成立北京市昌平区人民政府绩效管理工作领导小组的通知
昌政发办〔2012〕44 号	转发区市政市容委关于昌平区 2012—2013 年扫雪铲冰工作方案的通知
昌政发办〔2012〕45 号	转发市国土局昌平分局关于昌平区 2012 年度土地矿产卫片执法检查工作实施方案的通知
昌政发办〔2012〕46 号	转发区民防局关于列入房屋综合开发成本的防空地下室移交区民防局统一管理办法的通知
昌政发办〔2012〕47 号	关于推进本区预算绩效管理的意见
昌政发办〔2012〕48 号	转发区安全生产委员会关于昌平区行业企业安全生产标准化评审实施办法(试行)的通知
昌政发办〔2012〕49 号	转发区财政局关于昌平区新城东区土地储备开发项目资金管理暂行办法的通知
昌政发办〔2012〕50 号	关于加强和改进流浪未成年人救助保护工作的意见
昌政发办〔2012〕51 号	关于印发昌平区 2013 年平原地区造林工程建设方案的通知
昌政发办〔2012〕52 号	关于转发区财政局区园林绿化局关于昌平区平原地区造林土地租赁和养护资金拨付使用管理办法的通知

昌平区重要外事活动

出访情况

1.4 月,区委常委、组织部部长李良对捷克、匈牙利、波兰进行为期 12 天的友好访问,考察捷克、匈牙利、波兰三国高新人才引进和高新技术产业的发展情况以及文化、教育和医疗产业发展等方面的成功做法和经验。另外,在考察期间,李良代表昌平区与匈牙利布达佩斯市 22 区签署友好合作谅解备忘录。

2.5 月,区政协主席王书合对芬兰、冰岛、土耳其进行为期 12 天的友好访问,就议会开展民主监督工作和当地文学艺术、文化产业发展的全面情况以及检察机关的有效运行方式等进行考察。

3.6 月,副区长周云帆赴新加坡参加城市精细化管理与区域经济发展第一期培训班。

4.7 月,区委书记侯君舒对英国、法国、香港特别行政区进行为期 12 天的友好访问,就城市规划布局发展、生态环境建设和文化创意产业发展等内容进行考察交流。

5.7 月,区委常委、区纪委书记王晓霞对德国、荷兰、波兰进行为期 12 天的友好访问,就学习国外在权力监督和腐败预防方面的对策和经验,推动昌平区进一步深化源头治腐、健全惩治和预防腐败体系建设进行考察。

6.7 月,区委常委、区委统战部部长、区委社工委书记、区委政法委第一副书记陈秋生对澳大利亚、新加坡进行为期 10 天的友好访问,就进一步加强和创新社会管理工作,提升区社会管理工作水平进行考察。

7.7 月,区委常委、宣传部部长余俊生赴新加坡参加城市精细化管理与区域经济发展第二期培训班。

8.7 月,区政协副主席李永生对意大利、葡萄牙、西班牙进行为期 12 天的友好访问,就议会开展民主监督工作和当地职业教育发展等方面进行考察。

9.9 月,区委副书记、区长金树东对马来西亚、新加坡、澳大利亚、香港特别行政区进行为期 12 天的友好访问,访问期间在马来西亚举办北京科技商务区项目(以下简称“TBD 项目”)推介说明会,学习考察国际城市规划、建设与管理等方面的先进经验。

10.9 月,区人大主任李福忠对日本、加拿大、古巴进行为期 12 天的友好访问,围绕城市规划建设、政府行政管理以及发挥议会职能作用等方面进行学习考察。

11.9 月,区委副书记朱光彤对香港进行为期 5 天的友好访问,就学习香港地铁轨道与物业一体化发展理念及未来科技城国际医院与华润医疗集团项目合作事宜进行考察。

12.10 月至 11 月,区委常委、常务副区长张燕友对墨西哥、古巴、乌拉圭进行为期 12 天的友好访问,就融资体系建设、高新技术企业发展和城市生态环境进行考察。

13.10 月,区人大常务副主任张文良对意大利、匈牙利、西班牙进行为期 12 天的友好访问,就财政监督、预算绩效管理及发挥议会职能作用等方面进行学习考察。

14.11 月,区委副书记、区长金树东,区委常委、常务副区长张燕友,区委常委、副区长孙启,副区长周云帆赴香港特别行政区参加第十六届北京·香港经济合作研讨洽谈会。

15.12 月,区委常委、副区长孙启对澳大利亚、新西兰进行为期 10 天的友好访问,期间对澳大利亚的商业、旅游及地产开发等方面进行考察学习和交流。

16.12 月,副区长刘淑华对英国、法国、韩国进行为期 12 天的友好访问,就医疗管理体制改革和当地医疗管理状况等方面进行重点考察。

17.12 月,副区长王承军对加拿大、巴西、智利进行为期 11 天的友好访问,就道路建设、环境治理、交通管理等方面进行考察。

来访情况

1.2月17日至 -20日，应昌平区政府和第七届世界草莓大会组委会的邀请，韩国釜山广域市金井区元井喜区厅长一行12人和韩国首尔特别市道峰区都市管理局局长李庸心一行5人对昌平进行为期4天的友好访问，并参加区举办的“第七届世界草莓大会”开幕式。

2.2月18日至22日，应昌平区政府邀请，法国巴黎大区塞纳马恩省马恩河谷新区莫比埃市政联合管理委员会副主席安德里·尤斯特一行7人代表团访问昌平并参加第七届世界草莓大会。21日，双方签署了北京交通职业技术学院与马恩河谷大学合作办学协议。副区长周云帆出席签字仪式。

3.3月10日，外交部领事司参赞、签证处处长费明星率领外交部及驻华使馆工作人员一行30人参观草莓博览园及天润草莓园。

4.3月19日，加拿大皮克灵市市长大卫·瑞安一行6人考察访问昌平区，副区长周云帆会见了代表团并详细介绍了昌平的区位优势、发展目标和主要产业等情况，希望加强与皮克灵市政府及企业间的交流合作。

5.3月30日，日本外务省亚洲大洋洲局日中经济室室长浜田隆先生在日本驻华使馆商务处的陪同下来到昌平区，参观考察了永旺国际商城、综合超市、购物商场和娱乐设施，详细了解了商城建设发展情况，并就中日超市在经营模式、商品样式、售货方式等方面进行了交流。

6.4月13日，应中央对外联络部的邀请，以老挝劳动社会福利部社会保障司司长杨顾·杨勒赛为团长的老挝领导干部代表团一行35人参观草莓博览园。

7.5月7日，以加拿大安大略省杜兰行政区主席罗杰·安德森为团长的政府代表团一行6人来到昌平区进行友好访问，区长金树东、副区长周云帆参加了会见，双方共同签署了战略合作协议，标志着两区将在教育、商务、经济、旅游等领域开展全面交流与合作，并成立联络工作委员会，负责推进和实施每年度交流与合作工作计划。

8.7月23日至27日，应昌平区政府邀请，韩国首尔特别市道峰区派出以李锺明先生为团长的一行22人中学生代表团来区访问。交流期间，代表团参观了区少年宫和百善学校，并与中国中学生在学业及剪纸、书法、舞蹈等才艺方面进行互动交流。

9.8月17日，以日本东京都文京区观光与国际担当课课长富永玲子为团长的一行5人代表团在日本自治体国际化协会北京事务所所长助理阿部遼太郎先生的陪同下对昌平区进行友好访问。代表团此次来访是应中国人民对外友好协会邀请，与我区共同参加“中日友好交流城市初中生乒乓球友谊比赛大会”。

10.10月20日，外交部美大司司长谢锋率太平洋岛国驻华使节一行21人访问昌平区，参观考察了未来科技城、小汤山农业园东区花卉基地和崔村镇果研所苹果种植园。

11.11月2日，由中国友好和平发展基金会、韩国希杰集团主办，韩国SM娱乐公司、韩国文化产业交流财团、CJ CGV、CJ分享财团共同策划组织的农民工子弟学校公益活动在昌平区雨竹学校举行。本次公益活动旨在改善农民工子女的教育环境，给予更多关爱与关怀。

12.11月16日，昌平区与国际友好城市德国纽伦堡市经济技术合作论坛在我区举行。纽伦堡市副市长费尔斯、纽伦堡地区工商会主席冯·皮琉斯、副区长周云帆和区长助理赵晓东出席论坛。本次论坛的举办为区内企业学习德方先进技术和经验、了解最新产业政策、充分探讨合作模式、积极寻求发展机遇搭建了平台。

13.11月17日至19日，丹斯里拿督刘荣华准将和沙巴州斗湖区议会主席拿督伊斯麦率领的马来西亚代表团一行来到区进行为期3天的友好访问。

14.11月28日，区委副书记、区长金树东代表昌平区人民政府与世界魔术联盟主席多美尼克·丹特在财会之家会议室签署框架合作协议，为进一步加强北京市与国际魔术界的友好交流，培养魔术人才，共同推动魔术艺术和魔术产业的发展，为昌平区打造“魔术之都”奠定基础。

15.11月30日至12月2日，由文化部、中国文联、北京市政府主办，文化部艺术司、文化部外联局、中国杂技家协会、北京市文化局、北京市文资办、北京市文联、北京演艺集团和北京市昌平区政府承办的首届中国北京国际魔术大会在区举办。

16.12月27日，泰国朱拉蓬公主访华代表团参观居庸关长城。

2012年在直接关系群众生活方面拟办的重要实事各项工作完成情况

2012年区政府在直接关系群众生活方面拟办的重要实事45项，经各承办单位共同努力基本完成。

一、提高基本公共服务质量

1. 继续推进幼儿园建设。完成北师大幼儿园未来科技城分园主体建设，对工业幼儿园进行改扩建，完善9所幼儿园设备设施。

北师大幼儿园未来科技城分园项目、工业幼儿园改建工程完成年度建设任务；9所幼儿园设施设备全部配送安装到位。

（主要责任单位：区教委）

2. 加快实施名校名师工程。完成北京十五中昌平陈庄校区及北师大二附中、实验小学未来科技城校区主体建设；积极引进培育名师，强化师资队伍建设；改进区属学校办学条件和教学质量，提升昌平一中、二中软硬件水平；确保首都师范大学附属回龙观育新学校年内具备招生条件。

北京十五中昌平陈庄校区食堂、教学实验综合楼、宿舍楼、风雨操场、图书馆综合办公楼等主体建设完工；北师大二附中、实验小学未来科技城校区项目主体建设进展顺利；名师培育引进工程已先后开展骨干教师研修培训、校际成果交流、学术思想研讨、与名师共同备课等活动，成功引进名师7名；昌平一中、二中师资队伍、课程资源、信息化、特色教育水平提升工程顺利实施，区属学校办学条件和教学质量得到稳步提高；首都师范大学附属回龙观育新学校建成投入使用，新招收学生650余人。

（主要责任单位：区教委）

3. 完善教育基础设施。加固翻新17所学校校舍；改造22所学校、幼儿园饮水设备；更新44所学校计算机、网络设备及21所学校多媒体教学设备；新建10所学校视频教学录播系统；为4所义务教育阶段中小学校学生和家长提供全科数字化名师授课资源。

学校校舍加固工程、饮水设备改造工程、计算机、网络设备及多媒体教学设备更新工程已全部完工；新建10所学校视频教学录播系统；14个学科、140节名师授课资源已按全市统一安排进行推广。

（主要责任单位：区教委）

4. 加强公共医疗卫生服务。组织开展健康知识普及行动、0－6岁儿童免费体检、儿童青少年龋齿预防、妇女两癌筛查和结核病等传染病防治及宣传教育工作；为10万名农民免费进行健康体检，完善健康档案；为1800名50周岁以上居民免费进行脑卒中危险因素评估；培养1600名家庭保健员，为慢性病患者提供服务。

已举办健康大课堂439次，发放宣传品74.9万份；为5.8万名0－6岁儿童进行了免费健康体检；为5308名7－9岁儿童进行了窝沟封闭；为4万名妇女进行了两癌筛查；为19个村、2000名居民进行了结核病免费检查，举办结核病健康教育宣传及讲座36次，受益人数达7000人；为1800名50周岁以上居民免费进行脑卒中危险因素评估；为10.3万名农民进行了免费体检；1760名家庭保健员全部考核合格。

（主要责任单位：区卫生局）

5. 提高出生人口健康水平。开展常住人口新生儿先天性疾病及耳聋基因筛查，为待孕妇女免费增补叶酸，为1000对计划怀孕的育龄夫妇开展免费孕前优生健康检查，为农村户籍孕产妇发放住院分娩补助。

已筛查常住人口新生儿先心病11583人次、髋脱位11583人次、耳聋基因筛查4753人次；为待孕妇女免费增补叶酸4903人次；为计划怀孕的1592对育龄夫妇开展了免费孕前优生健康体检；为441名农村户籍孕产妇发放住院分娩补助26.46万元。

（主要责任单位：区卫生局、区人口计生委）

6. 完善体育文化基础设施。维修改造全民健身中心及体育馆，更新维修95套老旧健身器材；实施覆盖阳坊镇、崔村镇22个村的广播网工程；新建10家社区益民书屋。

体育馆墙壁粉刷工作已完成，玻璃幕墙已更换完毕，全民健身中心西墙重建和部分地面硬化已完工；95 套老旧健身器材更新维修完毕；阳坊镇、崔村镇 22 个村实现广播网“村村通”；10 家社区益民书屋全部建成投入使用。

（主要责任单位：区体育局、区文化委）

7. 丰富人民群众体育文化生活。创建 34 个体育生活化达标社区；开展文化志愿者志愿服务、文艺演出星火工程、周末演出、放映电影、送书下乡和 16 项群众性体育文化活动。

34 个体育生活化达标社区创建工作通过市级部门验收；全年共开展文艺演出星火工程和周末场演出 954 场；放映电影 1.5 万场；送书下乡 100 次、2.55 万册；“节水杯”篮球赛、回龙观超级足球联赛、第五届国际长走大会等 16 项群众性体育文化活动成功举办。

（主要责任单位：区文化委、区体育局）

8. 强化科普宣传教育。组织 3 万名中小学生走进科技场馆；新建 60 个科普画廊、10 个科普图书室和 15 个移动式科技岗亭。

组织 70 余所学校、3 万名中小学生参观了中国科技馆等科普场馆；新建科普画廊 60 个；为 10 个科普图书室配送图书 1 万册；15 个移动式科技岗亭全部安装到位。

（主要责任单位：区科委）

二、加强就业和社会保障服务

9. 加强就业指导与服务。举办各类就业技能培训，开展定向、订单培训，提高劳动力就业技能；加大就业和社会保障政策宣传，全年开发就业岗位 4000 个以上，安置城镇登记失业人员 3000 人以上，帮助本地就业困难人员实现就业 1000 人以上，转移农村劳动力就业 2700 人以上；本地生源高校毕业生就业率不低于 95%。

全年共组织 6673 名城乡劳动力参加了免费职业培训；新开发就业岗位 5723 个，安置城镇登记失业人员 4726 人，帮助本地就业困难人员实现就业 1868 人，转移农村劳动力就业 3399 人；2651 名昌平生源应届毕业生实现就业，就业率 96.4%。

（主要责任单位：区人力社保局）

10. 扩大社会保障覆盖面。继续提高各类社会保险参保率，加大城乡困难群体养老保险缴费补贴力度，做好城乡居民基础养老金及城乡无社会保障居民养老待遇发放工作，稳步提高社会保障待遇水平。

各类社会保险参保率稳步提升，其中：养老、失业、工伤、生育、医疗等五项基本社会保险参保人数较去年同期分别增长 11.44%、4.39%、6.19%、139.27% 和 8.6%；城乡居民基础养老金已按时足额发放到位，领取人数达 18.1 万人，发放金额 6296.2 万元；享受城乡无社会保障居民养老待遇人数达到 3.74 万人，累计发放老年保障金 1.22 亿元。

（主要责任单位：区人力社保局）

11. 加大城乡困难群体帮扶力度。实施 150 户农村低收入家庭和 12 户优抚对象危房改造工程；做好城乡低保、生活困难临时救助、丧葬补贴发放工作；向 70 名低收入困难白内障患者提供复明手术补助。

150 户农村低收入家庭和 16 户优抚对象危房改造工程已全部完工；向城乡低保对象 2745 户、4065 人发放保障金 1952 万元，向 232 户、624 人发放生活困难临时救助金 113.7 万元，向 1940 户发放丧葬补贴 970 万元；为 96 名低收入困难白内障患者实施了复明手术。

（主要责任单位：区民政局、区残联）

12. 落实计划生育家庭奖励扶助政策。为年满 60 周岁且为农业户籍的独生子女父母发放奖励扶助；为 752 人发放独生子女死亡伤残家庭特别扶助金；鼓励 13.3 万户计划生育家庭参加意外伤害保险，对参保家庭给予参保补贴。

全区享受计划生育家庭奖励扶助人数达到 3147 人；为 752 人发放独生子女死亡伤残家庭特别扶助金 84.4 万元；向 13.3 万户参加意外伤害保险的计划生育家庭发放参保补贴 192.3 万元。

（主要责任单位：区人口计生委）

13. 做好现役、退役军人抚恤优待工作。维修改造昌平区光荣院，进一步优化休养环境；提高优抚对象定期抚恤补助标准 11.4%；义务兵优待金标准由每人每年 1.8 万元提高到 2 万元；为 1954 年 11 月 1 日以后入伍且年满 60 周岁的农村退役义务兵发放老年生活补助。

昌平区光荣院电器设备、厨房用具、浴室喷淋系统更新、食堂不锈钢清洗设备、地下排污系统改造及休养房间装修等维修改造工程全部完工，休养环境显著提升；1643 万优抚对象定期补助和抚恤金全部按新标准发放到位；向 424 名义务兵发放优待金 888 万元；向 1478 名年满 60 周岁的农村退役义务兵发放老年生活补助 88.3 万元。

（主要责任单位：区民政局）

三、完善便民服务体系

14. 方便群众挂号就医。将昌平区医院、中医院、华一医院等 6 家二级医院接入全市预约挂号统一平台，提供电话和网络预约服务。

昌平区医院、中医院、华一医院等 6 家二级医院和区精神卫生保健院、区妇幼保健院2家专科医院全部接入全市预约挂号统一平台，面向社会提供电话和网络预约挂号服务。

（主要责任单位：区卫生局）

15. 完善社区服务功能。继续推进社区规范化办公和服务用房达标建设和基本公共服务试点工作，创建4－6个“一刻钟社区服务圈”示范点、36个城市“六型社区”示范单位、5个农村示范社区。

4个镇（街道）、19个社区完成办公和服务用房达标建设；社区基本公共服务试点工作圆满完成，社区居民教育大讲堂、科普及健康知识宣传、科学健身指导等软件设施和蔬菜直营店、垃圾分类收集设施、综治维稳分中心、便民缴费三通等硬件设施得到健全完善；6个“一刻钟社区服务圈”示范点全面建成，社区居民享受到更多生活便利；“六型社区”示范单位创建工作圆满完成。

（主要责任单位：区社会办、区民政局）

16. 强化市民终身教育。建设1个市民终身学习服务基地，在50个社区举办城乡市民教育大讲堂活动。

昌平区职业学校花卉实训基地建成全区首家市民终身学习服务基地，开设烹饪、书法、茶艺、花卉等课程内容；城乡市民教育大讲堂活动在87个社区（村）开展培训，参加培训2.2万人次。

（主要责任单位：区教委）

17. 加强蔬菜供应保障。新建50个蔬菜连锁直营店，升级改造社区菜市场和农集贸市场。

蔬菜连锁直营店配送中心建成投入使用，50个连锁直营店全部开业；北七家镇燕丹菜市场，城南街道南郝庄菜市场已建成投入使用，小汤山镇讲礼菜市场主体完工；崔村镇大辛峰农集贸市场基本建成，延寿镇下庄村农集贸市场主体完工。

（主要责任单位：区商务委）

18. 改造宗教活动场所。对阳坊镇西贯市清真寺北讲堂危旧房屋进行翻建改造。

阳坊镇西贯市清真寺北讲堂危旧房屋翻建改造工程完成年度目标任务。

（主要责任单位：区民族宗教侨务办）

19. 强化社会治安综合治理。建设实有人口服务管理全覆盖体系，完成30个老旧小区综治维稳分中心建设。

实有人口服务管理全覆盖体系建设年度目标基本完成，实有人口服务管理全覆盖体系建设各项综合考核排名位居全市第一；30个老旧小区综治维稳分中心实际建成31个，安装监控探头772个，整合防控力量160人，小区人防、物防、技防能力显著提升。

（主要责任单位：公安昌平分局、区综治办）

20. 加大法律服务和矛盾调解工作力度。定期更换法治文化宣传橱窗内容；开展“法律服务村居行”活动，组织律师为全区177个社区和303个行政村提供法律服务；开展人民调解委员会规范化建设，强化人民调解员培训，提高化解群众矛盾纠纷能力。

70个村（社区）法制宣传橱窗及法治文化广场标识安装完成；“法律服务村居行”活动覆盖全区177个社区和303个行政村，全年共举办宣传活动50余场次，发放法律宣传材料3.9万套，解答群众咨询1400余人次；全区572个人民调解委员会规范化建设指导、培训工作全面完成，成功调解各类矛盾纠纷6671件。

（主要责任单位：区司法局）

21. 提升综合政务服务水平。继续推进区、镇、村三级综合政务服务平台建设，完善8个镇（街道）级综合政务服务中心建设，实施2个镇（街道）的村（社区）级代办室试点工作；升级改造政府门户网站办事服务系统；实施公众服务呼叫中心区内部门联动系统二期工程；启动信息资源共享服务和融合应用工程，新建2－3个政务信息资源分平台。

8个镇（街道）级综合政务服务中心建成并对外运行；城北街道、崔村镇57个村（社区）级代办室启动试运行；政府门户网站办事服务系统企业办事页面新增5个热点跨部门流程图，3个部门21个事项增加在线申报功能；无障碍网站8月1日正式上线运行；公众服务呼叫中心区内部门联动系统二期工程声讯服务平台、5890热线官方微博平稳运行；信息资源共享服务和融合应用工程旅游委、教委、商务委分平台建成投入使用。

（主要责任单位：区综合行政服务中心）

22. 继续做好政府信息公开服务。全年发行6期1.8万册《政务信息公开汇编》、6期6000份文件目录，制作3000册《2011年政务信息汇编合订本》。

全年共编辑发行2012年《政务信息汇编》6期、1.8万册、政务信息目录6000张；《2011年政务信息汇编合订本》搜集整理工作已于上半年完成；接收整理政府部门主动公开信息纸质文本646件1938份；开展送刊物下乡活动30次，发放《政务信息汇编》刊物4000余册。

（主要责任单位：区档案局）

四、提升群众生活品质

23. 加大保障性住房建设力度。新开工建设、收购保障性住房11500套,全年竣工各类保障性住房2000套。

全年新开工建设保障性住房12193套,竣工各类保障性住房项目5948套。

(主要责任单位:区住房城乡建设委)

24. 改善老旧小区生活环境。对清秀园、西关北路等老旧小区进行抗震加固、节能保温、绿化美化、街景与楼面整修等综合改造,共计30.15万平方米;对北七家镇温泉花园小区等小区供水管网、慧华苑等小区电力线路及配电设施进行改造;实施沙阳路供水管线二期工程;完成二步、三步既有节能居住建筑供热计量改造试点工作;增设信报箱7.26万户。

老旧小区生活环境明显改善,全年共实施老旧小区抗震加固及节能综合改造51.9万平方米、既有非节能居住建筑保温改造23.05万平方米,补植苗木1929平方米,改造楼顶屋面防水1.5万平方米,粉饰楼房外墙7.9万平方米,整修阳台1795平方米,翻建老旧平房88间、1720平方米,铺设路面3.8万平方米、雨污水管线4453米,更换雨落管1.1万米,安装防盗单元门85扇,补建停车位338个,修整自行车棚12处,配建健身休闲设施4处,拆除私搭乱建942平方米;北七家镇温泉花园小区等3个小区供水管网改造工程已基本完工;慧华苑小区、清秀园北区配电设施改造工程竣工通电;沙阳路供水管线二期工程全面完工,共铺设供水管线1522米;二步、三步既有节能居住建筑供热计量改造试点52.6万平方米;信报箱已按实际数完成安装。

(主要责任单位:区市政市容委、区住房城乡建设委、区水务局、昌平自来水公司、区发展改革委、区邮政局)

25. 优化完善公交线路和设施。开展电动出租车示范运营;开通社区通勤快车;增开官高东至三一重工公交线路,喷漆翻新老旧公交设施,新建移改候车亭105个、站牌架50个,安装车站护栏200米,更换公交设施公益广告4.9万平方米,维修路侧自行车棚36个,印发2012版昌平公交图册。

50辆电动出租车自9月1日起上路示范运营;官高东至三一重工昌70路8月13日起开通运营;全年共新建移改候车亭131个、站牌架88个,更换公交设施公益广告5.12万平方米,抛光翻新不锈钢公交设施3650平方米,喷漆翻新二级候车亭310个;36处路侧自行车棚维修完毕;2012版公共交通图册正式印发。

(主要责任单位:区交通局、区国资委、区市政市容委)

26. 加强食品、药品及商品质量监管。加强食品生产加工企业监督管理,严厉打击违法生产加工食品行为;新发展"12315消费争议快速解决绿色通道"成员单位122个;快速检测流通环节食品样本2000个以上,抽检纺织品、食品包装材料样品120个以上,抽检群众投诉、举报商品样品100个以上;完成"三品一械"抽检500件,实现参加国家基本药物在产品种电子监管覆盖率达到100%;电梯检验率达到100%。

全年共审查食品及相关产品生产企业148家,检查食品生产加工企业819家,查处无证生产加工食品黑窝点18个;发展"12315消费争议快速解决绿色通道"成员单位122个;快速检测流通环节食品样本2028个,抽检纺织品、食品包装材料样品146个;抽检群众投诉、举报商品样品193个;超额抽检"三品一械"671件;参加国家基本药物在产品种电子监管覆盖率达到100%;定期检验电梯6060台,检验率达到107%。

(主要责任单位:区质监局、工商昌平分局、药监昌平分局)

五、加强公共基础设施建设

27. 加快重点地区联络线和市政配套设施建设。新建东关路地下人行通道及回龙观十里长街东延、回南北路(京藏高速东辅路至育知路段)、南丰路(怀昌路至百沙路段);实施城铁5号线天通苑北站停车场一期工程;安装昌平城区、天通苑居住区12条道路路侧占道收费停车场配套设施。

东关路地下人行通道竣工投入使用;回龙观十里长街东延雨水、给水、电力和燃气管线工程按计划实施;回南北路(京藏高速东辅路至育知路段)共铺设路面14.5万平方米、人行步道1.1万平方米、管线9600米,栽路缘石1.29万米等;南丰路(怀昌路至百沙路段)具备通车条件;地铁5号线天通苑北站停车场一期工程基本建成,增加停车位1800个;昌平城区、天通苑居住区12条道路路侧占道停车配套设施建设工程规范停车位2100个。(主要责任单位:区市政市容委、昌平公路分局)

28. 提高道路通行质量。对中兴路等10条道路进行大修,对九台西路等3条道路进行局部维修,对沙河镇、东小口镇等地区4条道路进行改造。

中兴路等10条道路大修工程、九台西路等3条道路局部维修工程、沙河镇、东小口镇等地区4条道路改造工程已全部完工。

(主要责任单位:区市政市容委)

29.配备交通信号灯和交通标识。新安装交通信号灯6处,增设闯红灯自动监控设备10套,施划地铁昌平线一期沿线站点周边道路标线,安装标识牌、护栏等。

定泗路望都家园路口、北环路早市口等9处交通信号灯安装完成并投入使用;草莓大会会场周边主要道路安装闯红灯监控设备29套;天通苑市政道路交通标线施划更新完毕;地铁昌平线一期沿线站点周边交通设施安装及道路标线完善工程全面完工。

(主要责任单位:区市政市容委、昌平公路分局、昌平交通支队)

30.硬化改造胡同步道。对昌平城区、南口镇、沙河大学城等部分地区胡同和步道进行硬化改造。

昌平城区、南口镇、沙河大学城等地区14条胡同和3条步道硬化改造工程全部完工,共铺设路面5.7万平方米,栽路缘石1.5万米等。(主要责任单位:区市政市容委)

31.实施道路亮化工程。铺设新城东区周边5条道路路灯电缆,安装改造南辛路、沙河飞机场路等8条道路和昌平城区、小汤山镇等地区路灯。

新城东区周边5条道路路灯电缆改造工程、南辛路等8条道路照明工程、昌平城区、小汤山镇汞灯改造工程已全部完工,共铺设电缆3.2万米、架空线2755米,安装路灯306棵、支臂灯512具等。

(主要责任单位:区市政市容委)

32.加强水利基础设施建设。改造昌平、南口等城镇地区8处市政雨污水设施;完成兴寿镇东营村拱桥、阳坊镇四家庄桥等7座危桥改造;修复东沙河等3条区管河道堤防和3个镇、5个村护村坝、排洪沟。

对昌平城区、南口等城镇地区19处市政雨污水设施、3056米雨水管线、4994米污水管线进行了改造;阳坊镇四家庄桥、南口镇兴隆口桥、延寿镇下庄村西河道桥等7座危桥改造基本完成;修复东沙河、辛店河、南口西河3条区管河道堤防2150米,修复延寿、十三陵、流村3个镇、7个村护村坝、排洪沟500米。

(主要责任单位:区水务局)

33.增强防震减灾能力。实施防震减灾虚拟宣传教育中心二期工程,完成1处地震应急避难场所建设。

防震减灾虚拟宣传教育中心二期工程、东小口镇太平郊野公园地震应急避难场所全面建成投入使用。

(主要责任单位:区地震局)

六、加强环境建设管理

34.加大大气污染防治力度。落实以PM2.5为重点的大气综合治理各项措施,进一步提升环境监测能力,确保全年空气质量二级和好于二级天数达到79%以上。

集中开展煤炭储运场所清退和盗采砂石专项整治行动,清退煤炭储运场所49家,清理砂石加工场40处、屯料场23处;对279家燃煤锅炉使用单位污染物排放进行监察监测;现场检查38个施工工地"绿色施工"和"五个100%"落实情况,查处施工工地违法行为275起;对74家加油站和4家机动车检测场开展日常监督检查,定期检测在用车排放22万辆,处罚超标车辆670辆,淘汰老旧机动车2.3万辆。截至2012年12月31日,我区空气质量二级和好于二级天数累计达到299天,达标率为81.7%。

(主要责任单位:区环保局)

35.加强环境综合治理。全面改善重点道路两侧、公交场站、地铁等交通集散区和老旧平房等人口密集区周边环境。

重点对京包铁路S2线昌平段两侧、南丰路东侧、水南路西延两侧、京包高速路回龙观段、轨道交通8号线站点周边环境进行了整治,共清理渣土48.7万方,整理绿化用地76.6万平方米,种植乔灌木10.28万株、地被22.3万平方米等。

(主要责任单位:区市政市容委)

36.优化公园环境。新建休闲绿地1处、1.15万平方米,改造昌平公园、南口公园、天通艺园等公园绿化,完善太平郊野公园旅游配套设施,为市民休闲、锻炼提供良好条件。

沙河高教园区休闲绿地已按平原绿化标准进行绿化;昌平公园、南口公园、天通艺园绿化改造工程已完工,其中:昌平公园改造绿化1.8万平方米,铺设路面580平方米;南口公园铺设广场760平方米,新建围栏650延米;天通艺园补植树木223棵,铺设草坪860平方米;太平郊野公园旅游配套设施安装到位。

(主要责任单位:区园林绿化局、区市政市容委、区旅游委)

37.实施河路两侧绿化美化工程。对昌平城区、沙河大学城、天通苑地区 12 条道路和生命科学园绿化进行改造，打造水库路绿化美化精品街区，完善步道、果皮箱、座椅等市政基础设施；对全区范围内主要道路、温榆河、京密引水渠及重要交通节点实施绿化美化。

昌平城区、沙河大学城、天通苑地区 12 条道路和生命科学园绿化改造工程、水库路绿化美化工程、全区范围内主要道路、温榆河、京密引水渠及重要交通节点绿化美化工程已全部完工，其中：昌平城区 8 条道路改造绿化 8514 平方米，铺设嵌草砖 2465 平方米；沙河大学城道路 3 条道路改造绿化 1.3 万平方米；天通苑地区太平庄中二街补植苗木 1.4 万棵；水库路改造绿化 1.9 万平方米，铺设路面 5570 平方米，安装座椅 76 个、垃圾桶 42 个；生命科学园改造绿化 3.35 万平方米；全区范围主要河路及重要交通节点实施绿化造林工程 3.5 万亩。

（主要责任单位：区园林绿化局、区市政市容委）

38. 加强环卫设施建设。新建延寿镇垃圾中转站及分拣中心和 15 个规范化再生资源回收点，在 25 个小区开展垃圾分类达标工作。

延寿镇垃圾中转站建设工程已完工；15 个规范化再生资源回收点全部安装到位；25 个垃圾分类达标小区创建工作全面完成，共发放分类垃圾桶 1.2 万只、户用垃圾桶 4.8 万只，建设垃圾桶站 1080 个，上岗“绿袖标”指导员 502 人。

（主要责任单位：区市政市容委、区商务委）

七、加快推进新农村建设

39. 促进社区公共服务向农村地区延伸。继续推进 50 个村村庄社区化管理，完成 124 个农村社区服务站标准化建设。

50 个村庄社区化管理各项基础设施全部建成，共建立“三站两室”50 个，新建围墙 4.75 万米、大门 304 个，安装监控探头 1241 个，整合防控力量 580 人；124 个农村社区服务站标准化建设设备设施全部配送安装到位并投入使用。

（主要责任单位：区综治办、区民政局）

40. 提升农民住房质量。对 11892 户农民住宅进行抗震节能改造。

全年共完成农民住宅抗震节能改造 21088 户。

（主要责任单位：区新农办）

41. 实施山区群众搬迁工程。完成山区镇泥石流易发区及生存条件恶劣地区群众搬迁任务。

山区镇泥石流易发区及生存条件恶劣地区 12 户、40 人搬迁任务已完成。

（主要责任单位：区农委）

42. 实施农村地区亮化工程。更换农村节能光源 6000 盏，更换老旧太阳能路灯电池 2000 块，对 1.3 万盏太阳能路灯进行维护。

农村地区亮化工程全面完成，全年共为 112 个村更换农村节能光源 6000 盏，为 47 个村更换老旧太阳能路灯电池 2000 块，开展老旧太阳能路灯维护维修 3.9 万盏次，更换控制器 2600 件、灯泡 3680 件、灯头 92 件，故障报修维修率 100%。

（主要责任单位：区新农办、区农业服务中心）

43. 实施乡村公路大修工程。完成乡村公路大修 44 条、82.75 公里。

55 项乡村公路大修工程全部竣工通车，共修建里程 83.93 公里，砌筑挡墙 4900 立方米，治理安全隐患 4 处。

（主要责任单位：昌平公路分局）

44. 促进农民增收致富。组织开展农业实用技术培训，向种养殖农户发放涉农专项贷款补贴，鼓励农户参加政策性农业保险，积极推广林下食用菌技术。

促进农民增收致富各项措施落实到位，全年共培训农民 1.1 万人次；新发放涉农专项贷款 738 万元，补贴利息 384 万元；政策性农业保险已覆盖全区 13 个镇（街道）、5023 户农户，保费总额 1552.4 万元，其中区级财政补贴 362 万元；通过林下栗蘑种植促进农民增收效果明显，全年增收 1800 万元。

（主要责任单位：区农委）

45. 促进乡村旅游发展。制作发放 2012 年昌平旅游一卡通，开发建设旅游便民信息查询系统，在 25 个市级民俗村择优开展魅力乡村游交互系统建设试点工作，改造民俗村及 A 级景区公共厕所，整治美化 10 家乡村酒店旅游环境。

全年共制发昌平旅游一卡通 1 万张，印发《昌平旅游宣传册》12 万册；旅游便民信息查询系统和魅力乡村游交互系统进入试运行阶段；3 个市级民俗村及 4 个 A 级景区 7 处公共厕所改造工程全部完工；10 家乡村酒店旅游环境显著提升。

（主要责任单位：区旅游委）

昌平区爱国主义教育基地名录

国家级爱国主义教育基地

名　称	地　址	电　话
中国航空博物馆	小汤山镇	61784883

市级爱国主义教育基地

名　称	地　址	电　话
明皇蜡像宫	城南街道	69747257
居庸关长城	南口镇	69771665
小汤山农业园	小汤山镇	61785123
坦克博物馆	阳坊镇	66759901
中国北方国际射击场	南口镇	69771368－3110
人与动物科普中心	小汤山镇	61791906
昌平区档案馆	城北街道	86970341

区级爱国主义教育基地

名　称	地　址	电　话
昌平区博物馆	城北街道	80110182(传) 69742257
昌平区烈士陵园	城南街道	69742607(传)
桃林烈士陵园	兴寿镇	61726042
崔村镇香堂文化新村	崔村镇	60722071
北七家镇郑各庄村	北七家镇	81786043
雷殿生徒步中国事迹展馆	流村镇瓦窑村	89771181

2012 年底入伍新兵名单

男兵(合计 195 人):

任晓宇　冯凡　戎云　何潇　郭健　崔建斐　段旭　冯伟　谷振群
林泽令　李中雪　刘畅　杨德利　汪文斌　杨璐　李润　王心全　赵新宇
刘浩　郭帅　尚佳斌　塔日江·吐送托乎提　戚展　张志成　张地　王雨泽
李晓旭　陈启　高键　郑圣洁　王雨阳　刘宛星　杨达　王松　郑智朗
孙晖　王璞　姚航　张文举　宋克雷　闻志浩　何杨　张宏伟　权志伟
时剑　姚路　张童　韩石磊　刘占虎　李新宇　郑晓龙　张鹏　刘洋
杨明　李子默　茹川　陶硕　高东旭　常涛　闫春良　刘璐　王俊毅
吕桐　李晨　李森　徐帅　许鹏　张然　孙嘉鑫　邢泽文　王明鸽
毛宁　赵子建　孔祥意　毛伟　杨纪昌　王树鹏　张禹　董肖骁　马斌
王岩　杨名　王远　马春雨　于帅　周树祥　董仕浩　杨吉　齐家辉
赵嘉晟　高振　齐良云　尚建林　刘海旭　张倍博　牛文瀚　张思杨　徐思雨
赵世龙　魏晓辰　王汇新　祁迪　茹阁　陈晨　张世豪　武伟　周晨宇
宗岩　卢岳　韦航　孟凡林　孟凡森　宋汉鑫　董天琦　王昌　姜楠
谷建民　沈泽炜　于浩　兰斐　雍亚风　张帅　王啸　沈潇宇　赵梦来
段文鑫　刘丰豪　刘雨辰　张新地　刘鹏程　蔡宏彬　刘健　韩雪　王朕
陈奇　王富财　刘雪彬　段焱坤　刘鸿　刘洋　马绍龑　张致玮　张旭辉
万跃飞　莫义　徐俊杰　杨建成　黄其骥　郭磊　刘奎　周子林　白杨
叶尔克·哈伊拉特　韩润武　韩晓鹏　胡阿什·吉格尔　木合塔尔·金恩斯　蔡明
于立泽　林莹　张硕　周开雄　邢世豪　张桐　陈晨　王恺楠　郑明明
马庆权　曾朋　武超　覃栓宗　袁新普　苏海鸥　蒙小龙　路晓阳　郭琦
李小杉　张永强　亓晓礼　彭旌旗　邢宇浩　任郡　孙佳伟　李居太　孙佳伟
袁宝玉　赵宏达　杨震　张淼　韩权　刘子龙　屈凡　张达　任世旺
姜誉轩

女兵(合计 34 人):

刘红菊　张佳梦　张向勤　梁妍　李晓钰　张成名　秦瑞艺　欧阳萱　范思佳
王亚茹　王妍　孙宇萱　魏艳艳　代昱　刘爽　刘凤林　杜思晨　王馨仪
崔冠楠　李小琴　李雪　刘奕君　李诗阳　张迎　林佳琪　陈瑞芳　王茜
刘丹　张雅婷　薛清华　孙鑫萌　闫雪松　王若璇　连梦

昌平区网址目录

1. 区政府门户网站　http://www.bjchp.gov.cn
2. 区政府英文门户网站　http://en.bjchp.gov.cn/default.aspx
3. 区无障碍门户网站　http://www.bjchp.gov.cn/Assistants/default.htm
4. 区委　http://cpqw.bjchp.gov.cn
5. 区人大　http://cprd.bjchp.gov.cn
6. 区政协　http://cpzx.bjchp.gov.cn
7. 区政府办　http://cpzfb.bjchp.gov.cn
8. 区机关工委　http://cpjggw.bjchp.gov.cn
9. 区发展改革委　http://cpfgw.bjchp.gov.cn
10. 区农村工作委　http://cpnw.bjchp.gov.cn
11. 区市政市容委　http://cpszsr.bjchp.gov.cn
12. 区住房建设委　http://cpzjw.bjchp.gov.cn
13. 区文化委员会　http://cpwhw.bjchp.gov.cn
14. 区教育委员会　http://www.chpedu.net/index/index.shtml
15. 区科技委员会　http://cpkw.bjchp.gov.cn
16. 区商务委员会　http://cpsww.bjchp.gov.cn
17. 区经济信息委　http://cpjxw.bjchp.gov.cn
18. 区国资委员会　http://cpgzw.bjchp.gov.cn
19. 区旅游委员会　http://www.chply.com
20. 区民宗侨办　http://cpmzqb.bjchp.gov.cn
21. 区法制办　http://cpfzb.bjchp.gov.cn
22. 区外事办　http://cpwsb.bjchp.gov.cn
23. 区信访办　http://cpxfb.bjchp.gov.cn
24. 区社会办　http://cpshjs.bjchp.gov.cn
25. 区监察局　http://chpjw.bjchp.gov.cn
26. 区财政局　http://www.cpcz.gov.cn
27. 区人力社保局　http://cprlsb.bjchp.gov.cn
28. 区园林绿化局　http://cpyllh.bjchp.gov.cn
29. 区工商分局　http://www.baic.gov.cn/fjzd/cpfj
30. 区药监分局　http://changping.bjda.gov.cn
31. 区国土分局　http://cp.bjgtj.gov.cn/default.aspx
32. 区公路分局　http://cpglj.bjchp.gov.cn
33. 区规划分局　http://cpghj.bjchp.gov.cn
34. 区老干部局　http://cplgb.bjchp.gov.cn
35. 区国税局　http://www.bjsat.gov.cn/bjsat/qxfj/cp
36. 区地税局　http://changping.tax861.gov.cn
37. 区质监局　http://cp.bjtsb.gov.cn
38. 区审计局　http://www.bjab.gov.cn/news/districtview.asp?districtid=12&channelid=68&catalog=1
39. 区交通局　http://cpjtj.bjchp.gov.cn
40. 区环保局　http://cphbj.bjchp.gov.cn
41. 区民政局　http://cpmzj.bjchp.gov.cn
42. 区司法局　http://cpsfj.bjchp.gov.cn
43. 区水务局　http://cpswj.bjchp.gov.cn
44. 区安监局　http://cpajj.bjchp.gov.cn
45. 区卫生局　http://cpwsj.bjchp.gov.cn
46. 区民防局　http://cpmfj.bjchp.gov.cn
47. 区统计局　http://cptjj.bjchp.gov.cn
48. 区档案局　http://cpdag.bjchp.gov.cn
49. 区地震局　http://cpdzj.bjchp.gov.cn
50. 区体育局　http://cptyj.bjchp.gov.cn
51. 区农业局　http://cpnyj.bjchp.gov.cn
52. 区综合行政服务中心　http://cpzw.bjchp.gov.cn

53. 区中关村园区昌平园 http://www.zgc-cp.gov.cn
54. 区城管监察大队 http://cpcgd.bjchp.gov.cn
55. 区投资促进局 http://www.cpol.gov.cn
56. 区农业服务中心 http://cpnfzx.bjchp.gov.cn
57. 区人口计生委 http://cpjsw.bjchp.gov.cn
58. 区广电中心 http://www.cprt.com.cn
59. 区新闻中心 http://www.bjcpn.com
60. 区经管站 http://cpjgz.bjchp.gov.cn
61. 区气象局 http://cpqxj.bjchp.gov.cn
62. 区新城东区 http://cpdkb.bjchp.gov.cn
63. 区防火安全委员会 http://cpfhw.bjchp.gov.cn
64. 区企业联合会 http://cpqylh.bjchp.gov.cn
65. 区城北街道 http://cpcbj.bjchp.gov.cn
66. 区城南街道 http://cpcnj.bjchp.gov.cn
67. 区沙河镇 http://cpsh.bjchp.gov.cn
68. 区南口镇 http://cpnk.bjchp.gov.cn
69. 区兴寿镇 http://cpxs.bjchp.gov.cn
70. 区百善镇 http://cpbs.bjchp.gov.cn
71. 区流村镇 http://cplc.bjchp.gov.cn
72. 区崔村镇 http://cpcc.bjchp.gov.cn
73. 区南邵镇 http://cpns.bjchp.gov.cn
74. 区阳坊镇 http://cpyfz.bjchp.gov.cn
75. 区延寿镇 http://cpysz.bjchp.gov.cn
76. 区东小口镇 http://cpdxk.bjchp.gov.cn
77. 区回龙观镇 http://cphlg.bjchp.gov.cn
78. 区北七家镇 http://cpbqj.bjchp.gov.cn
79. 区小汤山镇 http://cpxts.bjchp.gov.cn
80. 区马池口镇 http://cpmck.bjchp.gov.cn
81. 区十三陵镇 http://cpssl.bjchp.gov.cn
82. 区北企公司 http://cpbq.bjchp.gov.cn
83. 区委党校 http://www.bjcpdx.org.cn
84. 区总工会 http://cpqgh.bjchp.gov.cn
85. 区团区委 http://www.chpyouth.org
86. 区妇女联合会 http://www.cpwomen.org.cn
87. 区工商联合会 http://gsl.bjchp.gov.cn
88. 区残疾人联合会 http://cpcl.bjchp.gov.cn
89. 区科技协会 http://www.cpkx.gov.cn

昌平辖区律师事务所、公证处及法律服务所名录

律师所全称	地　址	电　话
北京市诚实律师事务所	昌平区政府街23号社区服务中心七层	80107505　80107509(传真)
北京市昌兴律师事务所	昌平区西环路南端钰阳商业楼A单元	89702029　89745363(传真)
北京市双强律师事务所	昌平区西环南路56号D座	69723326　69747521(传真)
北京市京海律师事务所	昌平区西环南路56号钰阳商业楼F号	80117581　80117581(传真)
北京市奥援律师事务所	昌平区回龙观西三旗桥东北角新龙大厦6层627/650室	62713114　62717920(传真)
北京张春月律师事务所	昌平区科技园区星火街9号	80110566(传真)
北京王沛颖律师事务所	昌平区商业街西口	89703866　89703866(传真)
北京傅贵中律师事务所	昌平区沙河玫瑰园853号	80763087　64718870(传真)
北京张国久律师事务所	昌平区南环路22—3号(三层)	69782257(传真)
北京阚世山律师事务所	歌华有限公司昌平分公司南办公楼2501室	13681352982
北京马玉兰律师事务所	昌平区昌平镇西环路56号钰阳商业楼12号1至2层12	89719320　13901196596
北京市杰澳律师事务所	昌平区西环南路56号钰阳商业楼E座	80119712(传真)
北京陈伟律师事务所	昌平区西环路78号利阳大厦3层329号	80113969(传真)13910663175
北京刘国起律师事务所	回龙观昌平路380号院32号楼3单元402室	82965079(传真)
北京市理盈律师事务所	昌平区立汤路186号龙德紫金1号楼8层810室	84825200　13601316286
北京席珂律师事务所	昌平区回龙观小区龙腾苑六区4号楼4单元401室	81722721　13911124048
北京董志刚律师事务所	昌平区西三旗建材城西路87号上奥世纪中心2B座906室	82967438　13601262080
北京明旗律师事务所	昌平区南口镇新西广街1号楼2单元1层202	69704832　13911150246
北京唐文书律师事务所	昌平区西环路56号钰阳商业楼9号	69727081(传真)
北京智光律师事务所	昌平区商业街44号商业用房2层	69706363　13911932933
北京宋东律师事务所	天通苑5区8号楼三单元601室	13910777669
北京昌玺律师事务所	昌平区立水桥北立汤路186号龙德紫金1-301	84843122(传真)　13801367139
北京奉公律师事务所	昌平区西三旗上奥世纪中心2号楼B座731室	62563014　82986912(传真)
北京悟天律师事务所	昌平区东小口地区佳运园21号楼331室	18910535236
北京李红秀律师事务所	昌平区昌平镇西环路78号	13520024630
北京夏涛律师事务所	昌平区凉水河路6号楼322室	69702455　13910328188
北京包杰律师事务所	昌平区东小口镇天通苑西三区33号楼7单元1201室	13911506309　15001004989
北京高商律师事务所	昌平区北七家镇定泗路八仙别墅仙霞西里0710号	87283409　13911282869
北京回龙律师事务所	昌平区东小口镇天通苑71号楼7单元1门	59490336　18901326628
北京市亚东律师事务所	昌平区西环路78号利阳大厦底商	13910516349

河北山庄(北京)律师事务所	昌平区南环路畅春阁底商28－3号	60712626　13931426921
北京远峰律师事务所	昌平区回龙观镇金燕龙大厦1101室	62710176　62712053(传真)
北京高宏道律师事务所	昌平区双兴苑小区24号楼1门103室	61790189　13718067508
北京市博缘律师事务所	昌平区凉水河路6－6号	69742303　13911137825
北京金标律师事务所	昌平区昌平镇西环路56号钰阳商业楼10号1、3层	
北汽福田公司律师	北汽福田公司	13681047055

公　证　处

名　　称	地　址	联系电话
北京利兆公证处	东环路146号	69742931

法律服务所

北京市昌平区城北街道第一法律服务所	北京市昌平区城北街道办事处	89731124	102200
北京市昌平区昌平镇法律服务所	北京市昌平区城南街道办事处	69746381	102200
北京市昌平区崔村镇法律服务所	北京市昌平区崔村镇政府	60725287	102212
北京市昌平区阳坊镇法律服务所	北京市昌平区阳坊镇政府	69766199	102205
北京市昌平区长陵镇法律服务所	北京市昌平区延寿镇政府	60762477	102213
北京市昌平区沙河镇法律服务所	北京市昌平区沙河镇政府	80761444	102206
北京市昌平区北七家镇法律服务所	北京市昌平区北七家镇政府	69750148	102209
北京市昌平区小汤山镇法律服务所	北京市昌平区小汤山镇政府	61784148	102211
北京市昌平区十三陵镇法律服务所	北京市昌平区十三陵镇政府	89761442	102200
北京市昌平区兴寿镇法律服务所	北京市昌平区兴寿镇政府	61725464	102212
北京市昌平区百善镇法律服务所	北京市昌平区百善镇政府	61739049	102211
北京市昌平区流村镇法律服务所	北京市昌平区流村镇政府	89771143	102204
北京市昌平区南口镇法律服务所	北京市昌平区南口镇兴隆街3号	69771390	102202
北京市昌平区南邵镇法律服务所	北京市昌平区南邵镇政府	60731475	102200
北京市昌平区回龙观镇法律服务所	北京市昌平区回龙观地区办事处	81749072	102208
北京市昌平区东小口镇法律服务所	北京市昌平区东小口镇政府	84826148	102218
北京市昌平区马池口镇第二法律服务所	北京市昌平区商业街甲30号	13021236842	102200
北京市昌平区十三陵镇第二法律服务所	北京市昌平区龙水路四越写字楼156号	13701066879	102200
北京市昌平区马池口镇法律服务所	北京市昌平区马池口镇政府	60756452	102202

昌平区储蓄所营业网点名录

农业银行昌平支行分理处

名　称	地　址	电　话
支行营业部	昌平区西环路	69742074
南口分理处	昌平区南口镇交通街96号	69771428
科技园区分理处	昌平区白浮泉路10号	89709415
沙河分理处	昌平区沙河镇	69731889
东环分理处	昌平区东关南路	89701749
回龙观分理处	昌平区回龙观镇	81798134
流星花园分理处	昌平区回龙观镇	81712540
回龙观东区分理处	昌平区回龙观镇	80758923
念头分理处	昌平区念头工业区	60756689
阳坊分理处	昌平区阳坊镇	69760507
小汤山分理处	昌平区小汤山镇	61781316
西三旗分理处	北京市西三旗东路建材城	82920636
宏福分理处	昌平区郑各庄村宏福广场	81788258
霍营分理处	昌平区霍营新晨商场内	69797884
昌平区第三储蓄所	昌平区六二一部队	66758575
东关南里分理处	昌平区东关南里小区南门	89709008

农商银行昌平支行分理处

名　称	地　址	电　话
昌平支行(管辖支行)	昌平区东环路中医院路口往西20米少年宫对面	69744891
昌平支行南大街分理处	昌平区昌平镇南大街路西新世纪商场南	69742287
昌平支行科技园分理处	昌平区白浮泉路10号	80100819
昌平支行东关分理处	昌平区昌平镇南环东路22号	69749147
昌平支行东海分理处	昌平区城关镇东关府学路建安里7号	89731583
昌平支行南口分理处	昌平区南口镇南大街南侧国税所对面	69771997
昌平支行桃洼分理处	昌平区南口镇后洼村南兴路中段北侧	69778444
昌平支行流村分理处	昌平区流村镇北流村西科技园环岛西500米	89771169
昌平支行高崖口分理处	昌平区流村镇高崖口办事处路北	89778084
昌平支行大柳树分理处	昌平区小汤山镇大柳树环岛西100米道北	61792199
昌平支行大东流分理处	昌平区大东流村114号	61711450

昌平支行百善分理处	昌平区百善镇政府西侧	61739209
昌平支行上苑分理处	昌平区兴寿镇东新城村 155 号	61707234
昌平支行下庄分理处	昌平区兴寿镇下庄村安泗路东侧拔丝厂北	89726124
昌平支行西大街分理处	昌平区阳坊镇阳坊村西大街 49 号	69766442
昌平支行西沙屯分理处	昌平区沙河镇西沙屯村西侧京昌路百葛桥东南	80762266
昌平支行七里渠分理处	昌平区沙河镇豆各庄村 10 号	69737514
昌平支行巩华街分理处	昌平区沙河镇巩华城大街 82 号	69732901
昌平支行工商街分理处	昌平区沙河镇工商街 3 号	临时停业
昌平支行亭自庄分理处	昌平区马池口镇北小营村东 628 号	60755141
昌平支行水南路分理处	昌平区昌平镇水屯村南燕龙商业大厦 2 号楼	80105308
昌平支行长陵分理处	昌平区长陵镇政府南侧	60761042
昌平支行黑山寨分理处	昌平区黑山寨村 255 号	89727149
昌平支行红旗路分理处	昌平区城区镇红旗路酒厂底商 1 号	80103292
昌平支行鼓楼北街分理处	昌平区城区鼓楼北街北城根 3 号楼	89711525
昌平支行西关分理处	昌平区城区镇西关路 12 号华尔森小区 1 号楼	69708934
兴昌支行	昌平区昌平镇东环路中医院对面	69744889
南口支行	昌平区南口镇东大街保温瓶厂南侧	69771185
小汤山支行	昌平区小汤山镇地税所西院	61781226
兴寿支行	昌平区兴寿镇兴寿村 709 号	61726064
阳坊支行	昌平区阳坊镇南阳路大都饭店北侧	69760458
沙河支行	昌平区沙河镇展思门路 29 号	69730414
马池口支行	昌平区马池口镇马池口村新街 347 号	60774371
崔村支行	昌平区崔村镇西崔村 11 号	60721355
南邵支行	昌平区南环路南邵回迁小区 11 号、12 号	60732142
十三陵支行	昌平区十三陵镇胡庄	89761489
北环支行	昌平区昌平镇北环路 2 号金兰大厦三单元地下一层	69709340
天通苑支行(管辖支行)	昌平区东小口镇中滩村东镇政府后面	84811204

北京银行昌平支行

名称	地址	电话
北京银行昌平支行	昌平区政府街 2 号	80103736
北京银行龙水路支行	昌平区龙水路 28－12 号底商	69711931
北京银行北七家支行	昌平区北七家镇立汤路 58 号王子大厦瑰宝商业中心	89756452
北京银行西三旗支行	昌平区建材城西路 87 号 2 号楼一层	82969620

邮政储蓄银行昌平支行

名称	地址	电话
昌平区支行	昌平区政府街 25 号	69746413

龙水路支行	昌平区畅春阁小区龙水路 22 号院 1 号楼一层 101	69741046
沙河支行	昌平区沙河镇巩华城大街 23 号	69732648
天通北苑支行	昌平区天通北苑二区甲 11 号楼 1 门	81771247
龙锦苑支行	昌平区回龙观龙锦苑五区	80757025
昌崔路支行	昌平区昌崔路 201 号大厦一层	80107709
北七家支行	昌平区北七家镇定泗路北侧雅安商厦 C 号商业一层	80126276
天通西苑支行	昌平区天通西苑 25 号楼 8 门	84840197
小汤山支行	昌平区小汤山镇小汤山村	61781285
南口支行	昌平区南口镇新兴路 20 号	69771335
东三旗支行	昌平区北七家镇东三旗村	61758457
府学路支行	昌平区府学路 3 号楼一层西侧	69709343
回龙观支行	昌平区回龙观镇风雅园小区邮局	81799120
天通东苑支行	昌平区天通东苑一区 21B 楼	61749658
风雅园支行	昌平区回龙观风雅园一区 19 号楼	81710513
北邮宏福营业所	昌平区北七家镇北京邮电大学宏福校区	58828066
电力大学营业所	昌平区回龙观镇朱辛庄	80796935
昌盛园营业所	昌平区昌盛园一区	60741046
西大街营业所	昌平区西大街	69742245
南口镇北营业所	昌平区南口镇铁道北	69771198
兴寿营业所	昌平区兴寿镇兴寿村	61725149
霍营营业所	昌平区东小口镇霍营村	69793403
南口吉利大学营业所	昌平区南口镇南大街乙 15 号	60791628
松园营业所	昌平区东关路	69714482
龙腾苑营业所	昌平区回龙观文化居住区龙腾苑 5 区 3 号楼 2 门	81710689
龙禧苑营业所	昌平区回龙观文化居住区龙禧苑二区 2 号楼 8 门	80753258
天通西苑二区营业所	昌平区天通西苑二区 12 号楼 104 号	64123017
太阳城营业所	昌平区小汤山镇立汤路 30 号	89756635
阳坊支行	昌平区阳坊镇阳坊村	69760536

工商银行昌平支行

名称	地址	电话
昌平支行	昌平区昌平鼓楼西街 35 号	69746269
昌平支行营业部	昌平区科技园区超前路 9 号	69725447
城关支行	昌平区鼓楼南大街 9 号	69746156
西街汇富支行	昌平区鼓楼西街 35 号	69742596
府学路支行	昌平区府学路福地家园 07 号楼 07 号行	69740844
南口支行	昌平区南口镇西大桥	69776403
沙河支行	昌平区沙河镇巩华大街 58 号	69735740
小汤山支行	昌平区小汤山中心街	61782370
回龙观支行	昌平区回龙观天龙苑 25 号	80756705
回龙观西区支行	昌平区回龙观镇冠庭中心底商 10 号楼	81746291
昌平支行风雅园储蓄所	昌平区回龙观风雅园一区 18 号底商	81717074

天通苑支行	昌平区东小口镇立汤路188号	58608102
天通苑西区支行	昌平区东小口镇天通苑五区西单商场	84810304
天通苑东区支行	昌平区天通苑东三区2号楼27号	80141011
沙河英才支行	昌平区沙河镇北京航空航天大学沙河校区内综合服务楼	61716676
北七家支行	昌平区北七家镇立汤路58号工商银行大厅	80147562
东小口支行	昌平区东小口镇中东路398号 工商银行	64125135

建设银行昌平支行

名称	地址	电话
营业部	昌平城区镇东环路中路	69742324
沙河支行	昌平区回龙观镇定福皇庄75号(北京碧水庄园物业管理大楼)	69731302
天通苑支行	昌平区立汤路186号北京龙德广场一层西北侧	84821910
		82420335
西三旗支行	德外西三旗回龙观黄土东村209号	82926184
		82913519
昌平区东街储蓄所	昌平区东大街	69714472
昌平区西顺城街储蓄所	昌平区西顺城街5号	69746124
昌平区东关储蓄所	昌平南环东路2号	69748033
昌平区回龙观储蓄所	昌平区回龙观居住区龙回苑小区配套楼1层	81732653
昌平区天通东苑储蓄所	昌平区天通苑东苑一区61号2门	81757384
回龙观龙腾支行	昌平区回龙观龙腾三区7号楼一层	81728081
昌平天通北苑支行	昌平区东小口镇天通北苑一区甲4号楼3门	81778101
昌平新龙城支行	昌平区昌平路38号院2号楼1至2层01、02	82984331

中国银行昌平支行

名称	地址	电话
昌平支行(营业部)	北京昌平南环路57号	69745394
沙河支行	昌平区沙河镇巩华城76号	69736977
回龙观支行	昌平区回龙观风雅园二区八号楼	81718351
昌平东环路支行	昌平区南环东路24号(新址正在装修)	69712445
西三旗支行	昌平区建材城西路87号院8号楼	82929185
天通苑支行	昌平区东小口镇天通苑五区14号楼2门	84813570
学清路支行	海淀区学清路8号	82737331
立汤南路支行	昌平区东小口镇北方明珠大厦	58607182
回龙观东区支行	昌平区回龙观龙跃苑2区36号楼南段(F0136号)	80752971

昌平国税2012年纳税额前一百名企业名单

纳税人名称	注册地址
1. 神华销售集团华北能源贸易有限公司	北京市昌平区科技园区超前路9号3号楼B座2310室
2. 北京神华昌运高技术配煤有限公司	北京市昌平区城区镇超前路9号
3. 北京诺华制药有限公司	北京市昌平区永安路31号
4. 国电燃料有限公司	北京市昌平区科技园区中兴路10号
5. 新时代健康产业(集团)有限公司	北京市昌平区科技园区白浮泉路10号北控科技大厦九层
6. 招商局嘉铭(北京)房地产开发有限公司	北京市昌平区东小口镇陈营村委会院内
7. 北京金隅万科房地产开发有限公司	北京市昌平区永安路26号1号楼609－05室
8. 乐普(北京)医疗器械股份有限公司	北京市昌平区超前路37号
9. 北京稻香村食品有限责任公司食品厂	北京市昌平区北七家镇工业科技园
10. 北京市昌平烟草公司	北京市昌平区昌平镇西关路29号
11. 中国移动通信集团终端有限公司	北京市昌平区沙河镇马满路甲一号
12. 北京市三一重机有限公司	北京市昌平区科技园区火炬街18号甲
13. 北京枫树置业有限公司	北京市昌平区北七家镇东沙各庄
14. 北汽福田汽车股份有限公司北京蒙派克汽车厂	北京市昌平区沙河镇沙阳路北15号
15. 北京摩比斯中车汽车零部件有限公司	北京市昌平区中兴路10号A230室
16. 北京探路者户外用品股份有限公司	北京市昌平区科技园区永安路26号609－06
17. 北京康得新复合材料股份有限公司	北京市昌平区昌平科技园区振兴路26号
18. 北京南口斯凯孚铁路轴承有限公司	北京市昌平区南口镇北京南口机车车辆机械厂厂内
19. 国电国际经贸有限公司	北京市昌平区科技园区中兴路10号A302
20. 北京天地玛珂电液控制系统有限公司	北京市昌平区科技园区中兴路10号A112－1室
21. 中交一公局第一工程有限公司	北京市昌平区阳坊镇阳坊村
22. 国电物流有限公司	北京市昌平区科技园区中兴路10号A302
23. 北京利尔高温材料股份有限公司	北京市昌平区科技园区火炬街21号
24. 北京复盛机械有限公司	北京市昌平区回龙观国际信息产业基地立业路15号1－5幢
25. 中石油中亚天然气管道有限公司	北京市昌平区昌平科技园区超前路9号302室
26. 中国华能集团燃料有限公司	北京市昌平区小汤山工业园区249号
27. 国电物资集团有限公司	北京市昌平区科技园区中兴路10号A109室
28. 北京金科兴源置业有限公司	北京市昌平区小汤山大柳树村西北龙泉阁二层
29. 巴可伟视(北京)电子有限公司	北京市昌平区中关村科技园区昌平园昌盛路16号
30. 北京万泰生物药业股份有限公司	北京市昌平区科学园路31号
31. 中石油阿姆河天然气勘探开发(北京)有限公司	北京市昌平区科技园区超前路9号B座218室
32. 国电诚信招标有限公司	北京市昌平区长陵镇政府北侧
33. 北京利德华福电气技术有限公司	北京市昌平区昌平科技园白浮泉路10号北控大厦10层1003B
34. 北汽福田汽车股份有限公司北京汽车销售分公司	北京市昌平区沙河镇沙阳路(老牛湾村北)
35. 北京神雾环境能源科技集团股份有限公司	北京市昌平区科技园区昌怀路155号
36. 北京中盾安民分析技术有限公司	北京市昌平区科技园区火炬街2号
37. 北京华福工程有限公司	北京市昌平区科技园区富康路18号
38. 北京香江盛富房地产开发有限公司	北京市昌平区马池口镇百葛路366号院一区91

39. 北京北陆药业股份有限公司	北京市昌平区科技园区白浮泉路 10 号
40. 北京博纳电气股份有限公司	北京市昌平区科技园区中兴路 10 号 1 号楼 A201 室
41. 北京弘高建筑装饰设计工程有限公司	北京市昌平区长陵镇政府北侧院内
42. 扬子江药业集团北京海燕药业有限公司	北京市昌平区生命园路 16 号
43. 国电陕煤燃料有限公司	北京市昌平区昌平科技园区超前路 9 号 B 座 2185 室
44. 中国石油集团东南亚管道有限公司	北京市昌平区昌平镇超前路 9 号 B 座 208 室
45. 北京康比特体育科技股份有限公司	北京市昌平区科技园区利祥路 5 号
46. 爱协林热处理系统(北京)有限公司	北京市昌平区沙河镇于辛庄村西爱协林厂房内
47. 北京雪迪龙科技股份有限公司	北京市昌平区高新三街 3 号
48. 北京天新福医疗器材有限公司	北京市昌平区科技园区火炬街 30 号
49. 三环瓦克华(北京)磁性器件有限公司	北京市昌平区创新路 10 号
50. 北京诺丁山贸易有限公司	北京市昌平区城区镇鼓楼东街 14 号
51. 北京西普耐火材料有限公司	北京市昌平区南口镇南辛路 10 号
52. 北汽福田汽车股份有限公司北京福田发动机厂	北京市昌平区沙河镇沙阳路老牛湾村 25 号楼
53. 北京蒙太因医疗器械有限公司	北京市昌平区科技园区超前路 12 号
54. 克诺尔.南口供风设备(北京)有限公司	北京市昌平区南口镇道北东厂区 1 号 77－79 幢
55. 北京绿创声学工程股份有限公司	北京市昌平区振兴路 28 号
56. 现代农装科技股份有限公司	北京市昌平区科技园区中兴路 10 号 A208 房间
57. 龙德置地有限公司	北京市昌平区东小口镇中滩村 394 号
58. 北京永丰伟业混凝土有限责任公司	北京市昌平区沙河镇小沙河村
59. 中国康富国际租赁有限公司	北京市昌平区回龙观镇北清路三一产业园三层
60. 北京水泥厂有限责任公司	北京市昌平区马池口镇北小营村东
61. 北京东方广视科技股份有限公司	北京市昌平区科技园区超前路 37 号
62. 高德软件有限公司	北京市昌平区科技园区昌盛路 18 号 B1 座 1－5 层
63. 中海阳能源集团股份有限公司	北京市昌平区科技园区超前路 17 号
64. 北京港源建筑装饰工程有限公司	北京市昌平区小汤山工业开发区大东流 295 号
65. 北京爱康宜诚医疗器材股份有限公司	北京市昌平区科技园区白浮泉路 10 号
66. 国电海运煤有限公司	北京市昌平区科技园中兴路 10 号
67. 中国华电集团发电运营有限公司	北京市昌平区白浮泉路 17 号综合楼 401
68. 北京翰林航宇科技发展有限公司	北京市昌平区阳坊镇后白虎涧村南
69. 巴可伟视(北京)贸易有限公司	北京市昌平区科技园区昌盛路 16 号办公楼 3 层
70. 北京诚益通控制工程科技股份有限公司	北京市昌平区科技园区超前路 9 号 B 座 2172 室
71. 北京勤邦生物技术有限公司	北京市昌平区回龙观镇生命园路 29 号创新大厦 B 座 236、240 室
72. 北京吉亚半导体材料有限公司	北京市昌平区科技园区中兴路 10 号煌潮宾馆 A320－1
73. 北京睿力恒一物流技术股份公司	北京市昌平区科技园区白浮泉路 13 号一层 D106 室
74. 北京亚奥之星汽车服务有限公司	北京市昌平区北七家镇北京北辰亚运村汽车交易市场中心 31、32 号
75. 中电智能卡有限责任公司	北京市昌平区昌盛路 26 号
76. 北京家乐福商业有限公司天通苑店	北京市昌平区立汤路 186 号龙德时代广场二层
77. 中影巴可(北京)电子有限公司	北京市昌平区中关村科技园区昌盛路 16 号巴可工厂第 3 层
78. 北京天地华泰采矿工程技术有限公司	北京市昌平区科技园区永安路拓然家苑 16 号搂
79. 北京艾迪菲导航科技有限公司	北京市昌平区科技园区火炬街 23 号
80. 北京生泰尔生物科技有限公司	北京市昌平区科技园区超前路 9 号 B 座 2354 号
81. 北京京北美廉美超市有限公司	北京市昌平区政府街 16 号
82. 北京福田康明斯发动机有限公司	北京市昌平区科技园区中兴路 10 号 3 号楼
83. 北汽福田汽车股份有限公司北京欧辉客车分公司	北京市昌平区沙河镇沙阳路 15 号

84. 北京国网普瑞特高压输电技术有限公司	北京市昌平区科技园区白浮泉路 13 号 314 室
85. 北京泰宁科创雨水利用技术股份有限公司	北京市昌平区科技园区凉水河路 6 号楼 405 – 425 室
86. 韩华综化(北京)塑料有限公司	北京市昌平区中关村科技园(东区)利祥路 4 号
87. 北京新雷能科技股份有限公司	北京市昌平区科技园区超前路 9 号 B 座 285 室
88. 北京博源普沃科技发展有限公司	北京市昌平区科技园区永安路 33 号
89. 北京亚都空气污染治理技术有限公司	北京市昌平区沙河镇小寨村西小寨车站东南侧院厂区
90. 北京泰和康医疗生物技术有限公司	北京市昌平区科技园区华通路 11 号 4B – 2 室
91. 北京宝树堂科技药业有限公司	北京市昌平区科技园区凉水河中兴路 10 号(凉水河村南)
92. 北京天龙融和软件有限公司	北京市昌平区百善镇百葛路 9 号院 2 号楼四层
93. 北京华电天仁电力控制技术有限公司	北京市昌平区科技园区中兴路 10 号 A277 室
94. 北京奥托立夫汽车安全系统有限公司	北京市昌平区中关村科技园区昌平园永安路 38 号
95. 北京伏尔特医疗器材科技有限公司	北京市昌平区科技园区超前路 37 号中关村兴业生物医药创业园 6 号楼 B 单元 13 层 B1305 – C 室
96. 华电煤业集团有限公司	北京市昌平区科技园区中兴路 10 号 A303 室
97. 北京北科麦思科自动化工程技术有限公司	北京市昌平区振兴路 5 号
98. 北京双鹭立生医药科技有限公司	北京市昌平区科技园区利祥路 2 号
99. 北京铁科首钢轨道技术股份有限公司	北京市昌平区沙河镇沙阳路南 24 号
100. 北京环鼎科技有限责任公司	北京市昌平区城区镇创新路 12 号

昌平国税2012年纳税额千万元以上企业名单

纳税人名称	注册地址
1. 神华销售集团华北能源贸易有限公司	北京市昌平区科技园区超前路9号3号楼B座2310室
2. 北京神华昌运高技术配煤有限公司	北京市昌平区城区镇超前路9号
3. 北京诺华制药有限公司	北京市昌平区永安路31号
4. 国电燃料有限公司	北京市昌平区科技园区中兴路10号
5. 新时代健康产业（集团）有限公司	北京市昌平区科技园区白浮泉路10号北控科技大厦九层
6. 招商局嘉铭（北京）房地产开发有限公司	北京市昌平区东小口镇陈营村委会院内
7. 北京金隅万科房地产开发有限公司	北京市昌平区永安路26号1号楼609－05室
8. 乐普（北京）医疗器械股份有限公司	北京市昌平区超前路37号
9. 北京稻香村食品有限责任公司食品厂	北京市昌平区北七家镇工业科技园
10. 北京市昌平烟草公司	北京市昌平区昌平镇西关路29号
11. 中国移动通信集团终端有限公司	北京市昌平区沙河镇马满路甲一号
12. 北京市三一重机有限公司	北京市昌平区科技园区火炬街18号甲
13. 北京枫树置业有限公司	北京市昌平区北七家镇东沙各庄
14. 北汽福田汽车股份有限公司北京蒙派克汽车厂	北京市昌平区沙河镇沙阳路北15号
15. 北京摩比斯中车汽车零部件有限公司	北京市昌平区中兴路10号A230室
16. 北京探路者户外用品股份有限公司	北京市昌平区科技园区永安路26号609－06
17. 北京康得新复合材料股份有限公司	北京市昌平区昌平科技园区振兴路26号
18. 北京南口斯凯孚铁路轴承有限公司	北京市昌平区南口镇北京南口机车车辆机械厂厂内
19. 国电国际经贸有限公司	北京市昌平区科技园区中兴路10号A302
20. 北京天地玛珂电液控制系统有限公司	北京市昌平区科技园区中兴路10号A112－1室
21. 中交一公局第一工程有限公司	北京市昌平区阳坊镇阳坊村
22. 国电物流有限公司	北京市昌平区科技园区中兴路10号A302
23. 北京利尔高温材料股份有限公司	北京市昌平区科技园区火炬街21号
24. 北京复盛机械有限公司	北京市昌平区回龙观国际信息产业基地立业路15号1－5幢
25. 中石油中亚天然气管道有限公司	北京市昌平区昌平科技园区超前路9号302室
26. 中国华能集团燃料有限公司	北京市昌平区小汤山工业园区249号
27. 国电物资集团有限公司	北京市昌平区科技园区中兴路10号A109室
28. 北京金科兴源置业有限公司	北京市昌平区小汤山大柳树村西北龙泉阁二层
29. 巴可伟视（北京）电子有限公司	北京市昌平区中关村科技园区昌平园昌盛路16号
30. 北京万泰生物药业股份有限公司	北京市昌平区科学园路31号
31. 中石油阿姆河天然气勘探开发（北京）有限公司	北京市昌平区科技园区超前路9号B座218室
32. 国电诚信招标有限公司	北京市昌平区长陵镇政府北侧
33. 北京利德华福电气技术有限公司	北京市昌平区昌平科技园白浮泉路10号北控大厦10层1003B
34. 北汽福田汽车股份有限公司北京汽车销售分公司	北京市昌平区沙河镇沙阳路（老牛湾村北）
35. 北京神雾环境能源科技集团股份有限公司	北京市昌平区科技园区昌怀路155号
36. 北京中盾安民分析技术有限公司	北京市昌平区科技园区火炬街2号
37. 北京华福工程有限公司	北京市昌平区科技园区富康路18号

38. 北京香江盛富房地产开发有限公司	北京市昌平区马池口镇百葛路366号院一区91
39. 北京北陆药业股份有限公司	北京市昌平区科技园区白浮泉路10号
40. 北京博纳电气股份有限公司	北京市昌平区科技园区中兴路10号1号楼A201室
41. 北京弘高建筑装饰设计工程有限公司	北京市昌平区长陵镇政府北侧院内
42. 扬子江药业集团北京海燕药业有限公司	北京市昌平区生命园路16号
43. 国电陕煤燃料有限公司	北京市昌平区昌平科技园区超前路9号B座2185室
44. 中国石油集团东南亚管道有限公司	北京市昌平区昌平镇超前路9号B座208室
45. 北京康比特体育科技股份有限公司	北京市昌平区科技园区利祥路5号
46. 爱协林热处理系统(北京)有限公司	北京市昌平区沙河镇于辛庄村西爱协林厂房内
47. 北京雪迪龙科技股份有限公司	北京市昌平区高新三街3号
48. 北京天新福医疗器材有限公司	北京市昌平区科技园区火炬街30号
49. 三环瓦克华(北京)磁性器件有限公司	北京市昌平区创新路10号
50. 北京诺丁山贸易有限公司	北京市昌平区城区镇鼓楼东街14号
51. 北京西普耐火材料有限公司	北京市昌平区南口镇南辛路10号
52. 北汽福田汽车股份有限公司北京福田发动机厂	北京市昌平区沙河镇沙阳路老牛湾村25号楼
53. 北京蒙太因医疗器械有限公司	北京市昌平区科技园区超前路12号
54. 克诺尔.南口供风设备(北京)有限公司	北京市昌平区南口镇道北东厂区1号77－79幢
55. 北京绿创声学工程股份有限公司	北京市昌平区振兴路28号
56. 现代农装科技股份有限公司	北京市昌平区科技园区中兴路10号A208房间
57. 龙德置地有限公司	北京市昌平区东小口镇中滩村394号
58. 北京永丰伟业混凝土有限责任公司	北京市昌平区沙河镇小沙河村
59. 中国康富国际租赁有限公司	北京市昌平区回龙观镇北清路三一产业园三层
60. 北京水泥厂有限责任公司	北京市昌平区马池口镇北小营村东
61. 北京东方广视科技股份有限公司	北京市昌平区科技园区超前路37号
62. 高德软件有限公司	北京市昌平区科技园区昌盛路18号B1座1－5层
63. 中海阳能源集团股份有限公司	北京市昌平区科技园区超前路17号
64. 北京港源建筑装饰工程有限公司	北京市昌平区小汤山工业开发区大东流295号
65. 北京爱康宜诚医疗器材股份有限公司	北京市昌平区科技园区白浮泉路10号
66. 国电海运煤有限公司	北京市昌平区科技园中兴路10号
67. 中国华电集团发电运营有限公司	北京市昌平区白浮泉路17号综合楼401
68. 北京翰林航宇科技发展有限公司	北京市昌平区阳坊镇后白虎涧村南
69. 巴可伟视(北京)贸易有限公司	北京市昌平区科技园区昌盛路16号办公楼3层
70. 北京诚益通控制工程科技股份有限公司	北京市昌平区科技园区超前路9号B座2172室
71. 北京勤邦生物技术有限公司	北京市昌平区回龙观镇生命园路29号创新大厦B座236、240室
72. 北京吉亚半导体材料有限公司	北京市昌平区科技园区中兴路10号煌潮宾馆A320－1
73. 北京睿力恒一物流技术股份公司	北京市昌平区科技园区白浮泉路13号一层D106室
74. 北京亚奥之星汽车服务有限公司	北京市昌平区北七家镇北京北辰亚运村汽车交易市场中心
75. 中电智能卡有限责任公司	北京市昌平区昌盛路26号
76. 北京家乐福商业有限公司天通苑店	北京市昌平区立汤路186号龙德时代广场二层
77. 中影巴可(北京)电子有限公司	北京市昌平区中关村科技园区昌盛路16号巴可工厂第3层
78. 北京天地华泰采矿工程技术有限公司	北京市昌平区科技园区永安路拓然家苑16号搂
79. 北京艾迪菲导航科技有限公司	北京市昌平区科技园区火炬街23号
80. 北京生泰尔生物科技有限公司	北京市昌平区科技园区超前路9号B座2354号
81. 北京京北美廉美超市有限公司	北京市昌平区政府街16号
82. 北京福田康明斯发动机有限公司	北京市昌平区科技园区中兴路10号3号楼

83. 北汽福田汽车股份有限公司北京欧辉客车分公司	北京市昌平区沙河镇沙阳路15号
84. 北京国网普瑞特高压输电技术有限公司	北京市昌平区科技园区白浮泉路13号314室
85. 北京泰宁科创雨水利用技术股份有限公司	北京市昌平区科技园区凉水河路6号楼405-425室
86. 韩华综化(北京)塑料有限公司	北京市昌平区中关村科技园(东区)利祥路4号
87. 北京新雷能科技股份有限公司	北京市昌平区科技园区超前路9号B座285室
88. 北京博源普沃科技发展有限公司	北京市昌平区科技园区永安路33号
89. 北京亚都空气污染治理技术有限公司	北京市昌平区沙河镇小寨村西小寨车站东南侧院厂区
90. 北京泰和康医疗生物技术有限公司	北京市昌平区科技园区华通路11号4B-2室
91. 北京宝树堂科技药业有限公司	北京市昌平区科技园区凉水河中兴路10号(凉水河村南)
92. 北京天龙融和软件有限公司	北京市昌平区百善镇百葛路9号院2号楼四层
93. 北京华电天仁电力控制技术有限公司	北京市昌平区科技园区中兴路10号A277室
94. 北京奥托立夫汽车安全系统有限公司	北京市昌平区中关村科技园区昌平园永安路38号
95. 北京伏尔特医疗器材科技有限公司	北京市昌平区科技园区超前路37号中关村兴业生物医药创业园6号楼B单元13层B1305-C室
96. 华电煤业集团有限公司	北京市昌平区科技园区中兴路10号A303室
97. 北京北科麦思科自动化工程技术有限公司	北京市昌平区振兴路5号

昌平地税2012年纳税额前一百名企业名单

纳税人名称	注册地址
1. 北汽福田汽车股份有限公司	北京市昌平区沙河镇沙阳路老牛湾村北
2. 北京华世柏利房地产开发有限公司	西城区中海国际中心22层
3. 北京诺华制药有限公司	北京市昌平区永安路31号
4. 招商局嘉铭(北京)房地产开发有限公司	北京市昌平区东小口镇陈营村委会院内
5. 北京住总万科房地产开发有限公司	北京市昌平区回龙观镇瑞旗家园4号楼105室
6. 北京未来科技城开发建设有限公司	北京市昌平区小汤山镇人民政府院内113室
7. 顺天通房地产开发集团有限公司	北京市昌平区东小口镇天通苑一区201B楼六层
8. 北京融创基业地产有限公司	北京市昌平区南邵镇社区服务中心109室
9. 北京城市开发集团有限责任公司回龙观分公司	北京市建国门内贡院西街3号205室
10. 北京金成华房地产开发有限公司	北京市昌平区立汤路9号一区4号楼一层
11. 北京中关村国际商城发展有限公司	北京市昌平区北清路1号院1号楼
12. 金融街控股股份有限公司	北京市昌平区北七家镇宏翔鸿企业孵化基地A座202办公室
13. 北京保利成房地产开发有限公司	北京市昌平区沙河镇人民政府南楼208
14. 北京罗顿沙河建设发展有限公司	北京市昌平区沙河镇南丰路1号
15. 新时代健康产业(集团)有限公司	北京市昌平区科技园区白浮泉路10号北控科技大厦九层
16. 天地融科技股份有限公司	北京市昌平区百善镇百葛路9号院2号楼
17. 中石油中亚天然气管道有限公司	北京市昌平区昌平科技园区超前路9号302室
18. 龙德置地有限公司	北京市昌平区立汤路186号龙德广场五层
19. 北京顺天通建筑工程有限公司	北京市昌平区东小口街道办事处天通北苑三区68号楼
20. 北京金科弘居置业有限公司	北京市昌平区立汤路186甲3号楼6层627
21. 北京城建远东建设投资集团有限公司	北京市昌平区北七家镇燕丹3号
22. 神华销售集团华北能源贸易有限公司	北京市昌平区科技园区超前路9号3号楼B座2310室
23. 北京探路者户外用品股份有限公司	北京市昌平区科技园区永安路26号609-06
24. 北京智地风雅房地产开发有限公司	北京市昌平区回龙观镇朱辛庄村32号
25. 北京远联置地房地产开发有限公司昌平分公司	北京市昌平区小汤山镇大东流顺沙路269号
26. 北京枫树置业有限公司	北京市昌平区北七家镇东沙各庄
27. 泰康之家瑞城置业有限公司	北京市昌平区科技园区中兴路10号一号楼一层A106室
28. 北京金隅万科房地产开发有限公司	北京市昌平区永安路26号1号楼609-05室
29. 瑞信方正证券有限责任公司	北京市西城区金融大街甲9号15层
30. 北京金隅嘉业房地产开发有限公司	北京市昌平区城北街道办事处办公楼503房间
31. 北京天时房地产开发有限公司	北京市昌平区小汤山镇
32. 北京正宏置业集团有限公司	北京市昌平区沙河镇七里渠南村
33. 国电燃料有限公司	北京市昌平区科技园区中兴路10号
34. 北京金科兴源置业有限公司	北京市昌平区小汤山大柳树村西北龙泉阁二层
35. 北京市京电博源供用电工程安装有限公司	北京市昌平县城区镇西关三角地3号
36. 北京港源建筑装饰工程有限公司	北京市昌平区小汤山工业开发区大东流295号
37. 北京振邦承基开发建设有限公司	北京市昌平区科技园区超前路9号3楼310室

38. 北京低碳清洁能源研究所	北京市昌平区振兴路 18 号中国石油大学
39. 北京九华山庄集团股份有限公司	北京市昌平区小汤山镇胡芦河村北
40. 国奥投资发展有限公司	北京市昌平区南邵镇政府院内 301 室
41. 北京住总房地产开发有限责任公司	北京市昌平区回龙观镇原北京轮胎厂
42. 北京京基房地产开发有限公司	北京市昌平区北七家镇东二旗村委会
43. 中国水电建设集团房地产有限公司	北京市昌平区科技园区白浮泉路 10 号
44. 北京市八仙房地产开发有限责任公司	北京市昌平区北七家镇定泗路 88 号
45. 中国工商银行股份有限公司北京昌平支行	北京市昌平区超前路 9 号
46. 北京兴昌高科技发展有限公司	北京市昌平区科技园区超前路 9 号
47. 纳帕地产开发集团有限公司	北京市昌平区小汤山镇沙顺路 68 号会所二层
48. 泰康昌盛投资有限公司	北京市昌平区小汤山镇行政区市政管理所 302
49. 泰康兴业投资有限公司	北京市昌平区小汤山镇行政区市政管理所 301
50. 北京金科纳帕置业有限公司	北京市昌平区小汤山镇沙顺路 68 号翰宏花园会所
51. 北京万顺达房地产开发有限公司	北京市昌平区马池口镇北小营村东
52. 北京三元盛泰房地产开发有限公司	北京市昌平区长陵镇政府街 78 号
53. 中国移动通信集团终端有限公司	北京市昌平区沙河镇马满路甲一号
54. 北京中关村生命科学园发展有限责任公司	北京市昌平区生命园路 29 号
55. 华电煤业集团有限公司	北京市昌平区科技园区中兴路 10 号 A303 室
56. 北京原创住业房地产开发有限公司	北京市昌平区北七家镇郑各庄宏福创业园 56 号
57. 北京科技园建设(集团)股份有限公司	北京市昌平区回龙观镇政府院内东侧平房
58. 北京金典小额贷款股份有限公司	北京市昌平区龙水路 22 号院 28－6 号
59. 北京新龙伟业建筑工程有限公司	北京市昌平区回龙观镇政府东北侧
60. 北汽福田汽车股份有限公司北京欧辉客车分公司	北京市昌平区沙河镇沙阳路 15 号
61. 北京市昌平区住房和城乡建设委员会	北京市昌平成区镇五街太安胡同 5 号
62. 中国农业银行股份有限公司北京昌平支行	昌平城区镇石坊沿胡同西 12 号
63. 中国建设银行股份有限公司北京昌平支行	北京市昌平县城区镇东环路中段
64. 中国石油大学(北京)	北京市昌平区府学路 18 号
65. 北京香江盛富房地产开发有限公司	北京市昌平区马池口镇百葛路 366 号院一区 91
66. 北京利尔高温材料股份有限公司	北京市昌平区小汤山工业园
67. 乐普(北京)医疗器械股份有限公司	北京市昌平区超前路 37 号
68. 北京瑞坤置业有限责任公司	北京市昌平区水库路 19 号别墅区
69. 北京住总集团有限责任公司房地产经营部	北京市昌平区沙河镇百沙路沙河镇人民政府南楼 208
70. 北京雪迪龙科技股份有限公司	北京市昌平区科技园区中兴路 10 号 B215 室
71. 北京北陆药业股份有限公司	北京市昌平区科技园区白浮泉路 10 号
72. 北京华科同和科技有限公司	北京市昌平区科技园区振兴路 9 号 515A
73. 北京市昌平一建建筑有限责任公司	北京市昌平县科技园区振兴路 16 号
74. 北京嘉德建业房地产开发有限公司	北京市昌平区马池口镇百葛路 366 号院一区 91
75. 北京金隅凤山温泉度假村有限公司	十三陵水库大坝东侧
76. 北京温都水城旅游饭店管理有限公司	北京市昌平区北七家镇宏福创业园
77. 北汽福田汽车股份有限公司北京蒙派克汽车厂	北京市昌平区沙河镇沙阳路北 15 号
78. 北京弘高建筑装饰设计工程有限公司	北京市昌平区长陵镇政府北侧院内
79. 北京佰嘉置业集团有限公司	北京市昌平区长陵镇政府北侧院内 118 号
80. 北京昌水建筑公司	北京市昌平区昌平镇二毛路口
81. 北京新龙房地产开发有限公司	北京市昌平区南邵镇社区服务中心 109 室
82. 北京市北郊农场	北京市昌平区回龙观镇回龙观饭店路北

83. 华北电力大学	北京市昌平朱辛庄
84. 北京金房暖通节能技术股份有限公司	北京市昌平区超前路9号B座2273室
85. 中油测井技术服务有限责任公司	北京市昌平区城区镇创新路12号
86. 二六三网络通信股份有限公司	北京市朝阳区东土城路14号建达大厦16层
87. 北京德福祥房地产开发有限公司	北京市昌平区城南街道山峡村1号楼三层
88. 北京市昌平区崔村镇香堂村股份经济合作社	北京市昌平区崔村镇香堂村
89. 中国石油化工股份有限公司石油工程技术研究院	北京市朝阳区北辰东路8号
90. 北京华福工程有限公司	北京市东城区北三环东路36号环球贸易中心C座6层
91. 北京福田产业控股集团股份有限公司	北京市昌平区科技园区超前路9号
92. 中石油国际投资有限公司	北京市昌平区科技园区超前路9号B座220室
93. 北京盛世原华房地产开发有限公司	北京市昌平区城北街道办事处办公楼504房间
94. 北京利德华福电气技术有限公司	北京市昌平区昌平科技园白浮泉路10号北控大厦10层1003
95. 北京长安建筑工程有限公司	北京市昌平区沙河镇政府院内
96. 北京神华昌运高技术配煤有限公司	北京市昌平区城区镇超前路9号
97. 泰康之家(北京)投资有限公司	北京市昌平区小汤山镇行政区市政管理所201
98. 北京银行股份有限公司昌平支行	北京市昌平区政府街2号
99. 北京华彬庄园绿色休闲健身俱乐部有限公司	北京市昌平区上楼乡南口农场部院内
100. 中国联合网络通信有限公司北京市昌平区分公司	北京市昌平区政府街8号

昌平地税2012年纳税额千万元以上企业名单

纳税人名称	注册地址
1. 北汽福田汽车股份有限公司	北京市昌平区沙河镇沙阳路老牛湾村北
2. 北京华世柏利房地产开发有限公司	西城区中海国际中心22层
3. 北京诺华制药有限公司	北京市昌平区永安路31号
4. 招商局嘉铭(北京)房地产开发有限公司	北京市昌平区东小口镇陈营村委会院内
5. 北京住总万科房地产开发有限公司	北京市昌平区回龙观镇瑞旗家园4号楼105室
6. 北京未来科技城开发建设有限公司	北京市昌平区小汤山镇人民政府院内113室
7. 顺天通房地产开发集团有限公司	北京市昌平区东小口镇天通苑一区201B楼六层
8. 北京融创基业地产有限公司	北京市昌平区南邵镇社区服务中心109室
9. 北京城市开发集团有限责任公司回龙观分公司	北京市建国门内贡院西街3号205室
10. 北京金成华房地产开发有限公司	北京市昌平区立汤路9号一区4号楼一层
11. 北京中关村国际商城发展有限公司	北京市昌平区北清路1号院1号楼
12. 金融街控股股份有限公司	北京市昌平区北七家镇宏翔鸿企业孵化基地A座202办公室
13. 北京保利成房地产开发有限公司	北京市昌平区沙河镇人民政府南楼208
14. 北京罗顿沙河建设发展有限公司	北京市昌平区沙河镇南丰路1号
15. 新时代健康产业(集团)有限公司	北京市昌平区科技园区白浮泉路10号北控科技大厦九层
16. 天地融科技股份有限公司	北京市昌平区百善镇百葛路9号院2号楼
17. 中石油中亚天然气管道有限公司	北京市昌平区昌平科技园区超前路9号302室
18. 龙德置地有限公司	北京市昌平区立汤路186号龙德广场五层
19. 北京顺天通建筑工程有限公司	北京市昌平区东小口街道办事处天通北苑三区68号楼
20. 北京金科弘居置业有限公司	北京市昌平区立汤路186甲3号楼6层627
21. 北京城建远东建设投资集团有限公司	北京市昌平区北七家镇燕丹3号
22. 神华销售集团华北能源贸易有限公司	北京市昌平区科技园区超前路9号3号楼B座2310室
23. 北京探路者户外用品股份有限公司	北京市昌平区科技园区永安路26号609-06
24. 北京智地风雅房地产开发有限公司	北京市昌平区回龙观镇朱辛庄村32号
25. 北京远联置地房地产开发有限公司昌平分公司	北京市昌平区小汤山镇大东流顺沙路269号
26. 北京枫树置业有限公司	北京市昌平区北七家镇东沙各庄
27. 泰康之家瑞城置业有限公司	北京市昌平区科技园区中兴路10号一号楼一层A106室
28. 北京金隅万科房地产开发有限公司	北京市昌平区永安路26号1号楼609-05室
29. 瑞信方正证券有限责任公司	北京市西城区金融大街甲9号15层
30. 北京金隅嘉业房地产开发有限公司	北京市昌平区城北街道办事处办公楼503房间
31. 北京天时房地产开发有限公司	北京市昌平区小汤山镇
32. 北京正宏置业集团有限公司	北京市昌平区沙河镇七里渠南村
33. 国电燃料有限公司	北京市昌平区科技园区中兴路10号
34. 北京金科兴源置业有限公司	北京市昌平区小汤山大柳树村西北龙泉阁二层
35. 北京市京电博源供用电工程安装有限公司	北京市昌平县城区镇西关三角地3号
36. 北京港源建筑装饰工程有限公司	北京市昌平区小汤山工业开发区大东流295号
37. 北京振邦承基开发建设有限公司	北京市昌平区科技园区超前路9号3楼310室
38. 北京低碳清洁能源研究所	北京市昌平区振兴路18号中国石油大学

39. 北京九华山庄集团股份有限公司 北京市昌平区小汤山镇胡芦河村北
40. 国奥投资发展有限公司 北京市昌平区南邵镇政府院内 301 室
41. 北京住总房地产开发有限责任公司 北京市昌平区回龙观镇原北京轮胎厂
42. 北京京基房地产开发有限公司 北京市昌平区北七家镇东二旗村委会
43. 中国水电建设集团房地产有限公司 北京市昌平区科技园区白浮泉路 10 号
44. 北京市八仙房地产开发有限责任公司 北京市昌平区北七家镇定泗路 88 号
45. 中国工商银行股份有限公司北京昌平支行 北京市昌平区超前路 9 号
46. 北京兴昌高科技发展有限公司 北京市昌平区科技园区超前路 9 号
47. 纳帕地产开发集团有限公司 北京市昌平区小汤山镇沙顺路 68 号会所二层
48. 泰康昌盛投资有限公司 北京市昌平区小汤山镇行政区市政管理所 302
49. 泰康兴业投资有限公司 北京市昌平区小汤山镇行政区市政管理所 301
50. 北京金科纳帕置业有限公司 北京市昌平区小汤山镇沙顺路 68 号翰宏花园会所
51. 北京万顺达房地产开发有限公司 北京市昌平区马池口镇北小营村东
52. 北京三元盛泰房地产开发有限公司 北京市昌平区长陵镇政府街 78 号
53. 中国移动通信集团终端有限公司 北京市昌平区沙河镇马满路甲一号
54. 北京中关村生命科学园发展有限责任公司 北京市昌平区生命园路 29 号
55. 华电煤业集团有限公司 北京市昌平区科技园区中兴路 10 号 A303 室
56. 北京原创住业房地产开发有限公司 北京市昌平区北七家镇郑各庄宏福创业园 56 号
57. 北京科技园建设(集团)股份有限公司 北京市昌平区回龙观镇政府院内东侧平房
58. 北京金典小额贷款股份有限公司 北京市昌平区龙水路 22 号院 28－6 号
59. 北京新龙伟业建筑工程有限公司 北京市昌平区回龙观镇政府东北侧
60. 北汽福田汽车股份有限公司北京欧辉客车分公司 北京市昌平区沙河镇沙阳路 15 号
61. 北京市昌平区住房和城乡建设委员会 北京市昌平成区镇五街太安胡同 5 号
62. 中国农业银行股份有限公司北京昌平支行 昌平城区镇石坊沿胡同西 12 号
63. 中国建设银行股份有限公司北京昌平支行 北京市昌平县城区镇东环路中段
64. 中国石油大学(北京) 北京市昌平区府学路 18 号
65. 北京香江盛富房地产开发有限公司 北京市昌平区马池口镇百葛路 366 号院一区 91
66. 北京利尔高温材料股份有限公司 北京市昌平区小汤山工业园
67. 乐普(北京)医疗器械股份有限公司 北京市昌平区超前路 37 号
68. 北京瑞坤置业有限责任公司 北京市昌平区水库路 19 号别墅区
69. 北京住总集团有限责任公司房地产经营部 北京市昌平区沙河镇百沙路沙河镇人民政府南楼 208
70. 北京雪迪龙科技股份有限公司 北京市昌平区科技园区中兴路 10 号 B215 室
71. 北京北陆药业股份有限公司 北京市昌平区科技园区白浮泉路 10 号
72. 北京华科同和科技有限公司 北京市昌平区科技园区振兴路 9 号 515A
73. 北京市昌平一建建筑有限责任公司 北京市昌平县科技园区振兴路 16 号
74. 北京嘉德建业房地产开发有限公司 北京市昌平区马池口镇百葛路 366 号院一区 91
75. 北京金隅凤山温泉度假村有限公司 十三陵水库大坝东侧
76. 北京温都水城旅游饭店管理有限公司 北京市昌平区北七家镇宏福创业园
77. 北汽福田汽车股份有限公司北京蒙派克汽车厂 北京市昌平区沙河镇沙阳路北 15 号
78. 北京弘高建筑装饰设计工程有限公司 北京市昌平区长陵镇政府北侧院内
79. 北京佰嘉置业集团有限公司 北京市昌平区长陵镇政府北侧院内 118 号
80. 北京昌水建筑公司 北京市昌平区昌平镇二毛路口
81. 北京新龙房地产开发有限公司 北京市昌平区南邵镇社区服务中心 109 室
82. 北京市北郊农场 北京市昌平区回龙观镇回龙观饭店路北
83. 华北电力大学 北京市昌平朱辛庄

84. 北京金房暖通节能技术股份有限公司	北京市昌平区超前路9号B座2273室
85. 中油测井技术服务有限责任公司	北京市昌平区城区镇创新路12号
86. 二六三网络通信股份有限公司	北京市朝阳区东土城路14号建达大厦16层
87. 北京德福祥房地产开发有限公司	北京市昌平区城南街道山峡村1号楼三层
88. 北京市昌平区崔村镇香堂村股份经济合作社	北京市昌平区崔村镇香堂村
89. 中国石油化工股份有限公司石油工程技术研究院	北京市朝阳区北辰东路8号
90. 北京华福工程有限公司	北京市东城区北三环东路36号环球贸易中心C座6层
91. 北京福田产业控股集团股份有限公司	北京市昌平区科技园区超前路9号
92. 中石油国际投资有限公司	北京市昌平区科技园区超前路9号B座220室
93. 北京盛世原华房地产开发有限公司	北京市昌平区城北街道办事处办公楼504房间
94. 北京利德华福电气技术有限公司	北京市昌平区昌平科技园白浮泉路10号北控大厦10层1003
95. 北京长安建筑工程有限公司	北京市昌平区沙河镇政府院内
96. 北京神华昌运高技术配煤有限公司	北京市昌平区城区镇超前路9号
97. 泰康之家（北京）投资有限公司	北京市昌平区小汤山镇行政区市政管理所201
98. 北京银行股份有限公司昌平支行	北京市昌平区政府街2号
99. 北京华彬庄园绿色休闲健身俱乐部有限公司	北京市昌平区上楼乡南口农场部院内
100. 中国联合网络通信有限公司北京市昌平区分公司	北京市昌平区政府街8号
101. 北京京园诚得信工程管理有限公司	北京市昌平区科技园区超前路9号
102. 中国银行股份有限公司北京昌平支行	北京市昌平区南环路57号
103. 中国华电集团发电运营有限公司	北京市西城区宣武门内大街2号B座818
104. 北京水泥厂有限责任公司	北京市昌平区马池口镇北小营村东
105. 中国太平洋财产保险股份有限公司北京市昌平支公司	北京市昌平区高科技园区创新路6号
106. 北京北辰亚运村汽车交易市场中心	北京市昌平区北七家镇东三旗村村北
107. 北京西三旗新龙实业集团有限公司	德外西三旗东路
108. 北京汇佳科教发展有限公司	北京市昌平区创新路20号
109. 北汽福田汽车股份有限公司北京汽车销售分公司	北京市昌平区沙河镇沙阳路老牛湾村北
110. 北京昌信回龙园别墅有限公司龙城丽宫国际宾馆	北京市昌平区回龙观镇龙城花园
111. 国电诚信招标有限公司	北京市昌平区长陵镇政府北侧
112. 北京实创房地产开发公司	昌平区回龙观镇西三旗环岛东北角
113. 北京市三一重机有限公司	北京市昌平区回龙观北清路三一产业园
114. 中国电能成套设备有限公司北京分公司	北京市昌平区十三陵镇泰胡路2号214号
115. 中国人民财产保险股份有限公司北京市昌平支公司	北京市昌平县城区镇北环路21号
116. 北京神雾环境能源科技集团股份有限公司	北京市昌平区马池口镇神牛环岛东南角
117. 北京农村商业银行股份有限公司天通苑支行	北京市昌平区东小口镇
118. 中石油（北京）科技开发有限公司	北京市昌平区科技园区超前路9号312房间
119. 北京中杉金桥生物技术有限公司	北京市昌平区科技园区火炬街23号207室
120. 北京市农业机械研究所	北京市海淀区西三旗西路87号
121. 中国新兴建设开发总公司北京昌平分公司	北京市昌平区南口镇南口村南
122. 北京市昌平烟草公司	北京市昌平区昌平镇西关路29号
123. 北京天地华泰采矿工程技术有限公司	北京市昌平区科技园区永安路拓然家苑16号楼
124. 北京博晖创新光电技术股份有限公司	北京市昌平区科技园区超前路9号706
125. 北京城北回龙观商品交易市场有限公司	北京市昌平区回龙观镇三合庄村北

全国500强驻昌企业名录

1. 中国石油化工集团公司
2. 中国石油天然气集团公司
3. 国家电网公司
4. 中国移动通信集团公司
5. 中国电信集团公司
6. 中国华能集团公司
7. 神华集团
8. 中国冶金科工集团公司
9. 中国航空工业集团公司
10. 中国铝业公司
11. 武汉钢铁集团公司
12. 中国大唐集团公司
13. 中国国电集团公司
14. 中国电子信息产业集团有限公司
15. 中国船舶重工集团公司
16. 中国建筑材料集团有限公司
17. 中国海洋石油总公司
18. 中国兵器工业集团公司
19. 中粮集团有限公司
20. 中国华电集团公司
21. 鞍钢集团公司
22. 三一集团有限公司
23. 中国南车集团公司

世界500强驻昌企业名录

1. 中国石油化工集团公司
2. 中国石油天然气集团公司
3. 国家电网公司
4. 中国移动通信集团公司
5. 中国电信集团公司
6. 中国华能集团公司
7. 神华集团
8. 中国冶金科工集团公司
9. 中国航空工业集团公司
10. 中国铝业公司
11. 武汉钢铁集团公司
12. 中国大唐集团公司
13. 中国国电集团公司
14. 中国电子信息产业集团有限公司
15. 中国船舶重工集团公司
16. 中国建筑材料集团有限公司
17. 中国海洋石油总公司
18. 中国兵器工业集团公司
19. 中粮集团有限公司
20. 中国华电集团公司
21. 鞍钢集团公司
22. 三一集团有限公司
23. 中国南车集团公司

昌平区属公交运营线路

昌1路 首班:5:30 末班:21:00 发车间隔8分钟 票价1元
地铁南邵站-张营新村-内环东路-何营-北邵洼-果岭小镇南门-东关-亢山广场-政法大学-燕平家园-东环北路-昌平妇幼保健院-北环东路-昌平北站路口东-昌平北站-北环西路-西环北路-天泽苑小区-西环中路-西环南路-南环中路-昌平南环路-润杰经典小区-水关新村南门-振兴路-昌盛园小学-昌盛园小区-介山-畅椿阁小区-四合新村-地铁南邵站

昌2路 首班:5:34 末班:21:00 发车间隔8分钟 票价1元
地铁南邵站-四合新村-畅椿阁小区-介山-昌盛园小区-昌盛园小学-振兴路-水关新村南门-润杰经典小区-昌平南环路-南环中路-西环南路-西环中路-天泽苑小区-西环北路-北环西路-昌平北站-昌平北站路口东-北环东路-昌平妇幼保健院-东环北路-燕平家园-中国政法大学-亢山广场-昌平东关-果岭小镇南门-昌平北邵洼-何营-内环东路-张营新村-地铁南邵站

昌11路 南邵地铁站-新建村 首班:5:30 末班:20:00 发车间隔10分钟 分段计价
地铁南邵站-张营-小北哨东-内环东路-北邵洼-沃尔玛-东关-亢山-中国政法大学-南大街-西关-北郝庄-邓庄-旧县-陈庄-龙虎台-南口东街-保温瓶厂-南口东站-南口-西大桥-南口公园-北马坊-二零八所-桃洼东-后桃洼-前桃洼-长水峪-檀峪-花塔-看守所-新元村-黑寨-古将村-北干渠-白羊城-新建村

昌12路 羊台子-南口火车站(村村通线路) 南口发车早班6:00 午班11:00 晚班18:00
羊台子发车早班6:40 午班11:40 晚班18:40
前庄子-胡庄子-石棚-马庄子-羊台子-石岩寺-山羊洼-药材峪-龙潭-冯庄湾-燕磨峪-南口村西站-南口大堡-南口市场-南口火车站

昌13路 果岭小镇-丈头 首班:6:00 末班:20:00 发车间隔6分钟 分段计价
果岭小镇-前锋学校-东关-亢山广场-中国政法大学东门-政法北门-一中-鼓楼东街-昌平鼓楼西街-鼓楼西街中路-天泽苑小区-西环中路-昌平中心公园-商业街东口-永安路北口-永安小区-永安路南口-白浮泉路西口-水屯市场-水屯家园-百泉庄东-百泉庄西-黄瓜园村东站-黄瓜园-上念头-奋仓屯路口-西北地-辛店-北小营-亭子庄东-乃干屯-丈头村

昌16路 西峪村-昌平北站(村村通线路) 西峪村发车早班6:30 午班9:00 晚班13:30
昌平北站发车早班7:40 午班12:00 晚班16:00
西峪村-真顺村北-真顺-崔村镇政府-八家-官高-三合庄-营坊-前锋学校-东关-亢山-中国政法大学-南大街-鼓楼南街北口-区医院-昌平北站

昌17路 北照台-小水峪(村村通线路) 北照台发车早班6:10 午班12:45 晚班17:50 小水峪发车早班6:30 午班13:10 晚班18:20
小水峪-高崖口-发电站-朗儿峪-北照台

昌18路 漆园村-韩台(村村通线路) 韩台村发车早班6:30 午班13:00 晚班17:50
漆园村发车早班6:40 午班13:10 晚班18:10
漆园村-瓦窑村-高崖口-发电站-菩萨鹿-韩台

昌19路 沙河-城铁龙泽站 首班:6:00 末班:20:00 发车间隔10分钟 票价1元
地铁龙泽站-龙华园-三合庄园-风雅园一区-城北市场-朱辛庄新区东站-地铁朱辛

庄站－豆各庄－东城看守所－演艺学院－定泗桥东站－定福皇庄－碧水庄园－南大桥－沙河

昌20路 南口－城铁龙泽站首班:6:00 末班:20:40 发车间隔10分钟 分段计价
南口村－南口市场－南口东街－南口东站－南口－南口西大桥－南口公园－李庄－南农家园－南口农场中学－卓达大学－土楼－葛村东－亭子庄北－亭子庄东－北小营村－吉利大学－金牛路南口－吉利大学南门－四家庄大桥－四家庄东－四家庄－西马坊－坦克博物馆－清华阳光－防化学院－阳八路西口－阳坊村－阳坊电信局－阳坊镇政府－西贯市－东贯市－前章村－后章村－罗家坟村－东小营村－上庄－永泰庄－二六一医院－皂甲屯村－北玉河村－福田集团－沙河西站－沙河－沙河南大桥－碧水庄园－定福黄庄－定福黄庄南－史各庄－朱辛庄－二拨子－北郊农场桥东－龙华园南区－地铁龙泽站

昌21路 香堂村－城铁龙泽站 首班:5:40 末班:20:00 发车间隔10分钟 分段计价
香堂村－香堂村路口－东崔村－崔村中心小学－真顺村－真顺果园－散热器研发基地－八家村路口－银桥电机厂－官高－何营－北邵洼－果岭小镇南门－昌平东关－亢山广场－中国政法大学－昌平南大街－昌平中心公园－商业街东口－永安路北口－永安小区－永安路－永安路南口－白浮泉路－拓然家园－汇佳学校－白浮－西沙屯－小寨－满井－路庄桥－沙河北大桥－沙河－沙河南大桥－碧水庄园－定福黄庄－定福皇庄南－史各庄－朱辛庄－二拨子－北郊农场桥东－龙华园南区－地铁龙泽站

昌22路 朝凤庵－佳运园 首班:5:20 末班:20:00 发车间隔8分钟 分段计价
朝凤庵－前锋学校－东关－亢山－正法大学－一中－东环北路－党校西口－妇幼保建院－北环东路－昌平北站东－昌平北站－北环西路－西环北路－西关农贸易－西环南路－二毛环岛－水屯市场－白浮－西沙屯－小寨－满井－路庄桥－北大桥－沙河－碧水庄园－定福黄庄－定福黄庄市场－演艺学院－七里渠派出所－东城看守所－豆各庄－七里渠西桥－七里渠村－垂钓乐园－有为木业－白各庄－白各庄村委会－宏福苑西站－宏福苑北门－亿志源彩钢－西沙村－欧亚德公司－冠雅园－立汤路口－平坊村口－平西府路口－东三旗－西三区－西二区－西苑北－西苑南－东小口－立水桥－东小口医院－东晨小区－佳运园

昌25路 城铁龙泽站－城铁回龙观 首班:6:00 末班:21:00 发车间隔6分钟 票价1元
地铁龙泽站－龙华园南区－三合庄园－华北电力大学南门－城北回龙观市场－风雅园北－风雅园一区－回龙观小区－回龙观小区东站－龙禧苑三区北门－流星花园二区东门－流星花园一区北门－龙回苑－龙锦苑四区－龙锦苑六区－龙跃苑二区－龙跃苑一区西门－龙跃苑四区北门－龙腾苑四区北门－龙腾苑五区－龙腾苑四区西门－地铁回龙观站

昌27路 高丽营－佳运园 首班:5:40 末班:20:30 发车间隔10分钟 分段计价
高丽营－高下路口－赖马庄－小汤山工业区－大东流中学－大东流－小东流－酸枣岭－华都肉鸡公司－未来科技城－神华集团西门－小河湾－东二旗村－东二旗村西站－北京洋房小区－海鹊落小区－燕丹路口－燕城苑小区－北七家村南－天通北苑三区北门－狮子营家园－天通北苑二区北门－天通北苑一区北门－丽水园－天通苑西门－东小口－地铁立水桥站－立水桥北站－东小口医院

昌28路 二德庄－昌平北站(村村通线路) 二德庄村发车早班6:30 上午9:00 下午14:00 晚班16:30 昌平北站发车早班7:30 上午10:00 下午15:00 晚班17:30
二德庄－阿苏卫－航空博物馆－百善－孟祖村东－狮子营村南－狮子营－泥洼村－钟家营－孟祖村北－中国疾控中心－张各庄 地铁南邵站－北邵洼－果岭小镇南门－昌平东关－亢山广场－中国政法大学－南大街－鼓楼南街北口－区医院－昌平北站

昌29路 赖马庄－小汤山(村村通线路) 东官庄发车时间7:00 8:00 15:00 17:00 18:00
小汤山发车时间7:30 8:30 15:30 17:30 18:30
赖马庄－东官庄－西官庄－麦庄－西营－沙坨－东庄路口－后牛坊－小汤山

昌31路 昌平北站－昌平北站

昌平北站－区医院－鼓楼南街北口－昌平南大街－中国政法大学－亢山广场－昌平东关－果岭小镇南门－地铁南邵站－四合庄－辛庄－纪窑村－金家坟－棉山－西辛峰－大辛峰－西崔村－东崔村－香堂－麻峪－秦城－象房－兴寿－牛蹄岭－下庄－银山路口－花果山－海子村－慈悲峪－南庄－九渡河－北庄－辛庄－黑山寨－望宝川－沙岭－东水峪－老君堂－长陵－定陵路口－七孔桥－胡庄－大宫门－石牌坊村－西关环岛北－昌平西关－天泽园小区－鼓楼西街－区医院－昌平北站

昌31路　昌平北站－昌平北站

昌平北站－区医院－鼓楼西街－天泽园小区－昌平西关－昌平西关环岛北－石牌坊村－大宫门－胡庄－七孔桥－定陵路口－长陵－老君堂－东水峪－沙岭－望宝川－黑山寨－辛庄－北庄－九渡河－南庄－慈悲峪－海子村－花果山－银山路口－下庄－牛蹄岭－兴寿－象房－秦城－麻峪－香堂－东崔村－西崔村－大辛峰－西辛峰－棉山－金家坟－纪窑村－辛庄－四合庄－地铁南邵站－果岭小镇南门－昌平东关－亢山广场－中国政法大学－昌平南大街－鼓楼南街北口－区医院－昌平北站

昌31支路　昌平北站－木厂　昌平北站发车时间7:30 11:00 16:00　木厂发车时间5:45 8:30 12:30

昌平北站－鼓楼南街北口－昌平南大街－中国政法大学－亢山广场－东关－果岭小镇南门－地铁南邵站－南邵镇－四合庄－辛庄－纪窑－金家坟－棉山－西辛峰－大辛峰－西崔村－东崔村－香堂－麻峪－秦城－象房－兴寿－牛蹄岭－下庄－上庄－百合－木厂

昌33路　昌平北站－禾子涧　禾子涧发车时间5:50、10:00、12:00、15:00、16:30　昌平北站发车时间8:00、10:00、13:00、14:30、16:40

昌平北站－昌平妇幼保健院－燕平家园－昌平南大街－昌平西关－邓庄－旧县－陈庄－红泥沟－龙虎台－南口－马坊－李庄－流村－西峰山－漆园－瓦窑－瓦窑西－高崖口－新开－了思台－马刨泉－长峪城－老峪沟－禾子涧

昌35路　昌平北站－果庄　昌平北站发车时间8:10 11:00 14:30 17:30　果庄村发车时间6:40 9:40 12:30 16:00

昌平北站－昌平妇幼保健院－东环中路－鼓楼东街－鼓楼西街－建明里小区－三中路口－西关环岛北－石牌坊村－涧头村－康陵园－万娘坟－德胜口－燕子口－果庄

昌36路　昌平北站－虎峪风景区　首班:7:00 末班:17:40(冬)18:30(夏)　发车间隔2小时

昌平北站－昌平区医院－鼓楼东街－燕平家园－昌平南大街－西关－邓庄－旧县－陈庄－辛立庄－北京警察学院－太平庄－虎峪风景区

昌51路　昌平北站－未来科技城 首班:6:00 末班:20:00　发车间隔10分钟 分段计价

昌平北站－区医院－鼓楼南街北口－南大街－中国政法大学－亢山广场－昌平东关－果岭小镇南门－北邵洼－地铁南邵站－张各庄－中国疾控中心－孟祖村北口－狮子营村南－孟祖村东－善缘小区－百善－航空博物馆－阿苏卫－大汤山－双兴苑小区－小汤山电信局－小汤山－小汤山镇政府－大柳树环岛西－九华山庄－常兴庄－赴任辛庄－小赴任庄－小东流－后蔺沟村－前蔺沟村－酸枣岭－华都肉鸡公司－未来科技城

昌51区间　昌平北站－小汤山农业园　昌平北站发车时间6:30 15:25　农业园发车时间7:35 16:30

昌平北站－区医院－鼓楼南街北口－南大街－中国政法大学－亢山广场－昌平东关－果岭小镇南门－北邵洼－地铁南邵站－张各庄－中国疾控中心－孟祖村北口－狮子营村南－孟祖村东－善缘小区－百善－航空博物馆－阿苏卫－大汤山－双兴苑小区－小汤山电信局－小汤山－小汤山镇政府－大柳树环岛西－大柳树环岛南－马坊－小汤山农业园

昌52路　昌平北站－东小口医院首班:6:00 末班:20:00　发车间隔10分钟 分段计价 18:20后只发至小汤山大柳树

昌平北站－区医院－鼓楼南街北口－南大街－昌平中心公园东门－中医院－润杰经典小区－创新路－汇佳学校－化庄南－景文屯－姜屯－中央财经大学－地铁高教园站－地铁沙河站－昌平职业学校－松兰堡－王庄工业园－沙河机场－上东廓－下东廓－半壁街－牛房圈－吕各庄－尚信村西－尚信村－讲礼村－讲礼新村－官牛坊－官牛坊桥北－小汤山社区医

院－小汤山－小汤山镇政府－大柳树环岛西－大柳树环岛南－马坊－北京太阳城－种禽公司－平坊－平西府－东三旗－地铁天通苑北站－丽水园－天通苑西门－东小口－地铁立水桥站－立水桥北站－东小口医院

昌53路　二六一医院－北大分校首班:6:00 末班:20:00　　发车间隔10分钟 分段计价

二六一医院－皂甲屯－北玉河村－福田集团－沙河西站－沙河－沙河北大桥－路庄桥－满井－小寨－西沙屯－白浮－水屯市场－白浮泉路西口－拓然家园－白浮泉中路－富康路南口－富康路－昌平五中－东关南里小区西门－清秀园南区－燕平路北口－燕平家园小区－东环北路－妇幼保健院－北环东路－昌平北站路口东－区医院－鼓楼西街－鼓楼西街中路－建明里小区－三中路口－西关环岛北－石牌坊村－涧头村－大宫门－康陵园－泰陵园－小宫门村－西山口村－北大分校

昌55路　白浮村－碓臼峪 首班:6:00 末班:19:00　　发车间隔15分钟 分段计价

白浮－水屯市场－白浮泉路西口－白浮泉路－拓然家园－白浮泉中路－富泉花园南门－昌盛路－世涛天朗小区南门－昌盛园二区东门－昌平地税局－东关南里小区南门－水关新村－水关路口东－昌平南环路－商业街东口－昌平中心公园－鼓楼南街北口－鼓楼东街－东环北路－妇幼保健院－北环市场－仙人洞村－南新村－长陵园－胡庄－七孔桥－北新村－德陵村－永陵村－长陵小学－景陵村－长陵－献陵村－庆陵村－裕陵村－茂陵村－泰陵村－碓石口－麻峪房村－碓臼裕－(下口村－上口村－大岭沟－分水岭)

昌56路　十三陵水库－水屯市场首班:6:00 末班:19:00　　发车间隔12分钟 分段计价

水屯市场－水屯家园－百泉庄东－百泉庄西－黄瓜园村东站－黄瓜园村－上念头村－奋仓屯路口－奋仓屯南－奋仓屯－奋仓屯北－昌平二中分校－郝庄家园－郝庄家园东－西环南路－西环中路－天泽苑小区－西环北路－北环西路－昌平北站－区医院－鼓楼南街北口－南大街－政法大学－亢山广场－昌平东关－东关北口－前锋学校－朝凤庵村－十三陵水库

昌57路　昌平北站－前白虎涧 首班:6:00 末班:20:00　　发车间隔20分钟 分段计价 19:00后只发至吉利环岛

昌平北站－区医院－鼓楼南街北口－昌平中心公园－商业街东口－永安路北口－永安小区－永安路－永安路南口－白浮泉路西口－水屯市场－京北车辆管理所－马池口村－马池口村北－宏道村－下念头村－红冶钢厂东－红冶钢厂－北京水泥厂－吉利大学－金牛路南口－吉利大学南门－四家庄大桥－亭子庄南东口－亭子庄南西口－西马坊村－坦克博物馆－清华阳光－防化学院－阳八路西口－阳坊村－阳坊电信局－阳坊镇政府－后白虎涧村北－后白虎涧村－北京人文大学－前白虎涧村

昌57支　昌平北站－前白虎涧 首班6:10 末班19:50

发车间隔20分钟 分段计价 19:00后只发至吉利环岛

昌平北站－区医院－鼓楼南街北口－昌平中心公园－商业街东口－永安路北口－永安小区－永安路－永安路南口－白浮泉路西口－水屯市场－京北车辆管理所－马池口村－马池口西－横桥北－横桥－横桥西－土城－吉利南门－四家庄大桥－四家庄东－史家桥－宏辛庄－八口村－阳坊小学－阳坊村－阳坊电信局－阳坊镇政府－后白虎涧村北－后白虎涧村－北京人文大学－前白虎涧村

昌58路　乃干屯－城铁龙泽站 首班:5:30 末班:20:00　　发车间隔6分钟 分段计价

乃干屯 －亭子庄东－北小营村－吉利大学－金牛路南口－土城村－横桥村西－横桥村－横桥村东－楼子庄－楼子庄南－北庄户村－东闸村－西坨村西－西坨村－东坨村－踩河村西－踩河村东－满井－满井村－路庄桥－沙河北大桥－沙河－沙河南大桥－碧水庄园－定福黄庄－定福皇庄南－史各庄－朱辛庄－二拨子－北郊农场桥东－龙华园南区－地铁龙泽站

昌59路　昌平西关－佳运园 首班:6:00 末班:20:00　　发车间隔10分钟 分段计价

昌平西关－南大街－中国政法大学－亢山广场－昌平东关－果岭小镇南门－北邵洼－地铁南邵站－四合庄－纪窑村－金家坟村－棉山村－西辛峰村－大辛峰村－西崔村－东崔村－

香堂村－麻峪村－秦城大桥－秦城－象房－兴寿北－兴寿村－兴寿镇政府东－香屯－肖村－大柳树环岛北－大柳树环岛南－马坊－北京太阳城－种禽公司－平坊－平西府－东三旗－地铁天通苑北站－丽水园－天通苑西门－东小口－地铁立水桥站－立水桥北站－东小口医院－佳运园小区

昌 60 路 高丽营－兴寿 首班:6:00 末班:18:30 发车间隔 40 分钟

高丽营－大东流－赖马庄－西官庄－东官庄－麦庄－东新城－上苑－秦屯－暴峪泉－桃峪口－桃林村－兴寿

昌 61 路 生命科学园－龙锦苑五区 首班:5:30 末班:20:00 发车间隔 10 分钟 票价 1 元

中关村生命科学园－太申祥和山庄－二拨子东路－二拨子中路－二拨子西路－龙兴园西区－二拨子新村北门－北京人家小区北门－北京人家小区－北郊农场桥西－北郊农场桥东－龙华园－龙华园东区－龙腾苑三区－育知路南口－地铁回龙观站－龙腾苑四区－龙腾苑五区－龙腾苑二区－体育公园北门－霍营小区西门－矩阵小区－地铁回龙观东大街站－和谐家园二区西门－和谐家园二区北门－龙锦苑东二区南门－龙锦苑东五区

昌 66 路 昌平北站－辛力屯 首班:6:20 末班 20:00 发车间隔 20 分钟 分段计价 19:00 后只发至姜屯

昌平北站－区医院－鼓楼南街北口－南大街－昌平中心公园东门－昌平区中医院－润杰经典小区－创新路－汇佳学校－化庄南－姜屯－中央财经大学－北街家园小区东门－北一街八号－航空航天大学－高教园区中路南站－国兴电子－地铁沙河站－昌平职业学校－于辛庄西口－于辛庄东口－绿城枫景小区西口－辛力屯

昌 67 路 昭陵－地铁南邵站 首班:5:40 末班 19:50 发车间隔 15 分钟 分段计价

昭陵－定陵－长陵路口－七孔桥－胡庄－王庄－南新村－大宫门－石牌坊－涉外学院－明皇宫－昌平西关－西环南路－南环中路－二毛宿舍－水关新村－世纪联华－东关南里－中国化工大学－中国石油大学－亢山广场－昌平东关－巢岭小镇南门－昌平北邵洼－何营－内环东路－张营新村－地铁南邵站

昌 68 路 居庸关－城铁龙泽站首班:6:00 末班:20:00 发车间隔 20 分钟 分段计价

居庸关－南站村－东园村－臭泥坑－南口村西站－南口大堡－南口市场－南口东街－南口东站－南口医院－西普公司－京都府驾校－辛店村－乃干屯－北小营－北京水泥厂－红冶钢厂－红冶钢厂东－上念头村－宏道村－马池口村北－京北车辆管理所－马池口村－西沙屯－小寨－满井－沙河北大桥－沙河

昌 69 路 南口村－下店首班:6:00 末班:19:00 发车间隔 30 分钟

南口村－南口市场－南口东街－南口东站－南口－南口西站－马坊－李庄－白房子－曹家庄－北流村－北流村南－南流村－上店村－下店村

昌 70 路 官高东－三一重工南 首班:5:10 末班 20:00 发车间隔 15 分钟 分段计价

三一重工－看守所－花塔－檀峪－长水峪－桃洼－桃洼东－二零八所－西马坊－南口西站－南口－南口东站－南口东街－南口市场－龙虎台－陈庄－旧县－邓庄－北郝庄－西关－西环中路－天泽苑小区－鼓楼西街－鼓楼东街－一中－政法北门－中国政法大学东门－亢山广场－东关－东关北－前锋学校－营坊西－营坊－营坊北－三合庄－官高－官高东

昌平区主要旅游景区(点)、饭店、民俗旅游度假村名录

昌平区旅游景区(点)名单

景区名称	质量等级	电 话
长陵博物馆	5A	60761888
定陵博物馆	5A	60761424
昭陵博物馆	5A	60761435
神路公园	5A	89749383
居庸关长城	4A	69771665
银山塔林	4A	89726426
温都水城	4A	81788928
中国航空博物馆	4A	61784882
龙脉温泉度假村	4A	61782458
小汤山现代农业示范园	4A	61791749
中国北方国际射击场	3A	13581885201
蟒山国家森林公园	3A	60711188－8900
明皇蜡像宫	3A	69748709
棋盘山风景区	3A	89779693
鳌山国际休闲空间	3A	89775706
敕赐和平寺	2A	69778491
大岭沟猕猴桃谷风景区	2A	13716281692
双龙山森林公园	1A	13910798762
虎峪自然风景区	1A	69772889
十三陵国际高尔夫俱乐部		60762288
华彬国际高尔夫俱乐部		89796868
军都山滑雪场		60725056
雪世界滑雪场		89761886
大杨山国家森林公园		13901322858
北京后花园自然风景区(白虎涧)		69768979
坦克博物馆		66759901
延寿寺		13716525521

昌平区旅游星级饭店名单

九华山庄国际会展中心大酒店	5 星	61782288
九华山庄(金叶)	4 星	61782288
凤山温泉度假村(金叶)	4 星	60711188
温都水城国际酒店(银叶)	4 星	81788888
静之湖度假酒店(银叶)	4 星	61709988
昆泰大酒店(银叶)	4 星	59910088
碧水大厦(银叶)	4 星	80729988
汤山假日会议中心(银叶)	4 星	61785522
小汤山会议中心(银叶)	4 星	61785566
北京金池蟒山会议中心(住宿达标单位)	4 星	60712266
居庸关长城古客栈	4 星	89795566
富来宫温泉酒店	4 星	61785588
蟒山度假村(金叶)	4 星	60713691
拉斐特城堡酒店	4 星	89758866
阳坊大都饭店(银叶)	4 星	69768880
石油阳光会议中心	4 星	89721468
军都旅游度假村(金叶)	3 星	60713338
华清温泉宾馆(银叶)	3 星	84826665
中石化昌平会议中心	3 星	60713333
红栌温泉山庄	3 星	61786555
昌平财会之家	3 星	69716688
地铁度假村	3 星	60712288
瑶台温泉酒店	3 星	60721188
北京龙山度假村(住宿达标单位)	3 星	89701118
昆钰酒店(住宿达标单位)	3 星	51529388
北方长城宾馆	3 星	80190398
龙脉大酒店	3 星	61782666
虎峪园林山庄	3 星	69771100
富豪宾馆昌平分店	3 星	60713865
顺富英达生态园(住宿达标单位)	2 星	61793333
红楼岛饭店(银叶)	2 星	81788928
鲜果乐园度假山庄(住宿达标单位)	2 星	89761877
太申祥和山庄	2 星	80713807
明皇度假山庄	2 星	60761030
阳坊胜利文化园	2 星	69768782
锦水芙蓉大酒店	2 星	69746731
芳草渔村	2 星	60771010
味典方元饭店	2 星	89761818
瀚林阁宾馆(住宿达标单位)	2 星	84820789

天一方宾馆(住宿达标单位)	2 星	80101717
北京文惠宝宾馆	2 星	69728631
小人国大酒店	2 星	89762480
北京国寿酒店	2 星	69746346

昌平区旅游星级餐厅名单

煌潮大酒店	5 星	89748827
英达生态园	5 星	61793866
蓬瀛阁餐厅	5 星	89715568
金殿国际餐厅	4 星	69777888
龙地餐厅	4 星	89717344
呼伦贝尔美食广场	4 星	82936868
肆维友谊餐厅	4 星	89749805
阳坊大都饭庄	4 星	69768860
玉隆友谊餐厅	3 星	89731731
定陵餐厅	3 星	60761433
金肆维餐厅	3 星	69708053
唐人府酒楼	3 星	69713776
阳坊大都介山分店	3 星	60743199
信祥餐厅	2 星	69709866
利恒野味餐厅	1 星	61783264

昌平区教育机构名录

昌平区教育部门和集体办幼儿园名录

名称	地址	举办者	邮政编码
教工幼儿园	城北街道西环里小区	区教育部门	102200
机关幼儿园	鼓楼南大街永安巷5号	区教育部门	102200
工业幼儿园	城北街道西环路11号	区教育部门	102200
财贸幼儿园	八街大将军胡同2号	区教育部门	102200
滨河幼儿园	东沙河中区金隅嘉业小区	区教育部门	102200
昌平实验幼儿园	小汤山镇土沟新村	区教育部门	102211
回龙观镇中心幼儿园	回龙观镇南店新村西	区教育部门	100096
兴寿镇中心幼儿园	兴寿学校院内	区教育部门	102212
沙河镇中心幼儿园	沙河镇西二村南河槽大街76号	区教育部门	102206
马池口镇中心幼儿园	马池口镇下念头火车站西	区教育部门	102200
长陵镇中心幼儿园	长陵镇政府街路东	区教育部门	102213
崔村镇中心幼儿园	崔村镇政府东侧200米	区教育部门	102212
小汤山镇中心幼儿园	小汤山镇大东流村222号	区教育部门	102211
南口镇中心幼儿园	南口镇道北中区267号	区教育部门	102202
十三陵镇中心幼儿园	十三陵镇大宫门村村东	区教育部门	102200
延寿镇中心幼儿园	延寿镇黑山寨村	区教育部门	102213
马池口镇北小营中心幼儿园	马池口镇北小营村	集体	102200
城南街道北郝庄幼儿园	城南街道北郝庄村	集体	102200
城南街道邓庄村幼儿园	城南街道邓庄村	集体	102200
南邵镇中心幼儿园	南邵镇南邵镇中心幼儿园	集体	102200
南邵镇中心幼儿园张各庄分园	南邵镇张各庄村	集体	102200
南邵镇中心幼儿园营坊分园	南邵镇营坊村	集体	102200
城北街道西关管区幼儿园	城北街道西关槐树巷	集体	102200
沙河镇西沙屯村幼儿园	沙河镇西沙屯村	集体	102206
沙河镇踩河新村幼儿园	沙河镇踩河新村	集体	102206
沙河镇白各庄村幼儿园	沙河镇白各庄村	集体	102206
百善镇吕各庄幼儿园	百善镇吕各庄村中	集体	102211
百善镇孟祖幼儿园	百善镇孟祖村南	集体	102211
北七家镇宏福苑幼儿园	北七家镇宏福苑	集体	102209
小汤山镇双兴苑幼儿园	小汤山镇小汤山村	集体	102211
小汤山镇尚信村幼儿园	小汤山镇尚信村	集体	102211
东小口镇中心幼儿园	东小口镇中滩村	集体	102218
流村镇西峰山村幼儿园	流村镇西峰山村	集体	102204
流村镇南流村幼儿园	流村镇南流村	集体	102204
流村镇北流村幼儿园	流村镇北流村	集体	102204

小汤山镇大汤山村幼儿园	小汤山镇大汤山村	集体	102211
城北街道三街幼儿园	昌平城北三街财神庙1号	集体	102200
马池口镇西坨村幼儿园	马池口镇西坨村	集体	102202
马池口镇楼自庄村幼儿园	马池口镇楼自庄村	集体	102202
流村镇新建村幼儿园	流村镇新建村	集体	102204
流村镇古将村幼儿园	流村镇古将村	集体	102204
流村镇老峪沟中心幼儿园	流村镇老峪沟村	集体	102204
流村镇高崖口中心幼儿园	流村镇高崖口村	集体	102204
流村镇瓦窑村幼儿园	流村镇瓦窑村	集体	102204
流村镇王峪村幼儿园	流村镇王峪村	集体	102204

昌平区民办幼儿园名录

名 称	地 址	举办者	邮政编码
北京昌平米奇高幼儿园	回龙观镇北清路2号园墅37号楼	民办	102206
妙想天开幼儿园	东小口镇天通苑东一区65号	民办	102200
幼儿师范学校昌平实验幼儿园	沙河镇七里渠南村531号	民办	102200
新世纪幼儿园	回龙观龙泽苑西区幼儿园	民办	102208
北海昌房幼儿园	城北街道东关南里小区19号楼	民办	102200
童星幼儿园	东环路妇女儿童活动中心	民办	102200
乌兰幼稚园	北七家镇平坊村7号	民办	102209
北京昌平汇佳幼儿园	回龙观文化居住区风雅园三区14号楼	民办	102208
北京昌平天一宝贝幼儿园	回龙观龙锦苑东二区天一宝贝幼儿园	民办	102208
北京昌平绿贝儿中英文幼稚园	回龙观龙博苑二区21号	民办	100096
碧水庄园嘉洛德幼儿园	碧水庄园1－10	民办	102206
育龙幼儿园	回龙观龙跃苑一区17号	民办	102208
北京博苑实验幼儿园	回龙观龙华园东区甲11号	民办	102208
宏景艺术幼儿园	北七家镇温泉花园甲A12号	民办	102209
幸福童年幼儿园	回龙观龙腾六区16号楼	民办	102208
苹果树幼儿园	北七家镇海德堡花园社区中心	民办	102209
昌平启盼幼儿园	马池口镇上念头村	民办	102200
幸福童年双语幼儿园	回龙观龙腾苑四区区20号	民办	102208
幸福摇篮幼儿园	北七家镇燕丹村492号	民办	102209
金奥经典艺术幼儿园	东小口镇小辛庄村西	民办	102209
天通苑新起点幼儿园	天通苑西二区8号楼	民办	102218
北京昌平温莎双语幼儿园	北七家镇东沙各庄温哥华森林	民办	102209
中馥慧幼儿园	东小口镇和谐家园东2区	民办	102208
优美双语幼儿园	德外二拨子路东北京时代文具公司院内	民办	102208
二十一世纪实验幼儿园	东小口镇顶秀清溪25号楼	民办	100192
爱蕾幼儿园	回龙观镇龙锦苑四区14号	民办	102208
回龙观红黄蓝幼儿园	回龙观镇龙跃苑东四区	民办	102208
童学园幼儿园	回龙观龙跃苑三区东门19号	民办	102208
北京王府幼儿园	北七家镇工府街11号	民办	102209

北京昌平奕青音乐幼儿园	天通北苑二区甲 38 号楼	民办	102218
小脚丫幼儿园	回龙观镇金达园小区 13 号楼	民办	100085
华成幼儿园	北七家镇蓬莱公寓小区	民办	102209
小哈敦幼儿园	燕丹村 255 号	民办	102209
育星幼儿园	东小口镇中滩村 114 号	民办	102218

昌平区其他部门办幼儿园名录

名 称	地 址	举办者	邮政编码
平板玻璃工业公司幼儿园	南口镇新西广街玻璃公司家属院内	地方企业	102202
国营北郊农场幼儿园	回龙观镇北郊农场家属院内	地方企业	102208
首钢生活服务管理中心沙河服务站幼儿园	沙河镇扶京门路甲 7 号院	地方企业	102206
十三陵特区办事处幼儿园	城北街道办事处东关二条8号楼特区宿舍	事业单位	102200
北京农学院后勤服务集团幼教中心	回龙观镇北农 7 号北京农学院	事业单位	102206
北京保温瓶厂托儿所	南口镇东大街 22 号	事业单位	102202
中国政法大学幼儿园	城北街道市府学路 27 号	事业单位	102249

昌平区小学名录

名 称	地 址	举办者	邮政编码
城关小学	西环里 32 号	县级教育部门	102200
昌盛园小学	城南街道昌盛园昌盛园小学	区教育部门	102200
二毛学校	城北街道五街宽街胡同	区教育部门	102200
城北中心小学	城北街道六街瑞光胡同 10 号	区教育部门	102200
城北中心三街小学	城北街道三街财神庙胡同 5 号	区教育部门	102200
城北中心东关小学	城北街道东关育才胡同 10 号	区教育部门	102200
城北中心西关小学	城北街道西关槐树巷	区教育部门	102200
南口镇小学	南口镇兴隆街 33 号	区教育部门	102202
南口铁道北小学	南口铁道北小学	区教育部门	102202
南口中心小学	南口镇南口村城外 5 号	区教育部门	102202
南口中心辛力庄小学	南口镇辛力庄村	区教育部门	102202
南口中心七间房小学	南口镇七间房村	区教育部门	102202
马池口中心小学	马池口镇马池口村	区教育部门	102200
马池口中心横桥小学	马池口镇横桥村	区教育部门	102200
马池口中心楼自庄小学	马池口镇楼自庄村	区教育部门	102200
马池口中心白浮小学	马池口镇白浮村	区教育部门	102200
马池口中心上念头小学	马池口镇上念头村	区教育部门	102200
马池口中心畜夲屯小学	马池口镇畜夲屯村	区教育部门	102200
马池口中心百泉庄小学	马池口镇百泉庄村	区教育部门	102200
巩华中心小学	沙河镇南一村安济桥路甲 1 号	区教育部门	102206
巩华中心第二小学	沙河镇东一村泰清宫大街 57 号	区教育部门	102206
沙河中心小学	沙河镇丰善村	区教育部门	102206

沙河中心踩河小学	沙河镇踩河新村 315 号	区教育部门	102206
沙河中心西沙屯小学	沙河镇西沙屯村中轴南街 12 号	区教育部门	102206
沙河中心于辛庄小学	沙河镇于辛庄中心街	区教育部门	102206
七里渠中心小学	沙河镇七里渠北村 1 号	区教育部门	102206
七里渠中心白各庄小学	沙河镇白各庄村	区教育部门	102206
七里渠中心豆各庄小学	沙河镇豆各庄新村	区教育部门	102206
城南中心小学	城南街道南郝庄村	区教育部门	102200
城南中心旧县小学	城南街道旧县村	区教育部门	102200
城南中心邓庄小学	城南中心邓庄小学	区教育部门	102200
阳坊中心小学	阳坊镇阳坊村	区教育部门	102205
阳坊中心后白虎涧小学	阳坊镇后白虎涧村	区教育部门	102205
阳坊中心四家庄小学	阳坊镇四家庄村	区教育部门	102205
阳坊中心八口小学	阳坊镇八口村	区教育部门	102205
昌平实验小学	回龙观风雅园三区 13 号	区教育部门	102208
昌平第二实验小学	回龙观文化居住区龙腾苑二区 30 号	区教育部门	102208
回龙观中心小学	回龙观镇二拨子新村	区教育部门	102208
回龙观中心回龙观小学	回龙观镇南店村西北	区教育部门	100096
回龙观第二小学	回龙观文化居住区文博路 2 号	区教育部门	100096
西贯市回民小学	阳坊镇西贯市村	区教育部门	102205
东小口中心小学	东小口镇中滩村	区教育部门	102218
东小口中心东小口小学	东小口镇东小口村	区教育部门	102209
流村中心小学	流村镇北流村	区教育部门	102204
流村中心古将小学	流村镇古将村	区教育部门	102204
流村中心南流村小学	流村镇南流村	区教育部门	102204
流村中心西峰山小学	流村中心西峰山村	区教育部门	102204
流村中心新建村小学	流村中心新建村小学	区教育部门	102204
上苑中心小学	兴寿镇东新城村 79 号	区教育部门	102212
长陵中心小学	长陵镇景陵村	区教育部门	102213
长陵中心泰陵小学	长陵镇泰陵村	区教育部门	102213
长陵中心下口小学	长陵镇下口村	区教育部门	102213
史各庄中心小学	回龙观镇东半壁店村	区教育部门	102206
史各庄中心定福皇庄回民小学	回龙观镇定福皇庄村	区教育部门	102206
老峪沟中心小学	流村镇老峪沟村	区教育部门	102204
十三陵中心小学	十三陵中心小学	区教育部门	102200
十三陵中心泰陵园小学	十三陵中心泰陵园小学	区教育部门	102200
十三陵中心南新村小学	十三陵中心南新村小学	区教育部门	102200
南邵中心小学	南邵镇南邵村	区教育部门	102200
南邵中心何营小学	南邵镇何营村	区教育部门	102200
南邵中心三合庄小学	南邵镇三合庄村	区教育部门	102200
南邵中心景文屯小学	南邵镇景文屯村北街 15 号	区教育部门	102200
北七家中心小学	北七家镇八仙庄村	区教育部门	102209
北七家中心鲁疃小学	北七家中心鲁疃小学	区教育部门	102209
霍营中心小学	回龙观文化居住区龙锦苑三区	区教育部门	102208
霍营中心半截塔小学	东小口镇半截塔村	区教育部门	102209
崔村中心小学	崔村镇西崔村	区教育部门	102212
崔村中心大辛峰小学	崔村镇大辛峰村	区教育部门	102212

崔村中心香堂小学	崔村镇香堂村	区教育部门	102212
高崖口中心小学	流村镇瓦窑村	区教育部门	102204
高崖口中心漆园小学	流村镇漆园村	区教育部门	102204
平西府中心小学	北七家镇白庙村	区教育部门	102209
平西府中心东沙各庄小学	北七家镇东沙各庄村	区教育部门	102209
平西府中心郑各庄小学	北七家镇郑各庄村	区教育部门	102209
平西府中心东三旗小学	北七家镇东三旗村	区教育部门	102209
平西府中心平西府小学	北七家镇平西府村	区教育部门	102209
小汤山中心小学	小汤山镇市场街	区教育部门	102211
小汤山中心马坊小学	小汤山镇马坊村	区教育部门	102211
小汤山中心后牛坊小学	小汤山镇后牛坊村	区教育部门	102211
小汤山中心大汤山小学	小汤山镇大汤山村	区教育部门	102211
大东流中心小学	小汤山镇大赴任庄 56 号	区教育部门	102211
昌平第三实验小学	小汤山镇土沟村 762 号	区教育部门	102211
大东流中心东官庄小学	小汤山镇东官庄 267 号	区教育部门	102211
天通苑小学	天通苑东一区 40 号	区教育部门	102218

昌平区民办学校名录

名　称	地　址	举办者	邮政编码
新龙学校	沙河镇七里渠南村 369 号	民办	102200
经纬学校	东小口镇芦村	民办	100085
明欣学校	东小口镇东小口村	民办	100085
振华学校	东小口镇东小口村	民办	100096
北京昌平汇蕾学校	马池口镇百泉庄村	民办	102200
北京昌平向上学校	回龙观镇三合庄村	民办	102208
振兴学校	北七家镇燕丹村东	民办	102209
东方红学校	东小口镇兰各庄村	民办	102209
北京昌平雨竹学校	马池口镇白浮村	民办	102200
海清学校	回龙观镇三合庄村	民办	102208
南七家村实验学校	北七家镇南七家村	民办	102209
智泉学校	北七家镇东三旗村 506 号	民办	102209
华成学校	北七家镇蓬莱公寓	民办	102209
新源学校	北七家镇东三旗村	民办	102209
北京铭师实验学校	回龙观龙泽东区 26 号	民办	102208

昌平区中学名录

名　称	地　址	举办者	邮政编码
第四中学	城北街道永安路 5 号	区教育部门	102200
第五中学	昌平镇城北街道富康路 22 号	区教育部门	102200
第六中学	城北街道西环南路 31 号	区教育部门	102200
陈庄中学	陈庄中学	区教育部门	102202

马池口中学	马池口镇马池口村	区教育部门	102200
阳坊中学	阳坊镇西大街 18 号	区教育部门	102205
满井中学	沙河镇满井东队南街 131 号	区教育部门	102206
回龙观中学	回龙观镇三合庄园西侧	区教育部门	102208
大东流中学	小汤山镇大东流村 109 号	区教育部门	102211
南邵中学	南邵镇南邵村东	区教育部门	102200
崔村中学	崔村镇政府街	区教育部门	102212
中滩中学	东小口镇中滩村 292 号	区教育部门	102209
北七家中学	北七家镇羊各庄村	区教育部门	102209
平西府中学	北七家镇宏福苑小区南侧	区教育部门	102209
上苑中学	兴寿镇东新城村 78 号	区教育部门	102212
长陵中学	长陵镇景陵村南侧	区教育部门	102213
流村中学	流村镇北流村	区教育部门	102204
十三陵中学	十三陵镇王庄村东	区教育部门	102200
南口职业学校	南口镇南农家园小区	区教育部门	102202
桃洼学校	南口镇前洼村 999 号	区教育部门	102202
亭自庄学校	马池口镇北小营村	区教育部门	102202
二一学校	阳坊镇防化研究院	区教育部门	102205
百善学校	百善镇孟祖村南	区教育部门	102211
天通苑学校	天通苑西三区 13 号	区教育部门	102218
燕丹学校	北七家镇燕丹村 1 号	区教育部门	102209
兴寿学校	兴寿镇兴寿村	区教育部门	102212
下庄学校	兴寿镇下庄村	区教育部门	102212
黑山寨学校	长陵镇黑山寨村西	区教育部门	102213
第一中学	城北街道东关路 16 号	区教育部门	102200
第二中学	城北街道政府街 5 号	区教育部门	102200
第三中学	城北街道西关北果园	区教育部门	102200
昌平实验中学	城北街道永安里振兴路 101 号	区教育部门	102200
前锋学校	水库路 20 号	区教育部门	102249
南口学校	南口镇南大街 8 号	区教育部门	102202
南口铁道北中学	南口镇道北西区 593 号	区教育部门	102202
沙河中学	沙河镇太清宫大街 46 号	区教育部门	102206
小汤山中学	小汤山镇小汤山村	区教育部门	102211
首都师范大学附属回龙观育新学校	回龙观镇龙锦苑三区	区教育部门	102208

昌平区民办中学名录

名　称	地　址	电话号码	邮政编码
私立汇佳学校	城南街道昌怀路 157 号	民办	102200
第二中学分校	城南街道南郝庄	民办	102200
天通苑中山实验学校	东小口镇天通苑四区九号	民办	102218
北京昌平新东方外国语学校	阳坊镇阳坊工业园区	民办	102205
北京王府外国语学校	平西府王府街 11 号	民办	102209

北京少林武术学校	回龙观镇昌平路386号	民办	100096
北京王府学校	北七家镇王府街11号	民办	102209
北京智光特殊教育培训学校	西关小区西500米	民办	102200
北京少林武术学校	回龙观镇甲一号院	民办	100096
九华旅游职业学校	小汤山镇葫芦河村北	民办	102211

昌平区特殊儿童教育学校名录

名称	地址	电话号码	邮政编码
昌平区特殊儿童教育学校	流村镇瓦窑村	89778244	102204

昌平区职业学校名录

名称	地址	电话号码	邮政编码
昌平职业学校	沙河镇松兰堡村	80711456	102206

昌平区职工学校名录

名称	地址	电话号码	邮政编码
昌平区职工学校	城北街道郝庄村北	69746717	102200

驻昌平公办大学名录

名称	地址	电话号码	邮政编码
中国政法大学	昌平府学路27号	58909628	102200
中国石油大学	昌平府学路19号	89733408	102200
华北电力大学	回龙观镇朱辛庄北农路2号	80796512	100096
北京化工大学	昌平东关亢山路	80104006	102200
清华核能研究院	南口镇虎峪村	89796200	102202
北京大学文理应用学院	十三陵镇西山口	89748732	102200
中央财经大学	沙河大学城	61776677	102206
北京航天航空大学	沙河大学城		102206
北京邮电大学	北七家镇郑各庄	58828568	102209
国防大学防务学院	昌平府学路15号	66743041	102200
北京军区装备指挥学院士官系	昌平府学路7号	66744066	102200
防化指挥工程学院	阳坊镇	66756205	102205
指挥学院继续教育沙河校区	沙河镇	66366831	102206

武警警种指挥学院	南口镇	89799611		102202
北京人民警察学院	南口镇南涧路 11 号	89768021		102202
国家检察官学院	百善镇百沙路 9 号	67719025		102211
北京农学院	回龙观镇朱辛庄北农路 1 号	80799008		100096
北京联合大学	十三陵镇石牌坊	80116062	80116561	102200
北京交通职业技术学院	城南街道邓庄村东	89703145		102200
北京劳动保障职业学院	南口路 32 号	80114009		102200
北京新媒体技师学院	昌平金驼技校院内	89708149		
北京农业职业学院	回龙观镇二拨子	81797356		100096
中国青年政治学院	沙河镇柴禾市街 2 号	80715079		102206
农业部干部管理学院	东小口镇霍营村			102218

驻昌平民办大学名录

名　称	地　址	电话号码	邮政编码
北京科技职业学院	沙河镇沙阳路 18 号	69730093－8226	102206
北京科技经营管理学院	沙河镇丰善村东	51731618	102206
北京吉利大学	马池口镇	60758447	102202
北京汇佳职业学院	昌平科技园区创新路 20 号	51631166	102200
北京工商管理专修学院	南口镇南大街 21 号	89794234	102202
北京涉外经济专修学院	十三陵镇石牌坊村	80108445	102200
北京卓达经济管理研修学院	马池口镇土楼村西	68782776	102202
北京应用技术大学	东小口镇霍营农垦学院内	81700923	100096
中国管理软件学院	马池口镇东坨村	80705898	102202
北京演艺专修学院	沙河镇定泗路信苑	69735533	102206
北方工商管理研修学院	回龙观镇育荣学院内	80637046	100096
北京国际商务学院	回龙观镇育荣学院内	80729325	100096
中国逻辑与语言函授大学	沙河镇小沙河总装院内	66366843	102206

昌平区民办培训机构名录

名　称	地　址	电话号码	邮政编码
北京昌平金色摇篮培训学校	流村镇王家园自然村旧址	51095200－283	102202
北京昌平京都府汽车驾驶学校	马池口镇辛店村	60751557	102200
北京市昌平区统计干部培训学校	昌平西环路 17 号统计局	80116306	102200
北京昌平民远文化技术培训学校	昌平城关小学内	81693393	102200
昌平职工文化技术培训学校	城南街道南环东路 1 号	69744262	102200
北京市亚北培训学校	北七家镇八仙庄村	81761420	102209
北京市工美职业培训学校	回龙观镇西三旗环岛北路西	62916860	100085
北京北方汽车驾驶学校	马池口镇马池口村	60773945	102204
北京昌平区供销培训学校	沙河镇巩华大街 73 号	80715361	102206
昌平农家女实用技能培训学校	小汤山镇大东流村	61711484	102211

国家档案局档案干部教育中心培训部	东小口镇霍营黄平路	63010125	102209
北京市昌平区人口培训学校	昌平煤市口胡同	80102230	102200
北京中昌现代疼痛医学培训中心	昌平东环路昌平卫校内	68669854	102200
北京市友邦文化艺术培训学校	北京市昌平实验小学	81715196	102208
昌平光大文化技术培训学校	昌平政府街水产公司6楼	89709061	102200
北京昌平东方特色医药培训学校	昌平西环路56号	69724481	102200
昌平中建协项目管理培训中心	小汤山镇龙脉温泉	62196738	102211
北京智光特殊教育培训学校	昌平城北街道南郝庄	89706129	102208
北京昌平现代文化培训学校	东小口镇霍营农垦管理干部学院内	81702288－380	102208
北京昌平童创美术培训学校	昌平燕平路清秀园一号楼	69705243	102200
北京昌平恒峰文化技术培训学校	昌平城关小学	81925238	102200
北京昌平阳坊胜利培训学校	阳坊镇西贯市村	69760320	102205
北京市昌平区金山文化培训学校	回龙观西大街龙观大厦5层	81799116	102209
北京航空运输培训中心	东小口镇单村168号	84811057	102206
北京昌平东方文化艺术学府	昌平实验中学校友楼	13811210461	102200
北京昌平思搏拓展培训学校	长陵镇碓臼峪双龙山森林公园	82355909－8018	102213
北京现代中高级专业人才培训中心	沙河镇松兰堡昌平职业学校内	69732142	102206
昌平区汉章针刀医学培训中心	沙河镇北大桥	80725548	102206
北京昌平迈得高外国语学校	城北街道新魁公寓32－5	80105112	102200
北京昌平金鲁班建筑培训学校	昌平科技园区富康路22号	69711339	102200
北京市北科院交园汽车驾驶学校	马池口镇	60773991	102206
北京市昌平区育华艺术学校	北七家镇白庙工业园区1号院	81788580	102209
昌平兰涛文化艺术培训学校	天通苑小区5区29楼2门901	84513055	102209
北京仁达教育培训中心	十三陵镇石牌坊村南	62513224	102202
昌平中法网文化教育培训学校	兴寿镇桃峪口村	64976551	102212
北京昌平府学教育培训中心	昌平府学路35号昌平进修学校内	69748852	102200
北京市昌平区东方剑桥培训学校	东小口镇天通苑小区四区九号	84819308	102218
北京昌平巨人文化艺术培训学校	昌平西三旗黄土店(石油工人疗养院分院)	51608188－8436	100085
北京昌平方舟科技文化培训学校	昌平东环路136号	89716441	102200
昌平区星光舞蹈艺术培训学校	回龙观文化居住区风雅园三区13号	81734016	102208
北京昌平砺志国防教育培训学校	南口镇后桃洼村	69779725	102202
昌平区文新剑桥英语培训学校	昌平西环路天泽苑一号	80116144	102200
北京市昌平区东方金子塔儿童潜能培训学校	昌平北环路二号综合楼四层	89782615	102200
北京昌平奕青华乐艺术培训学校	昌平天通苑东一区2号楼	81756115	1022218
北京昌平盛华人才培训中心	南口农场二分场原场部	60752132	102200
北京昌平广通道路运输培训学校	昌平科技园区创新路8号	69718400	102200
北京昌平英伦语言技能培训学校	小汤山镇康复医院	58608226	102200
北京市昌平区东沙文化培训学校	北七家镇东沙各庄村	89254256	102209
昌平区辅英学苑文化培训学校	昌平鼓楼东街43号	89782173	102200
北京市昌平区博才教育培训学校	昌平鼓楼西街天泽苑167	80117708	102200
北京市昌平区京师文化培训学校	昌平北环路3号	89786681	102200
昌平区医药实用技术培训学校	昌平东环路南段	69709334	102200
北京中交协航空实习实训就业指导培训中心	东小口镇单村168号	84814965	102209
昌平区全池博爱语言培训学校	沙河镇七里渠南村319号	51646479	102208
北京昌平龙门育才文化培训学校	十三陵镇西山口村(北大昌平校区内)	89749236	102200

北京昌平威尔文化培训学校	崔村镇东崔村	89153711	102212
北京昌平若森数字媒体培训学校	马池口镇马池口村东	60773200	102200
北京昌平黑马舞蹈艺术培训学校	昌平东环路妇女儿童活动中心	13901005414	102200
北京昌平大亚鸿博外语培训学校	昌平天通苑西苑一区 7#—101	58612130	102218
昌平区八维世纪行文化培训学校	回龙观文化居住区风雅园三区 13 号	81616187	102208
北京市昌平区妙峰书苑培训学校	阳坊镇阳坊村西大街 16 号	62605606	102205
昌平佳域融合语言文化培训学校	回龙观文化居住区云趣园一区四号楼	81719445	102208
北京市昌平区优美儿童培训学校	沙河镇七里渠南村	81746553	102208
北京市昌平区领语堂培训学校	东小口镇立汤路 186 号龙德广场	84816677	102209
北京市昌平区退休干部培训学校	昌平北环中山路退休干部活动中心	89707500	102200
北京市昌平区轨道交通培训学校	南口镇文化路	51014133	102202
北京市昌平区睿博文化培训学校	东小口镇七里渠南村工业园	69711766	102206

昌平区文物保护单位名录

世界文化遗产（2 处）

明十三陵
明万里长城北京段昌平部分

国家级文物保护单位（4 处）

名称	类别	年代	地址	公布时间
十三陵	古墓葬	明	十三陵镇	1961 年
居庸关－云台	古建筑	元	南口镇	1961 年
银山塔林	古建筑	辽金	延寿镇	1988 年
万里长城北京段昌平部分	古建筑	明	流村镇	2009 年

市级文物保护单位（4 处）

名称	类别	年代	所在地	公布时间
朝宗桥	古建筑	明	沙河镇	1984 年
白浮泉遗址－九龙池、都龙王庙	古遗址、古建筑	元、明	昌平城南街道	1990 年
巩华城	古建筑	明	沙河镇	1995 年
和平寺	古建筑	清	南口镇	1995 年

市级地下文物埋藏区（3 处）

名称	类别	年代	所在地	公布时间
雪山地下文物埋藏区	古遗址	新石器	南口镇雪山村	1993
张营地下文物埋藏区	古遗址	夏、商	南邵镇张营村	1993
桃林地下文物埋藏区	古遗址	元	兴寿镇桃林村	2011

区级文物保护单位(75 处)

名称	类别	年代	所在地	公布时间
五街清真寺	古建筑	清	城北街道五街	2003 年
一中关帝庙	古建筑	清	城北街道东关路	2003 年
六街城隍庙	古建筑	清	城北街道政府街	2003 年
文物石刻园	石刻	唐～民国	城北街道南大街	2003 年
昌平烈士陵园	近现代重要建筑	现代	城北街道西关	2003 年
南口城	古建筑	明	南口镇南口村	2003 年
虎峪城	古遗址	战国	南口镇虎峪村	2003 年
上关城	古遗址	明	南口镇四桥子村	2003 年
李公墓	古墓葬	明	南口镇南口村	2003 年
马国柱墓	古墓葬	清	南口镇东园子村	2003 年
孙公墓	古墓葬	明	南口镇东园村	2003 年
口宝林寺	古建筑	民国	南口镇兴隆街	2003 年
龙潭石刻	石刻	明	南口镇龙潭村	2003 年
仙枕石刻	石刻	明	南口镇居庸关村	2003 年
摩崖造像	石刻	元	南口镇四桥子村	2003 年
佛岩寺遗址	古遗址	金	南口镇湾子村	2003 年
南口村清真寺	古建筑	清	南口镇南口村	2003 年
西沙屯村药王庙	古建筑	清	沙河镇西沙屯村	2003 年
七里渠村观音庵	古建筑	清	沙河镇七里渠村	2003 年
南一村清真寺	古建筑	清	沙河镇南一村	2003 年
杨增新墓	古墓葬	民国	沙河镇南一村	2003 年
沙河镇关帝庙	古建筑	清	沙河镇医院	2003 年
南庄村经幢	石刻	金	延寿镇南庄村	2003 年
北庄村石塔	石刻	明	延寿镇北庄村	2003 年
慈悲峪村福庆庵	古建筑	清	延寿镇慈悲峪村	2003 年
昭陵村关帝庙	古建筑	清	十三陵镇昭陵村	2003 年
白羊城	古遗址	明	流村镇白羊城村	2003 年
长峪城	古遗址	明	流村镇长峪城村	2003 年
马刨泉古长城遗址	古遗址	战国	流村镇马刨泉村	2003 年
庆禧亲王家族墓地	古墓葬	清	流村镇白羊城村	2003 年
长峪城永兴寺	古建筑	清	流村镇长峪城村	2003 年
西山惨案纪念碑	近现代重要建筑	现代	流村镇溜石港村	2003 年
高崖口烈士纪念碑	近现代重要建筑	现代	流村镇狼儿峪村	2003 年
海字村九圣庙	古建筑	清	延寿镇海子村	2003 年
东燕州城	古遗址	唐	兴寿镇西新城村	2003 年
西新城村双泉寺	古建筑	清	兴寿镇西新城村	2003 年
大羊山寺庙遗址	古遗址	明	兴寿镇大羊山	2003 年
木厂村石佛寺	古建筑	明	延寿镇木厂村	2003 年

桃林烈士陵园	近现代重要建筑	现代	兴寿镇桃林村	2003 年
桃林村东岳庙	古建筑	清	兴寿镇桃林村	2003 年
恭亲王墓	古墓葬	清	崔村镇麻峪村	2003 年
周德纯烈士墓	近现代重要建筑	现代	崔村镇东崔村	2003 年
何营村伯哈智墓	古墓葬	明	南邵镇何营村	2003 年
西贯市清真寺	古建筑	清	阳坊镇西贯市村	2003 年
阳坊镇药王庙	古建筑	清	阳坊镇阳坊村	2003 年
摩崖石刻	石刻	明～民国	阳坊镇防化学院	2003 年
军都故城	古遗址	战国	马池口镇土城村	2003 年
上埝头村九圣庙	古建筑	清	马池口镇上埝头村	2003 年
小汤山温泉遗址	古遗址	清	小汤山镇疗养院	2003 年
阿苏卫村关帝庙	古建筑	清	小汤山镇阿苏卫村	2003 年
土沟村普庆寺	古建筑	清	小汤山镇土沟村	2003 年
回龙观村玉光寺	古建筑	清	回龙观镇回龙观村	2003 年
黄土东村真武庙	古建筑	清	回龙观镇黄土东村	2003 年
嵩年墓碑	石刻	清	东小口镇太平庄村	2003 年
半截塔	古建筑	辽	东小口镇半截塔村	2003 年
十三陵水库纪念碑	石刻	现代	十三陵水库大坝东	2003 年
沟沟崖寺庙遗址	古遗址	明	十三陵镇德胜口村	2003 年
仙人洞	古遗址	明	十三陵镇仙人洞村	2003 年
酸枣岭村大兴寺	古建筑	清	小汤山镇酸枣岭村	2011 年
小东流村双观音庵	古建筑	清	小汤山镇小东流村	2011 年
单村菩萨庙	古建筑	清	东小口镇单村	2011 年
南七家村关帝庙	古建筑	清	北七家镇南七家村	2011 年
南口村东岳庙	古建筑	清	南口镇南口村	2011 年
东闸村关帝庙	古建筑	清	马池口镇东闸村	2011 年
亭自庄村娘娘庙	古建筑	清	马池口镇亭自庄村	2011 年
回龙观村菩萨庙	古建筑	清	回龙观镇回龙观村	2011 年
下庄村菩萨庙	古建筑	清	兴寿镇下庄村	2011 年
肖村关帝庙	古建筑	清	兴寿镇肖村	2011 年
东新城村真武庙	古建筑	清	兴寿镇东新城村	2011 年
王氏墓	古墓葬	明	南口镇臭泥沟村	2011 年
张公墓	古墓葬	明	流村镇马刨泉村	2011 年
二道河寺庙遗址	古遗址	清	阳坊镇二道河村	2011 年
江米泉寺庙遗址	古遗址	清	兴寿镇半壁店村	2011 年
大汤山烈士陵园	近现代重要建筑	现代	小汤山镇大汤山村	2011 年
上店烈士陵园	近现代重要建筑	现代	流村镇上店村	2011 年

昌平区医疗机构名录

机构名称	地址	电话
妇幼保健院	北环路1号	69746091
昌平圣济骨伤医院	沙河镇踩河新村513号	69735557
昌平区光明骨伤医院	城南街道南大街东巷(机关幼儿园西侧)	69715143
计划生育生殖健康技术服务中心	煤市口胡同2号	80109647
结核病防治所	昌平镇八街	69741753
精神卫生保健院	昌平区沙河镇豆各庄1号	69731082
北京元益堂怡康精神卫生诊所	回龙观万龙社区16号	62711617
北京神康康复医院	沙河镇满井西村昌平路100号	82890431
北京银河口腔医院	回南路九号院41号楼	82567890
北京昌平小汤山锡昌疗养院	小汤山镇	61783840、61781271
北京皇城股骨头坏死专科医院	西关路27号	89785854
北京市亚太中医骨科医院	天通苑四区16号楼1、3－101室	84843928
北京京城新世纪妇科医院	永安路18－4、18－5号	80112020
回龙观社区卫生服务中心	回龙观镇政府东侧、回龙观小区龙锦二街90号	82951320
延寿社区卫生服务中心	十三陵镇景陵村	60761076
百善社区卫生服务中心	百善镇百善村	69789134
南口社区卫生服务中心	南口镇后桃洼村122号	69778467
南邵社区卫生服务中心	南邵镇南邵村东	60732140、60735776
马池口社区卫生服务中心	马池口镇北小营村	60771904、60756310
小汤山社区卫生服务中心	小汤山镇小汤山村南	61781542
沙河社区卫生服务中心	沙河镇展思门路5号	69731253、80728568
东小口社区卫生服务中心	东小口镇陈营村北	84812601
崔村社区卫生服务中心	崔村镇政府街	60721380、60725513
流村社区卫生服务中心	流村镇北流村	89771161
阳坊社区卫生服务中心	阳坊镇阳坊村	69766084 69762823
城区社区卫生服务中心	城北街道南环里53号	69706816
兴寿社区卫生服务中心	兴寿镇兴寿村	61726071
十三陵社区卫生服务中心	十三陵镇胡庄村	89761433 89763221
北七家社区卫生服务中心	北七家镇定泗路北侧	69751164 69756429
中西医结合医院	东小口镇霍营村黄平路219号	69791530
沙河中西医结合医院	沙河镇巩华城大街42号	80706066、80706120
中小学卫生保健站	府学路35号	69745817
北京睿养中医医院	回龙观镇良庄街4号楼03/04	80199968
北京昌平政和中医医院	昌金路6号	60748188
北京太申祥和中医医院	北京太申祥和山庄(国际敬老院)	80713808、80713809
中医医院天通苑分院	北京昌平东小口天通苑西一区25号楼	84825810 84816240
北京国医堂中医医院	天通苑东一区59、60号楼	61740846
北京长城中医医院	回龙观风雅园二区3号楼	60788885

北京侯丽萍风湿病中医医院	北京市昌平科技园区振兴路 8 号	69712425
北京环球实业股份有限公司中医医院	东小口镇中滩村 6 号合立方 5－3－108	84844697
北京北城中医医院	回龙观文华东路龙跃苑一区 F0335(18 号楼)1—3 号	87276999
中医医院鼓楼分院	昌平区城北六街献陵卫胡同 16 号	69742085
中医医院	城区东环路南段、星火街 9 号	69742196
天通苑中医医院	天通苑东一区 9 号楼	61766485
北京大卫中医医院	沙河镇满井村	81722020、80722626
北京汉章针刀医院	天通苑西三区 26 号楼 16 门	80725478. 80725466
益明医院	沙河镇站前路 11 号	51529633
北京安达医院	回龙观龙腾苑三区 16 号楼	81726626
北京新宇医院	平西府大街 43 号	80666718
北京广慈医院	东小口镇天通苑东三区 48 号楼－2－3 号	61769502、61760745
汇仁医院	东小口镇天通苑 1310 号	84826760
北京中联燕龙医院	西关三角地综合楼 12 号	69728800
北京昌平京城博爱医院	一中西侧综合楼	69720085
北京天苑医院	北京市天通苑东三区 56 楼	61764846
北京上善医院	东小口镇中滩村东 4 号	61794698
北京六合医院	天通苑东一区 62 号楼 1 号	61794687
华北电力大学医院	回龙观镇朱辛庄	80798577、80795666
北京昌平区天通仁和医院	天通苑东一区 33－13、33－14	13801389985
北京市南口农场职工医院	南口镇南口农场内	69781476
北京城北龙城医院	回龙观镇金榜园小区酒楼	62718686
公安部秦城监狱医院	秦城一号	61729516
沙河医院	沙河镇扶京门路 22 号	69731335
北京亚美医院	天通苑五区商业配套楼西二区 19－4－102、5－101	84844310
北京保温瓶工业公司职工医院	南口镇东大街 22 号	69771061－8163
南口医院	南口镇南辛路 2 号	69771229
北京九洲医院	宁馨苑小区 13 号楼	69710118
博仁医院	水屯商业街 2 号楼	80103919
医院	鼓楼北街 9 号	69742509
北京市第二社会福利院附属医院	昌平区北七家镇曹八西路 26 号	81762145
中国政法大学校医院	昌平区府学路 27 号	69745577 86275923
北京市平板玻璃工业公司职工医院	南口镇南大街 6 号	69771366－3087
北京昌平区龙华医院	回龙观龙冠大厦北侧	81794219、80776853
北京农学院校医院	北京德胜门外朱辛庄北农路 7 号	80799100
北京龙禧医院	回龙观文化居住区龙禧三街及七北路平西府村西	81793485
北京太阳城医院	立汤路 30 号	81765117
北京汇海医院	天通苑东三区 2 号楼	69733108
北京首钢股份有限公司第一线材厂职工医院	沙河镇沙阳路 24 号	69731520、69738404
北京九华医院	小汤山镇葫芦河村北	61782288－6108
中国石油大学（北京）医院	府学路 18 号院内	89733164 89731605
南口铁路医院	南口镇新兴路 8 号	51014040
北京九华温榆河医院	小汤山镇马坊村温榆河旁	61782288—6217

昌平区社区居委会名录

城北街道社区居委会

居委会名称	联系电话
一街社区居委会	80103045
水关社区居委会	69729061
昌园社区居委会	80109260
二街社区居委会	69728109
亢山社区居委会	69723616
燕平路社区居委会	80103380
亢山前路社区居委会	89745133
三街社区居委会	69708894
北城根社区居委会	69727228
安福苑社区居委会	60700196
东关北里社区居委会	69727200
北环社区居委会	89710587
五街社区居委会	89706556
五城社区居委会	69749164
六街社区居委会	69727148
建明里社区居委会	89704384
八街社区居委会	69723643
西环里社区居委会	89783084
玉虚观社区居委会	89784136
史家坑社区居委会	69743074
灰厂路社区居委会	69701589
东关社区居委会	89701468
东关京科苑社区居委会	80107871
东关南里社区居委会	80103710
西关社区居委会	80117033
城角路社区居委会	69728026
永安社区居委会	69744050
南关社区居委会	52568210
松园社区居委会	69715466
宁馨苑社区居委会	80107633
国通家园社区居委会	80107553
富松社区居委会	69726592
朝凤社区居委会	60713794
南环里社区居委会	89716797
创新园社区居委会	89716797
政法社区居委会	58909161

城南街道社区居委会

居委会名称	联系电话
凉水河社区居委会	69741710
山峡社区居委会	80108786
化庄社区居委会	89703606
介山社区居委会	60742122
昌盛园社区居委会	60741534
砂石厂社区居委会	60741713
水屯家园社区居委会	80113193
郝庄家园北区社区居委会	89781228
郝庄家园西区社区居委会	89713763
秋实家园社区居委会	80113118
拓然家苑社区居委会	69720032
富泉花园社区居委会	89713237
新汇源社区居委会	89731542
畅春阁社区居委会	60741390
世涛天朗社区居委会	60745375
龙山锦园居委会	56915151

天通苑南街道社区居委会

居委会名称	联系电话
嘉诚花园社区居委会	84870186
佳运园社区居委会	84845102
清水园社区居委会	64129596
东辰小区社区居委会	84845103
顶秀青溪社区居委会	84841123
北方明珠社区居委会	58608009
奥北中心社区居委会	64126680
天通苑第一社区居委会	84819571
天通苑第二社区居委会	84841643
天通西苑第一社区居委会	84848918
天通东苑第一社区居委会	61768017
天通东苑第二社区居委会	61740947
天通东苑第四社区居委会	81771721

天通苑北街道社区居委会

居委会名称	联系电话
天通东苑第三社区居委会	81779050
天通西苑第二社区居委会	64117861
天通西苑第三社区居委会	64123159
天通西苑第四社区居委会	64117247
天通北苑第一社区居委会	81771035
天通北苑第二社区居委会	81771963
天通北苑第三社区居委会	61769834
天通中苑第一社区居委会	84366174
太平家园社区居委会	84847310

霍营街道社区居委会

居委会名称	联系电话
华龙苑南里社区居委会	69791008
华龙苑中里社区居委会	81709892
华龙苑北里社区居委会	69799447
霍营小区社区居委会	81709215
上坡佳园社区居委会	60788020
流星花园社区居委会	81734951
蓝天园社区居委会	81709300
天鑫家园社区居委会	81709309
龙回苑社区居委会	80754956
和谐家园社区居委会	81749379
田园风光雅苑社区居委会	81742681
龙锦苑一区社区居委会	81749284
龙锦苑东一区社区居委会	80749816
龙锦苑东二区社区居委会	80749802
龙锦苑东三区社区居委会	60786171
龙锦苑东四区社区居委会	60786192
龙锦苑东五区社区居委会	80740449
紫金新干线社区居委会	60770748

东小口镇社区居委会

居委会名称	联系电话
天通苑第一社区居委会	84819571
天通苑第二社区居委会	84848756
天通西苑第一社区居委会	84848918
天通西苑第二社区居委会	64117861
天通西苑第三社区居委会	64123159
天通西苑第四社区居委会	64123037
天通东苑第一社区居委会	61768017
天通东苑第二社区居委会	61740947
天通东苑第三社区居委会	61768050
天通东苑第四社区居委会	81771721
天通北苑第一社区居委会	81771035
天通北苑第二社区居委会	81771963
天通北苑第三社区居委会	61769834
清水园社区居委会	84814142
太平家园社区居委会	84847310
东辰社区居委会	84845103
佳运园社区居委会	84845102
华龙苑南里社区居委会	69791008
华龙苑中里社区居委会	81709892
华龙苑北里社区居委会	69799447

九台庄园社区居委会	69791528
蓝天园社区居委会	81709300
都市芳园社区居委会	69799206
天鑫家园社区居委会	81709308
霍营小区社区居委会	81709215
上坡佳园社区居委会	69791224
流星花园社区居委会	81734951
龙回苑社区居委会	80754956
嘉诚花园社区居委会	64129497
森林大第社区居委会	82943651
北方明珠社区居委会	58608752
田园风光雅苑社区居委会	81743681
龙锦苑一区社区居委会	81749284
天通中苑第一社区居委会	84678634
和谐家园社区居委会	81749379
顶秀清奚社区居委会	84841123
奥北中心社区居委会	64126680
龙锦东一区居委会	80749816
龙锦东二区居委会	80749802
龙锦东三区居委会	60786171
龙锦东四区居委会	60786192
龙锦东五区居委会	80740449
紫金新干线社区居委会	60787748

回龙观镇社区居委会

居委会名称	联系电话
北店嘉园社区居委会	81720802
东村家园社区居委会	62713796
良庄家园社区居委会	80752745
龙兴园社区居委会	62938928
龙乡社区居委会	62711822
龙泽苑社区居委会	80772290
昌艺园社区居委会	52566322
龙腾六社区居委会	81737423
万龙社区居委会	62710841
通达园社区居委会	81712374
北郊农场社区居委会	80772419
云趣园社区居委会	81711129
农学院社区居委会	80799237
龙腾三社区居委会	81737427
金榜园社区居委会	62717341
碧水庄园社区居委会	80715221
龙腾五社区居委会	81720894
龙跃二社区居委会	80753943
龙锦二社区居委会	80753384
龙华二社区居委会	80773361
龙跃四社区居委会	80753245
龙锦五社区居委会	80753542
龙博苑社区居委会	62716620
龙禧苑社区居委会	81710132
风雅园社区居委会	81711108
慧华苑社区居委会	80773162
吉晟别墅社区居委会	62716608
龙跃一社区居委会	80753841
龙华园社区居委会	81794659
南店社区居委会	62711520
龙腾二社区居委会	81710932
龙禧二社区居委会	80753244
龙兴北区社区居委会	80794045
龙城花园社区居委会	80796064
万润家园社区居委会	62713315
新康园社区居委会	82954661
龙跃三区社区居委会	81744022
龙腾四区社区居委会	81713844
龙锦四区社区居委会	81744003
龙锦六区社区居委会	81744011
龙泽苑东社区居委会	80773206
佰嘉城社区居委会	81748928
天龙苑社区居委会	81746956
新龙城社区居委会	52461734
龙跃苑东二社区居委会	80753943
龙跃苑东四五社区居委会	80749878

小汤山镇社区居委会

居委会名称	联系电话
市场街社区居委会	61792754
行政区社区居委会	61793001
大东流社区居委会	61713216

北七家镇社区居委会

居委会名称	联系电话
温泉花 A 区社区居委会	81763848
桃园公寓社区居委会	89754071
温泉花 B 区社区居委会	81763350
名佳花园社区居委会	81758030
燕城苑社区居委会	61750800
冠雅苑社区居委会	89758458
八仙别墅社区居委会	89753512
北亚花园社区居委会	69752643
西湖新村社区居委会	89758595
美树假日社区居委会	81771349
蓬莱公寓社区居委会	81763735
望都家园社区居委会	69757783
王府花园社区居委会	81783061
宏福苑社区居委会	81789666
王府公寓社区居委会	81783817
名流花园社区居委会	81757475

南口镇社区居委会

居委会名称	联系电话
南厂西社区居委会	51640050
南厂东社区居委会	69775502
新兴路社区居委会	51025514
南口镇村社区居委会	51022304
保温瓶社区居委会	89798935
十一条社区居委会	51642880
兴隆街社区居委会	51642637
隆盛街社区居委会	51640555
玻璃公司社区居委会	51642217
水厂路社区居委会	51640179
南农社区居委会	69781465

十三陵镇社区居委会

居委会名称	联系电话
胡庄社区居委会	89761781
北新社区居委会	60762638

阳坊镇社区居委会

居委会名称	联系电话
阳坊社区居委会	69760568

沙河镇社区居委会

居委会名称	联系电话
北二社区居委会	80727608
东一社区居委会	80727900
南一一支部居委会	80722605
南一二支部居委会	13810013620
沙阳路社区居委会	80725800
站前路社区居委会	80707119

马池口镇社区居委会

居委会名称	联系电话
念头社区居委会	60756885

昌平区村委会名录

城北街道村委会

村委会名称	联系电话
二街村村委会	80105366
三街村村委会	69721814
六街村村委会	697426270
西关村村委会	69747280
朝凤庵村村委会	60713109

城南街道村委会

村委会名称	联系电话
旧县村村委会	89745992
邓庄村村委会	89705402
北郝庄村村委会	80101637
南郝庄村村委会	80101737
水屯村村委会	89747456

天通苑南街道村委会

村委会名称	联系电话
陈营村村委会	84840486

天通苑北街道村委会

村委会名称	联系电话
太平庄村村委会	64119260
白坊村村委会	61742562
狮子营村村委会	81774284

霍营街道村委会

村委会名称	联系电话
霍营村村委会	52575066

东小口镇村委会

村委会名称	联系电话
太平庄村村委会	84812199
中滩村村委会	84845672
陈营村村委会	84825555
贺家村村委会	82919449
东小口村村委会	82914995
芦家村村委会	82915749
单家村村委会	52572560
店上村村委会	52572002
兰各庄村村委会	89217724
半截塔村村委会	69796989
魏窑村村委会	69791244
霍营村村委会	69791197
小辛庄村村委会	69791342
马连店村村委会	69795996
白坊村村委会	61742562
狮子营村村委会	61764996

回龙观镇村委会

村委会名称	联系电话
回龙观村村委会	62910531
二拨子村村委会	80796146

史各庄村村委会	80716579
朱辛庄村村委会	80719923
三合庄村村委会	81793019
定福皇庄村村委会	69739305
东半壁店村村委会	80718972
西半壁店村村委会	80719166

北七家镇村委会

村委会名称	联系电话
曹碾村村委会	89758166
八仙庄村村委会	89756142
东二旗村村委会	89755060
羊各庄村村委会	69757908
沟自头村村委会	69757778
岭上村村委会	69751032
北七家村村委会	69751854
鲁疃村村委会	69756167
燕丹村村委会	61759262
海鶻落村村委会	61758004
南七家村村委会	61758674
歇甲庄村村委会	81756396
平西府村村委会	81782320
郑各庄村村委会	81782823
白庙村村委会	81786074
东沙各庄村村委会	69756638
平坊村村委会	69754598
东三旗村村委会	81757338
西沙各庄村村委会	69757544

小汤山镇村委会

村委会名称	联系电话
小汤山村村委会	61781230
大汤山村村委会	61785411
马坊村村委会	61792378
大柳树村村委会	61785049
后牛坊村村委会	61781225
阿苏卫村村委会	61784815
讲礼村村委会	61784967
尚信村村委会	61784968
官牛坊村村委会	61784969
葫芦河村村委会	61781024
常兴庄村村委会	61781794
土沟村村委会	69751041
酸枣岭村村委会	61711032
前蔺沟村村委会	61711049
后蔺沟村村委会	61711136
大东流村村委会	61711482
小东流村村委会	61711034
赖马庄村村委会	61711124
东官庄村村委会	61711042
西官庄村村委会	61711452
南官庄村村委会	61711604
大赴任村村委会	61711496
小赴任村村委会	61711048
赴任辛庄村村委会	61711483

沙河镇村委会

村委会名称	联系电话
东一村村委会	69739102
西二村村委会	80729155
南一村村委会	69731262
北二村村委会	69732795
老牛湾村村委会	69731072
踩河村村委会	69731318
西沙屯村村委会	80761236
小寨村村委会	80761050
东队村村委会	69731405
西队村村委会	15910295553
路庄村村委会	80727816
大洼村村委会	80761358
王庄村村委会	80761037
丰善村村委会	80703179
于辛庄村村委会	52560359
辛力屯村村委会	61732423

松兰堡村村委会	80717519
白各庄村村委会	69733085
豆各庄村村委会	58826793
北村村村委会	80727545
南村村村委会	69737546
小沙河村村委会	69737543

十三陵镇村委会

村委会名称	联系电话
胡庄村村委会	89761400
长陵园村村委会	89763699
悼陵监村村委会	89761564
康陵园村村委会	89761218
德胜口村村委会	60762460
万娘坟村村委会	89761402
西山口村村委会	69740274
昭陵村村委会	60761261
献陵村村委会	60761137
德陵村村委会	60761704
永陵村村委会	60761129
王庄村村委会	89761182
石牌坊村村委会	69740324
庆陵村村委会	60761133
长陵村村委会	60761327
老君堂村村委会	60761468
东水峪村村委会	60762534
黄泉寺村村委会	60761193
景陵村村委会	60761135
小宫门村村委会	89762784
南新村村委会	89763319
果庄村村委会	89762880
泰陵园村村委会	89762088
仙人洞村村委会	89761557
裕陵村村委会	60761136
泰陵村村委会	89722485
上口村村委会	89721958
锥石口村村委会	89721009
麻峪房村村委会	89721031
涧头村村委会	89719870
茂陵村村委会	60763921
燕子口村村委会	60761317
康陵村村委会	89722119
石头园村村委会	89722799
大岭沟村村委会	89721408
下口村村委会	89721131
碓臼峪村村委会	89721939

阳坊镇村委会

村委会名称	联系电话
阳坊村村委会	69767892
西贯市村村委会	52567111
东贯市村村委会	69760465
前白虎涧村村委会	69760593
后白虎涧村村委会	69760515
八口村村委会	69765898
史家桥村村委会	69768277
辛庄村村委会	69768566
西马坊村村委会	69767974
四家庄村村委会	69760604

马池口镇村委会

村委会名称	联系电话
白浮村村委会	60771366
百泉庄村村委会	89748181
奤夿屯村村委会	89711702
上念头村村委会	89745049
下念头村村委会	60751180
宏道村村委会	60771640
横桥村村委会	60771224
土城村村委会	60758099
楼自庄村村委会	60771456
北庄户村村委会	69734146
东闸村村委会	69734148
西坨村村委会	69733444

东坨村村委会	80715885
亭自庄村村委会	60756404
北小营村村委会	60758014
辛店村村委会	60756417
丈头村村委会	60756425
乃干屯村村委会	60756424
土楼村村委会	69771036
葛村村村委会	60750035

崔村镇村委会

村委会名称	联系电话
棉山村村委会	60721030
西辛峰村村委会	60722570
大辛峰村村委会	60721846
西崔村村委会	60721373
东崔村村委会	60721384
南庄营村村委会	61725071
南庄村村委会	61725064
麻峪村村委会	60723188
香堂村村委会	60721458
真顺村村委会	60721366
八家村村委会	60721363
西峪村村委会	60721131

流村镇村委会

村委会名称	联系电话
上店村村委会	89772024
下店村村委会	89771094
	89773700
南流村村委会	89771164
	89774002
北流村村委会	89771513
	89774108
西峰山村委会	89771194
	89773889
白羊城村委会	89771020
	89773107
新建村村委会	89771152
	89774752
古将村村委会	89771144
黑寨村村委会	89771184
北庄村村委会	89771134
王家园村委会	89771022
漆园村村委会	89778321
瓦窑村村委会	89779551
	89779553
王峪村村委会	89778604
	89779267
小水峪村村委会	89778431
高口村村委会	89778427
新开村村委会	89778893
溜石港村村委会	89779419
发电站村村委会	89779561
菩萨鹿村村委会	89779095
	89778798
韩台村村委会	89779218
狼儿峪村村委会	89778536
北照台村村委会	89778630
马刨泉村村委会	80192070
老峪沟村村委会	80192108
禾子涧村村委会	80192790
黄土洼村村委会	80192286
长峪城村村委会	80192955
	80192268

兴寿镇村委会

村委会名称	联系电话
兴寿村村委会	61725284
桃林村村委会	61726042
沙坨村村委会	61726170
西营村村委会	61707046
香屯村村委会	61787083
东营村村委会	61707024
肖村村委会	61781103
麦庄村村委会	61707288
东庄村村委会	61726154

东新城村村委会	61707064
秦城村村委会	61726114
西新城村村委会	61707042
象房村村委会	61726072
上苑村村委会	61707097
下苑村村委会	61707041
秦家屯村村委会	61707043
暴峪泉村村委会	61707004
上西市村村委会	61707049
半壁店村村委会	61707048
桃峪口村村委会	61708524

南邵镇村委员

村委会名称	联系电话
姜屯村村委会	69712248
景文屯村村委会	69712243
张各庄村村委会	60734164
南邵村村委会	60735991
四合庄村村委会	60731678
辛庄村村委会	60732247
纪窑村村委会	60732141
金家坟村村委会	60732053
东营村村委会	60732254
张营村村委会	60730240
何营村村委会	60732154
小北哨村村委会	60732104
北邵洼村村委会	60732250
营坊村村委会	60735724
三合庄村村委会	60735982
官高村村委会	60732235

延寿镇村委会

村委会名称	联系电话
慈悲峪村村委会	89728776
南庄村村委会	89727054
北庄村村委会	89728058
辛庄村村委会	89727084
黑山寨村村委会	89727048
分水岭村村委会	89727556
望宝川村村委会	89728683
沙岭村村委会	无
木厂村村委会	61796444
百合村村委会	89726442
上庄村村委会	89726045、5832
下庄村村委会	89726141、6039
湖门村村委会	89726042、5538
西湖村村委会	89726049、5837
花果山村村委会	89726445、6027
海字村村委会	89726340
连山石村村委会	61796813

百善镇村委会

村委会名称	联系电话
吕各庄村村委会	61730040
钟家营村村委会	61732250
半壁街村村委会	61730024
泥洼村村委会	61739194
牛房圈村村委会	61730140
狮子营村村委会	61730274
二德庄村村委会	61781814
良各庄村村委会	61730084
百善村村委会	61738474
东沙屯村村委会	61730241
孟祖村村委会	61738979
上东廓村村委会	61732820
下东廓村村委会	61730141

南口镇村委会

村委会名称	联系电话
龙潭村村委会	69779037(传真)
檀峪村村委会	69782481
雪山村村委会	89749184
七间房村村委会	89791398
燕磨峪村村委会	89791588
曹庄村村委会	89799122
马庄村村委会	69778747

王庄村村委会	69778417	响潭村村委会	69777483
南口村村委会	69772619	后洼村村委会	89794955
花塔村村委会	69778497	红泥沟村村委会	69778746
东李庄村村委会	89794680	南口镇村村委会	69778744
羊台子村村委会	89797174	太平庄村村委会	69778762
前洼村村委会	89797164	龙虎台村村委会	69778714
长水峪村村委会	69781538	陈庄村村委会	69778713
兴隆口村村委会	89790339	虎峪村村委会	69778615
马坊村村委会	89796941	辛力庄村村委会	69776788
西李庄村村委会	69774094	居庸关村村委会	69771640
新元村村委会	69778457		

2012年昌平区新批准的发明专利名录

授权日期名称	发明名称	申请人名称	申请人地址	专利类型
20120822	一种快速提取土壤总 DNA 的方法	盎亿泰地质微生物技术(北京)有限公司	昌平科技园华通路11号409-411室	发明
20120406	扩增红球菌的 PCR 引物及检测红球菌的方法	盎亿泰地质微生物技术(北京)有限公司	昌平科技园华通路11号409-411室	发明
20120912	用于显示系统的遮光板	巴可伟视(北京)电子有限公司	中国昌平科技园昌盛路16号	发明
20120617	一种基于 LED 模组的随机矩阵混灯方法及其系统装置	巴可伟视(北京)电子有限公司	中关村科技园昌平园昌盛路16号	发明
20120523	高频无极灯的充气配方及其计算方法	北京爱德邦科技发展有限公司	北京市昌平科技园区华通路18号308室	发明
20120727	季铵碱参与合成的高交联度透明质酸及其工艺方法	北京爱美客生物科技有限公司	科技园区白浮泉路10号北控科技大厦4层416B室	发明
20121121	透明质酸与羟丙基甲基纤维素复合非水凝胶及制备方法	北京爱美客生物科技有限公司	科技园区白浮泉路10号北控科技大厦4层416B室	发明
20120901	一种钻井液用抗高温抗盐降滤失剂的制备方法	北京奥凯立科技发展股份有限公司	北七家镇白庙工业园1号	发明
20120901	一种钻井液用润滑抑制剂及制备方法与含有所述钻井液用润滑抑制剂的钻井液	北京奥凯立科技发展股份有限公司	北七家镇白庙工业园1号	发明
20120204	甲基葡萄糖甙类化合物及制备方法与含有所述甲基葡萄糖甙类化合物的钻井液用润滑抑制剂	北京奥凯立科技发展股份有限公司	北七家镇白庙工业园1号	发明
20120922	蚓激酶用于治疗颈动脉粥样硬化的应用	北京百奥药业有限责任公司	北京市昌平科技园区超前路29号	发明
20120330	双环沟 MBR 废水处理系统	北京碧水源科技股份有限公司	生命科学园路23-2	发明
20120620	一种胸腺五肽缓释微球制剂及其制备方法	北京博恩特药业有限公司	北京市昌平科技园区兴昌路甲2号	发明
20120929	一种基于数字电视进行问卷调查的方法	北京东方广视科技股份有限公司	回龙观北京国际信息产业基地立业路7号	发明
20120912	一种实现有线电视数据点播的方法和装置	北京东方广视科技股份有限公司	回龙观北京国际信息产业基地立业路7号	发明
20120329	实现独立磁盘冗余阵列的方法和装置	北京东方广视科技股份有限公司	回龙观北京国际信息产业基地立业路7号	发明
20120714	自动两煎煎药机	北京东华原医疗设备有限责任公司	科技园区振超路1号	发明
20120727	一种有效收集吹灰残渣的燃气脉冲吹灰器的运行方法	北京凡元兴科技有限公司	沙河高教园满井西区满白路218号	发明
20120130	一种波浪能海水淡化装置	北京泛海波浪发电科技有限责任公司	北京市昌平科技园区北控科技大厦1005室	发明
20120523	间接式气动弹跳高速卸果果蔬分类装置	北京福润美农科技有限公司	沙河镇于辛庄	发明
20120505	一种暖通空调计时装置和计费系统	北京海林节能设备股份有限公司	沙河工业园北京海林节能设备股份有限公司	发明
20120410	分集水器及其分集水器执行器	北京海林节能设备股份有限公司	沙河工业园一号	发明
20120410	集水器	北京海林节能设备股份有限公司	沙河工业园一号	发明

20120216	中央空调及其控制阀	北京海林节能设备股份有限公司	沙河工业园一号	发明
20120718	一种阀门执行装置	北京海林自控设备有限公司	沙河工业园	发明
20120505	控制阀及具有该控制阀的阀门	北京海林自控设备有限公司	沙河工业园	发明
20120410	一种温控器	北京海林自控设备有限公司	沙河工业园	发明
20120130	可控布酸管和可控布酸方法	北京海能海特石油科技发展有限公司	科技园区白浮泉路10号北控大厦707A室	发明
20120617	一种透气性测试夹具、测试仪及测试系统	北京汉能创昱科技有限公司	科技园区中兴路10号A129－1室	发明
20120822	一种通过配阶差保证齿轮泵间隙的方法	北京航科发动机控制系统科技有限公司	科技园利祥路1号	发明
20120921	含H＊S酸性气体的脱硫工艺	北京航星世纪科技发展有限公司	天通苑西三区8－3－1201	发明
20120226	基于多种约束规则的火电厂厂级负荷优化分配方法	北京华电天仁电力控制技术有限公司	科技园区中兴路10号A277	发明
20121205	煤加氢热解与气化耦合的方法	北京华福工程有限公司	科技园区富康路18号	发明
20120720	一种工业化预制组装式温室大棚及其制作方法	北京华丽联合高科技有限公司	科技园小汤山工业开发区	发明
20120929	一种预制蓄能保温板及其制作方法	北京华丽联合高科技有限公司	科技园小汤山工业开发区	发明
20120523	一种风磁综合发电系统	北京华丽联合高科技有限公司	科技园小汤山工业开发区	发明
20120523	一种预制的大模内置聚苯板及其制作方法	北京华丽联合高科技有限公司	科技园小汤山工业开发区	发明
20121128	一种预应力筋拉张设备	北京华泰天成科技发展有限公司	科技园区中兴路10号A329室	发明
20120817	岩性密度－微球聚焦测井仪复合探头	北京环鼎科技有限责任公司	城区镇创新路12号	发明
20120724	香料微胶囊分散涂覆液以及由其制得的香味无纺布	北京洁净易超净技术有限公司	北京经济技术开发区东区科创二街9号2幢	发明
20120710	一种草莓茎尖组培专用培养基及其生产脱毒苗的方法	北京金六环农业园	南邵镇姜屯村东	发明
20121220	一种低碱度高韧性的烧结焊剂	北京金威焊材有限公司	沙河镇白各庄工业园区	发明
20120626	生物有机药肥及其制造方法	北京精耕天下科技发展有限公司	科技园区华通路11号	发明
20120523	半高式安全门	北京凯必盛自动门技术有限公司	水库路22号	发明
20120619	一种食物棒	北京康比特体育科技股份有限公司	科技园区利祥路5号科创佳灵大厦	发明
20120619	一种含有HMβ的肌肉保护组合物	北京康比特体育科技股份有限公司	科技园区利祥路5号科创佳灵大厦	发明
20120724	一种能量棒及其制备方法	北京康比特体育科技股份有限公司	科技园区利祥路5号科创佳灵大厦	发明
20120609	一种减脂食物棒	北京康比特体育科技股份有限公司	科技园区利祥路5号科创佳灵大厦	发明
20120901	一种用于减肥的组合物	北京康比特体育科技股份有限公司	科技园区利祥路5号科创佳灵大厦	发明
20120724	一种提高运动爆发力的营养补剂	北京康比特体育科技股份有限公司	科技园区利祥路5号科创佳灵大厦	发明
20120609	一种缓解运动疲劳的营养补剂	北京康比特体育科技股份有限公司	科技园区利祥路5号科创佳灵大厦	发明
20121008	一种抗疲劳的组合物及其制备方法	北京康比特体育科技股份有限公司	科技园区利祥路5号	发明
20121024	一种运动营养补剂及其应用	北京康比特体育科技股份有限公司	科技园区利祥路5号科创佳灵大厦	发明
20121008	一种促肌肉合成的运动营养补充剂	北京康比特体育科技股份有限公司	科技园区利祥路5号科创佳灵大厦	发明
20120901	一种氨基酸组合物	北京康比特体育科技股份有限公司	科技园区利祥路5号科创佳灵大厦	发明
20120901	一种蛋白棒及其加工方法	北京康比特体育科技股份有限公司	科技园区利祥路5号科创佳灵大厦	发明

20120419	一种含有HMB的运动营养补剂	北京康比特体育科技股份有限公司	科技园区利祥路5号科创佳灵大厦	发明
20120117	一种运动营养补剂	北京康比特体育科技股份有限公司	科技园区利祥路5号科创佳灵大厦	发明
20120630	一种低糖高纤维代餐食物棒	北京康比特体育科技股份有限公司	科技园区利祥路5号科创佳灵大厦	发明
20120630	一种制备食物棒的方法	北京康比特体育科技股份有限公司	科技园区利祥路5号	发明
20120609	一种蛋白咀嚼片	北京康比特体育科技股份有限公司	科技园区利祥路5号科创佳灵大厦	发明
20121103	一种膳食纤维棒及其加工方法	北京康比特体育科技股份有限公司	科技园区利祥路5号科创佳灵大厦	发明
20121212	一种减肥代餐营养棒及其制备方法	北京康比特体育科技股份有限公司	科技园区利祥路5号	发明
20120912	一种黏胶剂、高性能人工草坪及其它们的制备方法	北京科聚化工新材料有限公司	北京市昌平科技园区星火街5号北京科聚化工新材料有限公司	发明
20120515	一种铁轨垫板及其制备方法	北京科聚化工新材料有限公司	北京市昌平科技园区星火街5号北京科聚化工新材料有限公司	发明
20120915	一种嗜热毁丝霉新菌株及其应用	北京可力美施生物科技有限公司	北京市中关村科技园区昌平园华通路11号	发明
20120912	一种功能性有机物料腐熟剂及其制备方法	北京可力美施生物科技有限公司	北京市中关村科技园区昌平园华通路11号	发明
20120626	一种用于高压变频器的谐振式预充电电路及其控制方法	北京利德华福电气技术有限公司	昌平科技园白浮泉路10号北控大厦10层1003B	发明
20120609	一种直流电源预置电压链式电压型逆变器功率单元的旁路电路	北京利德华福电气技术有限公司	昌平科技园白浮泉路10号北控大厦10层1003B	发明
20120423	一种用于高压变频器的锁相投切式预充电电路及其控制方法	北京利德华福电气技术有限公司	昌平科技园白浮泉路10号北控大厦10层1003B	发明
20120718	一种精炼钢包用低碳刚玉尖晶石砖及其制备方法	北京利尔高温材料股份有限公司	小汤山大东流	发明
20120410	时频相混合的多载波调制方法	北京良桑通信技术有限责任公司	回龙观云趣园三区3号楼1单元201	发明
20121115	一种污泥处理活化釜	北京绿创生态科技有限公司	振兴路28号	发明
20121027	一种电力线载波通信装置和方法	北京纳思电器有限公司	白浮泉路10号兴业大厦8层C区北京纳思电器有限公司	发明
20120609	一种分体式滑阀座及设有该滑阀座的控制阀	北京南车时代机车车辆机械有限公司	昌平火车站西500米	发明
20120724	制动机控制阀及其直线凸轮机构	北京南车时代机车车辆机械有限公司	昌平火车站西500米	发明
20120229	一种工程机械及其卷扬装置	北京南车时代机车车辆机械有限公司	昌平火车站西500米	发明
20121205	一种电空双室中继阀	北京南车时代机车车辆机械有限公司	昌平火车站西500米	发明
20120523	一种机车齿轮箱组装用测量方法及工具	北京南口轨道交通机械有限责任公司	南口镇道北北京南口轨道交通机械有限责任公司	发明
20121023	一种红小豆的加工处理方法	北京农学院	回龙观镇北农路7号	发明
20120710	紫穗槐植物性杀螨剂及其制备方法	北京农学院	回龙观镇北农路7号	发明
20121012	一种德氏乳杆菌乳酸亚种细菌素在冷却猪肉馅防腐中的应用	北京农学院	回龙观镇北农路7号	发明
20121012	一种蕙氏乳杆菌乳酸亚种细菌素在草莓保鲜中的应用	北京农学院	回龙观镇北农路7号	发明
20120912	一种德氏乳杆菌乳酸亚种及其抗单增李斯特菌细菌素的制备方法	北京农学院	回龙观镇北农路7号	发明
20120915	一种治疗足癣的乳化油及其制备方法	北京农学院	回龙观镇北农路7号	发明
20120216	萝卜的一种DNA指纹图谱及其获取方法与专用引物	北京农学院	北京市昌平回龙观镇北农路7号	发明

20120710	猪牙皂植物性杀螨剂及其制备方法	北京农学院	回龙观镇北农路7号	发明
20120609	羽扇豆醇的新用途	北京农学院	回龙观镇北农路7号北京农学院	发明
20120523	一种溴氰菊酯人工抗原的合成方法及测定方法	北京农学院	回龙观镇朱辛庄北京农学院	发明
20120626	利用产胆盐水解酶的乳酸菌、酵母菌制备降胆固醇蛋乳发酵饮料的方法	北京农学院	回龙观镇北农路7号	发明
20120423	与苯亚甲基丙酮合成相关的酶及其编码基因与应用	北京农学院	回龙观镇北农路7号	发明
20120830	一种附子提取物及其制备方法和用途	北京农学院	回龙观镇北农路7号	发明
20120609	一种苦荞颗粒的保健食品、制备方法及其应用	北京农学院	回龙观镇北农路7号	发明
20120106	UDP－葡萄糖基转移酶突变体的编码基因及其应用	北京农学院	回龙观镇北农路7号	发明
20120410	一种固相反应器	北京农学院	回龙观镇北农路7号	发明
20120630	一种筛选磷酸二酯酶(PDE)抑制剂的方法	北京农学院	朱辛庄北农路7号	发明
20120226	萝卜的DNA指纹图谱及其获取方法与专用引物	北京农学院	北京市昌平回龙观镇北农路7号	发明
20120313	口蹄疫疫苗免疫增强剂	北京农学院	朱辛庄北农路7号	发明
20120915	一种鸡血藤提取物及其制备方法和用途	北京农学院	回龙观镇北农路7号	发明
20120329	一种富营养植物源有机肥及其生产方法	北京农学院	回龙观镇北农路7号	发明
20120313	一种中草药动物生长促进剂	北京农学院	朱辛庄北农路7号	发明
20120630	一种咸蛋黄的快速整体腌制方法	北京农学院	回龙观镇北农路7号	发明
20121130	一种混合植物合生长因子的叶面药肥及其制备方法	北京农学院	回龙观镇北农路7号	发明
20121102	一种急性子植物杀螨剂及其制备方法和用途	北京农学院	回龙观镇北农路7号	发明
20121103	评价暑热证及中药药效的基因芯片	北京农学院	北农路7号	发明
20121218	一种墨汁鬼伞及其栽培方法	北京农学院	回龙观北农路7号	发明
20121215	红藤植物性杀螨剂及其制备方法	北京农学院	回龙观镇北农路7号	发明
20121228	利用RsTyrDC制备红景天甙的方法	北京农学院	回龙观镇北农路7号	发明
20121228	一种利用UGT72B14制备红景天甙的方法	北京农学院	回龙观镇北农路7号	发明
20120724	人造板用无机胶粘剂及其制备方法	北京培尔茂森科技推广有限责任公司	回龙观金达园2号4－301	发明
20121012	神经丛刺激系统、神经丛刺激器及刺激方法	北京品驰医疗设备有限公司	南邵镇兴昌路1号1幢5层	发明
20120929	一种高阻宽带衰减电路及使用该电路的示波器	北京普源精电科技有限公司	沙河镇踩河村156号	发明
20120731	一种测量设备及其放大电路、阻抗部件和多层印刷电路板	北京普源精电科技有限公司	沙河镇踩河村156号	发明
20120731	一种测量设备及其放大电路、阻抗部件和多层印刷电路板	北京普源精电科技有限公司	沙河镇踩河村156号	发明
20120523	一种具有模拟前端电路的示波器	北京普源精电科技有限公司	沙河镇踩河村156号	发明
20120731	一种测量设备及其放大电路、阻抗部件和多层印刷电路板	北京普源精电科技有限公司	沙河镇踩河村156号	发明
20121115	一种具有自动测量功能的示波器及其测量数据保存方法	北京普源精电科技有限公司	沙河镇踩河村156号	发明
20121115	具有区域打印及打印预览功能的数字示波器及其控制方法	北京普源精电科技有限公司	沙河镇踩河村156号	发明
20121115	一种多通道同步信号发生器	北京普源精电科技有限公司	沙河镇踩河村156号	发明

20121115	一种具有衰减电路的示波器	北京普源精电科技有限公司	沙河镇踩河村156号	发明
20120724	一种悬浮培养BHK21细胞生产狂犬病病毒的方法	北京清大天一科技有限公司	科技园区白浮泉路11号	发明
20120523	生物反应器微载体培养动物细胞生产猪瘟疫苗的方法	北京清大天一科技有限公司	科技园区白浮泉路11号	发明
20120817	无血清动物细胞培养基干粉、液体培养基及其制备方法	北京清大天一科技有限公司	科技园区白浮泉路11号	发明
20121220	无血清培养BHK21细胞的方法和制备疫苗的方法	北京清大天一科技有限公司	科技园区白浮泉路11号	发明
20121220	一种生产病毒疫苗的方法	北京清大天一科技有限公司	科技园区白浮泉路11号	发明
20120912	一种塑料与固体废物复合的建筑材料及其制造方法	北京曲全环保科技有限公司	白浮泉路10号兴业大厦三层A12区	发明
20120817	一种带有粉末冶金嵌件的合成闸瓦的制作方法	北京瑞斯福科技有限公司	科技园区中兴路10号A316室	发明
20120817	一种新型镶嵌式合成闸瓦及其制作方法	北京瑞斯福科技有限公司	科技园区中兴路10号A316室	发明
20120313	一种闸瓦生产方法、闸瓦、摩擦体及其应用	北京瑞斯福科技有限公司	科技园区中兴路10号A316室	发明
20120620	一种列车闸片用粉末冶金材料的制备方法	北京瑞斯福科技有限公司	科技园区中兴路10号A316室	发明
20121128	网络故障的定位方法和系统	北京润光泰力科技发展有限公司	科技园创新路27号1号楼A座3-4层	发明
20121012	测试杯电磁抓取方法及抓取系统	北京赛科希德科技发展有限公司	科技园区创新路27号1A座	发明
20121208	血浆检测方法及系统	北京赛科希德科技发展有限公司	科技园区创新路27号1A座	发明
20120912	电机	北京三一电机系统有限责任公司	回龙观北清路三一产业园	发明
20121024	变频电机以及具有这种变频电机的工程机械	北京三一电机系统有限责任公司	回龙观北清路三一产业园	发明
20120313	蓄热体旋转换热装置	北京神雾环境能源科技集团股份有限公司	马池口镇神牛路18号	发明
20121019	三聚氰胺结构类似物及其制备方法以及该方法中所用的中间体	北京生命科学研究所	中关村生命科学院科学园路7号	发明
20121012	一种地源热泵专用灌浆回填材料	北京圣兆科技开发有限公司	回龙观国际信息产业基地高新三街1号	发明
20121008	一种适用于气体钻井的井壁稳定性预测方法	北京石大联创石油新技术有限公司	科技园区白浮泉路10号北控科技大厦217室	发明
20121218	二苯乙醇酸去甲托品酯的新晶型及其制备方法	北京世纪迈劲生物科技有限公司	北七家镇宏翔鸿企业孵化基地D座	发明
20120406	支撑装置	北京市三一重机有限公司	沙河镇辛庄桥北清路三一产业园	发明
20120811	一种缓冲装置	北京市三一重机有限公司	沙河镇辛庄桥北清路三一产业园	发明
20120724	筒式钻具	北京市三一重机有限公司	回龙观镇北清路三一产业园	发明
20120830	一种管线防拉报警装置	北京市三一重机有限公司	沙河镇辛庄桥北清路三一产业园	发明
20120907	回转圈	北京市三一重机有限公司	沙河镇辛庄桥北清路三一产业园	发明
20121019	用于细长杆的试验检测装置	北京市三一重机有限公司	沙河镇辛庄桥北清路三一产业园	发明
20121020	旋挖钻机加压控制方法及系统	北京市三一重机有限公司	沙河镇辛庄桥北清路三一产业园	发明
20120912	一种罐体输送车	北京市三一重机有限公司	沙河镇辛庄桥北清路三一产业园	发明
20121020	镗床及镗床夹具	北京市三一重机有限公司	沙河镇辛庄桥北清路三一产业园	发明
20120406	钻杆自动装卸系统	北京市三一重机有限公司	回龙观北清路三一产业园北京市三一重机有限公司	发明
20120410	新型螺旋钻杆	北京市三一重机有限公司	回龙观北清路三一产业园北京市三一重机有限公司	发明
20120510	工程机械及其桅杆支座	北京市三一重机有限公司	沙河镇辛庄桥北清路三一产业园	发明

20120330	地下连续墙抓斗及其抓斗装置	北京市三一重机有限公司	沙河镇辛庄桥北清路三一产业园	发明
20120226	一种支撑装置	北京市三一重机有限公司	沙河镇辛庄桥北清路三一产业园	发明
20120329	连续墙抓斗	北京市三一重机有限公司	沙河镇辛庄桥北清路三一产业园	发明
20120509	一种将拼接齿条段焊接于钻机桅杆两侧的方法及其工装	北京市三一重机有限公司	沙河镇辛庄桥北清路三一产业园	发明
20120106	旋挖钻机桅杆油缸运动控制方法及系统	北京市三一重机有限公司	沙河镇辛庄桥北清路三一产业园	发明
20120410	细长杆件的支撑装置	北京市三一重机有限公司	沙河镇辛庄桥北清路三一产业园	发明
20120410	自动卸荷装置	北京市三一重机有限公司	回龙观北清路三一产业园北京市三一重机有限公司	发明
20120509	旋挖钻机及其动力头传动装置	北京市三一重机有限公司	沙河镇辛庄桥北清路三一产业园	发明
20120511	一种将拼接齿条段焊接于钻机桅杆两侧的方法及其工装	北京市三一重机有限公司	沙河镇辛庄桥北清路三一产业园	发明
20120811	一种减振装置及包括该减振装置的潜孔钻机	北京市三一重机有限公司	沙河镇辛庄桥北清路三一产业园	发明
20120523	细长杆件拉出机构	北京市三一重机有限公司	沙河镇辛庄桥北清路三一产业园	发明
20120523	一种入岩钻机及其控制系统和控制方法	北京市三一重机有限公司	沙河镇辛庄桥北清路三一产业园	发明
20120216	连续墙多轴钻机及其注浆接头装置	北京市三一重机有限公司	沙河镇辛庄桥北清路三一产业园	发明
20120811	一种盾构机的注浆控制方法与系统	北京市三一重机有限公司	沙河镇辛庄桥北清路三一产业园	发明
20120817	支撑机构	北京市三一重机有限公司	沙河镇辛庄桥北清路三一产业园	发明
20121116	一种反循环钻机及其夹持器	北京市三一重机有限公司	沙河镇辛庄桥北清路三一产业园	发明
20121113	用于细长杆件的试验检测装置	北京市三一重机有限公司	沙河镇辛庄桥北清路三一产业园	发明
20121205	降低流体脉动冲击的机构、双缸换向泵送系统及混凝土泵	北京市三一重机有限公司	沙河镇辛庄桥北清路三一产业园	发明
20121208	一种提升机构及旋挖钻机	北京市三一重机有限公司	沙河镇辛庄桥北清路三一产业园	发明
20121223	扭矩测量装置	北京市三一重机有限公司	沙河镇辛庄桥北清路三一产业园	发明
20121127	一种铁铬铝蓝色表面处理的方法	北京首钢吉泰安新材料有限公司	沙河镇富生路9号	发明
20120329	一种船舶用水源热泵集中式中央空调	北京水木泽清能源科技有限公司	建材城西路87号上奥中心2B座1006室	发明
20120620	一种船舶用水源热泵柜式空调	北京水木泽清能源科技有限公司	建材城西路87号上奥中心2B座1006室	发明
20120921	工业废酸处理方法	北京水泥厂有限责任公司	北小营	发明
20120204	线性排水U型槽组件	北京四方如钢混凝土制品有限公司	沙河镇七里渠南村	发明
20120410	等离子体发射光谱法测定熏蒸罐中溴甲烷浓度的方法及装置	北京泰科诺科技有限公司	崔村镇西辛峰工业园6区1号	发明
20120901	一种自动净化雨水检查井	北京泰宁科创雨水利用技术股份有限公司	凉水河路6号	发明
20121107	一种可调坡度的缝隙式地沟	北京泰宁科创雨水利用技术股份有限公司	科技园区凉水河路6号四层	发明
20120329	自动研磨机	北京泰谱克科技发展有限公司	北京市昌平科技园区永安路38号	发明
20121030	一种橡胶沥青改性剂及其生产方法	北京天成垦特莱科技有限公司	科技园火炬街21号	发明
20120222	降噪抗辙剂及其生产方法	北京天成垦特莱科技有限公司	科技园区火炬街21号	发明
20120907	一种复合路面增强剂及其生产方法	北京天成垦特莱科技有限公司	科技园区火炬街21号	发明
20120609	一种储存和释放多种药物的纳米级微孔结构药物洗脱器械及制备方法	北京天地和协科技有限公司	白浮泉路10号3层	发明

20120830	一种粉体内墙乳胶漆	北京天维宝辰化学产品有限公司	科技园区超前路9号北楼416室	发明
20120727	一种自调高多向智能测力支座	北京铁科首钢轨道技术有限公司	沙河镇沙阳路南24号	发明
20120901	一种竖向智能测力支座	北京铁科首钢轨道技术有限公司	沙河镇沙阳路南24号	发明
20121020	用于预防、诊断及治疗戊型肝炎病毒的多肽，及它们作为诊断试剂和疫苗	北京万泰生物药业股份有限公司	科学园路31号	发明
20120617	截短的人乳头瘤病毒18型L1蛋白	北京万泰生物药业股份有限公司	科学园路31号	发明
20120609	一种检测氯丙嗪的方法及其专用酶联免疫试剂盒	北京望尔生物技术有限公司	北京市昌平回龙观镇国际信息产业基地高新四街8号	发明
20121019	一种检测粘杆菌素的方法及其专用酶联免疫试剂盒	北京望尔生物技术有限公司	北京市昌平回龙观镇国际信息产业基地高新四街8号	发明
20120724	一种检测炔诺酮的方法及其专用酶联免疫试剂盒	北京望尔生物技术有限公司	北京市昌平回龙观镇国际信息产业基地高新四街8号	发明
20120724	一种检测三聚氰胺的方法及其专用酶联免疫试剂盒	北京望尔生物技术有限公司	北京市昌平回龙观镇国际信息产业基地高新四街8号	发明
20121223	散热部件及换热片	北京威斯汀豪斯科技有限公司	北七家镇平西府王府花园崇德府47号	发明
20120929	一种多元复合稀土钨电极的退火旋锻方法及装置	北京钨钼材料厂	沙河镇沙阳路	发明
20120330	一种配置可执行程序运行界面的方法和装置	北京像素软件科技股份有限公司	科技园区富康路18号609室	发明
20120617	3D图形渲染中的三角函数计算方法	北京像素软件科技股份有限公司	科技园区火炬街21号401－07室	发明
20121128	一种对软件中的数据进行资源差异处理的方法	北京像素软件科技股份有限公司	科技园区火炬街21号401－07室	发明
20121221	一种网络游戏数据库分表的方法	北京像素软件科技股份有限公司	科技园区火炬街21号401－07室	发明
20121221	一种为客户端传输数据的方法	北京像素软件科技股份有限公司	科技园区火炬街21号401－07室	发明
20120609	一种测温装置	北京雪迪龙科技股份有限公司	国际信息产业基地高新三街三号	发明
20120830	一种气体在线监测系统	北京雪迪龙科技股份有限公司	科技园区中兴路10号B215室	发明
20120929	一种红外气体分析预处理系统	北京雪迪龙科技股份有限公司	科技园区中兴路10号B215室	发明
20120410	一种固体颗粒物采集装置	北京雪迪龙科技股份有限公司	国际信息产业基地高新三街三号	发明
20120811	一种节能的螺线管驱动电路	北京雪迪龙科技股份有限公司	科技园区中兴路10号B215室	发明
20120825	一种益气养肝，清热解毒的中药组合物制备方法及新用途	北京亚东生物制药有限公司	科技园区振兴路8号	发明
20120825	一种治疗风寒感冒的药物组合物制备方法	北京亚东生物制药有限公司	中关村科技园区振兴路8号	发明
20120630	一种疏肝解郁，健脾利湿的中药组合物及其制备方法	北京亚东生物制药有限公司	中关村科技园区振兴路8号	发明
20121020	参苓白术制剂新用途	北京亚东生物制药有限公司	中关村科技园区振兴路8号	发明
20120630	西黄丸的质量控制方法	北京亚东生物制药有限公司	中关村科技园区振兴路8号	发明
20121020	一种中药组合物分散片	北京亚东生物制药有限公司	科技园区振兴路8号	发明
20120727	一种具有补肾、活血、止痛的中药组合物及其制备方法	北京亚东生物制药有限公司	中关村科技园区振兴路8号	发明
20120915	一种治疗小儿风热感冒的药物组合物及制备方法和检测方法	北京亚东生物制药有限公司	科技园区振兴路8号	发明
20121020	一种中药组合物制剂及制备方法和质量控制方法	北京亚东生物制药有限公司	中关村科技园区振兴路8号	发明
20120222	六味地黄丸质量控制方法	北京亚东生物制药有限公司	中关村科技园区振兴路8号	发明
20120915	一种治疗肝肾不足的中药组合物及其制备方法	北京亚东生物制药有限公司	科技园区振兴路8号	发明
20120915	一种治疗小儿感冒的中药组合物的制备方法	北京亚东生物制药有限公司	中关村科技园区振兴路8号	发明

20120915	一种养心安神的中药组合物及其制备方法和检测方法	北京亚东生物制药有限公司	科技园区振兴路8号	发明
20120915	一种治疗慢性肝炎的中药组合物及其制备方法	北京亚东生物制药有限公司	中关村科技园区振兴路8号	发明
20120915	一种具有益气养血作用的中药组合物制备方法	北京亚东生物制药有限公司	中关村科技园区振兴路8号	发明
20120727	心脑康胶囊的质量控制方法	北京亚东生物制药有限公司	中关村科技园区振兴路8号	发明
20120222	一种治疗心脑血管疾病的药物组合物及其质量控制方法	北京亚东生物制药有限公司	中关村科技园区振兴路8号	发明
20120617	一种健脾养胃，补血生津中药组合物制剂和质量控制方法	北京亚东生物制药有限公司	中关村科技园区振兴路8号	发明
20120419	一种治疗小儿伤食的中药组合物制备方法	北京亚东生物制药有限公司	中关村科技园区振兴路8号	发明
20120222	治疗慢性前列腺炎的中药组合物的质量控制方法	北京亚东生物制药有限公司	中关村科技园区振兴路8号	发明
20120617	一种治疗乙型肝炎的中药组合物及其制备方法	北京亚东生物制药有限公司	中关村科技园区振兴路8号	发明
20120915	治疗咳喘病的中药组合物的检测方法	北京亚东生物制药有限公司	科技园区振兴路8号	发明
20120825	一种治疗乙型肝炎的中药组合物及其制备方法	北京亚东生物制药有限公司	中关村科技园区振兴路8号	发明
20120106	一种清热，解毒、消炎的中药颗粒剂及其制备方法	北京亚东生物制药有限公司	中关村科技园区振兴路8号	发明
20120117	疏风散热胶囊的质量控制方法	北京亚东生物制药有限公司	中关村科技园区振兴路8号	发明
20120419	一种治疗痛经的药物组合物制备方法	北京亚东生物制药有限公司	中关村科技园区振兴路8号	发明
20120419	一种中药组合物制剂及制备方法和质量检测方法	北京亚东生物制药有限公司	中关村科技园区振兴路8号	发明
20120117	治疗冠心病的滴丸剂及其制备方法	北京亚东生物制药有限公司	中关村科技园区振兴路8号	发明
20120117	一种治疗眩晕的中药组合物及其制备方法和质量控制方法	北京亚东生物制药有限公司	中关村科技园区振兴路8号	发明
20120223	温中和胃的中药颗粒剂及其质量控制方法	北京亚东生物制药有限公司	中关村科技园区振兴路8号	发明
20120630	一种治疗高血压的药物组合物及制备方法和质量控制方法	北京亚东生物制药有限公司	中关村科技园区振兴路8号	发明
20120630	一种舒肝健脾，益气活血的中药组合物及其制备方法	北京亚东生物制药有限公司	中关村科技园区振兴路8号	发明
20120630	治疗小儿外呼吸道感染的中药制剂	北京亚东生物制药有限公司	科技园区振兴路8号	发明
20120727	一种清热解毒，利尿通淋的中药组合物及制备方法	北京亚东生物制药有限公司	中关村科技园区振兴路8号	发明
20120223	具有散结消肿，化瘀止痛的药物组合物及制备方法和质量控制方法	北京亚东生物制药有限公司	中关村科技园区振兴路8号	发明
20120419	一种治疗肝胆湿热证的中药组合物及其制备方法	北京亚东生物制药有限公司	中关村科技园区振兴路8号	发明
20120617	一种治疗感冒的中药组合物的制备方法	北京亚东生物制药有限公司	中关村科技园区振兴路8号	发明
20120727	一种治疗乳腺疾病的中药颗粒剂及其制备方法	北京亚东生物制药有限公司	中关村科技园区振兴路8号	发明
20120630	一种疏肝理气，活血化瘀的中药组合物及质量检测方法	北京亚东生物制药有限公司	中关村科技园区振兴路8号	发明
20120617	垂盆草制剂的质量控制方法	北京亚东生物制药有限公司	中关村科技园区振兴路8号	发明
20120617	一种治疗高脂血症的中药组合物及其制备方法和质量控制方法	北京亚东生物制药有限公司	中关村科技园区振兴路8号	发明
20120617	一种舒肝健脾，益气活血的中药组合物及其制备方法	北京亚东生物制药有限公司	中关村科技园区振兴路8号	发明
20121205	治疗风湿性关节炎的药物组合物的检测方法	北京亚东生物制药有限公司	科技园区振兴路8号	发明
20121206	一清颗粒的制备方法	北京亚东生物制药有限公司	中关村科技园区振兴路8号	发明
20120505	冷风机的循环供水系统	北京亚都室内环保科技股份有限公司	科技园区凉水河中兴路10号B232室	发明

20120523	加湿系统	北京亚都新风节能技术有限公司	沙河镇白各庄工业园区	发明
20120131	测试机收纳装置	北京盈和工控技术有限公司	北京市昌平路97号京昌高科技信息产业园一号楼C门四层	发明
20120419	石英晶体振荡器收料装置	北京盈和工控技术有限公司	昌平路97号京昌高科技信息产业园1号楼C门四层	发明
20121019	制备重组白细胞介素-1受体拮抗剂的发酵培养基及其发酵方法	北京正旦国际科技有限责任公司	科学园路33号	发明
20120407	农大3号节粮小型蛋鸡育雏期复合预混料	北京中农榜样生物科技有限公司	科技园区振兴路9号	发明
20120407	农大3号节粮小型蛋鸡产蛋期复合预混料	北京中农榜样生物科技有限公司	科技园区振兴路9号	发明
20120718	一种检测阴道分泌物中需氧菌群的试剂盒及其制备方法	北京中生金域诊断技术有限公司	科技园区北控科技大厦606室	发明
20120630	含纤维的树脂薄壁制品及其生产方法	北京中拓机械有限责任公司	回龙观北京中拓机械有限责任公司	发明
20120727	薄壁热塑性树脂制品及生产方法	北京中拓机械有限责任公司	回龙观北京中拓机械有限责任公司	发明
20120406	低压电解电容器阳极用铝箔及其生产方法	北京中拓机械有限责任公司	回龙观北京中拓机械有限责任公司	发明
20120901	高压电解电容器阳极用铝箔及生产方法	北京中拓机械有限责任公司	回龙观北京中拓机械有限责任公司	发明
20120210	集成式控制注塑模具快速变温的系统	北京中拓机械有限责任公司	回龙观北京中拓机械有限责任公司	发明
20120617	一种聚合物加工装置	北京中拓机械有限责任公司	回龙观北京中拓机械有限责任公司	发明
20120410	电解电容器阳极用铝箔及其生产方法	北京中拓机械有限责任公司	回龙观北京中拓机械有限责任公司	发明
20120727	电容器阳极用铝箔及生产方法	北京中拓机械有限责任公司	回龙观北京中拓机械有限责任公司	发明
20120617	快速控制注塑模具温度变化的装置及控制方法	北京中拓机械有限责任公司	回龙观北京中拓机械有限责任公司	发明
20120130	一种纤维增强注塑制品及其注塑成型方法	北京中拓机械有限责任公司	回龙观北京中拓机械有限责任公司	发明
20121220	液态二氧化碳连续输送计量装置	北京中拓机械有限责任公司	回龙观二拨子龙祥制版厂3号院北京中拓机械有限责任公司	发明
20120313	一种取投球装置和输油管道清蜡投球机及投球方法	北京众博达石油科技有限公司	新科技园区白浮泉路10号2号楼北控大厦417-1室	发明
20120727	用于电磁阀的阀芯阻尼装置	北京众博达石油科技有限公司	科技园区白浮泉路10号2号楼北控大厦417-1室	发明
20121127	用于高压防爆电磁阀的超高压保护装置	北京众博达石油科技有限公司	科技园区白浮泉路10号2号楼北控大厦417-1室	发明
20120204	猪肌内脂肪沉积的主效基因及其分子标记	北京众仕和生物技术有限公司	昌平镇科技园区火炬街甲12号	发明
20121031	一种2-甲氧基-4-氨基-5-乙砜基苯甲酸的合成方法	北京紫萌同达科技有限公司	北七家镇白庙工业园16号	发明
20121121	一种高结合强度沉没辊轴套的制备方法	北矿新材科技有限公司	科技园区超前路9号3号楼	发明
20121208	一种高精度辊件耐磨涂层的制备方法	北矿新材科技有限公司	沙河镇沙阳路	发明
20120626	一种多缸发动机的失火检测装置与方法	北汽福田汽车股份有限公司	沙河镇沙阳路	发明
20120523	一种空调压缩机固定装置和具有该装置的发动机及汽车	北汽福田汽车股份有限公司	沙河镇沙阳路	发明
20120626	一种挖掘机行走控制的装置和方法	北汽福田汽车股份有限公司	沙河镇沙阳路	发明
20120419	一种车辆控制局域网CAN网络	北汽福田汽车股份有限公司	沙河镇沙阳路	发明
20120912	一种保护电动汽车预充电电路的方法与系统	北汽福田汽车股份有限公司	沙河镇沙阳路	发明
20120912	汽车空调制冷剂充注量标定方法及系统	北汽福田汽车股份有限公司	沙河镇沙阳路	发明

20120817	保护驾驶员腹部的方向盘及配备该方向盘的商用车	北汽福田汽车股份有限公司	沙河镇沙阳路	发明
20120912	一种车架和车架结构	北汽福田汽车股份有限公司	沙河镇沙阳路	发明
20120912	车用蓄电池箱体的制备方法及通过该方法制得的箱体	北汽福田汽车股份有限公司	沙河镇沙阳路	发明
20120912	汽车车架总成生产方法	北汽福田汽车股份有限公司	沙河镇沙阳路	发明
20120912	汽车车门弧度的校正方法	北汽福田汽车股份有限公司	沙河镇沙阳路	发明
20121030	电动车冷却系统	北汽福田汽车股份有限公司	沙河镇沙阳路	发明
20121030	教练车离合操纵装置	北汽福田汽车股份有限公司	沙河镇沙阳路	发明
20120523	反应剂显示报警的测试方法	北汽福田汽车股份有限公司	沙河镇沙阳路	发明
20120626	机油尺组件	北汽福田汽车股份有限公司	沙河镇沙阳路	发明
20120523	一种挖掘机功率匹配控制系统和方法	北汽福田汽车股份有限公司	沙河镇沙阳路	发明
20120117	用于车辆的踏板以及包括该踏板的车辆	北汽福田汽车股份有限公司	沙河镇沙阳路	发明
20121030	一种用于车辆装配的装配台车	北汽福田汽车股份有限公司	沙河镇沙阳路	发明
20120817	汽车地板检修孔盖总成	北汽福田汽车股份有限公司	沙河镇沙阳路	发明
20121030	动力电池荷电状态的估测方法及系统	北汽福田汽车股份有限公司	沙河镇沙阳路	发明
20120912	汽车仪表板、集成式汽车仪表板总成以及汽车	北汽福田汽车股份有限公司	沙河镇沙阳路	发明
20120226	发动机曲轴止推片防错工装	北汽福田汽车股份有限公司	沙河镇沙阳路	发明
20120226	发动机液气分离装置、发动机和汽车	北汽福田汽车股份有限公司	沙河镇沙阳路	发明
20120226	一种汽车牵引性能试验系统及方法	北汽福田汽车股份有限公司	沙河镇沙阳路	发明
20120226	螺母固定件和螺母固定结构	北汽福田汽车股份有限公司	沙河镇沙阳路	发明
20120226	一种混凝土搅拌运输车及其进料装置	北汽福田汽车股份有限公司	沙河镇沙阳路	发明
20120523	汽车仪表板及其制造方法	北汽福田汽车股份有限公司	沙河镇沙阳路	发明
20120117	承载梁的蠕性变形检测方法	北汽福田汽车股份有限公司	沙河镇沙阳路	发明
20120204	U 形螺栓和具有该 U 形螺栓的汽车	北汽福田汽车股份有限公司	沙河镇沙阳路	发明
20120419	浮钳盘装置及制动装置	北汽福田汽车股份有限公司	沙河镇沙阳路	发明
20120419	一种挖掘机回转速度的控制系统和方法	北汽福田汽车股份有限公司	沙河镇沙阳路	发明
20120117	一种用于接触开关的监测方法和系统	北汽福田汽车股份有限公司	沙河镇沙阳路	发明
20120523	焊接定位装置	北汽福田汽车股份有限公司	沙河镇沙阳路	发明
20120419	方向控制装置及交通工具	北汽福田汽车股份有限公司	沙河镇沙阳路	发明
20120817	纯电动模式混合动力汽车警示行人安全系统、方法及汽车	北汽福田汽车股份有限公司	沙河镇沙阳路	发明
20120817	一种用于发动机性能测试的冷却液温控系统	北汽福田汽车股份有限公司	沙河镇沙阳路	发明
20121108	焊点强度检测装置和检测焊点强度的方法	北汽福田汽车股份有限公司	沙河镇沙阳路	发明
20121212	用于履带式车辆的履带的托架和履带张紧方法	北汽福田汽车股份有限公司	沙河镇沙阳路	发明
20121212	一种履带起重机用履带行走驱动装置	北汽福田汽车股份有限公司	沙河镇沙阳路	发明

20121212	液压油箱的制造方法及液压油箱	北汽福田汽车股份有限公司	沙河镇沙阳路	发明
20121212	汽车转向操纵机构、转向传动等速性的改善方法以及汽车	北汽福田汽车股份有限公司	沙河镇沙阳路	发明
20121212	盆型电喇叭线圈架和盆型电喇叭	北汽福田汽车股份有限公司	沙河镇沙阳路	发明
20121212	车辆排放试验装置	北汽福田汽车股份有限公司	沙河镇沙阳路	发明
20120523	一种集成式微流控芯片装置及其使用方法	博奥生物有限公司	生命科学园路 18 号	发明
20120330	一种用于芯片封装的培养池	博奥生物有限公司	生命科学园路 18 号	发明
20120317	用于制备具有三维结构的弹性塑料铸件的浇铸模具	博奥生物有限公司	生命科学园路 18 号	发明
20120330	一种用于双色微阵列荧光系统的可靠的荧光校正方法	博奥生物有限公司	中国生命科学园路 18 号	发明
20120106	用于食管癌诊断、预后和提高生存率的方法与组合物	博奥生物有限公司	中国生命科学园路 18 号	发明
20120329	氨基塑料基片及其制备方法与应用	博奥生物有限公司	生命科学园路 18 号	发明
20120619	高分子聚合物三维氨基基片及其制备方法与应用	博奥生物有限公司	生命科学园路 18 号	发明
20120106	筋固岩体结构	陈居礼	霍营兰天园小区四号楼 5402 室	发明
20121128	一种治疗胃癌的药物及其制备方法	陈正华	小汤山镇广成大厦 602 室	发明
20120617	一种能提升绝缘电压 V＊又能降低结壳热阻 R＊的模块结构件	陈志恭	天通北苑三区 31 楼 12 单元 203	发明
20120523	一种在电话通话时实现多媒体互动的方法和系统	董晨勇	回龙观龙跃苑 2 区 12 号楼 2 单元 301 室	发明
20120523	新型复合保温板及饰面板的安装方法和专用液压冲床	冯刚克	天通苑北二区 21 号楼 7 单元 202 号	发明
20120630	新型通风空调生态型建筑及其施工方法	冯刚克	天通苑北二区 21 号楼 7 单元 202 号	发明
20120509	在小屏幕设备上显示大幅面图片的方法、小屏幕设备	高德软件有限公司	科技园区昌盛路 18 号 B1 座	发明
20120329	车载道路导航装置	高德软件有限公司	科技园区昌盛路 18 号 B1 座	发明
20120617	航位推算中初始方向的确定方法	高德软件有限公司	科技园区昌盛路 18 号 B1 座	发明
20121116	一种兴趣点信息获取方法及装置	高德软件有限公司	科技园区昌盛路 18 号 B1 座	发明
20121212	射孔枪快速连接头	郭明	东环路 4 号院	发明
20120822	抗碱型高级瓷砖填缝剂	郭太宗	小汤山镇赖马庄村	发明
20120724	养胸塑形保健文胸	郭祥慧	北七家名佳花园四区 15 号楼	发明
20120216	一种甲烷液相连续氧化制备甲醇的工艺	汉能科技有限公司	北七家镇宏福创业园 15 号院	发明
20120720	一种固定床雷尼镍催化剂的制备方法	汉能科技有限公司	北七家镇宏福创业园 15 号院	发明
20120720	一种环己胺的制备方法	汉能科技有限公司	北七家镇宏福创业园 15 号院	发明
20121008	一种燃料电池加湿器	汉能科技有限公司	宏福创业园 15 号院	发明
20120822	一种甲烷液相氧化制甲醇液相产物的定量测定方法	汉能科技有限公司	北七家镇宏福创业园 15 号院	发明
20120509	一种氢气发生器安全制氢和氢气净化方法	汉能科技有限公司	北七家镇宏福创业园 15 号院	发明
20120509	一种煤直接液化方法	汉能科技有限公司	北七家镇宏福创业园 15 号院	发明
20120217	一种燃料电池加湿器性能测试系统	汉能科技有限公司	北七家镇宏福创业园 15 号院	发明
20120410	一种煤直接液化方法	汉能科技有限公司	北七家镇宏福创业园 15 号院	发明

20120509	一种固定床雷尼镍催化剂的制备方法	汉能科技有限公司	北七家镇宏福创业园15号院	发明
20120130	一种煤直接液化的方法	汉能科技有限公司	北七家镇宏福创业园15号院	发明
20120720	一种固定床雷镍催化剂的制备方法	汉能科技有限公司	北七家镇宏福创业园15号院	发明
20120130	一种燃料电池膜电极的检漏装置	汉能科技有限公司	北七家镇宏福创业园15号院	发明
20120217	一种燃料电池涂布装置及涂布方法	汉能科技有限公司	宏福创业园15号院	发明
20120617	一种检验燃料电池堆中单片膜电极组缺陷的方法	汉能科技有限公司	北七家镇宏福创业园15号院	发明
20120630	一种用于硼氢化物制氢的除碱方法	汉能科技有限公司	北七家镇宏福创业园15号院	发明
20120523	一种固定床雷尼镍催化剂的制备方法	汉能科技有限公司	北七家镇宏福创业园15号院	发明
20121108	一种2,2′－二氯氢化偶氮苯的制备方法及其专用电解槽	汉能科技有限公司	北七家镇宏福创业园15号院	发明
20121108	一种CO选择性甲烷化催化剂及其制备方法	汉能科技有限公司	北七家镇宏福创业园15号院	发明
20121205	一种低温催化燃烧整体式催化剂及其制备方法	汉能科技有限公司	北七家镇宏福创业园15号院	发明
20120704	一种环保型水煤浆及其制法	何秀院	天通苑三区9号楼1404	发明
20120413	舰艇自动同步离合器	何耀华	北七家北亚花园2#D502	发明
20120511	一种生活垃圾分类收集的方法与系统	贺俊	东小口镇中滩村8号院北京北小区5－C－1201	发明
20120313	一种基于UDP协议的实时数据通讯方法	华北电力大学	北京市德胜门外朱辛庄华北电力大学	发明
20121012	基于四维混沌系统的OFDM同步方法	华北电力大学	北京市德胜门外朱辛庄华北电力大学	发明
20120901	一种非能动的核电站破口事故缓解系统	华北电力大学	北京市德胜门外朱辛庄华北电力大学	发明
20120609	一种在钢基体上制备耐海水腐蚀熔覆层的方法	华北电力大学	朱辛庄	发明
20120609	汽轮发电机组低频振动主峰频率平稳性分析方法	华北电力大学	北京市德胜门外朱辛庄华北电力大学	发明
20120717	电励磁部分双定子的无刷混合励磁同步发电机	华北电力大学	北京市德胜门外朱辛庄华北电力大学	发明
20121012	毛细结构分液式冷凝管	华北电力大学	朱辛庄北农路2号	发明
20120717	汽轮发电机组低频振动与功率递增相关性分析方法	华北电力大学	北京市德胜门外朱辛庄华北电力大学	发明
20121012	利用盐溶液吸湿特性缓解核电站严重事故的装置	华北电力大学	北京市德胜门外朱辛庄华北电力大学	发明
20120921	一种粉煤灰合成沸石去除污水中氮磷的方法	华北电力大学	北京市德胜门外朱辛庄北农路2号	发明
20120817	电网自愈控制方法	华北电力大学	北京市德胜门外朱辛庄华北电力大学	发明
20121031	电力系统仿真精度综合评估方法	华北电力大学	北京市德胜门外朱辛庄华北电力大学	发明
20120329	一种实时估计汽轮机低压缸排汽焓的方法	华北电力大学	北京市德胜门外朱辛庄华北电力大学	发明
20121031	一种风力机高性能叶片	华北电力大学	昌平区朱辛庄华北电力大学	发明
20120130	一种IRIG－B码的对时装置及其对时方法	华北电力大学	北京市德胜门外朱辛庄华北电力大学	发明
20120817	基于故障分量的广域后备保护方法	华北电力大学	北京市德胜门外朱辛庄华北电力大学	发明
20120523	汽轮发电机组低频振动谱阵实时定量分析方法	华北电力大学	北京市德胜门外朱辛庄华北电力大学	发明
20120523	一种直接空冷单元的树冠型冷却空气导流装置	华北电力大学	北京市德胜门外朱辛庄华北电力大学	发明
20120523	一种利用醋酸钠促进厨余物堆肥中微生物活性的方法	华北电力大学	北京市德胜门外朱辛庄华北电力大学	发明

20120901	一种新型生物质直燃锅炉	华北电力大学	朱辛庄华北电力大学	发明
20120609	汽轮发电机组低频振动单峰实时分析方法	华北电力大学	北京市德胜门外朱辛庄华北电力大学	发明
20120425	温差发电模块特性实验装置	华北电力大学	朱辛庄华北电力大学	发明
20120523	汽轮发电机组轴承座刚度实时辨识方法	华北电力大学	北京市德胜门外朱辛庄华北电力大学	发明
20121031	一种纤维素催化热解制备左旋葡聚糖的方法	华北电力大学	北京市德胜门外朱辛庄华北电力大学	发明
20121031	一种多环芳烃污染土壤淋洗废水的处理系统及方法	华北电力大学	德胜门外朱辛庄华北电力大学	发明
20121031	一种双相真空抽吸模拟系统及其模拟方法	华北电力大学	德胜门外朱辛庄华北电力大学	发明
20120130	发电机组轴系转子轴承负荷实时监测方法	华北电力大学	北京市德胜门外朱辛庄华北电力大学	发明
20120609	设备局部放电检测系统	华北电力大学	德外朱辛庄北农路2号	发明
20120717	一种 WorldFIP 分布式智能控制网络的调度方法	华北电力大学	北京市德胜门外朱辛庄华北电力大学	发明
20120717	一种回注式双井气破辅助地下石油污染修复系统及其方法	华北电力大学	北京市德胜门外朱辛庄华北电力大学	发明
20120718	淋水式塑料薄膜烟气余热回收及脱硫装置	华北电力大学	北京市德胜门外朱辛庄华北电力大学	发明
20120717	一种直流电弧空气等离子体矩阴极用银铪合金材料及其制备方法	华北电力大学	北京市德胜门外朱辛庄华北电力大学	发明
20120717	汽轮发电机组油膜涡动故障实时辨识方法	华北电力大学	北京市德胜门外朱辛庄华北电力大学	发明
20120718	风电场短期功率预测方法	华北电力大学	朱辛庄华北电力大学	发明
20120717	耐高温冲蚀熔覆层的粉末材料及熔覆层的制备方法	华北电力大学	朱辛庄	发明
20120718	具有疏水性的硅表面陷光结构制备方法	华北电力大学	北京市德胜门外朱辛庄华北电力大学	发明
20120609	汽轮发电机组轴承油压变化趋势实时分析方法	华北电力大学	德胜门外朱辛庄华北电力大学	发明
20120406	汽轮发电机组轴颈碰摩故障实时辨识方法	华北电力大学	北京市德胜门外朱辛庄华北电力大学	发明
20120523	游梁式抽油机断续供电下电源软投入控制方法及控制装置	华北电力大学	北京市德胜门外朱辛庄华北电力大学	发明
20120523	设备局部放电检测的干扰抑制方法与装置	华北电力大学	德外朱辛庄北农路2号	发明
20120523	一种耐高温氯腐蚀的粉芯丝材及熔覆层的制备方法	华北电力大学	朱辛庄	发明
20120523	一种基于双 H 桥的单相到三相交流电源变换电路	华北电力大学	北京市德胜门外朱辛庄华北电力大学	发明
20120523	基于 ID 的配电网自动化通信系统的设备接入认证方法	华北电力大学	北京市德胜门外朱辛庄华北电力大学	发明
20120419	一种平板型 VFTO 测量传感器	华北电力大学	北京市德外朱辛庄	发明
20120523	中低温多能互补沼气发电系统	华北电力大学	北京市德胜门外朱辛庄华北电力大学	发明
20120523	一种平面－本体异质结集成结构太阳能电池及其制备方法	华北电力大学	北京市德胜门外朱辛庄华北电力大学	发明
20120720	一种利用镁能氢能发电的系统	华北电力大学	北京市德胜门外朱辛庄华北电力大学	发明
20120901	一种镁能光热发电系统	华北电力大学	北京市德胜门外朱辛庄华北电力大学	发明
20120609	汽轮机组转子振动同相分量平稳性实时辨识方法	华北电力大学	北京市德胜门外朱辛庄华北电力大学	发明
20120901	双极荷电强化微细颗粒物聚并装置	华北电力大学	北京市德胜门外朱辛庄华北电力大学	发明
20120901	汽轮发电机组油膜振荡故障实时辨识方法	华北电力大学	北京市德胜门外朱辛庄华北电力大学	发明
20120609	基于可视化的电网智能调度技术支持系统	华北电力大学	北京市德胜门外朱辛庄华北电力大学	发明

20120901	汽轮发电机组低频振动与润滑油温相关性实时分析方法	华北电力大学	北京市德胜门外朱辛庄华北电力大学	发明
20120901	汽轮发电机组低频振动平稳性实时分析方法	华北电力大学	北京市德胜门外朱辛庄华北电力大学	发明
20120901	一种对微型试样进行惰性气体保护的装置	华北电力大学	德胜门外朱辛庄华北电力大学	发明
20120901	汽轮发电机组低频振动频率成份实时分析方法	华北电力大学	北京市德胜门外朱辛庄华北电力大学	发明
20120901	主动方式上行电力线工频通信的实现方法及系统	华北电力大学	北京市德胜门外朱辛庄华北电力大学	发明
20120901	一种健身器材群集中储能发电系统	华北电力大学	北京市德胜门外朱辛庄华北电力大学	发明
20120717	大型发电机组热弯曲故障实时辨识方法	华北电力大学	北京市德胜门外朱辛庄华北电力大学	发明
20120901	一种超临界 CO＊核电站事故缓冲脱除装置	华北电力大学	北京市德胜门外朱辛庄华北电力大学	发明
20120609	一种新型臭氧氧化污水处理设备	华北电力大学	北农路 2 号华北电力大学	发明
20120717	一种基于 PMU 的低频振荡控制方法	华北电力大学	北京市德胜门外朱辛庄华北电力大学	发明
20120410	利用垃圾填埋气的化学链式燃烧发电工艺及系统	华北电力大学	北京市德胜门外朱辛庄华北电力大学	发明
20120410	热电联产系统供热蒸汽的调节方法	华北电力大学	北京市德胜门外朱辛庄华北电力大学	发明
20120410	大型锅炉燃烧率信号测量方法	华北电力大学	北京市德胜门外朱辛庄华北电力大学	发明
20120410	一种燃煤流化床中生物质气化气再燃方式及系统	华北电力大学	北京市德胜门外朱辛庄华北电力大学	发明
20120313	一种电压互感器二次侧输出信号电缆传输装置	华北电力大学	北京市德胜门外朱辛庄华北电力大学	发明
20120330	直接空冷电站空冷岛与风力发电一体化装置	华北电力大学	朱辛庄华北电力大学	发明
20120717	纤维生产乙醇和生物质燃烧发电的耦合工艺	华北电力大学	北京市德胜门外朱辛庄华北电力大学	发明
20120313	一种生物质气化制氢系统及方法	华北电力大学	北京市德胜门外朱辛庄华北电力大学	发明
20120329	用于磨辊、磨盘防磨的粉芯焊丝及其熔覆方法	华北电力大学	朱辛庄华北电力大学	发明
20121031	一种用于新型节能电机的铜铁合金材料及其制备方法	华北电力大学	德胜门外朱辛庄华北电力大学	发明
20120313	超导热管式核电热冷联产系统	华北电力大学	北京市德胜门外朱辛庄华北电力大学	发明
20120329	一种可控电流扰动源主电路	华北电力大学	朱辛庄华北电力大学	发明
20120308	一种圆形截面 NbTi/YBCO 复合超导线	华北电力大学	德胜门外朱辛庄华北电力大学	发明
20120329	一种假冒网页检测方法	华北电力大学	北京市德胜门外朱辛庄华北电力大学	发明
20120313	汽轮发电机组波动型碰摩故障实时辨识方法	华北电力大学	朱辛庄华北电力大学	发明
20120313	一种气泡摆动式微混合系统	华北电力大学	北京市德胜门外朱辛庄华北电力大学	发明
20120329	平面四元阵列电站锅炉承压管泄漏定位方法	华北电力大学	北京市德胜门外朱辛庄华北电力大学	发明
20121012	无电励磁转子的并列结构混合励磁同步发电机	华北电力大学	北京市德胜门外朱辛庄华北电力大学	发明
20121012	核电站作业机器人及其控制系统	华北电力大学	北京市德胜门外朱辛庄华北电力大学	发明
20120523	一种应用于联箱分支管两相流均匀分配的笛形均流器	华北电力大学	北京市德胜门外朱辛庄华北电力大学	发明
20121012	一种具有复合材料起动导条的自起动永磁电机	华北电力大学	朱辛庄华北电力大学	发明
20120410	双馈型风力发电机空载并网建模及实验的方法	华北电力大学	北农路 2 号	发明
20121128	基于广域测量系统的多端高压输电区域后备保护方法	华北电力大学	北京市德胜门外朱辛庄华北电力大学	发明

20121128	继电保护设备可用率和最优检修周期的计算方法	华北电力大学	北京市德胜门外朱辛庄华北电力大学	发明
20121128	基于区域控制偏差和机组发电偏差的调度反馈控制系统	华北电力大学	北京市德胜门外朱辛庄华北电力大学	发明
20121128	一种多微孔扩散器及其处理石油污染物的方法	华北电力大学	德胜门外朱辛庄华北电力大学	发明
20121128	一种能够避免转子斜槽的鼠笼式异步电动机转子冲片	华北电力大学	德胜门外朱辛庄华北电力大学	发明
20121128	一种装配永磁体的燃气灶炊具支撑装置	华北电力大学	北京市德胜门外朱辛庄华北电力大学	发明
20121212	一种便携式生物质气化气焦油采样装置	华北电力大学	北京市德胜门外朱辛庄华北电力大学	发明
20121212	面向电力线巡检的飞行模拟系统	华北电力大学	德胜门外朱辛庄华北电力大学	发明
20121212	双基阵数据融合电站锅炉四管泄漏被动声测定位方法	华北电力大学	北京市德胜门外朱辛庄华北电力大学	发明
20121212	一种基于纳米流体特性的核电站严重事故缓解系统	华北电力大学	北京市德胜门外朱辛庄华北电力大学	发明
20121212	内置式生物质螺旋进料器	华北电力大学	北京市德胜门外朱辛庄华北电力大学	发明
20121212	电厂汽轮机轴承冷却水热泵供暖系统及方法	华北电力大学	北京市德胜门外朱辛庄华北电力大学	发明
20120830	一种燃油喷射时的油膜补偿方法	华夏龙晖(北京)汽车电子科技有限公司	沙河镇昌平路202号8号楼	发明
20120410	链条双轨旋转式餐台	黄振泽	北七家温泉花园A区19－211号	发明
20120329	一种连续自动化生产通孔泡沫铝的技术及设备技术	贾维	小汤山镇讲礼新村8号楼5单元101室	发明
20120531	一种治疗风湿类风湿的药物组合物	贾永全	马池口镇宏道村西京密引水绿化管理所	发明
20120130	给水用臭氧接触处理塔	蒋仁甫	科技园火炬街21号420号	发明
20120901	以3,5－三－O－苯甲酰基－α－D－呋喃核糖为原料立体选择性制备β－二氟胞苷盐酸盐的方法	卡硼瑞(北京)科技有限公司	北京市中关村科技园昌平区华通路11号	发明
20120825	一种携载基因涂层医疗装置的灭菌处理方法	乐普(北京)医疗器械股份有限公司	科技园区超前路37号3号楼	发明
20120825	一种生物多肽医疗装置及其制备方法	乐普(北京)医疗器械股份有限公司	科技园区超前路37号3号楼	发明
20120901	一种携载细胞外基质的医疗器械及其制备方法	乐普(北京)医疗器械股份有限公司	科技园区超前路37号3号楼	发明
20120915	一种生物可降解雷帕霉素－普罗布考复合药物涂层金属支架	乐普(北京)医疗器械股份有限公司	科技园区超前路37号3号楼	发明
20121031	一种复合涂层镁/镁合金生物医用器件及其制备方法	乐普(北京)医疗器械股份有限公司	科技园区超前路37号3号楼	发明
20120407	一种在医疗器械表面固定抗体的方法	乐普(北京)医疗器械股份有限公司	北京市昌平科技园区超前路37号	发明
20120509	可降解的化学氧化镁合金支架及其制备方法	乐普(北京)医疗器械股份有限公司	科技园区超前路37号3号楼	发明
20120329	一种复合药物血管支架及其制备方法	乐普(北京)医疗器械股份有限公司	北京市昌平科技园区超前路37号	发明
20120620	输送装置	乐普(北京)医疗器械股份有限公司	科技园区超前路37号3号楼	发明
20120617	一种携载基因和/或药物的医疗器械及其制备方法	乐普(北京)医疗器械股份有限公司	科技园区超前路37号3号楼	发明
20120921	汽车防自燃方法及控制器	李华一	北七家镇望都家园12－2－201号	发明
20120223	一种螺旋增压发动机	李树森	东小口店上村村委会西大院77号	发明
20120410	肝靶向抗病毒前体药物环状磷酸酯及其应用	廖国超	天通北苑三区30号楼7单元502号	发明
20120425	汽车用防撞击材料	刘琳娇	马池口镇北京吉利大学汽车学院	发明

20120111	一种矩形刻蚀离子枪	马利民	天通苑西三区17楼1508	发明
20121019	塔架式无导轮组合传动抽油机	毛宏伟	天通苑5区27号楼1单元112室	发明
20120410	基于零序电流有功分量的接地选线方法、装置及应用系统	梅素真	回龙观龙腾六区42号楼5单元301	发明
20120217	微孢子制剂及其生产工艺	孟刚	东小口镇顶秀青溪6号楼1单元1501室	发明
20120705	安全的网络认证系统和方法	任少华	东小口镇丽水园小区1号楼102室	发明
20120811	新型烧结钕铁硼稀土永磁材料及其制造方法	三环瓦克华(北京)磁性器件有限公司	北京市昌平科技园区创新路10号	发明
20120523	一种实时测量全钒液流电池荷电状态的方法及装置	三一电气有限责任公司	沙河镇北清路三一产业园	发明
20120912	滩涂施工平台及其基础、以及包括该基础的支腿	三一电气有限责任公司	沙河镇北清路三一产业园	发明
20120912	一种回转支承与轮毂连接用螺栓拧紧机	三一电气有限责任公司	沙河镇北清路三一产业园	发明
20120912	一种风力发电机组电动变桨系统	三一电气有限责任公司	沙河镇北清路三一产业园	发明
20120419	用于变流器的冷却装置和冷却方法以及变流器	三一电气有限责任公司	沙河镇北清路三一产业园	发明
20120410	风力发电机组及其变桨系统	三一电气有限责任公司	沙河镇北清路三一产业园	发明
20120329	风力发电机组及其疲劳载荷监测系统	三一电气有限责任公司	沙河镇北清路三一产业园	发明
20120509	并网型发电系统	三一电气有限责任公司	沙河镇北清路三一产业园	发明
20120523	一种电动变桨系统的顺桨控制系统	三一电气有限责任公司	沙河镇北清路三一产业园	发明
20120523	一种风电机保护系统	三一电气有限责任公司	沙河镇北清路三一产业园	发明
20120406	一种风力发电机组及其叶片除冰系统	三一电气有限责任公司	沙河镇北清路三一产业园	发明
20120216	获得风电设备功率曲线以及风电设备控制的方法和装置	三一电气有限责任公司	沙河镇北清路三一产业园	发明
20120221	一种安装设备	三一电气有限责任公司	沙河镇北清路三一产业园	发明
20120523	风力发电机组及其变桨距系统	三一电气有限责任公司	回龙观北清路三一产业园	发明
20121106	一种风光补储联合发电方法和客户端设备	三一电气有限责任公司	沙河镇北清路三一产业园	发明
20121106	一种测定螺栓扭矩系数的方法和装置	三一电气有限责任公司	回龙观北清路三一产业园	发明
20121106	一种风机偏航角度计算方法及计算系统	三一电气有限责任公司	回龙观北清路三一产业园	发明
20121106	海上风机运输、安装平台	三一电气有限责任公司	沙河镇北清路三一产业园	发明
20120922	横式鼠标器	申金坡	中国西三旗龙乡小区东区1号楼1单元401室	发明
20120929	一种雕塑的造型方法	司徒·安	七家镇(渡上)依水庄园2区10号	发明
20120922	增强电子签名工具数据输入安全性的方法及装置	天地融科技股份有限公司	百善镇百葛路9号院2号楼	发明
20120922	更新动态密码令牌内时钟的方法及令牌、认证设备、系统	天地融科技股份有限公司	百善镇百葛路9号院2号楼	发明
20120313	一种金融预授权的方法及授权移动终端及金融预授权系统	天地融科技股份有限公司	百善镇百葛路9号院2号楼	发明
20120329	USB Key装置及其利用USB接口实现智能卡通信的方法	天地融科技股份有限公司	百善镇百葛路9号院2号楼	发明
20121012	一种脱胎大漆雕塑作品的制作方法	田世信	兴寿镇下苑村102号	发明
20120921	半定量检测人全血中他克莫司药物浓度的胶体金试纸条及检测方法	同昕生物技术(北京)有限公司	生命园路29号创新大厦A座	发明

20120724	高效快速的膀胱癌尿检试剂盒及尿液细胞活性保存液	同昕生物技术(北京)有限公司	生命园路29号创新大厦A座	发明
20121121	同时检测人EBV、BKV和CMV的三重实时荧光定量PCR方法及试剂盒	同昕生物技术(北京)有限公司	生命园路29号A座204室	发明
20120806	赤泥/废旧塑料合成建筑装修复合材料	王鸿	城北街道办事处朝凤庵	发明
20120620	塑料降解用组合物及其用途及包含其的塑料和制品	王丽红	顺沙路68号	发明
20120617	矩阵式风力发电装置	王秀顺	北七家镇北亚花园11号楼6单元202号	发明
20120921	风力发电模块及其组成的矩阵式风力发电装置	王秀顺	北七家镇北亚花园11号楼6单元202号	发明
20120705	变工况无倾角热管换热器	王永刚	天通苑西三区3号楼2104室	发明
20121108	皮带运输机用的自动纠偏机	王振孝	天通苑三区三楼四单元202号	发明
20120720	腰椎复位固定介入器	韦以宗	南大街北京光明骨伤医院	发明
20120523	示踪流量注聚剖面测井仪、示踪剂及配制装置和测井方法	谢晓峰	平西府镇王府花园榆郡阁19号	发明
20120718	具有美白功效的护肤组合物、制剂及其制备方法	新时代健康产业(集团)有限公司	北京市昌平科技园区白浮泉路10号北控科技大厦九层	发明
20120620	具有保湿滋润功效的中药组合物、制剂及其制备方法	新时代健康产业(集团)有限公司	北京市昌平科技园区白浮泉路10号北控科技大厦九层	发明
20120619	从紫山药中提取纯化尿囊素的方法	新时代健康产业(集团)有限公司	北京市昌平科技园区白浮泉路10号北控科技大厦九层	发明
20120523	具有美白祛斑功效的中药组合物、制剂及其制备方法	新时代健康产业(集团)有限公司	北京市昌平科技园区白浮泉路10号北控科技大厦九层	发明
20120523	具有保湿功效的护肤组合物、制剂及其制备方法	新时代健康产业(集团)有限公司	北京市昌平科技园区白浮泉路10号北控科技大厦九层	发明
20121130	一种对湿热体质具有保健作用的木瓜酒及其制备方法	新时代健康产业(集团)有限公司	北京市昌平科技园区白浮泉路10号北控科技大厦九层	发明
20121130	一种活化陶芯及其制备方法以及含有该活化陶芯的容器及其制备方法	新时代健康产业(集团)有限公司	北京市昌平科技园区白浮泉路10号北控科技大厦九层	发明
20120523	巴曲酶基因的合成及其表达产物的制备方法	扬子江药业集团北京海燕药业有限公司	生命园路16号	发明
20120523	肠激酶轻链基因的合成及其表达产物的制备方法	扬子江药业集团北京海燕药业有限公司	生命园路16号	发明
20120216	用于在终端的触摸屏上输入汉字的装置和方法	杨彬	新龙城小区13号楼2单元902室	发明
20121019	工业高温废气调质及自动恒温系统	杨盛林	小汤山久长花园3109	发明
20121127	一种地源热泵中央空调远程信息监控系统及其方法	依科瑞德(北京)能源科技有限公司	科技园区超前路37号5号楼3层	发明
20121019	一种基于电磁传感器的鞋内可疑金属物检测装置与方法	尹武良	北京市东城区回龙观龙禧院5区9号楼4单元402	发明
20121205	主辅路进出口平衡桥及缓解交通拥堵的方法	张凤奇	北京市北七家镇东沙各庄24号	发明
20121223	具有前视测距及自动减速功能的行车安全保障系统及方法	张国胜	阳坊镇中心南街37号院403号	发明
20120901	功能纤维	张洪泽	二毛环岛西200米北京百泉化纤厂	发明
20120629	使用LED光源进行液体样本检测的方法	张琪	天通苑西一区46号楼7-801	发明
20121023	使用LED光源的液体样本检测装置	张琪	天通苑西一区46号楼7-801	发明
20120111	一种基于对图像块数据旋转及变换的视频编解码装置及方法	张燕生	回龙观云趣园一区一楼502室	发明
20121012	电容触摸屏手写笔及其触点位置定位的方法	张永革	回龙观龙泽苑西区16-2-101	发明
20120410	一种发电方法及装置	赵俊文	北京市昌平南口道北16号楼431室	发明
20120523	拆除锚具前降低预应力钢筋应力的构造和方法	赵正义	西环里静心苑66号楼6单元202室	发明
20120822	塔桅式机械设备与基础的定位连接构造	赵正义	昌平镇西环里静心苑66号楼6单元202室	发明

20120222	塔桅式机械设备底架与基础的垂直定位连接系统构造	赵正义	西环里静心苑66号楼6单元202室	发明
20120806	退张前减小钢筋应力的构造	赵正义	昌平镇西环里静心苑66号楼6单元202室	发明
20120217	地脚螺栓在基础砼中的定位锚固构造	赵正义	西环里静心苑66号楼6单元202室	发明
20121025	塔桅式机械设备的垂直定位连接构造	赵正义	昌平镇西环里静心苑66号楼6单元202室	发明
20120223	砼预制构件塔桅式结构基础的水平连接系统构造	赵正义	西环里静心苑66号楼6单元202室	发明
20120204	塔桅式机械设备的塔身与基础的垂直定位连接构造	赵正义	昌平镇西环里静心苑66号楼6单元202室	发明
20120329	塔桅式机械设备底架的垂直定位连接构造	赵正义	昌平镇西环里静心苑66号楼6单元202室	发明
20120204	塔桅式机械设备与基础的垂直定位构造	赵正义	西环里静心苑66号楼6单元202室	发明
20120630	塔桅式机械设备组合基础的砼散料仓	赵正义	西环里静心苑66号楼6单元202室	发明
20120921	塔桅式机械设备底架十字梁的垂直定位构造	赵正义	昌平镇西环里静心苑66号楼6单元202室	发明
20121226	桅杆式机械设备垂直组合新型基础	赵正义	昌平镇西环里静心苑66号楼6单元202室	发明
20121223	一种杏鲍菇工厂化瓶栽的方法	郑雪平	小汤山现代农业科技示范园西区	发明
20121127	一种线粒体突变检测方法及试剂盒	智海生物工程(北京)有限公司	昌平镇星火街7号	发明
20120130	一种节能冰箱	中标能效科技(北京)有限公司	天通中苑51号2层2030	发明
20121127	发热伴血小板减少综合征病毒的全基因序列及应用	中国疾病预防控制中心病毒病预防控制所	昌百路155号	发明
20121220	预防肠道病毒71型感染的基因重组口服疫苗及其制备	中国疾病预防控制中心病毒病预防控制所	百善镇昌百路155号	发明
20121024	切割耶尔森氏鼠疫杆菌F1抗原的方法及相关应用	中国疾病预防控制中心传染病预防控制所	流字5号	发明
20120313	rF1抗原及其制备方法与应用	中国疾病预防控制中心传染病预防控制所	流字5号	发明
20121212	一种检测空肠弯曲菌抗体的特异抗原及其应用	中国疾病预防控制中心传染病预防控制所	北京市昌平流字五号	发明
20121204	汉赛巴尔通体的PCR鉴定方法	中国疾病预防控制中心传染病预防控制所	北京市昌平流字五号	发明
20120817	基于改进的水线算法的快速颗粒图像分析方法	中国人民解放军63976部队	阳坊镇中心南街37号	发明
20120727	高危化学品应急处置车	中国人民解放军防化指挥工程学院	北京市1048信箱履约技术部	发明
20120411	一种适用于腐蚀介质的复配型缓蚀剂及其制备方法	中国人民解放军防化指挥工程学院	阳坊镇	发明
20120626	一种人员脚部自动化洗消装置	中国人民解放军防化指挥工程学院	北京市1048信箱履约技术部	发明
20120523	超高压水雾试验系统	中国人民解放军防化指挥工程学院	阳坊镇	发明
20120523	基于三维GIS技术的化学危害应急系统	中国人民解放军防化指挥工程学院	阳坊镇中心北街一号院履约技术部	发明
20120901	人防指挥工程防护设施监控系统	中国人民解放军防化指挥工程学院	阳坊镇	发明
20120410	一种化学危害预测预警与控制系统	中国人民解放军防化指挥工程学院	北京市1048信箱履约技术部	发明
20121127	一种基于GIS系统的核危害预测预警平台及方法	中国人民解放军防化指挥工程学院	北京市1048信箱履约技术部	发明
20121127	有毒化学品的毒害效果度量方法	中国人民解放军防化指挥工程学院	阳坊镇中心北街一号院履约技术部	发明
20121101	人防工程防护设施操控仿真训练系统	中国人民解放军防化指挥工程学院	阳坊镇	发明
20120811	一种特异抑制Rab27B基因表达的DNA片段及其应用	中国人民解放军军事医学科学院放射与辐射医学研究所	科学园路33号北京蛋白质组研究中心	发明
20120901	基于砂岩油藏叠后地震数据的流体替换方法	中国石油大学(北京)	府学路18号	发明

20120927	一种改性 Al₂0₃或体及其制备方法	中国石油大学(北京)	府学路 18 号	发明
20121024	柴油碳烟净化用大孔复合金属氧化物催化剂及其制备方法	中国石油大学(北京)	府学路 18 号	发明
20120630	劣质汽油的深度脱硫－恢复辛烷值加氢改质方法	中国石油大学(北京)	府学路 18 号	发明
20120921	催化裂化汽油的加氢改质方法	中国石油大学(北京)	府学路	发明
20120714	基于次声波的天然气管道泄漏远程检测装置、方法及系统	中国石油大学(北京)	府学路 18 号	发明
20120630	一种双层膜硫磺微胶囊的制备方法	中国石油大学(北京)	府学路 18 号	发明
20120609	原位银纳米粒子/聚合物复合分子薄膜及其制备方法	中国石油大学(北京)	府学路 18 号	发明
20120619	劣质汽油的加氢改质方法	中国石油大学(北京)	府学路 18 号	发明
20120117	用于处理含油污水的多级塔式浮选装置	中国石油大学(北京)	府学路 18 号	发明
20121012	水力脉冲空化射流钻井方法	中国石油大学(北京)	府学路 18 号	发明
20120912	一种用于邻井距离随钻电磁探测的磁短节	中国石油大学(北京)	府学路 18 号	发明
20120915	一种用于邻井距离随钻电磁探测的测量仪	中国石油大学(北京)	府学路 18 号	发明
20120915	提升管反应器	中国石油大学(北京)	府学路	发明
20120915	一种新的聚磺钻井废水回注处理方法	中国石油大学(北京)	府学路 18 号	发明
20120921	用于涡轮钻具的径向滑动轴承	中国石油大学(北京)	府学路 18 号	发明
20120727	柴油碳烟净化用三维有序大孔氧化物催化剂及其制备方法	中国石油大学(北京)	府学路 18 号	发明
20120731	具有多孔结构的石墨烯及其制备方法	中国石油大学(北京)	府学路 18 号	发明
20120713	一种邻井平行间距随钻电磁探测系统	中国石油大学(北京)	府学路 18 号	发明
20121012	可伸缩钻井平台桩靴结构	中国石油大学(北京)	府学路 18 号	发明
20120117	磨料射流井下射孔、割缝分层压裂的方法及装置	中国石油大学(北京)	府学路	发明
20120410	一种生产双层膜硫磺微胶囊的原料配方	中国石油大学(北京)	府学路 18 号	发明
20120207	以长链烷基硅烷为硅源合成 SAPO－11 分子筛的方法	中国石油大学(北京)	府学路 18 号	发明
20120806	耐高温产胞外水不溶性多糖基因工程菌及其应用	中国石油大学(北京)	府学路 18 号	发明
20120619	原油电脱水器的辉光荷电电极极板	中国石油大学(北京)	府学路 18 号中国石油大学 260 信箱	发明
20120323	一种红外激光敏感快速响应角位置探测器	中国石油大学(北京)	府学路 18 号	发明
20120619	一种利用热量耦合型固定床装置制合成气的方法	中国石油大学(北京)	府学路 18 号	发明
20120626	一种可用作橡胶硫化剂的硫磺微胶囊的制备方法	中国石油大学(北京)	府学路 18 号	发明
20120523	一种提高 ZSM－5 分子筛的 B 酸酸量并实现增产低碳烯烃的方法	中国石油大学(北京)	府学路 18 号	发明
20120620	锥段设有夹套冷却系统的喷雾造粒分离塔	中国石油大学(北京)	府学路 18 号	发明

20120523	一种具有离子屏蔽性的改性聚烯烃粉末涂料及其制备方法	中国石油大学(北京)	府学路18号	发明
20120523	一种引线器	中国石油大学(北京)	府学路18号	发明
20120523	一种等离子喷涂制备超疏水金属涂层的方法	中国石油大学(北京)	府学路18号	发明
20120523	带有锥型隔流筒的高效提升管出口旋流快分设备	中国石油大学(北京)	府学路18号中国石油大学(北京)	发明
20120523	海上自升式钻井平台插桩、拔桩自动控制装置及方法	中国石油大学(北京)	府学路18号	发明
20120523	SiO＊/有机聚合物复合质子交换膜的制备方法	中国石油大学(北京)	府学路	发明
20120705	一种用于邻井距离随钻电磁探测的计算方法	中国石油大学(北京)	府学路18号	发明
20120406	一种评价筛管筛网挡砂性能的装置	中国石油大学(北京)	府学路18号	发明
20120419	耐硫化氢腐蚀的氢化丁腈橡胶组合物	中国石油大学(北京)	府学路18号	发明
20120705	一种生产可用作橡胶硫化剂的硫磺微胶囊的原料配方	中国石油大学(北京)	府学路18号	发明
20120629	三维有序大孔－介孔铁基钙钛矿氧化物催化剂及其制备方法	中国石油大学(北京)	府学路18号	发明
20120630	一种单壳层硫磺微胶囊的制备方法	中国石油大学(北京)	府学路18号	发明
20120531	流体迁移规律研究装置	中国石油大学(北京)	府学路18号	发明
20120515	测定气体水合物相平衡条件的方法	中国石油大学(北京)	府学路	发明
20120117	多级孔道SAPO－11分子筛的制备方法及其在汽油改质中的应用	中国石油大学(北京)	府学路18号	发明
20120410	钻井液或完井液用凝胶型提切剂及其制备方法	中国石油大学(北京)	府学路18号	发明
20120505	油藏温度压力条件下测定岩心毛管压力和润湿性的方法	中国石油大学(北京)	府学路18号	发明
20120106	混沌脉冲电场谐振脱水方法及原油电脱水混沌脉冲电源	中国石油大学(北京)	府学路18号中国石油大学260信箱	发明
20120106	有源电力滤波器及其能量整形控制方法	中国石油大学(北京)	府学路18号	发明
20120329	强制内混式催化裂化催化剂外取热器	中国石油大学(北京)	府学路18号	发明
20120423	单螺杆金属螺杆泵定子及其内螺旋面加工方法	中国石油大学(北京)	府学路18号	发明
20120410	一种含空气煤层气的全液化分离工艺	中国石油大学(北京)	府学路18号	发明
20120329	钻机井口钻杆漏磁检测器机械系统	中国石油大学(北京)	府学路18号	发明
20120323	一种生产密胺树脂硫磺微胶囊的原料配方	中国石油大学(北京)	府学路18号	发明
20120226	一种获取储层粒度区域分布规律的方法	中国石油大学(北京)	府学路18号	发明
20120226	具有离心分离功能的新型喷雾造粒分离塔	中国石油大学(北京)	府学路18号	发明
20120329	一种硅铝基介－微孔复合分子筛及其合成方法	中国石油大学(北京)	府学路18号	发明
20120229	对压裂裂缝进行可视化监测的方法	中国石油大学(北京)	府学路18号	发明
20120505	一种劣质汽油的超深度脱硫－恢复辛烷值加氢改质方法	中国石油大学(北京)	府学路18号	发明

20120317	催化裂化汽油非临氢芳构化改质催化剂及其制备方法	中国石油大学(北京)	府学路18号	发明
20121019	一种生产单壳层硫磺微胶囊的原料配方	中国石油大学(北京)	府学路18号	发明
20121012	炼厂催化裂化碳四物料催化裂解制乙烯和丙烯的工艺	中国石油大学(北京)	府学路18号	发明
20121012	一种硫醇醚化催化剂	中国石油大学(北京)	府学路18号	发明
20121008	预填充砾石的防砂管	中国石油大学(北京)	府学路18号	发明
20120410	劣质汽油选择性加氢脱硫与多支链异构的耦合改质方法	中国石油大学(北京)	府学路18号	发明
20121008	一种自动调速的管道作业装备	中国石油大学(北京)	府学路18号	发明
20120106	埋地管道地磁感应电流和管地电位的测量装置及方法	中国石油大学(北京)	府学路18号中国石油大学260信箱	发明
20120410	劣质全馏分汽油的深度脱硫－恢复辛烷值加氢改质组合方法	中国石油大学(北京)	府学路18号	发明
20120106	钙钛矿/二氧化铈复合催化剂及其制备方法和对碳烟的催化燃烧	中国石油大学(北京)	府学路18号	发明
20121114	多级精细节流管汇及自动控制系统	中国石油大学(北京)	府学路18号	发明
20121130	柴油碳烟净化用三维有序大孔铈基氧化物担载金的催化剂	中国石油大学(北京)	府学路18号	发明
20121121	一种偏心钻具组合防斜打快技术	中国石油大学(北京)	府学路18号	发明
20121115	测定多孔介质中气体水合物相平衡条件的方法	中国石油大学(北京)	府学路18号	发明
20121101	随钻地层界面声波扫描测量装置和方法	中国石油大学(北京)	府学路18号	发明
20121113	一种乙烷选择氧化制乙醛用催化剂及其制备方法	中国石油大学(北京)	府学路18号	发明
20121208	TiNiNb/NbTi记忆合金复合材料及其制备方法	中国石油大学(北京)	府学路18号	发明
20121220	用于柴油车尾气处理的还原气注入及四效催化净化系统	中国石油大学(北京)	府学路18号	发明
20121208	水力脉冲空化射流发生装置	中国石油大学(北京)	府学路18号	发明
20121208	双电源快速切换控制装置和方法	中国石油大学(北京)	府学路18号	发明
20121218	游梁式抽油机	中国石油大学(北京)	府学路18号	发明
20121212	一种超低硫且高辛烷值汽油的生产方法	中国石油大学(北京)	府学路18号	发明
20121228	应力敏感性地层钻井堵漏模拟评价装置	中国石油大学(北京)	府学路18号	发明
20121212	一种双螺线管组随钻电磁测距导向系统	中国石油大学(北京)	府学路18号	发明
20121208	油井用油管带压作业保护器	中国石油大学(北京)	府学路18号	发明
20121228	一种地震尺度下碳酸盐岩储层弹性模量获取方法	中国石油大学(北京)	府学路18号	发明
20120927	大功率光热发电跟踪专用蜗轮减速机	中海阳新能源电力股份有限公司	昌平区科技园区超前路17号	发明
20120926	太阳能电站集散控制系统	中海阳新能源电力股份有限公司	科技园区超前路17号	发明
20120216	悬浮式太阳能电站	中海阳新能源电力股份有限公司	科技园区超前路17号	发明

20120216	固定线束穿线辅助器	中海阳新能源电力股份有限公司	科技园区超前路17号	发明
20121123	高次聚焦集成光热收集系统	中海阳新能源电力股份有限公司	科技园区超前路17号	发明
20121123	无耗水风及太阳光热能综合一体集成发电装置	中海阳新能源电力股份有限公司	科技园区超前路17号	发明
20120406	一种牛血清胆固醇标准物质及其应用	中生北控生物科技股份有限公司	科技园区超前路27号	发明
20121117	一种用于以HRP为酶促反应的化学发光底物液	中生北控生物科技股份有限公司	北京市昌平科技园区超前路27号	发明
20121113	全封闭式液冷蓄电池组	中信国安盟固利动力科技有限公司	白浮泉路18号	发明
20120130	处理重质原料的催化剂组合物	重质油国家重点实验室(中国石油大学)	府学路18号	发明
20120323	机动车动力装置	朱荣辉	回龙观镇二拨子村龙城花园龙邸11号楼4单元101	发明
20120626	一种治疗心脑血管疾病的中药组合物及其制剂	庄洪波	小汤山镇典雅庄园3号楼1单元401室	发明
20120410	一种检测牛免疫球蛋白G的方法及其专用酶联免疫试剂盒	邹志飞	北京市昌平回龙观镇国际信息产业基地高新四街8号	发明
20120421	耳机的可更换部件和重复使用部件	左莉	回龙观万润家园5号楼2单元402	发明

索　　引

说　　明

· 本索引采取主题索引也称内容分析索引法编纂。主题词(标目)以《昌平年鉴》(2013)版正文中出现的专业名词、名词词组、地名、机构名、人名为主。
· 特载、大事记、统计表等栏目内容不在标引范围内。
· 本索引基本按汉语拼音音序排列,汉字打头的标目按首字的音序音调依次排列,首字相同时,则以第二字排序,依此类推进;以阿拉伯数字打头的主题词,排在最前面以英文字母打头的主题词,列于其后。
· 本索引的文字部分为标目,标目之后的阿拉伯数字表示该标目所在正文中的页码(地址项),其后的小写英文字母(a、b)表示正文中的栏别(从左至右)。
· 部分标目前后面有若干页码,则表示该标目均在这些地方出现。

B

C

D

E

F

G

H

J

K

L

M

N

P

Q

R

S

T

X

Y

Z